清代宗族史料选辑 中

"十二五"国家重点图书出版规划项目
国家古籍整理出版专项经费资助项目

主　编　冯尔康
副主编　阎爱民　惠清楼　冯尔健

天津古籍出版社
天津出版传媒集团

第三编 宗族观念与行为

第十篇 宗法变革论与宗族建设

一 宗法理论、制度因应世道变异更新论

分封制废除使得与之俱生的宗法制失去依据,大宗法的宗子制不可能恢复、更新,必须批评泥古观念,改革的主导意识是通人情、重礼俗,改革既要使礼法合于时宜,又要符合于古礼精神。

小宗法成为主流意识:小宗法主张者之理论与内涵,阐释别子为宗的古意与今用,提倡贵贵的宗法观念,坚持小宗法论中的大宗说,大小宗结合论与其他。

任兆麟《有竹居集》卷一三,《任氏大宗说谱引》:

余家谱系,肇梁奉祠公讳叟、唐丰州公讳镎、宋承信公讳执中秘阁公讳尽言、元都水公讳仁废,历有纂述。自先贤迄今,世次章章无阙漏、无舛讹,在阙里圣贤诸族,尤为世有文献犁然足征也。第支派蕃衍,析处四方,各有支谱。雍正中,从曾祖讳启运计合编缉,未就也。乾隆乙未,侍诸父昆重修家乘,因考证各谱宗派源流,靡不吻合。爰仿亭林顾氏、画山储氏两家书,谨荟萃大略,辑成一帙,俟后之汇合谱者有稽焉。

(嘉庆己卯两广节署板)

任兆麟《有竹居集》卷一三,《宗法》:

大宗一,小宗四。承大宗者,自继五宗祢之。次子身事四宗,有大宗则事五宗。《礼·大传》:别子为祖。别子者,谓诸侯适子之弟,别于正适也。为祖者,别于后世为始祖也。继别为宗,谓别子之适长子。继别子于族人,为百世不迁之宗也。继祢者为小宗,谓别子之次子。以其长子继己为小宗,而其同父兄弟宗之也。有百世不适之宗,宗其继别子者是也。是谓大宗有五世则迁之宗,大宗则一,小宗则四。有继祢小宗,同父母兄弟之有继祖

小宗,同堂兄弟宗之有继曾祖小宗,再从兄弟宗之有继高祖小宗,三从兄弟宗之至四,从则亲属尽绝,所谓五世则迁者也。此古礼经宗法,今拟图如右,以始迁及初有封爵者为始祖,准古之别子。又以始祖长子准古继别之宗,小宗师古大宗小宗图。

始祖始迁及初有封爵者长子继之,子孙世世为大宗。统族人,主始祖庙,祭百世不迁。

高祖传至元孙,为继高祖小宗,统三从兄弟。主高祖庙,祭至其子,五世则迁。

曾祖传至曾孙,为继曾祖小宗,统再从兄弟。主曾祖庙,祭至其孙,五世则迁。

祖传至孙,为继祖小宗,统从兄弟。主祖庙,祭至曾孙,五世则迁。

祢所生子为继祢小宗,统亲兄弟。主祢庙,祭至元孙,五世则迁。

(嘉庆己卯两广节署板)

以族谱而复宗法。

田雯《古欢堂集》卷二六,《萧氏族谱序》:

谱牒之兴,宗法废也。古五宗之制莫之考矣,而见于《礼经》,则惟继别为大宗,继祢为小宗。若《传》所谓鲁之三桓、郑之七穆、晋以十一族,丝联珠贯,叶布条分,世次明而昭穆辨,非宗法之大概与?自宗法既废,而收族之道不行,甚至时代荒远,或并忘其姓之所自来者,于是谱牒之书出焉,所以救其失也,贤子孙之所不得已也。岂曰收族之道遂毕于是说乎!

窃尝考之谱牒之书,门族阀阅铺张失实,其言之信而有征者,如贾执之《姓氏英贤谱》、挚虞之《族姓纪昭穆》、刘子玄之《家史》、柳芳之《宗正谱》是也。诸书繁简不同,大抵词旨典该,条理井然而不紊。后之作谱牒者踵而学之,韩坡深明其大义,纂为是编。大宗、小宗准乎礼,昭穆、官爵根柢于左氏,世系年表则又规摹乎龙门之史。以通经服古之才,而为水木源本之论,宜乎其有合也。夫古人之收族也,立庙于宗子,合食于宗室,所以安祖考而广孝思。亲亲故尊祖,尊祖故敬宗,敬宗故收族,为大夫有家者言之也。

萧氏代有闻人,官爵称大夫者,世且数见。以族谱而复宗法,所关最巨。吾知韩坡孜孜矻矻,深长以思,非徒效潘岳之文章首夸家风、陆机之词赋侈陈世德已也。余故序作者之旨如此。

(《四库全书》本)

谱牒的民众化自宋始。

毛奇龄《西河集》卷五四,《重修横河张氏族谱序》:

第十篇
宗法变革论与宗族建设

原夫世系之说,惟天子诸侯氏族未分,则工史必录其所属之牒,以备参稽。因之,禅代、生卒具见乎书。而外此,而庶姓庶官,即夫子之祖弗父,何俨然宋卿,犹不定为何公之子;其父郰邑大夫,竟不记葬所,况下此乎!自宋人大作氏谱,遍及庶姓,衡门曲户皆得有谱,其于睦属大义,可谓悉周而独是。家无工史,记多断续。倡于前者,或不能嗣之于后,所藉世家巨阀代有闻人,然后可继起而纂修之。盖作之重,有赖于述之也久矣!

(《四库全书》本)

直隶
容城孙氏

孙奇逢《孝友堂家规》:

问宗法,曰儒者论风俗,必先立宗,宗之为言,相率尊之云尔。先王知人耳目心志,不可无所宗也,故有大宗小宗之说。约其视听之所注,趋向之所主,而不至于涣散,此宗法也。古宗必有禄秩而后立,故其尊比于君,长宗之人不敢以其分临之。以今时而谈古宗则难矣,仁人孝子,严祠祀以萃睽离,缉谱牒以明昭穆,以族之长而贤身为人宗者主祭祀,是犹行古之道。念庵有尊尊老老贤贤之说,以行辈长者主之曰尊尊,行卑年高者主之曰长长,行与年不足而有德曰贤贤。

(《丛书集成初编》本,中华书局1985年影印本)

沧州孟村西赵河刘氏

民国沧州孟村西赵河《刘氏族谱》,《原刘氏始祖墓碑铭文》:

抑又闻程子之言曰:管摄天下人心,收宗族,厚风俗,使人不忘本,是须明谱系、收世族、立宗子之法。今宗法之稀讲久矣,而吾族犹有是举,吾始祖公之灵实式凭之所愿。凡与于斯者,咸推所由生之心,为心体木本水源之谊,联支分派别之情。勿以分隔而或疏,勿以地睽而相远,勿念小忿而忘至亲,勿竞锥刀而薄骨肉。相与教其子孙,以交勖于不怠焉!庶为吾祖宗佑飨也。夫是为记。大清光绪二十五年岁次己亥二月朔日阖族裔孙公立,十六世裔孙典三斋沐叩撰并书丹篆额。

(民国十六刊本)

丰润董氏

民国丰润《董氏家谱》,《凡例》:

一、古者世族有大宗小宗之分,今董氏宗之大小不可不明,故自大宗以后,小宗各为一谱，五世之内均无紊焉；其合小宗者皆根于始祖，百世之外亦犹是焉。夫谱有合有分，使分者益详，则合者愈亲，虽千百世可按而考也。

（民国十五年刊本）

南皮集北头刘氏

民国南皮集北头《刘氏族谱》，《刘氏族谱序》：

中书舍人沧州刘君紫庭以所刊族谱问序于余，余尝叹近世士大夫务此者颇寡，因之怵然深念。窃谓古先盛王之治，井田不可废亦不可复，封建不可复而可废，至于宗法必不可废，而亦断然可复。宗法行，小之可以清争讼之原，大之可以成乡举里选之治。惜乎其无有讲而行之者也！今夫一邑之中，大者数十万家，小亦不下数万，其中必有大姓数十，为其乡之望，此数十姓者其贫富不齐，其莠良殊类，良者寡而莠者众，于是富蔑贫，贫忮富，睚眦拗争，始于其族，而后及于乡党庶姓。宗法行，有大宗为之主，有宗相之贤且贵者为之辅，有同高祖、同曾祖、同祖、同祢诸小宗，为之联络夹持。如管子所云：乡退而修连，连退而修里，里退而修轨，轨退而修家者，皆可于宗法见之。故曰与其为善于乡也，不如为善于里；与其为善于里也，不如为善于家。如是则大姓治，大姓治而庶姓之统于其乡之大姓者，举可则而象之、而皆治。故凡义仓、社仓、塾学、保甲诸善政，其行之官而敝一，皆可寓之宗法为之，令长者苟非甚昏懦暴纵，第以安静临之，抚盾提诚而邑固以无事矣。今宗法不行，族之人群萃州处，涣然如萍之寄于水，其情志不相通，其喜戚不相关，甚至辈行面目且不相识，而荡析离居故无论矣。故宗谱之修，所以为宗法之嚆矢，而学士大夫所亟宜留意者也。虽然谱牒莫盛于有唐，而宗姓大紊，何也？自九品中正之法行，世以华胄相高，争引五帝三皇以为受姓之始，举三代秦汉以来之公卿贤士攀援比附之，其有世不相及者，不难伪立名字以自诬其祖宗，故谱愈远则愈不可信。又重称族望，不自著其所产地，而以郡望为称，故自唐以后所传某人某地人者，往往失其本真。且姓不一望，有一姓而十望者矣，望愈多则房愈分，或一望而三房，或一望而六房，故姓多讹其族，望多讹其姓，房多讹其望，此修谱之所以难，惟其难而愈不容以不修者也。今观刘氏族谱，始自有明以来，其上不可知，则宁阙之，一以居沧者为断，可谓征信矣。至于同祢同祖同曾祖高祖之小宗，推而溯之，始来此国之大宗，一展卷历历可稽，使由是而复古，宗法直举而措之已耳。故余乐为之序，以发余之有志未逮者，愿与刘君共勉之也。朝议大夫户科给事中河间戈涛拜首撰。

（民国二十三年续刊本）

第十篇
宗法变革论与宗族建设

南皮侯氏

此为明清时制定的家规。

民国南皮《侯氏族谱》，《家规十条旧八条》：

一、勿怠废先人祀。祭田所以奉先亦以睦族，宦达及有力者宜留意焉。每年办祭、完粮外，悉以济祖先、孤寡及女之无依者，他如孝悌力学、敦朴力农而贫者，厚恤之；游惰者减之，明示以隆杀之，故使知所劝惩。若亏孝悌、犯家规者禁勿予。又义仓、义学、义冢，教养同族使生死无所失，皆所当为者。又族人共有一庙，此百世不迁之大宗也，五世以后宜各立先祠，为小宗，以伸其情而联其支，然后同归大宗，则可不劳而理。

（民国七年重修石印本）

故城祕氏

宣统故城《祕氏族谱》，康熙《序》：

族之有谱也，所以通宗法之穷也，非仁人孝子不能作也。古者有封爵则有采地，故家能立庙，而大宗小宗之法，士大夫皆得行之，非独天子诸侯。厥后官非以世，公卿半起田间，采地不置而宗法废矣，于是仁人孝子不忍没其先而乱其族，乃为之谱以纪之。其初起自梁隋，而唐宋元明以还，于今不易，统系相接，世次不紊，境犹存焉。然事非一人之事，心非一人之心，苟非实有感于亲亲之重而不辞劳不惜费，则筑舍之谋，未有能底于成者也！故曰非仁人孝子不能作也。故城祕仲负先生以进士累官水部郎，余与久处京师，往还特密，其应事接物未见急言怒色，而感深风木，闻人言庭帏之乐则惨形于颜，盖未尝一念忘其亲。故能推孝于伯父，养生送死如其父焉；推爱于舅父，解衣推食如其母焉；且为兄立后，析产均财，一无吝私，非仁不遗、遗而孝思不匮者能之？聊今谢病家居，悯族谱之缺略，有敦本睦族之义，不谋于众而独力为之，家询户咨征各考字亦綦难矣。谱成，乃因贾君青南问序于余，余按祕氏自北通州迁故城十有二世矣，年日益深，齿日益繁，文学科第日益盛，则编注非易，而挂漏之虞或所未免。今其世系所纪、宗支所图、行谊官资、水木源本秩然，其详而备。虽无大宗小宗之名，而大宗小宗之序统于此矣。是统也，上以著承先之孝，下以广锡类之慈，而仲负既作之既成之，可不谓仁人孝子乎哉！余家居时亦为旁氏谱，与此小有同异，今几二十年，后生稚齿，日益以增，而余偃蹇仕途补缀未遑，视仲负之急流勇退，而能终成其淳叙之志，不禁隐然增愧于中已。康熙三十三年夏六月，同郡任邱旁垲拜撰。

（宣统二年重修本）

南皮集北头刘氏

民国南皮集北头《刘氏族谱》,《序》:

……抑尝考苏氏之作谱也,曰惟小宗之法犹可以施于天下,于是自详其高祖以下且书讳以志尊,他支则不。今先生之为谱,赅而纪之,高祖以下无别焉。盖沧州刘氏一族之公谱,而未尝效明允之亟亟自明,曰是吾作也。

乾隆丁亥春正月望后二日,朝议大夫日讲起居注官内廷供奉翰林院侍讲学士年家眷弟吾邱李中简顿首拜序。

(民国二十三年续刊本)

滦州边氏

民国滦城《边氏族谱》,《主祀宗法》:

自宗法废,族党乖,不惟先祖之祀事阙而不举,并后世之亲属竟涣而不联。则家无礼法,人鲜观摩,虽一室之中且多梗化,况于族分支众。现存之亲尚敢触犯,况远代之祖!呜呼,尊卑长幼之道不明,孝弟礼义之风尽泯,未见其族之能久者也!余慨宗法虽难骤兴,而人情不大相远,苟有所唱,必有所和。族中尽论大宗小宗,凡现在为众所尊重,众所倚信之人,皆当以身倡化,于我之尊者知所尊焉,于我之长者知所长焉,则我之卑幼自有不约而从之者矣,而宗法又何不可渐明也哉!明宗法必自祀先始,彼始祖为一族宗传,则继始祖者为大宗,其后累世相承俱为宗子,得主始祖以下之祭而为一族之统宗焉。其下有继祢之小宗,则止主祢之祭,而同堂兄弟宗之;有继曾祖之小宗,则主曾祖以下之祭,而再从兄弟宗之;有祭高祖之小宗,则主高祖以下之祭,而三从兄弟宗之,至于四从。虽曰五世则服尽,服尽则亲尽,此特谓上有可迁之主,非谓下有可绝之亲也。究诸五世继祖、百世继宗之义,固可百世而同堂耳。因举余族之大宗小宗而分论之,余大堂伯为始祖嫡系,宜奉第一支高曾祖祢之祀,此为大宗无疑也。二支高祖嫡裔属之图麟大弟,是为次大宗之小宗,以元孙而主高祖之继焉。至三世二曾祖之祭,则孚远兄以曾孙主之,所谓祭曾祖之小宗也。若五曾祖,则世安六叔奉祀。六曾祖,则康侯大叔奉祀。余祖分大宗四世,旁支则余奉祀,是为继祖祢之小宗焉。明此于祠堂之中而日习以尊卑之序,则因报本之诚益深孝亲之念,缘尊祖之谊念兴敬长之良。祖各有属,众皆有统,庶乎幽无隐恫、明无乖情。俟绳以宗法,而合族渐成礼义之俗矣。

(民国二十七年唐山华美印书局印本)

安徽

第十篇
宗法变革论与宗族建设

休宁茗洲吴氏

雍正休宁《茗洲吴氏家典》卷二，《宗子议》：

程子曰：管摄天下人心，收宗族，厚风俗，使人不忘本，须是明谱系、立宗子法。旨哉言乎！盖谱系明，则有所统；宗子法立，则人知尊祖重本。斯二者皆管摄天下之法，而宗子者又谱系之骨干也，故立宗为尤重。自汉以来，其法已废，至宋圣人出，昌言正论，提撕警觉，而颓风依然，未复于古。沿及后代，卿大夫起自庶士，世嫡未必皆贵且贤，又世竞舍宗立长，世嫡反置卑幼之列，则言宗法，于今日难矣。然此法不修，上无以为先祖主，下无以为宗人之所尊。宗人不尊，何以统理族人，无以统理族人，则冠昏丧祭之间，逐处隔碍，其欲以礼法导天下，俾天下进于淳古，不更戛戛乎其难之哉！然则挽今日之颓风，莫重于礼；而欲行古礼，尤莫先于立宗，断断如也。或曰：宗法之重如此，无如势卒不可行何？瞿尝伏读朱子论祭，有曰：人家族众，或主祭者不可以祭及伯叔父之类，则须令其嗣子别得祭之。今且说同居同出于曾祖，便有从兄弟及再从兄弟哀哀一处，祭不得要好，则主祭者之嫡孙，当一日祭其曾祖及祖及父。余子孙于祭次日，却令次位子孙自祭其父，此却有古宗法意，古今祭礼这般处皆有之，今要如宗法祭祀之礼，须是先就宗室及世族家行之，做个样子，方可使以下士夫行之。由此观之，宗法难行而未始不可行也，何也？盖祖迁于上，宗易于下，百世之宗难以卒复，五世之宗则易于仿行也。五世之宗，或势涣而未能尽行，而其继曾祖、继祖、继祢者，则情亲而力犹能自致也。吾族自迁祖以来，宗法坏矣，而其应为宗者又皆星散他处，或绝故无人。今诚准古宗子法，以次递及其应为后者，主冬至、立春之祭；其各支高曾祖祢之在庙者，各就其宗子主之。如宗其为曾祖后者，为曾祖宗；宗其为祖后者，为祖宗；宗其为父后者，为父宗。其于古宗子法或未必尽复，而于朱子所论祭祀用宗之意或有当焉。由朱子祭祀用宗之意推之，冠与昏丧，随在随事，各以其小宗主之。则冠昏丧葬之间，又有古宗法遗意存焉，恶在其不可行哉！若谓难行而竟不行，则大本已失，冠昏丧祭一切面墙。而犹曰：吾行四礼以范家，吾见东牵西补，罅漏百出，其不至贻讥有道、见笑大方者几何哉！虽然，事有积久而创复者，未可以孚众论、一人心也。程子曰：一年有一年工夫。言此事须行之以渐、持之以久，而后可图也。今诚明于宗之不可不复，向以齿以爵主祀者，群而推之，命之相之；其宗之愚而贫者，教之育之。自今以始，宗其祖祢，宗其曾高，五世之宗焕然。由是自高曾而及于继别之祖，则大宗亦渐可复矣。其所以管摄天下人心风俗者，孰有过于此者哉！汪敏斋先生曰：宗法不行久矣！余族自先京兆立宗子法，至今三百余年，遵循无间。三省忝为大宗，深惧管摄人心、收族厚俗之未能。读介石是议，不禁凛然。

（吴青羽撰，雍正十三年刊本）

绩溪华阳邵氏

光绪绩溪《华阳邵氏宗谱》卷一八,《家规》:

宗法。礼书云:百夫无长,不散则乱;一族无宗,不离则疏。士庶人家祭法止于四代,有小宗而无大宗。其曰大宗云者,皆礼以义起也。盖谓继祢之宗,同父兄弟宗之。继祖之宗,同堂兄弟宗之。继曾之宗,再从兄弟宗之。继高之宗,族兄弟宗之。四世则亲尽服尽,而不为宗矣。然上尽于高祖,则远者忘之。旁尽于三从,则疏者忘之。若是,则族不可合。虽欲亲之,无由也。故晚近士大夫家皆以始迁及有功德者为始祖,以准古之别子。其嫡长世世继之为大宗,以准古继别之宗。凡族人五世外皆合之祠堂,序以昭穆,则始祖常祀,同姓常亲。倘宗族有事,宜禀之宗长,会于宗祠,当与者从公议行;设有忿争,听从处分,不可径自告官,以伤祖宗一体之义。所谓"家之事宗为政"是也。

(邵俊培纂,光绪三十三年叙伦堂刊本)

山西

平定潘氏

咸丰《平定潘氏合谱》,雍正《潘氏族谱跋》:

族谱之说盖缘宗法而起也。自宋以来,为族谱者,首欧阳氏、苏氏。考欧谱,采《史记》表、郑氏诗谱以为图。其五世则迁,实古者小宗之法也。苏谱明言从小宗之法,故其谱自高祖而下,而高祖之父遂迁。两家所本者固同也,然欧谱上承高祖,下系元孙,世再别而九族之亲备。其法世增而不世变。苏谱则嫡子继世,皆自为谱,凡同高祖者,其谱同。其法世迁而世变,是以后之为谱者多从欧阳而不从苏氏焉。惟我潘氏,先世旧有谱图,而代远年湮,久已无存,七世祖相始作潘氏族谱,镌于六世祖思礼之碑阴。彼其穷源而上,自始祖溯流而下,至曾孙,本支嫡派,班班可考。谱固成于万历间也。由明而来,人阅两朝,世及十四,追既往之祖而前代殷遥,考现在之宗而繁衍日盛。里居石艾,依然诗礼家风。籍隶榆关,克绍缥缃世业。惟祖有功,惟宗有德,垂裕远及乎后昆。厥木有本,厥水有源。谱牒必详于奕世,顾求所谓潘氏族谱者,前有石碣之勒铭而后无成帙之刊刻。增修不力,考索实难。十一世孙济有心世纪,力为纂辑,乃编族谱全图,汇为一册。其弟浚又辑潘族合谱,以著于后。其同考核而校正焉者,则有鈌、河、图、丕、绩、原、海、钊、潢等九人,以助厥事。经年忝阅,剞厥一新。载宗派之源流,莫不条分而缕晰;考世系之终始,见其胪列而星分。其所为五世则迁者,盖法本欧阳,而且推广其义也。自兹以往,上以承祖宗之奉祀,下以纪族氏之殷繁。人载其名,子孙按世而书。则七世祖作谱于初,济与浚编次于其继,而后乎此者无不可以相承于勿替也。又安得谓宗蕃族巨,遂尔因循推诿,渐致散逸

第十篇
宗法变革论与宗族建设

哉?余年近八旬,济每考世系于余,不厌其详,余以梨枣付之。今而族谱既成,实惟我祖宗之启佑,而为我世世子若孙之印证也,是用概括而跋诸后。

时雍正六年岁舍戊申南月二日,郡庠生、乡饮介宾十世孙潘作舟跋,乡饮寿官十世潘延禧校阅。

(潘组耀等修,咸丰七年刻本)

平定白氏

民国平定《白氏家乘》卷一,《修谱例言》:

一、图内分别长次,当以二世、六世定之。自己身已上四世,承于高祖。高祖之子即曾祖,即二世祖也。有伯仲,则长次分。己身以下四世,至于元孙,己身即九世之高祖也。六世即九世之曾祖也。长门、次门即以此定之。而大宗、小宗亦由此分。盖长门之长子恒为长,以其能承于高祖也,谓之大宗。次门之长子以其不能承于高祖,所承者祢庙也,谓之小宗。

(白凤章编辑,民国五年石印本)

山东

崇本返始,作谱之义与祭祀之礼同。

田雯《古欢堂集》卷二六,《家谱序》:

家谱之作有由来矣。苏洵云:"亲尽则涂人,本一人之身分而至于涂人。"揪焉!轸叹谱之所以作也。子孙虽愚,过先人之墓未有不动心者。时而祀其先,语及其遗事,未有不追泣者。故宗庙之制、祭祀之礼,君子以此崇本返始,知其身当知身之所自出,知奉其身当知吾身之所同出,知先人之德昺当世、泽贻祚昆,而为之阐之扬之。搦管联册,长留天壤,其作谱之义乎!

小子伏深惭悚,周流恋念,抚今镜古,条缕析辞,载考挚虞之《族姓昭穆记》、贾执之《姓氏英贤谱》、孙秘之《尊祖论世录》、裴松之之《家记》、令狐德棻之《家传》,摹其规略,厘订流传史家自序,远谢于孟坚《家训》攸垂,窃淑于之推谱之作也,顾可缓欤!

(《四库全书》本)

黄县王氏

能亢宗吾家,大宗法势不能不废。

宣统《黄县太原王氏族谱》,康熙《序》:

先儒程子言:"若欲系人心厚风俗,使人不忘其本者,莫如明谱系,立宗子法。"近世宗法不能立,谱牒尚有遗风。倘谱牒不存,世远人湮,将不知身从何来,此所以谊隔情疏,而人心风俗日偷日薄也。吾家大宗自始祖以来五传而至祖祯,由肥乡训迁潘代二王府,授文章气节,为邑志名贤最。吾宗人文从此肇起焉。祯生继魁,继魁生廷谏,选贡生,创修邑志,侯贾璋序美之。廷谏生可久,庠生。可久而后无传焉。论伦序则继魁之弟继芳,庠生。继芳生廷诩,庠生。廷诩生家栋,庠生。家栋生佐,庠生。佐卒,其子讳尔玉者,宜统吾宗。惜也!书香既断,兼之愚朴懦弱,古云不能亢身焉。能亢宗吾家,大宗法势不能不废也。幸而谱牒尚存,初于从叔曾祖九十翁心宇公得其略,继于再从叔象雏公得其详,支派昭然。犹得各立小宗,以主祭祀而统族人。古者小宗有四,有继祢之宗,继祖之宗,继曾祖之宗,继高祖之宗。七世祖行二讳廷豸者,吾高祖父也。再传而予曾祖父,居长。再传而予祖父,居长。祖父生予父,又居长。予父生予,又居长。本支继高祖之宗,非龙之责而谁责哉?然则集宗谱,详支派以晓示族人者,叔象继公之功也。营祠堂为四龛以奉四世神主,设立祭法以倡率族人者,予之责也!若夫近日连宗,故套引他人之阀阅,为宗谱光,则又予之所深惧已!康熙五年岁次丙午春王正月,十一世孙辛丑进士任云南新平县知县文龙潜夫题于祖考神主几次。

(王次山修,宣统元年刊本)

江西

宜黄棠阴罗氏

大小宗法观念的影响。

乾隆《宜黄棠阴罗氏尚义门房谱》卷首,《守志公房谱例言》:

一、谱自大农令传至重良公四十八世,世代相承,皆据会省老谱,非依托冒附,如崇韬之拜汾阳墓也。

一、棠阴大宗谱以臣通公为本支一世祖,而此以尚义守志公为本支一世祖,以明房谱之各有所本也。

一、古有大宗小宗之法,所以叙天伦、系人心、明教原、敦正本也。由汉以下宗法废而门第盛,于是谱牒之学兴,族之有谱其犹宗法之遗意欤。是谱以宗法为主,如初分之子,孟为长,仲为次,叔季又其次也。继世之次第,孟之子虽幼,乃宗子也,例当先书;仲叔季之子虽长,乃众子也,例当后书。故必孟之子书毕而后书仲叔季,则大宗小宗之法定而长幼亲疏明焉。

一、尚义守志公以上止录本支而旁支不录者,所以别亲疏远近之杀,非故从略也。

第十篇
宗法变革论与宗族建设

（乾隆二十三年本）

宜黄谢氏

同治宜黄《宜邑谢氏六修族谱》，康熙《初修旧序》：

春秋讥世卿而宗法行，于世卿者独严。秦汉以来，世卿废而大宗之法亦废，所以尊祖合宗，犹幸有小宗之法在也。至小宗又废，而族不可复合也。一姓相传，历千百年而不变，至于门阀世系，生卒之概，历历可镜，所系岂浅显哉！岁丁酉仲冬，予奉命视学江南，阅己亥孟夏岁试事竣，旋署适江右抚宜，吾宗谢氏谱帙告成，其族之耆老名宿，持牍走数千里而请序于予。予虽滇南相隔万里，然溯其所自，则皆出于一源，以姓属之，则同宗也；以事律之，则孝行也。士君子扶奖人伦，即他族有请，尚当为之表扬，况一本之衍派乎？衍本子谊爱容辞。谨按谱所载人物、艺文，莫非献典、祭产、丘墓，悉属名胜。而于世系，自立靖而下，迁转至宋尚书彬公，自彬公而下递之迁祖宜昭公，自宜昭祖而下递之，至今三十余世矣，其流长而其源仍自不紊，盖不欲远姓相冒如赵彦昭、郭宗韬之流，则不足信今而传后。至于谱法有嫡系，即大宗图，例仿庐陵；有支系，即小宗图，例仿眉山。是又能明宗法，而先王因生赐姓之遗意犹在也。以此尊祖，则昭穆粲然，不为半千之乱；以此合亲，则本源井然，不为陆羽之诬。要之谱法也，亦宗法也；而实诸公孝思之所称，抑亦心法也。夫孝思之所至，上格穹旻，下茂族类，将必有亢宗象贤之孕，云蒸霞蔚，建大猷于天朝，垂休声于弈祀，而为我文靖公之孝子慈孙，用光后之简册。予于同宗诸公斯举预决之，于是执笔而弁其首。时皇清康熙五十八年仲秋之吉，赐进士第兼翰林院编修、授提督江南全省学政、滇南昆明同宗履忠熏沐敬撰。

（谢赋文等修、谢性卓等纂，同治九年刊本）

始祖、始迁祖与宗法观念。

新淦黄氏

道光《临淦窑前黄氏重修族谱》，《条例》：

一、昭源流以别亲疏。吾祖肇自豫章郡守高显公，生子司空法□，以迄于今千百年余。历谱高显公为一世始祖，司空法□为二世始迁之祖，至九世崇山、崇德兄弟分派两支，固各有谱。然我崇山公子孙蕃衍，散处四方，备载居徙考中，今谱详录吾支一脉生卒，其余亲者止记其名，凡属疏支，一概不录。如有商寓侨居异境，在后能寻源归宗，即以吾谱原载出处有据者，亦宜收入，庶不失一本之义。若世代久远，流派无考，毋得滥收，防冒称也。

(黄登第修,道光十五年本)

四川
泸州王氏

民国泸州《王氏族谱》,《大宗小宗图旧载》:

始祖始迁及初有封爵者长子继之子世、孙世为大宗统族人,主始祖庙祭,百世不迁。

高祖传至玄孙为继高祖小宗统三从兄弟。主高祖庙,至其子,五世则迁。

曾祖传至曾孙为继曾祖小宗统从兄弟。主曾祖庙,至其孙,五世则迁。

祖传至孙为继祖小宗统从兄弟。主祖庙祭,至曾孙,五世则迁。

宗子法祢所生子为继祢小宗统亲兄弟。主祢庙祭,至玄孙,五世则迁。

(王家浚督修,王守亨、王正溢编纂,民国二十二年石印本)

民国泸州《王氏族谱》卷一,《大宗小宗分辨》:

高祖以下于吾身为六代祖,高祖兄弟或三人五人已分为三宗五宗矣。则六代祖之宗子为大宗,而高祖之三宗五宗皆为小宗矣。如有事于六代祖考妣之前,则必以六代祖之宗子为主,而统率此三宗五宗之众。此六大宗统小宗之礼矣。奉祀与公事,属七代祖一宗之内者,皆以七代祖之宗子为主,再推而上之,以至十代二十代之祖,莫不有宗子。始祖之宗子谓之大宗,各族宗子皆为小宗。其各族之小宗如高曾祖考或三人五人,又各以嫡长为宗子,高祖之孙依然。五代支庶又以嫡长为宗子,然皆统于高祖宗子之下,是高祖宗子为一族大宗,而各支之宗子皆为小宗矣。

(王家浚督修,王守亨、王正溢编纂,民国二十二年石印本)

山西
洪洞刘氏

光绪《洪洞刘氏宗谱》卷二,《祖训》:

一曰建宗子。朱晦翁云:家有宗子如国之有君,举族之事皆宜告之。则知宗之宜建也。宗子者,祭家庙时待以主鬯者也。宗子之后,行辈或卑,行尊者毋挟长,位高者毋挟贵。凡有吉凶诸大事必告,以期毋缺略。至主祭时,宗子居中主鬯,行尊者分列左右,稍前,一如家礼序次。若宗子中绝,必以其嫡弟之嫡子继之。毋得以庶子为后,其有反是者正之。……十世孙志、镇谨识。

第十篇
宗法变革论与宗族建设

（刘殿凤修，光绪二十七年刻本）

浙江
绍兴山阴柯桥杨氏

光绪绍兴《山阴柯桥杨氏宗谱》卷二，《县案》：

光绪十七年请示稿底：

具呈族长杨潮，房长杨萃，司事杨希伯、杨惟椿、杨惟一、杨惟辞，年甲不等，住十八都四图柯镇，离城三十里，为课祭攸关，公叩给示勒碑永禁，并赐照单，分谕各庄注册，杜盗垂久事。窃职等忝居族长、房长、司事，向有杨氏宗祠，单开各都图杨慎宗祠等户田亩，给田布种收租，上供课赋，下延祭祀，历今已数十余年。前因族中不肖之辈，将田产觊觎图盗，当经开明户号，呈蒙前主付庄，注册禁止。嗣遭匪扰，案毁无稽；肃靖后，族房各长及掌祠司宰，相继去世，次第更换，幸奉颁发印，户管执业完粮，藉资遵守。惟是人心日下，子孙良莠不齐，近年以来，间有无聊族人朋串不法党类，仍欲背盗祠田，业由职等闻知并佃户通报，即赴各庄注扣，始绝盗念。无如此心已起，深恐后患难测，家法莫制。又况族长有故系，应分尊者为之，非尽年高有德，是以祠规另举司事协理。如族长言行未出于正，司事皆可指攻，不作违犯论。至宗祠田产，尤不得倡言废卖，庶祭堪永保，幼辈亦不敢妄萌觊盗矣。

（杨惟椿、杨惟一等修，光绪二十年敦伦堂木活字本）

湖南
湘乡匡氏

道光湘乡《匡氏续修族谱》卷首，《续例》：

图谱之作，始于欧、苏。欧氏五代为图，备五服也。其体直序世系，横推准以小宗法，五世而迁。苏氏九代为图，备九族也，其体平列世系，直陈统以大宗法，百世不迁。本谱式遵苏子意，参欧公间掇新制。

（匡逢向等修，道光八年解颐堂刊本）

湘乡平地胡氏

同宗观念的变化。

民国《湘乡平地胡氏续修族谱》卷首，《旧叙》：

古者自己身上下四世为九族，又以高曾及己身为五服。汉儒记礼曰：六世亲属竭矣，无所谓族也。《南史》谓谢惠连为灵运族弟，《唐书》谓颜真卿为杲卿族弟，皆五服也。今则凡同姓同宗皆谓族。

（胡传谟等续修，民国二十六年安定堂木活字本）

桂阳邓氏

光绪桂阳《邓氏族谱》卷首上，《谱例》：

书世系以严宗法为主，如初分之祖孟为长，仲为次，叔季又其次也。继世之次第，孟之子虽幼乃宗子，例当先书；仲之子虽长，例当后书。今谱本此例，书长房，然后书仲房，以次书叔季房也。

（邓廷泂、邓盛昌等修，光绪三十三年登秀堂木活字本）

四川

铜梁安居乡周氏

光绪铜梁《安居乡周氏宗谱》卷一，《训规》：

一、尊族长。又尝考之他省，一族之中，设立户长、分长，户长者长一户，分长者长一房，轮立之日，谋族告庙，以表一家之楷模。齐家之道，莫善于此。我族自六房分支以来，人众事繁，无所表率，因之愈远愈疏，而乖戾以起。此虽由于本实先拨，亦未始非族规不立之故也。兹谱于禁斗讼外，载尊族长一条，所以肃家法，泯争端。嗣后我六房中，务必一房各立房长，六房总立族长。不拘班辈尊卑，年齿长幼，但择品谊卓越者当之。每岁清明，族长躬率合族人众，诣宗祠祭扫毕，将谱内所载圣谕训规，为之讲解劝导，俾共知法守。设各房有事，先投本房房长理楚，本房房长不能了息，然后投凭各房房长理楚，各房房长亦不能了息，凭各房长，请族长于宗祠理楚，总以理明气散，勿致失和为妙。万一族人，或恃横傲众，或挟势凌人，即经族长理楚，仍欲兴事者，凭族长协各房长据实秉明，重则请官究治，轻则请回责罚。受秉者，不得挟嫌生忿，致干众怒。而族长更当正己化人，秉公剖断，不得借公报私，因利生害，以致人众不服，有坏成规。至合族之人，亦当谨遵约束，不得以分高凌之、以力众排之、以巧诈乱之。不遵者群起而公讯之，庶体统一严，家法肃而争端泯焉。

（周泽霖纂修，光绪十年刊本）

第十篇
宗法变革论与宗族建设

广东
潮州洪氏

民国潮州《洪氏宗谱》第一册，《宗诰·玉塔宗诰》：

礼有五典，典备而礼乐兴；家有谱牒，牒修而昭穆明。虽明昭穆，然服有五等之降杀，庙有五主之祧迁，所谓五世而斩焉。余尝考之先祖洪万二郎，公虽录于九族之图，奈流裔疏远而不可考矣！恭惟我祖主簿公来仕于潮，因兵燹迁潮下揭之西北而居焉，置田地，创阳居。当为仕之际，爱人民积阴骘，产下二男松崖、松庭，派下九遇天明降平之世，子孙绳绳蛰蛰，郁郁乎则为创业始封之君，百世不祧之祖。松庭公居长，派下天、地、人三房，是为大宗。松崖公居次，派下礼、乐、射、御、书、数六房，是为小宗。除长房祭田及受田外，另设祭田墓田八十顷，六房输返春秋二祀，受田五百顷。此六房分受。及元季大乱，家乘仍被兵燹失传，大宗三房，多遭兵刃，具绝无派，田地消乏。松崖公派下长房，传至嫡孙洪原、洪亨、洪宝，具绝，乐、御、数三房亦绝，惟射、书两房仅存。自前代子孙将田四十顷荡废，惟存四十石与射、书二房，追修时祀无缺。乃族之宗子为何绝亡？抑将欧氏之祭田小蒸尝二十顷废卖而致是欤？仲余忝居族长之分，乃玉峦公之嫡子也。虽为小宗，今承其事，拳拳而弗失旦夕思慕。玉冈公、玉峦公未设祭田祭祀，今将本里池塘八所、牛耳坑田租四十石与吾子侄，仁、义、礼、智、信五房输流追修玉冈公、玉峦公二祖祀事。兹而重修谱牒已成，昭穆尊卑可序。明诰我子孙，世守基业，谱牒无失，供奉致诚。孔子曰：祭如在。能致其诚，则神来格，不可不敬。又云：如临深渊，如履薄冰。可不慎哉！

族长判翁书。

（洪宗海、洪己任编，民国十一年汕头名利轩印务局铅字排印本）

二 "一气说"和"一本观"

"一本观"的祖宗裔孙"一气说"，一本观与祠堂的建立及祭始祖、始迁祖的讨论，祠堂行一本之谊与收族，各种宗族观共同的思想成分，改革观念推动宗族建设及其民众化。

直隶
盐山吴氏

民国沧州盐山《吴氏族谱》，光绪《序》：

从来族谱之修，所以统宗收族，使人不昧所由来，因以笃亲亲之谊也。此如有本之水，分流派别，而众支总本于一源，故君子务敦本焉。且以思祖德重辉瑧，水之渊源可溯；宗功丕著，奕世之基绪弥光。彼朱子家箴首重乎昭穆，欧公族谱端详乎系图，凡为子孙者，不皆当取法也哉？吴姓累仁衍庆，源远流长，使不追叙其世次，子姓日繁，历世久远不可复纪，难免忘本之患矣。吾友子琛先生，桑榆晚景，犹兴修谱之思，谋于诸君子，共办盛事，有任谘访者，有任校核者，有任纪录者，数月间而谱以成。及竣事，问序于余，余不禁欣然曰：是非能敦本者兴，是非能以孝于亲者，推而极之，至于祖祢之所自出，更广而暨之，及于同祖祢之苗裔者兴，其族必由是而兴起焉！合爱同敬之风，将于是乎大著也已！余惟是恳切言之，聊述追源报本之大义，而乐为之叙云。

时大清光绪二十二年岁次丙申季秋仲浣榖旦，钦加同知衔由同治癸酉科拔贡生朝考一等选用知县牵掣河南历署夏邑等县知县刘传任拜撰。

（民国八年续修本）

东光孙氏

民国东光《孙氏族谱》，咸丰《孙氏族谱初修序》：

窃闻人之有祖，如木之有根。木之荣也，虽千万枝叶而脉理条贯井井然系于一本，旁观者一览而欣其无余也。若同宗一脉之人反杂然惯然不知所从出，其何以洽同姓之好，而敦一脉之情哉？故欲联情谊，先明支派，形诸论说，不若订为册籍为尤切也。

（民国十三年新刊本）

南皮陈氏

南皮《陈氏族谱》，康熙《陈氏族历复修序》：

试思父祖曾高太而再上之祖孙父子兄弟者，孰非同匙公著者乎！一体分支数世，又孰非异形同气者乎！抑以自身所思若祖宗之心思，殆无弗睦之族人。旨哉，斯言！诚我体辄数辈之上，先祖一身之繁衍，祖体分寄于族众之身，则无一人之不我隐痛者；洵纳斯论，则无一人之或有隔膜也。夫家乘之阅而由斯豁然矣，孝悌之心油然滋生，而囿之不移者，则敦宗睦族之意而践于行也。谨略陈数语，以为斯序。九世观志沐手谨书，康熙六十年岁次辛丑仲冬下浣榖旦。

（2000年五修本）

第十篇
宗法变革论与宗族建设

乐寿陈氏

光绪乐寿《陈氏族谱》,乾隆《自叙》:

尝思万物本于天,人本乎祖,本于天者万一而各正,本乎祖者异派而同源。其在《诗》曰"似续妣祖",言尊祖也。其在《书》曰"以亲九族",言和族也。然而祖宗之派不明,则亲亲之道不著。其始也,一室同居,亦有蔼然莫解之谊,迨至亲尽服穷,或因小忿而生嫌,或因财产而致怨,或天各一方。阅世久而尊卑莫分,寄居两地历年多而宗族莫辨,凡此皆由祖宗之脉不分,亲亲之道未讲也。不知人之有祖犹木之有根、水之有源,根深者叶斯茂,源远者流自长。吾家自始祖以来多勤稼事,越六世而都宪公兄弟始通仕籍,迄今十有五世矣。祖功宗德莫可殚述,而棣茂椒蕃不容以终,睽此,族谱之修所以不容已也。尹尝闲居,日与子侄孙辈聚首谈论,念及旧谱被荒乱失坠者盖数十世于兹矣,意欲修葺以示来世,奈年迈力衰,动履维艰。忽有侄元孙兰久蓄此意,实获我心,于是命之游览遍及。凡我族姓无不一一详求,如是者三载。因授于余以求其叙,因遂循其次第,立其规模。真知者载,失传者阙,聊为创造以示方来。然犹恐草本不能传世,抄写难以遍及,爰合族众共捐橐金,付之梓人,刊为成书,各藏一谱,以昭法守。庶几祖宗之遗泽不泯,而敦宗睦族之谊亦有所感而兴矣!后之人能善体我意,嗣而叙之,是所望也。时乾隆六年岁在辛酉中秋,九世令尹谨识。

(光绪十五年刊)

滦州边氏

民国滦州《边氏家谱》,《续修谱引》:

前谱原序历世祖妣姓氏一策,其一祖一氏者概无所赘,于有二三氏者或继或庶,罔不备载,意盖以明子嗣之各有所出也。凡人贵有子者以其上承宗祧,下传后嗣,使无灭祖宗之血食而已矣。则嫡出,子也;庶出,亦子也。何必拘拘区别乎?且我士庶之家,岂王侯世袭者比,妣庶不明有妨立嫡立庶之义耶!况远在数世以前者人已相忘矣,兹必续之子谱曰:某某嫡嗣之裔也,某某庶嗣之裔也,而使嫡裔得以傲睨庶裔,自顾赧颜,此岂今以续谱而睦族和宗之本意也?至于祖妣姓氏,或一或二三,均著于前续两图,昭然可考,而未有所遗。自仁人孝子视之生母,母也,前母、继母亦母也。庶母而有子,即我之兄弟,兄弟之母犹非我之母乎?似亦无庸分著也,于兹删此一策,非但未用意忠厚,且于家谱未有厥典焉。祠堂规制,以下诸策在当时亦即准酌之,可以行之无弊者,苟继自今尽能奉而行之亦善,此故当备载以传,更可使览者油然生其孝弟忠厚之心也。余小子谨受教并志斯训于,续谱之末以见余小子之私擅笔削焉耳。十世后裔以诚谨记。

(民国二十七年唐山华美印书局本)

江苏

"祠堂非宗法也,而宗法非祠堂不行。"江苏宜兴任氏家族为邑著姓,自南宋由中原徙此已传世二十,至康熙初乃建大宗祠,并参酌古今制定所谓任氏宗法。建祠缘起、经过及有关制度详载于《宜兴篠里任氏家谱》之《祠墓记述》卷二之四与《宗法》卷二之五。

宜兴篠里任氏

民国《宜兴篠里任氏家谱》卷二之五,《宗法上·立宗子议》:

大宗宗子,所以主裸献、明统纪。

(民国十六年一本堂刊本)

民国《宜兴篠里任氏家谱》卷二之四,陈于廷《任氏建大宗祠疏》:

古之圣人,祖誉宗顼,追厥本始,以孝教天下,万世宗祐之设所从来矣。盖人之有本,始于河之有昆仑。脉所自起,奚忍不溯。篠里任氏为邑著姓,宋建炎中从偃师徙阳羡,以朴茂见称。太史公有言:人富而礼义附。予意其上世宗祊鼎建,轮奂翼如。及询之,人仅私祀其小宗,而此尚属旷典。噫,此岂追原返始萃涣合离之义也!予友畏十氏(编者按:即任景龙)暨族彦翼初君,慨然倡议祈举未竟之绪,而欲予一言,令宗人邪许。

予思宗祠之建,大义有三,而睦族宜家之理寓焉。夫脉始鼻祖家称肇基,今之林总而百千者,其初一人之身也,无一人无百千人也。矧筚路蓝缕以开之,今子若孙者曳缟噉肥,伊谁所赐,乃竟忘所自,而春雨秋露不能沾一杯羹,不有若敖之恫乎!其当建者一。自祢而祖,自祖而曾而高,亲相若也。祖之爱亲,宁不如我?今展一人之爱敬,而不体列祖之孝悫,即四时蒸尝不废,而揆以不先食之义,恐馨香肥腯,九京亦不下咽也。其当建者二。代以远湮,情由疏隔,今人各私其先而不统之于一,沿之奕世祖祢以外有不能举其名者。且岁时不接,厘瑕不通,渐而习之,伯叔昆季,必且傧介而后相见,是世之大浇也。其当建者三。嘻!古之法莫重于宗,自宗法之坏也,一门之内,途人相视。于是少凌长,卑狎尊,浸引蔓延,婬媟狠傲,各逞其气。彼宗长者,旁睨不敢出一语。乃始攘臂构难,至千金矢寻艾莩,亦綦可痛矣!故祠堂非宗法也,而宗法非祠堂不行。春秋禴祀,长者为祭酒,而余以伦次昭穆揖让酬酢,棣棣漆漆,即小有勃豀,必还念曰:"吾所欲逞者,固庙中献酬之人,而其初故一人也。"必且有消阻者矣,睦族宜家之理不默寓焉乎哉!

夫任系甲族,今象九、还生益昌大之,步武继起卿云之业,于焉奕奕。敬祖尊宗之义,夫谁不炳揭者?嗟嗟人情,作事独难举诎耳。任氏所乏者非财也。乃有崇宫室、饬台榭,

第十篇
宗法变革论与宗族建设

以乐一身而不省,旁及于鬼宇梵刹了无吝色。则追本源、恢庙祀,自当一唱而群和矣。畏十氏食贫,三亩之宅未暇自饬,而独先首事此一念。水木深情可感道路,又何问一脉之人乎!予且拭目以观厥成。

(民国十六年一本堂刊本)

民国《宜兴篠里任氏家谱》卷二之四,吴伟业《任氏宗祠记》:

任得姓于黄帝世,本有十国,惟薛最著,后为宋所灭,故梁宋之间有任氏。义兴任氏实自河南偃师徙,为江南望族,而未有宗祠。今吾友王谷(编者按:即源祥。)偕进士文阶、孝廉青际,率族人共成之。仿古宗法,立宗子以主祭,谋置义田以养老兴学,其法甚具,而属予为记。

予惟先王有助法以聚天下之小人,有宗法以联天下之君子。助法行而井邑邱甸通力合作,故授田者无蓥人;宗法行而高曾祖祢有无相共,故赐族者无敌室。是宗法实与助法相为表里,所以同其好恶、整其异同,由此道也。后之君子未尝不欲修而行之,往往立图谱创条教,而法或不尽善;即善矣,而行或不久,其故何也?古卿大夫之适子,贤者世爵,非有大罪,犹世食其采地,实任收族之责,而族人亦厌事之。贵富者不入其门,非所献不入其门,死而为之制服,礼甚重也。今宗子或为氓隶,无以收恤其族人,而支庶间有贤劳官爵,安能尽屈于宗子?古者化行俗媚,故族属之内,冠娶必告,练祥必赴,有余则纳,不足则给。今或勃谿谇语起于家庭,又何以联其族人,若手足臂指之相属欤?自古法不能无弊,后之善者,莫如欧阳氏、苏氏,族人各自为谱,有小宗而无大宗。然大宗之于小宗,如水木之有本源、衣服之有冠冕,大宗既废,则小宗亦无所恃以独行。凡此者,宗法所以废欤?夫古礼之在今日,不当泥其法,而当行其意,亦在善行者变通之而已。

任氏之为是举也,合二十世而共一宗,又立宗长、宗正、宗相等以治其事。具春秋祼献、辨等、尚齿,兼通以贵贵、尊贤之意,又择人以守其藏。其法不必尽出于古,而秩然具备,君子谓任氏善于礼矣。先王之制礼也,有进之古者,有通之今者。酒醴之美、玄酒之尚,黼黻之美、疏布之尚,所谓进之古也;上古之冠加而敝之,侑尸之位,坐而犹醮,所谓通之今也。凡人之情莫不畏古之繁重,而趋今之简佚。先王必取古礼以振浇而敦薄,必斟酌损益,宜乎人情,合乎时俗。世人安然由之,然后可以经久而无弊。自后之小儒不通时变,必取声名度数存什一于千百者,规规焉以求其合。往往扞格而难通,反为世所诟厉,礼之亡未必不由此也。今任氏不泥古之成规,而良法美意无不毕举。由是推之,凡礼之存者,如乡社读法饮酒养老之类,士大夫为善于家与乡,苟得其意,无不可举而行之。任氏之斯举,亦可以知所兴起。彼谓古礼于后世如弁髦土苴,非可见之行事者,其亦未之思也已。

（民国十六年一本堂刊本）

民国《宜兴篠里任氏家谱》卷二之四，魏禧《任氏大宗祠记》：

宜兴任氏族居西偏之篠里，自南宋迄今传世二十，历年几六百。代有显人，而大宗祠弗建。十六世孙明铉病革，以属其子源祥。源祥久乃纠得宗人为之，经始于壬寅，至丁未，凡六年而成。先是十五世景龙、十七世扬长，而皡臣皆谋之弗就，源祥乃与兄允淳、叔父尚友、侄憬聚米百石，子贷以为权。舆息既饶，族好义者视力蠲三百金以下一金以上。祠成，源祥为文述其事。庙制、祭礼、宗法，皆井井有条，一准于古，通以今所可行者。于是再拜属予为记，以勒于石。

按礼，庙制自天子逮庶人皆有定数，庶人仅得祭祢于寝。其后推恩及于高祖，后又推恩得祭其始祖。然自高祖之父以溯二世，多或数十世百世，其子孙繁衍千亿，富且贵而春秋不祀，几等于若敖氏之鬼，仁人孝子怒焉痛心。故虽以圣人之礼、时王令典所不许，而世之悉奉其始祖以下合食于庙者，在在皆然。其贤者循而行之，不以为过。然则士庶人之大宗合祭先祖，固本心所不容，已而所谓缘人情制礼，礼以义起，皆可通其意。任氏庙始祖居尊，而先祖祔食者两旁稍降，皆南向；配享者以德与功与爵论，东西向；次则别祭于树风堂；又有锡类堂者，以及族众。是虽非理之常经，然亦可谓厚而别矣。或谓如是则贵贱无等。是不然天子诸侯皆各为一庙，故五庙七庙贵之中亦有其等。士庶人设位合食于一堂，未尝僭庙制也。或又谓天子诸侯亲尽则祧，何有于士庶人。夫天子诸侯皆有祧庙后祭，而士庶人迁主既埋，若不复设位以祭，则与弃祖而绝世者同矣。榱栋之制、俎豆之数、献裸之文，皆可以明威等、防僭越，而顾必禁人祭其先祖乎！予故以任氏为无背于礼也。

任氏宗法有八：一曰宗子，以主献裸；二曰宗长，以定名分；三曰宗正，以总纲维；四曰宗相，以揆礼义；五曰宗直，以平风议；六曰宗史，以掌簿版；七曰宗课，以筹钱谷；八曰宗干，以充干办。而养老、恤孤、奖节、劝善、劝农、助婚、助丧、济荒、扶患、赈贫，其法将次第举焉。是举也，源祥殚厥心力，慎终思复，上禀于长，下询于兄弟子孙，乃克有成，举数百年之旷缺。而允淳、憬、尚友、葆、雄、绳隗、绳延、西邑有劳绩甚大，法皆得书。其他义输者，别有目，铭之背阴焉。呜呼！世之人不知尊祖敬宗，而宗法之亡也久矣。人心风俗之邪正，天下治乱，莫不起于门内。故宗法不立，小学不兴，而欲人才众多、天下长治，亡有也。诚能举任氏法风之天下，天下其将庶几？则岂惟一姓之幸？任氏子孙，世世念之哉！是为记。

（民国十六年一本堂刊本）

第十篇
宗法变革论与宗族建设

民国《宜兴篠里任氏家谱》卷二之四,《劝族建祠疏》(景龙):

不肖景龙,发已种种,无能为矣。窃谓吐奇掞藻,暮年不能。其有分内不容已之事,不得以老谢也。夫篠里之有任,从河南偃师来。我祖寿之公爱居兹里,盖五百年矣,十有八传,子姓甚庶,而宗祠未建,遗厥祖先弗祀。呜呼,仁人孝子之心,宁弗怆然乎哉!试思人各有身,身所从出父也,父所从出大父也,大父所从出曾高也,由曾高上之,又皆从始祖出。是始祖一人之身衍为通族百千之身,顾可忘此一人者不世世庙飨耶!

吾邑贵阀,无不肃庙貌、修禋祀。即编氓下户,亦有祠宇,以申孝享。信乎人有祖,人敬之,不以贵贱殊。何任之独缺也?将谓族众侗愚,智不及此,则枕藉书诗、列青衿而奋贤科,难诿于不知;将谓无财而力不能,则无论往时擅名素封,即兹物力大屈,亦可积微成巨,难诿于不能。予是以敢倡斯议,愿吾宗协力以图,富者不辞钱谷,壮者不辞筋力,智者不辞经营,即不日成之,夫何难焉!

客有诘予者曰:若族三百人而三百心,朽而腐者能率先与?能听从与?土木之役非财莫举,吾子舌耕自给、短垣不蔽风雨,能办此与?

予应之曰:不然!吾以仁孝倡族,而族之仁孝谁不如我?以吾之朽且腐也而倡,则少壮而才者无不应矣;以吾之舌耕自给、短垣不蔽风雨也而倡,则富饶而执礼者无不应矣。即如僧人募化,持疏曳铁,呼号市中,始未尝不难。卒之鼎建梵宇,轮奂赫然,岂僧解囊中藏以为之,必其应之者众也。西方之佛与人何亲,募化犹且应之。今欲庙祀者非他人即族之祖先也,欲劝分者非他人即祖先所出之子孙也。输己之财,崇己之祖,岂独我一人任而不我应耶?虽然,人情难于虑始,末俗易于挠成,宁无一二作梗者。一二之謭訕不足尼通族之响应,所望领袖者并胆从事而已。倘邀天之幸而祠成焉,祖灵之涣已久,而明信之荐,可将吾子孙之精神聚即祖考之精神聚,洋洋灵爽不在上而在旁乎!当此与祭之时,子姓数十百人所骏奔,而俨恪者惟一人。诜诜平日,覗视如途人,至是乃始知合体一脉,亦复何疏何戚何远何近耶?呜呼,尚有斗室阋墙之衅乎哉!不知其为合体也,汰者挟赀以齮齕,弱者恃婆而颁顽,两相轧以求胜。知其为合体,而一身之内自为搘击,必不然矣。此又所以萃子孙之涣而合其离也。然则宗祠之建,上以报本始,下以洽子姓。尊尊亲亲,莫急于此。此吾不敢以既老谢不敏耳。敬告族人,乞早定议。谨疏。

(民国十六年一本堂刊本)

民国《宜兴篠里任氏家谱》卷二之四,《募建大宗祠序醵助细数附卷末》:

夫国有宗庙,家有宗祠,所以崇报享而齐众志也。我任氏数百年于兹,而大宗祠未建,其毋乃非礼与?无论族姓繁多,涣而无纪;而始祖以下八世以上,咸为若敖。言念及此,能无痛心。然族中白叟黄童,靡不知大宗祠之宜建,而议屡功诎,数世来空成画饼。岂赀力之不及欤,抑心怠而势不及也?肇自丁酉冬,聚米百石为权舆,生息二年,今有二百石矣。顾计筑室千金,祭田千金,非二千金不可。若专恃此二百石为大宗祠之赀,尚未知俟之何年,成不成未可必也。为人后者,何忍若敖其祖而置之,姑待以自喙息乎!今愿以二百石为囮,凡我族姓,竭力蠲助,合成二千金之数。庶大宗祠不日可成,数百年缺典不日可就。譬如饥者餐、渴者饮,可云姑待异日否也?嗟乎!子孙之念其祖宗,当如饥渴之与饮食。而建大宗祠,或且啬于蠲助,秘其余力以自封者,非人也。是为序。

顺治岁次己亥,尚友、源祥、允淳、憬谨启。

录此序以明大宗祠之所由建并见首事四公,其功之不朽也。十九世孙曾吉识。

(民国十六年一本堂刊本)

民国《宜兴篠里任氏家谱》卷二之四,《大宗祠述》(源祥):

宜兴任氏族居西偏之篠里,自宋至今传二十世,家谱凡五修,而大宗祠至康熙壬寅始建,又数年而始成。先是支分派析,家自为祠,而始祖不祀,宗法不立。崇祯初,畏十公景龙拮据为之,弗克就。既而十七世安仁令皞臣,亦有志未遂。先世以来,力非不赡,谊非不敦也,文献非无征也。亦尝建义庄、置义田,陈芹山先生为之记,而独于此事阙如。比数经变移,物力维艰,建祠之议遂寝。先考立俞公病且终,命源祥曰:"大宗祠未建,吾族之耻也,汝其勉之!"顺治丁酉,源祥遵父志,为建祠计,乃与兵部兄允淳谋之,而叔祖尚友、侄憬,有同志四人倡议,先聚米一百石,生息以为之权舆,迄己亥立格议捐。而进士雄、举人绳隗与玉瓒、葆、绳延、西邑、权等,各率先捐助。族人响应,自三百两以下一两以上,悉登诸簿。于是米息既益饶,而捐数多,人心翕然,建祠之计始定。遂买篠里上街宅一区,改而新之。康熙壬寅冬至,奉立始祖神位,祔二世至七世诸祖神位于室;癸卯清明,祔八、九、十世大小宗神位;甲辰清明,祔十一世大小宗神位,稼轩公特以功德居中;皆南向。十二世以下,论德、论爵、论功孚众望者配享,两列东西向。岁举清明、冬至二祭,宗子主之,宗长、宗正以下凡成丁者,依位次陪焉。按宗法,大宗百世不迁,小宗五世则迁。故族居世远者,小宗之派别无穷期,而大宗则统于一。不统于一则宗法不立,此大宗祠所为必不可不建也。然窃考文公家礼,则有未能尽合者。家礼所重在四亲,兹所重在始祖。而始祖以下通行设位以祭;家礼所详在时祭,今酌用清明、冬至二祭,即程子所谓冬至祭始祖,立春祭先祖;朱子所谓岁率宗人祭迁主者,变而通之者也。邱文庄注:立春祭先祖,拟并高曾祖考而祭之。世多依仿其说。而世远则位多,位多则奠献难以成礼,今不得已而等杀之。始祖居尊,先祖各宗祔食,其配享者必三论(编者按:德、爵、功。)果乎,然后得与。次

第十篇
宗法变革论与宗族建设

则别议分堂分献之。配享准不祧之义，分堂准从祀之礼，倘所谓礼以义起者乎！祠南向，方广三亩九分。最高者曰一本堂，神室在焉，凡三间，可容三百余人，前轩接跗可二百余人，此行礼序拜之所也。一本堂之左曰树风堂，亦三间，东面，以祀一善一行之不与配享者；右曰锡类堂，以祀通族祖先之不与树风者。礼莫大于一本，而树风而锡类，等杀之义也。此后非盛德、大功、科名、显仕，不入配享，非善行、勤劳、文学，不入树风，宗子四亲祔食尽亦从论定。族有不幸不悌作奸犯科者，生死毋许入祠。前轩左右各楼房三间，将以为仓库。前堂三间，以合馂老者、贵者、贤劳者，以课文，以平家政。二门左右各三间，将以分馂族众，以设义塾。前堂左右各正屋四间、耳房三间，将以寓宗子及远来赴祭者。大门左右各数间及前后侧屋，以设厨，以居仆赁。是举也，发端于丁酉，定画于己亥，经始于壬寅，至丙午、丁未，而规模乃成。是举也，允淳举其纲，憬综其目，尚友立其基，葆佐其筹，雄、绳隗昌其义，绳延、西邑等集其力，肇熙、为楫纪其详，而肇谋、决机、忍饨以要其成，则源祥与有勤焉。祠方成，佥议：立宗子以主祼献，宗正以秉权衡，宗相以揆礼义，宗课以资风议，宗史以掌簿版，宗课以笼钱谷，宗干以充干办。每祭自主祼分献外，设司赞、司祝、司爵、司筵若干人，以供执事；纠仪二人，以肃对越礼也。宗法已行者，纲纪大条刊布整顿。未行者，颁胙、设塾、养老、恤孤、奖节、劝善、劝农、助婚、助丧、扶患、赈贫十二条，则俟财之稍裕行之。夫礼以善俗，宗法行亦王道之一助与。伏惟大人先生采其已事，而赐之记序，将勒石以示后人，俾知始事之难慎如此，庶几进德修业善守宗祧，则长者之德施无穷也。

（民国十六年一本堂刊本）

据《重建大宗祠碑记》（任道镕撰）和《重建大本堂碑记》（任传纶撰）所载，任氏大宗祠后曾毁于兵燹，赖后世子孙陆续修复，前后历时达二十六年之久始克完成。

民国《宜兴篠里任氏家谱》卷二之四，《重建大宗祠碑记》：

咸丰初，粤逆倡乱，庚申之变，桑梓陆沉，篠里邻近皖疆，兵贼冲斥，无旦夕安。贼目踞宗祠，见沙帽朱衣者拄杖呵逐，贼悚栗，积薪焚之，祠为瓦砾。呜呼！祖宗创之于前，子孙不能保之于后。虽曰天命，罪奚辞焉？道镕一官鞅系，怒焉痛心。春露秋霜，感念何极。同治丁卯，叔序槐、兄谦吉按丁集腋，就宗祠故址公建大门三间，二分建东二间，三分建西二间；兄瑛、侄鹤龄建照厅于庚午；侄重光建响堂于壬申，奉始祖以下十一世神位于响堂，春秋祭祀，规模粗成。岁癸酉，道镕官汴中，措金接办寝室，旋以工巨费绌，复中辍。癸未夏东抚谢事归，寓吴门。明年三月返里，省墓、谒祠，主大宗祠清明祭。祭毕，谓宗人曰："正位暂安，配享久阙。四堂从祀虚悬，将何以尊祖敬宗，为灵爽式凭乎？"因修书陈告叔传纶,复与序槐、申福诸叔暨弟侃、连山定议鸠工。从侄曾培司铎山阳,促之假归总其事。丙戌秋兴工,十阅月而告竣。旧制,拜厅接寝室,今移前数武,工倍于前。从兄光斗捐六百六十缗,道镕以佛番千元足之,始克蒇事。丁亥冬至日,各分咸集,成安主礼。凡大小宗祔祀神位一律入祠,仍分东西向。僾乎若有所见也,忾乎若有所闻也。寝成孔安,斯之谓与?戊子秋,议以宗祠余资分造四堂,有不足,曾培补之。从兹庙貌重新辉煌,肃穆赫赫,先绪百世不迁,祖宗安则子孙安矣。是举也,经营不懈,相与观其成者,曾培之力为多。谨记。

（民国十六年一本堂刊本）

民国《宜兴篠里任氏家谱》卷二之四,《重修大本堂碑记》（传纶）:

光绪十九年癸巳口月,二十六世国均捐建大本堂飨堂告成。……大本堂,咸丰庚申毁于兵燹。同治甲子以后子姓图复一本堂,大本堂尚一片焦土,岁时就旧址拨荆棘,展拜而已。光绪壬午,传纶合敬止公位下子姓,鸠赀八百余缗,为规复大本堂计,经始癸未,三月竣工,寝室一进,既仍其旧。大门一进,以限于力暂造一间。丁亥,积大本堂位下进主香资,并南门汤泉上街河头四分合捐洋四十元,共得洋一百二十余元,添造大门左右二间。庚寅以后,先由各子姓集洋三十元,继由二十五世骈合、锡汾、国铨、国均、国光、国华共集洋四百元,以之修葺渗漏,余三百元取息,以供岁时祭费。盖积数十年之经营而几复旧观矣。壬辰冬祭,国均在事究考所以无响堂之故,慨然兴作,于大门寝室之间添建五楹,高广相垺,中三楹相联,左右两楹仍与寝室两旁之书房一气,窗棂一切具备,费口缗,皆国均独任。较之旧观有加侈焉。

（民国十六年一本堂刊本）

民国《宜兴篠里任氏家谱》卷二之五,《宗法目录》:
宗法上
　祠堂议
　神位议
　配享议　附配享定议
　分堂议
　贞节议
　孝行议
　祭田议
　茔墓议

第十篇
宗法变革论与宗族建设

义塾议

继嗣议

各分界限议

婚娶议

丧葬议

庆吊议

赋役议

恒产议

习非议

有无相通议

记过旌善议

同族相讼议

会讲宗法议

立宗长议

立宗相议

立宗直议

立宗史议

立宗课议

立宗干议

宗法下

 例三十七条

 附钓台公劝谕

 配享续议

 贞烈祠续议

 配享再续议

附载

 建祠捐数

 修祠捐数

（民国十六年一本堂刊本）

《宜兴篠里任氏家谱》卷二之五，《宗法上·议》：

祠堂议　　　　　　　　　　　　　　　　　　　　　　　　　　　　　　　　　　　　　源祥

祠堂之义，详于宋儒，明因之以为制，品官得祭高曾祖祢。而聚族而居者，往往至数十世。属疏指繁，欲萃其涣而收其心，非祠堂不可。故祠堂有制有义，必欲遵高曾祖祢之制，高祖以上亲尽则祧，高祖之后服尽则疏，非不欲为不尽之道，而义有不得不尽者。而况推而上之数十世之前，欲以收摄数十世之后、数百千人之心，其势大难。诚欲推而上之数十世之前，以收摄数十世之后、数百千人之心，而又欲比拟傅会高曾祖祢之制，其势大难。

吴中世族所谓祠堂者，所在皆有，然为之考厥典制，求其义，而未获所安。或谓大宗南面正位，小宗两列祔位，如小宗曾祖一行并祔于高祖之庙，是矣。然高祖之所出，祔于高祖而安，非高祖之所出，徒以族中行辈相同而祔于高祖，安乎？或谓祠堂主大宗之高曾祖祢，而小宗之与大宗之高曾祖祢为辈者，并祔于庙是矣。然宗长行辈有在大宗高祖之上者，如此则宗长生祧，可乎？或议分前堂后寝，前堂主宗子四亲，祧而入于后寝；后寝主宗长四亲，亲尽则祧。此其立说颇悉。然宗长不拜于前堂，宗子不拜于后寝，安乎？宗长欲拜于前堂，而所主四亲有在曾元辈者；宗子欲拜于后寝，而从宗长之后，可乎？久之，其祖皆在所祧，而欲以亲尽服尽疏远之，兄弟强合而祠于一龛，安乎？族众多者，每一行至数百千指，欲合一龛而容之，可乎？由此言之，聚族数十世为祠堂，欲傅会高曾祖祢之制，必不可也。

程子冬至祭始祖，立春祭先祖。《朱子家礼》本注，迁主埋于墓所，宗子岁率宗人一祭之。今通族为祠堂，即程子祭先祖、朱子祭迁主之义也。家世既久而祭限于制，亲之不可，忘之不忍，故合为一庙，而岁举一二祭。礼以义起，权不反经，而萃涣敦风于世教有裨益焉。至于高曾祖祢各亲其亲，虽自为家庙，亦无不可。家庙即高祖之大宗祠，大宗祠即通族之家庙，其义一也。但高祖之大宗祠重四亲，而远者祧。通族之大宗祠重先祖，而后者祔。四亲之祭不可逾，而先祖之祭，虽百世可也。邱文庄注：立春祭先祖，拟并高曾祖祢而祭之，专为聚族而居者设。而聚久主多，势在必穷，不如专用祫祭，尊其共祖为可久之道也。

我任氏自寿之公始迁篠里，历世二十，历年六百，而祖庙未建，知分不知合，忘本披枝，莫此为甚。非惟缺于祀典，有心者之所痛悼；而族姓繁多，宗法不立，风气之所以日偷也。今兹肇建，源祥等实首其事，绳延等倡议捐资，族中无不心应力集，共襄厥成。爰考典故，准古酌今，谨议共祖立位，所以著一本之理。配享三论（编者按：德、爵、功。），所以表章往昔而鼓励来兹，既不违古，而有益于世教，亦圣贤之所趣也。若夫整饬规条，务在必行。俾后嗣有所循守劝惩，宗长以下慎之勉之。

神位议

第十篇
宗法变革论与宗族建设

神主,所以安既葬之灵;神位,所以妥既埋之主。神主之有迁埋,限于制而诎于势,不得不尔。若夫神位之设、祖庙之立,通乎礼之变而伸仁人孝子无穷之情,所谓百世不改者也。

谨议:一世至七世通族之共祖凡七位,八世大宗一位,十世大宗一位、小宗三位,各分之共祖凡八位;又祔十一世各分分祖凡十一位,稼轩公以功德居中。共二十六位,皆立神位于一本堂,南面。十二世以下论定配享者,亦立神位于一本堂,序列东西面。其不与配享,立神位于分堂。

配享议

古礼,天子、诸侯有不祧之主,以功德论。今品官四亲之制,无不祧礼。本祠为迁主立位,岁举二祭。十一世以上为共祖,十二世以下功德有必不可掩者,从公论定而配享于一本堂,此亦寓不祧之意而通其变,所谓礼以义起者也。其例论德、论爵、论功,所以著崇报之典、行激劝之道;或其子孙德盛爵尊功高,先人亦得配享,所以兴孝慈之思。

谨议:孝悌、忠信、礼义、廉耻有一二字无愧者,以德论;勤俭、恭谨、长厚、朴直无愧者,亦以德论。三途出身以爵论;即非三途,文授七品以上、武授三品以上,亦以爵论。成家立业、急公好义、激浊扬清、博物洽闻、修典著训,凡有裨于宗族、有光于前后者,并以功论;即如建祠拮据,首事与夫竭力捐金者,并准急公好义以功论。论定配享,虽主未应埋,不妨预立神位。若憸邪悖道,得罪祖宗者,虽子孙捐金如例,不许入庙。

附录

配享定议

宗祠重大之典,莫如配享。论德、论功、论爵,不敢不严。子孙能输助百金,亦以功论,此严中宽典也。建祠之初已极详慎外,有德在可否之间者,如涵春公、篠园公、南桥公、肃吾公、成俞公、雪凡公、还一公、振寰公八位,俟子孙以功之半补德之全量议,输五十金入配。而雪凡公又有先年率享澹庵公之功,不可泯没,理应再减量,输三十金。俱俟银数完足,然后入配。他不为例,此外须照百金定例。至于生前品行不端,有过犯者,即输入倍蓰,亦不得入祠。自议之后,万不得宽纵以得罪祖宗。谨议。

康熙岁次丙午仲春朔日。

宗子绳隗

宗正允淳

分堂议

本祠祭主先祖。凡族中曾祖而上既迁之祖,皆应设位以祭。而世久位多,难于成礼。故以共祖为断,自一世至十一世止。十二世以下配享者,严于论定。而不与配享者,则为分堂以安之。

谨议：一本堂之左建树风堂。凡有名列胶庠及品行可称者，各设位以祭；右为锡类堂，凡族中主之应埋者，各立神位于中；即本宗无嗣者，亦总设一牌位于侧，使得少沾余沥，亦祖宗之惠也。盖高曾祖祢固不妨各立家庙，而贫富不同，其不立家庙者多矣。即尽能立庙，而犹有涣而不萃、多而益远之虑，故分堂合食所由设也。

贞节议

妇女之以贞节见，非家门之幸也。然不幸有其遇，而不可无其操。

谨议：祠堂之侧，别建贞节祠。凡先世有节妇贞女始终无玷者，立位祀之。一以阐幽，一以励俗。其从夫、子列配享者，不在此论。

孝行议

孝为德行之首，德行著，配享无疑。然或有孝行而别无表见，甚且无嗣，不得与配享者，别建孝行祠以旌之。

祭田议

祭必有田，而后可以备物。今通族蠲银可二千两，约以其半建祠宇，以其半置祭田。田之岁入有常数，宗课司收放，宗守典仓廪，宗长主筦钥，宗子总会计。约用二祭祭品若干，馂费若干，余皆贮积待用。用之之法，先祠墓，次祭服祭器，次义塾会课，次给族中鳏寡孤独、残疾之人，次赒贫乏，次给进学登榜花红银及科举盘费，其后有贵且贤者捐俸增益，徐议各项给助之例。其田立厢户办粮。

茔墓议

茔墓藏先人之体魄，必隆其封值，坚其垣墉，培植竹木使之菁葱蓊郁，足以庇其宅兆而著神焉。故礼为宫室，不斩于丘木。吾家祖茔，如朱藤墓既侵蚀而可疑，丁香坟亦蔽于房屋，其余见侵于牛羊过而颡泚者多矣。自今以后，童者值之，塌者封之，倾者筑之，蔽者豁之。申明禁约，务在必行。十年后，必大有可观者。至于墓祭，非古也。墦间乞余，其来已久。汉明帝有上陵礼。唐人始重拜扫。是日必增新土于冢，土标钱焚而退。今依时俗，清明合祭于祠堂毕，本村二大坟即日拜扫，其余各以大小宗于次日行拜扫。

义塾议

古者设乡塾以训民之子弟，后世此法不行。而贫不能延师者多矣，儿童失学，无怪乎习恶而性成也。今于本祠内设义塾，岁给脩金一十六两，延先生之有德者一人，训族之贫子弟，歌诗习礼，一如王文成法。宗课、宗直时稽其勤惰。先生供膳，量给银米，宗课主之。至于经学，为费浩大，力未能举，当徐议。而清明、冬至后一日，本族生童，俱于祠堂会课，送高明评次，以第给赏，鼓舞后进，不可缓也。

嗣继议

第十篇
宗法变革论与宗族建设

先王重绝人之嗣,继嗣之法,律例详哉!其言之矣。今人往往以贫富异心:所继贫,或当继而不继者有之;所继富,或不当继而争继,至于兴讼者有之。《礼》:大宗无嗣,小宗不可以有嗣。大宗或至于贫贱而凋落不振,继嗣屡绝,甚矣!宗法之不讲也!建祠以后,无论大小宗,嫡长虽贫,断不可使无后。其余继嗣,应立爱立,但不紊于昭穆者,听。如以异姓为嗣,与夫出嗣异姓者,皆罪也,法使归宗。或恩养多年不愿归宗者,本族先世有定姓、钱姓,分别入谱,后不为例。乾隆四十年十一月十一日,钦奉谕旨:"兄弟只有一子,而以一人承继两房,未始非从权以合经也。与其拘泥独子之例求诸他族,何如先尽亲兄弟之子,不致以成例阻格。著为令。钦此。"今议:兄弟二人只有一子,遵照一子兼嗣两房;若本房并无子嗣,准由大小功服内,推行兼嗣之例,庶乏嗣少而争继永杜也。

名分界限议

名分所以维持世道,况同族之人尤为亲切。有名分自有界限。亢者不为骄,屈者不为辱。每见有亲伯侄,而往来看坐迎送者;有亲伯叔,而字呼其侄者;有子侄而行坐颉颃,语言不驯者;世道之薄,由礼法之不讲也。虽不能复行古礼而破其积习,加之谨饬,庶渐与礼法相涵,而真意犹有存者。谨议:父行以上呼子行以下,在五服内者皆名,服尽呼字加侄称。兄弟相呼以字加兄弟称。五服内称兄,呼行不呼字。叔侄虽疏,不可并坐。祖孙虽假借对坐席,宜稍逊有隅坐意。凡卑幼见尊长,有揖拜,无拱手。正旦、冬至、生辰必拜,朔望作揖。数日不相见,见则作揖。言事无文,侍饮毋至醉,侍食毋先,请去告违不待送,告行不待让。道遇必趋,在车马必下。车马非七十以上,不入于里门。凡六十以上,不可使负戴,见则责其子。如有下犯上、少凌长者,悖逆不道,从重议处。各房家人见本族官人,即垂手附立途旁,鞠而候过;坐则疾起,呼则疾应,去则疾走,违者责治。

婚娶议

婚娶必门户相当,年质相称。将成必白于宗子,宗长告于庙,卜吉而后谐,所以重正始之道也。嫁女筊于庙而后行。娶妇三日而见庙。妻在室,不可使佚游。母家女既嫁,不可使离夫子。妻之父母兄弟至,出见于中堂。归宁,内宿于别室。为女之母,不可轻往婿家。

丧葬议

丧事称家有无。凡附身与棺者,竭吾心力而止,不可惜财致悔,亦不必倾财饰观。至于巫觋斋醮无益之费,断不可用。葬宜及期,风水虽不可不信,亦不可痴心妄求,以致停棺暴露。

庆吊议

庆吊所以因乎情而酌乎礼。庆吊不通,于陌路何异。谨议:庆寿自六十以上,吊丧自五十以上。族中无论贫富,皆宜与分。分金多者至五钱而止,少者以五分为率。

　　赋役议

　　有田当役,势所不免。而户役破家者十四五,只是不早完粮之故。零收小户钱粮,不觉花费。而节年拖欠,无可如何,只得贿差嘱吏,久之,钱粮之数已饱差吏之腹,而拖欠如故。若交现运,不致破家逃亡不已。今后族中田甲,当以此为鉴戒。每岁所入,先国课而后衣食。节年不欠,其势易办。语云:若要宽,早完官。

　　恒产议

　　无土不生人。田地利息虽轻,终是恒产。若无恒产,势必至游手游食,下流不肖。谨议:原有产者,非疾病祸患,万不得已,慎毋多作债,以致弃恒产。原无产者,或农贾勤俭,以致奇赢,须是置产为上。

　　习非议

　　子弟不读不耕、游手游食、亡身败德、破家荡产,莫如赌博一事。而设机取利诱人赌博者,则开场实为戎首,故律法最重开场。吾族不肖之徒,习已成风,其来已久。然而老于此者,日以益贫。少年破败,不可胜数。何不幡然自新,有此精力,何事不可为。建祠之后,首禁开场赌博,所以杜非为之本、塞贫贱之源。如或沉溺不出、强梗不听,宁远徙他方为之,无在兹土。至于物各有主,取非其有为窃盗。族中有不肖者,不顾廉耻,偷取田园花刊、山场柴草。所恃者同族情面,罚不必行故也。非惟业主失利,而不肖子因之怠惰皆窥,终身无望。建祠后,务严此例。犯者决无轻恕,绝其不肖之路。或悔过而为善良,未可知也。

　　有无相通议

　　族中贫富不同,有无相通,足见一本之谊。或疾病祸患,而应其急需;或饥寒称贷,而减其子息;或善经商,假之以本;或能力本,授之以田。在富者,推同族之谊,与外人自不一例;在贫者,亦宜自爱,务期两不相亏,留为可继之道。若有求无厌,恃强负赖,势必至破面绝情,非惟伤于族体,而自绝其后路,甚非算也。

　　纪过旌善议

　　有过必纪,有善必旌,劝惩之要法也。然或纪过而不服其心,何以示惩?旌善而不核其事,何以示劝?法必公之于众,闻于宗直,告于宗子,听于宗长,拟议于宗正、宗相而笔于宗史。过非徒纪,必先有谪;善非徒旌,必后有录。过者有善足盖前非,善者有过难辞后累。务至功而必行,无徒虚应故事而已。

　　同族相讼议

　　凡人各安分守礼,开心见诚,何讼之有?而况同族之人一本之谊乎!尊长不直,卑幼

第十篇
宗法变革论与宗族建设

自当顺受，固不可犯上以取罪。卑幼不直，尊长亦宜以理开谕。不悛，则鸣诸宗长，会宗执事，于祠堂前鞫其情而加罪焉。罪者强梗，乃输于官。若听信谗佞刁唆，不告于祠堂而径兴讼者，无论曲直，先以不告之罪罪之。两不告而相讼者两罪之。凡讼无益，可已即已。或受亏于外族而欲讼者，亦须告于祠堂，众为处释。必不可释而后讼。其不告而讼者，亦罪之。或为外族所讼而我不直，则系所犯于祠中，请外族明理长者一人来，照家规治以应得过犯。外族不服，宗长令宗直详具其状，闻之官。如外族不直，而虚捏事端造意倾害者，众相捍之，求其直而后已。不可坐视族中有患而袖手旁观，与陌路何异。况有媢嫉之徒，潜结外人，假手中伤，因以为利，此犯族恶大条，生不得与祭，死不得入庙。

会讲宗法议

国有国法，家有宗法。知法为良民，奉法为善族。本祠所定家法，虽不能阐国法之万一，而斟酌古今出入礼律，取其明白切近，便于通晓，吾族之人若肯遵而行之，庶几人无失德，而俗易风移。

祖宗之福荫，其在斯乎！但恐狃故习偷，乐宽惮严。贤者鄙为迂阔，不贤者置若罔闻。义例虽详，有如故纸。于是推本法意不厌谆谆，而更为会讲之举。谨议：正旦行礼毕，司讲二人讲宗法于祠堂，或于二祭前后，族众齐集之时，会讲宗法。俾族众环而听之。所谓明白切近者，更为之反复晓譬，当不觉其故习之移而遵行之易也。古者乡社读法，遒人木铎，盖于是乎在焉。

立宗子议

大宗宗子，所以主祼献、明统纪。自一世至七世，而西岩公进继大宗，礼之变而不失其正者也。自是至十七世，家谱大宗图，昭然可考。不幸，十八世宗子念典流落不肖，以罪废，法宜挨次继绝。值建祠伊始，推贤尚功，众议于大分中择立绳防（编者按：在《宗法上》、《神位议》中署名宗子系绳隗。）为宗子，进继大宗，亦变而不失其正云。

立宗长议

宗长，所以听一族之政，非素有德行、临事公平明决，何以服众？法于尊行中推择贤者而谋之于众，众咸曰可，然后宗子率通族之人卜之于庙，三卜习吉，乃告于始祖，行宗长事。族中事无大小，咸听宗长，咨于宗相而裁决焉。

立宗相议

宗相取辅相之义，所以辅宗子、宗长之不逮也。盖宗子未必皆贤，非有相焉，何以合礼；宗长虽贤，未必无一时一事之误，非有相焉，何以合义？立相之道，不拘分、齿，惟视材贤幸而有积学精修之士，明于理义，达于事故，上可以窥圣贤之蕴，下可以极品汇之情。是能推详纤悉，斟酌可否，权衡轻重。故凡有事于祠堂，凡有事于宗族，必絜之义理而不悖,施之事为而不紊,祖宗之福、族姓之福也。然其人不可必得,则求其次。致曲以为明,庶几可以察理;虑下以为公,庶几可以服众。本之以敬慎之心,辅之以和平之气,姑取而委任之。若夫佞口屈人,诡情谐俗;或偏执己见以为是,或外假公道以行私,《易》所以云:开国承家,小人勿用也。

立宗正议

宗正取正大之义,所以体宗长、宗相而干之以必济者也。宗长、宗相虽皆贤,而力或不足,事或难行,心有人焉左提右挈、济巨行远,此宗正之责也。法不论齿、分,亦不拘人数,以先达者为之。盖藉祖宗之荫,列名缙绅,其人必厚于根本,练于世故,故族中人亦宜爱敬而听信之。幸而爵显禄丰,范希文义田之法,于宗正有望焉。若或倚势而忘其先世,凌躐乡党,虽贵显,非宗正也。

立宗直议

直取刚直之义。凡族人之是非曲直,正言不阿,家规藉以行焉。必公平刚介而不避怨者为之,徇私不任则黜。

立宗史议

宗史取记载之义。掌簿版,修典礼,明赏罚。凡族中生卒配葬,有告即书,以便修谱稽查。均矢公矢慎,毋徇私而旷职,必择读书明理掌故多闻者为之。

立宗课议

宗课取督课之义。凡钱谷之出入,营造之筹度,监董、宗课轮司其事。必公介而有心为之,徇私不任则黜。

立宗干议

宗干取干办之义,所以先后奔走于宗长而助之行者也。祠堂有租债不清、听直不到者,宗干奉宗长之命取之,或协宗直、宗课共治其事,必老成廉直而不辞劳苦者为之,徇私不任则黜。

(民国十六年一本堂刊本)

祠堂初建,宗法条例甫定,萃涣合离要在树立威信,故三十七条族规除助婚、济贫、奖学等少数几项外,多属严责重罚。

《宜兴篠里任氏家谱》卷二之五,《宗法下·例凡三十七条》:

一、祠堂每岁整顿一次,十年大段修理。

一、家谱每二十余年重修一次。

一、祭之日,齐明伐鼓一通,执事毕至;伐鼓二通,祭品齐备;发鼓三通,与祭毕至。至

第十篇
宗法变革论与宗族建设

而后者,罚银一钱;无故不到者,罚银三钱;公派执事不到者,罚银五钱。

一、助祭各执事,宗长、宗相于三日前派定,署名祠门外,临事失措者,轻重量罚。

一、祭,设纠仪二人。误举,其罚与所举同。

一、与祭不敬者,罚银三钱;餕而失次、喧哗者,罚银二钱。

一、凶服不入庙。有三年之丧者免祭。祭日,白服入祠者罚。

一、祠内桌凳碗碟及各样器皿,俱不许出祠堂。擅借及借与人者,各罚银一两。

一、祭餕轮流派值,不称者量罚。每八人一桌,每桌肴十碗、酒四斤。

一、正旦,除远十里以上及雨雪不住本村外,无故不到者,罚银三钱;十里内为雨雪所阻雾而不到、数十里内四日不到无故者,罚亦如之。本村发鼓不到者,罚银一钱。

一、朔望,除不住本村及务农农忙外,无故不到者罚银五分。

一、清明祭毕而扫墓,扫墓毕而餕,餕毕而旌善纪过,旌善纪过毕而会计钱谷。冬至除扫墓(编者按:意指除扫墓外,其余活动同于清明。)

一、二祭(编者按:指清明、冬至。)后,会课合族生童,照考前后给赏。无故不到者,罚银二钱。其会文用原、誊卷各一册,送近科乡绅时下有文望者评阅。

一、生子弥月,必告于宗子、宗长。具香烛见庙,命名入谱。远居者,具帖告庙。出丁银一钱。年十六为成丁,与祭。

一、娶妇三日见庙。如居远不便见庙者,家长具帖以告于庙。

一、卒自五十以上,主丧具帖不拘时讣于庙;五十以下,于清明、冬至汇报。

一、入主除初议应入之外,自今以后,非盛德、科第、明经、仕宦,不得擅入;或愿大捐赀费入其祖父者,俟祭日,集通族酌议。

一、各处坟茔,申约严禁。如有内外人等入坟偷砍竹木、樵采柴草、纵放六畜食践、折损墙园篱笆,本犯痛责三十;或各家人犯者痛责六十;或故使老幼残疾不胜责者,肆行偷取,罚坐父兄子弟孙侄。凡所偷物,论原赃抵出一倍。现获出首者,坟主出银三钱给赏。有见而不首而嫌讳者,罚同本犯之半。强梗不服者,送官治罪。

一、各家田地、园圃、山场,申约严禁偷盗。食践者,痛责三十板;家人犯者,痛责四十板。赃罚获首,并同坟茔之例。

一、凡不孝不悌、帷薄不修、盗贼、奴隶,此族恶大条也。不幸有犯者,公逐不许入祠,鸣官正法。

一、族中有下犯上、少凌长者,除不孝不悌公逐外,重者责四十板、罚银三两、纪过;轻者责三十板、罚银一两、纪过;强梗不服者,送官治罪。

一、赌博者责三十、纪过;开场者系于祠门三日,责五十、纪过;获赃出首者,公给赏银二两。如本犯强梗不服,宗长、宗正等联名送官治罪。

一、孝悌忠信礼义廉耻,八者为善之大。有一于此,不失为良民。至如勤俭、守分、谨慎、公平、质朴有实迹可见者,皆善也,有则旌之。

一、凡放肆、懒惰、凶暴、撒泼、说谎、胡为、浪费、弃产、强梗、不务本等生理,皆恶也,虽小必纪。

一、妇女入寺观烧香者,罚银二两;出村看戏者,罚银一两;坐父兄夫男,或烧香责二十板,看戏责十板。

一、卑幼不告祠堂而讼者,责四十;尊者犯者,杖二十,年高,则杖其爱子。所讼事,听宗长等究其虚实,坐如律。

一、族中有抗赖祠逋者,二祭日系于祠门,追完释放。

一、祠堂听直,宗长不可偏护。有偏护者,合族尊卑长幼齐质直之。

一、听直开祠,当论定而行罚,既罚而纪过。

一、受罚,必令所犯至亲一人、无仇隙者亲责。

一、外直,不启庙,与外族长治于前堂。

一、进学者,给花红银二两;科举者,给盘费银一两;乡榜中式者,给花红银十两;会试路费银四两;会榜中式者,给花红银二十两。

一、出仕者三年升转后,蠲俸一百两入祠。愿多者,听。

一、打行扎诈,律有明条。如族中有抑价强买、踢翻担笼、拉位船只等项,本犯责二十板、纪过;助凶者,罚亦如之。

一、族中有鳏寡孤独、残疾伏枕无生计者,岁给米二石。

一、极贫不能娶,年至三十左右者,给助婚银三两。

一、会讲宗法于祠堂,长幼悉听,宗守备茶点。

(民国十六年一本堂刊本)

续议之族规侧重宗族管理人员待遇、活动费用、花红因时调整等经济方面问题。
民国《宜兴篠里任氏家谱》卷二之五,《宗法上·例凡十七条》:
一、祠宇为栖神之所,理宜洁净。倘有恃强作践者,从重治罪。

一、捐赀入主大堂及敦行堂者,该子若孙造册具呈并该房长具给,于大祭日一同送祠查核,以昭慎重。

一、宗长、宗辅有大功德者,生后入主,合族会议减捐其子孙。子孙不得据以请减。

一、旌善纪过,准各分分长于大祭日赴祠呈报,倘有意隐讳,察出议罚。呈报不实者,

第十篇
宗法变革论与宗族建设

均此。

一、敦行堂进主,捐十二两。升入大堂,加捐八十八两。

一、祭席及饮福,每席给费一千;筹胙每丁给钱七十,执事胙每名给钱七十;寿胙七十者一百四十,八十加倍,九十再加倍。

一、廷尉公义庄绎祭,帖费四百;四公祭,贴费一千。

一、赏给花红:进学十千,明经十二千,举人十六千,解元加倍折戏钱同。进士二十四千折戏钱同。钦点庶常二十四千,会元加倍,鼎甲再加倍,殿撰再加倍。

一、童试给卷资一千八百,科岁试给卷资七百,乡试给盘费三千,会试给盘费十六千。

一、宗长、宗正、宗辅、宗子居在城者,赴祠与祭,每人给船钱五百;南门分与祭,给船钱二千。

一、宗子每岁给米三石六斗。

一、宗史每人每岁给米一石。

一、宗课每岁总给辛力十六千八百。

一、会课船钱,在城给七十六,外村三十八。

一、贞女贫苦者,每岁给米一石八斗;节妇年自三十岁以内守志者,每岁给米六斗;三十五岁以内守志者,给米三斗。子已成丁不给,无子永给。

一、孤子无依者,每岁给米二斗,已成丁不给。

一、残废者每岁给米三斗。

以上开支各款,除花红寿胙外,倘岁或不登,公同议减。咸丰甲寅四月初八日再续议。

(民国十六年一本堂刊本)

民国《宜兴篠里任氏家谱》卷二之五,《宗法下》,任启运《附钓台公劝谕》:

我族自寿之公以来至我祖我父,世载醇德,延及于我,蒙族中伯叔兄弟推为族正,夙夜愧惕,惟恐不胜。受任数年,毫无益于宗族。今蒙天子特恩,内廷行走,念及宗族事,时系于心,略寄一言为宗族劝。

其一在敦本。我祠堂名一本,譬之于树,祖宗其根也,宗族伯叔兄弟其枝叶也。人薄于祖宗父母,根本便断了;薄于宗族伯叔兄弟,枝叶便凋了。几曾见无根无枝叶的树能开花能结子否乎!愿宗族,上念祖宗,事事要为祖宗增光,莫为祖宗羞辱,莫想在祖宗面上侵占,莫想在房族身上刻薄,念念记住"一本"两字。

其一在立志。我做一个人,生在世上作何等人做何等事:我做读书人,便要茶里饭里睡里梦里都是诗书,如此,而品行不端、文章不售者,未之有也;我做种田人,便要茶里饭里睡里梦里都是田作,如此而不温饱者,未之有也。工商之事亦然。秀才不过识三四千个字,即极蠢,岂不能日识十个字?岂不能学调一句文?积之十年,即大通矣!人即无财,日勤日俭,岂不能日积一文?积之十年,已小富矣!其所有不能者,有几样大病:一曰假体面。不通者要装做通,恐去问人,人即笑我,殊不知问了只此一笑,不问则终身被人笑不通也。穷者要装做有余,穿必好的,吃必好的,日穷一日,至于赖债,至于拐窃,体面安在!一曰无长性。今日做此事,明日见人说不好,又懒了;见人一事赚钱,又要改业了。弄到东不成西不就,忙忙碌碌空过一生。其一大病尤在好闲谈。真读书真农业的,哪有功夫与人讲闲话。故凡讲闲话者,必游手好闲者也。说到女色如何妙,则淫心起;说到赌博如何赢,则赌兴发;说到光棍吃人害人是好汉,则摩拳鼓掌要骂人要打人。吓乡村吃白食,殊不知奸近杀、赌近盗,伤人则徒流、杀人则绞斩,何好汉之有!其推诿之说,则又有三:曰我命不好、相不济、我家无风水。即如我年少时算命相面,都说念书断断无成,若学手艺还有饭吃;到入学后,算命相面都说可做一贡生;乡举后,算命相面都说该做教官。命可凭乎!相可据乎!我的住居坟墓都是祖父下来的,并不曾另得一地也,风水可尽信乎!

我以为积德两字,庶几可据。我祖云岩公受辱不校,受欺不报,惟忠惟孝,念兹在兹;我父慕云公,事事求便于人,言言劝人为善。到得我,实德不及前人远甚,但不敢欺天、不敢忘祖宗、不敢忽宗族,拾得祖宗几句训诲遗言,向人称说而已。而上天佑我、祖宗庇我,且至如此。况族中才识学问十倍于我者尽多,一心向上,何难上达。我不是夸我祖父,想宗族与我一体见。一个人不好,我便似生个恶毒在身,晓夜关心,譬如服药,得一验过良方,岂肯自秘。如今族人要自家发作,且要学我;要子孙发作,且学我祖父。肯吃亏,肯受辱,莫淫,莫赌,读者勤读,耕者勤耕,从前有志的益加勉励,即从前错误过的及早回头。看晋朝周孝侯少年时,人比为蛟虎,一朝改过,便做了荆宜千古人物,这种人才是真正大人物。我在内廷,逮明而入,向晦而出。儿子相随,不过数言。独念及宗族事,辄不禁饶舌,愿宗族谅此婆心,如相对晤也。勉之勉之!

雍正十一年十一月十三日自京中翰林院发。

(民国十六年一本堂刊本)

民国《宜兴篠里任氏家谱》卷二之五,嘉庆四年《配享续议》:

配享,原议论德论爵论功,斟酌至当,毋庸再议。爵重三途出身,文授七品以上、武授三品以上,俱得配享,不严不滥,亦已尽善。第八品以下,及诸生与未得功名者一例,捐金殊失论爵之旨,似宜稍分等级。再读祖训,子孙德盛、爵尊、功高者,先人亦得配享,而三

第十篇
宗法变革论与宗族建设

途之父教子成名，必多辛勤培植。若以受封而论，恐毕生拮据劳苦，不得稍沾祖惠，殊觉可惜。今会同酌议，略分次第，详列于后。族中子姓得邀末秩，便可祔食一堂，亦祖宗鼓励之意，非敢更张前议也。谨议。

文官实授八品，捐四十两。

实授正九品及增附监加贡，捐七十两。

廪生，捐七十两。

增附监及实授未入流，捐八十两。

增附加监，捐七十两。

吏员供事可选实缺者，捐九十两。

分发到省试用未能补缺或借补他缺者，与实授稍异，照原品论：七品，捐三十两；八品，捐五十两；正九品，捐七十两；从九品，捐八十两；未入流，捐九十两；其从三途出身者，不在此例。

捐纳不论双单，已经截取而未选及者，又宜稍异：六品，三十两；七品，四十两；八品，六十两；正九品，八十两；从九未入，九十两。

选期尚远，只捐双月，虽与捐衔不同，然竟照截取似太从宽，每项应照不论双单稍加：六品，四十两；七品，五十两；八品，七十两；正九品，八十两；从九未入，九十两。

生监捐贡考取教习入监肄业、书馆誊录办差效力期满议叙授职，均照候选已经截取例，捐纳空衔不入选班更应加捐：五品，四十两；六品，五十两；七品，六十两；八品，七十两；正九品，八十两；从九未入，九十两。

京官例照外省高一级，自宜稍减。实授试用候选衔，俱照外省本例减十两。

已邀封赠，照实授例未遇覃恩，子成进士，照子实授例；中举人，未及拣选，捐四十两；曾经授职，捐三十两；恩拔岁副优贡之父子可授八品阶，捐五十两；子非正途出身，文阶五品可授大夫、武阶二品可封三代俱援论爵之例，子实授文官：六品，三十两；七品，五十两；八品，七十两；正九品，九十两；从九未入及捐衔，应照旧例全捐，其父不得请减，子仅试用，照实授例加十两。

捐纳封典照实授例；如捐衔加级请封，宜与实授稍异：四品，捐二十两；五品，捐三十两；六品，捐四十两；以下按品递增。

武官实授四品，捐四十两；五品，捐六十两；六品，捐七十两；七品，捐八十两。

试用候选三品，捐四十两；四品，捐五十两；五品，捐七十两；六品，捐八十两；七品，捐九十两。

宪拨外委不得请减。

捐纳虚衔三品,捐五十两;四品,捐六十两;五品,捐八十两;六、七品俱九十两。

武举人,捐七十两;武生,九十两;武生加监,八十两。

侍卫京职,照文官依本例各减十两。

实授武职之父:三品,三十两;四品,五十两;五品,七十两;六品,八十两;候选之父,照本例加二十两;试用之父,照本例加十两。

妇人守节,已奉旌表及年例虽符、力不能请旌,皆照甲科例免捐,其夫捐五十两;倘家贫无力不能同夫配享,送入贞烈祠崇祀可也。

(民国十六年一本堂刊本)

民国《宜兴篠里任氏家谱》卷二之五,《贞烈祠续议》:

旌表定例,何敢稍违。但有家实贫寒,无力申请,上无赒恤,下无依靠,更或父家卑陋、出身微贱,忽焉所天去世,翁姑詈为不祥,亲属欺其藐弱,而能忍饥耐寒纺绩度日;时怀忧闷,孤灯饮泣;且欲抢夺其志,以致截发断指宁死不从。似此坚操,奚殊金石,固先灵所矜怜,房族尤当钦敬者也。虽未能上沐恩旌,许其祔祀贞烈祠。该分房长协同正直亲支公举,俟族众核议非虚,即行送入祔祀。若年逾三十五岁,行止安洁,而衣食尚充;或儿女长成,可以侍养;或亲房扶助、克守世业,均不得循此例。如果谨严律身,笑言不苟,上而孝事翁姑,下而严训子女;及继配、篷室,善抚嫡出之孤,无子立贤,复绵世传之绪,确有实行过人,不可与寻常寡居同论。必须细访察核,有据可征,方可送入祔祀。倘徇私妄听,该分报举虚浮,通同议罚。若欲配享大堂,谅非艰苦,其夫名列绅衿,家有田产,自不至转适。朝廷不准请旌,宗祠亦难议减。如能勤俭植业,先贫后裕,教子成名,邻里赞其贤能,族党推其贞淑,减捐二十金,以示优奖。子非正途出身,德膺封典,仍以品级论,不得据此再请减捐也。谨议。

嘉庆四年十二月初一公议。

(民国十六年一本堂刊本)

祀先之礼,此王者报本追远之义也。

朱彝尊《曝书亭集》卷六六,《包山蔡氏宗祠记》:

……予惟古祀先之礼,自祢而祖。自祖而推之及始祖,此王者报本追远之义也。而诸侯之支子为卿大夫,或自他国来者,俱谓之别子;起自民庶,致位卿大夫者,亦从别子之义得立为宗。宗得立祠,以饮食之礼。亲兄弟宗族穷者收养之,不知学者收而教之,则自王者通于庶人,王政之存于今,教民亲睦宗祠,其本务矣。

第十篇
宗法变革论与宗族建设

包山在太湖中，不与城府接，无邮传辕马之扰，春秋享祀牲酒靡阙。里远而能仁，俗俭而可久。予老矣，惜未克谒祠下，纪之以文，匪独美蔡氏之能合其族，庶□三吴之士族闻者兴起焉。

（《四库全书》本）

先贤之后，虽不以子孙重于谱牒，然慎守先籍，亦所以昭继述也。

施闰章《学余堂文集》卷二，《萧县颛孙氏族谱序》：

氏族所从来久，古神明之胄，圣哲蔚生。其后或氏以官以国。地迁代远，寖失厥初。考载籍所传，仁人贤士不数叶而□绝者，不胜纪。邹鲁之间，故圣贤之都□也。予尝视学东鲁，求其子孙，孔颜而外曾孟仅十数人，他无在诸生籍中。《史记·弟子列传》七十二子之徒，不见书传者四十有二人，其苗裔之盛衰有无与，散在他国皆不可知也。嗟乎！以彼文学性成，又得孔子为之师，称高弟子，而卒不详其言行，不辨其氏族，子孙盖保世滋大若是之难也！

间过徐泗之交，其子姓蕃者，莫如仲氏，盖子路之后也。其次则萧县闵氏、颛孙氏。史称颛孙氏子张，陈人也，而其墓在萧县，今萧人颛孙君佐圣为峡江令，问其祖则先贤子张，且谓子张年十四从尼父往来邹鲁，家于萧子国，即今萧县也，墓在堀坊村，唐宋累封陈国公，尝置博士世官，今专祠尚存，子孙守之，六十四世矣。所藏象志遗书，佐愿以视事之，余补辑残毁，丐公叙之。

予谓先贤之名德，依于孔氏，如日月在天，不可掩灭。且不以子孙重于谱牒，何有焉！然慎守先籍，亦所以昭继述也。《檀弓》不云乎："美功不伐，贵位不喜，不侮不佚，不傲无告，是颛孙氏之行也。"然子张之问孔子见于鲁，论者数矣。其意多喜闻达，尚高远。孔子悉告以反，躬笃实之。学盖不难，在闻达，以无尤悔为难也。子既才而禄矣，施之盘错无不当意，其尚勖尔。宗人懋尔嘉言懿行，以光厥先绪，谨受简以书，俾藏之世世。

（《四库全书》本）

安徽

黟县西递明经胡氏

道光黟县《西递明经胡氏壬派宗谱》卷一，《明经胡氏壬派宗谱凡例》：

旧谱凡例曰：天地之数成于五，重于十，而推衍无穷。谱首图列五世，数之成也。其第五世复提居第二图之上，第六世至第十世则与第一图平行，合首一图为十世数之重也。衍之为第三图，以次俱如第二图列。则凡奇图皆五数，凡偶图皆十数，庶观图之横行遂知世数,而各人事实注于名下,则《史记》年表、《唐书》世系例也。每图之前朱书世次,朱书派名,有迁居者,朱注迁地于其名下。所以明世以示一本,重迁以示异派,示异派亦以重一本也。

(道光六年刻本)

道光黟县《西递明经胡氏壬派宗谱》卷一,《明经胡氏壬派宗谱凡例》:

旧谱凡例曰:本族出继异姓者,注其名于父下,别为图,于后曰"明经胡氏谱附编",庶有识者得所据以复氏,未能复者亦知举李氏、唐氏,并不得再为婚也。按旧谱例,本族出继异姓者,别为图于后曰"明经胡氏谱附编",以示李、唐之婚姻必别,归宗之世次尤明,返本寻源,法良意美。今则只注出继异姓者之名于父下,使知陇西李、明经胡、槐塘唐,三姓皆不得为婚姻也。若归宗则只收出继者之本身,至在异姓所生之子孙,我族向不收入,故不别为图于后。以示凡属一本者,虽贫贱之极而不遗;若有攀援者,虽富贵之极而不附也。

(道光六年刻本)

池州仙源杜氏

光绪池州《仙源杜氏宗谱》卷首,《家政十四条》:

宗谱宜修。吾族人丁繁衍,居址星散,无谱以联其情,必致支派罔知,尊卑失序,而一本之亲视若涂人矣。不特此也,世远年湮,名讳阙略,甚至有子孙而不知其祖考者,于心安乎?今与族约,此后各房,须立草谱,每年正月初十日管祭者请房长数人至祖堂,凡有生卒葬嫁娶应载入谱者,令其报名填入。娶妻生子之家,著出钱百文,有力者劝其捐输若干,汇赀伸放,每至十年则拨此款,倩人照宗谱式,楷录数本分藏,以免遗失,永著为例。至于宗谱,务三十年重修一次,即至迟不得逾六十年。

(光绪二十一年刻本)

山西

山西无族谱者尤难稽核大宗小宗之分。

《大清宣宗成皇帝实录》卷三〇六:

(道光十八年二月己酉)又谕:有人奏,山西省北一带有匪徒赵奎,结党成群,横行滋扰。或肆窃堡寨,或连劫村庄,或抢夺妇女,或要截道路,种种凶横,大为民害。而崞县所属横道镇地方,尤为藏奸渊薮,贼党啸聚。去年大同府将赵奎拿获,解交定襄县原籍究

第十篇
宗法变革论与宗族建设

治,案已经年,延搁未办。霍山以南,至有旬月之间,一镇中屡次明火,一县之属半年内数处劫掠,更有土棍扰害乡闾,挖割苜蓿蔓菁,砍伐坟茔树木,抢掠禾稼。又有匪徒开设店厂,收买贼赃,公行无忌,农民被累。此风通省皆然,而河东道属为尤甚等语。除莠安良为地方官急务,山西省自曹顺滋事之后,尤宜认真缉捕以资整顿。若如所奏,匪党横行,地方官弥缝不办,恐致酿成巨案。着申启贤即饬所属,迅将贼首赵奎解省严究,查拿伙党窝家,一并惩办。其余各属有似此者,并饬该州县随时查拿,严行究治。如有隐匿不办并疲玩州县,着即严参,以示惩儆。至折内所陈善后各条,着该抚妥议具奏,将此谕令知之。寻奏:讯明赵奎先因犯窃拟流,解配中途脱逃,叠次行窃,计赃逾贯,依律拟绞监候。至折内所陈善后事宜四条,多系业经通行之事,惟宗约之法久已不行,民间同姓之人分门别户,迁徙靡常。而大宗、小宗之分,无族谱者尤难稽核。现饬各地方官体察情形,再行妥议。得旨:除莠安良又何待朕言,惟在认真与否,日久自有考成,朕惟知鉴空衡平而已。勉之。

(中华书局1986年影印本,第5册,第771—772页)

离石于氏

此训应是于成龙之孙于准所作。

康熙离石《于氏宗谱》卷五,《家训》:

一、族中之人皆吾祖宗一脉,譬如树之有干,毕竟落叶归根,彼族中老幼奈何其不睦乎?今人见族中之富贵者,羡为荣耀;见族中之贫寒者,多生厌恶,此种心肠岂可以对祖宗?我今立训,凡系族人,不分支派远近,不论人物贵贱,俱照长幼执礼,倘敢当下异视,照不睦条议罚。

(于准纂修,康熙年间刻本)

平定刘氏

嘉庆平定《刘氏族谱》,《敦睦五禁》:

一、禁同族相骂。五服之外,虽云服尽,自祖宗视之,皆子孙也。既皆为祖宗之子孙,即宜相敬相爱,方为不倍其祖。每见世俗稍因小忿辄加訾骂,始而弟辱其兄,继而侄欺其叔,甚至祖宗相咒,动曰服尽无亲也。目无祖宗,不孝甚矣。凡我族人,宜细思焉。

(刘灿、刘得义等修,不分卷,嘉庆十年刻本)

洪洞刘氏

从本谱其他地方标注可知,此训应作于康熙年间。

光绪《洪洞刘氏宗谱》卷二,《祖训》:

一曰守世业。礼云:父殁不忍执其诗书,以手泽存焉。母殁不忍执其桮棬,以口泽存焉。则知世业之宜守也。世业者,大而祭器、祭田、祖宅,小而先人服御之物皆是也。后人不肖,往往轻弃先代所遗,能象贤者果如是乎?后世子孙毋鬻祭田,毋假祭器,毋质祖宅于人,毋毁祖父名字、图章,毋弃祖父校阅书籍。其有反是者,权其所犯轻重,小者罚,大者治以法。

一曰厚本支。《书》云"敦睦九族",《诗》云"本支百世",则知本支之宜厚也。家庙既建,非特事具文隆虚数,盖益欲世世子孙对祖宗而思一本之义也。后世子孙,凡于岁时伏腊必至,吉凶丧葬必与闻。其有贫薄不给者,共周之。毋阋墙,毋雀角,毋以卑抗尊,毋以长虐幼,毋以贫富异情,毋以贵贱杀礼。其有反是者罚,大者治以法。

十世孙志、镇谨识。

(刘殿凤修,光绪二十七年刻本)

山东

王士禛《池北偶谈》卷一〇,《谈献六·赵孝廉》:

赵孝廉起凤,字羽圣,德州人。笃于行谊,常撰《一本歌》以劝宗族;作《师友俎豆录》,人各为传赞。又作一室,合祀之,每节,家祭后必及焉,仍以馂其子孙,加以粟帛,岁时不绝,乡里化之。康熙甲寅,年七十卒。

(中华书局1982年版,第235-236页)

黄县王氏

修谱受程子之说影响。

宣统《黄县太原王氏族谱》,《重修族谱序》:

从来国有乘史,而家则有谱牒。谱系之修,所以系人心而厚风俗,此其义,程子已详之矣,可勿赘。第念我王氏自始祖迁黄以来,忠厚开基,民守勿替,诗书衍业,奕祀永承。积善之家,必有余庆,《易》言不我欺也。幸蒙祖宗乘裕之深,子孙繁昌,堂构绵远,累代赋鹿鸣题雁塔者接踵焉。其间仕宦之积,或登艺苑,或置言路,或以郎中而执法殿廷,或以太守而分理府郡,作忠作孝,好善好德,分产让兄弟,拾金还故主,堪为后人法程者,尤难枚举猗欤。休哉,可云盛矣!抑又思之贻厥孙谋燕翼之良也,绳其祖武继述之善也。诚知一派相传,葛藟庇本,父勉其子,兄诫其弟,务期雅伤循循。勉承祖训,穷为乡党自好之

第十篇
宗法变革论与宗族建设

人,达为天下有用之士,是所厚望也夫!十三世孙癸酉科举人克知谨识。

(王次山修,宣统元年刊本)

东莱赵氏

民国《东莱赵氏家乘·序例》,《赵氏源流再考》:

粤稽赵氏源流,类书所载,佥云出伯益裔孙嬴姓之后,故后世之追本求源者,俱以造父为始。据《路史·国姓衍庆纪原》、《百家谍·风俗传》,与类书所载迥不相侔。张、王、李、赵系黄帝赐姓,有夏之季,赵梁见于正史。有殷之初,赵隐官为牧师,又有弘正真君赵道隐,得道于商初,赵之得姓至宋初,已历四千余岁。宋时诏有司讲求赵氏得姓之由,大中祥符间,作玉清昭应宫,复诏儒臣,讲求赵氏得姓以来有名可知者三十六人,绘司两庑。盖吾赵氏不止始于造父也明矣。《姓氏谱》有云:赵氏自襄子而下,六侯四王,秦并赵,因使赵王子公辅主西戎,世居天水。其赵宗散处者,皆以国为氏。居涿郡者,后有天下望出陇西。又新安赵氏,后徙京兆南阳,赵氏世居宛县,后徙平原。大抵吾之本支,系出于蜀汉顺平侯之裔。顺平从昭烈入蜀,以开国功世居四川成都府红花市内,其后子孙繁衍,迁徙者不一其地。虽宋艺祖肇基汴京,王天下者三百余载,而都城内尚有恋先人之敝庐者,继继绳绳,代有闻人。衍至元季明初,吾先人自蜀红花市内宦游东莱,因家于莱城云。岁在强圉作噩壮月朔一日,十七世孙宿膺重识于乔阴书屋。

(赵琪等撰,民国二十四年永厚堂铅印本)

即墨万氏

民国即墨《万氏谱书》,《荣继单》:

长支荣继单,此大宗也,不可绝后或乏嗣,必共选贤能继之。

主继人万中斋、廷相、光本、光佐、正钧、正锷、新鹏等,因万氏大宗士英祖无嗣,英祖兄弟三人传至荣而乏,杰祖、奇祖系英祖胞弟,杰祖之后至中芳单传,三世无人可继,惟奇祖后人颇多。合族共议,奇祖五世孙正统,勤谨端重,可承大宗。英祖曾孙荣,并无遗产,承嗣后一切拜墓祭扫事,正统管理。英祖、杰祖茔中之草,即捐于长支茔会,不于贤元、正统相干。言定带产出继,正统所有房产钱财,亦不许正统兄弟争嚷。恐后无凭,立继单存照。

长支茔会,有大钱四十千当付正统,又付刻谱余钱十七千。当有自修堂贴,今后无用。

合族人中斋、光超、光本、廷相、光佐、光斗、正锐、正锷、正钧、正焕、正赞、正崇、正灿、新鹏、新忠、贤元、新朴、新泮、新川、新光、新科，书押为记。

咸丰二年四月二十二日新聪代立。

(万辛谨纂，民国十二年石印本)

甘肃

秦州西厢里张氏

甘肃西厢里张氏家族建宗祠、修族谱的指导思想是一本观。

光绪《续秦州张氏族谱》，《秦州西厢里张五甲张氏族谱序》：

世情于寻常往来之交，喜必庆、忧必吊，其尤厚则有无相通、患难与共。独至一本之亲而反不相闻问焉，其何解于同异姓之说也？夫人之有宗族也，由一人而十百千万，其形则殊，其气则一；其服则尽，其情则余。虽有新特，谊止葭莩，视一脉者终有间而輖焉；而外视之，始而凉薄，继而离间，久之散乱，终则凋零。于气则伤，于情则绝，伊何可哉！譬之树木，千枝万叶皆根本之气所流布，根本之固宜不仅在枝叶，而枝叶有害则根本之气必伤。伤则不和，不和则生不殖。而无害者，亦将有如苔附物之虑焉。呜呼！此仁人孝子之用心，不能不于一本之亲汲汲而维属之尔。

(光绪三十四年续修本)

浙江

为谱牒，所以致其敬于祖宗，广其爱于后嗣也。

汪由敦《松泉集》卷一〇，《徐氏族谱序》：

徐氏之在会稽太末者，率祖偃王而为柏翳之苗裔，昌黎韩子之文其碑者可考也。於潜之西曰景村者，自越之马堰来迁，聚族于斯几百年矣。其始迁者曰敬初公，至于今凡十余世。族之人以耕读世其家，被服儒素游黉序者，前后相望。郡邑行乡饮酒礼，择宾介多求之徐氏，故景村之徐，虽未尝有高科显仕，而已为一邑望族。

族有曰潜昭翁名万儒者，与余相见于京师。翁淳悫笃行人也，奉其所藏续修家谱请序于余。余惟谱牒之作，非徒辨族别系明所自来而已，盖将发潜阐幽，光昭前人之令绪，以示子孙，俾滋培封植之以崇衍于勿替也。爱树者，勿拜其枝；庇本者，必繁其叶。故为谱牒，所以致其敬于祖宗也，实所以广其爱于后嗣也。夫高明之家，贵盛显赫，列鼎撞钟，建麾拥节，七叶金貂，炙手可热，然而族属乖离，家庭否隔，识者忧之，谓其本实先拨也。若夫农力于田，商贾勤其业，士绩学以俟时，相劝以仁，相先以让，相规以礼，相勖以义，父安其子，兄友其弟，夫刑其家，甥舅亲戚师儒朋友，各得其序。含淳导和，息嚚止争，沐浴

第十篇
宗法变革论与宗族建设

帝泽,咏歌太平。而更有老成寿耇之人,相与修高曾之家法,联涣散之人心,譬如根既深矣,而灌溉之不已,其发荣滋长,有不异于凡为木者哉!崇山口谷之中,大木名材,凌霜雪历,寒暑而莫之顾,一旦构建章驳娑神明之观,般倕匠石不能舍是而他求,母谓景村之族之久闷而未发也。愿因翁以谂诸其族之人。

(《四库全书》本)

绍兴汤浦吴氏

民国绍兴《汤浦吴氏宗谱》卷三六,《禁止坝头山造冢议约》:

立禁约房长吴瑞经,今立公禁坟山议约。缘吾二十四世祖止庵公,即恂十八公,遗有衣字三百一十四号山一块,坐落裹汤湖,土名坝头山,是山南至冈,北至山脚,西至朱姓界,东至陈姓界,粮在廿二都二图吴梅户承纳,历年已久,相安无异。兹因派内秉周即金蹯,因伊母周宜人与亡侄观达,久厝不安,于前月在是山造冢,诓同派喜十三公名下吴金品等,因是山伊房租管多年,妄认己山,致酿讼端,经吾等邀族开祠,公理查核宗谱,串管是山确系恂十八公公产,历历可凭。秉周同属是祖派裔,公山公做,理无不合,奈吴金品等以无据之辞,认公作己,冒昧妄为,殊属非是。经族众理斥,伊等理屈词穷,挽中情愿服礼。吾等念两边谊关一本,若坐视终讼,心殊不安,力劝秉周从宽了事。然虽弭祸于目前,不得不防患于日后。是山地面不多,山脚又有老坟,恐逐年添冢,势必又起交涉,殊非善全之策。现经派内公议,情愿将是山永远禁止。自此次造之后,凡是公派下,无论何人,不准再在此山开掘添葬,以泯后患,而敦族谊。除联名禀请邑尊,给示勒石谕禁外,特立合同议约一式六纸,每房各执一纸,并存案一纸,永以为据。事出公议,均无异言。欲后有凭,立此合同禁约存照。

宣统二年十一月　日

立禁约房长:吴瑞经。

同议:瑞高、瑞云、瑞珠、金鼎、金安、金檀、金才、金瑭、玉振。

议中:宋芝轩、董子琛、王和德。

合同议据、全押:毛芝馨、朱伯谦、陶子章、吴云亭。

代字:吴凤笙。

(吴金璠等续修,民国五年孝思堂刊本)

湖南

"血浓于水",伴随着宗族人口的繁衍,虽有亲疏远近之别,但毕竟同源一祖、血脉相通，族人理应饥寒相恤、和睦相处。

湘乡匡氏

道光湘乡《匡氏续修族谱》卷首，《家训》：

谊笃宗族。夫宗族者，乃祖宗之分体也。虽有亲疏远近之不同，自祖宗看来总是一脉。今人不知此种道理，往往视一本如路人，所以休戚不相关，饥寒不相恤。或以强凌若（编者按：应为"弱"字之讹。），或以富欺贫，或因一时小忿积成衅隙。由是宗族之内，不惟疏者疏，而亲者亦疏；不惟远者远，而近者亦远。噫！此不睦之甚者也，若祖若宗其能瞑目于九泉乎？今我同族之人，务宜痛除此病，使一本九族血脉相通、疴痒相关。《书》曰"以亲九族"，其谓是欤！然一族之中，不能人人明理识义，全在为尊长的平日将源流道理细细讲明，殷殷劝勉，人虽至愚至昧，自然良心感发，彼此相恤。遇困苦则给以衣食，遇嫁娶则助以资装，遇疾病则济以医药，遇丧葬则代其措办，遇族人口角则公心调处。由是，一族之内尊卑大小相亲相爱，而犹有不和不睦者，未之前闻。

（匡逢向等修，道光八年解颐堂刊本）

四川

铜梁安居乡周氏

光绪铜梁《安居乡周氏宗谱》卷一，《训规》：

一、笃宗族。姓大族繁，居址各别。古人云：一人之身，分而至于途人，亦世之必然者，故谱牒立，而世系清；少长辨，恩义洽。此联疏远所以急急也。夫同本分支之人，自今日言之，则有亲疏，自祖宗视之，则犹然子也，自宜体认此理，以笃一本之爱。如己贤也，则于族之不贤者教之；己富也，则于族之贫乏者携之。至于族之不能嫁娶丧葬者，量力以助之；孤独鳏寡者，留心以赈之。凡族人有缺陷处，皆当一视同仁，庶足慰乃祖心。尤须展祭以时，生卒必告，庆吊必聚，岁时无不言面之人，则里居遥远，子孙蕃多，如坐一堂，而浃同气焉。倘稍有微嫌，不能容忍，稍分支派，便有异同，大非敦本睦族之道，必为祖宗所不佑。凛之。

（周泽霖纂修，光绪十年刊本）

福建

修谱所以推一本、笃宗支恩谊。

蔡世远《二希堂文集》卷一，《黄氏宗谱序》：

古者建国立家，宗派秩然。《左氏传》言君卿大夫世系，明晰精详。而《国语》史伯论祝

第十篇
宗法变革论与宗族建设

融裔苗,丝毫不紊。盖简籍可稽,流传可证,所以推一本、笃宗支恩谊,通流敬欢备至,意念深矣。后世民版之献久废,户口之数祇属虚文,越乡迁徙者往往而是。文编散失,氏族无可考凭。汉晋以来,韦孟、陆机之伦,世德家风,咸有陈述。间或远推夫受姓命氏所自出,年代荒辽,岂其尽有可据者耶?是以近世君子每汲汲乎家谱之修者,追本之思也;而断自谱牒所可稽以为始者,致慎之志也。

予谓宗子设而后族姓联,寝庙修而后情礼聚。宗支兴废,程张每慨乎其言之至于花树。韦家宗会,法犹有取焉,岂不以溯祖考之情,通亲爱之谊,能使本心孝弟油然而自生也哉!呜呼,以父母之心为心者,必能爱其兄弟;以祖宗之心为心者,必能联其宗族。仁孝之理,秩叙自天,为人为子者必有所不容已于斯也。

温陵黄君澹园,闽之望族也。雅厚以文,令魏郡之东明,著有惠政。既营其家庙,复辑自先世谱牒可纪者,以为家谱,追本之思,致慎之志,皆于古有合仁孝之思。又足以联之黄氏,其世昌乎。予故因其请而序其端云。此序为孝廉李君锺旺代作,而先生稍加点窜者也。李君穷经学古,持躬不苟,赍志以殁。先生每悼惜之,故附于集中,因藉以传焉。受业雷铉识。

(《四库全书》本)

子孙千余,祖德茂矣。
李光地《榕村集》卷二二,《书家谱传》:
诸公在隆、万间,皆一时之选也。虽奉常善扬祖德,然诸公靡然共声,可以观仁矣。盖吾祖之仁洽于乡,显于国,斯是以不可掩也。今吾子孙千余,虽有惰游食旧以老,呜呼!仁之遗不其远哉!山之郁云以泽物也,雨于山而草木润滋。天地万物施应之道,如环在循,智者昭昭乎见之,仁者亹亹焉行之,岂有倦哉!譬子孙于祖,如草木于山焉。山之泽不涸,故草木不敝,然益自栽植,茂翳以口覆阴润,山之泽其愈长乎?燔焚斫伐,泽且竭矣,而亦何可恃之有?是故今日之称祖德也,不以幸而以戒。

(《四库全书》本)

广东
博罗林氏
宣统博罗《林氏族谱》卷五,《宗祠》:
……二祠者,具为子孙岁时荐享之地,但世历沧桑,莫村之祠鞠为茂草,惟城祠独存。康熙三十二年,十五世孟陶公身为族长,率宗人重建而广大之。然栋宇虽广,而寝室犹浅,尚未光我列祖已也。乾隆甲子年,祠后有邹姓者,欲售其屋而未有成,时晏亭公谋诸十九世孙茂亭,称贷重购,得以归诸祖宗。岁戊辰,鸠工庀材,增修寝室,以妥先灵。及后宗人以祠前湫隘,思立照墙而无其地,于是量地卜筑,将头门改作照墙。祠凡三座,上为寝,中为堂,前为大门。左右有廊有巷,革而新,增而高。经始于乾隆庚子年,至次年十二月而告竣。是祠也,肇基于前代,鼎革于本朝,工经几易而厥制伟。嗣后,凡我宗人,仰瞻榱桷,俯视几筵,当思本源之所自出,一体之所由分。用是情义相维,患难相恤,礼际相交,如身之肤发,呼吸靡所不贯也。所为报本追远者,莫过于是。若夫树表立坊,巍然焕然,踵前修而独隆,视往辙而加广,愿以俟后之君子。

(林衍芳等编修,宣统三年排印本)

江苏

拜年。

顾禄《清嘉录》卷一,《一月·拜年》:

男女以次拜家长毕,主者率卑幼出谒邻族戚友,或止遣子弟代贺,谓之"拜年"。至有终岁不相接者,此时亦互相往拜于门。门首设籍,书姓氏,号为"门簿"。鲜衣炫路,飞轿生风,静巷幽坊,动成哄市。薄暮至人家者,谓之"拜夜节"。初十日外,谓之"拜灯节"。故俗有"有心拜节,寒食未迟"之谑。琳宫梵宇,亦交相贺岁。或粘红纸袋于门以接帖,署曰"接福",或曰"代僮"。范来宗《拜年》诗云:"走贺纷阗岁钥更,素非识面也关情。添丁夸列怀中刺,过午飞留簿上名。羽士禅师同逐逐,东家西舍尽盈盈。春明旧梦还能记,驰遍轮蹄内外城。"

案:《艮斋杂记》:"拜年,无论识与不识,望门投帖,宾主不相见,登簿而已。"然长、元志皆载:"俗尚拜年,有从未识面互相投帖以多为荣者。此风不行于守礼清门。"

(上海古籍出版社1986年版,第5页)

拜冬。

顾禄《清嘉录》卷一一,《十一月·拜冬》:

至日为冬至。朝士大夫家,拜贺尊长,又交相出谒。细民男女,亦必更鲜衣以相揖,谓之"拜冬"。徐士铉《吴中竹枝词》云:"相传冬至大如年,贺节纷纷衣帽鲜。毕竟勾吴风俗美,家家幼小拜尊前。"

案:《宋书·礼志》:"魏、晋,冬至日受万国百僚称贺,因小会,其仪亚于岁旦。"蔡邕《独断》云:"冬至,阳气起,君道长,故贺。"然则前汉已行贺礼。《齐书》:"库狄伏连冬至之

第十篇
宗法变革论与宗族建设

日,亲表称贺。"崔实《四民月令》云:"冬至之日,进酒肴贺谒君师、耆老,一如正日。"盖至宋、元益盛,如孟元老《东京梦华录》及赵与时《宾退录》、吴自牧《梦粱录》、周密《武林旧事》、赵与可《孤树裒谭》诸书,皆载"一阳贺冬"。吴中亦沿之。徐崧、张大纯《百城烟水》及江、震志亦皆云:"冬至驰贺,一如元日之仪。"长、元、吴志则皆载:"冬至,尊长处贺节。"《昆新合志》:"冬至日,士大夫家拜贺尊长,如正旦。"而不及于庶民之家。

(上海古籍出版社1986年版,第156页)

三 族规、家训之制订与其所反映的宗法性伦理道德

(一)族约祖训的制作

山东

即墨杨氏

民国即墨《杨氏家乘》第一册,《家训》(杨氏十二世孙、康熙赣令杨玠撰):

予小子述先人行事详矣。孝于亲,忠于君,友于兄弟,义于乡党。立志希圣贤,学文追古昔,此其大者。可以师百世,即一步趋,一措置间,亦恒非近今所能及。盖卓然以身教也,后之子孙率而守之,鲜有失德矣。家训之述得勿赘之云乎!然先王父尝有言曰:"上品之人不教而善,下品之人虽教亦不善。品之最上最下者寡,而中人常多。教则成,不教则败,是故教不可以已也。"历观史册,惟汉万石君石氏家不言而躬行。虽齐鲁诸儒质行,皆自愿为弗及。其他并有家训,唐韩休、穆宁、崔邠、柳公绰,皆兴教于家。公绰子玭述家训尤严切。贞元间言家法者,尚韩、穆二门。而史臣赞曰:"穆、崔、柳,代为孝友闻家,君子之泽远哉,知所重也。"我先人期迪后嗣,代有明训,故三百年来,英异醇谨者多,而毁方跃冶者寡。良有耳提面命,得所遵循尔。《六经》、《四子》,先儒载道之文,何非至教。顾圣言高深,往籍浩瀚。有触乎耳,未必遂动乎心。出乎先人之口,非甚不肖,辄复瞿然以儆、惕然以思者,人之情也。恨小子赋性薄劣,高曾以前,流传训词,无多闻者。少侍文祖(编者按:文敬公杨六谦,杨玠祖父。),提撕警觉,日以十数。而冥顽无知,不能体认。更多遗忘,未克承先,何以示后。每独居深念,恐十世家声,遂坠于地。未尝不汗流浃背也。谨述所记忆,次为一编。用以自箴,且贻来者。

列祖训词

如何做官

太原(编者按:明嘉靖。)曰:吃人亏。居官尽职,只宜图报,不可望报。独处官服要整肃,接人容貌要和怡。节用是守成良方。

沛令公(编者按:明万历。)曰:居己宜谦和。士贫宜自振,不可仰望于人。仰望于人,虽得其周恤,终亦无济。自振之法,惟在读书。吾家弈世科贡作官,为名宦乡贤,为以清白为第一义。读书发达,芳名自远。若征逐膻臭,克薄成家,虽十万腰缠,终是祸胎。人家节孝,如岁寒之有松柏。虽天地闭塞,而生气长存。心田有诗,曰:"小窗闲与尔曹语,要种心田学好人。"遗像自赞犹曰:"勿遗我心田!"

云和公(编者按:明隆庆崇祯。)曰:我一生为多情所累。只是多过意不去处。若便恝然,天下岂复有人类!端正是立身之本,长厚是处世之本。士人服官,乌纱圆领,南面临民。行则高坐肩舆,百姓望之尊严若神。顾影自视,亦似如此。若存心不正直,断事不公平,何异邪祟鬼魅依草附木,可愧甚矣!官府莅事,民呼曰爷。爷者,人呼父之称。要思父之于子,其保护爱惜如何笃挚,我果可以不愧其名耶?日日警省,自不敢不处官事如家事。

读书积德

太学公(编者按:清初。)曰:子弟不用心读书,便是不肖。书香若断绝,尚成何人家!人家子弟幼者,多视长者所为。若长者不端,幼者虽才,鲜不被引诱坏了。伯叔兄弟须要极相和好,勿以目前贫贱生鄙薄心。异日倘有长进,固可显荣共之。即使无所成就,家庭和睦,外人亦不敢欺凌。谚云:牡丹花儿虽好,还得绿叶扶持。此虽俗语,实是至言。

孝义公(编者按:1613-1680。)曰:行厚德事。天理最密,阴德难掩。功过格一书历历,受报不爽。始知高明之家,未有不从积德中来者。循而行之,上可以培养先德,下可以启佑后人,愿与诸弟共勉焉。(编者按:跋袁了凡《立命篇》。)

增广公(编者按:清初。)曰:人子孝当及时。古人云:树欲静而风不宁,子欲养而亲不待。一念及此,能不儆省乎!子弟于事实典故有不知者,须考问明白,了彻于心。不可耻于问人,含糊应之曰已知。子弟行走,须四体端正,不可弯臂曲肱,拳屈袖内,背后观之,甚属不雅。饮食要杯碗干净,不可存余汁。人家子弟最不可使之轻责仆婢。为父母者一不严束,则任意棰挞,习惯成性,流于残忍矣。

文学汇征公(编者按:清初。)曰:忠厚老成,自可不忤于物。子弟有才,自是第一佳事。恃才妄作,不务修德,反不如朴鲁醇谨,可以无玷家声。

子弟教育

文敬公(编者按:康熙时人。)曰:许鲁斋云,《小学》一书,吾尊之如神明,敬之如父母。教子弟须从《小学》入手,立身方有根基。虽名《小学》,其实穷神达化,皆本于此,终身

第十篇
宗法变革论与宗族建设

由之不能尽。子弟五六岁时，知识渐开。习于善则善，习于不善则不善。时加训诲，使其善言日接于耳，久之熟透，便如生成，猝难摇夺矣。人性本无不善，只是从幼便教道坏了，彼所见所闻日在正大，自不走邪曲一路；日在长厚，自不走刻薄一路。舞智尚气之人，自矜得意，往往对子弟夸耀，不知暗中已坏却他许多心术。所谓其父杀人报仇，其子必且行劫。彼误认杀人为美事故耳。此诚不可不慎。教小儿切不可使之失信。五行莫重于土，五德莫要于信。金、木、水、火非土不附，仁、义、礼、智非信不成。信者，人生之根本也。且看孟子问东家杀猪何为，孟母戏以啖汝。既而悔之，买肉食之，只恐启其不信之端，是为善教。教小儿须要安详恭敬，最是名言。凡见人家子弟飞扬浮躁者，克有成立。古人言，大器必有规矩准绳，此须要童蒙时养之。即一坐立起居间，莫不有当然之则。循而行之，不逾尺寸，自可日臻刚大。子弟可令常见正人。正人在侧，自不敢生亵慢心骄傲心。子弟能言语，不可使学街谈俚语，恐流入市井。子弟衣食不可使过于美好。《诗》云：蜉蝣之羽，衣裳楚楚。学问不成，徒着善衣，甚可愧耻，且须为之节制。可示激励，不堕其志。子弟不可使着新奇衣服。郑子臧好聚鹬冠，郑伯恶之，使人杀之。君子曰：服之不衷，身之灾也。甚可畏惧。子弟不可使有玩好。玩物丧志，古人所戒。子弟当时教以正。如安置器皿桌椅之类，必须使其端正，不可欹仄。谢玄屐履之间，皆尽其才，时人决其破贼。此即小可以观其大也。

读书指要

（编者按：以下各条皆文敬公语。）曰：人家子弟惟读书为美事。除却读书，皆是贱业。人家子弟肯读书，便是家门兴旺之兆。因为联曰：欲高门第须积德，要好儿孙喜读书。读书当有程限。每日功课不可过少，亦不可过多。过多则觉困苦无趣味，且将厌而思去。读书不可贪多，只是要熟。昔日云：读书千遍，其义自现。孔子大圣人，尚韦编三绝，何况中人以下。读书有疑义，正须质问。不可忽略，不可强解。一有此病，便终身不能了彻。读书须要逐句逐字寻思。昔人尝说三到，谓口到、眼到、心到。若但取顺口读下，与瞎子唱曲何异！读书每篇要彻首彻尾，细寻思其脉络所在、机构所在，自可得其精神。读书不可参以两念。东莱王侍御习举业，冬盖短被，不令覆足。足稍伸，冻醒即起。家人言无柴，答曰"毁凳"，再言曰"毁桌"，再言曰"毁门窗"。人或问之，曰："读书不成，先人室庐且归他人，何桌椅门窗乎！"卒成进士。读书不可作辍。昌黎云：业精于勤，荒于嬉。十日所得，一朝放纵，遂已追寻不转。董子下帷，三年不窥园，看他是何等精勤。子弟凡事俱宜让人，惟读书不可让人。读书要耳目开阔，若死句下，便无会悟处。古人灯火起于中秋，止于清明。东方朔曰："三冬文史足用。"盖夜气清肃，读书易入。尤莫妙于夜起，神志清明，读一遍胜日间十遍。诸葛武侯戒子书曰："君子之行，静以修身，俭以养德。学须静也，才须学也。非学无以广才，非静无以成学。慆慢则不能研精，险躁则不能理性。年与时驰，意与岁去，遂成枯落，悲叹穷庐，将复何及也。"旨哉，斯言！宜日三复之。涉猎是读书的大病，开卷而在，合卷而亡，与未读者何异。杜少陵诗曰：读书破万卷，下笔如有神。班孟坚曰：古人十五治经，三年而治一经，三十而五经立。看他破字立字，知古人学皆可行，而文字所以有根底也。卤莽之获，亦以卤莽报之，岂不可惜。士三日不读书，便觉面貌可憎语言无味。且看学问人举止舒畅，谈吐风雅，真令人可亲可敬。若举动失措，开口鄙俚，自是不读书人。故书不可一日不读。凡作文字，要沉心静气，将题情题理融会贯通，了无疑障，下笔自然中窾。五色相杂谓之文，顺理成章谓之章。子弟只是胸中无书，故多走清空一路。不知枯木寒鸦，终成衰飒景象。汝等且须记之。作文最忌俗字，街谈俚语一入篇幅，便觉生厌。古人论作文字，在熟读而多为之。谚曰：三日不读口生，三日不做手生。若荒废日久，一题到手，张皇失措。如破衣行荆棘中，东扯西挂，都无是处。虽属美才，亦将手窘。故曰：虽有巧者，不过习者之门。文章之妙，全在波澜顿挫，但不得别生枝节。文章须是由道理，道理真，不求好而自佳。牛鬼蛇神，非君子之词也。文字最忌抄袭雷同。不惟观者生厌，且低却自己品格。且看韩昌黎《石鼓歌》，超绝千古；苏长公继作，便另是一番意思，故能出人头地。作诗只要写出自己性灵。作诗不在匹青队白，全以神气为主。风雅之道，义主讽喻。若专涉讥刺，便伤忠厚，亦足贾祸。作诗要留得自家气骨在。

致孝之道

人子于父母，所谓昊天罔极，只是随分尽职。士则读书，农则力田，百工则执技业。先得父母心安，再尽孝道。将为善，思贻父母令名必果；将为不善，思贻父母羞辱必不果，乃孝子极致。孔子曰："一朝之忿，忘其身以及其亲，是惑也。"正与此意相同。故孟子曰："不守其身而能事其亲者，未之见也。"父母之前，不可有愁苦之容，悲叹之声。《中庸》称武周达孝，曰善继人之志。孟子称曾子可谓养志。志字最细，所谓视之无形，听之务生也。人子能此，最难。然不能此，终不得谓之孝。孝乃庸行，却是一生做不完的事。申生告狐突曰："君安骊姬，是我伤公之心也。"宁死不伤亲心，所以为恭。今人往往以小事伤其亲心而不恤，岂非名教罪人乎！帝王莫圣于唐尧，匹夫莫圣于孔子。而皆不以孝传，大圣人岂有不孝之理，后人莫能名之尔。虞舜闵子处人伦之变，是为其所难者，故孝最著。人子不可不勉为其难。世人多称王祥孝，不知王览之孝过于祥，母虐使祥，览共之；虐使祥妻，览使其妻共之。卒戢母威，庶几大舜底豫之意，故览之后之昌，视祥有加。

友于之道

诗云：岂无他人，不如我同父。人家兄弟谓之手足。岂有偶因疥螫辄断手足之理。因小忿而疏兄弟，何以异此。此天下之愚人也。不友，便是不孝。兄弟同居年久，自非圣贤，

第十篇
宗法变革论与宗族建设

岂能无过。要当喻之以理,恕之以情,自然合好。若因小事彼此介介,积久而败,遂至不可挽回。故孟子曰:"兄弟之间不藏怒焉,不宿怨焉。"古称易得者钱财,难得者兄弟。兄弟嫌隙大率从钱财起,不知钱财可以力求而得。兄弟一失,复从何处得来。不仁之人谓钱财可以养身,薄视兄弟。即此一念,便已入于禽兽。张仪曰:"亲昆弟,同父母,尚有争钱财。"坏尽天下心术。故《国策》号为乱世之文。兄弟猜疑,便是门户衰落之渐,未有享世长久者。兄弟有不是处,切不可对妻语。盖妇人本是异姓,晓大体者少,启衅端者多。彼见丈夫薄其兄弟,往往加增语言,搬成是非。即或不尔,亦生疏薄之意。更不可对子语,彼习闻父语薄其兄弟,亦将自薄其兄弟矣。兄之爱弟宜如子,弟之敬兄宜如父。兄弟之子谓之犹子,言如己子也。疏受乃疏广兄子,《汉书》遂称父子,见古人敦大义处。今人爱子而疏侄,侄于伯叔父母,亦外之。天性浇漓,甚可痛恨。门内兄弟,年相若者,易生怠慢心。怠慢久则生狎侮心。此不可为训。须知一日之长亦长。孟子曰:"疾行先长者,谓之不弟。"不弟二字,岂非大罪。不知却从偶然疏忽,遂至于此。故君子必谨小慎微。族人虽疏远,终是一本,名分犹存。长者宜敬礼之,卑幼者宜亲爱之,有事宜调停之,有过宜教训之,有难宜拯救之,不可生憎恶心、鄙薄心。《诗》云:兄弟阋于墙,外御其侮。千古至情之语。此不仅为同父者言,凡同姓无不然也。今不义之人,或勾连外姓,戕其手足,豺狼不若矣。

夫妇之道

冀缺之妻,相敬如宾;梁鸿之妻,举案齐眉。夫妇之间,莫要于敬。妇人读书知礼义者少,偶有小过,且可恕之,从容劝化,不可听其行刻薄事。夫为妻纲,妇人从夫者也。夫能长厚,自可化其刻薄。夫能正大,自可化其邪曲。训妻之道,惟在正己。与妻子语,可常说古今厚德事,及福善祸淫因果报应。虽非圣贤正道,可以悚其心志,发其天良。妇人最不可离间人家兄弟。如有不良之妇,造作语言,丈夫切不可听。诗曰:"只因花底莺声巧,遂使天边雁影飞。"千古伤心之语。唐张公艺九世同居,只是一个忍字。忍则大事化为小事,小事化为无事。与妻孥语,第一须教其忍。夫妇不和,家不可得而齐也。和非嬉嬉之谓。相敬以礼,相成以义,自无诟谇之渐。与妇人语,不可示以偏私。《诗》云:无非无仪,惟酒食是议。妇主中馈、助祭祀、供宾筵而已,不可谈论人家短长。妇人劝勉丈夫读书是第一美事。妇人须劝丈夫行盛德事。明王华之父教授他邑,岁暮归家过渡,遇夫妇痛哭将投水,问之,乃欠富家债息,逼勒将卖妻以偿,妻不忍离。华父凄然,将一年馆金尽与之。抵家,华母问束脩,具以实告。华母欣然曰:"行此阴德事,虽贫可乐也。"于是除夕煮苦菜,夫妇共食之。夜半闻神人语曰:"今年食苦菜,来岁生状元。"逾年生华,状元及第。华子即新建伯阳明先生也。王公贫士,饘粥不继,终岁虽馆金举以济人,固是难事,若遇不贤之妇,不知若何交谪矣。此母乃能顺承夫志,和气所感,岂有不发祥之理。兹事宜令妇女尝闻之。南方妇女多工织纴,北方惟事纺绩,皆最善事。敬姜教子曰:"人劳则思,思则善心生。逸则淫,淫则恶心生。遵彼微行,爰求柔桑,西周之所以兴也;妇无公事,休其蚕织,东周之所以衰也。"克勤克俭,自是兴家气象。

妯娌之间

妯娌和睦,便是吉祥善事。盖妯娌与我终生相聚,若不和好,谗谤易兴,动辄触碍,是谓自讨苦吃,且往往酿成大祸,至有不忍言者,戒之戒之!家之不和,起于妇人。妇人之不和,起于婢妾。婢妾最喜窥人喜怒,造作语言,献小殷勤。妇人不察,以为与我一心,无不坠其术中者。人家乖睽,尽由于此。妇姑怨愤,娣姒参商,不复可解。然此辈心性无常,偶然待之少薄,又将操其阴事,向他人拨弄,以至于乱家不止。惟以正色待之,使其开言不得,家庭自然无事。《诗》云:民之失德,干糇以愆。丈夫犹然,何况妇女主家之人。偶得时鲜奇味,不论多寡,且可分尝。毋邃入自己儿女口中,亦可自延声誉。

仕宦事君之道

读书仕宦,不止为一身,富贵要思显亲扬名。若贪墨残忍,上挂弹章,下致诅咒,是未能显亲,先辱其亲矣。身没之后,何以见祖父于地下。事君要存得一点真实忠爱之心。不尔,即声誉赫然,不过功名之士。况名者,鬼神所忌。有名无实,自古及今,鲜有不败者,可畏也。贪墨是居官首戒。身死名污,子孙至为羞称。所谓士君子立身一败,万事瓦裂者,此也。比如失节之妇,虽有美容巧技,何足复道。事君要有担当。关系大,故以身任之。若左瞻右顾,如何办得天下事。大臣事君,第一要远权势,绝夤缘,去朋比。君子难进而易退。禄位之场,不可久恋;功名之地,不可久居。驽马恋栈豆,鲜有不及于祸者,且贪进无厌,即是廉耻道丧,非君子之节。

交友之道

择交最是大事。与正人处,不必有所规勉,自生庄敬心。与匪人处,不必有所引诱,自生亵慢心。庄敬则日进于善,亵慢则日流于恶。故古人曰:一薰一莸,十年尚犹有臭。言渐染之易也。亲贤如就芝兰,避恶如亲蛇蝎,自不至流入匪僻。孔子称晏平仲善与人交,久而敬之。近世朋友酒肉征逐,财力相矜夸。以陆博为欢娱,以戏谑为亲密。一言之诬,一事之失,辄猜疑横生,诟詈交至。朝为胶漆,夕为仇雠者,不可胜数矣。只是本来不敬,流弊必至于此。若以文艺相砺,道义相成,岂有此患乎!处世之法,切不可以盛气加人。《左传》曰:多凌人者,皆不在智伯,岂能久乎!言之悚然。学者须养成气量。吕蒙正作参知政事时,一人自帘外指之曰:"此子亦参政耶!"同官怒甚,欲问其姓名。吕曰:"一知其人,则终身不忘。"卒置不问。他日,太宗曰:"蒙正气量我不如。"古之名臣,大度如此。若气量褊浅,岂有厚福。穷亲故交,常要给他碗饭吃。吾邑大东周公有联曰:"座上常皆来,

第十篇
宗法变革论与宗族建设

老辈亲朋方成吾厚;席间幸多说,古时道义良感君高。"可称名言。

宽待下人

待下人须要宽大。世人骂人谓之奴才,言其才堪为奴也。若其才智如我,不为我奴矣。偶有不及,且可教之,勿遽施扑责。待下人宜先谋其饱暖。陶渊明与子书曰:"此亦人子,可善遇之。"仁人之语也。若小僮小婢朝夕侍侧者,鱼肉蔬果之类,随其多少,宜分给之。不止子存厚道,亦可杜子弟刻薄之渐。

志气与义理至重

宰予昼寝,朱子以为志气昏惰,教无所施。君子为学,全要提醒志气,使其清明。朝气最清爽,不可酣寝废失。吾五十余年非有疾病,未有不先日出而起者,正恐昏惰志气也。汝辈谨之。贫乃士之常。宁饥而死,不可作不仁不义之事。或问:"寡妇无归者,可再嫁否?"程子曰:"饿死事极小,失节事极大。"女子且然,况须眉丈夫。若寡廉鲜耻,或陷于盗窃,或为门客帮闲之辈,沾人余沥以糊其口,便与犬彘何异!孟子所谓有甚于死者,此类是也。古人言以血气用事者,未老先衰;以义理用事者,愈老愈精明。士君子立心行事,要须常依义理。使义理之心充满心中,自不至气败而馁。人家出一剥削元气进士,不如出一培养元气农夫。

(民国二十五年排印本)

浙江

绍兴山阴柯桥杨氏

光绪绍兴《山阴柯桥杨氏宗谱》卷一,《家训》:

自古教国必先教家,故能不出家而教成于国,诚由平时父诏兄勉,有以启其为善之心,而杜其从恶之念也。盖一家之内,贤愚不齐,若非尊长时切提撕,愚者既茫然而无所适,贤者亦因循怠忽,渐即寝弛。遂至目染耳濡,习与性成,礼义廉耻之心灭,孝友睦姻之俗坏,为人伦患,为世道忧,关系匪轻。此家训之不可不亟讲也。吾宗老成人,素敦质朴,足示典型。子弟辈不昵轻佻,能谨践履,固由聪听彝训之验。兹举先世所流传,当时所闻记者,约列数条,以立表准,其语只家庭日用之常,其理该身心性命之要。诚能时时省察,身体而力行之贤者,诵言而味其旨,才识日进于高明;愚者触目而警于心,趋向不流于污下,为乡里之善士,为盛世之良民。风俗由此淳,人心由此古,所谓不出家而教成于国者,其在斯也夫。辑家训:

肇先,字建侯公。第九世

《论语》首言,孝弟是为仁之本,爱亲敬长,只人生分内事,仁道甚大,二者岂遂行得尽,不知孝则爱心生、弟则散心生。爱己亲者必不薄人亲,敬己长者必不慢人长。家庭辑睦,里党和平,推之邦国,天下无在不然。便是为仁,其实从孝弟一心行出,如谷吐种,如木有根,故曰本也。

占鳌,字御标公。第十世

自履恒公徙居柯桥,至吾十世,植根未久,须存一善念,为子孙立久长之计。切勿争利斗捷,但计得失于目前。松柏冬茂,蒲柳秋焦,只由根之深与不深也。

占熊,字御祥公。第十世

世言读书误人,不如安农服贾可资日用。此第以为养生之谋耳,养生以衣食为重,农贾固优为之,然不勤不俭,亦有农而德馁、贾而悖出者。若读书,则明义礼,识时势,穷可独善,达可兼善,其发施当更洪大。盖农贾之食报近,诗书之食报远也。

占鳞,字御凤公。第十世

吾家居近市廛,切不可有市心。钱,名为泉,取象于水,欲其流,不欲其壅也。壅则必竭,通则不匮。通之之道,须要心地公平,使人皆过得去,财自常通矣。

大富,字德诚公。第十一世

凡人,不必待做官有职位,方有功业。即士农工买,无官无职,但能心无私意,推己度人,力所可为,有以及物,便是功业也。

大贵,字德明公。第十一世

治家,以正伦理,别内外为本。尊祖宗,使族人敦睦;教子孙,使后嗣贤良;勉学问以饬身心,勤树艺以资粥。而又守之以节俭,行之以仁让。于己无所亏,于人无所争,以此洽家自然一庭肃穆,无世俗佻达之风矣。

大荣,字显廷公。第十一世

人须知己之短,慎勿恃己之长。自知所短,改过可底于精纯;勿恃所长,积小可至于高大。有若无,实若虚,故为善之心惟日不足也。

大仁,字万育公。第十一世

子弟等须有常业,则不至为非。无常业则身闲,小人得乘隙,而投以所好,卒至损身破家。故须使之作事,不至游荡也。

鸿达,字在邦公。第十二世

凡人成立,由于辛勤,贫穷由于怠惰。譬之农不知耕,到秋稼穑无由获;女不知织,终岁布缕无所成。而欲使饥有食,寒有衣得乎?《传》曰:民生在勤,勤则不匮。勤之一字,真立身之至宝哉!

鸿志,字安邦公。第十二世

第十篇
宗法变革论与宗族建设

孝弟忠信之名，人谁不慕？但须能实行其事，方无愧于心。若但慕虚名，便是假借，譬如婆人丐者，忽被文绣，祇涂饰，以欺一时，岂可据为常有乎？

（杨惟椿、杨惟一等修，光绪二十年敦伦堂木活字本）

光绪绍兴《山阴柯桥杨氏宗谱》卷二，《宗祠一切规条》：

一、每年一切祭献散胙并各行，仍照旧簿办理。

一、每年元旦到宗祠拜祖，不拘老幼男女，每人给馒首两个，计重半斤。男女用人，各给三厘馒首四个。

一、议：春秋二分祭毕散胙，倡造七人，每人给胙肉一斤；首倡建祠，应给胙肉一斤；陪当值祭者，每房给胙肉一斤；主鬯给胙肉一斤；族长给胙肉一斤；礼生四人，每人给胙肉一斤；每捐田　亩，给胙肉一斤。值年司事者，斤两不得短少，如犯短少者，议罚。

一、每年秋分，家长督同董事，衣冠，清理宗祠各账，并整顿宗祠各规。

一、家长绅衿及新人并幼孩，初次入祠者馒首加陪。

一、日后如有捐产添入各房名下，照例给胙饮酒。

一、议：赔当年满之后，当年之人向祠中支办祭钱六十千文，日后丁繁，再议加增。除夕三日前，支钱二十千文，春分支钱廿千文，秋分支钱廿千文，九扣足串洋照乡货。再于光绪五年起议，冬夏至、中元，归值年家承办，向祠中每节支办祭九扣钱一千五百文。

一、值年交代以冬至为界，下家接手以除夕为始，而仍以冬至止。

一、值年次序：御标公房支派赔当七年，于道光十二年在邦公房赔当起，挨次至道光十八年莹如房止。

一、按：刘宗周先生罚条，凡子孙与祭不整衣冠者罚银三分。今我族中式微，势难遵行，现议通融办理，如与祭衣冠整肃者，每人赏衣冠钱四十文，主鬯加倍。违例不给，此钱归董事给付。

一、议：如各房子孙入泮者，将宗祠议出田伍亩交于入泮人收花，以作读书资本，以励奖劝。如后再有人入泮者，前交于后收花，不得争执。如登科甲者，宗祠公议。

一、议：起造时不出捐资者，神牌入祠，每位祭毕，设席四桌，各房通散，交于董事登簿开祭，不准私自入祠。开祭之后，标、祥、凤三房，每房一桌散胙，家房长及董事一桌。

计开赔当名目：在邦房、安邦房、麟书房、绍宗房、楚望房、漠英房、莹如房。

（杨惟椿、杨惟一等修，光绪二十年敦伦堂木活字本）

绍兴汤浦吴氏

民国绍兴《汤浦吴氏宗谱》卷一,《吴氏家训》:

一曰孝父母。人有百行,孝居其先,为子不孝,得罪于天地,取祸于鬼神,尚可以为人乎？况鞠育顾复,致咏《蓼莪》,定省温清,载详《曲礼》。汝曹重而习之,本此意以兢兢,庶几无忝所生云。

二曰和兄弟。兄弟之不和,或听妇言而起衅,或争田产而失欢,其端总由不能忍,昔张公艺九世同居,只一忍字遂成义门。我族人知忍为致和之本,则兄爱弟敬,无复阋墙之患矣。

三曰宜室家。男正位乎外,女正位乎内,昭其别也。而别之中诚不离乎和,夫倡妇随,言其和也。而和之中又自有其别,宜也者兼和而别言之也,夫妇之道本乎天地,得其宜而阃范立,家道兴矣。

四曰肃闺门。闺门之内,谋以女红,敦以妇道尚已。至于三姑六婆尤所宜禁,若听其出入,不预为主防,必至哄骗财物及引诱妇女,或入庙烧香、好游玩耍,种种恶习皆由此类。戒之慎之。

五曰敬祖宗。祖宗者水源木本也,祭祖者报本追远也。凡我宗人,咸奉此意以将事,则升降拜跪之间,自有一段仁孝诚敬之心,何至笑语喧哗、虚行故事,有愧于备物尽志、僾见忾闻之意哉？

六曰教子孙。古人云:子孙虽愚,经书不可不读。诚以经书明,为人之道亦明。然则教子孙以经书者,非徒为应试计也。至于宽猛兼施,恩威并用,又在教之者之各得其当可尔。

七曰睦宗族。宗族者,吾祖宗一体之分也。于服制固有亲疏,于祖宗实为同气。故睦族之道,贫乏相赒,患难相恤,疾病相扶,事业相劝,过失相戒,财产相让,酒食相与,能如是,则宗族之恩谊实笃,而祖宗之灵爽亦安矣。

八曰尊师傅。自古师无北面,师道之宜尊固也。人之于师必致敬尽礼,然后可以使子弟有所造就；若不知尊师,其子弟必不有成。盖薄待师傅者,实所以贻害子弟也,可不慎诸！

九曰信朋友。朋友有信,五教并重,然缔交亦不可不择,比匪则伤,孚嘉则吉,垂训昭昭。古之人或谊笃金兰,或情深胶漆,或赠纻而言欢,或班荆而道故,所以处之者不一,而其要止在于一信。醴甘以坏,水淡以成,其信与未信之明征也夫。

十曰爱婢仆。尝闻女子、小人最为难养,不肃则不威,太严则多怨。爱也者庄以莅之,慈以畜之,既鲜苛刻之求,亦无狎暱之消,庶几忠厚成风,家主之道得矣。

(吴金璠等续修,民国五年孝思堂刊本)

第十篇
宗法变革论与宗族建设

民国绍兴《汤浦吴氏宗谱》卷一，《吴氏家规》：

一、族长为合族之主，必谨守礼法，以群御子弟。毋贪财，毋徇情，抑豪纵，惜孤寡，敦风化，谨祭祀，庶几卑幼率服，风淳俗美矣。

一、卑幼宜听令于族长，公事咸禀而后行，毋恃势，毋倚财；违命自专，不遵礼法者，以家法绳之，不服，会众呈究。

一、宗祠为报本而设，灵爽实式凭焉，宜洒扫净洁，不得堆积秽污物件，扃钥务须谨守，所有祭器，不许私假私与，违者重罚。

一、春秋祀祖，未祭时依次肃立以候。及祭，除大宗小宗执事弟子外，余皆堂下拜跪，不得逾越，违者祭毕议罚。

一、散胙时尊卑序次而坐，毋得喧哗。燕毕，雍容而返。其酗酒猖狂者标名祠内，终身不得与燕。

一、祠宇建造甚难，子孙当思培护，三年翻盖一次，或遇风雨损坏，即加修葺，毋得意缓。

一、祖茔须及时祭扫，不许侵犯。角纸、杭湖二山久已禁止，苍墺、甑箪、仰天螺、白牧诸山，虽许子孙余山埋葬，惟不准越祖、近祖，违者会族。

一、历觎坟荫不得翦伐，倘有盗砍荫木者，呈官究治。

一、祭田之设，祀胙拜扫所赖，宜增而不宜减。有贤子孙力能捐助，则祭祀之余，更可以给族中之困穷孤寡。倘有藉端盗革，族呈官究冶。

一、娶妾为延嗣计，须择有名姓者。妾已生子，方许上堂行礼，其位亦不得与宗妇介妇耦，必次于姒娣之末。

一、宗谱宜什袭珍藏，无使霉蠹损坏。启谱时，亦须盥手正襟，毋得亵慢，尚其慎诸。

（吴金璠等续修，民国五年孝思堂刊本）

江西
清江永滨杨氏

乾隆《清江永滨杨氏三修族谱》，《族戒》：

一、砺名节。为臣尽忠，为子尽孝，伦常日用，各有所当然之则。苟动履不逾，斯称肖子；否则废业准绳，得罪名教，族党所不屑也。

一、敦族谊。水源木本，百世犹亲，虽富贵贫贱不同，而一脉之传堪念。故患难必相扶持，颠危务加怜恤。即有睚眦小嫌，经尊长处断，正宜冰解；若以大凌小，以贵欺贱，以富虐贫，以强暴弱，以众残寡，以卑抗尊，构衅成仇，大伤祖志，此风胡可训哉！

一、崇祀事。堂室以妥祖灵,丘墓以安祖魄,祭奠拜扫,宜深怵惕之思。若忽略蒸尝、废弃坟垅,即非仁人孝子之用心也。

一、谨婚嫁。有室有家,父母之愿固然。同姓不婚,宜秉周礼,又须门户相当,方称配偶。若贪其便宜,利其财礼,妇非正派,女适下流,大为族党之玷矣。

一、务本业。士农工商,各有所事,须确守勤劬,方为无忝。若懒惰偷安,游手赌博,如此之人,何以立家,势不至流为污下不止。

一、节财用。余三余九,王政则然。必须量入为出,方能有备无患。倘竞尚奢华,不赀浪费,一旦告竭,称贷无门,终窭徒伤耳。

一、严家范。正内正外,名分攸昭,必须修厥身以为表率。若听信妇言,致乖同气;又或徒恣狎昵,冶容诲淫,不闻内助之益,只增诟谇之形,此败亡之几也。

一、遵功令。赌博上干法纪,奸邪冒触王章,然由赌入盗往往皆然,须防闲惩创,斯为良善。若因赌丧家,流入匪类,一投宪纲,有玷家声。

一、训童蒙。少成若性,习为固然,孩提之始,即宜教以敦本务实,日后长成乃为有用之材。若一味姑息,任其放诞,愈趋愈下,后欲绳之,亦将无及。

一、息争讼。匍匐公庭,原非美事。倘万难获已,不得不鸣之官;若口角细务,须听人排释,如欲终讼,恐贻凶占;至于好勇斗狠,尤非善类,更宜禁阻,以著淳风。

以上各条,每年腊祭毕,择绅士中声音响亮者一人,明白朗诵,在祠子孙无论长幼,俱恪恭敬听,身体力行,毋得视为具文。

十二世大原司马应选国宾手书。

(杨如沄修,乾隆二十七年刊本)

清江湖庄聂氏

光绪清江《湖庄聂氏四修族谱》,《宗训八条》:

一、敦人伦。君臣、父子、兄弟、夫妇、朋友五者,人之大伦也。吾族素敦古处,彝伦攸叙,忠孝节义,代不乏人,至今称仁里焉,愿世世子孙无乖伦纪也。

一、务正业。士农工商,各居其业。子弟聪明秀丽,能肄业者宜读诗书,父兄亦宜苦赡,以大振其家声;不能读者,或耕、或商、或工、或贾,庶仰足以事,俯足以畜,愿世世子孙无荒正业也。

一、端品行。凡人在世,立品为先。士行端方,令人钦仰,一人奇斜则人贱之矣。孔子云:人之生也直,枉之生也幸而免。愿世世子孙无坏人品也。

一、完国课。维正之供,朝廷之常法;以下贡上,小民之输将。古语云:国课早完鸡犬

第十篇
宗法变革论与宗族建设

静,衙门不到梦魂安。我等族内凡有钱漕,各宜及时早完,免致追呼滋扰。愿世世子孙无欠官粮也。

一、戒争讼。分争办讼,居官听政之常情;排难解纷,吾人居心之要道。邻里乡党,总宜和好,出入相友,守望相助,自古井田之法,所以有百姓亲睦之风焉。《易》曰:讼则终凶。愿世世子孙无罹法网也。

一、敦风化。自古圣王之垂训,曰正德利用厚生,风俗之所由醇化,行之所由始也。自后世浇漓之习成,人心不古,风气为之一变,淫风流行,实为万恶之首;虞诈相尚,更属为厉之阶。愿世世子孙无伤风化也。

一、训子孙。人之有生,同具此理,但习于善则善,习于恶则恶,故人乐有贤父兄也。苟父兄之教不先,则子弟之行不率,贤否之别由此判焉。愿世世子孙恪遵庭训也。

一、禁赌博。勤则有功,俭则足用,不能勤俭,势必游手好闲,家计渐退。况赌博尤为败家之根,一入其中,不惟家败,盗贼从此出焉,性命从此丧焉。愿世世子孙无登赌场也。

(聂典训等修,光绪二十四年刊本)

子孙营宫室,先立祠堂、置祭田。

清江泮陵熊氏

光绪清江《泮陵熊氏重修族谱》,《熊氏家规》:

一、御制教民孝顺父母、尊敬长上、和睦乡里、教训子孙各安生理、毋作非为,此言甚切当处,其目具载《大诰》,凡我子孙,钦此遵行,毋忽。

一、谱牒之修,上以继祖宗,下以开子姓,诚为重器。凡收谱之家,设有水火盗贼,当以此为首务,宜加谨防。

一、修谱以某字编号,互相开载收贮,名曰共计几本,每本分为几册,五年之内,收谱人互相查勘,倘有不肖子孙贪钱,轻自与人及收拾不谨者,公同行罚。虽本宗子孙查谱,止许赴收谱之家观览,不许私相假借与人,罪坐收谱者。故谱牒不宜印多,多则恐滋前弊,子孙重修者慎之。

一、子孙营宫室,先立祠堂,置祭田,具祭器,以时祭祀,所以妥先灵、萃后裔、厚风俗,而使人皆知重本也。但吾族之中,亦有有祠无祠者,仍照订立定规,以俟修复举行。其凡入祠华利及各奉例所入赀财,并宜付掌管祠堂人登簿居积。除备祭祀及本宗正务支费外,有颖异子弟贫难力学者,量情以资给之;有婚姻丧葬贫不能举者,随数以补助之;此外,如有不才子孙生事起讼等项,并不许动支此内丝毫,子孙永永遵守无违。

一、本宗以礼聘娶者,执女家随来拦门布二匹入祠堂;女家无布,不论贫富,男家兑银二钱代入。妇改节者,四十岁以下入助酒银一两;四十岁以上,入助酒银五钱。闭敛送丧二饭,据礼裁革,难免俭亲之讥,姑从俗酌例折兑:上二饭各出银七钱,中各出银五钱,下各出银三钱。如丧葬连举,都即裁减其一。而合族长幼烧香送葬,犹必严致责备,不到者有罚,斯亦庶几礼备情周,而公私两便矣。

一、冠婚丧祭,风化所关,最为紧要,族下子孙须宜随力称情,查照近世,斟酌四礼,简要者举行毋废。

一、子孙婚姻必须阀阅相当者,其势可得,亦宜审己量力,但不许与本宗外姓佃户联亲为婚,又不许以婢女为妻。如有此等,不许入祠堂、叙长幼,恶其不称也。

一、生殁埋葬,教人详书各神主□中,所以备遗忘备登谱也。使五世不修谱,改题其主而递迁之,则□中之书何益哉?要之,三世不修谱即比之不孝,正谓此耳。故自正德乙卯迄今方七十年,吾家仅三世,及考前项有无嗣而无主者,有有主而书不详者,即多缺略无稽,盖由后人视为细事而不加之意也。今后子孙生娶,不惟父母记之,死者不惟各神主书之,必各嫡长之家立一砧基私簿,登记本支。逐年生殁埋葬,而又祠堂立公簿一扇,本宗主赴祠堂报名及年庚,入银一钱;殁而葬者,赴祠堂报期及山向,入银五分。掌祠堂者即为分类登记,一遇修谱,公私二簿并得参考,备书无遗矣。此纪人道之始终而备家乘之实录也。子孙永宜敦行毋忽。

一、子孙有无嗣者,许令先尽过继亲兄弟之子,如亲兄弟无子,次及堂兄弟,次再及从兄弟之子;如果应立不才,不堪承继者,听从择立无阻;亦不许以弟及异姓为嗣,紊乱昭穆宗支。其立嗣者,谱中不得直书立嗣,即于本生父母项下除名,而于所立父母项下如例直书亲生,以融其绝续之迹,使近而一脉无间,远而亲爱不弛矣。

一、子孙媵妾身故,族人行吊慰者,不分长幼,只许呜呼,所以正名分也。其媵妾有子成立者,许得依次附葬祖山,所以重后嗣也。

一、元日团拜酒,例宜裁酌从简,轮首管持严切,妇免逾阈。贺岁止照男子十岁以上人数,先期动支公费,置备香烛、供仪钱纸、茶果及酒肴各项,除夕私家照团例辞年,元旦男妇鸡鸣而起,梳洗更衣,各照例私家拜贺天、地、家神、祖先,长幼序拜,茶果礼杯就饭。候祠堂三铳开门,男子毕集祠外,二礼生门内侍立,擂鼓唱班序入,遂北面并行而上,夹香案立,长幼以次鱼贯而入;二鼓唱,站班;三鼓唱,班齐;继唱,读祝拜兴者四,焚帛;礼毕,揖而退;礼生诣前四拜,循次入班;首辈团拜,南面而立;余循辈次两傍相向叙立而下,次辈先上,北面四拜,首辈分站原所,同首辈受三辈拜,逐辈拜如前仪。拜毕,序坐提茶果陈酒馔肴,用漆盘六人一器,酒以巨杯,三行五行为度,禁止喧哗,循循揖让。饮毕,拜首命起,则次辈以下从大门内各以次夹道相向序立,而上俟首拜出,斯以次序出,大班

第十篇
宗法变革论与宗族建设

揖散。本宗如有新节,复各更衣往拜,本支新节妇女通行无异,此亦庶几履端之仪,节备而展拜之恩意周矣。子孙永宜敦行不易。

一、男业有四,而各居其一,未有外乎四业而族世长久者也。凡子孙读书为士,必勉强学问,克励清修,内而模范家族,外而表正乡闾,使今日蕴之为德行者如此,他日发之为事业者可知。由是而仕宦也,必务泽在生民、功在社稷而遗清白于子孙,毋徇情嘱托,毋恃势凌跞而存忠厚于来世,不论科第异途,自一命以致达官,必要以礼致仕,其犯赃滥而归,生不许由祠堂中门参谒祖宗,死不得配享祠堂、附葬祖茔,以示清谨之劝。苟从士无成,则有业必农,斯人无遗力,地无遗利,而以勤为本;有赀必商,务本分交易,锱铢计算而以俭为本;下此执一艺以周身,而工亦可也。子弟如席富盛,间有不堪胼胝负戴者,亦必令躬亲督理,俾劳心力而知创守之艰。至于游手好闲,不务生业,樗蒲掷骰,抹牌赌博,此废时失事而覆坠之由也,必严惩绝禁,不容于本宗之门。

一、妇嫌多端,而必至于别。未有不远多嫌而族世清白者也。凡男而尊长,妇而卑幼,毋相杂处,无相问答,无相授受,非家庆上寿,无相面睹;而又妇女不论贫富老少,出入必乘轿,无徒步抛露头面;外井不亲操,无出汲灌圃浣衣;毋观灯看戏,并及门货买交易;毋礼佛诵经,及朝谒寺观;毋酒会般乐,与道婆尼姑相往来;亦庶几吴家流风遗俗而世守勿替矣。若夫孝翁姑、顺夫子、和妯娌,执麻治丝,勤织紝,治酒浆,此特妇事之常也。苟犯上所为,而妇事不修者,惩戒放出,不容于本宗之门。

一、尊长不可以庆贺为名,纠人至弟侄房室喧哗。子弟出入往来无贵贱,至里门、祠前必下车马,以存尊敬。

一、男仆佣工十四岁以上,不得入馈房及内室治事;止许戴绁丝马尾亮帽,青白苎绵布直套,单云头布,蒯鞋;不得僭穿华服华履皂靴。凡见主辈施礼及奉使亲友家,重则软腿叩头,轻则曲跽擎拳,并不许作揖、坐椅;约束佃男亦如之,女仆不许簪花搽粉、僭用金珠首饰与丝绵华服;首饰□银本色,止宜打造华草禽兽;约束佃妇亦如之。

(熊文炽等修,光绪三十一年刊本)

清江龚氏

民国清江《龚氏十四修族谱》,《族约》:

司□废而条教兴,事为之制,曲为之防,以遏人情。著族约。

一、新旧宗谱,凡遇霉天,必须捡晒;如有污损者,量加责罚。

一、宗子系一族根本,其明达者必不论,或值中才以下,公众必须教养,务底成立。本宗一应事务,俱要禀白,不许辄擅,违者议罚。于后祭田羡余,公众务须从厚议处,资其衣饩,以尊对越。若或出仕,礼当载主祠堂大祭,令应摄者代之。

一、讳名避字,古人所谨。吾宗人众,正坐此弊,误犯卒难改正。今后凡立名字,必须先查谱牒,除二名不偏讳外,其余礼当避者,弱冠时必于管年之处亲笔报名登簿,以便查考,庶几不犯尊讳。

一、婚嫁尤宜谨择,今后凡有门阀不相当滥与为婚姻者,众共辱之,仍不许认其姻眷。各宜遵守,勿贻祖宗地下之羞。

一、礼义廉耻之心,本于天性,人而无此即禽兽矣。吾宗素敦此道,近日后生浇漓,渐有以下犯上、以尊凌卑,动辄忿争,殊为可恶。今后各支凡有执称某人毁骂尊长、某人欺殴卑幼者,俱要填知宗子并族长,会聚公所,辩明曲直,惟以尊卑,不论服制。如果子侄纵酒失性得罪尊长者,轻则痛决二十,正其名分;重则加罚谷一石公用;若屈强不服者,送官惩治。尊长亦要正己率人,如或苟且图利、素惯欺凌,致人积怨,系自取之道,尊长亦要改过。如或佯为不知,仍蹈前辙,宗子尊长并合族之人,明正其罪。为父兄者,当思昔日尝居子弟之职;为子弟者,当思他日亦有父兄之责。互相体悉,自然仁让之俗兴矣。

一、众有公事,中闲子孙阳以出身为名,实乃阴为利己,以致坏事,如有此等之人,祖宗谴之,永不昌大,体访得实,众共辱之。其间兄弟子侄,当体根本一脉,富不可吞贫,强不可凌弱。毋违公议,以干天刑祖谴。

一、众助祭田,为祖宗醮祭之需。于后子孙,不许无耻私自串商典卖,如有此等,会众鸣公理正,问以不孝罪。其租祠堂管年之人,收管以备祭需,余者收贮开载簿籍,以待公众查考明白。交替诈冒妄费者,罚银一两公用,仍行追补其输。该管年者此外更择一二家道稍裕、敦尚廉耻者为首,如有奸弊,即坐为首之人。其年果遇水旱歉收,许令知会公众,不许藉端徇隐侵蚀,以坏旧规,违者罚钱五百文。中间或有尚义子孙愿出常稔以为祭田者,祭毕,每田一亩颁胙一斤,以荣其义。

一、宗族繁众,叨列儒绅以至富商义士,固为可喜,中间恐有藉势以欺凌他人,今后若犯此者,众议排而罚之。若无故被他人侮者,许彼被害之人遍告宗族,相与扶持;中间如有本族人暗扶他人,以快宿忿,是剐己肉以济人之饥,虽忍小痛,终必戕性命,痛宜刻骨,以守此戒。

一、士农工商,各有定业,夫何亦有游手不务生理者?伙同非类并仆隶下人,相与为侣,饮酒赌博,独何心哉?自坏其门第甚矣。为父兄者必痛加责教,务使子弟各专其业,以惩前过。

一、大宗祠堂乃礼义之地,除科甲燕会、斯文讲学外,其余一切素无行止之人不得勾引来此,以致坏玷。所系非小,管门者不得轻与钥匙,纵其启闭,违者连坐,罚银一两公

第十篇
宗法变革论与宗族建设

用。

一、祠堂一应公物，多有私借隐藏，因而混失及反目不认者，深为可恶。今后管年之人常加查理，敢有言借及私自搬用者，众共辱之，罚银一两公用。管年人并司钥者阿纵，罚亦如之。

一、今后无子者务要遵照国朝律例，兼守本宗旧规，止于伦序相当及素所亲爱者听其择立为嗣，上承宗祀。断不许招赘女婿及乞养异姓义子，以致混杂门庭，紊乱宗派。如有此等，众共沮之。万一执迷，族长亲房人等具告官司，问以重罪，各宜恪守，勿得因循阿纵。

一、钱漕为国家首务，急公为先。我族钱漕依限完纳者固多，而过期拖欠者亦复间有。今后如有不遵限之人，尊长指名差拿，不得累及亲友。

一、祠堂守易创难，每见管年人等除收租依期封贮，若祠垣屋宇一任风雨，从不寻查漏处。今后承管之人，凡遇春雨绵连以及夏秋疾风甚雨，俱要遍寻有无漏处，随时捡盖。如有意怠玩，一经查出，即坐管年之人罚捡，敢有不遵，决责二十。

一、大观桥、莒埄冈、郑家垴、新市四处祖坟及永遂公私山石门芒坑虎形，世次渐久，坟域已多，自嘉靖十六年合族公议后，再不许开葬，犯伤祖宗体魄，泄其灵气。后因祠堂缺费，众议只将大观桥坟地开葬三次，共计□穴，每穴得银四十两，其穴载入《友序录》外，只连璧兄弟所买一穴已葬，其穴在沈氏祖婆坟前；任元兄弟所买一穴并未交银，契亦不还，日后执契来葬，决宜禁止。

一、条教之设，不过欲齐人心以厚风俗，不可视为空言，每年冬祭时，必须齐集，礼毕谕众禁声，择子弟之英锐能言者开谱，将所立族约逐一读过，使人咸知有所遵守，庶不致为具文。

（龚克刚等修，民国三年刊本）

典型宗规。

清江云溪徐氏

嘉庆清江《云溪徐氏族谱》，《宗训》：

一、谨遵国法。天下之治，治于王法，人能循理奉法，遵王道路，则可以寡一生之过而优游于化日之中。至食毛践土、福享太平，黎民尤当尽乎忠顺。田畴赋税，国家岁有常供，务须及早完纳，以报君恩，方见遵王守法之实意。凡我族人，宜凛此为首训。

一、笃念天伦。自天秩有典，彝伦兹攸叙，而伦行之顿，莫先于孝友。古圣王肇修人纪，只父恭兄，谆谆垂训。读君陈之篇，即得家政之要。吾族历来孝子悌弟，前后史不绝书。诚欲无忝乎祖,端在笃念于亲有怀,二人既翕,兄弟循其分以自尽,而孝友门风益彰族望,慎毋视庸行为泛泛也。

一、敦睦宗族。谱牒之修,为宗族也。宗族而不和睦,则动多猜嫌,本一姓之亲而等秦越之视,先王睦姻任恤之训,谓何其违之也。我族皆真支嫡派,无容异视。通有无,济缓急,庆吊往来,得古人同井相亲睦之意,则不失立谱联属之本怀。而吾姓人心之厚,风俗之淳,亦于以概见,有不啧啧称仁里也哉。

一、笃课儿孙。自古人才出于学校,是非学无以望子弟之成材。而塾师之具,训蒙士则尤关始基之立,苟不择名通勤慎之师以诲之,基之一坏,后欲培之而不能。然师固在择之谨而尤贵乎待之隆,礼貌尊崇无不为之加意造就。吾族前代科名显达,而近世不克大振书香,得非作养未善而安于简陋之故乎?嗣后务宜尊师重道,有贤父兄自不患无佳子弟矣。

一、崇尚节义。节义者,纲常之要,人而不知节义则罔顾廉耻,贪淫纵欲,其有玷于名教者实多。故砥节砺行、守义安命,吾族人必以是为可嘉而相与勉之,则丈夫贤良、妇人贞洁,而节义之门多产英俊,岂惟风教之足尚焉矣哉!

一、整饬闺门。闺门为王化之始基,故《关雎》之什,独冠周南。自后世刑于之道不讲,则士无行而女亦多纵,妇夺夫权,妾凌嫡位,诟谇之声时闻,中冓之言难道。维我宗人孰无闲家之责,修身立范,使闺门之内肃肃雍雍,则家道正而家运必昌,所关岂浅鲜哉!

一、确守俭勤。从来用足于俭,业精于勤。自世尚浮华、人耽安逸,于是乎贫而拙者多见于乡族。夫物力维艰,民生不易,古圣王尚以克俭克勤为务,况吾人乎?诚能戒奢靡,惩怀安无骄而富可保,有志而事竟成。挽世风,维古道,端在乎此。吾族人其兢兢守是训焉。

一、致戒争讼。天下词讼之结,多起于争。一忿未惩,而相与斗狠不已,致鸣于官,纠缠日久,奔走道路,匍匐公庭,辱身荡家,往往致贻后悔。族间稍有不平之事,念属同宗,经报尊长,无不可以劝释;至乡邻外侮,亦须酌量事势,不得任一时之气,致两造之穷。语云:讼则终凶。是诚居家之切诫也。

一、听命尊长。尊长为一族之望,老成练达,见事多而处事必正。后生辈有所行,当先禀请商议,议定遵奉无违,敢有藐视不听从者,众共叱之。

一、敬重斯文。斯文乃族中之俊秀,名或列胶序成均,或职衔在身,或乡饮曾与,是皆一姓衣冠之望,虽辈行在幼,族人不得恃辈长以凌之;而为斯文者亦宜自贵重,不容倚矜武断,卒启乡族侮辱之缘。

一、谨行醮祭。祖宗坟墓,根本所在,岁时挂醮必亲展拜,以伸孝思。有余之家,须努设祭田,为久远计。至合族宗祠及各支祖堂,春秋享祀,尤不可忽。盖木本水源之思,皆仁孝诚敬之发,为人子孙而罔念祖先、废荐享,将何事而不遗亡乎?吾宗人宜重念之。

第十篇
宗法变革论与宗族建设

一、相助守望。重门击柝,御暴防奸,伊古为然。近世窃盗难弭,暮夜多警,吾姓聚族而居,有患同恤,一闻盗警,须互相搜捕。或有不肖子弟,陷入匪党勾引,尤宜留心查察,锄莠安良,合族无寇攘之扰,尽人避瓜李之嫌,岂不风淳而俗美也哉?

(徐廷攀修、徐攀桂纂,嘉庆十八年刊本)

浮梁祁门郑氏

咸丰浮梁祁门《郑氏宗谱》,《祖庙训》:

一、每元旦子姓咸集祖庙,祭毕序齿列班,尊卑长幼序拜,值祭之瞳献清茶果酒,每一男丁不论老稚,奉面团一对,名曰春茧。

一、各瞳子姓要先读书,或以缙绅,或以青衿,皆可以增光俎豆,荣施宗族。倘资不能进,富者积善课子,贫者执业营生,庶亦不为祖玷。

一、远宗来祖庙者,宦达来行祭者,迎送务求中礼,陪伴务择贤良,一则不替故家门风,一则不乖同本宗义。

一、近宗事于众,无小大俱集庙,从长公议。其或财产之争,横逆之加,亦须含忍待其悔悟,不则众集劝诱,又不则众集理责,甚至经公众证其非,不可偏护。

一、庙外文德坊纪本宗文之感德于朝,武功坊纪本宗武之获功于朝,凡我子姓务修文修武,以求无忝先人。

一、庙外竖望竿以惩恶,盖为族下有犯奸盗诈伪者,倒悬于竿,以示儆,无许入庙,至犯十恶则永绝其支,不许入庙入谱。

一、孝、弟、忠、信、礼、义、廉、耻等行,务相劝勉勿倦。

一、冠、婚、丧、祭、疾、病、患、艰等事,务相赒恤勿忘。

一、庙基本家纳税地也,庙之创修祭祀子姓自备财也,毫不干于外。盖谓先朝敕庙惟以报功,后裔奉祀惟以报本,此外勿为妖妄。

(郑培先修,咸丰十一年刊本)

修谱体例与族规的结合。

新淦黄氏

道光《临淦窑前黄氏重修族谱》,《条例》:

一、重孝弟以敦伦纪。吾族世传,天亲是笃。今户口日繁,则秀顽不一,而各于其父天母地,分形连气之人,均应腷诚恺恻,随分尽力,以修其职之所当为,即如圣人之德本于人伦,尧舜之道不外乎孝弟,孝弟为人之本,讵可忽乎哉?必子与子言孝,弟与弟言悌,交相劝勉,以共成豫顺之风。间有小异乎众者,即宜群相教戒,以闲其失而返其趋也。

一、敦续修以传世系。吾族谱历朝修辑,宋元明合修大宗谱数次,后因生齿繁盛,兵荒散处四方,各立小宗支谱。然支分派别,虽纪载详明而世远年湮,不无残缺,尤贵代有人以续修之。吾族支谱数十余年未曾重修,遗失者尚多,曷胜凄怆!兹搜辑故牒,逐一详增,遵欧谱法式,以图载于前,以传载于后,文直事核,派列分明,一披阅间,长幼亲疏了然在目矣。

一、昭源流以别亲疏。吾祖肇自豫章郡守高显公,生子司空法囗,以迄于今千百年余。历谱高显公为一世始祖,司空法囗为二世始迁之祖,至九世崇山、崇德兄弟分派两支,固各有谱。然我崇山公子孙蕃衍,散处四方,备载居徙考中。今谱详录吾支一脉生卒,其余亲者止记其名,凡属疏支,一概不录,如有商寓侨居异境,在后能寻源归宗,即以吾谱原载出处有据者,亦宜收入,庶不失一本之义。若世代久远,流派无考,毋得滥收,防冒称也。

一、贵详载以备参考。吾谱正德以前生卒亦书年号,正德以后生书某年某月某日某时,卒亦如之。葬者书其某都某地名某形某向;若居商卒者,书卒某处,榇归葬于某地;侨居异境者,亦书葬于某地;子孙欲待搬归故土,书殡于某地;夭化书其名,恤幽殇也。

一、敬长上以序尊卑。吾族中尊辈有行长、有年长、有年行并长,第年不长而行长、行不长而年长者,均为分所当尊也。而年行并长之人,历事既多,则观理尤明,故吾族中无论公私事件,凡需众共为裁度者,必以行长者之议为定;而行卑年轻之辈,虽所见偶是,必当和颜怡声,请以待命,不得任情率气,专主迳行。

一、修祀事以享先灵。吾族两房先后同居一地数百年于兹,报本追远,建有公祠,以奉祖灵。须常洒扫扃钥,毋令污秽,或有倾圮,辄宜修葺,不可怠缓因循,以滋不孝。向例起有公本,续置山田。分为三班田山,立有合约,不许典卖。每年春秋冬轮流祭祀办理器物,此善法也,循是一如旧制。凡有所司者,合志同心,切勿漫亵。如斩衰凶服,不得登堂与祭,期服而下,更服行礼。

一、详名分以杜混替。凡初婚曰娶,继娶三娶皆得书妾,曰侧室,无子不书,重有子也。夫死而他适者,有子无子皆书其姓,不详生卒与葬,谓其失节于夫。然犹书姓者,谓世无无母之人。正侧室有子,各著所出,使后知所出也。

一、务本业以厚风俗。吾族处于乡曲,亦旧罕素封之产,子弟资不能渡即授之以耕,春种秋获,享自然之利,仰因人事,俯因人畜,此上法也。次则工贾医卜之类,闲令为之。若其奇诡欺伪,无济于日用,而或且贻为人心世教之害者,共为屏戒,不许学习。

一、崇儒读以冀振兴。吾族历居数百年,以诵读入学几膺乡荐者寥寥数人而已。若其

第十篇
宗法变革论与宗族建设

科第之荣,爵秩之显,盖未知或有焉,此为之后者所当奋然自勉也。童蒙之辈,为父兄者必令就塾,遇有资性超群者,务使专业以求进取,如或其家贫乏力不能及,责其所亲稍裕之家及虽属疏谊而赀产较丰者,必共为量力匡勷,俾获有成。

一、慎婚配以守先志。吾族两房荷祖宗垂裕,户今逾百,烟载瞻乔木,世泽实深。子女配合,无论远近,必门第相当乃可。如匹配者,俱于未纳币前告明各房尊辈,俾合族少长预为周知。其有贪图厚奁重聘,不以门户为念者,共为斥之。凡娶之妻,载某姓某父之名,女适载某处某婿之名,间有娶卑微为妇者,例止书姓,念宗嗣为重。至若弟受兄嫂,兄纳弟妇,辱乱大伦,有伤风化,合当鸣官重处,断不可蹈此恶弊。

一、宜接绍以绵宗嗣。吾族倘有无后者,必择亲兄弟之子继续,或择本支之人立继,即书于继父之下,犹书于生父之下,不忘所自出也。其无子而未有继者,俱于本名下墨之,若过继异姓与随母归者,不得滥书。乞养异姓之子,并不许登谱,恐致乱真。出赘及侨居异境者,举书示不忘远,不没人后,冀其归宗也。

一、尚实行以表群伦吾宗历朝忠孝节义、理学文章,史籍具载,兹不赘述。近代考吏纳职监与钦赐者,于本名下志之,重君恩也。业举子、入胶庠及尚义守节有功地方祖先者志之,俱不失其真。若不守四民之常,违悖孝弟之道,奸淫窃盗,乖乱伦理,上辱祖父,下累妻子者,合当惩戒不悛。送官重究,仍削其谱系,黜以示劝惩。

一、谨□录以护坟庐。吾族各现□,山洲埠塴,竹木柴薪,森然公私之业,皆前人爱惜培植所贻。《诗》谓:维桑与梓,必恭敬止。《礼》谓:为宫室不斩于邱木。义至深也。均各恪遵旧例,永行禁□,其合众近居近坟及各山各地,诸大树非公行妥议,不许轻伐,柴薪非届期不许私砍,其各家各支所□私业,彼此无得相犯,如有不遵者罚之。

一、戒赌博以弭窃害。赌博一事尤易坏人心术,败人品行,农则失时,士则荒学,原非人所为也。尝见世人始焉二三比,匪朝夕群居,习为游戏;继则流荡忘反,无所不至;甚至倾家荡产,穷而无措则为穿壁逾墙,作奸犯科种种祸端,俱从此起。一坠其中,迷不知返,迨事穷势极,悔之晚矣,可勿戒哉?

一、远争讼以睦邻好。吾族两房一本共敦世相笃好,故同姓之人绝无睚眦,唯是左右邻居间有违言,亦宜忍让。且衡宇相望,戚谊是深,猜嫌怨忿,反覆相寻,尤为礼不应有。故必自存厚道,以弥其隙。或稍遇有不平,非剥肤切肉,万不获已之事,亦必以退让含忍,维挽其末,若其逞戚恃力,挟奸任诈,以恣欺凌者,其共耻之。

一、早输纳以免差扰。粮为国课所系,微论绅衿士庶皆当早纳,无待追呼,诚能依限输将,俯仰无累,妻孥宴然。倘有违缓,胥役叩门,多方需索无名之费,或反浮于应纳数目,甚至捶楚日加,仍不能为宽贷,与其去钱受刑而完之于后,曷若守法良民而完之于先为愈也。

一、阙旧文以遵功令。吾族谱年远，文翰参差，字面不无违碍，已奉各宪明示，不许记载，故今谱以新修序为首，前代旧序行谊一概不镌。其八景、居徙、家训规例及领谱字号，逐次列于图前。至各寿文志赞，务其实行，与文艺相符，方列于传后。一切微言微行，人文不相吻合者，断不取录，毋使訾为木灾。

一、严守藏以珍谱牒。吾族新修谱系，今已成帙，颇费心力，共计四本，明注某字某号某人收领，务加珍重而世守之，例定每年二月十五各持所领之谱赴祠，共为查阅曝晒，仍还收好，其有一部不到或私当私卖者，即会众立行勒令赎回，另以家法责处。又或收藏不谨，致有损坏及自擅增补字样，故作情弊与众部不同者，罚钱五千文公用。如有知情恃势党蔽者，亦如之。

以上所定约则十八条，皆至切至要之件，特为众人而设，故反覆陈说，不以高古艰深难以领略，均以明白显易一览便知。后世子孙须各凛之。

（黄登第修，道光十五年本）

兴国刘氏

同治兴国《刘氏重修族谱》，《族规十条》：

一、敦孝弟。入孝出弟，圣人之教。为先人能孝弟，则其心和顺而无犯上作乱之事矣。盖父母乃人伦之首、百行之原，凡事须当顺承，故大而名扬亲显，次则生事死葬，祗期恪恭厥职，方无愧于子道。至为人弟者，偶坐随行，谦恭逊顺乃为大家风范，若家有忤逆子弟，忘身及亲，越礼犯分，是乃不轨之徒，轻则家法惩戒，重则送上究治。

一、尚亲睦。太和翔洽，此古圣王治天下为然也，而治家亦宜然。盖为兄长者务宜友爱和睦，为敦一本九族之谊，毋恃尊以欺卑，而分居卑幼者亦当念笃天显，无乖族谊，若刻薄寡恩，视同出如路人，因小忿而即生嫌隙，甚至同室操戈、秦越相视，骨肉之恩何在？九族之谊何存？凡我族人，尚其一堂亲睦，以敦族谊可也。

一、正婚姻。婚姻之礼，万化之原，人道所重。同姓不婚，《周礼》之纪载甚严也。然不惟同姓甚严，凡属嫁娶要必阀阅相当、配偶相匹，方可缔好。倘嫁女者希图厚聘，妄以许人；娶妻者吝惜茶礼，不求淑女。二者俱非正道。又或兄弟转视乱伦悖义，此为败坏门风，大干法纪。如有此情，务宜严加责革，不得徇情，则婚姻正而族纲可振也。

一、立祭产。祭产之设，祀典所从出，实存孝子报本之心也。故有祭产则春秋二祀，牺牲粢盛，始有所供，不致失醮。凡祖宗遗下祭田及祖坟窨堂，不许出售异姓，如有违者，鸣族责革。世有老祖古坟，办祭无资，坟墓因而丘墟，以致他人冒占构讼公庭者，由失醮使

第十篇
宗法变革论与宗族建设

然也。盖设立祭产不得侵渔分析，庶祖宗有血食葬地，自永存为子孙者，岂可忽乎哉？

一、立学校。庠序之设，所以端士习而培人材也。故孝弟忠信礼义廉耻，无恒产而有恒心者，惟士为能，况长习举子业，以图上进。幸而名成，固可以振家声；不幸而名不成，亦可娴习乎礼义，而不失为彬彬尔雅之风。为父兄者各宜置立家塾，延师课读，勿使荒业以嬉。孟子曰：中也养不中，才也养不才。故人乐有贤父兄，此之谓也。

一、务本业。士农工商，各居一业，人生在世，必有业以治其生。庶仰事俯蓄，有所取资。若人无常业，则游手好闲，无以度活，迄饥寒交迫，放僻邪侈，无所不为，不亦终为人下而流于匪类者乎？凡有子弟，务宜严加约束，勿听其业于嬉，以致少成习惯也。为父兄者，可不急为之防闲也哉！

一、崇节俭。人生财用之需，自有常度，故家务纷纭，其势不得不用，而实不可过用。近来世风不古，冠婚丧祭，奢华日甚，止图一时誉名，不顾物力维艰，究之出多入少，势必应用不敷，迨家业萧条，日就倾败，始悔从前之非，亦已晚矣。故饮食衣服，宴会庆贺，须当量入为出，丰俭适宜，则积储有余财，可以成家计而遗子孙也。圣人云：礼，与其奢也，宁俭。诚哉是言也。

一、禁非为。富贵贫贱，皆由天命，故人必安分守己，以保其身家，乃无侥幸之谋，自享平安之福。若人不安分者，则行必越礼，或奸淫邪僻，或赌博流荡，甚至桀骜难驯，无所不为，种种不法，难以悉数。究之，良心丧，而天理不容；功令严，而自甘罪戾。如有不肖子弟犯此条规者，重责不贷，永行革族。

一、息争讼。《易》曰：讼终凶。则讼之一事，无论胜负皆不利也。使因事相争构讼公庭，负者理屈而固甘坐罪，胜者理直而钱终输。故凡有争论，务宜经中理断平允，劝释则情不伤，而财不枉费。世有好讼之徒，虽事可情恕，偏欲缠讼不休，究之，守候在辕，废时失业，书役需索，非钱不行，此《易》所谓终凶也。愿我族共思之。

一、省催科。钱粮乃国家维正之供，务宜每年投柜清完，免致吏胥之需索，切不可推延观望，以冀蠲免之殊恩。盖早完钱粮，俯仰无累，妻孥晏然，其为安乐，莫逾于此。倘不知国课之当重，或有意抗违，或任情迟缓，迨积重难完，有司迫于奏销之限，不得不严追比势，势必荡产倾家，其害伊于胡底。凡我族等，宜三思之。

（刘天成等修，同治元年刊本）

宜黄谢氏

同治宜黄《宜邑谢氏六修族谱》，《家规》：

遐稽我祖，崇宜分迁，浑朴相承，诗书是敦，人钦礼让焉。迩来子姓繁多，趋向不古，昔日之声闻似夫少替矣。今当族谱告成，敬立家规，以警后嗣，以挽俗习，庶使先人之遗范期振于来兹。谨陈于左：

一、父母之所当孝。夫人生于来，三年乳哺，万状劬劳，恩深罔极塞天横地，为人子者综甘旨奉养，和颜悦色，昏定晨省，犹恐难酬于万一，矧敢忘生我育我之恩于膜外乎？嗣后子侄急宜猛醒。

一、尊长之所当敬。切孝弟居人伦之首，故子侄事父母之外则有伯叔兄弟，其情相联，其分相属，俱当爱敬逊让，非惟不敢越礼冒犯，即暴慢浮躁之气亦宜消归无有。嗣后子侄倘有无礼侮辱，定应开祠惩责。至尊长辈，亦宜慈爱抚恤，如或恃长恣虐，是又公论之所难免也。

一、族邻之所当睦。凡同姓一脉，与比户连居者，作人息最为亲近，总宜共相和好，慎毋以众暴寡、以强凌弱，庶成敦厚之里、雍睦之族。

一、祭祀之所当洁。凡轮应值首者，于清明前三日，通知各支房长洒扫祠宇及祖先坟墓，至期肃洁器皿，恪供厥事，若或简忽，相将视为故套，即有亵慢祖灵之咎。

一、子弟之所当训。凡为父兄者，无论子侄智愚不肖，皆当训诲，安有不教而成、不学而能成者？即使力有未逮，亦当勉力耕种，教之艺贾，毋令惰其四肢、废其生业，庶不失为长之道。

一、婚配之所当谨。切夫妇乃五伦之始、万物之原，婚则当择贤能，配须门户相宜，慎无轻忽一时，贻悔终身。

一、赌博之所当戒。世间败坏子弟莫此惟甚，倾家荡产，毋廉寡耻，皆由于此。嗣后子侄倘有犯此，开祠规责，断不姑息。

一、忿争之所当息。凡忿怒之时，须宜忍耐，倘纵一时之性气，必至贻悔于千朝。况同族一脉，尤宜切戒，即有不公，自有公论，不可因小成仇，贻讥乡党。

一、昭穆之所当明。凡属寝茔，皆祖先藏玉之区、子孙托庇之所，岂宜干犯。即使无主，亦不得层葬侵占，纵人事稍或可逃，在幽灵必不能无憾也。嗣后稍有故犯，经族起迁醮奠外，仍行重罚。

一、祖山之所当蓄。各处竹木柴薪，国赋攸资，近遭盗伐，致使濯濯，目击心伤。嗣后再行盗砍，一经捉获，经族严规重罚，异姓又当别论。

（谢赋文等修、谢性卓等纂，同治九年刊本）

广昌涂氏

同治广昌《豫章涂氏宗谱》，《祖训家规十二条》：

第十篇
宗法变革论与宗族建设

一、遵圣谕。世祖章皇帝谕六条：孝顺父母，尊敬长上，和睦乡里，教训子孙，各安生理，毋作非为。是六谕者已。有司申饬，令家传户谕，同耳闻而目见之诚，所为子孙者日以六条逊于尔心、躬行维谨，以此守身，则士习而善，民习而良，福禄流于子孙，身安而家庆矣。

一、输国赋。为臣食禄天朝，固当知报君恩；为民享太平之乐，亦当知蒙治休于圣明也。故马融《忠经》者有庶人之章，况使拖欠钱粮，不惟负国欺官，并且自累，凡有粮人户，必须依限完纳，莫致有司追勒，自贻伊戚。

一、保祖茔。《礼》曰：君子虽贫，不鬻祭器。示民孝也。今世有贫而无行者，竟将祖坟改卖与人，丧心忘本，莫此为甚。吾族或有此辈，无论众坟私基，合族追勒赎回，行家法，除丁逐出，断断不宥。

一、禁尖葬。朱子曰：葬之为言藏也。所以藏其祖考之遗体也，以务为安，固久远之计，使其形体全而祖灵得安，则其子孙盛而灾害不缝。近世惑风水之说，强者挟力，富者恃资，侵占尖盗，种种不一，以致斗勇争雄，连年结讼，未获福而先招祸，岂不惜哉！至不孝子孙甘犯先人之垅墓而不恤，罪且重于泰山，情何殊乎弑逆。兹者族众公议，原葬老祖山场四至界内不得妄开，犯者族规公迁，重责出祠；其余附葬祖山已经石砌者，不得尖入界内；未经石砌者，除本坟来龙油沟茔堂无碍外，方许安葬。违者族众验明迁改，至各人所印生基，亦不得混照盗葬，违者仍行公迁。

一、守醮祀。《礼》曰：士庶无田不祭。既祖宗遗有醮产，宜保血食万年；苟稍知仁孝者，必设法续置扩充。若欺祖侵蚀，或折醮私卖，以致祀典丘墟炉烟荒冷，置祖坟于茂草荒烟，则子孙反为祖宗蠹蝥，而且怨恫于九原。

一、定嫡庶。嫡庶者，万化之源，纲纪之大也。大则还大，小则还小，服制有别，岂容争竞混淆！故不得弃妻宠妾，亦不得恃宠夺嫡。至其所生之子，嫡之子年虽幼，乃宗子也，位居长房；妾之子年虽长，乃庶子也，终不得以贱妨贵。

一、重勤耕。耕耘收获，衣食所需，乃父母妻儿所属望，必依时及候，披星戴月，早出晏入，故《书》训无逸，先知稼穑之艰难。孟子曰：五谷熟而人民育。尚其时乃功懋哉。

一、重勤读。读书为无价之宝，果志坚勤读，定登科名。故不论贫与富，择其子弟之俊秀者，须礼敬师友，以培养德性，汲遇熏陶，自然上达；纵万一不遂，功名之志虽不甚智，亦不至愚顽不化，凡一切悖戾之事，庶几可免。

一、谨闺门。《内则》曰：礼始谨于夫妇。男不言内，女不言外。男子内不啸不指，女子出门必拥蔽其体；而夜行以灯，无灯则止；道路男由左，女由右。吁，古人夫妇居室之间，必敬必戒如此，所谓闺门风化之源也。吾族素陈古朴，如有父子嘻嘻，因风结衲，信僧与道,结契认亲,及纵妇女游春蹈青、看戏、入寺烧香者,定惩罚本夫不宥。

一、禁赌博私宰。夫赌博必有赢输,提钱负担而来,洗尽空囊而去,能自赡者倾家荡产,不能自赡者妻啼子哭。私宰实为盗之源,倘有地坊鼠盗并失去耕牛者,非私宰何以致此。二者倘经捉获,合族重处;如有顽蛮者,鸣官究治。更有耕牛或时疫或跌伤者,通闻族众,验明开剥,违者公罚。

一、谨家训。国有圣谕,黎民于变时雍;乡有家规,族党礼让。故当父诫其子、兄率其弟,曰:凡为吾祖之孙,当敬父兄,慈子弟,和乡里,睦宗族,时祭祀,力树艺,勤诵读,毋胥欺也,毋胥讼也,毋犯国法也,毋虐细民也,毋博弈也,毋斗争也,毋学歌舞以荡俗也,毋攘窃以贼身也,毋嚚子也,勿为奴隶以辱先也。其训妇女曰:敬翁姑,和妯娌,勤纺织,正颜色,毋懒惰,毋妒恶也,毋跛扈也,毋信僧与道也,毋乱出户也,毋轻亲戚也。果能终日训迪,自非凶顽极恶,安有诲而不善者乎?

一、禁篡宗。养子乱宗,律有明条。故古者立嗣,大宗无子,则以小宗之子继之,取一气血脉贯通也。凡一切抚养带归带胎者,不许篡入。如有贪贿买入,合族公罚,盖畏圣人之严而凛博士之议也。吾族从前未经提撕,有异姓为嗣者,今姑从宽,例仍续注于本名下,只载"养子"二字以别之。或书"男"字,以则之继。自今以后,如有养子篡宗,决不许混入谱内。至有以弟继兄,侄孙继伯叔祖之嗣,亦颠倒名分,亦照篡宗例合族公罚。

(涂永偾修纂,同治十一年修)

谱例典型。
南丰西麓双井黄氏
同治南丰《西麓双井黄氏族谱》,《凡例》:

一、宗谱法始欧、苏,故修之有两式:有欧修欧吊者,有苏修苏吊者,更有苏修而欧吊者,是在乎人之则效耳。吾族旧谱法宗欧氏,今乃折衷二家法式。欧吊修之式代次详明,帙成散给各支之子姓,注明的表,照号付领,务宜珍藏,每岁六月六日惟焚香尽送至祠晒过,查验告祖。如有损坏者,照老例罚银二两;有慢藏遗失者,必于本人名下根究出来,重罚银十两,上祠公用。

一、谱贵约,而该约则览易,遍该则事勿遗。今删繁补阙,事必究其颠末,人必详其出处;而于忠孝节义文章之士,有关风教者,必备载焉,以为袴式。

一、世系后小字有书讳、书字、书表、书号、书行等。古人每称行之数而不称其行之表,如李白之为李十二,杜甫之为杜十八也,其意盖忌直指焉耳。然谱牒尊祖,何避其直指乎?故书大字,或表下书小字,派第几,添或字、添号。若生员岁贡必书,书治某经;举副

第十篇
宗法变革论与宗族建设

进士,书科目名次;恩拔国学,书其年号;三途考授品级、出仕省郡州邑;忠孝节义、行实及生卒娶葬外,方书男几,直列某某,生女适某姓某人。

一、祖山乃生身根本所系,凡理葬必须通闻族众,不许上犯昭穆,违者迁改重罚。

一、山图所以防侵占也,其间坟冢界限,务须详明。兹所绘者虽未甚善,而某葬某所、有无他姓坟墓相连,并坐落都图四址,均为一一朗载。后之子孙展卷了然,庶不致年远无稽,启侵戕冒占之弊。

一、男婚女配必须书载男婚某姓、女配某姓,无致阙略,有忘姻好。

一、宗族之妇,自少至老孀居无玷者,必为详请旌,所以扬节义也。

一、犯例禁名讳,即为改之,或同音而异字,或从类而改音,夫亦曰功令也。毋敢违焉耳。

一、谱序源流,凡冒称同族及骤尔归宗者,必按旧谱牒详其根本,支连派合,始为续录。断不以其贵而妄收,则而不书,否则祖灵临之在上质之,在旁增恫恐。

一、同宗自幼抚育为继者,则书抚某之子,若其人有嗣而殇,即书继殇者之嗣,倘恩继失序,断断不可。至异姓不得为后,揆之律礼,黜之惟恐不速。

一、同族有争斗是非,会众从公解释,如有强梗不服,公众责罚。

一、本族与异姓构非,必审其曲直,若族间不是,绳以家法;果有亏枉,众为排释。如是庶不以顽梗贻笑他族,懦弱被欺于人也。

一、修谱后,子孙士农工商不一,不能皆贵而无贱、皆富而无贫、皆近而无远,勿以贵凌贱、以富欺贫、以远间亲,则姓永和睦矣。

一、能捐赀助产入祠,以厚祖宗祭祀者,特立神主祀之,并永远给胙,以报善念。但其子孙亦宜永体先人,毋滋后弊,如有别情,众惟执契呈官究处。后有继起助产者,亦照例设主给胙。

一、科第贡监与考选绅衿者,皆有光于祖,当立单主祀之。

一、序跋借重尊贵,沽名也,俗见也。盖谱以取信宗族,留之孙子,岂以沽名。即曰取其鸿章,然以家人而叙家事,浮文衍词将焉用之。

一、古有言曰:三世不修谱,谓之不孝。盖三世将百年矣,先后相接,传闻不相及,是以有亲疏混淆,支派错乱者。先人老成,将终有来询之者,曰尔祖有某者,某者谁为尔祖,特欲应而不能言。噫,有是哉。祖且不知,况余亲乎?此修谱之无稽可鉴已。自后子孙续修毋越三世,识之哉。

一、子弟冠巾乃成人之道,取讳取字,必先清查谱内立定字号,庶不重犯先人之讳。

一、族众有游泮登科及第、岁贡国学与出仕者,通众举贺不拘,各祭皆送花红。但入泮国学,俱照旧例送贺;至若岁贡,三两;科者,五两;第者,十两;出仕者,五两;送科举者,盘费亦照旧例。此乃体祖宗培植人文之意,岂得谓滥费哉?

一、谱局任事,每房各举数人公同汇修,矢公矢慎,颇费经营。凡生娶卒葬,有无嗣续并拨自呈草稿,详核校阅付梓,自信均无遗漏,其间或有舛错端历不详者,皆本支不能明辨,非纂修等疏忽之咎也,观者谅之。

(黄家章等修,同治十二年刊本)

玉山怀玉张氏

光绪玉山《怀玉张氏宗谱》,《旧谱家规》:

典则以贻子孙,贻谋以燕翼子,古之训也。而闾师书其善,党正纪其过,所以防范维持,则使人以改过迁善,臻醇厚之俗焉。圣贤有成法,吾族固宜则效矣。然或视为具文也,择其尤者述之,庶握其要。录家规:

一、天伦首重孝弟,务须孝养无违,终身思慕。若有忤逆,虽才能出众,亦属无本;而兄弟又为同气,务必友恭,切勿阋墙以伤怡怡。

一、夫妇须同心同德,相敬相爱。若琴瑟不调,必妨家道,能刚柔相济,斯为好逑。

一、睦族以和为主,以让为先。当有无相通、患难相救,毋挟势骄矜,毋恃顽乖戾,致伤宗谊。

一、交际往来,取友必端,始有成益。若浮荡轻狂,以及游惰匪类不正者,一概屏绝。

一、闺门须男女有别,授受不亲。故凡事必避嫌疑,切勿违规越矩。

一、择配求婚,虽凭媒妁,亦须详慎,求其门第相称,毋论聘金多寡。如家世清白者,则不论其贫贱;若品行污秽者,慎勿贪其富贵。凡改嫁苟合等情,概行责罚。

一、勤俭为治生之本,日用宜常,劳力职业,毋得怠荒;量入为出,不可奢侈;而用有常度,亦勿致过啬。盖节俭者有余,靡丽者不足也。

一、生业为财用之原,士农工商皆为正业,甚可谋生。若弹唱赌博,游食江湖,俱非正术,慎宜戒之。

(张维潢等修,光绪十四年刊本)

先祖遗训。

浮梁祁门郑氏

咸丰浮梁祁门《郑氏宗谱》,《先祖遗训》:

第十篇
宗法变革论与宗族建设

魂升于天,魄降于地,彭殇无异,物我一致,能践形者出类拔萃。久病予不能起,命儿珏依口代书,诸儿不可不遵。系康熙戊辰十二月二十六日书。素位而行,卑以自牧,寤寐圣贤,听松咏菊,贻谋匪他,业安耕读,杖履优游,维郑默谷。予生有明万历戊午五月朔日戌时,至康熙丁卯年已七十矣。幼好堪舆,虽未能深知其意,而即饶城东园母墓亦可以知予生平矣。瞑后恪遵家礼,禁浮屠,违者不孝。予思祖祠未能重修,罪也;父棺未能归土,罪也;母虽迁葬,未能立祀,罪也。负此三大罪,应将予尸暴于枫树坦角卯向,以薄板盛之,蚁蚀水澜可也,尔等毋违。勿听妇人言,谦卦六爻,大刚则折,奇牲收厥,戒厝嘱咐,育弟妹鼎成,主掌一家,宜从容韫儿,调和人心,戒自恃韬。戒惜小,听母言,天下无不是底父母。世间最难得者兄弟,易得者田地,难得者兄弟。尔等将我所撰地书以布包之方竹杖,轮流收管,杖在谁家,致书亦在谁家,若有不孝不弟,背我遗言者,用此方竹杖警戒之。

竹杖铭:直正方义,此君之谓,行藏与偕,不我遐弃。

时皇清乾隆五十五年岁次庚戌冬月之吉,裔孙苞、同、士等录。

(郑培先修,咸丰十一年刊本)

咸丰浮梁祁门《郑氏宗谱》,《乾隆庚戌年修谱遗言录后》:

重修谱牒,世派源流曾因千十七公秩下子孙驾舟在外,入局迟延,乃工程将毕,难以挨图,众议立一支派,日后子孙接续重镌,务必挨图统源,一本之意也。此届重修,谨遵先言,将千十七公秩下之派一体挨图,但恐不无错误,着检康熙丙子年老谱,归局校对,而其子孙有难之者,仍欲自立支派,但思本系同根修谱,岂容二致,于是会申各宗,玉成此美,不惜工费,为之一体挨图,以联同源,后之览者幸共谅焉。

(郑培先修,咸丰十一年刊本)

新昌城南漆氏

光绪新昌《城南漆氏族谱》,《诫晦八箴并序》:

族中裔嗣蕃衍,贤否不一,宜立规条,训邪归正。但诫晦之道,须先引动天良,绝去欲念,使在家为孝子、在族为顺孙耳。虽千条万约,不外正子姓之心,而正心之要又不外孝悌忠信礼义廉耻八字。今吾族之不必再设条约者,以其原有八字箴文大书永思堂面四门之上,儆惕后嗣,斯诚澄源务本之善术,而千百年化导乡党之良规也。势恐日后门上箴文墨迹残缺,难免文献不足之忧,故特留存谱首册中,以垂永远。

孝箴第一

人生性本善,孩提知爱敬,葆此孩提心,至德乃庸行。冬温与夏清,晨省而昏定,菽水胜珍馐,团圞欢无竟。慨自真心漓,情欲互为政,不念罔极恩,漠视渐陵竞。王章讵能容,天眼明于镜,清夜试回思,引慝惭不令。拨转本来心,去逆即返正,聚顺乐融融,生涯应有庆。所愿读书子,扬名显亲盛,何限力田者,竭力事修证。纯孝非外求,克念分狂圣,古来行孝子,绵福陈著姓。切勿肆游闲,委惰不克振,切勿辱隶胥,亏体及亲并。勉信刍荛言,自家真性命。

（漆耀书等修,光绪三十年刊本）

湖南

平江叶氏

光绪《平江叶氏族谱》,《家训五条》:

家训莫大于人伦,人伦莫先于君父。君也者,祖宗所赖以存身家、所赖以立子孙、所赖以生长陶成而绵绵延延维持于勿替者也。世徒见身在草茅,业安耕凿,若无所谓臣、无可为忠,不知"普天之下莫非王土,率土之滨莫非王臣",不必搢笏垂绅也。即此食旧德、服先畴,凡隶版图,悉归统属,皆所谓臣矣。不必鞠躬尽瘁也,但使安家室、训子弟、早完税课、不犯律条,亦可为忠矣。况自先世以来,久享太平之福,使吾侪得有今日,何莫非受用不穷、所当图报者哉! 伏读《圣谕广训》十有六条,纲举目张,言言切至,何一非生民日用之资。今欲一道同风,宜于岁时会合,集族中父老子弟当堂听讲,而又恭录其尤关于宗族最为切近而易行者。每门刊布几条,使之家谕户晓,相与父诫其子、兄勉其弟,是亦同文不倍、遵道无偏之意也,愿与吾族勉之。

父子之道天性也。人苟非悖逆反常,无不爱其亲者。然所谓爱非徒服劳奉养已也,必须曲体亲心,莫有触伤之意,务全子道,勿留玷辱之名,此乃可谓能爱其亲,而服劳奉养皆其所优为也。虽然此特为上等言之耳。人子苟能读书上进扬名显亲,固所深愿;即不然而服田力穑仰事有赀,亦难得者;又不然而牵车服贾、执役佣工,能谨身节用以养父母,亦庶人之孝。况父母而上由高曾以上溯一源,皆吾父母也。父母而外由伯叔以旁通五服,亦吾父母也。苟但能爱父母而于祖宗之稍远者或忘之,伯叔之稍远者或忽之,亦安见其孝乎! 至若为父母者,子孙不肖,固当训之以方;子孙即贤,亦当予之以正业。而或徒事姑息,纵其所为,甚且闻外人之言为之袒护,无论其不能保全也,即幸而保全,亦不过即身而已,安望其为克家之子乎! 虽此中成败各有命存,非人力所能为者,然家教不可以不先,愿吾族各尽其道焉。

兄弟何为手足? 手足者,人所赖以持行而相须于左右者也。人于兄弟固有终身和好

第十篇
宗法变革论与宗族建设

不出一违言者,此其患难相顾疾病相扶持也,亦何待言。即或偶有不和,相为怨怒逞一时之气,若可以终身不求助者,及至身临大事,他人皆束手旁观,而挺身出险始终相与共尝者,卒不出于兄弟?阋墙御侮,古今有同然也。况分形负气,同为父母所生,自吾兄弟视之,则各有一身;自吾父母视之,则均为一体。人纵不恤兄弟,独奈何不思父母乎!大抵兄弟嫌衅多起于妇人,妇人怨仇多成于姒娌。彼盖异姓同居,本无天亲之爱,一相争以箕帚即啧有烦言,往往因小故而构成大恶者。人若非血性男子,鲜不为妇言所惑矣。论天亲一本之义,即疏远族人尚当亲如兄弟,何则?分支于父母不同,而发脉于祖宗则同也。今纵不能使族人皆若兄弟,亦当于至亲之内稍济贫穷,有田可耕使之耕,有谷可借准其借。能还本者受之,不能还本者听之。至于同胞兄弟,并不计其有无,要当唯力是视,断未有自居饱暖而忍彼以饥寒也。安得吾族中皆有此意也乎!

夫妇之道不外两端:一曰和,一曰有别。和则不致于乖离,而得以成家道;有别则不流于媟渎,而得以正家风。家道成而后可谋生聚,家风正而后可讲礼仪,此二事固并行而不悖者。然和或不持之以正,则帷房戏谑习以为常,而男女何由别?有别而或不怀之以恩,则家室乖违,动辄相怨,而夫妻反致不和。此二事又交资而相济者。尝见有中年独处出入无可与谋者,即其衣服茶饭必须亲自操持;又或有偕老白头,儿孙满地,前呼后应,服事不患无人。一当疾病在身,纵子妇极其孝敬,而隐微曲折之间,性情必如何而顺适,若有非膝前所能喻,而只可谋诸夫妇者,伉俪之亲,无事不可言,无物不相信也。而相敬如宾始终一致,从未有乍合而乍离者,咸恒之义,惟长久可以居之。虽然,妇人不明大义,能御贫而无怨;居宠而不骄者,曾有几人?是在为丈夫者自行正道,不予以指责之端,而又谕之以情、闲之以礼,使闺门肃穆,不见嬉嬉之状,不闻嚣嚣之声,即或偶有违言,当容之以大度。偶兴谮语,当拒之以正颜。如是则夫夫妇妇而家道正,家道正而福祚长矣。诗首《关雎》,书称厘降,吾族当如何以整齐之。

朋友之交,或为同姓,或为异姓,何以列于五伦?诚以其最为亲密素无嫌疑,尝有意中之事对父子兄弟不便明言,而只可与友朋相商者,则五伦之内至坦白者莫如友朋也。所贵乎友朋者,非徒是酒肉相交、资财相与也。必须有善相劝、有过相规。事有关于名教,则怂恿以成之;事有碍于伦常,则从容以化之。幸而见听,则归功于自悟而局外,不居其名;不幸而不见从,则转托以求全,而当堂不彰其过。凡事当实心以善论于先,毋面从而争持于后也。不独同辈之友朋如是,即师生亦无非友朋,有不惬于心处何妨婉转相商,必求允当而后已。否则中心未能释然,而姑隐忍以求了事,未见其为友朋也。总之,学校之内多失之猜嫌,当以诚相与;乡党之间多失之轻浮,当以敬为主;宗庙之内多失之唯诺,当以直为先;但不宜放而不忌、激而相伤耳。然此皆就目前所击者论之,而古今之通病、风气之转移，多有非人所料者，是宜因时势而善为曲全，庶乎友朋之道得矣。至若势利之交，当其盛则外人皆若至亲，而奔走趋承之恐后；值其衰，则族类且如行路，而挤排摈斥之无余。此皆市井狡狯之徒，非吾族所当取。

以上五伦，均人人日用所不离，亦人人目前所易见者，但恐习焉不察，莫能行其所当然，究莫能知其所以然。孟子所谓"道在迩而求诸远，事在易而求诸难"也。是以上体祖宗之意，下推族长之心。为之胪列，以示后人，必有观感而兴起者，岂得徒视为具文而已乎！愿身体而力行焉。

光绪丙申冬月祥珍聘卿甫识。

（民国二十四年南阳堂铅印本）

六"不如"，三十六"不可"。

益阳熊氏

光绪益阳《熊氏续修族谱》卷首，《家训》：

孝

孝顺，德也。亲命之学则力学，亲命之耕则力耕，亲命之商贾技艺则商贾技艺。有酒食恭敬奉亲食，有衣服欢喜劝亲穿，有钱财爽快听亲用。父母之所爱亦爱之，父母之所敬亦敬之。父母所欲为之事，则急代为之。凡此皆顺之理也。父母于子之初也，见笑则喜，见哭则求，见病则忧，见寒则衣，见饥则食，见行则提。有所嗜好，多方觅求以中其意，鞠育顾复无所不至。所谓恩深罔极也。人能细细追思，自当竭力孝养以报万一。至父母没时，称家有无，开堂设奠，俱属虚文。李百云："死后披麻，不如在生孝顺。"五刑莫大于不孝，其特甚者有四等父母：曰老，曰病，曰鳏寡，曰贫穷。父母当壮盛时，起居犹能自理，至龙钟鹄立，扶杖易扑，寒夜苦寂，铁骨难挨。又如伤风坐卧不适，遗溲丛秽席荐俱臭，子所难奉者此时，亲所赖子者亦惟此时。又若老境失偶，鳏夫孀妇独处凄凉，就使子孙满眼，偶者偶，稚者稚，昼则各事其事，夕则各居其居。其不曳杖徘徊、枕边泪湿者几希矣。又有抚字财匮婚娶力竭，少年经营肥暖，老来搔手踌躇。望一味以垂涎，丐三飧而忍气。此中苦况，子孙倍当曲体。事亲者于斯四等，更宜吃紧加意。王中书《勤孝歌》云……

弟

兄弟之生，虽有先后，其初原是一身。薄待兄弟，即是薄待父母。推之继庶兄弟，即是薄待其父母。薄待从堂兄弟，即是薄待祖宗。根本若亏，枝叶必坏。惟兄则友，惟弟则恭，自然恩义浃洽、猜嫌不生矣。是可知情关手足，务事事从厚，尽其在我，勿计贫富巧拙，勿分贤愚厚薄。总之，有急必周，有难必援，有过必宥，有疑必释，有隙必忘，有犯必忍。念先

第十篇
宗法变革论与宗族建设

人一脉同胞,法古人友于厚谊。凡友仆之谗言,防之当如防鼠雀之穿我墉。妻子之短见御之,当如风雨之摇我室。则施之者既好恶与同,而受之者自忧乐与共。古诗云:同气连枝各自荣,些些言语莫伤情。一回相见一回老,能得几时为弟兄。又云:兄弟同居忍便安,莫因毫末起争端。眼前生子又兄弟,留与儿孙作养看。

刑于

夫妇之际,人道莫重焉。夫贵和而有礼,妻贵柔而不媚。古人举案齐眉、相敬如宾者,洵足嘉也。故为夫者有刑于之化,而夫纲能振;为妇者守三从之道,而妇道克敦。子弟娶妇,必教之于始进之日。事舅姑夫子外,即躬勤纺织,无逾内门,无干外政。如恣性越礼、游山观剧、赛神烧香、炫露体面,殊非士族家法。有一于此,必严正以痛遏之。盖严足以防玩,正足以养和。古语云:阴阳和而后雨泽降,夫妇和而后家道成。但妇女未尝读书明理,其有不是,当委屈晓谕,不可遽生嗔怒。乃为和气致祥之本。凡自己妻子虽德言功容不能兼备,亦须厚待。盖前世夙缘,行谊攸关,若令有悲恨处,便问心有愧。闽中妇人作诗寄夫云:"野鸡羽毛好,不如家鸡能报晓。新人貌如花,不如旧人能绩麻。麻作衫,与君着,眼前花开又花落。"此等语亦可为刑于式。

友谊

朋友,五伦之一,所关甚重。与其交而后择易生怨,孰若择而后交可寡尤。孔子曰:益者三友,损者三友。彼直谅多闻之友,严气正性,苟非同道必不相许以心,此君子之交淡如水。便辟善柔之友,好谈声气,专意逢迎,苟无定守,自必相染于不觉,此小人之交,甘于醴也。盖难于合者亦难于散,易于亲者亦易于疏。人而与善人交,纵终身不能取法,亦无所害。与恶人交,动静语默之间,亦从而似之。所谓从善如登,从恶如流,向善难而不善易染可知。正人宜近,匪类宜远,是在谨之于始。

睦族

一本九族,五服三党,虽有远近亲疏不等,实皆我身关切之人。当待之以亲爱,处之以忠诚,同其患难,赒其贫乏。毋以小嫌疏一本,毋以新怨忘旧恩,则族睦矣。内睦则家道隆,外睦则人事济。睦之时义大矣哉!睦族莫重于序谱,由百世之下,而知百世之上。辨亲疏,定昭穆,收涣散,敦雍睦,君子所以重谱也。谱定,又须修饰祠堂,岁春秋举族子姓来祭,祭毕,相率以齿会拜而宴。齿之尊而有德者向南坐,而谕族人曰:"凡为吾祖之孙者,敬父兄、和族邻、时祭祀、力树艺,毋相欺也,毋博弈歌舞以坏俗也,毋攘窃奸淫以贼身也,毋黜妻鬻子身为奴隶以辱先也。有一于此,生不齿于族,死不入于祠。"皆应曰:"诺!"然后族人之文者,以谱登一岁之生卒,而书举族之臧否。其行之足书而层见叠出者,死则为之立传;其有犯于前者,亦书之。能改即削之,不改则直书以垂戒。今谱牒既就,宜急捐资整祠。既可以奉先,又可以训后,愿族人协力图之。

和邻

邻里之人,宜情投意洽,然亦不可近狎昵。毋攻人阴私,毋犯人忌讳。其善者固当亲之,其横者亦宜让致。诚能谦和以待邻里,不但不起人侵侮,免得口角争端,急难时且得匡扶救助之益。若一言之错、些小之过不能逊让,因而报复相寻,其误甚矣。

正家

一家之人,谓父子兄弟夫妇之人也。男正位乎外,女正位乎内。惟严君尽统治之责,男女秩正位之伦,家有父子而孝且慈也,家有兄弟而友且恭也,家有夫妇而和且柔也。家道如此,无不正矣。一家正,而天下之为父子兄弟夫妇者定,君子观法于家,而知王道之易也。主人为一家之观瞻,我能勤,众何敢惰;我能俭,众何敢奢;我能公,众何敢私;我能诚,众何敢伪。凡此不独为一家则效,且为子孙模范。语云:心术不可得罪于天地,言行要留好样与儿孙。

贻谋

子孙无论贫贱富贵,皆不可不教。所谓教者,不徒诵读诗书,大要使之识尊卑上下孝弟忠信礼仪廉耻而已。谚曰:有好子孙方是福,无多田地不为贫。故以忠厚遗子孙者昌,以机术遗子孙者亡。每见人家染于恶习,以欺诈为智,以侵夺为能,以结交势力为得志,以狎淫赌博为风流。甚且欺乡党、凌兄弟为致富之术,此则灾害鲜有不及矣。可见教子弟如养闺女,最要严出慎入。交游心术宜楷正,言语务端庄。且令早起晏眠,凡喧哄斗争之处不可近,戏耍无益之事不可为。

田园为衣食自出、性命所依,纵贫不聊生,须另寻活计,不得轻出恒产。况田园皆先人贻谋,一经出售,生路永绝。上不能养父母,下不能保妻子。日卑日下,子不知耕,妇不知织。愈贫则愈懒,懒则愈贫,是可知不克守成遗恨不浅。柳玭戒子弟曰……

勤俭

贫富俱少不得勤俭二字。勤非孜孜为利,惟在竭力经营;俭非鄙吝不堪,只是量入为出。子孙或读书或务农或商贾技艺,诚能奋发有为,则无有读不成的书、粪不肥的田、作不得的生意、学不就的艺术。所谓功崇惟志、业广惟勤,辛苦中自有利益也。其于宫室、器具、衣服、饮食、交际、礼仪之类,只宜随自己力量,务使丰俭得宜。如数椽以蔽风雨,五尺以应门户,一袭一葛以御寒暑,蔬食菜果以供亲朋,荆钗裙布以操井臼,俾天下称为清白士不一可乎!郑白园曰:"贫贱生勤俭,勤俭生富贵。富贵生骄逸,淫逸生贫贱。"此循环之理也,有生者不可不念。

改过

第十篇
宗法变革论与宗族建设

人非圣贤，孰能无过。惟在知过而能改，尤贵知改而能速。只怕因循二字断送一生，故君子喜闻己之过而得以遂改。然欲改过者，莫切于主敬而不敢放也。人有一言稍放，则失在一言一行偶肆，则失在一事一息之顷。一念之微稍有不敬则匪僻之心生，放逸之私起，其失之流极有不胜言者。子夏曰：君子敬而无失。斯言诚足箴欤！

行恕

恕者，如心之谓也。子曰：己所不欲，勿施于人。此千古平情之论，万世不易之言也。人各有心，实人同此心。人待我不堪，而我不愿受；我待人以不堪，而谓人堪受之乎？故人能恕于妻子，则家道以和；恕于兄弟，则友爱以笃；恕于朋友，则交谊可久；恕于奴隶，则人乐于听役；恕于宗族乡党，则雍睦自此而开。否则，知有己而不知有人，残忍刻薄之行皆自不恕之一念始。人怨以兴，天祸以作。吾未见不恕之人而能保佑其身，以福及子孙者也。语云：径路窄处，留一步与人行。滋味浓时，让三分与人吃。此是持身涉世一极安乐法。

种德

恻隐之心，人皆有之。凡耳之所谓、目之所见，有足动人恻隐怵惕者，须一点慈爱念头婉转做去。即有力不逮，或代白其冤，或解释其事，或以一人倡众人，或鼓舞劝掖富贵人都是阴德。此一点慈爱不但是积德种子，亦是积富根苗。试看积德之家，子孙不好的变得好；为恶之人，子孙好的亦变得不好。语云：生来之福有限，积来之福无穷。处富贵之地，要知贫贱的痛痒。富者济人以物，毡上抽毫。贫者稍得所济，如鱼得水。如与饿夫一饭、寒士一衣，亦为实在因果。可见因果随地、随人、随力量财物俱可作得，只是人当面差过耳。

劝诫

子孙护体面不如重廉耻，求医药不如养性情，立党羽不如昭信义，作威福不如正心术，恣豪华不如乐名节，广田宅不如教义方。不可清晨贪眠睡，不可昏夕好外游，不可淫人间妻女，不可谋他人田地，不可私造匿名纸，不可谈人闺阃事，不可当面讦人短，不可背后诋人非，不可私拆人书启，不可耽搁人信息，不可用大斗小秤，不可欺孤儿寡妇，不可护子孙之短，不可纵童仆生事，不可听妇令言，不可欠朝廷之饷，不可蓄飞禽走兽，不可习胥吏妖巫。盛怒不可过责人，醉后不可恶骂人，妇女不可入寺庙，子女不可为僧尼，牲畜不可妄宰杀，颗粒不可轻抛弃，坟茔不可失祭扫，坟地不可轻出售，秽物不可入堂灶，字纸不可糊墙壁，六婆不可令入门，子孙不可学法打，安分不可过营球，放债不可严微利，饮食不可求精美，衣服不可过华丽，居乡不可失是非，治家不可有偏颇。申国老"百字铭"曰……

溺女戒

世间最亲者父子,最惨者杀伤。是故罪孽之中,惟杀伤最重;杀伤之中,至亲而杀、无罪而杀为尤重。然则以父母而溺女,是无罪而杀其至亲,孽莫重矣!古有歌云:劝君莫溺女,溺女伤天性。男女皆吾儿,贫富有定分。若云养女致家贫,生男岂必有怡亲。浪子千金供一掷,良田美宅等埃尘。若云举女碍生儿,后先迟速谁能知。当阶玉树多先折,老蚌双珠不厌迟。有女莫愁难遣嫁,裙布荆钗是佳话。漫忧养女玷家声,我不种孽孽不生。富者杀女转萧条,忍心为害家暗销。贫者杀女终不富,家无儋石身无裤。杀女求儿儿不来,暮年孤独始悲哀。不如有女送终去,犹免白骨委蒿莱。劝君莫杀女,杀女还自杀。孽冤相报几时休,转世投胎定夭折。孺子入井犹堪怜,如何溺女委黄泉。及笄往嫁尚垂泪,何忍怀中辄相弃。

酒戒

酒能乱性。苟或酷嗜,乌能无失?观于酒诰,则知古人垂虑之远;观于酒颂,则知古人托兴之深。即如礼称献爵宾主交拜,皆所以防酒失也。世人嗜酒无厌,遂至形骸颠倒。礼法坏,乱骂座,卧衢凌上犯法。久且失常戕命,岂不痛哉!范鲁公戒子弟曰……

色戒

夫妇,正也。然亦贵有节。若云正欲非淫,则家酿遂不醉乎?且生人终身疾病,恒从初婚时起。年少兴高力旺、恣情无度,多成劳劫,甚至夭亡,累妇孀苦。当思百年姻眷终身和偶,何苦从数月内种却一生病根。前辈每遇子孙将婚,必谆谆以此戒之。盖寡欲可以养生,纵欲之人必多疾而早夭。缘百邪乘虚而入,入轻则易愈,入重则难痊,极重则死矣。夫伤生之事非一,而好色者必死,是生色者杀身之斧斤也。

大凡人家先要闺门端正,而闺门端正先要自己端正。若我先寻径窦,妻自别有心怀,父既惟色是耽,子便相染成习。不夫不妇,时闻诟厉之声。何尊何卑,尽同犬豕之类。此虽家门隐事,已为里巷之羞称。既尔内行多惭,何以亲朋之足齿。乃淫心煽炽,虽有严父不及防闲。即遇贤妻,莫能劝止。不知贞淫正变,载在诗书,报应因果,详于经忏。若者可劝,若者可惩,若者遗臭,若者流芳,若者得罪天地,若者无恨隐微,若者以奸淫而灭名绝嗣,若者以戒淫而增福延寿。苟一览观,昭然鉴戒。而于处女寡妇,尤宜极意节制,以端操守。

财戒

人生终日营营,半为衣食计,势必不能一日无需财也,故圣人不禁人取利而惟教人守正。勤俭者,黄金之本。公平者,积福之基。知足者不贪,为宝尽在己之力。不敢好逸恶劳,存撙节之心,务期量入为出,循自然之命,不得损人利己。盖财固求之有道而不可

第十篇
宗法变革论与宗族建设

邪谋,得之有命而不可奸夺者也。俗人不知此理,以为习巧者富之器,用诈者富之术,不由正道,刻薄营私,犯国法而不畏,干天怒而不惧,丧良心而不顾,害同人而不恤,败人纪而不问,种种奸计不能殚述。当其得利时,未尝不喜其术之巧也,转盼间或消耗冷退而化为乌有,或骄奢浪费而荡然无余,或天灾人祸而害且莫测,是亦何益之有哉!人其厚于居心,无务厚于积货也。唐翼修云:利可公而不可独,利专于己,怨必集焉。祸患之来皆生于财,败名丧节患起于利。苟不贪利,名从何玷?祸从何生?

气戒

气准于理,乃生人之正气,即孟子所云"浩然之气",至刚大而塞天地者也。若兹所谓之气,当戒者血气也、浮气也。人有秉质刚辟,量褊浅而少容,性躁暴而难忍,平居无涵养之功,临事又无制抑之力。偶有拂意之事外侮之来,辄愤懑不平,必欲呈一时之忿恨以求胜。甚至忘其身以及其亲者,是皆小不忍之为害也。殊不知忍为众妙之门,小忍小益,大忍大益,暂忍暂益,久忍久益,化有事为无事,变大事为小事。忍之忍之又重忍之,所谓退步自然宽也。岂非众妙之门,戒气之要诀哉!

争讼戒

讼者,至危之事也。人非有大不得已之事,切莫与人构讼。若以好讼为能,破家所由起也。夫被人之凌辱,不讼止受气于一人,既讼则受辱于人人。仇人之刁唆,光棍之把持,干证之翻覆,讼师之刁难,差人之需索,经承之舞弊,贪官之鱼肉,清官之误断,皆不免焉。与其只受一人之凌辱者,大相悬矣。兼之本业抛荒、精神凋敝、举家惊怖,种种弊端不一,有识者宜慎之。

赌博戒

吾见有以赌博开场者,利以诱之,食以啖之,女色以煽炽之,此所谓迷魂阵也。世人误入其途,废时旷业,败家荡产。一经发觉,亏体辱亲,为害不浅。近今更可耻者,男女混入一场,交头蹑足,不独体统无存,而淫盗之门亦自此而开也。愿我子孙永以为戒。

(光绪元年叙彝堂木活字本)

(二)宗规祖训举隅

《皇朝经世文续编》卷六八,《礼政八·家教》:

一曰尊祖先。《礼》曰:万物本乎天,人本乎祖。则祖先者,吾身之所自来也,可不尊乎?故收族必由于敬宗,敬宗必本于尊祖,人不知尊祖,是谓蹶其本根,本根既蹶,而枝叶能昌茂者鲜矣。故凡一应祠墓之祭,四时之享,必谨敬尽孝尽诚,不可一毫简率。吾族旧例,服阕后,特立一油漆神牌,奉入宗祠,春秋祭奠,朔望参拜,其木主则供奉于家,时节荐享，朝夕拜谒。近有不知礼法之徒，亲丧甫毕，即将木主焚化，此情甚为恶薄。夫毁人木主及棺椁，律有明刑，况子孙自毁其主乎？大非尊祖之道，急宜禁止。今约：或室宇浅隘供奉无地者，则宜数房公营一隙宇，或同立一家堂，分高曾祖考为四龛以奉之，否则或各立一龛于高处，以自奉其主，朔望则谨具香烛瞻拜，有事则告，有新则荐，其坟墓拜扫，一岁两度，礼不可阙，而丰俭随宜，其墓木、墓基、墓碑，均宜爱护纠察，不许人畜作践伤残，及不肖子孙私行斩伐。有则送官究治，庶几稍尽事死如事生之礼。

二曰敦孝友。《孟子》曰：孩提之童，无不知爱其亲也，及其长也，无不知敬其兄也。此从源头上说来，见得孝友是人之天性，初非外铄我者。又曰：仁之实，事亲是也；义之实，从兄是也。此从学问上说来，见得人能孝友，方是大学问。然孟子书谁人不读，而诚能尽孝友之实者何寡？盖一衰于妻子，一夺于钱财。岂知妻子是后来配合的，父母是生我身的，人无父母，此身何来？故父母之恩，同于天地。钱财是身外之物，兄弟是一体所分，钱财失可以复求，兄弟失莫由再得。故兄弟之情，等于手足。人而不孝，是自绝于天地矣。人而不友，是自断其支体矣。尚得为人乎！故曰：天下无不是的父母。又曰：世间最难得者兄弟。又曰：父虽不慈，子不可以不孝；兄虽不友，弟不可以不恭。盖至不慈而孝，斯其孝乃真孝矣。不友而恭，斯其恭乃真恭矣。况父未必不慈，兄未必不友。又当如何尽孝，如何尽恭也哉？吾族自迁祖以来，代敦孝友，更愿推此意以深体之，则祖德可以积久不替。

三曰睦宗族。寇永修《山居日记》曰：古人睦族非止同宗，以族服考之，父族、母族、妻族皆是，然惟宗族为最久最大，盖其初原是一人分下来，如一株树，自根而枝而叶，虽其间荣悴不齐，枝条各异，然无不一气相通，上下贯注者也。故宗族虽多，自我视之，则有亲疏，而自祖宗视之，则均皆子孙，何亲疏之有？乃世有以五服之亲，情同路人，反眼若不相识者，甚且强陵弱，富欺贫，殴讦讼，无所不至，曾不顾乃祖乃父含悲于地下，是尚得为知一本之谊哉！故曰：能以父母之心为心，则无不和之兄弟；能以祖宗之念为念，则无不睦之宗族矣。吾族支派虽多，素称雍睦，自今以后，更愿雍益加雍，睦益加睦，平居则一体相爱，缓急则多方相济，微嫌小隙，不介于怀，干糇遗愆，不萦于虑，即有事理所极不堪、人情所最难解者，亦只宜请族长及族中公正之人到祠中，公剖曲直，互相认差，责令陪礼，切不可遽形诸讦讼，庶不乖一体所分之谊。

四曰崇礼让。朝廷尚爵，乡党尚齿，居乡之道，莫急于礼让矣。盖"维桑与梓，必恭敬止"，在物且然，况亲串故旧，半多我祖我父钓游之侣乎？故侮老犯上，谓之鸱鸮；贪利夺食，谓之狼虎。今世礼让不修，甚有伯叔兄弟，终岁不相往来者；又有微嫌小忿，结成仇隙者；又有明知齿德尊于我，只因他一时贫困，任意傲慢者；更有明知我曲彼直，只因他一

第十篇
宗法变革论与宗族建设

时势力卑微,故意欺凌者。风俗至此,败坏已极。吾族素称诗书之家,务在力矫其失,恪遵古道,实存个恭敬退让之心。婚丧庆吊,物不能备,而礼则不可缺也。贫穷患难,力不能周,而情则不可无也。尊卑有序,长幼有分,当拜则拜,当揖则揖,不存分毫势利。处处退让,事事吃亏,不一毫占先。孟子曰:爱人者,人恒爱之;敬人者,人恒敬之。孝友先生朱仁轨曰:终身让路,不枉百步;终身让畔,不失一段。则终身于礼让可矣。

五曰勤职守。官有官职,民有民职,皆当守而弗失者也。人无职守则身无拘束,家日凋弊而生计日促。故自公卿士庶,俱不得一日舍职以嬉。管子曰:一夫不耕,必有受其饥;一女不织,必有受其寒。此先王之世,所以民无常业者有罚也。张文端公谓读书不贱、守田不饥。张考夫谓恒业除耕读二事,无一可为。然读而废耕,饥寒交至;耕而废读,礼义遂亡。此言耕读之不可偏废,而耕读尤为恒业之最贵者也。然亦有不必限定者,古人以士农工商分为四等,则不能为士农,即为工商,亦无不可,而其要总在一勤字。盖勤则时无旷废,勤则事有专功,况一家之内,男有男职,女有女职,果能共习于勤,则日计不足,月计有余;月计不足,岁计有余,可以免干求、全清操。读书者无奔竞之劳,力田者有安居之乐,即为工为商,亦日得赢余,藉为仰事俯育之资。而合家大小,早起迟眠,孳孳乐业,永无乖睽放纵之患。若一落游惰,必致废事失业,因而流入嫖赌吸鸦片等恶习,虽至荡产倾家不难,是自堕其业,自毁其家,自绝其生理也,可惧哉!可哀哉!有家者尚其鉴诸。

六曰尚节俭。汉景帝诏曰:雕文刻镂伤农事者也,锦绣纂组害女工者也,农事伤则饥之本也,女工害则寒之源也,饥寒至身而能无为非者寡矣。此甚言奢靡之为祸也。夫在国且然,何况于家。乃奢靡之失,更莫甚于今日者,宫室衣服,必求美观;庆喧宴会,必尚华侈,否则人辄笑为悭吝俭啬;而少年德性未定者,辄羞赧欲避其讥,因竭力支□,东挪西借,以争一时之虚体面。张文端公曰:用费不节者,债负之由也。债负者,鬻产之由也;鬻产者,饥寒之由也。况奢靡既惯,则子孙习为游惰,妇女不惜物力,岂知荣华枯落,曾不须臾,天幸难邀,祖泽难恃,虽以房、杜之后,犹不免荡覆无余,况其他乎?故《传》曰:俭,德之共也;侈,恶之大也。能知俭之为共而非啬,知侈之为恶而非美,则知节俭之可尚而不可鄙矣。且古人教人节俭,亦非必真一钱不用也,大抵量入为出,耕三余一,不妄用以破家,亦不多藏以敛怨。王咨伯曰:天与人福泽,当知爱惜。爱惜则一卮之福,用之不尽;不爱惜则盈钟之福,一覆立竭。又曰:当于有日思无日,莫待无时思有时。旨哉斯言!有家者所当切志者也。

七曰慎婚配。安定胡先生曰:嫁女必须胜吾家者,胜吾家,则女之事人,必敬必戒。娶妇必须不若吾家者,不若吾家,则妇之事舅姑,必执妇道。此亦但言其大□当如此耳。其实所重者,尤在□与妇之性行。故不问家之大小,必详访其门户清洁及其祖父之行品何如，男女家法何如，男女之性情何如，职业何如，若祖父果系正直端方，则其家子女，谅必温良贞静，可卜宜家。而所产子孙，亦聪明端正，不致性情乖张。若贪其一时之富贵，不择人而嫁娶之，其患害必有不可胜言者。与其配而后悔，何如择而后配。若既已约婚，则不论贫富，俱当一体相待，不得更怀憎嫌之意，又不得互争长短。今人往往男家计较资装，女家争论财聘，甚或因一时争竞，以致移恨于□与妇者，亦大伤雅道矣，岂不闻嫁女择佳□，毋索重聘；娶媳求淑女，毋计厚奁乎？古人婚配，务在择德，不以财为礼，而钗荆裙布，著为美谈。柳仲郢曰：必待资装丰盛，何如嫁不失时。真确论也。吾族婚配，素重德门，次亦必家世清白。旧例，若或娶婢女为妻，家或不清白及来历不正者，后虽有子女，亦止录其子女；甚或兄死娶嫂、弟死娶弟妇者，乱伦犯法，莫此为甚。连本人及子女一概摈斥，永不入谱。盖妻者齐也，所以齐于夫也。若娶下贱者以配身，则己亦沦于下贱矣。凡我同族，尚其慎诸。

八曰训子孙。人生无百年之身，往往怀百年之虑者，非上为祖宗虑，即下为子孙计也；岂不以子孙者，祖宗传绪所关，而家世所由隆替者乎？子孙贤，其兴也浡焉，而祖宗亦预有荣；子孙不贤，其亡也忽焉，而祖宗亦预有辱。则子孙之培养宜急矣。然余窃谓培养子孙，止有两条：一在导之以善，一在勉之以学。从来祖父之言行，子孙之准的也，平日所见者善行、所闻者善言，则以善感善而善矣。学问者，义理所由明也。平日所讲者正义，所习者正理，则以正召正而正矣。今之教子孙读书者，只指望其作官改换门闾，不知读书者多，作官者少。子孙只论贤不贤，不在作官不作官。试观古今来有读书作官者，或遗臭万年；有读书不作官者，反流芳百世。若果能循规蹈矩，守分安命，尽得孝弟、忠信、礼义、廉耻等事，即为贤子孙矣。奚必纡青拖紫，然后为荣哉？其或资性愚钝，不能读书者，惟教以各习一正业，或为农工，或为商贾，务使亲好人、学好行、存好心、说好话、作好事，上不干犯王章，下不违背清议，使人人称赞他是某人之子、某人之孙，则为祖父者，岂不面增光彩乎？愿与吾族共伸此义以相勖。

九曰谨嗣续。继嗣必择同宗，取其气脉相通，并出于一本也，盖神不歆非类，民不祀非族，故必择近亲支派分明可考者立之，则一气相感，祖父不致失祀。今人往往抚养异姓之子为子，则阳若有继，而阴已绝矣。《春秋繁露》载汉时有一官家祭祀，用祝降神，至祭毕，祝语人曰：适所见甚怪，有一官员冠裳盛服，欲进而踌躇不进，有一鬼蓬头衩袒，手提屠刀，奋勇而前，歆其祭祀，是何神也？主人不晓其由，有长老识其家旧日无嗣，乃取异姓屠家之子为嗣，即今主祭者是也，所以只感得他屠家祖父，其继立本家之祖先，非其气类，无交接感通之理，故不得享。陈北溪先生尝录其语，以为抚养异姓为嗣者戒，立继者不可不知。俗例：长房无子，以二房长子为嗣；二房无子，以长房次子或三房长子为嗣。既

第十篇
宗法变革论与宗族建设

立为嗣，须当尽教养之道，以著恩义，不得名虽为嗣，实不关心。其为嗣者，尤当尽孝尽诚，不得以不属毛里致生嫌隙。其或未嗣之前，而应继之人，与嗣父母已有嫌隙者，听于他房昭穆相当者择立为嗣，族人亦不得阻当。其或已嗣之后，与嗣父母有嫌隙，显有逆迹可征者，则告知宗族，酌分与赡田，另选他房贤者为嗣。其或数房兄弟止一房有子者，准以一子兼祧，他房不得借辞侵夺。或本人欲立他房之子为嗣者，其本房亦不得强辞阻当。其抚养异姓之子为子者，族中于本人身故后，为酌分家产之半于所养之子，而另派应继之人为嗣，以续谱牒，注明异姓之子于后，亦不得逼令归宗。其以赘□为嗣者，亦止宜酌分田产，谱牒则另选本房及族中近支承继。或有子亡以媳招人为嗣者，一概摈斥不录。

十曰积德业。世无百年常盛之家，而有百年常盛之道。得其道则衰者可返于盛，失其道则盛者必至于衰。其道维何？积德业是也。夫人生产业，俱是外来，苟积之不以其道，便有悖入悖出之患，甚者或以多藏而致厚亡，或以财聚而招怨毒，种种患害，不可殚述。独至德业，则生于吾心而无穷，出于我躬而无尽，愈积则愈多，愈多则愈安。不但一身蒙其利，而且乡党称誉之，君子敬礼之，鬼神福祚之，身后传诵之，子孙荣享之，种种利益，亦不可殚述。间尝历观故家大族，彪炳宇宙，烜赫一时，积久常盛者，其先必有敦庞醇古之君子，或开于前，或继于后，累代相承，积德无间，然后深仁厚泽，孚于天心，善气凝结，蔚为国华，既昌既炽，为时望族。《易》曰"积善余庆"。《书》曰"作善降祥"。譬之江河，其源远者，其流长也。譬之花木，其根深者，其实繁也。若不浚其源，不培其根，则一发无余矣。然德业有大有小，有精有粗，有隐有显，务在择而积之，慎而守之；取其大不遗其小，勉于显不欺于隐；如贾者之积货，如贪者之积财，不惮其烦，不嫌其迂，不勤始怠终，不厌常好异，日积岁累，不使一刻闲过，斯德崇业广，而庆流于后嗣矣，岂细故哉！然或又疑德业非有财者不能积，不知家无论贫富，人无论贵贱，无不有当积之德业，其德业修于身者，如孝亲敬长亲仁信友之类，原不必费财方可做。其德业之及于人者，虽不能无费财之虑，然有财者出财，无财者则出力出谋出言，均无不可。但勿以善小而勿为可也。

（盛康辑，光绪二十三年思补楼刻本）

《皇朝经世文续编》卷六八，《礼政八·家教》，陈世镕《谱训八则》：

夫教家之道，言物行恒，古训备矣。今但取日用最切者数事，非有难知难能，由之则可以保世而亢宗，弃之将不免于堕业而坠绪，为族人申儆焉。

一曰敦孝友。孩提知爱，少长知敬，本人人固有之良。王祥卧冰，赵孝争死，岂概以责中人？而服劳奉养，御侮急难，则尽人可勉也。武王诰康叔，以不孝不友为元恶大憝，要在禁之于未然，俾不陷于重罪。凡族中遇有子孙违犯祖父母、父母教令，及兄弟以小故忿争者,卑幼侮慢尊长者,各以家法处治,其有不率,即送官照律施行,无得姑息,当共凛之。

一曰正闺闱。地道无成,妇人不得与外事。伯宗之妇,乐羊之妻,古今能有几人?今且未暇高谭肃雝刑于之化,第举浦江郑氏之对明太祖者为法可耳。郑氏同居数百年,太祖问其治家之道,郑濂对以祖宗遗训,惟不听妇人言而已。盖妇人之言,簸弄是非,变乱黑白,十居八九。或不察而误听焉,父子乖离,兄弟仇敌,而家道因之以丧败者,鲜不由此。《诗》曰:妇有长舌,维厉之阶。濂之对,虽浅近而实至要,凡为丈夫所当知也。至如赛会烧香、游春观剧、招摇过市,每以召侮起羞,尤所宜戒。

一曰警游惰。民生在勤,勤则不匮,承平日久,人口滋繁,而田地不加增,衣食之资,非勤何出。傥耽于安逸,惰其四支,职业堕废,必至耗尽生计乃已。祖宗创业艰难,数世营之而不足,子孙一旦败之而有余。博奕饮酒,更非所论,此等游惰之人,一穷将有不可究诘者:倡优隶卒,鼠窃狗偷,其后路也。可勿惧哉!

一曰慎术业。四民各有常业。常业,正业也。随分自尽,上不辱祖宗,下可长子孙,燕翼之谋,其在是已。至于府史之伦,虽例有出身,然大率机械变诈,见利忘义。孟子言:矢人惟恐不伤人,择术不可不慎。降而优伶皂隶,则更衣冠不齿矣。我族自明至今,从无此辈,清白之风,足式闾里,更望世世守之,永延先泽。

一曰择姻亲。《大戴礼》曰:谨为子孙娶妻。嫁女必择孝悌,世世有行义者,则其子孙慈孝,不敢淫暴,党无不善,三族辅之。故曰:凤皇生而有仁义之意,虎狼生而有贪戾之心,两者不等,各以其母,是子弟之莠良多由感外家之气类也。故凡媒妁议亲,不可造次便许,当密访其家世忠厚之与刻薄、正直之与回邪,其所与议亲之主妇,事舅姑奚若,处娣姒奚若,能否中馈自闲,抑或长舌是逞,然后徐定取舍,庶骨血不传夫庋种,气质不移于恶习。吾见夫缔姻非人,受其害者比比也,可勿慎诸。

一曰培才俊。族之中,业农者若而人,业工者若而人,业商贾者若而人,斯读书之子贵焉。而同一读书,以质敏为贤;同一质敏,以发愤为上,大门闾而光宗族,于此子乎是望,不可无以引翼之也。或贫不能自赡,则于祀产所入,量给米薪笔札,坚其上进之志,鼓其迈往之才。若学书徒记姓名,观场徒逐矮人,则不得滥邀此数。程能责实,尚各勉旃。

一曰崇节义。功令:妇人三十岁以前,夫死不嫁,至三十年者,有司上其行于朝,给银三十两建坊,所以美人伦,厚风俗,典至渥也。有子与财守犹易,无子与财守倍难,全在宗亲扶植,族中遇有此等苦节,亦于祀产所入,岁拨米薪赡养,并责令期功有服者量力资助。傥有舅姑伯叔利得财礼,逼令改嫁,合族务为保全,家法理处,禀请地方官给予本妇执照,永杜邪谋,以成从一之志,万不可视为隔膜,有负柏舟。

一曰戒闲气。有血气者,必有争心,争皆生于气,天下惟气最害人,《易》之讼,垂戒终

第十篇
宗法变革论与宗族建设

凶。所以教人降伏其气也,果其为万不能解之仇,处必不得已之势,讼以求直,君子不非。而今乡俗,每有以薄物细故,阖族帮讼,谓之争户气。夫欲大门户,在于读书成名、力田致富,无卑污苟贱之事玷其家声,无作奸犯科之行罹于国宪,使远近称为礼义之族而已。岂以善讼相夸耀哉?倡此议者,无非不肖子孙,瞰知公费充余,藉端侵削,驯致鬻祀田、剥荫树,公费尽而讼不止,殷实之户翻成破落之户,不知所争之气安在也。今与族约,凡有私讼,一概不得动公,以杜觊觎,以安本分,尚敬听之哉!

（盛康辑,光绪二十三年思补楼刻本）

《皇朝经世文续编》卷六〇,《礼政七·家教》,李文照《家训八则渊亭日录载》:

昔在王凝居君栗如也,闺门之内,若朝廷焉。御家以四教:勤、俭、恭、恕。正家以四礼:冠、昏、丧、祭。美哉修齐之术,抑何简而切耶!夫勤俭之德,帝舜以之称大禹。而恭恕之道,孔子以之训门人。今愿推而演之,使有志者得有所持循也。若冠昏丧祭之仪,古礼既苦于繁重,今俗又流于鄙倍,惟《朱子家礼》为切实而易行。今本诚恭酌而润泽之,以补其细目之未备者,庶几行之而寡过乎?

一曰勤。治生之道莫尚乎勤。故邵子云:一日之计在于晨,一岁之计在于春,一生之计在于勤。言虽近而旨则远矣。无如人之情恶劳而好逸,甘食褕衣,玩日愒岁。以之为农,则不能深耕而易耨;以之为工,则不能计日而效技;以之为商,则不能乘时而趋利;以之为士,则不能笃志而力行。徒然食息于天地之间,是一蠹耳。姚氏家训云:人须各务一职业,第一品格是读书,第一本等是务农,外此为工为商,皆可以治生。惟游手好闲,便要走到非僻处所去。夫天地之化,日新则不敝。故户枢不蠹,而流水不腐,诚不欲其常安也,人之心与力何独不然。是故劳则思,逸则忘,凡物之大情也。大禹之圣,且惜寸阴。士行之贤,且惜分阴。又贤圣不若彼者乎?他如博奕樗蒲之类,昔人所谓牧□奴戏耳,抢攻杀之称,不离于耳。非所以养德,扰攘孤注之状,不绝于目。非所以惜财,祁寒盛暑,日夜流连,徒足以失时而废事,亦何乐而为之耶?至若男服勤于外,女亦当服勤于内。奉甘旨,羞蘋蘩,供纺绩,皆不可以尽假手于他人也。昔周之兴也,房中有服之无斁之训。及其衰也,庙堂有休其蚕织之讥,岂非万世之永鉴哉!

一曰俭。俭,美德也,而流俗顾薄之。夫先王之制,自天子以至于庶人,饮食有节,衣服有章,宫室器用有等,故各守其分而不相逾。今也不循其分之所当为,而惟视其力之所得为。贫者见富者而羡之,富者见尤富者而羡之,一饭十金,一衣百金,一室千金,奈之何其不至于贫且匮也。每见闾阎之中,其父兄□朴质实,足以自给,而其子弟,或入胥吏之□,或附商旅之队,或列绅衿之末,类无不羞向者之为鄙陋。于是尽举其规模而变之,而累世之藏，或尽废于一人之手。夫用之奢者，取之不得不贪。算及锱铢，欲深溪壑。其究也，诡求诈骗，寡廉鲜耻，无所不至。则何若量入为出者，享恒足之利乎？且吾所谓俭者，岂必一切损之。养生送死之具，吉凶庆吊之需，人道之所不能废，称情以施焉，庶乎其不至于固耳。惟是金玉之辉煌，纂组之奇丽，水陆珍奇之供设，骄奢暴殄，诚造物之所忌。而优伶之技，歌儿舞女之娱，淫声冶色，尤为居家者之所当远。艾千子云：教盗教淫教戏谑，费钱费日费精神。旨哉言乎？又若妇女之伦，多穷奢极靡，而不与男子相称，岂敌体之义乎？孟光丽妆靓饰，而梁鸿不答；服私居之服，而改容谢之。桓少君资贿甚盛，而鲍宣不悦，挽鹿车而乡邦称之。人之度量相越，岂不远哉！

　　一曰恭。人之所以招尤而取侮者，患在于不恭。夫骄，衰气也；傲，凶德也。且天下之事，亦何可恃哉！富而可恃，则金谷无绿珠之累矣。贵而可恃，则上蔡无黄犬之悲矣。才华而可恃，则华亭无鹤唳之感矣。君子察乎此，故兢兢业业，日慎一日，而犹恐有不测之患。乃世俗之情，易于满假。稍有禄位，则陵铄闾里；稍有才名，则倨侮侪辈。千夫所指，无病而死。彼犹自以为得意，不亦可哀之甚乎？然则持身接物之道，固莫有善于恭者矣。正考甫一命而伛，再命而偻，三命而俯。循墙而走，万石门累叶贵显，入里门必下车趋。明道先生终日端坐如泥塑，及至接人，则浑是一团和气，此岂好自贬抑哉？诚见夫敬胜吉而怠胜凶，哀多益寡，理固然也。是故乡党之微贱，亦当以礼接之；亲故之□远，亦当以情治之。至于庭除之内，妻子即监史也，昆弟即师保也，衾影屋漏，即天地神明也。必若古人所谓火灭修容，戒慎必恭者，斯为无敢慢之至耳。乃若袒裼裸裎以居身，嬉笑怒骂以接物，甚至跛倚以临祭，箕踞以延宾，即能永终天命，盖亦幸焉尔。《传》曰：民受天地之中以生，所谓命也。是以有动作礼义威仪之则，以定命也。能者，养以之福。之，犹往也。俗本作"之以"，非。不能者败以取祸，古之达者，其深悉之矣。

　　一曰恕。君子之立心也，一恕足以尽之，而施之于家为尤切。威权有所不能施也，号令有所不能格也，但视吾心所以推之者奚若耳。望尊长以慈惠矣，反而内顾，吾之为尊长，果无有不均焉否也；责卑幼以敬顺矣，反而内顾，吾之为卑幼，果无不安焉否也。至于兄弟姒娣之间，逸构易生，猜嫌易起，各求尽己，而不责于人，未有不和且洽者。《斯干》诗之曰：式相好矣，无相犹矣。张子释之曰：犹，似也。人情大抵患在施之不见报，则辍。故恩不能终，不要相学，己施之而已。昔者王子明为中书，寇平仲为枢密，平仲恃才，而子明实能容之。一日者中书移文于枢密，而倒用其印也，平仲以闻于朝。于是子明罚俸，而堂吏被责。已而枢密移文于中书，而其误亦于是也。吏方快之，子明弗校。第还之平仲，使自更而已，岂非不相学之明验哉！用斯道也，以处骨肉，其有不孚者鲜矣。夫人欲善，谁不如我。我得矣而处人于失，可乎？此所谓推治己之心以治人也。人之自爱，谁不如我。我厚矣

第十篇
宗法变革论与宗族建设

而处人于薄,可乎?此所谓推爱己之心以爱人也。《角弓》之诗虑之矣,人之无良,相怨一方,所见偶偏,而其势遂至不可复返,不殆于推刃乎哉!反是心以求之,而怨不可胜用矣。若曰:以恕己之心恕人,是相助以慝非。然而入于苟且之归也,乌乎可。

一曰冠。冠礼三加之法,以缁布皮弁爵弁为节,而《家礼》概用时制。所谓虽有其位,苟无其德,亦不敢作礼乐也。因时王之制,而著其教焉耳。夫立身行道,父母虽不敢必之于子,而未尝不深望焉,此人之至情也。故圣人于成童之日,肃之以重礼,示之以嘉宾。明乎自此以往,服成人之服,则将责以成人之事。凡夫为人子为人弟为人臣为人少者之礼,皆不可以不勉也。世俗孩提之童,稍能行立,即饰以冠带。彼其父母之心,不过爱其子,欲其美观也,岂复知有四者之行哉?今之冠式,固非昔矣。然而寒暑亦异其宜,贵贱亦殊其等。世有好礼之君子,斟酌古制,准以时尚,则三加之法,何遂不可仿而行之。惟是缁布之冠,乃生民之本,决不可废。《传》既明言已冠而敝之,则所用者,不过俄顷之间耳。然则始加之际,必制此冠,庶几反古复始,不忘其初之意乎。醴盏之甘,而明水之尚也。醯酱之美,而太羹之先也。黼黻之华,而疏布之尊也。莞簟之安,而越席之贵也。呜呼!此古人之所以为厚也。附笄,男正位乎外,女正位乎内,此天地之常经也。顾人情待男则恒厚,待女则恒薄。故教子之法,虽庸人亦加详;而教女之法,则贤者多不之察焉。有志于二南之化者,其于阴教之修,可苟焉而已乎?丈夫之冠也父命之,女子之嫁也母命之,笄者女之终、妇之始也,故圣王重之。《孝经》《论语》,男子必通焉,而后可冠。则为女子者,亦必通于《女诫》《列女传》,而后可以笄。至若人之有名,所以彰别也。其有字,所以示尊也。亦奚间于女子,而世人例多废之,何也?噫!三代之时,闺门之内,师傅保姆之助,诗书图史之戒,珩璜琚瑀之节,威仪动作之度,今皆不可得而见矣。独此一端,犹存什一于千百,有家之君子,不以为迂而忽之,倘一内治之一助乎?

一曰昏。古之为昏也以择德也,天地合而后万物兴,男女正而后家道立,故圣王重之。宋司马温公有言:世人多慎于择婿,而忽于择妇,其实婿易见,妇难知,不可以不察也。其言可谓深切著明矣。圣人知男女之不可苟也,是故择配。近取诸州里,远求诸外□。其平居耳目甚习,则其隐微毕知,择之既审,则其合之必固,是以久而无相渎相离之患也。而又为之纳采、问名、纳吉、纳征、请期、亲迎之礼。昏礼有六家,礼用其三,从简便也。然请期一节,近犹有行之者。乃杨氏所定,见《家礼·纳币》小注。其相待以诚,而其求有渐。凡以生民之本万福之原,于是乎系焉,是以慎重周详而不敢忽。古者妇人,先嫁三月,祖庙未毁,教于公宫诸侯之宫。祖庙既毁,教于宗室大宗之室。教以妇德、妇言、妇容、妇功。其既嫁也,始见于夫,有合□之礼,质明而见舅姑。有馈食之礼,三月而成妇。有庙见之礼,然后□之以丝麻布帛焉。授之以委积□藏焉。是故以敬事先祖,而酒浆洁菹醢备矣。以孝事舅姑,而定省洽恩爱周矣。以和娣姒，而闺门无间言。以睦亲戚，而远近无怨隙矣。其在于《诗》：女曰鸡鸣，士曰昧旦，绝宴私也；宜言饮酒，与子偕老，示贞一也；琴瑟在御，莫不静好，彰德度也；为絺为绤，服之无斁，昭勤俭也；百岁之后，归于其居，笃志操也。古人于男女之际，其始之终之如此。是以子孙蕃昌，而诸福毕至。后世议昏，止图门阀之高、家世之盛，至于性行家法，漠然不省，则已惑矣。而近代恶俗，则止计其奁物之多寡，奴婢之有无。明取明求，廉□尽丧。其不遂者，至于两□相□，妇姑交怨，不亦伤乎！不知男女之交，以合二姓之好，上承宗庙，而下启后嗣，岂区区为是哉！且妇人以勤苦为历练，以恭俭为贤良，假如资装丰盈、奴婢环列，将挟所有以骄其夫家，凭陵妯娌，侮慢舅姑，宴安恣肆，靡有不至，是□其利者无几，而受害滋多也。嗟乎！家世盛衰之数，多由妇人。惟修身以基福，择德以宜家，家道之兴可坐而致，婚姻顾可忽乎哉！

一曰丧。物莫不悲其类，而□于一本乎，故圣人重丧。夫丧有大本焉，有大经焉。恻怛之实，疾痛之情，大本也。节文之具，度数之详，大经也。人之既死，体魄则降，魂气在上，为之衣衾，以周于身焉。《家礼》敛用布，恐易朽烂，有力之家一切用绢为善，贴身裹以绵，养尸则以水银。为之棺□以周于敛焉，为之宅兆以周于柩焉，而所以藏其体魄者备矣。程子云：卜宅兆者，惟五患不得不谨，使他日不为道路、不为沟渠、不为城郭、不为贵势所夺，不为耕犁所及也。其经营封域之法，则《家礼》谕之备矣。始死而奠无时，犹然养生也。既殡而宾之，于是乎有朝夕之奠。既虞而神之，于是乎有朔望之奠，而所以萃其魂气者详矣。君子因之称情以立文焉，始死徒跣袒括，殡而衰杖，期而练服，再期而素服，此衣服之节也。始死，三日不食，殡而□粥，卒哭而疏水，期而菜果，再期而醴腊，此饮食之节也。始死寝苫枕□，虞而寝席枕木，不入中门，再期而后复寝，此寝处之节也。顾自汉景短丧以后，虽以晋武帝、魏孝文、周高祖、宋孝宗之毅然复古，而终不能尽变天下之俗，于是舍先王之制，用浮屠之法。其居丧者，自素服而外，漠然无以异于平日，甚或与宴乐，主嫁娶，而不以为非，不亦悲乎！至若旁亲外姻之丧，各有差等，民之所以□居而和一者，恃有此也。而世之君子，恝焉忽焉。族之相为也，宜吊不吊，宜免不免，犹且罪之。□于有服之亲，而可□置之耶？即行吊于人，亦当有制。食未尝饱，哭则不歌，羔裘元冠不以吊，圣人之懿行也。倘主人有酒肉之设，当力辞之。或尊长在座，亦必少尝而速起焉，无使陷于醉饱之失也。若夫赞礼题主，□用公服，其失非小，而举世安之，敦厚好古之君子，当必有一洗其陋者矣。附心丧亲亲也，长长也，贵贵也，贤贤也，此天地之常经，虽越宇宙而不可易者也。圣人之制服，缘是以为差而已矣。弟亲亲长长之服，自古行之。贵贵之服，成周明之。而尊贤之服，则未尝勒之为经，独于孔氏师弟子见其□耳。《记》曰：孔子之丧颜渊，若丧子而无服，丧子路亦然。□情厚则哀重，不较其材也。又曰：颜渊之丧馈祥肉，孔子出受之，入弹琴而后食之，是再□而哀素。以嫡

第十篇
宗法变革论与宗族建设

长子方之也,而师之于弟子,仿焉而准矣。《记》曰:门人丧夫子,若丧父而无服,文有所不敢备也。又曰:孔子之丧,二三子皆绖而出,情有所不敢忘也。孟曰:孔子殁,三年之外,门人治任将归,入揖于子贡,相向而哭,皆失声,然后归,则哀无已,而制有所限耳,而弟子之于师,仿焉而准矣。《记》曰:朋友麻去其缌服,以别于三党,同其绖带以别于常人,《礼》之经也。又曰:朋友皆在他邦,袒免归则已。同族则用族属之制,既归则反吊服之常,礼之变也。子游曰:吾闻诸夫子,丧朋友,居则绖,出则否,丧其师,虽绖而出可也。于同道之中而复有所差焉,所谓称物而平施者与,而朋友之相为也,仿焉而准矣。□先王之制,民生于三,事之如一,随其学之大小,情之厚薄,而莫不有师。袁逢之于荀爽,桓鸾之于向苗,怀荐举之恩,尚为之制服,而□于教育之者乎?其兼有五服之恩者,则月数终而服除,心丧免而绖去,伊川之于明道,期年之外犹绖也;勉斋之于晦翁,三月之外仍绖也。倘一时而贤圣并生,幸而皆亲炙之,若苏李明吕与叔之于程张,虽各为之服可矣。若夫朋友之交,居五伦之一,辅仁责善,莫不资。必俟虞祔之后,乃释吊服,而脱绖带焉。其在师友之间者,当更余数月,然后为安耳。虢叔之丧,闳夭、泰颠、散宜生、南宫适皆为之服,故老聃曰:朋友之服,古之达礼者为之也。

　　一曰祭。先哲有言,祭祀之报,本于人心。故豺獭能祭,其性然也。自佛老之教,盛行于中国,或妖神怪像设之于寝室,或诵经供佛行之于户庭,而祀先之礼,□乎灭裂矣。幸而有宋大儒修明典制,虽不尽协乎先王之旧,而礼以义起,正百世之所当遵也。朔望俗节之奠以荐新也,冠昏爵命之告,则当因时祭而行之。高曾祖考,四时之祭,凡同服之亲,择日会于小宗祠堂之内,具牺牲而献之。其旁亲之神主,勿论有后无后,各以班而列焉。若所居或远,则同高祖之支庶,别择日而祀。其三代之私亲,同曾祖之支庶,别择日而祀。其二代之私亲,同祖之支庶,别择日而祀。其父祖,庶乎不涣而不紊耳。始祖先祖之祭,凡同族之亲,每岁择日会于大宗祠堂之内,具牺牲而献之,虽有似禘似祫之嫌。然祠也而不以庙,祭也而不以鼎,则亦可以不至于僭矣乎。墓祭则非古矣,然先王联坟墓之法已废,而后世风水之说又盛行,则其势不得不散置于各方。凡夫陵迁谷变之虑,盗葬侵址之虞,不可以不备也。春秋会族人而一展省焉,固人情所不容已也。至若五祀之祭,则亦有家之至切者。门者,万物之所毕出也,故春祀之。户者,万物之所毕入也,故秋祀之。养万物者,莫盛于火,而□其司也,故夏祀之。滋万物者,莫盛于水,而井其司也,故冬祀之。《礼记》作行亦通,□古者井田之法,沟即在涂下故也。万物莫不依地而附天,中溜则一家之土中,而天气之所由通也,故季夏祀之。夫君子之心,无德不报。是数者皆人所赖以生也,而可恝然哉。噫!淫祠谬宇,则□然谄之以求福,至于当敬之鬼神,乃反忘之,经不正而民不兴,可胜道哉!

(饶玉成辑,光绪三十四年石印本)

江苏
宜兴王氏
民国宜兴《王氏宗谱》卷一,《家规条例》:

按:国有律法则人民不乱,家有规条则子孙循守。要之,国法、家规可相循而不可悖也。自今以后有犯之者,皆乱法之子孙也,宗祠重处不贷。

一、谱牒既成,天叙民彝,焕然昭明,欧阳公云一谱成而家道立矣! 子孙当珍藏之,非若金玉之既失而可复得也。龙门子云:二十年不修谱者,比之不孝。有家者可不慎诸。其谱牒分散各房,其公谱置之祠堂,以防不测之灾。如此则文献不泯,而家世有征矣!

一、钱粮系朝廷重务,须依限期上纳,毋得恣意迟延拖欠、贻累经催,如有此等子孙,听宗长会同房长深为管束,照钱粮数目定罚,严追上纳,不许轻纵。恃强顽抗者送县惩究。

一、治家以风化为先。本宗子孙,敢有淫污浊乱、败坏人伦,以及为盗为窃破案犯法,宗长房长访确,情真罪实,急缚扭送祖墓坟前,或在宗祠绳以家法。

一、生子而命之名,必须检点宗谱,毋犯祖讳;有犯之者,即宜改正。

一、父死之后不必改名。名乃父所命者,改之是忘父,且逆命,大不孝也。慎之慎之。

一、典收宗谱,不拘族长,凡贤而有德者皆可掌之,务宜藏之敬谨,毋为童稚点污、虫鼠毁伤,并私自添注,倘或不谨,万一疏虞,则咎在典收,刊印赔偿。

一、宗谱必须贤而敬祖者掌之。但诸家谱云:十年一续、二十年一修,如有十年不续、二十年不修者,子孙罪同不孝。

一、家之有谱犹国之有史,史以记存亡、明理乱、书善恶,以为后世劝惩。谱以录本源、序尊卑、别亲疏、惩善恶,以为子孙法戒,谱之与国史并重也,岂轻小哉!

一、本宗子侄,如有不孝不悌、游手好闲、赌博酗酒、妄作非为,或有干犯,俟清明或月祭日,检举开报,即拘赴祠质实,任凭宗长处罚施刑。违者,听各房长具呈解送。

一、支庶之子皆不得为宗而主祖祢之祭。如父为大,夫父存则从其父,父亡则从其兄,支子之长子始得继祢小宗,以次传嫡至元孙,始得继高小宗,而全祧高祖之上一位,此五世则迁之意,难比大宗,祭自始祖而百世不迁者,见支子所以异于嫡子也。此因论宗法而广其义也。

一、凡无子者,或先择兄弟之子为嗣;及后己又生子,仍以己子为宗,继子为支,不拘年之大小,此盖为宗子立法之意也。

第十篇
宗法变革论与宗族建设

一、凡子孙远徙出赘而音信不绝者，记其后嗣多寡及所居地名一体收录。若音信不通，亦须渐次捱访，不可弃为路人也。

一、祭期定于清明、夏至、中元、冬至，效古人禴祀蒸尝之义。如有届期不举及有事不到者，公议罚银入祠公用。

一、夫亡转醮，子不得以为母，中冓贻羞；夫不得以为妻者，祠不立主。

一、所娶之妇卒于子姓之门者，虽无所出，必载其氏，以见亡过是妻之义，年轻者亦如之。

一、族有极贫不能殡、不能婚娶，而非系不肖者，量助婚葬之费。

一、子孙出往在外为人奴仆者，其亲房当招抚归家，以承先祀。如此人甘为人下不服招抚者，谱削其名。

一、谱之有图，所以著支派之源流也；谱之有传，所以详一人之始终也。兹谱五世为一图，后系以世传，俾阅者按图寻传，易于查阅云。

一、世传内凡名号、履历、妻妾、子女、生卒年月、葬地，随其人所有，悉书不遗。

一、五旬以外者，书享年；未及五旬者，书年。其配室生卒不能遍考而悉书，惟遇覃恩封赠，及守节与高年者书之。

一、妻死续弦者，女则书继娶，妇则书继纳。妾生子者，则书于其子之下。有一人而原配、继室及妾生子者，则书明某出，某重所自出也。妾无子不书，重子不重妾也。有女亦书明所自出也。

一、殇子，二十岁以内者，书其名于父传之内，曰早世；二十岁以外者，亦列于图传。未娶者书早世，娶而无嗣者书不传。

一、本族子孙有无子者，或生前或殁后，当遵照律令、《朱子家礼》，取本支昭穆相当之侄，告诸宗祠而立之；本支无应立者，次及旁支。其间或立贤或立爱，俱须昭穆相当，不然，是为违法徇私，而改立不能免矣。族中凡无子而立嗣者多有，其不娶无子，及不应立而不立有之，而愚夫悍妇不欲立者，俱书曰无嗣。

一、凡子继兄弟之嗣者，必先书其名于本生父世传之内，明所出也；不复列其图位于本生父之下，重为后也。

一、遵修谱条例，男以作非为、甘仆隶、从释老而黜之，女以背故夫、弃婴儿、更他姓而削之。其余合载，详书无遗。

一、凡革出祠者，若有子，世系仍列其名，系不可中绝也，不列于传，以示惩也。

一、本族子孙，有继外姓者，书出继某姓，重一本所析，犹冀其遄归也。

一、不顺父母、凌犯长上、有伤伦理者，告知族长，痛加督责；如不改，送官究治。

一、女子以于归为家，须于父传中书婿之姓名，俾后之子孙知婚姻所自出，其所生子有登科第者，附书以彰门楣之光。如有适非吾偶者，削而不书。

一、凡诰敕谕文者，为列圣褒宠臣工之典故，敬录之以耀恩荣于不朽。

一、凡崇祀封赠，科甲、明经、荐举、恩荫、国学、胶庠、散职、儒士，已于世传中备书，履历仍以类表而出之。诸妇女以节烈闻者附后。

一、凡祠堂墓屋，皆详记其建置始末，使后人有所稽考。

以上各条皆系祖先垂训，子孙咸宜敬畏以警，将来慎勿视为闲谈，以犯家法也。程子云：国法严而家法更严！慎之慎之！

（王闰根主修，民国三十四年三槐堂木活字本）

常州毗陵王氏

光绪常州《毗陵王氏支谱》卷一，《家训·律己篇计八条》：

《经》曰：其齐其家，先修其身。孟子曰：身不行道，不行于妻子。余辑家训，先之训身，端其本也。窃惟修己治人之道无逾孝、悌、忠、信、礼、义、廉、耻八字，爰作八训，为《律己篇》。

孝训

昔者大舜以孝蒸蒸，光于上下，锡姓荣名，子孙绳绳以迄于今。

释曰：舜大德，受命尊养，兼隆后人，不敢企也；而用力用劳，要亦人子所能自尽者，无或不孝以坠家声。

悌训

古今下愚莫不可化若能友于？岂其不解。凡今之人莫如兄弟，告尔后人，毋或不悌。

释曰：下愚不移者而亲爱无，已亦即善如翻手之易。可见天下无不可化诲之兄弟，但友爱不肯及耳。凡今之人二句《小雅》、《棠棣》之辞，欲后人咏《棠棣》而深思也。

忠训

忠有二义，合一中心，内而尽己，外以事君。文正懿敏，世济其勋，后嗣仰止，奕叶流芳。

释曰：中心，忠字文也，而有二义，一曰尽己之谓忠，一曰臣事君以忠，其实一也，景而行之，不奕叶流芳乎？

信训

人而无信，不知其可。久要不忘，言行相顾。《易》称豚鱼。尔曹知么，作圣在兹，与人在兹。凡我后嗣，敬而信之。

第十篇
宗法变革论与宗族建设

释曰：《论语》云，人而无信其何以行；又云，言忠信久要不忘平生之言，信及豚鱼；《易》中孚辞作圣，所谓必有忠信如某也。与人，所谓与朋友交言而有信也。

礼训

礼以治身，亦以为国，斯须不去，乃称君子。三百三千，一言以蔽曰，毋不敬如斯而已。《相鼠》有训，尔曹敬止。

释曰：君子，礼乐不敢斯须去身。《论语》云：为国以礼。先儒云：礼经三百，曲礼三千。一言以蔽之，曰毋不敬。《国风·相鼠》之诗，刺无礼者。

义训

义以制事，罄无不宜，曰徙曰思，利善孳孳，佑启后人，勉为义士。

释曰：义者事之宜书，曰义以制事，罄尽也，亦诗词。《论语》曰徙义，又曰见利思义。孟子曰孳孳为利、孳孳为善。太公曰义士也。

廉训

污流日趋，砥介乃见。维德之隅，用以立廉。我瞻廉士，昆季同志；我瞻廉吏，子孙不计。后贤仰止，维风易世。

释曰：乡愿同流合污，非廉洁者。《论语》云：砥砥然，介有分辨，不苟取。《礼》云：砥以立廉七隅也。《诗》云：维德之隅，廉士夷齐也。廉吏，汉杨震暮夜遗金，却曰使后世为清白吏。子孙人能仰之，可以维风，可以持世矣。

耻训

耻之于人，亦曰大矣。人无羞恶，良心尽死，婢膝奴颜，无所不至。知耻近勇，入德之基。戒尔后人，不可无耻。

释曰：孟子云，耻之于人大矣。羞恶之心人皆有之，无耻则良心死矣，何所不至乎？《中庸》云：知耻近乎勇，入德之基也。末引孟子之言以叮咛之。

（王向辰等重修，光绪十八年愿贻堂刊本）

光绪常州《毗陵王氏支谱》卷一，《家训·政家篇计九条》：

《经》曰：身修而后家齐。家遂齐乎哉！《传》曰：其家不可教而能教人者无之。故知家齐尚有个教法在。余举其要者类于左，而终之以勤俭，为《政家篇》。

端阃

君子之道，造端乎夫妇。夫妇，人伦之始，有夫妇而后有父子、有兄弟、有君臣，刑于顾不亟欤！《书》曰：牝鸡司晨，惟家之索。《诗》曰：妇有长舌，维厉之阶。《记》曰：内言不出于阃，但使入门不闻妇女之音，而惟闻纺织之声。闺门之中可不谓雍肃者乎！

敦伦

《诗》曰：刑于寡妻，至于兄弟，以御于家邦。又曰：妻子好合，如鼓琴瑟，兄弟既翕，和乐且耽，宜尔室家，乐尔妻孥。子曰：父母其顺矣乎！诚令家人父子曾无间言，是亦天伦之乐事也！

睦族

《礼》曰：亲亲故尊祖，尊祖故敬宗，敬宗故收族。氏族虽远，犹吾祖宗一气也。《诗》曰：嗟行之人，胡不比焉，况同姓乎？然则角弓之咏，所当猛然共省也。

洽邻

子曰：里仁为美。谚曰：千钱买邻，百钱买舍。言邻里之足重也。彼大风之歌，威加海内，而犹思故乡；两疏之贤，犹出赐金召里中父老酣饮，况士庶乎！《诗》云：洽比其邻。足志也夫！

婚姻

凡人一生，半为婚嫁所苦。先正有言曰：娶妇须弱吾家，嫁女须胜吾家。此言虽是平等，亦当审己量力。每见世人，不自审量，强攀豪右，甚至倾家荡产，犹未惬其意。诚可嗤也。然则儿女之债，固不可负，亦不可多做也。

丧纪

擗踊哭泣，丧之文也；衰麻苴杖，丧之节也；棺衾葬埋，丧之具也。子曰：丧与其易也，宁戚。曾子曰：人未有自致者也，必也亲丧乎！颜子曰：丧致乎哀而止。孟子曰：君子不以天下俭其亲。夫三年之丧，得之为有财，固人子所自尽者，于此不用其情，呜呼。至于五服之制，虽有降杀，要当各尽其情之所至。

勤本

士农工商，各有本业，莫不贵于勤。谚云：治家尚早起。又云：早起三朝当一功。大禹惜阴之戒，汝曹毋忽。

节用

孟子曰：食之以时，用之以礼，财不可胜用。治家，自冠婚丧祭而外，食费无几。故余以节俭终焉。欲令尔曹长自节省也。

（王向辰等重修，光绪十八年愿贻堂刊本）

光绪常州《毗陵王氏支谱》卷一，《家训·穀贻篇计九条》：

《诗》曰：君子有穀，贻孙。子又曰：教诲尔子，式穀似之。为《穀贻篇》。

读书

第十篇
宗法变革论与宗族建设

先正有言曰：读书最高。子孙资质可进者，须择严师教之。其行文若是笔路清俊，便尽心力教之，纵不得博一科第，幸列青衿，亦出齐民之等。旨哉，斯言！《论语》曰：子以四教，文行忠信。又曰：弟子入则孝，出则弟云云。行有余力则以学文教子之法不外乎此，而读书明理，不至面墙。要亦第一义也。

严师

《记》曰：凡学之师，严师为难。师严然后道尊，道尊然后民知敬学。子曰：爱之能勿劳乎？世以故息为爱者，禽犊也。欲其子之有成，能乎？

勤学

教而不学，犹耕而不种也。学而不勤，犹种而不耨也。故学者以资性为田，以诗书为种，以讲贯诵习为耒耜，以温故知新为耕耨，孳孳不已。安有不获者乎！

好尚

《易》曰：蒙以养正。抑言，教之冥豫也。幼志不端，养成骄惰习与性，成不可救药矣！慎之慎之。

交游

《记》曰：与善人居，如入芝兰之室，久而不闻其馨；与不善人居，如入鲍鱼之肆，久而不闻其臭。甚哉！少年之习易染也。交游匪类，将有性命之忧。《易》曰：比之非人，不亦伤乎！可不慎欤，可不慎欤！

重冠

世衰道废，冠礼不行久矣。然冠为成人之目，亦当仿古意而行之。冠之日，祭告于祖宗，既冠，遍拜有服之亲，其醮客三加略节可也。乃为之字。

择妇

夫妇，人伦之始，上以承宗祧，下以继后嗣，古人所慎重也。近世不询阃教，专觊厚赀，借使得妇财以致富，而谇诟狮吼之声，其堪听乎！每见恶妇之家多生悖子，故妇不可不择也。择妇之道，莫善儒素，由其凤娴礼度；次亦农家子，性多朴诚。

务农

语云：读书不成，不如归耕。言力田，其本务也。近者乡居之家，耕读兼之，其子弟庸下不任读书者，便可教之即耕。能读书者，亦使辨于农务，知稼穑之艰难。

治生

元许衡尝言：读书治生，最为先务。士君子当以农为先，商贾虽为逐末，果处之不失义礼，或以姑济一时，无不可，亦四民之一也。

（王向辰等重修，光绪十八年愿贻堂刊本）

光绪常州《毗陵王氏支谱》卷一,《家训·阅世篇计四条》:

余历世有年矣,我生之初,虽风气寖开,犹未若今兹之甚,姑撮一二为《阅世篇》。

崇老

每见世之少年见垂白者,藐忽之,戏侮之,岂知高年之人得天既多,阅世亦久,老成练达。朝廷尚有乞言之典,后生正宜请益,以匡不逮,而顾慢易可乎?《诗》曰:老夫灌灌,小子蹻蹻。匪我言耄,尔用忧谑。小子戒之。

上贤

每见世人于缙绅先生,则趋其后尘;于富厚长者,则呴其鼻息。至于布衣穷巷之士,虽德如颜、闵,介如原、思,不知顾也。此无他,势利熏心而彝好之良为之蔽也。昔子夏氏出,见纷华靡丽而悦,入闻夫子之道而喜,二者交战,未能自决,况尔曹乎?勉之。

恤孤

鳏寡孤独,四民之无告者。余见世之人,见强有力者则尊之奉之;见此辈则欺侮之、凌虐之,无所不至。忍心害理,莫此为甚,吾愿后人勿为也。

慎交

凡人以世交者,世去而交散;以利交者,利尽而交疏。即以意气交者,意气竭而交歇;即以生死交者,生死异而交见终。不若道义之交为真且久也,汝曹当以为法。

(王向辰等重修,光绪十八年愿贻堂刊本)

光绪常州《毗陵王氏支谱》卷一,《家训·杌戒篇计三条》:

梼杌,恶兽也。古取以号凶人,楚用以名国史,余作家训,记恶垂戒,亦以命名为《杌戒篇》。

游惰

谚云:士农工商,各执一业。凡业,莫不精于勤荒于嬉。游惰之民,王制所禁,迸之远方,终身不齿。余过浙中,见有一等号曰惰贫,诸杂贱役,率彼为之。即有子孙,稍或成立,乡间犹然弗齿。此遗意也,子孙戒之。

奢华

谚云:衣食量家计,鲜衣美食,谁不愿之?一或不节,后将不继。百结鹑衣,糟糠不厌,比比而是,然多自游惰中来。又云:家无生活计,不怕斗量金。戒之。

赌博

近日荡子之言曰:不嫖不赌,辱及上祖。此言诚可诛也。岂知一入此局终迷不悟,纵

第十篇
宗法变革论与宗族建设

有千万家赀,不愁不尽。世目之曰赌贼,赌极作贼,必然之势也。如是,不诚玷辱祖宗乎!戒之戒之。

(王向辰等重修,光绪十八年愿贻堂刊本)

光绪常州《毗陵王氏支谱》卷一,《例言》:

一、吾王氏历世以来,辗转迁徙,难以备载各志。于本人图中,虽近必书,以便稽查。其坟墓址基及可考者附详其墓记,余亦不能悉载。

一、生子,按苏法,年至小学方许命名入谱;若欧阳法,弥月即书,以防遗漏。今只承遗矩,不泥欧、苏成例。凡在幼稚,许概列名,俟后增修,倘有中下殇则减去不列,以其未成人也。

一、古法惟宗子无后乃应立嗣,其余则否,盖所重在宗与祭耳!原谱不拘古法,许各派无子者取昭穆相应之子为嗣。今尊遗制,嗣本宗者,则于本生父母格内书明,注出继某,重所生也。于所后父母格内则书嗣子某人,重为人后也!

一、本宗出继异姓者,于所图内注明出继某处某人为后,俟归宗之日入谱。或从释道者,亦祖宗一脉也,注明寓何寺观,使归宗之时可以查考。

一、娶妻在谨始,故原配聘而未娶者书聘。虽卒亦书,娶则书娶,继则书继,皆载母家之祖父官爵、地名及夫子孙之封赠,重宗祧也。至女子出嫁,书适某处某人,亦载其夫之官爵及其祖父之官爵封赠,则后人于婚姻之所自,庶不至冒昧无考云。

一、妻妾有青年矢志、白首守贞,必表其行谊,或为之立传,崇其节以示劝也。有以罪致出及夫亡改嫁者,各除其姓以别之,恶失节以示惩也。出母有子,则于子名下注明某氏生,盖子无绝母之义也。

(王向辰等重修,光绪十八年愿贻堂刊本)

常州毗陵胡氏

光绪常州《毗陵修善里胡氏宗谱》卷一,《祠规》:

德莫大乎孝,孝莫大乎飨亲。然飨父矣,而并飨父之父;飨祖矣,而并飨祖之祖。事诚莫重乎祠祭也,凡与祭者,敢不极其诚敬。勿视为故套而忽略从事,以获戾祖先哉!故飨祖先而不能致先人来享,犹之弗飨也。先人远矣,曷以格之而致其来享乎?或曰:诚而已矣!以吾言之,固贵乎诚而不止于诚也,非有以得祖先深期后人之心与祖先深痛后人之心,虽诚亦弗享。何言乎祖先深望后人之心也?为后子孙者,或闭户读书而为一代大儒,或致君泽民而为一朝良相,或杖节死义而名标青史,或拨乱反正而功树社稷,或敦本务实而以稼穑起家，或排难解纷而以和乡里，利族种种之善岂非祖先之所深望乎后人者哉！为子若孙者，体祖先望我之意而悉有以慰之，大悦乎祖先在天之灵，虽二簋可用享矣，又何飨之不来享也！抑何言乎祖先深痛后人之心也？为后子孙者，或当国而无以尽忠，或居家而无以尽孝，或欺孤虐寡而惟利己身，或荫恶扬善而盗名欺族，或赌博酗酒而尽废先人产业，或恃强侮弱而不顾名分尊卑，或骄奢淫欲而伤风败俗，或下流不肖而玷辱祖宗，或面是背非而挥掇构讼，或假公济私而利己损人，种种之恶岂非祖先之所深痛乎后人者哉！为子若孙者，不体祖先深痛后人之心而或有以犯之，则大拂乎祖先在天之灵！虽太牢三牲，神其吐之矣，又何飨之而即来飨也！《诗》曰：惠于宗公，神罔时怨，慎罔时恫。苟得祖先之心，则祖先惠且顺；苟不得乎祖先之心，则祖先怨且恫。祭祀，曾玄孙期望祖先来格来享，亦可憬然悟、畅然省矣！我故曰：虽贵于诚而不止于诚也！

祠规条例

慎举公正

一、族中各分宗派，须聚一族人公议，举一分尊而德尤尊者为宗支公正。公则族不忍欺，正则族不敢犯。议赏议罚始有以大服乎族人之心。

怜孤恤寡

一、族中有孤寡贫困不能自持者，亦必以祠中议助，示有以济其孤之不能自食其力，与寡之必欲自全其节，以为守节抚孤者劝。

示威强暴

一、族中有撒泼横行，或恃勇力，或恃酒醉，干名犯上，子殴亲、弟殴兄、侄殴叔伯，甚至侄孙殴叔伯祖，押入祠中笞五十，仍罚银两。若强悍不服，则送官究治。

肃清闺阃

一、族中极恶，莫大于奸淫。设或族内犯淫、大败彝伦、大伤风化，或以家私入祠，或逐出祠外，更永不序齿，定重惩不恕。

兴隆祖茔

一、族中各处祖茔树木，当竭心力以培植，使翠柏苍松峥嵘发越，不特为我族争光，且使域中勃然有生气。倘族中有不肖，偷盗戕伐，俾祖宗不安，坟上风水破损，押入祠中，或杖或罚，视所伐树木多寡、大小为别。

援古训今

一、祠堂特设讲正、讲副，每朔望率族中子弟以往祠堂听讲。或讲四书，或讲乡约，上以严父兄之教，下以谨子弟之率，耳提面命，最足遏恶于未萌，悔过于已往，迁善于将来。且进而听讲必拜，毕而退必拜，聚而必揖，散而必揖。肃肃雍雍，弟子习仪莫便于此。

第十篇
宗法变革论与宗族建设

（胡伯良修，光绪五年敦本堂刊本）

光绪常州《毗陵修善里胡氏宗谱》卷一，《先训》：

人之贤善得于教训者居多，故一家之中自长至少，凡先贤谟训格言切于身心世故者，举当佩服而遵行之。兹录其十余条以为修身、立业、宜家、睦族之助。

方正学曰：凡为吾祖之子孙者，敬父兄、慈子弟、和乡里、时祭祀。无胥戕也，无胥讼也，无犯国法也，无虐细民也，无相攘窃奸侵以贼身也，无鬻子也，无故不出妻也，勿为奴隶以辱先也。有一于此，生不齿于族，死不入于祠。

真西山曰：父母者，子之天地也。为人而慢天地，必有雷霆之诛；为子而慢父母，必有幽冥之谴。王十朋见人礼佛，呼而告曰："汝有在家活佛，何不供养？"盖谓人能奉亲，即是奉佛；若不能奉亲，虽焚香百拜，神亦不佑。此理甚明，幸无疑焉。

《省身录》云：君荣而断，臣恪而忠；父严而慈，子孝而敬；兄爱而训，弟恭而劳；夫和而庄，妇正而顺，人伦之道尽矣！处内以睦，处外以义。检身以正，交际以诚，行己之道至矣！

彭石屋曰：教训不止言教，以身教为上，而言教不可废也。子孙不止吾之子孙，与犹子侄孙，凡族子族孙，皆所当教训者也。为人祖父尊长能谨守礼法以率之，凡早晚接见之时，与之言，必以义方，必以天理中事，则渐渍入耳，至于善从而不自知。若早晚与之言者，或计亲兄弟之长短，则彼必薄其伯父、叔父，不知此为父母之手足矣。若计同堂兄弟之长短，而意欲胜之，则彼必薄其小功伯叔，不知此为祖先之犹子矣。若言某房之富贵势力为可羡，某房之贫贱寡弱为可欺，则彼必以富欺贫、以贵傲贱、以众暴寡、以强凌弱，不知此为一气之亲矣。若言邻居之可恶，而不念其有相倚之功，则彼必思所以侵害其邻矣。若言礼仪之为迂阔，则彼必不顾礼仪以行事矣。若言巧诈之可尚羡，则彼不耻欺诈、不学忠信矣，至于凡事皆然。盖以先人之言为主，则必惯而不自觉也。故家族之间，教训一事，子孙之贤、不肖系焉，为人祖父尊长者，其可忽哉！

詹宗华曰：人家养育子孙，生前望其光显门闾，身后望其保守坟墓。吾家有等不肖子弟，不能卓然自立，稍不如意，移怒及祖，强砍墓木，弃卖坟地。天道昭然，报应如响，此徒亦惟见日销月铄而已，但不知祖宗有何负汝等子孙，而受祸如此，其惨也！今与诸子孙约：其砍墓木、卖墓地者，当长次会集卑幼，以才力高下哀率所费，令能事子弟一两人经官陈诉，乞将犯人从条勘断，勒令析屋移居。其本房所有物业，乞尽数拘籍入官，或入祠堂。不得复认坟墓，以为不肖子孙之戒。如长次顾私情忘大义，不肯陈诉，亦乞官司例，以不肖罪坐之，庶几坟墓可保，实厚风俗第一义也。

彭石屋云：长，上长于我者也。有同宗之长，外亲之长，乡党之长。凡年长以倍，十年以长，皆所当尊敬。若恃其富贵才华而凌忽长者，即为无德之人，虽有富贵，亦何足羡？虽有才华，亦何足观？况富有余者，自当推之以周贫乏；贵有官者，方以尽职之难为愧；有才华贤智者，当指引知识短浅之人，使之同入于善道。乃不能然，反恃之以为骄傲，岂不败俗乎！凡称呼、拜揖、坐起、问对、送迎之间，若能以谦卑逊顺位心，自不失尊敬长上矣。

袁氏世范曰：人家兄弟不亲，则宗族不附；宗族不附，则奴仆相窃为雠矣。况他人耶！故人家笃爱兄弟，非但出于天性，亦事势宜然也。

法楹云：妯娌，异姓相聚一门，计短较长，量才评势头，最多嫌怨。丈夫每入其寝淫久而不察，骨肉为仇。盖妇人之不贤者，往往借公议以行私怨，乘小隙以构大祸。恃枕席以肆甘词，虽智者亦难猝悟。郑义门家法：每至夜分，令老仆于各巷大呼云：丈夫勿听妇人言，不许说家事！此可为训诫。

草木子云：祖宗富贵自诗书中来，子孙享富贵则弃诗书矣；家业自勤俭中来，子孙得家业则忘勤俭矣！此所以多衰门庭，戒之哉！

彭仲刚曰：俭，美德也，古人之所宝也。禹大圣人，帝舜称其德曰：克俭于家。人君富有天下，犹以俭为德，况庶民乎！

庄语云：天下事利害常相半，惟读书则有利而无害。不问贵贱、老幼、贫富，读一卷便有一卷之用，读一日便有一日之益。

郑氏家规曰：子孙固当竭力以奉尊长。为尊长者，亦不可挟此自尊，攘臂掀袂，恣言秽语，使人无所容身，甚非教养之道。若其有过，反复训诫之，甚不得已，会众笞之，以示耻辱。

应俊云：夫所谓阴德者，非独富贵有力者能之，寻常之人皆可为也。世有乐施者，施棺砌井修桥整路，此皆阳德也。惟能推广善心，务以方便，不阻人之善，勿成人之恶，不扬人之过。人有窘乏，吾济之；人有患难，吾救之；人有仇雠，吾解之。不大斗衡以倍利，不深机阱以陷物。随力行之，如耳之鸣，惟己自知人无知者，此所谓阴德也。

《省心录》云：语人之短不曰直，济人之恶不曰义。又云：以言伤人者利于刀斧，以术害人者毒于虎狼。故言不可不慎，术不可不慎也。

约言云：士君子贫不能济物，遇人痴迷处，出一言提醒之；遇人急难处，出一言解救之，亦是无量功德。又云：不责人小过，不发人隐私，不念人旧恶。三者可以养德，亦可以远害。

包孝肃公训子孙曰：孝者，百行之原；敬者，万善之长。为人子者，未尝外是二者而有誉于天下者也。盖孝于亲、敬于兄、友于弟，乃开格致诚正之始，修身齐家之要也。故凡

第十篇
宗法变革论与宗族建设

人,不先敦之以孝敬,则必入于违败常乱俗之事矣。是故父母生育之恩重于邱山,犹昊天罔极之难报也;兄弟手足之情,深如江海,犹日月升降之难尽也。能以二者为首,将见孝敬敦行于一家,而风俗化行于一国。仁道自此而生矣!

刘忠敬公训子孙曰:凡为人子者,居丧未葬,读丧礼。既葬,谨祭礼。曾子曰:慎终追远,民德归厚矣!子游曰:丧致乎哀而止。孟子曰:养生不足以当大事,惟送死可以当大事。盖丧葬乃人道之大变。孝子之事亲,舍是无所用其力,岂若饮食衣服之养,稍或不克详备于今,犹有望于来日之可继也。故凡遇父母之丧者,必衣衾棺椁以具,后就殓、茔陇、封树以备,而后就窆衰麻哭踊以其礼,而后行有事必克尽其诚,而不使遗悔于后也。

安定公训子孙曰:祭祀之仪,国朝颁降之大典,五帝三王之通礼也。祭仪曰:霜露即降,君子思之,必有凄怆之心,非其寒之谓也。雨露既濡,君子履之,必有怵惕之心。如将见之,夫以天子祭天地、诸侯祭山川、卿大夫祭五祀、士庶人祭祖先,所以示报本追远之义也。万物本乎天地而育,人本乎祖先而生也。故豺獭尚知报本,可以人而不如物乎?胡氏世为诗礼家声簪缨旧族,其于礼典犹为素尚,凡子孙可不急务于本而可徒从事于末乎!

伊川先生曰:正伦理、笃恩义,人家之道也!

万石君以孝谨闻乎郡国,虽齐鲁诸儒质行,皆自以为不及也。长子建为郎中令,少子庆为内史。建老白首,万石君尚无恙,每五日洗沐归谒亲。入子舍,窃问侍者取亲裙,中厕牏,身自浣涤。复谕侍者不敢令万石君知之,以为常。

《颜氏家训》曰:兄弟者,分连气之人也,方其幼也,父母左提右挈、前襟后裾,食则同案、衣则同服、学则连业、游则共方,虽有悖乱之人,不能不相爱也。及其壮也,各妻其妻、子其子,虽有笃厚之人,不能不少衰也。娣姒之间间兄弟则疏薄矣。今使疏薄之人而节量亲厚之恩,犹方底而圆盖,必不合矣!为友悌深至不为傍人之所耻者免夫。

横渠先生曰:斯于诗言兄及弟矣,式相好矣,无相犹矣。言兄弟宜相好,不要相争,犹似人情大抵患在施之不见报之则辍,故恩不能终。不要相争,已施之而已。

王凝常居慄如也,子孙非公服不见闺门之内,若朝廷焉。御家以四教:勤、俭、恭、恕,正家以四礼:冠、婚、丧、祭。圣人之书及公服礼器不伪假,垣屋什物必坚朴,曰无苟费也。门巷阑木必方列,曰无苟乱也。

柳玭曰:高侍郎兄弟三人俱居清俭,非甲客不二羹,朝夕食吃瓠匏而已。

程子曰:凡读《语》《孟》,且须熟读玩味,须将圣人言语切记,不可空作一场话说。诸弟子问处便作己问,圣人答处便作亲目耳闻,自然有得于身处。

又曰:致思如掘井,初有浑水,久后稍引动,得清者出来。人思虑,始皆浑浊,久自明快清爽矣。

《吕氏童蒙训》曰：尝前辈说后生才性过人者不足畏，惟读书寻思推究者为可畏耳！盖义理精深，惟寻思用意为可以得之，鲁莽厌烦者决无有成之理。

以上先儒格言二十七条，皆以明教家之模范。俗流之弊，亦祖训家戒之所由删也。

（胡伯良修，光绪五年敦本堂刊本）

光绪常州《毗陵修善里胡氏宗谱》卷一，《祖训》：

一、垂裕后昆，首先积德。语云：积金以贻子孙，子孙未必能享。积书以贻子孙，子孙未必能读。惟积德以贻子孙，则有书能读、有金能享。世之繁华，但有心求福、有意求名。这便是假须守本分，广为阴功积德，子孙自有余庆矣。

一、积德必费钱，非有力者不能。然有不费钱之德，如施袄、舍药、施棺、修桥、修学、建寺等事，此皆阳德也，固有力者之所为。若一言而人解纷，使人父子睦、兄弟和、夫妇顺、亲戚友朋释怨，则阴功已大方长。不折启蛰，不杀只字，必惜一砖一石，碍人行者平之去之，此皆阴德也。应俊云：夫所谓阴德者，非独富贵有力者能之，寻常之人皆可为也。汝曹勉之。

一、凡事须留有余不尽之地，不可做绝。与人交易，不可算绝无遗，此关乎后嗣不小。

一、修身齐家，首先孝悌，天下无不是底父母，世间最难得者兄弟。父虽不慈，子不可以不孝，况父未必不慈；兄虽不友，弟不可有不恭，况兄未必不友。今人不孝不悌，怎见得父母有不是处，岂必征色发声，即腹诽其亲，便已忤逆不孝；看得田地重兄弟轻，便已不友不恭。古人负罪引慝，只见得自己不是至几谏又当别论。田庐取其荒顿，奴婢取其老弱。待异母弟尚蒸蒸友爱，何况同气！知此则身无不修！身修而不可以教家者，未之有也。孝友实行，散见于诗书，罗列于学庸中，凡我子孙，宜详味熟读，身体力行。

一、正家在辨内外。《礼》云：外言不入于阃，内言不出于阃。孔子云：妇人女子，昼不游庭，夜行以火。男子昼居于内，则入而问其疾。《春秋传》云：妇人之义，傅姆不在，宵不下堂。《内则》云：女子十年不出，出必拥蔽其面。鲁敬姜为季康子之从祖叔母，相见不逾阈。所以闺门之内，肃若朝廷，乃为礼乐名家也。凡我子孙，须知三尺童子，非奉呼唤，不得擅入中门；三姑六婆毋许擅入阃内。人家帷薄不修，闺门不整，往往由此而弛。至若入庙烧香，观灯阅戏，为夫、子者尤宜禁绝。

一、正家首先择配。凡子女婚嫁，固不必仰攀势要，亦不可妄配匪人，务于清白人家，择其贤德有家法、有母教、门户相当者。不可贪财慕势，使子女不相称，终身抱恨为累，非轻家业之盛衰，恒由于妇道嗣息之顽秀多种于外家，非惟我族类耳！断不可贪其奁资富

第十篇
宗法变革论与宗族建设

厚,妄与联姻。慎之。

一、治平之道首先睦族。《尚书·尧典》云:克明峻德,以亲九族。《皋陶谟》云:惇叙九族。周富辰曰:兄弟虽有小忿,不废懿亲,故成周以纠合宗族而兴为千古之大法。宋昭以剪灭枝叶而亡,为千古之炯戒。凡我子孙,莫以睚眦小过致生嫌隙。九族既睦,自然外侮不至。如各分子侄或被异姓诬枉涉讼,合族当共扶公道,同全族体切,不可袖手旁观。又有不溯本源,私通线索,长他人志气,灭族中体面者,是异类之不如矣,戒之,戒之,合族当鸣鼓共攻之。

一、睦族首先礼让。不可以少凌长、以卑犯尊、以贫妒富,尤不可恃长凌幼、依尊压卑,倚强欺弱、倚富欺贫,尤属可恶。《礼》云:觞酒头肉,让善于尊,几席之间,让而坐下,孝友生也。朱修轨诲子弟曰:终身让路,不枉百步;终身让畔,不失一段。能崇礼让,自无争讼之端。睦族之道莫先于此。倘或抗顽悍劣,视宗族如途人,相凌犯,相欺诳,通族当秉持公道,以戒以惩。

一、士庶人家,别无忠君敬上处,惟早完国课差徭,向日葵心,课税既完,脱然无累,无追呼惊扰,岂不大快哉!若玩延顽抗,至签摘差拿,徒出使用,以掷末流,钱粮仍不许丝毫亏欠。更有与书差交通首尾计,希飞洒自占便宜,即此损人利己,心术先已不良,况户书一败,反致加倍多完。愚孰甚焉!今虽弊绝风情,不可不防微杜渐。

一、丕振家声,首先读书。诸葛武侯戒子曰:学须静也,才须学也。非学无以广才,故《霍光传》不可不读,为其不学无术也。非静无以成学,故吕成公终日危坐,为其静克有成也。吾宗虽属乡居,而列名黉序代不乏人,庶乎不坠家声,愿吾子孙勉而行之。

一、凡子孙年至六岁,宜送入小馆发蒙习礼。至十二三岁,观其资质志趣,稍可有成,当勉力延师教诲,倘能进步,光耀祖宗为读书者劝。如不足望,即教以务农生理,毋得纵其旷荡,习为不善,致玷祖宗。

一、凡居家食用,须量入为出,去奢从俭,常存余银,以备不虞。不可任情浪费,自取穷窘。古人云:常将有日思无日,莫待无时思有时。当三复斯言。

一、取与,必须清白。古人于非义非道之物,一介不取。此做人第一立脚处。为吾子孙者,断不可过取以损人,亦不可吝施以肥己。当推己及人,以恕而行。

一、子孙或出外迁居,宜择仁里。非独避祸,况熏其厚道,实多受益。

一、婚祭丧葬,当悉尊《朱子家礼》。但有贫乏力不能行者,然大节所在,断不可缺。至浮屠之教,锢蔽相沿,非徒无益,甚有害于慎终大事。为父母者,宜以治命,戒坐佛事;为子孙者,勿为妇人女子所惑,苟且徇私而行。

一、停柩经年不葬,律杖八十。古者天子七月而葬,诸侯五月,大夫三月,士逾月。近世惑于风水家言,至有一二十年不葬者。万一不测,罪孽滔天,悔恨无极。谁知祖孙一体,祖父安则子孙亦安,未有亲体不安而子孙能享厚福者。更有越礼犯分粉饰葬具,震耀乡愚而于亲体毫无实济,亲心反大不安者,何如循分称家,及时而葬之为愈。

一、风水为先儒所不废,但当修德以遇福地,然不可强图徼幸于万一。若专信堪舆,不从心地中作福地,虽得吉兆,恐亦无用。朱子曰:此地不发是无地理,若发,是无天理。闻金石之言,世宜佩服。

一、凡兄弟叔侄会席,必须拱立,以俟尊长坐定,然后卑幼向前告坐。侄谒于叔,弟谒于兄。礼所当行,不可失节。切戒酒后狂言戏谑,倘一言不合,忿戾相加,有伤和气,名分以乖。断不可言朝廷厉害、官府得失并人家闺阃事。

一、寡妇孀女不能矢节者,服阕后听其转适。如察其志坚励节,果冰霜者,本族中宜加意抚绥,留心培植。有孤子,当扶持调护,俾其成立,克绍前人。

一、严继嗣条已见例言中,犹有未尽者。如长房无子,立此次房长子;次房无子,立长房次子,由同父兄弟以及同祖兄弟推而至于疏远,自有定序,不容紊乱。当请命族分长集议,写立过房,告之祖宗,使合族晓然。知某分某人无子,立某房某人之子为嗣,庶伦序不淆,争端乃息。若不咨禀族分尊,徇私立爱;或奸谋家产,假称死者遗命,欲立某房之子,以致应继者虎视眈眈,纷争成讼,非惟无益,反而有害。

一、各房子孙辈,如有纵妻凶泼得罪尊长者,族长集众戒责;如本妇仍肆刁泼,合族当具公呈官府,绝之以法。至如纵子猖狂,得罪尊长并为非作歹、玷辱祖先者,族长集众先行戒责,如仍肆刁顽,怙恶不悛,鸣官革逐。

一、待奴婢不可太宽,不可太酷。唐李义山著《须宽二十四条》,内称:纵放家人做不法事,极为败家之道。每见主母任性鞭扑婢女,极其惨酷,以致殒命受害。此皆家主不能正身齐家所致。驭下之道,须宽而有节、猛不至残,方合庄莅慈畜之体。

(胡伯良修,光绪五年敦本堂刊本)

光绪常州《毗陵修善里胡氏宗谱》卷一,《家戒》:
一、戒争讼。《易》称:内险而外健,下险而上健,故讼。险健之心不可施于他族,况同宗骨肉乎?近世风俗日偷,九族不睦,偶因细故,两各忿争,遂致叔侄不和、兄弟不协、操戈同室、骨肉参商。为吾子孙者,有忿必惩,有怨必释,毋听旁唆煽惑,匍匐公庭,以致讦讼连年,倾家荡产。纵使委屈受辱,被欺久之,自有公道在人,曲直是非不待辨而自明也。妄自涉讼者,治以不守家法之罪。

一、戒赌博。一掷百万,刘裕徒夸豪举。蒲博戏具,陶侃投入江中。皆以赌博害事故。

第十篇
宗法变革论与宗族建设

至于赌，子弟亦侍立而旁观，族奴与旁主而对坐。因讨赌钱，侄不逊伯叔，弟不逊兄长，朋友反目，亲戚乖离。总由父兄之约束不严，故子弟不专执一业。名为士而不勤于读，名为农而不勤于耕，名为工而不勤于艺，名为商而不勤于贸易，游手好闲，坏名丧产。甚至输极无偿，当场出丑，剥衣赤身，因而子窃其母之衣衫者有之，夫窃其妇之首饰者有之。兼至拐骗亲戚财物，以致戚属不和。种种弊端，言之发指，况本朝新例甚严，制造赌具、窝赌收头者，轻则满徒，重则充发。犯赌者，枷责不贷。凡为子孙，誓当深戒，不可自投法网。

一、戒酗酒。孟子曰：博弈好饮酒不顾父母之养，一不孝也。范鲁公质戒从子杲曰：戒尔勿嗜酒，狂药非佳味能移。谨厚性化为凶险类，古今倾败者历历皆可纪。每见后生小子耽嗜曲药，不惟乱性灭德，抑且撒泼行凶，招灾惹祸。所宜深戒。

一、戒拳勇。孔子云：君子有勇而无义为乱，小人有勇而无义为盗。孟子云：好勇斗狠以危父母，五不孝也。今以每恃筋粗力壮，小有不合，动辄挥拳，失手伤人，以致拖枷带索受极刑。上危父母，下累妻儿。总起于一朝之忿忘身及亲，则惑之甚者也。为子孙者戒之戒之。

一、戒出入衙门，刁写词状。郡城有邱姓者，笔刀刮利，讼者群走其门。厥子知其孽之大也，长跪哀求其父谢绝，某鉴其诚而辍焉。康熙癸巳科，厥子遂联捷，其孙亦厕，子弟陨然卒，以前此笔刀之孽俱不寿，善恶之应如响乃尔。吾族幸无此事，然有则改之，无则当加勉者也。

一、戒暴弃。孟子云：言非礼仪，谓之自暴。吾身不能居仁由义，谓之自弃。暴弃之病多在读书人，人家尽有聪明子弟，父兄悭吝，妄谓：富不教书，穷不上学。甘听埋没，可痛也。亦有自己读书，非不知读书好处，教子亦历有年，后任子弟束书高阁，尽弃前劳，尤属可惜。又有父兄，不吝脯脩，积年择师严训，刻期上进，子弟甘为人下，竟尔抛荒，此谓自弃之过。程子所谓下愚不移也。凡此皆起于无志，无志则无耻。宜永为鉴戒。

一、戒嚣讼。《春秋·内传》云：口不道忠信之言为嚣。《尚书蔡传》云：讼，争辨也。丹朱乃帝尧之子，负启明之质，尚以妄言诳语，弗克嗣有天位，况我士庶人乎！每见子侄辈不论公事私事，尊长未及开谈，或发毁一二语，便肆面红颈赤，高声争辨。即使所言皆是情理两全，亦当柔声下气，从容开导。尊长或有见他不到处，自有曲直，断不可鸱叫蛙鸣，喧哗争闹，以失卑幼道理。况强词夺理，未必允当，愿子孙毋蹈此种习气。

一、戒骄惰。横渠张子云：教小儿先要安详恭敬，切莫骄惰，坏了他性情。极言骄惰之弊，至交朋友则不能下朋友，事官长则不能下官长，为宰相则不能下天下之贤。言之毛骨悚然，不寒而栗。由此推之，在家子必不能下其父，弟必不能下其兄，不惟见疏分尊长，不能尽礼节；见亲房伯叔兄长，亦似不肯相叫一声，其它不恭情状更是无数。此种病根，总坏于骄惰二字,皆由父兄之教不先,自幼便坏了他气质。故子弟之率自然不谨尔,愿吾子孙训诲子弟,幼须熟读朱子《小学》,讲求《曲礼》仪规矩,恂恂谦谨,毋容姑息之爱酿此恶习。

一、戒嫉妒。孔子云:君子成人之美,不成人之恶。又曰:乐道人之善。今人自不能孝,妒忌人言孝;自不能友,妒人言友;自不能成名,妒人成名。种种妒心,皆生于内不足也。处则为妒贤妒能之子,出必为妒贤病国之臣。切戒切戒。人生四十无子,理当娶妾以延宗祀,毋或酿成妇人悍妒性情,宁无后以干不孝。

一、戒盈满。《易》谦卦六爻皆吉,伯益云:谦受益,满招损。今人小得意便趾高气扬,自尊妄大;小不如意,便心怀不平,十分怨怒,皆气量褊狭故也。夏禹不自满,孔子谦而又谦。河海惟下,故能纳百川;地势惟卑,故能载万物。人之福量亦然。娄师德自甘唾面,李文靖受狂生诃辱,何等雅量!愿子孙世世慕效之。

一、戒结交匪类。唐柳玭《戒子弟书》曰:胜己者厌之,佞己者悦之。浸渍颇僻,苛刻德义,簪缨徒在,斯养何殊?宋康节邵先生戒子弟曰:亲贤如就芝兰,避恶如畏蛇蝎。或曰:不谓之吉人,吾不信也。故习与正人居,则所闻皆善言,所见皆善行,渐染熏陶,何患不化为君子。习与不正人居,所闻皆妄言、皆邪行,渐染熏陶,鲜或不化为小人。即前酗酒、耍拳、纷争好讼,养成骄惰等恶习气,结交匪类,以中其毒也。凡子孙,遇此等人,当如蛇蝎之螫己而避之。

一、戒临渴掘井。孔子云:凡事豫则立,不豫则废。故不论大小公私事,务皆当豫为筹画,方能从容办理。若到临时,猝急便手忙脚乱,无论罔克有成,即草草就绪,亦未便十分妥当。朱文公《家训》谆谆言,未雨而绸缪。

一、戒唆构。凡事不论同宗异姓,或有互生嫌隙者,亲属人等,当秉公调处,谕之以道。不可两边挑彪弄虎,阳示公平,暗中唆构。言语云:尖头棒,两头触。又指斥为两头蛇也。此种恶孽,神人共愤,天地不容。子孙永当深戒。

一、戒悭吝。不学俱欲者,财食时用礼者。富人家食用固当撙节,但过惜钱财,不免臭而且硬。无论公家大事,丝毫不肯破悭,即切己私事,犹且延挨观望,慷人之慨,希冀自占便宜。此在贫窘者或不免,而富饶盈余者,每丰于自奉,厚于妻党。至公亲姊妹,不舍一饭之情,纵勉强暂留,如坐针毡,如负芒刺,刻薄寡恩,是亦忘亲蔑祖之一端也。此种肺腑,宜深耻之。

一、戒多言。《易·系辞传》云:乱之生也,则言语以为厉阶。《小弁》之诗曰:君子无易言,耳属于垣墙。马援戒兄子严敦曰:闻人过失,如闻父母之名耳,可得而闻,口不可得而言也。《易》曰:括囊无咎。敬斋曰:守口如瓶,守身如城。世世子孙,宜奉为韦服。

第十篇
宗法变革论与宗族建设

一、戒苛刻。袁氏《世范》曰：自古人伦，贤否相杂。或父子不能皆贤，或兄弟不能皆令，或夫流荡，或妻悍戾少恩。一家之中，有此患者，虽圣贤亦无如之何。譬如身有疮痏赘瘤，虽甚可恶，不可决去，惟当宽怀处之。郑氏家规曰：子孙固当竭力以事尊长，为尊长者亦不可挟此自尊、攘臂掀袂、忿言秽语，使人无所容身，甚非教养之道。

一、戒丧心。吾族乡居，本以耕读传家。读者勤读，耕者勤耕，务本业也。故今日之弊，不患不勤，特患勤而有越畔之思。故特与务农者约：勿侵削人之阡陌，勿践伤人之滩埠。人与己一心也，人己易观，知己之恶人，即知人之恶己矣！眼前起纷争，日后遭天谴，得利少而获祸多，此当深戒。至于增添产业文券，极要分明，盖彼固出于不得已，吾则欲为子孙悠久计。果值几缗，便当尽数付足，不可以贷物抬高，做损人利己事。谚云：枕糠置田枕糠卖，天道好还。纵得之，必失之矣！本业之外，或有贩负，开张逐什一之利，虽末务，亦义所不禁也。须公平交易，勿以滥恶货物诡托精良，勿以乌有账目，擅肥囊橐。市道也，而存忠厚心，神其鉴之矣！

附家戒条目

勿慢忽天地鬼神，勿谤讪君上，勿违逆父母，勿怠废先人岁祀，勿失守先物、宗谱尤重，勿迟葬先柩，勿怠忽师训，勿犯上阋墙，勿姑息纵养子弟，勿反目亦勿惑听妇言，勿教匪类，勿欺孤寡，勿苛下亦勿纵仆，勿挟奸诈心，勿做残忍事，勿嗜利忘义，勿背恩负德，勿占人便宜，勿与人讦讼，勿言人闺阃，勿谈人过失，勿奸淫妇女狎比顽童，勿掷色打牌，勿吃洋烟倾败家业，勿游手坐荒岁月，勿阅淫邪小说，勿唱曲吹弹，勿笼禽鸟、养蟋蟀、放凤鸢，勿学拳棒，勿食牛犬田鸡，勿衣服好丽、器皿求工，勿奔走权势，勿攀高姻，勿婚嫁过于丰厚，勿信师巫邪术，勿须妇女平居涂脂传粉、穿绫曳绢，勿容三姑六婆时常出入，勿秽亵字纸，勿抛弃五谷，勿吝与乞丐，勿投充衙门。

（胡伯良修，光绪五年敦本堂刊本）

江阴斯氏
民国《暨阳黄阆斯氏宗谱》卷之一，《宗谱凡例》：

一、凡作谱之法，首必纪元，以明受姓之由，不可妄引无据显官，以诬后世也。

一、系图当遵欧阳公式，以世为经，以人为纬，中间为图者，取五服之义。五世再提者即贞，下起元元又生贞，生生不穷之意。世次因之不变，虚其后以俟修续也。

一、行传谨依苏长公法。先提某公之子，次书行第、名讳、字号，再书生卒某年月日时、平生行状、葬地、配某氏、生几子、女适某处。

一、支派散逸，徙往别州别县，鸾远地里，不谙名字行第，实迹便不更详。于父名下书某子徙居某处而已。

一、妇人被夫所出及夫亡改嫁者,于夫不书,以其义绝也。如有子,位下书出母某氏所生、嫁母某氏所出,以子不绝母之义也。

一、女子不登图序,不列行第,止于父传下书女适某处某人者,以其内夫家而外父族也。

一、无嗣立继者,必须名分相当,而后可于生父名下书第几子出继某人为子。继父名下书继某人第几子为嗣,所以明嗣续也。

一、生子讳字有犯国号圣讳者及祖父讳者,悉宜改正,无得草野相隐,以取僭窃之罪。

一、祖父果有美德善行经术文艺,为子孙者,宜为一传以书于谱;或名公巨儒,立为墓志铭,表镌石,垂名不朽,以励将来。

一、凡义夫节妇,必三十以下五十以上者,附传于谱,以敦风化。

一、族中子弟,毋得习倡优隶卒,以玷门楣,家长宜率正之;不悛者,谱削其名。

一、祖宗坟茔,当书土名山亩坐落向背于谱,使后世子孙可以稽考,望邱垄兴孝思,又免他人平治。

一、祭田须明书土名、田亩字号,使子孙后有所据,不致盗卖强占侵渔,以堕祀典。

一、家长须立记生簿一部,族人生子,当及时报名于簿,然后列于谱,庶几长幼有序,不致越行重策,以乱宗法。

一、敕诏登于卷首,以尊王命而彰君宠也。即谱序不拘新旧,俱录之于谱,以见历代修谱之意。浮俚者不录。

一、宗谱四册,坤三、坤四、坤五、坤六,四大房各存一册,每遇春秋两祭,送至公祠一会,如有私自借人抄阅以至遗失者,除修赔外,罚银五十两。倘有秽污破损,公同议罚。

(斯桂相编修,民国十七年木活字本)

(三)宗规祖训体现的伦理道德及其时代性

安徽

祁门武溪陈氏

同治《祁门武溪陈氏宗谱》卷一,《家法三十三条》:

《崇公家法三十三条》叙曰:七世长、银青光禄大夫、检校右散骑常侍、守江州长史、御史大夫、上柱国赐紫金鱼袋侄崇叙曰:《易》云:家正则天下大定。固知治家之道虽古,其犹病是。古圣人乘五教,敦九族,使后人知劝而行之,庶乎其可也。盖我家袭秘监之累

第十篇
宗法变革论与宗族建设

功,承著作之遗训,代专孝弟,继业典坟,自是子孙广众存殁,仅十代会元二千人,祖创孙谋,窃有余庆。自我圣王高拱,首敷孝治,恢振义风,锡以沃恩,表之闾巷。吾家屡蒙恩光多矣。时恐后来智愚不同,贤肖不一,倘谬敦睦之教,必乖荷负之理,何以副当今叠赐之恩也。今设以局务乘以规矩,推功任能,彰善惩恶,公私出纳之式,男女婚嫁之仪,蚕事衣妆赍财饮食,一切条分缕析,合子子孙孙,自一庄以至数百庄,自一世以至千百世,惟知谨守历代成规,无越家范也。

一、治家不可不立纲纪。所谓纲纪者,犹网之有纲也;所谓纪者,犹裘之有挈领也。治家无纲纪,则泛而无统,岂为门户之福。改立主事者一人,副事者二人,束辖弟侄,令出入有常,各司其职,毋相夺伦,即如老幼切用之费,男女婚嫁之类,三日茶饭之给,节朔聚会之需,更有远迩姻亲吉凶使客,凡筵席馈送诸事等件,一任主事配纽推行,所谓万事理而无一事错。此人择善会计经营、多方劈画者为之,若优游不断之辈返致费事。

一、立库司二人作一家之头目,为众人之观望,即如诸庄之契券、诸庄之粮税应纳,如公门破费,再有大小紧急诸用,必计出若干、纳若干,尽经库司纽出,不可妄支虚费一文,庶有限之财,可济无穷之用。此二人不拘长幼,总在择其克家之俦、能斟酌财物者为之;若倚财在手任意支用,奢费日益不足矣,何以应诸其用。

一、众庄各立二人为首,为一家之总管,计其田地山塘上下广狭与收其租税多寡缺少,年年具数回报家正,取入库司,以便用费。具收租税,酌意筹算,不可因算误数,若实多报少,本少报多,无有足据,不免有生子侄之嫌疑也。侄小七尝说财是脑髓。以彼言计,意在心则无染矣。且吾家历宿室无私财、厨无异爨,财钱一节所当兢兢,慎之慎之。

一、差定弟侄十二人名曰宅库人,付主事手下。一人造酒醋曲,四人知仓库,虽交领诸庄,共给谷斛,并管押庄,各四时逐日舂米粮,出入上簿,主事监之;二人分知园圃牛羊猪马等事,轮日抽倩庄客锄种菜蔬,以克日用;一人知晨昏开闭门户,早使伺候兄弟子侄,由人管束近家四原田土,监收禾桑柘柴薪以充日用,其出入优劣准庄事例。

一、立勘合司二人,掌勘男女婚姻之事,并排定男女第行,男为一行,女为一行,不以叔孙姑侄,但以所生先后排之,贵在简要;自一周以至十八岁之间则求问新婚,稍有宜吉付主事依则施行。求问则二十以上则成婚,皆只一室,不得置蓄奴隶。女则待人家求问,亦属勘司酌当。此二人须择会阴阳术数者任之,置生长簿令领候,诸房生长划时申报,则当随时上簿,以便排例行第。

一、丈夫出除勾当外并付主事手下管辖,逐一听主事差遣,稍有不遵者,具名申呈,听家长处分。有弟侄除差作外,凡入门晨昏定省,事虽具,巾带衫裳稍有乖仪,当行科罚。

一、会客并嫁娶仰主事纽配诸庄应付布办,其余吉凶筵席、官宦远迩、矜客迎送之礼,事事如法周旋。

一、新妇归宁,凡新聘者至岁节或发遣归,接送礼仪俱临时酌度当。

一、男女婚姻之礼,凡初定用钗子一付、绯绿二段、绢五匹、丝一束,酒肉临时酌当;迎送花粉等物并由主事纽,女则与银一十两,随意打造物色,毋令虚闲破费以伤骨肉至情。

一、蚕院一所,每年正月每庄抽一人归长者束辖修治簇器,至时令婆母四十以下者名曰"蚕妇"二人同看桑柘,仰主事配纽诸庄应付,成就茧后同共抽取,却令蚕院首将丝绵等均平给付以见成功,其得蚕多者除外。赏之所以激励也。其蚕种仰蚕院收留,至春首每婆给二两,女孩各于婆母房内看蚕桑柘出,均平给付。

一、妇人染漂,每年各任意染一匹,染色钱库司纽配诸庄应付,专令一人。

一、荐席者每年冬库司纽配诸庄各房各给一付,一有事西畴作农役者每月给草鞋三双,妇人婆母夏首给草鞋一双给库司纽配付给。

一、立刑杖一所,凡兄弟子侄有过愆者少加刑责,等级于右:

一、诸过失及酒醉细事虽不干人者,乃若不刑,无以惩劝,此等各决竹篦十五下放。

一、不遵家法,不从长命,妄作非为,好赌争斗,各决一十五下,剥落各给衣装归,三年改则复用之。

一、醉酒无礼触犯人者,各责竹篦十下放。

一、妄使诸庄钱谷入于市缠,淫于酒色,羞耻败俗,臂杖二十下,剥落各给衣装,归役三年,知过自改复之。

一、立五人于廊堂管只候公私,应纳王租,出在勾当,投过词状,应奉衙厅,并要谨节应用,宰杀合用,迎接只待往来宾客且书院廊院,为一家之领袖,切要周旋,仍择明方册、善筹划、立操义节才者举而任之。

一、每年夏税丝绵绢仰库司纽配诸庄绢绵于蚕妇女织造者,新妇自四十八以下各应付绢二匹,女孩各应付绢二匹,婆嫂自年四十八以上者免。

一、俵丈夫衣庄自二月中给春衣,每人各给绨葛衫一领;秋给寒衣,自年四十以上至尊各应付绢一匹、头帽一顶,并出库司纽配给付。

一、每岁鞋袜冬至、岁节、清明仰库收买,各给一双,以资寒暑之用也。

一、立书堂一所,计二十间,在东岸,每年正月择日起馆,至秋八月解散。童子年七岁令入学堂,至十五岁出学,逐年堂内抽二人归训,一人为长,一人为副,其纸笔墨砚并出宅库收买应付。

一、先祖有道院一所,专为旦夕焚修,上则祝圣寿,下则保护于门庭,或则子孙能继

第十篇
宗法变革论与宗族建设

志者亦从其所为,应有需醮等事须差请者。

一、先祖有法神一所,历代祀之,若有继之者,事虽允从,应有起造屋宇、埋葬龟卜祈祷等事,一一委之,以保家门者。

一、立一人学医以备老幼疾病,须择诸识方脉医术药性之人,药料之资取给于主事者。

一、除差定新妇八人掌庖爨事,二人修羹菜,六人知汤水及布席堂内所事。此八人不限年月,但遇择娶新妇则以替之。

一、每日三时茶饭于外廊同坐作两次。四十以上至五十者作先次,取其外赴勾当,故在前也。自五十以上者至尊长同坐次后,以其闲缓,故在后也。差后生新冠者二人排布只候茶汤等事,其盐酱菜蔬馘味出副主事酌当。

一、节序春属会饮于厅堂同坐,主事者至时差十人后生排布只候先次,学生童子次,未束发女孩一坐,已束发女孩一坐,次婆及新妇一坐,二丈夫一坐。费用之物,惟冬至、岁节、清明主事纽配诸庄应付,余节出宅库随所有取置合宜。

一、非节序丈夫出勾当,五夜一会酒,至五行止,所以劳其勤也;惟老所便,仍令知酒人别酝好酒,以备老长取给。

一、诸房令主事每月给油一斤、茶盐十两,老病者取便周旋。

(同治刻本)

同治《祁门武溪陈氏宗谱》卷一,《家谱定规》:

一、吾门来派自汉陈实之后,至于陈武帝之时,家于湖州府,后迁浔阳,今之德安县义门是也。由唐至今称为显族,又因唐末黄巢之乱及五季之僭,子侄是居吴楚秦蜀在在有之,后世子孙见斯谱者即加尊敬,毋图苟利擅鬻他族,切勿置身于不义不肖之徒,慎之。

一、吾门宗派自唐宋元井井有条,因遭南宋辽金之窘,其门颇有遗缺,后景炎元间乡盗发冢,采取各陇碑铭墓表圹记,是以取之,疑者缺之。

一、吾门粮差各有定规,乃朝廷正务,不可慢也。凡秋收催趣,预先完之,为保家之士;若有违误拖欠,决非善策,次等之事属于族长提督。

一、吾门之众善恶不等,除犯十恶内,务要集众戒之,教训导之,非厉害如是劝教以行正道。

一、男女婚嫁不得大肆筵宴、务尚浮华,只称家之有无;毋得屠宰牛马,僭用海味。但依乡例,殽只鱼豕、果只梨栗,或有贫者不能如是,请族长者为首,各房毋分亲疏,随其多寡资助以成其事。

一、妇人之道划一,不游庭,夜行以烛,古之礼也。若有长舌搬唆是非,离间骨肉,初必教之,教之不改则挞之,挞之不改则出之。

一、吾族中有无嗣者即凭尊长处商议,有子应继者毋得抱养他姓之子侵其祖产以乱宗枝;及招赘女婿必另择基址,不许紊乱我家。

一、埋葬吊祭等事,凡有丧者,初丧三晨、七七之期率各房大小男妇,莫问亲疏,各遵服式,临柩哀泣,供佛饭僧,亦许从俗葬之,远近从其便也。若无葬地,可效北方人族葬之法,男左女右,昭穆次第;岂可听信术言拣择风水之谬,侵欺祖陇,并或以势加行,此谓不肖之子、不义之孙,纵然富贵,岂得其长久乎?

大族之下岂无争竞,除不遵处外,方许经官明正其罪。无辄便但犯词讼,许族长呈官;如族长不能公正理断,或挟其私仇等情,仍许族中有施设人理决。

一、借贷之事,吾宗之众贫富不等,当贷有之,周人之急,济人之贫,故为义也。年月虽多,限其满过,务要从容取债,毋致逼迫。若连年接算,有乖大义,岂不知姑苏范希文置义田云。

天顺元年庚戌岁秋九月旦吉,嗣孙崇拜书。

(同治刻本)

同治《祁门武溪陈氏宗谱》,《新编凡例》:

一、旧谱之系自太邱公为始,派衍支繁,分迁各省,代远年湮,难以统集。今我盈仓岭之派,咸以彦文公为一世之祖者,使每年祈祭之会坐谈之间,谁尊谁卑,屈指了然。

一、宗族之中有德行清操者,书之,以彰其名。有传赞文艺无过誉者,书之,以表其实。婚姻书姓,以记其传。

一、婚姻嫁娶必择门当户对,不可久图富贵而违婚礼,又不可与下贱为婚以玷辱宗祖也。各宜慎之。

一、族之中兴衰不一,如无子嗣者,先择亲房之侄继之;如亲房无人,择疏房继之。惟凭族长正人写立继书以免贪占之弊,更不可养他姓之子、戚属之儿紊乱宗支。

一、族内之人有贫富不等,如鳏寡孤独之辈,族中有余饶者当拯助之,不可任其浮沉以坏家风也。

一、宗谱之修,亲疏不紊,支派分明,吉凶庆吊之际,酒筵之间,尊卑有分,上下相安,不可以贵凌贱,以众暴寡,以尊辱卑,以强欺弱,有此者众罚之。

一、修谱之后众存红谱一副,轮流收藏,内填写某房领某字号梓谱第几副。其红谱上

第十篇
宗法变革论与宗族建设

付下收,周而复始,务定期每年正月四日庆拜礼毕,凭众交付,不能推诿。谱祭额有定规,席有常例,毋得酗酒撒泼,干忤在长者,众责之。

一、修谱须串定图记字号,以发各房收领,每年六月六日各持宗谱会集晒霉。倘天阴雨,另择晴日,毋得懈怠。如有油污、水湿、损坏不全者,众罚银十两入祭。

一、宗谱未修之前,每有老幼男女生殁年月日时,并婚姻姓氏生辰,生子其命名勿犯古圣先贤及先世祖宗之讳,各宜开写详细。候每年正月初四日会拜礼毕,众预立草谱一本,凭众挨次誊登。谨遵古制,三十年一修,庶无遗漏、紊乱之弊。

一、谱中历代考妣有名氏失系者、有葬墓阙志者,及未冠婚而亡者,因年代久远,无从觅查。今合议择地土名石碑塆,封筑总墓,设位普祭,刻期每年清明前一日并及三元佳节齐赴其所,扫拜祭奠,不可荒怠。如违期不赴者,众罚银二两入祭。

一、修谱责令儒生正人秉笔,毋许苟且偏徇,有伤族义。

一、修谱领取之祖,则书公字,其余只书派名,系宗族之谓,非一己之称。其于乳名以殁者书讳某,存者书名某,以别存殁之分。已配而无嗣者、未配而殁者,各本位下不续其支,览者自明矣。

一、妇居孀无子,终身不二,事舅姑已殁,无以为孝;并未婚之女,或父母早丧,能抚孤弱弟成力,立誓不二嫁,自此以终者,俱当设胙与食,公众出费,鸣官请额旌之,详刊行实入谱,殁则立主牌入祠,永享祭祀。

一、孀妇有子能保孤成立,苦节以孝、谨事舅姑者,亦与胙食。

一、子弟能立志读书,有功族间,不愧家声,族众每有科派,免其一丁,出办常考应试盘费取于公众,成名加胙。

(同治刻本)

对族中女性的规范。

休宁茗洲吴氏

雍正休宁《茗洲吴氏家典》卷一,《家规》:

一、妇人必须安详恭敬,奉舅姑以孝,事丈夫以礼,待娣姒以和,无故不出中门,夜行以烛,无烛则止。如其淫狎,即宜屏放。若有妒忌长舌者,姑诲之,诲之不悛则出之。

一、妇人谍言无耻及干预阃外事者,众共叱之。

一、嫌疑之际,不可不慎。非丧非祭,男妇不得通言。卑幼之于尊长,有事禀白宜于厅事,亦不得则入内房。

一、家道贫富不等,诸妇服饰但务整洁,即富厚之家,亦不得过事奢靡。

一、主母之尊,欲使一家悦服,切不可屏出正室、宠异侧室,为之以乱尊卑。

一、诸妇之于母家,二亲存者,礼得归宁;无者,不许。

一、妇人亲族有为僧道者,不许往来。

一、少母但可受自己子妇跪拜,其余子弟不过长揖,诸妇并同。

一、内外最宜严肃,男仆奉主人呼唤入内供役,事毕即退。见灯不许入内室。姻家僮仆至,除传视问安外,妇人不许接谈。

一、女子小人最能翻斗是非,若非高明,鲜有不遭其聋瞽者,切不可纵其往来,一或不察,为祸不浅。

一、三姑六婆概不许入门,其有妇女妄听邪说引入内室者,罪其家长。

一、妇女宜恪守家规,一切看牌嬉戏之具宜严禁之。违者,罪家长。

一、侧室称呼及一应行坐之礼,不得与正室并。

(吴青羽撰,雍正十三年刊本)

雍正休宁《茗洲吴氏家典》卷一,《家规》:

女子年及笄者,母为选宾行礼。

(吴青羽撰,雍正十三年刊本)

婺源长溪余氏

道光《婺源长溪余氏正谱》卷首,《祖训》:

家之和与不和皆系由妇人之贤否,其贤妇侍舅姑必孝顺,事夫主必恭敬,处娌姒必温和,抚子侄必慈爱,御奴仆必宽恕。家有此等贤妇,则子孙必昌。其不贤者,逆舅姑、凌夫主,渐渐狠戾妒嫉、恃强欺弱、摇唇鼓舌、面是背非、争长竞短,家政既坏,祸亦随之,为长妇当预警饬。

(余章耀等修,道光二十八年宝善堂刊本)

绩溪南关许余氏

光绪《绩溪县南关许余氏惇叙堂宗谱》卷八,《家训》:

正闺门。男女居室,人之大伦,所以人家最重是门风。如果闺门不正,虽富贵亦可羞可恶;如果男女有别,虽贫贱亦可荣可敬。朱柏庐先生家训云:三姑六婆,淫盗之媒,况僧道乎?所以一族要有族规,一家要有家规,非至亲不可交谈,妇女虽老,不许入寺烧香,不许借作法事任僧道入室。但夫为妻纲,闺门之整肃又先在男子,男子守正,妇女谁敢不

第十篇
宗法变革论与宗族建设

正?……

禁溺女。徽宁第一恶俗在自溺其女,彼本性凶恶莫过,豺狼虎豹尚不自食其子,人而自溺其女,比豺狼虎豹更凶。若不禁止,成何宗族?彼溺女的解说,一说不育女好早生男,一说免赔嫁资,一说贫不能养,都是胡说。人家求子当誓心行善,杀女求子,岂不上犯天怒?嫁资厚薄各视力量,忍下手杀他,难道不忍薄他的妆奁?至于生女必有乳,乞丐的妇女常时有襁褓沿门,难道住家的偏养不起?想到把呱呱婴女投下水时光景,口不忍说,耳不忍闻,溺女之人凶恶已极。古人说不孝之人人人得而诛之,如今溺女之人亦人人得而诛之者也。凡我子孙永远禁戒,同登仁寿。

(光绪十五年刻本)

光绪《绩溪县南关许余氏惇叙堂宗谱》卷一〇,《宗祠规约》:

笃厚根枝。嫁女已见婚礼,兹更切近。言之人家,祖父譬之根本,子侄譬之枝桠,女儿譬之花朵,笃厚根本则枝桠发生,有生生不息之势。花朵纵极鲜妍,时到则落,未落时不过华映而已。譬之女嫁往来不过闹热而已,而有良心者绝少。女死后由表而疏,由疏而断,世之不贤妇待婿与女胜于待儿与媳,将家赀明暗划与之,不贤夫男阿顺之。试问根枝花朵孰为重乎?族内有轻根枝而厚花朵,因而致事,莫与品论。

(光绪十五年刻本)

婺源三田李氏

光绪婺源《三田李氏宗谱》卷末,《家法》:

冠婚。……娶妇三日庙见毕,夫率其妇至中堂见长幼、分大小。五日外方许便服治事。语以家范,使晓大意,不许干预外政,失教者罪其夫。

严闺范

一、为主母者各要动止端严,使一家敬畏悦服,不可自失尊重之体,启人轻侮。

一、为诸妇者平居务宜安详恭敬,孝事舅姑,敬顺夫子,和睦娣姒,恩御奴婢。如有妒忌饶舌者,主母以礼诲之;不改,继之以怒;又不改,则告于祠堂以出之。若有秽德污行,当即屏逐,不待教也。

一、妇女无故不许擅出中门,夜行以烛,无烛则止。若有亲戚来家,止许见于中堂,不得径自引进阃阈。虽系骨肉至亲,私房惟待以茶果点心,亦不许久延酒馔。

一、子弟有事进阃内,务宜尊重,瞻视惟正,虽盛暑亦不许科头裸臂、觑眄戏谑。

一、子孙年至四十无子者,方许娶妾,以图后嗣。然妾亦不可与诸妇并坐,其服饰只至素朴。若妻亡继娶者,当依次序,不在此例。

一、义男年过十二,非唤不许擅入中门,倘挑行李盘盒之类,止许至中门外,易婢送入,出亦然。

(李廷益、李向荣修,光绪十一年木活字本)

池州仙源杜氏

光绪池州《仙源杜氏宗谱》卷首,《家法》:

一、误娶本姓之女为妇者,责令离异。故犯者逐出境外,永不许归宗。误娶本族再醮之妇为妇者,责令离异。故犯者照暂逐例,俟离异后三年无过准亲房具保归宗。

一、以女许优隶下姓及鬻女为妾者,照暂逐例,仍责令设法改正,俟改正后方准归宗。

一、男子与妇女戏谑者,初犯跪香,再犯、三犯者笞二十。

一、十六岁以上男子动手与妇女戏侮者,初犯笞二十,再犯者倍治。

一、初次奸人妇女幸事未成者,暂逐出境,三年无过准其亲房具保归宗。至于强奸无论已成未成,妇人羞忿自尽者,家法不足以蔽辜,公同送官究治。

一、男妇通奸丑声彰著经人指实者,男子逐出境外,永不准归宗,妇人责令其夫出之。

一、拐人妇女及私贩人口胆大妄为形迹确凿者,除永不许归宗外,禀官存案以免后累。

一、寡妇应终身守节,若不得已而改适他姓,子幼者听其携带抚养,婚书务须注明;如妇本无丑行,亲房捏造谣言,即以贪产逼嫁从重处治。

一、妇人得罪于翁姑者,初犯跪香,再犯、三犯者罪坐其夫,笞二十。如妇实顽悍异常夫不能制者,免其夫而笞其妇。怙恶不悛者出之,免致酿成大戾。

一、妇本无过失而其夫殴辱百端,使妇失所饥寒不保者,重惩其夫。夫仍不改者,责令批产给妇。罢妾凌妻者同。

一、妇人凌辱童媳及婢女,罪坐其夫,令夫跪香。夫助妻为恶,则加等处治。如夫不能制妻,则罚妇跪香,令夫将童媳送母家抚养,著贴衣食;婢女幼,则托有德之亲邻抚养,长则早为择配以全其性命。

一、妇人好与人斗辨,及藉端图命者,责令跪香;如终不悛,当责其夫不管束,笞二十鞭;如无夫,当责其子不善谏,笞十鞭;无夫无子则笞其妇。

一、悍妇理屈图命以致自尽者,不准入祠入谱。

第十篇
宗法变革论与宗族建设

一、妇人无故夜哭者,跪香。

(光绪二十一年刻本)

湖南

宗族祖训讲求睦邻之道:族人、乡党之间,比间相接,世世相聚,本是缘分,出入相友,守望相助,疾病相扶持,切不可恃强凌弱,倚众暴寡,恃富欺贫,否则忿争不断,词讼不息,风俗日薄。

湘乡匡氏

道光湘乡《匡氏续修族谱》卷首,《家训》:

和睦乡党。顾乡党之中,生齿日繁,比间相接,使处置无道,则争讼易起,争讼起则风俗薄,是故欲厚风俗,务在息争讼,欲息争讼,务在和乡党。然乡党固不可不和,而乡党又最不易和:或田土相连,就有损人利己之心;朝夕相见,就有妇女诟谇之声。盖由平日物我未化,知有己不知有人,所以一事之小必要定个胜负,一言之微务要见个高下,无怪夫里巷之内,彼此相猜而报复之无已也。若乡党内知斯人徒与之说,群然尊齿恤孤、济□周贫,其中纵有一二非礼相犯,便能情怒理遣,又复共相开释,令其自新,由是所见皆和颜悦色之人,所行尽格薄从忠之事,则今日乡邻风俗之美非古比屋可封之俗也耶!况乡党与我族世世相聚,我今日有势有力可以欺人,安知势孤力弱时不转为他人所欺乎?此天理循环之道,不可不察也。

(匡逢向等修,道光八年解颐堂刊本)

涟源李氏

民国涟源《李报本堂族谱》卷首,李氏《宗规》:

姻里当厚。姻者,族之亲;里者,族之邻。远则情义相关,近则出门相见,宇宙茫茫,幸而聚集,亦是良缘。况童蒙时,或多同馆,或共游嬉,比之路人迥别。凡事皆当从厚,通有无恤患难,不论曾否相与,俱以诚心和气遇之,即使彼曾待我薄,我不可以薄待,久之且感而化矣。若恃强凌弱、倚众暴寡、靠富欺贫,捏故占人田地,侵风水山林疆界,放债违例过三分取息。此皆薄恶凶习,天道好还,尤宜急戒,毋自害儿孙也。

(民国五年报本堂活字本)

桂阳邓氏

光绪桂阳《邓氏族谱》卷首,《家戒十条》:

戒争讼。族人不一，有同堂、有从堂、有服内、有服外，分与我虽渐次就疏，然自祖宗一派思之，皆共本同原，情谊有甚切者也。今世俗每于一族中，家富者逞其富，势强者挟其强，毫无亲睦之情、周恤之义，甚至因些小钱财或山田界址，偶有不清，辄忿斗争讼，此控彼诉，久无了期，虽鬻产荡家亦若不悔。噫！何其愚也！若果早为忍耐，交相逊让，既可免衙门之妄费，更可博睦族之美名，不诚两得之道哉？

（邓廷泂、邓盛昌等修，光绪三十三年登秀堂木活字本）

广东
乳源余氏

嘉庆《乳源余氏族谱》卷一，《家规并引》：

一、遵厚姻里。族之有婚媾即谓之姻，族之有邻近即谓之有里，此固天缘凑合、情义相关者也。况幼之时，或同馆肄业，或同伴戏游，或先友而后亲，或因亲以及亲，比之路人，大不侔。以贵有无相通，患难相顾。不论愚贫，遇之以和气，待之以厚道，切不可有倨傲矜骄之态；即使彼待我薄，我不可以薄待之，久且感而化矣。况翁婿甥舅，以及故旧情谊，尤当关切者也。若恃强凌弱、依富轻贫、以智朦愚、藉众压寡、无故谋占、放债过为勒算，此皆刻薄恶俗，凡我族人，切宜痛戒。

（余有璋等纂修，嘉庆二十五年木活字本）

嘉庆《乳源余氏族谱》卷一，《余襄公训规十四条》：

一、子孙和气处乡曲，宁使我容人，毋使人容我；宁使人敬我，毋使人畏我。切不操忽人之心，恃势作威，欺凌穷愚。事有万不得已者，则当以理直之，岂可与人炫奇斗胜，两不相下。彼以其奢，我以吾俭，吾何嫌乎哉！

（余有璋等纂修，嘉庆二十五年木活字本）

贵州
紫江朱氏

民国《紫江朱氏家乘》卷四，《旧谱家规十二则》：

一、和相邻。何言乎乡邻耶？万二千五百家为乡，鸡鸣狗吠，声相接而夜相闻也。五家为邻，出作入息，面相识而日见者也，地迩而人亲，可不与之和欤？且财甲一方，即宜扶助一方之贫；势甲一方，即宜拯济一方之难；能若是，则无情无义，必为乡邻所不齿矣。若夫傲慢之、疏远之、侵夺之，又为乡邻所切齿矣，纵富贵惊人，其如众人之怨骂何？诚念夫

第十篇
宗法变革论与宗族建设

族姓虽分,而出入往来,岁时聚晤,无非父祖累世旧交,要必款洽殷勤,乃见风淳俗厚。倘或小衅成仇,细故角讼,求水火而莫应,置缓急于罔闻,风斯薄矣。至于倚势横行、设计倾害,以及唆使控告、结怨寻仇,此又相邻中之一大蠹也。若夫排难解纷、平争息讼,而不仅以含容忍耐作自了汉,不诚为一乡之善士哉?今与吾族约:凡所居相邻,务须和睦宽容。不以小忿而生嫌隙,不以微眚而致睚眦,不以言语之猜疑辄相诟谇,不以鸡犬之凌践动即参商。老幼尊卑,所当互明耻让;往来出入,宜矢敬恭。疾病则相扶持,守望则相友助。缓急相济,有无相通。亲者无失其为亲,故者无失其为故。庶几桑梓恭敬,礼让成风。观于乡而知王道之易易,岂非盛世之休征也哉?

(朱启钤修,民国二十四年排印本)

欠税祖宗受辱——道州周氏、苏州唐氏。

王士禛《池北偶谈》卷二〇,《谈异一》:

道州有濂溪先生祠堂,近岁周氏子孙,有为诸生逋赋者。州守张大成,辽东人,径诣祠堂,枷锁先生像三日,见诸弹章。比年吴中奏销逋税,唐荆川、缪西溪诸公名列官户,亦不免云。

(中华书局1982年版,第473页)

三韩张氏家规以砥行、饬法、勤学、务业为兢兢。

毛奇龄《西河集》卷四七,《三韩张氏家谱序》:

……三韩张侍御以科目起家,遍历三曹尚书郎,从征滇南,佐王师挞伐有功,随以言事故迁幕杭州,其滞录三有年矣。生平孝友惇睦,每念及所生期于无忝,教子弟以诗书之泽。乃复续辑其家乘而谒予以序。予思辽左诸族,皆从龙之胄,世甲地大,岿然当丰沛宛邓之乡,其通侯代兴,冠金貂而锡履陛者不可胜数。而侍御家声烂然,独慨念先烈,上溯之千里之侯、百里之长,以著所自来。而所辑家规,则又以砥行、饬法、勤学、务业为兢兢。是何席宠而思遥履,贵盛而重本根,一至是也。

(《四库全书》本)

离婚不普遍。

[美]明恩溥《中国乡村生活》,《乡村女孩和成年妇女》:

中国的离婚现象并不普遍,并非如人们从上述法律规定进行推想的结果那样频繁出现。

(午晴等译,时事出版社1998年版,第281页)

父母的责任与早婚。

[美]明恩溥《中国乡村生活》,《乡村女孩和成年妇女》::

当一个儿子快十二岁还没有结婚时,普通中国父母即开始感到着急,……中国人总说儿子和女儿结婚,说"完成了人生中的一件大事"。

(午晴等译,时事出版社1998年版,第282页)

直隶

容城孙氏

孙奇逢《孝友堂家规》:

迩来士大夫绝不讲家规身范,故子若孙鲜克由礼,不旋踵而坏名灾己、辱身丧家,不知立家之规,正须以身作范。祖父不能对子孙,子孙不能对祖父,皆其身多惭德者也。一家之中老老幼幼、夫夫妇妇,各无惭德便是义理世界。孝友为政,政孰有大焉者乎?舜值父母兄弟之变,汤武值君臣之变,周公值兄弟之变,虽各无惭德,然饮泣自伤,乌能愉快于无言之地?吾家先微以慈孝遗后人,所垂训辞世守勿替,余因推广其义,为十八则,愿与子若孙共勉之。

安贫以存士节,寡营以养廉耻,洁室以妥先灵,斋躬以承祭祀,既翕以协兄弟,好合以乐妻孥,择德以结婚姻,敦睦以联宗党,隆师以教子孙,勿欺以交朋友,正色以对贤豪,含洪以容横逆,守分以远衅隙,谨言以杜风波,暗修以淡声闻,好古以择趋避,克勤以绝耽乐之蠹己,克俭以辨饥渴之害心。

右十八则,无非先人所常言者,余参以己意而次第之:盖教家立范,品行为先,故首存士节养耻心。孝友为政,立祠举祀其先务也。谢叠山曰:兄弟不和,家庭间尽是戾气,虽有妻子之乐,不乐矣;然兄弟不和,多开隙于妻子。《易》:"家人利女贞。"夫子以好合。先既翕而得父母之顺,亦可知矣。婚姻之事,家之盛衰攸关;论财不论德,宜君子不入其乡也。家有长幼,孰是可以诈伪相接。朋友信之,己不信而能得人之信,其谁与我?子孙不肖,祖父之教不先,古人易子而教;自童蒙即为择师,爱而不劳,禽犊之爱也。与贤豪相对,最不可有媚悦之色;与妄人相值,亦当存自反之心。衅隙之开,风波之招,非多事则横议,守分谨言,庶乎免矣。声闻过情,君子耻之。趋避不审,不学无术耳。暗修好古,君子日用所从事者,端在于斯。居家之道八口饥寒,治生亦学者所不废,故以勤俭终焉。凡此皆吾人分内事,人人可行,人人不肯行,余为此规不敢望之天下,不敢望之一国,窃欲望

第十篇
宗法变革论与宗族建设

之一家，因取先圣先贤所以教戒子弟者，偶录六则于左，以为家规榜样，其亦可参观而悟矣。

孔子之教伯鱼也，曰：不学诗无以言，不学礼无以立。淑性情，固筋骸，立身之大端尽此矣。

周公谓鲁公"故旧无大故，则不弃"，何其仁也；"无求备于一人"，何其恕也。仁且恕，世岂有外焉者乎？

马援戒其子也，曰：闻人过失，如闻父母之名，心可知，口不可言。此涉世之道焉。

汉昭烈云：勿以善小而不为，勿以恶小而为之。此真圣贤集义迁善要诀，不谓英雄人能见及此。

柳玭之戒其子弟也，曰：不识儒术，不悦古道，身既寡知，恶人有学，胜己者嫉之，佞己者扬之，以衔杯为高致，以勤事为俗流，此最中人膏肓之病。

王阳明曰：我子弟苟远良士而近凶人，是谓逆子，亲师取友之谊，夫岂有外焉者哉！

右六则，因与子若孙所常言者，随笔录之。此六则之义，千万人言之不尽，千万世用之不尽，凡我子孙，其绎斯言。

家规后言

或问：《文公家礼》，冠婚人子之始，丧祭人子之终，规中何止言婚与祭，而不及冠与丧也？曰：生今反古，灾及其身；冠已久废，宁待今日？至送死足当大事，愚不肖尚知自勉。子孙而贤，贫富贵贱，因时制宜，此何待言，亦不必言，非略也。

问：礼者天理之节文，还是主严，还是主和？曰：礼离和失其真，和离礼无其节，节文从天理出，二者自不容分之为两，"礼之用和为贵"一章，看圣人说话是一是二。

问：齐家之难，难于治国平天下，家迩天下远，家亲天下疏，何以难？曰：正惟迩则情易辟，正惟亲则法难用，夫家之所以齐者，父曰慈、子曰孝、兄曰友、弟曰恭、夫曰健、妇曰顺，反此则父子相伤、夫妻反目、兄弟阋墙，积渐而往，遂至子弑父、妻鸩夫、兄弟相仇杀、庭闱衽席间皆敌国，从来均平天下之人，每于此多动心忍性，盖法制所不能束、禁令所不能施，以此思难，难可知矣。

问：张公艺九世同居，得力在忍，夫同居义取于和，忍则情有不堪，而袭同居之名，似非君子所贵？曰：必有忍乃其有济，忍正所以成其和也；如心实不和，强为含忍，势必至积怒深怨，决裂不可收拾，居同而心异，何如居异而心同，古今四方，皆一家人，岂必合聚同堂，乃为一家乎？国运家运，离析分崩，皆非人所能自主，仁人孝子，亦与时偕行，分合同异，无庸有成心也。

问：家不齐，多因姒娣不和，遂伤兄弟之好，或妾恃宠以夺主母之权，至继母毒害前妻子女，其祸人身家、败人名行更甚，当何道以害之？曰：《易》不云乎"君子以言有物而行有恒"，《诗》曰"刑于寡妻，至于兄弟，以御于家邦"，此千古家规也。身范不端，向妇人女子求齐，道无由矣。

问：宗法。曰：儒者论风俗，必先立宗；宗之为言，相率尊之云尔。先王知人耳目心志，不可无所宗也，故有大宗小宗之说，约其视听之所注、趋向之所主，而不至于涣散，此宗法也。古宗必有禄秩而后立，故其尊比于君，长宗之人不敢以其分临之，以今时而谈古宗则难矣。仁人孝子，严祠祀以萃暌离，缉谱牒以明昭穆，以族之长而贤身为人宗者主祭祀，是犹行古之道也。念庵有尊尊老老贤贤之说，以行辈长者主之曰尊尊，行卑年高者主之曰长长，行与年不足而有德曰贤贤。

问：墓祭非古然与？曰：上古之葬，不封不树。既封且树，则吾先人之衣冠凭焉，敢不敬诸。故非有大故，则不敢轻去坟墓，重之也。重之而何可不敬也。时俗清明扫墓，七月十五献麻谷，十月初一送寒衣，犹有古之遗意焉。春秋凄怆，人情与天道合而爱敬之诚，动乎不容已。墓祭废，而四时之祭，未有能行者矣。人心之醇、风俗之厚，于此攸关，祭之时义大矣哉。

附家祭仪注

一、晨起栉沐后入祠三揖，自入小学便不可废。

一、朔望焚香拜。

一、元旦昧爽，设祭四拜。四仲月用分至日，各设祭，行四拜礼。

一、令子孙供执事。

一、凡佳辰令节，寒食寒衣皆拜设时食。

一、忌辰设食拜，子孙素食，不宜享客。

一、有事出门，焚香拜，归亦如之。

一、吉庆事卜期设祭。

一、儿女婚姻焚香以告，生辰弥月设食以献。

一、新妇庙见设祭，主妇率之行礼。

一、凡祭，妇人另行礼，各如仪。

久离邱垅，兼之萍踪未定，蘋藻疏违，负疚中夜，迩日即次稍安，移先位于斯堂，庶朝夕得依灵爽，凡我子若孙入庙思敬，不待病子之告教，酌立仪注，愿身先之，不敢与当世论礼也。

（《丛书集成初编》，中华书局1985年影印本）

第十篇
宗法变革论与宗族建设

孙奇逢《孝友堂家训》：

示诸孺子曰：孩提知爱，稍长知敬，此性生之良也，知识开而习操其权，性失初矣。古人重蒙养正，以慎所习，使不漓其性耳。今日孺子转盼便皆长成，此日蒙养不端，待习惯成性，始思补救，晚矣。家运盛衰，亦何常之有。父父子子，兄兄弟弟，元气固结，而家道隆昌，此不必卜之气数也；父不父，子不子，兄不兄，弟不弟，人人凌竞，各怀所私，其家之败也，可立而待，亦不必卜之气数也。端蒙养，是家庭第一关系事，为诸孺子父者各勉之。

夫大夫教诫子弟，是第一紧要事。子弟不成人，富贵适以益其恶；子弟能自立，贫贱益以固其节。从古贤人君子，多非生而富贵之人，但能安贫守分，便是贤人君子一流人；不安贫守分，毕世经营，舍易而图难，究竟富贵不可以求得，徒自丧其生平耳。余谓童蒙时，便宜淡其浓华之念。子弟中得一贤人，胜得数贵人也。非贤父兄，乌能享佳子弟之乐乎？

示奏雅等曰：汉有孝弟力田科，尔等只读书明农，便是真学真士。孔子曰：幼而不能强学，老而无以教，吾耻之。今日教尔等以孝弟力田，正老夫不负烛光之一念也。

晨起率子若孙，祠堂焚香，群从续至。谓之曰：我等聚族而处，佳辰令节，生忌朔望，得来祠堂瞻礼，是祖父之魂气常在业，儿孙之诚敬常存也。只此是人生第一吃紧事，明此而为农，是良善之民；明此而为士，是道义之士。祖父恬熙于上，儿孙敦睦于下，岂非一室之太和而一家之元气哉！愿我子孙世世勿替。

知勇辩力，尔等不足；谨厚朴拙，尔等有余。夫知勇辩力四者，皆民之秀杰，然不能恶衣食耕凿以自养，反不如谨厚朴拙之安分而寡过也。吾家先祖百年颂佛而不衰者，正谓其谨厚朴拙耳。多一分智巧，损一分元气，尔等培此朴拙之心，便是真能守祖之孝子顺孙。

甲辰在容城，博儿洤孙先归苏门，谓之曰：学问须验之人伦事物之间，出入食息之际，试思尔等此番何为而来，能无愧于所来之意，便是学问实际，诗文经史皆于此中著落，身心性命皆由此中发皇，省得此理，随时随处皆有天则，便无虚过之日。

为浩、溥、沐、浴、溶、汉六孙延师，谕之曰：尔等未离孩提稍长之时，正在知爱知敬之日；吾家自高祖以来，忠厚开基，今孝友堂尚依依如新也，尔为兄者宜爱其弟，为弟者宜爱其兄，大家和睦，敬听师言，行走语笑各循规矩，程明道谓洒扫应对皆精义入神之事，莫谓此等为细事也，圣功全在蒙养，从来大儒都于童稚时定终身之品，尔等勉之。

尔等读书须求识字，或曰：焉有读书不识字者？余曰：读一孝字，便要尽事亲之道。读一弟字，便要尽从兄之道。自入塾时，莫不识此字，谁能自家身上一一体贴，求实致于行乎？童而习之，白首不悟，读书破万卷，只谓之不识字。王汝止讲良知，谓不行不算知。有樵夫者,窃听已久,忽然有悟,歌曰:离山十里,柴在家里。离山一里,柴在山里。如樵夫者,乃所称识字者也。

元日祠堂语群子弟曰:清明在躬,志气如神,尔等乘今日元旦,洗涤旧染,日日维新。一人砥砺,便是一好男子;大家砥砺,便成一好人家。叔季中三代,乐莫乐于此,贵莫贵于此。

语立雅等曰:与人相与,须有以我容人之意,不求为人所容,颜子犯而不校,孟子三自反,此心翕聚处,不肯少动,方是真能有容;一言不如意,一事少拂心,即以声色相加,此匹夫而未尝读书者也;韩信受辱胯下,张良纳履桥端,此是英雄人以忍辱济事。静修之言曰:误人最是娄师德,何不春生未唾前。学人当进此一步。

古人读书,取科第犹第二事,全为明道理、做好人。道理不明,好人终做不成者,惰与傲之习气未除也。洒扫应对,先儒谓所以折其傲与惰之念,盖傲惰除而心自虚、理自明,容色词气间自无乖戾舛错,事父、从兄、交友各有攸当,岂不成个好人。日用循习,始终靡间,心志自是开豁,文采自是焕发,沃根深而枝叶自茂。尔等今日辨一虚心,实实务除其傲与惰之念,下学在是,上达在是,先后本末一以贯之,不知者只见为洒扫应对而已。

居家之道,须先办一副忠实心,贯彻内外上下,然后总计一家标本缓急之情形,而次第出之,本源澄澈,即有淤流,不难疏导;患在不立本而惊末,浊其源而冀流之清也,得乎?一家中男子本也,父慈、子孝、兄友、弟恭,本之本也,本立矣,而末犹萎焉,必其立之之根本未固耳,立之之道岂有已时,本分自尽者,并不见吾分有圆满之日,古人榜样一一具在,只不听妇人言,便有几分男子气。

父母于赤子,无一件不是养志;人子于父母,只养口体,此心何安?无论慈父慈母,即三家村老妪养儿,未有不心诚求之者,故事亲若曾子,仅称得一个可字。

谓韵雅曰:汝幼年理家务,吾虞其废业也。然陆象山当家三年,自谓学问长进。米盐零杂至细碎矣,综理有道便是学问,至长幼尊卑、内外男妇,性情不同,好恶各异,黾勉有无,能得其贴心输意,此非仁至义尽者不能。志气从此立,学问从此充,虚心实体,常自得之。

博雅问贫贱如何,是不以其道得之,曰:颜子裕为邦之略,而箪瓢陋巷;原宪釜甑生尘,而辞禄九百。总因富贵是人之性命,紧说著不处,人只是欲;贫贱是人之仇敌,紧说着不去,人只是恶。贫贱原与道近,作圣贤全在此处体验。孔颜造下这局面,要入此门,嫌贫贱不得。

人生第一吃紧,只不可见人有不是。一见人之不是,便只是求人,则亲疏远近,以及童仆鸡犬,到处可憎,终日落坑堑中矣!臣弑君、子弑父,亦只是见君父有不是处耳,可畏

第十篇
宗法变革论与宗族建设

哉？

示四侄维雅曰：本分二字殊难尽，子臣弟友而求其能，皆本分也。谁能尽此本分者，尧、舜、周、孔。于本分内不能增得一毫，增一毫于本分内，便多一毫于本分外。

谓望雅等曰：汝兄家报，谓汝等不可各用己见。十年来，我于忍之一字著力，忍即恕也，各就一字下手，自见得力。汝兄此言，却是老夫平昔处己处人自愧未能者，既以此相勉，当大家策励，实实近里著已用工，不可徒以口说。百忍堂中有太和，此话从体认中来。

谓奏雅等曰：眼界欲宽，胸襟欲廓，而得力著手处，却要枯寂收敛。约则鲜失，愿尔曹共讲求此义，大得却须防大失，多忧原只为多求，此语可作约字注脚。

此中风俗，极重婚丧之礼，前辈创行固难，后人遵行非易。余十五年目击心识，就中有以行礼而反失礼之意者，不可不堪酌而损益之，是在秉礼君子，力为之砥，不必定与俗同也。

谓度雅大侄及奏雅、韵雅曰：汝三人学稼，吾虑不明习此事而小视之也。舜耕历山，伊尹耕莘野，孔明耕南阳，此是何等勋业。孔子于樊迟，何鄙而小之，此中道理甚活，正不相悖。舜尹躬耕时，浑身备礼义信之用，故能升闻发迹；孔子大道为公，正欲偕及门共兴东周，纳斯世斯民于凿井耕田，家给人足，岂区区以百亩之不治为忧哉！今日寄居苏门，不耕无以为养，且无以置吾躬也。不有耕者，无以佐读者。况负薪挂角，古人何尝不兼尽于一身。吾老矣，此躬不力，望汝等并耕不怠。

示尚儿暨淳、溥两孙曰：学不长进，病坐在不虚己。以舜禹之圣，而好察、乐善、拜善；孔子之圣，四友、六侍；颜子之贤，而问不能、问寡人之取善；岂有定方，善之所在，虽路人之言臧获之智，皆当取之，取诸人乃所以与诸人也。故君子莫大乎与人为善。曲士俗学，只喜闻誉，恶闻过，遂自闭取善之门，而阻人乐告之路，德何由进，业何由修，所谓自暴自弃也。尔等以文会友，便是进德修业之时，莫只作书生雕虫小技也。以文会友，以友辅仁，文与仁有本末，而非二事；与胜己者友，须先虚心，至听其言，与吾有未安处，宜平心思之；思之而未安，又须平心定气，与之相商，惟恐我见未克，未能尽其所长，则无不收师友之益矣，便是进德修业实际功夫。

示应试诸子孙曰：涿州史解元家，子弟赴试，老者肃衣冠设席以饯，命之曰：衰残门户，赖尔扶持。今老夫所望于尔辈扶持者，又不专在此也，为端人、为正士，在家则家重，在国则国重，所谓添一个丧元气进士，不如添一个守本分平民。九十岁老人，所以报答天地父母者，此区区一念耳。淦孙秋捷，谓之曰：些小得意与此小失意而遂改其常度者，固是器识之小，正缘不知学之故；不学墙面，人生不幸莫大于是，尔今日立身之始，须有一段抵挡流俗之志。

丧祭之废也久矣,所不废者,独三年之丧耳。自期以下冠服之制,皆略不为意。即三年之丧,亦仅存仪节,所称必诚必信,勿之有悔,而不茹荤不御内者,亦罕矣。祭祀之礼,一用流俗节序,燕亵不严,真实讲求祭义者,谁其人哉?风俗之淳、人心之厚,必自慎终追远始。

示八侄趋雅曰:行己有耻,对无耻而言也;狷者有所不为,对无所不为而言也;贤不贤之分,岂相远哉!夫无所不为,正是其无耻处;故孔孟每提一耻字,以激励人知所用耻,则不及人不为忧矣。

谓潜孙曰:天下无无事之人,或读,或耕,或出,或守,莫不各有当然之则。如尔父在故园,代我守祖父坟墓;尔来苏门,代尔父侍老夫眠食;尔七叔在外处馆,佐尔五叔农事之不及;尔十叔日与朋友讲习,代我应酬笔札;尔十一叔、十二叔,寒寒暑暑侍老父寝处,虽日用饮食之事,皆性命流行之会也;永兴来视我,且得与其女儿叙十八年之疏违,中皆有天则焉;认得此意,则日日在天理人情上讨受享;不得此意,则日日在梦迷中,所谓罔之生也。尔性颇慧,我望尔知学;学之不已,悦乐自生;善守祖业者,守此而已。

语永兴侄孙曰:尔祖宰武城,归里之日,仍以馆谷偿负债,尔祖母、尔父俱不免于饥寒,闻者见者,莫不怜之。鹿忠节公独爱而起敬,谓非古之廉吏不至此。吾家沐阳公以廉吏起家,尔祖能绳其武,我辈俱得为清白吏子孙,较以金帛田宅遗后人者荣多矣。尔祖常语余曰:沐阳公一任,止受新生公宴绸二匹,弟今日仍觉于先德有愧也。惟自觉有愧,始无愧耳,留余忌尽天之道也,常常处其不足,以为可增可加之地,若增无可增,加无可加,立刻索然矣。为尔计,要安分耐穷,教子弟读书,不失礼于宗族乡党,法祖在此,立身在此。

谓淦孙等曰:孟子深戒暴弃者,谓非人暴之,乃自暴之也;非人弃之,乃自弃之也。暴弃不在大亦不在久,一言之不中礼义,一事之不合仁义,即一言一事之暴弃也。行庸德,谨庸言,终身慥慥方得免于自暴自弃。

语立雅等曰:朋友谏诤,须求有济,不可自谓直谅,令人有难受之实,徒贻拒谏之名;忠告善道犹后,积诚而动自令人不忍负,不信,未可轻言谏也。

谓立儿曰:忆汝姊归宁时,吾家长幼男妇,无不肃然起敬。盖孝事姑舅、和睦妯娌,惟身有之,所以言之能启人听闻。今汝来此,弟若侄将于汝取型焉。常晨夕告教,令耕者、读者各勉其所有事,勿忽勿怠,勿较劳逸,勿存行迹,以好合既翕,而得父母之顺,则家庭之间便是唐虞三代,何乐如之。

善诒谋者得一本分自守之子孙,数十年之家运可保勿替;如其为贤人、为君子,则所以彰显其祖功宗德者与山俱高、与水俱长,较之积财置产者,所得不既多耶!此等事,庸

第十篇
宗法变革论与宗族建设

愚皆知之，贤知者不能也。

保身于身所大欲，德人于人所不知，守志于志所未得，轻世于世所不惊，乐生于生所聊托，惜福于福所过享，敦让于让所不堪，祈天于天所未定。真名言哉！录置座右，日夕咀玩，并以示我子孙共珍之。

言语忌说尽，聪明忌用露尽，好事忌占尽。不独奇福难享，造物恶盈，即此三事不留，余人便侧目矣。

前人创业后人守成，一茅片瓦守而勿失，此方是承家令子。至于可久之德，可大之业，最易知最简能，却视为身外之物，非祖父所留遗，任其颓败废弃，绝不肯过而问焉，其于轻重大小之衡，颠倒实甚，度非仁人孝子之心所安也。凡我同人，俱有守业之责，幸先理此业，保而勿失，则安富尊荣，与天无极，其受享岂可以言语形容耶？

甚矣，人心无足时也！终日营营，总是愿外，不知富不可以求得，越分妄求，余殃在后，贪人之有，有则为人所贪，如欲千百年富贵，此必不得之数也。昔有人自称为富贵之家，客曰：富贵如何便成家也，富贵如以我为家，不应走向他家矣；既走向他家，是以我为逆旅耳。昔郭进建第成，坐诸匠于子弟右曰：此造屋者，指子弟曰：此卖屋者。识者谓为名言。今人为卑官，恨不享大位，及位高而颠踬倾危，回想卑官而受清宁之福，天上矣。布衣粝食，妻子相保，则恨不富贵，一旦祸患及身，骨肉离散，回想布衣粝食妻子相保时，天上矣。人聪明强健，则恨欲不称心，一朝疾病淹缠，呻吟痛苦，回想聪明强健时，天上矣。古今来无人不犯此病，若能先见一步、蚤退一步，必也明哲之士。

语诸子曰：吾家孝友堂，尔师鹿忠节额之，山左刘幼孙讳重庆书之，迄今五世矣。常与尔伯叔相勖勉，日夕兢兢，恐负二君题额之意。今尔伯叔已矣，吾老矣，是在尔等勉之：一人不类便玷家声，孝友非难事，然却非易事，不离日用饮食，总以一念孺慕为主。夫子与子游论孝，曰：今之孝者，是谓能养；不敬，何以别乎？与子夏论孝，曰：色难，服劳奉养曾是以为孝乎？夫敬不在养之外也，色不在服劳奉养之外也。曾子养曾晳，必有酒肉、必请所与、必曰有，则其敬与色可知已，三必字，亦要看的活。孔子疏水曲肱，颜子箪瓢陋巷，亦有行不去时。故余常谓养口体，未尝非养志也。矫而行之，则伪矣，此处岂容得一毫伪为哉！夜来老夫久不成寐，呼韵儿语，杂念渐清，沐孙睡醒，起为老夫搔背痒，余谓韵儿曰：此念便从孺慕中出，可称孝友堂子弟矣，晨起书之以志勉。

示澜孙曰：尔父既来夏峰，故园祠墓惟尔是寄，子孙成立惟尔是赖，宗族乡党之和睦、亲戚朋友之酬应，皆尔身任之，规模宜宽大，处事宜平和，凡事有不得者，皆求诸己。先儒有言，母氏圣善，我无令人，孝子宜以此自责；臣罪当诛兮，天王圣明，忠臣宜以此自责；宁人负我，勿我负人，交友宜以此自责；即此推之，圣贤原无求人之理，故夫子与子臣弟友曰：我无能一焉。盖原是能不尽的，一见为己能，则其亏缺多矣。尧舜犹病，到底只是犹病；文王未见，到底只是未见；开之未能信，到底只是未能；道理无尽头处，故学亦无歇手处，只一自满，便全盘放下矣。

谓潜孙曰：家运之盛衰，天不能操其权，人不能操其权，而己实自操之。父慈、子孝、兄友、弟恭，男正位于外，女正位于内，即贫窭终身，而身型家范，为古今所仰，盛莫盛于此；如身无可型，而家不足范，当兴隆之时，而识者已早窥其必败矣。

谓泴孙曰：汉家举孝廉，然汉史却无孝子传，传孝友自晋史李密始。东堂忿捐，犹非本色，乃知真孝子固非等闲人也。《论语》：孝弟为仁之本，《孟子》：尧舜之道，孝弟而已。又曰：仁、义、礼、智、乐之实，总归于事亲从兄。尧、舜，唐虞之孝子也；孔子，春秋之孝子也。孙文正谓：孝友之士宜在朝廷，孝者所以事君也；为子不孝，断未有为臣而忠者。训人家子弟，只教之以孝弟，则其造福于人也大矣。老夫生平承良友提携，勉之以为真孝廉，迄今抱愧于心，子其勉之。

语浩、溥、沐、浴、溶、汉暨用桢曰：忆昔汝祖父读书江村，一时应童子试者六人，伯顺谓余曰：郎君等不必俱发科登仕，只本分孝弟力田，不失前辈书香，便是天地间第一等人家。今言犹在耳，老夫倏忽九十一岁，孙曾应试者又七人，余之欲命尔等者，江村老友已代余命尔之祖若父矣，尔等第长奉此言，便是孝友堂佳子弟。

谓诸子曰：居家勤俭，孰为居要？博雅曰勤非俭，终年劳瘁，不当一日之侈靡。《书》曰：慎乃俭德，惟怀永图。子曰：礼，与奢也，宁俭。似俭尤要。望雅曰：一生之计在勤，一年之计在春，一日之计在寅；治家、治国、治身、治心，道岂有先于此者乎？似勤尤要，曰：二者皆要，尤要在克勤克俭之人耳。八年于外，三过门不入，方得地平天成，万世永赖，如非其人，胼手胝足，朝经夕营，何济乃事。宋仁宗夜半惜烧羊之费，恭己化成，几致刑措。若唐文宗举衫袖示群臣曰：此衣已三浣矣。虽云俭德，然受制家奴，自谓不如赧献，泣下沾襟，亦何益乎？勤俭一源，总在无欲，无欲自不敢废当行之事，自无礼外之费，不期勤俭而勤俭矣。

（《丛书集成初编》，中华书局1985年影印本）

沧州戴氏

光绪沧州《戴氏族谱》，《定园公家训》三则（沧州学人戴明说谨述）：

示纶、缙二子曰：余因少不闻道，不胜追悔，今与汝等骤讲无极，直谈天命，恐汝等一时信不及。且与汝等平实商量，可乎？

世人皆有三达德，实践于五达道。今执涂改人而诮之曰：尔呆人，狠而无用之人也，

第十篇
宗法变革论与宗族建设

必不受。可见,智、仁、勇是人人有的而力行实践者。

在达道焉,汝等暂而家食,君臣且缓说。现今汝等不尝有父子乎?父母有过举,当几谏之;父母有善行,当勉力而成之;父母之望汝何事,虽苦必勉;父母之嗔我何事,虽苦必改;父母如有艰难、委屈,当极意体贴。若痛痒不关与瞻望规避,俱是待路人的,岂是待父母的?汝等清夜体察,各人当求心上过得去才是。若上而祖宗,朔望必虔,祭祀必诚。下而子女,原是天合,当:一,以平心养育,不可轻生爱憎;一,以正直教诲,不可但事姑息,如任意悠忽,今日昏昏謦笑,即酿出异日种种之戈矛。汝仰观《春秋》所记,近观吾家之事,得便宜失便宜,溺恩爱处留灾祸,可不慎乎?至于各家训子,尤当以身先之,勿令后人笑曰:夫子教我以正,夫子未出于正也。甚矣,孝慈之道宜讲也。

汝等不有夫妇乎?当抚以恩者不恩,天地鬼神痛悯矣;当裁以义者不义,天地鬼神愤恨矣。人至一门之内,衽席仇敌,肘腋胡越。静言思之:有粟鸟食周南始于关雎,可怀也;桀、纣亡于褒、妲,可畏也。急还天理,横制波靡,速思变计,永遗良谋。甚矣,义听之道宜讲也。

汝等不有兄弟乎?弟有气柔者当教高明,有质刚者当教沈潜,有器量疏阔者当教以密,有规模狭隘者当教以大言。求其人服,不在威仪;求其可久,欢不在杯酒。弟道进而兄道益光矣,不然,弟不肖将来必为兄累。甚矣,友恭之道宜讲也。

汝等不有朋友乎?尊贤嘉善,恭谨必先容众。矜,不能器宇多阔。待君子必须诚谨,待小人尤宜小心,勿示以可乘之衅隙,庶几可消来来之风波。甚矣,敬无失恭,有礼之道宜讲也。扩而充之至宗族,必睦人,物必恤。即奴仆下厮,亦当贵之以可受之衍,予之以自新之路;宁对以青天白日之心肠,勿虐之以酒后茶前之喜怒。此尽人性物性之所有事也,汝等如身体力行,识见自然高明,德业自然光大,我再与汝讲求太极天命可乎?

如闻我言而信而行,我心则喜。闻我言而未必信且行,毕竟是我道力不大,不能感化汝等,惟有自怨自艾,以为终身端本澄源之计耳,奈之何哉!善事宜为,善言难遇,祈天求命,敬哉勿忽。

壬寅腊月老父言,粘之二子左右,以当顾是。

示绥、杰二子并晏孙曰:我与汝讲太极、说天命,一时准不及,我也与汝平实商量。

圣贤不过求放心。兹有读书治心之道焉,有日用治心之道焉。读书治心之道云何?如念《论语》,便想在我身心上学是何事;念《大学》,便想在我身心上明德是何事、明明是何事;念《庸》《孟》,便想在我身心上性命是何事、仁义是何事;念《名》《文》《程》《墨》,此理路在我身心上是何事,实实体究,在在省察,如不明透,再与师友讲究,即此便是收放心,此即是真学问。若口诵书,手搦管,满腔春思乱想,究竟无用,无论心里想声色货利,不是即想青紫,亦名根耳,一切剪除,自然入道如箭。

日用治心之道如何?秀才家且谩讲君臣即如父子也。父母责望我的,勉力为之;父母嗔怪我的,勉力去之。成父母之善,勿成父母之不善。以至亡母、存母、继母,务一一竭力尽心焉,这才是养志。即间有家庭难处之事,亦当修身以俟之,积诚以感之,相机几谏以图之。至哉,先辈之言曰:"父母慈而子孝非难,父母不慈而子孝,此舜德之所以光千古也。"推之,一动一静勿忘父母的遗体,一颦一笑皆是父母的性情,稍稍屑越便是违背了天明地察了。能于父母前收得一失、忍行一屈,便是真学问,便是真福泽,此治心第一义也。

再而夫妇。天地间那有妇人制住男人的,多是男子不肖,或重花柳而轻糟糠,或私婢仆而厌荆布,或肆宠姬妾而干犯名分。自己怩怩,模范先颓,遂而积惭成爱,积爱成怯,要忤公婆也凭他,要问兄弟也凭他,只从自己便人欲之图,遂至决裂,不可收拾。要肯自己端正身心,必检喜怒、必饬威,如之,吉日新月盛矣。此治心于夫妇也。

即如兄弟之间,灯窗观摩,当言可行之言,勿戏嬉;当行可言之行,莫苟且。劝规不用盛气则听从易,情义勿涉比匪则步趋端。至若秀才积习:自夸名士风流、才人韵致,一切尖酸讥弹浮浪举动,宜一切尽断。又有独坐能持,一遇朋从,听人说忍不住便说,见人干忍不住便干。总之,识力不完,兄倡弟和,逐浪随波,平生检点,一旦败丧,尤宜斩钉截铁,始终如一,此治心于兄弟也。

至于朋友,其尊嘉容矜,与教纶、缙者同。然世人责白屋寒素之心常恕,责纨绔子弟之心常苛。汝等待人即恭敬谦虚十分,正当待常人一分,尤不可不加意耳,此治心于朋友也。

日用之间,心无处不在,则无处不存圣贤阶梯,即在于此。汝等于此实实身体力行,若有得时,再与汝讲太极天命可也。嗟嗟,时过一年,人增一岁,天道革故鼎新之会,即学者改过迁善之时。若图戴一新帽,着一新袍,便为卒岁计,此庶人之行耳,岂不可惜?呜呼!祸淫福善,天理昭然,上帝临汝,勿勿尔心,敬哉!

再示孙晏曰:我前言似尽,再谆教汝有两言焉,不过庸言二句,曰:善莫大于孝,恶莫大于淫而已。

从来与子言孝亦寻常事耳,何必谆谆。即如汝祖今行年五十有四,当初少年夏笠冬毡,远村荒野,备尝苦辛,不过求一日发迹释亲忧耳。及弱冠已后,滥竽科名,光复家道,支撑先绪,自谓可减罪衍。迄今想来,不过博得一无限之讥谗,酬之以百千之拂郁耳。然而汝祖魂梦中不敢一毫生怨尤,不忍一毫计施受诸。凡有理可竭,有心可尽者,黾勉是图。曰:吾人职分当如是,儒者学问当如是耳。

第十篇
宗法变革论与宗族建设

至今日之事,汝已觉苦,我从旁观之,叹曰:一包闻书方才开封,万里崎岖今才发轫。正谓:世上做庶子易,做嫡子难;做无知无识之庶子易,做知南知北之嫡子难;做诸人家之嫡子易,做戴家之嫡子难。我言至此,泪随笔下矣。

我今为汝计,无论清夜旦昼,必急将先儒所谓深爱、和气、婉容,实实体备于身,任有流诼,我视听于聋聩;任有小杖,我当之如木石,死心踏地,实实起敬、起孝,扩充至梦魂寝影无愧所生,自然会忍耐。具终身果能诚正,我大物小,岂屑小所能侵烁!始而苦,久而安。即天地鬼神必然鉴佑,而天性有不感通者乎?盖以人之气志,愉乐则昏忧,危则明明、则实实抱负咎之念焉,则益明矣。人之筋骨,晏安则糜、折磨则强,强则实实具隐匿之行焉,则益强矣。困横我一分,即成就我一分,砥砺我一日,即光明我一日,此我所谓善莫大于孝,当勉者此也。

淫,恶名也。何以戒?我见素丰之家,把据家婢、私仆若做常事,始犹厌然扭捏,终焉顽钝无忌,不曰快乐,即曰风流,渐至廉耻道丧,去禽兽不远。今日与汝言者,非但制淫,事实要去淫心也。必于尔室清夜细检色根,穷究诛锄,斩钉截铁,方才有济。不然今日忧愁,暂尔安恬,不知根柢潜伏,一刻豫泰,习气旋发,而况青紫得意时乎?刻刻察治,实实打扫,一断百断,一了百了,方是贤豪。不迩声色,不殖货利,此真圣贤,下手功夫,此所谓恶莫大于淫,当戒者,此也。

汝家新房一片,上下百人,我见至孝大慈,亲疏无间,幽明合掌,顶天立地,此有汝母一人耳。我与汝俱男子也,可不愧死入地哉!今与汝约:自今以后,凡我有不善之行、不善之心,汝当直谏,我必悦服。汝有一切动念,举足可请教处,不妨切实商量。我祖孙树起脊骨,铁定心肠,交相勉励,敬以有成,则一室救过之天伦,远胜千里告善之朋友矣。倘国人称颂曰:夫夫也,此严荦髦而力修所教之贤孙也,岂不快哉!若夫生前九鼎,殁后焚黄也,俗之愿也,我至不存焉。癸卯腊月再谕。三支十八世孙戴汝庆焚沐句读。

(光绪三十四年本)

沧县孟村张氏

民国沧县孟村《张氏家谱》,《庭训》:

文通公曰:为人当以孝弟为主,故孝弟二字是吾人之安身立命大关头。

文福公曰:吾人所恃以养生者,惟田园耳。子弟诵读之余,当使其身亲畎亩,庶知稼穑之艰难。

计恩公曰:祭祀要虔诚,夫妻要和美,用度要节俭,立身要正大,兄弟要尽让,官粮要早完,言语要谨慎,凡事要思量。

计登公曰:勿藏阴心,勿动恶念,勿扬人短,勿设雌黄,勿造歌谣,勿毁圣贤,勿记仇不释,勿嫉人之技能,勿谋人之财产,勿唆人之争讼。

可畏公曰:凡祭典祖茔务须亲到,诚敬追远,洁理祭品,树株、墙垣按时修理,不可疏忽从事,自取罪于先祖也。

大经公曰:为学必须勤苦,求光阴分寸惜不留。又曰:子弟读书当择严师益友,不可自满,满则招损,《书》云"满招损,谦受益",旨哉斯言。

旺吉公曰:世间兄弟多有为家产构讼者,讼久不已势必终归于尽,何其厚待他人而薄待骨肉也;倒行逆施莫过于此,清夜自思亦可以知返矣。

显谋公曰:敬天地、礼神明、奉祖先、守法律、孝双亲、重师尊、爱兄弟、信友朋、睦宗族、和乡里、别夫妇、教子孙,是千古不易格言。

洪道公曰:居家务勤俭,处乡须和睦,兄弟当怡怡,夫妻无反目。又曰:思君子之九思,畏圣人之三畏。

(民国十七年本)

盐山郑氏

咸丰沧州盐山《郑氏族谱》,《庭训》:

一、孝。父母是为人之根本,根本即厚,则枝叶不期茂而自茂矣,是以子孙绳绳而有螽斯之庆。如本实先拨,虽子孙得其繁庶,欲其贤孝得手,故孝虽为报本实为己也。

一、友。兄弟之间不可不友恭,兄弟手足也,人于手足未有不爱之恐伤者,岂可视如路人莫不相关乎?昔舜之于象也,象虽有害兄之心,而舜无害弟之意;象尤亦尤,象喜亦喜,舜之爱弟世莫以加矣,后世尽法之。

一、敬长上。尊卑长幼自有定分。为子弟者凡遇尊长,言必逊、貌必恭、命必从、行必让,庶尽卑幼之道。且今日之卑幼,他日之尊长也,亦使后来子弟则而象之耳。

一、睦族党。族人有困难当竭力援救解决,维系一脉相传之义气,不可如越人之视肥瘦莫不相关也。

一、勤事业。凡我子弟当各有其业。年到学,急令其入校学习文化以求上,不然即令其从事农业,夙兴夜寐巩固国本,亦为良弟子也,万不可听其暴弃致成无赖,有辱父母,遗污祖先。

一、尚品质。男女之道,原有定配,不容紊也。若不孝子孙不守法度以犯百恶首诛,甚至蒸淫内乱,致蹈元世之丑。明太祖檄而诛之,家国一理,不可不鉴。

(咸丰十一年梁口村第二次修谱订本)

第十篇
宗法变革论与宗族建设

咸丰沧州盐山《郑氏族谱》,《睦族四则》：

愚于训业之余,常思族不睦乃大患也,因于闲暇之余,书《睦族四则》,惟愿后世子孙能有所劝勉,遵守之,是余之望也。

一曰尊长。大抵人家子弟柔顺较多、桀骜较少,子弟虽愚,但知祖是某叔某辈必能敬,只知让他一两着,盖分卑此焉,驯势弱此难强也。无奈为尊长,此居已太高,藐视族人如物,往往以盛气加人,以尊行凌人子侄,稍有错误,尊此吹毛求之曰:尔欺祖了,该打该罚,否则官以处之。弹压以祖,子弟奈何,只得吞声忍气,甘受责罚,尊长尚不怜恤,反洋洋得意,凡此不法事,谓可自我为之,莫敢奈何。故其所为,皆人所退步而不敢为此,至子弟退复言,明有诋语,一经角口,便至亲如仇敌。此未必必教也。怨宗,诚睦族事是第一也。

一曰训诫卑幼。大抵人家族中不睦由尊长激成此固多,由子弟宾行此上复不少。盖亲睦之道,父兄教之不先,则子弟率之不谨。训则训谦卑逊顺、礼仪廉耻,耕读各占一枝;戒则戒夫不敦礼让、专务嫉妒,亲疏全无角争。如尊此略有错误,卑或为之隐昧,不宜征于当前,若尊长一有不法,而扬言曰:"此等事自彼为之,则可;若自我辈出,不知责罚何地。"只此一念,横据胸中,凡诀非为,效尤益甚,或尊此以义裁之。彼且曰:"此等不法事,汝为尊长每每为之,于我等乎何尤。"以至常言不入药不成仇,是陋薄之词,皆卑幼此甚之也,我祖有灵能勿匿然乎。所为于子弟此安身以卑处身以兴,婉言而道差彷几谏之,诚非礼来加益于仓荒之量,忍字一说,上睦族又一着也。不然肆意夫流言,反唇以相讥,党祸之深矣。

一曰诚。每见人家族中或叔侄或兄弟偶有所忤,辩争不已,忽有尊此来当中一喝,登时解散。此无他,情亲则易制,因尊则易信也。我祖宗忠厚传家,列祖皆亲仁温恕,沿至今而大变,此非关乎子弟之不才也。良由日用不巨,子弟入乡塾此不多,父兄上少有所教也。若庄农人不知亲疏远近尊卑,偶犯不逊,上不只怪;若读书辈诈字彼此固堂之一儒人也,然上口柳惠而行盗跖也,不上深可怪哉!吾之深望族人先正己以率人,俾帜然于吾言之必可信,然及族中老辈时常演说,或于暇时或于酒间,时称吾父与汝父是何兄弟,汝祖与彼祖是何叔侄,议论时具一段至诚恻隐之意,使听此豁然、闻此兴悌,感之既久,自然如坐春风,如饮醇醪矣。

一曰和。闻之君臣和而及交泰盛,夫妇和而及家道盛,宗族和而及世代昌,和之时义大矣。虽然难言之矣。祖宗只贵泽既湮,前哲之杯棬无存,尊此于秦敖每蹂躏,夫及昆卑抗衡,又第夫先辈,因之一姓为仇、同室反目,生齿之凋残、支之离散,断由此也。今与兄

851

弟叔侄约：与其入室而操戈，孰若同舟而共济；与其反面以无情，孰若急难而吼急；与其厚洽比而吼云，孰若敦行叶而歌具迹。昔之人有言曰：宗族不睦，多由情意间隔。故伏腊必燕族人，非图以酒食为礼也。有善则劝，有过则规，或有事相抵牾此，彼此一见尚相忘于杯酒间，此上睦族之法也。咸丰辛酉年梁口村十二世孙云龙撰文。

（咸丰十一年梁口村第二次修谱订本）

山西

离石于氏

康熙离石《于氏宗谱》卷五，《家训》：

一、孝为百行之原。父母生儿，能有几个身显荣亲的，就是力田、贸易、肩挑、负贩皆可缘分以养亲，但要把父母时时刻刻放在心里，时时刻刻顶在头上。读本明理者以养志为先，愚夫俗子亦勉力养其口体，依依膝下，始终孺慕第一，不可听妻子之言。如有不孝，族人公罚。

一、弟兄形虽有二，遡源于父母之身，究竟还是一个。今人弟兄仇敌，只为看作两个，所以参商。我今立训，同爨者宜一室和气，若是分居亦要彼此联属。为兄者当爱，为弟者当敬，患难相恤，贫富相顾，不肖相劝，勿听妻子之言而伤手足之情。如有不遵者，朝廷大律俱在，莫贻后悔。

一、士农工商各执一业。子弟十二三岁时，贤愚已定。贤者做向上事，愚者亦必令其执一艺，庶不致闲旷其身，到了长成，还可以赡养妻子。若一姑息或听其暴弃，鲜不贻后日之悔也。

一、族人不知读书之乐，侥幸博一青衫，自以为万事皆足，至于科第一节，皆诿之于阖郡风水。不知发过先达尽系读书之人，岂风水之说独不应于我辈乎？愿我家子弟破除积习，做童生下一番苦功望进学，做秀才下一番苦功望中举。即使数命不偶、艰于遇合，道理明透，亦不被人目为不通。

一、四民之首曰士，原期读书明道，较愚人迥出一头，故称之曰秀才。岂知一做秀才，惹祸招灾，总从一念之放肆起。我愿子弟小心敬畏，虽进学，与平人无异，埋头读书。设有非礼之来，当以礼遣；如果有干身家，始许理论。切勿呼朋引伴，做出非为的事来，那时悔之晚矣。

一、士子幸而上达，身虽贵显，居家切要勤俭，不可奢靡；待人务宜谦光，不可骄傲。

一、有田之家率其佃仆及时耕种、及时耘耨，宁先时毋后时，仍不时亲身董率，勿自家懒惰，委之家人，彼饱溪壑也。

第十篇
宗法变革论与宗族建设

一、种田不离田头,深耕易耨是其本分,勤得一分多得一分之利。仍要聚集粪灰,地肥则苗盛。于农暇之时就想到来岁耕耘之时,有当备用之物,乘间置办。虽遇丰年,所获纵多,亦不可浪费,少留储蓄以备凶荒。田有隙地必种瓜菜之类,畜养猪鸡以补不足。

一、朝廷钱粮依期封纳,不可拖延为里中顽民。

一、生意之人,或开店、或行商,俱要早起晚睡,不可偷安。语云:不将辛苦意,难取世间财。

一、居家要俭,当念钱财非易,衣服饮食惟期适口充身,不可浪费。吾永宁地土浇脊而天时又元涝靡定,少有所蓄,庶可以备荒年。

一、驭仆婢体恤劳苦,轸念饥寒,不可近狎,亦不宜疏远。临之以庄,驭之以礼,至要至要。贵显之后,乡党之间禁其放肆,则又宁严毋宽也。

一、结亲惟取门当户对,不可扳高,亦不可就下。司马温公曰:嫁女胜吾家,娶妇不若吾家。二语切记切记。女夫、儿妇俱要一一访实,如仪容恶疾之类,慎之于始。不可以一言之合辄将儿女轻许于人。聘财妆奁但当量其家计,大小不可过费,恐伤元气。

一、丧葬俱按《文公家礼》行,父母年至六十,则衣衾、棺木之类俱当及时置备。

一、祭祀祖先或时祭或忌日,牲醴、汤饭、纸钱量力设备,男妇依序行礼,不可疏略。

一、夫妇之间当思一敬字。梁鸿、孟光之举案齐眉,千古称为美谈,敬而已矣。如今夫妻反目只为太狎。太狎则不敬,不敬则变生莫测矣。是故居室之间当如宾客,自然刑于之化以起,门内之和以生。至于彼此骂詈,辱及其身,则又祖宗之罪人也。岂足语于人道乎?倘有小家女不敬祖先、不尊丈夫,敢用污言詈夫并辱宗祖者,以不孝律出之。

一、凡年至四十无子,方许置妾,嫡妻不得妒忌。如不遵此训,照七出条出之,其夫亦不得纵妾凌妻,犯者合族公罚。

一、贵显之家有故交寒士在座,觉得另有一番韵致。若有骨鲠之士、文学之人在座,则愈显其休容之度矣。子弟贵显者切莫疏慢士类。

一、人家生儿子自然是聪明者,唯但聪明人每多刻薄。刻薄则暗中亏折了许多福分。常见尖颖之人终于落剥,庸庸之人反享厚福。一系聪明发泄已尽,一系天机浑含不露。所以受用各有不同。我劝聪明子弟以宽厚宅心,庶可邀和平之福。

一、子弟将成人之时,性情易扰。不许交结淫朋浪友。如与不端之人往来,为父兄者急早禁绝,以防其渐。

一、子弟年幼,早晚不时稽查,不许远离膝下,即纵师在学,亦必访察功课,倘有旷业之日则根究踪迹,大加振刷,勿事姑息。

一、子弟居室早则十八岁,迟则二十岁,切不可再早,恐元气未壮,致成虚怯。

一、子弟家居，饮食动作俱教以规矩，事上接下俱教以礼数，勿致放荡，恐久久便成狂妄。

一、子弟外出必禀命于父兄，反必面。妇女外出必禀命于公姑夫男，反必面。不许擅自出入。

一、人家子女到五六岁时，男则从师，颖悟者望其上进，愚鲁者束其身心，不致将来有佻挞之虞。从小姑息，长大废弃，皆为父者贻之也。孔子云：爱之能勿劳乎？女孩儿即教其纺绩，再长则教以针黹，仍约束其骄傲之性。妇主中馈，为母者亦须教导，务要早起晚睡，不可令其懒惰。头足修饰，不可令其邋遢；语言谨慎，不可令其纵肆；行止端庄，不可令其轻浮。若纵而不教，一到夫家，不成材料、不执妇道，牵惹辱詈，皆为母者贻之也。子女所关匪细，为父母者慎之。

一、闺门要严肃。虽系中表至戚，务要男女有别，远嫌别疑，不可同席而食、同坐而语。宅中分别内外，昏夜之间女不出、男不入。女子有事，夜行以烛。男子年交十六，早晚非奉呼唤，不许擅入内宅。

一、妇女不许入寺观烧香拜会，惟在家念佛，持素不禁。

一、妇女惟正事出外用金珠服饰。在家则家常服饰，不得乔妆艳服。

一、妇女不幸而夫早夭，应该守节为是；其或青春年少，不能终节者，不妨善言尽伊父母，令其改适，以免意外之诮。

一、致富由勤，人尽知之。我谓公道二字乃致富之要决。常见世人欺慢愚人，巧诈取财，或戥秤升斗，出入各别。也有赚钱起家的，究竟巧里来拙里去，明里来暗里去。盖由此心一欺，必干天谴，终成无益，何如任天由命，永保福基？故我谓公道二字其致富在勤字之上。

一、富贵是命里带来的自不必说，然亦非铁汁溶成的。天道恶盈，若无德以迓之，恐转而消折矣。

一、钱财丰盈，千仓万箱，不过属你管辖，不可看作万年不拔之基。若遇好事不做，遇贫难不施，不过一守财虏耳。或者博施济众，上天鉴之，必永享富厚也。

一、居心不可刻薄，天地长养万物，只是一个仁。仁则并包无外。今人当处处以仁存心，所见所行所言自无暴戾之习，纯是一团霭然和气，福慧油然而生，为子孙不知存了多少地步，自家那里觉得。

一、立身贵高，高非高傲之高，只是不可把自家的身子卑了同流合污是也。须要看得自己身子重，自然非礼不为视，一班苟贱趋逢者如坐泥途。我之身岂不抬高几十层乎？

一、人贵立志，志非大言不惭之谓也，乃念念向上一等做去。譬如我志在富则当勤俭

第十篇
宗法变革论与宗族建设

以致之,我志在贵则当读书以致之。所趋者在那一等,自然所得者即在那一等。所谓有志者事竟成也。

一、莫谓神明当敬也,敬神明不若敬心。莫谓此心可欺也,欺此心即是欺天。心存正直,天知神敬。心存欺诈,鬼祸灾生。从古欺心做坏人者曾有几个到头?

一、世间当行与不当行者,善恶两途,天之福人与祸人者亦善恶两途。勿谓些小之善不足纪,善念一生,天必降之福。勿谓些小之恶无足畏,恶念一生,天必降之灾。二者不分大小,只在人举念间耳,《太上感应篇》注得分明。

一、不可结怨于人。人之最难忘者,感恩、积恨二端。施恩于人尚有忘者,积恨于人则透入骨髓,鲜有不思报者。所以吾人处世当存一宽大之念,不独驭事留其有余,就是言语之间也不可过当。我出于一时之无心而人竟积为终身之怨阶矣。

一、凡事不可做尽。人力不逮于我,我不可穷人之力;人势不及于我,我不可使尽其势。即言语之间不防让人一句,略得便宜,抽身便转讨了许多受用,知之。

一、人终身体认一个忍字,小不忍则乱大谋。忍得一分,受用一分。父子不忍则乖天伦,兄弟不忍则成吴越,夫妻不忍则成鱼水反目,朋友不忍则气谊参商,居家不忍则乖气致戾,世情不忍则变起仇敌。甚而一言不合,戈矛顿起,人命反掌,悔焉莫急,不忍之害大矣哉,可不慎诸?

以上四十一条皆我亲身阅历,件件有着,凡我后人,勿谓其迂远而忽之也。

(于准纂修,康熙年间刻本)

平定刘氏

嘉庆平定《刘氏族谱》,《敦睦五禁》:

一、禁嫂叔戏谑。天伦之中,尊我者,父母;长我者,兄嫂。嫂虽他姓,与兄敌体,敬嫂实所以敬兄也。每见世俗嫂叔戏顽,甚至亵语相谑,因而乱伦灭常者往往有之。皆戏谑一渐成之也。古人云:渐不可长。凡为叔者,宜预知之。

一、禁骨肉回亲。一本所生,枝派攸分。有男不能无女。以女配人,虽为他姓之妇,实一本之骨肉也。每见世人姻结甥女,已属乱伦。甚且紊其辈数,更为悖理。非但称呼不顺,抑且干犯律条。嗣后结亲,宜深戒之。

乾隆三十九年六月六日,振纲、全德全较定。

(刘灿、刘得义等修,不分卷,嘉庆十年刻本)

平定潘氏

咸丰《平定潘氏合谱》,《潘氏家话》:

孝友传家。浩浩亲恩尔自思,百行顺德首先推,承欢毋背严慈意,奉养弗遑尽子规,伯叔殷勤归一体,弟兄式好乐埙篪,常将孝友传家久,奕世儿孙步趋随。

睦族敦伦。四派虽分一脉通,任迁南北与西东,睦姻礼著周公化,惇叙书传虞舜风,遐迩亲疏宜爱敬,穷通富贵相和融,宝藏家谱须珍重,九族油然孝弟同。

孝弟忠信。自古双亲比地天,端称孝德百行先,须思少弟推梨让,莫痛难兄煮豆煎,逆耳犯颜身不屈,披肝沥胆节弥坚,分金挂剑原为信,隙末嫌终陋昔贤。

礼义廉耻。曲礼三千朝野瞻,亲疏有定别疑嫌,裁成义理公私著,反为人情得失严,反璧退金安淡泊,谈风吟月养清廉,心能有耻知羞恶,克己修身勇志添。

善念福生说

行善之说。人皆谓惟富贵然后其力可为,抑知富贵者乃积善之报。若必待富贵而后行善,富贵何日可得?善事何日可为?惟于不富不贵、无力无财之时,虽未能行大善事,但存一点善心,则无往不善。即就日每常行之中而言,如睦宗族、和乡里、成人美事、解人困危,又如启蛰不杀、方长不折,若此不为,是真当面错过。要知行善即是积德,德厚方能载福。昔贤云:吾本薄福人,宜行厚德事;吾本薄德人,宜行惜福事。是言也,吾辈当悟之,果能行善,福禄遂生矣。

四字俚言

百行之首,以孝为先,孝顺父母,子职当然,伯叔尊长,一体承欢。兄弟姊妹,骨肉相连,性原一致,友恭勿偏。夫和妇顺,家道乃安。义方训子,闺阁宜严。同宗一本,气脉相牵,互相敬爱,名分攸关。立志端品,即能光前。心为身主,始终保全,无能行善,休近恶边,吃尽人亏,不为愚憨,意诚心正,贫富听天。吾遵遗训,乃述此传,俚言虽浅,可课后贤。

以上语言虽俗,取其易于观看,虽妇女、小子皆可诵读。然必须逐句思义,方为有益,若口虽歌而心无触则无济于事。……十四世潘应珍谨序于吾尽吾意斋。

(潘组耀等修,咸丰七年刻本)

灵石何氏

道光灵石《何氏族谱》卷七,《家训八则》:

三、绍祖德。奉先思孝。凡前人一言一行,有可为法者,均宜铭佩,况祖功宗德,遗泽孔长,谁与为其后者甘漠然忘之?吾家世传忠厚,祖父以来,颇称积善,如修理桥梁、捐施

第十篇
宗法变革论与宗族建设

棺木、给贷籽种、建立茶亭、增修脯以立义学、设糜粥以济荒年、振贫起瘠,载人口碑。凡我子孙宜均体先人意见,一可为之事辄曰:此吾先人所为者,我当踵而行之。即系先人所未为,亦曰:吾先人若在,未有不为此者,我当推而行之。如此则家声不坠,祖考有知,谅亦欣慰。苟或习于刻薄、流于悭悋,甚或矜智斗势,使人嫉子孙,并忘其祖父,则其不肖为何如?每见势厚之家后嗣败坏,祖法必致零落,至一败涂地,小人为之快意,君子为之叹息,深为可鉴。故广行善事,不惟绵福泽、得人心,即此克绳祖武,使人益念先泽,亦可为显扬之一端。诗云:夙兴夜寐,无忝尔所生。可无念诸?

……

八、端品行。先民有言:士,先气节而后文章。故君子以立品为贵。人家尽有聪明子弟,往往流入匪类;即间有成立,不过词华篇章,工无益之文字,而制行不勉浮薄。昔华歆少有才名,晚节躁坏,士大夫皆不之齿。圣人论士,以行己有耻为先,可见所重者,品行。凡千言万语,无非此,即《大学》八条目,以修身为本,亦此意也。吾愿后生小子,少作谨厚子弟,长作端人正士。如此方能不坠家声,故终之以端品行,以寓慎重叮咛之意。於戏!幼子童孙,各敬尔听,无废乃祖考之命。

(乾隆间何思忠创修、后裔续修,道光十四年续刻本)

山东

黄县王氏

以"无用"为家训,"试看无用祖,子孙多繁盛"。

宣统《黄县太原王氏族谱》,《序》:

王氏原籍直隶长芦州,入黄县至今十余代,枝叶繁盛,称世族焉,皆祖宗培植之厚也。愿子孙法祖积德,益加培养,则枝叶愈盛矣。《易》占克家书云:肯构共勉,旃勿怠。附里言四句

莫笑人无用,无用是福证。试看无用祖,子孙多繁盛。

崇祯壬午春三月原任直隶永平府抚宁县知县八世孙,时年九十道同心宇志。

(王次山修,宣统元年刊本)

以"无用"为家训说。

宣统《黄县太原王氏族谱·序》,王守宗《无用说》:

吾祖以无用四语著于谱首,以为家训。吾尝疑而问之曰:"凡人期为有用,物无用为废物,人无用为废人,兹何以无用训子孙也?"吾祖责而教之曰:"居,吾语女:夫以无用终

无用者,世之所谓无用也。以无用始有用者,吾之所谓无用也。试观天下不安分、不守己、喜功好大、夺胜争能,皆耻为无用,而要为有用之人。然究不知为天地留有余,为子孙养无尽,以故好有用之名,而失有用之实;弃有用之实,而惟恶无用之名。且曰:'天下事皆缘吾有用而来者也。'噫!天下事安庸吾有用哉!名无用求,修德积实而声自宏;财无用营,尚俭守朴而储自厚;学无用矜,藏修退息而理自足;势无用恃,宽容谦让而身自尊;胜负无用争,守负自胜即胜之之道;强弱无用较,安弱自强即强之之原。此乃无用之实始,获无用之福。所以无用之祖宗,而培植无用之子孙也。吾故以无用四语著于谱首,永为家训,其义良深矣。唯愿后世子子孙孙睹是训,而行之贤知。明无用之理,勿行险徼幸。事事听天之自来庸愚,闻无用之言,务返朴守真,念念存我性之固有。谚曰:忠厚传家,无用即忠厚之道也。《传》曰:积善余庆。无用即积善之法也。无用又可不可以为训哉?"噫!是说已二十余年矣。迄今追维思服,恐敢有忘,故著之以训子孙。庶吾祖"无用"之言,终成有用之语云。康熙丁未孟夏朔,十世心字期孙邑增生守宗六飞一名卜谨识。

(王次山修,宣统元年刊本)

齐家之源必始于壶德。
宣统《黄县太原王氏族谱》,《序》:
吾族自始祖来黄,计十三世。既繁且昌,恒久不替,咸谓其忠厚贻谋,固无庸赘矣。吾独谓四世祖妣姜氏以节义存孤,虽古称烈女,蔑以加焉,尤厥后繁昌之大端乎!齐家之源必始于壶德,故表而著之,为族中砥节诸妇劝。孙文龙又书。

(王次山修,宣统元年刊本)

谱序中的维新思想;分支别派,徒笑其愚;追远、启后、聚族为谱之三善。
宣统《黄县太原王氏族谱》,《重修族谱序》:
有男女而后有夫妇,有夫妇而后有父子,有父子而后有兄弟。君臣、朋友、国家,以家族为起源,社会以家族而肇始。礼以亲族为本,法以亲族为规,研究伦理学者,必先自五等亲始,职是故也。是故,种族兴历史之观念,家族动地舆之感情。年远代湮,流离迁徙,知氏而不知名者有之,知名而不知事者有之。苟无丰功伟业、高才博学,或达官巨富,则虽有谱书纪载其名氏盈千累百,谁复记忆?不过存此两字作参考已耳!感情末由生也,不见其人,不闻其语,再弗考其行事、著述,则此书之作用,亦只明其尊卑亲疏之派别而已矣。前人之编纂也,其序叙凡例,常有一种深意存焉。夫十年树木,百年树人。所谓树人者,为其能自树立也。有千章之木,无百岁之人。富贵贫贱同为枯骨,虽有智者,无如之

第十篇
宗法变革论与宗族建设

何。圣人者出教以不死之道,而寿千岁者有之,寿百世者有之,然后知死者其躯壳,不死者其精神也。大禹、孔子,固至今未死,其功被万民,其名垂宇宙矣。衣食起居而外,无能执一业以利社会者,则罪人也。祖宗靡不望子孙之贤,子孙莫不食祖宗之德。良弓之子为弓,良冶之子为冶。国有一邑之俗,家有一姓之风。吾家所恃以处世者,善耳!髫龄以来,吾父母辄教之以善。稍长,即以大学"止善"示修学之入门。及壮,更教我与人为善。光绪丙午,遂本此意创设养正学校,兄弟辈常飚、常师助之,亦与人为善之意。人之好善,谁不如我。中庸论孝,继志为先,岂其有系可寻。编谱成书,遂得谓之不忘本乎?希望族姓繁昌,固属人之常情。由亲族而家族,由家族而种族,竞争提携,由近及远进化之公例也,不然谁非帕米尔高原之流裔?谁非黄帝尧舜之子孙?世界大同,不分畛□。分支别派,徒笑其愚。然宗功祖德久而不忘,嫡庶继养严而不紊,则谱乘之修,又乌可以已乎!追远为孝,启后为贤,聚族为龢,诚一举而三善备焉。宣统元年夏六月,十八世孙常翰谨识。

(王次山修,宣统元年刊本)

甘肃

金城颜氏

甘肃《金城颜氏家谱》载有家训三篇,系明、清不同时期族人所拟,兹全文照录,以资比较。

光绪《金城颜氏家谱》,《家训六条二十八按前明老谱补出》:

七世孙榭(编者按:明末人,谱中有其于万历二十八年所撰之《颜氏世系碑记》。)沐手敬立。

一曰孝顺父母。夫父母鞠育人子,一念真情,不隔形骸。三年乳哺,不离母怀,如何不孝顺?凡我同气,左右就养,承颜顺志者固多。其间容有不报亲恩忤逆抵触者,访出或父母首告,定行呈究,律有明条。

二曰尊长敬上。夫长上不同,或同宗共祖,或五服乡亲,尊卑上下,自有伦叙。凡我同支,兄友弟恭,长幼有次者固多,其间容有以下犯上、以少凌尊者,访出或本人揭告,罚照前行。

三曰和睦乡里。夫乡里乃住居相近、田土相连,必须德业相劝、疾病相扶,如何不和睦?凡我同志,相亲相爱者固多,其间容有武断乡曲、不肯忍耐者,访出或揭告,照前行。

四曰教训子孙。夫子孙乃承宗继嗣,撑持门户赖之。子孙之淑□,系祖宗之积德,如何不教训?凡我同宗,义方有训、垂裕后昆者固多,其间容有养奸纵恶、玷辱祖宗者,访出,定以家法重处。

五曰各安生理。夫生理乃人之活计，养生送死、赋税差役，皆从此出，如何不各安？凡我所束，肇牵车牛远服商贾者固多，其间容有不作生理，妄意希图必招祸尤，听其自取。

六曰毋作非为。夫非为，如奸盗诈伪、设智诓骗、起灭词讼、讪上慢下者皆是，如何作之？凡我所钤，保守身家安分无辱者固多，其间容有伤伦败俗、恣意行凶，小者吃打受辱，大则亡身丧家。势所必至，亦各自听。

以上六条，榭所切责近实者，乃前两条。如有犯者，绝不姑贷。其后四条，顾各兄弟侄孙，自尽如何耳。勉之不失为良善君子，违之不特为丑恶小人，一旦灾祸及身，悔之晚矣。各宜勉勖，庶不负榭拳拳致望各兄弟侄孙之至意。

（光绪十二年刊本）

光绪《金城颜氏家谱》，《家训十条》（十一世孙家长穆如谨拟）：

训孝。大孝显亲，小孝用力，事固不同，而以承欢，则无大小之异。盖貤封鼎食，与服贾力田，以将菽水，不过因贫富贵贱而有别。若夫有至爱者，必有愉色。有愉色者，必有婉容。与夫曲体亲心、善养亲志，立身寡过之地，毋亏体以辱亲者，此皆取诸身，而无俟于外，人人可以勉者也。凡吾子孙，事父母，早起必向父母问安，而后治他事。晚必俟父母寝，而后自卧。饮食必奉甘旨之物，衣服必应寒热之时。冬必进以暖具，夏必安于凉所。呼之必即应，有所使必从之。有所不许，必不行。出必告以所往，反必告以所来。事无大小，必请命。有疾，必昼夜侍起居，奉汤药。岁时生日，必具庆。言行必正，毋贾祸以及亲。持身必谨，毋致疾以忧亲。率妇与孙，如式而行，使后代遵述。不可惑于妻子，并不可推诿兄弟。有所责，必委屈顺承。先儒曰："天下无不是的父母。"安得于父母前论是非。

训弟。争竞之心起，而天下莫知有让。自傲慢之心生，而天下莫知有敬。犯兄欺弟，天伦日薄矣。古人重兄弟者曰："世间最难得者兄弟。"劝兄弟莫相争者曰："一回相见一回老，能得几回为兄弟？"又云："眼前生子又兄弟，留与儿孙作样看。"皆至言可以感人。故兄友弟恭之道，礼义之家，最当黾勉。凡吾子孙，为弟者，事无大小，从长兄而行，敬谨听信，不可违背怠慢。为兄者，事无大小，率弟而行，提携训诲，不可轻辱欺凌，寒暖相共，饥饱相同，患难相救，过恶相劝，子侄互相养、互相教。或贫富贵贱不等，必一体相济。倘有失爱之处，必互相含忍，各认一个不是，便相和好矣。总要相恤以愍，相洽以情。若有大不是处，亦可诉之宗祠族长。断不可闻之于官，并不可□于亲友，以致外人取笑，乘隙来欺。最可恶者，听信妇言，争分财藏，以乖骨肉。是不但不弟，并不孝矣，戒之慎之。

训耕。食者民之天，耕者食之本。不耕则不得食。不耕而得食者，除读书而外，经商服贾，皆末务也。孔子拒樊迟之请，非谓农不当务，以迟不能讲求大人之道耳。试问今之

第十篇
宗法变革论与宗族建设

不耕者,大人之学,能如孔子乎？伊尹耕于有莘,孔明耕于南阳,大人未尝以耕为讳也。且孝弟力田,古圣所举。躬耕籍田,王制所重。耕可轻乎哉！第耕有耕道,不可不知。古云：不违农时。春耕夏耘秋收,时不可稍失。不失其时,多粪多锄,薄地渐厚,所收必厚。定食完税之外,必有余留。若种稻失时,便不得稻。种秋失时,便不得秋。一种失时,便少一种。税逋食乏,必致借贷。秋收加息,不足还人。年负一年,必致弃业而穷。故力作乘时,万不可误。若乘时力作,税食之外,能使有余。加以苦积之法,如余得一金,只用其半,渐积渐多,家可增富。若余得一金,即用一金,则囊无所积。或遇凶荒不虞之事,生业废矣。故曰：人世基业,耕田为本。

训读。人曰：世间何事最乐？曰：读书最乐。设有进而问之曰：世间何书最当先读？曰：小学,四(子)书,五经,《通鉴》,《性理》。此中有次序,须要不凌躐、不遗漏。熟此数者,其他可徐及也。朱文公《白鹿洞规》,一曰：父子有亲,君臣有义,夫妇有别,长幼有序,朋友有信。此言从古学者,只是学此五者而已。做到尧舜地位,不过尽此。此言修身之要也。一曰：博学之,审问之,慎思之,明辨之,笃行之。此言为学之序也。学问思辨,所以穷理。若笃行,则自修身,处事接物,皆是也。一曰：言忠信,行笃敬,惩忿窒欲,迁善改过。此言持身之要也。一曰：正其谊,不谋其利；明其道,不计其功。此言处事之要也。一曰：己所不欲,勿施于人；行有不得,反求诸己。此言接物之要也。阅此规约,不过数十言,而精粗本末,莫不具备。不遵而学之,便不可名为学者。然三纲五常之理,散见于小学、四书、五经。姓命之原,具于《性理》。古今得失,备于《通鉴》。故童时当先读小学,次四书,次五经,以立主敬存诚之基。《性理》、《通鉴》,及长读之。一以广见闻,知本原；一以考典故,知事理。知行并进,久久自当贯通,乃是有体有用之学。试想此是何等人品,何等气象。读书最乐,诚不虚也。今国家取士,亦于小学、四书、五经、《性理》、《通鉴》中求人才。今之学者,亦知读小学、四书、五经、《性理》、《通鉴》,然徒事咕哔、工帖括,以钓声名、取利禄,其于古昔圣贤教人为学之意不合矣。吾宗子孙,其知所尚也。

施与。世情向暖,亦自然之势也。丰于财者,自当以财为接交。先须周济兄弟宗族亲友,而后及乡党邻里。有婚姻而无衣被聘嫁者,有死葬无棺者,有埋葬无地者,有以他故卖妻鬻子者,有患难缺用而不能脱者,有子女无依、孤寡残废而无顾者,有病患不能医药与道路饥寒者,及有留滞他乡不能归者,量己力所能者济之。此乃神人共喜,阴功自在。若被僧道所惑,念经斋僧、修建寺庙等事,断非君子所为。彼皆中无实学,无定见,故起此祈福之妄念,岂不可惜。其富盛有道之家,是道则交,非道则已,不可以钱财趋奉。财尽则彼不我顾矣,即有千百赠人,亦惟赠宗族亲友与有德谊之人,或助成功名,或助买房田,一举而生世赖之。若付财与彼滥用,依然无济。

息争。凡治家之人，事无巨细，争心不已必致成讼。初为争财争气，小事也看得极大一般。及至成讼，拖累日久，用费过多，方悔因小而失大，恨已晚矣。是皆一时躁急，不能忍辱，往往听信过讼之言，不能体察真伪，揆度事变之故。若遇非义之加，能以理胜气，以义制忿，细思：一时任气，后来如何了结；一字入官，将来如何审理；如何不致敛怨损财；则争自息，而讼自无矣。范忠宣曰："能以责人之心责己、恕己之心恕人，不患不到圣贤田地。"圣贤而忧讼乎？有讼则天也，非人也。至若健讼之徒，遇事风生，挟官恣肆，以自逞其恶才，横吞善类，此鬼神之所殛，岂惟王法之所不容。

持身保家。凡宗族不论富贵贫贱，务以"恭敬忠信"四字体贴行之，自不致生祸机。圣人云："恭则远于祸，敬则人爱之，忠则和于众，信则人任之。"守此四者，可以正国，岂特一身一家可享安宁之福哉！故有身家者，切不可暴戾凶狠，使人畏惧；亦不可过于懦弱，致人欺侮。惟在温良中正，存心忠厚，应人有方，处事有道，自不使人畏而惧，亦不使人侮而侵。宁失忠厚，莫失刻薄；宁可受亏，不可争胜；宁可事前惧，不可事后悔；宁使人负我，莫使我负人；宁可未雨绸缪，不可致焦头烂额。统而言之，只要一恕。推己之心，以及于人，斯无祸患矣。

乡党接见之礼。乡党中，如宗族之尊、父执师长之尊、同辈长己二三十岁者，见则必致恭敬。起居礼毕，命坐而后就坐。坐必旁列。尊长不许，必移尊长坐向上，而后就坐。坐必正襟危坐。有问必竦听，问终一一条对。尊长迎见，趋让不遑。欲送必辞。不许，至阶下固辞，而后行。尊长送门外，必让回入门而后行。迎尊长必侧立旁候，送必远行数步，命止则止，必俟行而后入。常见必恭，礼见必叩。不拘伊家己家，必让尊长转上，而后致礼。不许，则向上致恭。遇尊长于道路，彼此皆乘，先急下；尊长止之，必在旁候过而后行。遇尊长停乘于道，必候尊长先行，同行必在其后。有问则趋进应对。非命导引，不得前行。己有急务，必致辞告明，而后先行。若己徒行，遇尊长乘，亦趋进致候，欲下则固辞。若己乘，尊长徒行，虽避必下。尊长让行，则前行数步而后乘。应对之际，必须温雅谦和，不可傲慢。当言则爽朗正言，不得喁喁不明，亦不得任意无忌。尊长虽贫贱，不得异视。凡燕会席间，必周视尊长，不得误越坐次。虽席为我设，亦必谦下。尊长固让，亦必转移席面，恭谢就坐。坐间问答，必须谦谨，不得议论人家是非，及引悖谬之说，恐伤坐中之隐。他人坐中，妄议他人，只可静听，不可非笑。若问及己，但以未见未闻答之。岁时往来，亲友候我，我必往答。尊长，我必先之。卑幼有故，我亦先之。远出必辞乡邻，托以照拂。归必请谒。遇亲友乡邻有喜，必致贺。有忧必赠助。随分致意，贫者食物一二，亦足达情。无则或为执事，亦足将意。人世所贵于乡党亲友者，吉则庆，凶则吊，有力效力，有智效谋，有资助财，所以互相济也。苟无事则厚，有事则退避坐视；丰余则亲之，贫困则远之；仪厚则喜，

第十篇
宗法变革论与宗族建设

礼轻则嫌；富则有望于彼，无予则怨；皆非丈夫也。斯篇之言，最琐碎，最迂阔，设如此行去，是何等人品。吾宗子孙，当以格言视之。

待妇之道。姑之待妇，须念妇为子之敌体，自当待之如子，爱之如女矣。如或有不如意处，语言乖戾，行事使气，自当逐渐教训，不得开口便骂。待之虽严，爱之要切。且家常过失，亦有不同。有悍肆之失，亦有无心之失。犹当察其情理，悍者从容劝改。无心之失，则恕而容之。如微事即怒，冷言恶语，引此牵彼，急聒无休，责以事之所难，苦以情之所不堪，而又督之以孝顺之理，推求多端，皆非家之福也。夫之待妇亦然。要知家庭之间，理无常是。事有大小，偶尔或失，可以量情，见如不见，闻如不闻。所谓不痴不聋，不做阿家翁，便消却无限口舌。已过之事，不必在意，不可再言，如理有不容已，而必督责，要爽快了当，正色以开导之。不可狠戾凶暴，罪当彼自知过。尝见贤良之妇，或因朴陋性拙，遭无行男子厌恶轻贱，视如悍妇者有之，尤不可不慎。非大故不得出妻。如以爱妾之故，而轻去其妻者，族共正之。

嫁娶不可论财。娶妇之家，多以嫁资丰盛为幸，不知风光不过一时，余润之气不长。君子日事修为，尚有涵养不到之处，女子焉能尽知大体。见胜资挟自母家，恃气骄横者多矣。既恃骄横之气，焉能只顺夫与舅姑，以尽妇道。若因不能只顺，日事口舌，则恩义成冤矣，幸乎？不幸乎？文中子曰："婚姻论财，夷狄之道。"夫婚姻所以合二姓之好，上以事宗庙，下以继后嗣也。若论财，是卖婢鬻奴之法，岂士大夫家之礼哉！吾宗子孙，凡男婚女嫁，各量家计以为厚薄，不可强为嫁娶、持撑门面。因嫁一女，而倾囊卖产，致子反失所；因娶一妇，而借债当产，致日后困穷；皆自陷之道也。有志男子，但求得贤女为内助，俾中馈有主，岂望妻家衣食？女家但使爱女有托，岂可因女赚钱？若儿女骨肉之间，尚不脱财利之见，恶薄甚矣。倘嫁女之家，先计聘仪财礼，其人必不诚朴，则其女之性习可知。娶妇之家，属意厚资，是图资财而聘吾女也，财竭则必致怨。故凡议亲较财者，不尚德者也，可勿与之婚姻。

（光绪十二年刊本）

光绪《金城颜氏家谱》，《敬拟防微劝语八条》（十三世孙家长庠生秉惰敬拟）：

一、劝早完赋税。国课之设，田园之定制，即小民之职分。随时完纳，心乐身安。迟则凌辱，终不能免，亦何谓哉！吾族银粮，家长经理，是以族众安然。较之他户，得免差役追呼，颇有荣施。然须体贴当事人先公之心，踊跃输将，毋自贻辱为望。

一、劝专务实学。学本无异，以自诚伪分界，遂有君子小人之别。格致诚正，为入圣之功。孝弟忠信，为立身之本。以此为学，夫爵□□□□而得。若以便捷居心，虚伪是尚，即侥幸功名,清夜自思,抱恨良多。劝我同宗,务收放心致良知,集义迁善,勉以实学为望。

一、劝勿学曲学。异端惑人,智者不免。窥其所由,若非畏死,即是贪财。是以被曲学所愚,遂有长生点金邪说。种种不一,害及身心,良可哀也。其他谶纬术数,以及妇女入庙烧香,久奉严禁,更当恪遵。劝我同宗,专行正理,勿以索引行怪为望。

一、劝毋好赌博。世间荡家废产、第一无益而害人者,莫过赌博。好之者,不顾廉耻性命。窥其心,为能赢钱。自古行乞饿死之人,皆为此心所误。语云:赌博能赢,天下荣身第一。盖言其必不赢也。且即赢之,夺人之财,甚于强盗,于心何安!而招赌者尤甚。劝我同宗,回头猛醒,毋堕苦海为望。

一、劝毋贪饮酒。酒醴之设,为人成礼,故不在禁绝之条。然一贪饮,废事旷业甚至倒街卧巷,品斯下矣。又况毒药入怀,逞凶悖逆,其祸非常,不可细数。劝我同宗,各务正理,毋纵饮贪杯为望。

一、劝毋谈人短。口过之报,自古昭然。我族近来习气,间有不自省过,好谈人短。本为风闻,直认确据。合己者,举于天上;不合己者,送入地狱。甚至谈论闺门,大坏阴德。毫无忌惮,无益于己,有损于人。反而思之,亦甚不解。劝我同宗,各宜慎言积福,无效轻薄为望。

一、劝毋戏谑。上和下睦,亲爱之意也。我族近日以来,高祖父、曾祖父、祖父与子、孙、曾、元,信口嘲笑,则云以和为贵,不复节之以礼。至语言过重,反失和气,大为不美。甚至叔侄兄弟,彼此嬉戏,有伤天伦,全无尊卑。先儒曰:上不敬,则下慢。良可慨也。劝我同宗,务须孝慈友爱,各循乃职为望。

一、劝毋打架。惩忿窒欲,固君子修身之道。而忍耐免祸,亦善良全躯之方。试观好勇斗狠者,流徙绞戮。胆怯懦弱者,妻子团圆。孰得孰失,明若观火。劝我同宗,以礼自守,勿逞凶好斗为望。

历读先祖彝训,教我同宗,至精且详,予小子何敢复赘?但俗分纯浊,人判贤愚,恐我族人,有蹈前弊。故不揣愚蒙,再拟劝语八条,以望我族子侄若孙辈,留心斯言,各为端方,庶不失秉彝劝勉之意也夫。

(光绪十二年刊本)

江西

清江云溪徐氏

嘉庆清江《云溪徐氏族谱》卷一,《宗训》:

一、戒争讼。至乡邻外侮,亦须酌量事势,不得任一时之气,致两造之穷。语云:讼则

第十篇
宗法变革论与宗族建设

终凶。是诚居家之切诫也。

（徐廷攀修、徐攀桂纂，嘉庆十八年刊本）

清江湖庄聂氏

光绪清江《湖庄聂氏四修族谱》：

一、戒争讼。分争办讼，居官听政之常情；排难解纷，吾人居心之要道。邻里乡党，总宜和好，出入相友，守望相助，自古井田之法所以有百姓亲睦之风焉。《易》曰：讼则终凶。愿世世子孙无罹法网也。

（聂典训等修，光绪二十四年刊本）

新淦黄氏

道光《临淦窑前黄氏重修族谱》，《条例》：

一、远争讼以睦邻好。吾族两房一本共敦世相笃好，故同姓之人绝无睚眦。唯是左右邻居间有违言，亦宜忍让；且衡宇相望，戚谊是深，猜嫌怨忿，反覆相寻，尤为礼不应有。故必自存厚道，以弥其隙。或稍遇有不平，非剥肤切肉，万不获已之事，亦必以退让舍忍，维挽其末；若其逞戚恃力、挟奸任诈，以恣欺凌者，其共耻之。

（黄登第修，道光十五年本）

宜黄谢氏

同治宜黄《宜邑谢氏六修族谱》，《家规》：

一、族邻之所当睦。凡同姓一脉，与比户连居者，作人息最为亲近，总宜共相和好，慎毋以众暴寡、以强凌弱，庶成敦厚之里、雍睦之族。

（谢赋文等修、谢性卓等纂，同治九年刊本）

南丰西麓双井黄氏

同治南丰《西麓双井黄氏族谱》，《凡例》：

一、本族与异姓构非，必审其曲直。若族间不是，绳以家法；果有亏枉，众为排释。如是庶不以顽梗贻笑他族，懦弱被欺于人也。

（黄家章等修，同治十二年刊本）

四川

隆昌郭氏

宣统《隆昌郭氏族谱》元册，《祖训十条》：

一、立身忠孝。二、制行端方。三、昆仲友爱。四、闺阃严整。五、下不犯上。六、尊不凌卑。七、接物谦光。八、待仆体恤。九、不兴工作。十、痛绝呼卢。

附载于"康熙丁酉春吉旦郭氏十一代孙于蕃谨题"之序后。

（郭光埧等续修，宣统二年排印本）

宣统《隆昌郭氏族谱》元册，《又序》：

康熙辛丑仲春吉旦，郭氏十二代孙克肇谨跋并沐手书，时年六十有九。克肇谓，祖训十条善矣、至矣。幼时常记先父先叔传，先日原有十条，词严义正，剀切详明，愚懦易知，且有二三条更切于人，敬备载之：

一、不许擅入衙门。二、不许逋负钱粮。三、不许忤逆不孝。四、不许欺侮尊长。五、不许侵凌卑幼。六、不许占夺田产。七、不许轻慢鳏寡。八、不许懒惰耕读。九、不许勾引害族。十、不许干犯名义。

克肇再记。

（郭光埧等续修，宣统二年排印本）

铜梁安居乡周氏

光绪铜梁《安居乡周氏宗谱》卷一，《训规》：

夫椒衍瓜绵，祖宗之厚望；寡廉鲜耻，子孙之薄行。一族之中，秀顽不一，不有诲诫，曷由劝惩。因撰训于简端，俾共省览，庶宗人知所法焉。

一、敦孝悌。孝弟为生人之大本，大本不立，则百事皆虚。况尽孝尽弟，天无爽报；不孝不弟，固有常刑，所以圣经贤传，无不于孝弟二字反复告诫也。我周孝友遗风，光昭史策，今之支分派演，皆祖宗之敦本有以致之。谁无父母兄弟，岂可乖戾伦常，自相残害乎？惟冀吾族之中，父兄叔侄互相劝勉，法祖尊亲，共敦孝友。斯本根即固，枝叶自繁，伫见一室之中，太和翔洽，讵非乐事欤？设有不孝子孙，犯上作乱，败伦丧纪，轻则凭族议处，重则鸠族送官，切勿姑息养奸，贻害家族，株连里党。即其身后，命不准载谱，主不准入祠，免坏风俗，贻吾族羞。至族中人，亦不得偏袒护庇，以助其翼。

一、笃宗族。姓大族繁，居址各别。古人云：一人之身，分而至于途人。亦世之必然者。故谱牒立，而世系清；少长辨，恩义恰。此联疏远所以急急也。夫同本分支之人，自今日言

第十篇
宗法变革论与宗族建设

之,则有亲疏;自祖宗视之,则犹然子也。自宜体认此理,以笃一本之爱。如己贤也,则于族之不贤者教之;己富也,则于族之贫乏者携之。至于族之不能嫁娶丧葬者,量力以助之;孤独鳏寡者,留心以赈之。凡族人有缺陷处,皆当一视同仁,庶足慰乃祖心。尤须展祭以时,生卒必告,庆吊必聚,岁时无不言面之人;则里居遥远,子孙蕃多,如坐一堂,而浃同气焉。倘稍有微嫌,不能容忍;稍分支派,便有异同;大非敦本睦族之道,必为祖宗所不佑。凛之。

一、序少长。少凌长,居六逆之一;长幼序,乃家长所先。尝观傲悍之家,不顾天伦,长于少初无表率之道,少于长不讲退让之节,此家道所由坏也。夫尊卑所在,名分攸关,贤愚贵贱,不得意为轻重。少愚而贱,固当安卑幼之常;少贵而贤,岂敢傲父兄之命。吾族子孙众多,居址各异,诸父兄弟,有睹面不识为谁何者矣。今谱牒即明,少长有别,凡我子孙,须知兄先弟后,当隅坐而随行。父前子名,宜让善而受恶,庶尊卑不紊,上下有分。

一、肃闺范。齐家为治平之本,闺门实起化之原。《易》曰:妇子嘻嘻,失家节也。大抵闺门之中道在谨严,内言不出,外言不入。妇人送兄弟不逾阈,所以厚其别也。女子昼不行庭,夜行必烛,所以远其嫌也。遵斯礼焉,方不失为诗书门第、清白家声。但妇女未尝读书识字,贞静孝敬,得之天性者有几?必平日有以化道之。举凡入庙烧香、祈福观灯看戏,以及凶悍妒忌、中馈不修、搀谤邪淫、礼法不守等弊,家长严禁于未然;若有傲悍反唇,失礼姑嫜,冥顽难化,夫亦无如之何者,即请族人,按其事实屏之外家,使知所警戒。至于三姑六婆淫盗之媒,决无令其入我家门。而牝鸡司晨,为家之索,又岂任其倒坠夫纲?是谨闺训,所以长子孙,厚福泽,齐家之道,莫要于此。

一、培忠厚。从来门祚之盛长,子孙之昌大,莫不本祖宗之积累。譬诸草木,膏露之滋,土脂之养,自根及干,自干及枝,干霄蔽日,有由来也。若常爪其本、披其枝,憔悴立见矣。我周自受氏以来,策名天府、勋铸钟鼎者,史不绝书;即今迁移至蜀,相传二十余代,书香绵绵,称大姓焉。非祖宗之积累深厚,安获此浸炽浸昌耶?愿子孙念先泽之遗休,培心田之嘉种,为忠厚长厚之人,毋为倾险刻薄之士。凡一切坏心术、斲门祚者,皆宜切戒之。

一、务本业。生人之事业不一,而耕读为重。诚能笃志芸窗,先体德行,后习文艺,斯不愧为圣贤之徒。而人爵特身外物,即功名多舛,不能掇巍科,以光耀祖宗而品学兼优亦可作塾师,以教育子弟。至秉性愚鲁者,可令务农。此外如嫖赌嚼摇、滥食洋烟、结盟拈香、信从邪教,以及当差而安狗贱、吹烟而陷卑污等事,概属不轨之行,不惟遗害身家,亦且有关性命。犯入其中,必成败家浪子,玷辱先祖,贻笑乡邻,切不可近。至商贾,虽求利捷径,而巧诈横生,徒坏心术,似非本业;然工制器用,无作要淫巧以荡心,商通货财,勿欺童叟而罔利,亦可以厚生。但必克勤克俭,勿长骄惰之风,尤宜不伐不矜,力袪贪吝之习，庶有恒业，可保恒心，而放辟邪侈以免。

一、慎丧葬。丧尽其礼，祭尽其诚，此人生之大节，岂可苟焉而已哉？盖五礼，惟丧礼为大，而丧礼以慎终为先。虽时届仓卒，必慎之又慎。附于身者，衣衾从其厚；附于棺者，坟土期其坚；而思哀又不待言矣。至三年中，纵不能如古人之事事尽礼，而大端要不可失焉。若追远之礼，祭物必丰洁，祭仪必讲究。当拜现时，即思祖宗遗泽之远、创业之艰，与父母鞠育之恩、训诫之语，虽无形而遥想其形，虽无声而如闻其声。必如此，始可以言祭。

一、重丘墓。生有室宇，死有丘墓，惟兹培土，乃祖宗体魄所依、子孙瞻仰所系者也。古人报本追远，不过春露秋霜，一展孝思耳。胡今人于先世丘陇，动望其福保，而卮酒豚蹄，每岁并未一至；任樵儿牧竖，讴吟往来，先骨之佳城，终成荒陇，实可伤也。吾族传廿余世，各庄俱有丘墓，须以时展祭，斩其荆棘，培其松柏，永禁族人砍伐，勿使牛羊践履。每岁清明拜扫，周围仔细相视，有无倒塌漏痕、松薄圻缝之处，以及恶草恶木、根荄蔓延，恐其侵绕棺骸，当筑砌者、当填塞者、当斩除者，即速料理，断不可缓。至于乔柯葱蔚，乃先茔之衣被，名陇之巨观，即有公费，亦不得剪伐，尤不可截冢附葬，以致伤泄灵气，使福未至而祸已随也。如有私侵旧限，窃取林木；及妄听地师指使，惟吉穴是卜，越葬祖冢，不恤以孙凌祖、以妇凌姑、以侄凌伯叔者，此更理所难容也。族人须当不避嫌疑，分执而法讯之，不率训者，凭族长从公惩责。尚培马鬣之封，勿负牛眠之卜。

一、全贞节。贞女节妇，得乾坤之正气，成巾帼之完人，足以振坤维、端阃范，而为家族之光者也。天壤间有此人，虽天地鬼神亦且尊仰，况在家人可不尊重而成全之乎？如族中有不夺之贞节，正宜礼周情洽，慰其志、坚其心，维持而调护之，不使其困苦莫告。所抚孤儿，家室寒微，尤当代为教养，俾至成立，不俟盖棺之日，合族即便捐赀请旌建坊，以表其霜贞水洁之操。斯风俗有益，门楣有光，并为吾族之妇女劝。然此二字，情最苦、事最难，其名虽荣，其实难副，不可勉强一时，遗误终身何也。盖妇道从一，贞志不二，夫亡守义，理所宜然，然此可以例贤女，而不可以律愚妇。家族遇有夫亡而过门守贞者，与立志守节者，当于服满后，令伊父母亲问其女，若不能守，听其改嫁；恐其守节不终，反玷家风，是又不可不谨。

一、禁斗讼。斗为君子所戒，讼实仁人所憎。人生世上，当求理之直，勿恃力之强；当劝人之善，勿诬人之恶。斗则每因人之偶犯于己，即恃力之强，而斗殴纷争。夫以一朝之忿，至忘身及亲，嗟何及矣？讼则每因己之稍屈于人，即诬人之恶，而捏词具控。夫以一事之微，至倾家破产，悔已迟矣。斯二者，皆不思不忍所致也。苟临事而思夫理，忍夫气，又何斗讼之有哉？至若构衅唆讼，笔尖杀人，尤属贻害作祸之事，施诸异族犹且不可，况借他人之题，自戕同气。窥门内之隙，暗伏毒机，人之无良，祸害踵至，计其报施，岂有爽欤？

第十篇
宗法变革论与宗族建设

愿宗人忿则思难，无贻事后之忧，更于族之好斗讼者，劝惩之。即或事情重大，家法难处，万不得已，当闻于官，只宜从直告诉，切勿架词捏故，以及听刁久延，财归人得，害独己受。若族有被人诬告不能自伸者，势可以闻于官府，则为言之有方；略可以解救，则为解之，庶不失保族之道焉。

一、裕公储。考之他省世家大族，皆有宗祠。既有宗祠，必广公田。公田出入，悉录公簿，户分各执一本。一户者掌于户长，一分者掌于分长，以为展先劝后。设义学，置义仓，以及补修公徭之费，意美法良，所以三江人才甲于天下，虽灵秀所钟，亦培植所致也。若公田一废，积储惟艰，凡有公事，取给临时，非久道也。我族梧桐岗宗祠创自乾隆，田土界限，碑志刻之详矣。后人又增买数契，合以滴水崖小祠地土，统计每年所出，不下数十余金，除挂扫祭费外，不无盈余。往岁每有充当执年，将公项扯碎，及至轮递他房，尚支吾搪塞者，殊非急公奉义之道。夫兴利必先除弊，弊不除，则利难兴。兹谱于训条内载裕公储，所以重款，崇祖宗也。嗣后宗祠公项，理宜勤慎办理，每岁用费，若有盈余，当执年者，务须明白注簿，俟移交时清算，断不准挪移支放、蒙混出入，希图小利。而为族长者，亦当不时清查，再加规劝，庶一公百服，弊除而利自兴。至盈余积多，或置义田，或设义学，以赒族中贫乏无告及无力就学之辈。不惟广祖惠，亦且成义举。敦本睦族之道，莫要于此。至宗祠田土，总不可佃与族人，以防顽梗子孙侵占赖骗，有坏公事。

一、尊族长。又尝考之他省，一族之中，设立户长、分长，户长者长一户，分长者长一房。轮立之日，谋族告庙，以表一家之楷模。齐家之道，莫善于此。我族自六房分支以来，人众事繁，无所表率，因之愈远愈疏，而乖戾以起，此虽由于本实先拨，亦未始非族规不立之故也。兹谱于禁斗讼外，载尊族长一条，所以肃家法、泯争端也。嗣后我六房中，务必一房各立房长，六房总立族长。不拘班辈尊卑、年齿长幼，但择品谊卓越者当之。每岁清明，族长躬率合族人众，诣宗祠祭扫毕，将谱内所载圣谕训规，为之讲解劝导，俾共知法守。设各房有事，先投本房房长理楚；本房房长不能了息，然后投凭各房房长理楚；各房房长亦不能了息，凭各房长请族长于宗祠理楚。总以理明气散，勿致失和为妙。万一族人，或恃横傲众、或挟势凌人，即经族长理楚仍欲兴事者，凭族长协各房长据实秉明，重则请官究治，轻则请回责罚。受秉者，不得挟嫌生忿，致干众怒。而族长更当正己化人、秉公剖断，不得借公报私、因利生害，以致人众不服，有坏成规。至合族之人，亦当谨遵约束，不得以分高凌之、以力众排之、以巧诈乱之。不遵者群起而公讯之，庶体统一严，家法肃而争端泯焉。

以上十条，言言心血，字字珠玑，治家之道，详且尽矣。但立法不患其不严，特患其不守；垂训不虑其不备，特虑其不遵。盖一族之中，贤愚不等，在贤者固知率由，彼愚者岂能默化？不有贤父兄为之讲论而劝导之，虽属金章玉句，难破胶柱漆弦。所冀世世子孙，永守无替，斯不负诰诫苦心焉。然大法既备，固当在在遵行；而大戒聿昭，尤贵时时谨凛。因增规戒数条，备载于后。

一、戒嫂媳转房、子女为妾。弟娶兄嫂为妇，则为上烝；兄纳弟媳为妾，则为下淫。似此伦常乖舛，固天理所不容、王法所不宥者也。实录黜其名以示贬，岂过刻哉？至所生子女，配合宜均。即家道寒微，不能选择高门，而择其为人端方、持家勤俭，亦可保全一生，不至流为下贱。若希图富贵，嫁女为妾，则断断不可，吾族为礼法之宗，慎勿蹈卑污之习。

一、戒溺女。《易》曰：乾道成男，坤道成女。有男女然后有夫妇，有夫妇然后有父子，是女盖与男并重，宜生而不宜溺者也。乃世不知此，独忍而溺之者何哉？以为生女太多乎？然既嫌其多，何不节欲。以为奁仪难办乎？然与其过奢，何不尚俭。以为生女无益乎？而木兰曾代父从军，缇萦曾上书救父，传为美谈。以为溺女无害乎？而陈氏则红蛇缠股，元秀则牛蹄转床，明有显报，是可鉴矣。自今以后，生女者当培坤维之气，勿结故杀之冤。

一、戒抱子索财等弊。《诗》曰：螟蛉有子，果蠃负之。倘人无子而不抱，是不昆虫若也？且人之抱子，不过使祖宗之禋祀不绝耳。而世之有子而应抱者，乃于未抱以前索金帛，而后以子抱之；是以当抱之时，房分弟兄，或则阻抱，或则争抱，以绝其嗣。既抱之后，方以义为教训；而亲生父母，反护短而指为刻苦。嗟乎！无子之人，不抱子难，抱子亦难，不诚进退维谷耶？夫老而无子，文王尚谓为穷民无告，发政施仁，必先于斯。况乎同气连枝，忍为如此狠毒之行哉？且应继受继，律有明条。今以索金、护短，与争抱图产之故，致绝人祀，蔑视王章，不仁不义，孰甚于此？吾愿族之有子而应抱者，尚敦一本之爱，勿蹈残忍之行。择贤择爱，从其心之所欲，委曲成全，不生异议，则存殁均沾，功德靡涯矣。而抱子者，亦不得始终异心。

一、戒分产不公。古云：一子一分，二子均分。此言虽浅约，实百世不可废者也。乃近时分产则不然，本应凭神拈阄，乃有恃长逞强，而独坐一阄者；平时理大众之事，亦分所应尔，有于分析时专讲心力者；又或前人已绝，从未立嗣，有假抱一子希图产业者；由是大众不服，构讼不休，及产破家倾，而所分亦属无几矣。噫，何其愚而不知命也？古语云：一两黄金四两福，四两黄金要命消。此语为千古龟鉴，岂至今而独不验乎？且同气同胞，皆为父母之子，岂尔独应厚，而弟兄独应薄乎？即继母庶母之子，不同母实同父，父且不以继庶之子而薄待之，子独何人，敢于分产时而分前后大小乎？吾谓上悖父母，则为不孝；下薄昆季，则为不义。不孝不义，无论昆季不服，构讼不休，即人无如何，忍而不校，而天网恢恢，断不疏而使漏也。又况理从乡出，而昆季亦未必以其强，而遂忍而不校。由是观之，所谓平分为造福之缘，恃强为种祸之胎者。是耶？非耶？自今以后，惟冀吾族咸遵

第十篇
宗法变革论与宗族建设

古法,共敦孝友,慎勿各怀己见,致使天怒人怨,以贻后人口实焉可。

以上四条,所系非轻,为罪最重,故特表出申明之。他如不孝不弟,以及卑污下贱之类,已附法条后,故弗赘。其余所当法戒者,难以枚举,是在人存心行事上,自为警省。非法戒仅于此也,诚能立身制行,何难与圣贤同轨;果知改过迁善,岂至与禽兽同讥。所望子孝孙贤,丕承先绪,勿忘祖功宗德,垂裕后昆,斯不特门庭有庆,亦行见廊庙增光矣。

肇模泽生氏识。

(周泽霖纂修,光绪十年刊本)

福建

南平、延平麟阳鄢氏

光绪南平、延平《麟阳鄢氏族谱》卷首,《祠规》:

一、国课早完。民间田赋,国帑攸需,上充国课,下好征租,因租受苗,胡弗乐输?年清年款,吏免追呼,一能及早,三善毕俱,祖祠粮色,合族楷模。急公先务,不计有无,上忙下忙,须预为图,若有拖欠,累将宗株,经营之责,安可逭乎?

一、尊祖敬宗。孟冬朔旦,祭有定期,主祭与祭,岁有常仪,改卜不敬,甚非所宜,奉先思孝,甚勿稽迟,牲牷明脂,旨酒明粢,读祝诏相,骏奔攸司,序事序齿,例取衿耆,先祭五日,折束示知,间有旷举,合族于兹,冠裳跄济,毋或参差。

一、恪守祠业。祖祠产业,祀典攸资,正供公费,亦取于斯。设立二簿,择贤分司,冬收租谷,扣耗酌宜,凭虚核实,两者无亏。岁有丰歉,高下随时,因时定价,族属咸知。递年清算,单出靡遗,发借贮领,毋稍或欺。量入为出,尚其懔兹。

一、和睦宗族。稽古虞书,首纪族睦,万派同源,千枝一木。幼子童孙,诸父伯叔,葛藟庇根,椒蕃盈匊。有怒勿藏,有怨勿宿,内衅不生,外侮潜伏。谊本家人,象符大畜,以鸠吾宗,以聚吾族。和曰雍雍,敬曰肃肃,宗族欢心,无烦工祝。

一、议进神主。祖祠栗主,排积差峨,东西两房,撤回殊多,惟不祧祖,砺山带河,绅衿乡饮,亦或同科,倘容漫进,龛位几何?爰凭公议,定例靡他,职衔祖父,庆溢升歌,喜金酒席,十两包罗,次及耆庶,增五非苛,晋秩换主,等此无颇。

一、议赠祠银。登科发甲,耀祖荣宗,祠银出赠,比得其中,文武乡榜,四十两同,题名雁塔,八十为隆,文先武后,岁序难蒙,钦赐选举,登科同功,翰詹诸类,发甲相通,五贡赠款,十五斯充,例捐贡职,疋彩披红。待当得缺,均倍偿公。

(鄢宗云等修,光绪四年刊本)

广东

乳源余氏

嘉庆《乳源余氏族谱》卷一,《家规并引》:

凡教子孙孝顺父母、尊敬长上、通明学业、敦崇实行,不可无宗规以为之范。宗规立,则子孙之遵循有自矣。谨将尊祖敬宗、敦本睦族、修身处世之道约陈一十六条。本乎天理,合乎人情,法肃而意周,规详而令美。智者守此,可以进德;愚者遵此,足以寡过。则在家为孝子,在朝为良臣。愿子孙世世服膺而弗失也。

一、遵守谱牒。家之有谱犹国之有史,史以载古今君臣之事实,谱以列祖父宗派之名讳,是谱与史而并重明矣。孝子慈孙所宜珍重,如赤刀大训而毋忽者也。吾族子孙当于祭祖时,各携所领编发字号原本,到祠会看一遍,祭毕仍各携回,谨密收藏,不得损坏纸张、油污墨染、鼠害等情,倘有蹈此,合族即于祖宗前将伊严加惩戒。另举族中贤能者订各收领,以便稽查,至或因私与借他族抄写谱头,亵慢宗祖;又或将宗谱典卖别派、甚或私誊原本,瞒众觅利,以假混真紊乱宗祧者,不惟轻家乘如弁髦,抑且视祖宗为奇货。如此人物,除罚银二十两外,族共摈之,不许上坟醮,公呈送官,追还谱牒,严治其罪。

一、尊重祠墓。祖宗之灵爽何依?依于祠而已矣。祖宗之体骸何归?归于墓而已矣。昱祠与墓,子孙所宜念念不忘也。时而祠祭、时而墓祭,尊卑骈臻,长幼云集。宗器时食,必诚必信;孝思大展,毫无虚伪。凡栋宇墙垣,有坏则修葺及时,鏬陋则补盖无缓;碑石有损则重整之,树木什物则爱惜之,蓬棘蔓草则芟除之,衣服器皿则珍重之。或被侵占盗葬,则合族力为复之;如有私行典卖,公送官究,不许入祠。此尊祖敬宗之首务,事死如生、事亡如存之大道,凡我族人各宜铭心。

一、遵立祭田。伊川先生曰:"豺獭皆知报本,士大夫家多忽此。厚于奉生,而薄于先祖,甚不可也。"父母自生育教婚创置期望以来,其为子孙计周且详矣。为子孙者可不体念哉!盖人于父母死后,当存祭田,永为追远报本之资。倘先无田可存,公议每生丁出银若干,每添新丁银若干,记簿订名,付贤能子孙严立收约生放,以为置产之赀。若生放丰盈,多置田业;或请名师教诲子弟,有能上进;并婚葬不及,或重修祠谱坟碑等事无不于中给助奖励。是祭田因父母而永立,父母因祭田而流芳。倘有兄弟分居时不肯存田宇,不肯照丁所派者,有将祭田私行典卖霸耕不还者,俱以不孝论。经族鸣官,重究严追,毋得轻纵;如有持蛮,不许入祠,无容祭醮,并则责其亲房。凡我一族,尚其凛遵。

一、遵辨族类。同姓者为族,而族各有其类,支派之所分也。传世已久,虽无非类认为己族者,然亦不可不辨,如太一公分六房,先既各编班派,倘相接不问而柱自尊大,其如世系紊乱若何?惟有立继,律载甚明,恐有不知,妄继同姓异姓子弟以乱宗;或本族将子

第十篇
宗法变革论与宗族建设

弟过于同姓以为嗣，故谱内严为之防，规中愈为之禁。如有慕富贵势利，冒为同宗而共祭，神其歆匪类耶。通族严斥，共为查戒。慎之慎之。

一、遵正分明。燕毛序齿，圣王所重，况庶人乎！盖同族兄弟叔侄各分称呼，自有定序，稍有乖乱，人伦何存？晚世以来，人心不古，或居尊而狎亵之，或居卑而阿承之，皆非所以亲亲也。凡我族人名，于相见之际，不论近族远族，拜揖必恭、言语必逊；座次先后，俱照叔侄尊卑，序列不但分定，而且理正心安。又，闺门之内，不可尊庶母为嫡、跻妾为妻，有乖伦常。族女归宁，不可辄居客位，仍依世次可也。同族义男，亦必预为训诫，不得凌犯尊长，有失族谊。倘有违者，族共惩之。

一、遵宗睦族。范文正公曰：宗族于吾，固有亲疏；自祖宗视之，则均是子孙，固无亲疏。此先贤睦族之格言也。末俗之人，或以势骄、或以力抗、或以巧诈相欺，以致同族之亲，视若秦越，良可悯也。尝思厚族之要有三：曰尊尊、曰老老、曰贤贤。又有四务：曰矜幼弱、曰恤孤贫、曰周窘急、曰解纷争。今试详之：名份独超乎上者尊也，则恭逊待之不可简亵；分虽卑而齿迈众者老也，则以引以翼，待以高年之礼；有德行才能者贤也，行止可师、模范可法，朝夕亲炙效法其所为，不可挟分尊年长之心。此之谓三要。幼弱者年稚而鲜势也，每易为人欺凌，贵有以矜之惜之辅之翼之，一有矜惜辅翼之心，而生全良多矣；孤寡者，王政所先，况在同族，何忍坐视，贵有以悯之，或慰之以善言，或赠之以财谷，皆族谊之当然也；俯仰不给，英雄为之气短，贵有以周之，随量而予，不必望其报也；人于忿争，有忘身及亲而不顾者，贵有以解之，则讼端皆化无矣。此之谓四务。进而推之，为义田、为义仓、为义学、为义冢，使养生送死无憾，皆豪杰所当为者，且属积善积德之事，同族之人尚其勉旃。

一、遵肃闺门。《诗》首《关雎》，《书》重厘降，盖闺门之内肃若朝廷。纵使家道贫寒，亲操井臼，当如桓少君之执妇道；不幸寡居，操心铁石，亦如燕节女之白首沐霜。此皆德之无亏，抑亦门庭之有庆也。安定胡先生曰：娶妇必须不若吾家。非谓迁就族类娶卑贱之女以贻祸也。若妄谐伉俪，不有家法者，娇悍妒忌，淫僻长舌，私溺子女，皆为家之蟊贼，罪坐其夫。若本妇果系顽梗，其夫亦无可奈何者，族中据本夫告词，询访的确，当祖宗前合族公斥，或送之外氏家，亦少有所警。至本族出嫁之女，或饮毒投河自缢，究否任凭他族，本族无容苛求，则不独为出嫁女戒，且为本族所娶轻生者谨，此不究之深究也。至于恶俗相聚、结社讲经、要求神福、入庙烧香、无故往来、挑是弄非者，一有如此，重惩勿轻。谚云：教妇在初来，丈夫者各宜慎之。

一、遵端蒙养。童蒙者，圣狂之所由分也。古来圣母有胎教，有能言之教；父兄有小学、大学之教。是以贤才辈出，德成业立而为人间肖子，故陈忠肃公于幼学之士，先要分

873

别人品上下,何者是圣贤所为之事,何者是下愚所为之事,向善背恶,去彼就此,此又学所当先也。今之教子弟,必于上者,教之习举业取功名,以光宗耀祖;次则教之杂字束笺,以便商贾书数可也;若以下自居,教之律法词状,以为他日刁狡之地,此则非徒无益而又害之矣。为夫兄者切宜得所以教之之法。七岁入小学,教其洒扫应对之节、揖让进退之仪。稍长,择以端悫师友,将四书本经读熟,详细讲解,不得以杂家、小说限其光阴、乱其意思,务使气质变化、陶镕德行,以立作圣之基。他若文章诗赋,本儒者之业,然亦可从后教之,不可以为先务也。如此先本后末,他日无论登科甲第,出治临民。则子弟之俊秀者,固为有道之士,愚顽者亦可为良善之人。合族之人,各宜敏省。

一、遵尚节俭。司马温公曰:凡为家长必须谨守礼法,以御群子弟。量入为出,称家之有无,及吉凶之费,皆有品节,常须稍存赢余,以备不虞。盖谓一家之产业,止有此数,则一家之利,一原属无多,若饮食、衣服、宫室、器皿,一一从朴,留有余,不尽之享,以还造化,则财足费少,其不家计丰盈也谁哉?晚近以来,奢靡盛行,其弊在于好胜一念,如争讼好胜,则鬻产、借债、讨情、钻刺吉凶;礼仪好胜,则卖田、纠会、嫁女、厚奁、聘媳,铺张设引,开厨设供,击鲜散帛,乱用绫罗,又加请贵宾,宴新婚与,搬戏许愿,预修祈福,种种支用,力实不足,设法应用,不知剜肉补疮,所损日甚。同族之人,切宜猛省。

一、遵厚烟(姻)里。族之有婚媾即谓之姻,族之有邻近即谓之有里,此固天缘凑合、情义相关者也。况幼之时,或同馆肄业,或同伴戏游,或先友而后亲,或因亲以及亲,比之路人,大不侔,以贵有无相通,患难相顾。不论愚贫,遇之以和气,待之以厚道,切不可有倨傲矜骄之态。即使彼待我薄,我不可以薄待之,久且感而化矣。况翁婿甥舅,以及故旧情谊,尤当关切者也。若恃强凌弱,依富轻贫,以智朦愚,藉众压寡,无故谋占放债,过为勒算,此皆刻薄恶俗,凡我族人,切宜痛戒。

一、遵息争讼。《经》曰:君子以作事谋始,始能忍终无祸。盖言始之不可不慎也。讼卦曰:惕中吉终凶。又言讼之宜早回头也。若始之不慎,终不知改,以致构讼不已,无论官府廉明何如,到城市便被歇家播弄,到衙门便被胥呵叱。不论寒暑雨雪,受尽奔波,用尽盘费,伺候多时方能见官。理直犹可,理屈到底吃亏受笞杖、受罪罚,甚至破家辱亲,有何益处?果有关系于祖宗、父母、兄弟、妻子万不得已之事,必以直诉官府廉明,易于结案。或本族兄弟叔侄之争,族老当令各房长公直处分,不可成讼。倘本族与他姓有争,亦须含忍,付之公断。至于户婚田土,闲气小忿,族长等询所讼之家与本族某人为亲、某人为友,理合代为讲息,莫讼师教唆,贻害无穷。此系保家妙记,守身大册。凡我同族,各宜铭戒。

一、遵供赋役。任土作贡,朝廷大典;力役之征,国家常制。若钱粮不完,役使逃避,便为顽梗不法之民,且连累里长,比较烦恼。官长追呼,甚至枷锁临身,玷辱父母,仍要赋役

第十篇
宗法变革论与宗族建设

完官，不能抵赖，有何益哉？故有产业者，将本分粮米，先要辨别明白，讨经手印押，收票存证，如此赋役两清。里长、胥吏无由至门，宽闲自在，庶国为良民、家为肖子矣。

一、遵防奸盗。盖小人智过君子，每出于不偹之家，一致被害，束手无策，及至告官，得不偿失，即能获盗，牵累失时，是人之自为计疏也。今人散居，多者数十烟，少者十余户，兼有邻，同井相友相助，须于平日谨密防闲；或独居僻静，过夜犬吠，盗未必至，想是探视，不可以为他而不惊；过物有声，必须即刻遍巡，亦不可以为鼠而自误。再或里中来有踪迹可疑者，察其实据，果系奸反，协同地保，公送官署，致免后悔，慎之慎之。

一、遵禁邪巫。师巫邪术，妄言祸福，惑人听闻而倍正道，害至大也。明道先生曰：邪诞妖妄之说竞起，涂生民之耳目，溺天下于污浊，虽才高明智，胶于见闻，醉生忧死，不自觉也。是皆正路之蓁芜，圣门之闭塞，辟之而后可入道。甚矣，昔贤者有左道之诛，朝廷尤有严禁之条。自兹以后，一切异言异服之徒，勿令至门。近世末俗，惟有妇女识见庸鄙，为其所惑，甚于男人，为僧道之外，有仙娘、尼姑、跳神、卜夫、女星、女相、女戏等项，穿房入户，诱哄妇女，浪费钱米，甚有犯奸盗者，不可不慎。吾人读圣贤书，当明正道、思大义，神不可媚也，福不可邀也，邪道盛则正道衰，理之一定者也。凡吾族人，立宜严戒，永守斯规，无愧刑家之道也。

一、遵行四礼。伊川先生曰：冠婚丧祭，礼之大者。今人都不理会，人家能存行此等节文，则虽子孙至幼者，亦可使渐知礼义。是四礼者，示成人、正男女、哀亲、追远，人道之纲纪也，可不遵行哉？盖世人少有行者，谓仪节繁多，未免伤财废事，且云今不如古，何必太拘；不知师其义而用其行，至简至易，江河日下，正好砥柱中流，何不可行与不必行之？有实言其大要：冠则宾，不用敝馈俎，止山肴品果，不用牲牷，惟从俭朴，族有将冠者众，则同日行礼，长子、众子各从其类，拜则用三加之礼，初用小帽、小深衣、履鞋，再用折巾、绢深衣、皂鞋，三用方巾，或儒服，或直身，或襴衫员领，皆从其便。婚则各择以德及家法何如，以禁同姓；禁服妇改嫁，恐患离异之条；未笄无过门，夫亡无招赘；受聘择门第、辨良贱，无贪下户货财；将女许配，作贱骨囟，玷辱宗祊。丧则惟竭力于衣衾、棺椁，遵礼哀泣；棺内不得用金银、玉物；吊者款待，不可侈靡；服未除，不嫁娶，不听乐，不以宴贺；丁忧，不入公门；葬必择地，避五鬼不必泥风水以邀福；陆世仪先生曰：譬如种子，人心则种子之善否也，风水则地土肥硗也。种子善，虽瘠土未尝不生；种子不善，虽极肥之土，未有种草而得豆，种稗而得谷者。所以儒生重心术，不重风水。至有终身不葬、累世不葬，或盗葬，或侵祖葬，或水葬、火葬，犯律重罪。祭则聚精神，致孝享，内外一心，长幼整肃，具物惟称家之有无，不得为非礼之礼。以上四礼，载在《性理大全》及《家礼仪节》，国家颁降，遵守奉行，大有益于风化。

(余有璋等纂修,嘉庆二十五年木活字本)

嘉庆《乳源余氏族谱》卷一,《余襄公训规十四条》:
一、各处宗祖坟墓,岁节轮该祭扫,务在孝敬,以尽报本之诚。盖坟墓乃祖宗所依归,而子孙赖祖宗为庇佑,亡者亦安,理之常也。人所贵者,子孙为其死而坟墓有所托耳,世未有坟墓不祭守而子孙昌盛者也。
一、子孙盛衰,皆系积善与积恶而已。何谓积善?居家则孝友,处事则仁恕,安分守己,毋作非为,凡所以济人者是也。何谓积恶?恃己之势以自强,克人之财以致富,存心奸险,做事枭横,凡所以欺人者是也。是故能爱子孙者,遗之以善;不爱子孙者,遗之以恶。《传》曰:积善之家,必有余庆;积不善之家,必有余殃。天理昭彰,各宜深省。
一、子孙和气处乡曲,宁使我容人,毋使人容我;宁使人敬我,毋使人畏我。切不操忽人之心,恃势作威,欺凌穷愚。事有万不得已者,则当以理直之,岂可与人炫奇斗胜,两不相下。彼以其奢,我以吾俭,吾何嫌乎哉!
一、子孙当以正直处宗族,凡遇家庭有事,或因田地争竞,或因小忿争斗,务须披诚劝解,处断公平,不可旁观隐忍、唆事弄非,以起争端。至于外人,或有欺凌,义所当行者,务宜同心协力,亲疏一体,则毁悔不生,而窥伺永免矣。语云:家和福自生,岂其然也。
一、子孙处世之道,不可过刚,亦不可过柔。凡日应对及轮翰门户,须适厥中。粮钱必须早完,公事预先料理。凡官中有事,应对必须和顺,不可逞其私智,刚强送上,自取罪戾,以辱家门。
一、子孙居家,须洵洵孝友。见兄长,坐则必起,行则必序,应对必以理,称呼必以名,毋以尔我。兄弟相称,各以其字冠以兄弟之上,如曰某字兄、某字弟,甚不可贤智先人,亦不可与伯叔同坐。然为尊长者,亦不可挟长自攘拳秧忿,当众詈骂,使人无容身之地,尊长有此,甚非教养之道。子侄倘有非为,则当反复教训,使之自改。
一、子孙治家,当尚俭朴,毋使浮靡。安分守己,甘淡泊,贯清苦,房屋不可过制,用度不可僭分;冠婚丧祭,当以家礼,宜从俭约,不可斗胜以炫耀人之耳目,以起祸门。
一、子孙局量器识,须要宽宏深厚,处己接物,须要谦卑逊顺。守富贵而若虚,处贤智而若愚。不攻伐人之阴私,不谈论人之过失,勿称量人之有无,勿妒忌人胜己。苟满盈自足,骄傲接人,则祸可立待矣。各宜自思。
一、子孙不可以杂书教训蒙童。盖教法必择之以正,如《幼学》《小学》,教之齐规成童;学则以及四书、本经、鉴序、古文之类,先令读熟,随即讲明,则施教有道而造就有基,异日即不作庙廊之器,而终身守用,亦不浅矣。

第十篇
宗法变革论与宗族建设

一、子孙或有出仕,治家本分事业道义所当行者,毅然行之可也。如或好勇斗狠,起灭词讼,翻唇弄舌,游手好闲,赌博生事,以及专日好用恃强以堕家门者,通族会众,谏谕不改,棰之;棰之不改,白之于官罪之;罪之不改,非余氏之子孙,则谱内削去其名。

一、子孙婚嫁,男女不可慕人眼前富贵,轻易结亲。女当择温良有家训者,男当念子弟之家门好尚端正者,赀妆财礼,须称家之有无。盖婚姻论财,夷虏之道。男女之家,但求阀阅相当而已,不可责备,以起论财之风。

一、妇人之义,从一而终,不幸夫死,即艰难贫困,亦当坚志守节。古云:饿死事小,失节事大。本族守节固多,失节亦有。今而后,间有不幸夫丧,即当励志贞操,纵有家贫及无子可倚靠者,亦当居丧守志,三年服满,然后改嫁。倘有无籍棍徒,专以说合为媒,诱动丧妇改嫁以失贞操者,众议送官究治,以惩将来。

一、丧服之制,孝服用麻布。凡遇族之丧,当头戴一小白帽,身穿一素孝衣。近来俱已违之,忍心何在?去古礼甚远,且圣言临丧不哀,吾何以观之哉?而况同姓之服乎!厥后凡遇族中老少丧,服不问斩衰、齐衰,务要头戴一小白帽,身穿一素孝衣,以至二三月,庶不失宗祖之伦纪矣。间有不遵条例,众族责罚,以示戒惩。

一、丧服之具,祭葬当崇厚道。近来或遇丧葬,各以时银三分买物烧纸,甚非尚礼厚伦之典,正所谓视至亲如路人者是也,良可痛恨!以往或遇丧葬,每以十人凑成纠银五钱,买备三牲,各具财包。至于柩前,各奠酒以表微敬,使生者顺而死者亦安,亲朋视之,有所感激,不得仍行故俗。如违,族众面化以耻辱之。

(余有璋等纂修,嘉庆二十五年木活字本)

嘉庆《乳源余氏族谱》卷一,《襄公附女训格言二十一要》:

要整洁祭祀,要孝顺公姑,要敬事夫主,要和睦妯娌,要礼貌亲戚,要容宽奴婢,要教导子女,要体恤下人,要洁治宾筵,要持身端正,要梳妆典雅,要低声下气,要谨言少笑,要早起晏眠,要使节俭用,要学制衣服,要学造饮食,要洒扫宅舍,要收拾检点,要蚕桑织纺,要畜养牲口。

有此女德,虽生长贫贱之家,人看自然贵重,虽没好首饰,有好音名,本自然华美,且携带本家父母与合族亲眷,俱有光彩。似此这等女子,无愧父母生我一场。

又女德三十六戒

莫举止轻狂,莫妖娇打粉,莫偷眼斜视,莫高声大笑,莫松头垢面,莫使性撒泼,莫搬弄是非,莫间离骨肉,莫卖弄颜色,莫忤逆不孝,莫炫耀服饰,莫妒人胜己,莫夸己笑人,莫逼墙窃听,莫倚门看街,莫欺瞒夫主,莫叔伯争胜,莫妯娌不和,莫溺爱子女,莫急慢穷亲,莫结怨邻家,莫私厚母族,莫男女同席,莫效行男礼,莫嫉妒婢妾,莫凌虐仆从,莫恶撼打人,莫恶口骂人,莫埋怨家贫,轻见外人,莫贪心无厌,莫鄙吝太甚,莫抛撒物件,莫算命占卦,莫斋僧反道,莫寺观烧香。

以上亏损女德之事,失妇德而荡逾节,虽生富贵之家,饰金珠绫罗,从头到脚也,被人耻笑,玷辱父母,贻羞外室。女子观此,可以所戒得矣。

(余有璋等纂修,嘉庆二十五年木活字本)

嘉庆《乳源余氏族谱》卷一,《宋朱文公赞》:
做好人,孔称成人、孟贼非人、小人穷冬、君子阳春。
读好书,百圣在目、千古在心、妙者躬践、噉者口言。
行好事,圣狂路口、义利关头、择行若游、急行若邮。
说好话,莠言虚妄、兰言实柸、九兰一莠、驷追不回。
(余有璋等纂修,嘉庆二十五年木活字本)

潮州洪氏

民国潮州《洪氏宗谱》第一册,《玉塔宗训》:

事亲敬长皆仁孝之当为,创业开基乃守成之不易。恭惟吾祖初由宦族诗礼传家,徙仕来潮,创居玉塔,增广田园,迄今五世矣。岂料后裔乖为,弗思先世创业之艰难,或荒淫酒色,或输赋不前,其不守本分,受其所遣而绝嗣者有之,可不慎欤?余居族长之分,授受田地,拳拳不失,深蒙祖应,末岁增置田业,今不忘其本,旦夕思慕,命两房迭掌以修春秋之祀。及其无后者配荐,免使无依。将本族谱牒昭穆申明,纂修勿替,其前后二序,以昭后世之鉴。今特尊守,不许互相侵夺,日后敢有此等作乱者,除告祖宗阴谴外,定议众房,取不孝而论罪。

族长判翁书。

(洪宗海、洪己任编辑,民国十一年汕头名利轩印务局铅字排印本)

民国潮州《洪氏宗谱》第一册,《玉塔宗诰》:

礼有五典,典备而礼乐兴;家有谱牒,牒修而昭穆明。虽明昭穆,然服有五等之降杀,庙有五主之祧迁,所谓五世而斩焉。余尝考之先祖洪万二郎公,虽录于九族之图,奈流裔疏远而不可考矣!恭惟我祖主簿公来仕于潮,因兵燹迁潮下揭之西北而居焉,置田地,创阳居。当为仕之际,爱人民积阴骘,产下二男:松崖、松庭,派下九,遇天明降平之世,子孙

第十篇
宗法变革论与宗族建设

绳绳蛰蛰。郁郁乎则为创业始封之君,百世不祧之祖。松庭公居长,派下天、地、人三房,是为大宗。松崖公居次,派下礼、乐、射、御、书、数六房,是为小宗。除长房祭田及受田外,另设祭田墓田八十顷,六房输返春秋二祀;受田五百顷,此六房分受。及元季大乱,家乘仍被兵燹失传,大宗三房多遭兵刃,具绝无派,田地消乏。松崖公派下长房传至嫡孙洪原、洪亨、洪宝具绝,乐、御、数三房亦绝,惟射、书两房仅存。自前代子孙将田四十顷荡废,惟存四十石于射、书二房追修时祀无缺,乃族之宗子为何绝亡?抑将欧氏之祭田小蒸尝二十顷废卖而致是欤?仲余忝居族长之分,乃玉峦公之嫡子也。虽为小宗,今承其事,拳拳而弗失旦夕思慕。玉冈公、玉峦公未设祭田祭祀,今将本里池塘八所、牛耳坑田租四十石与吾子侄,仁、义、礼、智、信五房输流追修玉冈公、玉峦公二祖祀事。兹而重修谱牒已成,昭穆尊卑可序。明诰我子孙:世守基业,谱牒无失,供奉致诚。孔子曰:祭如在。能致其诚,则神来格,不可不敬。又云:如临深渊,如履薄冰。可不慎哉!

族长判翁书。

(洪宗海、洪己任编辑,民国十一年汕头名利轩印务局铅字排印本)

民国潮州《洪氏宗谱》第一册,《玉塔责子孙懒学书》:

国家将兴,必有祯祥;国家将亡,必有妖孽。人家子孙,乃好读书;吾家子孙,不好读书。好读书者,为礼义称贤哲;不读书者,不知不识,正比河海于行潦,比泰山于丘垤,行至半途,未入于室。昔陶令责子不受书而受粟,父不责子任其放逸。呜呼!余今年老,无能陈责,日月逝矣,哀哉痛切!何其遗斯接踵遗失,天运无私,兴亡难必自述云,吾祖官族之流,兴世代于春秋。知我者谓我心忧,不知我者谓我何求。传诵斯言慎无休,传诵斯言慎无休!

族长判翁书。

(洪宗海、洪己任编辑,民国十一年汕头名利轩印务局铅字排印本)

广西

平乐邓氏

民国平乐《邓氏宗谱》卷二,《家训小引》:

君子训俗,型方家齐,而后得以国治。近风俗不古,类多顽梗,盖由家教之不讲以为阶之厉也。吾族户口殷繁,愚智不齐,苟不一一申明而教诫之,其何以致风淳而俗美乎?故遂条开示,载入谱牒,使家谕而户晓,淳厚之风庶几见于吾族矣。

一、展祠墓。祖宗形魂之所栖,即子孙尽礼之所在也。春祭于墓,秋享于祠,仁人孝子所为，诚敬凛于内，仪物备于外，毋庸苟简也。故自先祖公以上，凡祠祭墓祭，务须必诚必敬，衣冠济楚，排列阶次拜跪，升降温文尔雅，庶足以展仁孝于万一焉。

一、供子职。子孙三年，然后免于父母之怀，乳哺襁褓，至于成人。皆父母劬劳之恩，故欲报之，得洵昊天罔极也。人子事亲，岂能食皆珍馐，衣皆锦绣，但存孝顺之心，即菽水亦可以承欢。羊跪乳，鸟反哺，物类且然，苟取箸訽啐，借鉏德色，则物类之不如矣。

一、敦友恭。谁无兄弟，如手如足之义大也。故《诗》曰：凡今之人，莫如兄弟。又曰：兄弟既翕，和乐且耽。盖生本同根，不惟不可相煎，亦宜乖怨胥泯。笃友于之爱，田氏紫荆，姜家大被，愿吾族效之。

一、正名分。长幼尊卑本有一定不易之仪节，不惟称呼毋庸混乱，即坐作进退，亦宜肃恭。《记》曰：长者问，噧呀以对。又曰：遭先生于道，不命之进则不敢进，不命之退则不敢退，此皆卑幼事尊长之道也。然尊长亦当以慈礼待卑幼焉。至若嫡庶之辨、主仆之分，其大焉者，杜渐防微，莫此为甚，其共勉旃。

一、肃闺门。闺门为万化之原，《关雎》雅化实难再见，惟居家不闻诟谇之声，出户不饰冶容之太，是即专静纯一之美德也。至若寡妇处女，尤宜防闲。朱考亭之所以致谨于三姑六婆者，职是故耳。凡为父母与夫者，固当时加警惕，毋自宽其责可也。

一、豫蒙养。蒙以养正，圣功也。子弟当知识未开，聪明未启，时即宜教以入孝出悌、谨言慎行及诗书六艺之文，以端其趋向而辟其灵明。苟父兄之教不先，则子弟之率不谨，其不至于愚顽荒弃也几希。

一、勤职业。士农工商各有职业，勤则有功，惰则无益。常见游荡之子无所事事，窃为旁观者讥，甚至为父老辈所不齿。迨后家业稍乏，上而父母，下而妻子，不获仰事俯育，识者伤之。故惟能勤则四民皆足以致富，终身衣食享之不尽，父母妻子赖之以安。有志者，事竟成，尚其念之哉。

一、崇节俭。王道出入有经，故余一余三皆自节俭中来也；况我庶民衣食之需，或赖祖宗遗业，或由本身勤苦稍得保暖，即宜节俭。若好尚侈靡，以致所入不及所出，则父母之奉养必缺，妻子之饥寒立见，后悔其无及矣。思之慎之。

一、隆师道。语云：师道立则善人多，此自古来治国治家者所以必隆师重道也。倘轻忽骄傲，不但功名难就，风俗亦不雅观矣。故弟子当一心听从，以求明理之实。即父兄亦宜加意崇重，以尽育才之心。

一、讳号名。夫君亲并重世所共知，君之名当讳，祖宗之名讵无庸讳乎？奈前因谱牒未辑，子孙浩繁，各地散处，童子束发授经，塾师徒以冠冕美字命名，遂至上同夫祖父伯叔兄长之讳而不觉者。今皆照依昭穆尊卑改正，即或其名旧载契书，其下仍写原名某字

第十篇
宗法变革论与宗族建设

样,既不犯祖宗之讳,又不至有疏虞之失,斯则两无遗憾耳。

一、书系录。吾尝遍观当时贵家大族订谱者,或徒作世系,或仅载世录,未免偏而不全。兹将世系列于前,则提纲挈领,一目了然;世录列于后则循名核实,详悉无遗,合欧苏二家而成之,庶几尽善焉。

一、端士习。士为四民之首,读书谈道,非徒以弋功名要声誉,盖所以训俗型方,俾乡族是则而是效也。近世读书之士,有逞其智巧、挑是唆非,甚且好为构讼,心术坏而志趋靡,风俗之薄由斯人导之也,为士者其知戒之。

一、完赋税。国用取之于民,民业职在供赋。故有田产者,斯有赋税,苟不及时轮纳,一经官吏催迫,差役追呼,是自取骚扰之累也。惟每岁早自完纳,虽一粥一饭,享受安然;一枕一衾,不警梦昧。朱子云:国课早完,即囊橐无余,自得至乐,此之谓也。

一、戒争讼。居家戒争讼,讼则终凶,争者起于心不平也。或因一事之微,或因财产之故,遂至争端不已而讼。讼端不已而倾家,倾家则包藏祸心,起衅殒命者有之,因小失大,势所必至。言念及此,悚然惕然,戒之戒之。

(光绪十七年十贤堂刊本,民国十三年续刊)

民国平乐《邓氏宗谱》卷二,《律例歌》:

语云:读书万卷不读律,致君尧舜终无术。可见律典与经书并重,今人多不讲求,竟有因无碍之细故,而反蹈不宥之重典者,此由平日不知律令故也。近奉功令,摘叙小民易犯律例,写行天下,俾家喻户晓,以臻道一风同之盛,猗欤休哉!吾族固素称善良而儆惕之怀,愿斯须不可去也,故载《律例歌》。

谋杀人命	拟斩监候	若系图财	立决不宥
斗殴杀人	律应拟绞	监候三年	身终难保
两人斗殴	误杀旁人	亦拟绞候	终丧其身
威令他人	殴人致死	依律拟绞	自重主使
殴人未伤	即笞二十	若有伤损	依次加责
折人一齿	眇人一目	毁人耳鼻	俱杖一百
伤人肢体	责令保辜	若成废疾	罪拟满徒
瞎人两目	折人两肢	致成笃疾	流罪无拟
笃疾之人	无能营干	断折财产	以资养赡
刀枪伤人	充军边卫	因执凶器	特重其罪
以卑犯尊	无分内外	但致笃疾	即拟绞罪

弟殴其兄	妹殴其姊	分别服制	加等问拟
同胞兄姊	拟罪犹重	但殴即徒	法难宽纵
殴至成伤	即问流徒	折伤以上	罪应徒死
至于伯叔	甥与舅氏	名分尤尊	罪应重治
莫谓尊长	可拟卑幼	若致殴死	亦拟绞候
私和人命	拟杖六十	财物入官	律法有则
祖父彼杀	子孙私和	拟罪满徒	按律以科
卑幼彼杀	亦难漠视	尊长私和	重杖惩治
藉命打抢	追物给还	罪比抢夺	以惩凶顽
冒认尸亲	藉命吵闹	殴打指诈	重则枷号
故杀亡妾	以及子孙	图赖人者	罪拟充军
斗殴之后	寻殴报复	毙人父母	斩罪莫赎
见人斗殴	迁怒其亲	毒殴致死	立斩其身
强盗己行	罪干重拟	即不得财	流三千里
强盗得财	以药迷人	拟斩立决	首从不分
强盗杀人	更应重治	放火奸淫	立斩枭示
窃盗得赃	决杖六十	每逢十两	加等重责
窃赃百两	罪应拟流	若至满贯	拟绞羁囚
田野谷麦	山林柴草	若行偷窃	罪同窃盗
窃盗拘捕	例重杀人	为首斩决	为徒充军
偷窃耕牛	论只问拟	十只以上	罪于流徒
盗杀耕牛	应律充军	窝家分赃	同一罪名
私宰耕牛	初犯枷号	再犯充军	罪同于盗
盗贼窝主	最重分赃	虽不得财	亦流远方
窝流盗贼	分别名数	二人以上	流配他处
强盗窝主	邻佑知情	不行首告	满杖匪轻
容留流棍	勾引匪人	照例问罪	边卫充军
自昼抢夺	计赃问拟	犯至三次	立绞处死
抢夺杀人	为首立斩	伤人斩候	以惩凶悍
丢包贼犯	罪同抢夺	得赃数多	从重论决
军民和奸	例难宽释	奸夫奸妇	各拟加责

第十篇
宗法变革论与宗族建设

纵容妻妾	与人奸通	各杖九十	妇人归宗
买休卖休	和同婚娶	各杖一百	妇人离异
媒证知情	决杖九十	财礼入官	人财两失
强奸妇人	罪名非小	已成未成	分别斩绞
调戏妇人	致妇自尽	拟绞监候	终须丧命
妻妾因奸	谋杀亲夫	凌迟处死	以蔽其辜
杀死亲夫	奸夫斩首	妇虽不知	亦拟绞候
恶徒多众	强奸幼童	分别首从	斩绞惩凶
掘坟见棺	流三千里	开棺见尸	律拟绞死
未见棺椁	充徒三年	虽别首从	俱受罪愆
毁弃死尸	应拟流罪	若即尊长	斩候不贷
弃尸卖地	罪亦如之	追价入官	律法须知
移尸他处	重杖八十	以致失尸	满杖一百
有主坟地	私行盗葬	决杖八十	勒令迁让
贪人吉地	盗发其坟	拟绞监候	例有明文
勾引匪类	冒认古坟	为首为从	流徒罪分
祖坟树木	子孙砍卖	十株以上	问拟军罪
奴仆盗卖	与子孙同	名分并重	法律难容
盗卖坟树	若系他人	犯至三次	亦拟充军
知情盗买	罪亦难宽	树木等物	各分入官
盗卖祀产	数目攸分	至五十亩	边远充军
盗卖田宅	律答五十	侵占罪同	数多加责
强占山场	照律问拟	不计亩数	流三千里
欺隐田粮	脱漏户册	其田入官	仍杖一百
粮不过割	契不投税	田价入官	仍以治罪
放债取利	三分一月	违禁多取	坐赃论决
异姓乱宗	拟杖六十	以子与人	罪与同得
同姓为婚	勒令离异	仍杖六十	并追财礼
许嫁之女	再许他人	各拟重杖	财礼入官
翁姑主婚	改嫁孀妇	母嫁强抢	重杖以处
母嫁夫家	抢孀夺志	各按服制	加等重治

883

娶主知情	罪照强娶	仍行加等	女听守志
强嫁孀妇	以致自尽	罪拟充军	为重人命
贩卖妇女	惟利是图	为妻为婢	罪别流徙
多众开窑	罪当斩决	和同诱拐	充发边域
诱拐妇人	或用邪术	皆拟立绞	法难轻忽
开场诱赌	聚赌抽头	初犯再犯	分别流徒
偶然聚赌	抽头无多	罪拟枷责	在场同科
开宝赌博	分别首从	军流徒罪	伪造印信
冒支钱粮	为首立斩	为徒绞戍	指官诓骗
确计赃数	多则拟斩	少亦追戍	私铸铜钱
为首立斩	为从绞决	并追家产	私铸保邻
匿不举首	知情买使	立绞不候	伪造假银
为首拟绞	为从充军	仍先枷号	诬指为盗
陷害良民	不分首从	边远充军	诬告他人
罪加三等	致死拟绞	法律用整	诬告死罪
已决反坐	未决减流	加徒惩过	诬告平民
死于拖累	原告拟绞	教唆同罪	词讼告官
复行上控	除本罪外	枷号示众	邪术避行
拟绞羁囚	学习之人	罪问满流	聚众十八
抢犯获罪	为首拟斩	余发边卫	抢夺犯人
殴差致死	首从斩绞	分别问拟	联谋聚众
抗粮抗官	分别斩绞	法无可宽	借事聚众
罢市罢考	为首立斩	为从拟绞	刁民聚众
寒暑哄堂	斩决枭示	刑法非常	捏造言词
投贴揭帖	知而不首	俱拟绞决	生监恃符
包揽词讼	越分为非	治罪从重	

（光绪十七年十贤堂刊本，民国十三年续刊）

贵州

紫江朱氏

民国《紫江朱氏家乘》卷四，《旧谱家规十二则》：

第十篇
宗法变革论与宗族建设

一、敦孝弟。孝以事亲，弟以事长，乃人道之当然。盖孩提知爱，稍长知敬，本属良知良能，不学而知、不虑而能之事。至知诱物化，天性渐漓五刑，所以先严不孝不弟之诛也。吾族弟子当髫龀时，或庭训，或师傅，或母教，即为之讲明定省、温清、侍膳、撰杖之仪，随行隅坐、推梨让枣之义，使之少成若天性，习惯如自然。及其稍长，事父母则先意承志，得亲欢心；待兄弟则式好无尤，情殷友爱；不以娶妻生子间其孺慕之诚，不以析产分财启其猜嫌之渐，不以贫穷而弛其孝养，菽水亦可承欢，不以口角而至参商。手足务相亲爱，事衰年之父母，当时伺其起居；待贫穷之兄弟，宜周恤其困苦。或母亡父在，或父殁母存，尤贵慰其岑寂；或弟暖兄寒，或兄饱弟馁，亟宜悯厥艰难。至于后母悍虐、庶母茕孤，所当善为调护；即有庶兄愚顽、寡兄横暴，总须墨为转移。诚以事亲，无论具庆、鳏寡、富贵、贫贱、康健、衰老，均当克全孝道。善体亲心，堂上皆悦豫而无忧虞，门内多欢愉而免愁叹。兄弟须和乐且耽友于志庆，则父父子子、兄兄弟弟而家道正，孝子孝弟之心油然自生，岂非家之肥也哉？

一、和妯娌。兄弟以天合者也，妯娌以人合者也。以天合者本同胞之手足，易笃友于；以人合者联异姓为周亲，动生嫌隙。或以口角微嫌而互相讪谤，或因睚眦小忿而致启争端。或恃宠而骄，或因外家人强族众，稍不如意即操内室之戈。或缘自恃己强夫弱，偶涉嫌疑，遂逞舍锋之利，或因陪奁之丰厚而吵欲分居，或因人口之众多而闹欲析产。或听仆婢之挑唆而忘大义，彼此遂致参商；或信戚邻之刁拨而昧天伦，尔我即成仇敌。诟谇时闻于户内，箕帚亦德色相争；是非日较于门内，饮食之讼师顿起。不遵姑训，不听夫言，甚至自缢投河，期泄忿而使倾家破产，亦且抛头露面，相厮打而致堕胎殒身。凡此不睦不和，实属败礼败度，须知受分守法，即能召富召祥。亟宜互相亲爱，若姊妹之和谐，尤贵泯厥嚣凌，等毛里之联属。兄嫂子女，无非一本之亲，抚犹子直如己子；弟妇儿孙本属一家所有，视所生无异亲生。不以斗粟尺布而较量，不以润寡分多而启衅。同居则洗腆孝养，交修子妇之仪；析爨则任恤睦姻，各尽友爱之谊。庶几妯娌和睦，邻里不敢相欺；家室和平，子孙奉为坊表已。

一、教子孙。子孙虽愚，经书不可不读，此吾宗柏庐先生家训也。诚以子孙当童蒙时，无论智愚贤否，皆宜使之就傅受学，先课以忠、《孝经》、小学，随授以四书、六经为之讲明大义，使知孝弟、忠信、礼仪、廉耻为生人须臾不可或离之事，非徒诵习传说而已也。尤当身体力行，奉以终生，其有聪明颖悟之子，或质虽中人，而沉潜笃实、雅堪造就者，即令其留心学问，凡《周礼》、《礼》、《仪》、《国语》、《国策》先秦两汉之书，诸子百家之传，与夫唐宋八大家，又明隆、万、启、祯之文，及程朱语录，靡不朝夕研究，以求身心性命之学，并出其余力以为制科决胜之文，俾得发名成业，展其所学，光辅国家。如果资质鲁钝、不堪作育者,则当使之肆力于田间,务农力作,不可听其舍业以嬉,坐食耗费。孟子云:逸居而无教,则近于禽兽。为父兄者,奈何家有子弟,不知教诲,致使生骄长傲、无所不为,致有覆宗之患。今为吾族约:凡有子有孙者,无论家之贫富,当蒙稚时即宜延师训课,严加管束;倘家计艰难,亦当使之附学从师,学习礼仪。语云:三代不读书子孙愚。岂虚语哉?父兄之教不先,子弟之率不谨,愿我族人咸体此意,勿致或失其教也可。

一、慎婚嫁。男女居室,人之大伦,凡娶妇嫁女皆当谨之于始。娶妇则须先访其家声清白、根行正当之家,乃细察其母教若何、性情若何,有宿疾暗疾否,年齿上下相若否,平日头面清洁否。至于容貌止取端庄,不求美艳;德性务取柔顺,不宜泼悍。然后请媒聘订,六礼宜周,不必慕其家道殷实、陪奁丰厚。盖取妇最宜门户家道之逊我者,则女子入门,较之母家稍胜,心已帖然,不复嫌怨,而又凤禀姆教,从德凤娴,必能善事翁姑、无违夫子,克称内助。若徒慕高门,不求妇德,恐其生骄长傲,泼虿难堪,否则抛头露面,不循礼法,致有置中馈于不问者。嫁女则当择婿之贤否,如果聪明贤哲,虽家道不丰,亦可许字;若系愚鲁不才,或其父兄失教,不加管束,即令家拥多赀,适足供其游荡之费,且其门户家声,一无可取,而又不务正业,动辄兴讼,夙为邻里乡党所不与者,其家子弟断不可以女误许字之,恐久必败害女终身。谚云:养女嫁高门。然高门易生败子,不如选有德之家势将兴盛者,断不至生不孝子弟。古人慎婚嫁,良有以也。吾族遵守之,则无贻诲于后日,自能召福于将来已。

一、睦宗族。《诗注》曰:同姓为宗。《书·尧典·九族注》曰:高祖至元孙之亲,宗大而族小也。《周礼·大司徒·六行》:孝友之后即继以睦。郑康成训睦为亲,许叔重训睦为敬、又训为和。盖以族人众,势本疏远,其实推而上之以致始祖即一人也,亲孰如之?然其中或因食贫居贱、行止难堪,而亵玩相待;或因田宅毗连、意见各别,而嫌隙丛生,惟奉之以敬、处之以和,乃足以、敬宗而收族。昔陶敬节赠长沙族祖诗曰:"同源分流,人世易殊。慨然寤叹,念兹厥成。"诚有味乎言之也。近时闽广多有因族大人众,祠堂多有蓄积,往往倚以为势,每与外姓,或因口角嫌疑,或因田园镠辐,或因嫁娶不和,或因构讼不息,动辄鸣锣聚族、烧杀抢掳、互讼公庭。如或两姓势均力敌,遂敢聚众械斗,酿成人命重案,倾家破产,买人抵偿,仇家不服,上控翻案,仍将凶手拟抵,至于杀身亡家而不知悔。此又知睦宗族而不知宗族之睦在乎安分守法,共相勉为善良,以延宗嗣,以光前人,而不在乎倚势作威、好用狠斗致隳先绪也。今为吾族约:须体尊祖则敬宗、敬宗则收族之义,凡族中之贫乏者,遇有冠婚丧祭不能举行者,稍有力之家,当同忧共患,或一身独任,或众擎共举,为之成全其事。视其人之材力可任何事者,为之设法安置,或攒会凑本使之经营,或出田议租令其耕种,俾得养赡身家,不至流于匪僻。如其子弟聪颖无力读书者,则帮出学资,送

第十篇
宗法变革论与宗族建设

之就傅,俾得发名成业,亦增宗族之光。倘有不安分不听父兄教训,动辄惹事生非,及好嫖赌不务正业者,即集族中房长、族长及正直老成加以训饬,责以夏楚,仍许其改过自新;若能怙恶不悛,而且目无宗族者,族中即连名出首,送官惩治。再有不顾廉耻为娼盗者,一经族中查实,除送究外,即将其家除名,不使入祠祭分胙,以昭炯戒。庶泾渭攸分而邪正各判,人人皆知端品植行,自无邪慝之作,子孙绳绳翼翼、肃肃雍雍,岂非祖宗之流泽孔长而得敬宗收族之遗意也。

一、和乡邻。何言乎乡邻耶?万二千五百家为乡,鸡鸣狗吠,声相接而夜相闻也。五家为邻,出作入息,面相识而日见者也,地迩而人亲,可不与之和欤?且财甲一方,即宜扶助一方之贫;势甲一方,即宜拯济一方之难。能若是则无情无义,必为乡邻所不齿矣。若夫傲慢之、疏远之、侵夺之,又为乡邻所切齿矣,纵富贵惊人,其如众人之怨骂何?诚念夫族姓虽分而出入往来,岁时聚晤,无非父祖累世旧交,要必款洽殷勤,乃见风淳俗厚。倘或小衅成仇,细故角讼,求水火而莫应,置缓急于罔闻,风斯薄矣。至于倚势横行、设计倾害,以及唆使控告、结怨寻仇,此又相邻中之一大蠹也。若夫排难解纷、平争息讼,而不仅以含容忍耐作自了汉,不诚为一乡之善士哉?今与吾族约:凡所居相邻,务须和睦宽容,不以小忿而生嫌隙,不以微眚而致睚眦,不以言语之猜疑,辄相诟谇,不以鸡犬之凌践,动即参商。老幼尊卑,所当互明耻让,往来出入,宜矢敬恭,疾病则相扶持,守望则相友助,缓急相济,有无相通,亲者无失其为亲,故者无失其为故,庶几桑梓恭敬,礼让成风,观于乡而知王道之易易,岂非盛世之休征也哉?

一、虔祭祀。祖有功而宗有德,故自天子、公卿、大夫、士、庶人,莫不有祖宗,即莫不奉祭祀。祭祀之报本于人心,豺獭能祭,其性然也。人为万物之灵,而谓报本追远之心其能已乎?春秋则有享祭,坟墓则有拜扫,然必追养继孝,实致其凄怆怵惕之心,展敬谒诚,显著其优见忾闻之象。藉牲牢以展孝思,荐时物以申爱慕,斯致悫则著、致爱则存,祖宗之灵爽实式凭之矣。不然,神主一段木,丘垄一抔土,虽建祠置田,岁时举行,特较之废礼忘本,使九泉抱馁而之痛者稍有间尔,岂足以昭来格来享之诚哉?顾礼缘义起,百世所当遵也,而制有定限,又职分之所难逾也。彼夫朔望俗节之奠,以荐新也。冠婚爵令之告,则当因时祭而行之;高曾祖考之祭,凡同服之亲四时择日会于小宗祠堂之内,日用丁巳具牺牲而献之;其旁亲无后之神主,各以班而列焉,然后同高祖之支庶别择日而祀其三代之私亲,同曾祖之支庶别择日而祀其二代之私亲,同祖之支庶别择日而祀其父母,庶乎不涣而不紊耳。始祖先祖之祭,凡同族之亲,每岁会于大宗祠堂之内,具牺牲而献之。但始祖之祭有似禘之嫌,先祖之祭有似祫之嫌,非士大夫家所得僭,不若但择先人中之名臣修士,仿圣人七世观德之意而特奠之,是亦干祫之遗意也。墓祭则非古矣,然先王联坟墓之法已废而后风水之说又盛行,则其势不得不散置于各方,凡夫陵迁谷变之虑、盗葬侵址之虞,皆不可以不备也。于春露秋霜之际,会族人而一展省焉,固人情之所不容已也。至若五祀之祭,则亦有家之至切者。户者,万物之所毕出也,故春祀之。门者,万户之所毕入也,故秋祀之。养万物者,莫盛于火儿灶其司也,故夏祀之。滋万物者,莫盛于水而井其司也,故冬祀之。万物莫不依地而附天,中溜则一家之土,而天气之所由通也,故季夏祀之。夫君子之心无德不报,是数者皆人所赖以生也,而可恝然哉?然又必未祭而斋戒明虔,当祭则肃雍将事,既祭则懈怠不形,而且牺牲成而粢盛洁,衣服备而拜跪诚,绝喧嚣、谨仪度,洞洞属属,济济跄跄,无跛倚以临之失仪,有至诚如在之将敬,斯可谓之祭则受福已。至墓祭之礼,每岁季春一举、孟冬再举,谱无远近,墓无新故,凡属吾宗者,祭奠必及期轮次以一家主之,昧爽各至主祭之家。无公事而不至者责,拜跪不虔者责,或暂垦树者责,或犯茔域者责。凡责,尊长杖之,如欲赎罪,罚令修碑一方。庶几吾先祖之遗魄不泯没于荒榛蔓草之中,而藏狐貉与鼯鼪以遗憾也,族中人尚其敬而听之、遵而行之。

一、禁游惰。人生事业,无过耕读两端,耕为衣食之本源,读乃圣贤之根柢。耕则春种夏耘秋收,三时不害,于茅索绹乘屋,终岁犹勤;读则自少至壮迄老,学务时敏修身齐家治国、道在显扬,从古大圣、大贤、老农、老圃,未有不耕不读而食,不学而成者。即或无田可耕,有书难读,亦当择术,以为治生之计。或学手艺,或事商贾。习手艺者,毋或作为淫巧;经商贾者,勿或市伪杂真,不以垄断独登,不必多方渔利,惟期用心之仁。切勿入衙当差,恐其心术坏尽;尤戒随优学戏,致使秽德彰显。或谓富贵在天,穷达有命,自甘暴弃,不事经营,日在醉乡,夜眠妓馆,自求口实,不顾家室,到处酣歌,竟忘身命,以赌场为乐国,虽饥寒困苦而日事叫呶,以烟馆为仙都,纵精髓干枯而终耽呼吸,凡此未亡之肢体,皆属游惰之情形。今为吾族约:富贵之子孙,当责以耕读为本;贫贱家之子孙,当予以艺业为先,不可任其游荡,听其安闲;勿许压宝掷骰打牌,勿使挟优眠花卧柳,勿入酒楼烟馆,勿许学戏当差,犯则必惩,法无可贷。庶几亲正人而远邪佞,务正业而绝燕游,则僻匪之心无自而生,家运之兴于字可卜也。

一、戒赌博。人家子弟,莫患乎席先人之产业、拥祖父之赀财,舍业以嬉,日肆赌博,往往视财如粪、挥金如土,呼卢喝雉,暮乐朝欢,只顾一身豪兴,罔计荡产倾家。或招致外来博徒打牌掷骰,或勾引族间子弟压宝弹钱,夜以继日,乐此不疲。更或被人引诱,藉色羁縻,日则肆赌,夜则眠花,此贪彼爱,荐枕交欢。不惟品行尽丧,亦且家业倾销,耗竭精神,昏迷志气。或因父母尚在,未敢卖鬻田园,先行立契,与人按季认息,一俟亲柩在堂,即被追索,稍或稽延,照契管业。或因兄弟众多,尚未分析,乃敢偷契抵债,重利累还,偶被弟兄访闻,清查契据,无颜见面,辄寻短见,自缢投河,命亦不惜。总因贪赌忘家,受人

第十篇
宗法变革论与宗族建设

盘剥所致。甚至饥寒困苦,无以为生,大偷小摸,鬻女卖男,或逼妻卖娼,或强女为妓,廉耻道丧,门户丑扬,言念及于此,殊堪痛恨。今与吾族约:凡有子弟,皆当与以职业。读书耕田,乃是正经职业;即或家贫,无田可耕,即令学习手艺,以为治生根本;抑或遣使经商贸易,以图发迹。不可听其游手好闲,日以赌博为事,致蹈前辙。古者民无职事,使出夫家之征,盖所以儆惰民,使之各理生业,俾不致放逸为非,致罹法网也。吾族子弟,果能遵守条约,各勤正业,不入赌场;即遇岁时伏腊,亲戚往来,不复聚赌为乐,以致互相盘剥,则家规整肃,行止端方,一切不虞之祸,自无从而生矣。

一、完国课。则壤成赋,朝廷自有常经;纳粮当差,闾里宜遵成例。诚以有田者完粮、成丁者应役,所以昭急公奉上之诚,亦以明任土作贡之义也。每见有田业者,恃其狡猾,往往视田粮为不急之务,逞奸诈为闪避之门。当秋收时,新谷登场,不思赋税早完可免追呼之扰,丁粮全纳自无胥吏之惊;而乃任其心以处之。无论年丰岁凶、食指多寡、冠婚丧祭之费几何、宾客应酬之需若干,并不酌盈剂需、量入为出,一味耗费、徒事浮华。及至里长粮头登门追索,仍复东搪西躲、藏匿不面。至被禀拘锁押到官,用刑比追,不得已而重利短借,加倍赔偿。总因视钱粮为末务,致受追逼之苦耳!今为吾族约:凡有田业者,务宜于收获时,即将所应纳之钱粮,早为预备,一逢开征,即行投柜完纳,截取串票归家,以免胥吏追呼、里长浮勒。俾鸡犬得以安静,室家得享太平之福已。

一、戒争讼。争,祸端也;讼,凶事也。盖争则逞一时之忿,往往舍生拼命而奋不顾身;讼则因一言之辱,每每告状兴词而互相攻讦。究之,因争致讼则破产倾家酿命抵偿者有之,因讼成争则恃众恃横抢掳杀烧者有之,总因不能忍气、不肯容人,以致唆讼棍徒乘机挑衅,惯争痞匪借事生波,遂使两家结怨,累世成仇,其实不过一朝之忿、一言之辱,本易消遣,辄相愤恨。岂知一字入公门,九牛拔不出;衙门八字开,有理无钱莫进来;书差之规仪,干证之盘费,在在俱要拿出;而乃案搁审悬,欲结不能,欲息不得,讼师勾结衙门,教师包揽械斗,期在必胜,不知吃亏,动谓和之则愚、舍之则懦,迨至经年不断、两败俱伤,家业因之消亡,性命因之断送,此时气消情倦,金尽力疲,悔已无及,伤如之何?语云:饶人不是痴汉,痴汉不会饶人。又云:忍得一时之气,免得百日之忧。皆阅历见到之语也。今与吾族约:凡遇不平之事,除祖先坟墓被人掘毁侵占,及名节所关,被人诬蔑,势不得不鸣官申理,其余钱债细故、田土微嫌;人极无礼于我,我先自认三分;不是听人说和,一经邻里亲友相劝,即行解释,莫与较量。即族邻亲友有与人欲兴讼者,亦宜从中劝息,勿令滋讼。至吾族中文士才士,慎勿逞恃刀笔代人捏写词状、唆耸争讼,希图包揽索谢,致坏自己阴德,折堕自己前程,断绝后世儿孙,兼败他人产业,损人利己之事,天理所不容也。总之,居家戒争讼,讼则终凶,凡我族人当凛之遵之,勿以余言为河汉也可。

一、崇俭朴。俭乃美德,流俗顾乃薄之。夫先王之制,自天子、公卿、大夫、士、庶人饮食有节、衣服有章、宫室器用有等,皆各守其分而不渝。今乃不视其分之所当为,而惟视其力之能为,贫者见富而羡之,富者见尤富者而欲效之:一饭十金,一衣百金,一室千金以至万金,奈何其不穷且乏也。每见闾阎之中,其父兄淳朴质实足以自给,而其子弟或入胥吏之群、或附商贾之队、或列绅衿之末,类无不羞向者之为鄙陋,于是从而新之,累世之藏尽于一人之手,甚则诡求诈骗、寡廉鲜耻,彼诚有所不得已也,与其悔之于后而不可及,何如约之于始而无难乎?然所谓约者,非一切而捐之也;养生送死之具,吉凶庆吊之需,皆称情以施焉,庶不至于困耳。惟是金碧之辉煌、纂组之奇丽,吾诚不知其何所适于用,而优伶之技、歌童舞女之娱,又不知果足以养人心之和否也。至若妇女之伦,多穷奢极靡而不与男子相称,岂敌体之义乎?昔孟光丽妆靓饰而梁鸿不答,服私居之服二改容谢之。桓少君赍贿甚盛而鲍宣不悦,挽鹿车而乡邻称之,人之度量岂不相越哉?今与吾族约:治生宜勤而居家宜俭,勤则不匮而善心生,俭则不奢而侈心泯,凡饮食衣服居室用宁朴勿华,宁俭勿奢,至于冠婚丧祭之费,宾客应酬之需,不丰不菲,从俗从宜,华而不靡,俭而不吝。《曲礼》云:君子恭敬撙节,退让以明。《礼记》曰:三年耕而有一年之食,九年耕而有三年之食。夫耕三余一,耕九余三,岂非节俭之所由致哉?

(朱启钤修,民国二十四年排印本)

山西
引律令入家训。

洪洞刘氏
光绪《洪洞刘氏宗谱》卷二,《祖训》:

一、曰明嫡庶。传云:并长匹嫡,祸之阶也。则知嫡庶之宜明也。嫡庶者,正其母而其子自正者也。元配、继配为嫡,所生为嫡子。妾媵有子为庶,所生者为庶子。自有以妾媵为正室者,以致嫡庶不明,母子均失。按律,妻在,以妾为妻者杖九十,改正。又云,即妻亡,亦坐以不应罪。又律,立嫡子违法者杖八十,改正。后世子孙毋以妾媵为正室、毋以庶子继宗祧,其反是者罚而正之,再犯治以法。

一、曰正名分。《经》云:天尊地卑,其分定矣。则知名分之宜正也。宗族既繁,行辈易失,或行尊而齿少,或长贱而幼显,挟长挟贵,僭越生焉。始由疏属渐及近支,名分不正,实为乱阶;后世子孙毋以卑乱尊,毋以下冒上,毋以疏远自疏,毋以齿爵自大,其有反是者,斥不与祭。

……十世孙志、镇谨识。

第十篇
宗法变革论与宗族建设

（刘殿凤修，光绪二十七年刻本）

安徽

宗族的教化活动。各种定期和不定期的节庆、祭祀等集体集会，都会严格按照一定仪式来进行，仪式本身最具教化功能。忠孝节义、三纲五常、扬善贬恶成为种种教化活动的主题。

绩溪南关许余氏

光绪《绩溪县南关许余氏惇叙堂宗谱》卷八，《惇叙堂家礼·庆礼》：

凡父母生辰，长子整席请父母坐，长子夫妇及群弟夫妇为一行，男东妇西，子妇为一行，皆北面再拜兴，长子奉酒跪父母前从俗进颂祝之词，父母受酒。众皆跪，长子复位，再拜兴，礼毕。如兄嫂生辰，弟率妻先行礼，兄嫂立而答，礼毕。子侄以下行礼，乃坐受之。

凡贺岁，父母坐，子孙一辈为一行，同拜讫，第一行男东妇西立。第二行拜如前，以次拜讫。东西男妇相对揖，礼毕。祠堂合族元旦行礼仿此，但族长不座，第一行拜后皆立，东序西面。第二行拜讫皆立，西序东面，以次拜讫，同揖而退。

（光绪十五年刻本）

山西
灵石何氏

道光灵石《何氏族谱》卷七，《家训八则》：

四、慎贻谋。教子弟如培蒙芽，须自幼训诲，使温柔、忠厚、恭谨、端方，泛爱同人，尊敬长上，一言一动必有规矩，苟教养有素，他日居乡则为正士，筮仕则为好官；即使才智卑下，亦不失为纯谨，不至为非作歹，败坏家声，此便是贻谋之善。何氏宗族居两渡军营坊者，子弟不必皆贤，然流入匪类者犹鲜，此皆先人预教之泽。则今日为后嗣计，正须早加谨凛，宜录先正格言懿行并吾族中先世有阴德可称道者汇为一帙。每岁时祭享、燕会，择族中年长通学术者纠众讲习，定为宗规，此亦养正之一法。昔人有云：食祖宗之泽，当知创业维艰。虑子孙之愚，须思训提宜早。又云：人家有好后嗣，其兴可知；人家有恶后嗣，其败可知。呜呼！父兄之教不先子弟之率，何由克谨。凡我宗族，宜共慎旃。

五、肃闺范。古人严于闺范，教诲殷勤，以故妇人知礼，端庄静淑者多。今世妇人不甚知书，间有颇通文艺者，又多闲览小说、杂传，居家持身要务忽焉不讲。他若游春聚谈、观剧看灯、入寺庙烧香念佛经，更为可鄙。夫闺门，化之原。《礼》云：外言不入阃，内言不出阃。男无故不入中门，女无故不出中门。此亦何在不当严者。一切陋习皆教之不先故也。

余家世守淳朴,女教与男教兼重,此后各宜严肃。其在读书人家,摘《内则》中家常日用明白易晓之说,并先代《女训》《女戒》等篇闲时细为讲究,使之观法。即不读书者亦时深约束,取所见所闻者教之,决不可稍为纵容。至外边尼姑、师婆、卜妇等类,更当严绝,不可令其出入,招说是非。盖妇人素守闺阃,识见甚浅,一闻异说,即便惶惑。慎毋以为无关而忽之。

六、睦宗族。比闾而居,虽在异姓,尚宜绸缪。矧知同宗共祖之人,一气相传,岂可情意乖离?纵五世亲尽,相去似远,然自祖宗视之,犹是一人之所分也。则今之分门别户者,原皆先人之手足。自相残斗,忍乎?大抵族众不和,多因贫富相耀、强弱相逼,或以少凌长,或倚势暴孤,引起争竞,遂成水火。夫人情远则日疏,近则日亲,此后每佳节祭献,年高德劭者宜纠合宗属,称述历代积功累仁之意,教以亲三党、睦九族,庶人人知为一祖之孙,不至犯尊犯齿。即偶有争执,亦须从公伸理排解,不得遽尔构讼,伤伦败化。从来帝王犹敦天潢之系,况在士庶,岂可薄视本支?

(乾隆间何思忠创修,后裔续修,道光十四年续刻本)

湖南

要遵法先要知法,要让族人恪守家规族训、遵从伦理纲常,必须先对族人进行教化,让族人明晓清规戒律、礼仪常范。

湘乡匡氏

道光湘乡《匡氏续修族谱》卷首,《家规》:

……每岁正月望日,各房房长约集子侄,将家规、家训一一诰诫。

(匡逢向等修,道光八年解颐堂刊本)

涟源李氏

民国涟源《李报本堂族谱》卷首,《宗规》:

乡约当遵孝顺父母,尊敬长上,和睦乡里,教训子孙,各安生理,毋作非为。这六句包尽做人的道理。凡为忠臣、为孝子、为顺孙、为圣世良民,皆由此出。无论贤愚皆晓得此文义,只是不肯着实遵行,故自陷于过恶,宗祖在上,岂忍使子孙辈如此?今于宗祠内仿乡约议节,每朔日族长督率子弟齐赴听讲,各宜恭敬体认,共成美俗。

(民国五年报本堂活字本)

第十篇
宗法变革论与宗族建设

零陵龙氏

民国零陵《龙氏六续家谱》卷首下,《家规》:

昔王孟箕立有家约、会规,每会令族众恭诣祠堂,先讲经书,次讲法律及孝顺诸书,务令人人谨守勿替,是亦族长之所不容废者。凡我族人必慎简正直、明决、老成、可法者,以树族中坊表,或释疑难于庭内,或讲礼于祠堂,俾子孙久仰仪型,则族长之为益,岂有穷哉?

(民国十年敦厚堂木活字本)

福建

南平、延平麟阳鄢氏

光绪南平、延平《麟阳鄢氏族谱》卷首,《祠规》:

一、议赠祠银:登科发甲,耀祖荣宗,祠银出赠,比得其中,文武乡榜,四十两同,题名雁塔,八十为隆,文先武后,岁序难蒙,钦赐选举,登科同功,翰詹诸类,发甲相通,五贡赠款,十五斯充,例捐贡职,疋彩披红。待当得缺,均倍偿公。

(鄢宗云等修,光绪四年刊本)

广东

乳源余氏

嘉庆《乳源余氏族谱》卷一,《家规并引》:

一、遵端蒙养。童蒙者,圣狂之所由分也。古来圣母有胎教,有能言之教;父兄有小学、大学之教。是以贤才辈出,德成业立而为人间肖子。故陈忠肃公于幼学之士,先要分别人品上下,何者是圣贤所为之事,何者是下愚所为之事,向善背恶,去彼就此,此又学所当先也。今之教子弟,必于上者,教之习举业取功名,以光宗耀祖;次则教之杂字柬笺,以便商贾书数可也;若以下自居,教之律法词状,以为他日刁狡之地,此则非徒无益,而又害之矣,为夫兄者切宜得所以教之之法。七岁入小学,教其洒扫应对之节、揖让进退之仪。稍长,择以端悫师友,将四书本经读熟,详细讲解,不得以杂家小说限其光阴、乱其意思,务使气质变化、陶镕德行,以立作圣之基。他若文章诗赋,本儒者之业,然亦可从后教之,不可以为先务也。如此先本后末,他日无论登科甲第,出治临民,则子弟之俊秀者,固为有道之士;愚顽者亦可为良善之人。合族之人,各宜敏省。

(余有璋等纂修,嘉庆二十五年木活字本)

宣讲人员和宣讲内容：宗族的教化活动丰富多彩，并且与官方的教化活动进行互补，相得益彰。在一些族谱中可以同时看到有家训、家礼、家政和家法，建立了一整套严密的教化网络。

安徽
歙县汪氏

康熙《歙县汪氏崇本祠条规》，《崇本祠条规》：

恭逢圣天子谆谆教民敦化，所颁"圣谕十六条"见奉各宪府主、县主实力举行，严敕各乡朔望宣讲。凡两族子孙务宜仰遵，倘有悖戾不法致其亲属鸣众申诉者，各门尊长贤达必须会集宗祠，为之惩劝。更有事关风化，必致呈公，凡有名器者，当为秉公倡率，不得为尊亲者讳。若情真事实，故行推诿者，两族鸣鼓共攻。

（康熙三十年刻本）

绩溪南关许余氏

光绪《绩溪县南关许余氏惇叙堂宗谱》卷八，《惇叙堂家法》：

贫人迫于饥寒而犯盗窃，其盗窃尚在本族，比盗他姓罪轻，家法不能不立此条以重廉耻。然必每年宣讲家训，每岁遵行家礼，每事举行家政，然后可以行家法。若不讲家训，是不教而杀；不行家礼，是无风化；不举家政，是无恩泽。专行家法，恶人未必感服也。

（光绪十五年刻本）

浙江
绍兴山阴柯桥杨氏

光绪绍兴《山阴柯桥杨氏宗谱》卷二，《祭法》：

景华记曰：一念之间，福善祸淫，言子孙之公与私也。凡宗祠不修，祭祀不举，朔望不谒，出入不告族长、诸尊辈，皆得而责之。宗祠，不许为家人宾客居宿之所；祭器什物，勿借人私用；祖遗影像、器物、衣冠、书籍之类，不许弃毁；凡远近坟墓、庐舍，树木、砖石、碑碣之类，族人不论亲疏，闻见损坏，皆为看护劝勉。本支子孙补辑，毋得袖手旁观，为刍童牧竖毁伐。凡轮收墓田租税，而不祭扫，及盗卖者，族长率众共责而罚之，令补其祀典，复其土田，仍勿使其与祭。敦伦堂示训申戒，先置二簿。一旌善簿，于所示训者能之，籍记其善。长者命之酒，使少者咸拜之，善多为众所许，特令有文者识其事于谱。一惩恶簿，于所申戒者犯之，籍记其恶，会众责之不悛，犯多者谱削其名。郑州公曰：有敢犯五伦，行迹显著者，众共斥之，死不入主于祠。饮馂申示之时，有喧哗无意于听受，及迭膝欠申，使北面

第十篇
宗法变革论与宗族建设

跪饮,以行罚。蔓引以抗拒者,扶出祠。流言不逊者,罚银供祠用。按,水澄桥刘先生罚条云:子孙供祀不中规不敬,一两;祠中男妇混杂,五钱;祭失仪,一钱;司仪不举,三钱;私收祭租,五钱;给胙斤两短少,五钱;不当给胙而私给,三钱;无故不与祭,一钱;不衣冠,三钱;饮胙致醉后争嚷,五钱;盗祭器,估其值陪罚,仍杖于祠;盗典盗卖祭田,通族攻之经官追治外,复杖于祠,逐之。生不与祭,死不入主,不列于谱。子孙宜仿行之。

(杨惟椿、杨惟一等修,光绪二十年敦伦堂木活字本)

绍兴中南王氏

民国绍兴《中南王氏宗谱》卷首,《议约》:

立议约绍锡。我宗祠创始以来,祀事礼仪可云备举,规模条款载在简章。自遭兵燹,租花不起,停止有年,兹拟复举前行,竟有入不敷出之状,虽故由时势,半系执事者不肯齐心,或刚愎是为,或逡巡趋避,以至东推西阻,祀典几叹沦夷。倘不重整规条,何以对在天之灵乎?是用邀集各分点定执事,立议约一纸,各一书名,各一画押。嗣后务须踊跃从公,不得徇私作弊,庶几祭祀可明,礼仪卒获。如再蹈故辙,作不孝论。

各分执事名单附后,亲点更换,不比世袭所论。

后北岸:卫庭、文豫。

老二分:秉辉、承瑞。

小大分:元伦、元位。

小二分:懋勋、玉安。

小三分:思瑞、永锡。

参军第:廷璧、体仁。

同治三年岁欢甲子正月上浣之吉,三十一世孙立议约族长绍锡,暨各执事会同亲自有押。

(王大泉修,民国三十一年三槐堂木活字本)

民国绍兴《中南王氏宗谱》卷首,《议约》:

立议约族长世贵。我祖支派分为六分,岁时祭祀,轮流值年。现在子姓良莠不齐,每年赢余,往往拖欠不归,甚至指鹿为马,面奉背违,殊属藐视,不成事体,将来祭祀化为乌有。今会同分长执事,秉公议规,嗣后如有拖欠之家,不准值年。倘该分有人照数弥缝其阙,仍然可以轮值。若是,日后春秋大典,永永绵绵,毋使缺乏。今汇议之后,各自昼押,不得推诿,此约。

分长执事名单：

后北岸：永华、文豫、荷莲。

老二分：承荧、承瑞、大增。

小大分：元礼、家澜、文荣。

小二分：廷宝、汇堂、建章。

小三分：甸扬、念久、王浩。

参军第：大法、春辉、竹斋。

监议：瑞铃。

执笔：观撧。

光绪十四年岁次戊子春分日，族长世贵谨约。

（王大泉修，民国三十一年三槐堂木活字本）

四川

长寿县

长寿家教。

民国《长寿县志》卷四：

邑俗崇尚礼让，虽粗野之家，教训儿童，亦注重拜见尊长，恒以不能行礼为惭，此礼之通行于乡俗者也。

（《中国方志丛书》本，第248页）

长寿人讲孝道、分家。

民国《长寿县志》卷四：

乡村愚民相聚，而谭不离孝字，如想尔身从何处来，十月怀胎娘辛苦，孝顺还生孝顺子，忤逆还生忤逆儿等语，万口同传，认为无上道德，于风化甚有裨益。壮年望子，惟以他日无人送老归山、香火断绝为虑，殆以无后为不孝之罪，由来久矣。兄弟和睦，待父母没，然后分异者间亦有之，多数娶妇后即陆续拨出，曰"分锅头"。最富者，父母酌议赡业，其次平均口谷若干，贫者依长幼轮流迎养。

（《中国方志丛书》本，第250页）

张公艺故事。 译者误将张公艺故事与江西义门陈氏故事混合在一起了。

[美]明恩溥《中国乡村生活》，《乡村结构》：

第十篇
宗法变革论与宗族建设

灶台上方挂着一幅灶王爷的像,容易令人想起是张公(艺)的化身。张公(艺)生活在八世纪,虽然九世同堂,其生活仍然相当祥和、安定。甚至他的几百只狗都非常懂礼貌,如果哪只狗吃饭迟到了,其他伙伴一定会共同等候。

……按照传统,在住宅里挂上张公(艺)的肖像,是为了敦促人们以他老人家为榜样,不幸的是,其效果甚微。

(午晴等译,时事出版社1998年版,第17页)

第十一篇　宗族与族人丧礼祭礼

一　丧礼

（一）宗族表示遵守朝廷丧礼制度

丧葬与孝道。

《大清律例》卷一七，《礼律·仪制·丧葬》：

凡有尊卑丧之家，必须依礼定限安葬。……其从尊长遗言，将尸烧化及弃置水中者，杖一百；从卑幼，并减二等。……其居丧之家，修斋设醮，若男女混杂，所重在此。饮酒食肉者，家长杖八十；僧道同罪，还俗。

（天津古籍出版社1993年点校本，第296页）

法定僧道拜父母、祭祖先。

《大清律例》卷一七，《礼律·仪制·僧道拜父母》：

凡僧尼、道士、女冠，并令拜父母，祭祀祖先。本宗亲属在内，丧服等第，谓斩衰、期、功、缌麻之类，皆与常人同。违者，杖一百，还俗。

（天津古籍出版社1993年点校本，第293页）

《皇朝经世文续编》卷五九，《礼政十·服制》，王廷植《再醮不得为继妻论》：

再醮之妻所以异于娶室女为妻者，以不能受夫与子之封也，其所生之子服制同也。妻死，续娶再醮之妇为妻，所以异于娶室女为继妻者，亦以不能受夫与子之封也，其所生之子服制同也。惟前妻之有子者是为嫡子，其服制则不能以不辨。《春秋》胡氏传曰：古者

第十一篇
宗族与族人丧礼祭礼

诸侯不再娶。《左传》惠公元妃孟子卒，继室以声子生隐公，隐公三年君氏卒，《传》曰君氏卒，声子也不赴于诸侯，不反哭于寝、不祔于姑，故不曰薨，不称夫人，故不言葬，再娶之不得为继妻也如此。《礼记·丧服》传曰：继母如母，《家礼》为继母义服三年。今律云：继母服斩衰三年，继母之同于亲母也如此。《大清律例》母出服期，继母出则无服，母嫁服期，继母嫁则无服。又妇人夫在被出及义绝不改嫁者，亲子有官一体封赠。又父母殴杀子孙者杖，继母殴杀子孙拟徒，殴杀前妻之子致其夫现无子嗣者照律拟绞监候，继母之不同于亲母也如此。然此所谓继者，皆男子聘在室之女，而二姓好合，六礼咸宜如初婚者。然女家有嫁礼，男家有婚礼，父之继妻所以为子之继母也；为继母者与亲母、嫡母尚有不同，而□不得谓之继母者乎？再醮之妻古人亦有生子而贤达者乃千百中之一二，此不可以例常情也。其丑恶者则不必言。说合之初多系下贱媒婆，妇与夫必先面见相与，母家、或姑家利于钱财，只得身价，并无礼书，必俟夜深避人而行，不准在于境内上轿，见者以为不祥，或在媒婆家出门，此各省乡俗皆然，所谓贪夜私奔，贱莫贱于此矣。而竟称之曰继妻，其嫡妻所生之子有服官，在仕者亦使其生而母之，死而丁忧持服斩衰三年而丧之乎？古之再娶曰后妻，其于子也为后母，大孝如虞舜与曾子、闵子骞辈皆事后母，而孝者惟事后母乃可谓之真孝，吾知其所谓后母之非再醮无疑也。或曰为子者知尊父命而已：父以为继妻，子即不敢不以为继母，不计其为再醮也。不服三年，孝子恐伤父之心也。答曰：先王制礼，过者俯而就，不至者跂而及，酌中定制，所以合天下而遵行之。申生孝己、伯奇之行不能以为常例也。且今之所言者，正为天下之为人父者言之也。明乎再醮不得为继妻之为礼，而为父者不敢纵情而犯礼，为子者可以缘礼而抑情矣。如是而其父犹必令其子服三年之丧，其子敢不委曲以从命乎？此乃事之至变，立法者止言其正而不言其变也。或曰：有生而母死而为后母所抚育者，虽再醮，其子不服三年不忍也。答曰：母死，父命他妾抚养者为慈母，律应服斩衰三年也。曹续祖之议曰：娶再醮之妇而又无子者，止当以妾论，不得使其子丧之曰继母。盖据封典不及再醮妇之例，而谓丧服之与封典不宜两歧。噫！执是说也，又何以处夫再醮之有子者？再醮不能受子之封，若亲生之子即不能不为之服，其不能受封者失节之惩，所以重夫礼教之防也。其必为之服者，怀抱之恩无所逃于天地之间也。故虽下贱淫妇，其亲子必服三年，而岂可以概之嫡子乎？礼不二继，继妻死，再娶室女为继，夫之封典亦不及焉。虽准捐请，不在应封之例，而谓再醮之妻嫡子应服三年，设有再继、三继或三醮、四醮者，又将何以服之？买婢女为妾，生子，尚可请封，再醮则婢女之不如。愚谓再醮之妇，是否得为继妻，礼经本无明文，其不言及者，其不必言及者也。但此等失节改嫁，多系夫丧未满，律应离异，如被抢夺或被强奸，即照犯奸之妇科断，其不得谓之继妻也，明矣。京中八旗家法，凡失节之妇，祠堂不准附主、祖茔不准附葬,此如何惩戒也。即此以观其不以为继妻也,又断然矣。前夫有子是其亲生,止于期服,何以前妻之子应服三年?予得而论之曰:凡再醮之妇,妇家无嫁礼,夫家无婚礼,无论初娶、再娶,俱应以妾论;如有嫡子及庶子,应照是否生有子女之父妾持服,父妾之有子女者为庶母,庶母例准貤封,嫡子众子皆服期年,无子女则无服。吾乡有孝廉某娶再醮逾年而殁,其嫡子不报丁忧,人有议之者,因作此以答之,以备议礼者之采择焉。

(葛士浚辑,光绪十四年版)

族人依服制成服,参与丧葬事务。

劳乃宣《桐乡劳先生遗稿》,《致徐谯楼论丧服书》:

日前谈及某君于其戚谊某氏之丧,不令用白布衣冠为丧服,谓衣服今已改制,不当尚沿旧习。人皆讥其悖妄,愚独笑其不学,何也?

盖丧服衣冠,历代皆不用当代冠服制度也。某君殆以为衰绖之物、齐斩之服皆大清所创制乎,亦多见其陋矣。

《仪礼·丧服篇》疏曰:"按《郊特牲》云:'大古冠布齐则缁之。'"郑注云:"唐虞以上曰大古。"又云:"冠而敝之可也。"注云:"此重古而冠之耳。三代改制,齐冠不复用也,以白布冠质以为丧冠也。"据此而言,则唐虞以上吉凶同服,惟有白布衣、白布冠而已。三王以来,以唐虞白布冠为丧冠。又按《丧服记》云:"凡衰外削幅、裳内削幅。"注云:"大古冠布衣布,先知为上,外杀其幅以便体也;后知为下,内杀其幅稍有饰也。后世圣人易之,以此为丧服。"据此《丧服记》与《郊特牲》两注而言,则郑云后世圣人,夏禹也。是三王用唐虞白布冠、白布衣为丧服矣,此夏商周不以当代制服为丧服之明证也。一代之兴,必易服色,夏收、殷冔、周弁迭更其制,而丧服则一用唐虞之白布衣冠,有因而无革何欤?盖取其质朴无文以称哀素之心焉耳。三代而下自秦汉以迄于今,衣服之制代有改革,而以白布衣冠为丧服,则数千年无所变更。元明之不改唐宋,犹唐宋之不改魏晋、魏晋之不改秦汉、秦汉之不改夏商周、夏商周之不改唐虞也。六朝以上丧服之学、丧服之制,一依仪礼,其衣冠之不改不待言矣。唐始于亲族五服略有增改,而衣冠则悉遵古制,开元礼有明文。宋元明丧礼,皆无别制衣冠之文。元时有民人请依蒙古丧服,朝命严斥不许,见《元典章》。《大清通典》载有"斩衰服生麻布旁及下际,不缉麻冠绖菅屦竹;杖齐衰服熟麻布旁及下际,缉之麻冠绖草屦桐杖"之文,大功、小功、缌麻冠服绖屦之制,皆与古制无异,与本朝冠服迥然不同,是仍沿用唐虞以来之古衣冠也。

孔子曰:殷因于夏,礼所损益可知也;周因于殷,礼所损益可知也;其或继周者,虽百世可知也。是丧服固百世之所因矣。

第十一篇
宗族与族人丧礼祭礼

今南北乡俗，丧服多用梁冠衰麻，俨然古制，是为历代相沿未尝改制之确据，其与平日衣冠不同，非违国制也。尊古制正所以遵国制也。士大夫家间有仿满人丧服衣冠者，自以为遵国之制，实则未尝考见通礼之文，转蹈《元典章》所载民人之辙矣。夫丧礼为天理人情之至，我中国自伊古以来相传之国粹也，人道之异于禽兽者，此其大端。此而废之，是废人道也，故历百世而不改。三代圣人之制作百不存一于今，独五服之名、衰麻之等至今承用，无异古初。虽北朝辽金元累以外族入主中原，中原亦相因而不废。洵我中国至可宝贵、至当爱护之物矣。

（民国十六年桐乡卢氏校刊本）

江苏
宜兴王氏

民国宜兴《王氏宗谱》卷一，《丧服总图》：

斩衰：三年。用至粗麻布为之，不缝下边。

齐衰：杖期五月，不杖期三月。用稍粗麻布为之。

大功：九月。用粗熟布为之。

小功：五月。用稍粗熟布为之。

缌麻：三月。用稍细熟布为之。

（民国三十四年三槐堂木活字本）

民国宜兴《王氏宗谱》卷一，《本宗九族五服正服之图》：

高祖父母齐衰三月。

曾祖父母齐衰五月。

曾伯叔祖父母缌麻。

曾祖姑在室缌麻，出嫁无服。

祖父母齐衰不杖期。

伯叔祖父母小功。

祖姑在室小功，出嫁缌麻。

族伯叔祖父母缌麻。

族祖姑在室缌麻，出嫁无服。

父母斩衰三年。

伯叔父母期年。

姑在室期年，出嫁大功。

堂伯叔父母小功。

堂姑在室小功，出嫁缌麻。

族伯叔父母缌麻。

族姑在室缌麻，出嫁无服。

己身

兄弟期年。

兄弟妻小功。

姊妹在室期年，出嫁大功。

堂兄弟大功。

堂兄弟妻缌麻。

堂姊妹在室大功，出嫁小功。

再从兄弟小功。

再从兄弟妻无服。

再从姊妹在室小功，出嫁缌麻。

族兄弟缌麻。

族兄弟妻无服。

族姊妹在室缌麻，出嫁无服。

长子期年。

长子妇期年。

众子期年。

众子妇大功。

侄期年。

侄妇大功。

侄女在室期年，出嫁大功。

堂侄小功。

堂侄妇缌麻。

堂侄女在室小功，出嫁缌麻。

再从侄缌麻。

再从侄妇无服。

再从侄女在室缌，麻出嫁无服。

第十一篇
宗族与族人丧礼祭礼

嫡孙期年。

嫡孙妇小功。

众孙大功。

众孙妇缌麻。

侄孙小功。

侄孙妇缌麻。

侄孙女在室小功，出嫁缌麻。

堂侄孙缌麻。

堂侄孙妇无服。

堂侄孙女在室缌麻，出嫁无服。

曾孙缌麻。

曾孙妇无服。

曾侄孙缌麻。

曾侄孙妇无服。

侄曾孙女在室缌麻，出嫁无服。

元孙缌麻。

元孙妇无服。

凡嫡孙，父卒，为祖父母承重服，斩衰三年。若为曾高祖父母承重服，亦同。

凡姑、姊妹、女及孙女，在室或已嫁被出而归，服并与男子同。出嫁而无夫与子者，为兄弟姊妹及侄，皆不杖期。

凡男为人后者，为本生亲属孝服皆降一等，本生父母亦降服，不杖期。父母报服同。

凡同五世祖族属，在缌麻绝服之外，皆为袒免亲。遇丧葬，则服素服，尺布缠头。

（民国三十四年，三槐堂木活字本）

民国宜兴《王氏宗谱》卷一，《妻为夫族服图》：

夫高祖父母缌麻。

夫曾祖父母缌麻。

夫曾伯叔祖父母无服。

夫曾祖姑无服。

夫祖父母大功。

夫伯叔祖父母缌麻。

夫祖姑在室缌麻，出嫁无服。

夫族伯叔父母无服。

夫堂祖姑无服。

舅姑斩衰三年。

夫伯叔父母大功。

夫亲姑小功。

夫堂伯叔父母缌麻。

夫堂姑在室缌麻，出嫁无服。

夫族伯叔父母无服。

夫族姑无服。

妻为夫斩衰三年。

夫为妻齐衰杖期。父母在，不杖期。

夫兄弟及妻小功。

夫姊妹小功。

夫堂兄弟及妻缌麻。

夫堂姊妹缌麻。

夫再从兄弟无服。

夫再从姊妹无服。

夫族兄弟无服。

夫族姊妹无服。

长子期年。

长子妇期年。

众子期年。

众子妇大功。

夫侄期年。

夫侄妇大功。

夫侄女在室期年，出嫁缌麻。

夫堂侄小功。

夫堂侄妇缌麻。

夫堂侄女在室小功，出嫁缌麻。

夫再从侄缌麻。

第十一篇
宗族与族人丧礼祭礼

夫再从侄女在室缌麻,出嫁无服。

孙大功。

孙妇缌麻。

夫侄孙小功。

夫侄孙妇缌麻。

夫侄孙女在室小功,出嫁缌麻。

夫堂侄孙缌麻。

夫堂侄孙女在室缌麻,出嫁无服。

曾孙缌麻。

夫曾侄孙缌麻。

夫曾侄孙女在室缌麻,出嫁无服。

元孙缌麻。

夫为祖父母及曾高祖承重者,并从夫服。

夫为人后,其妻为本生舅姑服大功。

(民国三十四年三槐堂木活字本)

民国宜兴《王氏宗谱》卷一,《妾为家长族服之图》:

家长祖父母小功。

家长父母期年。

家长斩衰三年。

正妻期年。

家长长子期年。

家长众子期年。

为其子期年。

家长嫡孙无服。

家长众孙无服。

为其孙大功。

嫡孙、众孙,为庶祖母小功,五月。

(民国三十四年三槐堂木活字本)

民国宜兴《王氏宗谱》卷一,《出嫁女为本宗降服之图》:

高祖父母齐衰三月。

曾祖父母齐衰五月。

祖父母期年。

祖兄弟缌麻。

祖姊妹在室缌麻,出嫁无服。

父母期年。

伯叔父母大功。

父姊妹在室大功,出嫁小功。

父堂兄弟缌麻。

父堂姊妹在室缌麻,出嫁无服。

己身

兄弟大功。

姊妹在室大功,出嫁小功。

堂兄小功。

堂姊妹在室小功,出嫁缌麻。

兄弟子大功。

兄弟女在室大功,出嫁小功。

堂侄缌麻。

堂侄女在室缌麻,出嫁无服。

(民国三十四年三槐堂木活字本)

民国宜兴《王氏宗谱》卷一,《外亲服图》:

母祖父母无服。

外祖父母小功。

母之兄弟小功。

母之姊妹小功。

己身

母舅之子缌麻。

两姨之子缌麻。

堂舅之子无服。

堂姨之子无服。

第十一篇
宗族与族人丧礼祭礼

姑之子缌麻。

舅之孙无服。

姨之孙无服。

姑之孙无服。

（民国三十四年三槐堂木活字本）

民国宜兴《王氏宗谱》卷一，《妻亲服图》：

妻祖父母无服。

妻父母缌麻。

妻伯叔无服。

妻之姑无服。

己身

妻兄弟及妇无服。

妻之姊妹无服。

妻外祖父母无服。

女之子缌麻。

妻兄弟子无服。

妻姊妹子无服。

女之孙无服。

（民国三十四年三槐堂木活字本）

民国宜兴《王氏宗谱》卷一，《三父九母服图》：

同居继父两无大功亲，谓继父无子孙，己身亦无伯叔兄弟之类。期年。两有大功亲，谓继父有子孙，自己亦有伯叔兄弟之类。齐衰三月。《家礼》云：同母异父之兄弟姊妹，各服小功五月。

不同居继父先曾经与继父同居今不同居，齐衰三月。自来不曾随母与继父同居，无服。

从继母嫁谓父死继母再嫁他人随去者，齐衰杖期。

养母谓自幼过房与人，斩衰三年。

嫡母谓妾生子女称父之正妻，斩衰三年。

继母谓父娶之后妻，斩衰三年。

慈母谓所生母死，父令别妾抚育者，斩衰三年。按：慈母抚育恩重，与生母之服同，据会云：或生母子多，或系有病，父令别妾抚育，亦为慈母，不必泥于母死二字。

嫁母谓亲母因父死再嫁他人，齐衰杖期。《家礼》：女子已适人者乃服大功，母为女报服。子为父后者不服。前夫之子从已嫁者服不杖期。

出母谓亲母被父出者，齐衰杖期。《家礼》：为子降服不杖期，子为后者则不服。女适人为出母乃服大功，母为女亦报服。

庶祖母谓祖有子女之妾，嫡孙、众孙及女之在室者，小功五月。

庶母谓父有子女之妾，嫡子、众子齐衰杖期，所生子斩衰三年。

乳母谓父妾乳哺者，即奶母，缌麻。

（民国三十四年三槐堂木活字本）

安徽

徽州关于服制的规定基本上都是遵循《朱子家礼》，对奢侈过度及停棺不葬的风气多所批评。亲戚量力助丧也是普遍现象。

池州仙源杜氏

光绪池州《仙源杜氏宗谱》卷首，《家礼四条·丧礼》：

丧礼以哀为本，衣衾棺椁宜称家之有无，不可过靡，袭虚文而失礼意。徽、宁、池三府，丧事有五大非礼。第一是以金珠玉帛唅殓，启宵小觊觎之心，开棺烧棺、盗窃殉物、翻乱骸骨，人子不能报亲恩于生前，而反贻亲祸于身后，何其愚也。第二是作佛事谓之超度。吾亲所行皆善，无劳超度，即圣人久祷之意；所行不善，子孙惟有积善以解之，即《易经》干蛊之意。彼何人，斯而能超度吾亲乎？第三是亲房不举火而就食于丧家，饮酒食肉视同喜庆事。第四是亲友赗奠不答以布帛，而答以财物，财物不丰反谓不知礼，致无力者或停棺不葬，或草草出殡不能成礼。第五是惑于风水久不安葬，不思地理除风水蚁三弊皆可迁葬，乃以亲骸为邀福之资，久暴露于荒烟蔓草，致野火焚柩，惨不忍闻，不孝之罪可胜诛哉！吾族当去此五大非礼，然后可以言丧礼。丧礼孝子朝夕哭奠，行香进酒，无祭礼。小殓以前亲房宜送饘粥，小殓后有来吊者，席用釜或用四簋，俱宜素；今食荤，非礼也。古人有助赗之礼，今虽不行，然遇贫而无力者，亲戚往吊香纸外，量力赠以钱米若干，以当助赗之礼，庶出者轻而易举，受者亦足为丧事之少补也。

至于服制，一曰斩衰，用极粗有子带黑色生麻布不缝下边，凡杖父用竹、母用桐，长齐心，上圆下方，三年。二曰齐衰，用稍粗生麻布缝下边，杖期、不杖期皆一年。三曰大功，九月。四曰小功，五月。五曰缌麻，三月。父母之丧及嫡孙父殁为祖承重者服斩衰，余则

第十一篇
宗族与族人丧礼祭礼

有正丧,有反丧。正丧自父母以上至高祖,反丧自妻子以下至元孙,各有等杀之服,五服之外皆袒免之亲,以白绵布裹额而已。孝子三年不祭祖庙,不燕宾客,不赴喜筵。父母之丧更有既葬而反虞,期而小祥,再期而大祥,大祥间一月而禫,每岁忌日不饮酒,不听乐,不与庆贺。反丧与此诸礼俱久不行,《家礼》载之甚详,有志复古者考而行之也可。

(光绪二十一年刻本)

徽州彭城钱氏

光绪《徽州彭城钱氏宗谱》卷一,《家规》:

重丧祭。凡治丧祭之道,一遵《文公家礼》,衣食棺椁,称家无有。父母坟墓及时茔葬,毋惑于地理之说,以致停丧多年,不能入土,大罪恶极,惨不可言。至于祭祀必竭诚致敬,如在其上。所有上冢拜扫,定于春秋二节。如有不孝子孙盗资(卖)坟地者,鸣官究治。

(钱坤修,光绪十年刻本)

婺源三田李氏

光绪婺源《三田李氏宗谱》卷末,《祖训八则》:

重丧祭。孔子曰:丧与其易也,宁戚。盖言居丧者务以哀痛为本,不可徒尚虚文也。又曰:祭如在。盖言临祭者必以诚敬为先,非特循行故事也,凡我子孙甚毋忘此。至若丧祭之仪,《文公家礼》具在,遵而行之,足矣。

(李廷益、李向荣修,清光绪十一年木活字本)

光绪婺源《三田李氏宗谱》卷末,《家法》:

谨丧事。一、新丧之家三日不举火,各房每日送粥一桶、素菜四盘,以给其子姓一日之食。一、新丧家下男女无外大小亲疏,俱要全家斋戒满七,孝子百日,虽有故出外亦然。其服制并依《文公家礼》。一、临丧无分亲疏皆当尽礼,不得惑于阴阳之说,非礼拘忌,以乖大义。孝子服未阕者,不得闻乐赴宴。

(李廷益、李向荣修,清光绪十一年木活字本)

绩溪南关许余氏

光绪《绩溪县南关许余氏惇叙堂宗谱》卷八,《惇叙堂家礼》:

丧礼。丧事在宣歙间有三大非礼,断不可从。第一是作佛事,谓之超度。试思父母行善何劳超度?父母若行恶,惟有行善以解父母之恶,又岂此辈所能超度?临丧不哀,妄信邪说，大非礼一。第二是亲房家家不举火而就食于丧家，丧家以酒肉燕客。夫孝子三日不食，亲邻当具馈粥以劝之食，奈何幸人之灾为醉饱计乎？至远来吊客亦止当具蔬食以待之，奈何每夕轰饮，同于喜庆，大非礼二。第三是惑于风水停丧不葬。夫亡者以归土为安，人家祸福由于善恶，故阴地由于心地，心地好当得好地，十日内亦可得好地；心地恶当得恶地，一百年还得恶地，断非地师所能代谋，不求心地而求阴地，以亲死为求福计，大非礼三。凡孝子当去此三大非礼，而后可言丧礼。

凡棺椁衣衾称家之贫富，却不可以金玉入殓。

丧礼孝子朝夕哭奠，并无祭礼。丧主三年不祭祖庙，而况新丧？其哭奠当用一司祝及执事一二人。司祝并不读祭文，但每次哭奠之先，代孝子盥洗行香以降神。因孝子不栉沐，手不净，不能行香灌地也。执事代进酒肴，每日二次，无所谓祭也。在亲友吊死设祭，则用礼生以乐侑食，然礼生以当素服，世俗以吉服为丧祭，礼生及孝子主祭行礼，皆大非礼。

进主是吉礼，然必供灵于家，三年服满然后行之。

改葬是凶礼，改葬父母虽已满服，仍服凶服。改葬有服之祖，虽不及见其没，亦服其服而迁之。凡改葬起迁则凶服下棺，即全换吉服，此所以异于新丧也。

凡忌日亦素服，不饮酒，不听乐，不与庆贺。倘五服内有于此日婚娶，彼既不避我父母之忌辰，我亦不必与彼之庆事。惟祖以上忌日，五服婚娶不必避，而是日亦不当与庆事，次日乃往。

（光绪十五年刻本）

山西

律令节文入谱。

平定窦氏

道光平定《窦氏族谱》，《大清律例统纂集成·服制》：

斩衰三年

子为父母，女在室并已许嫁者。子之妻同。庶子为所生母，为嫡母，庶子之妻同。为人后者为所后父母，为人后者之妻同。嫡孙为祖父母及曾高祖父母承重。嫡孙之妻同。妻为夫，妾为家长同。

齐衰杖期

嫡子，众子为庶母，嫡子之妻同。子为出母，夫为妻，父母在不杖。

齐衰不杖期

第十一篇
宗族与族人丧礼祭礼

祖为嫡孙，父母为长子及嫡长子之妻，及众子，及女在室，及子为人后者。继母为长子、众子。前夫之子从继母改嫁于人为改嫁继母。侄为伯叔父母及姑。姊妹之在室者，为己之亲兄弟及亲兄弟之子女在室者。孙为祖父母。孙女在室，出嫁同。为人后者为其本生父母，女出嫁为父母。女在室及虽适人而无夫与子者为其兄弟姊妹及侄女在室者。女适人为兄弟之为父后者。妇为夫亲兄弟之子及女在室者。妾为家长之正妻，妾为家长父母，妾为家长之长子、众子与其所生子。为同居继父而两无大功以上亲者。

齐衰五月

曾孙为曾祖父母，曾孙女同。

齐衰三月

元孙为高祖父母。为同居继父而两有大功以上亲者。为继父先曾同居，今不同居者自来不曾同居者无服。

大功服九月

祖为众孙，孙女在室同。祖母为嫡孙，众孙。父母为众子妇及女已出嫁者。伯叔父母为侄妇及侄女已出嫁者。妇为夫之祖父母，妇为夫之伯叔父母。夫为人后，其妻为本生父母。

小功服五月

为伯叔祖父母祖之亲兄弟，为堂伯叔父母父之堂兄弟，为再从兄弟，为同堂姊妹出嫁者，为兄弟之妻。祖为嫡孙之妇。为外祖父母，为母之兄弟姊妹，为姊妹之子。

缌麻三月

祖为众孙妇。为曾伯叔祖父母即曾祖之兄弟及其妻，为族伯叔父母即父再从兄弟及其妻，为族兄弟同高祖兄弟，为姑之子，为舅之子，为两姨兄弟，为妻之父母，为婿，为外孙，男、女同。妇为夫之伯叔祖父母，妇为夫之堂伯叔父母，妇为夫之同堂兄弟、姊妹及夫同堂兄弟之妻。凡同五世祖，祖属在缌麻绝服之外，皆为袒免亲，遇丧葬则素服尺布缠头。附三父八母：同居继父，不同居继父，从继母嫁父，嫡母，继母，养母，慈母，嫁母，出母，庶母，乳母。

（窦志默等增修，道光二十七年世和堂刊刻，光绪二十年增补印本）

四川

泸州王氏

民国泸州《王氏族谱》卷一，《服制图旧载》：

制度必遵，所以厚风俗也，制度不昭，惟博览载籍者得以旁稽而远绍，而力田贩负其何所籍以为折中乎！今捡大宗、小宗、三父八母内外服制、祠堂礼器之图，俾肄习诗书者得以籍谱指示,而农工商贾及闺门妇女亦得捧谱而遵行矣。

丧服总图

  斩衰三年。用至粗布麻布为之,不逢下边。

  齐衰三年。杖期,齐衰五月;不杖期,齐衰三月。用稍粗麻布为之,逢下边。

  大功九月。用稍细生布为之。

  小功五月。用细生布为之。

  缌麻三月。用稍细熟布为之。

说明:斩衰苴杖用竹,长齐心,本在下。

齐衰杖以桐为之,上圆下方,长齐心,本在下,凡妇人皆不杖。

本宗九族五服之图

  高祖父母齐衰,三年。

  曾祖父母齐衰,三年。

  从曾祖父母谓曾祖之兄弟及妻,缌麻,三月。

  曾祖姑谓曾祖之姊妹,缌麻,三月;嫁无。

  祖父母齐衰,不杖期。

  从祖父母谓祖之兄弟,缌麻,三月。

  祖姑谓祖之姊妹,缌麻,三月,嫁无。

  族祖父母谓族曾祖之子,缌麻,三月。

  族祖姑谓祖之从姊妹,在室缌麻,嫁无。

  父母斩衰,三年。

  伯叔父母齐衰,不杖期。

  姑在室期年,出嫁大功。

  从伯叔父母小功,五月。

  从姑在室小功,嫁缌麻。

  族伯叔父母谓父之再从兄弟及其妻,缌麻。

  族姑在室缌麻,嫁无。

  己身

  兄弟不杖期,妻期年。

  姊妹在室期年,出嫁大功。

  从兄弟大功,妻缌麻。

  从姊妹在室大功,嫁小功。

第十一篇
宗族与族人丧礼祭礼

再从兄弟小功,妻无。

再从姊妹在室小功,嫁缌麻。

三从兄弟亦谓之族兄弟,缌麻,妻无。

三从姊妹亦谓之族姊妹,在室缌麻,嫁无。

长子期年。

众子期年。

女出嫁降大功。

长妇期年。

众妇大功九月。

从子谓兄弟之子,齐衰不杖期,妇,大功。

兄弟之女在室期年,嫁大功。

从兄弟之子俗谓从侄,小功,妻无。

从兄弟之女在室小功,嫁缌麻。

再从兄弟之子俗谓再从侄,缌麻,妇无。

再从兄弟之女在室缌麻,嫁无。

孙嫡孙,齐衰不杖期,众孙大功无月。

孙妇嫡小功,众缌麻。

从孙谓兄弟之孙,小功,妇缌麻。

兄弟之孙女在室小功,嫁缌麻。

从兄弟之孙俗谓再从孙,缌麻,妇无。

从兄弟之孙女在室缌麻,嫁无。

曾孙为嫡齐衰,不杖期;众孙,缌麻三月。

曾孙妇为嫡小功五月,其姑在则否,众妇无。

兄弟之曾孙缌麻,妇无。

兄弟之曾孙女在室缌麻,嫁无。

玄孙为嫡齐衰不杖期,为众缌麻三月。

玄孙妇为嫡小功,其姑在则否;众妇无。

说明:

凡嫡孙父卒,为祖若曾高祖承重者,斩衰三年;为祖母、曾高祖母承重者,齐衰三年,祖在不杖期。

凡男为人后者,为本生亲属孝服其降一等,于本生父母降服不杖期,其本生父母亦为之降服大功。

凡姑姊妹女及孙女,在室或已嫁被出而归也,并与男子同;出嫁而无夫与子者,为兄弟姊妹及侄皆不杖期。

凡男为人后、女适人者,为其私亲皆降一等;私亲之为之也亦然。

凡同五世祖族叔,在缌麻绝服之外,皆为袒免亲,遇丧葬则服素服,尺布缠头。

分别宗族之图

    高祖

    曾祖

    曾祖之兄称曾伯祖,以外称宗。

    曾祖之弟称曾叔祖,以外称宗。

    祖

    祖之兄称伯祖。

    祖之弟称叔祖。

    祖之从兄称族伯祖,以外称宗。

    祖之从弟称祖叔祖,以外称宗。

    父

    伯父

    叔父

    父之从兄称从伯父。

    父之从弟称从叔父。

    父之再从兄称族伯父,以外称宗。

    父之再从弟称族叔父,以外称宗。

    己

    兄

    弟

    伯父之子称从兄。

    叔父之子称从弟。

    从伯之子称从伯兄。

    从叔之子称从叔弟。

    族伯之子称族兄,以外称宗。

    族叔之子称族弟,以外称宗。

第十一篇
宗族与族人丧礼祭礼

子
兄之子称从子。
弟之子称从子。
从兄之子称从侄。
从弟之子称从侄。
族兄之子称再从侄,以外称宗。
族弟之子称再从侄,以外称宗。
孙
从子之子称从孙。
再从子之子称再从孙,以外称宗。
以外称宗。
曾孙
族曾孙,以外称宗。
族曾孙,以外称宗。
玄孙,以外称宗。

说明:

高祖兄弟之曾孙,于吾父为族兄弟,至己身则亲尽无服,但称宗伯宗叔而不称族矣。己身之族兄弟,至己之子又亲尽无服,此宗族之辨也。

妻为夫族义服之图

夫高祖父母缌麻。
夫曾祖父母缌麻。
夫曾伯叔祖父母无服。
夫曾祖姑在室无服,出嫁无服。
夫祖父母大功。
夫伯叔祖父母缌麻。
夫祖姑在室缌麻,出嫁无服。
夫堂伯叔祖父母无服。
夫堂祖姑无服。
舅姑斩衰三年。
夫伯叔父母大功。
夫姑母在室大功,出嫁大功。

夫堂伯叔父母缌麻。

夫堂姑在室缌麻，出嫁无服。

夫从堂伯叔父母无服。

夫从堂姑无服。

妻为夫斩衰三年。

夫为妻斩衰三年。

夫兄弟妻小功。

夫姊妹在室小功，出嫁小功。

夫堂兄弟妻缌麻。

夫堂姊妹在室缌麻，出嫁缌麻。

夫从兄弟妻无服。

夫从姊妹无服。

夫三从兄弟妻无服。

夫三从姊妹无服。

长子期年。

长子妇同。

众子期年。

众子妇大功。

夫侄期年。

夫侄妇大功。

夫侄女在室期年，出嫁大功。

夫堂侄小功。

夫堂侄妇缌麻。

夫堂侄女在室小功，出嫁大功。

夫从侄缌麻。

夫从侄妇无服。

夫从侄女在室缌麻，出嫁无服。

孙大功。

孙妇缌麻。

夫侄孙小功。

夫侄孙妇缌麻。

第十一篇
宗族与族人丧礼祭礼

夫侄孙女在室小功,出嫁缌麻。

夫堂侄孙缌麻。

夫堂侄孙妇无服。

夫堂侄孙女在室缌麻,出嫁无服。

曾孙大功。

曾孙妇无服。

夫曾侄孙缌麻。

夫曾侄孙妇无服。

夫曾侄孙女在室缌麻,出嫁无服。

玄孙缌麻。

玄孙妇无服。

说明:

夫为祖父母及曾祖、高祖父母承重者,从夫服。

妻为夫外祖父母义服缌麻,妻为夫母舅母姨义服缌麻。

夫为人后,其妻为本生舅姑服大功。

妻为夫之生母义服斩衰三年,妻为夫之庶母义服齐衰期年。

妾为家长族服之图

  家长父母期年。

  家长斩衰三年。

  正妻期年。

  家长长子期年。

  家长众子期年。

  为其子期年。

出嫁女为本宗降服之图

  高祖父母齐衰,三月。

  曾祖父母齐衰,五月。

  祖父母期年。

  祖兄弟缌麻。

  祖姊妹在室缌麻,出嫁无服。

  父母期年。

  伯叔父母大功。

父姊妹在室大功,出嫁小功。

　　父堂兄弟缌麻。

　　父堂姊妹在室缌麻,出嫁无服。

　　己身

　　兄弟大功。

　　姊妹在室大功,出嫁小功。

　　堂兄弟小功。

　　堂姊妹在室缌麻,出嫁无服。

　　兄弟子大功。

　　兄弟女在室大功,出嫁小功。

　　堂侄缌麻。

　　堂侄女在室缌麻,出嫁无服。

外亲服图

　　母祖父母无服。

　　外祖父母小功。

　　母之兄弟小功。

　　母之姊妹小功。

　　己身

　　母舅之子缌麻。

　　两姨之子缌麻。

　　堂舅之子无服。

　　堂姨之子无服。

　　姑之子缌麻。

　　舅之孙无服。

　　姨之子无服。

　　姑之孙无服。

妻亲服图

　　妻祖父母无服。

　　妻父母缌麻。

　　妻伯叔无服。

　　妻之姑缌麻。

第十一篇
宗族与族人丧礼祭礼

己身

妻兄弟无服。

妻兄弟妇无服。

妻之姊妹无服。

妻外祖父母无服。

女之子缌麻。

妻兄弟子无服。

妻姊妹子无服。

女之孙无服。

三父八母服制之图

同居继父两无大功亲,谓继父无子者,己身亦无伯叔昆弟之类,则服期年。

两有大功亲,谓继父有子孙,自己亦有伯叔兄弟之类,则服齐衰,三月。

不同居继父先曾与继父同居,今不同居,服齐衰三月;自来不曾随母与继父同居,无服。

从继母嫁谓父死再嫁他人随去者,齐衰,杖期。

嫡母谓妾生子称父之正妻,正服斩衰三年。

继母谓父继后妻,礼曰继母,如母,义服斩衰三年。

养母谓自幼过房与人,义服斩衰三年。

慈母谓所生母死,父命别妾抚育之,义服斩衰三年。

出母谓亲母被父出,降服齐衰杖期。

嫁母谓亲母父死再嫁他人,降服齐衰杖期。

乳母谓父妾乳哺者,义服缌麻。

庶母谓父有子妾,嫡母众子,义服斩衰杖期;所生子,正服斩衰三年,虽嫡母在堂亦服。

(王家浚督修,王守亨、王正溢编纂,民国二十二年石印本)

铜梁安居乡周氏

光绪铜梁《安居乡周氏宗谱》卷七,《五服图·大宗小宗图》:

诸侯适子

大宗子 别子为祖 继别为宗—大宗—大宗—大宗 百世不迁谓常宗之不改易也,

小宗子 别子庶子 继祢为小宗子—继祖者—继曾祖者—继高祖者

五世则迁,

　　　　　　庶子　　　继祢者—继祖者—继曾祖者

谓六世服绝，

　　　　　　　　庶子—继祢者—继祖者　则

不复宗之，

　　　　　　庶子—继祢者

而宗近房之

　　　　　　庶子

宗子。

说明：凡此来在此国者，后世亦以为祖而宗其大宗，百世不迁，一如诸侯之别子、宗子。为祭主并附图于此。（编者按：上图阴影部分之间有连线，因无法做连线，故涂影。）

（周泽霖纂修，光绪十年刊本）

广东

乳源余氏

嘉庆《乳源余氏族谱》卷一，《服制图》：

丧服总图元清服制图

　　斩衰三年。用至粗麻布为之，不缝下边。

　　齐衰杖期、不杖期，五月、三月。用稍粗麻布为之，缝下边。

　　大功九月。用粗熟布为之。

　　小功五月。用稍粗熟布为之。

　　缌麻三月。用稍细熟布为之。

本宗五服之图

　　高祖父母齐衰，三月。

　　曾祖父母齐衰，五月。

　　曾祖伯叔父母缌麻。

　　曾祖姑缌麻，嫁无。

　　祖父母齐衰，不杖期。

　　祖伯叔父母小功。

　　祖姑小功，嫁无。

　　从祖伯叔父母缌麻。

　　从祖姑缌麻，嫁无。

第十一篇
宗族与族人丧礼祭礼

父母斩衰,三年。

伯叔父母不杖期。

姑不杖期,嫁小功。

从伯叔父母小功。

从姑小功,嫁缌麻。

再从伯叔父母缌麻。

再从姑缌麻,嫁无。

己身

妻齐衰,杖期;父母在则不杖。

兄弟不杖期。

兄弟妻小功。

姊妹不杖期,嫁大功。

从父兄弟大功。

从父兄弟妻无。

从姊妹大功,嫁缌麻。

再从兄弟小功。

再从兄弟妻无。

再从姊妹小功,嫁缌麻。

三从兄弟缌麻。

三从兄弟妻无。

三从姊妹缌麻,嫁无。

子长,三年;众子,期。

子妇长妇,期;众妇,大功。

侄不杖期。

侄妻大功。

侄女不杖期,嫁大功。

从侄小功。

从妻缌麻。

从侄女小功,嫁缌麻。

再从侄缌麻。

再从侄妻无。

再从侄女缌麻,嫁无。

孙嫡,不杖;庶,大功。

孙妇嫡妇,小功;庶妇,缌麻。

侄孙小功。

侄孙妇缌麻。

侄孙女小功,嫁缌麻。

从侄孙缌麻。

从侄孙妇无。

从侄孙女缌麻,嫁无。

曾孙缌麻。

曾孙妇无服。

曾侄孙缌麻。

曾侄孙妇无。

曾侄孙女缌麻,嫁无。

元孙缌麻。

玄孙妇无服。

说明:

嫡孙,父卒为祖,若曾高祖承重者,斩衰三年;为祖母、曾高祖母承重者,齐衰三年。

凡男为任从者,为其私亲皆降一等,惟本生父母降服不杖期,申心丧三年,其本生父母亦为之降服不杖期。

姑姊妹女子在室服并与男子同,嫁反者亦同,适人无夫与子者,为其兄弟姊妹及兄弟之子不杖期。

凡女适人者,为其私亲皆降一等,惟祖及曾高祖不降,为兄弟之为父后者不降,为兄弟侄之妻不降。

三父八母服制之图

继父同居,继父父子皆无,大功,以上亲乃义服不杖期;不同居,谓先随母嫁继父同居,后异,或虽同居而继父有子,大功,以上亲服齐衰三月;原不同居,则无服;附,异父同母之兄弟姊妹,各服小功。

嫡母妾生子谓父正室曰嫡母,正服、齐衰三年;母与嫡子亦报服、为众子则服不杖期,庶子为嫡母之父母、兄弟、姊妹,小功,母死不服。

继母谓父再娶之母,义服、齐衰三年,继母为长子报服齐衰三年,为众子乃服不杖

第十一篇
宗族与族人丧礼祭礼

期；继母出则无服，若父卒继母嫁而己从之，乃服杖期，继母报服不杖期。

庶母谓父妾之有子者，众子为之义服缌麻。士之庶子为其母齐衰三年，为父后则降。庶子为父后者，为其母缌而为其母之父母、兄弟、姊妹则无服。庶子之子为服之母不杖期，而为祖后则无服。庶母为其子、为君之众子齐衰不杖期，为君之长子齐衰三年。妾为君斩衰三年，为女君不杖期。庶母慈己者，谓自小乳养己者，义服小功。

慈母谓庶子无母而父命他妾之无子者慈己也，同亲母，义服齐衰三年。不命，则小功。

乳母谓自小乳哺曰乳母，义服缌麻。

养母谓养同宗及三岁以下遗弃之子者，与亲母同，正服齐衰三年。

出母谓被父离弃，降服杖期，母为子降服不杖期。子为父后者则不服。为出母乃降服，大功，母为女亦报服。

嫁母谓父亡母再嫁，降服杖期；母为子乃服，不杖期。女子已适人者，乃服大功，母为女报服。子为父后者不服，前夫之子从己嫁者服，不杖期。

妻为夫党服图

夫高祖父母缌麻。

夫曾祖父母缌麻。

夫祖父母大功。

夫伯叔祖父母缌麻。

夫祖姑缌麻。

舅姑斩衰三年，齐衰三年。

夫伯叔父母大功。

夫亲姑小功。

夫堂伯叔父母缌麻。

夫堂姑缌麻。

夫斩衰三年。

夫兄弟娣姒小功。

夫姊妹小功。

夫堂兄弟缌麻。

夫堂姊妹缌麻。

子长子齐衰三年、众子杖期。

子妇嫡妇杖期、众妇大功。

夫侄期年。

夫侄妇大功。

夫侄女期年。

夫堂侄小功。

夫堂侄妇缌麻。

夫堂侄女小功。

夫从堂侄缌麻。

夫从堂侄女缌麻。

孙大功。

孙妇缌麻。

夫侄孙小功。

夫侄孙妇缌麻。

夫侄孙女小功。

夫堂侄孙缌麻。

夫堂侄孙女缌麻。

曾孙缌麻。

夫曾侄孙缌麻。

夫曾侄孙女缌麻。

元孙缌麻。

外族母党妻党服图

外祖父母小功。

妇人为夫外祖父母缌麻。

妻父母缌麻，妻亡别娶亦同，女亲母虽嫁出犹兄。

舅小功，母之兄弟。

妇人为夫之舅缌麻。

从母小功，母之姊妹。

妇人为夫之从母缌麻。

己身

舅姑之子缌麻，姑之子曰外兄弟，舅之子曰内兄弟。

从母之子缌麻，两姨兄弟姊妹谓从母之子。

胥缌麻。

第十一篇
宗族与族人丧礼祭礼

男为甥小功。

妇为甥缌麻,姊妹之子曰甥。

甥女小功,姊妹之女曰甥女。

外孙缌麻,女之子也,妇服并同。

(余有璋等纂修,嘉庆二十五年木活字本)

广西

平乐邓氏

民国平乐《邓氏宗谱》卷二,《服制图》:

五服之图

斩衰三年。用至粗麻布为之,不缝下边。

齐衰杖期、不杖期,五月、三月,用稍粗麻布为之,缝下边。

大功九月。用粗熟布为之。

小功五月。用稍粗熟布为之。

缌麻三月。用稍细熟布为之。

三父八母之图

高祖父母齐衰,三月。

曾祖父母齐衰,五月。

曾祖伯叔父母缌麻。

曾祖姑缌麻;嫁无。

祖父齐衰,不杖期。

祖母斩衰,不杖期。

祖伯叔父母小功。

祖姑小功;嫁缌麻。

从祖伯叔父母缌麻。

从祖姑缌麻,嫁无。

父斩衰,三年。

母齐衰,三年。

伯叔父母不杖期。

姑期年,嫁缌麻。

从伯叔父母小功。

从姑小功,嫁缌麻。

再从伯叔父母缌麻。

再从姑缌麻,嫁无服。

己

妻齐衰,杖期,父母在则不杖。

兄弟不杖期。

兄弟妻小功。

姊妹期年,嫁大功。

从兄弟大功。

从兄弟妻缌麻。

从姊妹在室大功,嫁小功。

再从兄弟小功。

再从兄弟妻无。

再从姊妹在室小功,嫁缌麻。

三从兄弟缌麻。

三从兄弟妻无。

三从姊妹缌麻,嫁无。

子长三年,众子期。

子妇长妇期年,众子妇大功。

侄不杖期。

侄妻大功。

侄女期年,嫁大功。

从侄小功。

从侄妻缌麻。

从侄女在室小功,嫁缌麻。

再从侄缌麻。

再从侄妻无。

再从侄女在室缌麻,嫁无服。

孙嫡不杖期,庶大功。

孙妇嫡妇小功,庶妇缌麻。

孙女在室大功,嫁小功。

第十一篇
宗族与族人丧礼祭礼

侄孙小功。

侄孙妇缌麻。

侄孙女在室小功,嫁缌麻。

从侄孙缌麻。

从侄孙妇无。

从侄孙女缌麻,嫁无。

曾孙缌麻。

曾孙妇无服。

曾侄孙缌麻。

曾侄孙妇无服。

曾孙女缌麻,嫁无。

元孙缌麻。

元孙妇无服。

说明:

嫡孙父卒为祖若曾高祖承重者,斩衰三年;为祖母曾高祖母承重者,齐衰三年,祖在不杖期。

凡男为人后者,为其私亲皆降一等,本生父母降服不杖期,申心丧三年,其本生父母亦为之降服,不杖期。

姑姊妹女子,子在室服并与男子同,嫁反者亦同,适人无服,与子者为其兄弟姊妹及兄弟之子,不杖期。

凡女适人者,为其私亲皆降一等,惟祖及曾高祖不降。为兄弟之为父后者不降,为兄弟侄之妻不降。

三父八母之图

夫高祖父母缌麻。

夫曾祖父母缌麻。

夫曾伯叔祖父母无服。

夫曾祖姑无服。

夫祖父母大功。

夫伯叔祖父母缌麻。

夫祖姑在室缌麻,出嫁无服。

夫堂伯叔祖父母无服。

夫堂祖姑无服。

舅姑斩衰三年。

夫伯叔父母大功。

夫亲姑小功。

夫堂伯叔父母缌麻。

夫堂姑在室缌麻，出嫁无服。

夫从堂伯叔祖父母无服。

夫从堂姑无服。

妻为夫斩衰三年。

己身

夫兄弟及妻小功。

夫姊妹小功。

夫堂兄弟及妻缌麻。

夫堂姊妹缌麻。

夫再从兄弟及妻无服。

夫从堂姊妹无服。

夫三从兄弟及妻无服。

夫三从堂姊妹无服。

子长子众子俱正服，期年。

子妇长妇杖期，众妇大功。

夫侄期年。

夫侄妇大功。

夫侄女在室期年，出嫁大功。

夫堂侄小功。

夫堂侄妇缌麻。

夫堂侄女在室期年，出嫁大功。

夫再从侄缌麻。

夫再从侄妇无服。

夫从堂侄女在室期年，出嫁大功。

孙正服大功。

孙妇缌麻。

第十一篇
宗族与族人丧礼祭礼

　　夫侄孙小功。

　　夫侄孙妇缌麻。

　　夫侄孙女在室期年,出嫁大功。

　　夫堂侄孙缌麻。

　　夫堂侄孙妇无服。

　　夫堂侄孙女在室期年,出嫁大功。

　　曾孙缌麻。

　　曾孙妇缌麻。

　　夫曾侄孙缌麻。

　　夫曾侄孙妇无服。

　　夫曾侄孙女在室期年,出嫁大功。

　　元孙缌麻。

　　元孙妇缌麻。

说明:

夫为祖父母及曾高祖父母承重者,并从夫服。

旧礼妻为夫外祖父母缌麻,妻为夫母舅母姨缌麻,今制俱无服。

夫为人后,其妻为本生舅姑降服大功。

妻为夫之生母义服斩衰三年,妻为夫之庶母义服齐衰期年。

妻为夫党服图

　　家长父母齐衰期年。

　　家长妾不敢称夫亦谓之君,义服斩衰三年。

　　正妻义服齐衰期年,亦谓之女君。

　　家长长子齐衰期年。

　　家长众子齐衰期年。

　　为其己子齐衰期年。

　　高祖父母齐衰三月。

　　曾祖父母齐衰五月。

　　祖父母齐衰期年。

　　伯叔祖父母缌麻。

　　祖姑在室缌麻,出嫁无服。

　　父母齐衰期年。

伯叔父母大功。

姑大功。

堂伯叔父母缌麻。

堂姑在室缌麻,出嫁无服。

己身

兄弟大功。

兄弟妻小功。

姊妹大功。

堂兄弟小功。

堂兄弟妻缌麻。

堂姊妹在室小功,出嫁缌麻。

侄大功。

侄妇小功。

侄女大功。

堂侄缌麻。

堂侄妇无服。

堂侄女缌麻。

出嫁女为本宗

母祖父母无服。

外祖父母小功。

母之兄弟小功。

母之姊妹小功。

己身

母舅之子缌麻。

两姨之子缌麻。

堂舅之子无服。

堂姨之子缌麻。

姑之子缌麻。

舅之孙无服。

姨之子无服。

姑之孙无服。

第十一篇
宗族与族人丧礼祭礼

说明：妻为夫外亲，服降一等。

母祖父母无服。

外祖父母小功。

妻祖父母无服。

舅母、堂姨、堂舅、妹夫、姨父俱无服。

母舅谓之舅父，母姨谓之从母小功。

缌麻妻亡另娶亦服。

妻父母妻亲母虽出及嫁犹服。

妻母舅妻伯叔妻之姑俱无服。

己身

母舅之子谓之内兄弟。

姑母之子谓之外兄弟。

从母之子谓之两姨兄弟俱正服缌麻。

堂舅之子

堂姨之子

妻之兄弟

妻之姊妹俱无服。

女婿缌麻。

甥及甥女在室甥妇小功，出嫁无服。

女之子女，外孙也缌麻。

女之子妇女之孙无服。

母舅之孙

母姨之孙

姑之孙俱无服。

妻姑之子

妻兄弟之子

妻姊妹之子俱无服。

降服之图

同居继父两无大功亲，谓继父无子，己身亦无伯叔兄弟之类，齐衰期年。

两有大功亲，谓继父有子孙，自己亦有伯叔兄弟之类，齐衰三月。

不同居继父先曾与继父同居，今不同居，齐衰三月。

自来不曾随母与继父同居无服。

　　从继母嫁谓父死继母再嫁他人随去者,义服齐衰杖期。

　　嫡母谓妾生子称父之正妻,正服斩衰三年。

　　继母谓父娶后妻礼曰继母,如母义服,斩衰三年。

　　养母谓自幼过房与人,义服斩衰三年。

　　慈母谓所生母死父令别妾抚育者,义服斩衰三年。

　　嫁母谓亲母因父死再嫁他人,降服齐衰杖期。

　　出母谓亲母被父出,降服齐衰杖期。

　　庶母谓父有子妾,嫡子众子义服齐衰杖期;所生子正服斩衰三年,虽嫡母在堂亦服。

　　乳母谓父妾乳哺者,义服缌麻。

(光绪十七年十贤堂刊本,民国十三年续刊)

民国平乐《邓氏宗谱》卷三,《五服图》:

服制总图

　　斩衰三年。用至粗麻布为之,不缝下边。

　　齐衰杖期、不杖期、五月、三月。用稍粗麻布为之缝下边。

　　大功九月。用粗熟布为之。

　　小功五月。用稍粗熟布为之。

　　缌麻三月。用稍细熟布为之。

本宗九族五服正服之图

　　高祖父母齐衰,三月。

　　曾祖父母齐衰,五月。

　　曾伯叔祖父母缌麻。

　　曾祖姑在室缌麻,出嫁无服。

　　祖父母齐衰,不杖期。

　　伯叔祖父母小功。

　　祖姑在室小功,出嫁缌麻。

　　族伯叔祖父母缌麻。

　　族祖姑在室缌麻,出嫁无服。

　　父母斩衰,三年。

　　伯叔父母期年。

第十一篇
宗族与族人丧礼祭礼

姑在室期年,出嫁大功。

堂伯叔父母小功。

堂姑在室小功,出嫁缌麻。

族伯叔父母缌麻。

族姑在室缌麻,出嫁无服。

己身

兄弟期年。

兄弟妻大功。

姊妹在室期年,出嫁大功。

堂兄弟大功。

堂兄弟妻缌麻。

堂姊妹在室大功,出嫁小功。

再从兄弟小功。

再从兄弟妻无服。

再从姊妹在室小功,出嫁缌麻。

族兄弟缌麻。

族兄弟妻无服。

族姊妹在室缌麻,出嫁无服。

长子期年。

长子妇期年。

众子期年。

众子妇大功。

侄期年。

侄妇大功。

侄女在室期年,出嫁大功。

堂侄小功。

堂侄妇缌麻。

堂侄女在室小功,出嫁缌麻。

再从侄缌麻。

再从侄妇无服。

再从侄女在室小功,出嫁无服。

嫡孙期年。

　　嫡孙妇小功。

　　众孙大功。

　　众孙妇缌麻。

　　侄孙小功。

　　侄孙妇缌麻。

　　侄孙女在室小功,出嫁缌麻。

　　堂侄孙缌麻。

　　堂侄孙妇无服。

　　堂侄孙女在室缌麻,出嫁无服。

　　曾孙缌麻。

　　曾孙妇无服。

　　曾侄孙缌麻。

　　曾侄孙妇无服。

　　侄曾孙女在室缌麻,出嫁无服。

　　元孙缌麻。

　　元孙妇无服。

说明:

凡嫡孙,父卒为祖父母承重服斩衰三年,若为曾高祖父母承重,服亦同。

凡男为人后者,为本生亲属孝服皆降一等,本生父母亦降服不杖期,父母报服同。

凡姑姊妹女及孙女,在室或已嫁被出而归,服并与男子同;出嫁而无夫与子者,为兄弟姊妹及侄皆不杖期。

凡同五世祖、族属在缌麻绝服之外,皆为袒免亲,遇丧葬则服素服,尺布缠头。

妻为夫族服之图

　　夫高祖父母缌麻。

　　夫曾祖父母缌麻。

　　夫曾祖伯叔父母无服。

　　夫曾祖姑无服。

　　夫祖父母大功。

　　夫伯祖叔父母缌麻。

　　夫祖姑在室缌麻,出嫁无服。

第十一篇
宗族与族人丧礼祭礼

夫族祖伯叔父母无服。

夫堂祖姑无服。

舅姑斩衰,三年。

夫伯叔夫母大功。

夫亲姑小功。

夫堂伯叔父母缌麻。

夫堂姑在室缌麻,出嫁无服。

夫族伯叔父母无服。

夫族姑无服。

妻为夫斩衰,三年。

夫为妻杖期,杖期父母不在。

夫兄弟及妻小功。

夫姊妹小功。

夫堂兄弟及妻缌麻。

夫堂姊妹缌麻。

夫再从兄弟无服。

夫再从姊妹无服。

夫族兄弟无服。

夫族姊妹无服。

长子期年。

长子妇期年。

众子期年。

众子妇大功。

夫侄期年。

夫侄妇大功。

夫侄女在室期年,出嫁大功。

夫堂侄小功。

夫堂侄妇缌麻。

夫堂侄女在室小功,出嫁缌麻。

夫再从侄缌麻。

夫再从侄女在室缌麻,出嫁无服。

孙大功。

孙妇缌麻。

夫侄孙小功。

夫侄孙妇缌麻。

夫侄孙女在室小功，出嫁缌麻。

夫堂侄孙缌麻。

夫堂侄孙女在室缌麻，出嫁无服。

曾孙缌麻。

夫曾侄孙缌麻。

夫曾侄孙女在室缌麻，出嫁无服。

元孙缌麻。

说明：

夫为祖父母及高曾祖父母承重者，并从夫服。

夫为人后，其妻为本生舅姑服大功。

出嫁女为本降服之图

高祖父母齐衰，三月。

曾祖父母齐衰，五月。

祖父母期年。

祖兄弟缌麻。

祖姊妹在室缌麻，出嫁无服。

父母期年。

伯叔父母大功。

父姊妹在室大功，出嫁小功。

父堂兄弟缌麻。

父堂姊妹在室缌麻，出嫁无服。

己身

兄弟大功。

姊妹在室大功，出嫁小功。

堂兄弟小功。

堂姊妹在室小功，出嫁无服。

兄弟子大功。

第十一篇
宗族与族人丧礼祭礼

兄弟女在室大功,出嫁缌麻。

堂侄缌麻。

堂侄女在室缌麻,出嫁无服。

妾为家长族服之图

家长父母期年。

家长斩衰,三年。

正妻期年。

家长长子期年。

家长众子期年。

为其子期年。

三父八母服制之图

同居继父两无大功亲,谓继父无子己身亦无伯叔兄弟之类,义服齐衰期年。

两有大功亲,谓继父有子孙自己亦有伯叔兄弟之类,义服齐衰三月。

不同居继父先曾与继父同居今不同居,齐衰三月。

自来不曾随母与继父同居,无服。

从继母出嫁继父谓父死继母再嫁他人随去者,亦为继父齐衰杖期。

嫡母谓妾生子称父之正妻,斩衰三年。

继母谓父娶之后妻,礼曰继母如母,斩衰三年。

养母谓自幼过房与人,斩衰三年。

慈母谓所生母死、父另娶妾抚育者,斩衰三年。

嫁母谓亲母因父死再嫁他人,齐衰杖期。

出母谓亲母被父出,齐衰杖期。

庶母谓父有子女妾嫡子众子,齐衰杖期,所生之子斩衰三年。

乳母谓乳哺者,即奶母,缌麻。

妻亲服图

妻祖父母无服。

妻父母缌麻。

妻伯叔无服。

妻之姑无服。

己身为婿缌麻。

妻兄弟及妇无服。

妻之姊妹无服。

妻外祖父母无服。

女之子缌麻。

妻兄弟子无服。

妻姊妹子无服。

女之孙无服。

母祖外亲服图：

母祖父母无服。

外祖父母小功。

母之兄弟小功。

母之姊妹小功。

己身

母舅之子缌麻。

两姨之子缌麻。

堂舅之子无服。

堂姨之子无服。

姑之子缌麻。

舅之孙无服。

姊之孙无服。

姑之孙无服。

(光绪十七年十贤堂刊本，民国十三年续刊)

(二)宗族丧礼规范禁用僧道与反对宴乐、停丧不葬、火葬

直隶

祭仪与丧礼属于社会习俗的范围，族谱中对祭仪多有记载。祖先信仰是维系家族的精神力量，在世的子孙要经常通过祭祀活动来祈求祖先灵魂的眷顾、保佑。如果从祖先祭祀的空间来看，通常有三种形式：家祭、墓祭、祠祭。家族通过一系列的祖先祭祀活动，团聚族众，加强联系，使家族传承发展。

滦州边氏

民国滦州《边氏家谱》，《时祭定仪》：

《祭统》曰：礼有五经，莫重于祭。伊川程氏曰：豺獭皆知报本，士大夫之家往往厚于

第十一篇
宗族与族人丧礼祭礼

奉养而薄于先祖，甚不可也；凡事死之礼当厚于奉生，旨哉斯言！其于追远之义甚深切也。或有难之者曰：古先皆有祭，故祀事易办；今欲举其事而皆无其田，子孙之贫者生计且不足，谁愿为此？噫！苟虑是孝祀之礼富可兴而贫可废也，则荐享之味岂必取诸丰隆乃可乎？司马温公曰：王制，大夫、士有祭田则祭，无田则荐，祭者有牲之谓也。朱子曰：世人无常牲，春荐韭以卵，夏荐麦以鱼，秋荐黍以豚，冬荐稻以雁，取其物之相宜也，如是则用天分也，钓水采山皆可荐，诚不可拘牲之备否也，亦称家之有无，量力行之而已矣。至月朔必正寝，伊川确有定训，非不可以遵行，但世俗相沿之节令不可骤更，但当仿佛其意，不至远古亦不背今可也。夫既合立祠堂，则朔日不可不参，宜以公会为荐新之举，而四时之祭可徐议矣。按冬至祭始祖，《家礼》恐涉于僭，又非世所通行，立春祭先祖止于高祖以上而不及曾祖祢，尤非合族而祭之意。余意宜于元旦兼而举之，前一日通列先祖神位备物以造岁除，元旦群集祠堂行三献祭礼，祭毕则就堂中，卑者叩尊，幼者拜长，欢聚一堂，以飨祭馂。另日拜墓以化香楮，诚极便也。若寒食之节天子谒陵、庶人省墓，累世成俗，自不可云庙以宅神不可致死墓藏体魄，不可致生而不为设诚尽敬以祈鉴歆；庶几孝子雨露怵惕之心也。岁春已举二祭，则夏祭宜荐麦，至朔备鱼献馐，足以将敬，至秋祭祢与今，七月望日供蔬告虔不相远也。余以前一日亦当于祠堂供蔬备物致斋，异晨祭毕享胙后同往拜墓以焚之，此秋季也。世俗于十月朔日咸化寒衣，余谓此日当仿冬至祭始祖之意，前宿先备祭馔，未明祠荐，平明趋墓化纸，归则同享于会，可当冬祭，而四时之荐亦云备矣。苟能行此，既以合祭死者，又以萃聚族众，敬宗收族不两得之乎！惟忌日还主祭于正寝，乃各家私祭不预于公也，正以祖祢忌日可记远者，不能记耳。他如祭时衣履不能追复古制，各服常服，取其可跪拜而已，何必定考家礼，阻人以难能也哉？

夫祭也者，必夫妇亲之，故古者举祭皆古人主妇同事，近合祭祠堂，男妇固难并祭集矣。窃思一岁之中，妇女亦不可无参祠之礼，况近世风俗浅薄，卑幼之妇岁时不拜堂姑，甚至有毕世不一识者，岂敦厚之道哉？兹宜于元旦后数日公备茶果，齐拜祖先，礼毕同至别室随叩尊长，亦按世次长幼行之，拜后彻馂，同坐饮茶、少叙，是亦尊祖睦族之一端也。然不必尚衣饰，不行贫富，庶乎可久，又在随事而善调之。

（民国二十七年唐山华美印书局本）

容城孙氏

孙奇逢《孝友堂家规》：

问墓祭非古然与？曰：上古之葬，不封不树；既封且树，则吾先人之衣冠凭焉，敢不敬诸。故非有大故，则不敢轻去坟墓，重之也。重之而何可不敬也，时俗清明扫墓，七月十五献麻谷,十月初一送寒衣,犹有古之遗意焉。春秋凄怆,人情与天道合而爱敬之诚,动乎不容已。墓祭废,而四时之祭,未有能行者矣。人心之醇,风俗之厚,于此攸关,祭之时义大矣哉。

附:《家祭仪注》

一、晨起栉沐后入祠三揖,自入小学便不可废。

一、朔望焚香拜。

一、元旦昧爽设祭四拜,四仲月用分至日,各设祭,行四拜礼。

一、令子孙供执事。

一、凡佳辰令节,寒食寒衣皆拜,设时食。

一、忌辰设食拜,子孙素食,不宜享客。

一、有事出门,焚香拜,归亦如之。

一、吉庆事卜期设祭。

一、儿女婚姻焚香以告,生辰弥月,设食以献。

一、新妇庙见设祭,主妇率之行礼。

一、凡祭,妇人另行礼,各如仪。

(《丛书集成初编》,中华书局1985年影印本)

沧州戴氏

戴氏习用孙氏祭拜礼。

光绪沧州《戴氏族谱》,《传祭规矩》:

一、晨起栉沐后祠三揖,自入小学便不可废。

一、朔望焚香拜。

一、元旦昧爽设祭四拜。

一、四仲月用二分二至日,各设祭,持四拜礼,令子孙供执事。

一、凡佳辰令节,寒衣皆拜,设时食。

一、忌辰设食拜,子孙素食,不宜享客。

一、有事出门,焚香拜,归亦如之。

一、吉庆事有期并儿女婚姻,焚香以告,生辰弥月,设食以献。

一、新妇庙见设祭,主妇率之行礼;凡祭,妇人另行礼,各如仪。

(光绪三十四年本)

第十一篇
宗族与族人丧礼祭礼

定兴鹿氏

光绪定兴《鹿氏二续谱》,《祠规》:

一、祠专奉始祖,东西二室,以贵者、贤者祔,凡十四世以上悉尊昭穆从祀。嗣后族众人繁,宁严勿滥,其非贵且贤或未达而品高望重及有功于祠墓者,概不得入祠配食。

一、执罍以爵之尊卑为断,其爵同者以行辈年齿为断,祭用朝服,与祭者备本等色服以次随班行礼,如一时无达者则以有衣衿而行辈长者主其事。

一、祭定期冬至,先十日值年董事恭书祭期,帖于祠门,阖族子姓俱于隔夕斋宿祠内。

一、祭前三日董事置办诸祭品及应用物件,其费于祭田租钱项内支用,至祠宇有应修葺之处,亦于此项支用,逐条登账备查。

一、祭前一日董事置祝版,择能书者敬缮祝文,并督率子弟涤器皿、陈几案、治牺牲及诸祭品,所有执爵读祝赞礼各执事俱预派定,列名于祠中门之左。

一、祭毕享胙坐次以行辈序,席面多寡随时,每席肴四簋酒三巡,进饭毕,子姓俱肃揖退。

一、祭器及桌椅各物件董事于享胙后逐件查点,藏于东西两庑封锁,责成守者看管,匙钥董事收存。

谨按:家庙祭仪祠规自都转公订定后迄未举行,传霖于丙戌年引疾归里,勉遵先志粗定规模,于冬至前一日督率守者扫除拂拭,唤扫地夫二名来供役使。祭日每室祭品一筵,每筵八簋,合族子姓,黎明齐集,以行辈尊者上香、卑者随从行礼,祭毕,燕毛与专祠官祭同,所需用款详记祀田下,嗣后族繁款裕仍当遵行旧制,不敢以一时权益致从减略也。

(光绪二十三年本)

方苞言:自余所闻见,百数十年间,北方真儒,死而不朽者三人:曰定兴鹿太常(名善继,字伯顺)、容城孙征君(名奇逢,号夏峰)、睢州汤文正(名斌),其学皆以阳明王氏为宗。参见《望溪集》卷一四《重修阳明先生祠堂记》,忠节公即定兴鹿太常,壮节公应为其子孙。

光绪定兴《鹿氏二续谱》,《三祠现行祠规·官祭》:

一、每逢春秋祭祀之前一二日,值年督率守者洁除拂拭,悬灯彩,晚设果酒一筵款待赞相。祭日合族子姓肃衣冠于祠门外,迎入主祭、与祭各官,随从行礼,礼毕延入客坐送茶,旋诣公署报刺谢劳。

一、送主祭官胙猪羊连首肘，与祭官猪羊各一肘，赞相执事胙每人少许，余胙分送本家，与祭者各一，方合族于祭日早在祠享胙少长以次，菜六器、酒三巡，午间值年备酒筵请赞相执事，不丰不简，多寡随宜，次早壮节祠值年备酒筵款接赞相执事，与前一日同。

一、忠节壮节两祠，猪羊祭品向由官备，太公祠由值年自备，所需公款详祀田下。

一、嘉庆六年，知县赵锡蒲设扫地夫，俾供洒扫之役，免其徭役；同治十三年，知县朱乃恭为定额二十名，春秋祭前一二日概令来供役使。

（光绪二十三年本）

光绪定兴《鹿氏二续谱》卷七，《垄墓·江村茔祭扫事宜谨照初谱编录》：

一、每岁清明，凡近支远族届期俱集，预择江村族人中之殷实者数家轮流值年，先期董事，至值年家备办一切，至期巳先祭东茔，次西茔，次新茔。

一、东茔用羊一豕一，馔一桌十碗，饽饽一桌百枚，饭一桌五十碗，香烛奠酒一案，纸钱三百，金银锞三百。

一、西茔用羊一豕一，馔三桌每桌十碗，饽饽三桌每桌百枚，饭三桌每桌五十碗，香烛奠酒一案，纸钱五百，金银锞五百。

一、新茔用三牲一，馔一桌十碗，饽饽饭共一桌，香烛奠酒一案，纸钱二百，金银锞二百。

一、祭仪于辰时陈设，巳、初合族序立，以本支行尊年长者诣香案，上香献酒复位，同众行四拜礼，礼毕，焚钱锭。

一、新茔惟同堂昆仲子侄行礼，族众尊行勿拜。

一、昆仲子侄中有自备祭品，祭其祖父者，或同时，或先后，听其自便。

一、祭日有路远，或有要事不到者不候。

一、祭毕，阖族俱集值年之家，先期搭盖坐棚备桌凳设酒席，酒席即用祭品，少添蔬菜，不得过丰，务令醉饱欢洽。

一、祭扫之费于祭田租钱项内支用，董事逐条登记帐簿存查。

（光绪二十三年本）

光绪定兴《鹿氏二续谱》卷七，《垄墓·候官营祭扫事宜》：

焚黄事宜：既卜日先于墓所搭厂或帐篷，陈设祭礼，预备祝版，书祝文二通书，后土神位、香炉、烛台、灯罩、桌围、香盒、香饼、盥盆、帨巾、爵杯、酒注、香烛、火把、红毡、纸钱、金银锞及供献等物，是日奉誊黄制书于彩亭内鼓乐前导至墓所先祀后土，后告墓祀。

第十一篇
宗族与族人丧礼祭礼

后土仪节：降神以下大字皆赞唱就位，诣香席前，跪，上香，酹酒尽倾于地，兴，参神，一跪三叩，平身，初献酒主人执盏授执事者安置前，跪，读祝祝跪主人之左，读曰：维某年岁次月朔日辰，某官姓名敢昭告于本山土地之神某只，奉制书追赠某亲某官某公为某官某亲某氏为某封，维兹窀穸赖神庥遵典昭事，敢有弗虔蘋藻虽微庶将诚意维神鉴歆永典厥居尚飨，俯伏，兴，平身，亚献酒，三献酒并同初献但不读祝文，辞神，一跪三叩，焚祝文，礼毕。

焚黄仪节：序立赞唱，主人以下各就位，若仕者有父兄，则父兄主祭，仕者立本位，锦绣吉服有公服者各公服参神，一跪三叩，平身，诣香席前，跪上香，酹酒即酹墓地不用茅沙，兴，行初献礼，诣神墓前，跪，祭酒滴少许于地，奠酒置神位前，进馔，兴，平身，诣读祝位祝跪主人之左，读曰：维某年岁次月朔日辰，孝男某官某名敢昭告于显考某官某公[且书旧衔]、显妣某封某氏[且书旧衔]之圣恩[如奉庆典则曰覃恩]，追赠显考为某官，先妣为某封，已于家寝卜日改题，伏念恩纶下贲泉壤生光，幽德昭闻，庆贻后代，鼎养无从不胜感怆，谨洁牲醴粢盛敬录以焚尚飨，宣制词赞礼者面东立读，俯伏，兴，平身，行亚献礼仪同初献但不读祝文，不宣制，有父兄则父兄行初献、终献，仕者行亚献，进馔，行终献礼同前，进馔，兴，平身，焚黄执事者捧所录制书黄纸就香案前并祝文焚之，辞神，一跪三叩，礼毕。

谨按：初谱所订祭扫事宜本极周备，后以款项支绌久不遵行，乃因陋就简竟以祭品一筵，自东原递相供献，殊失敬之道。今由侯官营租内提钱六千，拨交值年添置供品，必须每茔一筵，如再有仍前草率者，合族得而争之，后之值年尚其恪恭将事哉！

田垅茔祭扫事宜

一、凡都转公后裔各支轮流值年，其有服官在外者，由在家之人代办。

一、每岁清明、中元、十月朔望，值年置备供品，届期各支俱集值年处，同往祭扫。

一、供品用肴八碗、饽饽三盘，杯箸酒饮每位各一，香烛全分鞭一挂，祖茔焚纸金银锞，余冢每位焚纸锞二包，十月朔望按冢均焚寒衣纸。

一、纸锞由值年置备，包外书某府君某太君，各支亦同往照料，不得推诿。

一、每位纸锞二包，必须按数分置，各置各冢前，不得聚一处焚化。盖欲使子孙记其祖父葬处，用意至深且远，凡我子姓其恪遵勿忽。

一、祭毕，凡与祭者俱赴值年家，由值年设筵款待，即用供品少加菜蔬，不得过丰，务令醉饱欢洽。

一、祭扫之费于地租项内支用，值年逐条登记帐簿存查。

谨按：修续谱时田垅茔地新立未久，一切事宜尚未厘定。今又阅五六十年，祔葬累累，子孙蕃庶，若不详定章程，则恐日久废坠，爰略仿江村祭扫事宜，粗定七条，凡我子姓其各敬谨遵守，永永无替焉。

（光绪二十三年本）

光绪定兴《鹿氏二续谱》卷七，《祭仪》：
先祭三日，主人及在事者咸致斋戒，子弟读祝一人，赞礼一人，执爵每案二人，凡在祠所出子孙，年及冠以上者皆会。行礼前一日主人率子弟盛服入祠，视洁除拂拭毕，执事者于各室前设供事堂南总香案一炉檠具，东西二室祔位各统设一案，设祝案于香案之西，设尊爵案于东序，设盥盘于东阶上，祝割牲羊一豕一，祝涤器每案俎二铏二敦二代以时用盘碗者听，笾六豆六，辨器之实俎实牲体，铏实羹，敦实饭，笾实时果饼饵鱼腊之属，豆实炙胾时蔬之属，界曰五敔。主人朝服与祭，执事者盛服入祠，主人侍于东阶下，族姓俟庭东西，以昭穆世次为序，执事者陈炉檠于供案南，陈尊爵于东序案上代以壶浅者听，陈祭文于祝案，实水于盥盘加巾，子弟治笾豆之实，陈敦匕箸流酱以俟质明。赞礼立堂东檐下西面，诸执事分立东西序端相向。赞就位，主人升自东阶，盥，诣中檐拜位立，族姓行尊者立于东西阶上，卑者立于阶下，皆重行北面，赞参神，主人入堂左门诣香案前跪，执事二人司爵者充一奉香盘，一把尊酌酒诣主人左右跪左奉香，主人三上香，右奉爵，主人酹酒于地，以爵奠于案上，兴，退出右门复拜位。及族姓行一跪三叩，礼赞初献，子弟荐匕箸流酱于供案北，一叩，兴，遍及祔位如前仪。庖人解牲体实于俎，执事者奉以升各荐于供案，主人诣始迁祖考妣案前，执爵者奉爵，主人献爵于正中，跪，叩，兴，以次诣始封祖考妣、始爵祖考妣案前，献爵如前仪；又以次诣东西二室，附位案前，献爵如前仪，讫，退立于拜位。赞读祭文，主人跪，族姓皆跪，祝诣祝案之左跪，读，讫，兴，以祭文复于案，退。主人以下三叩，兴。赞亚献，庖人纳羹饭，子弟和羹实于铏，实饭于敦，荐于案及腊肉炙胾，遍跪，叩，兴，退。主人献爵于各位之左，赞三献，子弟荐饼饵果蔬，叩，退，主人献爵于各位之右，皆如初献仪……降阶，撤器皿，入席。

（光绪二十三年本）

光绪定兴《鹿氏二续谱》：
官祭祭品：猪一口，羊一腔，太羹肉一斛，醢肉一斛，醢鱼一尾，槁鱼一尾，芹菹半斛，韭菹半斛，青菹半斛，黍米半升，稷米半升，糯米半升，茨米半升，稻米半升，榛子半斛，菱米半升，栗子半升，粱米半升，料香十二束，净巾十条，黄米二斗，麹二块，香烛纸锭。
官祭祝文：维某年岁次干支，某月朔干支，越祭日干支，直隶保定府定兴县知县某等致祭于明封太常寺少卿鹿太公之神，曰：维公之德善莫能名，卓荦大节，朝野同倾，养志园圃系心朝廷，东林兴狱，北海筑亭，子以忠著，孙以孝称，全忠全孝惟公之型，义烈昭

第十一篇
宗族与族人丧礼祭礼

垂,报祀宜隆,牵牲告洁,旨酒载馨,庶其来格永妥神灵,尚飨。

（光绪二十三年本）

东光马氏

沧州东光《马氏家乘》,乾隆《序》：

族之有谱与家祠并重,盖建祠所以申追远之诚,而修谱所以笃一本之慕,事虽异而敬爱之情则一也,昔吾从祖虞美公于斯二者特加意焉。癸卯岁前谱之修与从祖庚长公首倡其事,而叙次最为详明。嗣以希肱堂旧祠狭隘,不足以妥先灵,乃以祭田所余付济存贮,及今二十余年,始克创,基趾载、肯堂构、规模固已宏远矣,惜虞美公不及见也。至族谱之未辑,今又四十三年,支益繁人益众,散居乡邑间,知其人不谋其面,识其面莫名其名者所在有之。客岁议修未果,济诚耿耿不能忘也。一日,从祖周录公进济而言曰:而宗祠之建足酬吾兄于地下,而家乘之辑及今为之,是吾责也,但吾年已衰,不任笔墨,尔其代吾勤事跻峣,天峰可共任其劳。济等闻命不敢以不敏辞,谨按支咨询细加订正,计得未入谱者六百三十九人,踵前谱而叙之志之,甫及两月盖与宗祠落成之日适相后先云,于是及时设祭序昭穆,陈俎豆,俾长幼尊卑咸集于斯,按谱称名孰为大宗,孰为支嗣,执爵醑馈,无敢陨越,祭毕,序座于左右厢,亲疏远近递相慰问,子弟辈举觯导饮,依次而及融融泄泄,无不秩然蔼然,然则敬爱之情以感而深。吾祖宗有灵,当亦含笑九原也。倘非两从祖后先济美,亦奚以至此？济既受命董兹二役,爰述其始末于简端,亦以见吾两从祖之大有造于吾族也。时乾隆三十年岁次乙酉嘉平,月十三代孙泽济谨识。

（1999年十一修本）

湖南

丧葬过程十分繁杂,包括初终、吊唁、作神主、祀后土、虞祭、墓祭、忌日等诸多环节,每一环节都有具体的礼仪规范。祭礼法规著录于族谱。

长沙涧湖塘王氏

民国《长沙涧湖塘王氏六修族谱》卷首二,《四礼·丧礼》：

初终疾病迁居正寝,戒内外,书遗言。既绝乃哭,易服,不食,立丧主即死者长子,无则长孙承重,立护丧腥礼以子弟知礼有才干者二人为之。主宾专主宾客为礼,司货,司书以子弟善书者为之,司祝代行奠礼也,治棺,沐浴,含饭;小敛俗谓装束也,设尸床于中堂,迁尸于床上;大敛又加衾也;讣告于亲戚僚友,举棺置于堂中少西设奠案;入棺,孝子寝苫枕块于棺侧乃餠粥,设布帷置柩前蔽外内,设魂帛用白布结同心象人形以依神,置灵座用竹作架,以衣披架上,如人拱坐形,立铭旌而奠食三品以上九尺,五品以下八尺,六品以下七尺,士庶人三尺。以红绸为之,以粉笔随用,亲姻显者落款尊称,死者亦可。但当因其人而尊之,不可僭分。成服古者明日小敛、三日大敛,至成服则在死之第四日也。然士庶人家或遇盛暑而敛不能三日者,必俟其期,反以伤孝子之心,是敛与服似亦不必拘于古也。五服之人各服其服五服之中惟斩衰最重,齐衰、大功、小功、缌麻以次递降,齐衰中又有三年、杖期、不杖、五月、三月之别。成服之日设奠加盛,孝子以下各就哭尽哀,自是以后朝夕奠,食时上食,朔日于朝夕奠,有新物则荐之,七日加盛。吊唁凡吊皆素服奠,用香烛酒果,赗用前帛,具刺通名。吊时孝子俯伏于帷内,诸侄若孙俯伏于帷外,吊毕叩谢。百日卒哭,罢朝夕奠,孝子始寝席枕木蔬食古者三月而葬,葬而后虞,虞而后卒哭,今容有不能合三月之制,或先或后而葬者,故姑从百日之制。治葬今人即不遵古人三月而葬之制,与其听阴阳家图后人富贵,迟之数年数十年之久而不葬,致使棺骸俱腐,不若速葬之为愈也。前期择地之可葬者程子所谓防五患是也,日后不为道路、不为城邦、不为沟池、不为贵势所夺、不为耕犁所及,非世俗葬师之说也,既得地定葬期,具书告启期于宾友。志石用石二片,一书某公之墓,一书生卒年月日时、葬地、山向、配氏子女,以防异日骞崩之患。作神主外书显考姓名、讳号、第几公,神主内书生卒年月、所葬山向及奉祀之名发引前数日,亲引致奠赗此即俗之开吊,各从乡俗为宜。先一日奉魂帛朝于祖日晡设祖奠司祝跪告云:永迁之礼,临辰不留,今奉柩车式遵祖道谨告,厥明迁柩奠祝云:痛惟某公奄忽弃世,兹奉灵柩安厝于某山之阳丹旐,既举昭告惟寅辀车载道勿饰勿惊。迁柩就舁设遣奠祝云:灵輀既驾,往即幽宅,再陈遣礼,终天永诀。灵车至墓,司祝奉魂帛就幄座主椟,置帛后遂设奠。祀后土祝云:某敢告于某山土地之神,今为某营建宅,兆神其保佑,俾无后艰,谨以酒馔只荐于神。谨告仪节随俗用,开茔域,穿圹,筑圹底灰隔,下棺,铺铭旌,下志石,埋魂帛,乃实土而渐筑之务求其坚。墓成复祀后土于墓左仪祝同,但改营建宅兆为窆兹幽宅,题主古者题主必至墓所,礼也。俗或因墓所穿狭,先时一概书就,抱至墓所而归;或仅留主字一点,至墓所点就,此犹存古之遗意也,今当从之,先题陷中、后题粉面。题毕祝云:形归窀穸,神返室堂,神主既成,伏冀舍旧从新,是凭是依,谨告,主人奉主升车遂行,途中哀至则哭,至厅事设灵座虞祭。虞祭虞,安也。骨肉归于土,魂气无所不之,孝子为其彷徨,二祭以安之也。未葬之时,奠而不祭,犹以人道事之也,孝子不忍死其亲之意也;既而返始用虞而以神道事之也。奠只用酌酒,陈馔上香,再拜无献礼,祭则有降神三献之礼,以下凡祭皆同用三献初虞即葬日也,祝云:哀子某敢昭告于某亲之灵曰:日月不居,奄及初虞,夙兴夜处,悲慕欷歔,谨以洁牲粢盛,庶品哀荐,祫事尚飨遇柔日再虞乙丁己辛癸为柔日,遇刚旦三虞甲丙戊庚壬为刚日。卒哭三虞后遇刚日曰卒哭,忌日是日也,以吉祭,易丧祭,谓自此后渐用吉礼也,期而小祥自丧至此不计闰凡十三个月,用初忌日行礼,易练服止朝夕哭,始食菜果;再期而大祥自丧至此不计闰凡十五个月,用第二忌日,易禫服,奉新主祔入祖位,彻灵座,断杖弃之。大祥之后间一月而禫,送主至祠堂,始饮酒食而复寝,冠服俱服

第十一篇
宗族与族人丧礼祭礼

吉。祭礼祭期，春祭用清明日，冬祭用冬至日。先期一日，主人斋戒，率族众子弟拭涤器具如几筵、俎载牲、樽盛酒、瓦豆盛馔磁椀亦可、簋盛饭、大爵盛酒、小爵三献用、祝版长一尺、广五寸、粘文于上，祝毕揭而焚之、茅沙用磁盆铺沙束茅一握置放盆内、油镣即烛、檀香，派执事书各名贴堂右讲仪注将先后仪注与陪祭及诸执事讲论一遍，以免临时错误，值年查点一切合用之物。先行告主礼仪如常礼日晡行省牲礼，礼前如常上香奠爵后，奏大乐。主人出省牲，诣宰牲所省牲，揖凡三。执事者荐毛血捧盘取毛血安置内堂主位前，主人从。复位复内堂位，鞠躬拜兴凡四。化楮，礼成，主人退居斋室，鸣金三叩，声炮，启门，奏大乐，乐阕，奏小乐；陈设，主祭者就位，分献者亦同就位，参神，鞠躬拜兴凡四，平身。主祭者行上香礼，诣盥洗所盥洗，诣香案前跪，上香，酹酒，俯伏，兴，平身，复位。分献者行上香礼仪同前，主祭者行初献礼赞礼二人向主人引导曰行初献礼，主人乃行，诣酒樽所，司樽者举幂酌酒幂用青纱覆于杯上，诣中龛馔案前，跪，献帛，初献爵，献腥，献熟，献箸，俯伏。分献者行初献礼，诣昭穆祖考妣馔案前，跪仪同前，乐阕，读祝生诣读祝位，跪，读祝文，读祝生叩首，起立，奏乐，兴，平身，复位主祭分献同，鞠躬拜兴凡二，平身。主祭者亚献，三献仪同前，分献亚献三献仪同，献粢饭，俯伏，兴，复位，鞠躬拜兴凡二。主祭者行侑食礼，诣中龛神位前，跪，执事者加酌，授箸、授饭，侑各肴馔既献之后，又劝神使享也，反箸、反饭，进茗，俯伏，兴，复位。分献者诣昭穆考妣神位前行侑食礼仪同前，鞠躬拜兴凡二，平身，行饮福受胙礼。主祭者分献者，同诣饮福位前，皆跪，失职者斟酒授主人，主人受酒，啐酒略尝少许。执事者取胙授主人，主人受胙，反胙，分献仪同叩首凡三，兴，复位，行辞神礼，鞠躬拜兴凡四，平身，化楮，焚文，焚帛执事者捧之。主人送至门外余人俱站立不动，不得随主人拥出门外，主人复位俟焚化将完，彻所设，声炮，奏大乐。执事者合椟，揖凡三，礼成。祔礼凡已没者于三年内外举行此礼，或正祭日或先期，本家子孙以红贴书衔贴宗堂晓族。祧迁礼十世当祧，仪注详载丧礼。主人捧祧牌藏夹室昭穆递迁而上。墓祭 每岁清明诣墓拜扫致祭，岁只一举。忌日考妣俱故，考忌以妣配享；妣忌以考配享。承重孙为祖考妣忌日同此先一日斋戒具馔，厥明，主人以下变服行礼用青素衣帽，仪节同时祭不用饮福手胙，生忌礼同但用吉服，焚黄告主。先期陈设堂设宣制词位，南向；东设主位，西向；前设香案，下设读祝位，向上主人设位于西，其余器馔皆同时祭。人之堂向不一，总以后为北，前为南，左东右西，至期主人诣堂告主，上香，读告词，出所赠主改题外改内不改，安主中堂桌上，主人就位行礼如当礼，宣制词黄纸书之，以盘盛置香案，献毕，焚祝文制词焚黄纸所书者存诰轴涪焚，焚黄告墓先期设厂于墓所，预备祝版祝文及祭时合用之物，届期奉誊黄制书鼓乐前导至墓所，先祀后土而后告墓，仪节如常。乡会中式祭告礼恩拔、岁贡、生监同，有父兄以父兄为主人，无则以本身为主人届期主人斋戒，祠外设香案，朝北，中式者穿公服行三跪九叩首礼，望北阙，谢恩中进士者不行，以先在午门谢恩故也，礼毕齐赴祠堂，行祭告礼仪注如常。

（王万藻等修，民国三十八年听槐堂铅印本）

涟源李氏

民国涟源《李报本堂族谱》卷首，李氏《宗规》：

四礼当行先王制冠婚丧祭四礼，以范后人，载在《性理大全》及《家礼仪节》者，皆奉国朝颁降者也，民生日用常行，此为最切。惟礼则成父道、成子道、成夫妇之道，无礼则禽犊耳，然民俗所以不由礼者，或谓礼节烦多，未免伤财费事，不知师其意而用其精，至易至简，何不可行试？言其大要，……丧则惟竭力于衣衾棺椁，遵礼哀泣，棺内不得用金银玉物，吊者止口茶，途远待以素饭，不设酒筵；服未除不嫁娶、不听乐、不与宴贺，衰絰不入公门；葬必择地避五患，不得泥风水邀福，至有终身不葬、累世不葬，不得盗葬，不得侵祖葬，不得水葬，尤不得火化，犯律重罪。

（民国五年报本堂活字本）

四川

铜梁安居乡周氏

光绪铜梁《安居乡周氏宗谱》卷一，《训规》：

一、慎丧葬。丧尽其礼，祭尽其诚，此人生之大节，岂可苟焉而已哉？盖五礼，惟丧礼为大，而丧礼以慎终为先。虽时届仓卒，必慎之又慎，附于身者，衣衾从其厚；附于棺者，坟土期其坚；而思哀又不待言矣。至三年中，纵不能如古人之事事尽礼，而大端要不可失焉。若追远之礼，祭物必丰洁，祭仪必讲究。当拜献时，即思祖宗遗泽之远、创业之艰，与父母鞠育之恩、训诫之语，虽无形而遥想其形，虽无声而如闻其声。必如此，始可以言祭。

（周泽霖纂修，光绪十年刊本）

南溪县

南溪题主与丧事。

民国《南溪县志》卷四，《礼俗篇·风俗》：

葬前三四日，丧家束请官长或乡绅之有物望者为题主官，具仪杖迎迓，礼极崇隆，题主官具礼服、乘舆至，孝子跪门外伏迎。凡题主，刺血和朱，不书全主，但题神字末笔、主字起笔而已。

宗族姻娅，皆给白布服，谓至"孝衣"。是日，三党赍羊豕酒脯烛帛挽联明器等物，

第十一篇
宗族与族人丧礼祭礼

以为奠仪。

（巴蜀书社1992年版，第622页）

广东
乳源余氏

嘉庆《乳源余氏族谱》，《余襄公训规十四条》：

一、丧服之制，孝服用麻布。凡遇族之丧，当头戴一小白帽，身穿一素孝衣。近来俱已违之，忍心何在？去古礼甚远，且圣言临丧不哀，吾何以观之哉？而况同姓之服乎！厥后凡遇族中老少丧，服不问斩衰、齐衰，务要头戴一小白帽，身穿一素孝衣，以至二三月，庶不失宗祖之伦纪矣。间有不遵条例，众族责罚，以示戒惩。

一、丧服之具，祭葬当崇厚道。近来或遇丧葬，各以时银三分买物烧纸，甚非尚礼厚伦之典，正所谓视至亲如路人者是也，良可痛恨！以往或遇丧葬，每以十人凑成纠银五钱，买备三牲，各具财包。至于柩前，各奠酒以表微敬，使生者顺而死者亦安，亲朋视之，有所感激，不得仍行故俗。如违，族众面化以耻辱之。

（余有璋等纂修，嘉庆二十五年木活字本）

直隶
交河李氏

民国沧州交河马连坦《李氏族谱》，乾隆《重修族谱序》：

谱系之作所以敦孝弟、重人伦、睦宗族、厚风俗，固已。又闻之情见于亲亲，见于服服，始衰之缌麻以至于无服，则亲尽而情亦尽，情尽则遇喜不为之庆、罹忧不为之哀，甚而同姓操戈，兄弟伯叔有觌面而不知为谁，何者？此岂祖宗之心哉？盖其初兄弟也，又其初一人也，以一人之身递衍而为数百人之身，遂视一本而连枝者悠悠直如路人，此吾从堂叔华生、庚峰公谆谆以叙谱嘱辉也。吊李氏一族分东、西二支，东支一派并无原谱，且散居他乡者不可胜数，此又难以聚叙者也。然又思西门一支八世之内昭穆有辨、支派有分，幸犹秩秩然而不紊者，皆吾大伯祖正仪公旧叙之力也。及今不叙，将东支散落者终无联属，西支详明者渐且混淆。辉不敏，用是殷忧、敬奉叔训，爰于癸巳春间同从堂弟致泰、希莲、再从堂弟良才、族侄谦条分缕析，所知者共载于谱，不知者徐俟于异日，敢曰俾无遗漏无望于后之继继绳绳者乎！且圆图所载以东支居左、西支居右，则叙谱亦宜东支居先、西支居后，无如东支散落难以聚集，兹之先西支者职是故耳。不但此也，八世而上之祖，世次若何,名字若何,以至合族同归一本,不至散乱无归,有待于踵而增之者不少也,是为序。时乾隆三十八年岁次癸巳仲春上浣,十一世孙辉敬叙、希莲沐手敬书。

(民国八年七修本)

旧沧州马氏

旧沧州《马氏全谱》,光绪《古沧马氏族谱引》:

族谱者,谱其族也。马氏原籍浙江绍兴府会稽县大马家桥人,系前明永乐三年,始祖兄弟三人迁北,言明占籍时各占园字,使后世子孙如遇本族人不知先祖名讳者,说明占园字便是一祖宗支派。始祖来沧遂居于旧沧州西关外,占籍马家园,沧之有马氏自此始。始祖断自此追所自也,马氏来沧十余世,备谱书别昭穆重一本也。想苏老泉有言曰:情见于亲、亲见于服,服至于衰,至于缌麻,而至于无服,无服则亲尽情尽,一人之身分而至于途人,岁时不序,庆吊不通,相遇于道不知谁何,此一族不谱之故也。诚使沿族而谱之,随族而续之,俾长幼有序,名分秩然,则称谓之间不至于相谬,一本之亲亦不至于相忘焉,可也。乾隆二十四年少二三分十四世孙维城、维柱沐手敬书于自谦斋。光绪三十一年少二分十八世孙龙田沐手重修于洗心书屋。

(抄本,沧州马学华藏)

丰润毕氏

民国丰润《毕氏宗谱》,《凡例》:

一、戒忤逆:五刑之属三千罪莫大于不孝,为子孙者触犯父母并祖父母及殴期亲尊长并大功、小功、缌麻尊长罪不可逭者也,至为人尊长属者亦当正己,卒人平情乐易,以文王之止孝慈为法。

(民国十九年排印本)

江苏

仪征蒋氏

民国仪征《蒋氏宗谱》,《服制图》:

丧服总图

斩衰三年。用至粗布为之,不缝下边。

齐衰杖期、不杖期、五月、三月。用稍粗麻布为之,缝下边。

大功九月。用粗熟布为之。

第十一篇
宗族与族人丧礼祭礼

小功五月。用稍粗熟布为之。

缌麻三月。用稍细熟布为之。

本宗九族五服正服之图

高祖父母齐衰,三月。

曾祖分母齐衰,五月。

曾伯叔祖父母缌麻。

曾祖姑出嫁无服。

祖父母齐衰,不杖期。

伯叔祖父母小功。

祖姑在室小功,出嫁缌麻。

族伯叔祖父母缌麻。

族祖姑在室缌麻,出嫁无服。

父母斩衰,三年。

伯叔父母期年。

姑在室期年,出嫁大功。

堂伯叔父母小功。

堂姑在室小功,出嫁缌麻。

族伯叔父母缌麻。

族姑在室缌麻,出嫁无服。

己身

兄弟期年。

兄弟妇小功。

姊妹在室期年,出嫁大功。

堂兄弟大功。

堂兄弟妇小功。

堂姊妹在室大功,出嫁小功。

再从兄弟小功。

再从兄弟妇无服。

再从姊妹在室小功,出嫁缌麻。

族兄弟缌麻。

族兄弟妇无服。

族姊妹在室缌麻,出嫁无服。

长子期年。

长子妇期年。

众子期年。

众子妇大功。

侄期年。

侄妇大功。

侄女在室期年,出嫁大功。

堂侄小功。

堂侄妇缌麻。

堂侄女在室小功,出嫁缌麻。

再从侄缌麻。

再从侄妇无服。

再从侄女在室缌麻,出嫁无服。

嫡孙期年。

嫡孙妇小功。

众孙大功。

众孙妇缌麻。

侄孙小功。

侄孙妇缌麻。

侄孙女在室小功,出嫁缌麻。

堂侄孙缌麻。

堂侄孙妇无服。

堂侄孙女在室缌麻,出嫁无服。

曾孙缌麻。

曾孙妇无服。

曾侄孙缌麻。

曾侄孙妇无服。

侄曾孙女在室缌麻,出嫁无服。

元孙缌麻。

元孙妇无服。

第十一篇
宗族与族人丧礼祭礼

说明：

凡嫡孙，父卒为祖父母承重服斩衰三年；若为曾高祖父母承重，服亦同。

凡男为人后者，为本身亲属孝服皆降一等，本身父母亦降服不杖期，父母报服同。

凡姑姊妹女及孙女在室或已嫁被出而归，服并与男子同；出嫁而无夫与子者，为兄弟姊妹及侄皆不杖期。

凡同五世祖、族属在缌麻绝服之外，皆为袒免亲，遇丧葬则服素服，尺布缠头。

妻为夫族服图

  夫高祖父母缌麻。

  夫曾祖父母缌麻。

  夫曾伯叔祖父母无服。

  夫曾祖姑无服。

  夫祖父母大功。

  夫伯叔祖父母缌麻。

  夫祖姑在室缌麻，出嫁无服。

  夫族伯叔祖父母无服。

  夫堂祖姑无服。

  舅姑斩衰，三年。

  夫伯叔父母大功。

  夫亲姑小功。

  夫堂伯叔父母缌麻。

  夫堂姑在室缌麻，出嫁无服。

  夫族伯叔父母无服。

  夫族姑无服。

  妻为夫斩衰，三年。

  夫为妻斩衰，杖期；父母在，不杖期。

  夫兄弟及妻小功。

  夫姊妹小功。

  夫堂兄弟及妻缌麻。

  夫堂姊妹缌麻。

  夫再从兄弟无服。

  夫再从姊妹无服。

夫族兄弟无服。

夫族姊妹无服。

长子期年。

长子妇期年。

众子期年。

众子妇大功。

夫侄期年。

夫侄妇大功。

夫侄女在室期年,出嫁大功。

夫堂侄小功。

夫堂侄妇缌麻。

夫堂侄女在室小功,出嫁缌麻。

夫再从侄缌麻。

夫再从侄女在室缌麻,出嫁无服。

孙大功。

孙妇缌麻。

夫侄孙小功。

夫侄孙妇缌麻。

夫侄孙女在室小功,出嫁缌麻。

夫堂侄孙缌麻。

夫堂侄孙女在室缌麻,出嫁无服。

曾孙缌麻。

夫曾侄孙缌麻。

夫堂侄孙女在室缌麻,出嫁无服。

元孙缌麻。

说明:

夫为祖父母及曾高祖父母承重者,并从夫服。

夫为人后,其妻为本生舅姑服大功。

妾为家长族服之图

家长父母期年。

家长斩衰,三年。

第十一篇
宗族与族人丧礼祭礼

正妻期年。

家长长子期年。

家长众子期年。

为其子期年。

出嫁女为本宗降服之图

高祖父母齐衰,三月。

曾祖父母齐衰,五月。

祖父母期年。

祖兄弟缌麻。

祖姊妹在室缌麻,出嫁无服。

父母期年。

伯叔父母大功。

父姊妹在室大功,出嫁无服。

父堂兄弟缌麻。

父堂姊妹在室缌麻,出嫁无服。

己身

兄弟大功。

姊妹在室大功,出嫁小功。

堂兄弟小功。

堂姊妹在室小功,出嫁缌麻。

兄弟子大功。

堂侄缌麻。

兄弟女在室大功,出嫁小功。

堂侄女在室缌麻,出嫁无服。

外亲服图

母祖父母无服。

外祖父母小功。

母之兄弟小功。

母之姊妹小功。

己

母舅之子缌麻。

两姨之子缌麻。

　　堂舅之子无服。

　　堂姨之子无服。

　　姑之子缌麻。

　　姨之子无服。

　　舅之孙无服。

　　姑之孙无服。

说明：

　　妻为夫外亲降服一等。

妻亲服图

　　妻祖父母无服。

　　妻外祖父母无服。

　　妻父母缌麻。

　　妻伯叔无服。

　　妻之姑无服。

　　己身为婿缌麻。

　　妻兄弟及妇无服。

　　妻之姊妹无服。

　　女之子缌麻。

　　妻兄弟子无服。

　　妻姊妹子无服。

　　女之孙无服。

三父八母服图

　　同居继父期年，齐衰三月。

　　不同居继父先曾同继父同居，今不同居，齐衰三月；自来不曾随母与继父同居，无服。

　　从继母嫁谓父死继母再嫁他人随去者，齐衰杖期。

　　嫡母谓妾生子女称父之正妻，斩衰三年。

　　继母谓父娶之后妻，斩衰三年。

　　养母谓自幼过房与人，斩衰三年。

　　慈母谓所生母死父令别妾抚育者，斩衰三年。

　　嫁母谓亲母因父死再嫁他人，齐衰杖期。

第十一篇
宗族与族人丧礼祭礼

出母谓亲母被父出者,齐衰杖期。

庶母谓父有子女妾,嫡子众子齐衰杖期;所生子斩衰三年。

乳母谓父妾乳哺者,即奶母,缌麻。

说明:

两无大功亲,谓继父无子孙,己身亦无伯叔兄弟之类。

两有大功亲,谓继父有子孙,自己亦有伯叔兄弟之类。

(民国刻本)

安徽
休宁茗洲吴氏

雍正《茗洲吴氏家典》卷一,《家规》:

一、丧礼久废,多惑于佛老之说,今皆绝之。其仪式悉遵《文公家礼》。

一、子孙临丧,当务尽礼,不得惑于阴阳、非礼拘忌,以乖大义。

一、丧事不得用乐,不得饮酒食肉,违者不孝。

一、族有丧,众当哭临,至戚七日,其次五日,疏属三日。于尊长四拜,平辈再拜,卑幼揖之。其有孝子顺孙、义夫节妇,为名教所重、人望所推者,及登仕籍者,均异数加敬焉。

一、丧礼凡有赐吊,悉用素肴相款,出吊于人亦茹素致哀,不得自处不义,陷人于恶。

(吴青羽撰,雍正十三年刊本)

婺源三田李氏

光绪婺源《三田李氏宗谱》卷末,《家法》:

谨丧事

一、新丧之家三日不举火,各房每日送粥一桶、素菜四盘,以给其子姓一日之食。

一、新丧家下男女无外大小亲疏,俱要全家斋戒满七、孝子百日,虽有故出外亦然。其服制并依《文公家礼》。

一、临丧无分亲疏,皆当尽礼,不得惑于阴阳之说,非礼拘忌,以乖大义。孝子服未阕者,不得闻乐赴宴。

(李廷益、李向荣修,光绪十一年木活字本)

池州仙源杜氏

光绪池州《仙源杜氏宗谱》卷首,《家礼四条·丧礼》:

至于服制,一曰斩衰,用极粗有子带黑色生麻布不缝下边,凡杖父用竹、母用桐,长齐心,上圆下方,三年。二曰齐衰,用稍粗生麻布缝下边,杖期、不杖期皆一年。三曰大功,九月。四曰小功,五月。五曰缌麻,三月。父母之丧及嫡孙父殁为祖承重者服斩衰,余则有正丧,有反丧。正丧自父母以上至高祖,反丧自妻子以下至元孙,各有等杀之服,五服之外皆袒免之亲,以白绵布裹额而已。孝子三年不祭祖庙,不燕宾客,不赴喜筵。父母之丧更有既葬而反虞,期而小祥,再期而大祥,大祥间一月而禫,每岁忌日不饮酒,不听乐,不与庆贺。反丧与此诸礼俱久不行,《家礼》载之甚详,有志复古者考而行之也可。

(光绪二十一年刻本)

山西
运城安邑郇城路氏

同治运城《安邑郇城路氏族谱》,《凡例》:

一、人子治丧以哀戚为本,毋事虚文,俱照《文公家礼》行之。丧具皆要坚固,茔兆亦须躬亲理视。若专付他人,恐有疏忽。殡殓衣物宜令人悉见。不可殉葬以金玉、器皿之类。

(路生财、路有年纂修,同治十年刻本)

湖南

先王服制对"五服"的范围、不同的丧期、丧服的差异及服丧期间的禁忌等内容规定得十分明确、完备,为了让族人有章可循,族谱中往往照录国家的服制典章。

长沙涧湖塘王氏

民国《长沙涧湖塘王氏六修族谱》卷首二,《服制图》:

先王制服、协义称情、无过不及、惇序持平、亲亲之杀、礼所从生、仁孝天性、是训是行。

(王万藻等修,民国三十八年听槐堂铅印本)

民国《长沙涧湖塘王氏六修族谱》卷首二,《服制分疏》:

服制　　斩衰三年　　子为父母、为继母,子之妻同;庶子为所生母、为嫡母、为慈母,庶子之妻同慈母谓妾,子无母,父命他妾抚养者;女在室并已许嫁者及已嫁被出而反在室者为父母;为人后者为所后父母,为人后者之妻同;嫡孙承重为祖父母、及父祖俱亡承重为曾高祖父母,嫡孙之妻同按:康熙年间,祖在,为祖母止服齐衰杖期,今律图已删去;又道光年间重修《大清通礼》,内载:祖在,为祖母服同;为人后者,承重为所后祖父母,承重者之妻同;妻为

第十一篇
宗族与族人丧礼祭礼

夫；妾为家长。齐衰杖期　　嫡子、众子为庶母，嫡子、众子之妻同庶母谓父妾之有子女者，父妾无子女不得以母称矣；子为嫁母谓亲母，因父卒而改嫁者。辑注：亲母改嫁、被出，虽义绝于父，而子无绝母之义，以所生之恩至重也，故仍服杖期；若嫡继慈母，本非所生，既已改嫁、被出，则无服；子为出母谓亲母，为父所出者；亲母被出未改嫁者，犹得受其子之封，见以理去官条；夫为妻父母在，不杖。齐衰不杖期　　前夫之子从继母改嫁于人为改嫁继母；孙为祖父母；孙女在室、出嫁同；侄为伯父母、及亲姑、亲姊妹之在室者；为人后者为其本生父母，廪生丁本生艰，期年不应试，毋庸出缺；庶子之子为其父之生母例载：凡内外大小官员，遇父之生母病故，父已先故，又无父同母伯叔及父同母伯叔之子，准其回籍治丧；其本身出继为人后者，遇本生父母之丧，令其回籍守制，除路程外，俱定限一年；若文武生童、及举贡生监，遇生祖母并本生父母之丧，期年内俱不许应试五。案载：嗣后有嫡祖母在，其父早故，父之生母病故，如无伯父及伯父之子者，仍照王璟之案，令其治丧一年；嫡祖母已故，其父亦已早故，遇父之生母病故，并无伯父及伯父之子者，概令承重丁忧三年，俾似续得展孝思而名分仍有所区别。乾隆六十年，部议满洲文举人佛泥勒丁祖母忧咨行案；庶子为人后者，为其本生父母均令辍考解任；为己之亲兄弟、亲侄及亲侄女之在室者；出嫁女为父母；女在室及虽适人而无夫与子者，为其兄弟姊妹及侄与侄女之在室者；女适人，为兄弟之为父后者女出嫁为本宗兄弟只服大功，而此反重者，以父有亲女无亲子，故服重以报之；祖为嫡孙；父母为嫡长子、众子及嫡长子之妻及女在室者及子为人后者；继母为长子、众子；妇为夫亲兄弟之子及亲兄弟之女在室者；妾为家长之父母；妾为家长之正妻；妾为家长之长子、众子与其所生子；为养母道光初年重修《大清通礼》内载：养母原列"斩衰三年"条内。注云：自幼过房于人，系沿前明孝慈录之。旧既与为人后者，为所后父母持服条混，且恐开乱宗之渐，奏交九卿大学士议定，改从宋开宝礼，抚同宗及遗弃，原注服期年以符合名义，并将"抱养子从姓者为养父母持服"一条附载。抚同宗及三岁下遗弃子者，若三岁下遗弃子不知本宗姓氏，即从所养家姓氏，应考出仕者，为养父母持服同，并令辍考解任。礼部奏：据前护安徽巡抚六鄂咨称例载，收养三岁以下遗弃小儿，依例即从其姓，但不得以无子遂立为嗣，其考试以及报捐官职，既从义父之姓，应否即填义父三代，咨部示覆。又据吏部咨称：江苏职员唐国润抱养遗弃一男，取名家柏，援例捐从九品职衔，因本宗无考，例从唐姓。今唐国润之妻邹氏病故，请照亲母例丁忧，有无案例专条，咨部声覆。各等因到部，查刑律，内载遗弃小儿三岁以下，虽异姓仍听收养，即从其姓，但不得以无子遂立为嗣，仍酌分财产，不必勒令归宗等语。推原例意不得以无子而立为嗣者，谓舍本宗而立异姓，是为乱宗，在所必禁。若遗弃小儿不知所生，无从复姓，难令归宗，是以准其从姓，立法周详，矜严兼至，诚以所生几置诸死地，养父母能延其生机，但使无乱宗之嫌，即不妨准其从姓之义。乾隆五十六年，直隶总督梁肯堂以民人谷元昇抱养之子谷璠捐监请，应否准用谷姓三代。臣部查明，系属周岁以后，并非初生。嘉庆十二年十二月初六日，护安徽巡抚抚鄂咨请部示嗣后无子者，仍遵照定例，于同宗昭穆相当之侄分别服制及贤能亲爱者，择立为嗣，不得以有抱养之子遂令承祧致远。定律至抱养之子，除系初生抛弃者不准捐考外，如果在周岁以后、并非初生，暧昧不明,既准其从姓,则报捐应考应即照前案,用养父三代已符定制而顺人情。惟养父母应用如何服制,从前并未奏定章程,臣等悉心筹议,抱养之子既不得名之为后,即不得于养父母行三年之服。查例载同居继父两无大功以上亲者齐衰期年,今遗弃小儿以垂绝之体,蒙养父母顾复之恩,得以成立,较诸同居继父情义更深厚,应请酌定为持服一年,仕者解任,士子辍考,庶降于为人后者之斩衰三年,足以明宗祧,加于同居继父之齐衰以年,俾无忘所自等因,嘉庆十二年十二月初六日护安徽巡抚抚鄂奉旨依议。钦此;为同居继父两无大功以上亲者。齐衰五月　　曾孙为曾祖父母,曾孙女同不分在室、出嫁。齐衰三月　　元孙为高祖父母,元孙女同不分在室、出嫁;为同居继父两有大功以上亲者;为先　曾同居、今不同居继父自来不曾同居者无服。大功九月　　祖为众孙及孙女在室者;祖母为嫡孙、众孙及孙女之在室者;父母为众子妇及女之出嫁者;伯叔父母为侄妇及侄女之出嫁者;为同堂兄弟及同堂姊妹之在室者、姑及姊妹之出嫁者;为兄弟之子为人后者;为人后者为其兄弟及姑姊妹之在室者既为人后,则于本生亲属者孝服皆降一等;妇为夫之祖父母;妇为夫之伯叔父母;妇为夫之本生父母;出嫁女为本宗伯叔父母及姑之在室者;出嫁女为本宗兄弟及姊妹之在室者;出嫁女为本宗兄弟之子及兄弟之女在室者。小功五月　　为伯叔祖父母祖之亲兄弟及祖姑之在室者即祖之亲姊妹;为堂伯叔父母父之堂兄弟及堂姑之在室者即父之堂姊妹;为亲兄弟之妻;为同堂姊妹之出嫁者;为再从兄弟及再从姊妹之在室者;为同堂兄弟之子及同堂兄弟之女在室者;为兄弟之孙及兄弟之孙女在室者;祖父母为孙女之出嫁者;为外祖父母即亲母之父母。为在堂继母之父母、为人后者为所后母之父母、庶子嫡母在为嫡母之父母、庶子为在堂继母之父母、庶子不为父后者为己母之父母,以上五项均与亲母之父母同,外祖父母报服亦同。其母之兄弟姊妹服及报服亦与亲母同,姑舅两姨姊妹兄弟服亦同。惟为人后者,为本生母之父母降服一等。若庶子之母,系由奴婢家生女收买为妾,其父母系属贱族者,不在此例;为母之兄弟姊妹兄弟即舅,姊妹即姨;为姊妹之子及女之在室者;为人后者为姑、姊妹之出嫁者;妇为夫兄弟之孙及夫兄弟之孙女在室者即侄孙侄孙女;妇为夫之姑及夫姊妹不分在室、出嫁;妇为夫兄弟及夫兄弟之妻;出嫁女为本宗堂兄弟及堂姊妹之在室者出嫁女为本宗姑、姊妹及侄女之出嫁者;嫡孙、众孙为庶祖母孙女在室者同;生有子女之妾为家长之祖父母乾隆三十九年奉旨准部议覆,江西按察使欧阳条奏:嫡孙、众孙为庶祖母,照伯叔祖母之例,为之服小功五月,有子之妾于家长之祖父母服小功五月;祖为嫡孙妇;妇为夫同堂兄弟之子及女之在室者即堂侄、堂侄女。缌麻三月　　高祖父母为元孙及元孙女之在室者;曾祖父母为曾孙及曾孙女之在室者;祖为众孙妇;祖母为嫡孙、众孙妇;为曾伯叔祖父母即曾祖兄弟及曾祖兄弟之妻及曾祖姑之在室者即曾祖之姊妹;为族伯叔祖父母即祖同堂兄弟及祖同堂兄弟之妻及族祖姑之在室者即祖同堂姊妹;为族伯叔父母即父再从兄弟及父再从兄弟之妻及族姑之在室者即父母再从姊妹;为祖姑及堂姑及再从姊妹之出嫁者祖姑即祖之亲姊妹,堂姑即父

第十一篇
宗族与族人丧礼祭礼

之堂姊妹；为族兄弟及族姊妹之在室者即己三从兄弟姊妹与己同同高祖者；为同堂兄弟之妻；为堂侄妇及堂侄女之出嫁者；为再从侄及再从侄女之在室者；为曾侄女之在室者；为侄孙妇及侄孙女之出嫁者；为堂侄孙及堂侄孙女之在室者；为曾侄孙女之在室者；为姑之子即父亲姊妹之子，非姑母出者无服，原案载所见集补编；为舅之子即亲母兄弟之子；为两姨之子即亲母姊妹之子，非姨母出者无服，原案载所见集补编；为妻之父母再娶亦服，妻母出亦服；为婿；为外孙男；为乳母；妇为夫之高祖父母；妇为夫之曾祖父母；妇为夫之伯叔祖父母及夫之祖姑之在室者；妇为夫之堂伯叔父母及夫堂姑之在室者堂姑即夫之伯叔祖父母所生也；妇为夫之同堂兄弟姊妹及夫同堂兄弟之妻；妇为夫之堂侄及堂侄女之出嫁者；妇为夫之再从侄及再从侄女之在室者；妇为夫之侄孙妇及侄孙之出嫁者；妇为夫之堂侄孙及堂侄孙女之在室者；妇为夫之曾侄孙及曾侄孙女之在室者；妇为夫之外祖父母，妇为夫之母舅母姨；出嫁女为本宗伯叔祖堂伯叔父母及祖姑堂姑在室者；出嫁女为本宗堂姊妹之出嫁者、兄弟之子及女在室者；出嫁女为姊妹之子女。

（王万藻等修，民国三十八年听槐堂铅印本）

民国《长沙涧湖塘王氏六修族谱》卷首二，《服制分疏》：

斩衰三年，服生麻布，旁及下际不辑，麻冠绖菅屦竹杖；妇人麻屦不杖，余同。齐衰杖期，服熟麻布，旁及下际辑之，麻冠绖草屦桐杖；妇人麻屦，余同。齐衰不杖期，冠绖屦同上。齐衰五月，服熟麻布，冠绖如其服，草屦，妇人麻屦。齐衰三月，服熟麻布，冠绖屦同上。大功九月，服粗白布，冠绖如其服，茧布绿屦。小功五月，服稍细白布，冠绖如其服，屦同上。缌麻三月，服细白布，绖带如其服，素屦无饰。凡丧三年者百日剃发，在丧不饮酒、不食肉、不处内、不入公门、不与吉事。期之丧，二月剃发，在丧不昏嫁。九月、五月者，逾月剃发。三月者，逾旬剃发，在丧俱不与燕乐。

（王万藻等修，民国三十八年听槐堂铅印本）

宁乡南塘刘氏

民国《宁乡南塘刘氏四修族谱》卷之首，《重修凡例》：

旧谱列丧服图，今增入祭礼，并酌定简便仪节，以为后人程式；盖丧以慎终，祭以追远，二者俱为根本，最切之务不可偏废也。

（民国十年存著堂木活字印本）

湘乡平地胡氏

民国《湘乡平地胡氏续修族谱》卷一,《族约》:

子孙于其祖父母、父母丧,承重孙于其祖父母丧,出继为人后者于其本生父母及伯叔父母丧以及期亲之丧,五服图中本有定制。居丧不演戏、不作乐,在制不嫁娶、不筵宴。凡三年服及降服子,丁忧不应试,凡丁忧以闻丧日期为始,不计闰月以二十七月为服满,如有违者,即治以逆丧、短丧之罪。

(民国二十六年安定堂木刻本)

二 祭祀

(一)山西洪洞王氏墓祭与广东博罗林氏祠祭祭礼仪规

山西

洪洞薄村十甲王氏

嘉庆《洪洞薄村十甲王氏族谱》卷二七,《祭祀》:

报本追远莫大于祭。吾族清明祭扫之仪,先人所定,是百世所当遵也,谨录之谱。先人之德泽与子孙之孝思,庶永永毋替矣乎。

清明祭祀事宜序

闻之谱系必溯本源,家国首重禋祀。礼缘分定,笾豆簠簋之数殊;祭随时修,雨露霜雪之感一。念我祖考忠厚矢志,耕读传家,荷天地生成之恩,际圣神修养之德,日新月盛,浸炽浸昌。添卢门之丁,累如珠贯;倍柳氏之子,永若瓜绵。抚兹后裔之椒衍,敢忘先人之燕贻?爰鉴祭仪,厘定成规。历清明而斋戒必严,牺牲共粢盛并洁;诣墓侧而省谒惟谨,扫除与灌献同虔。烛帛映桃李之辉,幢盖发松楸之色。洞尔属尔乎泽奚存,忾乎愾乎抔土如昨。用展如在之敬,垂作不朽之谟。凡我族人,自兹以往,当念立爱惟亲之训,恪守奉先思孝之言。祭毋愆期,敢云筮吉于蒸尝之祀,事冀善述,可望递及于曾元云仍矣。谨序。

时乾隆二十八年岁次癸未季春之朔日重录。

祭扫事宜

转单定式

某月某日节届清明,吾族祖茔岁有拜扫致祭之规。凡我族人,各输分资一星,预送首事,以便备办。专此转达,帖到书知。

首事　等具

第十一篇
宗族与族人丧礼祭礼

阖族输资定规

凡族中已授室及幼童应嗣者,各输分金一星,预送首事,倘至日分金不到,除不许享胙外,仍罚补送分金,决不徇情。

首事办理定规

旧规每次八人,历有年矣,但屡年诸物腾贵,包赔已重,且新议加献馔一桌,又是一番较费,恐八人办理烦难,特酌定加首事四人。自此以后,以十二人为则,挨次轮流,周而复始,一切牲醴粢盛等物俱要精洁,依规置备,不得苟简。

执事定规

主祭者,族长。礼生四人,择族中在学者为之,衣帽自备。左右执事二人,择族中礼仪娴熟者为之。俱要先期,首事亲达。其余执事在首事内派用。

斋戒定规

前期三日,主祭者率族众及执事人等沐浴更衣。饮酒不得至乱,食肉不得茹荤,不吊丧,不听乐,凡凶秽之事,皆不得预。

祭一坛

捧爵家人一名;飞虎旗一对,夫二名;鹅簧一对,吹手二名;唢呐一对,吹手二名;铛钹二幅,乐户二名;乐鼓四面,乐户四名;宝盖幡一对,夫二名;押祭家人二名;香案一桌,夫一名;三罩一桌,夫一名;馒首一桌,夫一名;粉饭一桌,夫一名;汤猪一口,夫二名;汤羊一腔,夫一名;盐腊一桌,夫一名;干菜一桌,夫一名;蒸食一桌,夫一名;炉食一桌,夫一名;高垛一桌,夫一名;五架一桌,夫二名;押祭劳役二名今改用家人;礼生、阖族献馔一桌:海参、肘子、全鸡、鸡羹、正鱼、糟药、笋丝、蒸羊、十锦、小菜、稍买、春饼、汤二碗、饭二碗、酒三爵、醋二盏、茶二钟。

迎神聚齐定规

至日,主祭者及阖族人等各具盛服,只候迎祭。祭自首事处迎出,转至南街,由九门巷转至北街,出北西门至茔。如有无故不到茔拜扫者,罚加分金一星以作公用,决不徇情。

墓前陈设定规

至日黎明,茔上执事者预至茔内,诣墓前,添土、除草、□布毡席。候祭到,依图挨次陈馔设牲,不得迟延,以至临时忙乱。

墓前陈设图

按家礼,庙祭陈设诸图俱依神位为前后,挨神位近者为前,去神位远者为后。其设法:酒、茶在前,次馔,次果,次牲,次香案;即墓祭亦如之。屡年以来,祭品之外,墓前缺少献馔一桌,至设献祭品俱与神位相背,似非事死如生之义,今依家礼改正,绘图如左。

依图,设爵于□前,去主祭者远,其祭酒、奠酒须得礼仪素娴二人执事其间,于通献时唱祭酒,右执事□诣馔前,取爵,跪进主祭者,起立。主祭者受之,倾少许于地,唱奠酒。左执事者亦跪,接爵,起,转至馔前,安置如故,如是者三。

墓祭仪节

主祭者及合族人等俱到齐,各依尊卑长幼挨次拈香,上香毕,肃立恭候,唱礼亚赞唱,序立每一世列为一行,通赞唱。鞠躬,拜,兴,拜,兴,拜,兴,拜,兴,平身,行通献礼引赞引唱,诣香案前主祭者升,跪主祭者,皆跪随祭者。献帛,祭酒倾少许于地,奠酒执事者接爵置馔前,祭酒,奠酒,祭酒,奠酒,读祝跪主祭者之左,读毕,起,俯伏,兴,平身,复位主祭者降,通赞唱,鞠躬,拜,兴,拜,兴,拜,兴,拜,兴,平身,焚祝文,化钱纸亚赞唱,礼毕。此岁之常祭也,故从简便。若有事祭墓则忝神、降神、盥洗、上香、酹酒、进馔、初献、亚献、终献、奉馔、侑食、点茶、辞神、撤馔以及祀土之仪,俱不可少。

祝文定式

惟嘉庆某年,岁次干支,□月干支,干支朔,越某日干支,孙某等谨以刚鬣柔毛,清点庶品之仪,敢诏告于诰赠光禄大夫、镇守江南、江宁等处地方总兵官、前后府都督同知显祖考大武府君;诰赠一品夫人、显祖妣范太君之墓前,曰:惟我祖考,德厚流光。水源木本,云胡可忘?兹值清明,爰洁豆觞,拜扫墓侧,礼则有常。子孙罗列,孝思是将。祖其垂佑,百世永昌。尚享。

尊卑长幼仪节

拜扫已毕,即于墓前序长幼礼序立,族长与诸弟辈各挨长幼平立,北向。族长在左,诸弟辈拜之。鞠躬,拜,兴,拜,兴,平身。拜讫,诸弟辈如前拜其中之年长者,逐位挨次拜遍。族长同诸弟辈处左而上,共受卑幼拜,明尊卑礼。分班,诸子侄辈率诸孙辈,皆北向,世为一行,各挨长幼,并立拜之。鞠躬,拜,兴,拜,兴,平身。拜讫,诸子侄辈如前序长幼礼,亦如前处左西上,受其卑幼拜。拜讫,诸孙辈共逐位序长幼,逐辈明尊卑,俱如前仪。

此仿温公贺冬之仪而酌定之,虽未敢遽以为是,然于吾族尊上敬长之义,亦或有小补云。

享胙定规

至日,川厅内设席八桌。早饭,主祭族长并礼生四位,执事人等,前一日晚道至日早请。小菜三桌,汤,肉丝、红丝、鸡饼、豆腐、韭菜、姜。饭大米。

午,享胙。阖族随祭人等。小菜八桌,玉酒二坛。每位:馒首四个,每个二十两,称湿面四两,按随祭人定数,首事分办。杂会一器,猪肉、鸡、鸡饼、木耳、笋丝、海带、山药、韭菜、豆粉。汤一小碗,

第十一篇
宗族与族人丧礼祭礼

海粉、鸡饼、韭菜。饭一小碗,大米。

颁胙定规

蒸食二个,桃儿、石榴,每个二十两,称湿面一两。炉食二个,蒸、酥、薄、脆,俱要糖馅。炸□二个,每小蜜一斤,馕面二斤,皮面一斤。炸五十余个。炸馓二个,二十两,称软面一斤,约炸二十五六个。

以上献食俱按随祭人定数,外加主祭族长并礼生、左右执事七分,以及各役每样一个十九分。如有故不能享胙者,除献食外,仍馒首四个,杂会一器其蒸食、□馓并祭馒首,约用面四十余斤。

待各役定规

前三日炸□馓。早饭:厨役三名,家人二名。小菜,切面。

午饭:每名杂会一碗,豆腐、木耳、山药、韭菜。中面卷,厨役每名八个,家人每名八个。

前一日预备家什。早午饭,家人二名,劳役二名。俱同前。晚汤,加厨役三名。小菜,米粥,大米,小米,中面卷,厨役每名八个,家人、劳役每名四个。

至日早饭,家人十名,劳役二名,厨役三名,屠户四名,夫头一名,吹手四名,金鼓手六名。小菜,汤,大米饭。午备五盘六桌。家人、劳役二桌,屠户、夫头一桌,吹手一桌,金鼓手一桌半。煎肉、片藕、合菜、海带、笋丝、中面卷,家人、劳役、屠户、夫头每名八个,厨役每名十六个,吹乐每名十个。

以上菜数俱开于备胙物料内。中面卷二十两,称干面一斤,定数十个,约用面四十余斤。

赏各役定规

家人十名,每名小食各一;劳役二名,转单赏银二钱,每名小食各一,今改用家人;厨役,工银五钱,头儿小食各一;花匠,工银五钱,头儿小食各一;屠户四名,每名小食各一,每行赏银五分;夫头一名,小食各一,共雇夫十九名,每名给钱十八文;吹手四名,赏银二钱,头儿小食一分;乐户六名,赏银三钱,头儿小食一分。

以上共银一两七钱,钱三百三十二文,小食十九分。迎祭享胙应用家什,俱载祭扫簿内,兹不录。与祭人名亦载祭扫簿内,兹不录。

阖族轮流班次序

簿内不定某班某人位次,其逐年首事临期,挨人实数,以十二人为则。事毕用红纸写明"某年自某人起至某人止办讫"字样,粘于首事末位,以便下次挨人办理。

(王楷苏等修,嘉庆二年刊订)

广东

博罗林氏

宣统博罗《林氏族谱》卷五,《祭礼》:

前期三日斋戒不饮酒茹荤,不吊丧,问病、听乐及凶秽之事皆不得与。

仲月十四晚告祭期通赞一一人、祝一人。

赞:就位,诣祖考妣神位前跪,上香,酹酒,叩首凡三。兴,跪,宣告词,祝叨:承祖德启我后人!时维仲春秋,孝孙某等谨以十五日只荐岁事,于祖考敢告。叩首,兴,跪,叩首凡三。兴,跪,叩首凡三。诣省牲所,揖,省牲,揖,复位,化财,礼毕。

厥明夙兴设祭品

生羊一口、生猪一口、享糖一副、拖炉一副、京果五架、鲜果五架、熟桌五品、面食五色、生菜五色,羹、饭、爵、凡帛、祝文、香案、台围、茶瓶、酒罇、盥洗帨巾、茅沙之类具一齐备。

正祭仪礼

通起鼓,启门,执事者各司其事引诣盥洗所,盥洗通主祭孙就位,喑祭孙就位,与祭孙就位,引诣香案前,上香,复位,读戒词,子孙皆跪听。祝曰祭祖奉先必尽孝敬,内积专一,外致静正,神其来飨,汝则有庆。倘有心存杂虑,拜立欹慢者,神不汝福,汝其静听。通叩首,兴,瘗毛血,迎神跪,叩首凡三,兴。跪,叩首凡三,兴。跪,叩首凡三,兴。奠帛爵行初献礼,引诣祖考妣神位前跪,奠帛,进爵,进馔,供羹,叩首,兴,诣读祝位跪。通主祭以下皆跪,读祝。通引同唱,叩首,兴,复位。通行亚献礼,引诣祖考妣神位前跪,进爵,进牲,供羹,叩首,兴,复位。通侑食行中献礼引诣祖考妣神位前跪,进爵,进炙,供羹,进饭,叩首,兴,复位。通饮福受胙,引诣饮福受胙位跪,通嘏词,祝曰:祖考命工祝承致多福无疆于汝孝孙,来汝孝孙,使汝受禄于天,宜稼于田,眉寿万年,子子孙孙勿替,引之。引饮福酒,受福胙。通告利成,祝曰:利成,引叩首,兴,复位。通读训词,子孙皆跪听,祝曰:祖考神灵明昭鉴我将贻令名为善必果,敦孝行弟睦族和邻,上希贤圣,次作善人,勿贪财色,勿竞血气,勤业守分,存仁思意。神则汝福,佑汝勿替。倘有嗜利忘亲,游荡不常,贻羞宗祖,取恶家乡,神降汝殃,天不汝昌。悔过自强,转祸为康,戒哉勿忘。通叩首,兴,撤馔。辞神跪,叩首凡三,兴,跪,叩首凡三,兴,跪,叩首凡三,兴。读祝者捧祝,司帛者捧帛,各诣燎所,引诣燎位望燎,复位。通礼毕。

祭毕与祭者叙揖

正祭祝文式

维

年岁次月朔越祭日祀孙某等

第十一篇
宗族与族人丧礼祭礼

致祭于

西河堂上宋一世祖考二十六郎府君

妣区氏孺人

二世祖考三十郎府君

妣莫氏念十娘

三世祖考五十九郎府君

妣车世二十六祖

四世祖考八十五郎府君

妣张氏四百娘

五世祖考万三郎府君

妣张氏五十一姐

元六世祖考象山公府君

妣车氏孺人

七世祖考十二处士府君

妣何氏孺人

明八世祖考竹庄公府君

妣袁氏太孺人，副妣杜氏孺人

九世长房始祖考守轩公□□君

妣何氏太孺人

九世二房始祖考万本公府君

妣邓氏孺人

九世三房始祖考乙榜进士江西九江府教授崇祀乡贤间轩公府君

妣殷氏太孺人

九世四房始祖考云松公府君

妣车氏、翟氏孺人

九世五房始祖考万里公府君

妣李氏孺人之神位前

曰物本乎天人本乎祖追惟报本

礼不敢忘今兹仲谨以刚鬣柔毛粢盛庶品之仪用伸虔献以

十世祖考以端公府君

妣黎氏、黄氏孺人

十世祖考以闲公府君

妣钟氏、邹氏、谢氏孺人
　十世祖考边公府君
妣叶氏孺人
　十世祖考洪公府君
妣金氏孺人
　十世祖考护公府君
妣陈氏、黄氏孺人
　十世祖考高公府君
妣毛氏孺人
　十世祖考邑庠瞻鲁公府君
妣斤氏孺人
　十世祖考表公府君
妣利氏孺人
　十世祖考里公府君
妣罗氏孺人
　十世祖考智公府君
妣龚氏孺人
　十世祖考玖公府君
妣胡氏、黄氏孺人
　十世祖考岁进士菊庵公府君
妣庐氏太孺人
　十世祖考选进士大行公府君
妣陈氏太孺人
　十世祖考岁进士大干公府君
妣何氏太孺人
　十一世祖考伟公府君
妣叶氏孺人
　十一世祖考杰公府君
妣利氏孺人
　十一世祖考伦公府君
妣成氏孺人
　十一世祖考侃公府君

第十一篇
宗族与族人丧礼祭礼

妣周氏孺人

　十一世祖考僎公府君

妣谭氏、叶氏孺人

　十一世祖考佳公府君

妣钟氏孺人

　十一世祖考乡饮大宾靖庵公府君

妣胡氏太孺人

　十一世祖考辛酉科举人德雍公府君

妣聂氏太孺人

　十一世祖考邑庠文着公府君

妣周氏孺人

　十一世祖考乙榜进士福建漳州府章平县教谕介轩公府君

妣　氏太孺人

　十一世祖考邑庠聚五公府君

妣车氏孺人

　十一世祖考克成公府君

妣周氏孺人

　十二世祖考子缨公府君

妣周氏孺人

　十二世祖考子茂公府君

妣黄氏、李氏孺人

　十二世祖考诰封奉政大夫户部湖广清吏司郎中慊斋公府君

妣诰封张氏太宜人

　十二世祖考邑庠汝霖公府君

妣阙氏孺人

　十二世祖考邑庠汝集公府君

妣张氏孺人

　十三世祖考赐进士中顺大夫铜仁太守湖广清吏司郎中崇祀乡贤凤崖公府君

妣车氏、周氏、黄氏太宜人

　十四世祖考壬子岁进士具嬴公府君

妣车氏太孺人

　十四世祖考承德郎直隶池州府石埭县升荣王府审理正寄寰公府君

妣诰封梁氏太孺人

　十五世祖考辛丑岁进士拙存公府君

妣韩氏太孺人

　清十六世祖考壬戌岁进士晏亭公进士

妣何氏、黄氏、黄氏太孺人

　十八世祖考岁进士菊亭公府君

妣李氏孺人

　各房历代始高曾祖考妣配,凡我宗亲咸兹合食

尚飨

凡祭祀,通引读祝,俱择族中知礼者,又要衣冠年少者四人。如斟酒、置酒,跪而授爵接爵之类,使习威仪。

三献之礼,按家礼。初献以宗子,次献以主妇,终献以兄弟之长,或长男,或亲宾为之。有初献以宗子者,存古宗法之意也。次献以旅中爵最尊者,谓有禄得祭也。终献以值祭者,谓轮值蒸业,祭物皆其所备,使致诚也,无失礼,意可行。有初献以有爵者,因宗子愚朴不能行礼也,并献以族长,终献以值祭者,可备参考。

祭礼以敬为主,子孙入庙,肃恭侍立,执事者谨慎趋走,不得团向谈笑;即或有言,亦只庙中事。称述祖德以慎行、读书相勖,切不可及狎媟鄙琐之语。至序立之后、奠献之时,尤不宜哓哓言语。夫前期既不能致斋散斋以致思慕之心,祭之时亦不能尽一刻之诚敬乎?

祀田既为子孙轮值,敬惰不等,须量田所入立为一定之式。欲丰者,随其志力,而必不或歉于式,犯者罚之;又不得以腐败假货充数,犯者亦罚之。

祭物取其鲜洁,尤贵温而得宜,诗所谓其香始升也。神庶或飨,而祭始受福。

凡祭毕而燕于庙,有贵爵者坐间,席次自依昭穆行辈,不敢以富贵加于父兄宗族也。惟本席中择卑少者同坐,使独伸其一席之尊。此先儒之所酌定,无不可通行者也。

餕之义既有私燕醉饱之文,稍加欢洽亦可,但不可欢呼大笑、亵语与剧醉。

上墓春祭

清明前一日祀圆湖塘

　八世祖考竹庄公府君

　妣袁氏孺人墓

是日并祀

姑婆墓

第十一篇
宗族与族人丧礼祭礼

清明日祀赤朱岗猫儿洗面

七世祖考十二处士府君

妣何氏孺人墓

是日并祀牛落沥

四世祖考八十五郎府君墓

清明后一日祀洴洋

三世祖考五十九郎府君

妣车氏孺人墓

是日并祀蛇形

五世祖万三郎府君墓

八世副祖妣杜氏孺人墓

清明后二日祀龟头岭

二世祖考三十郎府君墓

清明后三日祀铜锣窟

一世祖考二十六郎府君墓

六世祖考象山公府君墓

七世叔祖得原公府君墓

是日并祀子子岗

一世祖妣区氏二十娘墓

二世祖妣莫氏念十姐墓

五世祖妣张氏十一姐墓

上墓秋祭

八月十六日祀苏田

六世祖妣车氏孺人墓

九月重阳祀圆湖塘

八世祖考竹庄公府君

妣袁氏太孺人墓

重阳后五日祀

铁冶九龙岗

四世祖妣张氏四百娘墓

林丫祖宅后

七世叔祖妣得原公配邝氏孺人墓

七世叔祖妣绶卿公元配莫氏孺人墓

墓祭仪节

就位，诣墓前，跪，上香，酹酒，叩首，兴，复位。迎神，跪，叩首凡三，兴。跪，读祝，叩首，兴。跪，进爵凡三，进馔，进饭，进茶，叩首，兴，复位。辞神，跪，叩首凡三，兴。化财，焚祝文，复位，礼毕。

维

年岁次月朔越祭日奉祀孙

某等敢昭告于

世显祖考　　府君

妣　　孺人之墓前曰

岁序流易雨霜露既濡降瞻扫封茔曷胜感慕怆今兹仲春秋谨以牲醴粢盛庶馐之仪只荐岁事

尚

飨

祭后土祝文

维

年岁次月朔越祭日奉祀主

某等敢昭告于

本山司土之神位前曰

惟时保佑实赖神庥今兹仲春秋谨以牲醴粢盛庶馐之仪用伸虔献

尚

飨

朱子以祭土地简亵为非，以其为吾亲托体山林也。庶品从丰。

（林衍芳等编修，宣统三年排印本）

宣统博罗《林氏族谱》卷五，《祭祀及各款事例》：

一、合族公举总理二位、每房田总理，公举首事各二位。至二八月，亦由总理公同首事，于初九日督收各项尝租银两，以便祭祀支取。每日每人给食用钱一百文，凡有公事办理，俱照数给，众不设席。

一、祠祭，每年定以二八月十五日为期，初九早，十位首事当众阄拈支银，一位存数，

第十一篇
宗族与族人丧礼祭礼

一位理数,一位鉴秤,一位支发,一位采买,二位惟监督,二位派定总理督办,二位派定在城,一位在乡,一位俱不必阄拈。在城者,每逢祠祭先二日定吹手、厨工并羊一口,预备祭器祭品祝文火对彩门各用物等项,以免临时有误。

一、每逢祠祭,凡与祭者,先三日俱各斋戒,以昭诚敬。十五日早,然后开荤。

一、祠祭,凡六十岁以上者及族长、房长等,照六十加一例,递加胙肉一斤,不必到祠,亦得与领。

一、祠祭,每房由首事派服丁一名,不得带多,其首事及服丁人等,每季每人各给上下渡费食用,共钱五百文;房族长愿到祠者,照给,余则不给。

一、祠祭,凡有功名,务必到祠行礼,在乡及到乡各首事人等,务必到祠办事,方得赴席饮福,上下渡费、食用照给,惟在城者不给。

一、祠祭,族长并主祭者祭胙二斤,陪祭及礼生、总理、首事、服丁,各祭胙一斤,行礼后给领,不到不颁。写祝文者加祭胙一斤。

一、祠祭,凡有功名而袍袴靴帽俱全者,方得陪祭;否则,主祭礼毕,自行跪叩可也,盖事关祀典,不敢简慢,务肃衣冠,以昭诚敬。

一、祠祭,除总理首事及服丁不计外,无论各房,如有未上六十岁者,违例未到祠,系该房耆老及首事及服丁人等是问,罚本季各不颁胙一次。

一、祠祭,如有冒领胙肉,照墓祭例查确,每斤罚钱三百文,照算交首事归众,违则通知下次之现年祀首,永远扣胙,扣得归众,与下次之现年祀首二分均分,罚后免扣。

一、祠祭,二八月十四到祠晚餐,每人给钱五十文,十五早开荤,每席限钱二千文。

一、祠祭,礼毕而燕,所有馂余,归与祭人等。十五晡在祠私燕,另每人给薪米钱三十文;十六早,每人给钱五十文,其余各资办理。

一、祠祭后,一切数目在祠结算明白,以昭公道。

一、祠祭后结算所余银,五十两以上,务必当众存店,少则暂交总理收存,不得强支强存。如有徇情,系总理及首等是问。

一、每逢墓祭,清明前二日,居乡督办首事,在曹源庵着服丁打扫地方,备铺板用物等项,作为墓祭公所,以便聚集墓祭功名人等。

一、墓祭,每日主祭一位,礼生两位,轿价众给。余凡有功名者,惟祀龟头岭及铜锣窟共两日,轿价众给,此外不给。

一、墓祭照祠祭例,每房派服丁一名,功名首事人等,俱上下给渡费、食用,共钱五百文,在乡者不给。

一、祀小水凤崖公墓,以清明后四日为期,凡在公所者,早晨便饭限主祭一位、墓裔一位、礼生两位。另，每房服丁一名，以便挑担修草。吹手二名，香宝、祝文、火炮、茶酒饭俱全。主祭胙二斤，礼生、墓裔，胙各一斤。主祭、墓裔、礼生二位，俱各乘轿，其轿价俱众给，祭毕回公所办席，凡总理首事及功名、服丁、轿夫、吹手人等，俱得与席，约五席之间。限钱十钱文，轿价、吹手工钱、胙肉在内，交各首事等，照祠祭例包办，多费，众不认数。祀苏田亦照例包办。

一、祠墓主祭，以爵最尊者行礼，族长书祝主祭名，不必到祠墓行礼，得领主祭胙。房长不到，亦得领胙，以年迈难于跪叩故也。

一、祠墓主祭者，论爵：则先论爵而后论齿，先论文而后论武；论捐纳者次之；世次在所不论，盖族长祝书主祭，名得领主祭胙，世次已先论之矣。

一、祠墓祭各礼生执事，由主祭者分派，不得争执。

一、无论祠祭墓祭，及凡有公事辨（编者按：此处应为"办"之讹。）理，俱每人每餐给食用钱五十文；各人自办，众不设席。

一、凡有功名者，每逢祠祭墓祭，除出仕及应考丁忧，或有大故不到外，务各到祠墓行礼；如有不到者，即将该季祭胙扣除，去不颁内，扣下季祭胙一次。年逾五十以上及疾病者免扣。

一、以上所有食用等项，俱照限数给领办理，倘有逾限，系总理及首事人等摊垫，众不认数。

一、每年十一月初一日，总理首事人等，总结所存银两百两以上，惟许置业，不许生借；如违，亦系总理及首事等摊垫。总理首事人等，或有兜吞欺骗，及持强违抗等弊，集众变置。

一、凡置业，务必会同各总理首事人等，然后交易；如有私相授受，众不认数。

一、族宗同祠墓，主祭者为族正，凡事关重大，务必到族长、族正及各房长酌议尽善，然后举行，违则众不认数。

一、自壬午年起，凡捐功名及应考，如有冒领赏银者，卷资花红俱不给。

一、议以上各条，如有不遵行者，任各房将五常尝业出息作五大房均分，自行办理，照旧分祭。

（林衍芳等编修，宣统三年排印本）

宣统博罗《林氏族谱》卷五，《清明当盆颁胙事例》：

一、颁盆胙以清明墓祭为期，每丁颁胙肉一斤、铜鼓粢一斤。其加胙粢，照肉颁发。族长加二，房长加一；六十加一，七十加二，八十加三，九十加六，百岁加十。附生监生，未仕

第十一篇
宗族与族人丧礼祭礼

不论品,杂职军功,俱各加一;已仕方论品从九,未入廪生增生附贡例贡,俱各加二;七八品及恩拔副岁优廪增贡,俱加三;五六品,各加四;三四品及举人,俱加六;二品及进士俱加八;一品及鼎甲、翰林部属侍卫,俱各加十。祀祖主祭一位、族长一位,每人每日一斤半;礼生二位,每人每日一斤半;其余凡有功名及房长,每人每日陪祭一斤,房族长着人代祭,均得领胙。房长功名,有轿到墓陪祭,轿肉照领;五轿亲到,准领轿肉一斤、轿肉一节。向祀猫儿洗面、泘阳二处,有领祀圆;湖塘、龟头领、铜锣窟各处,不加轿肉。

此条内科名官品,原系清国朝制,我族久已照议颁发。自光绪末年宣统之年,科名改变,悉由学堂进身。壬子岁十一月,宣统退位,更为民国,科名官品变换一新,民国初基,制度未能详悉,今如系有功名者,权酌给领胙肉,不得据实照行。日后考核详明,公议定,方为定准。

一、祀首每日应将祭毕熟猪头、鸡上水,共称五斤交房族用。熟鸡不满十二两,照罚祀首银三钱六分,统交首事收秤办理。

铜鼓三面,铜锣一面,秤,粞印等物,系我族流传祭器,递年五大房轮房收检,值年人预早挑至墓前。及应办祭物祭器,俱要齐备,打扫清洁。至后三日,祀一世祖墓毕,当众照点清楚,交接盆房收检,永远为例。如临时有误,定革盆胙。另,缮当盆租产事例部一卷,递年亦照交接,无得遗失。

(林衍芳等编修,宣统三年排印本)

(二)祠祭对象和主祭、执事人员

《皇朝经世文编》卷六六,《礼政十三·祭礼上》,《品官家祭之礼会典》:

品官家祭之礼,于居室之东立家庙。一品至三品,庙五间,中三间为堂,左右各一间,隔一墙。北为夹室,南为房。堂南檐三门,房南檐各一门,阶五级。庭东西庑各三间,东藏遗衣物,西藏祭器,庭缭以垣。南为中门,又南为外门,左右各设侧门。四品至七品,庙三间,中为堂。左右为夹室,为房,阶三级。东西庑各一间,余如三品以上。八、九品,庙三间,中广,左右狭,阶一级。堂及垣皆一门,庭无庑,以箧分藏遗物祭器,陈于东西房。余如七品以上,皆设四室,奉高曾祖祢四世。昭左穆右,妣以适配,南向。高祖以上,亲尽则祧,藏主于夹室,东序西序为祔位。伯叔祖父兄弟子姓之成人无后者,乃伯叔父之长殇,兄弟之长殇、中殇、子姓之长殇、中殇、下殇,及妻先殁者,皆以版,按辈行墨书,男东女西,东西向。

岁以四时仲月,择吉致祭。各室设案各一,祔位,东西案各一,堂南设香案一,炉瓐具,祝案设香案西,尊爵案设东序,盥盘设东阶上。视割牲,一品至三品,羊一豕一。四品至七品,特豕。八品以下,豚肩不特杀。视涤祭器,三品以上,每案俎二、铏二、敦二、笾六、豆六。七品以上,笾四、豆四。八品以下,笾二、豆二,皆俎一,铏、敦数同。行三献礼,行礼皆一跪三叩,日中乃馂。三品以上,时祭遍举。七品以上,春秋二举。八品以下,春一举。

世爵,公、侯、伯、子视一品,男以下按品为差等。在籍进士举人视七品,恩拔岁副贡生视九品。凡品官先人,恭遇恩赠,制书至,行焚黄告祭礼,牲馔视所赠之爵,馔案视追赠世数。主人以下,跪听宣制毕,奉主行三跪九叩礼。改题神主讫,读祝,献酒,如时祭仪。

贡监生员有顶戴者,其家祭于寝堂北为龛以版别四室。奉高曾祖祢,皆以妣配。服亲男女成人无后者,按辈行书纸位配食,已事焚之。岁以四时节日,出主而荐,粢盛二盘,肉食果蔬之属四器,羹二、饭二,荐毕,馂如八品礼。朔望,上香献茶行礼。因事致告,如朔望仪。

庶民以寝北为龛,奉高、曾、祖、祢,岁时荐果蔬新物,每案不过四器。羹饭,其朔望及告事,如贡监生员仪。

(贺长龄、魏源辑,中华书局1992年影印本)

《皇朝经世文编》卷六六,《礼政十三·祭礼上》,秦蕙田《始祖先祖之祭》:

程子有始祖先祖之祭,朱子以其似僭而废之,是也。窃尝思古今异宜,其礼当以义起。程子所云:厥初生民之祖者,理属渺茫,于经无据。若今人家之始祖,其义于宗法之别子同者,固当祭也。何则？古之所谓始祖者,在诸侯则始封者也,在大夫士则别子也。别子有三,后世封建不行,则为有国之始祖者寡矣。然有大功勋、爵至王公者,虽无土地宜与古诸侯等,则其子孙宜奉为始祖而祭之矣。又后世天下一家,仕宦迁徙,其有子孙繁衍而成族者,则始至之人宜为始迁之祖。与古别子之公子自他国而来者无异,是亦宜奉为祖而祭之矣。若崛起而为公卿者,虽不可同于诸侯,亦宜与古之九命、八命、七命等,其子孙奉为始祖,亦与古人别子之义相合。朱子所云:王朝之大夫,自上世至后世,皆不变其初来姓号者,非即此类乎？故或建为宗祠,或合为家庙,凡属子姓,群聚萃处其中。有宗法者,大宗奉之,因为百世不迁之祖。倘宗法未立,或大宗无后,则诸小宗择其长且贵与贤者,祭则主其献奠,原与祭别子之义相符,不可以士大夫不得祭始祖而谓之为僭也。惟程子谓立春祭初祖以下之祖,则不可行耳。邱氏以累世同爨者通之,则庶几乎？

(贺长龄、魏源辑,中华书局1992年影印本)

原文略,以下是编者贺氏的评论。

《皇朝经世文编》卷六六,《礼政十三·祭礼上》,王元启《与陆朗夫论祭祀书》:

此论与朗夫陆氏各执一说,或者王氏先有旧设远祖之主,不忍毁埋,而权为祧室岁

第十一篇
宗族与族人丧礼祭礼

祫之制则可耳。若因刱寝东之家祠,而遍立远祖之新主,于士庶支庶之礼,皆无所当。盖后世有通姓之宗祠,是即古大宗之遗意也。有寝东之家祠,即小宗之遗意也。五世以上远祖之主既设于宗祠,而同族岁时公祭之矣。而寝东之家祠又复设之,势必家各众主,人人自为大宗,岂合族正名之道乎?即王氏论四亲之祭,亦谓惟嫡长宗子,得奉高曾祖之主,未有支庶分居,而纷纷然各立四亲主以去者,岂远祖之主反得纷纷然家各遍立乎?何小宗不可无宗子,而大宗则人人得为宗子乎?王氏又谓祭法立则宗法可自我而定,此亦止得定及身以后之小宗,而不得夺己身以前之大宗也。如宁人顾氏欲借远祖之祭以寓宗法,此即家祠族祭之意,分立大小宗祠,而各率子姓以祭之,非如家各一祠,祠各众主,是乱宗法而非寓宗法也。伊川之夺宗,乃援古者大夫立庙之礼,而王氏又欲遍僭之于士庶,宜朗夫陆氏之不从也。因其考订埋主埋重之分,及小宗四亲与官师一庙之制,有可备参考者,故删录而存之。

(贺长龄、魏源辑,中华书局1992年影印本)

《皇朝经世文编》卷六六,《礼政十三·祭礼上》,杨椿《答沈敏枭论家词书》:

承以家祠下询,因及支子不祭之义。仆非知礼者,然学之有年矣,敢不悉所闻以对。今家祠与古宗庙不同,宗庙以敬宗也,亦所以贵贵,故世数有多寡,必立于宗子之家;家祠则祭于寝之意非庙也,凡为子孙者皆得立之,不必定长嫡也。请为足下陈之:古诸侯不敢祖天子,以天子次嫡为宗,若诸姬之于鲁是也。大夫不敢祖诸侯,以诸侯次嫡为宗,若鲁孟孙叔孙之于季孙是也。大夫世爵,仕者世禄,各宗其长嫡。若鲁公父氏之于季孙,叔仲氏之于叔孙,子服氏之于孟孙,宗其嫡之世为大夫者也。公父氏之庶,宗公父氏。叔仲氏之庶,宗叔仲氏。子服氏之庶,宗子服氏。宗其嫡之世为士者也,故大宗一,小宗四,皆谓之宗子。庙有七、有五、有三、有二、有一,皆谓之宗庙。今士大夫家,嫡不必贵,庶不必贱,贵亦不必世贵,贱亦不必世贱,则所宗者安在乎?而何支子不祭乎?且古之庙,一世之主耳,门堂房室阶陈厢塾户牖之制甚备。今家祠以一室而列数世之主,数世者长房父祖曾高也,长房分多卑幼,所祭与各房共者,或一世,或二世,或三世,其余则各房之从父从兄,或从弟从子从孙从曾孙也。以从弟从子从孙从曾孙俨然而临其上,从兄从父从祖从曾祖鞠躬而拜乎下,则不特生者不顺,死者亦不安矣。且各房以支子不祭,不敢立祠于家,长房又有世数之限,将各房之曾元在,而高曾已祧,并有子若孙在,而父祖亦祧,如此可谓之礼乎?曾子问曰:宗子去在他国,庶子无爵而居者,可以祭乎?孔子曰:祭哉!望墓而为坛,以时祭;若宗子死,告于墓而后祭于家。孔疏:祭于家者,祭于庶子家也。古宗子所不祭,无爵之庶子,尚得祭之于家,况长房所祧,支庶尚为父祖曾高者乎?而汉唐诸儒罕言之。朱子云：祭自高祖以下，亲尽则请出，高祖就伯叔位；服未尽者祭之，可补古礼所未及，惟是宗子未祧，则已以支子不祭，祧则请其主祭之。一人之身，乍不祭乍祭，已为非礼，且一高祖也，元孙必非一人，元孙年有长幼，殁亦有后先，以一高祖之主，倏东倏西，祭之者忽甲忽乙，似亦未为至当。不如诸子孙皆立一祠于家，各祭其所当祭，各祧其所当祧，庶于情理两协。西河毛氏云：诗书每祭，止称曾孙，明初用行唐知县胡秉中议，许庶人祭三代；今士庶家之祭四代，非也。仆窃为不然，祭法：大夫三庙二坛，曰考庙，曰王考庙，曰皇考庙，享尝乃止。孔疏：父祖曾也，显考祖考无庙，有祷焉，为坛祭之。孔疏：高祖太祖也，适士二庙一坛，曰考庙，曰王考庙，享尝乃止。显考无庙，有祷焉，为坛祭之。《大传》：大夫士有大事省于其君，干祫及其高祖。郑注干犹空也，空祫谓无庙，祫祭之于坛墠。仆谓干求也，求祫其高祖于庙。若祫于坛墠，则公祖曾有庙，反野祭之，无是理也。至高祖之可以祫，可以祷，大夫、士无不同之，士之异于大夫也，士无太祖之祭，祷时高曾同坛耳。祭法不言士之曾祖，脱简，非不祭也。康成以显考为皇考之误，与其注《大传》者异矣。伊川程子曰：高祖自有服，不祭甚非，某家却祭高祖。朱子谓祖宗泽有浅深，则庙制有隆杀，其分异也。七庙、五庙，祭止于高祖；三庙、二庙、一庙以至祭寝，亦必及于高祖，其理同也。旨哉言乎！后之立家祠者，可以为法矣。

（贺长龄、魏源辑，中华书局1992年影印本）

《皇朝经世文编》卷六六，《礼政十三·祭礼上》，李光地《家庙祭享礼略》：

礼莫重于祭，而大宗小宗之法不讲者且数千年。夫无大宗小宗之法，则源远末离，无所统摄，分不定而情不属，虽有仪节之详，将安用之？是以乡异俗、家异法，有身列荐绅士类而迷妄苟简，至于犯分悖本而不自知。……

岁乙巳，家庙始成，先君子将率族人修岁事焉。于是讲其礼曰：此古所谓大宗者也。当有明时，族中先辈长老亦仿古而立宗子矣。然而有数难者：古者无禄则不祭，故庶人荐而已，所谓礼不下庶人是也。其时卿大夫家非世官则世禄，皆朝廷赐也。而宗子主之，故得以其禄祭。今皆无之，则宗子无禄也，奈何犹备大夫、士之礼以祭，父为大夫、子为士，其祭犹不敢以大夫，况庶人乎？难者一也。古者宗子为朝廷所立，故其人为一家之宗，而必娴于礼法。今则有樵采负贩，使之拜俯兴伏，茫然不省知者矣。而奈何备盛礼以将之，难者二也。凡为宗子者，以其为族人之所尊重，冠昏丧祭必主焉。故祖宗之神，于焉凭依？今则轻而贱之者已素，一旦被衣冠，对越祖宗，人情不属，而鬼神不附，难者三也。是故世变风移，礼以义起，今人家子孙贵者，不定其为宗支，则不得拘支子不祭之文，而惟断以无禄不祭之法。且近世襃赠祖先，固不择宗支授之，襃赠之所加，则祭祀之所及，揆以

第十一篇
宗族与族人丧礼祭礼

王法人情，无可疑者。虽然，古之遗不可弃也，盖缁布冠之废久矣。而冠礼初加用之。中溜之号远矣，而五祀之名沿之。说者曰：不忘古也。宗子之法，先王所以尊祖敬宗，联属天下之深意，今虽废，讵知来者之不复兴乎？是故使禄于朝者，执爵奠献，而设宗子之位参焉。其祝告曰：主祭孙某，宗孙某。盖权以古今之宜，势不得不出于此也。寒家族人极众，既有始祖之庙，则又将使合族均劳而伸其敬。于是又有直祭孙者，其位亦参于主祭孙宗孙之末，而祝版并及之。此余家庙见行之礼然也。难者曰：宗孙亦贵，而爵位下于支子，则奈何？曰：稍相亚者则先宗子，远相悬者则先支子也。其家而适无贵者，则奈何？曰：无贵者则无禄矣，不可备祭礼也。虽有祭田，而非世禄，必也杀其牲豆，略有仪节，彷佛乎古之士礼，稍优于庶人而已，或者尚可免于僭妄之咎乎。其主祭则以何人？曰：使有衣衿而行辈长者为之，或并无，则以宗子也。

凡前所讲者，皆为大宗也。若小宗之礼，则在今日尤有至难者，盖既祀其四亲，则必以高祖之嫡长为小宗，而其弊无异于前大宗之所云矣。然始祖不祧，而四亲迭祧，其事体不同一也。今士大夫家始祖多有庙，而四亲无庙，各祭于其家而已，其事体不同二也。故人家之祭四亲，莫不高曾祖同而父异，或高曾同而祖父异，高同而曾祖父异，泯泯棼棼，已非复古者小宗之旧矣。此则余家未能正之，姑且徇俗，无可奈何。然犹高之忌日，则就高之宗子而拜焉。曾之忌日，则就曾之宗子而拜焉。要之大宗不立，则小宗益无所附丽而据依。虽有宋大儒程周张朱诸贤，固未尝极论于此，故曰至难也。

然则为今日之礼者何如？曰：古礼不可复，则存其意焉而已。始祖四亲，于古固不得人人而祭。自伊川程子之说曰：人本乎祖，始祖皆可祭也，服制及于高曾，则祭享亦如之，四亲皆可祭也。此固所以因世变、顺人情，而为后世折衷。然以程朱所行考之，朱子则不敢祭其始祖，曰疑于僭。伊川遗命，乃有夺宗之言。谓己之官法得立庙也。然则大宗小宗之祭，自二贤行之，而后学益疑于所从。夫大贤言行，将为万世法，岂其有偏见私意哉？以愚度之：朱子避乱而侨居于闽，其族人远在婺源，故朱子不敢独祭其始祖，以安于礼。藉使当日聚族而居，而其族人已设有祖庙，如今人之为者，朱子岂得废之而不祭哉！吾知其必从伊川之说无疑矣。伊川之夺宗，学者尤惑焉。曰：侯师圣之言，而非伊川之意。然自唐以来，官尊者，法乃立庙。立庙自伊川，则必以伊川主祭，故曰夺宗也。但不知所谓庙者，大宗乎？小宗乎？如大宗也，则惟伊川生存，乃得主祭。若其子孙为无禄人，则亦不得世其祭矣。以理揆之，必也其小宗也。盖四亲之庙，自己立之，则子孙尤可以世其祭，以终于己。此亦所谓古未之有，而可以义起者也。故于今而斟酌二贤之意，则始祖之庙，如愚前所云者，盖庶几焉。何则？谓之始祖，则其子孙众多，必有法应立庙，而可以主祭者矣。且既踞不祧之位，则其庙固始祖有也，有之则不可废，故其子孙得更迭以其禄祭，无所嫌也。若四亲则亲尽迭祧,而庙非一人之庙,高祖之祭,及其元孙以下则废之矣。故祭不常则庙亦不常,必使法应立庙者立焉。而使其子孙,犹得以主其祭,迄于己之祧而止。如伊川之说,固亦变中之正也,犹以为疑。则亦参以愚大宗之说,立庙者主祭,而仍设小宗宗子之位,奠献祝告同之,其亦可矣。若乃五世之中,无应立庙之人,而其势不可聚,则各备士庶之礼以奉其四亲,而亦当于高曾祖之忌日,各就其宗子之家,而先展拜焉。庶几古人之意未尽湮没,而可以待夫后世之作者。

(贺长龄、魏源辑,中华书局1992年影印本)

《皇朝经世文编》卷六六,《礼政十三·祭礼上》,李光地《小宗家祭礼略》:

古者宗法之行,宗子祭其亲庙,自天子而下,降杀以两,盖大夫仅及于曾,适士仅及于祖而已。伊川程氏祭礼,始令上下通得祭其高曾祖祢为四亲庙,以谓祭法由服制而起,今丧服及于高祖,则祭亦宜及之,实得人情之安。王岩叟称其有制礼作乐之具,非虚语也。然祭四亲者,亦止于宗子而已,五服以内之支庶,则固有事于宗子之家,非家立庙而人为祭也。然古者无田则不祭,祭用生者之禄,是祭祀必大夫士而后具明矣。古所谓宗子者,皆世官世禄者也,今贵达者未必宗子,而宗子或夷于氓隶,宗子之分与禄,既不足以祀其四亲,而支子有爵俸者,反绌于不祭之文,而不得伸其造远之爱,如此则程朱之礼又穷。故曰:三王殊世,不相袭礼。今之礼,僭乱极矣。后圣有作,虽复缘时损益可也。非天子,不议礼。吾人身为大夫士,行之于家,去其僭妄紊乱甚害理者而已。吾家大宗之礼,又当别论。以四亲言之,我于先人为宗子,而祖以上则非,揆之于法,得奉祢祀而已。然小宗之法,今世亦不行。吾家旧所通行,又皆不论宗支,轮年直祀。吾分既足于祫,上及高曾,又恐将来服官,不能常预直祀者之祭,食君之禄,以丰于昵,恐非先人之志。故今所奉祀,并立四亲。幸今聚族祖里,伯叔每岁直祀高曾祖者,吾咸与焉。然退而修四时之事,亦必并设高曾祖考之位而申祝献焉。非僭且渎,实则准以情分而有所不容已也。吾家大宗时祭,旧止春秋。其奉祀祖考者则否,止于清明七月等俗祭而已。吾思古人合诸天道,春禘秋尝,乐以迎来,哀以送往,盖春秋之义大矣。怵惕恻怆之心,自近者始,不当于远祖独行之也。若欲以清明七月俗节当之,则清明为春暮,七月为秋始,迎来太迟,送往太骤,亦失礼经之意。今欲定于二分之月,别卜日为春秋祭,而清明七月则循俗煎馉焚楮,如《家礼》俗节之祭而已。况《家礼》尚有四时之祭,皆用仲月。今春秋而外,有冬节荐鲜,可当冬夏二祭,其礼稍杀于春秋可也。又《记》曰:君子有终身之丧,忌日之谓也。故祭为吉礼,而忌则丧之余也。今俗废春秋吉祭,而反于忌日饮酒食肉,谓之受胙。吉凶溷杂,非人情,殆不可用。今逢忌日,亦当稽朱子《家礼》及《语类》所载,变冠服,不饮酒食肉,终日不宴亲宾,

第十一篇
宗族与族人丧礼祭礼

志有所至,乃近于正。生忌则不然。礼稍杀而情稍舒可也。墓祭原起于奠后土神。为祖考托体于此,岁祭焉,所以报也。今祭墓者,丰于所亲,于土神辄如食其臧获而已,简嫚之极,必干神怒。故今定墓祭牲馔祖考与土神同,奠献则依《家礼》,先祖考而后土神,自内而外,非尊卑之等也。此数者,皆大节目,苟失礼意,不可不正。其余如元旦五月节中秋重阳节,此等皆可不拘丰俭,循俗行之,所谓事死如事生,节序变迁,皆寓不忍忘亲之意。

时祭,春秋用羊豕,冬夏或一羊一豕,祢忌日及生忌日俱用羊豕,高曾祖忌日用牲馔、生祭日用牲果,元旦、清明、七月、除夕用牲馔,端午、中秋用果酒,或一馔,俱角黍月饼之类,墓祭祖考、土神,俱用特羊或特豕。

(贺长龄、魏源辑,中华书局1992年影印本)

《皇朝经世文编》卷六六,《礼政十三·祭礼上》,李绂《宗子主祭议》:

《白虎通》云:宗者何?宗有尊也,为先祖主也,宗人之所尊也。盖诸侯世国,大夫世家,然后别立宗子,以统其族人。封建废,世禄不行,惟天子得立宗人府。其在臣下,惟衍圣公近之;若公卿以下,皆不能立宗子。其说详见于罗文恭公《宗论》。而后世乃欲自始祖而下,并以长子之子孙为宗子,毋乃误甚。长子之子孙,其世世之长子,不惟不能皆贵,亦不能皆贤。于是有降在隶庶者,甚或辱身贱行、寒饿不能自存者,安得奉为宗子以主祭而统族人?宜高安相国讥为渎祖而不可用也,况主祭者祭之主,即礼文所谓主人也。主人行礼,必视其爵,士祭以三鼎,大夫祭以五鼎,庶人无田不祭,故朱子释《中庸》,谓祭用生者之禄,宗子而庶人则荐而不得祭矣,何主祭之有。幸而支子之子孙,有大夫焉,则可祭以五鼎,不然而仅有士,亦可祭以三鼎,因其名分以行祭献,则礼法俱合,足为宗祀之光。而贵贵尊贤,亦足以鼓舞其族人,乃欲以私立之宗子,易朝廷之爵命,田夫野服,僭行灌献,不亦逾礼而悖法乎?

或谓朝廷之上,序贵序贤,乡党则尚齿,宗庙则序昭穆;今若舍宗子而论爵,毋乃偏于尚贵尚贤,而非乡党宗族之所宜乎?不知此,皆未达于礼,而不知古今之通义者也。丧服自期以下,诸侯绝,大夫降,故《戴记》谓一命齿于乡,再命齿于族,三命不齿。今外官督抚,则古之方伯连帅;道府,则古侯伯之邦;州县,亦古子男之邦也。自期服以下皆当绝,京朝官九卿视督抚,五品以上视道府,盖其阶大夫卿大夫受地视候伯也。七品以上视州县,盖其阶儒林文林等郎,即古之元士,元士受地视子男也。古九命,今九品。一命,即今之第九品;再命,即今之第八品,齿于族可也;七品,即古之三命,而列于子男者矣。期服且绝,彼族人无服而愚贱者,安得越而上之,以主家祠之祭哉?程子谓管摄天下人心,收宗族,厚风俗,使人不忘本,必须明谱系、收宗族、立宗子法。窃意后世士大夫尊祖敬宗收族之法,惟立宗祠、明谱系二者可行。若立宗子,则不知如何而立,能保其宗子之必贤必贵否,如不贤不贵,吾未见隶庶之愚贱,可以主先祀而统族属也。

(贺长龄、魏源辑,中华书局1992年影印本)

《皇朝经世文续编》卷七三,《礼政十三·祭礼》,沈维《与朱恕斋方伯论飨堂书》:

谨案:坟茔飨堂之制,会典只载亲王五间,世子以下至辅国公皆三间,而不及一二品官。然考本朝人文集,如张九钺有毕氏先茔飨堂碑,王兰泉《湖海文传》卷四十七即秋帆先生之远祖也。文曰:建飨祠三楹,俾族姓奉祀事,勤洒扫,大约墓左右祠堂之别名。近人闽长乐陈庚焕《惕园初橐》,有重修束辛溪《先茔享堂记》,则明云:先茔之右,有享堂焉。然则享堂为相沿之称,必在左右,而不在正中之地,以避僭越也。会典茔墓无图,窃疏其略如此。至于易主改题之礼,尊意谓须慎重,极是。此于令甲既无可征,因检李文贞安溪家庙祭享小宗、家祭二文,实合礼法之正,窃意文定未必不有取于此。另录奉览,盖礼所称别子有三,今之小宗。崛起为卿大夫者,先祖得膺褒赠,合于唐宋以来立庙之制。揆诸追远报本之忱,参以夺宗之议,礼由义起,固无嫌焉。《记》曰:有其举之,莫敢废也。以今制皆得祀其四亲为准,则大宗小宗并祀,亦无所碍。伏惟裁择。

(盛康辑,光绪二十三年思补楼刻本)

《皇朝经世文续编》卷七三,《礼政十三·祭礼》,洪颐《忌日不祭议答孙渊如先生》:

《礼记·王制》曰:丧三年不祭,唯祭天地社稷,为越绋而行事。曾子问曰:大夫之祭,鼎俎既陈,笾豆既设,不得成礼,废者几?孔子曰:三年之丧,齐衰、大功皆废,外丧自齐衰以下行也。士之所以异者,缌不祭,所以于死者无服则祭。《仪礼·丧服传》曰:有死于宫中者,则为之三月不举祭。盖古者吉凶不相干,吉凶相遇,丧为重,祭为轻。孔冲远曰:凡礼卒哭而祔,练而禘于庙,此为新死者为之,非常祭也。其常祭,必待三年丧毕。春秋之时,未至三年而为吉祭者,皆非礼也。曾子问曰:天子崩,未殡,五祀之祭不行,既殡而祭,自启至于反哭,五祀之祭不行,已葬而祭,云既殡已葬而祭者,明前此祭不行者,竟不欲祭也。又曰:当七庙五庙无虚主,虚主者,唯天子崩,诸侯薨,明不祭,故庙可虚主。今许太恭人在殡,金恭人为妇,揆以律文,服在斩衰,非礼所谓外丧也。廿七日为金恭人忌日,俗有设祭之礼,太先生主丧,固无与义,孙齐衰以下,礼亦当停。奔丧曰:凡丧,父在父为主。《杂记》曰:父有服宫中,子不与于乐,祖父母同宫至尊之丧,非世父母叔父母异门旁尊可比。或俟期年服除,再申私荐,亦祖不厌孙、姑不厌妇之义也。其余时祭,可仿权制,卒哭而后行事,既无永阙之伤,亦合礼经之正。粗陈所见,不知审否,伏望裁定。

第十一篇
宗族与族人丧礼祭礼

（盛康辑，光绪二十三年思补楼刻本）

《皇朝经世文续编》卷七三，《礼政十三·祭礼》，张履《答陈仲虎杂论祭礼书》：

承示古祭礼以贵贱定世数，今《通礼》士庶亦祭四代。履案：士庶祭必及高祖，程子已云然，近万氏充宗论之尤详。盖证以小宗法，五世则迁，自见祔庙云云，亦理在不疑。至谓支子之子后长子，承祖重则当主祭，其本生父，当在陪祭之位为嫌。履谓此于情诚有所不安者，然譬之尸，君所不臣，于祭者为子行，而父北面事之《曲礼》：为人子者祭祀不为尸。郑注：然则尸，卜筮无父者。孔疏《郊特牲》注：大夫以孙之伦为尸，言伦明非己孙，皇侃用崔灵恩义，以大夫用己孙恐非也，此云子行，亦非己子，然要是不以尊卑为嫌比例。又譬之斩衰三年，乃子服父之服，而父以服其长子，此并似情所不安，而古人安之。今支子之子，既后长子以承其祖，即宗子也，虽本生父，亦不得先之矣。古者长子不为人后，阁下以长子后伯兄，非也。既为之后，以祭高曾祖祢若是承高曾之宗，可祭高曾。非承高曾则祭当在承高曾者，祢即阁下之兄，阁下不当与若每代为一案，可不与。若合为一案，又不能不与矣。祖即阁下之考也，既宗子祭之，阁下与之，而又别设祭考妣，不及于祖，以《通礼》言，既异祭及四代之文；以宗法言，又非支子不祭之义。似两失之。今阁下虽以长子后伯兄，而未尝异居，度祭之品物，皆阁下所具，是于考妣既有以自尽，又何烦别设一祭乎！古者天子诸侯始祖之祭，并不在冬至，冬至乃祭天圜丘耳。士大夫冬至祭始祖，乃程子伊川所创，朱子初依行，后以为僭始祖或为受姓之祖，或为厥初生民之祖，朱子亦无定说。今《通礼》又无之，是固不可行矣。然古者大夫士之为大宗者，固祭别子始祖《王制》、《祭法》一大夫有始祖，一大夫无始祖，乃殷周之别。今世俗宗祠，必有始祖，或始爵，或始迁，以古宗法言之，宜于祠之中间，专设始祖一主，求其世适以为大宗，主其祭，而族人咸侍若无世适，可推爵齿德之尊者主之，今俗专重族长，族长之名古有之，非今之所谓族长也。其高曾祖祢，宜各自为室，其祭也，惟同出者侍祭高则同高者侍，祭曾则同曾者侍，祭祖祢亦然。而族人皆不与，其余旁支之主，宜悉归所出子孙之家，其祭亦如之今世宗祠，合族数十百主咸在，似起于元之季世，观宋潜溪林氏重建先祠记，可见林氏分三支统为神牌五，死则书名其上，不各为主，今俗亦有之。而皆不及始祖，如此乃于古今礼两无悖矣。祫祭及毁庙，惟天子诸侯则然，大夫于祫，已止及高祖，士又可知，程子时祭止于高祖，高祖而上，于立春设二位统祭之。朱子初亦依行，后亦以为僭。阁下谓今民间宗祠，祭自始祖，而下无祧制不必论，而岁暮相沿，迁主皆祭案，朱子却无岁暮之祭，亦祫之遗，而疑于有举者不可废，无礼者不可逾，履谓不可逾是也，不可废非也。盖所谓有其举之，莫敢废也者，亦在分所可祭者耳。若求之古礼而不合，考之今制而又违，徒出于习俗相沿而失之僭，则正赖知礼之君子起而正之，又何有举不可废之有邪？履礼学极浅，姑以意论之，是否幸赐裁正。

(盛康辑，光绪二十三思补楼刻本)

《皇朝经世文续编》卷七三，《礼政十三·祭礼》，顾广誉《与陆篠坡书》：
冬杪承大驾见访，致令姑母于太孺人之意，因新建于氏宗祠落成，而属为文记之。且示以族谱支系，曰：质之典礼有未合，毋惮尽言往复，甚善甚善。比以拟定世数，揣度原委，尚有不能无疑者，请述之。盖于氏之为宗祠，将通祀始祖以迄十六世，虽世俗率多类此，然自品官至庶人，皆以高曾祖祢为断者，《通礼》之制也，其不论有无功德，概从世祀。俗例所沿，微特于义无取，抑且于制未符，原其自昉或本于程子立春祭先祖之举，但程子实系祭初祖以下高祖以上之祖，只设两位统祭之，时祭仍止于高祖。朱子又觉其僭而更之矣，固当断自高曾为是。独始祖之祭，近来习礼之君子，皆以为可行。盖自宗法废，而天下之恩义日趋衰薄，后世既无诸侯支庶之别子，其有自远来徙久而子姓繁昌者，正与郑氏所谓始来此国亦为别子之义符合。好礼者每乐援此以维宗法之穷，诚贵其一举，而尊祖睦俗之道两得焉耳。今若自始祖以下，皆止及本支，则是一房私祀，非通族公祭，殊乖创立始迁祖之本指。否或统族中数十百主尽列之，则又杂乱而无章，尤断断乎其不可。广誉请折衷礼文，参以震泽张甫告其友人之说，谓宜于祠堂之中间，专立始迁祖之主，及祭，则族之昭穆咸集，高曾以下，皆各自为室，其祭惟同出者在列，而族众不与焉。如是，则于循分之中，无失宗法之意。公义私情，两可展尽，名正而言亦顺矣。广誉既有所见，不敢不据臆直陈，希以此转致令姑母，更与沈君吟斋商榷尽善，务令动而足为世法，乃不虚此盛举耳。至询及宝姑祔食事，案《通礼》于家庙制度，载有东西序为祔位，而云男统于东、女统于西，在礼男子冠而不为殇，女子笄而不为殇，殇之中得兼男女，是固今制所许者，但不必限以一人，则更合也。惟口纳不尽。

(盛康辑，光绪二十三年思补楼刻本)

《皇朝经世文续编》卷七三，《礼政十三·祭礼》，王人定《答祭外祖父母问》：
乡人黄某，学者也。有外祖父母木主立于家堂龛上，清明冬至家祭时，亦设祭焉。其族人有责其非礼者，某乃以告予。曰：此吾母命也，母无昆弟，迎养外祖父母于家，以终其天年；丧葬后，立木主祀之。今吾母已没，而外祖父母之祀未废者，不忍背吾母爱敬之心也。且闻伊川礼亦有之，而彼乃以非礼责予，何也？予曰：外祖父母之祭，经传所无，而惟程子行之。第伊川集有其母《上谷郡君行状》云：郡君得疾，未卒前一日，谓伊川曰：今日吾在，宜为我祀父母，明年不复祀矣。朱子尝举以告门人，谓伊川亦曾祀其外家。何氏燕泉云：上谷明年不复祀一语，是谓此祀止于其身，卒后可废此礼也。今人未考程集，细审

第十一篇
宗族与族人丧礼祭礼

上谷临终之语,遂以节时家祭前一日祭外祖父母为伊川礼,殊失之矣。汝非学者则已耳,汝学者,汝族责汝以非礼,汝其奚辞,而汝不忍背母心者,即宜以上谷郡君明年不复祀之语裁之,毋致终失于非礼也。某唯唯而退。

(盛康辑,光绪二十三年思补楼刻本)

《皇朝经世文续编》卷七三,《礼政十三·祭礼》,孙希朱《宗祧说》:

宗者宗也,祧者超也。分言之有大宗小宗有庙有祧,合言之则曰宗庙、曰宗祧、曰庙祧、曰守祧,皆谓庙也。何谓大宗?《礼》曰:别子为祖,继别为宗。古者诸侯世嫡为君,由次而下皆为别子,并不得祢其先君。其后世子孙为卿大夫,则立此别子为始祖,所为大夫不敢祖诸侯也。或异姓始来此国,与庶姓之特起为卿大夫者,亦谓之别子,其子孙立为始祖也,与诸侯别子同。而别子之世嫡,常继其统,主其祭,与族人为宗,虽五世外,皆为服齐衰三月,所谓宗其继别子者,百世不迁者也。何谓小宗?《礼》曰:继祢者为小宗,盖别子之统,惟别子之世嫡,得祢之而继其统,其支庶均不得祢别子,而自使其世嫡后之以主其祭,与兄弟为宗,故有继祢之宗,有继祖之宗,有继曾祖之宗,有继高祖之宗,高祖服尽则迁,所谓宗其继高祖者,五世则迁者也。大宗一,小宗四,一大宗常统数小宗,此古宗说也。其曰祧者,盖取超迁之义,与昭穆庙有别,凡毁庙之主藏于祧,祭法所谓远庙为祧是也。周制:先公之迁主,藏于后稷庙;先王之迁主,藏于文武庙。故《周礼》曰:掌守先王先公之庙,祧若诸侯则藏于太祖庙之夹室,故太祖庙亦谓之祧,而后世遂借为祖庙之通称。《聘礼》曰:不腆先君之祧。《传》曰:其敢爱丰氏之祧,又君冠必以先君之祧,皆指祖庙而言,此古祧说也。

古者天子七庙,诸侯五庙,大夫三庙,士一庙,庶人祭于寝,自大夫而下,俱不言祧主所藏。故《文公家礼》,凡五世亲尽则埋主于墓,或两阶间,冬至虽有祭及始祖之文,而无其主,盖皆限于分也。唐制:二品以上得立四庙,三品三庙,天宝时在京五品清望官亦听立庙。宋承唐制,明初公侯品官庙制未定,权仿《家礼》立祠堂三间,以祀四代神主。我朝品官家庙,一品三品庙五间,四品以下庙三间,祀四代,亲尽则藏祧于东西夹室。然葬视死爵,祭用生禄,故庙虽建亦旋废。惟历代忠孝义烈前哲令德功在社稷民生者得不废,或朝廷为建祠,使其子孙主之,或子孙自建,请于当道以祀;或更即其旁舍,附入高曾祖考栗主,以会辑宗人而奉为始祖。此后世宗祠所由昉,而朝廷亦不之禁,盖取其敦本善俗,使人皆知亲亲之谊,深有裨于世道人心故也。

吾族自未园公承大父汇川公、叔祖信书公命,偕诸父昆弟,创建始祖忠勇公祠。忠勇系唐室忠臣,世嫡居新安,代有祠而锡独阙,公特建之,使族人知所自来。又虑宗派之居新安,世远年湮,不及详访,因据郑注始来此国之义,奉始迁祖义止公配,故吾孙氏虽以忠勇公为始祖,而其嫡宗传,则推本迁祖。又即其东西夹室,附祀各高曾祖考;而举其中贵且贤者,配食中堂:此又贵贵尊贤之遗意也夫。于是置义田、具祭器、飨有堂、燕有室,鳏寡孤独废疾者有养,人人各深水源木本之思,为一时义举,迄今恪守前规,幸未失坠。然族丁繁衍,岁久夹室龛满,诸父昆弟酌议列龛后寝,以奠祧主。或曰:古惟诸侯得有祧,《家礼》亦有毁无祧,今藏主后寝,得无僭乎?曰:不然。此非古所谓祧也。古者亲尽则藏于祧,今所藏非亲尽祖也。《家礼》有毁无祧,然五世内支庶俱尽,方得毁,不然则以次相承,未有轻毁者。今以余族计,尊卑相去已六七世,若即卑者论,则最尊者已在毁例,酌其世而递祧之,即《家礼》以次相承之道也,亦即我朝藏祧于夹室之制也,何嫌为僭。故余族祧毁,例以族长上五世则毁,宗子上五世则祧,揆诸神道,当亦不远于人情,此《记》所谓礼虽先王未之有可以义起者欤?马贵与先生曰:后世大宗小宗之法既亡,别子继别之序已紊,若执三庙二庙之说,是所祭不及祖祢之上矣,乌得为礼乎!则斟酌变通之道,古人亦未尝不之许也。龛既成,将以某月某日斋戒祭告以妥主,诸父兄爰命希朱录其说以告来者,谨志其语,作宗祧说。

(盛康辑,光绪二十三年思补楼刻本)

《皇朝经世文续编》卷七三,《礼政十三•祭礼》,王运枢《论俗节祭礼仪》:

《家礼•仪节》所称俗节者,元旦、清明、重午、中元、重阳、十月朔、腊日、除夕也;吾乡增一中秋。均不祭于祠堂而祭于家。宋张南轩尝谓:节祠渎而不敬,欲废之。朱子答以书云:俗节为古所无,古人虽不祭而情自安。今人既以节为重,至于是日,必具殽羞相宴乐,不能不思其祖考,而以其节物享之,虽非礼之正,然亦人情之不能已者。又云:端午能不食□乎?重阳能不饮茱萸酒乎?不祭而自享,于汝安乎?又答陈□问曰:是要得不行,须是自家亦不饮酒始得。又谓韩魏公处得好,谓之俗祠,杀于正祭,遂依而行之。此诚不忍死其亲之至情所不能已者也。第《家礼》谓元旦恐在官者有朝谒之礼,不得专精于祭事,或更斟酌于除夕前三四日行之。明邱琼山则以除夕自有除夕之礼,隔年行之恐未安,合拟有官者以元旦次日行事。陈□记朱子于岁暮二十六日,烹豕一祭祖先,就中堂二鼓行礼,而除夕无祭,盖依婺源旧俗,即于前二十六日预为此耳。明何燕泉云:国朝太庙,岁除行祫祭礼,则士家固不应无除夜祭也。故吾乡俗,自元旦至除夕,靡不举节祠之礼。其礼即于家堂神龛前,设香案桌子,陈肴菜果品,如重午则菖蒲角黍,中秋则菱藕月饼之类,主人率其子弟孙曾焚香斟酒,主妇率其诸娣子妇献茶,拜跪一堂,非犹是不忍死其亲之至情然哉,而乌可废也。稍异者,清明上冢,祭于祠堂,其仪特隆,与冬至祭等。中元出木

第十一篇
宗族与族人丧礼祭礼

主,朝夕致祭,以五日为期。至于每日朔望,则不设酒,供茶盒上而已。

(盛康辑,光绪二十三年思补楼刻本)

《皇朝经世文续编》卷六七,《礼政十四·祭礼下》,李棠阶《题主说》:

世俗题主,皆虚主字一点,临时请显者点之。考诸书,皆无此说,明儒吕新吾及本朝刘山蔚皆辟其谬。今年仲冬,张云阶先生葬其母,以尊翁主已用朱点,此时用墨,一匮二主朱墨不同,于心不安。命某题主仍用朱点,云阶先生某父行也,何敢有违。但其援唐宋题主,墨书讫,以光漆重模为据则有疑。《通典》所载,乃天子礼。宋朱震引之,亦天子事,非士大夫之礼也。唐宋士大夫礼不可考,而今世遵用《朱子家礼》,朱子固南宋士大夫也,《家礼》只有题主,并不言点主。若用朱,则必如《通典》特言之,不容概言也。据《家礼》,则宋之士大夫不敢援光漆重模之说可知矣。至本朝《通礼》,品官止言题主,即国丧亦止言大学士题主,若用朱点,亦必如《通典》特言之,不容概言也。以墨笔其常,朱其变也。宋之士大夫,不敢援用当时大丧之礼,而今日乃用之。今又不援时制,而援唐宋大丧之礼,无乃不可乎!又谓寻常素书遇诰口,定用朱书示敬。诚然,然必全书其字,岂有止用一朱点为尊敬乎!止用一朱点,则实系以上行下,牌票告谕所用,此外无有,此山蔚先生之言,似未为谬也。今题主止用一朱点,果出于尊敬否乎?抑仅随俗沿用乎?俗固不可遽变,一人亦何能变俗,但考之于古今皆无据,问之于心则不安,果宜何从乎?

(饶玉成辑,光绪八年刊本)

任兆麟《有竹居集》卷一三,《先贤任子祠祭礼》:

祠祭之礼,岁十月朔。主祭者齐宿,先期,陈器具,视濯视牲。祭之日,夙兴,设馔于堂,奠爵于几,载匕于俎,祭有常品。只荐岁事,宗人告备,乐三阕。主祭者灌,出迎。牲既奠,读祝焚帛,工奏乐礼,行三献,毕。昭穆以齿序位。拜毕,彻俎,改馔饮胙,爵无算。

(嘉庆己卯两广节署板)

任兆麟《有竹居集》卷一三,《祭先贤任子祠祝文》:

维贤楚邱,诞粹阙里。升堂诗书六艺,克阐微言之蕴。性道文章,亲承圣教之宣。唐宋崇封列爵,云仍世守明禋。谨率崇先之典,用隆陪享之仪。兹届宜辰,肇称常祀。尚飨!

(嘉庆己卯两广节署板)

任兆麟《有竹居集》卷一三,《祭家庙祝文》:

伏以容声既邈,维切永怀。岁月屡迁,不胜追慕。维祖功宗德,久荷芘荫之余。报本尽诚,常凛继承之责。兹届荐新令节,谨举馈食常仪,敬具明粢清醴,庶羞之奠,燃烛焚香,仰祈鉴格。呜呼！秋霜春露,念堂构之长留；僾见忾闻,瞻几筵而如在。

（嘉庆己卯两广节署板）

礼之论祭,必后海而先河；遵其庭训,辑为家乘。
吴绮《林蕙堂全集》卷六,《上郑郑氏族谱序》：
　　自先大夫潜德昭明代居丰右,而太淑人懿修圣善系本荥阳。予于吴郑之交,世有潘杨之睦,而郑子东邑恒共雅游,尤称夙好。间尝溯河源于星宿,考木本于丘陵,图绘流民。则近思安上,门开通德,而远慕康成郑子避席不遑,操觚以请。则曰祖原洪姓,实分胄于尚书,姑适郑门,获作媵于令尹,时在宋元之季,地当宣歙之冲。活万户者封,尹既宣劳于社稷,从一人以贵,姑乃受服于河山,野有留棠,思而勿拜。涧堪采藻,荐则惟馨。羊叔子之碑见者多为流涕,晏恭人之砦犯之犹有戒心。而五桂勿荣,孤萝独附,孙而继子,厥有前文。侄不祀姑,究非通论,十五世以后尽属耳孙。四百年以来,难忘鼻祖。爰述其始末,冀特为表章。予感其诚,弗克以让。
　　窃惟礼之论祭,必后海而先河,志在程功,或因堂而考室。张家击鼓,合八院以同餐；苏氏成书,建一亭以覆谱。凡以事原厥本,因而义笃所生。自行苹鲜敦本之情,恒疏诸父而葛藟。忘庇根之谊,遂等路人。皆昭穆之弗明,致亲疏之失据也。况乎鲁妻抱侄,义虽感于齐师；而柴氏继姑,礼罕闻于周典。其间式榖之故,较螟蠃而加亲。自此绵瓞之祥,赖牛羊其勿践,可不宣之赤管,用告后昆,俾得守以青箱,永敦前训乎！乃郑子遵其庭训,辑为家乘,系别纵横,支详远近,由初世及乎末世,可按牒以稽。自一人迄夫万人,能合尊而飨。而又追思祖武,远访先型。始则虬轩公杖节全城,射救聊之天；继则狮山公持忠入地,结赴卫之缨。或遗爱之在人,而家无长物；或好修以洁己,而箧有奇书。莫不彪炳后先,鸿章遐迩,斯诚美矣,何其盛哉！
　　夫郑子童年刲股,知报本以哺乌；壮岁立身,方论交于结驷。乃独存心睦族,笃意展亲,由其至性而行,必有过人之业。彼李昉盛德,惟给饷以资贫；萧瑀元臣,乃分田而赡党。皆将企有厚望,岂独丽其弘文。乃谱之成,冠以上郑,犹裴分三眷,而东异于西；若阮本一宗,而南殊于北云尔。

（《四库全书》本）

绘先人像、刻祖父母木主,以祀于家庙。

第十一篇
宗族与族人丧礼祭礼

张玉书《张文贞集》卷一一,《诰授光禄大夫工部侍郎费茂公墓志》:

……公每痛两尊人早逝,忾闻僾见,追慕不忘。辽阳收复后,即访善丹青者,指授绘像,以祀于家庙。祖父母则刻木主奉焉。岁时朔望及春秋节序,必躬亲展奠,年逾七十而礼敬不衰。

(《四库全书》本)

购求得袁先人诸小像。

汪琬《尧峰文钞》卷三八,《题袁氏册后》:

予家与袁世戚。袁之先介隐公以隐君子称,生方斋、怀雪两公。两公之子,吴人推汝南六俊。方斋所生,则谷虚、志山两公。怀雪所生,则陶斋、谢湖、卧雪、胥台四公是也。胥台讳褎,官至佥事;生吴门公,讳尊尼,官至副使,为予亡室宜人曾祖。卧雪公讳褒,生德门公,讳年,官至参议,为宜人本生曾祖。相沿甲科,文望具载国史、家乘,吴人共目为巨族之冠。

今振之先生年七十余,须麋郁然,读书好义,借医以隐。其次子令推尤英妙能文,即志山公讳裘之孙也。方兵燹后,袁氏稍衰,先世遗泽暨正、嘉、隆、万间诸名公所赠翰墨,悉落好事者手,散佚久矣。先生与令推力加购求,始得衰先人诸小像,自介隐公下略备。而吴文定诸公题赠及志记之属,具在装潢成册。嗟夫!介隐公以来所以贻子孙者,非不善也,顾非得先生父子之贤,相与引之勿替,则散者其何以复聚,而佚者其何以复存乎!夫宝玉大弓,鲁之重器也。鲁人失而复得,《春秋》许之。是册也,祖考手泽在焉,不啻如弓玉而已,袁之子姓庶几承先生之志,世世宝之!先生命予题其后,予娶于袁,宜乎述袁之家世也加详焉!

(《四库全书》本)

直隶

丰润董氏

民国丰润《董氏家谱》,《合族公立始祖碑记》:

……难忘我始祖原籍定州中山人也,自明永乐二年徙居此土,迄今二百有六年矣。忆其当日披荆斩棘、沐雨栉风,古人其殂,庶几异日若可想见,留兹余庆,裕我后昆。遗其一少祖宅,人推四少祖少亡,至我六门数传以来不下几千百人,其子孙亦可谓繁盛矣。兼之登仕籍代不乏人,或为京宦,或为元戎,或登乡榜,或司民牧,或列庠序,或力田孝弟,而要皆不出乎耕读之外。非我始祖之洪庥,其何以阴骘于子孙如是哉?但支分派散,推而远之则愈疏;反本溯源,引而近之则愈亲。此始祖之碑所由立也,追远者于斯,睦族者亦于斯,讵非吾族中数百年中所未有之盛也乎!是以序,始未志不朽云。

六三大二五七门孙等仝奉祀,康熙五十一年三月榖旦立。

(民国十五年刊本)

江苏

《皇朝经世文编》卷五八,《礼政五·宗法上》,陈宏谋《选举族正族约檄》：

江省地方聚族而居,族各有祠,合爱同敬,尊祖睦族,诚为美举。而日久弊生,户多人杂,或以强凌弱,以众暴寡;或自相戕贼,同室操戈。凡不公不法之事,往往有之。本都院曾经刊刻告示,谆切谕诫,并令将境内祠堂及族长姓名造册具报,已据各属报齐。通省大半,皆有祠堂之户,每祠亦皆有族长房长,专司一族之事。

(贺长龄、魏源辑,中华书局1992年影印本)

《皇朝经世文续编》卷七三,《礼政十三·祭礼》,张文虎《华亭南荡张氏支祠记》：

南荡张氏支祠,华亭令西充周君炜记之矣。道光十二年,系孙布政司理问炌等,洎从兄弟承先志而广之,建堂曰敦睦,左筑留景轩,以备斋宿,左右夹室,为藏祭器及馂余之所。前为亭以处乐人,整而不华,质而不陋,君子以为有礼。或曰:礼,大夫三庙,适士二,理问于秩,视士不当及曾祖。曰:今家庙实祠堂也。庙之制有室有寝,祠堂则一室而已,不可以庙例。且古无庙之鬼,有祷则为坛以祭。大夫士有大事,省于其君,干祫及其高祖。然则无庙者非常祭耳;非常祭,则无主,今何以有主? 曰:自仕不世禄而宗法亡,庙制废,于是有祠堂,此古今之变也。礼缘人情而作,丧服,父在为母及妇为舅姑,皆今重于古,而合于人情。则制礼者因之。程子言高祖自有服,不祭甚非。今《会典》品官皆得立家庙,庶士庶人则为龛于寝北。自祢以上,皆得及其高祖。从今制有主,宜矣。曰:古者左庙右寝,《朱子家礼》：君子将营宫室,先立祠堂于正寝之东。今立之墓侧,礼欤? 曰:权也。唐会昌间,敕百官京内置庙者,但准于所居处置。然居处偏狭,邻里无可开广者,卒不能如制。盖势有所格,不必尽绳以制。汉人多建祠堂于墓所,仿而行之,不亦可乎? 曰:《记》以大夫声乐皆具为非,《礼》"特牲""少牢"二篇无奏乐之文,作乐于亭,不已盛乎? 曰:礼嫌声乐备,非嫌用乐也。大夫判县,士特县,显箸经文,馈食礼文不具耳。众仲之对羽数,曰:天子用八,诸侯用六,大夫四,士二。有其舞,斯有其乐,岂徒虞身而已乎? 夫陈于阶下则亵,杂于堂上则偪,此亭之所由作也。是故礼者通上下之情,达古今之变。殷周损益各因乎时,从

第十一篇
宗族与族人丧礼祭礼

宜从俗,行之而无所窒碍者也。世俗不知礼意,辄执古制以相稽,率发其凡于此。若张氏源流世系,与其累代隐德,周君记详矣,故略之云。

(盛康辑,光绪二十三年思补楼刻本)

无锡

无锡除夕祭家祠,明年做寿者祭家堂神。

黄卬《锡金识小录》卷一,《风俗》:

除夜,祀神,祭家祠。凡门神对联及门左五路神,悉去旧易新。来岁将称寿者,于岁终刳羊豕,祭家堂神及五通神。

(光绪二十二年刻本)

先祖无美而称之,是诬也;有善而弗知,不明也;知而弗传,不仁也。

汪琬《尧峰文钞》卷二六,《吴氏家传序》:

延陵吴氏率祖仲雍,其后分散他之,往往用功名文学著声,前史指不胜屈。而留吴中者,支分派衍,视他氏尤盛。其宗之簪缨冠盖,亦非他氏所敢望也。顾吾友敬生先生,自其尊甫以上,再世潜德未耀。而敬生父子又皆高材轗轲,至今犹据皋比,滞斗升之禄于庠序间,识者咸为惋惜。惟同产弟翼生释褐邑令,远近推冠,循吏方骎骎显达于朝。于是敬生喟然曰:"此吾祖父积善之效也。然其事行久远,渐以湮没散佚,傥不笔之于册,则后生奚述焉?"遂诠次其见闻所得者,为传若干篇,将锓诸版,因书以示予曰:"某闻先祖无美而称之,是诬也。有善而弗知,不明也。知而弗传,不仁也。某既用是为鉴,今其诠次者具在,吾子以为何如?"予发书读之,深叹其质而不俚、详而不芜,洵合礼,所谓论撰其先祖之美者。然则敬生之孝思,夫岂易量也哉!

盖古者孝子慈孙之爱其亲也,生养殁哀,犹未也。为之合族以敬承之,为之和洽其门内以顺适之,为之立身励志自成其名以显扬之,犹未也。殁而为之行状以上史官,为之志其墓以薶于地中而昭示后世,犹未也。又为之诗若文以阐发其嘉言懿行以藏于家,而劝戒其子姓凛凛焉。时抱不明不仁之惧,若迁、固之作序传,韦、孟之赋在邹,谢灵运之述祖德,莫不皆然。而敬生所诠次者,则迁、固比也,予故不辞衰病,而敢勉叙其梗概云。

(《四库全书》本)

安徽

吴汝纶家族祠堂祭祖。

《吴汝纶全集·日记》卷一一,《制行》:

光绪二十八年十一月二十二日,午后至祠堂,人多,至屋不能容。子夜祭祖,宿祠中。二十三日,质明祭祖,子孙合食者多,自晨至日晡食者不绝。

(施培毅等校点,黄山书社2002年版,第4册,第763页)

泾县

元旦祭祖;岁时琐事。

洪亮吉《泾县志》卷一,《风俗引顺治志》:

元日,乡俗,长幼男女夙兴,列拜上下神祇,次谒祠堂,或设祖宗像,具香烛酒馔以拜其先,然后拜尊长,以次列拜,乃出,乡党宗族邻里故旧杂数日而还。元宵……男女游观,探亲。清明,具牲扫墓,以竹悬纸钱而插焉。岁除,连日祀先。

(《中国方志丛书》本,第102页)

祖庙、祀产、祠规、祭祖之俗。

洪亮吉《泾县志》卷一,《风俗引钱志》:

故家巨室,祖庙岿然。又各置祀产,立祠规,岁时荐馨,子姓咸集,保本追远于是乎在。

(《中国方志丛书》本,第93页)

浙江

《皇朝经世文续编》卷七三,《礼政十三·祭礼》,刘逢禄《乌程赵氏家庙碑记》:

余少读特牲、少牢馈食礼,而叹古大夫士尊祖敬宗收族之谊,历数十世,保艾其后,至周且悉。东汉以降,世禄久废,宗法以亡,求其追远继孝,如唐柳氏、宋范氏司马氏者,代不数家,郡不数姓。大率世禄以奢汰逾礼,不一再传而覆其宗祀;下士一登仕版,或汲汲为身家温饱谋,是以官至八座而无家庙,身为士大夫不知宗法,春秋祭荐同于庶人,古之不复大率由此。乌程赵氏,自雨楼谦仲昆弟,先后以进士起家至郎中。雨楼独承考志,省啬禄入,得四千二百余缗,建先庙于其乡,奉其五世祖某为由徽迁湖之始祖,自高祖而下,五世递迁,藏主夹室。又仿古圭田制,置田五十亩,以供祭祀。堂塾有度,齐厨有所;牲宰有□,俎豆有数;拜献有节,馈食有序;准今酌古,不侈不陋。如观特牲、少牢馈食礼,登降奠跽,忾乎□□爱然,周情孔思,勃荤冲晬,作忠教孝,敦薄视恍,义富志渊,古恒今特,百尔君子,尚其式诸。

(盛康辑,光绪二十三年思补楼刻本)

第十一篇
宗族与族人丧礼祭礼

福建

李氏家庙尊宗、尚爵、崇年德之道与重一本祭礼。

李光地《榕村集》卷一一，《家谱序》：

余家宗礼有古之遗者，四执爵者，或以宗，或以爵，或以年德。然祝嘏之辞，则宗子先焉，盖亦犹宗法之权也。有达者则以其秩祭，无达者则以祖田备士礼焉，盖亦犹世禄之变也。庙奉远祖，不附近亲，然有贵者、贤者，有勤劳于祖宗者，则升配食焉，盖亦犹宗有德者之道也。先是祭止于春秋，先君子考诸伊川家庙以冬至祭初祖、元日祭先祖，法而修之，以合气始形始之义。盖亦犹古今祭礼之衷也。故曰：鲁一变至于道，礼缺有间矣。吾宗斯其近古者乎？……

（《四库全书》本）

江苏

宜兴篠里任氏

宜兴《宜兴篠里任氏家谱》卷二之五，《宗法》：

一、祠堂每岁整顿一次，十年大段修理。

一、家谱每二十余年重修一次。

一、祭之日，齐明伐鼓一通，执事毕至；伐鼓二通，祭品齐备；发鼓三通，与祭毕至。至而后者，罚银一钱；无故不到者，罚银三钱；公派执事不到者，罚银五钱。

一、助祭各执事，宗长、宗相于三日前派定，署名祠门外，临事失措者，轻重量罚。

一、祭，设纠仪二人。误举，其罚与所举同。

一、与祭不敬者，罚银三钱；馂而失次喧哗者，罚银二钱。

一、凶服不入庙。有三年之丧者免祭。祭日，白服入祠者罚。

一、祠内桌凳碗碟及各样器皿，俱不许出祠堂。擅借及借与人者，各罚银一两。

一、祭馂轮流派值，不称者量罚。每八人一桌，每桌肴十碗、酒四斤。

一、正旦，除远十里以上及雨雪不住本村外，无故不到者，罚银三钱；十里内为雨雪所阻雾而不到、数十里内四日不到无故者，罚亦如之。本村发鼓不到者，罚银一钱。

一、朔望，除不住本村及务农农忙外，无故不到者，罚银五分。

一、清明祭毕而扫墓，扫墓毕而馂，馂毕而旌善纪过，旌善纪过毕而会计钱谷。冬至除扫墓。

（民国十六年一本堂刊本）

山西

会祭活动无序种种。

平定刘氏

嘉庆平定《刘氏族谱》,《刘氏会祭序》:

康熙九年,堂邑公创集家谱,并立公祀祖茔之规约。定每年七月十四日量出纸资齐集祖茔之次,祭扫瞻拜,以展报本之诚,以敦睦族之谊,原不仅饮食宴乐云尔已也。但沿习既久,厌易即生,又假秋雨时行会祭者少。族人来临者,且往往预待于寺院合食之所,饮酒高坐,竟不于祖茔前少将其拜跪之诚。墓祭之谓,何不且贻笑于人世耶?西斋公自芮城司训告致归,目击心伤,与吉轩公共议祀典。既有秋祭,不可无春祭。约定每年清明前一日为春祭,诚以甫逾大节,人未远行,合族聚会,共相熟识,庶几可敦和好。至于秋祭,仍以七月十四日为定例,祭扫规模,一如春祀,是日齐集祖茔之次。会东四人进案前上香焚奠毕,按辈数一辈一辈拜,通拜毕,让尊辈前行,至合食处,按尊卑长幼分席而坐,每席不过七八人,少饮为妙,以防噪嚷。饭完,仍按尊卑长幼序揖散。乃至今日,大非昔比。作东者支应故事,毫无体统;而会祭之人更不堪言,家藏盛服,若专为贺喜吊丧而设,每逢祭期,大半斜衣小帽而来,且仍蹈故辙,预待于寺院合食之所,饮酒高坐,竟不于祖茔前少将其跪拜之诚。即有一半墓祭者亦皆漫无纪律,跪拜之时不按尊卑,不叙长幼,参差混乱,草率塞责。祖宗有灵,不且痛恨于九原耶?凡此者皆因无礼以约之也。诚约之以礼,谁不肃然起敬哉?余也目睹时愆,心甚恻然,既述会祭之序,复增会祭之礼。凡遇祭期,合族人等务必整齐严肃,共襄祀典,除礼文、礼器预备外,复择庠彦四人以作礼生:一人通赞,一人引赞,二人职事。作东系主祭之人,跪拜于前,会祭者皆列于后,随班行礼,叙定辈数,排列成行,不可挽前,不可落后。祭毕,仍照旧规,辈辈通拜。至于高坐待食而懒于墓祭者,一径查出,即刻退还分资,不许坐会。如此约束,庶礼仪可以范人,祀典可以不坠,而尊祖敬宗之念,木本水源之思,人人由此而感动矣。不揣固陋,妄陈愚衷,伯叔兄弟以为然否?

全德谨序。

(刘灿、刘得义等修,不分卷,嘉庆十年刻本)

嘉庆平定《刘氏族谱》,《会祭仪注》:

通职事者各司其事,助祭者各序立,主祭者序立,引,诣主祭位,跪献香烛,献祭品,献纸文,献浆饭,叩首,兴,通。秉烛焚香,引。诣香案前,跪,秉烛焚香,叩首,兴,复位,通,皆拜,再拜,行灌奠礼,引。诣香案前,跪,初奠,再奠,三奠,读祝文,叩首,兴,复位,通,皆

第十一篇
宗族与族人丧礼祭礼

拜,再拜,洒浆饭,焚纸文,撤馔,礼毕。

全德谨识。

(刘灿、刘得义等修,不分卷,嘉庆十年刻本)

祭文。

嘉庆平定《刘氏族谱》,《会祭注文》:

维,大清乾隆某年某月某日宜祀之辰,不肖孙某暨合族人等谨以香烛祭品之仪致祭于刘氏先茔之灵曰:祖功宗德,先人之遗泽靡穷;木本水源,后人之孝享宜笃。况我刘氏,族大枝繁,有根有据,谱牒班班。始祖自出派衍河南开封杞县,姓氏赫然,肇迁平定,洪武初平,择居岭上,密尔榆关,忠厚勤俭,耕读家传。世世积德,辈辈光前,延及今世,媲美后先。登科登第,文武兼全,科试岁试,庠彦蝉联。言及务本,阡陌连田;再观逐末,骑鹤腰缠。丁财秀贵,远迩称贤。皆因祖宗默佑,故尔福泽绵绵。兹当祭辰佳节,合族拜扫先阡,尊卑长幼俱属曾立,报本追远,各秉诚虔;既尔挂纸,亦复烧钱。三奠黄壤,一滴九泉,灵其不昧,来格翩翩。伏惟尚享。

全德再识。

(刘灿、刘得义等修,不分卷,嘉庆十年刻本)

平定蔡氏

道光平定《蔡氏族谱》,《蔡氏墓祭章程》:

祭品:大碗八个,大盘四个,蒸点三碟,酥食三碟,水果三碟,米饭三碗,奠酒一甬,享香一束,素烛一对,鞭炮二把,连捷二把,纸锞十分。

会祭仪注章程

正月二十五日祭奎星岗祖茔,七月十三日祭重兴坡祖茔,十月初三日祭栖云岭祖茔。

秉烛,焚香,供菜,行一跪三叩礼;献爵,行一跪三叩礼;撤馔,行一跪三叩礼;馂余于庙。

十世孙子璧谨识。

(蔡子碧、蔡培实等编纂,不分卷,道光二十五年刻本)

平定潘氏

垄首,墓头也;筑墓曰马鬣封;吉藏,葬也;吉地曰牛眠地。

咸丰《平定潘氏合谱》,《潘氏家话小引》:

十四世潘应珍谨序于吾尽吾意斋。

报本追远:始祖佳城自宋传,而今六百有余年。宗支嫡派文曾序,木本水源敬要先。垄首按行封马鬣,吉藏称美似牛眠。子孙继述常追远,篆洁香烟万古虔。

坟宜培补:阖族先茔谱序明,春秋祭扫各存诚。坟前碑碣须扶稳,墓傍坑凹务塞平。郁草茂林恒发育,乔松古柏愈峥嵘。吾侪相继遵遗训,岁岁补修慎渐倾。

(潘组耀等修,乐贞堂藏板,咸丰七年刻本)

洪洞刘氏

光绪《洪洞刘氏宗谱》卷二,《祖训》:

一曰重祀典。《礼》云:将营宫室,宗庙为先;凡家造,祭器为先。则知祀典,其首重也。家庙既建中堂,以妥祖宗神主;两厢以贮祭器。洒扫以日,启闭以时,于岁时伏腊二至二分享献以敬,毋屑越;品物以恒,毋殊异;尊卑以序,毋僭越;执事以勤,毋惰慢。反是者罚。

(刘殿凤修,光绪二十七年刻本)

运城安邑郇城路氏

同治运城《安邑郇城路氏族谱》,《凡例》:

一、祭祀乃报本追远之道,切不可忽。家必有庙,庙必有主。月朔荐新时祭用。仲月冬至祭始祖,立春祭先祖,季秋祭祢,忌日迁主,祭于正寝。凡事死之礼当厚于奉生者,世世子孙切宜凛之。

注:时皇明嘉靖年间,方伯祖创志,因年久字画剥落,于皇清乾隆四十四年己亥孟夏,十一世孙廷极沐手重录。该谱首创于明嘉靖年间,是由吏部稽勋司郎中路天亨创修。

(路生财、路有年纂修,同治十年刻本)

灵石何氏

道光灵石《何氏族谱》卷七,《家训八则》:

一、崇祀典。春露秋霜,君子履之,必有凄怆怵惕之心,则四时致享本出情所难已,是故《公羊传》曰:士不举此四者则夏不葛、冬不裘,夫豺獭犹知报本,而况于人乎?吾宗祠堂既建,长幼毕集,衣冠济济,罔不恭谨。今已采《文公家礼》,兼随时俗设立仪节,合族遵行。令子孙可世守勿失,但恐沿习既久,目为故事,玩狎跛倚,或傲慢不驯,凌越尊长,以

第十一篇
宗族与族人丧礼祭礼

此祀先,先人见之,得无愀然乎?今与族众约,届期行事,务须父戒兄勉,人人整齐严肃,勿作神悯。至于祠宇,亦当随时葺理,无致倾塌,庶不忘当年创始之意。

二、修茔域。君子有终身之丧,忌日是也。君子有终身之养,丘墓是也。自唐以来,礼重拜扫,今时俗清明、中元,家举其仪,但不过视挂扫为具文,草草一奠了事。至远祖之墓,彼此推诿,或有终年不到者。树木为人斩伐而子孙不知,此与无后人者何异?先儒谓坟墓乃祖宗体魄所藏。子孙思祖宗不可见,见所藏之处如见祖宗一般。苟念及此,自宜随时省视,修葺碑石,踣仆宜竖立之,松柏摧残宜封植之,狼穴獾洞可填砌者填砌之,棘木恶草可芟除者芟除之。况灵邑近接霍麓,地多沙碛,又有峡水冲激之患,如洞沟祖茔附葬凡及百冢,迩来骤雨急湍,岌将坼裂。设堤防捍,尤在所急。世人希图牛眠,百计营求一安厝后,遂谓大事已毕,祖考埋玉之处几同弃置。夫讲求风水而不修理茔兆,真可为大惑。

(乾隆间何思忠创修,后裔续修,道光十四年续刻本)

道光灵石《何氏族谱》卷六,《祭仪》:

清明前一日,办事人洒扫正寝,洗拭桌椅,设始祖以下诸神位于堂中,设香案,上置香炉、香筒、烛台,下置奠池。又于门外设盥洗帨巾,诣牲所莅杀牲,涤器具、肉、果、面食、油食之类。厥明夙兴,设果、酒、馔于供桌上,俟合族人齐,启椟出主,长幼以次序立,鞠躬,拜,兴,拜,兴。主祭者诣香案前,跪上香,执酒盏,倾于奠池,俯伏,兴,平身复位,拜,兴,拜,兴。行初献礼,一人诣神位前,跪,祭酒少许于奠池,仍置供桌上,奉馔,俯伏,兴,平身复位,跪读祝,俯伏,兴,拜,兴,拜,兴。行亚献礼一人诣神位前,跪,祭酒少许于奠池,仍置供桌上,奉馔,俯伏,兴,平身复位,拜,兴,拜,兴。行终献礼,一人诣神位前,跪,祭酒少许于奠池,仍置桌案上,奉馔,俯伏,兴,平身复位,拜,兴,拜,兴。人尽出门外,阖门,以乐侑食。少顷,门外作咳声三,启门,族人尽复位,跪化楮币,俯伏,兴,拜,兴,拜,兴,拜,兴,拜,兴,平身,奉主入椟,撤馔。礼毕,合族行礼毕,以次坐于前厅,馂。七月十五日如清明之仪,十月初一,冬至,亦初。

(乾隆间何思忠创修,后裔续修,道光十四年续刻本)

山东

黄县王氏

岁时伏腊每月聚族人悬祖像而礼拜。

宣统《黄县太原王氏族谱》,《序》:

族人固一本之亲也,及其枝叶繁盛,自亲堂以至五服而外,数十世后亲尽无服,则不相往来。有终其身而不知名不谋面者，几与涂之人无异矣。嗟乎！一本之亲而至与途人无异，何其疏也。吾族籍黄，迄今十有四世。其间祖宗之培植，子孙之似续，前之谱序甚明，无容再赘已。特以人丁之生也，根深则叶茂，其理诚然。世远则情疏，又其势必然也。余为此惧。既于岁时伏腊，每月聚吾族人，悬祖像而罗列礼拜，以示前不忘本、后不疏阔之意。因遍访各支，取其名之未登于册者，详核而备载之，由是联远为近、合疏为戚，千支万派，一展卷而瞭若指掌，又何至与途之人无异，而不益笃吾一本之爱也哉！抑更有进焉者，枝之繁也，必有所以繁；叶之盛也，非无所由盛。守无用之家法而有用必伟，佩积德之遗训而树德务滋，于以大吾门，而光前乘后，直无尽期也。又何止吾族人常谋其面，而稔知其名已乎。此于后之人不能无厚望焉。……

（王次山修，宣统元年刊本）

即墨杨氏

山东即墨《杨氏家乘》，《祭法》：

序言

支子祭胜于不祭。《曲礼》曰："支子不祭。祭必告于宗子。"后世宗法或不行。程子曰："古所谓支子不祭者，惟使宗子立庙主之。若不立宗子，徒欲废祭，适足以长惰慢之志，不若使祭，犹愈于己。"

吾杨氏大宗之传绝者屡矣。以次属之，又贫不能举。二世祖，小宗之后，其长者越在辽阳。武邑太原为宣城公嫡长，而太原长子中斋之后式微矣。风雨之不蔽，何有家庙？饘粥之不周，何有蒸尝？故杨氏主祭者皆我沛祖子孙也。尝谓古者士多士官，立嫡立长，百世不改。家传庙器，主者守之，代相承尔。孟子曰："卿以下必有圭田。圭田五十亩，可以供荐享告成事。"后世既无士官，亦无圭田。才能者丰饶，衰弱者剥落。能祭而或不可，当祭而或不能。鬼犹求食不其馁尔。我先人以小宗之小宗，而世代主祀，发于仁孝之思，亦有不得已焉尔。祭器祭物仪节，非必皆准于古，而各行其心之所安，亦有确然可守者。《传》曰："丧祭从先祖。"子子孙孙懔遵勿替可也。

除夕元旦祭祖礼

始祖胶水公、一世祖经历公、二世祖处士公、三世祖封簿公同牌。岁终除夕，用大馒头蒸卷各五、糯米黍米糕各二大方、三牲一分，子孙同拜，献茶酒，焚楮。自元旦后三日，惟焚香奠茶。四世祖宣城公、五世祖武邑公、六世祖太原公、七世祖沛公皆有遗像，乌纱圆领。除夕日启椟出之，拂尘，悬承桂堂。宣城居中，武邑左，太原右，沛公梁柱东，各奉主。其下八世祖廪膳公无像，置主梁柱西，皆南向。子孙以次昭穆序列，各设桌，陈香炉、

第十一篇
宗族与族人丧礼祭礼

烛台、茶酒、杯盘如式。始祖位礼毕，肃入，辈行最长者居中，余分左右及后，并北向立，鞠躬，四拜，兴。共祖以长，私祖以亲，诣香案前分献。鞠躬，跪，炷香，奠茶，一拜，兴，复位，鞠躬，四拜，二揖，下帘，各退。岁朝四鼓皆起，五鼓齐集。设馔，每位前大馒头蒸卷各五、糯米黍米糕各二大方、稻米饭粉汤共五、腥肴五，例用大鱼、鸡肉，余因时素菜五、油果五、山果五、茶二、酒三。设毕，公拜分献如除夕，礼毕，撤馔下帘。卑幼者分班炷香，向夕拜奠如除夕。初二日早晚并如前。族中疏远乡居者，以是日入城参遗像，撤馂余燕之。初三日夙兴，位设围碟十，供面条加酒，仪节如元旦。香烬撤像，拂尘，纳诸祀堂，焚香，四拜毕，退。按：送神面条围碟之设，始自孝义公，起癸卯年。元旦祭毕，男子退。妇女齐集参神，四拜。非疾病不得免。

上元祭

上元祭于祀堂。供蒸食，有尖五碟，谓之盛茧；肴菜二十器，十种，每种各二：油果五，山果五。祭以晚夕，少长毕至，四拜。以最长者一人炷香，奠茶酒，焚楮，户外又四拜，退。与祭者飨馂余。

清明祭

清明前三日，祭太原祖墓毕，祭沛祖墓，祭廪膳祖墓，子孙皆从。祭毕，各祭其私亲。皆毕，就伯叔高曾祖伯叔祖诸伯叔兄嫂墓下，各四拜。祭器汤饭五，馒头三，韭饼二，米糕三，米蒸饼二，肴六，菜六，或各五油果，五山果，五茶，二酒，三炷香，前后各四拜，如祀堂礼。丧未满三年，哭，余则否。清明前二日，祭宣城祖墓。祭毕，赴水交祭武邑祖墓。品仪视南茔。返而馂于南宫茔房。南支族人会祭者，皆与。春秋墓祭家祭，皆增广公大复更定，自顺治乙未始。

伏祭

初伏日献新，祭于祀堂。以辰刻供新麦馒头十碟，肴菜二十器，时果十碟。仪如上元。祭毕而馂，设宴于承桂堂。按：伏祭始自文学汇征公与文敬公，起康熙庚午。

中元祭

中元日祭于祀堂，以晚。祭品、仪节如上元。惟馒头无尖，加米食五。

中秋祭

中秋日祭于祀堂，以月出。祭品、仪节如中元。无面食，用月饼、西瓜。

十月朔祭

十月朔日祭太原祖墓沛祖墓及以下诸墓。品仪视清明，惟无韭饼，易以蒸卷。

冬至祭

冬至前一日晚祭于祀堂。祭品、仪节如中秋。用扁食，每位前一碗。

供品陈设禁用僮仆：

凡祭于家，箸盏肴馔皆子孙手设之，不得用僮仆。

忌日祭

忌日，古祭于寝。吾先人相沿，皆墓祭，不敢变。凄怆之情，有感益深。拜奠墓下未为大失，亦不必变。公祭则公往，私祭则私往。

（民国二十五年排印本）

甘肃

甘肃秦州西厢里张氏有关省牲、正祭、行序拜等礼仪规定甚详。

秦州西厢里张氏

光绪《续秦州张氏族谱》，《宗祠条规》：

陈设祭器并展拜地位式

堂阶下中间设方桌二，陈尊、爵、俎豆等器。香案上陈祝文。盥盘陈中庭西南角。拜位以昭穆分序中庭以下。

省牲告祭通引赞式

通行告祭礼，引主祭孙诣盥洗所盥洗、净巾、序立以昭穆为行辈序，如父通之行在左，子行在右，执事者诣堂门前启门，诣堂室前启室，退。通行上香礼，引主祭孙诣香案前就位，执事者焚香，进香上香、进香上香、进香上香，值事者献毛血、献牲，跪。通众孙皆跪，叩首、再叩首、三叩首，执事者化马，兴。通礼成，引复位。

正祭日通引赞式

引主祭孙诣盥洗所盥洗、净巾、就位，陪祭孙各就位序立。

通降神，引主祭孙诣香案前，执事者奉香、奉爵，均诣香案前就位，奉香者焚香，跪，奉香，执爵者皆跪，进香上香、进香上香、进香上香，进爵酹酒灌地、酹酒灌地、酹酒灌地灌毕置爵于案，兴，复位，就位，跪，通众孙皆跪，引叩首再叩首三叩首，兴。通分祭孙行降神礼，引分祭孙诣祔位前，执事者奉香奉爵，各诣祔位前就位，跪，司香执爵者皆跪，进香上香、进香上香、进香上香，进爵酹酒灌地灌毕置爵于案，兴，复位，就位。

通行初献礼，引主祭孙诣神位前，执事者奉爵奉匙奉肴，均诣神位前，执箸者安匙、箸，执箸者退，奉肴者献肴，奉肴者退，跪，执爵者皆跪，进爵献爵，执爵者与各神位前献爵执爵者退，叩首，兴，复位。通读祝文，引诣读祝位就位跪，通众孙皆跪，引读祝者就位，奉祝文跪读祝文读毕以祝文复于案，兴，复位，就位。通分祭孙行初献礼，引分祭孙诣祔位前，执事者奉爵，均诣祔位前就位跪，奉爵者皆跪，进爵献爵，执爵者与各祔位前献爵执

第十一篇
宗族与族人丧礼祭礼

爵者退,叩首,兴,复位,就位。

通行亚献礼,引主祭孙诣神位前,执事者奉爵、奉羹、奉饭,均诣神位前,奉羹者献羹,奉羹者退,奉饭者献饭,奉饭者退,跪,执爵者皆跪,进爵献爵,执爵者与各神位前献爵执爵者退,叩首,兴,复位,就位。通分祭孙行亚献礼,引分祭孙诣祔位前,执爵者奉爵,均诣祔位前就位跪,奉爵者皆跪,进爵献爵,执爵者与各祔位前献爵执爵者退,叩首,兴,复位,就位。

通行终献礼,引主祭孙诣神位前,执事者奉笾、奉豆,均诣神位前,奉笾者献笾,奉笾者退,奉豆者献豆,奉豆者退,跪,执爵者皆跪,进爵献爵,执爵者与各神位前献爵执爵者退,叩首,兴,复位,就位。通分祭孙行终献礼,引分祭孙诣祔位前,执爵者奉爵,均诣祔位前就位跪,奉爵者皆跪,进爵献爵,执爵者与各祔位前献爵执爵者退,叩首,兴,复位,就位。

通饮福受胙,引主祭孙诣饮福位执事者取案上酒肴,降至香案旁,主祭者啐酒尝食,置器于地就位跪,执事者致酒、胙跪,进福酒,饮福酒,进福胙,受福胙,执事者退,叩首,兴,复位,就位。通谢福胙,引跪。通众孙皆跪,叩首再叩首三叩首,兴。通彻馔暂彻数件,俟礼毕齐彻传于燕器,送神,引跪,通众孙皆跪,引叩首再叩首三叩首,兴。引执事者奉祝、奉爵、奉羹、奉表、奉钱纸由中门出,各诣燎所至燎所,焚祝、焚表、焚钱纸,灌爵、灌羹。焚、灌毕,引望燎复位,通掩室阖门,礼成,引复位。

行序拜通引赞式

行序拜礼。引大长辈就位偏立,次长辈以下就位。通次长辈以下拜大长辈,引次长辈以下皆跪拜再拜,通大长辈答揖,引兴。通大长辈退,引次长辈兄弟进步分立对揖。

通又次辈以下拜次长辈。引又次长辈以下就位,跪拜再拜,通次长辈答揖,引兴。通次长辈退,引三次长辈兄弟进步分立对揖。

通三次辈以下拜又次辈。引三次辈以下就位,跪拜再拜,通又次辈答揖,引兴。通又次辈退,引四次辈兄弟进步分立对揖。

通四次辈以下拜三次辈。引四次辈以下就位,跪拜再拜,通三次辈答揖,引兴。通三次辈退,引五次辈兄弟进步分立对揖。

通五次辈以下拜四次辈。引五次辈以下就位,跪拜再拜,通四次辈答揖,引兴。通四次辈退,引六次辈兄弟进步分立对揖。

通六次辈以下拜五次辈。引六次辈以下就位,跪拜再拜,通五次辈答揖,引兴。通六次辈退,引七次辈兄弟进步分立对揖。

通七次辈以下拜六次辈。引七次辈以下就位,跪拜再拜,通六次辈答揖,引兴。通礼成,引复位。

（光绪三十四年续修本）

江西

以远有明德者为祖。

施闰章《学余堂文集》卷二，《螺川章氏谱序》：

往予闻万历中九龙陈先生倡学，宛陵从者辄数百人。是时，螺川章氏德操伯辅仲辅，诸君子皆从其游。而先大父中明公与仲辅尤善往来，讲学章氏，聚族瞻听，蒸蒸然，多善类。一时宛陵推螺川有邹鲁风。予稽其先世，相传出姜姓，国于鄣，以国为氏。其源殆不可考，而开国忠宪公仔钧大显于唐，族甲闽浦城。其后文通公令吾宣，遂家于宣之北郭。在宋贵显多名人，著声实，天子数降敕褒美。而徙居螺川，则自国华公始。以螺川负山带河，故耕渔地，可永久也。今历四百余祀，族益蕃滋，衣冠之胄相望。

盖章氏之明德远矣。史称忠宪公用兵时，有二将得罪当死，夫人练氏俾亡去。后二将还攻建州，将屠城，授夫人旗，免其家。夫人报曰："君幸念旧德，乞全此城。即不听，请先众死，义不忍独生。"二将感泣，城获全。其后忠宪公十五子显者八人，皆夫人出。夫脱二将于垂死之地，而卒不惜一家之死全建州一城之众，忠宪夫人之德厚矣。其世居浦城者无论。予过会稽道墟，章氏称腏仕者，接迹问其祖，则忠宪；他如雪溪，及吾邑昆山、寒亭、草湖，所在多章姓，亦无不祖忠宪者，岂其支裔散处使然。与土之沃者生必蕃，源之深者流必长，章氏之明德远矣，宜其子孙殷庶贵盛蔓衍，至不可殚极矣。今螺川自明以来虽不多显者，而诗书理学之风绳绳不替，盖无愧其先世者。吾友章子圣修行谊笃谨，仲辅先生子也，以予习其家世能不妄言，故出其谱牒使予序而藏之。

（《四库全书》本）

（三）木主及其安放、画像

直隶

沧县刘氏

沧县《刘氏族谱》，光绪《序》：

我族自奠居沧城由来旧矣，追忆前明之时，六代祖带川公建坊立祠，可谓光前而裕后。追明鼎既革，吾族之坊与祠悉遭兵燹，不得已将五代祖封君公之大像、六代祖带川公之行乐以及丁艰图、宁武关图与数代诰命、数代神主俱归长门裔供奉收存，吾次门所收存者仅有老征南图一张、诰命一轴，三门所收存者有六代祖带川公老大像、新大像并新

第十一篇
宗族与族人丧礼祭礼

征南图。光绪丙申年,余将老大像、老征南图与诰命一轴重表齐整,又丁酉年长门裔恩绶之子宝源将像图、诰命、奏议、竭忠录等书以及带川祖图书一并送交于二门、三门,吾两门族人公议命余将影像供奉,其余他物收存惟图书一物存于十四世孙宝元公手。自家祠之遭回禄,此固吾族之不幸也;然家传未尽遗失,此又吾族之大幸也。吁!后嗣不逮,良可慨已,是为记。光绪二十九年岁在癸卯梅月穀旦,十五世孙绍曾字景参谨述。

(刘辛庄刘德瀛、刘建国、刘镇连藏)

故城祕氏

宣统故城《祕氏族谱》,《世系》:

十六世侄聘卿朴诚循谨,与人处无疾言剧色。咸、同间流贼骚扰,邑人避兵率携糗粮钱衣诸物,聘卿负先人木主、谱牒一帙而已。人嗤其迂,己乃惴惴焉恐或遗,其天性然也。事亲孝,父兴歧公好施予。家无担石储,勉承父志,未尝有难色。喜读书,贫不释卷,以医学世其家,全活甚众,尤精痘疹诸书,乡邻有病者,求辄应,虽症近危急,投药立痊,盖德艺兼优云。族叔学汉识。

(宣统二年重修本)

安徽

绩溪梁安高氏

光绪绩溪《梁安高氏宗谱》卷一一,《进主毁主例》:

一、寝室中间正座最上第一层奉得姓始祖齐大夫高公内子,二层奉统宗始祖考妣南平王夫人,三层奉一世宗祖考妣补阙公安人,四层奉二世祖考妣,五层奉三世祖考妣,六层奉四世梁安始迁祖考妣,七层奉五世祖考妣,至六世以下左昭右穆,循序而进,其中间第八层奉历代毁主总神位,第九层奉历代失名总神位。

一、五世以下六世居左为昭,七世居右为穆,世世相承,遵旧式概用木牌排书,进主时止书名氏于牌,有加无减,年代积久势不能容,因考《家礼》神主止祀四世,旁亲之无后者以其班祔,是旁亲先毁一代矣。今宗祠自始祖以下世世书牌而不毁,不得不省远代旁亲以为新主之地。凡旁亲无后者列牌,以族长以上三世为率,四世以上无后旁祖概从毁主例,不复书牌,春秋祭则奉宗谱,盖牌虽无名,而名皆在谱也。

一、世俗于新丧时即以吉服进主于祠,其家遽撤灵帏而免哭奠,且使亡者忽与先祖同享合族祫祭,非礼实甚。然若限以制期,又将因循玩忽,遂不复进主,俗殊可叹。今后进主亦且从权。而士大夫所当自尽,以挽颓风。

一、进主每配照例出钱于祠,以为祠祀之费,例载祠簿。

一、新进配享神主每配捐钱十两,名载祠簿。嗣后仍遵旧例每配捐钱五十两。

一、报本、能干、特祭三祠,本应另建,奈何无余地,兹于寝室楼上设三龛,中为报本龛,祀念五公;左奉建祠能干神主,右奉新进特祭神主。每进特祭一配捐钱三十两。名载祠簿,嗣后仍遵旧例每配捐钱一百二十两。

(高富浩纂修,光绪三年活字本)

绩溪南关许余氏

光绪《绩溪县南关许余氏惇叙堂宗谱》卷八,《惇叙堂家礼·丧礼》:

进主是吉礼,然必供灵于家,三年服满然后行之。

(光绪十五年刻本)

光绪《绩溪县南关许余氏惇叙堂宗谱》卷八,《惇叙堂家礼·祭礼》:

祠堂所以序昭穆。徽宁恶俗有祠堂捐钱配享之例,钱多中座,钱少旁座,无钱不得入配,以致子中座而父旁座,孙配享而祖不得入祠,悖礼灭伦,莫此为甚!凡我族祠堂止论昭穆,由中而旁,但龛座易满,以五世为限,六世则毁,永不许开捐钱配享之例……凡神主当由祠堂措资做成白坯,其跌与龛座配定,安座上方,不倾倒。由丧家领去,自行油漆主额以朱漆,以金贴皇清字。主面用油粉,字用墨写,庶乎易世可以改题,加封可以改题。如有封有官者,于皇清下接书某封或某官显考某号神主,妣则接书某封显妣夫人若孺人某氏神主,旁书孝男某奉祀。无官书处士,妣亦书孺人,其讳与生没、娶葬、子女均填于夹里。

(光绪十五年刻本)

光绪《绩溪县南关许余氏惇叙堂宗谱》卷一〇,《报功神主》:

报功神主序:我新安大族宗祠往往有特祭、能干二祠,以助赀之人有功于祠,故报享特祭以昭奖劝;办事之人有功于祠,故报享、能干以示鼓励。虽不本乎礼经,亦不可谓为越礼。我祠向无能干,是子孙不以能干自贤,亦礼也。兵后增建一祠,谓之仕宦,特祭诸仕宦,非礼实甚,贻笑方家。盖三公有绝席之贵,不闻施于祖父之旁,仕宦之人生全忠孝,殁有英灵,使于祖父之旁以贵显为尊,其必不安,尊而弗安,非所以尊之也。今曰报功祠,以功之上者入享其中,谁曰不然?夫子孙之于宗祠,只论功劳,不论品秩。其有功者,或办理祠堂心力俱瘁,或助捐祠款踊跃争先,虽无顶带,祖宗定当歆赏。其无功者,或司管祠务

第十一篇
宗族与族人丧礼祭礼

肥己害公,或膜视祠需吝财傲众,纵有官阶,亦祖宗之罪人,仕宦云乎哉!存父惠采公生平淡泊自安,不管祠务,设教祠中,而又留心此事,手录祠产谱据珍藏于箧。兵年幸未失遗,兵后祠产赖以稽查,慈承族人以上等功论之。存固不可辞其功矣。而功之所当亟论者莫若族弟日暄、族侄时,及思泉家无中人之产,一意孤行,奋志谱牒,刻以自励,沉酣八载。又得族再侄志仁极力赞襄,揣其从事之心,惟惧事之中辍,奚问功之有无。然以躬遇难为之事,适值难为之候,以竟难为之功。且使规模大备,补前人之所未为,在为之者虽不自以为功,而予实不忍没其功,务使推其功于先人,亦合乎善则归亲、过则归己之义,与助赀推功之例相符,则庶乎不没有功之人,不虚报功之名已仕宦云乎哉!是为序。光绪十五年七月初四日,裕祯公房三十世裔孙道存金撰。

用锁边金字单牌,但书男名,不书配氏。与特祭男女成配者不同。其房派、世数书牌背,凡某事之功、某某推功书注牌旁。

诰封昭武都尉讳惠风府君神主:次子道宣修谱推功;

恩赐八品讳惠椿府君神主:长孙积霖修谱推功;

候选县丞讳惠利府君神主:长孙道荣助捐修谱洋银一百四十圆推功;

恩赐九品讳惠采府君神主:手录祠产谱据,兵后祀产田业赖以稽查之功;

皇清待赠讳道月府君神主:妻邵氏兵后助建石纹桥庄屋一堂之功;

皇清国学生讳道周府君神主:次子积善修谱推功;

诰封通奉大夫讳积中府君神主:曾孙庭训助捐修祠洋银一百五十圆推功;

皇清国学生讳积辉府君神主:次子振荣修谱推功;

诰封通奉大夫讳振纲府君神主:孙庭训助捐修祠洋银一百五十圆推功;

皇清国学生讳振桂府君神主:助捐宗祠洋银七十圆收买胡乐司象鼻坞田业之功;

诰封通奉大夫讳家仁府君神主:次子庭训助捐修谱洋银二百圆推功;

诰封通奉大夫□庭训:助捐修谱洋银二百圆之功;

附庭训颂扬匾两额:助捐修祠洋银二百圆之功。

(光绪十五年刻本)

光绪《绩溪县南关许余氏惇叙堂宗谱》卷一〇,《宗祠规约》:

配合女殇。兵难年时人家男女死于非命,为父母者痛念不忘,致兵后往往以殇丁选配殇女,入祠享祀,遂寖成风俗。在山乡衰替宗族,不懂事务,任其施为,而名宗大族皆阻止不准。如殇丁已不得入正座,反联他姓幼亡女鬼配坐中龛,受阖族衣冠拜祭,不特于理不合,抑且不能享受,永远不准。有混进者,查出议罚……进主毁主。神主牌格式已载祭礼与不祧神主内,复立进主毁主规例。自十九世以下分左昭右穆,用大白粉牌,界以朱丝,按次填写,座满则毁主。自高祖以下不毁,合本身取五世则斩之义。逐年进主则用单排,由祠中发给,庶大小一样,免致参差不齐。贫家无力者,于春分、冬至进主,傍祠中设祭则不寂寞。有力者准其于平日进主,但不准苟且,务必选择良晨,请礼生设祭告庙。凡随时所进神主,仍按昭穆,不得随意安放,致多紊乱。如单牌既多,詹宗祠朝向大利之年过上大粉牌,将单牌焚化。牌灰用厚密绸袋盛贮木匣,藏于龛座下,候大毁主之年,合毁主牌灰卜地埋之。道光时毁主牌灰埋油坑口船形上。新进之主亡,随即登入总谱祝版谱,取牌费钱一钱二分。祠中收取工费钱一钱二分,司谱人收。

（光绪十五年刻本）

歙县桂溪项氏

嘉庆《歙县桂溪项氏族谱》卷二二,《祠祀·供奉神主龛室规》:

寝室之制,龛座三间,中为正寝,左右为昭穆室,供奉规则具列于后:始祖以下五世考妣,聿开巨族,泽利后人,其神主敬宜供奉寝室正中,永远不迁。荣膺封赠神主、文武仕宦神主、甲第科贡神主、仁贤盛德神主、忠孝节义神主、各门门祖神主,爵德兼隆,光前裕后,并宜祔享中龛左右,永远不祧。输金急公神主、建修祠墓神主、裹粮效力神主、捐辑谱乘神主,凡百金以上有功祠族者,于昭穆室特为酬功位供奉祔祭,永远不祧。各祖考妣神主,捐职考职未邀封典神主,例捐贡监文武庠生神主,并安昭穆室,五世则迁。已祧神主,供奉高阁,春秋行祭之时另文荐享。侧室神主,安右旁侧室。

（嘉庆十六年木活字本）

嘉庆《歙县桂溪项氏族谱》卷二二,《祠祀·祔享中龛神主》:

爵德并隆神主奉入中龛,祔食于始祖之侧,独与群异,以其有光前烈也。桂溪世泽绵长,历宋元明以至于今,步口宫而列鹓序,懋纯懿而布贤声者,固指不胜缕。兹查明天启间祠成,所定供设神主,及以后合于定规得入中龛者,备登简幅以著敬瞻。其迁寄在外,与在村未进神主,俟入祠之日,应祔食者,一体供奉中龛,再登列焉。

（嘉庆十六年木活字本）

嘉庆《歙县桂溪项氏族谱》卷二二,《祠祀·女神主》:

神主之祔食中龛,所以特异于众者,谓其人表出群,足以光宗祐而大楷模也。妇道无成,从夫以贵。男既得入中龛,则女似应从之。封赠仕宦者,恩荣固逮于闺中,仁贤盛德

第十一篇
宗族与族人丧礼祭礼

者,报享亦及其内助,此所谓爵德并隆,自宜优叙耳。然甲第则女同升,而科贡则女不与。即仕宦中官阶卑小者,亦不及于女,岂妻不从夫贵乎!殆以我族诗书之流泽甚多,推及于阃内者难遍,故前人特严其格以示中冕之独重也。夫乃若青年殉烈、白首完贞,此又女中之杰出者,志行操乎,其独崇报止及其身,男亦不与焉。此亦犹孤忠子义专美丈夫之独行而报不及妻,同也。是盖稽考乎祠中当年供定神主之成规,而推原乎前明诸贤定制进主之微意,固有若此者,惟是吾家壸德尤多女贞。康熙以前定例,三十岁内夫亡、历三十年终节者,始邀旌典。雍正年间优崇妇行,改以十五年终节者为合例,祠中节烈祔食中冕神主亦应凛遵定制,庶为得宜。

（嘉庆十六年木活字本）

山西
平定白氏

民国平定《白氏家乘》卷一,《阖族公议续修家谱宗祠简章》:

一、筹经费以扩充宗祠,整修公用器皿等事也。此次建修宗祠族谱,悉赖同宗慷慨慕义,急公施捐之力与夫襄力赞助,族人同时并举,可云遇合不凡矣。嗣后合族股内,如有殷富小康之家慷慨捐助宗祠资财若干,阖族议明,应有特别奖励。如有捐资百吊以上者,准其殁后备具特别牌位,送入宗祠,以昭激劝。

（白凤章编辑,民国五年石印本）

陕西

陕西人除夕祭祖仪式。

《清稗类钞》,《迷信类·陕人背爷过年》:

陕人至除夕,必出门,至十字路,高呼曰:"爷爷,我背你回家过年。"于是以两手向后,作负物势而归,至中堂所供木主前徐徐放下,再往,背其奶奶,如前状。往返数四,新鬼故鬼依次背回。爷爷,祖父也;奶奶,祖母也。

（徐珂编,中华书局1984年版,第10册,第4658页）

江西

捐献祖先牌位的规定。

南丰西麓双井黄氏

同治南丰《西麓双井黄氏族谱》,《凡例》:

一、能捐赀助产入祠,以厚祖宗祭祀者,特立神主祀之,并永远给胙,以报善念。但其子孙亦宜永体先人,毋滋后弊,如有别情,众惟执契呈官究处。后有继起助产者,亦照例设主给胙。

(黄家章等修,同治十二年刊本)

湖南

木主由主身、趺座、窍等部件构成,其用料、大小、题字等也有一定的程式。

长沙涧湖塘王氏

民国《长沙涧湖塘王氏六修族谱》卷首二,《服制分疏》:

神主全式伊川先生云:作主用栗,取法于时月日辰,趺方四寸,象岁之四时;高尺有二寸,象十二月;身博三十分,象月之日;厚十二分,象日之辰。此尺乃周尺也,每尺当今梓人之曲尺七寸五分弱。今以曲尺考定分寸,主式皆以曲尺为准,主身并趺高九寸弱,当周尺一尺二寸弱者,略短少许也。主身宽二寸三分,当周尺三寸;厚九分强,当周尺一寸二分强者,略长少许也。趺方三寸,当周尺四寸;高九分强,当周尺一寸二分。主身出趺上八寸强,当周尺一尺八分。窍径三分,当周尺四分,离趺面五寸四分,当周尺七寸二分。

神主分式主身高曲尺九寸、阔二寸三分、厚九分,上两角各去四分,作圆形,从顶上量下七分半横勒其前、深入三分为额判,开其下,前片厚三分,后片厚六分,前片长八寸二分半,后片长九寸,于额下主身中刻深三分、阔一寸、长六寸为陷中于本身两旁,离趺面五寸四分,钻两圆孔,径三分,以通陷中,下榫入趺内九分强,趺方三寸、厚九分强。以前片合后片纳于趺,植立主身,以粉涂其前,外书"显考某官大人神主",旁题"孝子某奉祀",无官则随分而称,陷中则题讳、题字、题行,亦有于其旁题生没年月日时及葬者。若系妣主,则题"显妣某封某氏神主",旁题及陷中同。若加易世,则以笔洗涤旧字,更为新题,外改陷中不改,洗字之水洒于墙壁上。陷中不题"显考""显妣"等字。

趺式方三寸,厚九分强,中凿孔,令通纳主下榫于内。座式以薄板三片相合,安于趺之两旁及后面,其中洽可容主,比主稍高分许,面顶俱虚饰以黑漆。趺亦饰以黑漆。盖式盖亦以薄板为之,四片相合,有顶罩,于座外趺上前面留一圆窍,俱饰以黑漆。主椟式主椟约高一尺二寸,中可容主,前作两窗门,可以启闭,上为平顶,下作平底,台座四周饰以黑漆,窗门饰以朱漆,台座高三寸。

(王万藻等修,民国三十八年听槐堂铅印本)

第十一篇
宗族与族人丧礼祭礼

神主入祠具有一定的条件，入祠时要举行祭告礼，其安放必须按照昭穆次序。同时，神主日祠要交纳一定的费用。

宁乡南塘刘氏

民国《宁乡南塘刘氏四修族谱》卷二，《族规》：

祠中主位，父在子不得入，夫在妻不得入；宜入者，定期祭祀。先一日，本家送主入祠，午刻行祭告礼，按昭穆安放，即以其名载入主册，费用多寡称家之有无。如有悭吝草率暗地混入者，查出重罚。

（民国十年存著堂木活字印本）

涟源李氏

民国涟源《李报本堂族谱》卷首，《三修族谱凡例》：

添字辈以上，其神主在宗祠概归阖族认其费，兴字辈以下各房各人自备，其支祠、公屋亦同此例。

（民国五年报本堂活字本）

四川

宣汉县

宣汉祭家神。

民国《宣汉县志》卷一五，《礼俗》：

邑人堂中率龛祀"五大"，五大者天、地、君、亲、师也，通呼曰家神。民国以来，间有专奉历代昭穆考妣者，神主及一切偶像杂然而陈；月之朔望，焚香炳烛，遍祭之；亦有早晚焚香，岁无间日者，曰"烧长香"。

（《中国方志丛书》本，第2124页）

宣汉墓祭。

民国《宣汉县志》卷一五，《礼俗》：

清明前后以纸钱一串树于坟头，曰"坟标"，亦曰"长钱"。清明，粑为重要祭品。培土，除根蔓谓之"卦坟"或"扫坟"。此间有族人群聚，大队出发，金鼓火炮，轰动闾里，一以见子孙之繁殖，一以夸族势之壮盛也。

（《中国方志丛书》本，第2125页）

宣汉为祖宗烧袱子。

民国《宣汉县志》卷一五,《礼俗》:

七月十四日,以白纸或黄纸封钱纸为长方形,曰"财包",或"袱子",书祖宗先代姓氏于上,晨餐后迎供家堂,列盛馔,荐时食,奉之惟谨,晡后送于门外或河边,焚之。

(《中国方志丛书》本,第2125页)

宣汉宗祠祭。

民国《宣汉县志》卷一五,《礼俗》:

祭期率以冬至,春之清明、秋之寒露,亦有举行者。祭之仪节,其初皆用《文公家礼》,继厌其繁,只采用其三献礼,神不渎,人不疲,折中可行。祠款丰者,宰牲赐胙,肆筵设席;简单者,或醵资会饮,或祭毕而散,犹存饩羊而已。

(《中国方志丛书》本,第2126页)

万源县

万源木主。

民国《万源县志》卷五,《教育门·礼俗》:

木主于祠堂,无祠则安于家龛,岁时致祭如仪。

(《中国方志丛书》本,第628页)

万源丧葬之俗。

民国《万源县志》卷五,《教育门·礼俗》:

三年丧事之规;墓葬之制,墓碑谀词;停丧不葬,"直欲以先人遗骸为子孙求富求贵直资";散孝布,演奏。

(《中国方志丛书》本,第628页)

清代万源"清明会"与清明祭礼。

民国《万源县志》卷五,《教育门·礼俗》:

县中大族,各立祠堂、置祭田,每岁春秋按期致祭,行礼如仪;亦有无祠而置业,名为某姓清明会者,每岁清明扫墓,中元化财,胥以此款开支。

(《中国方志丛书》本,第629页)

万源祭祀各种神灵。

第十一篇
宗族与族人丧礼祭礼

民国《万源县志》卷五,《教育门·礼俗》:

至于平民之家,则以室中正一间为堂屋,设龛供香火于上,大书天地君亲师位,旁配联语,并财神、观音、牛王、马王、药王等神木偶像,及祖宗木主,混合供奉,名为"三教香火"。或无木主,但书各神名号于上。

凡书神榜,必倩贵者以为吉祥,贫家以红纸,富者镂木刻,字贴金,备积华美以上清代情形。民国以来有易"君"字为"国"字者,更有改作"圆"者,殊为怪诞。神龛下则供本宅中雷神,即五祀之一,俗称"长生兴旺土地",下题"月德瑞庆夫人",旁列招财童子、进宝郎君,或左右青龙白虎、前后朱雀玄武等字。门神像一文一武。每换贴,俗延《西游记》之说,称为秦军胡帅。诗书之家则书"神荼郁垒"四字。中堂门外多供天地、水阳、三元、三品、三官大帝,当年太岁至德尊神等号,旁列虚空过往纠察善神灶,亦五祀之一。俗多祀于厨房,书"九天东厨司命太乙灶王府君神位",旁列搬柴童子、运水郎君,亦有祀于灶龛者。住宅近处,多砌小庙供青苗土地,猎者则兼供"梅山",更有以径尺之石供于中堂右角地下,名曰"罗公坛",除朝夕供奉外,每届三年必延巫于家,杀猪致祭,名为"庆坛"。猎者对于梅山,亦有如此祭奠朝庆者。

(《中国方志丛书》本,第 629 页)

广东

大竹县

大竹宗祠。

民国《大竹县志》卷三,《祠祀志·族祀》:

宗祠一一六,其中县城内外一六;不完全统计,属于外籍者八五,就中:鄂五七,湘十七,粤八,闽、豫、赣各一;亦有一族而有二三祠堂者,如沈氏祠三:双河场总祠、支祠二,鄂人;鄂人黄氏祠在城西北里许,支祠在东门外。有功名者建立,如小东街唐氏祠,武进士唐玉树联族建;鄂人王氏祠二,嘉庆十六年副将王学闰集族建,清末建支祠。

(《中国方志丛书》本,第 345—354 页)

福建

南平、延平麟阳鄢氏

光绪南平、延平《麟阳鄢氏族谱》卷首,《祠规》:

一、议进神主。祖祠栗主,排积嵯峨;东西两房,撤回殊多。惟不祧祖,砺山带河;绅衿乡饮,亦或同科。倘容漫进,龛位几何?爰凭公议,定例靡他,职衔祖父,庆溢升歌。喜金酒席,十两包罗。次及耆庶,增五非苛。晋秩换主,等此无颇。

(鄢宗云等修,光绪四年刊本)

广东
大竹县

广东人携带祖宗像迁移大竹。

民国《大竹县志》卷三,《祠祀志·族祀》:

民有带祖宗像者,如中和场雷氏祠:"粤籍人,入川时,负来唐将军雷万春神像,供奉祠内。"

(《中国方志丛书》本,第345—354页)

博罗林氏

宣统博罗《林氏族谱》卷五,《羊城梁化合族祠记》:

……乃咸丰辛酉年间,同宗诸君子,虑蒸产之寥寥,无以光俎豆,于是广推收族之文,重议入主之举,凡宗族乐捐赀助产者,即迎其祖入而祠焉。而我族老,莫不深知大义,愿分五常之余膏,以助双桂之祀典。爰辄是年仲冬吉日,敬奉八世祖号竹庄之神主入祠享祀。越七年,岁在丁卯,归邑同宗诸君子于梁化乡创建合族祠,其入主之议如双桂,我族老亦乐为之助,又敬奉竹庄祖主入而祖焉。是非能推尊祖之心以合族,即广合族之义以尊祖者乎?由是,祖先之灵爽无远弗届,而岁时荐享亦且恢之弥广矣。

(林衍芳等编修,宣统三年排印本)

宣统博罗《林氏族谱》卷五,《宗祠》:

……我族先未有祠,至九世守轩公始建竹庄家祠于莫村东向,后慊斋公又卜筑城内学爱坊南向,自一世以至九世之主藏焉。其后有功德及于族中,与身列科目名登仕版者,亦得配食宗祠,以垂不朽之。……

(林衍芳等编修,宣统三年排印本)

(四)祭祀种类、仪式与祭品

浙江
绍兴欢潭田氏

光绪绍兴《欢潭田氏宗谱》第一册,《欢潭风俗记》:

第十一篇
宗族与族人丧礼祭礼

语曰：至治之世，家不殊俗。蕞尔之区，乌有所谓风俗哉！然以僻处穷山，岁时伏腊，习尚不同。有足记者，元日拜庙，先社庙，次新庙、双庙。二日，聚族而拜大司空庙，里外祠则交相拜焉。次各拜其祖先像及尊长师友，之岁春祈谷于灯节。十二日夜演戏于祠，以祀神。十三日，平明一盏雪花灯，导前剪纸，为之开锣放铳，鼓声咚咚，戏子扮八仙上寿曰：送灯群社毕，集岁稔有竹。是夜以戏筵祭祖。腊月报功，散祀于家，曰作福、神戏、社庙二。正月二十二日，三月朔日，双庙一。八月十三日，胡大帝诞日，岳庙旧有戏，今废。新庙三，三月三日、三月六日、九月九日庙，距村远，国初戏扰于白寇，遂改演于里外祠。祭有三，曰庙祭、曰墓祭、曰家祭。春秋分日祫祭于祖庙，曰大祭，前一日祫祭于里外祠，曰小祭，皆有脚数。墓祭重清明，自前六日始，以世次为序，子孙悉到山，分馒首钱。清明日，家自为祭。若新正拜坟，岁冬月扫松，或止楮帛，且贫富参差矣！冬夏至日，散祭于家。中元以素食。而除夕有受岁之祭焉。婚嫁论财。丧事，富家七日，中家五日，贫家三日。庆贺往来，二百分钱，我生之初，六十文耳！土产谷、麦、竹、木、薪、柴、茶、笋、蚕、桑、纸，在昔，耕樵乐业，敦睦可风，俗良厚也。今也，齿日蕃而民日贫，俗亦日漓矣。而岁时故事之相沿而不改者，尚有古风焉。故记之。

（田绳祖等修，光绪三十年荆茂堂刊本）

福建

闽侯西清王氏

民国闽侯《西清王氏族谱》第一册，《西清王氏六房坟祠祭典条规》：

一、店业两所，六房递年按次收租，以充祭典，周而复始。

一、祠系蜀水公以下六房公建，唯六房中神主得以祔入，此外不得进主，以免后来拥挤。

一、祭祠以春秋丁及元夕赏灯，年以为常，不得逾期。

一、蛇山竹柄祖坟，定于春月祭扫；埕田祖坟，定于秋月祭扫，不得逾期。

一、祭坟祠，筮日后，值年者传知六房，整肃衣冠，至期齐集，祭毕而饮，每人颁给福余。不到者不得带领。

一、祭品及诸用度，谨照簿内旧式，不得率意增减。嗣后族众繁衍，酌增筵席。

一、祭时行礼，谨以昭穆，行同以齿，不得先后搀越。

一、箱内契卷租折并账簿等物，值年者敬谨收贮，所有用度及时结载，至次年元夕祭祠，公同查对，亲交于次年应管之人，不得逾期及转经他手。

一、租息所入除用度外，递年酌贮余项，以为修理及店业起盖。歇租弥补之款，公议筹拨，不得擅专。

一、祠宇理宜清静，方足妥先灵而绥后禄。凡亲疏房，不得寄居，以及乘凉袒卧，溷浊喧哗，违者公斥。

一、祠丁以供洒扫奔走也，不许带挈多人同住，以及闲杂往来，豢养鸡豕。唯东边廊坊二间，并墙外灶屋，许其栖住起炊。此外上下房，非遇祭期，盖行扃钥。值年者，严紧到查，有不遵约束，即行驱逐，不得徇纵。

一、每月朔望，司香者须清晨即到，凡祠中树石器具，按月查检，不得疏忽。

以上各条及簿内所载，凡我同族皆宜恪遵。

祖宗不远，近在人身，敬则获福，勉之，勉之。

道光庚寅季秋，九世孙族长圣谋命男庆云盥沐敬书。

十三世孙孝绮校刊。

（王叔延增修，民国二十四年排印本）

广西

平乐邓氏

民国平乐《邓氏宗谱》卷二，《祭祀祝文》：

维皇上某年岁次某月建，某祭日，某裔孙某某等，谨以香楮牲酌之仪，致祭于南阳郡上历代考妣先灵龛下。

祝曰：祖德宗功百世不祧，水源木本千载难忘，欲展孝思，聊洁修髓，乘时以献备物，而登祈鉴微忱，勿投匕箸，灵爽如在，卜世其昌。

伏愿

人文蔚起，望重三登，科甲蝉联，光增两秀。

谨祝

（光绪十七年十贤堂刊本，民国十三年续刊）

民国平乐《邓氏宗谱》卷三，《祭先仪注》：

执事者各司其事。起鼓，奏乐，主陪祭孙，皆就位，诣盥洗所，盥洗，复位，瘗毛血。起鼓，奏乐，行迎神礼，二跪，六叩。起鼓，奏乐，行上香礼。引唱主祭孙诣香案前，行上香礼，由西阶升，入庙右门，诣香案前，正立，初上香，亚上香，三上香，焚香，授爵，灌酒，反爵，出庙门右，由西阶下，复位。起鼓，奏乐，行初献礼。唱引、主陪祭孙诣食案前，行初献礼，由东西阶升，入庙左右门，诣始祖、昭穆祖、贤贵功德案前，正立，献爵，献馔，主祭孙诣读祝

第十一篇
宗族与族人丧礼祭礼

位前,正立,读祝,出庙门左右,由东西阶下,复位。起鼓,奏乐,行亚三献礼仪如初。起鼓,奏乐,行饮福受胙礼。引唱主祭孙诣福胙位前,正立,饮福酒,受福胙,复位。起鼓,奏乐,行辞神礼。二跪,六叩,执事者化楮焚文,望燎,复位。礼成,退位。

(光绪十七年十贤堂刊本,民国十三年续刊)

祭期:常规,冬至、清明、年节;宗族特定祭祀日;冥辰之祭。

安徽

休宁茗洲吴氏

雍正《茗洲吴氏家典》卷一,《家规》:

宗法久废,不可不复,吾宗自迁祖以来四百年,长房绝故,已非一日。今以次递及,亦自有主宗之人,当于冬至、立春两祭,立宗奉祀。其余各支高曾祖考,四时致祭,因事有告,则各以其小宗主之。

(吴青羽撰,雍正十三年刊本)

雍正《茗洲吴氏家典》卷一,《家规》:

一、祭礼并遵《文公家礼》,只用素帛明洁,时俗所用纸钱锡箔之类,悉行屏绝。丧礼吊奠亦只用香烛纸帛,毋杂冥宝经文。

一、冬至岗祭始迁祖荣七公考妣,不别奉配,以隆特享。

一、吾家立春之祭,其正享、配享皆效仿郑氏家规,审慎斟酌而后定,非一人创见,亦非一时私意为之,后人当谨守而毋忽焉。

一、立春祭后一日,以祖考贤良作宰用,设敬老育贤之席;以夫人贞节起家用,颁胙于族之孀妇。褒既往,劝将来,寓意甚深,后人当世守之。

一、时祭之外不得妄祀徼福,凡遇忌辰,孝子当用素衣致祭,不作佛事,象钱寓马亦并绝之。是日,不得饮酒、食肉、听乐,夜则出宿于外。

一、各支高曾祖考时祭,当遵礼于四仲月举行,务在各致追远之诚,至馔之丰约,称力而设,不能拘也。

一、季秋祭祢,感成物之始而报本也。竭力尽诚,是在孝子。

一、忌日之祭,只祭考妣,只设一位,实得礼意,不必援及高曾。但高曾时祭,务须及时举行,不得怠缓。

一、各支高曾祖考,义当奉祀,高祖而上亲尽则祧,当遵礼,永守无背。

一、本支下升庙,须遵式制,木主不得考妣并椟,不得单用白主以作神羞。

一、祠堂祭毕,燕胙照昭穆次序坐定。司年家于尊长前,奉爵斟酒以致敬,如尊长未到,卑幼不得先坐。或尊长已坐,其次尊长有事后到,弟侄辈皆起立,不得箕踞不顾,致乖长幼之序。

(吴青羽撰,雍正十三年刊本)

绩溪黄氏

咸丰绩溪《黄氏家庙遗据录》卷一,《祠制·徼福定例》:

一、徼福:纸箔四百、官香二束、红烛一对,每席猪肉二斤、酒包二斤、水腐四块、酒六十四文、切面二斤、盐酱十文、柴炭二十八文。

一、四月初一徼福,换班之年办散伙二席,上下值年俱要到祠,以便移交接管一切祠事,及议收麦豆。若本管年分办散伙一席,值年议收麦豆。

一、七月初一徼福,办散伙一席,本年值事者齐到祠议收租,同收同晒,封贮祠仓,照例出数。司值收租出数,祠例:租谷折干谷七折,租麦折干麦六折,砻糙熟米折熟米,统作八折,豆租折干豆八折,所有余剩以作工食杂费。店租、山租不在其内。照数归祠,其所收一切粮食存贮祠仓。除纳粮外,若无公事急用,不准出粜,定期冬至前十日照市折价,以应办祭。

一、冬至前十日徼福,办散伙二席,值年、斯文、查刷、司值到者饮福,相议遵簿办祭,先买天花云对发派丁做金银,次雇厨子办祭仪。

一、春分前十日徼福,与冬至同。

一、春冬二祭火食,族长、分长、斯文、查刷、司值在祠管事者,自祭前三日至祭后二日,每日各给饭米一印升,油盐菜酒钱四分。

(黄耀廷等辑,咸丰元年绩东黄氏宗祠叙伦堂刊本)

绩溪南关许余氏

光绪《绩溪县南关许余氏惇叙堂宗谱》卷八,《惇叙堂家礼》:

祭礼。祠堂春秋之祭,照《家礼》行三献及侑食之礼。祭主有三:一是宗长,亦曰宗子,乃本族长房之长子;二是族长,乃班辈最长者;三是年长,班辈虽不尊而年齿冠一族者。然年长或有或无,非所重也。主祭以宗子为重,族长陪祭。如宗长、族长不能行礼,则使族之有衣冠者代祭,而祝版祭主仍书宗子、族长之名。我族虽分许、余二姓于筮仕税户则,然至入祠堂不分许、余。但自斗保公以下作一家论,止一宗长、一族长,倘余姓谓在余是宗长而欲立两宗长者,余姓即为不孝。若合族论辈,余姓是族长而许姓谓余姓不得为两

第十一篇
宗族与族人丧礼祭礼

姓族长,许姓亦为不孝。凡入祠堂但作一家而论,方是孝子慈孙。

祠堂所以序昭穆,徽宁恶俗有祠堂捐钱配享之例,钱多中座,钱少旁座,无钱不得入配,以致子中座而父旁座,孙配享而祖不得入祠,悖礼灭伦,莫此为甚!凡我族祠堂止论昭穆,由中而旁,但龛座易满,以五世为限,六世则毁,永不许开捐钱配享之例。

每年清明扫墓,凡发祥之祖由合族祠首虔备牲仪,合族同往。各房由各房公堂举办,各家私墓不论远近清明必至。

凡神主当由祠堂措资做成白坯,其趺与龛座配定,安座上方,不倾倒。由丧家领去,自行油漆主额以朱漆,以金贴"皇清"字。主面用油粉,字用墨写,庶乎易世可以改题,加封可以改题。如有封有官者,于"皇清"下接书某封或某官显考某号神主,妣则接书某封显妣夫人若孺人某氏神主,旁书孝男某奉祀。无官书处士,妣亦书孺人,其讳与生没、娶葬、子女,均填于夹里。

祠堂及各家六祀神位以金为字,书本祠或本宅中。雷门户行井灶之神位,世俗不奉六祀,乃以僧道寺观之神,供之于祠堂家宅,大不相宜。所谓非其鬼而祭之也。凡六祀,每祭祖必先具仪祭之,每祭墓必先具仪祭司土之神,礼也。

(光绪十五年刻本)

光绪《绩溪县南关许余氏惇叙堂宗谱》卷一〇,《宗祠规约》:

公众标挂。自训公以上四代有四墓户,祀产由四墓户管年人措办祭仪,供给餐饭,合水村两祠公同标挂。又自天泽公至十七世祖添荫公兄弟,与太外祖洪二公、太舅公、艮英公、孝子坟前身夫妇,皆祠中标挂。校场、和尚坞、许侯义冢,大都乏嗣之鬼,祠中应备纸钱焚之。惟覆钟形、霍家园两处不可拘定,斯文数人,以多邀派丁到坟为是。凡祭仪散福给胙,祠事有盛衰,年岁有丰歉,随时制宜,照事宜谱,办理不能定一。

与祭礼生。凡春分、冬至祭祖,与祭礼生必有顶戴文武荫袭以外,必真正捐纳功名,如孔生介宾、乡约功牌,必其人品行端方、名望素著者乃得与祭。若猥琐陋鄙邪僻之徒,适足玷辱宗祠,贻笑外人,概不准与祭。而老人亦不在与祭之列,以其不谙礼体。余见祭礼内。

颁胙饮胙。兵后宗祠产业大半荒失,所得熟田以祭祀为重,余则不能复古。兵燹以前有特祭胙、斯文胙、老人胙,其赀出于产业,其产业系派下批助分立,祺祯公房下文源一家领胙肉九十余斤,今则均无稽考。现收熟田租息归于混同,总曰祀产。光绪初修祠竣工,余洋银一百元,二祭吹手与礼生颁胙,出其子金。嗣后值事振桂欲将其银换寝室前梁,道宣、积霖、文源争执取赎烈妇之役,质于章姓南街店屋。而老人胙又于近年添增,因二祭寂寞,欲多其人,整肃衣冠,拜祖作喧热之计。其赀均无出产,由公堂祀产匀省,日后祠事兴隆,各项当分别立产,仍随时敷衍。凡老人不得昧争。饮胙,俗语谓之散全碗,例应与祭礼生所饮。昔年老人饮胙另有桌位菜仪,不在与祭饮胙之列。兵后届近丁稀,凡公谨干办老人与非礼生老人,或属族分长,或品行端方、才识高超之人,入祠议论祠事,可资以维持者理合同饮。若平常派裔,祠事毫不关心,入祠徒博一醉饱,概行不准。其供给之赀亦无所出,倘日后阖族盛旺、衣顶林立、贤能众多,又当另议。

朗读祝版。二祭读祝版谱,必字义明通之人高声昌朗读之,不谙字义者虽在与祭礼生之列,不得含糊妄读,徒博胙包。如谙字义,则无论礼生与否,当整饬衣冠读之,同给胙包,夜同饮胙。

(光绪十五年刻本)

池州仙源杜氏

光绪池州《仙源杜氏宗谱》卷首,《家礼四条·祭礼》:

古有四时之祭。春曰祠,春物初生,孝子思亲,继嗣而食之,故曰祠。夏曰禴,禴,薄祭也,以麦始熟可禴,故曰禴。秋曰尝,谷熟可荐而尝新,故曰尝。冬曰烝,烝者,众也,万物毕成,所荐众多,芬芳具备,故曰烝。吾族宗祠有元旦接祭之祭、清明之祭、冬至始祖之祭、腊月众祖之祭,一切祭品、祭器、开献、仪节,核之《家礼》,俱合古制,毫无遗憾。惟捐钱配享之俗于礼不合,于心不安,今后吾族如议重建大宗祠,慎勿再援此例。族中有急公好义有功于祖先者,无以答之,不足以示鼓励,应于祠旁建立报功祠,分别安置,每岁祠祭后另开一祭,此举极妥。清明上坟挂帛,礼在省墓,故名曰扫墓,无论墓之远近,为子孙者无他故俱宜毕至,有力者开献致祭,无力者化帛焚香,墓有损坏即须修葺。近有因祖墓稍远累年不至,坟境损坏不知,荫木被人侵害罔觉,甚至左右前后被人盗葬,为子孙者并不识何来,以致人丁萧索,立见消亡,此大弊也。至于祀神、本境社公、土地、本宅中雷门户、行井、灶六祀及祀典所载之正神,例所当祭外,此皆非其鬼也,非其鬼而祭之名曰淫祀,淫祀无福。《礼》曰:凡祭有其举之,莫敢废也;有其废之,莫敢举也。高明者慎之。

(光绪二十一年刻本)

绩溪梁安高氏

光绪绩溪《梁安高氏宗谱》卷一一,《祭扫例》:

一、每年元旦,值年、祠首,在祠堂开门具香烛茶果行礼。

一、每年春分、冬至祠堂设祭,祭仪值年祠首预备,例载祠簿。宗子主祭并陪祭族长

第十一篇
宗族与族人丧礼祭礼

及执事礼生照例饮胙。

颁胙：主祭、陪祭之宗子、族长照例给胙，例载祠簿；年六十岁者照例给胙；年七十岁者照六十加倍；年八十岁者照七十加倍，准其子孙代领；年九十岁者照八十加倍；年百岁者照九十加倍；与考童生照例给胙，不与祭不给；生监照例给胙；贡生照生监例加倍；举人照贡生例加倍；进士照举人例加倍；翰林照进士例加倍。以上不与祭不给，当应试时则给。捐职议叙人员照七十老人例，乡饮、考职、县左以下之员照监生例，七品以上之员照例倍给。以上不与祭不给，现任则给；若是捐职，必先捐钱入祠方许颁胙。与祭子孙每人给包一对，检查文生员照例给胙。

一、每年十二月初八日，祠首在祠设谢年祭，例载祠簿。

一、每年除夕，祠首在祠具仪行礼，封岁。

一、每年春分后派下文士率同祠首，往各处祖墓祭扫，祭仪祠首预备，载祠簿。第一日往四都汉饶公及凤巢祚公并五官坟墓前祭扫，到者照例给胙，不到不给。第二日往西门岭五八公及二宜人，并往高坑二府君墓前祭扫，到者照例给胙，不到不给。第三日往十二都外坑三十、三三公墓前祭扫，到者照例给胙，不到不给。第四日往青石塘三十公孺人及三三公孺人并往羣岭下胡八塘三六公墓前祭扫，到者照例给胙，不到不给。第五日往歙东项村六一公墓前祭扫，到者照例给胙，不到不给。

一、八月间往伏岭下村头邵孺人墓前祭扫。以上均例载祠簿。

（高富浩纂修，光绪三年活字本）

婺源三田李氏

光绪婺源《三田李氏宗谱》卷末，《家规》：

祀厅

一、立祖先神主于厅堂，凡我子孙出入必告，朔望必谒，时食必荐，生忌必祭。其祭仪必遵《文公家礼》，不可怠忽简略。

一、厅堂立有香火，祖先神位务宜严肃洁净，时时洒扫焚香，子孙毋许将秽物柴草堆入，以亵慢神祖，违者家长责戒。

（李廷益、李向荣修，光绪十一年木活字本）

歙县桂溪项氏

嘉庆《歙县桂溪项氏族谱》卷二二，《酬功》：

按祠簿，建祠之时，凡捐输百两以上者，议给祭筵一席以酬其功。又祠簿载云：崇祯十六年六月二十九日享堂重修完毕,供奉神主复入龛室,并各家新进神主,特备祭筵。通族祭祖日公众议定,凡出百金进主者,祠中永备桌席祔祭,其神主永远不祧。批簿为照,重光奉书云云。故至今奉为成规,输银一百两,方准给祭筵一席,不及数者不得祔席,遵循已久,盖祖制不可违也。

（嘉庆十六年木活字本）

嘉庆《歙县桂溪项氏族谱》卷二二,《大酬功议》：

祖制输银百两以上者,春秋祠祀准祔祭筵一席,此酬功定规也。惟是急公祠墓,不吝囊金,捐逾千两,及数千两以上者,业大功隆,已非寻常可比。若循照百两一席,则酬之不胜酬,泛而无纪,亦觉非体,且更无以昭特出而崇报享也。乾隆二十一年十一月,会同族长圣立门仲茂、门长上门廷禄、上族门景昭、中门永承、易魁门云从、下门非石、裕公门巷亭、嘉会门斌玉、均安门友清等在祠集议,特添立大酬功之条,则功业既迈于等夷,酬报独隆于有众,亦所以重杰出之彦而大鼓舞之意耳。

一、旧规酬功五百两者,每百两给桌面一席。每席专享一人,并无两人合席。此系祖制,尽善尽美,宜永远遵循,不得更张。

一、今议酬功一千两以上者另文特祭,给桌面二席。本人与配各一席,此以特祭为重,如有两配三配者,亦一席共享。后同。两千两以上,本人与配特祭外,上追祭一代,共给桌面四席。每代二席,后同。三千两以上,本人与配特祭外,上追祭二代,共给桌面六席。四千两以上,本人与配特祭外,上追祭三代,共给桌面八席。五千两以上,本人与配特祭外,上追祭三代,下荫一代,共给桌面十席。

一、追祭之席,如前人已有酬功者,准其以次递追,上至高祖而止。不得过越以逾礼制,其或上追不去则准下荫,席多者先尽其子,余及其孙,荫席以长不以幼,以嫡不以庶。子孙虽多,不得争荫。

一、酬功席面,旧规每席给银二钱五分,听本家自备。顺治丙戌以后,因祠费不敷,将此停止。今俟族谱告成之日,仍照旧遵行。其千两以上大酬功,自乾隆丁丑年春祭为始,每席遵照旧规给银,仍分送羊豕胙,公议存照。

（嘉庆十六年木活字本）

绩溪城西周氏

光绪《绩溪城西周氏宗谱》卷二〇,《老配享》：

老配享起于康熙十八年,共二十公、两孺人,捐货置产,为阖族丁包之资。享祭分五席,一席五公,东西房前各二席。两孺人设于寝室下阶西,颁胙散福。计二十股,不及玉妆

第十一篇
宗族与族人丧礼祭礼

孺人与一松公,何也? 捐未足也。当日捐货以五两为例,玉妆孺人祇捐三两,一松公祇捐二两也。首事分五班,一班四人,不及玉妆孺人与一松公,亦以捐未足故。此老配享之缘起也。时嘉庆乙丑八月望日,二十七世孙荣谨记。

(周赟等修,光绪三十一年敬爱堂木活字本)

浙江

绍兴山阴柯桥杨氏

光绪绍兴《山阴柯桥杨氏宗谱》卷二,《宗祠一切规条》:

一、议:起造时不出捐资者,神牌入祠,每位祭毕,设席四桌,各房通散,交于董事登簿开祭,不准私自入祠。开祭之后,标、祥、凤三房,每房一桌散胙,家房长及董事一桌。

(杨惟椿、杨惟一等修,光绪二十年敦伦堂木活字本)

绍兴中南王氏

民国绍兴《中南王氏宗谱》卷首,《祭文》:

裔孙佳木启新氏撰
男秉钧方维氏校字

春分祭文

呜呼! 双九踯躅,四序仓皇,甫宾鸿兮出塞,倏海燕兮窥梁。社鼓枫林,处处鸡豚勤报赛;醉游春圃,家家风月费平章。试徘徊于房序,滋怵惕于冠裳。恭惟列祖儒宗一代誉著三王,迨傅家于北宋,胥食德于中唐,由显德以迄治平,中州济美。自杭城而来于越,南渡流芳。星移物换,人去琴亡。缑岭有吹笙之客,兰亭罢修禊之觞。非惟舄化飞凫,恒虚朔载;即今棋围石室,几叹沧桑。尔乃和风乍扇,丽日载阳;槐新兔目,泉绕羊肠。等穷源有自,溯本难忘。睹桭楹之依然,情深雨露;想声灵之赫若,感倍风霜。炙鸰蒸凫,奏楚些而进酒;献羔祭韭,歌豳颂以升香。繄白日之昭临,存诚不易;维青春之代谢,容保无疆。

尚飨!

秋分祭文

呜呼! 隙驹易过,石火难收;鸣啁嘤嘤,落叶飕飕。雨滴梧桐,想索诗于内苑;烟寒橘柚,怀作赋于登楼。值霜露之将濡,仰瞻房序;幸鸡豚之可荐,重慨箕裘。恭惟列祖,望隆两晋,系本衰周,始分支于祁县,继占籍于中州,贻厥孙谋。观察则儒宗一代,绳其祖武兰阳,则秩冠通侯。子复子而孙复孙,瓜绵椒衍;人阅人而世阅世,云散风流。击鼓烧钱,尚切余哀于社日;落霞孤鹜,徒傅逸韵于三秋。尔乃秋声盈耳,秋色盈眸,耀蚌胎于海底,落桂子于山头。相逢旅雁高飞,瑶天欲破;即令浮云深锁,壁月仍留。等薪传具在,谷似无由。睹奕奕之宗礿,惊当令节;对九九之松柏,感倍山邱。乐奏笙簧,表明禋于合漠;羞行犊麛,祈来格兮夷犹。

尚飨!

祀后土祝文

伏以祖德难亡,情更深于墟墓;神威有赫,感实切于生成。恭惟尊神,职司幽明,惠均存殁。一抔黄土,长埋先代衣冠;奕叶青绌,时惕春朝雨露。凡诸呵护,悉杖声灵。乃者石火将新,预展开元之典;膏香递举,恭伸祈报之私。愿驻霓旌,略歆芹敬;勤求靡已,嘉惠无穷。

尚飨!

傅家坞墓祭文清明日祭

顺四府君
童氏安人

呜呼!昔年展墓,方当熟食之时;今日登堃,又值起烟之节。落花与宿草争辉,杨柳共松楸一色。缅维旧水,怀疏瀹于当年;盼厥新柯,想栽培于奕叶。恭惟祖考乌巷文孙暨我安人雁门淑质,甘豹隐于南山,遂鸿渐于中泽;临川之珠树成丛,兰渚之芳芽并苗。双凫飞去,空教君子名乡;独鹤归来,仅得王孙旧宅。维茧室之长眠,谢尘寰之阅历。等捧砚匪今,藏书自昔;地别中南,系同瓜瓞。鸡豚社日,感慨恒多。雨露空山,凄怆倍切。看他山之蝶共灰飞,惊远岫之鹃因泪滴。率云礽而罗拜,与荐椒糈之清芬;陟屺岵以遥瞻,愿仡灵旗于仿佛。

尚飨!

(王大泉修,民国三十一年三槐堂木活字本)

江西

参与祭祀人员规定。

清江永滨杨氏

乾隆《清江永滨杨氏三修族谱》,《条例》

一、祠内每年腊祭,以有官职者一人主祭,以族内现在第一辈老成者一人助祭。祭祀之时,倘有官职者出仕,则以贡监生员中科分年齿俱老者主之,盖将事祖先,例应宗子,第恐宗子年幼,或不娴礼仪,故为衣冠之祭。

(杨如沄修,乾隆二十七年刊本)

第十一篇
宗族与族人丧礼祭礼

新淦黄氏

道光《临淦窠前黄氏重修族谱》,《条例》:

一、如斩衰凶服,不得登堂与祭。期服而下,更服行礼。

(黄登第修,道光十五年本)

浮梁祁门郑氏

咸丰浮梁祁门《郑氏宗谱》,《新居祖庙归粮裕祭记》:

一、祭规。祭循旧典,首重所主。主祭先仕宦,次齿德,否则亵。继尚所事、执事,期斯文事,广而数余,许能文艺,试前矛者附后,否则慢。助祭者视主祭者为准,斯文非疾病公出,概宜与祭,毋许规避,规避有罚。祭毕饮福外,文学酒专洁,示劝,虽耄耋不与。至祁西大祭,斯文与事,除六旬外,率照前例。凡此统以尊祖,亦以由旧,属在本支,均宜世守。是为规。

一、主祭者期本瞳仕宦并有德老成,如无,择请。

一、助祭同主祭例,老成以六十上下为率。

一、执事的选斯文,俱公服,余用试前童生。

一、春冬二祭,斯文规避者罚;其居远在城者,冬至照罚,元旦宽免。

一、祭仪祭品俱照旧例。备祭者缺失,罚。

一、文学酒值祭者不专洁,罚。

一、祁西大祭斯文除六旬外,俱宜与事,规避者罚。

一、祭必诚敬,毋许争竞,如有借端生事者责罚。

一、胙酒:进士胙五斤、举人胙三斤、贡士胙三斤、监生胙三斤、生员胙一斤、主祭胙三斤、助祭暨诸司事各胙一斤;文学酒每八人一席,主祭、助祭暨诸司事酒每八人一席;四瞳老成酒八席,庙内首事酒二席。

所有各支附祀祖颁胙斤数、田租土名详石。

经手裔孙:义、道成、维墉、文元、日高、亨、有光、玉珠、仁安、之槐、时来、学尹、鹿鸣、三良、亨生即元锦、士昂、士洪、宗茂。

时皇清乾隆十九年甲戌岁一阳月上浣之吉,西瞳贤门孙云政撰。

(郑培先修,咸丰十一年刊本)

祭祀条规。

清江杨氏

嘉庆《清江杨氏四修族谱》,《腊祭条规十八则》:

一、每年腊祭,以有官职者主祭。若出仕,则以贡监生员中科分年齿俱老者主之。盖将事祖先,例应宗子,第恐宗子年幼,或不娴礼仪,故为衣冠之祭、助祭,择长辈六十以上者;无,则次辈六十以上者,仍论房分长幼。或俱未及六十,则宁缺毋滥。定额河街一人、环洲四人、田陇一人、后街二人,余序昭穆行礼,不得搀越。

一、祭不至午,绅士在家规避,或逾时不与祭,及入祠衣冠不整者,除不给胙外,罚钱五百文,以警玩忽。

一、值年首事,公举河街一人、环洲四人、田陇一人。后街二人,管理祭筵胙肉及元宵口灯、修盖祠宇、喜庆事件。至族间有事,亦凭此八人平停,毋得推诿。

一、分胙,每丁半斤,主祭者加一斤半,助祭者加一斤之外,出仕四品以上及入翰苑者加六斤,七品以上加四斤半,八品加三斤半,九品加二斤半;在籍进士加三斤半,举人及乡饮宾加二斤半,捐职五品以上加三斤半,七品以上加二斤半,八品加二斤,九品加一斤半,恩拔副优岁及例贡加一斤半;若已就职,即照职加给;生监加一斤,现在与考童生加半斤,值年首事加半斤。

一、分胙照现在祠内与祭者,分各房长幼依次俵给;不及与祭并年逾十五不拜祖者,毋许给胙;贸易在外五年不归者,亦毋许给胙,以罚其忘祖忘家。

一、新丁出钱一百文,给胙半斤,即于祭日请绅士命名注谱;新娶者亦出钱一百文,添注某氏,仍各照谱格所载年庚誊入;占籍他省,自愿添喜添丁者,只准给新丁胙一年。余俱照式添注,以俟补刊。

一、年届古稀,出喜钱一百文,加胙半斤;年逾八旬,虽不与祭,当给胙肉一斤,以尊高年。

一、年逾六十有痼疾不能入祠拜祖者,亦许给本分胙肉,以示矜全。

一、寡居妇人,自三十岁内守节,逾五十岁者,特给胙肉一斤,以励贞风。

一、族内后于他姓者,虽入祠拜祖,不准给胙,人无二本故也;日后归宗,仍照定规给与。

一、燕私之饮。绅士尊长而外,添喜、添丁、添寿及值年首事,皆在其列,周年盛举,福受祖惠,理宜亲自赴席商定一切事宜,若令人代饮,是大不敬也,公议立时叱出,另罚钱二百文,至坐次则以毛为辨。

一、喜助花红。入翰苑者银十六两,发甲者银十二两,发科者银八两;出仕者,当照品给捐助,捐职四品者银三十两,五品者银二十四两,六品者银十六两,七品者银十二两,八品者银八两,九品者银六两;恩拔副优岁及例贡银六两,入监者银四两,入泮者银二两。慷慨乐输者,听其随力,以申高谊。

第十一篇
宗族与族人丧礼祭礼

一、捐官职贡监者，腊祭日赍诏诣祠，公仝验看，以便加胙。祭毕绅士会书喜助，次年腊祭日交出。若届期推诿，虽与祭，不准加胙；逾期三年者，重修谱牒不得列入簪缨录。

一、发科甲暨捐五品以上衔者，特出公项银二十两交首事，日间演戏四本，备席一夜。科甲竖杆祠前，另帮银十六两。此外功名或二三人、或三五人合共照前规，办理一次。永禁不许演夜戏闹酒打采，致亵祖灵，违者照用数倍罚，不遵罚者，其合家胙肉永远扣除。

一、值年首事分收谱格四本，凡添喜、添丁及有殁葬之家，随时告知登记。若已告未载，罚首事钱一百文；未告不查，二比各罚钱一百文。腊祭之日，将谱格交与绅士誊注草谱，以免重修时纷纷查问。

一、值年首事规避者，罚钱四百文。

一、用数以钱省为度。向来一岁常用及腊祭俵胙在内，大约一十四千上下为准，逾数则首事赔垫，所以示节省也。近年诸项昂贵，议以二十千为定，毋得浪费，即于元宵□灯清算，登簿交代，稍有怠弛，新旧首事合共罚钱二千文。

一、管理祭田，公举河街一人、环洲二人、田陇一人、后街一人，每年收租完粮，出入生息，公仝慎始慎终，清算登簿，议于丁卯年举行冬至祭典，照腊祭条规散胙，并量给与考童生谷一担、贡监生员乡试谷二担、举人会试谷六担，不赴考者不给，俟费用充足，另行议加。

以上各条照旧酌加，后此修谱，见有未尽或不合宜之处，任增易之，但不得妄逞臆见耳。

（杨殿榑等修，嘉庆七年刊本）

南丰济阳江氏

保护祖坟。

乾隆南丰《济阳江氏分修族谱》，《济阳江氏修谱条款》：

一、严禁盗葬。凡葬亲于共祖坟山者，当于白昼行棺，族属送柩，临山观窆，不致侵犯，人己相安，生死两顺。如或明知有碍，不闻族属，密构外戚私交，暮夜移棺，侵犯祖茔及族属坟墓；又如暗立寿基，临时公然开土，甚至开见旧冢便就层葬。此等情弊，他族尝有，今自会议立禁之后，我族务守理法，如敢私行盗葬者，族属鸣众，踏看责迁。不服者执谱，经官以正其罪。

（江南金等修，乾隆四十五年刊本）

清江龚氏

祭法的规定。

民国清江《龚氏十四修族谱》：

祭法：夫礼有五经，莫重于祭，所以报本追远者也，三代之礼不相沿袭，缘人情，示因革，故曰有时而变，著祭法。

一、庙制。古无所考，《商书》伊尹始称七庙，至周始备，然王、郑、韦、刘、孙、毓，各为一说，虽朱子亦惟酌之以理而已，今之乡大夫士，既无世禄，则亦不当拘，拘缘泥古法，秦汉以降，朝制且不明，故无望于民间，先儒所以病其宗法不明，则朝无世臣，乡无世家者也。

一、唐之杜佑、宋之文潞公，始立庙京师，谓之家庙，后世又称为影堂。朱晦庵始更名祠堂，已与古异，今《家礼》所定者是也。近世邱文庄著为仪节，行之民间，斯于风教多矣，然皆四龛之制。今既为祠，则不逮始祖，无以联属族人之心，合本伊川，冬至祭始祖之意，而推广之，亦礼以义起也。

一、冠婚庙见祔主，合依《家礼》旧仪行之。

一、元旦，宗子率族人谒庙，行四拜礼，退，团拜于友序堂。

一、春秋二祭，主祭者受胙三斤，分献者颁胙二斤，通赞、引赞、噫歆、读祝、祝嘏、骏奔执事者各一斤。

（龚克刚等修，民国三年刊本）

湖南

每年要多次对祖先进行祭祀。在不同的时节有不同的祭祀，如清明春祭，七月十二日秋祭，冬至日冬祭，清明要墓祭，忌日祭祀，乡会中式祭告礼等。不同祭祀要有不同的礼俗。祭祖要读祭祖文。

长沙涧湖塘王氏

民国《长沙涧湖塘王氏六修族谱》卷首二，《四礼·丧礼》：

祭礼　祭期，春祭用清明日，冬祭用冬至日。先期一日，主人斋戒，率族众子弟拭涤器具，如几筵、俎载牲、樽盛酒、瓦豆盛馔磁碗亦可、簠盛饭、大爵盛酒、小爵三献用、祝版长一尺、广五寸、粘文于上，祝毕揭而焚之、茅沙用磁盆铺沙束茅一握置放盆内、油燎即烛、檀香，派执事书各名贴堂右讲仪注将先后仪注与陪祭及诸执事讲论一遍，以免临时错误，值年查点一切合用之物。先行告主礼仪如常礼，日晡行省牲礼，礼前如常，上香奠爵后，奏大乐，主人出省牲，诣宰牲所省牲，揖凡三。执事者荐毛血捧盘取毛血安置内堂主位前，主人从。复位复内堂位，鞠

第十一篇
宗族与族人丧礼祭礼

躬拜兴凡四,化楮,礼成,主人退居斋室。鸣金三叩,声炮,启门,奏大乐,乐阕,奏小乐,陈设,主祭者就位,分献者亦同就位,参神,鞠躬拜兴凡四,平身。主祭者行上香礼,诣盥洗所盥洗,诣香案前跪,上香,酹酒,俯伏,兴,平身,复位。分献者行上香礼仪同前,主祭者行初献礼赞礼二人向主人引导曰行初献礼,主人乃行,诣酒樽所。司樽者举幂酌酒幂用青纱覆于杯上,诣中龛馔案前,跪,献帛,初献爵,献腥,献熟,献箸,俯伏。分献者行初献礼,诣昭穆祖考妣馔案前,跪仪同前,乐阕,读祝生,诣读祝位,跪,读祝文,读祝生,叩首,起立,奏乐,兴,平身,复位主祭分献同,鞠躬拜兴凡二,平身。主祭者亚献,三献仪同前,分献亚献三献仪同,献粢饭,俯伏,兴,复位,鞠躬拜兴凡二。主祭者行侑食礼,诣中龛神位前,跪,执事者加酌,授箸,授饭,侑各肴馔既献之后,又劝神使享也,反箸,反饭,进茗,俯伏,兴,复位。分献者诣昭穆考妣神位前行侑食礼仪同前,鞠躬拜兴凡二,平身,行饮福受胙礼。主祭者、分献者,同诣饮福位前,皆跪,失职者斟酒授主人,主人受酒,啐酒略尝少许,执事者取胙授主人,主人受胙,反胙。分献仪同,叩首凡三,兴,复位,行辞神礼,鞠躬拜兴凡四,平身,化楮,焚文,焚帛执事者捧之。主人送至门外余人俱站立不动,不得随主人拥出门外,主人复位俟焚化将完,彻所设,声炮,奏大乐,执事者合椟,揖凡三,礼成。祔礼凡已没者于三年内外举行此礼,或正祭日或先期,本家子孙以红贴书衔贴宗堂晓族。祧迁礼十世当祧,仪注详载丧礼主人捧祧牌藏夹室昭穆递迁而上。墓祭 每岁清明诣墓拜扫致祭,岁只一举。忌日考妣俱故,考忌以妣配享;妣忌以考配享。承重孙为祖考妣忌日同此,先一日斋戒具馔,厥明,主人以下变服行礼用青素衣帽,仪节同时祭不用饮福手胙,生忌礼同但用吉服,焚黄告主,先期陈设堂设宣制词位,南向;东设主位,西向;前设香案,下设读祝位,向上主人设位于西,其余器馔皆同时祭。人之堂向不一,总以后为北,前为南,左东右西。至期主人诣堂告主,上香,读告词,出所赠主改题外改内不改,安主中堂桌上,主人就位行礼如当礼,宣制词黄纸书之,以盘盛置香案,献毕,焚祝文制词焚黄纸所书者存诰轴涪焚,焚黄告墓先期设厂于墓所,预备祝版祝文及祭时合用之物,届期奉誊黄制书鼓乐前导至墓所,先祀后土而后告墓,仪节如常。乡会中式祭告礼恩拔、岁贡、生监同,有父兄以父兄为主人,无则以本身为主人届期主人斋戒,祠外设香案,朝北,中式者穿公服行三跪九叩首礼,望北阙,谢恩中进士者不行,以先在午门谢恩故也。礼毕,齐赴祠堂,行祭告礼仪注如常。

(民国三十八年听槐堂铅印本)

汉寿盛氏

光绪汉寿《盛氏族谱》卷首,《家规·祭扫仪则》:

每逢清明扫墓,值年族长务要先期入祠,预备酒体香烛等物,免致临时仓卒。清明,各房族长及子弟之俊秀者,一同入祠行礼,内择年长分尊者一人主祭,其余各依昭穆列后拜跪,毋得凌猎。凡礼生、赞礼,必先行盥洗,向神主位前四叩首,然后拱立两旁,端肃呼礼,毋得亵玩。

(光绪二十七年广陵堂活字印本)

零陵龙氏

民国零陵《龙氏六续家谱》卷首下,《祀祖文》:

维年维月越祭日主祭嗣孙暨与祭嗣孙等,谨以羊一、豕一、清酌、庶馐之仪,致祭于武陵堂上历代祖考妣之神主前,曰:楚茨作颂圭田,昭清洁之遗,蕴藻摅诚,宗室重盛湖南之奠,凡以服畴食德,不敢淡漠乎本源。春礿秋尝,随候肃将乎禋祀也。我族西周垂统,议详贡助之,经东汉中兴,阡著廉公之表,溯箕裘而征世服,草劲留衣,抚桑梓而挹本支,檀高尚活马齐腾而不歇,幸桥柱之争,题龙以习而时飞,岂圈门之能囿此?皆德泽之绵绵,敢忘黍稷之彧彧乎!兹者春秋露霜既降肃,孝思维虔。敬执鸾刀,聊效骏奔于三庙;恭陈蚁酒,敢希鸳福于千秋。是以合大宗小宗,各祖鼎鼐堂基而拜跪,庶无别远祖、近祖,都鉴皷钟玉帛以来歆。尚飨!

(民国十年敦厚堂木活字本)

四川

南溪县

南溪岁时祖宗之祭。

民国《南溪县志》卷四,《礼俗篇·风俗》:

元旦清晨,拜提督祖宗,卑幼以次向家中尊长行跪拜礼,早饭后或拜扫先茔。初二,亲族家贺年。春祭,清明扫墓。秋祭,六月十五日前后,择吉日尝新荐祖,举家以次食之。

(巴蜀书社版 1992 年版,第 611 页)

(五)祭祀中族人相见礼、颁胙与饮胙、女性与祭祀

山西

洪洞薄村十甲王氏

嘉庆《洪洞薄村十甲王氏族谱》卷二七,《祭祀·尊卑长幼仪节》:

拜扫已毕,即于墓前序长幼礼。序立,族长与诸弟辈各挨长幼平立,北向。族长在左,诸弟辈拜之。鞠躬,拜,兴,拜,兴,平身。拜讫,诸弟辈如前拜其中之年长者,逐位挨次拜遍。族长同诸弟辈处左而上,共受卑幼拜,明尊卑礼。分班,诸子侄辈率诸孙辈,皆北向,世为一行,各挨长幼,并立拜之。鞠躬,

第十一篇
宗族与族人丧礼祭礼

拜,兴,拜,兴,平身。拜讫,诸子侄辈如前序长幼礼,亦如前处左西上,受其卑幼拜。拜讫,诸孙辈共逐位序长幼,逐辈明尊卑,俱如前仪。

此仿温公贺冬之仪而酌定之,虽未敢遽以为是,然于吾族尊上敬长之义,亦或有小补云。

(王楷苏等修,嘉庆二年刊订)

山东
即墨杨氏

民国即墨《杨氏家乘》,《家法》(十一世孙铭鼎定、十二世孙玠述撰):

事兄之礼

岁首元旦祀先毕,行最尊者有兄弟,则弟拜兄毕,东西相向立。无兄者,独西向立。子侄辈群拜之,四叩,退。孙、侄孙辈群拜之,四叩,退。曾孙辈群拜之,四叩,退。最尊者坐于旁。以次尊者弟拜兄毕,东西相向立。子侄辈群拜之,四叩,退。孙、侄孙辈群拜之,四叩,退。以次尊者立于旁。卑者弟拜兄毕,东西相向而立。最卑者群拜之,四叩,退。凡尊受卑者拜,揖则答半,拜则直受。不止不扶。凡兄弟拜,如五人,最长者居西,以肩为比,次居稍西,三中央,四稍东,五极东。皆北向。其四人揖,则同揖。其四人跪,四叩,则最西者立而扶之。四人叩毕,起,又同揖。最西者退。其三人揖,则同揖。其三人跪,四叩,则稍西者立而扶之。三人叩毕,又同揖。稍西者退。其二人揖,则同揖。其二人跪,四叩,则中央者立而扶之。二人叩毕,又同揖。中央者退。其一人揖,则同揖。其一人跪,则稍东者立而扶之。一人叩毕,又同揖,并退。不问亲疏,但以齿一日一月之长亦然。或数人、或数十人、或两人,皆准此。此礼始于文敬公。文敬公尝曰:"事亲从兄,礼之大者。今流俗衰薄,长幼凌竞,总由不识名分。胞兄尚有知敬者。若从兄再从兄以次差等。或居处稍远,或年岁相若,疏旷每至。轻忽嘻游,易起悔慢。不严其防,何所不至。故定为此仪,使兄弟名分昭然若揭。偶起怠慢之心,可以自省曰:'彼兄也,我尝拜之,彼尝受之者也。我胡敢加其上,将悔而惧之矣。孝友家风,庶藉以不坠乎!'"

(民国二十五年排印本)

浙江
绍兴山阴柯桥杨氏

光绪绍兴《山阴柯桥杨氏宗谱》卷二,《宗祠一切规条》:

一、按:刘宗周先生罚条,凡子孙与祭,不整衣冠者罚银三分。今我族中式微,势难遵行。现议通融办理,如与祭衣冠整肃者,每人赏衣冠钱四十文,主鬯加倍。违例,不给。此钱归董事给付。

（杨惟椿、杨惟一等修，光绪二十年敦伦堂木活字本）

绍兴汤浦吴氏

民国绍兴《汤浦吴氏宗谱》卷一，《吴氏家规》：

一、春秋祀祖，未祭时，依次肃立以候。及祭，除大宗、小宗执事弟子外，余皆堂下拜跪，不得逾越，违者祭毕议罚。

一、散胙时，尊卑序次而坐，毋得喧哗，燕毕雍容而返。其酗酒猖狂者，标名祠内，终身不得与燕。

（吴金璠等续修，民国五年孝思堂刊本）

江西

清江泮陵熊氏

光绪清江《泮陵熊氏重修族谱》：

一、元日团拜酒，例宜裁酌从简，轮首管持严切，妇免逾阈。贺岁止照男子十岁以上人数，先期动支公费，置备香烛、供仪钱纸、茶果及酒馔各项。除夕私家照团例辞年，元旦男妇鸡鸣而起，梳洗更衣，各照例私家拜贺天、地、家神、祖先，长幼序拜，茶果礼杯就饭。候祠堂三铳开门，男子毕集祠外，二礼生门内侍立，擂鼓唱班序入，遂北面并行而上，夹香案立，长幼以次鱼贯而入，二鼓唱，站班，三鼓唱，班齐，继唱，读祝，拜兴者四，焚帛。礼毕，揖而退，礼生诣前四拜，循次入班，首辈团拜，南面而立，余循辈次两傍相向叙立而下，次辈先上，北面四拜，首辈分站原所，同首辈受三辈拜，逐辈拜如前仪。拜毕，序坐提茶果陈酒馔肴，用漆盘六人一器，酒以巨杯，三行五行为度，禁止喧哗，循循揖让，饮毕，拜首命起，则次辈以下从大门内各以次夹道相向序立，而上俟首拜出，斯以次序出，大班揖散。本宗如有新节，复各更衣往拜，本支新节妇女通行无异，此亦庶几履端之仪，节备而展拜之恩意周矣。子孙永宜敦行不易。

一、尊长不可以庆贺为名，纠人至弟侄房室喧哗；子弟出入往来无贵贱，至里门祠前必下车马，以存尊敬。

（熊文炽等修，光绪三十一年刊本）

浮梁祁门郑氏

咸丰浮梁祁门《郑氏宗谱》，《庙记·重修司徒庙记》：

第十一篇
宗族与族人丧礼祭礼

四疃之崇庙祀也,几千年矣,东西南疃出延芳公支,北疃出延瑛公支,每岁冬至合四疃而祭之庙,敦礼让,序昭穆,尽欢而退。元日之祭如冬至礼,上元祖诞贲庆祝于各疃之祠,至期演戏于庙,前人尊祖睦族之义綦详且尽矣。第庙建自有唐,历宋、元、明,功载祀典,正德间奉上撤毁淫祠,而我祖庙独与三闾大夫越国汪公以忠烈存,时文升公始倡创葺,族众输敛得贰百余金,兴里宗人共襄厥事,一时庙貌巍焕,诚巨族之大观也。距今凡二百余年,柱朽瓦腐,岌岌有倾圮之危,于己丑年众议重建,敛财纠工,四疃均出,而四疃中及兴里、木榻大约以丁口粮三则派敛,乐输者南疃景昉、西疃瑗各助三十金,余输不等,庙之大堂墙垣几就绪矣,于时费用不敷,寝堂及功德二坊仍蠹朽未葺,荷祖之灵,各疃孙支繁盛,人文蔚起,又幸而遭逢盛世,时和年丰,众等复重建寝堂及功德二坊,规模制度无改旧式,而坚牢周匝不啻前模,敛财纠工一如大堂之例,瓒亦薄输十金以助,起工于五月,落成于十一月,可谓神且速矣。然吾于此重有感焉,夫庙修而后祭举,祭举而少长咸集,敦礼让,序昭穆,支分派远晓然知一本之所自出,兴亲长之思,泯嚣陵竞忿之习,敦仁义孝友之风,雍然蔼然,使江浦义门复见于吾族子孙之昌炽,宁有量乎?修庙之功未必无小补也。噫!创之者固难,承之者尤不易,今庙告成矣,堂庑足以联千亿,祀田足以供时祭,后之人体缔造之经营而深绎堂构之义,时加修葺,广为储蓄,钟口簴无改,俎豆勿替,千百年如一日也,岂不盛哉!……

大清康熙五十八年己亥岁冬月吉旦,东疃金门孙懋瓒撰。

(郑培先修,咸丰十一年刊本)

咸丰浮梁祁门《郑氏宗谱》,《庙祀》:

祀典曰:法施于民,则祀之;有功烈于民为明质,则祀之;能御大灾,捍大患,则祀之。非是族也不在祀典。吾司徒公仲伯以勇略殄黄巢之乱,保八州之民,功在王室,泽及闾阎,其于祀也,岂例寻常之神哉?朝廷敕庙立祀,所以褒锡吾公者至隆且重矣,然庙之敕建有二,一在祁之营前,一在浮之新居,近者之子姓得以与其蒸尝,远者之宗支岂不思其源本,故胪之祀典,使一睹得以致其心祭云耳。

两庙更制

一、宋元朝俱敕授奉祀生,每岁遣官致祭,逮明初查行祭典,宗人缘居散心涣,艰于酬应,力以官祭辞之,至郡邑题赠匾额在所不辞。

一、司徒公存日,民感德于生前,应致祭于没后,请敕建庙,每岁如潮人事,韩公饮食必祭,水旱疾疫必祷。后世尚邪,专假淫祠言人祸福,使人祭祀,宗众恐无知师巫诬我祖祠同淫类,故力禁之,惟祁人每遇重阳迎司徒公出庙,同西峰大圣即清素禅师、汪王等演戏祈祷,盖尊之为一方福主也,至今仍之。

新居司徒庙定制

一、寝室三龛,中龛祀司徒公神像,前奉神主,后奉公妣琅琊郡君王氏夫人神像神主、陈氏夫人神像神主、江氏夫人神像神主、长孙氏夫人神像神主、朱氏夫人神像神主;左龛祀郎中公神像前奉神主,后奉公妣江氏夫人神像神主、钟氏夫人神像神主;右龛祀仆射公神像前奉神主,后奉公妣王氏夫人神像神主、夏氏夫人神像神主、汪氏夫人神像神主、江氏夫人神像神主。

一、左右两旁四龛,左为崇本堂,内龛首层奉支始祖延芳、瑛公二神主,余以次递推,合外龛俱祀输租裕祭神主;右为惇义堂,内龛奉三公二代兄弟神主,外龛为陪享堂,祀有功神主。

一、大堂甬壁设立三公虚座,每岁春冬二祭恭迎三公神主登位受享,祭毕请复寝堂位,左右廊房为藏祭器遗书致祭更衣之所。

祁邑三凤山下庙制

一、中龛祀司徒兄弟三公玉像,内左旁附祀静斋公陪享神主。

一、左右二龛祀八族各输陪享神主,咸丰二年壬子换写插牌,大醮年分清明前八日八族致祭,上元山住持僧奉交烛帛。

上元山三公祠制庵制

一、中重后大堂奉佛,前堂奉西峰大圣,嘉庆十八年郑三公裔奉宪捐修。

一、右重祠宇奉三公神主,嘉庆十八年奉宪重建,清明前六日八族致祭。

一、左重僧人斋堂,嘉庆戊辰十方捐修。

(郑培先修,咸丰十一年刊本)

咸丰浮梁祁门《郑氏宗谱》,《司徒庙祀事例》:

一、每岁正月元旦,旧例奉祭猪羊、果品等仪,俱要丰洁。是日,子姓咸集,大合庆祝。

一、祭仪俱东西南北四疃子姓输办。其输办之疃,择一老成主祭。

一、每岁冬至、立春、季秋、告婚、告嫁、告柩及各裔孙发心致祭者,俱听各家随分丰俭。

一、凡主祭、陪祭人等,须先期斋戒,首日演礼,至期,各盛本等衣冠,竭诚奉祭。

一、祭日通赞、引赞、司樽、司爵诸生,俱须主念,竭诚动容中礼,失仪者罚。

一、每岁上元日,司徒公诞辰,东西二疃旧例演戏庆贺,首一日演于家,诞日演于庙,务期诚敬,以尽庆祝之意。又于各疃中择其贤能董率,不致喧哗。

第十一篇
宗族与族人丧礼祭礼

一、每岁正月十四日,北疃装灯,猪羊、果品致祭。

一、每岁正月十六日,东西北疃,不分老稚,每一男丁备灯烛一笼,迎司徒公神主于各门,子孙俱虔礼祭拜,名曰迎灯祈丰。

一、南疃去庙稍远,每岁正月十四日就本祠陈设祖容,演戏连宵,十五寿旦,优人庆祝,随列猪羊、果品,斯文执事各服本色衣顶致祭,毋致亵慢。

(郑培先修,咸丰十一年刊本)

咸丰浮梁祁门《郑氏宗谱》,《祖庙训》:

一、每元旦子姓咸集祖庙,祭毕,序齿列班,尊卑长幼序拜。值祭之疃献清茶果酒,每一男丁,不论老稚,奉面团一对,名曰春茧。

一、各疃子姓要先读书,或以缙绅,或以青衿,皆可以增光俎豆,荣施宗族。倘资不能进,富者积善课子,贫者执业营生,庶亦不为祖玷。

一、远宗来祖庙者,宦达来行祭者,迎送务求中礼,陪伴务择贤良。一则不替故家门风,一则不乖同本宗义。

一、近宗事于众,无小大俱集庙,从长公议,其或财产之争,横逆之加,亦须含忍,待其悔悟。不则众集劝诱,又不则众集理责,甚至经公众证其非,不可偏护。

一、庙外文德坊纪本宗文之感德于朝,武功坊纪本宗武之获功于朝。凡我子姓,务修文修武,以求无忝先人。

一、庙外竖望竿以惩恶。盖为族下有犯奸盗诈伪者,倒悬于竿,以示儆,无许入庙;至犯十恶则永绝其支,不许入庙入谱。

一、孝弟忠信礼义廉耻等行,务相劝勉勿倦。

一、冠婚丧祭、疾病患艰等事,务相赒恤勿忘。

一、庙基,本家纳税地也。庙之创修、祭祀,子姓自备财也,毫不干于外。盖谓先朝敕庙,惟以报功;后裔奉祀,惟以报本,此外勿为妖妄。

(郑培先修,咸丰十一年刊本)

湖南

长沙涧湖塘王氏

民国《长沙涧湖塘王氏六修族谱》卷首二,《四礼·丧礼》:

吊唁。凡吊皆素服,奠用香烛酒果,赗用前帛,具刺通名。吊时,孝子俯伏于帷内,诸侄若孙俯伏于帷外,吊毕叩谢。百日卒哭,罢朝夕奠,孝子始寝席枕木蔬食。古者三月而葬,葬而后虞，虞而后卒哭。今容有不能合三月之制，或先或后而葬者，故姑从百日之制。治葬今人即不遵古人三月而葬之制，与其听阴阳家图后人富贵，迟之数年数十年之久而不葬，致使棺骸俱腐，不若速葬之为愈也。前期择地之可葬者，程子所谓防五患是也，日后不为道路、不为城邦、不为沟池、不为贵势所夺，不为耕犁所及，非世俗葬师之说也。既得地，定葬期，具书告启期于宾友，志石。用石二片，一书某公之墓，一书生卒年月日时、葬地、山向、配氏子女，以防异日骞崩之患。

（王万藻等修，民国三十八年听槐堂铅印本）

第十二篇　族谱

一　修谱的尊祖敬宗收族理念

无论何种类型的家族,其修谱皆倡言尊祖敬宗收族,这是出于对族人进行伦理教育与规范约束的需要,以及处理宗族事务的实用考虑。仕宦之家修谱则别有自炫恩荣以及辑存家族文献的目的。

《皇朝经世文编》卷五八,《礼政五·宗法上》,朱轼《族谱解惑》:
予作谱,例严以正,词简而尽,庶信今而传后焉。而有未协者,如立后之说是已。
《礼》曰:何如而可为之后?同宗则可为之后。同宗者同大宗也,必大宗而后可为之后,明乎小宗之不可为之后已。何为不可?无人子者舍其父而父人,非得已也。小宗有四祖迁于上,宗易于下,非若大宗之百世不迁也。父之宗子无后,即以宗子之亲弟主祖之祀。若祖曾皆宗子,则祖曾之祀皆主之。而无后之宗子,祔祭于父,再传与其弟并祭于庙,亦至五世而迁焉。若高祖之宗子无后,则曾祖之宗子主其祭,曾祖之宗亦然。是高曾祖父之宗子,可不为之后也。可不后而为之后,是亦不可以已乎!同宗则可云者,为为后者计所后之人也。其人可为之后矣,而后与计为后之人,故又曰何如而可以为人后,支子可也。何取乎支子?适子自为小宗,不得舍其宗而后大宗,故取支子。或曰:宗者尊也,族人之所尊事也。以平日尊事小宗之庶子,一旦立为大宗,向之为所宗者,今皆俯而宗之,亦觉不伦。况世禄之家,统绪相承,正宗绝而旁亲入继,必取庶而舍长,势必越亲而及疏,有如甲为宗子无后,弟乙惟一子,将舍乙子而立从兄弟子,抑或从兄弟亦止一子,将立再从、三从,或亲尽无服之子,以亲属所遗之爵禄,移之疏远无服之亲,此争端所由起也。况此疏远者,又非一人者乎!予曰:就后代人情言之,不无此患。然人子之心,惟知有父。苟始祖之祀不绝,则天性之至爱,有非他端之所得夺矣。先王制礼,以顺仁人孝子之情,而不强其所不能。礼制定，而不肖者亦范围于其中而不敢过，彼较量尊卑疏戚之伦，为世爵世禄计者，由礼教之不明也，礼明而此患息矣。或曰：均子也，天性之爱，适、庶何以异焉？曰：子虽百，而为后者一也。支子非乐违其父，然本不为父后，不得已而后大宗，犹之可耳。知此之犹可，明乎非此之必不可矣。顾犹有虑者：同宗无支子奈何？曰：以长子后大宗，诸父无后，祭于宗家，后以其庶子还承其父，此《通典》田琼论也。汉《石渠议》亦云：大宗无后，族无庶子，当绝父以后大宗。窃意绝父以后人，人子之所大不忍也。古者天子诸侯之继统，宗社为重，无论长幼适庶，择其亲而贤者立之，虽绝其父后，所不恤耳。若士大夫之家，虽大宗不可无后，而所生必不可弃。《礼》云：丧有无后，无无主。宗子无子，而同宗无支子可立，则以长子摄主丧祭，俟后有支子而立焉，可也。即支子必不可得，立同宗之庶孙为宗子适孙，亦可也，又何用绝人之后以为后乎！何必夺人之宗以继宗乎！

今宗法废，立后者不分宗与庶，贫无立锥则已，但有田数亩，屋数楹，则必择子而继。而旁亲之利所有者，且争为之后，甚而累讼不休，风俗之恶，无过于此。

孔子等为人后者于贲军之将、亡国之大夫，先儒每以为疑，尝试思之：属毛乎？离里乎？有三年之爱乎？孰非人子，独降为期，于女安乎？而有不得不尔者，后大宗子也。后大宗子者，后宗子之父之祖之继别之宗也。父厌于祖宗，故隆彼而降此。不然而后非所后，是父人而自绝其父矣。比之异端之空桑、妾妇之外成何异焉？其可耻，且不止贲军亡国已也。

田汝成云：昆弟异居者当立后，幽以慰死，明以养生，敦彝伦，弥祸乱也。窃谓：生虽异居，死得祔祭，乌用立后！即夫亡遗妻，以从子养世叔母，无不可者。

邱文庄谓：有大名显宦不宜绝。此寓贤贤贵贵于亲亲之中，庶几近是。然必实有德业闻望，为国家光。若不虞之誉，非分之荣，无足算也。

惟生时以序继养者，鞠育之恩，等于毛里。即为之后，而降其所生之服，犹之可耳。然有继后自生子者，为后之子，得归本生。所后父母卒，无论亲疏，服不杖期。抑或出继后，亲兄弟没，本生父反无嗣者，亦当归宗而附所后于庙，他日以众子嗣所后为适孙。

又吾族有贫而鬻子于族人者，名曰乞养。乞养子者不必己无子，有子而犹乞养，欲资其力以卫家耳。亲子成立，养子当还本生，今乃一概书继，不知继者绝而续之谓也。有子而书继，不祥莫大焉。先曾祖未生先祖时，养叔房朝信公为子，向亦混载曾祖下，今欲改归本生，而朝信之父不可考，不得已书抚叔房子。而族之乞养子者遂执此为例，惑矣！曩赤城公，欲以吾叔弟焜后伯君驭公，仲弟焜后伯子汇，子汇乃先叔祖缙云公养伯房子为后者也。今立谱，族人以子汇可不继，君驭不可不继，吾意亦以为然。乃请严命，则曰：若所谓非礼之礼也。长子不可绝者，以传重也。吾兄卒时，先人方壮盛，后十年始生吾，又六年先人卒,兄虽适长,未传重也。夫何后焉,况非大宗子,于礼原不得立后耶。众默然。然卒不能以是律族人也。

至世族应继之论不一,有谓后伯必仲之仲子,无则叔之仲子,不得越仲而及叔,亦不得越次子而及三四子。后诸弟必伯之仲子,伯无仲,乃以次及仲叔季子,亦有谓继兄弟子必从其多者。又谓长子外惟所欲继。凡诸臆说,不载经传,而于理无大谬。惟长兄子,有时年长于继父,以之为后,似属不伦。至若一人而两继三继,一子而继彼继此,又或独子继人,无子继孙,此皆从财贿起见,灭情悖理之甚者也。今立谱,于此类再四譬晓,正其五六,而有未能遽争者,姑从之而为之解。

(贺长龄、魏源辑,中华书局 1992 年影印本)

《皇朝经世文续编》卷五五,《礼政六·宗法》,杨彝珍《郭氏族谱序》:

昔苏明允为《族谱引》云:情见于亲,亲见于服,无服则亲尽,亲尽则相视如途人,幸其未至于途人也,使之无至于忽忘焉,此谱之所为作也。意盖谓以一人之身分而为兄弟,又分而为兄弟之子,再递分而衍为不可纪极之支属,其中丰悴不齐,势每播迁散处多茫然不能悉其世次,遂至喜不庆、忧不吊;且不惟喜不庆、忧不吊,或因睚眦之衅积不相能,即刺刃于其腹中,而其怨毒犹不可解,何天性至于是之忍哉!盖由服属蕃则势日离、情日疏,常不得绸缪相浃洽,复用苟道以各营其私故,忍而至于斯极也。由是言之,则欲维系畔散乖异之情,莫若为之谱以纪其世系,使之日取而省览焉。知若者为昭属,若者为穆属,等而上溯之,其初皆一人之身也,以一人之身循其趾至顶,少有所创,则痛必彻心,其全体亦皆为不适。若欲引刃以自残其肢体,是虽犷悍猛勇如贲育成轲之徒,有断然不忍为此者,匪惟不忍为此,苟猝遇水火盗贼之变,与夫猛鸷毒螫之戾,近于前无不亟引手捍蔽之,使无灾及其体也,然等体也,岂爱同体不如爱其体哉!故曰:观于谱而孝弟之心油然而生者,谓此也。桃邑郭氏久为方雅之族,其兰生孝廉又族望也,凤慨末俗宗法之敝,尝以辑睦之义勉其宗人,兹因修家谱成问序于余,余因取明允之旨发明之,以弁于首,使郭氏之宗人览之,益当油然而生孝弟之心也。

(葛士浚辑,光绪十四年刊本)

《皇朝经世文续编》卷五五,《礼政六·宗法》,葛学礼、张坚填《南邑唐氏续修族谱序》:

南邑唐氏之有族谱也,始于乾隆乙亥,成于庚辰,补于壬午。言不崇华,事必据实,具见于乡先达序文中。同治建元之三年,其所谱始祖之十二世孙善收族,续修之志与创始同,而所遭有难焉者。然此犹一人一家之事,无庸余言。培以七十二岁之老诸生,当兵燹之余,续而修之,而请序于余。余惟谱所以也。夫自周道衰而姓氏不讲,庶姓别于上而戚单于下,有世数未远而通昏姻者矣。文中子云:任、薛、王、刘、崔、卢为昏,非古也,何以视谱。夫任薛同出黄帝,王刘同出唐尧,崔、卢同为姜姓,则氏别而姓同者为昏,古人犹非之,况姓氏俱同而可相与为偶邪?取妻不取同姓,礼有明文,律有大禁,而或且贸贸以犯之,甚至有读书能文章而亦躬蹈此失者,彼盖意先世非同出耳,使家有一谱而以时修之,以时视之,岂复有此失邪?若夫合族属治际会,长幼有恩,亲疏有别,此尤视谱者所当知而无俟余言者也。然则族谱之修其有关于世道,岂不大哉!余故不辞而为之序。

(葛士浚辑,光绪十四年刊本)

《皇朝经世文统编》卷一〇七,《杂著部三》,《谱牒论》:

宗谱者,国史之流也,所以传信,非以传疑。《记》曰:君子反古复始,不忘其所由生,此物此志也,岂设观夸美之书也哉!昔天子建德因生赐姓,《书》言平章百姓,又言锡土姓,《周礼·小史》则奠系世、辨昭穆,其法旧矣。迁《史》搜集遗文,有《五帝系牒》、《尚书集世纪》等书,魏陈群九品中正之法行而氏族重,晋挚虞作《族姓记》,后魏尤重门第,有四海大姓、郡姓、州姓、县姓之等,《隋书·经籍志》有谱系篇。诸州姓谱,迄于唐代,故家大族均数十世传系不绝,五季衰乱荡然无存,有宋之兴,庐陵欧阳氏、眉山苏氏始创为族谱,后世俱仿而行之。《礼·大传》曰:上治祖祢,下治子孙,旁治昆弟,合族以食,序以昭穆,别之以礼义,而人道竭矣。又曰:尊祖,故敬宗;敬宗,故收族。然非有谱牒以联之,则尊祖敬宗收族之法何由而生,故仁人孝子水源木本之思,尤不可一日而忘诸者也。吾吴风俗近古,族必聚居,自始基之祖下逮子孙,恒数十世不去其乡,尊祖敬宗收族之道讲之有素,故谱牒之修特盛于天下。然尝考六一、老泉二谱,上溯止高曾五世而已,以二公之博雅,岂不足以旁搜远绍?乃谱图所及,□宁隘毋滥,若此亦犹春秋之文,隐桓多阙。子曰:吾犹及史之阙文也。夫以能阙者为难得,则知阙而求其不阙者之妄也。曾文定公叙其先世至一十三,世人尚疑之,古人之郑重于所自出也。如此,后之人亦当有以鉴之,知其不可妄增,即知其不可妄去,而谓可师心自用削夺惟我哉!何近世士夫不知此义,专以门第相高,或引遥遥华胄,或附赫赫名宗,于世次茫昧书策无征者,俱欲一一贯串而详系之。甚而远溯三代以前,传系至百有余世,将万姓统谱以及郡邑传志胥钞联缀,不顾人之讪笑,是望远者欲见其形,听远者欲闻其声。而更有可痛者,将嫡派祖先削去,易以前代名贤,不顾祖功宗德之湮没,不问春祀秋尝之歇绝,是祖宗未致庭坚之不祀,而子孙反使之作若敖之鬼矣。此尤为不肖之甚者也。且夫谱之作也,将以尊祖敬宗而收族,笃亲爱而成

第十二篇　族谱

礼让者也。其为意也深,其为教也详,岂仅以世胄相高也哉。如欲光显其先人,则当磨砻于道德,奋发于文章,卓然有以表见于世,以大其宗,斯可耳,奚必沾沾于谱牒之求。不见夫欧阳氏、苏氏之谱,叙止五世,而风流标举自足百世明之。李北地《空同集》中所载族谱六篇,族姓甚微,而亦不失为名家。吾之论及此也,使夫凡为人子孙者一旦憬然自悟,断自可见之世,或据以祖先冢基,或证以前代碑碣,斯不诬其祖宗,则祖宗之灵爽可凭,祖宗之灵爽可凭则一本之亲得而报远,崇先之义尽矣。是所望于世之为孝子顺孙者。

（邵之堂辑,道光版）

陆燿《切问斋集》,《申氏族谱序》:
申氏之重修族谱,一举而家国之间两有维系,斯其事为足述也。
（乾隆五十七年晖吉堂刻本）

家谱道先世本末,重在世德不在世禄。
陆陇其《三鱼堂文集》卷八,《傅氏家乘序》:
故吏部尚书惺涵傅公暨少保掌雷傅公,父子先后居高位,文章事业彪炳宇宙,灵寿傅氏于是乎始大,天下共仰其勋名,而莫知其何以至此也。余至灵寿,见其《家乘》载:其先槐轩、岩轩、朴庵诸公累世积德,敦庞醇固,然后知二公之彪炳于宇宙者,其来有自。譬诸水然后有星宿之源,然后有龙门砥柱之奇。有岷嶓之源,然后有彭蠡中江北江之盛。未有无其源而其流汪洋浩淼者也,亦未有有其源而无其流者也,特患闭塞壅遏之,则亦终于涸耳。有人焉引而导之,岂有不滔滔汩汩者哉!然则求水之盛而不涸,无他,亦尝浚其源而已。求家之盛而不衰,无他,亦常积其德而已!故二公者,特善浚焉者也。使傅氏子孙皆能浚焉,常如槐轩、岩轩、朴庵之敦庞醇固,则其昌炽岂有艾哉!

辑家乘者,冢宰公季子维檠也,好文而笃行,有父祖风。昔范宣子自言其先世在夏为御龙氏,在商为豕韦氏,在周为唐杜氏。而叔孙穆子云:此之为世禄,不如立德、立功、立言之不朽。余尝疑御龙、豕韦以来必代有明德,故能久而不废,废而复兴。宣子不知,推原其本,而徒夸其世族之盛,所以绌于穆子。今傅君辑《家乘》能历历道其先世之本末,知其所重在世德不在世禄,贤于宣子远矣。傅氏之源其再浚于此也夫!

（《四库全书》本）

《双桥范氏宗谱》谱例要旨。
储大文《存研楼文集》卷一一,《双桥范氏宗谱序》:

《春秋左氏传》曰"晋主夏盟为范氏",而范氏之谱系其克始见于经也,视它族尤确。唐定官族,而范望高平,故宋人书文正忠宣曰"高平范公"。高平郡,今兖州金乡诸县是也。文正公,百世之师,凡承学士胥宜颂肄之。子参谋右仆射忠宣右丞恭献环帅,胥号名臣,而恭献子徽猷公,孙承议公。又三世至主奉公平江府牒,主文正祠。又四世至望江公叔望,当宋德佑、元至元间,携文正公图像、一玉玦、一析产楮、一缺鉴半,由吴徙邑之中巷,婿于余。由中巷徙西望圩,又由西望圩徙巷内双桥,遂为双桥始迁祖。子四析,东西南北分,自东分徙滇,而西分怡溪公得良,遂世为大宗。子又一世至参议公豫,饩于庠,以贡籍南曹,仕至澜江参议,惠政著闻。望江公四世孙昂偕宛庄蒋昂,胥以赀雄号东西昂。宅有双桥,所谓双桥范氏也。桥析东西两巷,所谓巷内双桥范氏也。望江公五世孙经以贡籍南曹,仕至知滇赵州云南县,复用政迹闻,尝著《乐山文集》、《逸居诗》,艺林竞尊之。望江公五世孙绮中,明孝宗辛卯府尹试式,而其它仕朱邸、籍六馆、列胶校者,前后殆踵相望也。婿少司空沈公子都事公让,以彬雅著。甥西山先生杨公湛露,以节著。而双桥之望于邑也,滋益炽。爰至国朝,英彦森起若虞庠观水,子文甲郡邑进士科,芳洲君铨注南曹,行武参政右仆射右丞六馆胶校籍,殆难遍以疏,举丁口日衍书板者,多至千四百有奇。而双桥之武、高平吴以列谱望于汝南、武阳、华阳、清江、吴兴、黄县、留台间也,亦滋以益炽。

今展双桥谱,有图,有传,有小传。其书坊里,曰双桥,曰西望圩,曰高庄,曰巷内。其书宗祠,曰高庄大宗祠,曰巷内小宗祠。其谱例,曰明宗支,曰详适庶,曰定升降,曰辨真伪,曰撰先美,曰严笔削,曰别丑类,曰重婚姻,曰正嗣续,曰厘名号,曰志始居。谱义,曰睹亲疏之义,曰识长幼之序,曰知适庶之分,曰观盛衰之理。而其裁谱式而俾不穷也,曰图列五世,传已,自五而递六矣。复提五世作祖,因而重之,曰列之以分而不以房。曰有图斯即有传。复有有图而或无传,更有有传而又无图,整以变,严以恕,重有符于《颜氏家训》、《蓝田乡约》之旨,而克为氏族谱、衣冠谱,以阐宋二贾李韦柳林氏谱学,而非宋元明诸谱傅会肤末之学所克逮也。夫汉魏迄唐,谱列于史籍者不下数百家。至宋,而史所书裁载五六家,虽欧阳、苏氏亦未殚其奥窔,而寿州吕氏、吴范氏至今谱独传,盖谱以人重,寿州有成公,吴有文正公,故其书久而克传。

双桥人士工文章,喜谈节义。予爰仿彦升任氏之武阳,尚表欧阳、苏二文忠公之碑,吴文正公、华阳蜀公近日华亭沈詹事之志,首辅甲族,序次宗谱,彼孟博希、文景仁暨穀梁注序,宋天圣迄绍圣奏札,明堂长啸赋,唐鉴石湖清江诗律,衺延邑里,锡弈闳衍以弥,振吴高平之谱望云尔。若夫文正公、蜀公胥举礼部第一,而殿试则文正九十有六名,蜀公七十有六名,此可补高平谱之缺,且为滨震泽诸邨聚先声,而双桥科目仕宦业已烂如矣,意于此晋绎之,抑亦由末溯本之一助也。

第十二篇　族谱

(《四库全书》本)

析支演谱,与史录相表里。

储大文《存研楼文集》卷一一,《吴氏宗谱序》:

由汉宋衷《世本》而后谱学懋兴,而载《四库书目》、《崇文总目》其尤盛者,莫著于王僧孺《十八州谱》七百一十二卷,高士廉、韦挺、岑文本、令狐德棻《大唐氏族志》一百卷,柳冲《大唐姓族系录》二百卷。至若膏腴世族家自编录,如苏氏、谢氏、东莱吕氏、薛氏、颜氏、虞氏、孙氏,吴郡陆氏、刘氏、徐氏、周氏、施氏、马氏、窦氏、鲜于氏。胥传谱而其尤盛者,莫著于石泉王氏之《家牒》十五卷、《家谱》二十卷。又王氏《著录》十卷,赵郡东祖李氏之《家谱》二卷,又李氏《房从谱》一卷,《韦氏谱》十卷,又《韦氏诸房略》一卷,裴氏《家牒》二十卷,荥阳《郑氏家谱》一卷。谱以订史,所谓一观诸要也。谱学至宋而寝息,类例尟要。今世传谱,又多明人拟作,故莘县王氏谱,震川归先生尝疑其赝。寿州吕氏谱,虽详东莱先生世系,而与周益公叙次殊多抵牾,又胥不载于史,而其它载史者,亦殊尠此。宋人无谱学,所以无史学也。明人益不讲谱学,海内世族系率多传□纰浅,而衣冠甲族之极盛者,如:真定梁氏、蒲州杨氏、三原温氏、新城王氏、商丘宋氏、灵宝许氏、巴县刘氏、黄冈王氏、吉水李氏、南昌刘氏、南海梁氏、晋江王氏、闽莆田二林氏、余姚孙氏、平湖陆氏以暨江南北之兴化李氏、太仓琅琊太原二王氏,析支演谱,胥与史录相表里,至今犹可考核,而予邑吴氏其最也。……

(《四库全书》本)

家乘略可信矣,而碑志半谀墓之词。

朱鹤龄《愚庵小集》卷一〇,《复沈留侯论修志书》:

邑志之不修,于今百余年矣。鲈乡事迹颇备,而笔法微欠。史裁鲁庵,水利特详,而典故尚多失考。好古君子尝欲起而订定之,况百年以来人物之瑰奇,文章之弘富,水利赋役之变更,已大非二公之旧不及。今捃拾前闻,搜讨佚事,后必至放失磨灭而不可复求。夫郡邑之有志,昉于《周官·小史》,由来尚已。史局开纂大者据实录,小者据家乘、稗编。然实录分修,主裁非皆良史;稗编杂出,采撷或误传闻;家乘略可信矣,而碑志半谀墓之词,子孙多溢美之语。惟郡邑二志修之得人,则闻见真而网罗备。一方文献即国史,权舆其事,岂不重哉!又况丧乱以来,故家谱系日就销亡,人事迁移,渐趋茫昧,及此时而大肆考求,使三百年之典故粲然明备,以佐异日良史之取裁,岂非吾党诸君子之责哉!……

(《四库全书》本)

古授姓期于别族，今叙谱重在合宗。

毛奇龄《西河集》卷二七，《坡山朱氏族谱序》：

自苏明允讲族谱于亭，而宋时之为族谱者较今独详。《书》曰：敦叙九族。谱也者，叙之之谓也。顾先王授姓，期于别族。而后人叙谱，重于合宗。是以谢朓称太傅必曰宗衮，杜甫赠杜位亦曰吾宗，诚重之矣。

坡山朱氏族谱者，有宋之所创也。自宋张侍郎文丞相下皆有纪序，而族姓攸肇，则自颛顼后可系按焉。特江右之族，由宋学士公出知洪州，而由洪之筠，由筠之坡，自学士公下历元迄明，凡德业文藻科甲仕籍屈指而数，不可蕞会。以故旧谱所志，屡经更易，犹必统其条贯，节其繁委，分之合之而后成。诚哉！茉聊之远思，瓜瓞之永经矣！

朱兹受先生客游淮阴，往以种婴男秘痘，得禁方书，自漕部使下及于令丞，皆迎而师之。且将赴内廷亲王诸大臣召，而予以家婴之厄于痘而思救之也。谓先生以秘术生天下婴，当蕃其族姓，以飨其报。而先生坡山宗也，出坡山族谱属予为叙。予乃为叹曰：休哉！前王之授姓，则别而渐之于合也。今人之叙谱，则合而实成其别也。不观木之有根荄，水之有源泉乎！始也，以萌蘖而条之枝之；以涓涓也，而于焉沟浍，于焉江淮；然而远条之扬无所于乱，江河之分介于清浊。此无他，经者纶之始，合者理之端也。昔明允为眉山大家，而族谱所纪不及唐眉州刺史，则至洽而至精之故。黄渥可以宗婺州，而狄青不可以附梁国。方今天下合同，里版清晰。家之有谱，抑与国之有籍相表里也。读其书而知朱氏之盛，且因之，可以得古人敦族授姓之义，则内合其情，外分其等，虽先生子姓，必由此更大其宗乎！是亦为政也。

（《四库全书》本）

宗法不讲而世谱兴，学士大夫之为谱，所以维宗法之穷。

汪琬《尧峰文钞》卷二六，《代洪氏族谱序》：

《礼》曰：别子为祖，继别为宗，继祢者为小宗。昔者先王之以亲睦教天下也，画其田而井之，设乡大夫、党正、族师、比长以诫谕之。顾又联之以姓，立为宗法，使之合族而食，序以昭穆。冠昏则告，丧葬则赴。岁时燕飨，相率登宗子之庙。而揖让进退其间，此王道所以隆也。后之儒者，以为大宗既不可复矣，不得已而思复小宗，以存王道于什一。夫俗之不古若也，盖已久矣。

亲亲之谊薄，而欢欣爱敬之心微。彼其视族之人也，诚无以别于行路也，虽其近在五世之内者，既死犹相为服，然特劫于《令甲》而行之耳，非有恻怛凄怆出于诚然者也。即幸而存小宗之说，虚名焉耳已，文具焉耳而。求诸先王亲睦之教，岂有当哉？然则宗法其穷

第十二篇 族谱

乎？当夫法之始立也，举凡氏姓之本末，子孙群从之亲疏，遂迤枝分派别，固不必系之以图，志之以牒，未有不了然者也。自大宗小宗亡，而世谱兴焉。学士大夫之为谱也，所以维宗法之穷也。

吾先世自唐时始居曲阿，一迁傲之官坑，再迁休宁之黄石。宋南渡后又迁洪原，而族始益炽。迄于今日，散徙者不可胜计，然犹莫盛于徽宁两郡之间。其昭穆盖可考也，予愿集吾族告之曰：凡父兄子弟之处于此者，其遂忍视族之人若行路邪，抑犹不忍也？自今而往，傥能守亲睦之遗意，而无废先王之教，则宗法虽不可复，而洪氏之族庶囗犹为近古矣乎！于是方修家谱既成，予序其后如此。

（《四库全书》本）

大姓谱系之传多不可尽信；惟姓之希者，通谱亦鲜，足以征信于世。

朱彝尊《曝书亭集》卷四〇，《云氏族谱序》：

氏族之紊，古病其分，而今病其合。一范也，虞夏殷周异焉；一桂也，吴炅炔殊焉。在下者得以私意纷更，而上之人复以好恶变易，宜其若梦丝之难理。而卒易辨者，则以官有簿状，选举者可考也。家有谱系，婚姻者有别也。自簿状既废，附势者以异派为同宗，而亡国之裔诡姓氏以远祸，每择其最著者。彼夫张、王、刘、李、赵，氏族半天下，岂果其枝叶独蕃与？盖混而合者众矣！此其谱系之传多不可尽信。惟姓之希者，通谱亦鲜，其人序而为谱，足以征信于世。然或生长广邑大都，往往舍己趋附，去鱼而为郑，去胡而为令狐，稽之又难也。

云氏之族有三。其一出缙云氏，而悉云、宥连，魏孝文帝皆改从云。文昌之云祖，元行省参政从龙，其子总管海居于菟湾，累世谱系可考。裔孙生贠某集以为谱，致书万里，请为序。呜呼，氏族之紊久矣！以唐之盛，撰述衣冠房从齿序者不下数十家，而国姓迄无定论。《元和姓纂》作自林宝，而不知己姓所由来，若是其难也。某生海外僻左之乡，乃能考据姓源所自，有条而不紊，其可征信矣夫！

（《四库全书》本）

亲所自出，虽微必溯；非亲所自出，虽贵不援。

施闰章《学余堂文集》卷二，《水阳河西李氏族谱序》：

邑《水阳李氏族谱》成，李君元恺、茂之载其书以示施子，盖取元至正、明嘉靖旧本厘定之。从事斯役者，茂之偕其兄元叔及元白辈，皆贤有劳任，而属张征君芑山为笔削，君子陈书而考其义，盖重有取焉。

夫谱以明系,重吾亲所自出也。亲所自出,虽微必溯;非亲所自出,虽贵不援。狄武襄不附梁公后,识者韪之。李氏旧谱引盘谷李愿为西平郡王晟公子,今辨其非是,断自龙溪公始,则本系以近,而明亲亲之至也。龙溪公肇居河以西,抱德终隐,厥用弗彰为传。其生平及昆弟后裔之贤者,并采轶事,罗旧闻,用以发抒潜德,俾后人有所叹,兴尚贤之义也。他若详世牒述家训,严继立之条,讲惇睦之道,其起例也,简而该。其褒贤抑不肖也,微而显。其为大小传记也,质而不芜。是可谱矣。……

(《四库全书》本)

任氏家乘远溯孔门任子。

魏裔介《兼济堂文集》卷七,《任子家乘序》:

余昔驱车过济上,即闻古春秋孔门任子祀于兹土,未尝不旷世相感,徘徊不能去云。……即自黄帝分别姓氏以来,宗族支派淹没,不知源流者甚多。而任子之世系分明若此,岂非贤者之盛德,食报久而弥彰耶!然由今七十五世以至于百世千世,吾知庙祀血食与天地并久,终不可绝。何者?孔子之泽万世不斩,则任子之泽亦万世不斩也。或曰任子之言语文章既不概见,则学者称述之,疑于过情,余则以为不然。……

后裔南石学□富才敏,与家弟辩若同登辛丑科进士,甚契,持家乘示余,征言为序。余自甲子以来矢志愿学,曾作《圣学知统》,以发明大中至正之传,而终以未得亲炙先贤为歉。读《任子家乘》,如见任子。见任子,因此见孔子矣。司马迁不云乎:"高山仰止,景行行止。虽不能至,心向往之。"愚悲世之人,往来兹地者,不能涓洁藻修,登先贤之堂,思先贤之德,而徒留连于李青莲饮酒歌笑之楼也,其亦不知所重矣。南石兄其敬守先祀,以勿忘先圣之教也。余悬车后将登泰山,趋阙里观先圣之祭器车服,并登任子之祠,而瓣香下拜焉。南石兄其待我于济水之上乎!

(《四库全书》本)

宗之有谱,有经有纬。

姜宸英《湛园集》卷一,《大兴张氏宗谱序》:

宗之有谱,有经有纬。《书·尧典》:以亲九族。九族者,注家谓自高祖以至于曾元,此本吾一身先后推之,故曰经。《礼·大传》:系之以姓而弗其世守。至于唐之既衰,而氏族混淆,收族之道渐□失者,谱学不立故也。虽百世而婚姻不通者,周道也。此本吾一身旁推之,故曰纬。上治祖宗,下治子孙,旁治昆弟,是之谓有经有纬,而谱法尽矣。自周历汉及魏晋以来,虽当南北朝横溃分裂之际,世家旧族皆能讲明谱法。

第十二篇　族谱

(《四库全书》本)

直隶

顺天黄氏

光绪顺天《黄氏支谱》,《序》:

我黄氏世系江夏,自九世讳和公迁新安,二十一世讳昂公迁黄墩,二十九世讳思聪公迁休宁之五城镇,五十六世高一公迁顺天,遂为大兴人,祖籍则仍五城也。仕途流寓,坟墓多权厝,后世往往失其所在。承琳幼随先大父南河桃厅署,值清江乱,侍先父母避山东临淄。临淄复乱,先母弃养,仓卒迁避,衣物荡然,家谱随火尽。时承琳甫九龄,侍先君子依桐城方范庭姑丈直隶威县官廨。又四年先君子弃世,同治己巳承琳始游齐豫,又次年至宁夏,隶张朗齐宫保节下。出嘉峪关,历哈密吐鲁番南八城,奔走于征尘马足中者,又十在六年。夫只身万里之外,鼙鼓烽火之间,家世式微,族党暌格,窃自伤矣。每念先人坟墓多寄厝不犹偏识,频年来乞亲友访查。历赖指示,阅其地址,同幼时见闻者一一吻合,因陆续购归刊碑表识。光绪乙酉,拟重修家谱,爰寄书王城,录寄副本,后与宗人雪香司马慎之修撰,爰之登等五十六世后多遗失,又赖中表李冬涵部郎家所存先泽,补其缺略,盖成谱若斯之难也。谱既成,因志其颠末以贻子孙,俾知统绪。时光绪十有八年二月既望,六十世孙承琳谨识。

(光绪十八年刻本)

沧州孟村西赵河刘氏

民国沧州孟村西赵河《刘氏族谱》,乾隆《序》:

十二世懋官衰老食贫谨守一经。每读书至范文正公之赡族庇众,无不流连三复而叹:古人一本之谊何其重也!刘氏本南京应天府上元县二郎冈人也今时制更为江宁府。自前明始祖兄弟三人充洪武银牌先锋,多著战功。后调锦衣卫督指挥,靖难有功,明永乐二年封迁占地,遂于沧州牛进庄,西赵河,南皮县黑龙村三处兄弟分处而居焉。及我大清定鼎又百余年,族人繁重,迁徙不一,世愈远而情愈疏,每多庆吊不闻,亲疏莫辨,所谓一本之谊安在?亲亲之道何存?岂不伤祖父之心而滋子孙之戚哉?皆因家谱多年未修,木本水源之道后世茫然不知耳!余时与族属长老有识者言论及此,相为恻然。所以,勉修家谱经联涣散之情,使源流清晰,洞然明白。后世子孙之览者,人人皆知所自出之亲,自吾亲而上追之皆吾亲之所从出者。焉有不知吾父吾祖之父之祖者乎?吾爱吾子孙,自吾身而下推之皆吾身之所出,而分之者也知吾身之所分出。子复生子、孙复生孙,焉有不知为某子某孙之子之孙者乎？自是庆吊而不闻、亲疏莫辨者，或亦鲜矣。古人云：三世不修家谱谓之不孝。今由余伯祖宾实公续修家谱而后将近百年已三世矣，无惑乎？其多缺略遗漏也。余不惮烦，兢兢业业照旧谱而载先代，增新谱以启后人。庶上有以对祖宗，下有以传子孙，使永存而不忘也云耳！

时大清乾隆四十二年岁次癸卯，十二世懋官馆于天津府穆家庄敬胜书屋谨识。

（民国十六年刻本）

民国沧州孟村西赵河《刘氏族谱》，道光《重修谱序》：

盖闻圣谕有云：修族谱以联疏远。每忆斯谕，不禁三致意焉。余族始祖兄弟三人于前明永乐二年自南京迁居北直隶，来由居止前序载明，不复重叙。第自族祖懋官于乾隆四十八年重修族谱，经今已四十余年矣，简断篇残在所不免。倘不及今续修，延及后世，添注何从？遂约会兄弟等协办此事。当即请北阁绍参弟新谱一览，殊觉堪为式型，是以仿其大概增补续修矣。余于是不能无虑：时值隆冬，恐难办理……幸芝芬弟朝夕照应，供济柴薪。更赖恒占弟不避严寒，昼夜书写，越二月而谱成。其余兄弟采访较正、经营资助，亦与有力焉！籍此以联疏远乎。余等苦心亦或少尽。是为序。

时大清道光十年岁次庚寅嘉平望七日，十四世一龙谨志于敬业书屋。

（民国十六年刻本）

民国沧州孟村西赵河《刘氏族谱》，光绪《刘氏宗谱续修总汇序》：

呜呼！吾族宗谱之修，其为重且难也久矣。相传谱创修在胜朝成化间，嗣是续修者四。自道光十年族祖静堂公次咸公等续修以来，迄今将八十年，已历三世。问其子孙以父祖讳字，稚鲁者多茫然不能举，似不亟图之，再阅三数十年，将舛互不复可理，事故如此其重也！而吾宗枝叶蕃衍，散处远近者不可屈指数，欲遍为详求，则采集为难；欲约以期会，不惟延纳需人，而且食宿何寄，则款接为难……此所以谱欲修而且止也。先斌卿族兄性明达，勇于任事，与典谊等同气，常以家谱未修为念。光绪戊戌秋，又以祖茔失修，创意欲两事并举。即商之，遂命其次男溶塘偕族叔杏桥以其意遍告。百里内外族人莫不踊跃乐从。又寄示典知，典即于己亥正月初旬自安平遄归，襄办立碑撰文及树旗诸事。适典又以公事回署，约以各支稿本寄至安邑，得徐为排次续入，以成新谱。迨四月杪，修墓竣事，五月初，族众会集虔祭祖墓，合族缀食无不欣悦，而所集之资有绌无赢，各支开载又多未能委悉，于是修谱一事不得不付诸强弩之末而俟之来年矣。庚子岁，拳匪烽起，吾村实力其砥柱。辛丑壬寅间，联军往来安平，而典染沉疴累年卧床褥者。九月至十月，兵燹渐定，道路粗通,始能力疾旋里,而典已抱终天之恨!且斌卿兄之仙逝又数月矣。呜呼,尚何言哉!自兹忽忽摇摇苫块余生无复聊赖,日月浸寻入新岁,来年已七十有三。景迫桑榆,行将就木,又恐斌卿兄所裒集者复归散失,爰商之溶塘侄,俾将各支已寄到者检阅抄撮,典又粗为排定,略成谱草。迄于十有八九世,岂曰可以无憾哉,亦有所不得已也。嗟乎!典自髫龄受书,其时父老耆硕犹能举其所及见闻祖德之懿勖励小子相期以显先人之绪。而典徒以冷暑寒毡株守一经至于白首,谨立石作颂亦何足扬前休于万一!乃复欲以搜采补葺,使祖宗胙衍葛绵之遗皆不缺不漏,以明先泽之愈远而愈洪,顾又不能然。转以待尽之年,止就目前所可知远迩所录寄存此崖略,典之心不滋恧乎哉!然使后嗣之贤者能因是而修之,知续谱之重且难,而务终其事,广罗以博其咨访,和协以裕其物力,普集阖族之人详核而备叙之。令属在吾族咸晓然于分合断续之故,用以补其阙而永其传,是又典所厚望也夫!

光绪戊申八月朔日十六世典三薰沐百拜谨序。

(民国十六年刻本)

盐山吴氏

光绪沧州盐山《吴氏族谱》,《序》:

从来族谱之修,所以统宗收族使人不昧所由来,因以笃亲亲之谊也。此如有本之水分流派别,而众支总本于一源,故君子务敦本焉。且以思祖德重辉璜,水之渊源可溯,宗功丕著,奕世之基绪弥光。彼朱子家箴首重乎昭穆,欧公族谱端详乎系图,凡为子孙者不皆当取法也哉?吴姓累仁衍庆源远流长,使不追叙其世次,子姓日繁,历世久远不可复纪,难免忘本之患矣。吾友子琛先生桑榆晚景犹兴修谱之思,谋于诸君子共办盛事,有任谘访者,有任校核者,有任纪录者,数月间而谱以成。及竣事,问序于余,余不禁欣然曰:"是非能敦本者兴,是非能以孝于亲者推而极之,至于祖祢之所自出,更广而暨之及于同祖祢之苗裔者兴,其族必由是而兴起焉,合爱同敬之风将于是乎大著也已。"余惟是恳切言之,聊述追源报本之大义而乐为之叙云。时大清光绪二十二年岁次丙申季秋仲浣榖旦,钦加同知衔由同治癸酉科拔贡生朝考一等选用知县牵掣河南历署夏邑等县知县刘传任拜撰。

(光绪二十二年抄本)

光绪沧州盐山《吴氏族谱》,《峨圃公叙》:

《传》曰:万物本乎天,人本乎祖。由后而返所自始,虽历代久远支分派别,永无错误之患者,良由族谱之修,统宗收族使人不昧所由来,故尔合爱同敬之风于是乎笃焉。尊祖敬宗实属尽伦之始,继先待后允为敦本之原。莫为之前,文献不足为将来观法地;莫为之后,则本属一脉之传将任其涣散而难免舛误,此系后人责不容诿者也。吴族自赐姓以来,历代数十支派繁衍,几遍海内。不惟石岭璜源谱修屡次,只为在本郡者五十八支之一即别支编修亦多终未会归于一,固属憾事,然支繁地隔势难毕纪,亦无如何。今者一族同在沧盐占迁析居数百年,世虽各序谱终未合,事尤所当急者。先世早有斯志,历年未就,近与胞弟怀琳年皆老迈,不揣固陋,因与合族老成者公议,又有祖孙增坤不惮劳瘁,按支谘访参互考订,汇集一谱,虽资力不足,难为刊刻,暂为誊写数本,分派收藏,世次昭然而不紊,支派清晰而不谬,亦堪为日后共族之一证焉,敬承先志以俟后之能继之者。时皇清光绪二十二年岁次丙申辰月榖旦。

（光绪二十二年抄本）

光绪沧州盐山《吴氏族谱》,《虞臣公序·谱议凡二则》：

朱晦庵曰："人家三世不修谱,则为不孝。"石林公曰："凡为人后稍有知识者,当以谱书留心。前乎此而谱不立,吾不知其谁始,因不能无憾;后乎此而谱不立,则吾同姓子若孙之罪也。"由二公之言观之,则吴氏之谱未续者数十世,未刊者数百年,今犹有以修谱为多事者,吾不知其存心何也,岂人情乎？

程伊川曰："族谱之修在明一本而溯其源,所以尊祖而敬宗也;究万派而清其流,所以别亲疏之远近也;辨昭穆等降之殊,所以识尊卑之次第也;行吉凶庆吊之礼,敦孝友睦姻妊恤之行,所以崇宗族之典礼也。夫典礼之行达之天下,所以和民而善俗者也,谱之时义大矣哉！是以古今重之。"

（光绪二十二年抄本）

沧县于氏

沧县于庄子《于氏分谱》,乾隆《序》：

自昔《尧典》立祖,首亲九族。《周礼》垂训,爰重五宗。诚以木本水源之所系非轻,敦睦之攸关至重也。但支分日远,无以联之则情日疏;生息日繁,无以考之则人日涣。将欲溯渊源叙流派,非族谱一书奚赖？余家系出山左,自有明永乐初年迁实沧,遂隶本州忠二里五甲民籍,附城卜居而家焉,迄今数百余年,历衍十二世。而谱牒之传,旧有稿本。本谱内以先世迁居日久,世系宜清,前代名讳、原籍实存,谨一迁祖栾公为第一世,其中世代源流以及生年卒葬,有征者记载必详,失考者不敢附会。自岁己巳至乙亥,修谱者非一日矣,及今又将数传,正旁迭出,瓜瓞日衍,倘不于此焉汇而谱之,将大宗小宗之无序,为昭为穆之必紊,散居析出非特情不相联,几至见面而不识,其于敦宗睦族木本水源之谓,何而可听?其涣而不聚、远而莫征乎!今姑为搜集存其大略,庶于循流溯源之下,不忘承先启后之传,亦可为异日鸠集通族复图美备之肇基云尔。乾隆四十八年岁次癸卯夏月合族沐手谨识。

(于兴泉整理,2002年印本)

沧县刘氏

光绪沧县《刘氏族谱》,同治《序》:

窃闻吾始祖自明初因居官随驾北迁,家居渤海以来瓜瓞绵绵,子孙绳绳,家乘赫然显于沧郡,固吾刘氏甚盛时也。迨至明初祚迁,清初定鼎次际,吾刘氏落魄已甚,又不幸家祠遇灾,数代之神主仅存,谱牒缺遗,一族之支派有失,诚令人追忆感慨,徒扼腕无如何矣。今因六世祖讳焘公,七世祖讳维城公、维增公、维庄公、八世祖讳余泽公、延泽公、寿昌公、镇邦公,茔域近乎河岸,久被冲刷,将损坟墓,不得已今有十三世孙九江、十四世孙桂林、十六世孙恩荣,集族人公议,于庚午孟夏望日将七世祖、八世祖敬启奉安葬于梁屯西南隅老祖茔之右,至次年春又公议重修吾族之谱。静思世系履历上追本源,下序支流,所系匪浅,尤不可不因前式重修者,余虽昧,已固陋勉泛事焉,至功竣之后又恐后人疏忽,故谨叙此以志之。时同治十年岁次辛未夏月穀旦,十五世孙友三字辅仁顿首书。

(光绪二十九年刊本,刘辛庄刘德瀛、刘建国、刘镇连藏)

光绪沧县《刘氏族谱》,光绪《序》:

我刘氏之有族谱由来已久,始祖自明初之时由为官北迁,遂卜居沧州之上河涯而家焉。相传五世,子孙绳绳,人丁甚盛,屈指而计之共有四十支。长门气公之子带川公,生而颖异,有经天纬地之才,嘉靖年间丁酉戊戌连登科第,身历仕途,南征北战,所立战功不可胜记,由职方司主事,历官封疆大臣、都察院左都御史,一时之显赫固彰明卓著也。迨崇祯末年,刘氏家庙族谱一切住居房屋均遭回禄。国朝定鼎之初,所有地亩尽被旗圈所占,一败涂地,至于此极。数世而后,虽有志欲继修家谱者,奈财力不及未能遂愿,又兼文献不足,遂绝笔焉。迨乾隆四十六年,十三世孙梅和公欲继先世修谱,搜查合族神主,只有气公、瓒公、珮公、环公四支历历可考,上河涯东南、东北二支,虽有神主,与前代不接,梅和公不忍令合族失续,格外修副谱一本,其余三十四支皆室嗣无考。今吾族重修家谱,欲继梅和公之志,另修副谱一部,如有自上河涯迁居他乡之裔欲来续谱者,按谱稽查,历代一字不差者可入正谱。若于先世不接亦世代有可考者,即入副谱。庶不使一派之子孙视同路人已尔,是为序。光绪九年梅月榖旦,十五世孙奉璋、钟华、友三,十六世孙毓鑫、育芹、德崇,十七世孙庆斌、观德、祖侗谨述。

(光绪二十九年刊本,刘辛庄刘德瀛、刘建国、刘镇连藏)

沧县张氏

民国沧县孟村《张氏家谱》,宣统《家谱序》:

吾族自前明永乐二年由山东青州府乐安县迁居于沧之南杨村,迄今五百余年,忠厚传家,勤俭继世,无奈务农者多,读书者少,遂致族谱失传,宗系无考,后之子孙欲报本追远不免有数典忘祖之愆,寿顾而伤之。于是访诸祖父,问及叔伯,爰订族谱一书。其远而无考者,若始迁之祖、旁分之支,敬阙之,不敢妄为附会。确凿可据者上推至十五代,自始祖干公为一支,源流叙清,存之以为吾氏谱书之权舆,俾世世子孙接续重修,庶不至茫然而无所依据也。夫时大清宣统二年岁次庚戌新春元旦灯下,十四世孙寿山谨述。

(民国十七年本)

盐山吴氏

民国沧州《吴氏族谱》,光绪《序》:

吴氏先祖自明初迁徙以来,有占居海丰者,有占居南皮者,有占居沧州盐邑者,各处有谱,相传无讹。一经明末兵燹以后,独盐邑沧州失谱,二百余年阙如也。幸沧盐邻近村庄不断往来,世次未紊。兹吾子琛兄上承先志,兴言修谱,俾祖孙增坤探访,仰藉峨圖兄誊写集本族同人汇编,颁送各支,是何如盛举也,余故乐为之叙以纪其实云。时大清光绪二十二年岁次丙申季秋仲浣榖旦裔孙式益拜书。

(民国八年续修本)

东光孙氏

民国东光《孙氏族谱》,咸丰《初修序》:

窃闻人之有祖如木之有根,木之荣也,虽千万枝叶而脉理条贯井井然系于一本,旁观者一览而欣其舞余也。若同宗一脉之人反杂然惯然不知所从出,其何以洽同姓之好,而敦一脉之情哉?故欲联情谊先明支派,形诸论说不若订为册籍为尤切也。念我祖圣公原籍山东即墨县,于大明永乐二年奉旨迁大族实邦畿,移居东光县城北火把刘家庄,剪荆棘入版籍,遂为东邑孙氏,迄今五百余年,凡十余世子孙蕃衍不可以屈指计,恐愈远愈蕃,愈蕃愈远,东西南北之迹疏则叔伯昆弟之谊薄,小子深惴惴焉。道光十八年玉书、维宁兄公议修谱,商及小子,以示阐发继述之志。缘小子外出教读,无人办理,其愿未遂,实小子不孝之深罪也。兹回籍享祀先茔,聚族而饮,奖善劝顽之间,见子孙蕃衍,酬酢有礼,一问其为某祖所遗,茫然不知,讵非从前无修谱析志之咎哉?族侄永太、化方等有鉴于此,不禁跃然起曰:"吾族其盛如此,非修谱析志何以条分而缕析?"质诸族人,莫不油油色喜,欣欣向义,以为其法良、其意美,于是同请于族长之侧,上溯渊源,下分支流,谨按经纬广派子孙口喧笔志,未费丝毫之力,而谱遂成焉。呜呼!是谱既成,家晓户谕,后世按谱而索之,莫不欣欣喜曰:某某祖所出也,我某祖所生也,某祖与某祖父子也,兄弟也,水木源本之义明,而亲亲睦族之心勃然兴矣。显微阐幽之义伸,而砥行砺名之志毅然作也,修谱之意微乎,渊哉!《诗》曰:"孝子不匮,永锡尔类。"永太化方其有焉。又云:"无念尔祖,聿修厥德。"凡我子姓尚慎勖之行,不文且衰,躬睹是谱之成也,故有言于简弁。时大清咸丰四年秋九月吉日,十三代孙维翰号砚田字一年斋沐顿首谨序。族长十二代孙可英、可景,十四代孙永太、化方熏沐顿首。十四、五代孙化龙、奉先敬书。十三代孙维雄、维宁、龙阁、玉书、垣平、和平。

(民国十三年新刊本)

民国东光《孙氏族谱》,光绪《三修序》:

窃思人一族有谱为清支派,虽户大人众修立家谱,逐支查明,溯厥渊源,广派子孙某祖与某祖兄弟,某祖与某祖父子,一一书明,秩然有叙,而家传遗失,无人记志,虽有谱,与无谱无异矣。族叔鲤门秉礼公二人因念及此,日夜踌躇,恐其废弃,邀及族人共同议矣。伏思我本族自咸丰四年修立家谱,至同治十一年补叙一次,事虽近微,共成盛事,岂非我族人之大事哉?然而莫为之先,虽美弗彰;莫为之后,虽盛弗传。迄今二十余年,子孙愈蕃愈远,愈远愈蕃,若不再为修补,则继述无志、承启无人,后效故难图也,而前功亦尽弃矣。复念及此,不禁跃然起曰:"吾族其盛如此,不可听其遗失。"于是择补良辰,公同补叙,小子适逢其会,虽年近八旬,亦乐从办理焉,是为序。时光绪二十二年孟夏月上浣穀旦,十五代孙奉先斋沐顿首序,族长十四代孙鲁堂字秉礼。

(民国十三年新刊本)

故城祕氏

宣统故城《祕氏族谱》,康熙《序》:

家之谱犹国之史也,务使族属有辨尊卑,有序长幼,有别彝伦,秩秩而垂奕,祀谱所系者，不与史俱亚哉！但岁久事淹，卷帙残缺，子孙弗克守，其典故比比然矣，赖后贤起而修明之，于是穷搜力索，辑传志，核碑铭，以及制敕政绩，靡不条分缕析成一家言良足多耳。呜呼！今祕氏一谱，史之义在是矣。溯其先世由北通州里儿寺，占籍故城居郑镇北之五户村，自有此谱则里邑迁徙可证也；始祖而下业农，三世为庠生，代有名儒，六世乃贵显，七世八世先后屡举孝廉，至九世成进士，以明经登仕籍者指不胜屈，自有此谱则文章吏治可考也；兼之纯孝有人，殉难有人，坦率颖异秀丽有人，笃行好学有人，自有此谱则潜德俊彦可稽也；至于贞女之被房不屈，刘氏之死之存孤，自有此谱则妇道节烈益可彰也。嗟嗟，谱虽具在，非德兰公置身青云光昭前休为之缵记修辑，曷克臻此，且公之芳轨懿行又乌可泯泯耶？其伯父永甫公之嗣公奉养数十年，既殁，复营葬成礼；其兄伸枝早丧，家道零落，公痛同气之不祀，中分其产为兄立后；舅氏袁君贫困，公能曲体母意，赡给弗懈，子若孙咸周恤焉。猗欤休哉，公可谓能大其家矣！从此振振绳绳历千百世而寝炽者，公实有以开之。盖祕氏谱非第如欧阳氏、苏氏纪其嗣续繁衍而已也。嘻！行将与史册争光矣。

康熙三十三年甲戌六月吴下冯最勉曾拜稿。

（宣统二年重修本）

宣统故城《祕氏族谱》，康熙《序》：

族之有谱也，所以通宗法之穷也，非仁人孝子不能作也。古者有封爵则有采地，故家能立庙，而大宗小宗之法士大夫皆得行之，非独天子诸侯也。厥后官非以世，公卿半起田间，采地不置而宗法废矣。于是仁人孝子不忍没其先而乱其族，乃为之谱以纪之。其初起自梁隋而唐宋元明以还，于今不易。统系相接，世次不紊，境犹存焉。然事非一人之事，心非一人之心，苟非实有感于亲亲之重而不辞劳不惜费，则筑舍之谋未有能底于成者也，故曰非仁人孝子不能作也。故城祕仲负先生以进士累官水部郎，余与久处京师，往还特密，其应事接物未见急言怒色，而感深风木，闻人言庭帏之乐则惨形于颜，盖未尝一念忘其亲，故能推孝于伯父，养生送死如其父焉，推爱于舅父，解衣推食如其母焉，且为兄立后，析产均财一无吝私，非仁不遗遗而孝思不匮者能之？聊今谢病家居，悯族谱之缺略，有敦本睦族之义，不谋于众而独力为之，家询户咨征各考字亦綦难矣。谱成，乃因贾君青南问序于余。余按祕氏自北通州迁故城十有二世矣，年日益深，齿日益繁，文学科第日益盛，则编注非易而挂漏之虞或所未免。今其世系所纪，宗支所图，行谊官资，水木源本秩然，其详而备，虽无大宗小宗之名，而大宗小宗之序统于此矣。是统也，上以著承先之孝，下以广锡类之慈，而仲负既作之既成之，可不谓仁人孝子乎哉。余家居时亦为旁氏谱，与此小有同异,今几二十年,后生稚齿,日益以增,而余偃蹇仕途补缀未遑,视仲负之急流勇退而能终成其淳叙之志,不禁隐然增愧于中已。康熙三十三年夏六月同郡任邱旁垲拜撰。

(宣统二年重修本)

宣统故城《祕氏族谱》,道光《续修族谱记》:

吾族之有谱也,自仪七世祖珠岩公创修于前明天启之元年,续修者七世聚奎公,修于前明崇祯九年,八世东震公修于康熙九年。仪高祖仲负公修于康熙三十三年,九世丕覆,十世自新、愿学,十世相,十一世王正,十二世象治修于雍正七年,迄今九十余年矣。虽乾隆三十二年族祖干城公曾议重修,而其事未果。幸堂伯父存公留心谱事,就旧谱随时续记,虽不甚详,颇为可据,惜伯父去世又三十余年也。嘉庆七年族长廷琮字瑞卿,谋及族众,慨然以重修为己任,并委其责于仪。窃思修谱一事须逐户详询细考,非明于其事而不厌谆复者不能胜任。因一时不得其人,且仪赴灵寿教职任,未暇及此,故迟于今。族长瑞卿业已去世,此事益难。然此事益不容缓,赖由族祖溶淳愉及族叔韶年,族弟钟雯、若涵、若漪、超凡、超伦、有孚,族侄友兰、友诚、树桐、景濂共襄其事,序录粗就。谱中叙次俱本瑞卿公新抄本,并旧存文存公抄本,仪因聊为数言以记其事,而至水源木本敦宗睦族,前谱序文及仪高祖跋文一篇已备言之,不复。及独念吾始祖迁居故城迄今四百余年,虽无显宦而科名不断,即今日之入庠食饩读书成名者正复不少,非先人培植之厚,遗泽之远,能如是耶?惟愿吾族之为子孙者,敬守祖训,以耕以读守分安命,以绵世泽,吾先人庶可含笑于冥冥也。雍正七年季函公所修之谱一遵仲负公所定款式,并仍载仲负公名,示后人特踵而增之,不敢云修之意,兹亦仍其旧云。道光二年壬午十三世裔廷仪谨书。

(宣统二年重修本)

文安王氏

民国文安《王氏宗谱》,《安州公旧谱序》:

族谱一书所关甚巨,余幼时随先大夫宦山左,得观王氏旧谱,自周灵王太子晋受姓,十八传至武成侯离。离二子,长曰原,次曰威,避秦乱,原居即墨为琅邪王氏,威居晋阳为太原王氏。太原之后另有专谱。余,琅邪裔也。原之后,自汉以逮乎元,其间或家临沂,或家江左,或家渭南,或家汴梁。自宋南渡,家江浙,厥后又家东省。上下数千年,历代数百,世更代易,王世系可考,既宜远而宗之,尤当近而守之也。始祖指挥东楼公,自前明永乐中由山左徙文邑之左家庄,垂今四百余年,已传十数世矣。虽支派分明,恐代远年湮,无征不信。况今移徙他乡者又有十数支，每当春露秋霜，而别离乡井悲滋甚矣。倘再数传，踪迹日疏，凡我同族几有等诸路人而不识者。亟思叙而成谱，详明厘定，即离居分处，各守宗支，取字命名咸知避忌，俾后之子孙承，而王氏一族或幸以永绵勿替也。咸丰六年仲夏，八世孙廪贡生保定府安州乡训导璞谨撰。

（民国二十五年刊本）

南皮集北头刘氏

民国南皮集北头《刘氏族谱》，乾隆《沧州刘氏谱序》：

沧州刘舍人紫庭持其尊人静园先生所述族谱凡例问序于予。谱系之学盛于晋唐而荒于五季，北宋时欧阳、老苏始为之，卒未能振兴其礼俗。而郑夹漈著《氏族略》，至以为汉唐诸儒所不得而闻，则其难言久矣。虽然夹漈之书天下氏族之公言，非若欧、苏一氏一族之私言也，且氏故不与族同，氏之繁衍可以遍天下，而族之所聚则传于地，而止遥遥华胄，识者病之。故凡身为子孙而述谱系，莫贵乎断以始迁之祖。其达而显者兴，则有邑乘之纪载；其穷而微者兴，则有里闾之传闻。士大夫不能必其始迁之祖皆达而显，顾其发祥所自确不可诬，既已绵其脉而昌其支，以待夫子若孙之贤而有文者慎述而详著之，则其隐德故可以想矣，又况其表表者也。先生之谱自始迁于沧以来，纵而数之得若干世，旁而综之得若干支，其宜书而无考者有所阙焉，必其有征也，然后备细得书。其宜特书，而疑于私美者有所略焉。必其行迹见于志乘，阀阅著于朝籍，与夫文学科目传于共见共闻，其无疑也，然后郑重得书。呜呼，何其慎也！人莫不欲归美其前人，又多强其所不知；及其弊也，则有章之而反以晦，理之而反以乱其谱之也，不如其已故。凡谱系之难言，非有文之难，贤而有文而慎出之之难也。抑尝考苏氏之作谱也，曰惟小宗之法犹可以施于天下，于是自详其高祖以下且书讳以志尊，他支则不。今先生之为谱，赅而纪之高祖以下无别焉。盖沧州刘氏一族之公谱，而未尝效明允之亟亟自明，曰是吾作也。乾隆丁亥春正月望后二日，朝议大夫日讲起居注官内廷供奉翰林院侍讲学士年家眷弟吾邱李中简顿首拜序。

（民国二十三年续刊本）

民国南皮集北头《刘氏族谱》，乾隆《序》：

吾祖自明初由山左迁于沧，迄今阅四百年矣。重赖我祖宗积厚之泽，清白世继，代起人文，于前明差称茂族。恭遇我朝深仁渥泽，培养百余年来，中间掇巍科叨重禄者，联翩接踵，靡不享盛世太平之福。而生息休养，户口繁兴所由来也。顾以十余世生齿既众，散处纷纭，谊则宗族，或且生同白首而不相识，而其间称谓之失次，名字之互同，尤不可以

第十二篇 族谱

枚举,是族谱之修宜亟亟不容缓者。忆吾父囊日尝采集大略订为抄本,每有志于刊刻,而以宦游居外之日多,未果也。剧疾之际,犹切切以改建家祠、修辑族谱两事为遗命,小子谨识之,弗敢忘也。家庙旧处僻地,岁久倾圮,先是日谋所以兴修而族人并限于力,迨岁戊辰乃兴,思纲叔约集族众各出赀力,规爽垲之地而图之,鸠工庀材,凡四阅月而告成,非敢曰式妥先灵,亦庶几粗新庙貌。独族谱之修,彼一时未遑并举焉。斯后蹉跎又十余年,近以凤子官中舍,余时得就养都门,计授梓校刊为便也。而笺弟在籍,又可与族众任采辑之责,因属令谋之同族。成观、萃举、令昭、文晖诸叔祖咸无不奋兴鼓舞,倡率捐资。而分司其瘁者,更有祖叔易庵、坤化、苓若、陆仪以及大任翼修、两弟为之继。其他则黾勉赞成者,大抵众有同心,人无惜力,吾于是乃叹此事之易举矣。爰按旧本及今所采叙者辑而订之,粗举凡例,以付剞劂,起丙戌八月,届丁亥二月而事竣。窃考古家乘之作,所以示有别,明有亲也,有本支斯有分派,系图列谱使若为某子、若为某孙,亲疏远近可展卷而了然不爽也。而其间若为同父、若为同祖、若为同其高曾,推而溯之,水源木本总归所自,是虽云仍百世,犹然一堂,亲睦之风率斯道也。我族众各挟一编,披而览之,将老苏所谓孝子之心油然而生者,实于是乎?在是则吾之所以敬承先志而愿与族中诸尊属以及伯叔昆季子侄辈共勉者。夫时乾隆三十二年岁次丁亥二月榖旦,敕封征仕郎内阁中书舍人十三世玉策谨序。

(民国二十三年续刊本)

交河李氏

民国沧州交河马连坦《李氏族谱》,乾隆《重修族谱序》:

谱系之作,所以敦孝弟、重人伦、睦宗族、厚风俗,固已。又闻之情见于亲,亲见于服。服,其始衰之缌麻以至于无服,则亲尽而情亦尽。情尽则遇喜不为之庆,罹忧不为之哀,甚而同姓操戈,兄弟伯叔有觌面而不知为谁,何者,此岂祖宗之心哉?盖初兄弟也,又其初一人也,以一人之身递衍而为数百人之身,遂视一本而连枝者悠悠直如路人,此吾从堂叔华生、庚峰公谆谆以叙谱嘱辉也。吊李氏一族分东西二支,东支一派并无原谱,且散居他乡者不可胜数,此又难以剧叙者也。然又思西门一支八世之内昭穆有辨,支派有分,幸犹秩然而不紊者,皆吾大伯祖正仪公旧叙之力也。及今不叙,将东支散落者终无联属,西支详明者渐且混淆。辉不敏,用是殷忧,敬奉叔训,爰于癸巳春间同从堂弟致泰、希莲,再从堂弟良才,族侄谦条分缕析,所知者共载于谱,不知者徐俟于异日。敢曰俾无遗漏无望于后之继继绳绳者乎!且圆图所载,以东支居左,西支居右,则叙谱亦宜东支居先,西支居后,无如东支散落难以剧集,兹之先西支者职是故耳。不但此也,八世而上之祖,世次若何,名字若何,以至合族同归一本,不至散乱无归,有待于踵而增之者不少也,是为序。时乾隆三十八年岁次癸巳仲春上浣,十一世孙辉敬叙、希莲沐手敬书。

（民国八年七修本）

民国沧州交河马连坦《李氏族谱》,乾隆《序》:
序谱之事固所以睦宗族,亦所以定尊卑,名不可同,字不可复,此定理也。吊吾李氏一族分东西两支,旧谱虽载八世,其中遗漏者不可胜计。东支一派并无原谱,其所散居者更难指数,甚至名与名重,字与字复,并有名字俱同者,尊卑几相淆矣。不揣固陋,妄期整理,凡名字稍同者,务使幼者避长、卑者避尊。奈吾族甚繁,骤事变更,微特不改者重,即改者亦复。反覆思维:即吾西门一支,亦徒求其音同字不同而已,况东支之寄居他乡者,难以备陈且并非一时而剧集,又安能尽行更易也哉？莲至此诚智尽能索,序谱一事,不敢自为有功,殊觉抚衷多过,谨存此略以俟后人览阅,漏者其亦共谅云。乾隆三十九年岁次甲午孟春中浣,十一世希莲谨白东支族长九世生贵、西支族长十世树。

（民国八年七修本）

南皮陈氏

南皮《陈氏族谱》,《陈氏祖历复修序》:
窃观世之今古名人望族似拥有乘之家藏相传,历代支分派繁,绵延百世而不紊也,下至庶民百姓者,兹土则鲜有斯志,非无暇所撰拟,乃世俗所不载焉。推本溯源,追忆先祖,超越旧俗,暨创新意,立志创修家乘,以传后嗣,其所载者:庚辰婚配、生男育女、外姻所适、分支定派、世系脉络皆有所志也,文后告诫攒辑延续继世相传以越千秋,而慰志也。溯自前明正德庚午,三世祖河田公创修祖历,洎今凡二百二十一岁矣。崇祯己卯,历经余伯祖嗣义公之修缮增删,谨志祖历所载,较前辑之逾善,斯续谱洎今亦越八十二岁矣。年节之奕祀奠扫,余常为后嗣指点迷津,历述诸世先祖之功德遗泽,莫不洗耳恭听,意欲晓之而心记哉。辛丑仲冬,堂弟观荣谓余曰:祖历由吾祖父等续修,迄今八十有奇,倘再为时溢久踪迹暌违,世系亦失其征,先世德泽由斯湮泯,前世创举由斯告终,上既无以承先志,下又何以启后人耶？今吾等复修祖历以慰祖愿,斯举上可追祖宗之功德,下可启后嗣而师表,讵不懿欤？即闻堂弟觊缕洵摅之高论为深幸,余等志有同人而欣喜,即尊弟亟倡,翌日诹吉所履其行。族孙保甲尤乐襄厥事,闻悉斯举喜出望外,踊跃首肯襄辨成斯盛举,执事者不惮烦难,旁求博采,力任其事。余不揣学识简陋,欣然司役笔墨,竭驽骀救奔,庸可身辞劳怨弗任厥事耶？经分支别派辑纂家乘之绍续,庶几森然雁序水源木本

第十二篇　族谱

传流不息,宗派源流宛然归一。拟比前历,规模依然,踵前师志。是辑胪列维新,条分缕析,相得益彰。过世者英灵宛若,健在者伦次厘然,源流公贯,传端无穷,上可以承先祖之德泽,下能启后嗣之传举,即时尚为鲜哉,示以垂诸后世子孙,俾族中百世宗系分派清晰,脉络分明以昭永久而不渝。历旬余日至冬月既望,家乘辑稿以期藏事而继之,誊缮竟成卷帙。及此谨嘱数语撼勖先祖肇迁兹土,五越甲子有奇,历代善德勤业为本,虽非诗礼之氏,然可谓世旺忠厚之族焉,父慈子孝尊长爱幼即族人处世之根本,敦宗睦族和谐相处为先祖亟诚之传嘱也。试思父祖曾高太而再上之祖孙父子兄弟者,孰非同匙公著者乎,一体分支数世,又孰非异形同气者乎!抑以自身所思若祖宗之心思,殆无弗睦之族人。旨哉,斯言!诚我体辄数辈之上,先祖一身之繁衍,祖体分寄于族众之身,则无一人之不我隐痛者,洵纳斯论,则无一人之或有隔膜也夫。家乘之阅而由斯豁然矣,孝悌之心油然滋生,而囿之不移者则敦宗睦族之意而践于行也,谨略陈数语以为斯序。九世观志沐手谨书,康熙六十年岁次辛丑仲冬下浣穀旦。

(2000年五修本)

南皮《陈氏族谱》,道光《陈氏族谱再修序》:

夫族谱者所以发提先祖遗泽,志叙祖德宗功以启后昆者也。至若世系宗支之序,尊卑长幼之分,亦无不惟谱斯赖。族之有谱,犹国之有史也。国无史则治乱弗能记,家无谱则世系支派莫能明,其关系之紧要更显谱牒之重大矣。谨溯吾陈氏族谱,由三世祖河田公于大明正德庚午阳春三月所创立也,是际繄我拥有独树一帜,意欲延传后世千秋而增辉也。复经吾先祖两次缵续相传,洎今越历三百二十有四岁矣。界今四乡百姓者多有追志先祖之历者,撰拟成文集成卷帙,谓曰族谱者也,为其众用斯名,吾祖所创祖历亦易名族谱也。其始祖徙迁畿内,七越甲子而有奇,殆无祖历所传,今欲志其名讳、配氏矧辄郅难,倘若欲志详明,条分缕析则越发非易之谈也,莫若吾传家祖历之代代详明,所载备至,无一之漏,逸群绝伦,誊传遐迩,人所叹羡也。呜呼,善哉!吾祖创辑之祖历,洵属可敬,其条分缕析、云蒸霞蔚、功德无量,流芳百世也。而今为其缵祖孙三代之卒劳,方呈今日之欢快,乘兴之际赠尔数言:谨考余陈氏祖历,崇祯己卯高祖公首次续修,传至康熙辛丑堂伯祖缵拟而续,以力践先例,由斯洎今凡一百一十三岁之久矣,若弗亟缵续修,岌岌可危,世序分派后嗣莫辨奚欲紊焉。兹倡再续斯举,殆慰先祖之夙愿矣。惟余耄耋龙钟,二目昏花,难任笔役之责,斯举泚笔作书惟作梅当任也。其贵为陈氏家族之独生而曾孙之辈喜为三丁,陈氏香烟继续,余众等欣慰至极矣。泚笔书历,余及尔父伯自当尽力佐以为果。斯举由众议然。皆为三子成人而欣喜,怂恿为后世命名而择字,即以五行相生之意旨，按三子启用之明字而为首择用二十字曰：明玉连金清树生成茂松秀炳忠厚志吉庆增后鸿，世用一字其落中间，业经众允而志，以资后嗣排行沿用耳。自斯传后序齿有燕毛之庆，命名无犯讳之嫌，葛藟永庇瓜瓞绵蔓，吾祖宗在天之灵庶几可慰也。稿竣之时欢聚一堂，值斯良机另赘数语以摅吾望：居其一者，吾盼五世同堂，而坐老幼齐集以乐天伦，吾陈氏先祖徙居兹土七越甲子而有奇，五世同堂吾为首矣，更盼祖父于三屋曾孙房内皆为五世同堂之盛事，五世同堂吾居其中，家有喜上加喜，吉庆之事吾为荣中复荣幸运之人也；居其二者，吾盼三子勤俭乐善、忠厚做人、诗书传家、耕读继业，父慈子孝以度日，兄友弟恭以养；居其三者，吾盼子孙兴旺发达千秋万代福寿安康，树大根深，枝繁叶茂，暨成陈氏望族之期盼，亦慰诸世先祖之厚望也；居其四者，吾盼后昆贤者继而倍出，济济保国安家以为志，忠孝双全，而为先以扬吾陈氏家族之荣耀也；居其五者，吾盼后世贤哲深解吾意，族谱适时继吾而续流传百世为吾族而增辉添彩。惟摅斯诸望而示之，谨敬祈祷皆应吾盼，而不负吾之厚望，以为之序。十三世作梅沐手谨书，道光十三年岁次甲午孟冬下浣穀旦。

（2000年五修本）

吴桥邢氏

光绪沧州吴桥邢家洼《邢氏族谱》，《重修邢氏族谱序》：

邢氏为周公苗裔，传言之矣，今畿辅之邢台县，古邢侯国也。春秋而后，族居于河间，魏晋齐唐以来，载列史传，称世阀焉。至有宋南渡，辽金入侵，而邢氏始散于四方，谱牒分携，从此阕有间矣。昔人云：宗不扳远。诚以年代既湮，不敢妄攀先正，或紊宗支也，而近代可考者则固所宜详。吾宗自前明永乐二年始由山东即墨县徙居畿南，是为迁吴桥之始祖。于邑北境置村名邢家楼，以地势卑下又曰邢家洼，世业农种树，故又称邢家枣行。迨乎明季寇乱荐饥，烟户萧条，楼毁于火，谱牒焚如。及我大清定鼎休养生息，迄今又越二百四十余年，桑梓依然清芬可诵，盖距初迁时五百余岁矣。晋自束发受经，先大夫良材公尝为缕述见闻，言辄移晷，若有惧先德之难继、虑后嗣之弗传也。其属意深而贻谋远，凡我子孙尚皆隐哉？今者音容虽杳，遗训犹存，以晋叨庀一官风尘鞅掌而心怀故土，亦何日忘之。近于丙戌冬，二弟来蜀，族人以修谱请，此固先祖之志而晋之愿也：体睦族敬宗之意，笃水源木本之思，总期后人聪听彝训云尔。大清光绪二十二年嘉平中浣，裔孙锡晋谨序于巴县官廨。

（光绪二十二年四修稿本）

第十二篇　族谱

任邱边氏

乾隆任邱《边氏族谱》，《序》：

吾祖自绍雨公始立谱，综括周密，条理分明，复自作训辞系诸谱尾，觊述祖德诏告子孙，至详勉也。星武公之续修业，则惩不肖之意为多，晋以为惩必寓之以劝。吾祖起家甲第，垂熏竹帛，今标其显庸明德，勒诸简策，昭如日星。吾子孙展卷静对，能勿自知向往乎！因排次为八类，首列世系，明宗支也；次录志铭碑表，尊文献也；传分上下二卷，备行实也；登进之始必由科第，显扬之终乃有恩荣，姻祖皆祖宗枝叶，建置尤所以志先原，考遗迹也；家训陈列规条，永垂法守，连篇累牍，不厌谆复；至于姓氏源流足备参考者，附于末。侄向禧善是谱也，又复益之以世系、分图、闺范、撰著、赠言，而闺范即附家传之内。今省去分图，而别闺范自为一类，连附考共成十二卷，其义例详注各类之首。书成，兄连宝手为核定。襄成其事，则兄达、侄云从也，谨序。乾隆三十五年十二月之望，十四世方晋熏沐敬书。

（乾隆三十五年刻本）

定兴鹿氏

光绪定兴《鹿氏二续谱》，《序》：

故者重姓族系世维详，设专官以掌之，所以厚风俗系人心也。政教寝衰，宗法废坠，于是私学谱兴焉。晋宋以还，矜尚门地，谱学乃大盛。后虽也变频仍，迭有兴替，然今之士族率皆有谱，即呼贩夫牧竖而问之，亦无不能举其高曾族党者。凡我神明之裔，莫不父兄子弟聚族而居，不至沦为异俗，实赖此亲亲之谊维系之也。特古者掌于官，今者藏于家。古之谱也文，今之谱也质，异同之故如是而已，谱牒之学岂遂之哉？世以晁陈而后谱牒不著于录，遂诧为绝学，率从孝标、崇贤诸家所引搜辑丛残转相摹拟，委屈迁就心异貌同，乃自矜谱例不敢少有出入，是犹举天下郡国之志，欲其山川疆域一一从同，不亦慎乎！吾鹿之谱，始自乾隆辛亥，先祖都转公创成于扬州官舍，越五十八年，先考壮节公续修于黔中，编纂之例一踵前规，初谱所载不复重录，今又五十年矣。版刻散失，印本亦希，若不合编重刻，深恐先人手泽渐次就湮。又以子孙日多，纸幅有量，亦宜重加纂订。今夏命侄孙学厚、侄曾孙福世各事搜访，侄孙学衡悉心校雠，而侄瀛理理而董之，荟萃成帙，寄余编次。乃起例发凡，派比点定为类十一，为卷十五，先祖先考手纂之文敬加诠次，一字不遗，后之览者寻而绎之可以明矣。傥能代习家法，述作相因。从子及孙，从孙及子孙孙子子兴复宗祧，尊祖敬宗，世守弗替，勿使荡析涣散，流为不可知之伦，是则余所懔懔而不能自已也。光绪丙申十六世孙传霖谨序。

（光绪二十三年本）

盐山郑氏

咸丰沧州盐山《郑氏族谱》,《梁口家谱序四》:

闻之水有源而支流远,木有本而枝叶繁。物且然也,而况人乎!夫人生于天地间,仰祖宗培植之德,承父母教育之恩,往往以无谱之故,使生之胪此仅知有父母,不知有祖宗。至不知有祖宗,何知有父母哉!岂可知家谱不可不续也。家谱何为而作?以祖宗传业于子孙,子孙共知有祖宗,以及故墓不迷,名讳不犯,且共有亲疏和睦之念,较之瑞水之源此其流长,培木之本此其叶茂,亦何以异哉!夫祖一人耳,以一人传至百千万人,其支愈多而愈分,其脉愈分而愈远,故子孙有亲疏,而自祖宗视之皆骨肉也。乃世人服尽则情尽,情尽则思绝矣,往往隔樊篱而分比邻,异行床而别尔汝,甚至角势力计长短,犯多于名,相残相贱,殊可恨也。我郑氏历世久矣,族且繁矣,源流远远而难追,门户各别而莫东,使不有谱以系之,安知数传而及不至祖孙视如行路乎?堂祖青万尝向余而言曰:"汝既为读书人,岂不可以修谱乎?"余未敢应,盖谱未易修也。修谱非一人私意也,如有旧谱可以重修之。且谱,普也,系也,亦归也。源同而脉异,谱普其同。人异而世疏,谱系之流。且祖功宗德时移而物换,而莫可记此,故修谱即尊祖,尊祖即敬宗,不知此不可以杜撰,当记此不可以徇私意,有善则必记,有恶不许隐,由此以观则谱不易为也。不易为而弗为乎?将何以为子孙乎?余训业他乡,尝以是为虑乎?每念族人有富贵,此庶吾谱之及修乎?奈何时延骄矜,往事莫追,愈富多惜小费,愈贵终无大求,余欲商之族人,恐有违家意,欲自为草写一卷,奈自高祖以上竟无可考,又未敢执笔,欲自高祖续起,将何以对高祖以上之祖乎?此非余私意也,祖上不必过责也,但自高祖以下族繁不能备记,仅记本支存之于家庙……一家一谱即一家之史也,史以记事,谱以布名,继述之事,有显扬之意,然无溢美、无誉词,盖恐诬我先人也。故曰家之有谱,犹国之有史,……谱之修故非易也,考究贵详,词义贵洁,凡修谱此皆宜然也……按吾郑国之后,溯厥由来孰非属夏又商周之后,自周以来秦汉晋隋唐宋元,不知几世几百,其间更代皇命,干戈扰乱,兵燹之余,屡遭涂炭,吾氏之谱不知几经遗弃,几经散徙,故谱之大宗小宗,数百年以来终未存……永乐二年随驾自西向东迁沧州,卜居郑家庄……咸丰辛酉梁口十二世孙云龙敬序。

(咸丰十一年梁口村第二次修谱订本)

咸丰沧州盐山《郑氏族谱》,《郑庄子家谱三次重修序》:

有谱则世系分明,各尊其尊,各长其长,风俗敦厚,否振家声。无谱则世系混淆,风俗日下,礼教不兴,甚或小加大,少凌长,卑逾尊,侮慢自贤无所不至,此所以谱牒不可以不重视也。……谱书告竣,迄今已有五十余年矣,若不及时重修而续之,余恐长此以往,代远年湮,人之迁他乡者,相见如路人,一问茫然无所答,此为吾族之大憾,后起者不能辞其咎也。余素有修谱之志,只以昔日砚耕为业,无暇顾及,又以连年兵燹未敢入手。近年来解职务农,时值国家太平,辛亥年正月上旬三日与祖叔芳仪议论及叙谱,祖叔芳仪木本水源之思有动于中,虽年逾古稀,不辞辛苦,商诸族人,无不赞许,或任筹备,或任采访,或任缮写,或任校对,余则总集其成文。……附七言诗一首:来自山西五百年,自姓繁衍一脉延。忠厚传家绍世远,半读诗书半耕田。大清宣统辛亥年正月上旬有三日,十四孙剑源沐手谨志。

(咸丰十一年梁口村第二次修谱订本)

高邑李氏

光绪高邑《李氏族谱》,乾隆《序》:

吾始祖于前明永乐年间,自山西长子县迁居城之东村郡李家庄也。本以力农为业,四世祖讳举始读书游泮,迨六世祖别驾公以岁贡起,积德累行,载在邑乘,克昌实自此始。长子文节公于前明怀宗朝遂预枚卜为相,而族始大,簪缨相继,至今盖二百余年矣。初来时单传三世,故子姓蕃衍未为极盛,虽未立族谱而行辈门庭犹历历可稽,后生齿日繁,居址变迁,承桃继嗣已渐有莫考者,族长东园叔恐其愈久失传,遂有刊刻之举,余思谱之设,原以纪世系而笃恩谊、昭法宗之意即寓其中,昔眉山作引必推原于一人之身,而其作序记则借他人以示惩焉。此物此志也,吾族丁男不过一百,是一人之身所分者已自无多,而忍以强凌弱,众暴寡,智欺愚,骨肉相残欤?日披斯谱也,见数百年来家声未坠,某祖可为今日法,某祖可为奕禩型,将后之视今当亦如是,敢不凛凛自好,以生其辱前人羞后嗣之惧,较之借他人以立戒者不倍切欤?因缀简末数语,用以共相勖,并为将来者勖焉。谱仅草创,既未立传,缘历世来彰显者已具,邑志私撰反不足传信,且家世朴素,宁质勿高也。弟子另录其后,有复以本族人继嗣者,应属几世,仍入正谱中;本族人有以养子之后为嗣者,应属几世,亦仍入养子之谱中;及同姓之配间存一二,则与配之无考者并阙之。遵功,今别族姓也。始祖弟讳禄,相传胜国迁民时,兄弟不忍离,偕从至高,其支派可考者则为一册附载于后,一以推亲亲之义,又以见吾族孝友之风,渊源存自,凡我族姓尤宜恪遵也。乾隆四十九年三月十二世孙绵芸谨志。

(光绪十一年刊本)

乐寿陈氏

民国乐寿《陈氏族谱》,乾隆《序》:

盖闻莫为之前虽美弗彰,莫为之后虽盛弗传,是知为之于前正所以传之于后也,况祖宗之遗脉尤为后人所宜急讲者乎。兰尝于读书之暇,溯及始祖之源流,旷览世族之分脉,见有远处异域者,有近居同方者,有贸迁城市隐居乡曲者,其间虽耕读各有其业,贫富不一其等,而究其始之所从出,无非一脉之渊流也。第恐无道以联属之,则尊卑莫辨,长幼莫分,势必异姓而乱我宗盟,奴仆而渎我族姓,其不至败乃伦族者几何矣。兰于是访诸族姓,欲得一谱,以求其叙,乃迟之既久而卒未能获一焉。适有九世祖讳令尹向兰曰:"始祖以来之谱乱时失坠已非一世,余尝有意修葺以示来世,奈年迈气衰,心思不逮,驰驱奔走,力又不能,矧已往之祖先世远难记,现在之宗族散处莫分,子诚有意修葺而不极为搜罗则遗漏一人,其遗憾于族姓者即怨恫于鬼神也。"因此承祖命游览遍及,博访族姓,远历邱坟,恭阅神主,审察碑文,且一家之老幼男女一人之讳字生辰无不一一详求。三年间虽不敢谓不遗一人,而庶支旁支大宗小宗等庶乎不差矣。今者大略已具,爰授吾祖次第以叙,更质合族共为参酌,则谱之有成,祖宗之遗泽不没,即子孙之蕃衍无穷也,为后嗣者可勿深念与?时乾隆六年岁在辛酉中秋十三世兰谨识。

(民国二十一年续修本)

保阳钱氏

咸丰保阳《钱氏家谱》,《序》:

钱氏系出武肃之后,世居杭越,代有闻人,而会稽皇甫庄一支为尤盛。咸丰戊午岁钱君漱泉与余同事武郡,□暇时出其所录家乘,世系源流、迁居始末虽未详备,而本宗自己身上溯始祖,固已历历可考,嘱为序次。按:漱泉名浚,为武肃王三十四孙,其先二十五世祖佰宜公以下,始由会稽迁居保阳,迄于今又百数十年,保世滋大,自成一族,惜家藏旧谱失去,第恐历年久远,后人或忘其祖业之难而乃逸乃谚甚至散失无论,是现存之子姓欲其不数典而忘祖已不可得,况祖之所自出将茫然莫识其源。漱泉深有虑于此,余曰无妨也,我辈辑和敦睦以仰承先人之遗失绪,就所闻见有得即书,本宗支派开卷了然,俾此后子孙世宗相承,绳绳继继,未始非补救之一术也,又何必广搜博采蔂辑巨编而后快于心哉。咸丰八年岁次戊午夏五月既望,古樊舆肃、原诸崇俭拜手谨书。

(咸丰八年抄本)

奉天

辽宁马佳氏

第十二篇 族谱

民国辽宁《马佳氏族谱》卷首,《满洲马佳氏第三次续修族谱序》:

乙丑之春,越千太保薨于京邸,盖距故宫之迁播仅数阅月,其沉忧隐恫有甚于麦秀黍离者,余趋哭而哀之,至今不能忘也。太保系出满洲马佳氏文襄公图海,文通武达勋在国家;勤直公升寅,清风亮节,接武夔龙最著于时;他如旁支末属并多英隽,三百年中,名德重光,爵位相继,具载史乘,而世修家法,雍穆有礼,尤为士族所钦崇。太保族孙延喜续修宗谱成书之日,太保犹躬睹焉,曾谓弁首之文必以属余。延喜倾将遗言来请,弥见故人推挹之重,余其曷敢辞哉!顾一回念生平,执笔悲来,辄弗克自举其词,勉缀数语,以贻延喜刊诸简端,俾后之览者,于仰企文襄、勤直两公传美之余,而并感夫太保之孤忠耿耿,复绝人间,不尤足永为斯编增其风烈也欤!

丙寅季夏,无补老人赵尔巽作于清史馆之舫斋,时年八十有三。

(马延喜修,民国十七年排印本)

谱牒中的姓源(祖源)与族源。

朱彝尊《曝书亭集》卷四〇,《刘氏族谱序》:

姓以别生分类也,顾后世乃反合之。自汉赐娄敬、项伯为刘氏始,以后帝王将相惟刘氏为独多,斯缘附者日众,而谱系益繁。其最著者七房,彭城、尉氏、临淮、南阳、广平、丹阳、南华,而北魏凌江将军之后由襄平徙河南者,不与焉。谱刘氏者,有汉氏帝王谱、宋谱,余若、几若、晏若、舆若、沉若、复礼,各著有宗谱,虽不尽传,隋唐以前所重者门望,大率皆远引往牒,尊之为祖源。远则支易棼,族繁则难合。于九族,则忽之于所不可知者,强附而亲之,惑已!

辽阳刘氏其先传自太保秉忠之后,至正末有讳显者,仕为通州安抚司副使。洪武中授都指挥佥事,封明威将军,予世袭。其子通以军功进指挥使,封怀远将军,赐铁券,免三死,作镇开原,世居东宁卫惜木城。十一传而徙大兴,裔孙某慷慨有志行,述其先人之训,撰族谱上下卷,自明威将军始,谱系、坟墓灼然可信,京师士大夫见者莫不嘉叹。盖本支近,斯宗族易敦;家诫约,斯子孙可守。某之为是书,岂惟传之于家,殆吾党所宜效法者也。

(《四库全书》本)

江苏

吾之谱吾族也,虽不言宗,而宗法寓其中矣。

汪琬《尧峰文钞》卷二六,《汪氏族谱序》:

宗法之亡久矣。别子为祖，继别为宗。何谓祖别子，始为大夫者是也。何谓宗别子之适，世世继起为大夫者是也。故曰宗其继别子之所自出者，百世不迁者也，此先王尊祖敬宗收族之意也。自世爵世禄之制废，而宗法始坏矣。后之儒者亦欲讲求而推行之，而讫于不可得。非宗法之难复也，制度之变风俗之浇为之也。古者大夫三庙，又有采以处其子孙。今之大宗降为编氓者多矣，无庙也，无田也，其能率其族之贵且显者，以岁时旅荐于寝乎？此不可行者一也。古者族人异宫而同财，有余则归之宗，不足则资之。宗子弟有归器，则必献其上而后敢服用其次。今之父兄子弟往往争铢金尺帛，而至于怨愤讦斗相戕杀者，殆不知其几也。顾欲萃宗子与族人之衣服什器，及其车马贿财悉委诸公而无所私乎？此不可行者二也。古者绝族无施服，然而所以重大宗者有加焉。宗子死，则族人为之服齐衰三月，其母妻死亦然，虽大夫不之降。今令甲无是也。宗妇死，则夫虽母在，为之禫。宗子之长子死，父为之斩衰三年。今令甲又无是也。此不可行者三也。故吾之谱吾族也，不言宗，非诎吾宗也，悼宗法之不复，而有大不得已者于此也。此制度之变风俗之浇也，抑孔子尝有言曰：厚于仁者薄于义，亲而不尊。厚于义者薄于仁，尊而不亲。是故义非仁不立也，仁非义不行也。凡为吾父兄子弟者，苟能知仁义尊亲之说，而使内外有别，长幼亲疏有序，有无相赒，吉凶患难相助，伏腊腰蜡，祭飨饮食相周旋，如此则虽不言宗，而宗法寓其中矣。

（《四库全书》本）

潘氏谱例要旨。

储大文《存研楼文集》卷一一，《潘氏族谱序》：

古今甲族首琅琊王、阳夏谢。然王氏二十一望，谢止二望。而陈隋而后不复载于史者，以唐平章石泉公之尝纂琅琊谱也。唐公卿大夫士蔑不有谱，而韦氏、柳氏尤邃谱学，故其书独传。宋西京吕氏、平江范氏，联台袭衮，其文献又远被于明谱，亦传衍冠盖族。而考宋时谱之获书史策者，则惟建安陈氏、长乐林氏为核确也。

潘氏系周太师毕公以食采为姓，汉魏后左丞武陵骑省太常彪炳史策，至宋大名元枢郑武惠王平南汉、南唐，绩详《宋史》，世班戚勋。七代孙古庄公始徙邑南彭庄，为潘氏始祖。盖宋浦城章氏弈世相门，而克缔嘉姻，其书于宋人稗编者，较江南北浙东西诸家谱最为核确。至明婺源、金华、新昌、上海、乌程，胥号甲族。而司农公伟望冠南曹，盖实轶、松陵、良常、淮阴而克等埒之。爰迄国朝，司农公曾孙中丞公为名文解、为名司衡、为名侍从，遂以文渊东阁学士出抚湖湘，清望大著。而族从由彭庄析支胄，彬彬多文学。

今海内潘氏之书谱望者，未有先焉者也。昔通议公诲内教公、中丞公稽古订礼，创纂

《彭庄谱》,曰述谱例,曰详谱系,曰考居官,曰列惇行,曰记贞行,曰采文章。其谱系析支:曰土干,曰檀村,曰宣巷,曰湾头,曰吴区。司农公则吴区系也,部居州次不诡铢黍,盖实克武唐韦曲韦氏、解梁柳氏学。而中丞公又命内教公子茂才君,合诸望续编之,凡若干卷,以武路氏衣冠谱。而彭庄暨它郡邑望,且实武琅琊之兰陵,清河崔氏之东武城;吴区暨它郡邑标里党望,且实武华阴杨氏之靖恭坊焉。大文世附甥姻,非敢曰序,谨综其实,以衷于史例核确之义云尔。

(《四库全书》本)

宜兴篠里任氏

民国《宜兴篠里任氏家谱》卷一,顺治《五谱序》:

谱牒以传信也。自先大理竹溪公重修以后,起而续之者,再迄于今,又有久而散佚者矣。乙未春,仲雄仰藉祖宗之荫,厕名南宫,时季子绳隗亦以贡监入雍,晨昏聚首,每言及家乘之残落,未尝不愀然而有感也。丁丑之秋,绳隗于北闱乡荐观光上国,时雄适候选长安,惊喜之下,益叹我祖宗之笃祜为无量矣。既而假旋,日孜孜以修谱为念,而十七世孙源祥,有同志焉。雄因与之刻期而相戒曰:是谱也,殚心参酌,勒为一书,非以要誉饰观,不过昌明我祖先之绪,俾后之子若孙开卷而兴水木本源之感,以见吾族之渊源遥远,冠盖蝉联,已二十世于兹也。胪列宜详,毋使派支之或混;综核必确,毋使懿美之弗彰。勿谓他人祖、他人父,以臆见而置低昂,当思吾有子、吾有孙,务笃厚而期于昌大。诗文志传,名人之手笔,烂然可见,非后人之过为溢美;宾荐乡贤,郡宪之官评现在可见,吾祖父之确有娇修。昔范文正公敦睦宗族,计一岁俸薪所入,务分给而赡给之。吾意仕宦者,皆当以此为法,然雄又何敢以蝇翼而仰追先骥乎?但得邀祖先之佑,使百世而下诒燕云礽,敦诗书,勤稼穑。瓜瓞绵衍,绳绳而弗替焉,雄厚幸矣。至于入庙思敬,过墓生哀,人非甚不孝,未有不油然动其孝心者。乃或涣而未萃,远而莫考,衢殡之求,是谁之责欤?是谱也,诚非惟以家乘为信史,而返本追源、承先启后、崇庙祐、修远墓,其于世道人心未必无小补云。

顺治己亥夏日十八世孙雄熏沐敬述。

(任承弼编,民国十六年一本堂刊本)

民国《宜兴篠里任氏家谱》卷一,顺治《五谱序》:

先君子尝诏隗曰:"吾家自宋南渡相宅,凡二十传,邑之西称旧族矣,乃大宗无庙,族云乎哉?即族之有谱,自稼轩公昉也。于今四修而义例容有未合,吾衰矣,小子志之。"自先君子殁,越八年,予计偕北上,而文阶兄亦以谒选至,至则长安萧寺,白雪青灯,恻然起天际雁行之感。更推论先世积德事,因作而叹曰:吾两人支则同祖,谊犹同父也。岂惟两人垮而上之一二世,垮而下之什佰世,属别疏戚,服分隆杀。而自吾祖吾宗视之,则皆如吾两人之支,同祖谊同父者也。今族生齿渐众,谱牒渐湮。夫谱犹记时也,推测不验,则有春入夏、子入丑之忧。谱犹定律也,援拟未平,则有比上重比下轻之虑。今日听之,为鲁鱼亥豕,异日将歧之为胡人越客,是使同祖同父之意寖失,而所为一本者几希也。于是五谱之计益决。及归而王谷叔有同志焉,醵金付锓,迄用告竣。其例多仿前谱,然间有裨所未逮者,如大宗别为总图,而四分星罗棋布于其后,则河源出宿海之象也。世表规摹苏氏,而世传即系于世表之下者,则唐太常之系法也。后嗣述祖,有纪事无论断,今于纪事,务登实录,而于论断悉从芟薙者,则孙子不敢置私评之义也。是役也,隗兄弟实始其议,而黾勉以襄厥成,则叔氏之功为多。噫,谱成矣!夫有谱之不可无庙,陈大中丞旧序言之矣。先庙而后谱,先君子尝志之矣。古虽云墓祭非礼,而朱藤一坏,尚俟访诸五父之衢,礼虽曰支子不祭,而始迁木主竟无异于若敖之鬼,则夫由谱而溯之于庙者,盖又可忽乎哉?

顺治己亥冬十八世孙绳隗百拜谨识。

(任承弼编,民国十六年一本堂刊本)

民国《宜兴篠里任氏家谱》卷一,乾隆《第八谱序》:

善夫畏十公所作之第四谱也!其载苏氏谱例,盖以作谱之意不明,则胪列徒为纷杂,其不同点鬼簿编名录者几希。苏氏云谱牒废绝,于是由贱而贵者,耻言其先;由贫而富者,不录其祖。噫!耻言者、不录者,其果忘其先祖乎哉?其果咨考无由得其世次乎哉?以彼不仁,艳心富贵,且有谓他人父、他人母而恬然者。是虽明有其先,明有其祖,明明有其世次可考,亦弁髦弃之。故砭彼痿痹,谱系彰彰莫讳善术也。虽然,此特为下愚者痛惜耳。畏十公跋其后,则谓欲天下尽有其谱,真仁人之用心。于以推畏十公之用心,宁但曰言其先录其祖,已乎?由一世以至十世,由十世以至廿世,更由廿世以至三十世,众指虽日衍日繁,而汇萃成编,则试一披阅,呼吸若可通也,痛痒正相关也。谱之功用直与续命膏、还魂丹相等,又况推而上之,以至于得姓,广而暨之,以迄于名贤,则千百世而上视犹一气,亿万里而遥视犹一家。其用心至于如此,岂戋戋拘拘者所能仿佛其咳唾乎?故谱之有世系,谱尽同也。而作大宗图何也?盖各小宗犹枝也,大宗犹干也,枝叶之与本根疏通而联属,端由干流注其精气云耳。其别作列传何也?曰世系贵乎明晓,繁文则晦,而先德有美而弗彰,是谁之咎欤?故列传尚也。而不类者,无讥评,公以为隐恶。诚隐恶也,然公所以隐恶之意,凡读谱者不可惄然而怆心乎,念一本也。云礽千亿,而我祖临之在上,孰非所爱怜而抚摩者？倘有不孝，何尝不深恨而欲鞭棰之。然深恨之，鞭棰之，其隐痛正不知其何若？且亲鞭棰不恤，而从旁有非刺者，又未尝不加痛也。孔子曰："惟仁者能好人，能恶人。"能好恶者，孰谁其人？每见略能举三寸不律，辄俨然欲附于春秋之笔削，噫！其谁欺？推此以观隐恶之用心，古人可作，当不易斯例，故余任氏，谱修者已七，断以第四谱为正，特其时，谱已成而宗祠尚未克建，承其后者功最巨。而祠规始详，则无与为息斋公匹，运有志全二公之美而未逮。今修第八谱，已界其期，退沐之余，一为念及穆然有见于前人之用心，谨诠次凡例二十三条，以为从事者权舆。因并疏其所以俾告竣后，得缀诸简末云。

乾隆岁次甲子春三月既望，十九世孙启运百拜撰。

（任承弼编，民国十六年一本堂刊本）

民国《宜兴篠里任氏家谱》卷一，咸丰《第十一谱序》：

……作谱牒，所以明宗法，宗法不行，则虽绘藻其文词，琳琅其篇帙；系则丝，牵而绳，系表则璧合而珠联，罗列名公之巨制，阐扬潜德之幽光，一陈诸耷瞽之前，则犹摘埴索涂，怅怅无之，岂能知伦纪之宜，笃礼让之宜，敦阀阅之宜，重声名之宜，惜孜孜勿怠，以光前启后哉？其甚者，或至作奸犯科，以玷其先，以危其身，名虽列而随削，是皆由宗法弃置不明，漫无约束，而谱牒几属具文。今十一谱即葳其事矣，盍将宗法申明之乎。至翰墨之事，吾已久废，侄其无辞，光窃喜叔之见与己见同，爰掇其意以弁之，愿诸父昆弟共体斯意云。是为序。

咸丰甲寅天中节前一日，二十五世孙重光百拜撰。

（任承弼编，民国十六年一本堂刊本）

民国《宜兴篠里任氏家谱》卷一，光绪《第十二谱序》：

谱者，所以合离而萃涣也。自我祖稼轩公肇修宗谱，畏十、息斋诸公继之。息斋公又手定宗法，正旦及二祭后，集子姓兄弟而讲明之。宗法明，则族谊敦，何其法良义美也。至咸丰甲寅，续修十一谱，族愈大齿愈繁，计丁口不下四五千。庚申寇乱，存者十二，谱籍又均散失，其仅有存者，亦大半残缺，幸族孙静杉、直刺自河南归，携回十一谱全牒。吉光片羽，此固祖宗呵护之灵，亦由静杉珍守之功也。光绪纪元，纶罢官家居，亟思所以修之，商经各分集资续纂。继思分祠未经建复，揆诸木本水源之义，又复歉然，遂移缓救急，将此款重建各分分祠，而修谱之议中止。越数载，中丞篠沅侄自山左旋里，一本堂之未葳事者，一律修整，而规模于是大备。惟宗谱阙如，重议修辑而又不欲独有其功，爰捐丁为集胺之计。各执事及各分子姓，亦皆踊跃从事。岁戊子，谱稿成，合手民鸠厥工焉。时纶方主讲金华丽正书院，族众以余年差长，邮书来问序于余，余既幸谱事之有成，而又愧己之不获与斯役也。离家十余载，相隔千余里，复何敢赞一辞哉？虽然，窃有感焉，《记》曰：其人存，则其政举。又曰：待其人而后行。夫家乘虽非国政比，然而敬宗收族，大纲举焉；支分派别，细目张焉；辨贤序爵，激扬寓焉；旌淑别慝，劝昭焉。纪恩荣，则君恩高厚也；述先德，则祖泽孔长也；志嫁娶，则婚姻必以正也；详世系，则似续不荣紊也。虽隐恶而扬善，亦别嫌而明微。纶向者欲为之而不能，今篠沅侄与各执事为之而立就，非其人之品望卓卓，素有以信服于人，其才识学，又有以兼三长而孚众志，乌能议之而即行，行之而即成哉？由是推之，异日者，朝廷有大政，边疆有大事，他人议之而不能行，行之而不能成，而吾族后起之贤，或能行人之所不能行，成人之所不能成，则非特纶一人之私幸，而亦我祖宗在天之灵所深喜也。夫至笔削之谨严，予夺之公允，潜德有美而必彰，细行虽旌而弗滥，懔高曾之规矩，示后世以准绳，则有族彦以分其任，有篠沅侄以董其成，谅无不悉臻至当继。自今离者合、涣者萃，宗法日以明，族谊日以敦，由是扩而充之，当必有浸昌浸炽，承先志而裕后昆者。纶老矣，无能为役而犹幸斯谱之成，得于余身亲见之也，遂不辞而叙其崖略云。

光绪岁次戊子嘉平月，二十三世孙傅纶百拜谨识。

（任承弼编，民国十六年一本堂刊本）

吴氏宗谱谱例要旨。

储大文《存研楼文集》卷一一，《吴氏宗谱序》：

……吴氏自元至正间由河南行省徙予邑，明洪武之十六年籍城左厢家于后留村，三传而析。大房、三房、四房支四传，则自四房析后，大房大三房支五传，又自四房之仲析清华要，辅花、围沧、溪浜支与大三房为四巨支。盖五传至大宗伯文肃公、学宪颐山公，世业弥显。其载于诸家文录者，宰执则靳文僖、石文隐、杨文忠、费文宪、徐文贞、高文端、王文肃暨邑徐文靖诸公，卿贰侍从则林文安、吴文定、顾文僖、邵文庄、乔庄简、徐司农、刘文敏、曾端肃、许恭简、李京山、邓文洁、张文节、吴坊学、赵文介、徐天远、邹忠介、冯具区、高忠宪、曹真予、刘修撰暨邑沈少，司空万文恭、曹司空、陈司宪、卢司马诸公，台掖寺曹司府则王龙溪、王仲山、欧桢伯、王塘南、王麟洲、顾端文、于树峰、姜养冲、杨忠烈、侯考功、林蔡二副郎、钱京岘暨邑杭南储、邵宪副、王通府、史太仆、张仪曹、汤掌道、何总制诸公。其文尤著者，则茶陵李文正、吴王文恪、南城罗文肃、武进唐襄文、太仓王司寇；其书画尤著者，则金陵徐子仁、吴李范庵、沈启南、文征仲、周公瑕、云间张东海、董宫保诸公胥。衮篇骈章，镌诸确石，实与史录谱牒相表里，以传彝卣敦匜之法物者也。至若吴氏著作之盛，如文肃公《再请回銮疏》，纳言公《西台诸疏》，考功两阶公《镇群嚣查冒滥疏》，黄门五山公《端士习疏》，光禄澈如公《台垣党□大臣疏》，学副石渠公《中枢疏》，业以载诸史录。若其古文辞诗乐府，垂简册而播筦弦者，辨论则纳言公《遗王龙溪罗宗伯邓文洁邹忠介论学书》，光禄公《上申文定书》；古格清裁则文肃公《宁庵集》，学副公《颐山集》，纳言公《荆南漫稿》，石渠公《粲花楼集》；新韵则石渠公《诸种乐府》；应制则《石渠公稿》，学佥筼若公《万花楼稿》，暨他宿儒《英游遗集遗稿》。又《实与传习录》、《小心斋止水集》，暨《怀麓崆峒》、《弇山玉茗》诸词宗集相表里；而永永传之，宗谱、集谱、海内英贤姓氏谱、衣冠谱者也。

吴氏谱自宪副颐山公始创之，纳言公复修之，其例綦详，后亟加编纂。今知卢氏县辑五君，复酌于计曹岕亭、司训寄庐、茂才伊嵩三君而厘校、而增益之。曰诸房世系谱，曰人物，曰名位，曰词翰，曰营建。而坊表祠宇，祠田茔墓，祠规祭仪，其例滋益详。乾隆四年汇板蒇工，凡为卷二十有四。昔唐甲族胥撰谱，而柳冲、柳芳、韦述尤典以则，故其书极盛而克传。宋人无名谱，而三山林氏谱独传，抑以唐林宝撰《元和姓纂》而后裔克世其学也。然则卢氏君撰谱，师宋何贾孔李韦柳林之精要，祛宋明之讹编，虽偕姓苑姓纂诸书，胥传焉可也。

（《四库全书》本）

毗陵庄氏

民国《毗陵庄氏族谱》卷首，《乾隆辛巳修谱庄序》：

族谱之义有五善焉：本祖德也；亲同姓也；训子孙也；睦故旧也；又有其大者，则报国恩也。古之为士者，有田禄则祭。《孝经》之教大夫士也，以能收其宗庙祭祀为本；《中庸》之称礼也，以大夫士之祭葬为兢兢。是故前人所以庇赖其子孙，后人所以休宁乎祖考者，必其能事君，而后全之也。故曰始于事亲，终于事君。

（民国二十四年铅印本）

民国《毗陵庄氏族谱》卷首，《谱序·声鹤公修谱序》：

我庄氏之有族谱旧矣！谱者所以敦族广孝也。夫人必有所始，始于一人，分为千百人，总一人也。故从千百人观之，不啻疏；从一人观之，又不啻亲也。昔苏氏有言："一人之身，递而及于途人。"试执途之人而问焉，竟于觌面不相识者，此族谱所由作也。

庄氏自宋邦一公镇江徙居金沙，则有遗亭翁讳必强者，曾官翰苑。再传至秀九公，从金沙入赘毗陵，则有鹤溪翁讳襗者，历官大参。又四传而及我父鹤坡公、叔凝宇公，并登庚戌韩敬榜进士。父与叔年齿既齐，宦游仿佛，此庄氏之所由大也。

先自大父好古公慨然欲修族谱，裒集金沙、毗陵所藏宗支图及制、敕、奏疏、诗文、志铭，草创成帙，拟付之梓。止以年未永而家日落，志虽壮而力不从。历三十年所，我父踵而行之。胪列分明，布置确当，一寓目而灿然可观。庚戌以后，丙辰、戊辰、癸未予兄弟俱幸捷南宫。历今丁亥、己丑，同生、朝生及有筠并登甲榜，亦云盛矣。然自辛亥修谱以迄于兹，几六十年，族日大而谱不修，安知我族中子姓不以途之人相目，如苏氏所云乎？恒于是阅祖父所修谱，润而色之，汇成一帙。编年纪号，分代列名，洞若指掌。是编一定，家法井然，宗规画一，敦族广孝之道，庶几在是矣。

载稽我庄氏，始自金沙，振由毗陵。金沙之族有观庄、西门、后齐三宗，毗陵之族有余宅、茅堰、观后三宗。我秀九公，则由观庄始迁余宅之祖也，谱于此特详焉。余去岁三月，自杭还里，适值素鹤弟九月亦自燕归家，与仲兄二鹤共商榷置公屋一区，去吾家才数步，族有公事，宜于此议之。至祭田一项，原议凡吾族登甲榜者，例捐田三十亩；乙榜及明经之出仕者，半之；或有家道充足好义急公，如先伯祖小溪公者，随便捐入，不必拘数，以征孝道。我父捐拨独多，小溪公及凝宇叔所捐共六十亩，向归乌有。近经公议，业已清出，入大宗祠，以供春秋二季享祀、横堰龙游两坟祭扫之需，资余则修葺神墩庵右祠屋。族谊也，亦先志也。后之人有能遵而行之，以光大其业，此则予之厚望也夫。谨序。

顺治八年岁次辛卯仲秋月吉日第九世恒谨撰。

（民国二十四年铅印本）

民国《毗陵庄氏族谱》卷首，《谱序·南华公修谱序》：

夫万物本天，人本祖。家乘之作，匪直睦族之谓。近自吾身，远推始祖，而得其千秋一脉之绵延而不息者也。人生而识父母识祖父母者，十四五耳；识曾祖父母者，十一二耳；况而上而高祖父母、更上而高高祖父母，耳可得闻，目不可得见。有叩其位号、行列、字讳而茫乎无以答者，视祖宗途人矣，何睦族之足云。此家乘之不可不作，作之不可以不修也。

余庄氏之有谱也，曾大父好古公纂成之，大父鹤坡公续辑之，叔父声鹤公续修之，迄今五十年矣。子姓日益繁，本总支庶日益茂。倘即今不修，后世子孙必至世次混淆，名号舛错，难以考信。其咎不在后世之子孙，而在今日之为子孙者矣。且今日之为子孙者，不为他日之祖宗乎？为他日之祖宗，时移事隔，有孝子慈孙追维先泽，发册纂修，其在中叶者，缺略无征，吾辈之过也。缺略无征，而使吾祖宗递传之系杳然中断，则过之甚者也。今日之修之者，诚吾辈责也。

第十二篇　族谱

余虽不敏,侧闻前之人志事矣。昔年因建世科第坊、建三贤专祠,未暇查序,兹特踵而辑之其事,文多由旧,而间有前人所未详,及后人所继起者为之增修焉。

康熙三十七年八月吉日第十世彦生谨撰。

(民国二十四年铅印本)

民国《毗陵庄氏族谱》卷首,《谱序·仿鹤公谱序》:

凡家之有谱,所以收祖广孝,昔人论之详矣。即吾庄氏之谱,自始迁之祖等而上之,至邦一公顺而下之,至各分子姓支分派别,先高祖赠中宪大夫好古公、曾祖冏卿公、大父侍御公序之最详。维嵩朴钝无文,岂足以肩修谱之责?顾自幼以迄成人备历艰辛,甲午冬抱病几危,幸邀祖宗默佑,稍稍痊可,得有今日。窃思食祖宗之德实深,则任祖宗之事宜力。往者营立始祖祠堂既成,合族公举,庶几百年,俎豆族谊共联,而家谱不修,气转疏散。自好古公作谱在万历八年庚辰,阅三十二年,万历辛亥冏卿公再加编辑,又阅四十一年,顺治辛卯侍御公乃遵先志续修付梓,经今癸卯,又七十三年矣。世次日增,丁齿繁衍,不及时修葺,大惧久益迷误,长幼失伦。况居址不一,或城或乡,或他郡县,相见日少,闻问阔疏,焉知无亲面不识如途人而过之者。

然嵩也年登既耄,目力暗短,又奔走乏人,不能一时概悉。惟是在城静思公一分子孙,各自详其本支,先成一帙。其西乡两分,嵩再三告谕,不惮跋涉之劳,亦各详其本支,又成一帙。至张黄一分,七传而世已绝。自秀九公以来,城居一分,乡居两分,吾宗谱牒只如此云。至于本邑之茅堰、观后,金坛之观庄、西门、后齐,各分族属既远,派系莫考,不能遍及详述焉。

雍正元年癸卯春望日第十一世维嵩谨撰。

(民国二十四年铅印本)

民国《毗陵庄氏族谱》卷首,《谱序·学晦公修谱序》:

世家大族之不可无谱也,昔人既详论之,前谱序中复繁称而缕析之矣。余谓谱固重,而谱之赖乎修者尤重;修谱难,修谱于支分派衍之后尤难。何则?开族之始,传世未多,服属未远,生齿未繁,里居未涣。其创为谱者,固非虑当时之子孙情谊不亲、尊卑易紊、世系不可考终至如途人之不相识。故必引其端绪,以俟后之人。虽明知后之修之者,其难数倍于创;后之续修之者,其难又数倍于始修,而欲俾后人得所藉手,不以难阻而修之,且世世修之,以相引于勿替也。

我毗陵庄氏,自秀九公迁佘宅,三传至鹤溪公始登科第、膺封爵。又四传而至守溪公、鹤坡公、凝宇公，支派渐分，科名蔚起，于时始有毗陵庄氏族谱。自是而子孙日益昌炽，至顺治庚寅、辛卯而谱一修，至康熙戊寅、己卯而谱再修，至乾隆庚辰、辛巳而谱已三修。自辛巳以来，今又四十年。问世数，则自十三世以至十七世矣；问生齿，则譬诸草木其本根一而已，今且十枝而百其叶矣；问里居，则徙而邻邑邻郡者有之，徙而邻省者亦有之，且徙而远省者皆有之；问服属，则未至袒免，而终岁或不相过矣，恤恤乎有途人不相识之虑焉。于是谱之修愈重，而愈亟而修之，则又愈难，子孙众多心力难齐也，服属疏远意见不一也，居址星散稽考难周也。

兹谱之修创始于嘉庆丙辰，迄今辛酉，凡阅六年而后竣。始终其事者则继治、芸夫二侄之力居多焉。谱既成，芸夫告于余曰："其间支系犹有缺而未详者，恐吾族中或且从而议其后。"余笑曰："彼固未知今日修谱之难，即是草率疏漏者，其所系固甚重也。且吾逆知后此数十年修是谱者其难又甚于今，而惟冀其以祖宗之心为心，勿以难阻、勿以草率疏漏为嫌，是则我庄氏之幸耳！"

嘉庆辛酉八月　日第十二世暎谨撰。

（民国二十四年铅印本）

民国《毗陵庄氏族谱》卷首，《谱序·光绪元年修谱序》：

我庄氏自金坛迁武进，三百余年于兹矣。溯前明以至我朝，世为望族。而咸丰季年，更粤贼之乱，食旧德者半为国殇。其存者流离转徙，散之四方。人事靡常，几何不以一本而相视如途之人也，余常用是惴惴。

同治三年，官军既克服常州，江南底定。余以是年之冬，渡江还里，族人亦相率来归，团聚而谋曰："兵燹之后，死者死，生者生，不可得而详也，非从事谱牒，曷以纠存而恤亡？矧吾族之谱，肇自明季，最后增修于道光丁酉之岁，四十年来不为不久矣。今夫不治，大惧离遏废坠，将敬宗收族之谓何？"佥曰："修之善！"于是经始于壬申之春，告成于乙亥之冬。旧谱之纷者理之，漏者补之，比而同之，引而申之。为类有四：曰图，曰表，曰志，曰传。职其事者，十七世凤威则分别派系，稽核生卒年月；十八世怡孙则综司修辑，厘定体例；十九世士敏则纂撰文记；十五世毓铉、十八世嘉淦则稽核祭田及茔墓所在。陈力奏能，勤而有功。

余乃受成而读之，慨然曰：我庄氏在前明弘治间，大参公以进士起家。自是厥后，代有作者。遭际圣清，簪绂不绝，祖孙、父子、兄弟济美竞爽，乾隆中叶尤盛。巍科显秩以光国家，繁祉老寿以荣乡里，里中旧族，将以庄氏为巨擘。今者自遭丧乱，存丁才三百八十有奇，视军兴以前，不及三分之一。而科目不过孝廉、民经，仕宦不过部郎、守令，殆不无少替焉！然方今朝廷以殷忧启圣，日月重光，且犹劳十余年之斧斨，乃克巩亿万祀之磐石。我庄氏沐浴酰化，同国休戚。丁阳九之厄，则少即凌夷；遇隆平之时，则日形蔚起。理固然也，安知今日之不逮昔者，来日之不远过今兹乎！谱者，所以上治祖祢，下治子孙也，非有是举，又孰从观感而奋发哉？《诗》曰：无念而祖，聿修厥德。又曰：匪棘其欲，聿追来孝。此固后起之责也。族人以余辈行较尊，属书其言以为序。

光绪元年嘉平月十四世寿承谨撰。

（民国二十四年铅印本）

武进辋川里姚氏

同治武进《辋川里姚氏宗谱》，《续修宗谱序》：

吾宗自忠武播迁，忠毅靖节之子孙散处昆陵者众矣。然派别支分，各祖其祖，未有统宗。况今代远年湮，传闻各异，世次不同，合者不可复分，分者岂能强合哉！尝考我祖虎士公由殳桥卜居辋川，曾与奔牛一支联谱。道光初年，世父北迁公偕先君子遐稽博采得旧谱疑义数十条，相与往复辨论，欲订正而不获。乃归而自辑宗谱，遂与奔牛分。故吾谱以虎士公所自出崇本公为始祖，而追宗于忠武、忠毅两公者，不忘本也。其间辨昭穆，定赝实，校缮精到，考核加详，一时名流均有序赞，乡先辈见者谓敦本睦族崇实黜华，焕焉炳焉，洵家藏之至宝矣。迄今谱牒具在，仰见先人手泽，实有以垂裕后昆。而此日之子孙繁衍，士得以安其业，农得以力其穑，安知非吾祖宗精诚远格，与斯谱之绳承弗替所致乎！廉幼侍庭帷，先君子尝诏之曰："吾家家乘创始于北迁公，亦予左右从事，距今二十余年矣。子姓蒸蒸，更胜于昔，若不重加修整，再二十年后，得毋有相视如涂人者乎。"乃于咸丰丙辰岁决计重修。而寇氛日炽，饥馑洊臻，先君子以耄耋之年，积忧成疾，遽捐馆舍。后有族人踵而行之，捐资甫集，发逆突来，乡民迁徙不遑，捐资亦归乌有。嗣经郡垣恢复，族人死亡过半。其卒不知日，葬不知地者，比比皆然，是可伤矣。急欲即为编辑，而凋敝之余，力难胜任，辄复稽延。去年秋侄孙博训、蓉第等搜访遗亡，注载生卒，议将续修，以事见属。廉曰："此吾父未竟之志也，此吾所朝夕期之而未逮之也，其何敢辞！"爰谋诸族尊龙云、族兄听彝，支拨宗祠公款为修谱之费，且按丁筹捐，以继不足。偕博训、蓉第等悉心校雠，疑以阙疑，信益征信，不半年而蒇事。继自今隶斯谱者，开卷了然，知谱之所自始，知谱之所以分，且知谱之所以续。因而父诏其子，兄勉其弟，继继承承，世守而勿替，然则斯谱之功岂浅鲜哉？廉不敏，本不足肩此巨任。然苟畏难见诿，废弃前功，即获罪于祖宗者甚大，故不自揣量，竭蹶成之。明知不如前人之精详，亦聊以继先父之志云尔。后有作者，更及其所未备而增益之，是则廉之望也夫。

同治十一年秋八月十世孙孟廉谨序。

（同治十二年敦睦堂木活字本）

常州毗陵胡氏

一谱而备五善。

光绪常州《毗陵修善里胡氏宗谱》卷一，《纂修胡氏宗谱原序》：

夫家之有谱，所以尊祖而敬宗也，所以崇德而象贤也，所以别伪而存真也，所以训家而型族也，所以正名而辨分也。……是能于远祖近宗定所尊，是能于家声世泽知所继也，能于同族异支严所缺、家规祠禁慎所守、昭穆世次绝所混也。一谱而五善备焉，诚足以志不朽焉已。

乾隆庚申岁之吉许时熙拜撰。

（胡伯良修，光绪五年敦本堂刊本）

丹徒李氏

宗族失和而另建祠谱。

民国《丹徒李氏家乘》卷之一，《梅臣公原序》：

余家世本徽州，当宋室南渡，由白岳迁润之开沙。至我支祖鸣歧公，沙洲坍没，乃迁城北九里街，家焉。历三世，高祖天一公以族事株连，家赀罄尽，饮恨没世。追曾祖仰桥公，发奋起家，始相宅于城东之梳儿巷，继定居于城南之下河头，家道日隆隆起矣。嗣于前明万历间，通族有修谱之议，仰桥公痛父受族人累，婉词却之，旋招我祖敬敷公及叔祖春华公、瑞生公，矢之曰："尔等知祖父以恨死乎？今后倘能同心合力，敬继吾业，以昌吾宗，务遵吾今日之约，奉尔高祖鸣歧公为始祖。另建支祠，别修宗谱，自为一族，庶祖父得瞑目于九泉下也！"我祖等识之不敢忘，迨我祖没，我父善伯公仅守遗业，胞叔履真公、嫡叔德坚公，虽先后入泮，然皆捐馆早，未及成曾祖之志。至于鼎，一生株守，半世笔耕，不克早自树立。今六十余矣，发白齿落且多病，旦晚将溘先朝露，亦自知无能为也。所幸昔侍叔祖瑞生公时得闻曾祖遗命，若不及今笔之简册，我子孙亦何由继志述事哉！故不嫌慌率，谨将鸣歧公以下世系及婚配生卒著于编，以俟后之纂辑者。康熙四十四年乙酉仲夏七世孙鼎谨述。

（民国六年本立堂刻本）

民国《丹徒李氏家乘》卷之一，《舜敷公原跋》：

第十二篇　族谱

乾隆癸卯岁，三弟鸿登贤书，明年应春官试归里，适族人以陈姓占据祠宇，屡思伸理，吾父遂命鸿与事，越五月，竟得直。迨丁未岁，吾父谓："宗祠既建，族谱宜修。"复命鸿取先世草谱，细心纂辑，乃未及脱稿，而鸿又赴公车矣。礼围报罢，随直内廷，京邸留居，忽来凶耗。呜呼痛哉！方鸿之受命修谱也，岂意不克终厥事哉！今岁春季，谱已告成，然其中规条义例则犹鸿之所手葺也。蠹简虽存，雁行已断。抚兹编帙，能无泣然！

乾隆五十七年岁次壬子清和月十世孙治跋。

（民国六年本立堂刻本）

较为简明的修谱凡例。

民国《丹徒李氏家乘》卷之一，《丹徒李氏重修家乘凡例》：

九世补廷公汇纂，十二世孙锡龄敬谨增辑。

一、纂谱，首先纶音，纪国恩也。次宗祠、坟图、世系，溯本源也。次传记、寿序，述祖德也。为类凡五，为卷凡六。

一、谱以纪实，无取侈陈。若援引前朝显达以为鼻祖，遥遥华胄，诚者讥之。李氏诸士族近在同里者，指不胜屈，然源本无稽，支派未合，皆不敢扳援依附，贻笑大雅。

一、谱以明世系、序昭穆为纲，以齐名、行纪、婚配为目。故欧阳氏谱作为横图，直序昭穆，横分长幼。书其名行于前，书其生卒配葬于后。苏氏明允谱作为吊图，引线路以辨亲疏、立传赞以纪事实。今互用之，取其明备。

一、古者大宗惟一，小宗有四。眉山苏氏援宗法立谱。自祖祢而上皆得立宗，仿古之小宗也，而皆统于继始祖之大宗。我族自鸣歧公分支，三传至仰桥公，生四子，长敬敷公、次春华公、次纯白公、次瑞生公。敬敷公下统为一宗，所谓继始祖之大宗也。纯白公无嗣，此宗不传。至春华公、瑞生公，各立一宗，所谓继祢者，为小宗也。绘图则一世至五世，列名于下而更端于上，递传至九世十三世，推之百世皆然，仿五宗图也。列表则先长房，后二三房，依次递叙，而皆以某世标其前，派别支分，源流井井，所谓皆统于继始祖之大宗也。各宗之生齿不齐，卷之多少亦不一云。

一、表系书法宜严也。张京江公家，允为镇江望族，今考其谱例及旧谱例参酌之，名讳高书上格，用小字书某子，溯所出也。十一世以上及十二世之已故者，则曰某公，世尊也；以下不称公，不敢并所尊也。无子，以兄弟子嗣者曰嗣子，仍列名于本生下，不夺人亲也。表系则编入所继下，重为后也。易名而原名必书，存考也。另号亦书，可两行也。表已注某第几子，而行之自一至十，复编而书之者，明长幼有序也。爵秩、封赠、甲第、科分，必详之，尚贵也，假冒者削之。生卒，书甲子复书年数，书月日复书时，欲便查核，不敢省文也。十五以下曰殇，十五以上曰早世。不为立后者则不列表，下无可系也。五十以上曰享年，七十以上曰寿，尚齿也。邱垅必书，示子孙知保护也。凡生卒年葬，及配氏无考者，缺不书，阙疑也。著有诗文等集者，必书，重学行也。配高书，重中襄也，有继配则称元配，崇正嫡也。配之高曾祖父，书其有爵秩者，三党簪缨之盛，于吾族亦有光焉。其无爵秩而名讳可考者，亦书，俾子孙无忘姻好也。止叙本支，余不旁及，于婿亦然。以再醮来者，书纳；自我再醮者，书曾娶，贱失节也。侧室姓氏生卒，附注于正室、继室下，见其室之能逮下也。其生子请封，及守节例旌者，亦高书，母以子贵，尤以节著也。子女高书，正出侧出者，以嫡庶次，不以长幼次，论宗法也。子不育者，亦得书，妇人以生子为重也。无子而收养异姓为子者则削之。历久而无嗣者曰无嗣。有可嗣而未嗣者，曰未嗣，盖有待也。凡从释道者，止叙本生，下不另立，表绝不为亲也。以上规条，皆本旧例而参以张氏谱例者，兹于发凡，特为罗列，后之书法，准此。

一、谱系之学，源于世本，由晋以降，或撰家传、或撰世编，征文考献，所以扬先世之德善功烈也。然必其人之文、行实，有可为天下法则者，始乞言于巨笔以传之。若泛为阿谀，则无取焉。至节孝妇女，必为阐扬守志，既殁，无论合例与否，俱载家传，以备采录。

一、旧谱行派从鸣岐公起，曰：嗣续绵瓜瓞螽斯羽诜宜尔子孙。今序派从十四世起，曰：克尊家学，以大本宗。

一、祖宗名讳，断不宜犯，前因族谱未成，十三世中颇有当讳者，但称名已久，不及尽改耳。以后族人生子，务宜至宗祠请名，以便确查谱系，敬谨避讳。

（民国六年本立堂刻本）

安徽

绩溪华阳邵氏

修谱在于劝惩和睦族。

光绪绩溪《华阳邵氏宗谱》卷首，《谱法·立谱大纲》：

家谱之作虽为尊亲者讳，然尚贤而简不肖，则劝惩之意存焉。苟以一事讳之，则将无所激劝，而迁善改过之机阻矣，岂垂世之典哉。今日之谱虽不敢妄加褒贬以定是非，然亦不能尽无规勉，故尝窃老泉作谱之意为诸君子勖。老泉亭记曰：自斯人逐其兄之孤子而不恤也，而骨肉之恩薄；自斯人多取其先人之赀田而欺其诸孤子也，而孝弟之行缺；自斯人为其诸孤子所讼也，而礼义之节废；自斯人之以妾加其妻也，而嫡庶之列混；自斯人之好声色、内外杂处、喧哗不严也，而闺门之政乱；自斯人之黩财无厌、惟富之凌人也，而廉耻之路塞。凡此六者未免贻先人之羞，人之所大惭也。老泉之于宗人，尝书其事而缺其名,使斯人观之而自愧焉,安知其不能改过而使人自新之盛钦!且明备圣学之谓贤,抱负经济之谓才,道义实有之谓德,取与不苟之谓义,事亲竭力之谓孝,侍长有礼之谓弟,居官尽职之谓忠,临乱不避之谓节,广施恩惠之谓仁,善决是非之谓智,不苟然诺之谓信,不枉是非之谓直。此数者或有一焉,则特笔以表之,或附之本传下,所以勉人向善之意。

(邵俊培纂,光绪三十三年叙伦堂刊本)

主张修谱贵于传实,明著褒贬。

光绪绩溪《华阳邵氏宗谱》卷首,《谱法·修谱则例》:

人之有此身,则有此富贵贫贱与其有身后之繁衍削弱至不齐者,良由祖宗之积德与子孙习俗之臧否验之也。故凡士庶家孝子慈孙恒思以集谱为重务,举凡有善可纪则法之,有不善可鉴则戒之,然后知谱之有关于风教为不浅矣。不宁惟是,或有先人作之于前而后人不思所以纂绪之,则先代之风韵宁不斩于五世之后乎?是修谱之法首在则例。则例维何?要必信以传信而疑以存疑,不虚美不隐恶,谓之实录。有功德者则书之,有职守者则书之,使后之为子孙者知祖宗修德励行,而吾叨享富贵、族望兴隆,莫不由根本先固,枝叶从而畅茂也。又莫不以吾身数世以上固为吾所当法程者也,自吾数世以下安得不视吾侪为后世之规矩乎,将必思所以世济其美以承芳于奕叶者,皆由此观成之也。若所贻不善,内行多愧,如贵而不法,富而多骄,纵欲败度,坏伦纪纪,族则鸣鼓而攻,不与斯人为伍,以为后人之鉴戒,知此辈无可录之行,恐有覆宗之事,必要猛省自改,图盖前愆,克遵祖训,将来子孙蕃昌、门闾高大者,未必不由此一念之善、一身之行以基之也。所以修谱必贵于传实,明著褒贬,使一族之人恒怀为善,惟日不足之惧为足传也。若徒聘文辞,矜美饰行以示来兹,又岂敬祖法宗、激劝后人之意哉?

(邵俊培纂,光绪三十三年叙伦堂刊本)

歙县巨川毕氏

民国歙县《巨川毕氏宗谱》卷一,光绪《巨川毕氏修谱序》:

尝闻家之有谱犹国之有史也,第掌国史者职有攸司,体取编年纪事。修家谱者功无旁贷,意在睦族敬宗。言念及此,不且谓谱之修也,较史之辑为尤急哉……大清光绪二十年岁次甲午春王正月之吉,继孙支下四十一世裔孙孔生裕昌百拜敬书。

(民国三十三年刻本)

祁门倪氏

光绪《祁门倪氏族谱》卷首,《崇本堂支谱序》:

族之有谱,盖纪先世之爵土所由分、姓氏所由得,与夫宗派之递衍所由析。究其归,则前人之累仁积德与后裔之迈迹亢宗,胥于是乎系焉。故阀阅代传,簪缨世系,后嗣子孙有文足经邦、武可定国,建非常之业,成不世之勋者,无不可光昭前烈,彪炳谱牒也。

（倪望重等重修,光绪二年刻本）

歙县金川胡氏

民国歙县《金川胡氏宗谱》卷首,《旧编凡例》:

辨长少。长少之别惟以行次,故明系之上而加行次以别之,使长少之伦、尊卑之序秩然不紊,使万世而下有所考据耳。

（民国二十一年刻本）

婺源庆源詹氏

乾隆婺源《庆源詹氏宗谱》,《序一》:

人道亲亲也,亲亲故尊祖,尊祖故敬宗,敬宗故收族,夫族何以收,收之于谱牒也。

（乾隆五十年享叙堂活字本）

修谱以登名家乘劝于后继者。

婺源湖溪孙氏

同治婺源《湖溪孙氏宗谱》卷一,《湖溪孙氏宗谱倡会图序》:

尝谓和宗睦族固属人生大事,然宗之所以和,族之所以睦,非修谱不为功,谱不修则宗族之亲疏莫辨,骨肉已而途人视之。风俗日益偷,人心日益薄,虽欲和睦之弗可得也。晦庵朱子曰:人家三代不修谱则为不孝。然则修谱之士不将为孝子乎？人为孝子而使之湮没弗彰,非仁人之用心也。但前谱乏费,头绪未刊,以上修谱诸公名无可考,今将乾隆间修谱诸公与现在修谱诸董事而登名家乘,非彰乃绩,实所以劝勉将来也。使后之君子有能继志而从事于谱者,续而登之,则宗和族睦,岂不休欤！

（同治十年刻本）

歙县棠樾鲍氏

乾隆歙县《棠樾鲍氏三族宗谱》,《新安棠樾鲍氏重编三族宗谱序》:

第十二篇　族谱

自宗法废而门地盛,门地盛而谱牒兴。谱也者,宗法所赖以存焉。

(乾隆二十五年刻本)

池州仙源杜氏

光绪池州《仙源杜氏宗谱》卷首,《凡例》:

明道先生谓:管摄人心,睦宗族,厚风俗,使人不忘本,须是谱系。盖谱牒存则隐然宗法寓于其间,人心亦足以管摄;否则各亲其亲,各子其子,罔知源委之所自出,而宗族视若涂人矣。后世贤达者务世世续修,不可视为不急之务。

(光绪二十一年刊本)

储大文《存研楼文集》卷一一,《丰溪吕氏族谱序》:

吕氏出姜姓,自火运裔孙为诸侯有地,在汉弘农郡。从孙伯夷佐唐,掌礼使,遍掌四岳,为诸侯伯。唐虞有四伯,后又益为八伯是也,故伯夷号太岳。又佐禹治水有功,赐氏曰吕,封吕侯。吕者,脊也,谓能为股肱心脊也。吕封地唐蔡州,新蔡是也,而吕氏族肇此矣。中更夏商,世克胙国。周穆王时,吕侯入为司□寇,佐王著《吕刑》,载于《尚书》。宣王时改吕为甫,《大雅·崧高》之诗"维申及甫"是也。疏释《尚书》者,又曰太岳,即霍岳之阳,下有吕国址,晋瑕吕饴甥吕相,唐易吕州为霍州是也。而齐国封肇太师实太岳,后十九世孙康公迁海滨。康公七世孙礼秦昭襄王,十九年由齐适秦,为柱国少宰、北平侯,二子伯昌、仲景,仲景子青以楚令尹从汉高祖,封阳信侯,谥胡公。唐隋州刺史仁宗,其裔也。康公裔多散居韩魏齐鲁,后又徙唐东平寿张,故吕氏望东平。魏有徐州刺史万年亭侯虔字子路,孙行钧后魏东平太守,行钧后居河东永乐,至肃公諲相唐肃宗。而浙西节度使延之、礼部侍郎渭、衡州刺史温世著清望,衡州文尤高,此实载于林氏、柳氏专门谱录,暨《唐宰相世系表》者也。至秦之阳翟,汉之单父,晋之略阳,其脊准此也。而梁之范县,又其附东平者也。河东吕氏,唐季南迁。宣歙节度八世孙文仲,宋集贤院学士、御史中丞。于时大江以南,朝士为最贵,尤工书。十一世孙从庆由歙堨田徙宣旌德之丰溪,号丰溪钓叟,工诗。十五世孙延瀚又由丰溪徙庙首,延征徙瑶台,而吕氏遂以丰溪望矣。至安次之参政平章、西京寿州之平章、平章军国重事,元枢右丞升州之枢学,浦城之参政,蓝田暨东平之左仆射,六安之少傅,元平定之右丞,明之秀水高陵,新昌宁陵,新安遂宁,其脊准此也。而宋蓝田之学博,寿州之崇政殿说书、直秘阁成公亦类附焉。此则人本乎祖义从乎同之指也!

《丰溪吕氏谱》系滋繁始纂于宋淳熙,一修于元至治,再修于明永乐,三修于宣德,四修于嘉靖之丙戌,迄今二百一十年有奇矣。耆望舜予鲁公仲□简臣公,祥翼南文,聚吉祥圣嗣印侯,冠五涵谷本忠,暨其嗜古工文者,籍于吏部礼部者,胥议复修,而又恐命名之久而易重出也。撰续昭穆序次,诗正厥窾□,而蕲序于予。昔唐四库书目有《东莱吕氏谱》一卷,故宋寿州右丞封东莱郡公,成公亦以世居莱州号东莱,而唐肃公子季重任歙州刺史,四世孙伯禽任宣州司户参军,唐人多以官为家,然则吕氏之由河东而宣歙,由歙堨田而宣丰溪也,故应参考成公宗规滋详,其综画收族□匦之枢要,于越、婺二州以兼核。崇安永康经世之宜者,有纲而不坠,有纪而不淆。而近世大司马吕明德先生实为中州士范,此胥谱录之所宜厘清也。

（《四库全书》本）

谱学之要：厘源流,考同异,务该畅,从体要。

储大文《存研楼文集》卷一一,《丰溪吕氏续昭穆序次联句序》：

"渭玉发祥成伟烈,贤能绍美锡遐昌。居仁由义昭忠信,弈祀恢宏德泽长。"此丰溪吕氏续昭穆序次联句也。盖氏族世系,首崇昭穆,《书》穆考,《诗》昭考。《礼》：宗庙之礼以序昭穆。昭与昭齿,穆与穆齿。《周礼》：奠系世,序昭穆。《左氏传》：文之昭,武之穆。后世厘演谱学,字以析之,句以属之,俾子姓不失其伦,而经义皦如矣。昔唐李该造《地志图》,而吕衡州序之曰："繁而不乱,疏而不漏。才识以润之,丹青以炳之。使嗜学之徒未披文而见义,不由户而观奥,斯训道之明也。"噫,岂直地志哉！凡世本谱牒之学实通诸此焉。唐宾客恒山郡公于邵撰《河南于氏家谱后序》曰：诸房昭穆既同,寻而绎之可以明矣。后能代习家法,述作相因,从子及孙从孙及子孙孙子子兴复宗祧,岂惟两卷乎？将十部而弥盛矣！此今日丰溪吕氏昭穆滋以舄弈,而克缵临沂、阳夏、清河、范阳诸谱望之符契也。盖二十八字即衡州之所谓"□厘源流,考同异,务该畅,从体要"者也,故曰谱学也。予以此简俊友明曜玉赋元起旭临元次正也,诸子而并质于丰溪耆望,所以乙宾客之阀,而甲衡州之文也。

（《四库全书》本）

山西

汾阳韩氏

恐族人忘本、年久情疏而修谱。

嘉庆汾阳《韩氏宗谱》,《开篇》：

余家本晋卿献子之后,以国为氏,详考远祖,在昌黎者为最著。徙居博野者朏,唐时为沂州司户叅军,世食官禄。五传至昌辞,为陂城令,葬于替皇。六传至璆,为永济令,追封齐国公,葬于相州安阳县丰安村,后世即以安阳为家。九传至琦,为宋代伟人,封魏国公,追赠魏王,谥忠献魏公。事迹史册、家传俱详,惟于一本亲亲之谊尤为笃挚,诚以宗族之所关甚巨也。芸舫兄为浙东观察,书来嘱余与宗山弟叙订家谱。仰见芸舫兄于宗支之谊,慎重周详。盖诚见世俗之家,试问其远祖高曾竟为谁何者,且有命名与远祖相同者,又有螟蛉异姓混淆族氏,甚至家奴随姓,阅数世而主仆难辨,名分倒置,最可痛恨。余仰体此意,嘱宗山弟赴文水石家庄考核谱系,往返数次,始得其略。石家庄者系余十二世远祖迁居之所也。明时左右二公由石家庄迁居汾阳东遥庄。嗣后岁逢履端兆庆,享祀先人,每往石家庄虔祭,是以于远族尊卑名分辨之最真,至今百余年未通音问。虽有老成人,不知长幼次序,凡此者,皆由不存宗谱之故。族叔梁曾修宗谱,不考远祖,直以迁汾二世祖复端公为始祖,以六世祖春气公为一世祖。明知春气公高曾祖考确有可据,何以竟不列名?又将螟蛉义子之后概入宗谱,尤为乱宗之渐。今按本宗分为三支,溢善里十甲一支,八甲一支,又八甲一支。分支者何因异姓乱宗而别之也?谨将又八甲一支悉载于后。余素非通儒,不谙文墨,此则非记非序,盖实纪其事以言其节略云尔。

嘉庆十六年岁次辛未孟冬之月,三十三世孙应均谨书。

(韩应均修,嘉庆十六年刊本)

平定窦氏

光绪平定《窦氏族谱》,雍正《窦氏草创合谱原序》:

雍正戊戌岁,余事纂辑我窦氏族谱,著为全图,祖宗世系既详且备。盖本诸小宗五世则迁之法也。故散见者难稽而合收者易考,余等不才,愿综其同世,汇为一谱,按世以列其名,因名而系其世,则载在谱牒而世次之先后毕呈,披阅简编而宗派之源流载见。爰辑窦氏合谱以志后世焉。

时雍正八年夷则之月,七世孙窦极忠仝八世孙窦镇谨识。

(道光二十七年世和堂刻,光绪二十年增补印本)

光绪平定《窦氏族谱》,道光《续修窦氏族谱引》:

吾族始祖所自来与谱例之所仿,前谱叙言之详矣。吾等何敢多赘。第自雍正戊戌创为族谱,至乾隆壬辰刊刻成帙。迄于今生齿日繁,宗派愈众,使非增修而纂辑之,他日将有愈远而愈不相识者。道光甲午,十一世孙肇基谨将本支后裔按次详志,以备异日修谱之用。乙巳,九世孙开惠复于远股之隶于他乡者,不惮跋涉而考其世次,居止之远在荒村者,时复殷勤而稽其字名,详前谱所未详,增后代所已增,至丁未春而草本已具,爰与族中共议,仍照旧谱之式,付之剞劂,汇为一编,各股份授。吾等悉力助助,共成义举,庶使阅是卷者知吾窦氏虽散处不一其地,要皆一本所蕃衍。因之饬伦纪而敦亲睦,孝弟之心油然而生乎。尤冀自兹以后,贤子若孙递相承继增修于后,则于前人光始无遏佚耳。

道光二十七年建辰之月,十世孙嵋、巽亨谨识。

(道光二十七年世和堂刊刻,光绪二十年增补印本)

光绪平定《窦氏族谱》,《三盛堂谱序》:

我窦氏旧有世和堂族谱一刻,缘道光二十七年重修,迄今五十余年,阖族复有重修族谱之议,窃恐代远年湮,支派失叙,先于本支内旧谱所未载者按世续名,不至临时有错,以后皆于二月十一日祭扫后续明,则云礽相承,绳继不衰,非惟命名者不至有犯祖讳,而且奕世后亦无数典而忘之讥也。

时在光绪十七年二月初六日,十一世孙炳言谨志。

(道光二十七年世和堂刊刻,光绪二十年增补印本。)

光绪平定《窦氏族谱》,《窦氏增修族谱序》:

光绪丁酉春正月,合族恭祭先茔,祭毕而燕,年届五十者,族谱尚未列名,且宗繁族巨,城乡散处,恐岁久失考,世系莫辨。佥曰:族谱宜修。稽自道光丁未续修族谱,迄今五十有一年矣。于是同族公议,各股按支诸稿,仍照旧谱之式,纂辑成帙。凡一切条例亦遵照旧章,惟载州志人物者分别补入,以垂家乘。因通考旧编,校对新续。错者订之,伪者正之,重讳者易之,载州志者一一补之。但此次无专事采访。倘乡居外出,万一遗漏,皆可随时添续。是岁冬而谱帙告成。回想尊祖敬宗之日,咸兴孰亲睦族之怀,由是增修族谱,以彰前人之美,以启后人之传。可见修谱一事,正不止别长幼、辨世系而已,子子孙孙永无废先茔之祀,则报本追远,本之厚者支必蕃,源之远者流自长耳。嗣修族谱更不乏人,庶不负先人创续之志也夫。

光绪二十三年仲冬之月十二世孙志默谨识。

(道光二十七年世和堂刊刻,光绪二十年增补印本)

平定张氏

道光《平定张氏族谱》,雍正《张氏族谱序》:

……康熙岁辛酉,先大人至谊公曾慨然于世谱之无稽而宗支之莫辨也,爰作为谱图勒诸太高碑阴之上而刻石焉,思永其传。奈历时既久,风雨戕剥,孙曾世衍增续无地,诚恐数世之后依然如无谱之先也。愚不敏敬,承先人志谋诸宗人,质之有道,取欧、苏两家

第十二篇 族谱

之法而忝酌,以考其详□作为谱,列其宗支,纪其世系源流脉络,指画了然,且使百世之下沿其制而嗣续增修,□衍其绪于不穷本。宜付诸剞劂,用贞梨枣,然心有余力苦不足,惟笔诸简编,垂以待后。倘后之子孙有高明显达,同愚有志者修其缺略,补其不逮,刊刻成帙以大其模,是愚之所切望也。敢云继述亦期以一本之爱,或不至情疏势远以至忘其所自也云尔。

时雍正九年岁在辛亥四月上浣宗人恒福谨识。

(张文选等修,道光二十八年刻本)

道光《平定张氏族谱》,《重修族谱序》:

夫吾张氏之有族谱也,始则刻谱图于始祖墓表之碑阴,继则编次成篇,集为写本,后乃纂修增续,付之枣梨,以成卷帙。然则谱之成也非一朝之功,而成斯谱者亦非历一人之手矣,至吾辈谱成五十年矣。生齿日繁,支派逾纷,先人所谓族祖宗孙觌面不识,少以凌长,卑以侮尊者将于是乎见。吾等触目惊心,而思先人修谱之意,岂非谓家谱所以联宗族,亲亲之义存焉乎?若不重而续之,是使先人之至意明而复湮,何以慰其灵欤?故不敢惮劳,协力共济以重修,意遍告族人,逐股稽查世系,兼以劝捐,而族中父老子弟无不以为盛举,各量力输财,以共助厥事,不数日资斧有余,足共剞劂之费。世系详明,亦无紊乱之忧,于是按其图纪,序其世系。谱中所已载者,从而因之;谱中所未载者,从而续之。凡增补嗣续一遵旧谱之成规,不敢少参以己意,但支派繁衍,简编纷纭,分为数卷,以便检阅,虽不敢谓于先人之盛事能敬承继,而后之人复有与吾等同志者亦可无难稽之虑也乎。

时道光二十八年岁在戊申季夏上浣之吉经理人仝识。

(张文选等修,道光二十八年刻本)

咸丰《平定张氏族谱》,康熙《张氏族谱小序》:

余家自始祖才兴公于明太祖初年由建康迁平定,迄今十有四世矣。因闯乱,原谱失传,八世曾叔祖讳所居有遗稿命福全、福盛叙而传之,以昭后嗣,内有以敦九族之睦,外有以洽邻里之和。同宗子姓莫不听其说以宗其谱矣。独本股外其传渺无可考,寤寐间尝慨然思之,沉潜反复,盖亦有年。幸吾族不泯,墙内获一故纸,却先人之遗笔也。然后得有所据,以续千载相传之秘,以明东西二股之分。惜乎支派繁衍,或臧获之辈强威作势及螟蛉之徒反言近理而大乱失真矣。于是余再叙之,一族之次第,支分派解,脉络贯通,前者前后者后,股股相依,世世相从,无所紊也。凡我同宗阅谱者,知某为某支,某为某派,虽支分而派别，务返本而寻源，某与某戚，某与某疏，虽疏远而戚近，务意惬而情通，爱敬无混施之逆，功总无背剩之违。余不敏，记以承先启后，亦孝思之一助云。

康熙甲午秋八月癸酉十世孙福深撰。

（张学鲁等修，咸丰七年刊本）

咸丰《平定张氏族谱》，康熙《张氏族谱序》：

夫人生斯世，皆知孝祖父矣，抑知孝祖父不如孝祖父之祖先也。孝祖父之祖先又不如孝祖先之祖先也。何者？水有其源，木有其本，至于人岂无所从始乎？吾家始祖讳才兴公，建康人也，元末明兴时迁平定，年甫二十八岁，迄今十有四世矣。至中宪祖，其族始大，迨至后斯文相续，代不乏人，在州颇称巨族焉。乃旧有原谱不知，因流寇闯乱失落，已无可考，幸余堂伯父讳鸿云者藏有堂叔祖讳所居公遗稿，急欲立谱碑于祖茔之次，而以事嘱余，余故从始至末，世系支派次第查明，于齐家埐文魁岗祖茔左立谱碑焉。然止叙本股一支耳，余支明知一族，苦无可考，而不敢叙。后数载，碑被拙荆者损之，时伯弟福深独出己力，欲修家谱，州志庙石访之几遍，若少识其原委而犹不敢叙。不意天从人愿，赖先灵指引，于墙内获一故纸，乃先人之遗笔也，始得有所据而叙焉。福深盖几经跋涉，几经延访而后得以成此谱也。此诚孝祖父之祖先又孝祖先之祖先也。是为序。

康熙甲午冬十月乙亥十世孙福盛撰。

（张学鲁等修，咸丰七年刊本）

咸丰《平定张氏族谱》，乾隆《重序张氏族谱记》：

因念我张氏族谱，福深伯订成于康熙甲午之秋，今历一世有奇，不重为之序，后虽有欲序之人，考核不较难乎？且旧谱有合无分，于古人成式亦有未备者。春祭毕，与族中二三耆艾相悉久之，遂学欧阳氏谱法重序如左，若卓行若孝节特为之纪，更增还金一记以示表扬先德，鼓舞后嗣之深心，而族人谬许可以。噫，如斯墨本典之意可乎哉？典方欲登之梨枣以寿吾谱者寿吾宗，然而目前之力且有所不能。

时大清乾隆十一年岁次丙寅四月朔日，郡学生十一世孙大典盥手记于家庙书屋。

（张学鲁等修，清咸丰七年刊本）

咸丰《平定张氏族谱》，乾隆《张氏族谱序》：

我张氏旧有族谱，东一支订于福盛祖，西一支增于福深祖。其意虽详，其制不古。至叔廪生大典，近承先志，远学欧阳，编为墨本而分合备，又为茔谱以志其葬，与所迁之地。

第十二篇 族谱

且卓行如八世祖保府通判景星,节孝如修祖母晋太君与族祖母潘太君,皆详其始末,特为之记,意颇善也。谱成示修,修曰:是实获我心者也,修素有此志。欲付剞劂而未逮。今何忍不以为己力也……

时乾隆十一年岁次丙寅,贡士十二世孙纯修熏沐谨识。

(张学鲁等修,咸丰七年刊本)

咸丰《平定张氏族谱》开篇,嘉庆《续刻张氏族谱序》:

我张氏族谱自明以来创造于所居祖而继述于福深祖以及福盛祖、大典祖与我祖道立公也,迄于今五十余年。……祭祀毕,有凤翔祖、宗孔叔等因修家庙而工程告竣,又立意续刻族谱焉。商计资费何出:有承宗祖遗军庄园地亩半,南沟地四亩多,屡年积租利钱十余千,吾见如辂出钱十余千,续刻板成矣。族中有愿藏存谱者每人各出资少许,即能刷印藏存。

嘉庆元年岁次丙辰春正月,十四世孙附贡生援例州判如辕沐手谨识于奎右园之芳润轩。

(张学鲁等修,咸丰七年刊本)

洪洞李氏

同治《洪洞李氏宗谱》,道光《宗谱自序》:

我李氏之寄居上寨村也,由来久矣。元以前无可考,至顺帝时上寨村有李德直者,值元之季隐迹玉峰山,耕读为业,不求显达,乐志林泉,诚一代之高人也。后世瞻其遗踪,览其碑记,相与称道弗衰,由是其人传,其事传,而里居亦与之俱传焉。故邑乘之所载至今日而尚未没。想吾李氏之家乘在曩时岂无可考,但历元及明,遭流寇之乱,谱牒失传,宗派之考据未能甚详,于是溯家世者弗敢援以自信,盖慎之于其始耳。顾吾思之,人之有生犹木之有本,水之有源也。使不探本穷源则世次难明,数传之后,有云仍而莫知其祖宗者,何可胜计?噫,谁非人子,谁无祖父,而忍令世次之相衍其泯没竟若是之速乎?兰实私心痛之,于是合族人而谋之曰:谱牒之传非自后世始也。尝考小史之职,奠系世,辨昭穆,古王者派衍天潢,首重亲睦,所以先天下而示之孝者,原欲范围乎当时,昭著于来兹耳,乃自去古甚远,人心日漓,视族谱为具文,等亲属于路人,即一体之亲,肥瘠犹不相关,遑问其疏者乎?抑知尊祖故敬宗,敬宗故收族,自今日而亟为正之,将见敦葛藟之恩,戒角弓之刺,此则生人之大节而兰所慎重焉,愿与吾族人共守此意者也。独是家乘之传,欲为之笃宗支,必原夫一本之所从出,今我李氏之家乘阙其疑而守其真,断不敢以诬人者自诬，故辨其源流，以朝登公为始祖，递及而下共十一世，编辑成册，庶祖宗之世次可考而子孙之率循有由矣。于人心独无恔乎？

时道光二年岁次壬午孟秋吉日，敕授儒林郎候选州同知附贡生八世孙兰谨识。

（李逢纶等增修，同治四年刻本）

同治《洪洞李氏宗谱》，《后序》：

族之有谱，所以承先德，启后昆，俾绵绵瓜瓞，永敦水源木本之思也。余李氏之谱牒经吾族兰、芳探本溯源，编辑成帙，辨源流，明世次，慎嗣续，避名讳，具生卒，详昏姻，诚盛事也甚矣，谱之所系大矣哉。夫谱不惟不可无，而且不可不续也。莫为之前则不彰，莫为之后则不传。使后世子孙不知续而修之，将代远年湮，不数传而源流不可辨，世次不能明，嗣续不复慎，名讳不知避，生卒不暇具，昏姻不得详，是有谱犹无谱也。今吾李氏之谱，公议二十载缵修一次，庶可以继成谱之志，而家乘永以不紊矣。为后嗣者可忽乎哉？凛之，慎之，勿负创始者之苦心焉，则幸甚。

监生七世孙绥来、敕授儒林郎候选州同知七世孙晋来、监生七世孙鸿来谨志。

（李逢纶等增修，同治四年刻本）

闻喜裴氏

康熙闻喜《裴氏世牒》，《跋》：

章美系出中眷后，先人讳清，永乐间徙居夏，每有祠墓之役，往来裴乡，见家牒载先代履历行实，一如国史。但数百年来，相传仅一抄本，世次未免错乱，尝取平阳人物志，迄州县志一一忝考而编次之，以绵力未及授梓。先年守巡两台，吴公阿衡、朱公之冯尝过而问焉，俱以抚军遄往。闻喜朱唐辅先生刺禹州，捐助为剞劂资，承兹美举，实获我心，今又得翟象陆先生筹修益备。书成，藏之宗祠。于是进宗孙之英勉之曰："《书》言：'崇德象贤，统承先王。'修其礼物，宗兄其贤乎？虽然，孝以继述为大，非仅仅守府已也，步芳踵美，光大家声，斯不愧为象贤哲胤，进子可式可法。"孙弘绪勉之曰："吾辈景仰圣贤，闻风尚知兴起，典型在望，宁可失之？见羹见墙，尚属恍惚，抚兹实录，稽其事，并见其人，考其行并见其心，世德作求，敦敏不怠，庶不枉今番苦心，吾老矣，情虽深而力不逮，二三子其勉之。"

裔孙举人永清知县章美谨识。

（翟凤翥纂，康熙五年刻本）

第十二篇　族谱

乾隆闻喜《裴氏世谱》,《跋》：

吾先世自□乡侯六世孙讳陵公始得裴姓,其后族分三眷,定著五房,见《唐书·宰相世系表》。与过江之王、谢、袁、萧,吴之朱、张、顾、陆,山东之王、崔、卢、郑,关西之韦、柳、薛、杨、杜,甲第相望也。旧传,先常侍讳子野公著《家传》十卷,尚书讳守真公著《家谱》十二卷,皆散逸不可考。元时潞州知事讳再兴公藏有家乘,更与职方氏相参考,搜次残缺,联缀成图。至国朝康熙初,乡先达翟象陆方伯、朱绯公侍御,重加编辑,附以列传诗文,厘为四卷,而裴氏世谱有完书矣。独其上叙世系,远祖颛顼,秦赵同祖,支派难稽,先大夫甚病之,晚年手自改订,断自周僖王所封解邑君即讳陵公为第一世,前二十六世皆删却。旧谱采取诗文,颇多疏漏,先大夫悉力搜罗,增至十二卷,草稿成,示宗锡曰:"此非夸耀门第而设也。《周礼》有小史以奠系世,有族师以书其孝弟、睦姻、有学者。盖睦族之道,必有所籍,以联属之,况大宗小宗亡,而谱学益重于世。吾世谱成而述祖德,别昭穆,族邱坟,序婚姻,具备焉。吾愿吾族人礼文相纠,忧喜相关,以亲疏为厚薄,而不以富轹其贫,贵役其贱,相与缵先业而无坠我家声,则庶有当于先王以族教安之义,而族谱之立果可以维宗法矣。"宗锡既佩斯语,复痛先大夫赍志以殁,未及锓行。数年守青,幸其岁丰无事,公廨多暇,乃检遗稿,恭加勘定,又得博雅者数人为之助,而此书遂付剞劂。其《艺文目录》一卷为宗锡补入,以旧谱所列奏议、诗赋、记序诸作才数十篇,未免阒略。昔班、马二书,迁、固自作序传,韦、孟亦赋在邹,莫不上述先德,扬芳振美。夫门阀不以世禄为荣,而以不朽为盛事。人生不能爵位势利为重,而以尊祖敬宗收族为先。先大夫九原之灵,其不以小子为谬妄而贻之罪戾矣乎？开雕于去年七月,今十月,宗锡滥膺简命,量移济南而世谱适竣工,将去青,乃备载先大夫重修颠末并述所以教宗锡者。

乾隆二十有二年,岁在强圉赤奋若,日月在塞阳哉,生明壬戌,中宪大夫山东青州府知府今调济南府知府中眷裔孙宗锡百拜谨跋。

予前守青州时,鸠工刻族谱既竣,复详阅之,其中尚有舛漏,谋重修之,未暇也。积日累月,随时纂辑,凡耳目所及,旧谱有未载者,悉录藏司箧。及来抚皖,遇公事稍暇,辄细加校勘,订讹补阙,更授之梓,其卷帙次序一仍旧本,而益以先大夫手著诸篇,用垂不朽,拳奉手泽之思,亦昭示来许之义也。往余营葬邓太夫人,敬撰行略、墓志,并历官来杂文若干,首从儿辈请亦勉续一二,依类附后,非敢自诩能文,聊志继序之私衷云尔。

(裴□度汇辑,乾隆间修,嘉庆十五年序刊本)

灵石何氏

道光灵石《何氏族谱》,《族谱序》：

余族何氏自得姓来,代有闻人,蔓延无穷,其居灵邑者,自知祖明经公始。明经公之先居豫省大石桥边,有明中适晋,卜居太岳北麓,即今两渡也。其后子孙益众,或散处和溪,或涉汾而西迁于军营坊。余大惧族势散轶,思纂修谱牒,顾念族繁地远,稽考非易,适族子汝培颇精敏,又工书,因与共襄厥事。沿子孙溯其祖父,竟委穷源,各归统绪,设立表图,凡封荫及本身爵秩无不详载,即祠堂、坟墓窥形度势,计其弓步,考绘图式,并历世祖考妣行实节孝及传赞志表,碑铭杂文,当代名公巨卿如橡之余,堪为光宠,悉旁搜备采。若家训一篇,特摘其要者著焉。盖穷膏晷之力,自秋及冬杪,更数月而始竣。嗟嗟吾祖一人之身耳。由一人而递传之,至于支分派别,析乡而处,几不复相识。繁衍之庆固先人之所慰也,其或乖违渎乱,又先人之所惧也。体先人之心以为心则别亲疏、明长幼、序昭穆,以祖合宗,以宗合族,覆籍可稽,犁然具备,是固不敢与国史上拟,而姓氏世次条理井井,一家之谱谍,子孙守之,百世可也。至若父兄教于先,子弟谨于后,他日合一族而有敦睦礼让之风焉。尤先人之所幸,而亦余作谱之意也夫。苏子曰:"观吾之谱者,孝弟之心可以油然而生矣。"自明经公至余十有一世,由余而下,更若干世,族属无远近毕载者,统于始祖也。

十一世孙思忠熏沐谨撰。

(乾隆间何思忠创修,后裔续修,道光十四年续刻本)

道光灵石《何氏族谱》,《重修族谱序》:

余家族谱,乾隆三十五年所修也。数十年来,科甲鼎盛,海内艳称。官中外者,指不胜屈。族姓既蕃,不可不重加纂辑,以垂永久。岁道光戊子,合族乃有重修之举。其体例一遵前书,惟诰敕则仅书品级,而其词从略,非苟异也,将以省卷帙之繁且便于尊藏云尔。

十三世孙辉绶谨识。

(乾隆间何思忠创修,后裔续修,道光十四年续刻本)

山东

张氏、李氏族谱的成书、体例与理念。

张英《文端集》卷四〇,《日照李氏族谱序》:

余自康熙癸卯举于乡,先大夫时年七十余,即以一编示余曰:"此族谱稿本,久未诠次。予年且老,前人行事予犹能缕缕叙述,子盍为编茸成书,以毋坠祖宗之绪。"予敬受而卒业。首世谱,次世纪,次丘陇,次纶言,次家传,为若干卷。每念《欧阳文忠公集》中载家谱一帙,其言皆简质,不事摭拾藻采,斯可以传示久远,故义例多仿之。又念先大夫以耆耋之年,独惓惓于此。盖木本水源之思,行苇葛藟之爱,古人敬宗收族之道,谊莫大焉,事莫重焉。今读《日照李氏族谱》,不禁重有感于衷也。

愚庵李先生为当世名公卿,其太翁封大夫孝阳先生,敦庞闳硕,道德文章世其家,年已大耋,以谱牒属愚庵,令其编次,而先生序之。因知前辈敬宗收族之心,本于仁孝之至隐,其不谋而相合者,固如是也。且胪次详明,而叙述简要,得欧阳公家乘之义,其可以垂示久远无疑。书丘墓使子孙识所瞻,侭载训词,俾后嗣无忘忠孝与!余曩昔纂辑之事适符可以见心理之同,而愚庵之用意深至也。……李氏之族方大,而又以亲逊敦睦庇囗其本根,教诲其宗族,其所发越流衍,又安可穷哉!敢拜手而为之亲序。

(《四库全书》本)

黄县丁氏

阅谱使知支派同源。

宣统黄县《丁氏族谱》,乾隆《丁氏旧谱序》:

周子云:"万物各得其理然后和,故礼先而乐后。"谱之修有礼乐遗意焉。曷为礼?一家之尊卑长幼各安其序是也。曷为乐?会族合食燕饮一堂是也。然惟有秩然不容乱之分,始有蔼然不可间之情。余家旧无谱,草稿一本,创自胞叔汉臣公,今遗失难觅其处,不即所传闻志之,恐致有以少凌长,以小加大之患。爰是详其源流,别其支派,并载其坟墓山向,使后之人阅谱而知某与某为一支,某与某为同派,而且各支各派本同一源,坟墓山向祭向有具,所谓正人伦之始,复正人道之终者,在是矣!他日会饮食导欢洽,有无相济,患难相恤,子子孙孙勿替引之,吾祖宗不且含笑九原乎?乾隆三十年岁次乙酉春三月穀旦十世庠生琰谨序。

(丁在麟领修,丁世佳、丁尔淇总纂,宣统元年刊本)

黄县王氏

阅谱而奋志于道德、诗书、功名。

宣统《黄县太原王氏族谱》卷七,光绪《旧跋》:

家之有乘,所以考世系、序昭穆,而先人之事迹著述,亦于是乎见焉。《王氏家乘》自道光癸巳重修,迄今六十余年矣。古人三十年为一世,其间人事代谢,不无增损。家乘即宜重修,但族中人无倡其始者,故迟延至今耳。信之本晚辈,加以智力俱小,不能谋大而任重。然生平癖嗜古书,而于先人之著作尤笃好焉,其积成卷帙者不下数百幅,犹俱在也,家乘之修则有志而未之逮也。光绪癸巳,族人共议重修家乘时,信之遇病不能出,未尝竭股肱力以效赞襄，但遣小儿辈输班缮写，心甚愧之。甲午告成，信之详阅一周，而知世系判然，昭穆犁然，先人之事迹著述昭然，其后起而克自树立者，亦莫不并著而灿然。固先世之泽，亦族人之力也。使吾族人详阅之下，见夫全忠孝旌节烈者，莫不奋志于道德焉；见夫登科第游庠序者，莫不奋志于诗书焉；见夫承阴袭荫奖励者，莫不奋志于功名焉。由此而谨遵矩矱，不至随俗靡靡，安知不能光大门户而不失为阀阅家耶？是则吾先人之所厚望也夫！光绪二十六年六月十五世孙信之谨序。

（王次山修，宣统元年刊本）

系人心厚风俗，莫如明谱系。

宣统《黄县太原王氏族谱》，康熙《序》：

予尝偕观政潜夫兄、孝廉丹林兄肄业焉。诵读之暇，观正兄语予二人曰："古人有同居九世者，况吾三人仅五六世乎？"因语孝廉曰："尔，我高祖同父胞兄弟也。"语予曰："尔，我高祖同祖堂兄弟也。"随出其谱牒一册指示，予二人尔时溯本穷源，迭相亲爱，吾三人竟不啻同堂兄弟矣。古云系人心厚风俗，莫如明谱系，此非其征验哉！观政又语予曰："王氏族谱，心宇曾祖创于始，象雏叔父纂其成，已得大略矣。条分缕析，责在各支。尔我五世祖又同，六世祖始分，尔六世祖以下须尔详之。"予曰："唯唯。"然遂与之考订互参，共成一帙。较之旧本，顾称完备。盖念谱系之重，而义不容诿也。事竣，因叙其语以志勿忘。康熙五年岁次丙午一阳月，十一世孙邑廪膳生文煌燕贻志。

（王次山修，宣统元年刊本）

以中武解元为祖功宗德之报。

宣统《黄县太原王氏族谱》，嘉庆《重修族谱序》：

闻之有文事，亦有武备。吾祖由明迁黄迄今四百余载，累世书香科甲绵延，自十一世公采祖始获入武闱，至嘉庆甲子科抡升兄继入。今秋闱，予又名列榜首。适族伯谷音与族人修谱系，向予言曰："建黄以来，武闱中式者，代不乏人，解元罕有，此实祖功宗德之报也。"予因是树茔旗，同祖叔修茔墙，兼作序记于谱，用昭祖德。第念予虽侥幸抡元，而学疏才浅，心实歉焉。因以俚言数语是为志。时嘉庆丙子季冬，十五世孙武解元鸿中渐逵谨序。

（王次山修，宣统元年刊本）

即墨万氏

民国即墨《万氏谱书》,道光《原序》:

盖闻尊祖敬宗,非独尽享祀于当年,尤宜绵世泽于百代。苟不笔之于书,恐世远年湮,子孙而或忘其祖宗,岂非门户羞欤?

(民国刻本)

河南

族谱以赞美前人是务。

宋荦《西陂类稿》卷二四,《三订家乘序》:

……荦惟司马迁、班固之作史也,并终之序传,以阐扬先烈。文中子著书,亦首纪铜川六世所述,用昭先人之成训。盖荦闻之,论撰其先祖之美者,礼也。先祖有善而弗著,著之而弗详,则皆礼之所非,而仁人孝子所隐痛于中也。今夫身都贵富,缨绂轩冕之胄世世弗绝,人情鲜不慕望以为荣,然君子之所谓美者弗存焉。昔叔孙穆子谓保姓受氏以守宗祊禄之大者,无世无之,惟功德与言久而不废,乃为不朽。故曰鲁有先大夫曰臧文仲,既没,其言立,其是之谓乎!然则论撰其先祖之美者,亦于是取之而已矣。

我庄敏公正色立朝,以掌邦治;我文康公乘时奋庸,熙帝之载,其丰功骏德,嘉谋嘉猷,固已各被于当时,而表于后世。即乐庵公潜而未曜,福山公施而未究,或仅修于一家,或仅试于一邑,然皆劬躬寿后,有以大启其子孙。乃若丁太夫人,以巍巍孝节育其孤,以成台辅,而闺门之内肃肃雍雍,递相师法,亦近世称壸德者所未尝有也夫!君子乐道人之善,苟遇一二事之可传者,虽得之交游之亲见,闾里之传闻,犹且流连太息,笔之于书,以垂劝于来世。况其为先世之盛美,卓卓如是,忍听其阙略而弗图,则无乃遏佚前光而滋之罪戾乎!古人有言曰:"挈瓶之智,不失守器。"荦所为夙夜兢兢,惟恐废坠。自莅官以来,四五十年常愧德薄能鲜,而一言一事必谨守先祖之懿矩,至于老而不懈。盖虽玉音问答之时,所以对扬王休者,胥此志也。於戏,凡我后人尚皆敬畏恪恭,惟趾美前人之是务,此荦今日慎重排缵之意也夫!若夫谱牒所纪,期无失乎,先王尊祖敬宗收族之遗法而示后人以崇本返始之心。则曩者固言之已详矣,今可不复赘云。

(《四库全书》本)

宋氏家乘主旨。

宋荦《西陂类稿》卷二四,《三订家乘序》:

《商丘宋氏家乘》八卷,荦判藩院时所重编也,迄今几三十年,子姓愈以繁衍,又其中间叨遇国恩天章,宠锡有加于前,乃随时缀辑,踵事增华。凡遗文、轶事散见于学士大夫之记籍者,旁搜博考,靡不摭录。又不揣固陋,纂为《家传》九篇、《外传》六篇。至于发凡起例,向时多所未安,则更易审定,列为九条。而排缵其文,为一十四卷。书成,重开雕于平江使院,家乘于是乎彬彬可观矣。

(《四库全书》本)

项城张氏

民国《项城张氏族谱》子部,乾隆《张氏宗谱前序》：

语云：求忠臣者必于孝子之门。孝之道大矣哉!夫孝非云问视、定省、养二人已也,必于报本之中尤思报本,追远之内更加追远,上以成先,下以传后,庶乎于孝之道有近焉。余性喜诗书,幸入儒林,上而思夫一本之所以合,下而辨夫子姓之所以分,盖有深感于之不修,宗派之未明耳,尝与族侄维岳计曰："是吾辈之责也。"已而玩忽时乘,未获留心于兹。去年水患歉收,族党逃散失所,无以为异日合聚计,于是参考宗茔残碑、先世遗书,得其大略焉,一世汇集一篇,各从其序,非以孝事先人,亦以垂示永永于弗替已耳。但以齿繁族众,居不同乡,食不同席,而年数名讳有不能周书者,幸恒绪兄联子姓于会食间,月不异而岁不殊,乃外得羡余钱,四时奉祀于先人堂。傥一二同志,果有于敬宗睦族尽其心力者,付之梓人,公之同族,俾概晓然于水之派、木之根,庶后子孙合爱合敬,相亲相让,不至同室操戈,视诸父昆弟闻如仇雠也,他又何望焉?今兹约同族众,沿门谘访,探前代之渊源,别近今之余裔,缺者仍之,不知者俟之,无敢有臆说于其中也。幸有心者,观是谱而会心焉。将敬宗睦族,亦犹是尊。

时皇清乾隆八年岁次己亥孟春下浣,十一代孙际盛中天沐手顿首病中敬题。

(张拱宸、张培璋等重修,民国二十五年天津文岚簃印书局仿宋排印本)

民国《项城张氏族谱》子部,嘉庆《再陈家传并茔内支用公钱志》：

自受思新伯之序而阅其词意多混,余恐后人难明,因于修谱时出素闻以表于后。前文云兄弟二人非仅两人也,乃七人也,易吴为张,非尽易也,乃大公、二公也。邑于项非项也,乃殄冠镇也。又云卜葬于城东南隅,东南隅即所谓张庄也。家道惶惶而谱遂失,即失于城内书楼也。一一指明,族众便览,不至如梦未醒而已。至茔内壁碑桌炉松柏,地址皆已毁坏,前文未述,余即闻而不敢言。惟是于祖父为族长时,锡柱兄修壁墙一座,今犹巍然。迨祖父逝,而兄承接同族众茔,内设规矩,赎地亩植碑,此数端皆余之所目睹,故敢比比述之。兄年老,将约辞出,族众捧约送至余家,余思族中有才有德者,不可胜数,不肖如余尚能济事耶?无奈公议永兴兄为族长,永兴兄即执约派余收执折桌钱,第思即免族人之口食,宜绵祖宗之禋礼,遂同族侄振业等雇人立井一,图以为得以灌先人园者,乃可备春秋祭也。免席三载集钱若干,又修谱十五本,各请奉于家,每于春秋祭时,言及某门某派,了然可辨。前文云,祖宗数百年之血脉壅瘀而不流,今后或可了思新伯不释之忧也。其所剩钱文若干数,欲于茔左构一祠堂,请合族之主供奉于兹。又追修二公之先君主一世,列大公、二公兄弟于旁,使后人皆知两门同此一脉。但有志未能将所余钱文另派族中贤能执掌,以待后日修祠洗主,完结余志。至支使钱余钱,另列谱后,以表余心,是为序志。

嘉庆岁次庚申十月十二世孙允贤沐手再书。

(张拱宸、张培璋等重修,民国二十五年天津文岚簃印书局仿宋排印本)

民国《项城张氏族谱》子部,光绪《重修宗谱序》:

从来人之有祖,犹木之有本、水之有源也。本必培而木始茂,源必浚而流始长。物诚有之,人岂异然?然旷观吾族家乘,固觉编之缕析条分,无非光昭祖宗之义。先世之苦神焦思,皆是绵荫子孙之情。明也不才,学识简陋,虽难继志于先人,犹欲佑启夫后代,故庸愚不讳,衰弱不辞,愿与吾族贤等缮完一帙,窃比周到之亲亲云尔。夫明窃忆,夫咸丰末年,皖匪猖獗,烽烟四起,彼时之族众,避难逃奔散而之四方者,不可胜计,迨后大难削平,则归业之宗支又十仅有七,嗟乎吾族之流离失所,死亡绝嗣者尤何可胜道耶!当是时先大人端廷公甫馆于家,明尝于趋庭时,见公讲贯之暇,气长吁而目含泪。明初未以为意也,继乃微窥其情,似若有所在焉。请问之,公不对,惟低头蹙眉呼嗟然而已。嗣又请之,公乃曰:"汝欲知之乎?吾语汝,汝不见夫熙熙攘攘气相恰情相亲,祖孙叔侄呼唤不啻一家者,非吾渐聚之族人耶!今家乘已被焚矣,犹欲于宗支散失之余,使吾族众数百家、人丁数千口必探本索源合千支万派联络焉,而共见为一祖也难矣,吾安得不含泪而长叹哉!"明乃慰之曰:"勿过伤!"俟明访之数月间,偶得宗谱族侄孙淑言文盦中,遂同淑言携归献之,公见之喜不自胜,如获至宝,遂指示明等曰:"此吾家乘也。创修甫自颜公,颜公诚吾祖孝子贤孙乎!斯时若非颜公,吾辈无祖矣。今幸而获此家乘,庶吾辈得踵事颜公,使吾族众可同致为一本也。"及察夫续修之期,自乾隆初间迄今已百有余岁,见其中世系未经补续者有两三世或三四世,甚至于简篇断残之处、鼠窃蠹食之余,脱脱略略,直无所措手。公乃叹曰:"此谱越世弗修,则吾族之失支,犹不容胜数也。"于是遂命淑言购纸,使明抄录之,且携明与淑言沿门稽查,增补支派。接续之间,有孙不知祖讳也,即质之旧约、访之耆老、或查其邻约四至,委屈印证,考核确切以补修之。又复细心访察务使吾族不遗一支,如是者五六年,夫而后本本源源溯寻清晰、支支派派统绪详明。又见族众多孙犯祖讳者,乃复编定世派令彼遵照取名,以免犯讳之咎,迨补续既讫,即命明定式,详图载辑成帙收而藏之。呜呼！诚心于谱，其有功于吾族者，不诚与颜公并著哉！越戊寅岁，公病笃昏昧间，犹复嘱明曰："吾族仅此一谱，汝善藏之，可勿失，倘若遗失，是汝之咎也！"明于是仅遵遗命，故于三十年间兢兢业业，或携带城寨，或藏匿壁中，惟恐万一失去，即大负厥考心也。因自是望有同心者抄录分藏，设遇烽火告警，庶不致彼此俱失矣！奈当时族多事，故不暇修理，明谨谨自守以待同心已耳，敢滫厥志哉！迨丁酉岁，有族侄孙瑞桢字恩周者，手捧一帙来请曰："此吾南门家乘也，思新公于焚失之后，遵依主牌接续后嗣，又复沿门增补，知者续之，不知者缺之，经营创修，其功非不巨也。独不知如何脱简，一世审之，与北门昭穆不齐，迨孙察夫茔墓、核夫纪年，按次详究，因知玄公为四世祖，则三世脱简已信而有征矣。虽然，修谱之事孙素未谙，则即考究情殷，总于本源支派未若叔祖能知之详也，请商之。谓我族谱之修已三十余年，今则及时修之，宜矣。但吾两门始祖本一本而同源者也，与其两门两谱情相隔膜，何若总成一谱谊相连属之为愈耶！兹乃欲续修之期合夫谱以齐夫世可乎？"明曰："可！谱已合则分别之嫌免，世已齐则猜疑之议无，子既有是心，即明之同心也，可酌期以约族众速行之。"无如天不我佑，未届期而恩周仙游，犹如族侄健朋亡于期后者等。嗟呼！何吾族谱之修竟多若此之乖舛耶！议虽寝，嗣癸卯秋，明偶得病疾，年余未愈，惟恐一旦梦游，则于吾族家乘未获亲理，将抱愧先人于地下矣。兹有幸复有同心者出，族弟若文光，族侄若养齐，侄孙若端齐、䌹庵、采甫以及钊贤、滋圃之诸贤辈，均有水源木本之思者也，乃相约而来商曰："今愚等欲乘兄修谱，奈如兄病何？"明曰："是何言也？修谱之事，明弗敢忘，今诸贤辈既有是心，明讵可以病辞耶！"于是限期约众分职办理，或采访而循支增派，或誊写而定式分图，或催办钱文以供费用，或购买货物以备经营，诸贤辈皆鞠躬尽瘁，厥供乃职。明乃独安养病室，聿观厥成也。惟是复循恩周之意，将两谱合订，汇集为一。敬请太始祖一世冠于两始祖之首，以连属族谊。嗣将每世谱序、凡例、修谱人名载诸首以记功绩，又将历代建置、选举人物、艺文附谱末以便观瞻。采访而处处周密，窃补前人未尽之功；记载而事事详明，克尽后世增修之矩。且又按天干十字分定十部，合首末两部，共分一十二部，总成部套，令众收藏。自此昭穆有序，弗失敬宗之义；统续相继，永笃尊祖之情。夫而后族情恰焉，族谊敦焉。水源木本因此而悉知周到，亲亲亦因之而共见焉。如此，明敢曰述事特表暴诸贤辈之功耳！因援笔以书载之，乃与诸公并传永永云。

皇清光绪三十年岁次甲辰孟冬中旬，十四代孙熙明橘洲沐手顿首敬题。
（张拱宸、张培璋等重修，民国二十五年天津文岚簃印书局仿宋排印本）

陕西

第十二篇　族谱

汉中西乡李氏

陕西汉中西乡李氏系于明中叶由三原徙入,直至第十世裔孙李文敏(字捷峰)科举出仕,族始发达,乃修纂家谱。

光绪汉中《西乡李氏家谱》,《龙文彬序》:

光绪壬午,文彬主讲友教书院。一日,中丞李公过寓,出所为家谱见示,命系以言。

按李氏之先居三原之李家桥,明成化初秀之公迁居西乡之南关,是为西乡李氏之始,越今传世十有三,历年四百有奇。耕读相承,代有隐德。而迭经丧乱,谱牒无存,中丞深以为憾。顾自壬子通籍,扬历中外三十余年,未遑及此。同治壬申请假还里,见户族凋零,怃然心伤。爰于修葺祖茔之后,命族子友植等访录支系,搜罗遗文,邮寄节署,然多缺略不全。中丞念茫茫坠绪,倘复逡巡姑待迟之又久,后更有不可问者。于是明义例,清源流,尊秀之公为一世祖,以前弗录,重所自出也。由一世至十三世生卒娶葬,就所可知者书之,昭信也。二里桥一支断自六世,发林公以上失考,或疑出呈蕙公,究无确据,不敢臆断,志慎也。五世呈兰公子四分为四房,此外或行派可稽未知何房,分支附世录后,以备参核,阙疑也。继立必由近及远,而抚他姓者不入,防滥也。呜呼,严已!

古者宗法详明世系昭穆,掌之于官,自世阀以逮编户历千百年支裔不相乱也。秦汉以来谱籍亡失,魏晋立九品官人之法,而谱学复兴。然门望相夸,不能无高攀远引之诬。迄唐初犹然,故太宗命高士廉等检校天下谱牒真伪,而犹未尽厘正也。五代之乱,故家残灭,谱牒复亡。有宋欧阳永叔、苏明允始创谱法,其世次以断自可知者为始,远而难征者阙之,遂为后代谱学之祖。今之作谱者咸云本之欧、苏,而求其不戾于二子之义法者卒鲜。杭堇浦世骏太史尝谓纵观天下之籍,其夸诞者莫如家谱。盖诚有慨乎其言之者。今观李氏谱可以雪斯言矣。中丞于化民成俗之余,为敬宗反本之举,使数百年荒废之绪一旦修明,又捐资建祖庙,立义塾,置田以赡族人,足补欧、苏宗法所未备。其事创,其功巨,而其用心可不谓至艰哉。读所自为叙,仁孝之心恻然流露,尤拳拳于户口之未蕃盛,是用滋惧。窃谓千寻之木根本蟠固,饱经霜雪,积之久而蔚发,枝柯干霄,庇荫益广。今李氏固积久蔚发之会也。为之后者相与勉绍先烈,勤加培植,行见发荣滋长,推衍中丞之芳荫于靡穷。盈虚消息之理,自古为昭,夫亦善其所以承之者而已。是为叙。

赐进士出身诰授中宪大夫吏部考功清吏司主事龙文彬顿首拜撰并书。

(光绪八年刊本)

光绪《西乡李氏家谱》,李文敏《李氏谱图序》:

汉中府西乡县南关一支在二里桥。

李于唐为国姓,世系渊源,《北史·自序》、《唐书·宗室表》述之详矣。吾族自前明中叶秀之公由西安三原县一云咸宁县李家桥迁居汉中西乡县之南关。一支在二里桥,是为西乡李氏之始。家世耕读,醇朴相继,至今十余世,谱牒阙如,先大夫恒以为憾。岁时伏腊,展拜祠墓,每呼文敏兄弟而告之曰:"家之有谱,犹国之有史也。史不修,无以鉴治乱、示惩劝;谱不修,无以溯先芬、联族属。他日必有数典而忘者。汝等学业有成须勉为之,使知木本水源,不忘所自,则仁孝诚敬之心油然生矣。"文敏谨识之。

道光丙午,文敏领乡荐,刊试卷,例以三代履历弁诸首。请于先大夫,上列本支旁及伯仲,凡远族支系不复详载。咸丰壬子文敏捷南宫,官祠曹。方冀从政余闲整理家乘,戊午五月先大夫见背,匍匐归里两年之久。甫安窀穸,复遭滇匪之变,奉旨办理本籍团练。逾年解严,遂猝猝无暇日。同治建元,文敏入都供职,而滇匪复从定远窜入,县城沦陷,吾族人死于贼者半,死于饥疫者亦半。孑遗之余,谋生不遑,诸房簿录盖无复有存者。丙寅文敏守凤阳,丁卯调天津,五六年中,洊擢江西按察使。壬申陛辞,请假以便道旋里。城郭丘墟,族户凋丧,为凄然者久之。展谒先茔,亦皆颓圮失修。因谋于先兄,捐资若干封土植树,分命子侄辈访录诸房支系。光绪戊寅,文敏历江藩持抚节,族子友植始于断简残碑中搜罗遗文,开具大概,远寄节署,然强半缺略不全。辛巳夏,方函约先兄于明年来江同事纂集,乃十月中骤闻先兄辞世。噩耗悲痛之余,心益无绪。既念文敏行年六十有四,时事艰难,奉公鲜暇,家运又复屯苦,若早晚填沟壑,恐此事遂废,获戾滋大。因就其所知者,自一世至十三世沿流溯源,各系以图。二里桥一支,五世以上无可考,则断自六世以逮十三世。此外或派名仅存,未知由何房分支,无所附丽,谨书于后以备参稽,亦犹史家阙疑之旨也。谱例綦繁,今此草创,未能尽合。恭承先志,粗述大端。后有贤子孙补其所阙,订其所疑,亦姑以此为椎轮云尔。

光绪八年壬午嘉平月嗣孙文敏谨序。

(光绪八年刊本)

郃阳马氏

陕西郃阳马氏是自明代即在当地分成三房定居的古老宗族,其宗谱《郃阳马氏宗谱》在清代分别于康熙九年、乾隆七年、乾隆四十六年、道光十七年、同治十一年、光绪三十一年续修,凡六次。康熙九年第一次修谱,叙宗族分房定居情况及先祖遗闻。

民国《郃阳马氏宗谱》,康熙《序一》:

窃谓水有源流木有根本,人寄于世岂无根源支派哉!按马氏世族乃郃阳县南十里北百里坊,其故乡也,系高贤里七甲人。自明时长分原居故址,二分迁居金水河旁南渠西村,三分迁居长城之南和家庄,此其可考而知者也。其余族在故土者八百余丁,有高阳、高贤二里之分,其远近亲疏皆不可考。但相传故里祖坟有古柏二百余株。自明崇祯七年斗米千钱,邑人饿莩者十分之三,我族鬻柏赈济,幸无饿莩之人。迨至崇祯十三年升米千钱,邰邑饿莩者十分之七,我族鬻柏再济其不能周全者十分之五。如此累载食福果昉自何代何祖耶?墓志与碑文考系唐穆宗长庆年间授职陪戎校尉左监门直长始祖绚之遗恩也。且始祖讳载在县志,具有实迹,考世系而屈指其七百余年矣。迨至大清顺治十年均平里甲,高贤里甲改为礼义里五甲,时经两代,人各一方。其间燕毛序齿以命名,未免有不知而相犯讳者,此皆因无谱而误然也。予于是序为宗谱,垂兹来祀,庶不致紊乱舛错以俟后之再序者耳。

康熙九年庚戌季春九世孙元善敬序。

(民国二十五年增订本)

叙支派始祖及迁入之由。

民国《邰阳马氏宗谱》,乾隆《序二》:

按马氏世系扶风。……自扶风迁徙于邰邑南北百里坊,……迄今数十世矣,……当必以开基创业始居者为始祖。故自明时徙居南渠西素业儒讳永祯始。永祯者,乃壬子科举人王延之祖姑丈也,或者因亲眷而来至此,未可知也。

(民国二十五年增订本)

提出"序父族并序母族"、"知自家又知外家"的男女并书观念。

民国《邰阳马氏宗谱》,光绪《序六》:

尝见丁男昌盛如树木之丛隆,未有不庇其根本;子孙众多似流波之浩瀚,焉能不溯其渊源。光绪乙巳春,族中父老询于余曰:"旧谱不修,则前辈所修之谱几经风雨而残缺,其如有谱何?新谱不序,则后辈可序之人开简编而未录,其如无谱何?又闻谱内何以有祖父而无祖母,其或以父同姓母异姓乎?抑或以父刚克母柔克乎?均未可知。子盍为我言之。"余恻然曰:"否!非此之谓也。夫谱岂易言哉!分支别派,宗族之亲疏远近皆于谱存焉,非见之闻之者不能道也。居数百年以后之世,序数百年以前之人,诚恐蒙混错乱,序之不清不如不序。与其不清而序之,何若不序而犹清也。先辈谱内所以不序祖母者,或因此焉。然而天地者阴阳之气也,日月者昼夜之形也。天地不能纯阳而无阴,日月不徒卜昼而无夜。兹值元旦拜祖,余与父老商议,远者不可考而近者犹可追也。序祖母以三代文字起,各亲其亲以及亲母,各祖其祖以及祖妣,序父族并序母族。凭见见而闻闻,知自家又知外家。探原原兮本本亿万载,夫妻并记竟委穷源。上可以绍承列祖千百年内外皆传命名授字,下可以讳避后昆班联饬整位次分明。绳绳兮螽斯衍庆,振振兮麟趾呈祥。历世相承一脉贯通,庶不至阅世阅人也参商目之,骨肉也秦越视之矣。

光绪三十一年乙巳寅月十五世孙增广生员麟阁敬序。

（民国二十五年增订本）

民国《邵阳马氏宗谱》,光绪《序九》:

光绪乙巳,余方肄业陕西大学堂,年假归,族议续修家谱。金推伯父暨椿亲主持,余与树兰分司缮写勘校,未匝月遂蒇厥事。谱成命为序,余虽弗闻,奚敢辞。谨按古者因生赐姓胙土命氏,官有世官则有官族。吾族受姓始自战国马服君之封号,奕世相承,至汉伏波将军起于茂陵而族始大。本支迁居邵阳,祠中即祭伏波将军神位,其为嫡系无疑。惟累迁世变,远代证□无存不可考。元善公创修本谱,仅就其所能追溯者列聪公为一世。嗣后续修五次,均以是为据。今距五次修谱已三十三年矣,按阅世必修之例,本谱之复修又乌□已。至谱牒之义世系之衍,诸伯祖考叙之详矣,兹仅就躬与其事而略述梗概云尔。

光绪三十一年正月十六世孙郡庠生凌甫谨序。（编者按:此序作者系十六世孙马凌甫,时在新学堂肄业,入民国后曾任陕、皖等省要职,主持 1936 年宗谱续修。）

（民国二十五年增订本）

关西马氏

同治《关西马氏世行又续录》,《续修马氏族谱序》:

十四世孙马鲁编辑。

天下事有不得已而为之者,而为不得已而为之事,又有不得已者。如今之续,我马氏族谱是自我洱海祖（编者按:即明人马朴。）编次族谱,迄今六七世矣。彼时称同州盛族,仕宦满朝,今则农贾多而业儒者少,后之子孙几不闻和睦宗党之义。虽有祠庙,鲜识先型。若不编次令子孙识其宗派,其何以敦睦族之风乎？此续族谱之所以为不得已而为之也。

洱海祖编次时考核甚清,至东马氏亦为之次序,而今则宛平祖（编者按:指第六世马珍,明人。）之兄五门亦有不可考者。宛平之兄二门三门为盛,余曾向长者而问之,皆有不□□□□□□□□□□□□□□□□□□□□□□世系不清,置之觉疏,序之无凭。今只续宛平祖之后四门世系,此所谓不得已而为之中,而又为不得已而为之事也。

盛宫保,尚宝祖（编者按:指第八世马愃,明人。）之婿,余曾祖母之祖也。昔年为马氏族谱谱序,极言马氏家属乐以翰墨。书之今也,宛平祖之后四门绝亡既多,读书簪仕者亦寥寥。欲求戚友而荣以弁言,惭愧甚矣。故余因诸兄弟之劝续族谱,并请为序。惟质直言之,此又其不得已而为之者也。嘉庆七年壬戌七月 。

(同治七年刊本)

关中三原温氏

民国三原《关中温氏族谱》,康熙《温氏谱略》:

温之先为周之子爵,受封河内之温,因以为氏。汉魏至今二千余年,名公巨卿、文人才士、忠孝节烈之传,历著史册,而望出太原者最著。自忠武公而下,不可记也。洎宋元之间,我兴斋公自洪洞避乱入关,肇迹三原温之始。五传至凤阳公,登贤书,长邑佐郡,著茂绩于明永乐初。嗣是,孟津公以明经为博士,讲明正学,得精一之旨。恭毅公首领乡荐,早授巍科,历官冢宰,学术事功炳琅国史。太守公守杭,巽政累累。刺史公、孝靖公、笑园公、仪部公,学问渊博,著作充栋,知交遍天下。至本朝,再兴邦族则自我孝懿府君,始我孝廉长兄。其继起也,俱无心仕进,而孝友文章,推重海内。承先启后,端赖斯乎?盖兴斋公迄今传世十五,而科第叶书香十代,推穀中著姓有以也。若邯郸以讳清为始,保宁以讳堂为始,一本分支也。东族之来自洪洞,乌程之出于太原,异派同源也。睹子孙之繁昌,则愈知祖宗之积累矣。谱牒既新,仅述梗概,并弁于前。

(康熙)庚寅夏五月端阳后三日十三世孙德勰谨述。

(民国二十七年刊本)

甘肃

秦州西厢里张氏

秦州西厢里张氏于光绪八年、三十四年两次修谱,县令张世英谱序叙述建祠修谱原因甚详。

光绪《续秦州张氏族谱》,《秦州西厢里张五甲张氏族谱序》:

世情于寻常往来之交,喜必庆、忧必吊,其尤厚则有无相通、患难与共。独至一本之亲而反不相闻问焉,其何解于同异姓之说也?夫人之有宗族也,由一人而十百千万,其形则殊,其气则一;其服则尽,其情则余。虽有新特,谊止葭莩,视一脉者终有间。而輗焉而外视之,始而凉薄,继而离间,久之散乱,终则凋零。于气则伤,与情则绝,伊何可哉!譬之树木千枝万叶,皆根本之气所流布。根本之固宜不仅在枝叶,而枝叶有害则根本之气必伤。伤则不和,不和则生不殖。而无害者,亦将有如苔附物之虑焉。呜呼!此仁人孝子之用心，不能不于一本之亲汲汲而维属之尔。

谱系者，维属之一事也。谱系不修，则服属易紊、名讳易触，久之行辈相淆，庆吊不至。甚或转徙无常，籍贯久湮，转而结婚本族，衰祖渎宗，莫此为甚。且昔人云：古者受命受氏以旌有功。斯时人皆土著，故名宗望姓举郡国自表，而谱系兴焉。

闻之祖考，吾族先世由陇西迁秦州，国初已分四房。按之祖墓，雍正间距始祖已十有余世。州西关三阳后巷西南有小巷，为我二房旧居，顺治间已通称为张家巷道。州西南十里有山，为三房旧居，其地亦以张家得名。长房、四房虽未以姓名居，要皆各有旧址。而上考世系远者，由身而上仅及七世，始祖及宗终不得悉。几何能郡国自表，不为名宗望姓所讪笑邪？虽然渺难稽者，后嗣已无可如何。联络散族，据祖宗既分之血脉、凝祖宗未渐之精神，融融然远近亲疏之合为一体，一如高曾祖祢之萃于一堂，此固力所能为，义亦何容自谢。不然，不相闻问之失、散乱凋零之况与夫衰祖渎宗之咎，必将有所不免，其为名宗望族所讪笑又如何也？况此而不谱迟之又久，并及今之得谱者亦消归无有焉，益可悼已。

今年春我二房谋建宗祠为报本合族地，祠成，随修此谱。采访之余，得悉某某殁于同治戊辰之变。呜呼！同为祖后，同值凶荒，吾辈何以免灾，若辈竟至长饿？窃悔宗祠不早建，斯谱不早修，以致相遇疏而相助无，自同姓之亲反不如异姓之众得沾丐以生也，嗟何及哉，嗟何及哉！

后之抚斯谱者，倘或法王者拜受民数之意，本夏侯不忍言族之心，有无相通，患难与共，名也而实副之，子孙振振子孙绳绳，得与陈氏之七百共食、裴氏之东西中眷后先比美，有以怿先人而播休声焉，庶几作者之志也夫。

光绪八年九月十三日十七世孙世英谨撰。

（光绪三十四年续修本）

光绪《续秦州张氏族谱》，《重修秦州西厢里张五甲张氏族谱序》：

谱作于光绪八年九月，传成并刊于光绪十三四年，其间相去已七阅年矣。然非日养手民于武功官廨，随作随刊，作停则刊者来迫，此册尚不能竣也。今去初修二十年矣，司文墨者犹故我也，不似倩人代作之周章也。为邑较武（功）繁难，而顷刻之间，日计不足，岁计则有余也。去家虽千里，而终岁里门堪膺采访任者尚有十余人也。自壬辰再出十有七年，宦囊入出五六万金，又何有于刊资之多寡也，然犹迟迟至今而再修之举始克告成。则过此以往，斯谱斯传之续，轻重迟速又不知为如何耶，不亦大可惧哉！知惧则知勉矣，又乌知后之作者远过今日不可寻常计哉！是则今日所望于后日者也，是则先人所望于后人者也。吾子孙其举今昔两序日三复之也可。

光绪三十四年花朝十七世孙世英记于陕西渭南官廨。

（光绪三十四年续修本）

金城颜氏

金城颜氏云系复圣颜渊之后，明初定居于此，乾隆、嘉庆、道光及光绪年间数度修谱。乾隆谱有序数篇，兹择录三篇。

光绪《金城颜氏家谱》，乾隆《重修家谱序》：

穆不敏，粗知章句。其于修己治人之道，何敢自任也。但年来谬为诸父昆弟委以族长，经纪家政，不敢不尽心勉副众望。窃谓家政之大，序谱为重。故向者谋诸二三昆仲，而后操笔，今已敬修成帙。其世系支派按房稽考，不烦赘词。惟是家有条约，犹国之有令典。令典之设，期于无犯；条约之陈，岂必相厉。今谱中所载典礼懿训，悉采先辈成规。而条约数事，则自吾远祖以来立为家法，经三百年如一日者，不敢妄有增损而轻重出入。随时小变之处，亦尝会同合族细加商酌，而后载之于谱。惟望我族本尊祖敬宗之心，为持身保家之计，不干条约，则人人能修己，人人能治人，庶不负诸父昆弟委任之盛心，是所望也夫。

乾隆二年丁巳仲春十一世孙穆如序。

（光绪十二年本）

光绪《金城颜氏家谱》，乾隆《家谱序》：

雍正之七年，族兄审源君为延绥镇帅，出其冰俸二百余金，命我族人置祭田、设家塾。松既陪新旧家长后合谋襄事，业有成绪矣。寻闻兄奉有出征之命，道北边赴大营，松时同诸昆仲数人候省于五凉。接见之际，蔼乎其容，肫乎其意，语及敬祖收族之事，尤切切于心。且曰："家谱之作，所宜亟也。夫由吾而上，而祖祢而高祖而始祖，近者百余年，远且数百年，不有谱以志之，奚以探本而求源也？由吾而下，而子孙而曾元而瓜瓞，不有谱以系之，何以分支而析派也？矧吾祖宗以来，既有成谱，则踵事增华，易为力耳，诸昆其勉。"众皆曰："唯唯。"又曰："人莫要于读书。吾家子弟苟有佳质，必收入家塾，延师教导，匪徒以取富贵利达也，盖将以扶植其品行，变移其气质。□观而善，相渐成风，则人人可以谨身而寡过。并家法之条陈于谱中者，措而不用可也。"众又曰："唯唯。"数年以来，军兴旁午，虽其建学延师约束生徒诸务行之已久，而新谱之作至今年而始成。盖我国家罢兵息民，而当今皇上懋昭大德，建极中和，阜成有象，故得以其暇日序次前代之世系，并见在之云初珠联而缕析之。前揭古今家训之名言大诫于谱端，以触于目而警于心。既又述我审源兄之切嘱者，以示族众，并以告后之子孙。

乾隆丁巳仲春吉旦庠增生十一世孙松如敬序。

（光绪十二年本）

光绪《金城颜氏家谱》，乾隆《族谱序》：

今上御宇之二年，皋兰家昆仲修族谱既竣，适余以蜀督之衔奉命署楚，未遑谒祠。邮寄之余，远嘉吾昆仲之能继先绪也。爰拜手稽首而系之以言曰："呜呼！世无论今古，人无论显晦，要以尊祖敬宗敦伦睦族为承先启后之基本。念吾先世积善累行或以武功或以文德，咸克卓卓为邦家光，而于谱系之际，尤为兢兢。岂不以上治祖宗旁及昆弟下治子孙？谱存而法立，法立而情通，所关为重且巨也哉！是以自嘉、隆迄今三百余年，而家法森严人情雍穆，虽有顽劣，无敢干族规以取戾者，谱存故也。但其规模稍隘，篇幅无多，又欣逢我国家承平日久，列圣皇仁休养生息，涵煦于百年之深，族姓之众有若椒聊日渐蕃衍，新谱之作乌能已乎！今吾诸昆弟之此举也，信能继先世之绪矣。顾余以宦迹蓬踪，不获与诸父昆弟敦行苇歌伐木时亲馨欬也。但愿凡我族人益笃宗盟，共延先泽。执家法者，惟明克允，勿左右其祖而上下其手。遵家法者，慎终如始，勿面从而心阻、阳奉而阴违，则法之立者久而弥固，情之通者久而弥永。是谱之作，其有功于前人而垂裕于后昆者，不既多欤？是则余之望也夫，是则余之望也夫。"

乾隆二年丁巳仲春之吉，提督四川全省军务提调汉土官兵总兵官都督同知署湖广提督加二级十一世孙清如题。

（光绪十二年刊本）

嘉庆间，颜氏族长颜秉惰主持修纂族谱，兹录序文二篇。

光绪《金城颜氏家谱》，《刻修家谱序》：

余家自前明住兰，迄今四百余年。支派蕃衍，而宗族和睦，各守祖训，家乘有以联之也。余自解章句喜观焉，而谱藏于族正家，据颜氏十五世孙颜昌祖《修刻家谱序》，颜氏家谱之续修向由族正负责："此历年族正承继垫修而不敢少废者也。"不克常阅。入泮后，于祠堂有事日，或一展读，而未克悉。客岁谬任户事，接藏于家。细读家训，详考世系，窃叹我祖若宗收族一道大费苦心，然其中有不惬心者。如前祖辈中，旧谱多注失绪。余谓吾兰屡惊兵燹，遗失木主，其失讳者容或有之，而六房坟墓历历可考，岂有失序者乎！此或考核之不确，抑管城之误耶？其任理家政者，未注明某公某年理户事作为如何，使后世何以知其前人苦心。有过继于故旧外戚者，不注明某公过继某姓，年湮世远之后，万一通其婚姻，所关非浅。此万全之内，不无一一缺漏，以待后世弥缝。且旧谱自重修于今已七十余年矣，亟宜整理。然自度才疏学浅,不胜其任,更际年荒,资斧维艰,是以有志未遂。今春秉惰兄躬持家政,他务未遑,首以修谱为任。订旧谱之所误,寻坠绪于遗踪,遍勘六房旧坟新阡,详询户中高年老成,不假他人,手自成帙。越九月而功竣,脱稿后余细读之,于余向所拟补者固一一而修之,于余见所不及者更一一而著之。如血线之□号,了如指掌。规诫之条,言近旨远。搜求往训,褒扬前徽。表节烈,重家长。无意不善,无微不至。何莫非体祖宗之功德垂训后世也耶!呜呼!人苦不用心耳。如秉惰兄者,于极难弥缝之处搜寻全美,虽其才敏,而殚精竭神,亦极劳顿矣。兹援将付枣梨而道其鄙衷若是。至祖宗之功德,旧序累累,不烦复赘。虽然,犹有说。自今以后,凡丁簿有名者,于娶亲后即注娶某氏,续弦亦然。寿终者注以瘗某处。越十年而补刻,庶无遗失之弊。不然后之视今,亦犹今之视昔。恐不复有苦心如秉惰兄者,可慨也夫!

十三世孙庠生秉喜谨序。

(光绪十二年刊本)

光绪《金城颜氏家谱》,《修刻家谱序》:

余家肇自东鲁之巨野,其流传于宋元以前者概不可考,自前明洪武九年我始祖以武功驻兰,一传而胞昆季十人,长与三、四乏嗣,八、九、十派移通州之潨县,二由河南来兰,五、六、七随父家兰。其居于是土者,仅有二、五、六、七房也。再传而嫡堂昆季六人:二、五、七房各一子,惟六房有四子。三传而从堂昆季十二人:二、五房各一孙,六房之孙七人,七房之孙三人。四传而再从昆季二十五人:二房之曾孙二,五房无嗣,六房之曾孙十五,七房之曾孙八。五传而三服昆季四十七:二房之元孙六人,六房之元孙二十四,七房之元孙十七。六传而无服昆季六十四,又有失讳者六,无考者三,共七十三人:二房之来孙十有六,六房之来孙二十六,七房之来孙三十有一。从此人丁日盛,服制已除。若不谱而联之,则散而不收者,且秦越视之矣。此五世祖锡公立家规条约,七世祖榭公垂训修谱刊刻宗派碑也,至七世而止。迨至十一世祖穆如、松如重修谱牒,添立规训。分为三支:一曰官房,二房裔棣之;二曰里园、外园、五泉,六房之裔棣之;三曰城内沟上,七房之裔棣之。由是立为家规,合族亲爱,遂为兰人称道不朽。然系缮本,日久不无阙略。迄今七十余载,世远派疏而欲搜罗编辑,条分缕析悉补前修之所不逮则难矣。幸吾秉惰兄有史氏才,考四百余年之血脉,稽四五百丁之支叶,纂集成谱,凡六则:曰谱例者,标其纲也;曰世系者,自始祖至十五世血脉贯通,凡出外过继必详者,昭信也;曰大传者,志祖功表节烈也;曰小传者,表家长示正直也;曰家规者,示轨范也;曰族训者,敦一本也,睦九族也。自是吾颜氏之谱可以永垂不朽矣。虽然,犹有虑。吾颜氏世笃忠贞,其在齐有见远公之哭和帝,在周有之仪公之守故玺,唐宋之死节者有真卿、杲卿,雷欻固无论也。自我始祖屡著战功,二世祖殁于王事,三、四、五世祖率有功于前代,南川公清风亮节足传千古,十一世祖军门公久任封疆克副臣职,不可谓非望族也。昔柳玭戒子弟曰:"高者可畏而不可恃。其可畏者,一事有坠先训,罪大于他人。不可恃者,门高则自骄,族盛则人之所嫉。"凡我族人,体此意以自修,庶不失秉惸兄修谱刊刻之意也夫。

十三世孙庠生秉敦谨序。

(光绪十二年刊本)

金城颜氏道光间族谱修成,派人诣鲁求正于大宗。

光绪《金城颜氏家谱》,王赞襄《金城颜氏家谱序》:

自有生民以来,尼山木铎而外,未有如我复圣之昌炽而绵远者也。姑以在金城者言之,自有明开基以至本朝隆嘉之际已四百余年矣。其间世系源流、人物传记以及家训宗规之灿然者,旧谱已备载之,而先后秉笔者犹以未探本穷源为憾。惟道光庚寅之作,则建侯族叔礼山氏裹粮赴鲁,求正大宗而旁搜远绍以成之者。

(光绪十二年刊本)

武威段氏

武威段氏清初移徙于此,门祚不显,宣统三年始修成族谱。

宣统《武威段氏族谱》卷首,《自序》:

吾族之有谱也,自先伯父太学斗垣公始。公于光绪戊寅创修族谱,因家务繁殷,未及脱稿。庚寅春,公患消渴病甚危,呼永恩而喻之曰:"吾生平未了志愿尚多,而以族谱为尤要。今已矣,尔其踵成之!"永恩受命惟谨,然时方肆志举业,旁驱泛骛,未克胜任负荷。每念遗命谆谆,言犹在耳,岁月蹉跎,恧然心伤。

夫吾家中叶式微,门祚单寒,负郭无可耕之田,赁庑居悬磬之室。内外摇摇,几无以自存。我高祖母刘太孺人与曾祖考执如公孤孀相依,含辛茹苦,卒能以商业起家,延残喘于一线。逮祖考笃天公、先伯父太学公相继崛起,克绍前徽,乃益恢宏而光大之。迄今田园庐舍温饱有资,子氏繁衍蔚为巨族。顾其间经营缔造仆而复兴者,不知几历艰难,始底于成,于以叹创业之不易也。后之人饮水思源,其亦知所观感乎!

永恩笾仕新疆,听鼓之暇时,出族谱遗稿,反复卒读,世次昭然,而传记间有缺略,引以为憾。乃更征文于通人达士以补之,厘为传记一卷,又增茔地、遗像、世系各图及七世以下,并汇集乡先达表章我先德之序颂歌辞,卓然可为后世法者凡若干篇,合之遗稿,共成四卷,名曰《武威段氏族谱》。书成,就正于新城王晋卿方伯,承题序言弁诸卷首,是亦家乘之光也。兹将谱稿驰寄京师,嘱吾弟永新详雠付梓,庶以偿太学公未了之愿,而尽小子未尽之心云尔。宣统三年岁次辛亥秋九月,八世孙永恩谨记于新疆咨议局。

(宣统三年本)

浙江

鄞县新河周氏

道光鄞县《新河周氏宗谱》,《序》:

吾家自有明迄今历十余世,而溯所自出,鲜有确据。宋尚书后之说,其无征固已;至云新河之周来自车厩,其即以尚书为祖,因而讹传。抑予先人别有所本,缘其地氏族式微,无从符合欤,而皆未可定。故小子芬承父命修谱牒,断自通达公始,世系世录以伯父槐村公所著为本。惜伯父迈年,创作誊写又经数手,不无舛误,及检曾祖理庵公谱稿,与先世残谱合而观之,而八世以前考订略备,九世、十世则参之各房所记,及高年宗老可供访问者,必核之无少矛盾而后录焉。夫祖宗之事,为子孙者尽力为之而已,其学问之浅深,文字之工拙,非所记也。国史掌之柱下郡邑志,倡自官长,而家乘则责在子孙。子孙之为农、为工、为商贾者,既苦于不知而一二;为士者又知而不为,其责果谁任乎?小子所见不广,而既奉严命引为己任,而不敢辞者,职此之故也。谱创自壬寅终丙午,屡质于吾友泉,稿始定。丁未将付梓,而家君以前年五月染血症未愈,戊申九日遽捐馆,舍事遂寝。呜呼痛哉!今年春,族父松巘邮书命芬葳役,因并举丙午以后事实,汇而续之,书成复正于柳泉请序焉。小子芬亦附数语于简末,诹吉于冬月镌印,凡二十有三部。道光己酉岁大吕月十一世孙芬谨识。

纂修宗谱人名

鉴修:十世孙宗长岳、十世孙沅

承修:十一世孙芬

参校:十一世孙杞

十一世孙楹

(周岳等修,道光二十六年世德堂活字本)

绍兴中南王氏

民国绍兴《中南王氏宗谱》卷首,《凡例》:

一、吾中南通族宗支蕃衍,愈久愈多,兹约十年一小修,二十年一大修。小修各将本房十年内所生名及亡忌婚嫁细书,交修谱处,以墨笔添入。二十年大修,则重加订定,付之剞劂,庶可传之不朽。

(王大泉修,民国三十一年三槐堂木活字本)

江西
修谱以收族睦宗。

清江永滨杨氏
乾隆《清江永滨杨氏三修族谱》,王云焕《序》:

……谱牒之作也,何为哉?仁之至,义之尽而礼之所由生也。故谱必欲其合,不合则无以明统;宗欲其分,不分则无以别支派。合者,所以明仁;分者,所以明义。较量于仁义之间,而禋祀起,则礼生焉。谱之作,夫岂苟焉而已耶?

(杨如沄修,乾隆二十七年刊本)

余干徐氏
康熙余干《徐氏宗谱》,徐宪孺《重修族谱遗序》:

族之所以续谱者,为先代绵世泽,集美善,昭功德也。故载始造所由来,令后代知原本也;载祠庙与墓道,令后代备祭飨也;载近居与远支,令后代知同祖也。而又子孙生育必记,广支系也;婚娶异姓必记,衍嗣续也;卒葬都图必记,隆拜奠也;名秩分房必记,重专祀也;至列泮宫国学与掇科甲必记,示作兴也;出身正途与异途必记,昭显扬也。谱之所系不綦重矣哉。

(徐德忠等修,康熙五十三年本)

康熙余干《徐氏宗谱》,叶应宸《谱序》:

人赋性以有生,受生而系姓。姓之义,从口,本于血气与志事之所令,自其生生之理不可断绝。顾人之有生者所知世次,越十世而上,多荒忽寥邈。况遇兵燹流乱,谱牒散逸,非有参验,或至诬其先而乱其类。王文成有言:王道不明,人伪滋而风俗坏;人无实行,家无信谱,天下无信史。口谓史法之失为讳为谄,义例垂剌,天下后世犹得按其兴衰得失之故,定正变而严褒诛。若夫谱以统宗,乱一则千绪皆棼,漏一则百世莫收,此仁人孝子所为谨其事,于志气之合而不敢遗先公之怒恫,其慎矣哉!

(徐德忠等修,康熙五十三年本)

第十二篇　族谱

宜黄谢氏

同治宜黄《宜邑谢氏六修族谱》，谢廷芬《谱序》：

戴记之言曰：亲亲故尊祖，尊祖故敬宗，敬宗故收族，收族故宗庙严。是宗庙固尊祖敬宗收族之所在也。然吾谓族谱弗修，则尊祖敬宗收族之法不备，谱修法备而孝弟礼让之风弗尚，善恶劝惩之用弗彰，则尊祖敬宗收族之实卒不举。

（谢赋文等修、谢性卓等纂，同治九年刊本）

族谱纪年，不可不慎重为之。

清江永滨杨氏

乾隆《清江永滨杨氏三修族谱》，曹秀先《谱序》：

……胥一族之显达贫贱、贤智愚不肖而皆合之于谱。谱其列氏纪年之书乎，抑亦法戒之所由寓乎？夫以为列氏纪年之书，则谱谱者不可不详而慎；以为法戒之所由寓，则即一谱而隆合爱同敬之道者，不可不使吾子姓兄弟有所观感而兴起。欧阳文忠公曰：上世多亡，断自可见之世。苏氏云：及其未至于途人，无俾忽忘，此谱之必详而慎之谓也。

（杨如沄修，乾隆二十七年刊本）

余干徐氏

康熙余干《徐氏宗谱》，徐德忠《修族谱序》：

胡文定公曰："五经之有春秋，犹法律之有例断"。愚谓："族姓之有家乘，亦犹朝廷之有实录。"盖史于一代伟人，与夫嘉言懿行、忠孝节义，必为之详其姓氏，陈其本末。而家谱实先志之，由一姓以至众姓，以至天下，令天下之谱为天下之更，则史为天下之谱，而谱亦为一家之史矣。但史备妍□且美刺，而谱以子孙之笔□祖宗之行，思明义美，情切谊亲，有华衮之荣，无斧钺之用。论者遂以为纪一时之盛，无关于世道人心，则祖宗所以期望子孙之意，终以不明而撰之先王作史之意，且大相刺谬矣。愚曰："否，否！"试观谱中所载，由青紫以登仕进，创业垂统，相度山川，遂肇起一方者何人？登贤书、题雁塔，淡墨沉书，大破天荒者何人？步丹墀，履金瓯，临梅舟楫，蜚声廊庙者何人？或以武功著，建不世之勋，树远大之业，赋甘泉而吐凤，挟月露与风霜者更何人？至若开创元勋，竖旌旗于百万而功存胜国；更有泥涂轩冕，维大厦以一绳而节播千秋者。史不乏书，谱必详载，后之人愧其不能，慕其能则若鼙带之锡，不能若终朝之褫，则兹谱之有善必录，有录必详，虽不敢多有所誉，而循名责实，于祖宗之盛德大业，掀天揭地者莫不遇之羹墙而复睹于今日，是斯谱之宗系不必远绍。而自有徐氏以来，其前此不世出之人，何不自后人为之。今族氏指而称之曰,是即某朝毅然特立者,我支又有其人也。则由东海而传之黄埠,文物之英更大有望于将来矣。至于祖宗系派清真,源远流长,以及血脉贯通,俾子孙知所自来而谓谱之成遂止此也,则犹未尽先人立谱之初意与后人修谱之初心。虽以忠心不敏,于兹谱牒告成,亦愿同志者共体此意:为祖宗之肖子,为祖宗之慈孙,以光前烈,而昭后昆。则斯谱也,谓为实录观,可也;谓作春秋续,亦可也。于是乎书。

时皇清康熙五十三年甲午岁夏四月穀旦,十八世孙德忠熏沐敬识。

(徐德忠等修,康熙五十三年本)

宜黄棠阴罗氏

道光《宜黄棠阴罗氏尚义门锦二公房谱》卷首,《新序》:

余谓修谱同于修史,而有不同者,史则善恶毕彰,而谱则隐恶扬善,此其不同之大概也。

(罗荆璧、罗明诚等修,道光二十七年本)

修谱贵在严密。

清江永滨杨氏

乾隆《清江永滨杨氏三修族谱》,康熙《序》:

谱以收族而尊祖,故其防之也贵严,而其藏之也不可以不密。不严则所收或滥,势且以伪而乱真。藏之不密,则巧为窜匿,莫可穷诘,则谱反为乱宗之具,又乌足以信今而传后哉!呜呼,严以密,盖其慎也。弘农杨姓始于叔虞,自百侨以杨侯受封而最莫盛于汉廷之名彪者。至宋杨万里,孝宗称仁者之勇。端拱中,吾闽杨永年以神童召,赐秘书,出守豫章之赣州,而生璲,璲生宪清,清生世显,宋进士,任清江教授,卜今之永泰家焉,是则永泰之支流,原闽中之派衍。余承乏兹土,对异乡人殊有梓里谊。杨生如沂,余下车时课士首拔也。每接见,论文分韵之余,道其家世甚悉,一日捧其新编示余曰:"吾宗族谱始修于志文公,明季兵燹后殊多残缺,后之人无所考述。于是博征广证,厘梳剔爬,而永泰之初迁祖断自世显公始,由世显公而下非属嫡派,概不敢列,以示严谨。夫子闽中世胄,不苟为文,敢乞序言以明此举之慎密而非轻以贻后之人,庶几其信而有征乎?"余曰:"唯唯。"古者谱系之学掌于朝廷,士人习其书而国史采之。今则家自为谱,祖妣之外,诚有不能辨其昭穆者,况乎丧乱播迁,脱漏谬误,数传而已不可问。今如沂以年少学富与族众共勤厥举,尤谆谆致意于以伪乱真,是则防之严而守之密也,又何负于收族而尊祖哉?况清之永泰,水清土厚,余尝至江干,望其烟火,千家敦诗书而谨孝弟,沂归偕族之贤哲,切磨规勉,奋志青云,以光大其祖而无坠其家声也。为余之愿也夫。

时康熙丙戌孟冬月吉旦,恩袭出身特简中顺大夫同知临江府事加二级年家世侍生施廷元。

(杨如沄修,乾隆二十七年刊本)

宜黄吴氏

乾隆宜黄《吴氏伯武公房谱》,黄捷山《吴氏东巷伯武公房谱序》:

……宗谱之时义大矣哉,非公正严平无以正源流而要画一,非简明详慎无以传文翰而录事功。甚矣,纂修者未易率尔操觚也。

(吴文薰等修,乾隆四十二年刊本)

"于宗法中保固宗族"的修谱理念。

浮梁南阳刘氏

光绪浮梁《南阳刘氏宗谱》,《光绪戊申续修族谱序》:

动物之有虫鱼鸟兽,与人对待者也。虫鱼鸟兽之各有名,与人有族姓对待者也。物有名不能一一名其名,人则尽人而能名之。夫尽人而名之,则繁仅以人种别之,则浑不繁不浑以区其人而族姓之说起焉,此群之所由成也。顾合群之道有三:地合之群划以疆域,人合之群萃以流品,天合之群统以派系。地群人群有遁,惟天无遁。先王之制,以井田合地群,以学校合人群,以宗法合天群。原有参用联系之意,后世废井田为郡县,废学校为科举,延及至今,乡谊年谊延为通例,虽与先王立法精意相距较远,尚不失以地群人、以人群群人之用。独于宗法一道,废置不讲,致令天然自合之群,备其体而不著其用,此不可解者也。夫宗法之为用,非仅敬宗收族已也。《诗》曰:君之,宗之。《周礼》:宗以族,得民。其于君民能相联属者,盖宗法之制,上以辅君德之不及,下以束民志之不齐,有裨政教,实非浅鲜。即就敬宗收族而言,与其拜蛇拜火,迷信鬼神,孰与于报本追远,自崇其宗祖之为愈?此又于宗法中寓有保固宗族之义,尤不当轻言废置者也。今宗法既不可复,徒依欧、苏旧例,纂修谱牒,为各姓之宝,书此亦等于告朔饩羊,所谓羊存而体犹得以见之者。若并谱牒而俱无,则图顶方趾之伦,杂处于大造广生之中,不知其身之所自出一家,胡越同本,陌路明明无遁之天群,且将泛滥而无所纪,其去虫鱼鸟兽几希矣!吾刘姓之在景镇,自唐仲昭公宰浮梁相阴阳而观流泉,遂以卜居,由唐迄今三十余世,昭穆秩序如纲在纲,数典不忘,端资谱牒。同治己巳之修,越今四十年,生事之赜,例应增补,族人不以燮材为无状,推任其役。窃谓朝廷变法图治,月异日新,井田不复,诚限于地势之无可,如何而废科举而起学堂,若农若工若商若军若医,悉与士人纳入辟雍之域,人群美备,度越前古。近复诏各府厅州县,举行地方自治。夫曰地方地群之事也,而曰自治,则天群之事在所必先焉。不必远寻证据也,即以景镇论,如都昌之冯余江曹,无宗法之名而隐有宗法之实,彼岂独能行古之道哉!盖一本之亲虽无法制相维,悠悠泛泛,历数千年卒能萃而不涣,合而无间,此其所以为天群而非人力所能破坏者。然使无谱牒,则亦岌岌乎殆矣。今当举行地方自治之日,而吾谱适告成功,然则吾今日对于此谱,则又不目为告朔之饩羊,而直目为导涂之老马可也。

腾六股三十三世裔孙燮材谨撰。

(刘燮材纂,光绪三十四年刊本)

江西

万载辛氏

民国万载《辛氏六房谱·序跋》,《甲辰谱叙一》:

谱以联宗,吾族房分长幼,幼房虽已分修,长房仍应合修。而自咸丰庚申以来,吾长房延、顺、觐、达、昌、孚亦陆续分修,论者谓一分遂难复合,而岂其然。天下事为之在人,各存其意见,则暌异视之,势不得不分,各泯其意见,则协同出之。事不患不合,况我六房本属一公,实有不敢数典而忘者。分久必合,理固然也。顾自同治丁卯建祠已三十有八年于兹矣,栋宇巍然,祖有凭依而谱牒阙焉如故,则所以联宗者,其道犹未尽。尝窃欲远商诸六房绅董暨诸前辈,惟此事为亟亟。去岁秋后,适得邮音,知吾祠正已举行谱事,纠卿先生秉笔,诸凡遵大祠甲子谱,而推舒为之叙。舒自分菲才,以薄宦需次秦中。前署事陇州,今又匆匆赴安康任,未克躬亲盛举,而欣慰则已深矣。尤喜甲子谱固质孚先生、淑邮先生,吾家少宰公、曾祖助教公共相鉴定。凡纲领条目,增损异同,厘然各当,故不独一族奉为圭璋,即前江西学使单地山亦曾请先君将吾族谱例检寄,以为程式,殆真尽善尽美哉。今谨遵之,是不愆不忘,率由旧章,有以杜纷更而归一,是消一切之觊觎于无形,益叹此举之几经斟酌,几经审慎,和衷共济,而事罔不集也。莫为之前,虽美弗彰;莫为之后,虽盛弗传。兹谱其有之乎?至于严以当严,恕所可恕,有必因时而制宜者,知亦罔不就理矣。上以守千余年之祖训,下以谐诸君子之公议,一门雍睦,溢为和气,其盛欤。是为叙。

时光绪三十年岁次甲辰季秋月,嗣孙景舒敬撰。

(民国四年版)

民国万载《辛氏六房谱·序跋》,《甲辰谱叙二》:

第十二篇　族谱

事以人成，其亦必有其时乎？吾六房欲合修谱，屡矣。溯先尚未建祠，岁丙申，谱几垂成，以各房存意见而败。岁乙卯，纂修为黼文先生，设局矣，告庙矣，以洪寇至而停，后先生亦殁。至咸丰庚申，各房始先后分修。然虽分修，而合修之意犹惓惓不能释也。同治丁卯建祠，越七年癸酉又请子范先生纂修，亦已告庙设局，辑世系，经数旬，挠以他事，谱事卒未行。盖成事若斯之难也。岁时祭祀，宗堂坐论，交相念曰：吾祠百端就理，而谱牒尚阙，何以敬宗收族乎？耿耿于心，将以有待，又不能终待者久之。壬寅冬，吾达房方开捐，欲续修支谱，适六房群毅然有合谱之意，而以纂事属从堂叔成轩与光。成轩远宦秦中，光谫陋何能胜任？以责不敢辞，爰谐众议，谨遵大祠嘉庆甲子谱，即于癸卯春三月经始，旋以秋闱停局，九月复入局，至冬稿本略得其半。今岁叠加通知，叠次着人催齐世系。编辑既定，遂付剞劂，于嘉平月告竣。此举也，谓之为创，则大概悉依成式；谓之为因，则此一旦为之而迄用有成者，实前屡欲为而未之为者也。创而实因，因而实创也。孟子曰：以其数则过矣，以其时考之则可矣。其吾六房谱之修之谓乎？要皆诸君子之才力，光共襄其事，一本至公至信，即各谱旧者仍之，新者续之，讹者订之，阙者补之而已。今谱成矣，群欲合谱之意慰矣。即前相继卸世诸公，欲合谱而未之合，其初心亦无不慰矣。殆亦祖宗在天之灵默为呵护也欤。而光犹有言者。报丁原以为修谱地，兹以漏丁实多，且阅时久，利愈增，必欲如数以偿，不无万难为情之处。公议从减，以示体恤。说者谓此会漏丁钱，可以通融，则后日效尤，势将不复用。报丁不复用，修谱是又不然。祠堂初构，丁簿初兴，亦实有未获周知，以为报支祠即可概总祠，此亦情之犹有可原者也。继自今咸晓然于有举莫废，而报支祠丁必并报六房丁，将芝兰玉树扬葩吐芬，吾族不更骎骎盛乎哉！

时光绪三十年岁次甲辰嗣孙庆光敬撰。

（民国四年版）

民国万载《辛氏六房谱·序跋》，《又跋》：

吾六房谱牒已经分修，今仍得复合局，诚以延、顺、觐、达、昌、孚本属同祖，终不能数典而忘之也。顾是役也，向方虑重任难胜，或至旷日持久，甚且无成，而蹈丙申之故辙。兹乃订讹谬，补缺略，编次校订，两阅年未周而遽以终事。知凡畏其难，则不难亦难。不畏其难，则难亦不难。览斯谱者，辨昭穆，明亲疏，油然而动木本水源之思，殷然而知敬宗收族之义，推之而仁民而爱物，胥是道也。而且以英公为总干，六房为分支，合之是族谱，分之仍是支谱。以合修为分修，其省各房用费之需不小，其敦一族亲睦之风更大。至于一切事宜，不无宛转委曲之烦，而均已就理，则董理者之力有足多焉。

时光绪三十年岁次甲辰季冬月庆光谨跋。

（民国四年版）

民国万载《辛氏六房谱》，《各支分修》：
延房
咸丰庚申延房分修引
　　族之有谱，所以序昭穆、明世系，使之各亲其亲、各长其长，无失一本九族之谊也。吾族自有辛以来，祖德厚，生齿繁，其间散处于邃谷奥区者，莫能辨其容，安保不视同族为途人哉！此其故，皆由无谱以联属之。吾族自嘉庆甲子达房质孚公与各房诸前辈共襄盛举，而余亦与其事焉。迄今咸丰庚申已五十余年于兹矣。回忆乙卯秋，六房诹吉告庙，遵甲子谱式。然族大丁蕃，兼时势多故，人心惊惶，以致延搁未果。吾房老成诸公与余商各修之事，推余督理。余年九十有五矣，精神老迈，恐任重难胜焉。幸叨先祖之灵，我房诸君子欣然从事，不揣陋劣，己未秋，令吾房诸公先辑世系，取旧谱从而搜罗编次之，有同县异宗者外之。比见一脉相承，无一支之混同，无一毫之遗漏。至于斟酌尽善，皆先世诸名宦及翰苑诸公鉴定之，以故阖邑仰其模范，吾族亦奉为圭璋。是谱也，倘所谓正风俗、厚人心者，其在斯乎？越岁按丁捐资，择吉开局。余虽耄倦于勤，偕同事者益加详审精密，使昔所有者仍之，无者增之，均体前辈诸公遗意。不数月成帙付梓，未几而工告竣。尔时余年已迈，仓卒草成，幸诸公与诸后辈同志之士，竭力赞襄，共观厥成，以作异日六房合谱之稿。谨弁数语，聊今日另修之引云。

延房谱跋
　　己未春，堂伯咏堂公兴木本之思，念吾族自甲子续修之后，于今已五旬有七矣。代远年湮，生齿日繁。嗣因族大难统，各房分修，而我房生聚之众尤不可无谱以联属之。第春秋逾悼，恐任重难胜焉。迩来堂伯倦勤静养家中，一日登堂省视，叙竹林之情，旋以谱事诘之。敞曰："侄体伯意，久欲效臂使之劳。然自维疏慵，谢弗敢膺。"堂伯曰："事关盛举，义不容辞。"敞于是肃然对伯曰："唯唯，惟命是遵。"斯时也，踏青之节，感怀春露，诸先辈及诸同志之士，均以谱久未修询谋佥同。越夏四月，四房裁酌。然因丁繁费多，兼公赀尚歉，令以按丁派银，各房先汇世系，取齐立局，诸费从俭，何虑成功之难。我房诸君子踊跃趋事，夜以继日，仍遵甲子谱式，而编辑之不敢少有懈志。庚申秋，各房世系汇齐，振轩谨诹吉日开局支祠。凡斟酌尽善，系堂伯之苦衷，而编次校对，实诸君之赞助。余方欣然乐观其成焉。是为跋。
　　咸丰十年岁次庚申孟冬月廿四世嗣孙基敞谨具。
顺房

第十二篇　族谱

辛酉顺房谱序(树仁)

事之成也,有其时尤必有其人。乃事为时所宜举,又得其人以任之,而卒不克底于有成,是则事之不幸,而非止事之不幸也。吾族谱牒自嘉庆甲子续修以后,生齿日繁,年代既远,考核无凭,奚以信今而传后。道光丙申集众会议,咸以是为急。幼房先已分修,我长房自应合谱,遂诹吉告庙开局,命与黼文、同叔为纂修。时仁侍先君随任上高,爰具公启专人来请,复敦促再三。仁适患疟疾,惟黼文、同叔实专其任,似可刻期蒇事。乃以小故相持,意见不合,卒至中寝。犹幸各房世系俱已脱稿,不至湮没无稽。自时厥后,仁与同叔俱已出任,惟黼文尚在家。咸丰乙卯八月,因重申旧约,复行告庙,乃局未开而粤寇至矣。城厢内外,叠遭蹂躏。学宫城隍诸庙宇,暨文武衙门俱成灰烬。犹幸祖宗呵护有灵,总祠及各支祠均获无恙。军兴旁午,亦无暇及此。越四年己未,溯至道光丙申,宜续增者又复不少,事无有急于此者。爰订六房分辑世系互相校勘,勿存意见。我房即于是年十月进局,中间倏举倏停。本年三月,贼挠上新,团练防堵,远近戒严。八月寇平,始获告竣。是举也,旷废三十余载,至议续修复迁延二十余年。赖诸公鼎力不辞劳瘁,又值烽烟屡警。然有志者事竟成,诸公之幸,抑我房之幸也。因念黼文、同叔已先后物故,仁虽岿然尚存,奈饱系偏隅,又不获从诸公后少效微劳。今犹得睹其事之成,亦已幸矣。乃不远千里,问序于仁。窃惟谱牒章程业经前辈斟酌尽善,此次编续,只须恪遵旧规,校对详慎,毋漏毋舛,不容少有参差,总期可以对祖宗,可以质子姓,仁则何敢妄言。至敬宗收族之谊,与所以勉励后人者,具载前序中,并不赘。惟有事诸公应不没其勤劳,当一一备纪之。因不嫌鄙俚,遂濡笔而为之序。

又序(子敬)

谱之难修也,甚矣。谱之宜修也,抑又亟矣。吾家谱自前明秋涛公逮国朝续修以来,有确遵前规者,有仍前规而益加斟酌者。历届合修无异,总以期于至善而已。道光丙申岁,六房众共议合修世系,已辑且梓,而意见靡常,群疑莫释,以致败于垂成。迨咸丰乙卯秋七月,六房均以谱事为亟,众共趋之,各款条规悉遵嘉庆乙丑旧例。择吉于八月初二日总祠告庙,余与焉。由是各房设局,同兴盛举。分收世系,至十月间忽阻于兵燹,谱事又延搁数载,庸讵非事之成败有数耶?自嘉庆乙丑续修族谱,距今已五十余年。道光丙申距今又廿余年,诸先辈均已谢世,总纂虽难其人,而当寇氛之后,谱之宜修也尤亟矣。但以生齿甚繁,合修为难,延、达两房业已次第成编,而我房谱牒亦不容缓。因萃本房绅耆商酌进局,按丁派钱,以资用费。爰乃汇齐世系,详查遗迹,审源流,厘世次,订讹较谬,阅数月而工始竣。乃知惧其难则竟难之矣,不畏其难则亦无难之弗举矣。举前谱而益加斟酌之,考核之,诸君子之力居多也。后之睹斯谱者,庶可知家谱之修盖有自焉云尔。

跋（树仁）

谨按吾族谱牒迭经数修，代有更易。至乾隆己亥，先曾叔祖凝之公为族长，秀圃公为纂修，本旧法而引伸之，以十世为总干，七房为分支，房分而谱亦分。盖子姓既多，翻阅较易，此即七房分修之兆也。嘉庆甲子谱率由旧章，至道光甲午、乙未间，通房因讼挟嫌，遂独自编辑，而我六房犹相与依依，不忍睽视异。直至今日始定分局，仍彼此互相校勘，不敢稍有参差，照旧以十世为总干，分之则为支谱，合之犹是族谱，虽分而如未分也。书此以示后人知我六房原属一公，务相亲睦，不至数典而忘之云。

觐房

咸丰辛酉觐房分修引（廷杰）

族谱之纂，实始前明秋涛公，逮国朝历合无异。近以生齿繁，意见多，欲求畛域之消融难矣，吾叔父和轩尝虑及之。岁丙申六房共议合修，世系既辑且梓，不意嫌疑乍起，致败垂成。迨乙卯吾叔父已谢世，而六房众均以谱事为亟，爰共商各条款，悉遵嘉庆乙丑定式，择日告庙，同兴盛举，乃开局未久而又沮于寇氛。大抵事之成败与成之迟速，皆数之所定，非人力能强也。今距丙申廿余年矣，诸先辈晨星寥落，总纂均难其人，而各房汇修已次第成帙，矧我觐谱更不容缓。因聚本房绅耆商定，诹吉进局，先齐各支世系，然后誊写校正，召工开刷。虽章程悉仍旧例，而谱卷首尾不无因时制宜之处。故删改者非略也，与族谱别也；增入者非繁也，为支谱详也。余才本菲，深蒙推毂，乌能胜此巨任。所赖诸君子赞襄之力，俾得与诸房先后共观厥成。余年虽迈，窃有幸焉。爰弁数语，聊以明今日分修之由，为异日合修之机云尔。

达房

咸丰庚申达房谱序（炳涛）

乙卯春六房择吉告庙，请黼文先生纂修族谱，谓丙申岁各房存意见、分畛域，是以败垂于成。今一笔一削，谨遵嘉庆甲子谱。议既定，我达房欣然从□起局，为六房倡，无何，以寇氛而停。戊午秋，复伸前议，而先生冬殁，各房遂观望焉。此分修所由起也。虽然合则因流溯源，恩深一本；分则支分派别，视等途人，此分之不如合也。合则子姓繁多，难免紊渎；分则卷帙简劲，易于稽查，此合之不如分也。盖谱者普也，普则公，公则信，信则合修可，分修亦无不可。余以菲才躬逢盛举，于是集众益，谐众论，一一本乎至公至信，以期于有成而尤不可不慎者。敬宗难，收族愈难，我房分居自城而乡，而侨寓他邑者皆成族，聚合数千人之行为，安得尽符祠规。可恕者恕之，免伤祥和也；宜严者严之，恐开罪戾也。千余年之祖训，前人慎守之，后人纵败之可乎！他日六房知兹谱之克遵旧规而停者修，分者合，是则余之厚望也夫。

第十二篇 族谱

昌房

同治壬戌昌房谱序(达房嗣孙有守)

辛于万,巨族也。两房七支,其谱系之修历数百年,合而为一。自嘉庆甲子后,众日繁衍,其中才而秀者又各逞其意见,其势遂駸駸不可复合,于是通房实始倡分修,然其余六房犹欲相与合也。乃历廿余载而卒不能,盖由举世之人不能以祖宗之心为心,而又猜妒忮刻,专务指人之瑕疵。夫原谱非不详明,然纪载既多,不能无舛谬阙漏者,势也,是望后之人补救而弥缝之。乃不惟不能,而且据之以相排击,其尤不肖者,则又往往视以为利薮。嗟乎!家谱也,岂国史也乎哉?国史义系于国,则当以义而掩恩,家谱义系于家,则当以恩而掩义。今乃严立条例,发露阴私,伤孝子之心,违讳亲之义,虽不作,可也。六房之谱之不能合也,亦何怪其然也哉。六房不能合,于是岁之庚申,达房之谱修焉,嗣是而觐房亦修焉,嗣是而延与顺亦修焉。迄而至于财匮人微如孚房者,亦托于延、顺而修焉。昌房子姓见各房之谱之均修也,聚族而谋饬材鸠工,不数月而谱告成,其祠衿绍徽、守德、康琪、赐禄、贵龙等手一编而问序于余,余惟谱之义,古之人谓分合尽之,余则谓其分者,势也。盖仁人君子以祖宗之心为心,其视一族之愉悲欣戚,不啻一己之愉悲欣戚,而辅其所不足,而教其所不知,其弱者则扶植之,其困者则拯恤之,其又不幸而陷人于罪戾者则必为之委曲调护,思所以振救而安全之。上以笃木本水源之思,即下以立仁民爱物之准,而一时之族人感其周挚之恩,被其敦睦之惠,亦皆相与维系固结,听仁人君子之所为而无有离志,三代之宗法胥由是道也。故其时风俗醇美,比户可封,而《葛藟》《黄鸟》之诗,无由而作。自宗法泯而此意微矣,犹赖世之学士大夫能于谱牒加之意焉,则存十一于千百,不可谓非急务也,而乃不幸为忮刻之徒所败坏其流极,正不知胡底矣。有志维世者能不惄焉忧之哉,有心合族者能不皇然念之哉。昌房之谱成,非仅藏之祠图、传之子孙,盖将呈诸六房之众,悉心公阅,以蕲既分而复合者也。试以余言告诸六房之当事者。

又序(达房嗣孙点)

昌、达、孚同祖也,同祖则宜同谱。吾万有不同祖而同谱者,未有同祖而不同谱者。不同祖而同谱,将白良之冒托于顺,禾布塯之冒托于孚,垅布塯之冒托于通,均可引而近之,非敬宗之道也。同祖而不同谱,不独延、顺、觐、达、昌、孚、通可分为七,究其所极,将延可分为六,顺、觐可分为三,达可分为五,昌、孚、通均可分为二。条分而缕析,亦非收族之法也。盖吾族本两房,其后顶户递年,枝分为七,然房虽分而谱则未分也。谱之分肇于丙申初,族为房分故构讼,归罪于谱,遂有分修之念,以同祖故未发也。通倡分修,六房仍谋合修,而推先学博为纂次,系已剞劂,缘细故中止。乙卯复推堂叔祖黼文为纂次,草甫属,洪寇至,子姓挈家远遁,而谱局星散矣。后虽议修,有以事故多辞者,有以财力竭谢者,谱遂成为不急之务。嚱!曾是谱也,而为不急之务哉!值戎马之秋,作迁徙之计,秦楚燕赵可长子孙,士农工商可为世业,而先人丘垄不能携去,因而有反故关者,归则父老凋零,竟不知为谁氏子。彼亦上世莫详,收之恐紊宗,不收恐外族,苟随带有谱,虽百世可归宗也,谱之关系不重哉。达有见于此,岁庚申谱告竣焉。由是而延而觐而孚,莫不告竣焉。昌见顺亦议决续修,乃鸠其同事某编辑,某缮写,某校勘,某董理,不数月谱亦告竣,而以鉴定属余。余以先业所在,不敢辞,且达与昌、孚同祖,义尤不能辞。披阅之下,见一编至三编旧谱,生殁卒葬多阙,丙谱概注未详。盖谱例出妇不书卒葬,嫁妇生殁葬所俱削。前明以上,代远年湮,势不能详,甲寅之变,十室九空,时不暇详,故变文以救例。四编以下,见闻日近,不注遵例也。惜垂成中败,谱未获颁而法良意美,万世可行。又见编中甲子多误,盖不习星命之学,不能倒数甲子,窃欲于甲子上加某年字样,庶不致有乖舛,但谱已成,一辞莫赞,仅为之正其错误,而叙其分合之故如左。虽然是谱也,为乱计也,吾族房分祖同,谱之分合失得,显然特以意见各持不能相下,故合者分耳。倘一旦化其成心,平其畛域,而分者复合,其于敬宗收族之道,不毫无憾矣夫。

又序(嗣孙绅)

盖闻族之有谱,犹国之有史也。史必参诸历代,而后一朝之损益以定;谱必详其一脉,而后支派之亲疏以明。我族自始祖南坡公来万,阅今千有余年,由一本而房分为二,复分为七,子姓之多称半县焉。谱之修也,由来旧矣,然率皆合修,未尝分也。道光丙申,通房始倡分修,我六房谱犹合修,乃中多嫌隙,遂致垂成之局败于一旦,良可惜也。自时厥后,欲合之难矣。咸丰乙卯,黼文先生倡议复合,邀集六房绅耆择吉告庙,我房笃斋先生与焉,爰令各房先辑世系,后交公局校核付梓,未数月而粤匪至,事又中止。由斯以观谱之修,夫岂人谋之不臧,抑亦天实为之也,岂不难哉。自黼文先生去后,六房之谱愈不能合,所谓合久必分者,亦其势也。嗣是而各房陆续分修,今俱告成,我昌房虽不足于人才,而干济办理亦不乏人。况值兵燹之时,事之至急莫过于斯。于是诹吉进局,召工开刷。越数月而谱告竣,房之人睹斯谱之成,咸欣欣然与有幸焉。虽然是役也,亦本不愆不忘率由旧章之意云尔,初不必假文辞以生色,矜才思而炫奇。第恐辞或寡,当事或失实,故请任农先生详其序,又斋先生订其讹。观斯谱者,将油然而生敦睦之心矣,且知达、昌、孚分支同祖,而人才惟达称盛,我昌房亦将与之同盛焉。是所厚望也夫。是为序。

孚房

咸丰辛酉建孚房谱叙(炳琴偕侄基盛)

窃思家之有谱,所以明世系,别亲疏也。我房宗派与觐、达、昌共祖龟年公,而我房历无支祠,其所以崇祀先祖者,惟总祠是依。嗣因我族生齿渐繁,尤不可无谱以联属之。乙

第十二篇　族谱

卯岁六房告庙，佥议合修族谱。丙辰复遭兵故流离奔逐，以致延搁未成。庚申秋，时势初平，各房编辑成帙，而我房意图续修。复虑公赀淡泊，恐愿难成。余与房侄基盛邀集本房诸君共筹之，佥曰按丁捐资，诸费从俭，何虑成功之难。庚申岁，世系先辑。辛酉春，诹吉从事，鸠工付梓，至八月而工告竣。是谱也，搜采编辑，旧者仍之，新者增之，有同县异宗者外之，不敢少有遗漏疏忽焉。倘所谓明世系、别亲疏者，其在是乎？今而后，谱既成矣，愿我房诸后裔敦秩叙，笃亲爱，蔼然有礼以相接，恺然有义以相维，彬彬乎庶无愧吾先世名宦家风也。是为序。

（民国四年版）

民国万载《辛氏六房谱》卷尾二，《艺文·宗谱序》：

康熙丙戌

山西河东道参议前江西万载县知县吴自肃，海丰进士：

余初筮仕，得江右之万载，莅任伊始，始见其地多山，其土瘠俗朴，民愿其士乃彬彬而右文，而辛氏则一邑巨望族也。环族属数千指，列胶庠者数十辈。时值军兴旁午，刍茭弗给，未暇他及。寇平，进诸生而论文干，辛氏得二人，拔受中为冠军，而承顼兼工于诗。退食之余，二生时以诗文相质证，余并以远大期之。迨余历任内部视学滇南，迄今秉钺河东，岁月迁流，倏忽二十余载矣。己卯首夏，辛子受中偕承顼长男重辉，不远数千里，省余于官署，相与握手道故，不胜今昔之感。二子复长跽请曰："族长映岳，明经硕，廪生受道、金衍等将有重修家谱之举，愿得大子一言以为荣。"余以通家谊，勿能辞。夫谱所以合散而一殊者也，述前者贵据信，后者贵实，谋始者贵慎，布言者贵详。辛氏之族由敷谟而竭，本一也，合也，世异则殊，殊则散，次系而论定之非据，则虞其挂漏也。今兹之役，集一姓之才俊，增修重订，以述厥前以信后，厥用谋，厥始用，布厥言，庸有弗据弗实弗慎弗详者乎？今天子崇文修治，前史志一统，声教四讫，荐绅之族，皆乐论辑其谱系。上行而下效，其势则然也。辛氏谱有秋涛、济川、延仁、柏坡诸人成之于先，有映岳暨硕、受道、金衍辈缵之于后。涣者聚之，阙者补之，尊祖而敬宗，型仁而讲让，率是道也。以述前者信后，以谋始者布言，不且为修谱之良法也哉。敬弁其端，以应二子之请，并以告其族之共襄厥事者，俾知辛氏之不忘余，而余又何能忘辛氏也耶。

袁州知府葛继孔，山阴：

岁甲申，余奉简命来守袁州。袁属邑凡四，而万载辛氏为一邑巨族。忆余束发受书，先大夫时以忠义大节相诫勉，余亦雅知自爱，兢兢唯先训是守，以故两任部曹，勤慎奉法，颇为当事许可，盖不敢忘所自也。比视事袁阳，见土瘠民愿思进，而教之方谋新黉序，为储才地。一日大学辛生受中肃衣冠,登堂再拜曰:"寒宗聚处龙江数百岁矣,自甲寅兵燹后,家谱残缺,今幸率族属补苴略就,极知不足尘清目。顾公下车来抚民育士,冀幸有以教之,敢敬以序文请。"余念将有事郡传,辛氏中讵无卓可纪述者,阐潜发幽,有土者责也。因披视良久,语辛生曰:"臣死忠,子死孝。李大伯之语,袁士也,生闻之乎?"应曰:"唯唯。""生知李文饶读书处乎?"曰:"知之。""生以为何如?"曰:"社稷臣也。""然则陈雷何如?"曰:"窃有志焉。""何如彭湛?"曰:"湛不足道也。""太史公曰:'居今之世,志古之道,所以自镜也。'生入成均,与闻辟雍钟鼓,行将膺民社之寄矣。其式尔民以义,如雷陈诸人可也。竭材智以奠我邦国,当以文饶为师。其或倚势凌人,若湛贲比,摈之可也。生其守大伯之言,课尔士,训尔民,且归语尔子孙奉为家法足矣,余何言哉。"辛生起拜曰:"公言斯谱,与同寿矣。"余曰:"否,否。生之谱,固自足寿也。生家自敷谟公至克勤公,其人皆可法可传,生幸为其后人,且世系渊源,了如指掌,其无忘所自哉。孟子曰:'归而求之,有余师。'生归益砥尔躬,懋尔德,率尔子姓,秀者为士,朴者为农,祗祗焉奉尔先型,无致失坠,安知不有轶材山焉,而为龙江生色耶。辛生勉乎哉!"

万载知县孙国柱,汉军:

余承乏万载,期年于斯,案牍催科之余,披阅邑乘,知族姓之盛,辛氏为最。盖自唐长兴间厥祖开宣敷谟为万载幕官,匡赞庶政,保爱黎元,任诚守廉,邑民戴之。既殁,葬于龙山,厥后孙克勤来万奠祖,遂家焉。其后世泽相承,英才蔚起,簪绂蝉联,照耀先世矣。丙戌新秋,族长映岳、廪生受中等以辛氏族谱见投,而丐余序。予观□□述系派以志本原之来,次祖迹以表世业之美,记茔域以示追远之诚。至夫备列祠规,悉仿先哲之家训焉。如:会课讲学,以兴文行;宴会劝酬,以崇礼让;护持节孝,以端内范;勉诫游惰,以变气质;资助困乏,以厚天伦;慎重丧祭,以隆报本;其规模卓有可观。余不敏,莅事以来,兢兢以礼乐教化导民成俗为念,而惧弗胜。今辛氏族谱若旧家乔木,咸可借以矜式裨益世教,可不重欤。因援笔而序之。

吉水训导张鏊,本邑岁贡:

古圣王以孝治天下,为之设大小宗伯,暨小史之职。凡以训民亲亲,尊祖敬宗,且令阐扬先德,以昭示子孙,意甚盛也,则宗谱所系重矣。今年春,吾邑辛氏续修家谱,时董其事者则同学友师圣、师贤、六化诸君子。以余有宅相谊,属缀言焉,何敢以不文辞。粤稽辛氏敷谟公分派垂条布叶至今族属蕃殷,房编为七,衣冠济楚,即如曾外祖曙阳公甘棠玉尺,交口粤东,芳综遗泽,彪炳邑乘,非累世积德,曷克臻此。辛氏之撰集斯谱也,世远无征者阙而不录,义在传信也。其世近者则支分派别,伦序秩然,世历数十而不忘所自,所以绵先德者在此。诸君子以孝友教家,推而为政者亦于是乎在,抑尤有乐道焉者。曩家祠

第十二篇 族谱

之建也,辛氏为之倡,嗣是接踵者凡十几姓。兹家谱之修也,亦辛氏为之倡,将亦必有接踵者。人谁不思亲亲,谁不尊祖敬宗,思阐扬先德,以昭示子孙,行见家皆孝弟,俗皆礼让。吾邑之淳庞敦厚,定登圣朝风俗之书已。爰据实而为之序。

邑举人宋希贤:

尝读《尧典》以亲九族,《皋陶谟》惇叙九族暨三代庠序,申以孝弟之义,罔弗以敬宗睦族为先。由国而家皆然。阅老泉族谱序、欧阳文忠公家谱记,昔之大儒率留意于此矣。辛氏为吾邑著姓,累叶簪笏蝉联,环而居者甲一邑。春秋祀先祖,祠宇聿新,邑之人咸艳之。今兹尤急急于重修谱系,是能遵古训而笃亲亲者。书成于吾友辛君师圣、六化之手,余与辛氏世姻,获寓目焉。其源流之久远,族姓之蕃多,及祖迹之显铄,昔之名公鸿儒咸为阐扬,余不复论。第为述所以重修之意曰:事之兴废举坠,岂不以人哉。莫为之前,虽美弗彰;莫为之后,虽盛弗传。粤稽前谱修自嘉靖戊午,历今百数十年所矣,残缺荒渺,孰不逡巡懦缩,而惮其无能为。而族长于北先生与诸公毅然续修于今日,身任其难而不辞其巨,诸君子盖所谓豪杰之士也。且族大则人众,众则其势涣;派远则支分,分则其情疏。疏者联之,涣者萃之,胥于是乎在。而不核焉不可也,不核将有冒滥之虞。不详焉益不可也,不详将有遗佚之愆。有若斯谱之立法严而用心苦,核焉详焉,足以信今而传后,岂不休哉。辛氏一门读书好古,堪为国用之士,指不胜屈。遵家范,笃前修,以忠厚世其家,型仁讲让,为通邑所矜式,而深得老泉文忠之遗法焉。是则余今日序斯谱之私心,而亦诸君子所以重修斯谱之盛意也夫。

映岳:

予惟束发受书,博一衿以老。近以七房推为族长,自忖不胜表率。又值续修家谱,复推董理,更觉惶愧。溯昔同议辑谱诸君,觐户则硎,本户承项,达户金振、金澄,皆俊才也。不数年相继卸世,几虑不能睹此盛举矣。然幸后起有人,咸思毅然而振兴之。如博览搜罗,订讹较谬,精详切实,秩然成帙者则有受中、金衍、受道、重辉,其余同校总理监修分理诸人,彬彬子姓,各效其能。余年七十有八,手摇发秃,曾何力之有焉。第家谱之修,嘉靖戊午先经伯祖柏坡公手校,顺治丙申复事修辑,先父又与其任。今余又荷众君子之力,得观其成,是余之幸也夫,是余之幸也夫!

受中:

昔余以文首受知于济南吴克庵夫子。夫子宰万,谓吾辛氏为邑望族,时以忠孝为制行之本,以文章为显扬之资。家崇仁让,户习诗书,谆谆劝诫,以为先务。今族修辑家谱,因与族侄金衍同事笔墨,惴惴焉恐负委任至意,且恐有负昔日克庵夫子诫勉之语。爰思家谱之修,于今凡四矣。始于谱图,十五世祖秋涛公,继于二十世祖延仁公,续于二十一世祖柏坡公。虽编次屡更,先后易辙,要皆尊祖敬宗,正名定分,序世次之伦,著长幼之纪,俾族之人各亲其亲,各长其长,敦宗族之谊,以传信于后也。第自嘉靖戊午修辑后,至今百五十一年。越我朝顺治丙申,有事增修,未获有成,则今家谱之修,讵可缓乎哉?于是相与序世次,别长幼,缺者补之,谬者正之,上以殚尊祖敬宗之忱,下以笃亲亲长长之谊,庶可以无或负焉云尔。

受道:

余髫时,闻先人有言曰:族之有谱,所以明亲疏,序世次。近而一本九族,远而千枝万派,犹水之由源而流,木之由根而枝叶也。吾辛氏之谱,始于秋涛公,续于济川、延仁、柏坡诸公,国朝顺治丙申,族伯德孚公续修,中遭异议,未克告成。其后刻版命家童掇拾,置之高阁,以冀后之子若孙。躬逢修辑,因简编所存,以访所未存,犹愈于无征,此先人之意也。顾当甲寅戎马蹂躏,而此谱版俱无所遗,岂非祖宗之灵有以呵护之欤。昔戊寅岁,族众兴修祠宇,越期年而告成,于是有志者又进而言曰,族有二事,祠屋、族谱是也。今栋宇聿新,祖有凭依,惟兹谱系阅百有余年,倘阙焉如故,其若绳绳之继续何?余闻而慨然曰:斯诚美举也。向者丙申谱系,吾先人收贮四十余年,行当出之以备参考矣。今康熙四十五年丙戌之春,公议择吉始事,而余与任其事。因谨按延、顺二户所藏嘉靖戊午旧谱,并顺治丙申家存刻版,与同志者较阅数四。凡字迹之鲁鱼亥豕,简编之残缺失次,源流之支分派衍,昔所有者仍其旧,无者增其新,即间有考订,亦期仰合柏坡以前诸公遗意,敢自诩为光前乎哉,亦庶几无负先人收藏期望之意,因之以告来世云尔。至于总览体要,详核细目,搜罗必备,采择无遗,则今日同事修辑者之功也。是为序。

金衍:

闻之先贤有言曰:君子治宫室,必先祖庙;笃宗亲,惟联世谱,此老泉苏氏所由作谱亭记与谱序,欧阳文忠公家居亦尝以校阅家谱为己任,良以其事诚重且大也。忆衍少时,与从叔锦溪、吾兄潜庵每言及家世殷繁,百余年来,谱系未续,恒恐远者无征,近者莫叙,吾辈能勿留意乎。未几祠宇丘墟,而所急者又自有在。丁卯春,乃建祠门,实锦溪为之倡。越三载,锦溪捐馆矣,后五年潜庵亦相继逝。幸族之长偕族之俊,同心协力,构造祠堂,得以岁时致祀焉。然祖获凭依,而支属涣散,又何以联我宗亲。讵意年岁不登,迁延六七载。乙酉祭扫,人兴水木之思,族长于北公等始命撰立条款,访求遗编,告知同族,越岁复周。今春择吉开局,属衍与族俊董其事,考核攸详,搜讨悉备。自春徂秋,凡阅七月而告成。噫嘻,邑有辛氏数百年,家谱凡四修,有元皇庆秋涛始于前,至明嘉靖柏坡公续于后,中经延仁、公仪、克昂诸公接踵编次,典型匪远。暨夫本朝虽经德孚公辑有刻版,未获成编,且历年既久,简编仅存,世次罔辨,相视如途人,非一日矣。今为拾片字于灰烬之余,访遗规

第十二篇　族谱

于断续之交，犹幸先世源流有迹可稽，即间摭见闻，博采成编，期补前谱之未逮，敢曰已臻完备哉。惟是建祠辑谱两端，自戊寅以迄今，兹寒暑屡更，殚精竭力，莫敢遑处，聊以上报祖宗而下以贻后人云尔。

如瑜：

吾辛氏自敷谟公以来，子姓之环康城而居者已历三十有一世矣。家谱之作，昉自秋涛公，继于延仁、柏坡诸公，复续修于德孚公，惜未成而废。己卯之秋，余伯父硎与族众共议，家谱关系重大，伯父亦撰有三房谱序录。今伯父谢世，不克躬逢其会，瑜不才，谬承诸父昆不弃，昔之新家庙既襄其事，迄今修家谱复任其责。自春徂秋，不敢以他事免。今幸有成，瑜虽不文，其能默然已耶。聊敬附数语，列于诸君子之末，以事为荣，且以成吾伯父之志云尔。

康熙丙戌族谱跋：

事固难于谋始，而亦未易观成。有始有成，而能立数百年未有之基，垂千万世不刊之典，虽由于人谋之臧，实则冥冥中有主之者。窃于建祠辑谱两有以信之。我族发源山右，派衍东国，家传孔孟之乡，世习诗书之圃，礼教相承，其于尊祖敬宗，报本崇祀，固非一日。第先世沿革不一，至明季而卜筑今址，虽踞山水之胜，而规制未尽合度。康熙丙寅天启我族开扩基土，戊寅鼎新堂室，取材山巅，越险转运，未及周而落成，非有默为助者，成功讵能若是之速也。若夫家谱之辑也，在今日为尤难，盖自有明秋涛公创始而后，有公仪、延仁、柏坡诸公接踵纂续，相去仅五十年或三十年，其间世系分派，人文宦绩，山川坟墓以及生娶殁葬，固自近而易考。无何嘉靖戊午柏坡公手订之后，历顺治丙申始谋续修，事经百年，生娶日繁，支属渐远，而继承淆杂，约束稍疏。毋怪乎横议乍起，垂成而败也。况于今复五十年矣，而欲联久涣之人心，成不朽之盛事，岂可得哉。幸自建祠以来，咸识一本源流，虽疏远者稍为联属，而月朔宴会，岁时祭享之余，课文讲艺，喜庆戚吊，相亲相睦，视昔有加。因念谱牒散亡，老成凋谢，宜以及时纂修为首务。衍私心窃喜众心之有同，然而大事之可就也。今岁春，族房长与众公议，命董是役，爰偕同事者首严继嗣，收残帙，访遗规，而增订之。如立分图以昭统序，著家规以正风范，详祭仪以慎明禋，定图位以明本始，列讳派以序昭穆，广纪述以示劝惩。他如冠支派于上，列房次于编，而系图不拘成格，横直俱行吊线，俾观者一见彻目。敢云突过前规，庶几无惭后劲。而族之乐成者莫不举手加额曰：惟某纂修，惟某编校，惟某监督，惟某提调，其勤劳均不可没。而衍窃自愧谫劣不才，株守半生。既不能效尺寸于明时，大显扬于宗亲，而凡分之所当为，与力之所可为者，而故为推卸，善自引嫌，则上有负于祖先，下无以示后人，以故谤议付之，无心褒扬，置之膜外，朝夕只慎，期与同事协恭，共济常怀，疏略贻讥，而惟是有初鲜终之足惧也,其敢自以为功乎。虽然以百数十年未成之旷典,前车之既覆,几以为莫可必之事矣。而各户子姓恂恂谨谨,争趋效力,勿为沮抑,即闻有猜忌,久之冰消雾释,聿臻厥成。惟我族房长与诸君子表正匡扶之力居多,要之列祖在天之灵其阴驱而潜率者,正自莫测也。所云冥冥中有主之者,不信然哉。因思我鼻祖莅万,洁己化民,任诚守廉,实始肇基。山长公倡明绝学,启佑我宗后人,显科名,登仕籍者如衷抑、步云辈俱克承家训所在,著循良声,盖敦庞醇厚之风,诗书礼乐之俗,千百年如一日,用能历世久远,长有子孙,于今十年之内而建祠辑谱两大事相继告成,岂非运会聿兴,家声不振之时乎?从兹而步武先烈,光大前徽,上承四五朝文明之盛,胥于是乎在。睹斯集者其争自濯磨,知所兴奋矣乎。

（民国四年版）

民国万载《辛氏六房谱》卷尾二,《艺文·宗谱序》:

乾隆癸亥

江西巡抚吴绍诗,海丰:

先祖参议公筮仕万载,喜其俗之朴而有文也。公余,进庠序之士,与之讲道论艺。有二辛生者,以文受知,曰受中,曰承项。辛,邑之大族也。越二十余年,先祖分巡河东。辛氏之族议修谱,受中暨承项之子重辉走数千里就正于先祖,因为之作序,并示以谱例四则:曰据,曰实,曰慎,曰详。迄今又七十年矣。余奉简命巡抚江西,浙江税课司辛琫来谒,朴而有文,依然万载故俗也。今年族将修谱,以其乾隆癸亥重修谱系来乞序。披阅一周,于先祖所示四则守之弗忘,予何能更出一言以为之助。又见受中原序惓惓于河东之行,志先祖临别语于其后曰,忠孝为制行之本,文章为显扬之资,以为后人劝。其笃守师说如此,余亦藉手以乐观其成而已,更何必言。虽然有说焉,辛之宗有稼轩先生者,为宋名臣,移家信州。今兹谱所载,前之由孝义而官万载,犹稼轩之由历城而官江西也。后之来展墓而移家万载,犹稼轩之因宦游而居上饶铅山也。稼轩籍历城,为吾里之乡先生,其官江西也,实为安抚。余以里中后进,承乏其后,自古在昔,先民有作温恭,朝夕执事有恪商颂所云。余每因稼轩先生三复焉。览兹谱之所出,既与稼轩同祖,宦绩之沿,又俎豆之今弗替,匪惟欣祖训之存,益以深景行之思矣。

同柏县知县江学训,上高进士:

谱之修也,视家之隆而亦以应乎国之昌。国家重熙累洽,生齿日繁,比户编氓,优游于光天化日,咸思敬宗收族,联一体之谊,谱系所为修也。虽仁孝之为,然不得其时其人以相助有成,亦终不足以萃一姓而昭雍睦之盛。万载辛氏自介岐公以进士宰万,殁于官,数传南坡公以奠祖茔,遂家焉。至今代有闻人,谱系所载,前贤之述备矣。训每见世家大

第十二篇 族谱

族规矩法度,足化乡邻。辛氏子姓不下千家,一时列胶庠者百余,登明经,掇巍科,入仕籍者,蝉联不绝,人皆有诗书之气。忠厚之风,群居聚处,言孝言慈,郁郁彬彬,是盖父兄教诲者深,而先泽之薰陶远矣。训,辛氏之出也,家慈为纯庵先生女,先祖妣为芬庵先生女,两世俱以节孝著,而母之苦节获表于上。训之叨荫宁宅,俾第南宫,未必非辛氏余泽之所沾濡也。今诸公修辑谱系,合其族姓,绍其休美,使已叙者因而继之,未登者从而增之,详审精密,克光前世。训适躬逢盛举,敬纂数语,使奕代而下得附名于昔贤之后,与兹谱共昭不朽焉。是亦训之厚幸也夫。是为叙。

继攀:

凡故家巨族,所以见重,非谓户口繁多也,谓有仁厚之俗,诗书之风,忠孝节义,文章之美,足以希踪前哲,矜式名流也。吾宗家谱已经数修,顾自师慎、六化诸君子丙戌续修以后,至今又四十年,躬逢盛世太平之化,优游渐摩,生齿日蕃。癸亥春,族长则安公与七房诸弟兄佥议续修,命愚兄弟董其事。爰因旧谱增益之,校讹谬,补缺略,俾各致其尊祖敬宗之心,敦本睦族之谊,洵盛举也。越今年夏告竣。夫先世谱法,吾伯祖柏坡公言之详矣,而要莫大于继起之有人。周子曰:贤才出,国将昌;子孙贤,族将大。则故家巨族之所重可知矣。抑余更有闻焉,高门第者在积善,振家声者在读书,是二者又贤与才之所由成。愿我同宗绅绎斯言,景忠孝节义之行,争自濯磨,以仰副圣天子睦族平章之化,则仁厚之俗,诗书之风,余将拭目俟之。

颢:

家之有谱,世系派别所从著,即一姓精神血脉所联属也。自介岐公以官卒于万,万于是有辛。数传南坡,奠祖茔,遂家焉。秋涛公辑谱以来,若公仪、延仁、柏坡、六化诸公迭起,率以是为兢兢计,将四十年于兹矣。壬戌冬,族众与家君商,欲继其举。颢曰:"是役也,事多难之。"家君毅然作色曰:"小子何知!使难而可辞,昔之人其已辞之矣。丙戌之役,去前作者百有余载,其间蹉躇变更,几惧渺隔,缵续无由,而卒搜断简,访遗逸,以观厥成。今岂其时乎!而犹患其难而俟诸后,后之人复以难诿,是愈久愈湮,谱终不可续也。今惟审源流,厘世次,前可仍者仍之,宜订者订之,务使本末洪纤,经理伦叙,则所以尊祖敬宗者,均于是乎在。"爰择吉兴修。亲翰藻者份份,理烦剧者济济,家君亦从诸君子偈偈以襄厥事。时予方下帷乡曲,窃幸秉笔者之有人也,乃知谱之修惧其难,则竟难之矣。任其难,则亦无难之弗举矣。由是而散者以萃,涣者以洽,俾览是而兴者,咸油然有敦本睦族之意,是一家精神血脉所由浃,即一姓之亲亲长长,贯注流通皆此物此志也。爰喜而弁数言于端。

汝襄:

吾族自介岐公莅万，卒厝龙山，厥后迁徙靡常，至南坡公为南昌山长，不忘所自，来万奠祖，遂家焉。乃有辛氏谱，凡四修矣。然丙戌以迄今兹，年益远，齿日繁，其间生聚卒葬纷然无纪，不及时续编，恐世远年湮，考核无凭，搜罗鲜据，安能信今而传后哉。而况散处于邃谷奥区者，且莫能辨貌，安保不一本而涂人视耶。识者忧之，爰议续修，命余董其事，固辞不获，用诹吉告祖，矢公矢慎，受旧谱而厘订焉。首查世次，舛讹者正之。次搜故绝，遗漏者补之。编辑成帙付梓，阅岁而工告竣，展卷翻阅，觉实而不华，本本原原，了如指掌，以信今传后快然也。夫谱之修也。非徒以虚文尚也。以吾族一脉之传，虽荣枯衰旺，迭殊而丝属绳贯者，皆本吾祖吾宗之一身，而散寄焉者也，与吾谱者诚因是而生其孝弟之心，伦理也。思有以正恩义也，思有以笃，喜则相庆，忧则相恤，维系固结而不可解，则所以尊敬其宗祖者在是矣。此吾之志也夫。

乾隆己亥

廷芝：

家谱之修，其来已久，有确遵旧规者，有仍前法而益加斟酌者，事不一类，总以合乎情势，期至于善而止。吾家谱自秋涛公以来，代修代有更易。延仁公始分继忠公、继敬公为长、幼房。柏坡公遵其旧法，以二公为一世。六化公则以家万祖南坡公为一世，定识特笔此为宜矣。至十世房分为七，延、顺、觐、达、昌、孚、通，盖族众人繁，势不得不分耳。夫以南坡公为一世，历十世而支分七房，则自十世以上当为总干，总干宜合不宜分也。十世以下是为各支，各支宜分不宜合也。顾乃于十世总图，长幼分而为二，于继忠公支下延、顺、觐、达、昌、孚混修为一，似有未协矣。癸亥谱，丹崖叔未有更易。今又历三十七年，子姓既多，寻阅为难，当以各房分修为便。盖七房既分，谱宜如之。族长南溪公有志重修，事欲行而公殁。继族长静山公业经屡议，已择吉将修矣，议者以不容更易为疑，又不果行。静山公以年高辞，众举凝之公为族长。岁戊戌，上宪颁示，凡族谱中犯忌讳语，宜删订。于是凝之公邀静山公，会族众举所以确遵旧规，与仍前法而益加斟酌之。故反覆开导，族众不觉欣然听从，咸曰尊长公言是。夫以数十年意识论议执持，不免过拘，乃一旦闻开诚布公之论，能使群疑顿释，岂非数成有时也。兹谱之修，以十世为总干，七房为分支。昔之总图分，今之总图合。昔之七房有合有分，今尽分之。翻阅较易，此二事不过本六化公旧法而益加斟酌之，引伸之，非有前后龃龉于其间也。芝承族长公命，与诸君子编次较订，不敢稍存己意于其间。后之睹斯谱者，亦可知今兹家谱之修，盖有自焉。至敬宗睦族诸务，家先辈言之详矣，兹不赘。

文彬：

谱制隋唐而上，设员知撰谱事，书藏秘阁，盖犹周礼小史奠世系之遗也。此制废，欧、

第十二篇 族谱

苏并立,小宗普法止及五世,前载其名,事实录后。苏氏复立大宗法,冠以别子,由别子而列之,自一世至于世世,别其父子,合其兄弟,此为谱系良法。后世变其制,以五世为世系,即载事实于其下,蔓衍冗长,空白大多,其实非欧、苏旧规也。吾族旧谱与此相类,今次续修,以十世为总干,七房为分支,源流了如,便于寻阅。顾体虽稍变,于前尚未妥协,日后生齿愈众,倘拘守陈迹,势必卷帙浩繁,费且不赀,诚不若于总干分支中用苏氏大宗之法为便。书此,待后世知所采择云。

嘉庆甲子

嘉庆九年合族公请质孚族长纂修族谱启:

盖闻敬宗收族,派系奠乎周官;纪往诏来,讳谥昭于世本。撰归田之录,更编居士源流,坐列谱之亭,始识途人兄弟。业致政从大夫之后,在承家以达者为先,所以寝庙箴垂。先大史典型可溯,宗图卷出。家幼安著作如新,惟我农部质孚先生大人阁下,弱龄染翰,便许亢宗。壮岁策名,交称华国。播剑南之循迹,足补三川金石之编采。塞外之风谣,应登西域见闻之志度。支壁上甫,题姓字于半行止足传中,竟委簪缨于一旦。记登朝于迄岁,邅引疾以言旋,径荒处士之园,官别胥徒之府。龙山百雉,自邱坟依恋之乡,锦水双虹,是俎豆馨香之处。问此日民生国计,知一肩才谢于他人。数合门祖德宗功,喜一脉相承于古。我缅惟族属,凤重履綦,亲挹光仪,正资领袖。猥以负墙之谦退,屡为虚席以敦延为念。物望本在乡耆,宗袞宜留家乘。稽我族之谱,自己亥重修以至今日,生殁婚嫁殡葬,停书何止廿年。文武仕宦,科名阙载,殆将二纪。昔时汗简曾劳椽笔以分明,异日巾箱尚待鼎言而什袭。守让三之素,于义云何。定划一之规,非公不可。是以群英拱手,近托鸿裁老宿当场恭听,虎帅上花县丁男之籍,缕析原精。考天家租税之成,勾稽况熟,虽峨冠高挂,久拼得失于鸡虫,而吉梦纷占,敢任有无于蕉鹿。请回成见,笃念遗麻恰就间居,力追先美,副七房之怅望,慰一族之欢心,印宦躅于桐乡,一行无忝。表地灵于椒实,半县滋多。竹径桐湾,起灵苗于叶叶。谢兰燕桂,广芳谱于丛丛。君子之泽在兹,先民之程未远。矧乃仙凫别久,牵叶县之踪。桃树载迟,题阙元都之观。盈门车牵,迭拥三星……

文彬:

甲子春,族议修谱,举余为族督。自惟疏慵谢弗敢当,再三辞谢弗获。余曰:"族督体高望备意,向关一族重轻,非所胜也。若以谱久未修,而必以总领见属者,则固余己亥与修之人经纪其事所不敢辞。"爰是与诸房长及孝廉淑邮、侍御筠谷等诹吉告庙。先令各房续汇世系,取齐然后立局大祠,召工开刷,省冗费也。局既开,凡纲领条目增损异同,勉罄愚钝,相与商榷。惟是辑谱所重世系,而我族国朝以来谱经三修。己亥岁,畹堂先生以南坡公下十世为总图,其后乃七房分列。虽章程可遵,而其时积卷已至二十二本。今又增以二十余年,新丁帙更繁,而费滋多。向者余跋前谱时,固早虑及此矣。及是乃与诸君子裁酌,易瓜藤之横列为雁行之直书。于是丁增于前,篇减于旧,盖一本前人之意,而随宜变通,非好更张也。至于酌前后以立其体,博参考以求其合,定祭祀之仪,传文行之实,则侍御实职其劳。遵承拊抱,屡往复而后手定。阅三月世系粗毕,淑邮以春官得隽,秋初锦旋,列传及诸艺文又得资其润色焉。夫古来世家巨族莫先礼法,而科名次之。然唐宋所传若柳仲郢、李昉之为士大夫宗仰者,代不多有。就科名而论,此二十余年中,由乡贡成进士者三,中武科者二。他如恩拔副岁优诸贡、候选县尹及教职者十有余人,于族中渐有起色。较之前谱不无少进。从此家敦孝弟,户习诗书,蒸蒸日上,安在不可追踪于唐之柳、宋之李,见称于郡邑哉?此余于蒇事之后,不禁穆然意远者也。抑迂疏如余,向得襄事于己亥,熟闻畹堂先生绪论,为此局张本。是役也,又赖淑邮昆玉以朝廷著作之才,出其残膏誊馥,足以光谱牒而垂为传信之书。凡编次校对,皆藉诸君子之伙助,俾余得藉手以乐观其成,何其幸与。

(民国四年版)

湖南

反映家谱修谱理念的资料十分丰富,一般在家谱的序言中多有涉及。概言之,修谱的理念与规范有:1.家谱系人身之根本,而修谱旨在明一本,使族人有本源之思,从而达到尊祖敬宗收族的目的。2.通过修谱,可使族众长幼有别、昭穆有序,推而广之,则使乡党和睦、风俗敦厚。3.家之有谱犹国之有史,"阅者油然而动孝弟亲睦之心,则于家为肖子,于国为秀民",故家和而民治,而在国难当头之时,修谱亦是保种保国之举。4."三十年不修谱为不孝",所以后世子孙要不断续修家谱。

长沙涧湖塘王氏

民国《长沙涧湖塘王氏六修族谱》卷首一,咸丰《四修族谱序四》:

夫国有史,国之谱也;家有谱,家之史也。史以纪政治之得失,谱以辨昭穆之伦序,其名异,其理同,要皆维人道于弗坠耳。故朝廷有国史,世代流传继其绪;而闾阎有家谱,古今接续述其详。溯我王氏郡著太原,系出姬姓。鼻祖霸公由豫章徙楚,其后子孙日繁,支分派别。迄明伸公创修家谱,不第武纬文经彪炳牒页,凡所谓以一人之身为百千万人之身,而萃百千万人之身皆知推本于一人之身,且不至视至亲若途人者,其庶几矣。至康熙四十年鼎公续修之,溯本寻源,秩然有序。及乾隆二十八年仁公再续修之,愈昭大成,考厥由来,迄今又数十余年矣。载在旧谱,虽井然可考,然户口蕃衍,若不续修,恐年代渐远,后世何由考证,得无湮没不传紊我祖考乎?于是汇集各房协力编纂,矢公矢慎,毋怠毋荒,式仿眉山,应厘定者厘定之,应裁革者裁革之,应增补详注者增补详注之。自辛亥以迄癸丑而谱竣,宗以联焉,纪以肃焉,庶我王氏世屡迁而功德常新,派弥长而昭穆不紊,虽为一家不朽之书,未始不可与一代之史同增圣朝之光焉。是为序。咸丰三年癸丑岁仲夏月穀旦,二十一派裔孙式兴、式交、焕中敬序。

（王万藻等修,民国三十八年听槐堂铅印本）

民国《长沙涧湖塘王氏六修族谱》卷首一,光绪《王氏五修族谱序》：

《礼》曰：仁率祖,义率亲。仁义之道,原于天命之同。然人性所固有者,此孝子仁人所以有春露秋霜之感而动水源木本之思,由是尊祖故敬宗,敬宗故收族,而谱牒之修与续有不能已者矣。我王氏系出姬姓,郡著太原,而代远年湮星罗棋布,此固远而难以征其信、涣而不能考其详者。前明我伸公溯本寻源创修家乘,本霸公为始祖,永贞公为支祖,盖取其近而可考,信有足征。宗其所宗、亲其所亲,是亦人性固有亲疏之别,而非涉于偏而不公。由明以迄本朝,历咸丰壬子岁,其间鼎公于康熙四十年、仁公于乾隆二十八年、焕公于咸丰二年谱还四续矣。世系如续之源流、忠孝廉节之实行、迁徙居处之都邑、功名勋业之纪录、生卒庐墓之注载,先人已著述之详且备矣。培奕容赘惟是,由咸丰壬子以迄于今,历年已四十有七,揆以三十年一续之成规,其数则过矣。盖源远斯流长、流长而不约,势必泛滥而无归,本固斯支茂,支茂而不联,势必淆乱而无序,将先人敬宗收族修谱之至意不几泯没,而成为废举乎？所谓莫为之前,虽美弗彰；莫为之后,虽盛弗传。我今合族人倡续以继前休,其一切规模条教胥遵照前人,惟仿欧式创立垂丝一格,列于谱首,丝联脉贯,朗若列眉,庶几阅者油然而动孝弟亲睦之心,则于家为肖子,于国为秀民,未必无补朝廷教化斯人之至意云。光绪二十五年己亥岁季冬穀旦,二十二派嗣孙培荣谨撰。

（民国三十八年听槐堂铅印本）

宁乡南塘刘氏

民国《宁乡南塘刘氏四修族谱》卷之首,《重修叙》：

谱者普也,谓其普遍而靡有遗忘也。族繁而不能谱,则遗矣忘矣；繁谱之而不能更谱,其谱则又遗矣忘矣。道途之人遗忘焉,可也；道途之人而分自一人之身,不可遗忘也。

（民国十年存著堂木活字印本）

民国《宁乡南塘刘氏四修族谱》卷之首,《重修跋》：

古者子生三日既成名,宰书某年某月某日生,告闾史；闾史书为二,一藏诸闾府,一献诸州史,斯即谱所由昉欤。然其事掌诸朝廷,士庶之家无有各自为谱者。有之,自赵宋眉州始。尝读《苏氏谱引》曰:"使其无至于忽忘焉,可也。"夫此无忽忘之念,不有作者,谁溯其源;不有述者,谁竟其委?

(民国十年存著堂木活字印本)

民国《宁乡南塘刘氏四修族谱》卷之首,《叙》:

古者三十年为一世,故谱牒之修每以数十年为率,诚以时移岁易、人事屡更,理应尔也。

(民国十年存著堂木活字印本)

湘乡匡氏

道光湘乡《匡氏续修族谱》卷首,《张序》:

谱之由来久矣,《玉篇》训属,属则有珠联璧贯之义;《释名》训布,布则有缕晰条分之意。考《史记·三代世表》,殷以前诸侯不可得而纪,前汉刘歆尝著《三统历谱》;《旧唐书·经籍志》谓谱系以纪世族继序。自昔名门巨族莫不有谱牒,以为敬宗收族之本焉。

(匡逢向等修,道光八年解颐堂刊本)

道光湘乡《匡氏续修族谱》卷首,《刘序》:

盖闻百其人者,百其心,必有协心之举,其心克一;殊其地者殊其欲,必有挈欲之方,其欲乃同;况一本之支派绵邈秀源远流长,使无以系之,何以大亲亲而序昭穆乎?若是者,惟谱尚矣。

(匡逢向等修,道光八年解颐堂刊本)

道光湘乡《匡氏续修族谱》卷首,《李序》:

匡氏自得姓受氏以来,历有官勋,……凡例以明其规,目录以撮其要,内外列传以阐其潜德,其全谱错综,斟酌有方,祀典祼献隆杀有制,洵可以光前烈启后昆,天常赖以不坠人纪于焉。肇修以尊祖而敬无不同也,以之收族而爱无不周也,家政日益修,人心日益厚,肖子贤孙永承不替,其昌炽曷有量耶?

(匡逢向等修,道光八年解颐堂刊本)

道光湘乡《匡氏续修族谱》卷首,匡定方《自序》:

第十二篇 族谱

谱牒之系巨矣,故从来言谱者,每谓与史埒。夫史以传诸亿万世,昭美恶、垂劝惩,盛衰治乱之迹,厘然不可紊,确乎不可易,似非谱之所可同言而共语。而顾以是例,观者则以本源之思于是乎在,宗支之好于是乎笃,即齐家之宝筏也。

(匡逢向等修,道光八年解颐堂刊本)

道光湘乡《匡氏续修族谱》卷首,《自叙》:

姓,本也;氏,支也,自八姓分而为千百姓,后遂弃本从支,即氏亦可以为姓。……夫修谱通例,以三十年为断,迟之至六十年而止,……尝读《苏氏谱引》而窃有感焉。苏子曰:观吾谱者,孝弟之心可油然生矣。夫孝弟者,大本大原之所在,今之荡捡逾闲不自捡束者,只坐不孝不弟耳。人而能油然生孝弟之心,则必深明夫亲亲长长之义;能深明夫亲亲长长之义,则其宅心必慈祥;既慈祥必不刻薄而寡恩,由是而和于庭除,由是而睦于宗族,由是而信义醇谨孚于乡党里巷。凡其存之于宥密与施之于事为者,遂可以扶持纲常,羽翼名教,揆其由来,实是孝弟基之。而其所以能油然生其孝弟之心者,惟谱之故。然则谱之作也,岂独联一家以利后嗣哉?推而广之,正人心,厚风俗,胥于谱焉,寓之矣。……

(匡逢向等修,道光八年解颐堂刊本)

道光湘乡《匡氏续修族谱》卷首,《自叙》(逢礴、定嘉、定礼):

自古精姓氏之学,如李公守素、虞公世南辈类,皆博物洽闻,卓越一时。至近传熊子峻运所撰笺释,汇载各姓人物,殆古今一大谱也。然三代立宗法,龙门创世系,晋魏隋唐谱藏于官。泊五季坏乱,得庐陵、眉山二公,联本支世次官爵存没而勒为家乘,作谱者悉取法焉。良以亲亲故尊祖,尊祖故敬宗,敬宗故收族,典綦重矣。

(匡逢向等修,道光八年解颐堂刊本)

道光湘乡《匡氏续修族谱》卷首,彭心鉴《旧序》:

子朱子曰:三世不修谱,不孝。士君子家藏谱帙,因时增修,此孝弟之心油然之所致也。

(匡逢向等修,道光八年解颐堂刊本)

湘乡大界曾氏

民国《武城曾氏衍湖南湘乡大界五修族谱》卷首,《昔贤谱说》:

苏东坡曰:"良民之家,士大夫之族,未必无孝弟相亲,有族无宗子莫之纠率,虽然族之有宗正,在今日为难行,而图述谱系亦庶几于此乎?"又曰:"民相与亲睦者,王道之始也,诚知言矣。"王荆公曰:"余闻苏老论谱,谓'可知者续之,不可知者阙之',此语其有病。夫人不生于空桑,岂无祖宗?可知者固可续矣,其不可知者,必夜而思旦而求,摸形捉影,岂有不得者焉?苟委于不知而又安于不知,其为不孝益大矣。"欧阳修曰:"族之为言,簇也,尚夫序而有别;姓之为言,生也,本其所自生;氏之为言,是也,别其所自分也。"又曰:"川流派别,当知同源;人代散殊,当知同祖。知同源,必不笑咸淡清浊之异;知同祖,则不学秦越鲁杞之为。然非图谱以纪,则世远无征,安识须句之本于风也,安识晋公子之本诸姬也,是以谱系之不可无也。"白涯公曰:"谱之保姓受氏,天子赐之,司商协之,立宗法以联属之。而后忠义之教成、朝廷之势尊、天下之家正。保族者,保天下之道也,天下各保其族而天下保矣。"程子曰:"宗法废,谱牒尚有遗风。谱牒废,人家不知世系,即有世家巨族,骨肉无统,虽至亲亦薄矣,故谱不可不修也。"苏老泉曰:"太上立德,其次立言,其次立功。谱牒者,亦立言之一端也。"朱晦庵曰:"人家三代不修谱,则谓不孝矣。"胡五峰曰:"甚矣,谱牒之不可不作也!谱牒作,则昭穆有序,而□□不遗,百世之下犹足以知其分殊于一本;不作,则喜不庆、忧不吊,不以至亲而相视、不如途人者鲜矣。"陈北溪曰:"谱系者,人身之根本也。根本不明,或妄委其姓而冒人户,或妄附户贯而溷其宗枝,何止于托汉婚而冒姓刘、以狄种朱邪而附李属籍者耶!"程伊川曰:"谱之要,在明一本而溯其源,所以尊祖而敬宗也;究万派而清其流,所以别亲疏之远近也;辨昭穆等降之殊,所以识尊卑之次第也;行吉凶庆吊之礼,敦孝友睦姻任恤之行,所以崇宗族之典礼也。"黄山谷曰:"世之有氏为族者,惟有谱识其所从出、靠其所由分。倘世日益远、族日益繁,必至于不相维系而昭穆之辨淆矣。"周简公曰:"国无史而失国政,家无谱有失家法。"国史、家谱古今所最重者。余自入仕以来,未尝知其有身家念及族谱独为惓惓也。

(民国三十五年三省堂活字本)

涟源李氏

民国涟源《李报本堂族谱》卷首,光绪《三修族谱叙》:

古者士庶人生子则闾史书曰某年某月某日生,藏诸州府,死则去之,是以天下之丁皆有籍。司商协民姓、司民协孤终,不料民而多少、死生、出入往来,久可知,家天下之制所以为盛欤。吕政暴虐,尽灭古法。独曲阜孔氏以至圣哲裔简册潜藏,世有碑石。虽汉高之隆,莫详统胤,不得与此,自是五三种类散处,华夏暨乎戎翟。六代、有唐竞尚门阀,然无失者鲜矣。而谱学家犹资之以有考证也。有宋三贤之所作,皆起自高曾不更及邃远,盖亦有不得已者邪。宗谱之存者,今人犹得见之,识者服其精审。蒙元、朱明代有作者,惟不掌于州伯,皆家自为籍,不复有关于国,时使势然,假以存亲睦之义,然则作之者,实圣人之徒也……乾隆中,民物丰阜,谱学大盛。族先正虑丁蕃地远昭穆既广涣而难稽,乃因手牒而修之。同治元年再修之,语各在其篇。光绪七年辛巳逮戊戌辛丑……十有五年,……是为我报本堂三修族谱。……

(民国五年报本堂活字本)

汉寿盛氏

光绪汉寿《盛氏族谱》卷首,《客序》:

谱之名,仿于周小史,辨世系,奠昭穆。小宗伯掌三族之别以辨亲疏,所以尊祖敬宗收族也。晋魏六朝门阀相高,九品中正之法行,谱悉掌于官。隋唐而后稍陵替矣。五季之世故籍散亡,多有不知姓氏之原者,于是家自为谱,往往造作名字,妄撰爵里膏粱华腴,依附假托,而谱学遂以大坏。盛氏在寰区为望族,孝章以节孝重于汉,次伸以学问显于唐。延至明初,盛庸复以功绩封历城侯,若数人者,固已彪炳史册、彰彰人耳目间耳。盛君召棠与余属内兄弟,闲尝论其家世,甚悉远祖庸公发籍江右,至儒杰公由吴迁楚,占籍辰阳,世习诗书,云仍繁衍。虽谱经一修迄今四十有余载矣,盛君虑族之生齿日众,而迁徙者亦不常,惧后之修辑维艰,而续补者毋容缓,爰与文星诸贤士等续辑家乘。余阅其谱,悉遵欧、苏,井井有条,诚可为承先启后之一助也。且家之有谱犹国之有史,必具才、学、识三长。然后无拘于私、拘于众、拘于势、拘于时之患,亦无不整、不典、不齐、不实、赏罚不中、文不胜质之难,斯卓然负良史才,而非陈寿、魏收辈所敢望也。世之人口诵四子书、《诗》《书》《易》《礼》《春秋》,一过幸而拾一衿、博一第,即沾沾焉,自诩于心曰:吾固功名中人也。无知者,亦窃窃焉私语于人曰:彼乃功名中人也。呜呼!试问其功名在于国乎,抑在于家乎?召棠兹谱成而尊祖敬宗收族,后之人读是谱而兴起焉,将见仁率亲、义率祖于以上溥圣天子亲睦平章之治,而功在宗祊,名标竹帛矣。迄今人文蔚起,方兴未艾,他年必有珥笔史馆,与欧之五代、苏之古史接踵而联芳者,皆将于是谱觇之也。爰不揣谫陋乐操觚而为之叙。

光绪二十七年岁辛丑仲冬月穀旦,钦加叅戎府衔赏戴蓝翎姻愚弟郭群芳江友氏拜撰。

(光绪二十七年广陵堂活字印本)

《皇朝经世文续编》卷五五,《礼政六·宗法》,宗稷辰《濂溪大宗支裔零陵青山周氏谱序》:

今天下明德之后,莫盛于山东孔、颜、曾、孟四子;继四氏而兴其盛相埒者,惟濂溪氏之宗耳。稷辰向在江浙,间见周氏多祖濂溪,询之皆派出道国公长嗣。及前岁修永州郡志,撰世家,道州五经博士承宗以濂溪志来,读之知大宗从官他徙,以小宗嫡裔为后,世其官禄,故其谱详小宗而略大宗,初未知大宗仍有居楚壤者。今年夏零陵青山周氏士琦、戒溢两茂才,持其宗谱至濂溪书院请匡其谬误,且为之序。按其系始随息国公归仁为一世祖,四传至道州参军如锡,又十二传至道国公,皆居道州。道国移家江州,长孙广昌令虞仲迁泰和,元孙汀州丞时泰省墓春陵,遭南宋兵乱御寇临武,及归留妻子居之,自此八传至元时支孙名九十一者,始分迁零陵之青山为始迁祖。自息国至青山为世二十有九,自道国至青山为世十有二,广昌汀州实为道国大宗,青山以上则皆支子也。然则濂溪大宗一派固亦蕃衍于旧邦,昔之谓大宗在江左右者犹所见之未广矣。夫世之谈谱学者,大都如推源忠孝,侈陈勋阀,勋阀与时盛衰,君子所弗尚,若忠孝之子孙诚贵矣。然究不如圣贤之家贯古今而不敝,人幸而为圣贤遗胄,天地之所佑相,山川之所降钟,分枝析叶于深岩绝阻之乡,而元气深厚,其生无穷,非徒恃流泽长而食福永也。宜奋然缉其家学,笃行敬宗以嗣前哲之休美,将见谱学明而宗法可行,宗法行而三代之礼教可复也。茂才纂修是谱,庸但以出濂溪为荣,其诸继承之责,必因是而重任之,岂可作寻常族谱观哉?以宗法论之,濂溪之小宗世为后承大宗之事,即为大宗;大宗流转天下,其宗孔蕃惟世居江州守道国墓者分最尊,为世居濂溪之亚。其余各守其迁祖之墓,虽大宗夷于支庶,自不得执长次为等;然其先固大宗也,今不得复为大宗,亦不得称为小宗,故定其宗曰大宗支裔也。今礼先圣先贤子孙世官之外,其有迁居别祠者许奏举宗长一人,世奉其祀。零陵自宋以来故有濂溪专祠,视私祠较重。青山之宗祀此为合,他日大夫师长引礼以修祀典、录贤裔,其肇基此谱乎?若夫孝弟忠信之大端,道国所得于孔、颜、曾、孟以教万世者尔,宗人敬听而服行之优优乎,其备矣,稷辰不敏,又何述焉。

(葛士浚辑,光绪十四年刊本)

四川

泸州王氏

民国泸州《王氏族谱》卷一,道光《王氏宗谱旧序》:

……是举也,时未付梓,敬为手录世系,俾合族览谱而知某公出自某房,亲疏由之有辨,昭穆由之有序,孝悌由之有本,人伦由之有别,生殁由之有备,不大有裨于族也哉!戋戋小言,冠于谱端,惟愿后嗣贤明显达。尚有奸盗邪术、乱行非为,牒载各房长处分,如不遵者,公同上究。历来公私坟山,安厝先骸,乃属衣食之源,故宜培植,不得损伤。或远年外居,财产先有定例,各宜安分守己,悉体先人。今议谱交发各房,恪守条规,善者示之,劝不善者知所惩,庶几亲其亲,长其长,吾族之庆岂不有光于前而裕于后哉!

第十二篇　族谱

大清道光十四年甲午岁春三月上浣六世孙世位谨撰。

(王家浚督修,王守亨、王正溢编纂,民国二十二年石印本)

福建

李氏家谱的修纂与理念。

李光地《榕村集》卷一一,《家谱序》:

……若夫谱之设,所以济宗之穷。吾家之谱其为善,亦有三焉:本以宗法而联之,所以长长也;标其爵命而荣之,所以贵贵也;系之传纪而彰之,所以贤贤也。三者备矣,然后昭穆序焉,名分严焉,劝戒彰焉。呜呼！自朴祖以来二百年余,所以维系纠结而不愈疏,代有修明,功岂鲜哉。革命前后四十年间,宗族论散,巨室凋零,衣冠宗庙之贻,谱牒奠系之继,毁灭销沉于兵火,流亡所在,而是繄吾祖之泽基址依然,文献足证族属散而还聚,诗书歇而复兴。

先君子恭承祖志,始出大难之中,靡有室家,营庙是首。先灵既妥,覃及于宗,于是搜拾遗乘,属仲父以经始。是谱也,成于癸丑之冬。遭闽大乱未刻,以颁先君子拳拳赍志焉。越己未夏仲季,二父掀旧文,而□心谘宗老,以遂事修改研摩,益备以精。兄弟、外新之强力通敏者,又相与校而成之。族人赴义资,足工良,于是而谱与宗二者俱焕。光地读之,泫然兴曰:宗谱之修废,家之兴衰之占也。夫家替于暌,隆于聚,宗与谱所以聚其暌,而使之有统也夫。是以入庙者,观谱者,识长长之义,则知所以尊祖焉。识贵贵之义,则知所以尊王焉。识贤贤之义,则知所以尊圣焉。夫能尊祖、尊王、尊圣,而其材不蕃、家不大者,未之前闻。呜呼！祖宗崐岷也,孙子河淮江汉也,合而分,分而至于不可复合。自非有疏瀹者,而道之归势,且相冲相激相啮相触,涣散横流而不可止。故夫亲疏不叙,恩义不修,而敦伦纪族终于离且乖者,何以异是！由此言之,修宗谱者之功不在禹下,其亦可法也夫,其终不可忘也夫！

(《四库全书》本)

南平、延平麟阳鄢氏

光绪南平、延平《麟阳鄢氏族谱》卷首,《家谱小序》:

夫人重族,族重谱,岂不关系至切哉！语曰:谱者,普也。恐宗属之涣,情义之携而思所以普之也。故根源久而不知所从分,则不普;支流长而不知所为合,则不普;知其分矣合矣而其间有缺佚,或纤悉之不备,则不普。故予修谱而作小序。自吾祖之所及知,以至支流余裔，一人而千百，恐或以途人相视也，故不可不叙世系。自吾身之所由始，而分支别流，宗法立焉，盖服之有无，情之亲疏，必有辨也，故不可不叙正派。名讳不表，则相袭而至于相混，吾身以前，既次而表之，吾身以后，亦豫有拟以俟来许，庶子孙绳绳而靡不承，故不可不叙世表。伦次以序，可以教敦睦矣，然必书生、书卒、书配、书嗣，而人道之始终以备，故不可不叙世纪。书配矣，凡我先人，乃吾与后昆合二姓之好，以光启二姓子孙，盖世世受厘焉，故不可不叙婚姻。吾先伯之忝祀忠勇祠也，吾先君之忝赐寿官而宾于乡也，吾之忝受一命也，虽渺乎小哉，岂不丽国典而属家庆哉？光而大之，则在后人，故不可不叙恩纪。被发以祭于野，识者夷之，故营室先祠。予族宗祠未建，窃深愧焉，稍仿士礼而祭于寝。他若忌辰、若年、若节，各有定规，凡以教孝也，故不可不志家祀。古者卜宅兆而封墓，岂直藏归骨，且以远樵牧，不籍而记之，何以示长守？故不可不志坟茔。家有祀，坟有祭，苟为无田，其何以供？予祖置田养贤，又立祭田若干亩，予志将勉而效之，俾后人世守以修祀事，故不可不志公田。族大斯蕃，蕃而涣，势也。予祖居麟阳，今有散处而屡迁者，亦既涣矣，不书其迹，涣何以萃？故不可不志宅里。家以世称，当稽以文献，故必有开先而后有垂裕、有济美，予家书香，浚于云松叔，代而有之，而以似以续，当在兹也，故不可不叙文纪。七世孙茂材撰。

按：旧谱经名山公手定，其中别制小序，井井有条，本拟仿《汉书》志例，另装一帙，今以谱帙繁重，经费难敷，佥议以质为贵，然亦不病其略也。即如是谱上有大宗总图，则世系正派自可得而推矣；下有名字、表行、职衔、生平、葬所，则世表、世纪、恩纪、坟茔自可得而悉矣。他如书配、书子，人道之本末，以备财婚姻为所固有。而女之生与适人，彼自有谱籍之，可勿书也。又如祖祠、宅里、世祀、祭田、养贤田，始犹只聚一方，今则蔓延散处，各有祖屋、有支祠，而宅址之棋布星罗，享祀之因时制宜，公田之年增岁减，皆不可以为常，且听各房私载，可勿书也。若夫文纪，则亦纪其文耳。序不云乎，谱以道义为重，以科第为用。故有德者必有言，如名山、皇州、謇庵诸公，文章节义，卓卓可传，其所著作诗文，久已刊行宇内，好古之家，当有珍而藏之者。非是例也，即有鸿篇巨制，要只科第之绪余耳，亦可勿书。士元谨识。

十七世孙乃湛谨录。

（鄢宗云等修，光绪四年刊本）

莆田莘郊黄氏

乾隆莆田《莘郊黄氏族谱》卷四，《刊刻谱乘题缘序》：

吾宗家乘，经兵燹流离，历七八传，刻本消磨，三去其二，间有纂修补缉，不过誊写成

第十二篇 族谱

编,二三年后,虫蠹腐朽,字画不清,兼之断简残篇,难以考证。辛酉岁,从兄忆趋公主鬯多年,以子侄分居,罕时汇聚,春秋祭享,恐有昭穆不明,亲疏莫别,因诏其子化龙代为修辑。化龙秉公矢慎,取出各房旧谱,勤为对勘,疑者阙之,错者改之,记载必严,罔有遗失。谱成,献于先祖炉前,族人共视,佥云谛当。时向清即心存登梓,以从侄鼎甲公车期迫,未暇举行,延及于今。今幸各房子姓在外营生者多回故里,谱之刊刻,正在此时。奈吾宗世传清白,祭产无几,孙子食贫,用费繁多,将何所出?都长启源翁议以工资一分归丁,两分题缘,谅吾宗各怀念祖情深,破悭破吝,随力捐随分题,谱之告竣,可拭目矣。

时乾隆十七年壬申仲冬穀旦三十世孙向清敬书。

(黄化龙重修,乾隆十七年刻本)

乾隆莆田《莘郊黄氏族谱》卷四,《总修洗马祠大宗家乘跋》:

谱之不修,历今百有余岁,夫不肖化龙无似何敢膺修谱重任?乃元春五日大宗岁祭,届期老父忆趋大人以步履维艰,弗获到祠拜祖,意甚怦怦,因呼化龙而诏之曰:"余主大宗鬯十有七年,于兹不能倡族人皆兴尊祖敬宗之念,今又衿蒸尝弗躬弗亲,将何以为后生小子钦式乎?然昭穆明长幼序,则孝子悌弟之心油然而动,余观吾莆巨族越数十年必修家乘,所以明昭穆序长幼而使之尊尊亲亲,各敦一本,余今年老,弗胜厥任,尔其代予编次而修辑。"龙俯首而对曰:"从兄诚斋乙卯岁幸叨祖德,获荐秋闱,所刻朱卷齿录,世系明晰,且己未公车,言旋即修谱牒,奚事再为详志?"大人曰:"未也!此特吾玉湖一房之私谱已耳,至若综洗马之宗派,房分有七代,传三十有五,今多散处远方,春秋享祀焉,得计程而伸敬,倘不合而修之,则世系不明,将一传再传,势必有冒他支为亲族,视本派为疏房者矣。"龙闻言下,不觉悚然惊,奋然起,遂到各房取出旧谱详而观之。南门之谱,自唐刺史以下二十世犹旁及后黄一支。搜之三黄合谱,则巩溪东里何为不载?度之洗马本宗,则添一支即添一赘,而亲疏反无分别。水南之谱中,间有子列为弟,孙列为子,传世既紊,数代有差。莘郊之谱,虽无旁及紊乱之忧,而自唐刺史以下,六世俱略不书,只以忠义岸公冠其首,即书七世祖,太子洗马涵公继之,观者固知其实认本宗为重,而中间世代一泯,则三黄乌知兴我同宗?评事峣公后乌知与我同派?校书郎璞公八子乌知为我亲昆弟之所由分也?是皆因兵燹流离,谱系散佚,后虽有作者,不过即一房之遗简断编,虫蠹之余,略加考订。间有合各房之谱联而比之,而彼此相对不解者,询于族中耆老,遂以为悉,不知世远年深,末由考证,以讹传讹,相沿已旧,龙于是各举其弊,叩而请曰:"谱之修,将何所定乎?"大人端坐而思默然久之,遂复呼龙而诏之曰:"自判院鳌公以上,尔取三黄旧谱酌而修之;自判院鳌公而下,尔照四房之谱详而实之。"言毕,并书要规十条、谱例十条,以示化龙,今所书谱首是也。龙由是唯唯而退,谨熏沐再拜于先祖之庙,告始事也,且誓之曰:"若有操笔不严,肆意缺略,先世有大功德于子孙者,其品行文章,传记诰命墓所匹配有一不稽者,神其谴之,稽之莫据,神其谅之。"乃敢上遵规例,书戒、书年、书葬、书传、书嗣、书止、书迁徙、书不及载,皆得其实。至若上溯得姓之原,下考分支之盛,亦皆本昔人之序跋,以谨慎志之矣。以故世系既明,加绘神像,无非实见,其文章科第、隐德潜修,足光谱牒,录为门第,以示来裔,俾率乃祖之休。兹当告竣,虽成全帙,未敢自是,谨献于大人,以观可否。而大人复请各房子姓,细加检阅,佥曰善夫,而授命龙作跋以序其事,俟有力者梓以传家云耳。

时乾隆六年辛酉孟夏榖旦三十一世孙化龙谨跋。

(黄化龙重修,乾隆十七年刻本)

广东

乳源余氏

嘉庆《乳源余氏族谱》卷一,《重修石带谱序》:

家谱之修,所以敦本宗而溯其源也。而敦本宗必考所自,溯源必因所传。我余氏一脉,远宗难以悉述,自余端以至靖公,其自序原委见于老谱昭昭也。由靖公以至太一公派下及今十有余世,遗墨相传,源流清楚,昭穆分明,非若人之侈阀阅,尚声华,竞饰门第以相耀,而曲引旁附如剪桃接李,气味不相入者也。嘅夫!祖厥祖,罔或厥祖,谓之渎祖;宗厥宗,罔或厥宗,谓之渎宗,谱亦何为?今吾谱溯自戙公为余氏第一世祖,历代而下本一脉者则登之,非是则弗登。曰:莫以稽也故冒焉,而系之无,宁缺于祀其信,此予之所以重是谱焉。盖谱所以清其源、溯其流而萃其涣也,广仁孝之心,孰有外于是哉!何也?仁者将连属疏戚而为一身,故自其身达诸昆弟族人。原其初,则一人身耳。由是推之,而数世之祖以至其始祖,其有二乎哉!夫以一人之身岐而为四肢,列而为九窍,折而为百骸,纷而至于毛发之不胜数。缺其一则瘅为不一仁,以其血气之不贯,故君子以一人之身亲其族人,则疴痒忻戚无非觉者,仁孝之心油然而生,秦越其族不必忍矣,吾家之所以急急惓惓于谱牒也。虽然按谱以稽其世,缘世以循其族,萃族以亲其亲,君子之敦睦族,必自有其道,不然,谱文具也,仁之不存焉。用文之故,谱牒之修,庶几维持乎风俗?因为之序其谱而重为之言,以告夫同族之子姓云尔,是为序。

嘉庆十年岁次乙丑夏月世孙成安谨撰。

(余有璋等纂修,嘉庆二十五年木活字本)

第十二篇　族谱

嘉庆《乳源余氏族谱》卷一,《重修余氏主修谱序》:

昔龙门公序,世家三十,本纪十二,列传七十,俾古人姓氏里居千古如见。夫君子读书论世,犹考订他人之世系,而况本支,百世根源所关,而可茫然于同源别派、别派同源之所以然乎?此谱之所以当作也。盖谱之作,则有以敬祖宗,有以遵贤才,有以序伦常。溯我先世,显于秦,大于宋。厥后,支分派别,或披荆斩棘而卜筑,或栉风沐雨而他迁,使不有以详明其阅历,则当年之积累勤劳,几淹没而不彰矣。惟有谱以明之,则祖之功、宗之德,使后人一览而油然生追慕之思,所谓敬祖者此也。且功德所遗,人材叠出,或既仕者有功可见,未仕者有材可述,使不有以昭晰其生平,则当日之英伟卓越几无以为子孙光矣。惟有谱以显之,则贤而德,材而能,使后人之披阅而奋然缵承之志,所谓遵贤才者此也。况乎椒联蕃衍散处亦众,或睹面而不相知,或相知而不知所属叔也、侄也、兄弟之辈也,此日之伦常何以厘然不混哉?而有谱则可以不混,昭与昭齿,穆与穆齿,即今而后,子孙绵绵,子孙蛰蛰,子孙缉缉,皆有以理其序而分之,比其类而合之也。伦常从自以昭,亲疏亦从自而知也。予也,幼遵父训,一日父命曰:"续修家乘,尔宜听命献老,与诸叔辈劳心协力,合心公办,统族中鸠工校梓焉可。"由是衔命而更邀兄弟,东奔西走,广会编辑,求诸宰绅先生序其端,锓梓于甲子,告成于乙丑,皆赖族内诸公之力焉。家谱又云一新矣。今而后,惟冀吾家相亲相睦,观谱而生爱敬之心。所谓族谱作而族尊,而吉凶庆吊之礼,孝友睦、任恤之行即于是乎敦焉。是所望于后之贤者。

时嘉庆乙丑岁梅月榖旦孙经纶敬撰。

(余有璋等纂修,嘉庆二十五年木活字本)

嘉庆《乳源余氏族谱》卷一,《余氏主修族谱序》:

盖闻国之有史,载天府之典章;家之有谱,明世系之本源。然欲知源,必从系溯,溯必由祖之身心。夫鼻祖之心,本一族千万世所共出之心;鼻祖之身,本一族千万世所共来之身。推其心与五内相沦洽,而后万世之精神聚;推其身与一脉相关切,而后各处之亲疏联。盖惟本祖出始斯人,若得而谕之,是以其源可考而详者,其系从合而分也。乃吾尝稽典籍,帝王、君公、巨族、名家,立纲陈纪,修谱睦族,流传奕世,上下之分辨,昭穆之道序也。由是思之,家之有谱,古来尚矣。于是拜请于族中祖辈,予族之谱创始襄公,述自崇龟、允文、端礼之文,历代世系详明,昭昭共睹,予亦无烦赘述。独念太一祖年登花甲,神托箕尾,惟幸有婆叶、蓝、黄谨守妇道,经营尽善,自明成化元年,携子曰琮曰旺曰琳曰斌曰周曰法聪公,弃闽迁粤韶州、乳源、深源乡居焉。厥后斌周二公与蓝婆卜筑梅花石带,黄婆与子法聪公亦徙居楚宜之码头下,迄今一十五世。其中遍迁宇内者,仆数难更,凡遇清明佳节,自十年前会叔祖盈庭,而今仅留三五矣;父辈济济,而今止存数十矣。其所集于一堂者,非季昆则子侄也,且更视子之辈成祖矣、孙之辈若父矣。再复数年老成凋谢,孰考订畴?昔文献不足,谁告语将来?谱而不刊述于今,后将谁刊述乎?祖辈咸皆应曰:"然修谱之意,吾等念之久矣,今汝诸昆叔侄有此胜举。噫嘻,何以众族一词与吾等之愿不谋而符也!"于是呈图立法,联东西南北之居,序尊卑上下之分,明长幼昭穆之道,合远近亲疏之类。声气相应,守望相助,疾病相扶持,使一族之中,本源清楚,雍肃咸熙,恍然星绕向枢之象。述其既望生卒埋葬之期,某山某向之处;记其将来生辰嫁娶之日,何处何氏之人。又有功于朝,受职旌匾,有齿高于族,可坊可表;有四德三从节妇,堪夸;有受业成均与身游泮水者,乃族中之文人。一纵一横,共相表里,详略互陈,务归诚正,以待后人之披览。而支派之昭垂,历然可考矣。今谱已成,不惟承先君子之志,而且继序纶衍昆玉之文,后先辉耀而悠然重新矣,岂不犹国之有史耶?斯二者,大小虽殊,其理同出一辙,可考而详也。爰记其始终而为之序。

主修十二世孙思义敬撰。

大清嘉庆二十五年岁次庚申孟秋月吉旦。

(余有璋等纂修,嘉庆二十五年木活字本)

嘉庆《乳源余氏族谱》卷一,《倡修余氏族谱序》:

……今溯我之始祖太一公之一人也,以一人之身衍为百千亿万人之身,椒联远条,不有以联属之势,必有视至亲如途人者,此余等所为兢兢然。合远近散处之亲联为谱牒,与旧谱所载本祖支祖生庚死葬,前后汇集,再复倡修。予躬其责,载笔之下,其难其慎。先明夫生代接续之故,次详夫莺迁分房之由,序昭序穆,务使较若列眉,大宗小宗须期灿然如指掌,即地分疆域,宛亲若一堂,纵时异古今如同居当代。凡在一脉,不以贫富贵贱分阶等,不以亲疏远近别尔我,不以贤智愚不肖异趋向。今日之事,传诸千万世无不可也,岂徒取悦一时云乎哉?况家藏其书,远则足以知赐氏之由,近则足以知左昭右穆之分。以世代推之,知祖德之绵远;以名分观之,知秩序之尊卑。内可以齐家,外可以睦族。后人其有不英才辈出,以绍前人之休也,有是理乎?敬为序。

十二世孙国学生介福字衍庆超群氏敬撰。

时龙飞嘉庆二十五年岁次庚辰孟秋月吉旦。

(余有璋等纂修,嘉庆二十五年木活字本)

嘉庆《乳源余氏族谱》卷一,《重修余氏族谱序》:

第十二篇　族谱

……修谱之谓何？序昭穆，辨尊卑，分长幼，联宗族，合远近，俾同出一脉者，支派分明，伦常昭著。虽一本散为万殊，实万殊同归一本。且而明生死之年月，纪存殁之时刻，审世代之坟茔，定山向之坐落，则昭不紊于穆，穆不紊于昭。上以报祖宗之本，下以联族室之亲，使不至如汉刘失祀，秦越相视，则尊祖敬宗，世世子孙。惟愿祖宗有灵，庇荫默佑，仍复有丕承风采之家声者，非我诸叔侄兄弟辈修谱之意也哉？是为序。

十二世孙国学生业浩经撰。

大清嘉庆二十五年岁次庚辰孟秋月吉旦。

（余有璋等纂修，嘉庆二十五年木活字本）

潮州洪氏

民国潮州《洪氏宗谱》第一册，康熙《惠来族谱序》：

自古立宗叙族，垂传后世，则长幼名分秩然不紊而族贵矣。盖人之为谱者，特患宗法既废，世系不明，昭穆莫辨，而人始忘其本。即虽有志于今日，念切复古而无由，于是特借族谱维持其间，使世系昭穆犹有可稽，亲疏恩义尚有所系，亦若三代圣人遗意也。我祖瑞瓒由漳入广，历潮郡至惠邑，先暂居于澳头松树围，后移居于胡卢畚，至万历丁巳年，卜居徐公寮，而我族始盛。无几时，故明已往，时值易世而变迁，谱遭兵燹而遗失。某乃舆从兄弟等，聚居西岭肚三十余载，越己酉年，蒙皇恩展界，随移居沙墩乡，是地北近茔尾，南连碣石，东距甲子七十余里，西离丰邑一百余里。恐年延月久，奔散远方，自此以至途人者比比然也。今且老成凋谢，遗简残编又出于煨烬蠹蚀之余，余惧其久寖湮，后将无所考也。谨奉我从兄尔爵者，在甲子年，序次其高曾祖父暨兄弟子侄派系，以示余曰："吾祖本漳依北瓦壁旧族，与正阳河角仝派漳浦杜涛洪姓人丁数万，以正阳城为大宗祠，故曰正阳河角，即海澄河福在东门外。语云漳无二洪，正此之谓也。因时事孔艰，移居广地。"窃谓居今之世，俗偷义薄，有亲服未尽即相视如外人者，由不知有谱而忘其本故也；一有知之，又好为依附而誉其势力，以夸世胄，是知有谱而不知离本故也。吾从兄尔爵，慨世系之失，惟纪其所可知一二，实录而传诸后人，庶几有沿流溯源之士，而存仁人孝子之心者乎？后之子孙知今日立谱之意，继而纪之，无失其真。能若是者，其于尊祖敬宗，序亲疏，别长幼，恩义之隆，礼法之盛，三代忠厚之遗风复见于今日。忆昔亦尝历稽往牒，有如王氏之槐、窦氏之桂、谢氏之芝兰玉树，皆能蕃其枝叶，以绵瓜瓞之祚。揆厥所由，大抵皆从忠厚立本，勤俭培其根，积德积学，朝夕而灌溉之，是以日新月盛，因能保世以滋大。吾子孙相与劝而勉之：毋刻薄以伤风气，毋骄侈以铄天真，毋顽率宴佚以陨坠其家声。俾正阳之支派，奕叶弥茂，无忝宗风，今之人后之人偕重吾谱矣。因年久残缺，不能明辨，姑阙之。

时康熙甲戌年冬月穀旦题于和顺堂。
（洪宗海、洪己任编辑，民国十一年汕头名利轩印务局铅字排印本）

民国潮州《洪氏宗谱》第一册，咸丰《岐北世系序》：
尝考世系之作，原以明伦也。盖世系不明，前虽美而不彰，后虽盛而莫传。兹自始祖讳大丁公迄今三十余世矣，溯祖自莆田仕潮州，观山川胜概、水势环绕，因择于嘉定岐北而居之。及与大颠仙师合德，复于灵山建立庙寺，广增福田。际逢韩公重道，谒师留衣，名列八景，声震皇都，是祖与仙师韩公享祀于无穷也，宜哉。溯祖孙父子，簪缨累代，官宦世及，前序固已明矣。但代久年湮，派分流别，隔郡隔乡，各立字序书序，血脉贯通，虽云一本，而书字各立，几不知其本之所由来矣。而我曾祖廪生讳钟鸣、祖叔举人讳诰、解元讳遇春、庠生讳振波、讳福者，屡念系世不齐，均欲重修，有志而未之逮也。兹缘始祖墓侧被大坑乡陈姓土豪霸占，我各派聚集，呈官追回。因是复聚，同立世系，以明昭穆，以别尊卑，使后之子子孙孙，尊祖敬宗，事上接下，不以贵贱而有殊也。将见井井然，字序其有条；秩秩然，书序其莫紊。则礼仪之风萃于一门，孝友之行流于后世。人文蔚起，贤哲再生，有志修明伦序者，不特知继述之本，而且见我祖在天之灵，我祖之家声复振者矣。因立世系一体于左：
字序
耀兴隆奕祀乐传香忠贞家道杨光维俊秀裕后发嘉祥
书序
开文章良献徽声远作求广德昌羽仪振盛业统绪垂绵联
咸丰九年岁次己未二月二十八日派孙凤翔敬书。
（洪宗海、洪己任编辑，民国十一年汕头名利轩印务局铅字排印本）

兴宁胡氏

咸丰兴宁《兴宁县胡氏族谱》，《续修谱序文》：
……夫族之有派，犹竹之有节、水之有渐也。竹非节则生长而失其次，水非渐则行险而失其性。人而无派，是观枝而不究其本，溯流而难穷其源也。……闻之家有谱犹国之有史也。史所以纪善恶、彰功罪，谱所以序昭穆、绳基业。吾族氏谱创自先人，因世道迁移，年远日永，未免无遗失之憾。予生也晚，于康熙四十九年庚寅岁，跟寻旧谱，不过止有草稿之存，族中祖伯叔兄弟子侄，触目未尝不流连而三叹，因如是，少长咸集于公祠，欲延梓人将旧制氏谱刊勒，以垂久远。孰知人心异古，事不由中，欲成者十之三，不欲者十之七。噫！非予固为好事等,第父不能作之于前,安有子述之于后也哉?栽培之功奚可缓?然如是初心未了,谐二三知己共廑,族中父老刊墨绳白纸,仍将旧制氏谱书其中,并无半字私苟。虽曰下房谥字草略,是下房父老序载,大非予等之妄。其中贤否虽有殊途,究之血脉总归一致,只得杜撰俚语以表寸心之所由始,至若光前裕后,诚拭目以后之贤奕祀也,是为序。

胡永禄撰。

(胡学易续修,咸丰年间序抄本)

咸丰兴宁《兴宁县胡氏族谱》,《三修谱序》:

……斯役也,其于尊祖笃亲之道莫之敢言,而昭穆次世颇觉条分缕析。虽其中生殁葬配详略不齐,然第因其有据者载之,无考者缺之。非余等故为疏忽,实不敢妄逞臆见……

咸丰元年岁次辛亥仲冬月下浣十七世孙胡学易敬撰。

(胡学易续修,咸丰年间序抄本)

博罗林氏

宣统博罗《林氏族谱》卷四,康熙《四修谱序》:

盖闻族大则涣,涣必予之以萃,宗谱者,其即萃族之义钦。然莫为之前,虽美弗录;莫为之后,虽盛弗传。修谱之责可或缓哉?我族西河采邑,忠孝家声,源深蓄厚,其来已久,第世远年湮,莫可悉述。至宋始迁之祖,讳颖,宦游来粤,卜居于博,是为吾林之鼻祖。九世祖闲轩公悯先谱无传,始编成帙。十一世祖克成公、十四世祖寄环公,复搜补而重修之,凡十有五世。披阅之余,由近及远,由亲及疏,班班可考,尊祖收族之意,其难其慎,至今如见矣。虽然,前人修之,后人弗克受之,非孝也。忆自明季,邑城被陷凡有五次。斯时,王册尚尔灰烬,何有家承?幸先皇父知有沧桑之变,预命先大人,怀谱而逃诸残山剩水间。时先大人年仅舞勺,虽流离颠沛,犹知尊祖敬宗,固藏弗失。迨国朝定鼎,先大人恐岁月迁延,文献莫考,乙巳岁,取家谱而重修之,编至三房,不幸竟以疾终,呜呼痛哉!何天不假以年,使先大人得成其志也?不肖弱龄失怙,茕茕拮据,久欲继承先祖父之志,无如浅识寡闻,不敢从事笔札。丙辰春,又遭海逆踩躏,避乱乡居,敬奉慈命,怀谱随行,至今克存。每一思,维痛先大人之志未酬,不觉含泪长叹。爰是搜罗旧简,半皆剥蚀,而岁月消磨,未遑编辑,使先世数百年,尊祖收族之举至此忽墬,不肖滋惧焉。因不自惴度,复为增辑,首原族溯由来也,次世系而派别支分,次家传而生娶卒葬详明,次大传而惇德显庸备载。春秋匪懈,享祀弗忒,仁人孝子所以报本而追远也。祀事其尤急焉,诗章传志,秩秩德音,此皆文献之可征者也。艺文,其可忽诸?至于仕版方登,纶恩叠锡,谱牒攸光,宸翰是赖,故皇言次之。祖宗有明训,后人当守而勿失,若以汰闻,非所以保世而亢宗也,故以保族终焉,诸如此例,皆师先世之意,补先世之缺,非取苟焉而已。聊弁数语,以志不忘。

时康熙三十七年岁次辛未十七世孙彬谨识。

(林衍芳等编修,宣统三年排印本)

宣统博罗《林氏族谱》卷四,道光《续修宗谱序》(六修谱序):

吾族宗谱,嘉庆辛酉岁,族老念旧乘残缺久之,恐文献无征,命予修辑。予承厥命,搜罗旧简,半皆剥蚀,因询父老传闻,核疑征信,阅数月而工竣,付诸梨枣矣。道光庚寅,族老见生齿日繁,名字未登谱牒者,不可胜数,以予曾经手撰,复命前修。予年跻耄耋,未敢告劳,爰命各乡汇稿,辛卯夏相与告祖兴局。其十九世以前谱载详明,无庸变易,自十九世以后一一接续靡遗。其中旧谱内遗失者补之,舛错者止之,疑似者缺之,旧例有宜于古不宜于今者,则酌议而变通之,庶可以昭兹来许矣。然予窃有说焉:谱也者,一姓以为言也,而教孝教悌导一族之和平,养人心之敦厚者,实在乎此。今我族林林总总,非不夸耀闾阎也。然富者矜己傲物,不能以礼自持;贫者荡检逾闲,莫知以法自守。诟谇时闻,阋墙迭见,凌弱暴寡之风嚣然。其不靖,此无他,亲长之义不明,乖戾之心日炽故也。不思我祖创垂基业,编修宗谱,首原族而终于保族,盖欲以亲长之道望诸后人。孟子云:人人亲其亲、长其长,而天下平。由此观之,治平之道不外于亲长,而何况于一族乎?阅斯谱者,毋忘乃祖之心焉,可也。

时道光辛卯孟冬穀旦二十一世孙熊谨识。

督修宗谱十八世孙世容谨识。

协修宗谱十九世孙飏言、二十世孙盛期、二十一世孙参字、二十二世孙丞臣等同谨识。

(林衍芳等编修,宣统三年排印本)

宣统博罗《林氏族谱》卷四,《九修族谱序》:

吾族颖祖号二十六郎,于南宋之际由石城来博,卜筑梅村,至竹庄祖,世传有八,始开五常之族也。自九世开枝,而后瓜衍椒蕃,散处城乡,寄居外地者,在在皆有。辑修谱牒,前以十年一修,后议二十年一修,今则三十年余矣。族繁人众,生婴卒葬兆域多未详载,且前修遗板寄贮漕源,尽皆遗佚,无有传者。我父老等思深虑远,爰集酌议,于是年辛亥三月吉日告祖绍修,踵前人之遗矩,俾后人之率循。予也不才,恭膺其责,乃集叔侄等,赞襄访规,汇集订正,事关要重,盖不敢不翼翼小心也。溯创修伊始,九世伯祖讳厚,恐先绪之遗忘,乃于官舍余闲,详记篇简。至十一世熏公,搜残绍述,克保宗祊,无如世际沧桑,几有失存之慨。明季纷更之候,乃日盛公乃舞勺之年,承父治命,怀隐山林。清时又遭海逆蹂躏,彬公承慈命,怀谱乡居,次第保全,幸无失隳。从前具是抄传,迨至五修,景公、修公鉴观世变,与父老酌议附梓印,派各房永传世守。诵谱兴思,知前人历世维持,至今日始得以详载分明而不替也。吾祖德厚流长,继世科甲蝉联,名贤辈出,大传之流传可鉴。格言家训灿陈,懿行嘉言煌煌炳炳,昭示于兹。继继绳绳,克昌厥后,莫非吾祖积德累仁之所致也!绍修祖德,则效前贤。光宗耀祖,睦族和邻,永垂好誉,无忝所生焉可也,是为序。

宣统三年岁次辛亥春主修族谱二十三世孙衍芳谨识。

督修族谱二十一世孙新添、柏喜谨识。

副修族谱二十五世孙国干,协修二十二世孙炳枢、十三世孙士修、十四世孙文亮、荆南、俊福、瑞麟、允瑜、十六世孙焕奎全谨识。

(林衍芳等编修,宣统三年排印本)

宝安鳌台王氏

仕宦之家受益于朝廷,其修谱多与家国相连,突出尊王事君理念。

民国宝安《鳌台王氏族谱》,《重印族谱序》:

国有史,善恶知所惩;家有谱,源流知所考。家谱固与国史并重也。

(民国四年印本)

民国宝安《鳌台王氏族谱》,《重修族谱后序》:

(族谱)首揭尊王之大义,另标范族之宏模。

(民国四年印本)

广西

平乐邓氏

民国平乐《邓氏宗谱》卷一,《邓氏源流序》:

古者天子建国,因生赐姓,胙之土而命之氏,诸侯以字为氏,因以为族。官有世功则有官族,邑亦如之,姑自春秋来,以国为姓,以谥为姓,以官以爵以所居地,而其姓各别。邓国也,因国为姓自邓侯始,其先武丁苗裔,祖曼姓,封邓而姓之遂离其曼,考当时适郑在楚者,具系邓曼。威公七年,邓侯吾离来朝。九年,巴子告楚,请以邓为好,十三年入告夫人而其好成。庄公六年，楚文王过谓侯曰：吾甥邓曼即邓侯之女弟也。后十六年，楚兼有邓，而邓氏一族遂散见于列国。邓扈乐为周卿士，邓廖在楚，邓析在郑，纷著襄定间，邓之得姓以国，明矣。迨秦改国为郡，而邓则曰南阳，自汉而下著于史者，胥出南阳，今庐阳邓氏即自南阳衍也。邓公讳禹，字仲华，汉光武持节河北，禹仗策追及于邺曰：愿效尺寸以垂名竹帛。及帝即位，拜为大司徒，加封高密侯，图名二十八人于云台，公居其首。子十三人各执一艺，而其后袭封者，长曰震、次曰袭、季曰珍，具侯爵。震子干，袭子汉，珍子周，俱有操行；四子训，字平叔，材略非常，为张掖太守；训子五，曰骘，延平元年封车骑将军，女绥为和帝后。累世贵宠：侯二十九人，大将军以下十三人，谷二千石十四人，列校二十二人，州牧郡守四十八人，其余侍中大夫等秩，难以校举。骘六世孙芝，建兴元年拜为尚书。芝三世孙曰灿，灿为荆州刺史，因离新野而居衡阳柴埠门，传数世，生子平直。陈永定初，辟为庐阳令，多善政，民不忍去，遂官居庐阳。生子五：长曰东甫，次曰南甫，三曰德甫，四曰元甫，五曰亨甫。亨甫任乐昌县尉，功德及民，民爱而留之，因家东乡楼下。东甫居城下，生子念一郎、念四郎、念十四郎；南甫居南寨，生子念二郎、念七郎、念十一郎，念七郎传十三世少十郎、少八郎、少六十八郎，生子应顺，住三口状元峰下，少十郎徙居乐邑石溪上盘。念十一郎居兰江传十四世松公，生一子讳谏，字三生。少一郎居兰江，宋明经进士，初耒阳县教授，旋奉秉铎蓉城，路经城北石兰，见此地山环水绕，遂卜居于此。是谏为石兰之始祖，彰彰然矣。谏生万，至进士，任衡州府教谕。万生秀伯，秀伯生受，受生伏，俱身列胶庠，名噪当时。伏子三，均政荣，蜚声黉序，均政城、均政望亦皆嘎嘎异人、亭亭物表。荣生四子：长子聪，任广西平乐府知府，勤政爱民，民挽之，不忍归，遂卜居城东门口；次子明登宋进士，任杭州太守，解组归，徙居乐邑解头，至今椒聊蕃衍，子孙称极盛焉；三子芳、四子慧居故址，派衍二房，其间本固根深，瓜绵葛藟，盖亦南阳巨族也。城子二：曰茂，曰文。茂居双江头，文居彬地曹家田。他如杨家忿、朱洞满泉、赛家湾及彬地四婆山、黄泥滩、小湧等处，皆自芳慧二公衍也。棋布星罗，斑斑可考。是高密候肇其源，而源流罔潽；平直祖导其流而昭穆不紊，以视冒附城南社、妄拜汾阳王者，其相去不大径庭哉！阴尝广搜残编，因端竟委，补其残缺，序其失次，庶几昭穆辨，源流清。阅斯谱者不愧为邓氏世族云。

成化甲午科岁进士特授广东广州府分府左堂，十世裔孙显珏敬撰。

皇上同治三年甲子岁季冬月上浣日榖旦。

（光绪十七年十贤堂刊本，民国十三年续刊）

民国平乐《邓氏宗谱》卷一，《邓氏续修族谱源流序》：

……惟三世子芳、子慧,俱入黉宫,仍居故址。越七传,以胜选拔任湘阴县教谕。九世显珏,至进士,实授广东广州府二府,捐资济贫,士歌其德。十世季学任衡阳县教谕。十一世正盈、正孔、正卿皆食廪饩,选明经,家声不振,簪缨接踵,指不胜数。书香绵绵,冠裳济济,实克迪前人光。迄今二十余传,奎斗迭兴,支分派别,皆能以诗书继世,掇巍科登,显宦发祥正未有艾。因今兹之盛,而溯厥由来,一盛于新野,再盛于衡阳。自唐及宋,肇基庐阳者十余世、启宇于桂郡者数百年,虽未尽修其支派,亦俾后之人知得姓受氏、著望分族,其源远,其流长。其世德绵延于无穷有于是也夫!

二十四世孙岁进士大伦撰。

(光绪十七年十贤堂刊本,民国十三年续刊)

民国平乐《邓氏宗谱》卷一,《邓氏族谱旧序》:

谱之作也何为乎?盖昉于眉山苏也。苏之意何谓乎?盖欲联一本之谊,以笃亲之范也。人有宗族,气同一脉,情则亲也,谊则厚矣。迨支分派远,代盛人繁,非有谱以系属之,则亲者日疏、厚者日薄。即以一人之身,递传数世,世尽则服尽,服尽则情尽。喜不庆、忧不恤,不啻视为途人者也。况历久弥多,或迁居异地,因其人以改姓者,散布天下,即名贤子孙亦难溯历代之祖而尽识之,此家谱之修所宜急急也。余族自始祖以来,虽间有墓碑递传,荐簿各纪,每散而不一,亦略而不详。欲承先启后,即付剞劂,有志焉而未逮也。仅于缺略之余,由今追昔,自昔推今,浚一本之脉,清众派之流。由分而合,滴滴归源;由合而分,丝丝入扣。详其宗嗣,纪其讳字、行数、生卒、墓地、葬向,一一注明,以俟观者。上可以兴报本追远之诚,下可以敦敬宗睦族之谊,庶不至次紊乱而湮没无传也。或数世之后,贤达辈出,改易旧章,更新而刊刻之,其为力固甚易,其为事亦有籍,不几几乎家之有谱,犹邑之有承、国之有史也哉?是为序。

十九世孙岁进士朝俊显宗氏敬撰,皇上同治三年甲子岁季冬月上浣日榖旦。

(光绪十七年十贤堂刊本,民国十三年续刊)

民国平乐《邓氏宗谱》卷一,《邓氏族谱序》:

间尝博览史传,见夫秦政之本吕不韦,楚幽之本黄春申,苍吾之本李道儿,往往杂乱伦理,颠倒宗支而恬然卒不知怪者,谓非无谱以维系哉?盖无谱则无序,无序则乖,乖则以疏间亲,以远间近。欲其源流清、名分定,不至假人孕为己子,冒他族为同宗也。恒忧忧乎其难之。余族谏公开派于石兰……皆斑斑可考,不亟为合纂,将数典忘祖,如崇韬之妄拜汾阳,狄青之不祖梁公,何由收涣散而昭划一乎?甲子夏,统族人而纂修之。笔削惟公,不私参以臆见；搜集必实，不自用其师心；某年纪某祖之生忌，某山载某祖之佳城，某考之潜德幽光，不使湮没于地下；某妣之闺贞亮节，留待轺轩于他年。或访之古碣墓志，或搜之断简残编，间有得其名而无由核其实者，亦书其名于编末，弗令荒湮蔓草之中化磷灯而结恨，依蓬蒿以凄魂。是以吾辈之责，无可辞者也。噫，斯举也，上可以告无罪于先灵，下可以俾有益于后昆。异曰：人文蔚起，科甲蝉联，衍螽斯之蛰蛰，绍瓜瓞之绵绵。是则余之所厚望也夫。

二十一世孙太学生盛熠集星氏谨撰，时皇上同治三年甲子岁季冬月上浣日榖旦。

（光绪十七年十贤堂刊本，民国十三年续刊）

民国平乐《邓氏宗谱》卷一，《邓氏族谱序》：

谱之修也，内以纲维人伦之大本，外以辅翼朝廷之政治，此岂小补云尔哉？故苏子有云：观吾谱者，孝悌之心油然而生，则移孝以作忠，不亦增光于家乘也乎。念吾宗氏，石兰为桂郡望族，族人登仕版、膺名经者不一，而驰誉成均、蜚声黉序者悉数难终，未尝不叹其家学渊源之非偶也。岁己未，长毛匪变，窜至我境，四处皆望风远遁，闻州北纠率团勇，争先剿贼，惟石兰宗氏为最。当其两相交锋，夺获抬炮大旗数器，贼匪死者数人，受伤者甚众，辙乱旗靡，若鸟兽散。虽后贼势愈强，为其所败，而同仇敌忾之心，不惟当时赞羡，即后世亦流传不朽焉，又未尝不叹其家传忠孝有之自来也。族中之秀者业已品学兼优，而耕凿椎鲁之夫，复挟以忠义之气，文武具备，治乱咸宜，非先世燕冀贻谋乌能此。噫，盛矣哉！今岁秋，……

时大清皇上同治三年甲子岁季冬月上浣日榖旦，辛巳科举人加翰林主簿宗弟均敬撰。

（光绪十七年十贤堂刊本，民国十三年续刊）

民国平乐《邓氏宗谱》卷二，《续修邓氏族谱序》：

……笔则笔，削则削，不敢妄参以己意；损则损，益则益，无容误用其私心。由高曾以及祖父，由祖父以及己身，由己身以及子孙，由子孙以及曾元，靡不脉络分明，累累若实珠焉。斯役也，上焉兴报本追远之思，下焉敦敬宗睦族之谊。将见人文蔚起，科第蝉联，缵云台之绪，振溪水之声。不于余族有厚望也夫！余不惮老拙，聊述所闻，搦管而为之序。

光绪十七年季春月下浣榖旦二十世孙国学羽仪谨撰。

（光绪十七年十贤堂刊本，民国十三年续刊）

民国平乐《邓氏宗谱》卷三，《世系世录总系》：

第十二篇 族谱

谱始于欧、苏二公,近世间而用之,如世系则自高曾以及本身为一图,又自本身以及曾元为一图,承承不已,服尽则终。但只书其名而不及他,惟过继无嗣、幼夭以及妇人出嫁者,则依世录小注,书之其名之下,其世系下以子,子复系子,由本及支,曾迭而下,此以五为九之义也。实录则大书其名,排列班辈,各名之下,小注字号及生殁葬地,以至妻子女婿无不备录。盖系为纵,而录为横,俾阅者观纵以知其源流,视横以识其亲疏,便于观览,莫过于此。

(光绪十七年十贤堂刊本,民国十三年续刊)

云南

昆明钱氏

民国《昆明钱氏族谱》卷一,《自叙》:

……若原原本本确有明征,则虽服穷亲尽,仍当体祖宗下视曾元之心为心,苟以属疏而轻之,是轻祖宗;或忤而绝之,是绝祖宗;甚至于相贼相残,尤残贼祖宗而已矣!虽其间固有必不能混之等杀,而懿亲不废则一也,故仰承先君子追述王父之意,缀葺为卷。

(钱沣撰、方梅树辑,民国二十三年盘龙山人丛书刊本)

民国《昆明钱氏族谱》卷一,《叙略》:

凡世系可考者,复谨为之图,又别为表;无可考其系者,亦得随世次并附生卒年月、乳讳及姚氏所自出,有可考者悉著之,其事迹未泯者别为言行纪略以附焉。后生可畏焉,知来者之不如今?矧籍先泽之阴,修身绩学载笔随世增衍,则所以慰先灵地下者,其真无也夫!

迁滇第十世裔昆明学廪膳生,乾隆戊子科乡试第四十三名举人,辛卯恩科会试第八十一名,殿试三甲第十一名赐同进士出身,钦点翰林院庶吉士,受职检讨,庚子科广西乡试副主考,充国史纂修官,江南道监察御史,通政使司副使,提督湖南学政,留再任两次,缘事革职留任,又缘事以主事降补澧谨撰。

(钱沣撰、方梅树辑,民国二十三年盘龙山人丛书刊本)

二 族谱纂修

(一)修谱难题及解决

宗族修谱是大事,也是难事。首先,在族人有修谱意愿的情况下,需要取得各派各支的共识与支持;其次,要有经费来源;第三,要有修谱人才,且为人公道,不存私心;第四,资料的收集与取舍较难;第五,要杜绝冒认与攀援。经费的解决途径是:宗族公有产业的投入、族人捐助、按丁摊派。一般要先列出预算,资金要由精明谨慎之人掌管,帐目要明白、清楚,并定期核算。

安徽
徽州多世家大族,丁繁派多,修统宗谱难,修支谱相对容易,故支谱频见。

婺源庆源詹氏
乾隆婺源《庆源詹氏宗谱》,《序一》:

今乾隆辛丑,庐源又复邀修统谱。我派子孙素明尊祖大义者,恐族大支繁,夙被所愚之人仍蹲故辙,爰于壬寅孟夏约集远近宗支,开局祖祠,特于嘉靖谱底汇出云烟宗派,厘其支裔。

(乾隆五十年享叙堂活字本)

婺源詹氏
光绪《婺源詹氏宗谱》卷首,《局规》:

由各派分迁者责成各派照会。

(詹固维等修,光绪五年庐源绿树祠刻本)

绩溪华阳邵氏
光绪绩溪《华阳邵氏宗谱》卷首,《修谱条议》:

古人云:三世不修谱为不孝。此次修谱原为维系祖宗一脉起见,理应孝敬,将事同襄盛举。倘有故行作梗或不终厥事者,是为忘祖,即以不孝论,应将其人本身以下削去,不入系图,以示痛绝,事关重大,罚规不得不严。

(邵俊培纂,光绪三十三年叙伦堂刊本)

歙县蔚川胡氏

民国歙县《蔚川胡氏家谱》卷二，道光二年《璜蔚重修支谱序二》：

庚辰秋，清华世贤堂传单会修统宗。于是本族国和、清一、森田等欲继宗祖之志，尽孙子之责，商榷于源，谓待修统宗难，不若独修本支易。此言也，触源素怀，岂云成其美而已。乃卜辛巳孟春上浣之吉开局总理。

（民国四年线装活字本）

民国歙县《蔚川胡氏家谱》卷二，道光二年《璜蔚赠族修谱序五》：

庚辰清华世贤堂会修统谱，时蔚川以道阻且长未襄阙事，而国和窃慨然有支修之意。

（民国四年线装活字本）

清华胡氏

民国《清华胡氏宗谱》卷首，《七修谱序》：

顾自康熙己未岁，因祁邑太史士著欲辑宗谱，预传知单，令各派先修支谱。

（民国六年刻本）

民国《清华胡氏宗谱》卷首，《乾隆庚辰会族七修知启》：

窃惟源远流长，鼻祖肇万年之绪；支分派别，文孙垂奕叶之荣。欲溯本支于上世，宜昭谱系于来兹。我胡氏始祖唐银青光禄大夫文章华国，武纬经邦。肇居清华……厥后子姓益繁，分迁有自，以致族谊愈广，音问渐疏。盖敦睦已遥，斯孔怀自远。属在仁人孝子，罔弗溯本寻源。夫高祖之立苗，皆为龙种；文王之公族，悉属麟振。矧我胡公发祥原为神明世胄，历稽统谱，纲目森严。嗣后支编，条规炳焕，既上溯而知一本，亦旁搜而暨四方。匪惟懿行嘉言了如指掌，抑且室庐丘墓较若列眉。第续编之年已逾八十，而收族之典非比寻常。苟世系之必稽自纂修之孔急，惟人繁族大，统谱之搜集有未遑，而武穆文昭支谱之告成为较易。欲期同襄盛典，须先约我宗盟。呈阅拟规，免致千虑而一失；专人晋谒，庶杜假公而行私。将见稽谱牒以咸修万世之云礽永裕，溯宗潢而式序千年之堂构如新。旷世一逢，传家至宝，希垂丙鉴，共展孝思。谨启。

（民国六年刻本）

不参加会修的支派，统修谱中亦缺乏该支的世系和其他资料。

民国《清华胡氏宗谱》卷首,民国六年《同治甲戌九修凡例十三条》:

迁派凡会而未集者,咸于本支名下注"未续"二字,俟将来统会。其有追谱书将成而始至者,许附列卷后;至无传者亦不书止,以免馁而之痛。

(民国六年刻本)

婺源三田李氏

光绪婺源《三田李氏宗谱》卷末,《续修三田合议》:

立合议会修宗谱,缘世家婺源,自始祖仕厚公迁居遂之西涧,后又徙居慈峰,由慈峰而迁者有塘下、宏下,派别攸殊,非谱安能渊源有自。虽先祖于乾隆年间始修慈峰、续修三田,统记载精详,生婚卒葬非无可考。至今百有余岁,支派甚繁,欲修三田统谱势有不能,因于仕厚公派下汇集诸派,遍告众人赴慈峰永思堂商议章程,编辑世系,仍续三田谱牒支修,以免漏失之叹也。查先族例甚严,因行编祧,幼伤不书,由昭而穆,例严乱宗,承继不可紊争,名器不可冒滥,恪守先代祖训,堪为后世诒谟。再有移居外乡各派,本家不辞跋涉之劳,从前通报,将世系合编一册,恭奉局内。至乙酉年间涓月日卜兑梨枣以兴工,奉馨香而告竣,庶克观厥成功,无愧于先人修谱之雅意也夫。立此合议三纸,须至议约者。规例列后:一、十六岁登谱书,行未十六岁者,于父母行替后书幼卒。过绍例宜挨次序,毋许嫌贫而推诿,不准贪富而纷争。一、胞侄孤子兼绍以下侄孙承之,如下未有育,待后次修谱兼亦可,以严亲疏之别。一、丁银各丁每月出制文一钱。光绪十年岁在甲申小阳月吉旦,三派合族公具。

(李廷益、李向荣修,光绪十一年木活字本)

新安徐氏

谱牒的讹误与修正。

乾隆《新安徐氏宗谱》卷首,《凡例》:

修谱须秉公心,不可各执私见,查皇呈、傅溪两族旧刻谱及南陵花山族旧刻统宗谱均有讹错。至歙、休各邑写谱,差谬愈甚,几分门别户另为一家。幸《新安名族志》所载各族源流,彰彰可考,尚能转涣为萃。今总以《唐书》徐氏宰相世系表为宗,参校更定,凡从前舛谱悉作废纸也可。

(徐有炜修,乾隆二年刊本)

桐城吴汝纶父子修谱。

《吴汝纶全集·日记》卷一一，《制行》：

同治七年十月初一，老父至宗祠。自去年族人修谱，吾父专纂之，顷拟以冬至成书，日日至祠堂，以儿归为停数日矣。

（施培毅等校点，黄山书社 2002 年版，第 4 册，第 734 页）

《吴汝纶全集·日记》卷一一，《制行》：

光绪二十八年十一月二十三日，（祭祖合食后）族人立议修谱，以此事属余，余令各支先自开稿汇齐送余编次。暂不取费，俟书成再敛印资。但恐身衰老，精力不逮耳。

（施培毅等校点，黄山书社 2002 年版，第 4 册，第 763 页）

彭孙遹《松桂堂全集》卷三七，《新安孙氏族谱序》：

予友孙子无言，高明之士也。一日出其族谱属予序，将修辑而增订焉。盖自唐咸通间，其始祖金吾公徙居新安，至于今殆千岁矣。由金吾至无言为世凡二十有七，而其世系之先后，生卒之年月，坟墓之处所，皆历历可考云。余尝怪今之称望族者不计道里，不问源流，千世百世之上有人焉，则推而远之曰某某，某之始祖几世祖也。千里百里之外有人焉，则引而近之曰某某，某之叔伯兄弟行也。求其历千岁而遥其子孙，犹能道其祖宗之行事与？夫庐墓之所在，支姓之所分，如孙氏者百不得一二焉。余生虽晚，犹及见前辈有生同里仕同籍，而单寒华膴迥不相援者。夫何二三十年之中，而风俗浇薄遂至于此。嘻，可叹也！今无言守其清白之门风，不援声势以为高，汲汲乎以睦族为念。既又虑其族大而难周，先自本支彦达公以下修订成编，以次及于通族，其世系、生卒、坟墓必书必悉，视昔为详。若体负隐德躬操独行者，则人各为小传，附于谱后。呜呼，其用心亦良厚矣！《诗》曰：维桑与梓，必恭敬止。又曰：敦彼行苇，牛羊勿践履。夫桑梓犹致其恭，行苇勿忍其践，而况乎一本之亲、同体之戚乎！以此知仁人君子之居心如是其深厚也。世之览孙氏族谱者，仁孝之思亦可以油然而生矣。

（《四库全书》本）

婺源詹氏

光绪《婺源詹氏宗谱》卷首，《局规》：

修谱临文最忌怀私，凡有不雅训者，须改正，毋偏执。

（詹固维等修，光绪五年庐源绿树祠刻本）

歙县蔚川胡氏

民国歙县《蔚川胡氏家谱》卷二，《谱例大纲》：

旧谱所载有大纯小疵之弊，难为识者评衡，不敢依样葫芦。兹当秉公考核，浮宜芟，阙宜补，果属不刊之笔，悉录之。知我、罪我，听诸后人。

（民国四年线装活字本）

山西

平定张氏

道光《平定张氏族谱》，《族谱图说》：

夫世无可稽即不容以强稽，断自可知者始也。自太高之父迄余同辈凡七世，此则大人之遗谱其可知者也。自余辈而下，续及孙曾，又凡三世，亦其可知者也。乃可知者则遂绘为一图以传其所可知，传其信也。然又有祖荒于上、宗衍于下，本系同宗而究苦于考鉴之无从者。一居郡西之义井镇，一居城北之河下村。居义井者其祖讳伦，自伦而下凡九世，其可知者也，而其上无可知。居河下者其祖讳金，自金而下凡八世，其可知者也，而其上亦无可知。乃无可知者则不得不别为一图以传。其所不可知，传其疑也，传其信者源流森列，宗支秩然，同为始祖之后，一本之爱也。固当勿忘其所自也。而传其疑者，远祖之世次久湮，冢墓之表记莫考，然其莫考于八世九世之上者亦犹余辈之莫考于七世十世之前也，是其可疑者。世系之始而无可疑者，则亦同此一本之谊也。盖有可考者考之；于其世无可考者，则度之于其理，就其理以度其世，亦何莫非吾始祖之所遗也哉。由是以观其共载一图者固为可信，而别为一图者亦不容以终疑。传其所信，释其所疑，雍雍族姓，蔼蔼宗支，永敦和睦，以共睹我尊祖敬宗之意，是则余殷殷作谱之意也夫。

（张文选等修，道光二十八年刻本）

道光《平定张氏族谱》，《谱法同异辩》：

……吾谓宗法与谱法似不相谋，而欲为谱者，若不必拘五世之说以相执也。故图式断以欧谱为可遵，而山阴刘氏又沿其制而稍变之，于义亦无所背，使更即刘氏稍变之法而广以求之，下统其族，上继其世，源流递行，脉络分明，虽百世亦无不可，岂但五世而已乎？虽然同中不无所异，而异中未始无同，宗法似不必拘矣。然一图所载，万派所归，嫡以继嫡，庶以继庶，则其中之大宗小宗亦未尝不昭昭具在也。是惟不泥于古而行之，可乎？

郡庠增生乡饮介宾宗人恒福道久氏再识。

第十二篇　族谱

（张文选等修，道光二十八年刻本）

道光《平定张氏族谱》，《增续族谱并增图删图辩》：

前明万历乙未岁二月，清明，宗子宗孙竖始祖墓表。历年八十有七，越至我朝康熙辛酉，先曾祖至谊公镌族谱图式于墓表之碑阴，自始祖而下续及七世。再传至雍正辛亥，经五十余载之久，孙曾世衍增续无地。先祖考道久公继志述事，纂修族谱，派衍十世，编辑成书。苦于力薄，不能付梓。所传抄本甚属详明，后人陆续增添，任意补缀，又多所遗漏，非重有修饰补其缺略。诚如谱叙所云，世谱无稽，宗支莫辨，甚至祖讳而孙以为名，尊长而卑狎为友，因世系之不明，致彝伦之颠倒，此仁人孝子所目击而心痛者。吾家自成谱帙以来，迄今又越六十八载，子孙繁衍，未及增续，诚恐失绪于有谱之后，何异失传于无谱之前？审虑及此，急宜修饰，当今承继谱书，增续谱图，按支分绘者，继祖统族，一脉相承也。至于义井宗派、河下宗派合绘二图者，敬承先志，谨遵石谱也，且于世次下详注。历代五服之亲族全备，又于派别前分清世系，四子之宗支立见，嫡长庶次逐名排列，婚娶仕宦逐世分疏，已故者载其冢墓，迁茔者记其地方，无稽则阙，有考必录，使观者展卷了然，无需查阅。今而后由七世以上逆溯之，如见木本水源之同；由八世以下顺推之，可识支分派别之异。同宗宪典，合族纪纲，昭昭具在。愚又将五世更提一纲之图尽删而不续者，其意何居？窃思代传五世，分十五支，再传九世则五倍之，更提九十余纲，惟恐工费浩大，难于剞劂也。此系曲全成就，非敢擅行增删，知我罪我其惟先祖考乎？族兄通轩乐输赀财，为族人倡，由是量力捐输者亦复不少，共积孔方数十余千，刊刻有资，装潢成帙，以大其规模，使世世子孙晓然于一本所自出，则先人遗泽庶复振兴于今日也哉。所有捐输，族人应书名于后。

谨按五世更提之图乃是仿欧谱、苏谱、山阴刘氏谱而绘之者，今之删也，其因有二：一因寒族力薄，妨碍刊刻。一因宗法谱法同异辩说内云：祖迁于上，宗易于下，卷帙纷更，宗支烦剧，则欲以统之者反以扰之也。又曰：宗法与谱法似不相谋，而欲为谱者，若不必拘五世之说以相执也。再曰：是惟不泥于古而行之可乎？此乃前人预知此图非尽美尽善之规矩，故谆谆告戒，使后人心领其旨，神会其意，能续则续之，可删则删之，但求源流递衍，脉络分明，不背于义焉则是矣。且是合绘一图者豁然共贯，分提各图者散致难稽，既有世系，详明且备，又何必拘拘于五世九世之更提也哉。

时嘉庆戊午十月下浣宗人玉润识。

（张文选等修，道光二十八年刻本）

道光《平定张氏族谱》，《都甲同异辩》：

稽查世谱，详阅名讳，义井之宗支，二世名同宗字，三世名同大字，四世择讳乃在木部,五世同儒,鸿字居长。在城祖讳二世皆从大字,三世同择木部,四世鸿字相从。由此参看,是义井始祖与在城始祖明有叔侄之分而无亲疏之别,固可释疑以传信。族人辩曰:"何为而不一都也?"予则曰:"考其世以度其理,由洪洞迁居平定,认丁入籍分都也。至于河下村内同宗支派,命名择讳虽不相从,同都同甲同世次也。"族人又从而辩之曰:"三位始祖,安居三处,考其世次,实不相同,族谱同书一世,亦宜注明以别之,使考世者不疑而信,庶为详备。"予则曰:"不观族谱图说乎?内云:'远祖之世次久湮,冢墓之表记莫考,是其可疑者。世系之始而无可疑者,则亦同此一本之谊也。'予忖度之,亲疏既不能分,宗支从何而续?其同书一世者盖因三大支人不能统续,故各统其族,各继其祖,而皆从一世续之也。从今辩明义井镇同宗,籍贯义羊都十甲,在城与河下村则在东会都上一甲也。"

时嘉庆三年岁次上浣仁方氏再识。

(张文选等修,道光二十八年刻本)

平定白氏

民国平定《白氏家乘》卷六,《重名考·叙》:

尝谓君前臣名,父前子名,对于尊长之义也。《记》曰:临文不讳,二名不偏讳。敬慎之义也。周人以讳事神,名终将讳之,事神之义也。讳也者,既避之于生前,复忌之于死后,古圣人教孝教忠之意深且切焉。世人不察,习惯自由随意命名,罔知避忌,或以孙而犯祖讳,或以弟而重兄名,或暌隔数世而名相同,或同在一时而名符合。辗转纠葛,混淆观瞻,不惟流弊无穷,抑且于教孝教忠之义甘居于侵犯之地位,是虽家庭无教育之所致,岂非家谱之失修,有以重其过者乎?于是考查全谱,同名者竟至五百之多,极力搜罗,汇为一帙,名曰重名考,以示族人。呼!往者不可谏,来者犹可追。后之命名者其亦知所戒慎也,则善矣。

民国五年夏四月上浣第十八世鋆宝章氏分叙。

(白凤章编辑,民国五年石印本)

洪洞薄村十甲王氏

族谱题名要便于识别族系。

嘉庆《洪洞薄村十甲王氏族谱》卷首,《修谱凡例》:

一、王氏之裔最为繁衍,其在天下与他郡县者不论,即以洪洞言,盖无虑数十百族,更以薄村言亦无虑十数族。今标目若第署"洪洞王氏族谱"字样,则未知其为何族之王氏也。而余家自先世占籍薄村,明际析户,编属本里十甲,此甲更无别族王氏,故标之曰"薄村十甲王氏族谱"。

第十二篇　族谱

一、旧谱刊时已在析户之后,于已析者仍合为一谱。虽意在收族不失为厚,然既非我族又何收焉。揆之尊祖敬宗之意,究为未允。今谨尊维垣公原序,谱我十甲,户名王铠,余俱不录。析户数家原非尽属螟蛉,如:邦庞以志炎裔嗣朝清后,崇以文秀裔嗣家倓后,故皆一脉也。或疑今此谱应只削螟蛉败类,而于一脉相传而善良者悉著,谱注明自某世析户,以见我祖宗之子孙繁盛。惜无从考其原委,谨仍旧谱,录其先人,注曰:后裔析户某甲而已,其不知在某甲者阙之。

（王楷苏等修,嘉庆二年刊订）

洪洞刘氏

光绪《洪洞刘氏宗谱》卷一,《宗谱自序》:

……亦有自云我洪洞刘氏之先相传为汉后裔,然为世渺矣。远祖有讳祥者始徙居洪洞之苏堡,则洪洞刘氏所自始也,以迄于镇盖十世矣。刘氏子孙之在苏堡者遂稍稍繁硕,然亦未尝轻去其乡,故世次绝续皆有可稽,而远祖以上终不可考。此镇辑洪洞宗谱所以止于十余世也。客有为问者曰:"子之述刘氏者,详矣,而独于子之先推至十世而止,岂天下之为刘氏者均非一本之亲而自十世以上有不足尽信者在耶?抑非耶?"余应之曰:"否。天下之为刘氏者众矣。其为汉后与否均为可定也。间尝读班、范、司马氏之书,见两汉诸侯王名字见史传者不下十百,其间无子国除者盖比比也。逮乎新莽、曹魏时,汉世之子孙益微,其散居在外者仅自同于氓隶,无复言出自某侯王后者,非特世次稍远,抑亦免祸云。其后更历晋唐,先后五代各数百年,而至于宋则益远矣。而吾祖于是始迁,其于天下之所为刘氏者,非直虞、虢之与晋也夫。虞、虢之亲不逮桓、庄,而与晋同出姬姓,又且地则同方,时非易代,其去文、武、成、康者未远也,而宫之奇犹以为言。况地之相去非直下阳、曲沃之遥,时之相后非直丰镐、东周之久,而欲千百年以下取天下之一姓者,悉比而同之,无乃过乎?且先王之制礼也,诸侯不祖天子,大夫不祖诸侯,自其一世,二世时亦且自有其祖矣。而欲自千百年以下取往古之所谓侯王者而祖之,不亦过乎?然犹必举千百年以上之事而历陈之者,盖以明先世之所自也。昔孔子生于周,仕于鲁,而其言曰:丘,殷人也。孔子岂尝以成汤为祖哉?亦明其所自云尔。夫谱牒之作,后人推本世德则言其先,而于年代荒远,世次缺略者则缺之以俟考,夫亦所以示信也。使后之子孙无失其序,是虽百世,犹将识之,又何止于十世乎?"

康熙五十四年岁次乙未二月吉旦,诰授光禄大夫刑部福建清吏司郎中加七级十世孙镇谨识。

（刘殿凤修,光绪二十七年刻本）

光绪《洪洞刘氏宗谱》卷一,《重修家谱序后》:

我刘氏世居洪邑苏堡村,子姓实繁且衍,惜先世谱谍散轶。或谓豢龙之后,或谓士会之后,或谓汉室王侯之后。世远无征,均难臆载,所知者惟十世而上,远祖讳详而已。先府君二苏公惧后人不知今日所知之祖,犹之今日不知所知以上之祖也。殷然念之,与从叔靖公公议作谱牒以垂永久,而靖公公遂以纂辑自任焉。爰是广询遍考,条分缕晰,焚膏继晷,历数寒暑而告成。……

乾隆五年岁次庚申桂月吉旦十一世孙勤敬识。

(刘殿凤修,光绪二十七年刻本)

山东

黄县王氏

见《家乘》如见祖宗,忠孝义廉在其中。

宣统《黄县太原王氏族谱》卷一,康熙《序》:

家之有乘,凡以表祖德、正宗派、厚族分,法最良、制至重也。粤余族来黄计十四世,始于有明,迄于昭代,已三百余年矣。予恐世远岁湮,散而难纪也,乃取旧谱而厘定之,支分派别犁然明备,使后之人思祖宗而不得见,见《家乘》如见祖宗焉。其间爱君忧国不敢言忠也,子若孙遵而循之,亦可勉而忠矣。思母挂冠不敢言孝也,子若孙则而效之,亦可勉而孝矣。输粟救荒不敢言义也,景而行之,已可近于义。拾金还主不敢言廉也,法而守之已,可养其廉。他若利涉而获神助,政平而消虎患,弱稚能赋,芳龄励节,种种懿行,指不胜屈,愿我宗人勿忘笃叙常思作求,累仁积德,谨身修行,共衍祖德于无疆,固余一族之幸也。凡我后昆勉之慎之!康熙六十年岁次辛丑莫春上浣之吉,十一世孙邑庠生四表潜柳谨识。

(王次山修,宣统元年刊本)

修谱过程中人心不齐,众论难一。

宣统《黄县太原王氏族谱》卷一,乾隆《重修族谱序》:

吾族迁黄以来,迄今十有七世,人丁愈繁,支派渐增,欲笃宗谊而辨尊卑,端赖于谱。谱之不可不修也,审矣!八世祖心宇公创修伊始,嗣后继修者代有其人。衍至乾隆二十一年重修后,且定之期曰二十年一修。今至乾隆四十四年以其数则过矣。亨向行居族叔言及此事,叔即慨然曰:"是吾事也。"因约会族众,以议重修。令各支采访,各支斯为知之甚悉,庶不致遗正宗混异族。其中有徙居远乡为本支不能访者,又命昆范、凤喈亲至其家,详加审问,未尝有遗混弊。至刊刻之费,各计名字出资。谱牒几成,将授梓人,以考厥成。孰意人心不齐,众论难一,而此事竟终辍也。亨恐踵修无日,世远年湮,将今之采访者渐至遗失,爰为誊写纸本,以诏来世,未始非承先启后之要图也,是为说。时乾隆四十四年秋九月十三世孙克亨元先谨序。

（王次山修,宣统元年刊本）

勤采访,互考订,共成修谱之事。

宣统《黄县太原王氏族谱》卷一,《增修族谱序》：

王氏之谱自心宇祖始,嗣后屡增,至乾隆丙子乃付诸梓,历今已五十载。子生子,孙复生孙,问其世系,又有茫如者。吾庚戌致仕,抚卷流连,未尝不太息曰："是予之责也夫！"于是商之族人分支,派勤采访,参互考订,共襄斯事。越乙丑,编次颇定,式如旧谱。数世以来,颇觉瞭然。抑又有不敢自信者,鞅掌之余,加以荒耄,精神渐就消磨,其有缺略,统俟后人与我同志继继承承,庶足以光前人之芳纵,而裕后人之统绪乎！则吾之所厚望也夫。

十三世孙乙酉科举人克预谨识。

（王次山修,宣统元年刊本）

宣统《黄县太原王氏族谱》卷一,《增修族谱序》：

吾家族谱,代有修辑,皆属抄本,乾隆丙子始寿枣梨。嗣世远年湮,支派益繁,行居祖、元先伯各有续本,云衢兄有约单相传,曲为材用计,而事皆未成。嘉庆乙丑,凤喈叔率族人重刻,而亦未果。谷音兄素为族望,时以修谱为急,但年来抱病,有志未逮。今春命其子敷灵、胞侄敷寅、族侄敷实、敷珍,纠合族众,咸乐趋事,越三月而采访遍。誊写讫,兴工授梓,不日而成。我始祖迁黄以来,迄今几二十世,人才辈出,仕宦迭兴,书香累世勿替,非祖宗培植之厚,曷克致此？为子孙者,自当安分守己,克自成立,守八世祖心宇公创修族谱,以"无用"垂训之意焉可也。

（王次山修,宣统元年刊本）

宣统《黄县太原王氏族谱》卷一,《序》：

吾家自始祖以至于今,计十三世。人材辈出,富贵迭兴,自非我祖宗培植之厚,亦安得世世子孙永昌若此哉！顾祖德渐远,而易忘子孙日繁而益疏,则上治祖祢,下治子孙计,莫要于修谱。不肖扬得心宇祖遗稿,深喜原本未湮,因不惮勤劳,躬亲访问,补残绩缺,务求详确,历数月粗集成帙。韩子云："莫为之前,虽美不彰;莫为之后,虽盛弗传。"是编也,敢遂谓可承前启后乎?然于敬宗收族之道,则未必无小补云。十世孙增广生尔扬象杂识。

(王次山修,宣统元年刊本)

致仕家居课读之暇,以增修族谱为责。

宣统《黄县太原王氏族谱》卷一,《增修族谱序》:

吾祖自庚戌致仕,家居课允中兄弟读,口授之暇,每以增修族谱为责,寻访考订,历有年所,岁乙丑编次颇定。未及开雕,时与族人聚首辄怅怅然,以为未竟之责。越癸酉,遽捐馆舍,族人惧其久而散轶也,因相与编辑校阅,至丙子乃付梓。嘻!吾祖之志得族人之赞助而有成,是诚厚幸也夫!十五世孙甲子科举人允中谨识。

(王次山修,宣统元年刊本)

东莱赵氏

民国《东莱赵氏家乘·序例》,《东莱赵氏家谱序》:

木本水源,谱系为重。作者难,继者难,继而述尤难,所最难者,累世之继述萃一门耳。东莱赵氏望著明代,经术勋名彪炳志乘,其懿铄古今者,备载史传矣。若家谱之作,肇始西垣公,由尊及卑,自亲及疏,详明无遗憾。后则吉亭公、赤霞公继之,云甫公、湖南浦公、敬生公各继之。迨十六世紫垣征君少承世业,敦宗睦族,无忝前人。凡族众散处远乡,春秋墓祭,咸依焉。因博访札记,多历年所,为继修计者久。壬辰夏,喆嗣吉辅少宰自桂省回籍侍养,膺家事之传,益加搜采,务求详尽,急欲卒谱事。乃迫于举办时务,长官集议,必预兼族亲缓急,相延不辞劳瘁,贫者必竭力资助,犹乃翁素志也。虽昼无余暇,每于夜分偕景侯弟依次增修,阅六寒暑告竣,又增《艺文集》二卷。适以中表谊,获睹全帙,因欣慕曰:信哉!继之善述之善也夫!世以忠孝称,人必即事之著者,然少成之天性,无时不可见。忠孝实无事不可见,忠孝必艳称。行事之谨,见为忠孝。宇宙之传人有几,窃以志感,并心折于继与述之善,无愧忠孝之裔,且祝来者嗣有令绪云。

时光绪己亥端阳次二日,七十五岁未能求是人王绪藩书于儒林讲堂。

(赵琪等撰,民国二十四年永厚堂铅印本)

续谱,城乡内外遍访族人。

民国《东莱赵氏家乘·序例》,光绪赵宿膺《东莱赵氏六增族谱序》:

按:吾赵氏自蜀官莱,迄今五百有余岁矣。家谱之修系于前明万历辛丑五世祖封冢宰西垣公肇创之,延至国朝乾隆乙未十二世叔祖岁进士敬生公五增之。及今年又百余,世传六代,支派蕃衍,谱系无凭。名讳之重复,行辈之上下,职官之尊卑,里居之迁移,代远年湮,莫可考稽,甚至确切宗派,觌面多不相识。若非立续家谱,恐先人一派之传,势将涣散,而靡所底止矣! 目击心伤,系怀日久,值游西粤,不遑及此。乙未孟冬,客燕归里。承家严之命,使胞弟星誉邀同族弟殿卿、符卿、并族侄汝能,仍遵旧谱续修,居城乡者或亲身问询,或遣人查访。有则分支登谱,无则另行记载。但历年既久,重讳累累,略举同音之字易焉,原谱之名讳重同者未便遽更。今后勿得再蹈前辙,悍然弗顾。谨拟以"序传家正"四字,作我后人四世既冠之名。合族排列,庶免名讳重出,而使宗族敦睦。至徙居口外海北,以及各府州县者,昔之乡里未详,今之资斧不给,关河阻滞,未能历历通谱,先迹事略仅编作《世系》、《艺文集》二卷,以备观瞻。

(赵琪等撰,民国二十四年永厚堂铅印本)

即墨万氏

修谱常须数代人之努力,方克完成。即墨《万氏谱书》,创修于道光年间,初刻于咸丰朝,成板于光绪朝,历时半个世纪。

民国即墨《万氏谱书》,《原序》:

盖闻尊祖敬宗非独尽享祀于当年,尤宜绵世泽于百代。苟不笔之于书,恐世远年湮,子孙而或忘其祖宗,岂非门祚羞欤! 吾太始祖讳世保,原籍小云南乌纱卫罗锅屯。自永乐二年迁即墨邑,卜居南阡,世世相承,一线仅存。逮五世祖讳淳生五子,始分为五支,子孙日渐繁衍,传至今四百余年,而谱无书。三四五支尚有前人遗册,而不甚详备。长二支则竟多失传。直虑其久而愈不可考也,立志修成谱书,乃证碑铭,考祭谱,仍复不详。幸族兄正铣记闻不少,有所考问,即与质对。越二载余,而长二支略得就绪。复取三四五支之不详备者,朝夕考问,至今又越十数寒暑矣。传信阙疑,五支已汇成一编。今而后吾谱庶几可云有书乎? 然吾谱终不得言有书也。以手书之书,给数百户传数十百世,不能也! 有倡族人而付之剞劂者,是即直之厚望也夫。道光十九年岁次己亥十六世孙正直谨识。

(民国印本)

经过万正直父子两代人的努力,万氏族谱始告成书有板。编辑中利用的素材有房支遗册、碑铭、祭谱以及记闻等。概括而言,修谱之必备条件为:1. 首先要有立志修谱的热心人,尤其是那种以修谱为己任、谱不成死犹不甘而将之托付于子孙者,如山东即墨的万正直、广东宝安鳌台的王晋笙,等等。赖其子孙善继父祖志,修谱终克完成。2.其次须有族众的支持与配合,参与资料收集整理调查等。3.刻板印刷所需之资金。三者缺一不可。此外,社会安定也是不可或缺的重要条件。道、咸时期的战乱,不仅修谱不成,许多谱书谱板更且因兵燹而损毁,不少谱书都有此类记载。

民国即墨《万氏谱书》,《初刻续刻合叙》:

万氏谱书初刻于咸丰壬子。其始,聪先父(编者按:即万正直。)议刻,数次不果,而心益殷切。道光庚戌,又会族长中斋祖、廷望祖、光本祖、廷相祖、光佐祖及余族叔正锷、正都、正崇、正钊、正统诸人,族兄新鹏、新川、新光、新帅、新科等十余人议,始定。及秋杪,甫庀材未及鸠工,而先父病笃,遂赍恨殁。殁之前夕,犹恐外居者聪不能详,复举金家湾、小吉、石泉头等处一一谆告,并以嫡长荣祖乏嗣再三叮嘱。及殁之明年,聪再与族长会议。又明年壬子,始克成书,嫡长宗子亦得继嗣。当时以资乏刷印未足,期以后日。讵意丁卯寇乱,板为贼毁,族众咸议重修,而乱离后公产无存。又板毁,则合旧书并添新注,所费反倍于初。故迟之数年不果。岁己亥,聪偶以善书有事梓人,商之族,曾与梓人约。既又寝于旱荒。今数年公产仍不足,但自初刻至今已三十年,初刻时所会诸族老,今其存者惟光本祖等三二人矣。若再迟数年,各支老成日就凋谢,即此数十年事,必有记忆不清者,文献无征,事将愈难。爰以此意复请之光本祖及众族长,众皆毅然曰:"是也。今资虽不充,板尚可成。勿再迟疑矣!"因命聪复董其事。凡三阅月而告竣。光绪六年五月五日十七世孙新聪谨叙。

(民国印本)

浙江
鄞县陈氏

光绪鄞县《生姜漕陈氏宗谱》卷五,《存疑世录》:

史家湾派

六世

□□公,始迁史家湾,葬栗树塘大花岭向南,娶某氏,改适,子一,失名。

七世

□□,六世始迁公子,娶宝幢方氏,葬大涵山馒头肚向南,子三:世扬、世□、世□。

……

羊角田派

十一世 华字行

第十二篇 族谱

华源 荣全公长子,小名阿毛,生于道光十三年癸巳五月初九日申时,卒于光绪二十七年辛丑十月初六日戌时,厝鞍鼓山。娶朱氏,梅墟朱仁安女,生于道光二十三年癸卯七月十三日戌时。子三:富镛、富钟、富铃。富镛殇,富钟出继华福公。女一,适五乡碶吴嘉才子阿友。……

西乡派

……

十二世 富字行

富新 华谷公子,字可大,号鼎斋,生于道光十三年癸巳二月初七日巳时,娶李氏,生于道光二十一年辛丑四月十二日辰时。女三,长适红莲池洪杏章,余未字,现住西门外荷花池衖。

案:西乡派只富新君一人,光绪二十年间族人尚有见者,据云仍未有嗣,时年已六十有余。今年修谱,访查旧居并其子胥洪,杳无知者,想此人业已谢世,而乏嗣焉。

(陈富德等修,光绪三十年崇本堂刊本)

江西

分修与合修的难题。

清江云溪徐氏

嘉庆清江《云溪徐氏族谱》,《徐氏重修族谱序》:

昭阳作噩之岁,本邑云溪徐氏有族谱之修。盖重举也,而不欲以轻心掉之,于是设局纂辑,出其旧牒,详加考订,拟老成以董事,延文士以总修,要期于体例正而纪叙醇,不蹈前次之草草也。先是其二房古香先生有倡修支谱之议,章程已定,先生胞侄国子生服周与余孙福圻为研友,相契好,遂以总纂事请,余孙以凤契未获辞。于是为详阅其世系序文,重加厘正,未几族硕望学臣翁等闻而欣然曰:"是美举也,与其分修,何若合纂之为善乎?"因会集族人商榷,遂定议。自是世次益增文艺,加倍校勘,实为烦难,兼之剞劂日促,余孙福圻学识短浅,鲜窥著作之精,何能膺是任?惟是情谊难诿,用勉徇以终其事。其中世系及人望事实于行次下序述,皆其一二族彦为之;至序文传赞碑铭,删润原作,增撰新制,虽大半出余孙手。正恐仓卒操觚或未能详审精当,且所增载亦有未经其目之篇,或醇或驳,阅者当有以谅之。谱成,徐氏宗老英俊向余孙曰:"是宜先生一序以光谱牒。"余孙以科场事近、功力未暇为辞,而徐姓族望转请以是属予。予耄矣,焉能为役。虽然谱系之修乃仁人孝子所用心,自古圣王惇叙亲睦义存乎经典,合族而有是举,则尊祖、敬宗、收族三善备具,此昔庐陵欧阳氏、眉山苏氏所为斤斤定式而不敢忽以发无穷仁孝之思也。

况徐姓本东海名宗、南州著族，历代高贤硕彦、科第勋阀，史不绝书；即自云溪卜宅以来，迄今十八传，虽科名不甚显而俊秀时闻；且土沃民殷，家号素封者多。礼义生于富足，从兹书香骏发，衣冠振兴，巍然为清邑一望族，则有光于是谱者。视余区区一序，又不啻燕石之与和珍，未可同语焜耀也。徐之英裔哲嗣其勉乎哉。至余孙福圻获与纂校，亦刍荛焜耀也。徐之英裔哲嗣其勉乎哉。至余孙福圻获与纂校，亦刍荛一得之勤，而谓有功斯谱，则岂后生之所敢居宜其辞，是序之作，而予之老拙不藏，亦聊以塞徐氏诸君子之请，而兹谱之世传珍袭所系当不在文也。序其足多哉。

岁进士候选儒学训导年家姻眷弟九旬老人介堂杨汝翔撰。

（徐廷攀修、徐攀桂纂，嘉庆十八年刊本）

嘉庆清江《云溪徐氏族谱》，《云溪徐氏重修族谱序》：

闻之别子为祖，继别为宗，继祢者为小宗。有百世不迁之宗，有五世则迁之宗。祖迁于上，宗易于下，庶子不祭祖者，明其宗也。宗之时义大矣哉。宗不可紊，则谋所以叙之者，不可不有其道也。昔有宋庐陵欧阳氏、眉山苏氏二家，各创为谱式，后世之言谱者遂宗之。是敬宗所以尊祖，祢而谱者，即所以叙彝伦、别昭穆、敦礼让、教孝弟，为尊祖敬宗之大原也，而其体式则诚舍欧、苏而无有善于此者矣。我徐氏受姓自上古，源远流长，世系昭然可考。自稚公为南州高士，厥后数十传，或徙角陂，或徙吴塘，最后由朱溪而徙今之云溪。云溪之始祖为荣卿公，是荣卿公者，由角陂以来为小宗，而始造于云溪，是在云溪亦大宗也。历世遗有草谱，长、三、四房于乾隆五十三年虽曾支修，迄今宗支愈衍愈繁，苟非及时合订成牒，将来不免散亡，后嗣之陵替，祖德亦因而就湮，是谁之责也。攀久怀斯志未遂，尝自怏怏。今年春，二房族侄古香将有修明支谱之举，予闻之遽然曰："是予之心也。夫予虽老无能，为然必有以合成之。"于是即清明奠祖之余，邀集族侄泰佐、攀桂、绍椿及各支尊长等，会祠告以故，咸蒙欢诺。予乃略定章程，而搜辑纂订之功，古香为劳，其誊写校对则族侄鲁孙、绍冯、之冕、曰棣、曰融、香祖也。阅数月功告竣，参欧、苏之旧规，守祖宗之成宪，不紊乱，不遗忘，有理有条，后之览斯谱者，咸知某为大宗，某为小宗。宗明则族谊敦，族谊敦而伦纪定。《诗》曰：世德作求。又曰：绳其祖武。攀无德以绳武，而睹此一族子姓，要有不能自已于心者，岂独系姓缀食弗别弗殊，其于族也，谓曰：吾能亲之云尔哉，吾能睦之云尔哉。是为序。

十一世孙廷攀佐轩氏敬撰。

（徐廷攀修、徐攀桂纂，嘉庆十八年刊本）

第十二篇　族谱

嘉庆清江《云溪徐氏族谱》,《云溪徐氏重修族谱序》：

凡人生各有姓,黄帝之子二十五人,其得姓者别为十二。少典娶于有蟜氏,生黄帝、炎帝。黄帝以姬水成为姬姓,炎帝以姜水成为姜姓,姓之由来旧矣。鲁众仲所谓天子建德,因生以赐姓者,此也。诸侯之臣不得赐姓,或以祖之字为氏,或以先人之谥与官与邑为族,如晋士中行、赵、韩、魏、鲁、展氏之类,不一而足,但其间姓为正姓,氏为庶姓,故鲁姬姓而三家各自为氏,春秋诸国皆然。《礼·大传》之文庶姓别于上而戚卑于下,凡以世愈远则愈疏,四世服穷,五世杀同姓,六世亲属竭。婚姻之通,殷人有由然乎,不知周礼大宗百世不迁,庶姓虽别而有本姓世系以联系之。又,连缀族人以饮食之礼,大司徒六行之教以睦,即亲睦族人使之不相凌背之意也。然我能睦族而欲使一族之人咸知长幼之序、尊卑之伦,则非谱无以明之。我徐氏系出黄帝,至十一世孙征国,锡封徐姓。自是以来,瓜瓞绵绵,印绶累累,虽迁徙无常,而宗支之厘然不紊者,谱牒犹历历可考。云溪自荣卿公始迁,迄今又十余世,簪缨虽云未盛,然子孙派衍愈多,宗支愈繁,皆恪守先型,无敢或蹈非义。但宗谱之垂,前人遗有草帙,未及付梓。后长、三、四房虽修有支谱,亦未合成一族。今族叔祖佐轩公因族弟古香谋修本支谱,怂恿合族成之,佐亦得与其事。夫事必谨乎其大,而功必要诸有成。一人敬祖即一祖顿亲,教著民彝即风成雅俗。人惟爱敬不深则一堂不免秦越,至性相感,虽百世可以神交。譬如一水分流,雍之则塞,疏之则通；一木分枝,折之则断,保之则全。人不能通其所当通,全其所当全,徒嚣嚣然号于人曰：“某氏,吾之宗；某姓,吾之族。”不祖其祖,而妄思攀附以忘其祖,则将谓上古之世,姓可不必赐,氏可不必分,即今日之谱牒亦无所贵于从流溯源,寻枝附叶,以叙彝伦,以承先绪也。有是理哉！是为序。

十三世孙泰佐谨识。

（徐廷攀修、徐攀桂纂,嘉庆十八年刊本）

嘉庆清江《云溪徐氏族谱》,《癸酉重修族谱序》：

吾云溪徐氏积有旧谱矣。盖自得姓受氏之初,递推而下,历汉唐五季宋元之间,其前后分迁世系考订详核。但虽递有赓录,究未成刊本,难语完善,是亦族支之憾事。客仲冬荐祖之余,宗人以子姓之蕃,世系宜有增载,付之剞劂,以垂永久。予曰：“是固吾宗支一紧要事也。”于是商于宗老俊彦,询谋佥同,章程遂定。法则兼乎欧、苏,宗惟断自始迁,始迁以上,姑溯其本源之所出。始迁而下极详,其支派之所分,而乡望儒修懿徽贞节与夫祖阡基业,家训文词,凡可以昭示后人者,悉为登载。盖吾族历来共五房,先是长与三、四房向另修有支谱,刊刻成帙,惟吾二房未及共事,是以今亦有一支另辑之议。事宜已酌妥,而从叔祖佐轩公等意存亲睦,念一姓而二谱,恐体例不符,各难传信。爰会议通族合纂,众情胥协,复邀集同族尊长文士,更酌定条规,开局校订誊写,择日兴工刊刷。自是数百年之旷举,一旦同心会合谱观大成,而一姓之本源支派倍见分明,此予夙昔之本怀而今始得以大慰者也。所愧予自幼攻举业,未遂上进,厕名成均,究不克亢宗而耀祖于前哲,实无能为役。惟是闲居读书,念古帝平章之化,必先于九族亲睦,故每乐为族人讲彝伦之叙、敦睦之行,而于谱事遂刻不能去诸怀。搜求源委,查核遗亡,盖几竭精力于此,是虽不敢谓无憾于祖宗,而修举废坠之功亦庶几略尽焉。至吾族耆硕俊望,和衷勷事,各踊跃以图其成,亦当为祖灵默鉴,佑启后贤,云蒸霞蔚,其有光于谱牒也多矣。

时大清嘉庆十八年癸酉仲春月,十三世孙攀桂古香氏敬撰。

(徐廷攀修、徐攀桂纂,嘉庆十八年刊本)

嘉庆清江《云溪徐氏族谱》,《癸酉重修族谱序》:

万物本乎天,人本乎祖。祖不可背,由天不可欺。是故人道莫重亲亲,亲亲故尊祖,尊祖故敬宗,敬宗故收族。人不能睦族,即不能重祖。而要祖虽一而族之父兄子弟不一,以一祖而递传递衍,因生一族之父兄子弟,而欲所一族之父兄子弟虽历世久远,人数千百,各相亲相爱,不紊乎尊卑长幼之序,共生其孝友敬恭之情,则非有谱以联之,其势固有所不能。昔马迁修史作世家,推原当世在位之祖,然阀阅者纪而寒贱者多遗,则知乡邻闾之事,编氓遇贱之徒,原非国史所能悉载也。我徐氏出自黄帝九世孙伯益之后,勋庸赫若,世代巍然,国史彬彬可考已。但其间迁徙无常,至后由剑邑之角陂徙清江朱溪,而递至我云溪。祖宗之泽厚,故其衍亦蕃,而考得姓之原,总一族之大小亲疏为之列其班次,统成一家之书,前人有其功,后人敢不踵其迹。椿自愧幼弃举业,学无所窥,既未能以一经显扬宗祖,居常念族谱亦明伦之书,孔子曰:惟孝友于兄弟,施于有政,是亦为政。吾无以自致经纶于朝,而苟有所修,明以教于家,是亦未必非修身齐家之一道也。吾徐氏受姓于上世,递传至今,云溪历十余世,前人存有草谱一帙,从未付梓。乾隆五十三年,长、三、四房曾经付梓,究属支修。今年春,族叔古香亦有支修帙举,族祖佐轩公闻之,即邀族房绅士等集祠商议,悫愿合族成事,椿因得与佐轩公等分任其间。惟古香竭数月之功,心力俱瘁。椿既相与搜考叙缀,续旧增新,萃一族之涣而使之各知祖宗之所由来,昭穆之所由叙,即后之人踵此迹而增修之,将由此世而递至于千百世,子孙虽繁,各祖其祖,而总原于一祖,亦犹物之各得乎天而实本于一天,天为物之祖,祖即人之天,人不能背天,人能背祖乎哉?谱既成,将付之梓,因为序其缘起如此。

十四世嗣孙绍椿敬撰。

(徐廷攀修、徐攀桂纂,嘉庆十八年刊本)

第十二篇 族谱

嘉庆清江《云溪徐氏族谱》,《跋》：

吾徐氏聚族而居数百年于此矣，谱虽迭经修辑，然或录草本，或加刊刷，大约出于分支，而未归于合族。窃尝念《礼》有敬宗收族之文，而族之收，孰有过于谱之联属？向惟泥于欧阳氏、苏氏之说，谓谱法宜使族人各为谱而各详其宗，吾姓因有分支另修之举，不知彼为散居四方之族言，而非为聚处一地之族言也。近者二房古香倡议增修谱牒，族众欣然，愿以向之分辑者合而为一，统之有宗，理之有绪，而一姓之长幼尊卑，犁然不紊，亦复得以蔼然相亲。盖失次者序之，残缺者补之，讹错者正之，忌讳者删之，前后序文及碑铭传赞，亦各去浮滥而归简当。是举也，固首倡总纂缮书者之力，而某等经理其间，一切资用出入，并毫无苟且；至查核各支系次及名号派衍，以至山业基地，并采录节略贞风，亦与有劳焉。从兹谱事告成，由涣而萃，自复而泰，族运亨而人物盛，相亲相睦以成比户之可封，何莫非兹谱之联属有以致之乎？故为缀数语于简末，以俟后贤之览而兴起焉。

合族嗣孙首士人等公跋。

（徐廷攀修、徐攀桂纂，嘉庆十八年刊本）

国家禁令与修谱。

南丰济阳江氏

乾隆南丰《济阳江氏分修族谱》,《江氏分修谱序》：

先王立宗法以统天下之姓氏，斯著而为谱也者，所以敬宗而收族者也。宗法修则涣者有以萃之，离者有以合之，使一本之亲，长幼尊卑（编者按："尊卑"二字原文为"亲疏"。）以叙相洽，以分相联，不至情谊隔绝，视若途人若是乎（编者按："乎"为新添字。）。谱之贵于合修也，明矣。虽然迁徙异地，境不齐也；贫富异势，利不均也；薰莸异气，情不一也。于此而欲一之，联而属之，是犹执梦丝而使之齐，吾知其难矣。是谱之不容分者□□□□□□□□也。吾乌石江氏□□（编者按：此处缺字数不明。），康熙乙未全椒尹天泰公复□□辑，厥后虽节经增修，要只率由旧章而损益之耳。今我□上厘正文体，而于氏族一书尤加详慎。迩者大方伯檄下，凡缙绅士庶族系必由长吏考定，其有叙法舛错、字句僭妄者，饬令亟加改正。而一时大家巨族以及单姓寒门，莫不家喻户晓，奉行恐后，于是予乌石宗人亦有改修之举。适值万寿恩科，予方就试章门，未获同事。且闻附近同宗有与修者，有未与修者。大抵因举事之人有计利之心而无收族之谊，职是故耳。时西平、藻台二兄读《礼》家居，有志另修。会服阕，领咨（编者按："领咨"二字为新添字。）赴部补选，匆匆未果，乃命其长嗣慰祖共董其事，而（编者按：此处原文为"谬"字。）以予与族兄方远同司分校之任，又得葛俊、菖礽、长万、献庭暨予载叔聚仁、从叔俊千协力赞勷，阅数月而告成。其间文之□者删之,事之确者增之,叙□□(编者按:此处所缺字数不详。)上化民成俗之至意。然则是举也,虽只数支分修,而循□□以泝流,因端可以竟委,要未始不可与乌石诸谱相发明也,则一脔之尝不远胜于巨劙也哉。他日我后人苟能合大宗而会修之,即以是编为嚆矢可也,是又予之所厚望也夫。

皇清乾隆四十五年庚子岁季夏月上浣穀旦,廿三代孙邑庠生南金顿首拜撰。

(江南金等修,乾隆四十五年刊本)

乾隆朝干预族谱之修及族内之不协调。

乾隆南丰《济阳江氏分修族谱》,《江氏分修族谱跋》:

谱数十年而一修,所以敦族明伦,恐世远年湮、散逸而无考也。吾江氏族谱系传伯益,派衍霍疆,受姓受郡,有自来已。追汉之熙实,晋之绩统,暨唐宋五代时,泌淹鳌龙,代登仕途,居显宦者不一而足。第历年久远,无烦详纪。惟近考三锡兆馨祖宦于湖之孝感,后任建阳,以官为家,三传汶一祖宦于丰,而御史文蔚又四代孙也。嗣后大二祖客游丰邑,遂卜筑于乌石冈居焉。其间人文辈出,若公著、若沁、若冕、若一跃、若天泰,科甲蝉联,孰非兆馨祖之裔,班班可考者乎。如是则江氏之谱为信谱。□□□□□□□□流寇入境,族众携谱而逃,遂致散轶。至隆庆□□□□□□残编重加纂辑,崇正戊辰盈科祖聚亲支纂修,原谱仅存缮本,其旁搜博采,几费苦心。然其于详者固无不书,而于疑者亦未尝无阙,诚犹有足观者。继修于康熙乙未,三修于乾隆丁巳,四修于乾隆甲申。顾甲申之修,不无疵累贤豪。维时之允舌耕作计,而慰祖由太学留监肄业,观光北闱,故均不与其谋。然每读族牒,未始不掩卷三叹也。岁己亥,奉上宪檄谕,凡一切家谱恐有僭妄字句,悉宜删改。予辈幸有此举,正可与族杰分别是非、厘定得失。奈会修诸人似有计利之心,我辈因以未与。于是之允与族弟南金偕承父命之慰祖,并族杰聚仁、俊千、菖俊、菖礽、长万、献庭等,集近地同宗作分修之局。庚子暮春诹吉,于长岭宗祠共司其事。淡泊自甘,日夕劳瘁,或微疵有经觉察者,虽十易其稿不惮烦劳。至旧编中传文叙记,概未付梓,诚以谱以纪实,文辞非所尚也。阅数月告竣,虽未能合大宗而会修,而于洁己奉公、敦族明伦之道庶可以无憾焉尔。

皇清乾隆四十五年庚子岁季夏月上浣,南丰二十三代孙之允、二十四代孙慰祖熏沐谨跋。

(江南金等修,乾隆四十五年刊本)

修四库全书之时,县学审核族谱。

第十二篇　族谱

浮梁祁门郑氏

咸丰浮梁祁门《郑氏宗谱》，《重修宗谱序》：

谱也者，所以考本原而联支派也。……岁庚辰，皇帝御极之二十五年，曾合族修辑。迄今阅二十年，生齿又渐繁矣，不重加修订，无论九族之远渐等途人，即一族之内，生卒婚葬，迁徙升沉，其不萎于风烟蔓草者几希。迩年叠奉宪示，民间谱牒未知敬避庙讳御名，暨文辞违碍，旁支牵附者，宽勒限期许民自行更改，恩至渥也。上岁将旧谱呈缴儒学，恳请校正，旋蒙勘定发还，谕速重修，众等仰遵功令。不揣固陋，商确族人，汇稿鸠工，择吉开局，一切款式谨遵定例。虽任大责重，不无蚊负之虞，而时不可缓，义不容辞，矢公矢慎，阅数月而工告竣。是役也，维我族众踊跃趋义，犹是忠孝家风而亦愈以见祖宗之庇荫垂及于无穷也，是为序。

时皇清乾隆四十五年岁次庚子季冬月，三十代裔孙宏词谨叙于樵月斋中。

（郑培先修，咸丰十一年刊本）

浮梁南阳刘氏

光绪浮梁《南阳刘氏宗谱》，乾隆《旧修谱序》：

岁庚子，叠奉宪示，查核民间谱牒，恐干违碍，准其呈改重修。邑之梅村、鼎锐、仲成、裔鉴等争先呈阅，循分可嘉。余披阅旧谱，其先为唐名宦仲昭公，官于浮，有德政，民为立生祠于景镇，厥后卒葬于浮。其子科庐墓磁石塘，因占籍焉。越数世子孙繁衍，各择胜地，俱成望族，前谱胪列最悉。窃思祀典有功德于民者，百世祀祀于官，非祀于其子孙也。乃公由唐及今千有余载，俎豆馨香，公私不替，猗欤盛哉。且习俗于时为转移者也，而刘之子姓历千百口，犹有古处遗风迹。其修谱一端，惓惓于笃仁孝、厚敦睦，广任恤之谊，情深礼备，不洵无愧于清白传子孙乎。谱竣，前庠生殿元之弟仲成介其宗人之意，问序于余，余不敢撦拾陈言，惟嘱该族父老子弟无忘祖德，将积厚流光，行炽昌于无极也。是为序。

皇清乾隆四十八年三月日，原任广西柳城县知县借补浮梁县儒学训导凌汝绵拜撰。

（刘燮材纂，光绪三十四年刊本）

光绪浮梁《南阳刘氏宗谱》，乾隆《旧修谱序》：

……其间谱书明永乐间修于自芳公，厥后绍修于一霖公，至国朝乾隆二十二年我梅村英二公支裔鼎铎等与里市渡添祥公支裔恭等又经重订，今又二十余年矣。兹因叠奉宪示，凡民间族谱，倘有违碍不合体制者，许令呈明县学改正重修。曾蒙儒学勘定，给发并饬无附他族、只修本支。幸我梅村合族踊跃,而鼎锐、时德、建祥、建楷、裔烛、裔鉴等力肩其任,又景镇和公支裔乡宝光葆、庠生鋼等出为之倡,开局于落马桥祖祠,阅数月告竣。其体制程式一遵功令,故前谱所载稍为节略,而于本支独详,而漏严而不私,将上有以慰祖宗之灵,而下尤有以生仁孝之感,盖在今日。固有伯仲支派之殊,然自我仲昭公视之,则均是子孙,犹然磁石塘之亲支也。落马桥之裔派也,不犹然兄兄弟弟同居一室也哉。是为序。

皇清乾隆四十八年岁次癸卯三月吉旦,梅村派永思堂英二公裔孙品一股:鼎锐、时德、学森,品二股:世汪、建椿、建祥、建楷,品四股:裔烛、裔鉴,支裔孙等同撰。

(刘燮材纂,光绪三十四年刊本)

战乱的冲击与修谱。

南丰西麓双井黄氏

同治南丰《西麓双井黄氏族谱》,《新序》:

吾族居城者,西麓与北山两支,壤相接,情相洽也。西麓祖庆嵩公由君陵徙雷谷社坛岭,谱已十修,余族伯三轩明府叙之详矣。丁卯冬,佥谋续修,且曰:"自辛卯迄今三十有七年,生齿益蕃,况当有事之秋,人才辈出,不垂诸家乘何以昭兹来许乎?"余闻之,瞿然曰:"善哉斯举也。"夫谱所以定尊卑、明长幼、别亲疏、辩贤否者也。万物本乎天,人本乎祖,数典忘祖,是无本也。虽然尊祖敬宗收族之义,夫人而知之矣。若夫前言往行多识以畜德,其真知灼见、纲常独任、坚强不屈、毅然有为者,虽千百世下,犹将闻风兴奋,矧生同支、系同族,有不观感而思起者乎?吾西麓族文章道学代有闻人,惟是时际承平,类皆鼓吹休明,扬□风雅已耳。吾邑自粤匪窜挠以来,遭蹂躏者数数矣。辛苦垫隘盖有目不忍睹,耳不忍闻者。西麓先君子或情殷桑梓,或义重他乡,或指困赒急,或输粟助饷,或捍御而捐躯,或沉渊而矢志,书生名将,巾帼丈夫,英风亮节,炳若日星,其足以扬芬竹帛,风励当世者,何莫非后嗣之先型,宗祊之光宠耶!然则是役也,较前修为尤亟且更重也。于十月十日设局告祖,腊月开刷,越九月工竣。□然成帙,尊卑长幼亲疏有条不紊,举凡功名事业亦皆班班可考,览斯谱者,将孝弟忠信礼义之心不觉其油然自生矣。

皇清同治十二年癸酉春月穀旦,赐进士出身诰授中议大夫前知四川峨嵋县事军功升用同知随带加三级北山族秩韶敬撰。

(黄家章等修,同治十二年刊本)

宜黄吴氏

第十二篇 族谱

乾隆宜黄《吴氏伯武公房谱》,《延陵伯武公房谱老序》:

文非献无征,献非文不传。家乘与国史,条例之广狭不同而记载远近,足以信今传后之道一而已矣。吾家宗谱自前明万历丁亥年镇江大夫扢谦公大会昭武、建武两郡宗老,为和公、仁公之裔者于羊城缵牒世系,自是以来,统易两朝,世纪八元,为甲子者一百五十有奇矣。维时余高祖以忠公、曾祖祎公分司其任,余每于修举岁事之际,阅其大纲细目,世次爵里,简核详明,虽微不漏,虽贵不滥。余于此仰见先民本心直道而临文笔力,风概皆可考而知也。挽近风尚不古,竞文灭质,庸劣之品、鄙腐之文、碑铭传赞,纷纷胪列,甚者造载山田产契,以为子孙异日争构之藉,其与庐陵、眉山创设宗谱之意云何?此其弊已遍遐迩矣,非如兢公辈摘辞操笔,夫岂复能挽乎。宜棠之吴,肇祖为竦公,传世三十有奇,自城隅以暨三乡,地广人繁,兼各支之盛衰互异,各房之荟萃难稽,此非得一严气正性、深心大力者以尸之,不惟昭建两郡为和公、仁公之世系者不可重续,即吾竦公而后之枝派亦焚而难稽也已。余支自前明伯武公来,历世十六。国朝以降,簪缨少替,株守食贫,纷纷散徙,近而抚之临川,饶之乐平,盱之南城,省会之南昌,信之贵溪、玉山,远而南安之郡城、闽之崇安、浦城,浙之衢州、处州,江北之陆安,地不一人,人不一地,昔卯角时尝承吾父遗言,暨家老之年六七十以上者,派系名字犹能记忆一二,今吾行辈中一二高年者,大都不过康熙壬子前后间人耳,亦复就凋谢,见闻何征。若不及今以所记忆者撮取而续次之,不惟陵谷变迁,坟墓丘垄无可实指,即远徙土著,枝派从出,亦何以为考据哉。昔韩忠献王以家世宦徙不常,自其令公鼓城府君而上,坟墓湮没,公一一搜访修葺,经纪无遗憾者,以有家传文字记载故也。余惭谢劣,学殖荒落,既不能显扬祖烈,丕振基绪,而吾支之系次勿属,迁徙不记,倘将来合族会缵或大宗同序,使后之人无从考订者,余罪滋大矣,其能上逃祖谴哉。是以不愧鄙陋,不辞僭窃焉。

时清乾隆十年乙丑岁季冬之吉。

十一世裔孙家庆顿首撰,十二世裔孙廷飚熏沐书。

(吴文薰等修,乾隆四十二年刊本)

乾隆宜黄《吴氏伯武公房谱》,《吴氏伯武公房谱序》:

天下万事万物,其道变化百出,俱从根本上渐推渐满,发乎天性之自然,止乎礼义之当然,非可意为增减于其间。况宗谱纂修,存孝弟之心,行孝弟之事,尤根本之关切而重大,余所乐为东巷同宗诸君子语也。夫人生住世上,寿不过百年,为时几何。谱牒所载,前百世宗派由此而集其成,后百世宗派由此而开其绪,信乎可大可久,孰逾于此。按伯武公于棠阴宗派系十五世,自昔至今历世十六,历年四百有奇,子孙创置祠宇,立有祀产,皇皇一大支祖也。考会修老谱，当年世次由公而下，代更五六，内中记载分明如广藩理问，为公之仲子。后之子孙曾玄，以明经考学博，领袖斯文，司铎郡邑胶庠者至再至三，文章宦籍，不胜枚举。其余家居卒业，皆古道自守，无忝忠厚开基遗意，诚吾族之望矣。第万历丁亥而后，遥遥宗绪，未经续缉，根本日就榛芜。乾隆乙丑，系下十一世孙家庆职任缵述，十二世孙廷飚同缵，稿本草谱粗就，存后印检。岁月如流，邅越三十三年，人代又增数世，于是同怀根本之思，以守让之孙文薰总其事。检校印订，部编十四，分支各领，可以上对房祖而无愧矣。嗣是展卷而观先代祖考归于无何有之乡者，其人既往，其形不可复，识今则尊卑长幼，次第秩然，若死者之更生，谱册有以留之。有如各支迁居，或本邑异都，及远郡邻邦，所在散处者，魂魄归于土，不能复合。今则亲疏远近，循序罗列，若环集于一室，谱册有以萃之，根本之亲切而重大，于焉可识矣。自今谱牒功竣，固根本之首务而继志述事，道之变化百出者，原诸孝弟，洽乎伦常，在人之善体而行之耳，诚推立爱立敬之心，亲吾亲以及人之亲，长吾长以及人之长，随气动坐立进退周旋，皆谨慎勿违，则孝友雍睦，六行修而元德举，行见人文日繁，事业振兴，垂勋猷于竹帛，悉理势之自然，非妄为奢望者也。予行年八十有七，不揣昏昧，序其根本如是，聊谢宗口之托，并以是为后之读是谱者劝。

乾隆四十二年岁在疆圉作噩口月之吉，下堂分派二十三世侄孙年八十七老人甘来茹连氏熏沐敬撰。

（吴文薰等修，乾隆四十二年刊本）

乾隆宜黄《吴氏伯武公房谱》，《后跋》：

棠阴延陵吴氏自我肇祖敬文公宋初卜居于此，公以忠厚开基，至今子姓繁盛，惇秩序，别昭穆，仁让之风守之勿替，盖衍世三十有奇，历年六百余矣。我房考伯武公由敬文公而下数之为十五世祖，历居里之东巷，今之房谱新修，沠源自公有由然也。按吾族先代家乘，一修于宋宁宗庆元丁巳，迄理宗淳祐丁未、度宗咸淳癸酉，终宋之世，谱凡三修。元武宗至大己酉间，相继修辑，暨顺帝至正庚寅复修，及明宣德、嘉靖两朝又再修之。盖自宋至明，统凡七修焉。大率不过百年上下，耆旧尚存，见闻不坠，故其事易以告成。至万历丁亥始会同经公支派，合抚盱十八团而大修之，当日任事之人，咸矢公矢慎，正源流，辨真伪，不为门第之见所囿，谱之可法可传，无过于此。自时厥后，年深日久，中经鼎革变迁，此十余代中有他徙者，有湮没者，有幼小流离长大不知所归者，征文考献，茫无所据，欲加曩时合数郡之人联为一谱，渺不可得，即在吾里各支，亦咸就近支中自行另修，盖人多则搜辑为难，世远则事迹易湮，纪载之艰，亦其势然也。乾隆乙丑，我房草录虽已粗备，未经印订,倏忽三十有奇。客岁丙申之春,族众佥议以从前草谱存稿,命予小子细加校阅,增入近代数世。值兹国泰时和,宜亟为捡印。薰以少不谙事,屡辞不获,老成咸加切责,不得已勉强冒承总修之任,偕诸弟共襄盛举,为是上告祖灵,或有遗忘,祈明照响应。幸而局内翕然宁静,逾年丁酉孟夏,功乃告竣,至翊修赞理名讳,卷内已经胪列,不须更注。予于是祖述往事,上念祖德,今虽新谱告成,未及其先绪之万一也,惟冀吾支之人同心协志,高仁让之风,衍忠厚之绪,祈各黾勉,勿替家声,庶后之视今,远胜乎今之视昔矣。且夫敬宗收族,莫大于宗谱,而宗谱莫急于时修,后之继斯举者,或三四十年,或五六十年,因时纂次,凡迁徙居址,与生娶殁葬,在共见共闻中可以忆记而知,即有一二偶遗者,访之故老,亦不致终于缺略。以是印成新编,续集其后,则功不烦而资费亦简,又何惮而不肯为然,则因循者缘于畏难,震兴者勤于笃志,凡事类然。矧宗谱仁人孝子所首务,可不自警乎哉!用约略数言书之牍末,冀后之阅是谱者尚有感于斯文。

时乾隆四十二年岁次丁酉孟夏中浣之吉,十三世裔孙恩贡生考授州司马文薰顿首敬撰。

(吴文薰等修,乾隆四十二年刊本)

新昌城南漆氏

光绪新昌《城南漆氏族谱》,《续修宗谱述》:

胙土受姓,掌于职方。我漆氏之得姓也,由来远矣。《国语》孔子曰:防风氏之后为汪芒氏,汪芒氏之后为漆姓。自夏商迄周,世为诸侯,周文王时兴公封于漆沮,是为漆氏鼻祖。至子若公与徒父及哆者游学圣门,锡封侯爵曰平舆曰高苑曰濮阳。西汉政惠公射策甲科,请于朝,奏辞雕字,仍远守一氏,至于今不变。自是以来,代有达人。李唐诏修谱牒而以漆氏谱式颁行天下,漆宗之谱为当世珍重也匪一日矣。元大德四年,我基祖仁瑞公首修族谱于城南,每阅六十年一修,垂为家法,循而行之,罔敢逾越。溯自国朝康熙四修,至道光戊戌七修,而后叠遭兵燹发匪之乱,大小宗祠尽为灰烬,经我先大父先大夫暨诸叔伯昆仲辈设法修复门庭堂构,焕然一新,且开拓基址,俾大祠周遭方正,弥前人之缺陷,留后地之宽余。美矣盛矣,虽然宗祠之建置,前人既为其难者,谱牒之修,明后人敢辞其易乎?第从干戈扰攘之后,溯户口蕃昌之秋,其间生殁葬配,遗忘过半,犹幸有老成口授,遗耆指陈,得以传信,各支父老遂于修谱之先纂辑《兰玉集》,以备宗谱之采择。光绪乙未纂修族谱,开局从事,草谱已成,剞劂兴工,乃以各怀意见,事遽中阻。越十载癸卯岁,阖族有志蹴成,顾以赀费维艰,咸相向隅。至冬月汇之明经以介弟湖南泉明府所贷宗祠各会赀财,扁舟自鄂渚而来,偿以全数,族中父老皆踊跃称善,遂诹吉从事,经始于癸卯之冬十一月，至甲辰秋九月乃聿观厥成焉。猗欤休哉，夫谱之修也，显宦不为表扬而称美之，斯秉笔之过也。幸今谱事告成，父老昆仲雍穆一堂，人无闲言，视光绪丙申坚持私见，致将世系谱稿各藏私笥者，岂可同年而语哉。维时主宗盟者葵盛，任纂修者汝谐，滨书以菲才亦得与，犹子喻梓忝列其间，任总校者子馨，任分校者钟中、璧佩、言宗，若瞻淇、廷黻、廷选任出入者，定兴、燿乙、玉书承家综理族务，维俭维勤，任督修，任协修，任刊校皆一时济济英贤，逾于姬昌之则百。斯男斯文之盛，前此未有也。抑书更有一言为诸父昆仲告者。吾族为盐城冠冕，仁让孝敬之风，垂型乡里。今者文治维新，皇上设学堂以造士，维我英俊贤豪，恪遵祖训，各亲其亲，长其长，不蹈少年轻浮之习，则科第人文超越前代，秉钧筑沙，增光谱乘，看花策马，辉耀门庭，又岂仅陈杲浙东、开藩南楚云尔哉？谱成，诸父老命序以冠于简端，弼臣年高德邵，齿爵兼尊，请不获命，湖南泉则远宦湖南，屡次函催竟不得至，因不辞谫陋，谨述缘起，以应尊者之命，非敢言云序也。

时光绪三十年甲辰岁秋九月朔吉日，三十八世孙燿书拜手谨述。

（漆燿书等修，光绪三十年刊本）

福建

南平、延平麟阳鄢氏

光绪南平、延平《麟阳鄢氏族谱》卷全，《跋》：

同治甲戌冬，尊长命焘偕族中诸同人重修家谱，且以从前未有锓板，传钞缮本不无亥豕沿讹，当折衷之以付剞劂。焘始以不文难其事，既而披旧谱，览遗文，只觉追本溯源，悱恻缠绵，蔼然仁孝，而其间之详明义例，井井有条，犹其显焉者也。太史公云：莫为之前，虽美弗彰；莫为之后，虽盛弗传。吾家于明洪武间迁自江右，节义文章绵延弗替，一时颂芬扬烈，亦既有为之前矣。则生乎其后者，忍使残编蠹蚀，遏佚前光而无以昭兹来许耶？况以今二百余年，幸沐皇朝之教养，致成族姓之蕃昌。支派既繁，徙居靡一，不复有以谱之，窃恐分离乖隔，等骨肉于涂人，又不第数典忘祖已也。是用承命之余，谨就是月定议，按户捐赀，择能司理，而焘与诸同人等，始则修稿，继则汇编，徒以从事研田，无多余暇，计阅五星霜始获脱稿，开雕装订成帙。呜乎，是岂偶然哉！毋亦祖宗灵爽实式凭之欤？今取是谱观之，微特世系详而昭穆序，抑且创垂志事，显昭揭于简篇，道义诗书，隐留贻其矩蠖。惟是事更两代，搜辑殊艰，脱漏之讥，间仍不免已。要之，谱系既明，则沿波讨源，终当不昧，所愿我族人亢宗有志，永言孝恩，以亲九族，庶斯谱之修，不为无补，而尊长命修之意，亦非无因矣。焘故无取颂扬，特质言之，以附简末云。

光绪戊寅秋十四世孙焘谨跋。

第十二篇　族谱

（鄢宗云等修，光绪四年刊本）

光绪南平、延平《麟阳鄢氏族谱》卷全，《志》：

吾家之志修谱久矣，每以经费难集而不果。同治甲戌年十月朔，有事于宗祠，礼毕合食，席间复谈及之，尊长辈皆以为宜，且曰："是尔后生之责也，当勿辞。"于是偕诸同人，远近募捐，兼采谱稿。岁时设局，族之能文事者，咸与焉。参改汇抄，稿凡几易，以光绪丁丑冬付梓，至戊寅秋而工竣，装订成帙，序例居首，跋志附全，中编系纪一十八卷。是役也，费不吝赀，人无违议，举二百余年之旷，举族获告成，不可谓非幸也。其亦我祖宗之灵乎？十六世孙渭澄谨志。

（鄢宗云等修，光绪四年刊本）

莆田莘郊黄氏

乾隆莆田《莘郊黄氏族谱》卷四，《刊刻谱乘题缘序》：

吾宗家乘，经兵燹流离，历七八传，刻本消磨，三去其二，间有纂修补缉，不过誊写成编，三二年后，虫蠹腐朽，字画不清，兼之断简残篇，难以考证。辛酉岁，从兄忆趋公主鬯多年，以子侄分居，罕时汇聚春秋祭享，恐有昭穆不明，亲疏莫别，因诏其子化龙代为修辑。化龙秉公矢慎，取出各房旧谱，勤为对勘，疑者阙之，错者改之，记载必严，罔有遗失。谱成，献于先祖炉前，族人共视，佥云谛当。时向清即心存登梓，以从侄鼎甲公车期迫，未暇举行，延及于今。今幸各房子姓在外营生者多回故里，谱之刊刻，正在此时，奈吾宗世传清白，祭产无几，孙子食贫，用费繁多，将何所出？都长启源翁议以工资一分归丁，两分题缘，谅吾宗各怀念祖情深，破悭破吝，随力捐，随分题，谱之告竣，可拭目俟矣。

时乾隆十七年壬申仲冬穀旦世孙向清敬书。

（黄化龙重修，乾隆十七年刻本）

宗族修谱要节约开支，削减修谱人员的薪水，作为鼓励，将捐数和人名载在谱内，以鼓励族人捐输显名。

江苏

武进辋川里姚氏

同治武进《辋川里姚氏宗谱》，《续修宗谱序》：

支拨宗祠公款为修谱之费，且按丁筹捐，以继不足。

（同治版）

丹徒李氏

同治《丹徒李氏家乘》卷之六,光绪《戊寅年修谱收支账目》:

一、曹松泰玉板纸二十七刀,钱四十九千七百六十一。

一、关山纸八刀,钱三千二百文。

一、刷印正价工,钱八十二千六百文。

一、翻印二十五板,钱七千五百文。

一、谱匠饭食,钱四十三千二百文。

一、刻大序二道八板工,钱八千文。

一、刻谱千,钱二千文。

一、牵世系工,钱一千九百六十文。

一、开工犒劳给散,钱十千零一百六十文。

一、夹板四十一付,钱八千文。

一、蓝布包袱又带并工,钱七千五百文。

一、装订工,钱九千六百文。

一、下乡查问费,钱四千三百六十九文。

一、修谱杂费,钱二千九百六十文。

一、谱匠烟酒早晚点食苏烛,钱十千零六百四十五文。

一、写大字序送代合,钱三千两百八十五文。

一、子成逢庚至各处访问川费,钱五千文。

一、刻祠堂坟牌图,钱十五千八百八十文。

一、候抄草谱友酒席,钱三千九百二十文。

共计制钱二百七十九千五百四十文。

附丁钱捐钱人名:

乡族丁捐	五千文	堉丁钱	一千文
芙初丁捐	五千文	念祖丁捐	五千文
书祥丁捐	五千文	仰高丁钱	一千文
竹铭丁捐	三十千	埙丁捐	五千文
绍堂丁捐	二千文	封丁捐	三千文
焕文丁捐	一千文	恂丁钱	二千文
燧丁捐	三十仟	恒丁捐	十千文
焕章丁捐	五千文	相尧丁捐	五千文

光泰丁捐　三千文　　宗尧丁钱　二千文
裕昆丁捐　五千千文　培德丁捐　二十千
兴基丁捐　三千文　　培福丁钱　一千文
培松丁捐　三十千　　克柔丁钱　一千文
节昌丁钱　一千文　　彰节丁钱　一千一百文

（同治十二年敦睦堂木活字本）

安徽
绩溪华阳邵氏

光绪绩溪《华阳邵氏宗谱》卷首，《修谱条议》：

兴举大事必筹经费，应先将用款若干豫大数，然后酌量筹费，庶出入相准，不至亏空，致误正事。

……

男女丁口应由众立总簿，各房立分簿，先令各房分开丁口齐全，然后汇列总簿，以便按数酌派丁银，既无遗漏又昭公允。至世系为刊谱最要之件，亟应由各派开齐送局，以便绘图接续。以上二事，须每房选派勤慎者二人分期催督应用。

……

修谱银钱取诸大众，应分立二簿，一曰本派，一曰外派。而每派账目又须分房登记，以便检查。至经手银钱最易招谤，所有收存款洋、出入账目必须多派精明妥慎之人分别管理，每月结一大总。另派公直者二人逐加稽核。倘有少数，由经手者赔偿，如无错误，即于结总处盖一图记以表无私而昭大信。

……

银钱汇存妥处，每封记明实数，当众加盖图记存入公匦。另立出入账目大总簿置公匦内，每月应集众盘查一次，以示慎重公款，且杜挪移擅用之弊。

（邵俊培纂，光绪三十三年叙伦堂刊本）

预算。

黟县南屏叶氏

嘉庆《黟县南屏叶氏族谱》卷八，《附录修谱事宜》：

谱用聚珍字版，谱司系婺邑人，先立定议单，文献每盘元银二钱，世系每盘银一钱一分，墓图每盘银二钱。两图合一盘，加填字注，作世系一盘算。公镌至五代，余图俱各自认工价、村图、叙文计工扣算。或补换字,子孙本家自办梨木,另倩小木造成大小谱子字料,以备临时补刻,所有镌工饭食等项俱谱司自认外,逢朔望及起、完工,本家各送神福一次。

……

谱纸采在青阳县隔山杨西冲地方甘维翰槽,一百斤约一万一千张,其价足钱二十三千八百文,一张作谱一页,须先期定槽,拣选白净,免致临时受急。

(叶有广、叶邦光修,嘉庆十七年木刻本)

摊派。

婺源詹氏

光绪《婺源詹氏宗谱》卷首,《局规》:

一、丁费每生丁敛洋银一员,发红格,后各派清查丁数,即缴一半以为起局经费,编次时如数缴讫,然后镌板。

一、各派丁费必须亲自送局,由局给发骑缝收票,并盖经收入戳记以杜弊窦。

……

局费浩繁,如丁费不能接济,各派务随时敷用,候领谱抵算。……

一、局送信等件不取各派分文,各派着人来局者,工资亦由各派自给。

(詹固维等修,光绪五年庐源绿树祠刻本)

绩溪华阳邵氏

光绪绩溪《华阳邵氏宗谱》卷首,《修谱条议》:

男女丁口应由众立总簿,各房立分簿,先令各房分开丁口齐全,然后汇列总簿,以便按数酌派丁银,既无遗漏又昭公允。

(邵俊培纂,光绪三十三年叙伦堂刊本)

因经费摊派不公,出现分别修谱情况。

婺源湖溪孙氏

同治婺源《湖溪孙氏宗谱》卷一,《湖溪孙氏重修宗谱辨讹》:

岁在庚午,绣溪来议汇修宗谱,有格外勒出经费意,我派坚辞不就,因商诸族众,另修湖溪宗谱。

(同治十年刊本)

认捐。

清华胡氏

民国《清华胡氏宗谱》卷首,《同治甲戌九修凡例十三条》:

旧谱名下赞语未敢删裁,兹卷帙浩繁,除经登入县志及学宪郡邑尊与,凡有名人赠额应录外,名下概不用赞。如子孙不忍先人实行湮没无闻者,准其另刻墓图容像及诰敕行状文集序诸类,刻工纸价俱系自认。

……

谱牒失修愈久,则世系愈多,而搜辑亦愈难。况值兵燹,流离迁徙,生丁式微,丁费不足敷用,仍藉各派量力捐输,捐数人名载明谱内,以志不朽。

(民国六年刊本)

捐款人及数量。

婺源三田李氏

光绪婺源《三田李氏宗谱》卷末,《三田李氏重修宗谱各派捐输芳名列后》:

徽婺东乡五都理田派
  纶恩堂相通公下   捐输银一百两
  永思堂思雄公房   捐输银五十两
池贵西乡恭潆徐川龙田派
  深远公下   捐输银一百两
饶浮西乡下梅田都乌田派
  文逊公下真一公房   捐输银一百两
饶浮南乡枫树下龙田派
  仕通公下志一公房   捐输银一百两
徽黟西乡奕村派
  英公下   捐输银一百两
池东舒村书田派
  仁安公下   捐输银五十两
浙严遂安慈峰宏山派
  永思堂天泽公下   捐输银二十五两
  节孝坊春芬公下   捐输银二十五两
  世宥公下仕隆公房   捐输银十六两

池州石台夏田派
  茂达公下文经公房   捐输银三十两
婺邑新村柏树下
  文逊公下绶公房   捐输银四十两
婺邑长皋派
  文森公下   捐输银十二两
  行门祖玘公房   捐输银四两
  源田廷荣公下   捐输银十五两
  下村德成公下   捐输银九两
婺邑洙源派
  士通公下廷祐公房   捐输银五两 又尚樫已捐五两
婺邑伏阳派
  庆寿公下   捐输银十两
婺邑桃源派
  士达公下   捐输银十两
池建邑杨树桥丰田派
  社富公下   捐输银十两
九江彭邑双田派
  希直公下敏公房   捐输银十两
宁国太邑蓝湖彭田派
  大公下七公房   捐输银十两
宁国太邑社田外郎屋派
  萌公下崇龙公房   捐输银十两
宁国太邑车田洋湖派
  均申公下   捐输银九两
  七申公下元虎公房   捐输银六两
婺邑金盘派
  季庆公下   捐输银八两
婺邑塘田迁小大鳙派
  存信公下庭财公房   捐输银六两四钱
徽歙汉洞派

文逊公下周保公房　　　　捐输银五两
徽婺秋溪中村派
　　涧公下　　　　　　　　捐输银五两
池贵东源韩田派
　　超然公下　　　　　　　捐输银十两
池贵徐川龙田派
　　元建公下　　　　　　　捐输银五十两
饶乐邑茅塝派
　　思昂公下良祯公房　　　捐输银一两一钱
婺长皋丰洛派
　　伯寿公下　　　　　　　捐输银一十五两
徽婺官源派
　　友三公下　　　　　　　捐输银二两
严田派
浙严遂安乘凤凤川派
　　荣四公下　　　　　　　捐输银二十四两
饶德邑仙田派
　　师宁公下敬嫩公房　　　捐输银六两
光绪乙酉年重修宗谱捐输芳名列后：
义和堂家瞵公下　　　　　捐输洋银一百元正
（李廷益、李向荣修，光绪十一年木活字本）

节省开支。
黟县南屏叶氏
嘉庆《黟县南屏叶氏族谱》卷八，《附录修谱事宜》：
　　修谱使用俱系各支轮输，并非动支公项，支丁到局司事者，公局不设伙食，惟备茶水，免致多费。
（叶有广、叶邦光修，嘉庆十七年木刻本）

绩溪华阳邵氏

光绪绩溪《华阳邵氏宗谱》卷首,《修谱条议》:

此时筹费极难,除常年坐局及理谱者,应酌给薪水外,其余一概不给。迨谱事造成,应将在事诸人刊入宗谱,以彰劳勤。

(邵俊培纂,光绪三十三年叙伦堂刊本)

山西

平定张氏

解决修谱的资金。

道光《平定张氏族谱》,《劝捐修谱引》:

吾族急宜叙谱,应亦人人共知者,奚烦再三言之?数年来辗转审虑,自梓材楮墨以及工饩犒餐与夫稽查宗派,往来路资,种种耗费,凑办匪易。又忖度时势,今若不修,抄本无多,岁久残缺,泯没先人建石续谱之至意,罪益滋大。待时而修,世愈增则丁愈众,丁愈众则工愈倍,即有仁贤或虑所费多而疑阻矣。夫以合族公举之事,理宜计丁凑敛,奈宗族贫富不等,殊难科排,思之至再,惟有劝捐一法。但祈族中贵者、富者、富且贵者轻财重义,勿生吝心,其助要务则岂惟慰先曾祖建石之意?继先祖考续谱之志亦合族之人所当同称为盛德者也。

宗人玉润谨劝。

(张文选等修,道光二十八年刻本)

湖南

修谱费用主要靠乐捐、摊派等方式解决。

湘乡匡氏

道光湘乡《匡氏续修族谱》卷首,《匡氏续谱条规》:

领谱议费,每册定价钱二千文,各房司隶应先送单交钱一千文,以便办纸,多寡自定。之后已定者不领,无钱退还,后增者无谱,不得闲言。谱费每房派钱若干,订期送入谱房,不得延挨,当众封锁,一人不得擅开,私支移贷,如违公罚。

(匡逢向等修,道光八年解颐堂刊本)

涟源李氏

民国涟源《李报本堂族谱》卷首,李氏《续修谱凡例》:

费资除每丁派一二三百文不等外,希庵捐银五百两,璞陔二百两,懋勋一百两,各主

第十二篇　族谱

修或捐数十串或百串,其捐赀别刊石碑于祠。

(民国五年报本堂活字本)

经费缘故,先修房谱,而后合纂。

零陵龙氏

民国零陵《龙氏六续家谱》卷首,《五续谱序》:

续谱难,续族谱尤难。尝见天下有万丁之族,未见有万丁之谱。繁则势分,理有固然也。我族自九世祖以至今日,凡十五世,丁四千一百有奇,以三男五女推之,盖将七八千人矣。修谱者欲纲罗此七八千之人,记其里居,稽其阀阅,汇其生卒而图之、而谱之,以成功于一二年之中,岂不难哉?而顾无难焉者,立法善也。程子言:韩淮阴将兵多多益善,不过分数明耳。其分数奈何一分,合尽之矣。自统将而营而哨而队,一本而万殊也,分也。由散卒而队长而哨长而营官而统将,万殊而一本也,合也。不合无以考成功,不分无以专责任,能分能合,虽将万人一队长耳。兹之谱亦犹是焉已矣。我族瑛、璋、瑄三房鼎立始事之初,族众公约,凡三房之分者各专其任,凡三房之合者三房会议汇而综之。至于谱式、凡例一惟谱引是循,盖亦先事会议所定也,故无繁费无旷时,不期年而事集,后之人果率由旧章能分而合,能合而分,则由六续、七续以驯至十续、二十续,皆可合修焉。将万丁之谱不难独见于我龙氏也,岂不懿欤?谨按:一修谱乾隆甲子,我信房凤生公肇其基,当时创始维难,盖未成之书也,然敬宗收族之功,俾后之人得踵而成之,不容没矣。后乾隆丙甲,克襄、志道、书士诸公起而继之,历十余年而谱始成,今取而读之,本本源源麟麟炳炳实为我族完书,虽不无遗漏,功亦伟矣。故乾隆丙甲之谱虽名二谱,实一续也。道光壬午,兼三公主修三续,亦多历年所,虽非一人之力,而兼三公肯独任其难,假令族之人皆如是焉,我族何有废事乎?是诚孝子慈孙之用心也已。亦越咸丰戊午倡四续,同治癸亥竣事,维时丁日繁而势渐涣,故三房分修合纂,亦因时而制宜也。今兹五续,盖亦因其旧焉,不知果能追配前人否?然三房之人孜孜汲汲,盖无不为六续合修计焉。自来谱式皆遵欧法,而兹顾变而通之者,诚虑空白多而卷轴繁,后之人必有藉口分修者,故先居变法之咎,俾后世循述志之常,后之人其鉴此苦衷,分者复合,合者永不复分,三房子孙千万世而皆雍睦一堂焉。是则今日之愿也夫。

光绪十九年癸巳岁冬月,五续嗣孙谨序,六续三房嗣孙重刊。

(民国十年敦厚堂木活字本)

福建

南平、延平麟阳鄢氏

光绪南平、延平《麟阳鄢氏族谱》卷全,《公项题捐照世次录》:

仲章公五两交清

昆山公二十五两交清

叔敬公一十二两交清

朴斋公一百两交清

克宣公三十两交清

东桥公一百二十五两交清

介石公五十两交清

云松公二十两交清

梅轩公四十两交清

文教公四十两交清

达泉公一十两交清

春霖公八两交清

若桥公一两交清

秀山公六十四两交清

华西公三十两交清

近阳公一两交清

辉寰公三十两交清

元同公一两交清

绍洙公二十两交清

致一公五两交清

去羞公二两交清

皇州公一两交清

德翼公三十六两交清

义岩公一十五两交清

孔常公五两交清

孔尔公一两交清

孔銮公一两交清

孔歌公一十两交清

孔韦公三十两交清

孔尊公六两交清

孔知公二十两交清

孔成公五两交清

孔介公五两交清

孔伊公六两交清

孟郁公五两交清

孟豪公一十两交清

孟修公五两交清

孟趾公二十五两交清

孟旦公二两交清

孟统公四十两交清

孟千公一两交清

孟房公二两交清

孟水公一十两交清

孟昭公三两交清

孟怀公五两交清

孟祥公五两交清

孟忠公五两交清

道映公二十两交清

道光公一十两交清

道震公一十两交清

道式公五两交清

道凝公一两交清

道栋公一十两交清

道商公一十五两交清

道具公四十两交清

道水公二两交清

道海公一两五钱交清

道推公三十两交清

道生公五两交清

道就公一两五钱交清

道方公三两交清
道英公四两交清
道泮公四两交清
道书公一十两交清
道悠公三两交清
道苏公三两交清
道时公一十两交清
道日公五两交清
道水公三两交清
宗速公五两交清
宗坦公三两交清
宗管公五两交清
宗庇公五两交清
宗高公一两交清
宗义公一十两交清
宗大公一两交清
宗国公一两交清
宗信公一十两交清
宗旺公二十两交清
宗琚公六两交清
宗珴公三十两交清
宗璨公五两交清
宗权公一两交清
宗极公一两五钱交清
宗尹公四十两交清
宗香公二两交清
宗端公五两交清
宗拱公二两交清
宗合公二两交清
宗起公一十七两交清
宗礼公一十五两交清

宗祥公一十两交清

宗璁公一两交清

宗明公三两交清

宗心公一十两交清

宗煌公二两交清

宗远公五两交清

宗琳公一两五钱交清

宗拔公一两交清

宗睿公一两五钱交清

宗爱公三两交清

宗注公一十两交清

宗攀公二两交清

子顺公一十两交清

子焕公五两交清

子示公五两交清

子勋公五两交清

子振公一两交清

子崇公六两交清

子波公八两交清

子旺公一两

子端公一两交清

子登公一两交清

子时公一两交清

光璋公一两交清

子功公一两交清

子宁公一两交清

子东公五两交清

子骅公二两交清

子吉公四两交清

子煌公一两交清

子台公一十五两交清

子惠公三两交清

子亮公二两交清

子南公一十二两交清

子彦公一十五两交清

子多公一十两交清

子双公五两交清

子琏公一两交清

子观公四十两交清

子奎公三两交清

子骥公五两交清

子翼公二十两交清

子职公五两交清

子对公一两交清

子穗公三两交清

子庚公三两交清

子犁公一两交清

子栋公三两交清

子象公二两交清

子理公二两交清

子汉公三两交清

子耕公三两交清

子先公三两交清

耀子公五两交清

隹子公三两交清

子镆公二十两交清

可现公一两交清

可照公一两交清

可元公一两交清

可成公三两交清

可纯公一两交清

可环公八两交清

可由公一两交清

可景公五两交清

可应公一两交清

可享公一两交清

可币公一两交清

可和公一两五钱交清

可开公四两交清

可钱公一两交清

可杯公一两交清

可陶公一两交清

可裔公二两交清

可山公一两五钱交清

可选公三两交清

可银公一两交清

可贡公五两交清

可标公一两交清

可绶公二两交清

可顺公一两交清

可铨公一两五钱交清

可衮公一两交清

可享公二两交清

可爵公二两

履可公一两交清

利可公十两交三两

润可公二两交清

爵可公四两交清

连可公一两交清

实可公一两交清

坚可公一两交清

为可公二两交清

享可公五两交二两五钱

修可公二两交清
官可公二两交清
丹可公二两交清
宜可公一两交清
威可公二十两交清
邕可公一十两交清
裕可公一两交清
捷可公五两交清
程可公二两交清
步可公一两交清
敦可公四两交清
骏可公一两交清
斓可公二两交清
珍可公三十两交清
典可公八两交清
郁可公一两交清
党可公三两交清
鸾可公一两交清
可桂公五两交清
可福公四两交清
可严公一两交清
可玑公一两交清
可珪公一两交清
可矢公二两交清
体来公三两交清
体坦公一两交清
体嘉公一两交清
体生公四两交清
体襟公一两交清
体伦公一两交清
体甘公一两交清

体兰公二两交清

体修公一两交清

体月公六两交清

体标公三两交清

体芳公五两交清

体熊公一两交清

体乩公一两交清

体晏公一两交清

福体公一两交清

体炳公一两交清

体雍公一两交清

体攀公二两交清

泮体公一两交清

笃体公一两交清

川体公一两交清

捷体公三两交清

澄体公二两交清

葵体公二两交清

见体公一两五五钱交清

铨体公五两交清

恭体公一两交清

体盛公五两交清

体悠公一两

体庆公五两交清

体勃公五两交一两五钱

体振公四两交清

亨体公三两交清

则新公一两交清

则乔公一两交清

则谟公一两交清

式唐公二两交清

则顺公一十两交清

天清公一两又二两交清

意可公一两五钱交清

大可公二两交清

宗锦公一两五钱交清

殷户题捐：

骏体三十两交清

体务二十五两交清

大宝二十两交清

秉富二十两交清

惠体一十五两交清

秉意一十二两交清

攀可一十两交清

可谋一十两交清

体着一十两交清

明体一十两交清

钧体一十两交清

琛则一十两交清

庆余一十两交清

崇体八两交清

敏体八两交清

礼则八两交清

则畅八两交清

式周七两交清

璼体六两交清

铎可六两交清

全可五两交清

仰可五两交清

长诚五两交清

坤可五两交清

毓体五两交清

绥体五两交清

居体五两交清

域体五两交清

扬可四两交清

大初五两

可馨四两交清

可威四两交清

定体四两交清

体富四两交清

安可三两交清

则居四两交清

冲可三两交清

久可三两交清

攀体三两交清

可彭三两交清

庆体三两交清

丹体三两交清

则平三两交清

琇体三两交清

则芳三两交清

信则三两交清

则治三两交清

湍则三两交清

秉爵三两交清

可照二两五钱交清

子玉二两

可情二两交清

可且二两交清

体交二两交清

可体二两交清

琼体二两交清

瑞体二两交清

温体二两交清

巧体二两交清

按体二两交清

则熙二两交清

则回二两交清

则祥二两交清

云则二两交清

秉丰二两交清

秉见二两交清

势可一两五钱交清

河体一两五钱交清

体纲一两五钱

理体一两五钱

盛子一两交清

盘可一两交清

可铣一两交清

华可一两交清

拱可一两交清

钱可一两交清

起可一两交清

玉藻一两

体武一两又六两交清

嘉体一两交清

体义一两交清

体节一两交清

体庚一两交清

体茂一两交清

珠生一两交清

体宝一两交清

干体一两交清

韶章一两交清

充体一两交清

融体一两交清

升官一两交清

缙镛一两交清

则尧一两交清

则传一两交清

祥式一两交清

体肃一两交清

鸿官一两交清

声田一两交清

则丹一两交清

式程一两交清

式朱一两交清

天珠一两交清

天国一两交清

秉约一两交清

同体一两交清

登体一两交清

仕体一两交清

体澄一两交清

可杰五钱交清

可贝五钱交清

可孝五钱交清

可谷五钱交清

月体五钱交清

招体五钱交清

体固体闰体炉共一两交清

体任二两交清

坤体一两交清

(鄢宗云等修，光绪四年刊本)

光绪南平、延平《麟阳鄢氏族谱》卷全,《附录费用清单》:

一、自同治甲戌冬议修族谱,随修在乡、外迁各房稿及抄录校刊,监本募捐议事诸公费共用钱二百零四千七百四十一文。

一、刻谱用白梨全板,包写工每百字九十文,系图倍之,圈尖同价,计三十八万一千八百八十三字,应钱三百四十三千六百九十五文。序跋每百字三百五十文,计九千四百零七字,应钱三十二千九百二十五文。又诗集两部,每百字一百二十文,计四万六千八百零四字,应钱五十六千一百六十四文。大字序六百五十一字,应钱两千二百七十九文,诸碎印应钱五千二百七十六文。刷订族谱,计钱四十一千一百二十五文。印刷诗集,计钱一十八千一百七十三文。修补工资钱一十八千文,加增刻匠工资六十二千六百八十文,共用钱五百七十九千九百一十七文。

一、纸料丝线,共用钱一百七十八千六百四十五文。

一、刻匠与自己省城往返路费,及诸物料债税,挑工并倩用大小工,共用钱七十五千七百五十六文。

一、祭告祖先斋醮普度谱局神福公费,共用钱二百九十六千六百六十九文。

一、谱局买置器具,共用钱三十五千零二十二文。

一、买置藏板所并修整工料、棚架等,用钱三十九千五百文。

一、所有杂费以及送友情事,共用钱一十七千六百六十九文。

一、短少钱额银水,及混入假银,计制钱八千二百六十一文。

总计共用钱,一千四百三十六千一百八十文正。

捐项实收钱,八百零四千　百　十文正又丁钱五十七千文。

除用外,剩钱四百二十四千八百二十文正,即时交公。

光绪己卯　月吉日祖祠公算。

(鄢宗云等修,光绪四年刊本)

直隶

族谱对家族文献的收集与记录。

丰润毕氏

民国丰润《毕氏宗谱》,《凡例》:

一、先世亲故所赠序铭纪志及哀挽诗文行状等作系先人实录择而录之,使为一族之表。

一、祖宗笔札,自作诗文,堪垂不朽者亦能录之,所为手泽也。

第十二篇　族谱

(民国十九年排印本)

东光马氏

沧州东光《马氏家乘》，道光《马氏重修家谱序》：

……吾家自上世以来，性秉耿直率以义气相尚，修谱之事一为首倡，而出重资以垫谱费者不下十余人，其余族中稍有力者亦竭力捐资毫无吝色，俱有先代遗风，数百年来子孙蕃庶，科第连绵，皆食旧德之报也。且先人之奇节异行，播之传闻载在郡邑志者不可枚举，旧谱中有载有不载，今网罗散佚一并笔之于谱，使前人之遗迹不至湮没不彰而奕世之云……道光九年十五代孙履祥谨记行年七十三岁。

(1999 年十一修本)

沧州戴氏

沧州戴氏著作。

光绪沧州《戴氏族谱》不分卷，《行实》：

戴明说：《礼记提纲广注》、《篆书正》四卷、《定园之集》、《定园诗集》、《定园未刻草》一卷、《邹鹿合编》、《香云庵诗集》十卷、《茅庐诗草》一卷、《六朝诗集》、《历朝选》、《唐诗类苑选》。

戴王缙：《萧云阁集》、《平昌诗草》。

戴宽：《裕庵遗稿》一卷。

戴寅：《小戴诗草》。

戴暻：《赐仙堂诗草》一卷。

戴延韶：《彤辉吟》、《沧桑列女吟》。

戴煜：《衡石斋诗文集》。

(光绪三十四年本)

东光马氏

沧州东光《马氏家乘》，《著述》：

《疏论遗编》、《清门先生诗抄》，工科都给事中马汝松撰。

《弹章纪略》，湖广布政司右参政马允登撰。

《墨隐诗草》三十卷，增生马之駼撰。

《禹贡略》府志同，湖广宜都知县马廷赞撰。

《读史纂要》,拔贡生马廷宣撰。

《德鸿诗词文稿》,安州学正马廷翰撰。

《脉决浅说》、《痘疹浅说》,附生马文撰。

《肩尹诗草》,贵州威宁镇守备马孔任撰。

《略决子集》,廪生马孔燧撰。

《爱吾庐集》,副贡马孔恩撰。

《羼提子集》《乐志轩集》府志同,进士马孔怀撰。

《抱瓮园集》《棂门卮言》,真定县教谕马孔扬撰。

《可行录》,廪生马端撰。

《女科汇要》四卷,附生马永祚撰。

《西征录》《政事杂俎》《朗镜集》,陕西靖远卫同知马永命撰。

《醒流集》,江苏靖江知县马兆鳌撰。

《一叶山房诗稿》,高邑县教谕马跻尧撰。

《古文锦》,高邑县教谕马跻尧辑。

《五经贯珠》二卷,附生马植撰。

《愚真诗草》,廪生马雨堂撰。

《谦益堂诗稿》,宁河县训导马德称撰。

《古逸汇考》《东光文献考》,涞水县训导马春坊辑。

《闻妙香斋诗稿》《刻鹄斋文集》,涞水县训导马春坊撰。

《历朝古文钞》《诗钞大成》《邑志续稿》,廪生马德潜辑。

《渊泂斋诗赋文稿》十卷,廪生马德潜撰。

(1999年十一修本)

安徽
歙县棠樾鲍氏

乾隆歙县《棠樾鲍氏三族宗谱》卷首,《编谱征引书目》:

《宋史》、《明史》、《欧阳谱例》、《苏氏谱例》、《师山先生集》、《东山赵先生集》、《黟南生集》、《篁墩文集》、《天原发微辩正》、《天心复要》、《李空同集》、《思庵集》、《鲍龙山集》、《太函集》、《瑞芝山房集》、《许文穆公集》、《列朝诗集》、《曝书亭集》、《思绮堂文集》、《新安文献志》、《新安名族志》、《徽州府志赵吉士》、《徽州府志汪尚宁》、《歙县志》、《繁昌县志》、《氏族志》、《氏族通考》、《万姓统谱》。

第十二篇 族谱

(乾隆二十五年刻本)

婺源庆源詹氏

乾隆婺源《庆源詹氏宗谱》,《序一》:

嘉靖统宗世谱五世合编,大宗、小宗,枝干犁然汇别。万历间,庐源改造宗谱,颠倒弟兄。国朝雍正乙卯,又转因袭承讹,中多鱼目,一时不可再问。窃思庶民宗系,不等王公袭爵,宗子、众子共干连枝,本无分于贵贱,第天显逾行,弟友兄恭,言之不顺。庐源实为欺祖,而我庆源宗派子孙亦或弁髦伦次,甘为所紊,良可慨也。今乾隆辛丑,庐源又复邀修统谱。我派孙子素明尊祖大义者,恐族大支繁,凤被所愚之人仍蹲故辙,爰于壬寅孟夏约集远近宗支,开局祖祠,特于嘉靖谱底汇出云烟宗派,厘其支裔。矢慎矢公,翻木主,检坟茔,查婚嫁,考迁居,综继嗣,究乏绝,辨世次,分行序,飘丁外养,搜寻毕极苦心。其有世系衰落,木主无存,生殁葬所委实难稽;更有仅存名字,谁为祖父,谁为孙子,都无连属者,不妨暂缺所疑,效春秋甲戌己丑之义,附于某派页尾,不敢强为征实冒系根株,外有背祖不凭联集之人,亦依嘉靖谱底存其分派首代。

(乾隆五十年享叙堂活字本)

婺源詹氏

光绪《婺源詹氏宗谱》卷首,《局规》:

一、丁费每生丁敛洋银一员,发红格,后各派清查丁数,即缴一半以为起局经费,编次时如数缴讫,然后镌板。……

一、谱所以明世系,如有继支或本宗或异姓,责成各派注明,不得混淆。

一、各派先设分局查核详明,然后誊写红格,如有弊端,归该派司事人是问。

一、谱式必须画一,凡生年殁岁及娶某氏、葬某处某向、生几子,一一注明。

一、由各派分迁者责成各派照会……

一、修谱临文最忌怀私,凡有不雅训者,须改正,毋偏执。

一、各派准在本年十月内缴红格,预须拟定领谱几副,以便印订。……

光绪二年丙子二月初吉婺北庐源绿树祠具。

(詹固维等修,光绪五年庐源绿树祠刻本)

新安徐氏

乾隆《新安徐氏宗谱》卷首,《凡例》:

各族谱刊成之日,每族互换一部,公存家祠,合之即成统宗全谱,下届续修,永以为例。至各族给谱,须编字号注明给某名领。

(徐有炜修,乾隆二年刊本)

清华胡氏

民国《清华胡氏宗谱》卷首,《同治甲戌九修凡例十三条》:

一、谱挨次鳞叙,有统有承,焉用补为?然代远年湮,有名而未悉何人之子,有氏而不知何人之妻,详之恐讹于夏五,略之又痛于若敖。今加立《补遗》一卷,凡属疑似者置录于此,倘日后查出仍收入正册。非过为烦琐也,亦慎重之意云。

一、谱牒失修愈久,则世系愈多,而搜辑亦愈难。况值兵燹,流离迁徙,生丁式微,丁费不足敷用,仍藉各派量力捐输,捐数人名载明谱内以志不朽。

一、世系图内款式系照各派稿本登载,不能尽归画一,或其中字语间有舛错之处,亦因定稿者未亲来局,致不便点窜,阅者谅之。

一、此次修谱隔前次七十余年,时异世迁,即阅数载之久,仍不能全辑。有失其世次者,或叙世次而生娶卒葬无从稽考者,遗漏已多,不无所憾。今集议,领谱之后,各派宜自立草本,随时登记,异日统修依稿誊送,庶无遗漏。

(民国六年刻本)

黟县西递明经胡氏

道光黟县《西递明经胡氏壬派宗谱》卷一,《明经胡氏壬派宗谱凡例》:

旧谱凡例曰:旧谱始于庆源图,继以献之公、元发公、梅严公、可象公继继相续,宜无舛错。但皆写本,不无遗误,况经兵燹,真本鲜存。今以各房所藏诸本参较,同者书之,异者考而正之,考之未得者或并存之,甚则缺之,不敢妄有增损,亦不敢苟于因袭。按旧谱上经先儒之闻见,又为先贤所手定,考核既精,论辨既详,诚为族谱之楷模,万世不可改也。况康熙庚子十派会修统谱又成为刻本,更觉世次明而条贯悉矣。今修壬派本支,亦惟将统谱中之属壬派者悉心考校,其有差错之处尽依家藏旧谱更正,其后乎此者则恪遵成法以纂述之。

……

旧谱凡例曰:制命及赠述、序记、哀挽、墓志等文颇多,难以收附,别汇为《世德录》以传。按前例别为《世德录》以载制命及各体文章传世,第此书久经搜访,终未得见,殆前人编辑未成。今则悉从前例,亦不复别为一书。

(道光六年刻本)

池州仙源杜氏

光绪池州《仙源杜氏宗谱》卷首,《凡例》:

宗谱失修二百五十余年,中遭粤变,稿多残缺,兹虽逐房清查,及纂录校阅凡二十七次,而其年、日、葬地据耆老报载者居多,终恐不无遗误,阅者谅之。

(光绪版)

婺源湖溪孙氏

同治婺源《湖溪孙氏宗谱》卷一,《孙氏统宗文献汇考》:

昔人谓簪缨世胄不少人文,阀阅名家固多典献。若吾宗自周得姓,降及秦汉晋唐以至宋元明间,人文蔚起,典献昭彰,标诸史册,炳如日星。岂藉一谱之传而后显哉?然前哲所云:祖宗有可传者而弗传,为不孝。为人后者固不可蒙不孝之名而弗传先祖之事。已故旧谱所载文献一编,如宫室、陵墓、硕儒、文苑诸汇,宏搜博采,靡有所遗,厘而订之,以付梨枣,非以是夸多而斗靡也,庶昭示来兹以免数典忘祖之讥耳。

(同治十年刻本)

绩溪城西周氏

光绪《绩溪城西周氏宗谱》卷首一,《凡例》:

旧谱中家传、行状、志铭,无论工拙必存,以前人行事赖之以传也。他文佳者录之,否则不录,以业已载之家传志铭也。惟寿文佳者绝少,概不录……谱牒既成后,须印格纸厚簿,以便记新生丁男之名。每年于冬至前各派有添丁者,务诣祠报明登记,俾将来修谱有根,不至遗漏。

(宛陵周赟等修,光绪三十一年敬爱堂木活字本)

歙县蔚川胡氏

民国歙县《蔚川胡氏家谱》卷二,道光二年《谱规》:

文公言:三世不修谱为不孝。凡我后人生娶卒葬及迁徙坟墓出处事业须及时阗写各支祀谱,或告祠首记明,以为后日续修张本。

(民国四年线装活字本)

清华胡氏

小族艰难修谱。

民国《清华胡氏宗谱》卷首，乾隆二十六年《严田溪西派序》：

唐银青光禄大夫常侍公平寇南归，卜筑清华，为清华一世祖，有子八人，分居四坊，严田溪西派乃常侍公第四子六公支下九世祖三九提领讳远公第三子四二迪功郎讳世臣公后，惟子允元公幼失怙恃，始迁严田，创置千亩，有开基垂统之模，绵绵绳绳亦几成族。无如世宦强邻谋夺坟茔基址，巢既卵危，烟亦星散。今居严田者已至十七代，然廖廖实甚。乾隆庚辰秋，清华六公长房会修宗谱，严田秉魁字经五，收族联宗，会修付梓。见其先有迁六安州者，有迁浮梁、迁龙居、迁双岭洪家山者，或以远适异地，聚粮为艰，或以物是人非，转徙不一，浩然付之长叹已尔。惟是良孙公生三房，长梅湖，今则尚桂、尚志、尚万兄弟，子侄十二人。次昭祖公则仅有寺前尚铺一人。三寿翁今则秉魁、秉和父子祖孙六人。析薪负荷，勉订兹篇。披览之余，能无感慨？然培其根以竣其实，将积水成海、积土成山，安知不为阀阅之兆欤？予与经五有姻谊，以其伤悼也而慰之，亦以勖之。是为序。

（民国六年刻本）

湖南

湘乡匡氏

道光湘乡《匡氏续修族谱》卷首，《续例》：

支派丁名、生配、没葬、坟山、地名及过房、抚继，照依各房墨册编录，倘有遗漏错讹，互混不明，惟各房房职、造册人是问，不与阖族主纂秉笔校阅相干。

（匡逢向等修，道光八年解颐堂刊本）

因族人迁移频繁，增加修谱难度。

道光湘乡《匡氏续修族谱》卷首，《原例》：

族内子孙不力，曾有浪荡他乡，不知其处者，于本生父下必存其名，非敢意为详载，亦不忍也。

（匡逢向等修，道光八年解颐堂刊本）

涟源李氏

民国涟源《李报本堂族谱》卷首，《续修谱凡例》：

凡与老谱更易之处，或母子生庚不符，或兄弟长次失序，务将本名上下人名年干推算确凿,然后更;至有年分错讹,虽经查出无从校正,并有出抚子漏载承抚、或承抚漏载出抚者,均未敢臆断更改,但于本名下载明以俟来者。

(民国五年报本堂活字本)

时局及战乱的影响。

族谱之修,即在承平之时也并非易事,倘若遇到天灾人祸、时局动荡的岁月,修谱更是难上加难。当此之时,更需族人以百般的毅力,克服艰辛,方才成就修谱盛举。

湘乡大界曾氏

民国《武城曾氏衍湖南湘乡大界五修族谱》卷六,《曾氏五修族谱跋》:

吾宗族谱四修成于清光绪庚子岁,至今已四十余年矣。古人以三十年为一世,而谱牒亦三十年一修,庶几人丁、事实无遗忘之患。吾族之谱已亟待修纂,但或因时局之变迁,或因人事之困难,虽经筹备十年,迄无结果。……有志事竟成,矧吾宗贤达之士多行,将秉大禹宗圣之毅力,文正忠襄之贞诚,撙衣节食,集腋成裘,以成此伟业,为吾宗之光宠,为后代之楷模,又何患人力物力之不足耶?

(民国三十五年三省堂活字本)

(二)谱局设立与修谱人员

为编修族谱,宗族特立机构,礼聘主修、助理,与事者系社会各种身份之人。

费氏手辑家谱,撰《务本家训》。

张玉书《张文贞集》卷一一,《诰授光禄大夫工部侍郎费茂公墓志》:

……公上念高曾世有阴德,而谱牒残缺,恐年岁久,昭穆益紊,遂手辑家谱,垂于奕世。又撰《务本家训》一书,宗族中贫者,衣食之;孤寡者,收养之;无后者,春秋祭之。至今子孙犹遵行勿替。康熙十六年病笃,令诸子立侍榻前,勉以忠孝。以三月八日坦然而逝,年七十有四。

(《四库全书》本)

江苏

江阴斯氏

民国江阴《暨阳黄阆斯氏宗谱》,《嘉庆辛酉修谱同事诸公芳名》:

督率族长：良佐。

总理：泽周。

副理房长：信之、成己、旭初、如松。

考订：宗藩、耀宁。

参阅：荀如、书田、配三。

董事：祝天、兆昌、兆英、辉远、能祥、景明、大荣、朗然、瑞证、文玉、国良、维先、圣元、士豪、士佩、大全、文连、考三。

（斯桂相编修，民国十七年木活字本）

民国江阴《暨阳黄阆斯氏宗谱》，《光绪己丑修谱同事诸公芳名》

督率族长：文魁。

总理：大相、祥明、勤美、元相。

副理房长：文宝、长松、阿荀、能有。

监谱：福兆、致祥。

校正：万安、瑞生。

董事：鲤庭、益荣、益贵、余龙、余忠、如林、祥瑞、璞斋、华清、葵禄、全义、朝相、朱信、有得。

（斯桂相编修，民国十七年木活字本）

江阴澄江袁氏

民国江阴《澄江袁氏宗谱》卷二〇，《修谱纪名》：

明宣德壬子创修：第六世以仁、第七世昂。

崇祯初年纂辑大通稿：十二世士雅。

国朝顺治丁亥重修：主修，十三世震卿；纂修，用卿；协修，十四世起龙、景芳、昌龄、湘。

乾隆庚戌续修：纂修，十七世机。

道光辛丑辑稿：汇纂，十九世斋；采访校录，二十世仁植。

光绪戊寅重修：主修，十九世孙立三；协修，二十世孙忠；采访，二十一世孙绩熙；纂修，缉熙；参校，二十二世孙梅、性生。

光绪乙巳续修：主修，二十世孙文经；协修，二十世孙赓堂，二十世孙文纶，二十一世孙继诚，二十一世孙达，二十一世孙灏，二十三世孙士骥；采访，二十一世孙士林，二十一世孙士桂;纂修,二十一世孙成劝;校录,二十一世孙瑜;参校,二十二世孙思棠。

(袁衡五等修,1949 年排印本)

常熟王氏

民国常熟《太原王氏家乘》卷九,《修谱统系表并序选录》:

第一次创修:荣九讳均佐。世系表如左:坚——安义——胜七——荣九。

第二次续修:熙字文明。世系表如左:荣九——思敬——旭——砥——珉——熙荣九以上准荣九表。

第三次续修:璧讳廷瑞,字兰雪。世系表如左:坚——安义——胜五——福四——华五——恕——璧。

第四次续修:之轼字心雨,虞寡姊子,抚为己子,有功王氏,列入宗谱,所以报也。世系表如左:璧——钲——诞——虞——之轼璧以上准璧表。

第五次续修:蕃锡字海宇。世系表如左:恕——玖——蒙——晣——宙——有源——蕃锡恕以上准璧表。

第五次续修中之协修:元芳字森伯。世系表如左:珉——耀——垢——之鐏——元芳珉以上准熙表。

第六次重修:霖字润之,号雨岩。世系表如左:有源——三锡——浚祺——桢——世熙——旋吉——铭——文澜——霖有源以上准蕃锡表。

第六次重修中之协修:廷楷字艺园。世系表如左:蕃锡——浚泰——树名——世瑛——紫垣——连鏞——增浏——廷楷蕃锡以上准蕃锡表。

第六次重修中之协修:炳章字蓉衔,霖子。世系表同霖。

第七次续修:炳勋字懋轩。世系表如左:文澜——成梁——炳勋文澜以上准霖表。

第七次续修中之协修:福焘字仁甫。世系表同廷楷。

第七次续修中之协修:宗宪字怡卿,炳章子。世系表同霖。

第八次续修:元觐字葆初。世系表如左:成梁——炳晟——曾泽——元觐成梁以上准霖表。

第八次续修中之协修:鸿飞字采南。世系表如左:成梁——炳勋——复基——元龄——鸿飞成梁以上准炳勋表。

第八次续修中之协修:渭熊字宝周。世系表如左:霖——炳章——宗宪——钟鏞——渭熊霖以上准霖表。

单修南分支:桂恩字宝蟾。世系表如左:璧——钪——谔——秦——绮——继科——

政理——玮——士达——纲——桂恩璧以上准璧表。

单修清晖支：大椿字八千。世系表如左：坚——安义——胜九——得二——纯伦——宗义——柜——焰——伯臣——载仕——蓼龙——翚——有誉——复曾——大椿。

续修清晖支：元钟字虞英。世系表如左：翚——有章——邦藩——成瑛——际唐——潮凯——元钟翚以上准大椿表。

续修清晖支：绍俊字赞钦，元钟次子。世系表同元钟

续修清晖支：庆芝字瑞峰。世系表如左：元钟——绍沂——庆芝元钟以上准元钟表。

右表之必溯，厥所自出者不没其收族之功，以彰报本反始之义也。

二十三世孙渭熊谨表。

（民国八年常熟王氏怀义义庄刊印）

安徽

修谱通知与合同。

绩溪梁安高氏

光绪绩溪《梁安高氏宗谱》卷一二，《修谱知单》：

具知单高氏宗祠为尊祖敬宗修祠理谱事，盖自礼隆报本，孝思莫切于明湮化、启敦伦，姓氏首详夫世系。我高氏支分东海、国建、南平，在李唐随宦而迁，在梁安久推望族。慨自洪杨过劫，文献凋残。方今黄鸟言旋，室家安集，瞻前顾后，触目警心。在他族，无祠且勇于建祠，况吾族现有祠，何忍视其圮坏。在他姓有谱尚亟于修谱，况吾姓多无谱，启竟任其沦湮？爰集同宗，用倡末议：祠堂固宜整饬，宗谱趁此纂修。经费或派或捐，各宜勉力董事，有终有始，无不和衷。使祖宗之灵爽有所凭依，何必捐修寺观，俾子孙贤愚皆知源本，胜如刊布经文。嗟夫，堂堂冠带之伦，岂竟春露秋霜，不如豺獭；济济簪缨之族，奚忍年湮世远，下等舆台。从此庙貌维新，荐馨香于勿替；尊亲永笃，延宗派于无穷。庶乎无忝所生，家声丕振，克昌厥后，世泽常新矣。同治十年十月 日具。

（高富浩纂修，光绪三年活字本）

歙县蔚川胡氏

民国歙县《蔚川胡氏家谱》卷二，道光二年《璜蔚重修支谱序二》：

庚辰秋，清华世贤堂传单会修统宗。

（民国四年线装活字本）

婺源三田李氏

光绪婺源《三田李氏宗谱》卷末,《续修三田合议》:

立合议会修宗谱,缘世家婺源,自始祖仕厚公迁居遂之西涧,后又徙居慈峰,由慈峰而迁者有塘下、宏下,派别攸殊,非谱安能渊源有自。虽先祖于乾隆年间始修慈峰,续修三田统记载精详,生婚卒葬非无可考。至今百有余岁,支派甚繁,欲修三田统谱势有不能,因于仕厚公派下汇集诸派,遍告众人赴慈峰永思堂商议章程,编辑世系,仍续三田谱牒,支修以免漏失之叹也。查先族例甚严,因行编桃,幼伤不书,由昭而穆,例严乱宗,承继不可紊争,名器不可冒滥,恪守先代祖训,堪为后世诒谟。再有移居外乡各派,本家不辞跋涉之劳,从前通报,将世系合编一册,恭奉局内。至乙酉年间涓月日卜卝梨枣以兴工,奉馨香而告竣,庶克观厥成功,无愧于先人修谱之雅意也夫。立此合议三纸,须至议约者。规例列后:

一、十六岁登谱书,行未十六岁者,于父母行替后书幼卒。过绍例宜挨次序,毋许嫌贫而推诿,不准贪富而纷争。

一、胞侄孤子兼绍以下侄孙承之,如下未有育,待后次修谱兼亦可,以严亲疏之别。

一、丁银各丁每月出制文一钱。

光绪十年岁在甲申小阳月吉旦三派合族公具。

(李廷益、李向荣修,光绪十一年木活字本)

绩溪华阳邵氏

光绪绩溪《华阳邵氏宗谱》卷首,《修谱条议》:

职事派定即须焚香告祖,各自签允,每月派定一人传告在事者到祠会商一次,以便随时议办一切事务。此后大众必须团为一心,始终不变,时时以祖宗为念,而以谱事为分内要务,则众志成城,以之谋事,何事不就。

(邵俊培纂,光绪三十三年叙伦堂刊本)

修谱人员要尽责尽职,不可半途而废;各派积极参加,自行负责本派资料。

光绪绩溪《华阳邵氏宗谱》卷首,《修谱条议》:

凡事豫则立,不豫则废,此盖圣贤垂示法诫,为古今治事之师,即微琐之端,其成败莫不系此,况于集大众、谋大举而可冒昧从事哉!我族自乾隆朝修谱,迄今百数十年中更寇乱,死亡散佚,殆不可纪。去岁,宗人大惧世远难考,乃集众会议修谱,将谋按世定序,累缀不绝,俾后之观者油然生孝弟之心,此大举也。顾其中端绪繁委,非豫定规制不足以观厥成,尤非首结团体不足以坚众志,爰举一切庶务,公举承值,签充分任。此后无论如何艰难,各宜尽职,始终不懈,庶几相与有成,如操左券。我宗人其各奋勉图功以竟谱事,而副古人敬宗收族之意。其创始条议先定大纲,列后备览,至未尽事宜,随时酌议可也。条议列后:

一、修谱一事至繁至重,应公举总理一人,以期事有统属,免致贻误。

一、谱牒者,所以垂示百世,俾知一本所出而相亲爱也。其中叙次原委,清厘世系,一切稿件至为繁重,应公举纂修、协修、分修各数人,以期责有专归而免舛误。……

一、男女丁口应由众立总簿,各房立分簿,先令各房分开丁口齐全,然后汇列总簿,以便按数酌派丁银,既无遗漏又昭公允。至世系为刊谱最要之件,亟应由各派开齐送局,以便绘图接续。以上二事,须每房选派勤慎者二人分期催督应用。……

一、凡一切事务,必须由众议公妥善,方可举行,倘有故意违误,应集众议罚。

一、古人云:三世不修谱为不孝。此次修谱原为维系祖宗一脉起见,理应孝敬,将事同襄盛举。倘有故行作梗或不终厥事者,是为忘祖,即以不孝论,应将其人本身以下削去,不入系图,以示痛绝,事关重大,罚规不得不严。……

一、职事派定即须焚香告祖,各自签允,每月派定一人传告在事者到祠会商一次,以便随时议办一切事务。此后大众必须团为一心,始终不变,时时以祖宗为念,而以谱事为分内要务,则众志成城,以之谋事,何事不就。

(邵俊培纂,光绪三十三年叙伦堂刊本)

光绪绩溪《华阳邵氏宗谱》卷首,《纂修人名》:

纂修乾隆甲申年。纹川大园派:百二公十九世孙兰,字惕若;纹川四分派:百二公十九世孙云灿,字晋美。

协修。纹川四分派:百二公十八世孙邦安,字磐如;纹川横巷派:百二公十八世孙振翔,字庶先。

分修。纹川塘塝上派:百二公十九世孙廷熥,字友黄;纹川四分派:百二公十九世孙联超,字远侯;纹川四分派:百二公十八世孙邦舜,字希虞;纹川大园派:百二公十九世孙嘉节,字玉仲;纹川横巷派:百二公十七世孙淦,字五伦;纹川塘塝上派:百二公十九世孙廷烽,字碧山。

校核编次。纹川四分派:百二公十九世孙联述,字继先。

校字查阅。纹川四分派:百二公二十世孙国荣,字子仁。

(邵俊培纂,光绪三十三年叙伦堂刊本)

光绪绩溪《华阳邵氏宗谱》卷首,《续修人名》:

总修。纹川四分派:百二公二十四世孙玉琳,字俊甫;纹川横巷派:百二公二十四世孙凤雕,字俊叔。

协修。纹川横巷派:百二公二十四世孙彦彬,字泽之;纹川塘塝上派:百二公二十四世孙鸿,字友松;纹川横巷派:百二公二十四世孙凤嘈,字友伯;纹川四分派:百二公百二公二十四世孙佐臣,字文甫。

分修。纹川大园派:百二公二十三世孙宪章,字斌甫;纹川大园派:百二公二十三世孙运佳,字士英;纹川塘塝上派:百二公二十三世孙树宽,字厚邨;纹川四分派:百二公二十三世孙鹏云,字式如;纹川四分派:百二公二十四世孙在田,字见龙。歙南井潭派:百二公二十四世孙维藩,字进修;百二公二十四世孙维城,字福贵;百二公二十三世孙其南,字在周;百二公二十三世孙有积,字三善。富川敬德堂派:百二公二十四世孙俊培,字笃本;百二公二十四世孙俊坡,字瞻峰;百二公二十六世孙邦林,字树之。

(邵俊培纂,光绪三十三年叙伦堂刊本)

绩溪仙石周氏

宣统绩溪《仙石周氏宗谱》卷二,《凡例》:

山门先生世传谱学,我族谱例经先生订定,极其精当,乃保族宜家谨身寡过之要道也。世世子孙遵循罔替。

(宣统辛亥善述堂刻本)

婺源詹氏

光绪《婺源詹氏宗谱》卷首,《局规》:

谱所以明世系,如有继支或本宗或异姓,责成各派注明,不得混淆。

一、各派先设分局查核详明,然后誊写红格,如有弊端,归该派司事人是问。

一、谱式必须画一,凡生年殁岁及娶某氏、葬某处某向、生几子,一一注明。

一、由各派分迁者责成各派照会。

(詹固维等修,光绪五年庐源绿树祠刻本)

婺源湖溪孙氏

同治婺源《湖溪孙氏宗谱》卷一,《琢斋自志》:

岁之乙未,绣溪倡议汇修,局设源头启会,我派因集十一处于祠内举议,敷丁其事。

时诸父老咸以时事艰难,祠无蓄积,修理乏人,辞之至再。

(同治十年刻本)

同治婺源《湖溪孙氏宗谱》卷一,《凡例》:

设倡会图者用表修谱之士,以劝勉后贤也。凡属职员、生监、佐杂、乡宾有能从事于谱者,虽登名于此,没后仍复依例采入袭庆,不得以列此而去彼也。

(同治十年刻本)

同治婺源《湖溪孙氏宗谱》卷一,《湖溪孙氏宗谱倡会图序》:

尝谓和宗睦族固属人生大事,然宗之所以和,族之所以睦,非修谱不为功,谱不修则宗族之亲疏莫辨,骨肉也而途人视之。风俗日益偷,人心日益薄,虽欲和睦之弗可得也。晦庵朱子曰:人家三代不修谱则为不孝。然则修谱之士不将为孝子乎?人为孝子而使之湮没弗彰,非仁人之用心也。但前谱乏费,头绪未刊,以上修谱诸公名无可考,今将乾隆间修谱诸公与现在修谱诸董事而登名家乘,非彰乃绩,实所以劝勉将来也。使后之君子有能继志而从事于谱者,续而登之,则宗和族睦岂不休欤!

修谱名籍:皇清乾隆乙未岁孟冬中浣续编族谱。

纂修:大昆,邑庠生,学名细祖,字玉峰。

同修:一荣,字贵祥;茂监,字翰卿;茂基,字肇周;茂琴,字云和;茂昭,字序庭;茂盛,字富有;茂德,字圣修;和万,字胜千。

皇清同治庚午岁仲冬下浣续编族谱。

倡议:荣琦,诰封中宪大夫,学名晖,字怀珍;华梁,诰封中宪大夫,字亦桥;荣玮,国学生,字瑞珍;华斗,国学生,字文源;玉润,国学生,学名荣升,字滋远;玉琳,国学生,字茂远。

总理:玉楠,国学生,学名家镇,字任远;玉湖,国学生,学名家铎,字涵远。

撰文:银显,邑庠生,学名廷献,字以君。

纂修:银钰,国学生,学名廷瑜,字君佩;良勋,从九衔,字寿春;和通,字立明。

同修:和佳,字焕文;玉榜,字敬宗;华钧,字伯和。

(同治十年刻本)

黟县南屏叶氏

嘉庆《黟县南屏叶氏族谱》卷八,《附录修谱事宜》:

修谱先设公局,分定总修、综理、汇世系、缮写、绘图、校对、监刷等项,各款列名以专责成。

(叶有广、叶邦光修,嘉庆十七年木刻本)

嘉庆《黟县南屏叶氏族谱》卷八,《修谱董事支丁列名》:

总修:有广、学期……

综理世系:庚朝兼绘墓图、庚廷、汝诚、雯兼缮写校对……

分理世系:宗祝……坤兼绘墓图……

缮写校对:启彩、邦宁……

复校对:义阳、懋芹、庆余。

监刷校对:懋章、有章、……

经理帐目:庚佐、启孝、有大。

逐日在局办事:荣芳、宗保、登年。

襄内外事:宗荃、宗富……

(叶有广、叶邦光修,嘉庆十七年木刻本)

歙县蔚川胡氏

民国歙县《蔚川胡氏家谱》卷二,道光二年《璜蔚赠族修谱序五》:

谱也者,纪祖宗之文献功德,作孙子之法守规模。其事重,其任艰,全在经理得人耳。苟非其人,乌能当其任哉?盖谱所重者忠孝节义,人非忠孝节义不重于谱,亦非忠孝节义之人不能理谱。况派衍枝繁,各有所向。毫有偏比,人不服矣。若国和、森田,若而人者,真能见信于人而克当其任者也。夫国和重气谊,遇知己急难,每欲以身代,至钱谷之用,倾囊不惜;森田能孝友,祖母病笃,割股以救,伯叔兄弟有事如己事;正修常割股愈母病,非真义真孝何以能此;至若震旸朴实老当,载恒胆识有为。兹五人者固内外无间,而于谱系一端尤念念不忘。

(民国四年线装活字本)

山西

平定刘氏

嘉庆平定《刘氏族谱》,《续修刘氏家乘序》:

癸巳之冬,十月既望,族侄全德捧旧谱而质于余曰:"刘氏家谱,明季失传,只字无存。康熙九年，堂邑令主敬公偕族人创修纂集，至今又百有余岁矣。侄欲续修增补，与族中文庠武彦、殷实富家，遍为商酌，而有志其事者寂无人焉。侄举此意，不肯中止，叔能协办否？"余欣然喜曰："斯举也，上叙祖宗功德，又系继往开来，实为今日之急务，职分所当然，木本水源之思，敦宗睦族之意俱在其中，余独何心，岂肯退缩自安而不黾勉从事耶？但余年老力衰，足步颇艰。岭上一村之派人数惟余是问，其余汝自理之。"越明年清明节，全德又曰："谱稿粗定，意欲寄之枣梨，并考先人之嘉言懿行与先媪之苦节贞心详记名下，勒成家乘一书，布散族中，以完此则。叔与族人能助之乎？"余慨然叹曰："汝之续修家谱也，非一日矣。合族人等谁弗知之？乃共事者尚且寂寥，无人捐资者，谁其争先恐后？况余年齿虽高而无德可以感人，无财可以动人，劝捐刊板之说恐空费唇舌耳。维今之计，称此谱稿略成，汝其缮写成帙，以待后世，未知是否？"全德唯唯应命，复请叙于余。余曰："序者，序其事也。适来所言之事，皆所序之事，即以此为序焉可。"

郡庠生九世孙振纲谨序。

（刘灿、刘得义等修，不分卷，嘉庆十年刻本）

平定张氏

对修谱人员的要求。

道光《平定张氏族谱》，《劝后修谱引》：

今夫睦族敦伦，先人曾望诸吾辈；而敬老慈幼，吾辈复望诸后人。良以亲亲出于天性，尊尊本乎人情，为子弟者谁无水源木本之思？后之人继吾等而修谱者，固可必其有人矣。独是继斯业者必其可以继斯业者也。恃英锐而侮慢尊长，不可以继斯业；重己赀而好论是非，不可以继斯业；以公项而思济私事，尤不可以继斯业。然则何如人而后可哉？必也志气和平，性情敦厚，严公私之别，无矜夸之心，不执己见，不没人长。恐先人之深意是湮，不以人言堕其志，欲后人之修谱有考，不惜己力董其成，非求要誉于宗族，不思见美于伯叔，念支派之一本，期世系之详明，以是人而上承先志，下垂后裔，庶可无愧也乎？

经理人再识。

（张文选等修，道光二十八年刻本）

洪洞刘氏

族长主持修谱。

光绪《洪洞刘氏宗谱》卷一，《重修宗谱自序》：

我刘氏族谱数十年而一修，自同治壬戌以来，屈指数之，三十有六载矣。此其修之之时乎？余忝为一族之长,责诚在我。爰为之约宗族,筹经费,寒暑屡易,始集制钱千余缗。遂于本祠设局,延子姓之秀而能文者分任之。或司采访,或司增补,或司誊录与校对,无一不踊跃从公,恪慎将事。于生卒年月、名字、茔域诸大端考核尤为加详,其不可知者即阙焉。何至有鱼鲁之讹以滋惑哉？因念族谱之修已非一次,前之人数数为之,旧章具在。凤不过率由焉已耳,而输金之易,趋事之勇,族人与有力焉。兹值剞劂竣工,为缀数言于简端,以述其缘起云。

光绪二十三年岁次丁酉仲秋榖旦十二世孙殿凤谨识。

（刘殿凤修,光绪二十七年刻本）

山东
黄县王氏

宣统《黄县太原王氏族谱》卷一,《修谱名字》：

黄县王氏修谱人员分工及名单：

	在青	懋勉	校阅
首事	谷音	大钰	校正
	南薰	梦琴	校对
	星渠	鹏翼	校对
	厚九	大醇	采访
	爱臣	敷惠	采访
	庭百	敷实	监理
	成业	敷勋	采访
	畏亭	敷寅	编次
	揆百	敷叙	校阅
	敬斋	敷恭	监理
	濯然	敷灵	监理
	云溪	敷珍	编次
	金范	敷镕	采访
	会亭	基兰	采访
	兴祖	基作	誊写

（王次山修,宣统元年刊本）

族谱的倡修、采访、编辑、缮写。

宣统《黄县太原王氏族谱》,《重修族谱序》:

吾族自迁居黄邑后数百年间,人丁日盛,后昆之蕃衍,皆由祖德之留贻。凡我族人,均宜绵世泽于箕裘,振家声于堂构。祖宗灵爽,实式凭之伏。思历年既远,子姓益繁,不藉谱牒以纪载之,则支派所分、里居所在,或有知之不详、传之滋误之虞,亦同族之不安于心者也。考吾宗之谱系自乾隆丙子重修之后,越六十年至嘉庆丙子,复加修辑,迄今又九十余年矣。其间子姓之增添,里居之迁徙,固已悉数难终。若不重修族谱,恐日久更难于稽考。前数十年间,我音德、诚轩、钦堂、仞千、习之叔祖,春农、伯景、蕃叔、松溪兄,希虞弟,穉梅侄、星甫侄,递倡修谱之议;华亭、精亭叔祖、万吉、植庭叔,力任采访之劳;次山叔、乾臣叔、受于侄、韵生侄孙,同充编辑之役。至于缮写清本,则次山叔一人任之。阅时甚久,始得成书。蕃敬谨细阅,见其条理清晰,纪载详明,欣佩无似。所愿我同族之人,遵先人之彝训,扬世德之清芬。存心以忠厚为归,立品以礼义为准。庶几数十年后,续修族谱之时,吾族中之嘉言懿行,美不胜书,更足慰祖宗期望后人之意,是则蕃私衷所深幸也夫!宣统元年四月中旬,十世孙光绪乙亥恩科举人、丙子科进士、翰林院编修侍读学士、詹事府少詹事、辛卯科湘乡试正主考、福建提督学政署礼部左侍郎锡蕃谨识。

(王次山修,宣统元年刊本)

黄县丁氏

修谱分工。

宣统黄县《丁氏族谱》,道光《丁氏重修族谱序》:

家谱之修,所以颂法先人,昭兹来许,以纪繁衍,而备阙略也。所谓家之有谱,犹国之有史也。吾家之谱自乾隆五十年刊刻以后,垂今四十余年。先泽所被,法守幸存。独其间繁衍,而未纪阙略而未备者,讵容稍缓修补哉?岁之乙酉,族众以其事商之于予,予素不文,徒以年齿为族众所推,不敢不力为谋焉。而董其事者属之揩祖、九龄等,纂其成者属之研书、吉人等,缮录校订则属之寿祖、赓芸,绘茔图则属之培栽、钟梅。越岁余而书告竣。予敬阅之意,则仍旧谱而加厘正焉,因而非创也,述而非作也,所以颂法先人昭兹来许者在是也。至于纪而未周、备而未备者,犹在我后世子孙之能因能述而已矣!斯为序。

道光七年岁次丁亥秋七月吉旦,十一世元爵谨序。

(丁在麟领修,丁世佳、丁尔淇总纂,宣统元年刊本)

即墨万氏

民国即墨《万氏谱书》,《修谱书捐并挖河捐》:

兆丙大钱六十千,兆链二十千,兆千、兆卯、邦正、瑞增、同田、同珂、国显、泰经各十千,宗瑜八千,长度六千,新才、新经、兆子、香金、书钊、宗球、高霖、长尧、国漳、国秋各五千,新高、新谂、古先、古学、兆俊、兆谦、兆平、宗琳、国瑞各三千,正俭、新昌、新好、新升、家和、瑞锡、同来、国本、国良、国钧、泰绅各二千,古初一千五百,允清、新晓、新宁、新叶、新安、新足、古艮、古坤、新见、兆秋、德盈、兆宝、兆官、兆黄、兆右、启松、启光、兆灿、兆三、兆杉、树吉、家秋、瑞功、瑞第、瑞正、睿智、瑞梅、瑞化、盛信、盛春、盛遂、同林、盛祥、郭玉、国贞、国铭、国申、长庚、长道、国义各一千,新午、古典、古臣、兆汉、兆慊、兆书、兆方、兆笔、启寿、兆南、盛科、瑞聪、瑞池、瑞兰、瑞玉、瑞学、瑞金、盛安、国法、国成、泰有各五百文,启卓地七厘五毫,瑞恩二分八厘八毫,同璋一分零七毫南渠,瑞丙、瑞辛、瑞春各一千。

西疃三乐祖后捐大钱二十五千,三友祖后捐大钱二十千,瑞玉十千,瑞陆六千,国忠四千,瑞谨、瑞臣各二千。

(民国本)

大耋之年属意于谱牒。

张英《文端集》卷四〇,《日照李氏族谱序》:

……愚庵李先生为当世名公卿,其太翁封大夫孝阳先生,敦庞闳硕,道德文章世其家,年已大耋,以谱牒属愚庵,令其编次,而先生序之。因知前辈敬宗收族之心,本于仁孝之至隐,其不谋而相合者,固如是也。且胪次详明而叙述简要,得欧阳公家乘之义,其可以垂示久远无疑。书丘墓使子孙识所瞻,依载训词,俾后嗣无忘忠孝与!余曩昔纂辑之事适符可以见心理之同,而愚庵之用意深至也。

夙闻李氏有隐德,蟠根深固,而枝叶蕃昌;玉蕴珠胎,而光气腾上,理固然矣。我观孝阳先生与愚庵先生,光明俊伟,英姿磊落,实能树鸿名而绵景祐。李氏之族方大,而又以亲逊敦睦庇□其本根,教诲其宗族,其所发越流衍,又安可穷哉!敢拜手而为之序。

(《四库全书》本)

河南

项城张氏

民国《项城张氏族谱》,《修谱名号》:

遵旧稿序宗派定世系:十二世孙允贤,字圣辅。

采集散佚校正名号：十二世孙锡纯，字天保；十三世孙宪文，字怀西。

草创誊式：十四世孙锋灿，字莲青；应瑞，字兆详。

熏沐缮书：十三世孙中文、中正，十五世孙吉开、豹光。

（张拱宸、张培璋等重修，民国二十五年天津文岚簃印书局仿宋排印本）

浙江

绍兴山阴柯桥杨氏

光绪绍兴《山阴柯桥杨氏宗谱》卷一，《重修宗谱司事名目》：

族长：思潮。

董事：希伯、惟椿、惟一、惟辞。

鉴修：惟椿、惟一。

校对：希伯、希傅、惟辞、惟烈。

缮写：惟源。

（杨惟椿、杨惟一等修，光绪二十年敦伦堂木活字本）

绍兴中南王氏

民国绍兴《中南王氏宗谱》卷首，《效力名氏》：

乾隆庚戌岁纂修宗谱效力名氏

总理：二十九世孙族长天璧若连氏。

鉴定：三十世孙佳木启新氏。

纂辑：三十一世孙秉钧方维氏。

分纂：三十一世孙彬采若氏。

阖族董事：二十九世孙光宁聚源氏，三十世孙飞鸣瑞用氏、敬义端揆氏，三十一世孙国林薪侯氏、思孝克仁氏、永成绍宗氏。

各分董事：

后北岸：三十世孙汝浚尔元氏，三十二世孙应灿辉如氏。

老二分：二十九世孙光宁聚源氏，三十世孙国禧圣其氏。

小大分：三十世孙天彪奕文氏，三十二世孙大发世贵氏。

小二分：三十世孙敬道贯一氏，三十二世孙锷焕南氏。

小三分：三十一世孙文彬聚五氏、孝武宇忠氏，墙门内三十世孙元汾景仪氏、三十

第十二篇 族谱

一世孙椿九霞氏。

    缮写：三十一世孙日旦勷周氏，三十二世孙文燧左佩氏，三十二世孙谓中氏。

    分校：三十二世孙钦声序氏、锷焕南氏、镇襄五氏。

（王大泉修，民国三十一年三槐堂木活字本）

民国绍兴《中南王氏宗谱》卷首，《效力名氏》：

道光壬午年重修宗谱效力名氏

鉴定：二十九世孙族长士佐景伊氏。

纂辑：三十世孙露兰皋氏。

各分纂修：

    后北岸分：三十二世孙应灿辉如氏，三十二世孙应焗见南氏。

    老二分：三十一世孙绍青   氏，三十一世孙绍森振木氏。

    小大分：三十世孙天彪奕文氏，三十一世孙大发世贵氏。

    小二分：三十世孙敬高维崧氏，三十二世孙镒汝金氏。

    小三分：三十一世孙文爵尊一氏，三十二世孙明道德成氏。

    墙门内分：三十一世孙栻用占氏，三十三世孙忠尧显廷氏。

各分董事：三十世孙敬业逊修氏，三十世孙国荣建文氏，三十一世孙思孝克仁氏，三十一世孙日升东辉氏，三十一世孙日秀俊升氏，三十二世孙燮调元氏，三十二世孙应烯丙傅氏，三十二世孙芳德达三氏，三十二世孙明德克峻氏，三十二世孙锷焕南氏，三十三世孙圻甸封氏，三十三世孙忠奎焕章氏。

（王大泉修，民国三十一年三槐堂木活字本）

民国绍兴《中南王氏宗谱》卷首，《效力名氏》：

光绪甲午年重修宗谱效力名氏

鉴定：三十二世孙族长大法、承㬢。

倡修：三十三世孙允圣伯清氏。

监局：三十四世孙承鉴镜甫氏。

纂辑：三十四世孙观懋竟夫氏，三十五世孙承煊春辉氏。

分纂：三十二世孙承㬢明如氏，廷宝。

缮写：三十三世孙大泉钦元氏，三十五世孙承煊春辉氏。

分校：三十三世孙增傅，三十五世孙濂斋。

计开

小二分

  伯清、尧心,捐洋八十元。

  允圣,捐洋十元。作倡修捐项

  禹功,捐洋十元。

  绍德、绍源,捐洋五十元。

  绍增,捐洋廿元。

  绍荣、绍华,捐洋三十元。

  元瑞,捐洋十元。

  元圣,捐洋十元。

  元璋,捐洋十元。

  元茂、元欣,捐洋五元。

  芳亭,捐洋五元。

  聚堂,捐洋五元。

  炳田,捐洋十元。

老二分

  钟堰派兆麒,捐洋五元。

  文之公,捐钱十千文。系清明会上

  明如,捐钱二千文。

  雅亭,捐洋五元。

  恒久,捐洋五元。

  邦浩,捐洋五元。

  序照,捐洋一元。

  承瑞,捐洋十二元。

  承俊,捐洋三元。

  承佳,捐洋两元。

  承茂,捐洋一元。

  承有,捐洋一元。

  承安,捐洋一元。

  承得,捐洋一元。

  大炎,捐洋三元。

大清,捐洋一元。

大高,捐洋一元。

大松,捐洋一元。

大东,捐洋一元。

大荣,捐洋一元。

凤高,捐洋一元。

序堂,捐洋一元。

小大分

秀龙房,捐每年米一石七斗。作六年收齐,共计米十石零二斗。

增鉽,捐洋五元。

参军第

十四,捐洋一元。

大口,捐洋二元。

德先,捐洋二元。

孝炳,捐洋十元。

孝思,捐洋一元。

孝全,捐洋五元。

孝敏,捐洋五元。

孝栋,捐洋五元。

承洪,捐洋五元。

承鹿,捐洋一元。

承钓,捐洋一元。

五十,捐洋一元。

明斋,捐洋一元。

后北岸

静川房,捐洋三十元。

永华,捐洋五元。

一、此次修谱所集捐资,原议由小二分乐输一半,其余照五分按股派捐,讵知小三分初怀观望,继若罔闻,而四分之中虽各尽其力,亦高下不均,共捐一百六十元之则。然所需经费,共须四百有奇。幸而小二分志切宗祊,不分畛域,甘愿抱捐,用成是举。嗣后祠中如遇有公举,惟望各分贤子孙,须以小二分作为榜样,勿以小三分引为饰辞,更望小三分后启有人,以赎前愆,则吾族幸甚。

三十二世孙族长大法、承熙谨记。

(王大泉修,民国三十一年三槐堂木活字本)

民国绍兴《中南王氏宗谱》卷首,《凡例》:

一、修谱一事关于通族,必须任事有人,写刻有资。嗣后当修谱时,通族公举某人为正,某人为副,余愿校订效力者,听之。宜斟酌尽善,非业儒者,不得举,亦不得校订。其派费之法,亦公举一人廉能者为主,所费多寡,公同酌派,极贫者免焉,汇交所举之人,任其支用。刻成,出其簿籍,矢之神明,以示无欺。此乃祖宗重事,不得推诿。凡有爵位赀财者,尤当引为己任。倘有吝惜梗事者,众以不孝共攻之。凡效力修谱者,免派费。自愿输者,共奖之。

一、宗谱为劝善惩恶之书,淑慝皆宜标出。或有显蹈法纪、渎乱家规、干名犯义、不孝不节、犯奸犯盗,大则谱上除名,小则直书示警,兹姑概从宽免,以期改过自新。

(王大泉修,民国三十一年三槐堂木活字本)

鄞县郯东皎碶吴氏

光绪鄞县《郯东皎碶吴氏宗谱》卷首,《同修系名》:

督修:十一世孙承忠、承恩。

参修:十一世孙承敏、承岳;

十二世孙家泰、家均、家和;

十三世孙能新。

承修:十三世孙能绅。

(吴承忠编修,光绪二年一耀堂木活字本)

江西

谱局的设立与运作。

清江永滨杨氏

乾隆《清江永滨杨氏三修族谱》,《三修族谱开局祭告祖先文》:

闻之仁重展亲,义隆率祖。故古者聚族而合享,有备言燕私之文所为征,叹于诸父兄弟者,惟其义不忘。假是以仁无或遗也,后世敦睦渐衰,宗盟始替,甚且一姓之子,一祖之

第十二篇 族谱

孙,而别立门户,老死不相往来,阅数十传而各忘其本。呜呼,骨肉等途人,岂非家乘之不可凭以阶之厉哉! 我祖自闽而来,发祥既远,创业维艰。始迁者赣水之循吏,四传启萧江之诗礼,当年筑室树梧桧,以青仓几度肯堂,列簪缨而济楚,固已秉笔而严支派,载之简端,藏之旅楒,号称永滨巨族矣。越在中叶,遭明季之乱,而先哲遗文,半随兵燹以俱销,空使书囊有晚香,宦谱全无录,揆诸守成之道,其谓之何? 十八世孙镰等曾于康熙丙戌集众助金,序昭穆而刊名成帙以垂永久,其志亦存乎。合爱典亦系于崇先,但传闻间多失实,不无亥豕之讹,参考未尽加详,孰辩鲁鱼之谬,此殆凡我后人皆当引咎者。况距今五十余载,子姓益繁,自非返始以正其宗,溯流而昭其类,又何以质信于将来乎? 兹者十九世孙如沄窃见事失所归,人事厥责,爰偕如渭等萃我族人,重为敛金修辑,务期无隐弗彰,岂郁丰城之剑有亡克补,再还合浦之珠。谨择阳月二日开局,于二十世孙殿模之清胜堂,临以神主,朝夕虔告,旁查圹志,印证谱文,□俾条贯之分明,不略承祧之次第。属在首事诸孙,咸宜努力,无负前人。其有明知为是,因挟嫌而以为非,既悉其非,反徇私而以为是,及夫故蹈因人之弊,甘贻伴食之讥,鉴在我祖之声灵降彼当前之罪戾。呜呼,千百人之身,其始一人之身也;以一人而分为千百人者,势也;合千百人而推本于一人者,仁与义也。仁义不待于外,求则孝弟之心可油然而生也。至若寻求虽切,荒邈无稽,致滋后代之疑莫释,在天之恫,冀我祖冥冥之表昭示弗蒙,或显陈迹于风霜,或发新机于梦寐,世则断自可见,情不隔于所亲,如沄等降藉以编成世系,付之剞劂,上体古者展亲率祖之训,而尊卑有义,少长型仁,用不愧清白之子孙,亦相与报祖德宗功于万一焉耳。

(杨如沄修,乾隆二十七年刊本)

乾隆《清江永滨杨氏三修族谱》,《条例》:
一、兹谱修辑时,用总裁一人、艺文二人、缮写一人、对稿二人,故得尽心参考,纂修完善。若局内多人,徒滋纷扰,其查核茔域,各自留心详考,书明付局,以凭登注。
一、兹谱修辑除祭祀告祖及谱工纸张外,一应浮泛,概从节约,盖以谱牒之作,原以尊祖敬宗收族,而非侈侈为观美也,后人宜率由之。

(杨如沄修,乾隆二十七年刊本)

乾隆《清江永滨杨氏三修族谱》,《三修家谱后跋》:
余族发源自闽,开基在宋,今清之环州永滨,余子孙保聚之乡也。其旧谱册半毁于明季兵燹。康熙丙戌,堂伯逊峰先生始一正其纲目,兹又五十七年矣。沄惧世次之久而湮也,爰偕从兄遇文、孟养,族弟周范等萃众重修。赖我祖之灵,阅壬午冬二月而成编。中间补亡稽误,则余侄殿材,房侄殿模、殿桂、兆基之力居多云。嗟夫,礼隆追远,道戒驰亲。读《孝经》为下不乱、在丑不争之训,可通其意于宗族焉。沄不才,实首斯举,敢云克光我家乘哉? 然是册也,祖德亲仁,恃以勿坠,后之人与我同志,递衍而递续之,庶几绵清白之家风而无虑世次之久而淆乎? 十九世孙如沄敬跋并书,时皇清乾隆壬午岁仲冬月吉旦。

（杨如沄修,乾隆二十七年刊本）

清江泮陵熊氏

光绪清江《泮陵熊氏重修族谱》,《重修族谱书后》:

予学殖荒落,幸博一衿,自朝廷变章后,每牢骚抑郁,灰志诗书。稽生之懒,楚狂之狂,屡见遣于家君,而鄙性未悛也。甲辰夏,偶翻旧笥,得先世家藏,取而卒读之,多残缺未叙。家君示炽曰:"此熊氏硕果仅存者也。数十载操觚无人,未经续纂,予有志未逮,心戚戚焉者久之。孺子违父训,不事事于诗书,逾弱冠碌碌未有奇节,盍补其阙,以报先灵,以成父志无违。"炽受命曰唯唯。适伯父人品公在梓,家君偕以倡议,旋得长兄文斌公邮言,慨然捐资不稍吝,踊跃急公,以成盛举。家君督炽纂修益力,炽受命之下,惕厉战兢,惟恐有失,无以报先灵,无以复严命,且恐贻后人羞,访墓搜碑,请主稽氏,上禀于老成,下询于族众,旁考欧、苏遗法及易堂魏氏谱例,准之古而酌之今,乃克有成。乙巳秋鸠工,付梓开局于族之五美堂,两月而告竣。按:自始祖迄今,阅六百余年,历二十四世,所有恭逢覃恩敕命、世系源流、名字年辈、生配卒葬,靡不悉心校正,疑者阙之,信者补之。其他儒林节孝、志铭序传、先世之懿美,亦莫不扬芳而阐幽。世系中生殁有失纪年者,考史鉴纪之,其年远难稽或散处异地,不能详者,不敢一字附会,祖宗灵爽,尚默鉴此苦衷也。是吾伯人品公、吾兄文斌公慷慨输捐以成之,吾父人琼公始终竭力以任之。他如执笔咨询,编次校对,则有吾兄文锦暨文馨、宗绍诸彦以辅之;而匡予之所不逮者,又吾侄宗燮之力多焉。功始于甲辰之初夏,事毕于乙巳之仲冬,谱成,敬书其后以志之。

皇清光绪三十一年乙巳岁仲冬月榖旦。

辛益公廿二世孙文炽熏沐敬书。

（熊文炽等修,光绪三十一年刊本）

兴国刘氏

同治兴国《刘氏重修族谱》,《跋》:

族谱之修,所以明人伦,序昭穆也。人伦明则家风振,昭穆序斯先灵妥,理固然也。岁辛酉,予登倡修族谱,联集兴、泰、万、于、庐陵各邑于兴之大平乡黄田堡桥头地方启局。

自九月开刷,越明年初秋而功告竣矣。其间源流宗支则仿苏式,世系鸿名则依欧式,遵体裁也;提纲挈领,纪月编年,昭划一也;志生书殁,记名载讳,示整齐也;有德可风,有行可述者,则作传以记之,寓奖励也;而且校录缮写,监于成谱不敢妄有增损,不忘先也;然阅世既久,子姓愈繁,名号之间未免重见累出,援修谱律,自应改避为是,间有未经改避者,因年远名多,几难数终,亦改之不胜改,从权宜也;至于凡例家规屋图祠图应载入谱内者,备载无遗,重其事也。领谱则编立字号,并纪各房居住,以示异派旁支不得混入也。一切校阅纂修编修无不兢兢慎重,皆本仁孝之思,以为光前裕后之举,则兹谱之修虽不得谓之大成,亦可谓小成矣。后之仁人孝子能恢宏先绪而集其大成,此予之所厚望也夫。

同治元年岁在壬戌七月吉旦嗣孙天成谨跋。

(刘天成等修,同治元年刊本)

宜黄谢氏

同治宜黄《宜邑谢氏六修族谱》,乾隆《原跋》:

尝思万物本乎天,人本乎祖。祖者,子孙所自出,即祖之所由分也。源流世系,远近支派,原自一本而万殊,然愈传则愈广,弥盛则弥分,是不可无谱以联之。昔欧苏氏著族谱,序记以为其后,盖惧一体分攸而等诸途人也。由是以观谱之所系岂细故哉。吾族之谱,自康熙己亥初修,乾隆甲戌重修,指屈迄今廿有六年,前此之世系已属昭著,迩来之生齿缺于登载,宁不致于考证无由乎。爰集各支详覆世系,细阅旧谱,考其本源,记载务详,昭穆必辩,俾后之览是谱者一望而脉络分明,流虽分而源则合,支虽别而本则一,仁孝之庆由之以笃,齿让之谊因之以敦,则斯谱也不啻联为一家,合为一体耳。今幸功已告竣,爰赘数语,敬附谱末,后之人嗣而续之,其亦知所鉴也欤。

时际皇清乾隆四十四年岁次己亥孟冬月中浣穀旦裔孙等谨跋。

(谢赋文等修、谢性卓等纂,同治九年刊本)

同治宜黄《宜邑谢氏六修族谱》,嘉庆《原跋》:

云散风流,何以使千载下如见先型之匪遥?代远年湮,何以使百世后如见矩镬之犹存?曰有谱在,即祖考与之俱在也。渊源堪溯,千载不啻一时;昭穆可稽,百世恍如一代。其所系不綦重哉!吾族宗谱自己亥迄今三十余年,其间生齿愈繁,支派愈盛,非有以综而纪之,则纷杂而无所考,是以已已。秋录稿序编,凡大宗小支,散处异域者,不畏山川之遥,悉会同而记载。庚午春,集众告庙,付诸剞劂,阅季夏而功告竣,其殚精竭虑庶有以修明也。是故篇首所载彬公创造,昭其本也;世次相传,递徙互异,明其支也;吊以五世,系以三代,序昭穆也;行以先后,派以字贯,别长幼也;娶适以载,姓氏以明,重婚姻也;生殁有分,葬迁有考,定始终也;或祭产、或坟山条注者,弃争讼也;为传赞、为记铭备载者,扬祖德也。如是秩然有章,井然不混,虽千百载以下孙子可知千百载以上之宗祖,后之人缅高曾之矩矱,思先型之弗替,嗣而续之,其亦知今之所以纂集也乎。是为跋。

时皇清嘉庆庚午年夏月吉旦裔孙熙皋熏沐拜撰。

(谢赋文等修、谢性卓等纂,同治九年刊本)

同治宜黄《宜邑谢氏六修族谱》,道光《后序》:

谱者,普也,普其所大同也。族者,属也,属其所至亲也。合数支而协修支,则普其所大同。析一支而分修支,则属其所至亲。吾族之谱自一修而四修,率皆公普而连属,迄今三十余年,复有五修之举。予等夙夜兢兢,赞襄厥事,其统列总图而第以五世者,取五服之义也。分列实修而注以某子者,取一本之意也。他如书爵以贵贵,书名以辨物,书派以别代,书行以序齿,书男以重祧,书女以广爱,书生年以善其始,书殁月以全其终,书娶氏以隆其匹配,书葬地以导其醮扫,书迁徙以志其向往,一皆小心校阅。简者增之,繁者慎之,谬者订之,新添者续置之。自旧秋以迄今春,凡历千有余篇,共成十有七部。于是综览全帙而言曰:自公法寝废而家乘聿兴,庐陵演宗法之详明允洽,本支之谊比之嵩恒泰岱悉发昆仑,太卫扶苏尽从星宿,惟振裘而挈领,乃若网之在纲,凡以明白马、青牛,咸推自出,三鸟、五兔,各有由来。特恐虢郭承讹,卢雷袭误,鱼翻冠郑,狐且带令,绵绵生之瓜,几忘宿带,簌簌方有谷,便附清门,子孙等桑柳之寄生,若榆槐之强合,何其慎也,不亦诬乎。兹则上溯灵源,仰承血脉,合梓桑之敬,定枝干之伦,详其所出而非夸,阙其所遗而非略,良以百年鼎鼎,户各丁添,一线绳绳,系由庚续,分居禹旬,虽棋布而星罗,载自伦笈,实珠联而璧合,京房虽出于李,未敢滥登;英公本姓为徐,难容妄附;晋挚虞《昭穆》十卷,将毋同欤?高士廉序族一编,如此而已。至于土田合纪,祭产分明,世系有图,拟之实录,文章垂后,比乎楹书,又所以永禋念兹,用昭诒厥之尔。

时道光辛丑年二月吉旦,三十五代裔孙廷森、容昭熏沐敬撰。

(谢赋文等修、谢性卓等纂,同治九年刊本)

同治宜黄《宜邑谢氏六修族谱》,道光《跋》:

宗谱之所作,所以敦一本垂百世也。作而不善,后嗣何观。其谱之大要有三:曰明曰公曰慎,非是则失之诬、失之偏,又或失之疏与舛,均不得谓善焉。吾族五修宗谱,其世系之图,世次之录,欧、苏兼法,无一不因所当因,革所当革,损益得宜而规制尽善也盖明甚。其不妄攀附以诬祖,此自吾文靖公立谱来已然。兹仍敬承家法,勿以小加大,勿以少凌长,勿以贱妨贵,勿以疏间亲,勿以强干而载之详,勿以弱支而从其略,何其公也。若其存遗补阙,尤为笃亲不渝。三十有一年来,其间娶者生之、育者夭之、存者殁之,葬者迁之,衰废者而兴起之,聚居者而散处之,一一书年月、书名、书地,循环较阅,不辞反覆,可不谓慎与。嗟夫,朝不才,困诸生者十五载,客秋宗谱开局,诸公授余总裁职,予时以乡试期逼,谬欲侥幸于万一,为耀祖荣宗之藉,请辞职,公等皆许之。居无何,棘闱鏖战又成败北,归视家乘而兔颖飞霞,已臻于斐然,成章候也,井井煌煌,有条不紊,至是益恍然于诸君子之殚精竭虑,惟慎能公,惟公生明,弗诬而偏,弗疏而舛,善哉斯谱,笃子孙仁孝之思,敦乡隅礼让之俗,余未及襄事局中,犹观成局外,安能不揽一语于简末以志美哉?是为跋。

时皇清道光辛丑年二月吉旦,三十五代裔孙朝华熏沐敬跋。

(谢赋文等修、谢性卓等纂,同治九年刊本)

同治宜黄《宜邑谢氏六修族谱》,《新跋》:

庚午春,佥议六修宗谱,族命余襄力内局事,余思不才,何敢邃充。归而遍览前谱牒,见余侍祖辅堂、叔祖莲峰、先祖焕亭诸先生俱曾办各修事,且五修余亦滥厕其名,今乃固辞,非谓自愧无能,反怪以畏劳而自诿也,其何以堪。爰是同尊长辈孟春游遐方邀集,不辞辛劳跋涉之劳;季夏竭思,虑纂修不畏精神之瘁。几经研究,未敢懈怠,将书年月、书日、书时,极其详,或生或殁或娶或葬,求其备,前所微有讹误者,必较对明乃止,向所略有遗漏者,必补编备乃安,直使一本之散为万殊,万殊仍归于一本,井井然有条不紊,庶几乎上对祖灵,下副族命也。差幸众志坚固,竭一岁之力已告厥成功,后之人观斯谱始知书法非繁文,亦知执事之苦衷耳。是为跋。

时皇清同治九年岁君庚午季冬月吉旦,三十六十四同启字德宏熏沐敬撰。

(谢赋文等修、谢性卓等纂,同治九年刊本)

南丰西麓双井黄氏

同治南丰《西麓双井黄氏族谱》,《十一修总论》:

窃谓尊祖敬宗收族莫重于谱。谱者也,上启前人之世系,下传后世之支派,所谓昭穆不失其伦,子孙亦以为序者此也。吾祠庆嵩公十修宗谱自道光辛卯以来,于今四十三年矣,其间有生娶殁葬者,不知凡几。考诸古训以三十年为一世,屈指计之,今乃得其世数之半耳。若不早为图谋,而子孙众多,无以辨尊卑长幼,无以别远近亲疏,道旁相遇视若途人,谱之亟为修辑大矣哉。丁卯岁,同族中尊长辈入祠妥议,咸以谱为重事,急欲修理,爰诹吉日昭告祖灵,开局修谱,各房佥派共勷厥事,或有客外远贸,由本支下具信通知,无使流离失所。仅越一载,谱牒将成,适因董事者延搁未暇,谱遂暂停。惟念期延日久,不成事体,兹复少长咸集,与族长诸人续举其事,但年久未散,各房支下不无加添生娶卒葬之人。查旧修谱牒,支派已定,虽已告竣,诚恐校对未详,字画舛错,仍复举家睿氏、家湲氏、声垣氏、声梗氏为协纂,玉贤氏、开宝氏、义寿氏为采纂,鲁儒氏、炳墀氏、德生氏为誊对,立生氏、义寿氏为鉴订,且又命余为总纂。余不才,何敢当此大任,矧年臻八一,老耄无能,虽曰家乘重件,责咎难辞,亦不过负此虚名耳。惟见联络篇帙成部数,皆赖诸君子殚精竭力,日夜图谋。后有生娶卒葬者,均照草谱汇入,按部就班,其应入者补之,应添者加之,庶有伦有序,无伪无讹。诸君子矢公矢慎,任怨任劳,不徒哺辍,不避艰辛,省局费,节日用,饮不计旨酒,食不计嘉肴,虽疏食菜羹亦堪适口,此诸君子上可报乎祖先,下无愧于族人。我祖在天之灵能无默佑乎?遂不禁低徊于总论云。

时皇清同治十有二年岁君癸酉桂春月上浣谷旦,乡饮正宾钦加六品衔系下廿一代嗣孙家章同族 省梗、开宾、炳墀、家湲、立生、家睿、鲁儒、玉贤、义寿、声垣、德生等谨识。

(黄家章等修,同治十二年刊本)

修谱人名。
豫章黄氏
光绪《豫章黄祠四修主谱》:
督修
钦加二品衔、赏戴花翎、前署江苏布政使司苏松太兵备道、现任福建兴泉永兵道、庐陵祖络幼农。
钦加二品衔、赏戴花翎、军机处存记江苏特用道、现署苏州关监督、萍乡承暄爱堂。
辑修
候选训导优廪生南昌振声子俊。
候选训导增贡生安义淦丽生。
与修
候选同知、内阁中书、光绪戊子科优贡、萍乡承云君□。
现任抚州府宜黄县教谕、副贡生萍乡绍蕃鄂州。
抚标城守营蓝翎都司、衔补守备、世袭云骑尉都昌鹤楼云松。
钦点卫用抚标守营候补千总、武进士都昌建寅晓初。

抚标城守营蓝翎候补千总、武举人新城兆馨香浦。

五品顶戴优附贡生南昌子庚西垣。

国学生南昌福庆善缘。

(黄祖络等修、黄振声等纂,光绪二十五年刊本)

清江云溪徐氏

嘉庆清江《云溪徐氏族谱》卷五,《与事人名》:

倡修:廷攀。

编次:攀桂。

缮写校对:绍冯、之冕、日棣、日融、香祖。

与修:泰佐。

经费:绍椿。

经理首士:有颐、有才、泰景、世洪、世岛、日年。

各支勷事:以殿、泰庚、有高、天枝、天波、日联、日第、日口。

(徐廷攀修、徐攀桂纂,嘉庆十八年刊本)

清江湖庄聂氏

光绪清江《湖庄聂氏四修族谱》,《修谱人名》:

四修族谱人名

倡修:典训、光晖、巨群、凌汉。

校正:庚照。

缮写:泮堂。

对读:盛群、卓群。

经理:伊训、焕堂、崇明、恭普、应德、斯馨。

敛费:恒用、宽普。

三修族谱人名

倡修:景贵、声和、寿拔、怀鸣、享怀、济英。

校正:仁拔。

参校:体用、粲祥。

缮写:庚照。

经理:君拔、怀荣、守道、明照、大宾。

敛费：清和。

重修族谱人名

倡修：景谟、应珍、修行、兆贤、才茂、治才、御纷、胜拔。

增订：觐飏、经国。

校阅：继夫。

缮书：怀琮。

对读：懿训、仁拔。

监修：景烈。

办理：洪才、景华、豪茂、景达、帝眷、搜山、谦若、遇龙、景元、礼凤、帝连、琴珍、绍拔、扬晖、清拔、德美、帝佑、光照、藜照、景然、怀理、守道、思贤、良才、圣才、畅怀、俊才、怀舜、怀林、怀炳、怀鸣、怀启、锐夫、缵夫、国夫、爱夫、达夫、怀彩、仪宾、财珍、帝善。

（聂典训等修，光绪二十四年刊本）

永新欧阳氏

民国《续修安福令欧阳公通谱》，《同续修通谱首事》：

庐陵

□字倬佩，邑庠；安字学山，翰苑□业；浚字在郊，国学。

□字亮弼，邑庠；坦字荡如，国学；平字赞乾，郡增。

谦益字牧堂，邑庠；纯字含璞；元龙字焕宇，邑庠。

明字彤辉；遇发字诗载；肇相字廷拜，国学。

增桢字致中；逢圣字景亭，邑庠。

吉水

曰霄字学天，邑庠；梅字访雪，郡增。

安福

□ □□□□，广丰教谕。

……

萍乡

会□字显万，国学；泰字上观，国学。

浏阳

启远字时超，国学；启昞字大文。

宜黄

易字义画,举人知县。

攸县

升字燕皇,邑庠;文炳字象南。

湖北

汉周讳景宣,太学生;天民讳士达,太学生。

乾隆十五年庚午冬月,令公三十四世孙钧源挈堂安世谨识。

(欧阳安世纂,乾隆十五年修,民国间影印本)

宜黄棠阴罗氏

乾隆《宜黄棠阴罗氏尚义门房谱》卷首,《守志公房谱例言·修谱名次》:

总修:星灿德南、应藻蔚文。

督修:允宽、兴凤、允仙、球、一葵、瑗、一桂、国典、应麟、应德、克巍、应璧、允绍、克霖。

翊修:星纬、清、应庚、应经、兆龙、应台、应会。

同督修:允宿、应运、学文、福龙、从龙、允梅、兴掠、允魁、兴煌、克逊、克验、克岳、学礼、允秀、捷琢、允礼。

校阅:峰清、曒、赞禹、国宁、兆麟、逢初、兆鹏、昱、昤、浃、大观、应灿、允健、鳌、辉垣、星烸。

兼理提调:允宽、兴凤。

篇左名次以在局效力分先后,故尊卑有所不拘。

(乾隆二十三年本)

道光《宜黄棠阴罗氏尚义门锦二公房谱》卷首,《执事题名》:

雍正丁未年　本厚公谱

　纂修:天旦。

　　同修:长源、伯和、受采。

嘉庆　年　　润二公草谱

　纂修:时敏、时行、梦馨。

　　同修:涵万、鸣周、惠来、瑞铭、国廷。

道光二十七年　锦二公谱

樽四公房

　　纂修：荆壁。

　　校修：清辉、巽辉。

　　缮修：绍滋。

樽六公房

　　纂修：明诚。

　　协修：纶焕。

　　督修：天音。

　　校修：明扬。

　　同修：国廷、舜华、明玉、对扬、占先、用珍、佑珍、振誉、振升、梦葵、明照、跃云、
　　　　美成、斗垣、振兴。

二房各管各房之事，樽六公谱或有遗误，责归樽六公主修及办事之人，不与樽四公房下相涉。樽四公谱或有遗误，责归樽四公房主修及办事之人，不与樽六公房相涉，庶厘然有别。

（罗荆壁、罗明诚等修，道光二十七年本）

光绪宜黄《棠阴罗氏永二公三修房谱》，《校阅人名》：
　　金来、万、瀚、廷福、涛、奂、万鹏、兆鳌、鸿熙、传谟、六熙、流辉、汝楫、华、咏、十珍。
（罗奂等修，光绪二年刊本）

光绪宜黄《棠阴罗氏永二公三修房谱》，《校订人名》：
　　奂，字巽川，太学生。
　　鸿熙，字伯谐，邑附生。
　　联辉，字新桂，太学生。
　　流辉，字德谟，邑附生。
　　文炳，字环报，太学生。
　　逢辰，字良材，郡附生。
　　逢庚，字国材，□□生。
　　士镳，字绂臣，从九衔。
　　垂清，□□□，太学生。
　　际会，字子卿，太学生。

泽长,子绵孙,□□生。

(罗夑等修,光绪二年刊本)

宜黄吴氏

乾隆宜黄《吴氏伯武公房谱》,《纂修登名引言》:

物本乎天,人本乎祖。亲由五服渐杀,义以百世不忘。继旧缵新,非同刻舟求剑;分支别派,岂容李戴张冠。纸上焕螺纹,难凭一人之独力;行间联奎壁,全资众多之同心。按实而登,爰昭定式,循名以纪,用示将来,作登名录。

原辑纂修

十一世孙逸士家庆,号涉园,善余氏。

原辑录修

十二世孙逸士廷飏,号虞山,赓臣氏。

原辑督修

十世孙良辉,其美氏。

十一世孙钦济,号守让,允文氏。

十二世孙廷佐,号人一,克宜氏。

新辑总修

十三世孙恩贡生考授州司马文薰,号解亭,自南氏。

新辑副修

十三世孙太学生文鸿,号羽堂,宾南氏。

新辑录修

十三世孙象升,号准夫,孚粲氏。

新修校辑

十三世孙太学生文焕,号声庵,韵南氏。

十三世孙邑庠生文明,号莪山,周南氏。

十三世孙太学生文灏,号碧山,景南氏。

十三世孙文杰,号天池,宫南氏。

十三世孙文受,号剑池,映南氏。

同翊修

十一世孙钦凤,允玉氏。

十二世孙太学生躬修,号畏轩,鸥运氏。

十二世孙崇智,克凤氏。

十二世孙贞宇,号慎斋,德周氏。

十三世孙仁和,奕元氏。

十三世孙仁锦,舜成氏。

十三世孙仁煜,凌忠氏。

十一世孙钦仁,可行氏。

同督修

十二世孙考授太医院吏目三粲,号雪圃,嘉彩氏。

十四世孙克和,效先氏。

十三世孙仁忠,显荣氏。

十三世孙崇宏,成章氏。

十世孙良兴,明玉氏。

十二世孙崇高,允忠氏。

登名录成。

(吴文薰等修,乾隆四十二年刊本)

宜黄谢氏

同治宜黄《宜邑谢氏六修族谱》,《康熙己亥初修执事人名》:

内局

启典字晋德、人瑜字伦万、人壖字九万、启信字愈新、秉伦字蔼沾、良理字兰玉、人是字茂予、秉绂字佳英、人沐字有声、用宁字以第。

外局

启袖字得吾、启鸣字青际、启桧字秀吉、人济字维德、秉忠字奇孟、人新字祥宇、人□字九伦、秉胜字奇忠、人蒂字维俊、蒂造字达生、启贤字维献、秉伦字奇玉、秉义字秀仲、赋初字孟奇、人壖字伦翰、人庐字子金、人□字伦茂、启德、享邻、庞登、人桂、熙春、良瑜、人奇、秉宗、芳星、瑞贡、赋班、性寿、性桂、性虢、秉禧、性贤、人培、人隆、人□、人辉、人焕、人明、秉柂、良祥、人昊、秉钥。

剞劂梓人

娄俊德、娄友仲、邹云伯、邹殿伯。

(谢赋文等修、谢性卓等纂,同治九年刊本)

第十二篇　族谱

同治宜黄《宜邑谢氏六修族谱》,《乾隆十九年重修执事人名》:

内局

之沄字以第、家球字从筠、秉儒字虢谦、秉谟字赓飏、赋良字维德。

外局

时亨字克新、秉牲字秀玉、性元字文英、赋寄字克成、秉诚字丛兰、赋兰字惠鹏、秉数字维则、秉谦字逊明、人堞字子玉、秉胜字奇忠、秉产字步蟾、秉丝字佳昔、秉时字虢礼、秉谏字虢仲、秉性字存人、秉佳字重兰、秉彦字良沾、赋家字克明、秉琳字维盛、秉珵字功爵、秉志字继鹏、秉思字钊期、秉侠字信贵、人功字仕英、赋霜字良万、赋贵字明远、性繁字芳远、同源字集源、诗毓字禧毓、性能字谦益、同桢行亿三、性桂行文十三、赋能字汝兴、文澜字胜生、轼麟字均尚、秉鳌字轧群、秉英字兆英、秉唱字兆胃、秉让字伯玉。

剞劂梓人

邹云伯、邹殿伯、邹步云。

(谢修文等修、谢性卓等纂,同治九年刊本)

同治宜黄《宜邑谢氏六修族谱》,《乾隆己亥三修执事人名》:

内局

必达字启谟、赋灵字学山、赋英字培川、性钟字绍庭、秉儒字虢谦、玉书、赋良字维德。

外局

人服字奇英、秉敏字宇则、秉彦字梓彦、秉性行钦四七、秉修字傅贵、秉诚字丛兰、秉舒字集茂、秉彰字起腾、赋恢字彰明、赋莲字明万、赋挺字匡善、用富字连山、性敏字玖英、心发字省非、必照字拱辉、必典字宥人、源廿九、辉文、同桢行亿三、赋能字汝兴、源五、文辉。

剞劂梓人

城南:邹抟嵩字鹏万、邹抟峰字集万。

鹿冈:邓嘉彦、邓衡宇。

(谢修文等修、谢性卓等纂,同治九年刊本)

同治宜黄《宜邑谢氏六修族谱》,《嘉庆庚午四修执事人名》:

内局

赋英字培川、赋菘字希高、赋孝字映川、必远字挺弼、楚南、振明、赋谦字仰瞻、㮣文、万凤。

外局

赋菁字茂衍、赋琳字怀德、同兰字彩玉、同发字友学、秉焜字南周、秉煜字义翰、赋现字仁宏、周明、赋莲字明万、同仰字南万、赋荒字挥堂、赋挺字匡周、莲青、同瑞字挥文、炖十九、发祥、学成、介士、佘福、庄夫、焕彩、美珍、端先、锦南、连盛、道千、席珍、怀先、元四二。

剞劂梓人

城南：邹兴远、邹义远、吴麟书、吴贺来。

（谢修文等修、谢性卓等纂，同治九年刊本）

同治宜黄《宜邑谢氏六修族谱》，《道光庚子五修执事人名》：

内局

性严字济如、性裕字德敷、性丰字文敷、性果字简敷、同启字德宏、同元字暄廷、同贤字庆夫。

外局

性训字青学、性星字德祥、同荣字锦宏、性攸字连兴、秉熿字友兰、焕文、林中、锡华、福保、冬旺、和中、满亮、锦南、挺辉、学槃、菊兰、乘川、镛秀、佐衡、兆鸾、辉平、书香、友山、达中。

剞劂梓人

城南：熊宏泰、熊久贻、曾应艺、熊芳表。

（谢修文等修、谢性卓等纂，同治九年刊本）

同治宜黄《宜邑谢氏六修族谱》，《同治庚午九年六修执事人名》：

督修总理

赋文字会川、赋荣字跃川。

纂修

性卓字勋昭、同启字德宏。

编修

诗咏字象贤、诗远字义凤、培生字化龙。

提调

同仁字皆和、同德字凤才。

外局

性广字冬立、性捷字敏德、同化字和中、同浩字景象、同仁字允恭、同义字协中、同永字秀荣、同畅字文祥、同乐字贵春、同伦字子翰、诗仁字景中、书发字协和。

剞劂梓人

曾报青、罗醴泉、邓旭初、应际华。

（谢赋文等修、谢性卓等纂，同治九年刊本）

南丰济阳江氏

乾隆南丰《济阳江氏分修族谱》，《乾隆庚子岁修谱执事》：

纂修：南金。

校正：之允、慰祖。

汇辑：希栋、中立。

对阅：亮、懋贡。

总理：宗惠、懋松。

督修：菖礽。

（江南金等修，乾隆四十五年刊本）

南丰西麓双井黄氏

同治南丰《西麓双井黄氏族谱》，《十一修执事人名》：

总纂：家章。

协纂：家睿、家溭、声垣、声梗。

采纂：玉贤、开宾、义寿。

誊对：鲁儒、文翰、炳墀。

鉴订：义寿、立生、谦德、凤林。

劝捐：华元、长生、寿龄。

趱收：家浣、兆祥、崇庆。

提调：德元、安贵、占魁、谐木、声模、寿龄。

（黄家章等修，同治十二年刊本）

新淦黄氏

道光《临淦窨前黄氏族谱》，道光乙未《纪功题名》：

首事督理：兆罴、世道、佳义、福桂、佳祥、世兴、世显、在如、在恺、世梁。

同事经画：登龙、福善、希贤。

秉笔续修：登第。

绣梓剑水：晏文茂。

（道光十五年刊本）

道光《临淦窎前黄氏族谱》，嘉庆丁丑《纪功题名》：

首事督理：在遴、登瀛、世涛、在锦、在习、在吉、在简、世达、世龙、有仁、佳廷、在恺。

同事经画：在鳌、登龙、登元、培棠、兆罴、福善。

秉笔辑修：登第。

（道光十五年刊本）

浮梁祁门郑氏

咸丰浮梁祁门《郑氏宗谱》，《首事人名》：

咸丰十年岁次庚申，郑司徒庙樵月斋重修大全宗谱，首事人名列后。

总理：培先肇光、炳司邦。

纂修：士璇秉衡、湖南云程、世纯锡纯、朝梓宏才、椿鉴宜。

分纂：日粲宗敬、朝桂允模、从义太书、国栋嗣侨、汝高荣声、日琛春荣。

校阅：序爵时升、国选体行、世壎伯玉、栋见闻、镇丰长青、日贵声宏。

佐理：滋廷襄、序仁恒升、钟玉琼林、士珏二玉、容照德明、如南丕谟、和森文林、光汉于海。

东疃首事：士珵、行用、成旺、应腾、启胜、绰然、上腾、汝义。

西疃首事：培松、振珆、培椿、振礽。

南疃首事：怀始、绍熊、荣礼、怀瑾、思益、思在、思运、济茂、柏、日新、和声、思钟、启梁、族兴。

北疃首事：从英、世贤、世骥、序泰、德茂、国华、叔芬。

龙溪首事：方杰、允鈠、廷廉、方佩、允权、允诚、日璋、允扬。

郑冲首事：富寿、体仁、光祖。

白石源首事：启九、再发。

清溪首事：存卿、存遇、丙魁、肇魁、继铎、继绂、存瀛、兆佐、维懋、正芬。

营前首事：启述、继琳、起发。

峡城首事：永锡、丙祥、开秀、学藻。

溶溪陈家坑首事：国悌、英琳、英珠、荣芬。

樵溪首事：学诗、学南。

凌峰首事：发齐、继来、继鸾。

（郑培先修，咸丰十一年刊本）

浮梁郑氏

光绪浮梁《郑氏宗谱》，乾隆《柏川续修宗谱序》：

乾隆庚戌修谱首事芳名

柏川裔孙	苞成	缔先	士宣	芝云	当先
	士间	容先	起狮	能先	
	称先	扬先	元运	起圣	

	起孝	阅先	元顺	元和		重修
太邑蓝湖	祥璿	锦山				
塘里秀源	洪献	起发			同校订	

咸丰六年修谱芳名

柏川裔孙	起纭	尚桂	有论	时琨	
	起瑞	起珍	尚儒	时盛	
	起枋	起衡	尚阡	起位	
	尚动	有仁	之升		重修
太邑蓝湖	万顺				同校

光绪壬寅年重修宗谱首士芳名列左

柏川裔孙	有缘	尚宏	时良	有熊	
	时清	人凝	人养	人杰	重修
太邑蓝湖裔孙	梦鉴				同校

（郑有缘修，光绪二十八年刊本）

浮梁南阳刘氏

光绪浮梁《南阳刘氏宗谱》，《乾隆壬寅年续修宗谱名籍》：

上房廿九代乡饮介宾光葆其耀　纂辑

下房三十代邑庠生鈉镇彝　汇编

上房三十二代上舍承乾君健　参会

上房三十代上舍炳日如 增采
下房廿九代邑庠华玉华 校核
上房三十代焖又扬 图集
上房三十代大成集也
下房三十一代上舍锦沄盈波
老房三十代锦凤胜祥
老房三十二代绣锦君胜 同校录
上房三十代上舍试奉思孝
下房三十一代锦潍大盛
上房三十一代上舍试粲亮文 同阅
下房廿八代添贵汝良
上房廿九代鼎生景衡
中房三十代德敬以礼
老房三十代试璲集有
中房三十一代文俊廷钦
上房三十一代南乔仰山　　　　　　　同督修
族老　长寿　添保　思凰　允锡　兆瑞
　　　玄杰　正辉　文焜　启怡　添彪
　　　梦麟　弈　试美
明股　诚悦　祺　定锦　兆旼　　　支稿
廉股　国秦　国干　　　　　　　　支稿
梅村品一股　鼎锐　时德　学森
　　品二股　世汪　建春　建祥　建楷
　　品四股　裔烛　裔鉴　　　　　支稿
（刘燮材纂，光绪三十四年刊本）

光绪浮梁《南阳刘氏宗谱》，《道光戊子年续修宗谱名籍》：
上房三十三世　　　文箟叔和　　　纂辑
上房三十四世　　　章瑶润玉　　　汇编
上房三十一世　　　锦坚敦安　　　参会
上房三十一世　　　锦连捷三　　　校阅

上房三十二世	绣礼林诰	增采
上房三十一世	锦成广勋	校核
下房三十一世	锦潆大盛	校核
上房三十一世	锦质唯昭	校录
上房三十一世	锦钧景璜	校录
下房三十世	正元亨吉	图集
老房三十二世	绣奇升俊	支稿
老房三十三世	文魁时举	支稿
上房三十四世	章琨良玉	督修
上房三十四世	章璜如璋	督修
上房三十四世	璋烺彩玉	督修
上房廿九世	族长安生静先	同督修
中房三十二世	绣龙	校事
下房三十一世	锦瑞文瑞	校事
老房三十二世	锦信	校事

（刘燮材纂，光绪三十四年刊本）

光绪浮梁《南阳刘氏宗谱》，《同治己巳年续修宗谱名籍》：

上房三十三世	嗣向	纂辑
上房三十二世	绣林	汇编
老房三十六世	青藜	参会
上房三十三世	文灏	校录
老房三十三世	文彩	增采
上房三十三世	文荣	校阅
上房三十二世	绣详	图集
上房三十一世	族长锦福	督修
上房三十一世	锦元	督修
老房三十五世	联吉	督修
中房三十三世	祖贵	支稿
下房三十一世	锦先	校事
老房三十一世	天顺	校事

上房三十五世　　　　　永发　　　　校事

（刘燮材纂，光绪三十四年刊本）

光绪浮梁《南阳刘氏宗谱》，《光绪戊申续修宗谱名籍》：

上房三十三世　　　　　燮材　　　　纂辑
老房三十六世　　　　　克行　　　　参会
老房三十七世　　　　　廷芬　　　　汇编
老房三十四世　　　　　章麟　　　　督修
上房三十二世　　　　　绣荣　　　　督修
上房三十三世　　　　　文明　　　　校事
上房三十六世　　　　　科泰　　　　校事
上房三十六世　　　　　科生　　　　校事
老房三十六世　　　　　雅怀　　　　校阅
老房三十六世　　　　　适怀　　　　校阅

（刘燮材纂，光绪三十四年刊本）

兴国刘氏

同治兴国《刘氏重修族谱》，《修谱名录》：

兴邑太平乡黄田堡起局刘氏重修族谱执事鸿名胪列如左：

纂修：天成柏，邑侯岁试冠军，科试正案第一名，单宗师科试拨入府学，己未岁试超等补廪。

总理：天成、其炜、增桯。

编修：炳亮、福隆太学生、炳辉、
　　　升三太学生、森茂、成光。

掌稿：观澜。

对读：前树、增忠、才金。

房首：德伦、金錴、经琳、
　　　发圣、运槐、通山、
　　　子芳、登鸿、登荣、
　　　子星、其安、通久、
　　　悦柱、朝伟、朝瑞、
　　　贯洋、昌霞、经桂、

遴三、文馨、昌洋太学生、

绍广、运栋、荣泮、

兴昌、其锭、昌仿。

(刘天成等修,同治元年刊本)

玉山怀玉张氏

光绪玉山《怀玉张氏宗谱》:

在局理事者芳名列左:

王嘉树先生、王怀恩甥、王德彰甥、族兄公云、族侄孙维潢、大造、仕圆、先津。

在局理事芳名列左:

主修:维潢。

副修:守勋、王庭。

协修:居淇、居桢 兼管帐。

总管:居惠、居阳。

缮书:先蕙。

校对:居元、同槐。

各处催收:高瑾、居材。

各处董事芳名列左:

先鉴、先增、居亭、居能、同谓、

先魁、先楷、居笏、同壹、居麟、

居显、世喜、同铨、同气、九珊、

同慎。

(张维潢等修,光绪十四年刊本)

湖南

修谱事务烦赜,要成立修谱机构的谱局,推举族内贤能为族长、主修、倡修、监修、督修、纂修、校对、缮写、庶务、各房主修、各房房修、支修、行修等职,各司其责又通力合作,共成谱事。

长沙涧湖塘王氏

民国《长沙涧湖塘王氏六修族谱》卷首一,《四修族谱任职名次》:

族长:保元、明声、席儒、千祥。

综理:大余。
房长:达山、金兰、寅亮、清美、大余、锦中、相谦、林士。
主修:金兰、锦城。
纂修:贞珊、鸣岐。
编修:羽仙、作亭。
倡修:寅亮、若愚、大余、相谦、尚文、协泰。
征修:达山、海望、少连、达源、清美、光远。
刑长:永寿、明魁。
(民国三十八年听槐堂铅印本)

民国《长沙涧湖塘五氏六修族谱》卷首一,《五修族谱任职名次》:
主修:春舫。
纂修:秀邨、禹堂。
校对:南溟、栋卿。
协修:春轩、小珊、子惠、可廷。
征修:雨田、方成、阜安、瑞生、望御、月田、敬忠、云祥。
倡修:翰皋、济川、菊先、葆臣、葆生、紫云。
(民国三十八年听槐堂铅印本)

宁乡南塘刘氏

民国《宁乡南塘刘氏四修族谱》卷之首,《重修名目》:
族长、主修、辑稿、编次、参订、清查世系、缮写、校对监修。
(民国十年存著堂木活字印本)

民国《宁乡南塘刘氏四修族谱》卷之首,《三修名目》:
族长、倡修、总修、督修、纂修、监修、协修、缮写、核对、□□房主修。
(民国十年存著堂木活字印本)

湘乡匡氏

道光湘乡《匡氏续修族谱》卷首,《匡氏续谱条规》:
我族续修,人丁繁衍,事务烦赜,一人难以旁搜详核,公议六处各立主修,日后每房有事,为本房主修是问,不与各房相干。

(匡逢向等修,道光八年解颐堂刊本)

汉寿盛氏

光绪汉寿《盛氏族谱》卷首,《自序·续修谱序》:

当余之弱冠也,幸沐祖灵,癸未岁试微幸补弟子员,方期驰遂名场,大伸素志,为宗族光宠。于以绩修谱牒,笔削谨严,稍副平生之愿。乃岩栖十余载,仅博一衿,上既不足以建功于国、为朝右之忠臣,下复不足以立名于家、为门内之孝子,于家乘事而不一为倡率,其何以告无罪于先人乎?用是纠集族中贤能,倡议续修,一举即成。金以主修命余,余曰:"有分尊于我者,有年长于我者,余何敢焉?"金曰:"非有公正不私之志不足以服人,非有鸠工庇材之能不足以成事,汝读书有素,谙练经史,续修之举诚能胜任而无难也。"余因族命不敢辞,勉赴厥职,昼夜采访,纂辑成编,幸得房兄文星为之督监,族祖晓兰、族叔宗宝、族兄菊友为之忝阅,堂弟克家、益唐为之协理,房孙国本为之校对,因材授任,量能而使,自去秋起事,不数月而剞劂告成,然此皆得于诸公之踊跃赴公共勷,厥事余何立之有,而敢自张耶?……光绪二十七年岁次辛丑仲冬月榖旦,十八派孙邑庠生元音召棠氏谨识。

(光绪二十七年广陵堂活字印本)

福建

南平、延平麟阳鄢氏

光绪南平、延平《麟阳鄢氏族谱》卷全,《重修家谱题名录》:

主修

宗云、宗长、平子、子近、子衮、子再、智可、典可、全可、威可、攀可、体熠、体武、体著、崇体。

总订

子赓、绥体、亮体、卿式。

协修

子宰、可骏、可镇、体茂、体焰、理体、养体、毓体、廉体、澜体、寿体、修体、体箓、则熙、则纪、沂则、品则、砥则、怡式、仰式、敬式、则端、则裕、淮则、挺则、干式、式俨、卞则、纪式、纶式、銮式、秉约、秉橙、崇恕、礼鑑。

总理

静体、秉幹。

协理

子翠、子御、可富、堃可、可占、可彭、可馨、阜可、冲可、可阔、顺可、乾可、体富、同体、立体、新体、骏体、体庚、体节、图体、瑃体、进体、则芳、则平、则思、礼则、信则、祥式、廷式、衢则、秉意、秉爵、秉初。

（鄢宗云等修，光绪四年刊本）

广东

南海九江朱氏

同治《南海九江朱氏家谱》，《序》：

于是宗人朝议大夫奎元兄弟慨然愿任脯糈剞劂之费。……书成，实费白金二千二百两有奇。

（同治八年刊本）

博罗林氏

宣统博罗《林氏族谱》卷四，《四修谱序》：

康熙三十七年岁次辛未十七世孙彬谨识。

（林衍芳等编修，宣统三年排印本）

宣统博罗《林氏族谱》卷四，《五修谱序》：

嘉庆辛酉十二月穀旦，十八世孙修，二十世孙宾、有容、有筠，二十一世孙熙、培、熊、炽万，二十二世孙全钰等同谨识。

十七世孙景愿虔修。

（林衍芳等编修，宣统三年排印本）

宣统博罗《林氏族谱》卷四，《续修宗谱序·六修谱序》：

道光辛卯孟冬穀旦，二十一世孙熊谨识。

督修宗谱十八世孙世容谨识。

协修宗谱十九世孙飏言、二十世孙盛期、二十一世孙参宇、二十二世孙烝臣等同谨识。

（林衍芳等编修，宣统三年排印本）

宣统博罗《林氏族谱》卷四,《七修谱序》:

咸丰辛酉仲冬穀旦,二十一世孙卿材谨识。

督修宗谱二十世孙懿贤,协修二十一世孙仰材、二十二世孙钰璋、二十三世孙琪辉、晋扬、建陵同谨识。

(林衍芳等编修,宣统三年排印本)

宣统博罗《林氏族谱》卷四,《八修谱序》:

光绪七年岁次辛巳秋,主修族谱二十三世孙琪辉谨识。

督修族谱二十世孙其灿谨识。

副修族谱二十三世孙衍芳,二十四世孙蕃坤。

协修族谱二十二世孙绍基,二十三世孙建陵、建休、建寅等同谨识。

(林衍芳等编修,宣统三年排印本)

宣统博罗《林氏族谱》卷四,《九修谱序》:

宣统三年岁次辛亥春,主修族谱二十三世孙衍芳谨识。

督修族谱二十一世孙新添、柏喜谨识。

副修族谱二十五世孙国干。

协修二十二世孙炳枢,二十三世孙士修,二十四世孙文亮、荆南、俊福、瑞麟、允瑜,二十六世孙焕奎全谨识。

(林衍芳等编修,宣统三年排印本)

宝安鳌台王氏

立志修谱者,多为官员与士人。有条件的成立书局,如鳌台族谱乾隆版的修订,系在鳌台书院设局进行。

民国宝安《鳌台王氏族谱》,《重印族谱序》:

谱牒初编始于我祖儒林知谦公,继于太守淡轩公。清初重修,则有司铎杏村公。乾隆末重修,则有主政璜州公、孝廉峙衡公,明经瓒公、槐公及元德公等。

……

重印族谱认捐股份芳名列左:

永思堂一股 居士祖三股 逸士祖二股 菊堂祖四股 纯礼祖三股 兰雪祖一股

晚翠祖一股 罗江祖二股 兰雪处淡祖一股 柏庄华山祖一股 乔林祖一股

兰室祖一股　雅淡祖一股　日斋祖一股　安员祖一股　明一祖一股　南庄祖一股
平康公一股　光裕堂一股　纯煆堂一股　霭如堂一股　创裕堂一股　焕长公一股
衍西堂一股　乾大祖一股　留余堂一股　慎思堂二股　里耕堂汉兰公一股
省悟堂一股　省悟裕明堂一股　永业堂一股　延禧堂云阶公一股　国珍公一股
慎初翁一股　兆云翁一股　梅簕翁一股　祥轩翁一股　晋笙翁一股　冠三翁一股
泽芸翁一股　瑞文翁一股　瑞时翁一股　海波翁一股　芳英翁一股　抡卿翁一股
仲南翁一股　石泉翁一股　策臣翁一股　椒铭翁一股　子兰翁一股　惠民翁一股
普光翁一股　叔明翁一股　慧伯翁一股　子琛挺乔翁一股　少良翁一股
文华翁一股　文登翁一股　文善翁一股　焕朝鉴清翁一股　圣符正纯翁一股
敦叙堂沛棠翁一股

（民国四年石印本）

（三）不断续修的特点

手辑先世遗书，修家乘。

施闰章《学余堂文集》卷九，《马文虎五十寿序》：

马文虎虽未遇，勉励名行，少孤积学，其文不假师承，能自立为弟子员。雅好书法，所撰诗古文辞，缮写盈尺，执经受业者日进。尝手辑先世遗书，修家乘，于马氏功最多。

（《四库全书》本）

直隶

津门士大夫家修谱。

姜宸英《湛园集》卷一，《大兴张氏宗谱序》：

……由明季迄今，又五十年，其间变革之故多矣。以是大兴张氏家失其谱，今奉直君辅公至不能知其六世以上祖讳，虽其赠公兄弟伯仲次序犹未得详，盖数经兵火离散失所以致然。今年春适余至津门，奉直不鄙而与之商略谱例，本先赠公所手订世次序。自高祖以下列曾祖、大父、父与其子为六世，是为本支。又旁及其曾祖兄弟，以至于从祖之子孙，得八世为旁支。等而上之，顺而下之。本支为经，合族以食，序以昭穆。旁支为纬，亲亲之道备矣。则又于其成立者，掇拾其行事履历，各缀小传于后，附之以封诰、铭状、表赞、家传，体例灿然，足垂久远。奉直曰：吾家自曾祖中宪公以进士起家，称名太守，后中科第者四五人，挂朝籍者复数人。今子孙散处，或在大名，或在河南，几不知存没，将谋遍访之未暇，而其仅存者亦琐尾不振。吾经纪其衣食，栖托有所，婚嫁以时。又拣其能者，委之经营;秀者,导之学业;凡以尽吾力之所能为者而已。迹今之所为,其得此于今世也盖鲜。抑余有为君进者,大宗之法不讲久矣。始自赠公来津门,则君适其别子为宗者,君既能以其事力之所及,尽其心以合于古收族之道矣。若创立宗法、建祀堂、置祀田、设祭器、斟酌家礼,而为之冠婚丧祭之仪,待君子孙之繁衍,则张氏之宗风,北方士大夫家必有慕悦来取法者。此厚风俗敦礼教而复之古之一事,愿君之终勉为之也!

(《四库全书》本)

沧州孟村西赵河刘氏

民国沧州孟村西赵河《刘氏族谱》,《历代修续族谱年鉴纪略》:

首次:明成化年间。

第二次:明万历年间。

第三次:清康熙年间。

第四次:乾隆四十八年。

第五次:道光十年。

第六次:光绪二十三年。

(民国十六年刻本)

南皮陈氏

南皮《陈氏族谱》,《历世修谱录》:

创修于正德五年

续修于崇祯十二年

复续修于康熙六十年

再续修于道光十四年

续修于光绪二十六年

(2000年五修本)

东光马氏

沧州东光《马氏家乘》,《历修纪》:

创修万历四十六年 公元一六一八年

二修顺治十年 公元一六五三年

三修康熙三十五年 公元一六九一年

四修雍正元年癸卯 公元一七二三年

五修乾隆三十年乙酉 公元一七六五年

六修嘉庆十六年辛未 公元一八一一年

七修道光九年己丑 公元一八二九年

八修咸丰十年庚申 公元一八六零年

九修光绪二十四年戊戌 公元一八九八年

(1999年十一修本)

南宫白氏

南宫《白氏族谱》,《白氏历代续修谱书考》:

清乾隆年间本

清道光五年本

清光绪十七年本

清宣统元年本

(白光华主编,1995年5月印本)

沧州戴氏

戴氏续谱历代记载。

光绪沧州《戴氏族谱》:

永乐二年始祖由浙江绍兴迁沧州李村。

康熙十五年八世祖明说公手谱稿。

康熙三十五年第一次续戴氏族谱。

乾隆四十一年第二次续沧州戴氏族谱。

嘉庆三年第三次续沧州戴氏族谱。

咸丰二年重镌沧州戴氏族谱。

光绪三十四年续刻沧州戴氏族谱。

(光绪三十四年本)

高邑李氏

光绪高邑《李氏族谱》,《续谱录》:

乾隆四十九年

道光五年

道光二十四年

同治九年

光绪十一年

光绪三十一年

(光绪三十一年版)

清河张氏

同治清河《张氏贻谷堂支谱》,《续修录》:

康熙四十年

嘉庆二十年

同治三年

(同治十三年季秋镌,贻谷堂藏版)

宁晋张氏

同治宁晋《百忍堂张氏增修族谱》,《修谱录》:

康熙三十二年

乾隆二十二年

嘉庆十六年

同治十二年

(同治十二年本)

乐寿陈氏

民国乐寿《陈氏族谱》,《续谱录》:

乾隆六年岁在辛酉

嘉庆二十四年岁在己卯

同治癸酉年未刊本

光绪十五年岁在己丑

(民国二十一年续修本)

渤海季氏

光绪渤海《季氏家谱》,《家谱序》:

吾季氏家谱之修始自前明七世祖汀溪公,详明世系,分析支派,使后之继述者遵循有自,故历世相沿采叙,足备家乘之考。至嘉庆辛未,吾祖重和公命生父秉厚公复按谱重续之,迄今又五十余年,传世十六,户口既繁……

(季斌叙续修,光绪三十三年济南大公石印馆印本)

故城祕氏

祕氏族谱凡六修四梓,在北方宗族修谱中难得。

宣统故城《祕氏族谱》,《重续族谱序》:

吾家谱牒之修,一刻于康熙三十三年按:应叙之于明天启之元年,再修于崇祯九年,又修于康熙九年,再刻于雍正七年,又刻于道光二年,追咸丰乙卯虞瑞公续修,曾拟刊刻未及而公已逝,光绪壬午蓬举公再议重续,亦一誊写而止,迄今又二十余年矣。子孙繁衍,稚齿日增,时势愈迫,族人家益落而刊刻之事愈难,甲辰冬与族孙际瑞一念及之,辄浩然兴叹,每以踵修重订并谋刊印及访梓人所费不赀,刊印之议是以不果。己酉夏,兄槐北上赴津门,谋之石刻,较便且廉其值,不料兄槐于今病殇,此事又不果行。旋而谋之族弟学泗,族孙际瑞并商同族人,悉诺诺从事,醵若干金付泗与瑞拟定赴津门,行有日矣,适族孙际可至,言及郑镇木印能办,且可存谱板为续修者地,族人便之,因印若干卷分施族人,俾各珍藏一部以待续修。书成,敬叙其事,且以志族人之慷慨赴义云。宣统二年庚戌十月十八日十五世裔学汉谨书。

(宣统二年重修本)

江苏

江阴斯氏

民国江阴《暨阳黄阆斯氏宗谱》:

始修于康熙庚戌年,续修于康熙丁巳年,三修于康熙丁丑年,四修于乾隆二十九年,五修于嘉庆六年,六修于道光八年,七修于光绪十五年,民国十七年续修为八修族谱。

(斯桂相编修,民国十七年木活字本)

江阴澄江袁氏

第十二篇　族谱

江阴《澄江袁氏宗谱》：

明宣德壬子始修，清顺治、乾隆、道光、光绪戊寅、光绪乙巳续修，凡七修。

（袁衡五等修，1949年排印本）

常熟王氏

民国常熟《太原王氏家乘》：

始修于洪武十七年，再修于顺治癸巳夏，三修于乾隆甲申年，四修于乾隆己巳年，五修于道光丙申秋，六修于咸丰十一年，七修于同治十三年，此次是第八次修谱。

（民国八年常熟王氏怀义义庄刊印）

上海曹氏

上海曹氏家谱的续修屡屡因经费短绌所碍。

民国《上海曹氏族谱》卷一，《续修族谱记》：

族谱辑刊于清康熙六十年辛丑六世巢南公、七世谔廷公、淞滨公、超然公，续辑于嘉庆五年庚申九世雉山公，重修于同治三年甲子十世海林公，迄今又六十年矣。子姓繁衍，宗祠涉历，不可无记。宣统元年族会成立。润甫叔祖为议长，谋续修者屡，均以费绌不果。

（民国十四年崇孝堂排印本）

常州毗陵王氏

光绪常州《毗陵王氏支谱》：

始修于乾隆二十五年，再修于道光二十二年，此次是第三次修谱。

（王向辰等重修，光绪十八年愿贻堂刊本）

武进辋川里姚氏

同治武进《辋川里姚氏宗谱》：

始修于清道光八年，同治十二年二修。

（姚孟廉重修，同治十二年敦睦堂木活字本）

修谱要有安定的社会环境。

同治武进《辋川里姚氏宗谱》，姚孟廉《续修宗谱序》：

廉幼侍庭帏,先君子尝诏之曰:"吾家家乘创始于北迁公,予亦左右从事,距今二十余年矣。子姓蒸蒸,更胜于昔。若不重加修整,再二十年后,得毋有相视如涂人者乎!"于咸丰丙辰岁决计重修。而寇氛日炽,饥馑洊臻,先君子以耄耋之年,积忧成疾,遽捐馆舍。后有族人踵而行之,捐资甫集,发逆突来,乡民迁徙不遑,捐资亦归乌有。嗣经郡垣恢复,族人死亡过半,其卒不知日,葬不知地者,比比皆然,是可伤矣。急欲即为编辑,而凋敝之余,力难胜任。

(姚孟廉重修,同治十二年敦睦堂木活字本)

武进毗陵庄氏

条件较好的仕宦世家,有每隔三四十年续修族谱者。

民国武进《毗陵庄氏增修族谱》,《学晦公修谱序》:

修谱难,修谱于支分派衍之后尤难。何则?开族之始,传世未多,服属未远,生齿未繁,里居未涣。其创为谱者,固非虑当时之子孙情谊不亲、尊卑易紊、世系不可考终至如途人之不相识。故必引其端绪,以俟后之人。虽明知后之修之者,其难数倍于创;后之续修之者,其难又数倍于始修,而欲俾后人得所藉手,不以难阻而修之,且世世修之,以相引于勿替也。

我毗陵庄氏,自秀九公迁佘宅,三传至鹤溪公始登科第、膺封爵。又四传而至守溪公、鹤坡公、凝宇公,支派渐分,科名蔚起,于时始有毗陵庄氏族谱。自是而子孙日益昌炽,至顺治庚寅、辛卯而谱一修,至康熙戊寅、己卯而谱再修,至乾隆庚辰、辛巳而谱已三修。自辛巳以来,今又四十年。问世数,则自十三世以至十七世矣;问生齿,则譬诸草木其本根一而已,今且十枝而百其叶矣;问里居,则徙而邻邑邻郡者有之,徙而邻省者亦有之,且徙而远省者皆有之;问服属,则未至袒免,而终岁或不相过矣,恂恂乎有途人不相识之虑焉。于是谱之修愈重,而愈亟而修之,则又愈难,子孙众多心力难齐也,服属疏远意见不一也,居址星散稽考难周也。

(光绪印本)

质朴乡民之谱。

朱彝尊《曝书亭集》卷四〇,《具区徐氏族谱序》:

徐氏之望十,有北祖焉,有南祖焉。居吴洞庭之西山者,背缥缈之峰,临销夏之湾,岩可以耕,泽可以渔,枫林橘田墙屋相望。自元泰定间,国子正字澄生子圹,官平江学正,爱山水之胜,因卜居焉。久而析为东西二房,或移家湖州,或居常熟,或徙沔阳、华容、湘潭、要皆祖正字。明宣德二年,府学生善始撰家谱,陈尚书山为作序。其后诸生谅欲重缉之,未果也。

上舍惇复从予学,今年三月朔,以赤马船载予渡太湖,登角头。于时,梨花盛开,迤逦二十里,如积雪,下上以绯桃缘之。偕行者叹殊绝,既而舣船于湾,投上舍之故居。村民散处,或八九家,或五六家,或四三家。庶人在官者无有也,质库罔利者无有也,垂白之叟未尝至讼庭,少年不谙博塞之戏、歌板之音,女子足不逾门枢。其风俗淳朴,乃与府治相反,而徐氏一门群从,布衣纫履,见客恂恂然。处士三级出其所撰族谱,有要有伦,可征可信,其或一本而分支,出乡而死徙,宁略不详,洵慎之至矣!

予家距洞庭只百有余里,风便一日可达。顾年逾七十,始津逮焉。信夫,胜游之难也!今海宇太平,人皆怀其故土,然游人过此,未有不生避地之想者。矧予览观四方习俗之靡日甚,念风土清嘉莫兹山若,安得从徐氏结比邻以终老,即寄居庑下,所忻慕焉。书以序其端。

(《四库全书》本)

吴绮《林蕙堂全集》卷六,《阎氏本支录序》:
……淮阴再彭阎先生,两朝硕果,一代英标。弘文距司马之前,高致轶伯鸾而上。傍枚皋以卜宅,独号寓公;类延伯之寄居,共推遗老。屏藩伟迹,列三戟以开基;簪组华声,聚五车而讲德。家由祁邑,族启晋都。索一字之手文,虽遥遥而莫考;奉千年之鼻绪,实奕奕以相成。高山留禹凿之痕,乔木本唐封之旧。农桑不替,咸传清德之家;弓冶无衰,共服先畴之陇。

逮逢元运,始居西塞之村;洎及武宗,爰寓北淮之汦。择四通而处,信若陶盈;卜五世而昌,早知陈大。绵绵瓜瓞,羡子姓之实繁;纂纂椒聊,且丁男之益众。乃先生忧其宗分而无统,必且代远而难稽,是订一编,特详十叶。速诸父而速诸舅,罗若列眉。孰为穆而孰为昭,焕如指掌。或贻谋以忠厚,力敦秉耒之风;或创业以艰难,义笃牵车之事。或带经于陇上,有若倪宽;或鼓箧于宫中,还如朱勃。或世传清白,而心凛于四知;或人绝雌黄,而品高于三善。或耳鸣之阴德,泽播乡间;或手建乎弘猷,功存彝鼎。详略既已,攸宜近远,复为不紊。四时合食,可登苏氏之亭;八院传餐,并列楚公之宅。尊其所自出,用之木有本而水有源。察乎所由,疏亦可喜不庆而忧不吊。

夫参议公历居显任,屡效繁疆。操洁悬鱼,拔薤与留棠并著;神全履虎,倾葵偕列柏同高。从恬淡于急流,裕谋猷于来祀。而先生雄文振古,壮志济时。慨东海之扬尘,守西山于介石。庭槐传响,争夸才子之声;篱菊怡情,益挺征君之望。以百诗而为其贤嗣,当代蔚其凤麟；以复中而为其文孙，举世知为鹭鹥。行将腾骧，皇路辉耀故乡；直若崔卢，冠百家于唐代。宁同顾陆，号四姓于吴都而已哉。乃犹殚怀追远，笃意展亲。念一身，以至千百身；见其分，当思其合，由一世以至亿万世。从于厚，无至于浇，则孝子之情可油然而起，而仁人之思将自此而深。安见五服之图不有关于世道，而九族之序一无所益于民心乎！

（《四库全书》本）

毛奇龄《西河集》卷四九，《孙氏族谱序》：
周制：工史书世，宗祝书昭穆。每以同姓所系，载其世次于简册，以合之宗庙昭穆之列。故虽别生分族，姓氏屡易，而终不失其本源所自。何则？有所以记之也。吾邑孙氏肇基于乐安，而大于富春。其自奋威将军领丹阳太守以来，历居吴陵有年矣。暨赵宋南徙，仍还江上相邑之湘湖，而僦居其中。至明世宗朝有礼部春溪公以文章为世指名，而其弟东莞公登嘉靖甲辰进士，当时榜之为湖中双凤，比之云间之两龙，而不为过。

予尝过湖滨，慨然慕思，叹前哲风徽未尝或沫，而惜其族之无可询也。今吾友尔猷诵扬先烈，以康熙辛酉登乡书，赴公车门还，随汇其族人，溯本星宿，而派之胡苏马颊之末，不佚不滥。仿工史所记，而茸为族谱，使烦有所总，散有所纪，远而疏者皆有统汇。而孙氏之工史成焉。

予每见时俗之薄，不亲之至，流于不逊。见族人不问，问亦不记，间有询其服属者，辄曰："工史书世，为天子诸侯言之也，庶人何足当此数而簿之籍之？"而予谓不然。不见《论语》之式负版者乎？夫民家口率何与至治。而《周官·司书》每以邦中之版籍记诸名数而少宰听事，即又取其所稽版以验其是否。《论语》所称敬民数是也。则是天子至尊，犹得取下民之数而周知之，况同宗已！

（《四库全书》本）

长洲沙氏谱稿凡三易乃就，镂版以行又百余年。
汪琬《尧峰文钞》卷二六，《沙氏族谱序》：
三代之时，姓氏判而为二。男子称氏，女子称姓。姓以别昏姻，氏以明贵贱。后世合姓与氏为一，而言氏族者惟用地望以相夸诩，此图谱一局，隋唐所以有专门之学也。自谱学废，而先王大宗小宗之法荡然无余，即礼所谓尊祖敬宗睦族之本意，亦鲜有知者。加以迁徙之靡常，贫富穷达之不一，故虽大家巨室往往不详其所自出。或以始迁者为始祖，或以仕宦于朝者为始祖，如吾吴沙氏亦其一也。

沙故籍大梁，其上世谱系已不复存。明初有太医院使讳福一者，其子景铭来居吴门之长洲，再传而至处士公让遂，以治生起其家，率其子若孙卜筑虎阜之左，一时亭榭之幽，花木之邃，琴罍图籍之雄，宾从往还，觞咏啸歌之乐，甲于吾郡。贤士大夫如吴文定公文、待诏唐解元、陆尚宝、袁提学之属，后先交欢于沙氏。沙之衣冠文物于斯最盛。其父老皆轻财仗义，敦长者之行。其群从子弟皆读书息业，恂恂孝谨，无裘马蒲博邀嬉之过。盖《大易》所云"积善之家"是也。当天启中，周忠介公方被逮，士民起而群殴旗校。处士五世孙舜臣以诸生抗论上官之前，不挠不惧，为有司所指目，故尤以气节著闻。既入本朝，舜臣族孙衍中又首举于乡，由是其族之地望几与三吴诸巨室相颉颃。

是谱也，创于经历公纶。阙疑征信，断自院使父子。始经历则院使玄孙，而处士之孙也。其后又得经历从孙懋德佐其役，稿凡三易乃就，迄今又百余年矣。派别益分，子姓益以蕃衍。舜臣之侄太学生恒铨虞其久而涣且疏也，复大合族人修之，独捐橐中金若干，镂版以行。至于排缵事实，采茸先世传记志铭之作，则恒铨之侄云起与有劳焉夫。然后昭穆以明，少长以叙，岁时伏腊，宾祀燕酬之际，斌斌秩秩，俾院使后裔不致相视若涂之人，然皆谱力也。予再四周览，以为两君子是举能不失先王尊祖敬宗睦族之遗意，其知所本也夫，其犹合于礼也夫！

（《四库全书》本）

安徽

婺源湖溪孙氏

同治婺源《湖溪孙氏宗谱》卷一，《湖溪孙氏宗谱倡会图序》：

晦庵朱子曰：人家三代不修谱则为不孝。然则修谱之士不将为孝子乎？人为孝子而使之湮没弗彰，非仁人之用心也。但前谱乏费，头绪未刊，以上修谱诸公名无可考，今将乾隆间修谱诸公与现在修谱诸董事而登名家乘，非彰乃绩，实所以劝勉将来也。使后之君子有能继志而从事于谱者，续而登之，则宗和族睦岂不休欤！

（同治十年刻本）

婺源查氏

光绪《婺源查氏族谱》，《序》：

夫谱者，所以辨上下、正名分、别亲疏、明内外、修族敬宗以联一本之谊者也。慨自尊卑之序不明，长幼之节不讲，甚至视骨肉如路人，视路人如骨肉，是非混淆，莫此为甚！苟非及早修明，恐愈久愈失其真，其得失有莫可辨者矣。今幸诸君子能急其先务，不惜数年辛苦,慨然为己任。祖宗之灵实式凭之。岂非一族所永赖哉！然元所望更有进焉。吾族素称仁里孝弟传家,今何以子弟嚣凌、风俗变坏,此皆由于一本之谊不明而无人训导故也。帝典曰：克明峻德,以亲九族。君陈曰：惟孝友于兄弟,施于有政,是亦为政。自古圣人德化无不自家庭基之。当此谱事修明,人皆知有一本之谊,益信人人无不有爱敬之良。再得诸君子因势利导,提撕警觉,与父言慈,与子言孝,与兄弟言敬恭,见有善则从而奖励之,有不善则从而惩戒之,平时则互相劝勉,遇事则共相剖晰,俾各渐化其气质,浸渍优游,日新月异,磨揉迁革,使迁于善而不知,将见人心正而大本端,大本端而人材亦出魁闳俊伟。

（光绪十八年凤山孝义祠支众同校订）

光绪《婺源查氏族谱》,《序》：
故近或二三十年而修之,远或四五十年而修之,今则自道光壬午修后,已越六十八年矣。

（光绪十八年凤山孝义祠支众同校订）

歙县巨川毕氏

民国歙县《巨川毕氏宗谱》卷一,《巨川毕氏修谱序》：
盖闻惟圣人为能享帝,惟孝子为能享亲,享亲之为言祭也。祭不欲数,数则烦；祭不欲疏,疏则怠。自世俗氏族不明,而尊祖敬宗之义不可问矣。此谱系之作所以不可已也……自咸丰年间适遭贼乱,代远年湮,谁复识敦族之谊乎？于是搜罗旧帙,采辑成书,庶几尊祖则敬宗,敬宗则收族,此世系所以不可不明,亦不可不修也。予忝参其事,故略序其始末,惟望后世子孙续而成之尔。大清光绪二十年岁次甲午春王正月,孙公支下四十一世裔孙郡庠生政昌百拜谨书。

（民国三十三年刻本）

定期续修。
新安徐氏
乾隆《新安徐氏宗谱》卷首,《凡例》：
凡修谱定期每六十年,今我徐氏永以甲子年为规,须于二年之前各族有志者预行遍订,蚤发传启,汇齐修梓,庶甲子告成,可无愆期,望各族后贤共勉之。继往开来,均有重赖。

(徐有炜修,乾隆二年刊本)

绩溪华阳邵氏

光绪绩溪《华阳邵氏宗谱》卷首,《新增祠规》:

谱牒之设,何以明世次、联疏远也？宜效康节公三十年重修一次,庶免遗佚之患。

(邵俊培纂,光绪三十三年叙伦堂刊本)

光绪绩溪《华阳邵氏宗谱》卷首,《修谱条议》:

古人云:三世不修谱为不孝。此次修谱原为维系祖宗一脉起见,理应孝敬,将事同襄盛举。倘有故行作梗或不终厥事者,是为忘祖,即以不孝论,应将其人本身以下削去,不入系图,以示痛绝,事关重大,罚规不得不严。

(邵俊培纂,光绪三十三年叙伦堂刊本)

绩溪仙石周氏

宣统绩溪《仙石周氏宗谱》卷二,《凡例》:

宗谱三十年接页,为小修;六十年重编,为大修。逾期不修即为不孝子孙,务必按期举行勿怠。

(宣统辛亥善述堂刻本)

池州仙源杜氏

光绪池州《仙源杜氏宗谱》卷首,《家政十四条》:

至于宗谱务三十年重修一次,即至迟不得逾六十年。

(光绪版)

黟县西递明经胡氏

道光黟县《西递明经胡氏壬派宗谱》卷一,《明经胡氏壬派宗谱凡例》:

谨按:旧谱凡例悉经先贤所定,至精至当,自宜率由旧章,不可妄加损益。第前则汇修统谱,此则特载本支体制,稍有不同,变通参以新议,前录旧例以示彝训之难忘,后加按言亦见吾人之善述云尔。

(道光六年刻本)

歙县蔚川胡氏

民国歙县《蔚川胡氏家谱》卷二,《谱例大纲》:

旧谱生娶卒葬往不全,因当年会族之时不及详载,迨年远世隔无从稽考,不敢妄阗。今续辑兹谱,务宜精细查究,不可执往例以安阙略;若实属无稽者,阙疑可也。

……

续辑家谱,各支底稿务宜各自慎查明白精细,然后送入公局,依底誊录校正,庶无差讹。誊录已完,各支下贤能者入局面对清白。其底稿原归各支收去好藏,不可遗失,所谓物必归原,日后倘遇错讹以好对执。

(民国四年线装活字本)

河南

宋荦《西陂类稿》卷二四,《重订家乘序》:

先文康府君于顺治戊子秋,洊经兵火之后,搜缉先世嘉言、懿行二卷,以示子孙,名《商丘宋氏家乘》,未卒业也。越四年而府君捐馆,荦等读《礼》之余,仰承先志,更为裒益之。又十一年康熙甲辰,荦以侍卫奉简书判黄,退食无事,重加厘订焉,梗概略具拟,剞劂而未果。又十三年丁巳,荦以内补得判藩院,复乘公暇,取而编次之,共成八卷。适仲弟炘衔命权芜关,载与俱行,因付之梓。梓成,乃再拜为之序曰:古者诸侯世国,大夫世家,故氏族递传,子孙皆能知其所自始。后世谱牒散湑涣然,靡所统纪,而士大夫崇本返始之心茫乎无所寄,更三四世子孙不知书,或至迷其所出者有之。抑又闻古圣王之治天下,上治祖祢,下治子孙,旁治昆弟。合族而食,序以昭穆,以能长世而不乱。盖亲亲故尊祖,尊祖故敬宗,敬宗故收族,自王公以逮士庶,教化明而礼俗成,非独以其谱也。至谱亦不存,又安知世裔族属之所系哉!

吾家自微子封于宋,后遂以国为氏,而家乘不及者,世远年湮,不敢苟为附□也。著其近者,则自荦之从曾祖庄敏公始。公修身制行,衾影必饬,立朝大节,经国弘猷,载在史册,天下后世蒙其利焉。爰及秋部、计部二公,皆以经术行谊振厥家声。荦祖福山公澹泊宁静,垂裕后昆,虽未竟厥施而厚集。于我文康公历官中外,以迄秉钧,□不兢兢翼翼,移孝作忠,实继我祖之志,事而善成之也。至我王母丁太夫人,贞操淑德阅四十年如一日,即古称贤母何多让焉!荦等不才,谨守先人堂构,惟是前规在望,惴惴焉!不克负荷是惧,尤恐愈远愈忘,不知水源木本所自。因辑是编,而志其慎重之意若此。呜呼!后之人览家乘者,庶其念祖宗积德之艰,而不至荒坠厥绪乎!

(《四库全书》本)

公府余暇撰家乘。

朱彝尊《曝书亭集》卷四〇,《商丘宋氏家乘序》:

夹漈郑樵志氏族,以国为氏者二百三十有三。宋之先,殷王元子,名列三恪,《诗》所云"有客有客,亦白其马"者也。其都商丘,本陶唐火正阏伯之壤,是曰"大辰之墟"。厥后望在西河广平燉煌扶风利人,而商丘之族,邃古之三坟尚存,服先畴守梧槚,至今犹保阏伯之故土。姓源之远莫之与京,以视过江之王谢袁萧,吴之朱张顾陆,山东之王崔卢郑,关西之韦裴柳薛杨杜,皆其后焉者矣。谱系之学源于《世本》,由晋以降或撰家传,或撰家纪,或撰世传,或撰序训,或撰家世编,用扬其先世之德善功烈,斯则孝子慈孙之用心,补邦国之志所未备。俾先正之旧典,时式长以不坠,别亲疏,族坟墓,序婚姻,一书成而众善备焉。

都察院右副都御史宋公填抚大江左右一十七年。国奢示之以俭,事烦行之以简,月要岁会久,而案无留牍。天子嘉公清德,倚毗日隆。公精白一心,益以澹泊自持。公府无事,恒与宾客参考典籍,扬扢风雅,审定图书。又有余力,撰家乘若干卷。予受而观之,不书远祖而书近代,先王言而后国史,终以文翰。其述庄敏、文康二公遗行,辞简而事详,合乎古传纪之体。维宋氏门才日盛,公之诸公子,一官侍从,一列藩屏,一登贤书,诸孙咸自奋功名之路。公族之蕃衍,何福不除继自!今论宋氏之望不于西河广平,而在商丘,斯其为微子世家百世不迁之宗也夫!

(《四库全书》本)

甘肃

以军功显者重修家谱,推寻源本。

李光地《榕村集》卷一二,《马氏家谱序》:

马氏之先,江南六安人也。明季徙居宁夏,遂世以军功显,至今日岿然西土望族矣。太原总戎衡闻君者,余巡抚直隶所荐士也。君辛未武进士,其年余以兵部侍郎知贡举,及君官深州,适抚标中军乏人,遂奏请以自助。凡扈从畿辅,君悉与余俱于是天子稔知。君之材武且机鉴谨密,堪大用也。三年之内不次擢拔,至专阃焉。君一日书来,以其家谱属序。余阅之叹曰:有此也夫,天之佑忠节者为不爽也!

马氏自六世始发迹,至七世苍渊公以蓟镇总兵官屡建边功,特命总理关宁军务,统辖五省援兵,加太子太师后军都督府左都督,□三子,世袭锦衣卫。闯贼之乱,三子者皆以谋兴复事泄,先后殉难。呜呼!父子之不负国恩,何如宜乎天者之大其子孙也!入本朝,衡闻君之父某公从大军讨平川云,限于年未究厥用。今君兄弟各承殊恩,拥雄镇,东西相望,屹为长城。其余昆季直禁宿卫及第出身典兵从戎者,布列中外,皆异日腹心爪牙之选。时人以为荣。而乌知夫勇烈忠贞久而不腐,则其郁积旁魄能令后人以功名事业显于时者,固理数之冥符前代之已券。呜呼!其未艾也哉。抑余抚直时,君不以疏示余,以其兄弟往来家问,皆相勖以忠孝廉洁,无一语及私者,此尤人之所难,盖淳乎儒者家风也。以是推之其根深,其气厚,其辉皇建竖于他时者,必且倍于今日。余闻之,风谣慷慨,秦地固然而兼葭,诗序所谓泽以周礼者,则如君之一门是已。余是以欣然承委而为之序。若乃谱系之纪,又君之所以推寻源本,克笃不忘以敦厉其子孙者,雅意盛矣!尤可书也。

(《四库全书》本)

浙江

陆陇其《三鱼堂文集》卷一一,《先府君圹记》:

先府君讳元一,讳标锡,字叔因,姓陆氏。……深虑宗族繁衍子孙不能自知其支派,乃修族谱,义例精核,族人赖之。康熙戊午九月二十一日以疾终于正寝,享年七十。

(《四库全书》本)

朱彝尊《曝书亭集》卷七四,《处士文君墓志铭》:

康熙四十有三年夏四月,处士长洲文君□以疾卒于郊西之竺坞。……晚修文氏族谱,本温州守之训,谓人立身自有本末,出处自有据依,何必附丞相信公以为重,故自苏州分派始,一世二世至十一世。族谱甫成,而明年君逝矣。

(《四库全书》本)

晚岁叙族谱。

朱彝尊《曝书亭集》卷七六,《院编修严君墓志铭》:

晚岁曾一修县志,叙族谱,有以诗文图画,请者概不应暇,辄扫地焚香而已。君年六十有一返里居,以康熙四十一年正月卒,享年八十。先世自余姚迁无锡之严埭,……君讳绳孙,字荪友,娶王氏中宪大夫知福州府事之女,封安人,子三:沉曾殇、泓曾、溶曾。孙六人,曾孙五人,其卜兆也,在县西萧家湾。

(《四库全书》本)

毛奇龄《西河集》卷四六,《何氏宗谱序》:

萧山两何氏,一居芹泥桥,一居城西崇化里。两家皆庐江之后,而源同派别。其在明

第十二篇 族谱

代,则皆有御史台世其门,而俗称何御史家,则惟城西何氏当之。予从祖教谕公为芹泥何氏赘婿,而予大母则城西御史公女孙也。少时大母尝为予言御史公复湖事,感激流涕。暨予稍长,作《萧山三先生传》,则御史公之子孝子公居其一焉。第其家式微,丁衰祚凉乘轮之后,降为草衣。予归田以来,偶以访旧过其家,询从前衍系,悉漫漶不可考,怅然而返。今其裔孙长仁搜先代遗谱,力为修复,较其阙轶,而补其未备,裒然成一集,以请予为序。

予思城西何氏自宋南渡后,历绍圣、咸淳诸朝,显仕六世,皆以科名爵秩荣于时。即在元代,犹有以禄养为世称者。乃入明,三世而御史公父子,即又以非常名迹振踔乡里。尔乃继述寥寥,邃至中落。予初避人归早,已为孝子争乡贤之祀,直揭台使送主入学宫以为盛事。暨入史馆,即又探《孝宗实录》,讨其所记孝子事,为之立传。顷吾邑无赖仍跨湖塘,以图侵占,而予以景行御史公事挺身争辩,得复旧迹。虽曰何氏者,予世所自出,然亦以邑有前贤,则生其后者,当观摩其行而表章其迹,故如是也。况为之子孙而听其沉泯而不之顾,岂情也乎!后之为谱者,其亦视此焉可已。

(《四库全书》本)

以修谱为己任,越二十余年而成。
毛奇龄《西河集》卷四四,《苏潭张氏族谱序》:

古者君子行礼,以叙宗族,族之所叙,则礼从生焉。故因孝以推之,因睦以合之,初未尝不惇本口末,而其后稍相远也。尝按之族服之制,四世而缌,至六世而服已绝,则亲亦已尽,是毋论弃德旷宗、塞源拔本者,固于斯有沦遗之感。而即以服推,其因礼降而情杀者,亦复何限?然则族谱之设,虽肇自有宋,倘亦先王惇宗叙族之遗意也。与今世家旧阀多著谱牒,而时移代易,废弃多有,苟非为其后者有以修之,则三眷之亲同于九等,吾未见其能禅后也。

苏潭张氏自宋时廉访公来迁萧山,遂族于斯。历元明数百年,代有贤哲,已见之邑乘。而曩时有谱,创于元季廉访曾孙。暨明永乐间,则郡丞公重修之。自是以后阙焉,罔载者越数百年。裔孙纯白由泰州教授归里,毅然以修谱为己任。自隋唐以来,方城、曲江、吉水、新淦各为疏核,凡世系前后稍有同异,必亲至其地,咨诹详较,务求殚晰而后已。而乃越二十余年,而其书始成。夫隋唐宋明为世已远,其为亲干族属亦已长久,根株之大,茂木莽莽,乃得收其涣散,联其乏绝,使弈世衣裳臂指,时地爵齿皆已汇存之。数简之间,其竭数十年之精力,不为不劳。而成书以后,予滞京邸,亦复不远数千里,遣其子孝廉君持书至京,索予为序。夫上下千载,纵横万里,其势本同,而前考之数千年而不以为遥,近索之数千里之外而不以为远,则自是以后,其为久长计,而不得以因循苟且之端,任其漓涣焉！可知也。

（《四库全书》本）

谱修三十年；谱贵亲亲。

毛奇龄《西河集》卷三八，《包氏族谱序》：

族谱之设，创自苏洵，其时轼与辙尚未仕也。苏氏之贵，当自唐苏味道始，然而谱不之及者，亦曰亲尽则略尔。今之为谱者异于是，必贤如子骞，贵如梁公，则虽远必载。而如其不然，即高曾至迩，犹且记志恶缩，以为此何足以光吾谱者。甚矣，谱义之非古也！

包氏始自安陆，代有显者，乃由南渡后。上沂所自，独以合肥孝肃公为断，其相距不越十世。以统以系，而由合肥、而山阴、而萧山，则又以萧山为近祖。盖自南渡仕瓯越，或分或聚，而萧山最大，其相距亦不越十世，而为谱者宗之。盖其世当元明间，贤哲代起，一时父子兄弟若松坡东皋辈，皆以明经进士显于时。凡海内闻人争先结纳，若所传河东张翥、金华黄潜、宣州贡师泰、南阳乃贤、临川危大朴、东阳王祎、余干董朝宗、青田刘基、上元杨融、西江揭傒斯、广平程巨夫、东嘉高明不下数十辈，皆当代名臣伟儒，能不远千里并过萧山与之游。车毂所至，使市桥左右庐舍皆满。噫，亦盛矣！夫谱贵亲亲，由身而推，只详所自出。而上本姓生，下联族属，未尝有声称官阀之见，生于其间，而其贵而且贤若此。

予少时与即山游，拜其尊大人于堂，降而与即山、吕和、铨平结为兄弟。惟时同游者皆海内闻人，渡江造请，各以古学相切磨。其一时贤俊亦不让，河东张潞公、金华黄文献以下，乃身遇兴朝，未得一试其才，以黼黻盛世，信乎？出处显晦之际，有数存焉，而即山、吕和且相继赍志，迄于今，墓有宿草者已三十年矣。

予乞假还里，值铨平修族谱成，属予为序。予思氏族之盛，莫如包氏。少时登其堂，景其先贤懿行，往往起敬起慕，徘徊勿释。而今则触目悲哀，不忍过其庐，造其门巷，睹见其遗文剩字。况明明世乘，俨然载即山、吕和于其册，而其忍序之？然而谱也者，嬗后者也。今之所作，后之所述也。夫以予异姓之子，束发与交，垂老而不忍弃去，偶一见其家之所为，即感生于心；况为其子若姓者，睹先人遗谱而不遵之如经，守之若国史，非人情也。谱创于即山，而铨平与吕和之子续成之。前二年铨平示予谱，予不忍读，受而藏之衣箱之间，既而曰予与铨平皆垂老，倘一旦不测，其何以应，遂出而书。此铨平，予老友，尚居墙东，此包氏家献也。吕和之子公度善文似吕和，吾见包氏之绳绳矣。

（《四库全书》本）

第十二篇　族谱

毛奇龄《西河集》卷三八,《史村曹氏宗谱序》:

宗谱与世族谱不同。唐时岑文本、令狐德棻奉诏辑天下茂族,合九百二十三姓一千六百五十余家,而分之为谱。凡一姓之中,第取其贤而显忠、隽而有材望者著于篇,而他不之及名曰世族。犹史称"世家",孟子所称"世臣"也。若宗谱则创于赵宋苏氏,但以一姓为九宗,上自高祖下逮元孙,毋论仕不仕,贤智愚不肖,而各予以系。而其后所宗过长,其所及亦过远。然且进贵绌贱,右贤退不肖,至有冒他族名达,遥遥华胄,为世取诮者,则宗谱也,而与唐之谱世族无以异焉。

曹氏为萧山茂族。少时见木上先生以第一人举于乡,名冠两浙,尝追陪游燕,每叹其器宇沉湛,渌然若渊泉之在望。叩其镵抒之不匮,犹茧丝焉。方是时,有为九江司理者,有为望江令者。予生也晚,不及一一而见其形与其事也。然而名贤辈出,在曹氏一门。群从誉望,藉藉如浴。雅先生以诗名于时,时得其片词剩字,辄规之樆之,转相传写,以奉为秘宝。迄于今,郐绍之书,其为法盛之所行,正不少也。而文虎为文,予尝私效之,而叹为莫及。夫以邑之为诗、为文、为书法、为理学、政事,而皆于是家取之,此其家真世家矣!

予与其裔孙国学名显宗者游,每言其家茂才名锡爵者,修宗谱甚具。显宗将捐橐谋付之梓,而属予以序。予因谛观之,简而核,精详而有要,不附混元,不冒巫,赵所云以族谱而兼史乘者,是书有之。若其溯武惠王彬者始之也,继越州判官追其所自来也,又继而判官之子丞则自越而萧,所云占籍于桃源之下邓村者是也。而于是以学谕承之,则以迁史村自学谕始也。史村者,今曹氏居里名也。

(《四库全书》本)

余姚史氏

咸丰《余姚史氏宗谱》:

明成化七年始修,嘉靖九年、隆庆五年、万历三十年、崇祯十七年、清康熙五十六年、乾隆三十九年续修,此为八修谱。

(史光等修,咸丰六年木活字本)

江西

万载辛氏

民国万载《辛氏六房谱》,《顺治癸巳重九觐户议修三房谱记》(砎):

余辛觐之三房也,自祖显忠分派以来,长永润,次永纯,又次永坚,上中下之所由名也。追其相传渐降,子孙盛衰,衣冠隆杀,三房未获如一臂指,遂有各私门户之见。上与下立有私禁,中房亦立有私禁。其立禁之意,与余意大相剌谬也。其故维何?盖以父兄子弟之谊而权商贾子母之行,则是视青蚨如骨肉也,视父兄子弟若途人也。究且情衰谊薄,财诎义穷,几何不各立门户,自相离异也哉。余盖力挽前规,追思明末癸未,兵燹交讧,荒旱洊告。兹时也,海水群飞,天星乱动,父南子北,兄东弟西,邑姓之故老荒落,世族之谱系无存,比比皆然。独我祖天佑,厥后所足征者有故老焉,所式凭者有谱系焉。虽子孙支蔓,未必古若也。冠裳济楚,未必古若也。迄值兵荒水旱,百难轮转中,尚遗留二百有奇之丁口,亦云善矣。将来瓜瓞绵绵,犹未艾也。予尝读书怀古,志切祖鞭,每欲得先祖大宗谱载之所未及者,一一而重辑之,使三房诸子若孙稍知高曾祖父之箕裘,窃惓惓而无由也。岁癸巳,觐值总书役,节届重九,集饮间遍询各房长老,得上房伯祖讳应宸者,与余祖分相伯仲,犹能详其人,记其事。祖宗丘墓之所存,子孙源流之所出,援古证今,示若措掌,同坐诸子侄辈莫不举祝曰,天之所以寿若翁而启我后者,其在斯乎!其在斯乎!于是若翁出其唐祖开宣世系以示余。余见谱牒所载,其尊卑名号之纲维,以及生年卒葬之里居,与若翁同出一揆,无遁微芒。追睹其像仪,恍乎若见其人焉。读其手泽,忾乎如闻其声焉。噫,何期唐宋元明之大祖列宗复见于今日也!虽然运当清祚鼎盛,时异势殊,而明禋未改,后世祖宗何忍没没于无闻乎?筮卜是月之望,每丁敛钱若干,用以庀工梓材,将唐宋以迄今兹,补葺遗文,重弥缺漏,使五朝祖宗昭穆共成一帙,永为不替,是何虑久大之业不得传诸宗祖,福泽之嘉难以爰及苗裔也哉。后之子孙当阳蔚起,科甲蝉联,览斯集者当亦无负余初志云。

(民国四年版)

民国万载《辛氏六房谱》,《觐房祠记》(斐均):

显忠公,我觐房支祖也。忠公生子三:曰瑾、曰珥、曰瑜,子孙颇繁,人文亦蔚。溯我祖出自开宣公,七房既有公祠,先伯父砌倡率本支于康熙庚戌秋买房侄孙瑞馨九仙宫侧基土一片,创祠宇二栋,并立三房谱稿,此敦睦之意也。年久圮颓,余邀房众佳士万侯、桂孙、崑友、赞臣、旭上、日珍、其章等,敛财生息,于康熙丁酉尽举而新之,改立正厅一栋,计四扇,两廊各二扇,下及槽门,周围砌以砖墙,公财告歉,寝室缺焉。雍正甲辰,芳公支下子孙将芳公会银捐助四十两为倡,又创寝堂一栋计四扇,及神龛门壁天井,并砌门左圳上行路,桥石俱已齐备。举前之缺而未备者,焕然改观矣。由是祖灵可以安,子姓可以聚,岁时伏腊得以恭行时祭,且可以读法讲礼于其中。凡事务之本房可竟局者,二三父老于此乎共酌之初,不必遽烦公祠焉,可不谓美乎?于是备载其创修之由及成功之次,详为记之,以示后人。

第十二篇　族谱

(民国四年版)

湖南

谱牒之修,自有不刊之成规。不论从体例抑或内容,续修之谱对旧谱多所沿袭。

长沙涧湖塘王氏

民国《长沙涧湖塘王氏六修族谱》卷首一,《六修族谱凡例》:

旧谱所有圣谕、诰命、敕命及远祖之著作等,均录刊之,以存古粹。惟于服制四体之类,虽不全适今用,然皆本自古典,故仍照刊以存旧礼。

(王万藻等修,民国三十八年听槐堂铅印本)

湘乡匡氏

道光湘乡《匡氏续修族谱》卷首,《续例》:

一、旧谱传赞,无非阐扬先人潜德懿行,断不可弃,特于字句即离之间略为删增,非敢凭臆是非,聊以发所未发、删繁就简之意耳。

一、训规,所以教戒子孙,勉其所当为,戒其莫非为。我族旧谱所垂训规,义显词明,确当不移,今仍旧编录,略删节目,以合时宜,吾愿后之人遵循勿替,无负先人之至愿也可,其余仍照原例。

(匡逢向等修,道光八年解颐堂刊本)

广东

宝安鳌台王氏

民国宝安《鳌台王氏族谱》,《重修族谱后序》:

家传图序久经前哲之经营,事待踵增,仍要后人之继述。

(民国四年石印本)

民国宝安《鳌台王氏族谱》,《重印族谱序》:

谱牒初编始于我祖儒林知谦公,继于太守淡轩公。清初重修,则有司铎杏村公。乾隆末重修,则有主政璜州公、孝廉峙衡公,明经瓒公、槐公及元德公等。传次到今百二十余载。年湮代远,遗文散佚,迄今尚留族谱一部,硕果仅存。

(民国四年石印本)

民国宝安《鳌台王氏族谱》,《重印族谱序》:

(此谱)半经蚀蠹。若迟之又久,拾遗补缺考核无从。诚恐数典而忘祖。应奎忝列明经,不忍坐视吾乡文献之失。清光绪戊申岁,家君晋笙倡设鳌溪学校,栽培后进。时族人推奎主持校务,谈及旧谱,拟行重印,众均许可,经已拨款付印,乃托不得人,致亏公款,弗竟厥功,可浩叹哉!至是又迁延七八载,民国初兴,时值纷乱。家君晋笙复顾奎而愀然曰:"我乡族谱,今弗再印,将使自宋迄今七百余载二十七传之谱牒,尽沦于我辈,罪岂浅尠哉!"嘱奎勉力进行。奎有鉴于昔,与其头筹公款,难睹告成,曷若提倡劝捐较易为力。乃商之石泉、显生二君,二君极表同情,力为担任,遂袖束捐题。幸同族诸君见义勇为,踊跃捐资,赞成所举。而梅箖、瑞文、颂南、植庭、世英、吉佳、少庄、佐材、紫芝、子勤等,尤为热心鼓吹,尽力劝导,事赖以成。惟是检阅谱内篇数或少图半残,缺字多破碎,几难查核。于是遍搜各房之零碎者,或一二卷,或三数卷,虽属断简残篇,而互为参订。彼部某篇遗失,赖此卷完全而有征;此部某字糊,幸彼卷玲珑而可据,几番校对,始获告成。此真千钧一发之延也,殆祖宗呵护之灵默以维持于勿坠欤。

(民国四年石印本)

安徽

汪由敦《松泉集》卷一〇,《查氏族谱序》:

查氏远有代绪,其来新安自安阳令义祖公始也,迁休宁自长史昌公始也,卜居邑治之偏道公次子大理评事循之始也。迨宋之季,支裔弗延,有来自夏曰顺公,以甥祢舅,厥嗣日衍,奉为别祖,今城西之查则自顺公始也。其以科名起家,自元岳公始也。奉先收族建祠肇祀,厥考灵川公之志而成之者,元岳公也。顺公至元岳公,历十有一世。溯而上之以述所自,沿而下之以详所属,昭穆有图,支派有系,葬有纪,仪有书,谱牒井然,自元岳公始也。

由明神宗丙午至于今,阅两甲子百三十余年,子孙守之弗替,加墍涂焉,以书来属。纪其事者,吾外舅渐陆公之弟西圃翁也。元岳公以名孝廉,家食颐志,再传而中落。吾外舅奋自振拔,西圃翁继之,乃益振。而其季兄南浦公以邑诸生食古戢耀,传其子奕梁,少年进士,为名庶常,查之望日高。而西圃翁诸子群众负材竞爽,盖自元岳公而下,六七传而益昌且炽,正未有量也夫!

千寻之木,历岁久而枝叶茂者,植根深也。千里之流,分派远而波涛壮者,浚源长也。根不植而加戕焉,虽蟠木必蕡。源不浚而日阏焉,虽巨浸必竭。族之大也,支派衍而愈蕃,则人心亦日以涣。有人焉萃其涣以为之始,所冀来者之保守,厥绪以相嬗于无穷耳。后此或数十百人而得一人焉,或数世得一人焉,或数十世得一人焉。念祖宗之所贻留而推而大之,以苊其族。于是而数世数十世之涣者,复萃相亲爱如祖考时也。《诗》曰:"子子孙孙,勿替引之。"所谓"无不尔或承"也。又曰:"以嗣以续,续古之人。"所谓"无忝尔祖"也。西圃翁之侨于粤也,族之就而谋所以为生者,翁必熟为筹。曰:"先人之裔,不可以异视也。"亲党之就之者筹之,一如其族。曰:"吾祖先之姻娅,不可以漠视也。"自吾婚于查,垂卅年。翁自壮而老,其用意周以挚,而为力博以久,有古长者风。故于宗谱之辑不以自耀,而欲使来者之共喻其意也,此序之不可以已也。

(《四库全书》本)

山西

平定白氏

民国平定《白氏家乘》卷一,《阖族公议续修家谱宗祠简章》:

一、此次修谱,全族公议,日后续修以十年为期,各股公举经理,每年调查一次,登记谱内,至期会齐,各股公同修理,即以今丙辰年起至丙午年即为修谱之年,后仿此推算,万勿年限太多,以免调查之苦。

(白凤章编辑,民国五年石印本)

洪洞刘氏

光绪《洪洞刘氏宗谱》卷一,《新谱凡例》:

一、宗谱宜勤修也,勤修则文省,文省则费廉,费廉则事易举。吾族之谱约以三年一续。三续而后发刻,虽先儒有三十年修谱之说,殆为不修者而极言之,未必逮三十年之久始言修也。

一、家谱乃千百世之支派,祖宗之遗泽所关。韩魏公曰:十年不修谱,子孙为不孝。以后凡遇新生、始故及诸行状事绩宜另置文簿,逐一开载明白,附于谱后,以便辑续重修者。

一、谱修有期,兹合族议定限三十年一修,取三十年为一世之义。

(刘殿凤修,光绪二十七年刻本)

运城安邑郇城路氏

同治运城《安邑郇城路氏族谱》,《公订重修族谱年限序》:

窃尝翻阅旧谱,其间条例颇详,未始不叹祖宗之为后世虑者至深远也。吾侪子孙孰不当金玉奉之哉?顾事可敬守之则敬守之而勿替,法宜变通之即变通焉,其何妨?如谱内所载五世当修,此亦不过因是谱依欧阳文忠公五世一截之书而云,然非谓是谱必至五世而始一修也。况今日之路氏,大不同于昔日之路氏,居住愈涣而愈散,生齿日盛而日繁,必至五世而始一修焉,则越人成世,越世生人。迁延日久,纵有孝子慈孙欲起而修葺之,将必有考核之难遍而搜罗之或遗者矣。是五世当修之说在昔日则可,在今日似不宜拘。至若中乡榜、甲榜者而一修,亦以中乡榜、甲榜者必谙序法,责成尊贵者之词也。必执是以为定论,则尊贵者不得辞其责而卑贱者反视为无与己之事焉。幸而吾族科第联登,代有伟人,则是谱之修,责有由归,固祖宗之福,而亦吾族之兴也。设不幸而适值其衰,数丁其穷,科第者不即有其人属在,族众不又将推推诿诿,置是谱于终不修乎?此亦势之宜稍为变更者矣。乙酉岁冬,修葺告峻,族众咸集公所,余胞伯字昆生者辄喜且悲曰:"今日之修,非汝等共济之,力不及此,第不知后此之修又于何日也。"爰公同计议,以三十年为定期,命余为文以垂后,余于是乎书。嗣是宗道兴隆,世登科第,则十年一修不为早,二十年一修不为迟。即不然,则凡生当三十年之际者,务须洁己率属,同心同德,重修一次。甚勿推推诿诿,置是谱于终不修,如此则居住虽散,当不虑散而无统,生齿即繁可勿忧繁而难纪,将本本源源,支支流流,孰为祖之祖,孰为孙之孙,历百千万世而不紊,是亦吾祖宗之功臣也。或曰:"子言然矣。设当其时而无出资以登梨者,恐事之未必然也。"余曰:"是勿虑此。吾族有八里铺坟地四十余亩,以每年课租并祠堂房资之入,除享祀公费外,能积少成多,勿肥家入己。非惟修谱有赖,即从此而春荐秋尝,又何患不丰裕也乎?"

时乾隆三十年冬十二月榖旦,十一世惺沐手谨撰。

(路生财、路有年纂修,同治十年刻本)

山东

东莱赵氏

民国《东莱赵氏家乘·序例》,康熙《赵氏族谱序》:

吾赵氏宦籍东莱,业经有年,越数世而谱书兴,亦越数世而官职显。中如拔擢起书香之绪,别驾增阀阅之辉,荣篆肇造,其发弥昌,至封君而恩纶倍起也。天宠贶光,百龄四锡,实缘诞生贤嗣。三凤齐鸣,为中丞、为冢宰、为司业。皆功垂青史,勒丹书,幸振河东之盛。厥后,缵续有人,乌府流声。中书溢美,降而郡丞邑令,怀利器,际风云,愤孤忠,以安社稷。勋猷卓尔,事业烂如,其共鸣本乎学术者,与他若文人藻士,笔不绝书。名山石室之著藏,尤历历可稽焉。澍也学识简陋,何敢妄议先型。但世德攸昭,不容没灭,因附数言,俾后之继今,庶无有感发而兴也夫!康熙二十三年甲子暮春之初,九世孙澍题于修竹山房。

(赵琪等撰,民国二十四年永厚堂铅印本)

民国《东莱赵氏家乘·序例》,赵玺玑《四增族谱序》:

吾赵氏隶莱,今四百余年。而谱牒之作肇自五世祖封君西垣公,其所以第世次,列名讳,表职衔,据近追远,主同异别,为家谱立百世之规模者已具。六世祖冢宰吉亭公又辨定远族之所自及祖墓所在,盖亦详且审矣。嗣此八世祖镇江赤霞公、东安丹泽公、文潜伯浚公、缮部念亭公并九世祖廪饩山公、公岁进士幼文公,因一时枝叶蕃衍,人文昌炽,急起而增修之,支派行辈犁然井然,备且于册,即今吾族所存旧谱是也。第谱所载才十一世耳,今又历纪百余年,阅人五六世,族姓日繁,派渐远而情渐疏,谱无所据。斯宗无所统,故名讳字甫已不免有犯尊犯齿之嫌。夫且庐处疏逖,籍迁遐域,弟侄孙曾辈有经年不相见,一生不相会而睹面失之者,本属同宗,竟若陌路。水源木本之思能不令人恻恻也?余为是惧,乃踵前谱总计所未载者,以次叙其世系,录其名字,与夫配衬之,合功名之;就卜居于何乡,徙居于何县,或远出而无归,生没而乏嗣者,罔不郑重分明,胪注于某支某族之下。俾吾族之远者近,疏者亲。……

(赵琪等撰,民国二十四年永厚堂铅印本)

黄县王氏

报捷秋闱,因寻族谱以叙宗派。

宣统《黄县太原王氏族谱》,《增修族谱序》:

余族旧谱代有修辑,然往往散轶无从复觅。先曾祖中宪大夫龙玄公居林下时抄有缩本,藏之箧中。余披阅之下,尝欲重加增补,未遑也。岁及丙午,长子克淳仰赖祖宗福庇,报捷秋闱,因寻族谱以叙宗派,得潜柳族叔续本,其间颇有先曾祖所未叙者,岂偶遗其人与,抑或有为而略之欤!斯亦可考矣。丁未季冬馆课之暇,遂依先曾祖藏本旧式,取潜柳叔续本,从而增修之,前人遗迹悉参之邑乘,以补其略。且十二世而后,皆得以次而序,视旧志盖加详云。……

(王次山修,宣统元年刊本)

宣统《黄县太原王氏族谱》,《增修族谱序》:

……帙将成,进诸子而训之曰:"余增修族谱,非只以载名氏,传世系已也,盖欲使后世子孙知所取法焉。汝曹处家庭则当如祖宗之敦孝谊，临财物则当如祖宗之崇节让，拖青纡紫则当守祖宗清白之风，厚蓄多藏则当效祖宗捐输之义，嗣书香以永家声，积厚德以培世泽，继继承承，……尔小子其敬听之。"雍正六年岁次戊申正月上元之吉，十二世孙邑庠增生其缤彩奄谨识于忠厚堂。

（王次山修，宣统元年刊本）

宣统《黄县太原王氏族谱》卷一，乾隆《重修族谱付梓序》：

乾隆乙亥冬，墓祭毕合族会食，乃谋重修族谱，期授之梓。维时勤采访，慎编次，详校雠，计材用，凡八阅月功竣。诸父兄咸命余序，余谫陋，辞谢无以因，请曰："试言其所以序者，敬为序。"诸父兄乃进余而言曰："子不见国史与邑志乎，笔削成章，不什袭珍藏，必鸠工而奇剞之，非徒为枣梨灾也，盖将广其传宣，俾劝惩风励之用，可大而可久也，而家乘可知已。吾王氏族谱修辑约七次，凡以表祖德联宗谊，用意最厚且挚，然皆缮写成本，抄录维艰，势不能遍我族人人授一册，俾家喻而户晓也。夫欲表祖德联宗谊，而不能使我族人家喻而户晓，不得云可大矣！胡可久意者，其有待于后之人与。今我辈承祖宗培植，力堪笃叙，取旧谱而考订增葺刊刻成帙。非能有加于前谱之意之外也，但使凡我族人各取一册，置之案头，触目兴怀，油然动念。户切绍闻，人思衣德，若稽田，惟其陈修，为厥疆畎。惟前人光，反是置贻谋于乌有，视祖训如弁髦。若作室，乃弗肯堂矧肯构，是用大戒。抑且溯本穷源，知今日之异居，向日之同堂也；今日之异体，向日之同胞也。敬宗收族，时庸展亲，胥于是乎？在则所为劝惩而风励者，拟之国史邑志，亦岂有异耶？庶几其可大可久乎！"余曰："唯。然《诗》曰：'无念尔祖，聿修厥德。'诸父兄念之矣。《礼》云：'合族以食，序以昭穆。'吾族人将合而序矣。"是编也，以为表祖德也，可以为联宗谊也，可以为集前谱之成而继述其志事也，亦无不可执此弁简端足矣。无容再序。乾隆二十一年岁次丙子秋九月，十三世孙辛酉科举人嗣周谨识。

（王次山修，宣统元年刊本）

浙江

毛奇龄《西河集》卷四七，《道源田氏族谱序》：

道源田氏称萧山右族，其里踞东南近郊，水环其樊，分庖而同涂。前坊后庐，无三眷之殊，无丞相司空益宅减宅之弊。予每于岁时行礼，一过其家，辄东西眺视，不能去云。暨鼎革以还，世家大族率相顾冷落，曩时所谓太傅之泽尚不能庇及五亩，况其它乎？顾宗事亦稍旷焉。姊子三，上系中宪公嫡派，凡数传而服属未绝，慨然以因睦合族为己任。谓族大以礼,礼合以序,譬诸衣裳,别之以冠,纯而望之,而仪生焉。譬诸宫室,栋宇标之,以闬闳分之,以阀阅而就之,而党以辨焉。于是仿有宋诸谱,勒为一书,追溯其本源,而条其枝流,有表有序,有谱有传,往来稽核,阅若干稔而工成,可谓劳矣。

夫邑有世族则邑重,族有闻人则族愈重。吾萧在晋朝尚有望计、望孝诸族,与口稽坿。而唐宗检正世谱,合九百二十三姓。则吾邑夏郭二氏,公然居右。今户版衰减,门望寥阒,而为人后者尚能述其先泽,以下联族属,此非克家所有事与？尝简邑乘,系前朝嘉隆间东源先生与芝亭张君、龙泓钱君所共编者,东源先生即中宪公也。中宪在前朝以文章显,及启祯之末,予方垂髫,尚得见。中宪诸孙衣冠方幅若所称楚府,典仪上林监正内殿中书以及明经,岁荐司教、司训者不绝于时,曰此田氏闻人也。无何转瞬间已相距五十年,老成典型并枂然无一存者,而姊子以诸生继起,率能继志述事,以承先人所未逮如此。嗟乎,吾见田氏之嗣兴矣！

（《四库全书》本）

江西

修谱与续修。

清江湖庄聂氏

光绪清江《湖庄聂氏四修族谱》,乾隆《长房支谱序》：

谱者何？亲亲也。亲亲故尊祖,尊祖故敬宗,敬宗故收族,而敦伦饬纪,仁厚之风俗成焉。孝友睦姻任恤之六行兴焉,其所关匪细故也。……予家自友回公由本邑之香田徙居湖庄,一传而为荣贵公,再传而为用和、用信、用敬公。敬公与信公,一居石冈下,一居辋川。惟和公世居斯土,生子四：长体辉,次体泰,三体宽,幼体端,各为一房。而体宽公二子又衍为两房,此和公四子所以有长房、中房、振房、新房、辂房之分也。宗派之传凡十数世,未经序次,余伯父澍公殚心稽考,手辑数本,五房各藏其一,亲亲之道不甚昭然乎？但澍公去今数十年,历岁既久,派衍日繁,苟不为之增修,将支派胡由别,亲疏胡由明,文献继美,子孙胡由景仰而奋兴梅承祖庇？幸列宫墙,敢不黾勉从事,以续先人之业哉。谨按谱式订正重修,如苟支图,欧、苏二法无不备具。其间高曾祖考伯叔兄弟子侄,文学孝廉、耆逸节烈以及婚姻嫁娶、生殁日时、扦葬山垅,更加秩秩井井,开卷了然。俾览者由其支派,溯其源本,庶几喜当庆,哀当吊,贫弱当矜恤,患难当扶持,远而不间,戚而不疏,夫而后服有尽而情无穷,亲睦之风著而仁里之习成矣。是为序。

十四世孙梅谨撰。

时皇清乾隆五十七年壬子岁夏六月吉旦。

（聂典训等修，光绪二十四年刊本）

光绪清江《湖庄聂氏四修族谱》，康熙《中房支谱序》：

家谱始于欧、苏，后人皆仿而行之，所以详其世系，序其源流，使祖祖孙孙正名定分，以垂久远，诚要事也。予族自宋元以来，世远年湮，谱牒缺略，几于无所考订。迨明两遭兵燹，先哲遗编灰烬殆尽，文残献谢之秋，三百余年未经修辑。即有志之士，欲起而倡明之，离心离德，其如此人心何哉。余不得已，爰从祖考昭穆中审班次，辨勾支，复就一切祖茔遍搜碑记，以核其实，而余家谱牒世系源流，始粗有所就。其间遗年月，失坟茔，所在甚多，未敢谬附己见，姑阙之，以俟之贤肖起而增辑云。

十三世孙万选谨撰。

时皇清康熙六十一年壬寅仲冬月吉旦。

（聂典训等修，光绪二十四年刊本）

光绪清江《湖庄聂氏四修族谱》，乾隆《振房支谱序》：

家之有谱，由来旧矣。吾族谱牒自宋元以来，未经修辑。晨少从旧箧中得十世祖汉若公手录遗篇，因取本支而订正之，断自毋我公，始承所亲也。夫宗谱之法，上治祖祢，所以明孝敬；旁治昆弟，所以序人伦；下治子孙，所以裕后昆。孝敬明、人伦序、后昆裕，而孝弟之心油然生焉。故事从其实，不示后人以诞也；例从其严，不示后人以乱也；纪从其要，不示后人以杂也；书从其详，不示后人以略也。庶几哉，千百年后，寻源溯流，辨名定分，班班然共识为吾家信谱云尔。若夫踵事增华，更益其所未备，则又不能不俟诸继起者矣。

十五世孙日晨谨撰。

时皇清乾隆十五年庚午岁仲冬月吉旦。

（聂典训等修，光绪二十四年刊本）

光绪清江《湖庄聂氏四修族谱》，乾隆《新房支谱序》：

予闻家之有谱，犹国之有史。家有谱则祖宗之昭穆有别，长幼有序，男女有分，后之子孙遂不至淆然而莫辨，谱顾不重乎哉。吾族自友回公以来，以至体宽公为新房之祖十有余世矣，蒙祖宗阴扶默佑，户口日繁，予恐流长源远，后之子孙莫识其本源，于是按神主之次序，搜碑石之姓名，略而记之，以待后之贤肖子孙尤加详焉。是为序。

十五世孙秉仁顿首谨书。

时皇清乾隆四十二年丁酉岁仲冬月吉旦。

第十二篇 族谱

(聂典训等修,光绪二十四年刊本)

光绪清江《湖庄聂氏四修族谱》,乾隆《辂房支谱序》:

家之有谱由来旧矣。有一族之谱,即有一支之谱,族谱固所以合其流,支谱亦所以分其派,要其序昭穆别长幼则一也。予家世居湖庄,先代俱有隐德,自静山公派别为辂房支祖。宋元以来,递传至今,凡十有六世,中间谱牒未经一订。余少即存修辑之志,无如祖考坟茔、生死年月以及娶配诸项皆茫茫无可复考。及后翻阅旧箧,始得十三世祖玉蓉公手录残编,而诸项之阙略,亦十不能留其一二,余心憾者久之。窃念天地之化,日趋于新;斯人之徒,日增其盛。兹谱之朽橐,使不有纂,定将从前已荒,后者未续,子子孙孙虽有贤肖,其何以寻流而溯源哉。余荷祖宗之灵,得以谬膺鹗荐,实有责不容辞者,爰就玉蓉公手录残编,遵依名家谱式,重加增补,殚数月之劳而功始告竣,庶几昭穆以序,长幼以别,后之览者尚其知尊祖敬宗,孝亲事长,肃肃乎孝弟行而仁让兴,则一支之敦睦,是即为一族之倡云尔。若夫踵事增华,更益其所未备,又不能不俟诸继起者。其曰辂房,何也?我祖宗以朴实传家,意盖取坚厚久远,若殷之大辂然,其亦以垂训万世也夫。

十六世孙瑜谨书。

皇清乾隆四十三年岁在戊戌冬月吉旦。

(聂典训等修,光绪二十四年刊本)

光绪清江《湖庄聂氏四修族谱》,嘉庆《重修族谱序》:

尝闻家之有谱,犹县之有志。县之有志而一邑之人文以著,家有谱而一姓之世系以传。吾族聂氏系出本邑之香田,自友回公游湖庄,见其山水独胜,遂卜居焉。一传而为荣贵公,再传而为用和、用信、用敬诸公。信公徙居石冈下,敬公分居辋川。其居湖庄者,惟用和公,公生四子,长体辉为长房,次体泰为中房,三体宽为振房、新房,四体端为辂房。至于体辉公八世孙名积荣者,分居王家庄;体泰公十一世孙名希恩者,分居潇水;此皆用和公名下之支派也。世系之传十有余世,先人苦心稽考,竭力搜寻,手辑谱牒数本,五房各藏其一。宗祖之昭穆,世系之源流,昭如日星,纂修之念未尝不切切于心,奈人各异业,或糊口于四方,或商贾于异地,相聚之日恒小,散处之日常多,此先人之所以有志未逮也。吾族自宋迄今,历六七百年矣,先人流传,支谱原以为后世子孙合族同修之倡,苟不急为之增订,将世远年湮,宗祖之名讳,子孙之昭穆,坟墓之居址,泯没无传,其失望于先人非浅矣。兹蒙祖宗之力,阴扶默助,户口浩繁,千万人之心如一人之心,合族老幼,无不心愿从事复续先人未尽之志。爰纠同志,据现存支谱,厘订考校,上如宗祖世系、昭穆名序,他日春秋祭飨,及庙而生敬,陟降上下,陟降左右曰,此吾祖某某公之灵爽,实式凭也。中如子孙伦次分班,聚族而思爱,少长相次,尊卑相错,曰此吾支派某某之所自出也。至若迁葬无时耶,阜各别考核具载,异时礼重拜扫,过墓而生哀,排列位次,碑石峥嵘,曰此吾先代之坟冢,累累相望也。由是观之,谱顾不重乎哉。裔孙等不敢徒持臆见,踵事增华,以待后之贤肖复加详焉。是为序。

五房裔孙同撰。

皇清嘉庆十七年壬申岁孟夏月吉旦。

(聂典训等修,光绪二十四年刊本)

光绪清江《湖庄聂氏四修族谱》,嘉庆《重修族谱序》:

古者大宰以九两系邦国之民,其五曰宗民,生而有名姓,司商协之,而其所谓宗者,则使名姓之后能知四时之生,氏姓之出者为之。自周官废而以族得民之法亡,于是天下之民始涣若凫雁,而无相连之礼与相爱之恩,其俗日益敝。临阳居江右中区,士秀而民醇,十姓百名,各居其族,区分种别,不相纷挐,故其俗独为近古,于中乡党自好,正伦理,笃恩义,所在多有。吾之族自友回公由香田徙居湖庄,……由是历年既久,生齿益繁,自友回公以迄于今,虽各房有支谱而族谱之修尚阙。……爰于嘉庆壬申谋诸族中父老,佥曰可,遂与儒士族弟景烈、族侄孙觐飏、族再侄孙继夫同司校录,余三子仁拔亦与对读焉。于是勾支有图,五隔有图,友序有录,坟山有纪,艺文有志。疑者阙之,知者详之。世系则仿欧阳而不限于高祖,记录则师苏氏而不独其所出。且其间适子继祢、众子旁行,俾万世子孙世增而谱可继以不变,则又未尝不并大宗小宗之遗意阴具乎其中,而有合于古者敬宗收族之意,后之贤子孙能仿而行之,是则余之所厚幸也乎。因序厥缘起而著之篇端。是为序。

十五世嗣孙大纶谨撰。

时皇清嘉庆十七年壬申岁夏月吉旦。

(聂典训等修,光绪二十四年刊本)

光绪清江《湖庄聂氏四修族谱》,咸丰《湖庄聂氏三修族谱序》:

谱何为而作也?……自十三世祖澍公始创辑之,五房各藏其一,万选公、玉蓉公俱录有遗稿。越数十载,戊戌岁瑜公以荣膺乡荐,置身仕籍,不忍世次之沦亡,殚精竭虑,仿庐陵眉山之式,重加增补,然亦以失考阙略为憾。十四世祖梅公亦遵欧、苏,重加订正,况积久烟繁,又不能无望于继起之嗣。迨嘉庆壬申,族中儒士大纶公、鹰扬公、克绳公等以名

第十二篇　族谱

场有罷耗之慨,年已就衰,惧兹谱之流传失实,爰族众而重修之,其承先启后之志,可无愧于前人矣。虽然莫为之前,虽美弗彰;莫为之后,虽盛弗传。今咸丰元年秋,亦又历四十载,爰图谋诸父老,有志续修,勾支有图,艺文有记,则仍旧册而已,而世次则专以同班并列,盖取眉山之义焉。至事实生殁并载,则又合庐陵、眉山之义而变通之者尔。夫谱为亲作也,亲亲故尊祖……

五房裔孙敬撰。

时皇清咸丰元年辛亥鸿岁秋月吉旦。

(聂典训等修,光绪二十四年刊本)

光绪清江《湖庄聂氏四修族谱》,《湖庄聂氏四修族谱序》:

曩余观政农曹,历十余年矣。今以时事多艰,辞荣归里,适聂君巨群诣余馆。茶倾酒酌间,出其所修家乘,进余而言曰:"寒家旧谱,迁延日久,兹四修将成,敢呈草稿,愿赐指南,并乞椽笔为简端光。"余受而阅之,见其集中所载,其初卫大夫僎食采于聂,因以得姓。递传友回公,由香田徙居,是湖庄之祖断自友回公始,再传而为用和……今岁序推移又增四十余年矣。及此而不为,将迟之又久远流其何极哉。夫天下事不知其当为而不为,犹可逭也;知其当为而不为,后虽欲为而恐其弗及,则赖乎为之而不使其弗及也。今聂君巨群距三修时远矣,举凡生卒葬娶,皆待参稽,爰谋族众开局编新,体例一遵旧制,无疑者续而登之,可疑者详而考之,他如碑铭传记,择其人与事堪为继世法者,附刊于后。奈剞劂费浩,独力难支,于是不辞劳瘁,奔驰汉皋,谋及寿山诸君。而寿山诸君即能解囊相助,踊跃而为之,应皆知其当为而即为者也。余尝慨近世谱牒之修,大都依附攀援于遥遥贵胄,承伪踵伪,务以悦人,此犹龙汾阳祀祠拜墓之所以纷纷贻笑也。今观聂氏谱,欣悉其原原本本,有脊有伦,不妄删,不滥入,钦澍公之为于前而美彰、瑜公之为于后而盛传,盖深得尊祖敬宗收族之义行,见族姓之联于亲睦,祖宗之灵爽式凭,蒸为祥瑞,科甲蔚而爵秩崇,采风者推为望族,称为仁里,为一邑大发其光,岂不懿哉!抑余更有说焉。事之当为而即为者,不仅是也,或利及一方,泽可及远,或利在当时,功及数十世。吾人惟于分之所得,为心之所不容,不尽推此而广之天下,事皆作如是观可也,岂惟族谱,巨群其勉□。巨群既述,其族众诸君意曷敢以谫陋辞,于是乎书。

赐进士出身钦点户部主政江南司行走邓福初顿首拜撰。

皇清光绪廿四年戊戌鸿岁仲冬月吉旦。

(聂典训等修,光绪二十四年刊本)

光绪清江《湖庄聂氏四修族谱》，嘉庆《后跋》：

闻之狄公卓识，祖必溯乃丘墓；苏子敦仁，族不遗乎袒免。既古人之可爱，何今世而多乖。吾先系世河东，支分香田，虽绳绳累代，不少侨居，而蔼蔼连烟殊多。派衍自昔曾公，五谱既南昭北穆之班如。迄今始复一本，仍生娶卒葬之焕若是。用重加增辑合续渊源，孙等不惮朝夕缮书，务期后先厘订，从此香流翰篆，行将寿藉枣梨，庶展帖以昭来，奚啻盟传百世，更盈庭而谷似毋烦，法约三章，谨跋。

五房裔孙识后。

时皇清嘉庆十七年壬申孟夏月吉旦。

（聂典训等修，光绪二十四年刊本）

光绪清江《湖庄聂氏四修族谱》，咸丰《新跋》：

族之有谱犹邑之有志也。……嘉庆壬申岁，予甫弱冠，与得先考诸公汇成族谱，今垂四十年矣。往者过，来者续，若不及早图之，是谁之责欤？是谁之咎欤？庚戌辛亥，适余糊口于家，馆于宗祠，用是不惮身任之劳，浑忘两期之久，参订折衷，付之剞劂，至若踵事增华则不能不俟诸继起者。余既代撰新序于前，窃愿抒鄙怀于后，后之贤子肖孙其能谅予苦衷否耶？

十六世孙心田谨跋。

时皇清咸丰元年辛亥鸿岁秋月吉旦。

（聂典训等修，光绪二十四年刊本）

光绪清江《湖庄聂氏四修族谱》，《四修族谱新跋》：

余父懋迁西蜀之渝城历有年矣，每谆谆以续修家乘为余垂训，余以生长异地，遥隔家山，欲旋归而不可，必心滋戚矣。余虽曩时屡递家书，商之族老，又以剞劂费艰，踌躇莫决，此谱牒之所以难修也。今年秋，族间尊长奋然有志于谱，不辞跋涉，商余于汉皋。余以夙愿未偿，欣然允诺，捐金相助，为一族倡，阅数月而谱已告成，则是举也，虽不敢告无罪于列祖列宗，或亦可成父志于九京矣。至于踵事增华，光前裕后，则有望于后之贤肖子孙者，余何敢哉？用撰数语，附于简末，聊以表予之苦衷焉耳。

十六世孙光晖顿首谨跋。

时皇清光绪廿四年戊戌岁孟冬月吉旦。

（聂典训等修，光绪二十四年刊本）

第十二篇　族谱

清江泮陵熊氏

光绪清江《泮陵熊氏重修族谱》，雍正《清江大泮陵族谱序》：

尝闻沃叶者必培其根，溯流者必穷其源，水木固然，人亦如之。吾始祖辛益公由官店而迁于洋湖也，因爱山水之秀而偶寄迹焉。辛益公者，乃叩公之裔而廷福公之派也，一传而生如山、如水、如旭，再传而生均详、加详、增详，三传而生阳明、阳辰、阳照。因买贩违例，军配广西普安卫，兄弟友爱，焚香拾阄，而阳辰公直任其劳，今彼地支分亦颇繁衍矣。嗣后阳明公不忍独居此土，转迁大泮，是阳明公又为泮陵始祖也。然其时茕茕孑立，曷尝曰为吾后者以叶茂而流长，支分而派远，乃一传再传。叶茂矣，流长矣。至十六世而中分东西两房，至二十世又为弼、政二房。由是叶茂者愈茂，流长者益长，其间穷达不一，类皆英贤辈出，值此支蕃源远之会，宁无世系增修之举？中更数百年，又适兵燹之余，虽有残编断简，零落失次，未足以云备也。延至我大祖羽宸公慨然有纂修之志，惜其时佐理乏人，难以独举，遂弗克睹厥成焉。至末年犹以其事责吾祖若父，吾祖若父又修短不齐，而至吾兄弟十余年来，聚会之下，兴言及此，常以此事弗成为虑。兹幸甲辰秋，城头族兄星若持谱首与吾谱共相印证，吾始祖辛益公为廷福公次子，锶公九世孙，河公之孙，贵公之子，累忝不差，而吾方快然。以前之零落者，井然不紊，疏阙者□然可考，宁敢曰竞秀之枝叶而不滋培其根本，万壑之长流而不悉归于向若乎？于是吾兄濂、吾弟涛毅然以其事为己任，不以烦难而自阻，不以费大而鲜成，身先族众，捐金克成，虽不敢以缵修为功，亦聊以效继志述事之意云尔。汉自愧谫劣，少所赞勷，然亦弗敢辞劳，用是援笔，以志其颠末，使后之子若孙知水源木本之地，昭然而可见者，有自来也。是为序。

时维雍正二年甲辰十一月吉日。

泮陵支叩公位下廿七世孙辛益公十七世孙邑庠生汉拜撰。

（熊文炽等修，光绪三十一年刊本）

光绪清江《泮陵熊氏重修族谱》，乾隆《茂盛支熊氏草谱序》：

闻之礼有曰：物本乎天，人本乎祖。是则祖也者，水之源木之本也，为人子而不知其祖之所自，出身之所由来，恶乎可哉？然而年湮代远，杞宋无征，盖缘谱牒未修，后嗣之不善继耳。吾始祖辛益公由官店而迁于洋湖巷，三传而阳明公转居大泮陵，历代相传，支分派析，迄今数十余年谱牒未经续纂，而先父良珍公又于康熙庚辰岁迁居洋湖茂盛，谱未重修，地又相隔，不为之纪后嗣曷由序其昭穆哉！爰书草谱，垂诸后人，庶几世世相传，不等杞宋之无征而后之子孙亦晓然于源流之有自云。

皇清乾隆三十二年冬月茂盛支嗣孙维桂谨记。

(熊文炽等修,光绪三十一年刊本)

光绪清江《泮陵熊氏重修族谱》,道光《茂盛重修支谱序》:
  谱之作也,上以纪祖宗事实,下以谨子孙昭穆,使尊卑秩然,长幼以序,后之子孙一览而得其渊源之有自,油然而孝弟生,……十七世良珍公复由泮陵转居洋湖之茂盛,历代以来,条分缕析,粲若列眉,延至于今,百有余年,未经重修。虽先大祖维桂公有草牒之贻,然世远则年湮,人远则行没,不及此时以重修,恐一或失坠,其何以传示来兹乎!乙酉春,合支会议,以图续纂,杰等竭力殚心,共勷厥事,续成一牒,名讳字行生娶卒葬,自家祚公至今,前有叨公以总其纲,后有世系以详其实,上有所承,下有所传,粲然无疑以可见,井然有恩以相亲,而后之孝子嗣孙则知脉络之有自出,亲疏之有分辨,而凶以吊之,吉以庆之,贫乏相周,患难相恤,则由此以相亲睦矣。此光前裕后之志,历万世而不朽也。
  时皇清道光五年乙酉仲冬月,茂盛公十九世孙昌杰、昌倬、昌倜,廿世孙尚璋、尚□、尚□,廿一世孙秉锡等谨序。

(熊文炽等修,光绪三十一年刊本)

光绪清江《泮陵熊氏重修族谱》,道光《泮陵详辑草谱序》:
  尝闻谱贵一世而一修,至再世三世而已极,三世不修,斯谓不孝。盖古者三十年为一世,三十年内事事目击,于此而一修,其详可知,至于再世则六十年,其人其事,犹见见闻闻而不爽,迟至三世而犹不修,以致父老沦亡,典型凋谢,谘访无自,操笔茫然,将使纷纭谬误,以讹传讹,而次序乖乱,懿徽泯没,废祖宗之旧章,贻后人之疑惑,岂非不孝之大乎?然则族谱之修,岂不宜汲汲哉?吾族之谱,自雍正甲辰先祖涛公偕伯祖濂公与修大成以来,迄今百载,苟于此而不纪,续其世系,将水源木本遂沦没而不可问矣。前人虽能传,后人不善述,其何以上报先灵而垂示后裔,族中诸君子倡议重修,诚急务也。奈经费又苦于不支,旋议旋辍。予读书不敏一衿,未博半亩。余闲追忆先代庆泽之贻,未敢忘木本水源之念,深虑后人年远难稽,纪述无自。爰考旧牒,遵其流传,重加增续,有未能详者,询宿老,搜墓碑,必使详且悉焉,始敢登记。数阅月而稿以成,装订成帙,垂诸后人,使后之子若孙有志重修者,一览而得其详,庶不致操笔茫然,而叹谘访之无自也。予甚望焉。是为序。
  时维皇清道光元年冬十月,辛益公十九世孙星煌自记。

(熊文炽等修,光绪三十一年刊本)

第十二篇 族谱

光绪清江《泮陵熊氏重修族谱》，同治《大泮陵重辑草谱序》：

谱之作，兴于宋室诸儒；祠之兴，原于历代古制。宗有祠以尽祭祀之礼，族有谱以定昭穆之伦，祠谱綦重矣哉。我氏家乘，藏之二千余年，数修而至康熙甲午，有城头星若公者，负谱遍集邀同，执易公位下百余支，共勤重续。我高祖涛公肩任其劳，输金佐理，至雍正壬子夏方始告竣大成。迄道光辛巳岁，我叔祖星煌公继辑以来，又经四十余年。己亥秋，予因厝父在家，决意输金重修。无如佐理乏人，旋贸易于黔地，念念不忘于心，且祠堂被焚百余年，未经重立，两造无成，刻不忘念。予奋志经营，实欲光前裕后，奈力难从愿，事不称心。咸丰以来，家外俱遭反乱。壬戌秋，予狼狈归里，家业罄尽，且幸谱牒犹存，皆赖予妻杨氏数载避乱，负谱随身，故保无虞，不惟予愿可偿之异日，亦且子孙赖之永世矣。其时予缘困陷寒庐，毫无善状，每念祠谱耿耿系心，旦夕详观大成族谱，细心考究历代流传，前自辛益公以上，有紊世派者，悉经厘正，后自辛益公以下，有未经重续者，从实备登，虽此时重修，不能如愿，亦足俾后之子若孙有志斯举者庶几一目了然，而不致叹杞宋之无征焉。予老矣，肃然一身，清风两袖，祠重建、谱重修，予无望矣。然追思先泽，每不敢忘，用书其涯沫，以望后之肖子贤孙继起者。

皇清同治二年癸亥五月十六日，辛益公廿一世孙人鏞复昌谨识。

（熊文炽等修，光绪三十一年刊本）

光绪清江《泮陵熊氏重修族谱》，《泮陵熊氏重修族谱序》：

谱也者，何自而昉哉？盖昉于史迁之世系，欧阳修改为谱图，序昭穆，溯本源，亦于是乎与史并重。……予家族谱自城头、星若二公撰集大成以后，百有余年，未能绳续，虽星煌、人鏞二公继起有人，然仅辑草帙，只足为杞宋之征，而不足以传后世。予祖若父久存是志，皆以经营计迫而未遑，其不绝者仅存一线耳。予弟文炽，博学多能，存心是道，尝执其所辑旧帙以告予曰："此熊氏传家之至宝也。此熊氏硕果仅存者也。弟不敏，敬奉严命以成是牒，然鸠工设局，经费为艰，不知兄能独力输亡，以成是事否。"予始而曰："否。否。兄寄身阛阓，私蓄无多，虽久存是志，奈妙手空空，大有力不从心之叹，正如肉味虽佳，只好望屠门而大嚼也。"继而曰："唯唯。此祖若父之素志也，兄虽私积无多，然本源重计，继志其何敢多让，敢不竭其私橐黾勉以从。"爰于秋九月鸠工，于冬月告竣，而百余年不传之绝，赖兹以复传。猗欤盛哉！虽然莫为之前，虽美弗彰；莫为之后，虽盛弗传。所望后世贤子孙继兹而弗替也。

皇清光绪三十一年乙巳岁榖旦，辛益公位下廿二世孙文斌敬序。

（熊文炽等修，光绪三十一年刊本）

光绪清江《泮陵熊氏重修族谱》,《泮陵熊氏重修族谱序》:

甲辰之秋,七月既望,予自鄂返梓,闲居无事,放故帙,考渊源,则见乎家乘沦落,硕果寥寥,询诸子弟,皆不知本源之所自。嗟夫,水无本则竭,木无本则折,人无本其何以令终?予滋惧焉,用思捐集重金,重修是谱。然予族富者无多,只可以养身家,而不能以输巨款。予再三踌躇,迟回四顾,用思囊橐虽空,而本源不得不重,于是禀之予父。父曰:"此予之素志也。予老矣,积蓄无多,床头金尽,修谱一事,予无望焉矣。用尝慊慊于心,子能如是,余生平无恨事矣。"复谋之吾子,子曰:"是志也,男蓄之久矣。以父在,不敢自专。大人如是,非独祖宗之幸,是亦男之幸也。敢不勉以从?"又商之二三父老,诸父老亦皆勉予劝予,诚励以怂恿予。予于是竦然惧,奋然起。继思勷理无人,终难独任。而予侄文炽亦执其所辑草谱以示余,余观其源源本本,有条不紊,诚传家之至宝,启后之良模也。爰命之鸠工付梓,于是效奔走者有人,司事务者有人,不数月而工告竣,其总理诸事则余弟人琼之力也。故乐书其颠末,以为之序。

光绪三十二年二月穀旦,辛益公廿一世孙人品敬序。

(熊文炽等修,光绪三十一年刊本)

光绪清江《泮陵熊氏重修族谱》,《泮陵熊氏重修族谱序》:

世谱之作……余家泮陵远祖叨公,发祥于剑邑井冈,四传诰公而分居官店,十一传辛益公,南宋时复由官店迁居于此地辖清江,系衍斯土,支分络绎,前后详明。自康熙甲午濂、涛二公兴修大成统乘后,至道光元年一纂于星煌公,同治二年再纂于人鏞公,距今近二百年,未经重梓。时愈久,修愈难而愈不可缓也。人琼每阅家乘,未尝不激昂慷慨,思有以新之。第事关巨典,不敢冒昧,兼以独力难支,家务丛迫,碌碌半生,有志未逮,心戚焉者久之。己亥岁次,儿文炽托先灵福荫,忝厕胶庠;侄孙宗燮又于壬寅年或隽,念祖德之深长,益思报本。旧夏与余兄人品聚首家庭,倡议重修,旋商之于予侄文斌,而予兄与予侄慨然以其事为己任,踊跃急公,乐输巨款,爰督次儿文炽翻旧牒,读残简,循前人之系而纂之。乙巳秋,稿既成,鸠工立局,分曹任事,共勷斯举,两阅月而工竣。予喜百余年将坠之残牒,一旦重新,数十载未遂之私心,至今克慰。自今鼎鼎隆隆,人文蔚起,……是为序。

时维皇清光绪三十一年乙巳岁仲冬月穀旦,辛益公廿一世孙人琼熏沐谨序。

(熊文炽等修,光绪三十一年刊本)

光绪清江《泮陵熊氏重修族谱》,《重修族谱志略》:

第十二篇　族谱

谱之修,大事也,亦盛事也。当政房季支人鏽侄重辑草谱之后,予嘉其意,屡欲倡议修葺,奈寄身阛阓,北马南船,身无暇晷,盖早留其意,以待子孙也。予今年八十有三矣,孙曾辈皆沐先泽,幸列胶庠,儿辈善体父志,兴怀水木。秋九月开局重修,冬十一月而谱告成焉。呜呼,谱岂易言哉!其任非一人之可专,亦非一手足之所能胜也。予既曩年有志未逮,今又年老不能督率以报先灵,然欣观子若孙及孙曾等,并同支诸彦,竭力任劳,以成其事,是亦一时之盛事也。张子曰:子孙才,族将大。后之人念之哉。予故乐而为之志其略。

皇清光绪三十一年乙巳仲冬月榖旦,辛益公廿世孙曰兆谨识。

(熊文炽等修,光绪三十一年刊本)

清江龚氏

民国清江《龚氏十四修族谱》,康熙《龚氏八修族谱序》:

盖闻经纬错综,星之在天者异,而共拱极则同。江淮河汉,水之在地者异,则其赴海则同。人之族姓,何莫不然。盖族繁易紊,世远易疏,不有谱以联之,一本之谊鲜不秦人视越人之肥瘠者。吾族龚氏,其先出闽之邵武,闽祖有讳愈者,仕南唐官太子太傅,爵越国公,勋盖当世,泽庇斯民,故五子皆贵显,而孙有讳顺者,官隆兴节镇,遂家南进之戟溪,又有孙讳谊者官古临郡贰,因家崇仁,而徙乐之龚坊,复为我龚始祖。自谊而下,益昌且炽,迁派多方,故兹谱断自谊公始,而闽与南进不及收焉。亲亲也,虽然不自今始也。谱自宋绍兴丁巳始,历元泰定甲子又谱,顾犹未极其盛。暨明而谱凡五治焉:始于洪武戊午,终于万历辛丑,内而宣德庚戌、宏治戊申、嘉靖乙丑,皆得人以修缉之,猗欤休哉。然接续之际,时皆未久,万历而后,阅今百余年矣。夫天地之化,日趋于新,斯人之徒日增其盛,世久则人蕃,人蕃则族益大,此亦理势之必然者也,岂独我子姓为然哉,须谱盖亟亟矣!又况世更两朝,其间仕宦者几何,科第者几何,耆逸者、节烈者又几何,书缺有间矣,可勿彰欤?此八修之所以不容已也。谊之八世孙昌悦迁淦午溪,午溪十一府君复迁清江永泰,熊于公则二十六世孙也。乙酉叨乡荐,归宗谒祖,诸族彦咸喻以建祠续谱为急,而未敢骤慎之。十三年丁酉,其而志始行,寝庙鼎新,己亥即承以谱事。然谱视祠为较难。清于乐相隔又甚远,每以不共勤厥事为憾。适明年庚子春而谱已告完,予于是深叹集事之难而美仁人孝子之用心为甚祜且久也。夫莫为之前,虽美弗彰;莫为之后,虽盛弗传。万历而上,为之前者也,兹之谱也,岂非为之后者乎?吾幸吾龚氏有昌其宗者,可无郭崇韬拜子仪墓之失矣。昔朱晦庵谓人三世不修谱为不孝。又,欧阳永叔云人而不知姓氏所自出则其违物类不远。谱之所系重矣哉。虽然谱之续,固国有类族,尤在于睦族,固所以明伦尤在于敦伦。敦伦睦族,敬其所尊,爱其所亲,爱敬立而仁义相尚,将繁而不至于紊,远而不至于疏,有若星之丽天而同焉拱极,水之行地而同于赴海。自一世以至于千百世,无不可者,岂第八修而已哉?是谱也,又恍若为之前矣。

清康熙五十九年庚子岁月朔日,二十六世孙梦熊顿首百拜撰。

(龚克刚等修,民国三年刊本)

民国清江《龚氏十四修族谱》,乾隆《龚氏九修族谱序》:

家之谱于今凡九修矣。予龚氏系出闽之绍武,后徙南进,又徙乐安之龚坊,又自龚坊徙淦之牛陂,自牛陂徙清江之永泰,脉络分明,井井不紊也。谱修自宋绍兴始,元泰定续之,历明嘉靖至万历凡五治,阅国朝康熙己亥经八修云。前谱之作,合于各派,今谱断自牛陂始,而闽与南进乐安族远宗蕃,不及收焉,承所亲也。谱中所书世系图、传录志之类以及居徙、茔域、祭田、族约,分例成书,莫不历历致详,前之人亦既明且备矣,后有作者复何以加焉。康熙而后,历世又几何年矣,其间子姓蕃而宗支每遗,年数久而名称多紊,文献缺而长老忧焉。于是聚族之耆彦与夫专经之士,爰循其志以增益其所未备,牒求其新,体仍其旧,不敢以其显而侈崇之,不敢以其微而轻略之,辨其名,定其分,谨其支庶,严其继承,可以告之先祖而无愧,质之前修之名彦而无惭,使后之君子溯流寻源,分支别派,开卷了如指掌,不诚为一家之信谱也哉。《礼》:别子为祖,继别为宗。有继祢之宗,继祖之宗,继高曾之宗,派衍既长,传流益远,不有谱牒,族何以收,不有增修,绪何以继?故宗谱之法,上治祖祢,所以明孝也;旁治昆弟,所以序伦也;下治子孙,所以垂裕也。孝明伦序裕垂而爱敬之心生焉,岂有妄拜通显之坟,冒攀贵盛之行,而自忘其所从出哉?盖事从其实,不示后人以诬也。格从其严,不示后人以乱也。纪从其要,不示后人以杂也。书从其详,不示后人以缺也。片简只词,不敢妄增,惴惴乎唯恐得罪前人。是念斯又仁之至义之尽欤。若夫驰骋豪锋,夸张盛美,踵事增华,思炫耀一日之词藻,上以诬其祖宗,下以误其子孙,非仁人孝子之用心也夫。何敢!

皇清乾隆二十八年癸未岁季冬朔日。

	萃	持达	景桐		
	如□	英	浩		
	梦麟	拔	湛		
	鹏南	为绮	如凤	景柏	
昌悦公派下孙	炳	尚敬	诠		等仝顿首拜撰
	锦	邦杰	绂	景梧	

第十二篇 族谱

邦璘	照临	鸿
瑚	邦豪	惠元
邦莘	持斌	景模

(龚克刚等修,民国三年刊本)

民国清江《龚氏十四修族谱》,乾隆《龚氏十修族谱序》:

事有前君子屡作之,而甚望后君子善继之,后君子继为之,阅数十年而不能不续之者,则家之谱是也。夫收族敬宗,著代明伦所为,尊尊亲亲,老老幼幼,观于谱而孝弟之心油然生矣。吾龚氏自昌悦府君由乐安徙居午溪,分而及永泰、及高冈、及南馆,传世既久,子姓益繁,析居者更相卜筑,商寓者代不乏人,保无有势且远而日疏,前所与同堂者阅异时而竟等陌路,是果谁职其咎欤。今世俗之弊役于显荣厚实,或不惜舍近而求诸远,欲以夸示后人,顾昧厥本来不可为训。吾族自炎宋元明以迄国朝,名儒硕彦,忠臣孝子,节妇义夫,其文章事迹,永垂乘志,可考而知:耆逸如梅边、舜咨,一时名宿,虞杨、范揭诸公,诗歌赠答;行谊征聘,如伯和、济荒;褒秩如永遂;学问事功如寒泉、一鹏、沙溪;忠节如善选。不皆伟人也哉!尝考寒泉、一鹏、沙溪三公所为支谱,各殚精心,务传其所可信,虽记载不必尽问,而敬慎之怀愈久而愈可共见。虽然前此固尝九修矣,为勾支,为五隔,为友序与夫传志考义例约,大都规仿先进而仍有所未备,兹则汇各谱所已载者,参诸通志及郡邑两志而详为采录,庶于屡修之旨较周以密焉。夫九修在癸未,今十修之役适值癸丑。癸者,揆也。有同揆之理,有揆度之义,本先世成书,增后此见闻,传必征实,事不厌详,折衷损益,以求其当且备,不敢诬祖宗,不敢欺后嗣,慎厥始克有终,自夏迄秋,凡五阅月而事竣。庶几哉,教孝教弟,以引以翼,俾神罔时怨,罔时恫,斯固修谱之意云尔。若夫光昭世泽,丕振家声,此前君子属望继起之事,为子孙者益用自勉矣。

皇清乾隆五十八年癸丑鸿岁季冬月穀旦。

		景星		
		如骅	照乘	
		业新	景梓	
		维城	鸿	景檀
	梦麟	维翰		景模
		尚敬	浩	景梧
昌悦公派下孙		鹏南	邦豪	景枢	等仝顿首拜撰
		维邦	诠	景材

发显	维屏	持斌	景杜
	学海		开堂
		浴沂	景榜

（龚克刚等修，民国三年刊本）

民国清江《龚氏十四修族谱》，嘉庆《龚氏十一修族谱序》：

族谱之修，始于宋绍兴，续于元泰定，明洪武、宏治间代有编辑。历年既久，板籍无存，追寒泉、葛山、沙溪三公与草堂公又合南进、乐安、临江，集谱大成，郁郁彬彬，称一时极盛。嗣遭明季变乱，数十年不暇搜罗，欲问其事而遗老尽矣。幸康熙末年廉公宾庵主修乐邑，有其举之莫或废也，谱于是八次告成。乾隆癸未，族众商议重修，因乐九修未与，姑自昌悦公以下别为临郡，九修迄。癸未十修仍照此例，今又二十六年矣，生齿日繁，理应增订，以是年恭逢万寿恩科，多士急于应试，未便久羁，若复照前办理，恐午溪、南馆、高冈往返相商，旷延时日，不得已仿前明三公旧制，暂修永泰支谱，嗣后各派子孙念一脉流传，不我遐弃，惠然肯来，或照九、十两修，或照八修，或再集大成，或远遵宋元明谱式，十一公苗裔无弗踊跃欢欣，乐于从事，断不忍膜外置之如秦越人之视肥瘠也。盖相亲相睦者族情，有合有分者时势。果亲睦，虽分犹合也；情不亲睦，虽合犹分也。《书》云：以亲九族。九族既睦。因时制宜，是在后之君子。

时皇清嘉庆二十三年戊寅洪岁季夏月吉旦。

		锐	应骝	
	开堂	景杜	应瑚	倚衡
仁山	持口	景梓	应龄	

百十一公派下孙　　　　　　　　　　　　等仝顿首拜撰

	维屏	鸿	景榜	应骅
	芳梓	景会	应坡	发明

（龚克刚等修，民国三年刊本）

民国清江《龚氏十四修族谱》，道光《序》：

龚氏族谱继继绳绳，历数百年记载已备详矣。庄随祖父商籍镇远，自甫冠应试，时得读十一修全集，窃叹我祖用意之深远。盖家乘也，而教行乎其中矣，顾有显以示教者焉，有隐以寓教者焉。粤稽百十一公肇迁永泰，而后瓜瓞绵，梂朴盛，源远流长，派别支分众矣。有谱以联之，为世系，为勾支，为五隔，与夫例约诸大端，条分缕析，了如指掌，而孝弟之心油然以生,且规模宏,典礼昭,明本支,百世罔不恪遵祖训,谓非显以示教者欤。人情每有所慕而为善,有所畏而不为不善,此中材所以必待教而成也。周濂溪先世曰:十室之邑,人人提耳而教且不及,况众庶之子弟乎?况千百世众庶之子弟乎而无虑也。观于谱而慕心生,而畏心亦生,由合以及分,重一本也,在在皆祖宗所凭依,此身当何以自立。因分以见合,戒忘本也,在在皆祖宗所厚望,此甚尤不可自轻,又况详所生、重所耦、纪其事、著其名,我众庶子弟能勿自谨乎?由是所业不必同,同归于正而相诏相勉之意与相亲相睦之风俱本诸此矣,谓非谱之隐以寓教者欤?庄蒙祖宗遗德,由丁酉选拔,戊戌朝考钦取一等,以知县用,分发广东,庚子署文昌县篆,翘瞻桑梓,邈若天涯,欲荐馨香,有志未逮。甲辰冬,奉委解京饷,乙巳差旋,道经故里,乃获恭谒宗祠,与伯叔兄弟共叙天伦之乐,何幸如之!捧谱再读,弹指间距十一修已廿九年矣,伯叔兄弟惓惓于兹,俱以十二修为言。善乎,是即体祖宗之心也,是即不出家之教所赖以维持于无替者也,敢不敬从。爰恭撰数言,以为序。

道光三十年庚戌洪岁仲冬月穀旦,二十世孙庄顿首。

(龚克刚等修,民国三年刊本)

民国清江《龚氏十四修族谱》,道光《龚氏十二修族谱序》:

原夫万物本乎天,人本乎祖,由祖而下,则有宗。由宗而推之,则有族。《礼》曰:尊祖故敬宗,敬宗故收族。……谱自戊寅十一修至今三十三年矣,生齿日繁,宜亲睦也;存殁各异,宜加详也;迁徙之盛,宜著明也;婚娶之殊,宜辨别也。非举而重订之,将愈衍愈炽,愈久愈棼,鲜不秦越其宗者,纂修乌容缓乎?爰于己酉岁秒集族中人士,共勷厥举。前代已修者厘订之,今兹未辑者详编之。举凡谱中所书凡例、世系、勾支、五隔、友序、传志、居徙、茔域,鉴成宪而续载不诬,兢兢业业,慎始克终,阅庚戌冬而告竣焉。今而后,愿世世子孙笃根本,崇礼让,少不凌长,小不加大,无忘尊祖敬宗收族之道,则斯谱非徒文具也夫。是为序。

维时皇清道光三十年庚戌洪岁仲冬月吉旦。

     应阁

     应鸿 复诚

     其哲

     其耀

     时中

  景椿 应騋

			应坡	
百十一公派下孙	茂兆	景会	应壶	等仝顿首拜撰
			应骧 丙镇	
		鼎麟	应扬	
			庄	
			笙	
			锡光	
			应台	
			得浓	

（龚克刚等修，民国三年刊本）

民国清江《龚氏十四修族谱》，光绪《十三修族谱序》：

盖家谱者，所以统宗会元也。重修者，以能周详编辑也。我龚氏之谱历代诸闻人所作，旧序文之条分缕析，法之纲举目张，了若指掌，惟寒泉、一鹏、沙溪三公为至精。溯厥宗元，其由来自越国公愈，系出闽之绍武光泽牛田里，……其流虽在永泰，其源皆出乐安也。厥后烟族甚蕃，分居不一，有地名老沙坡、新沙坡者，有地名郑家脑、大塘者，合永泰其族有五，联属皆在清江，而同修仍合乐安。迨九修，我永泰因地远人繁，艰于往返，始将伯仲两房苗裔分修。支谱仿欧、苏之程式，法先人之旧章。为世系以惇一本，为勾支以清世代，为五隔以重升提，录友序以定名分，录恩贶以彰君宠，传儒林以广名教，传世宦以笃忠贞，传耆逸以隆尚齿，传节烈以邀旌表，立凡例以齐风俗，立族约以振家声，立祭田以明禋祀，立祭法以端仪礼。煌煌巨典，井井有条，不明以书之无以彰祖德，不详以著之无以绵后裔，不切以究之无以补缺略，不重以订之无以详继起。爰集合族长上同心协力，重修家乘。后之视今，亦犹今之视昔。夫而后，一家之信谱成焉，五族之人纪修焉，而数十传之统绪罔不上承其祖，下睦其族焉。不敢以少凌长，不敢以疏间亲，不敢遗漏以滋罪戾，不敢稍忽以招愆尤，不敢使异姓以混宗支，不敢纵仆隶以贱妨贵。惟然斯可以问心而寡过，可以慎始而图终，可以望先灵而永垂勿替，可以绵世泽而源远流长。惟冀后生可畏，文教振兴，为子者以孝养亲，为臣者以忠佐君，为弟者以敬恭兄，为友者以信明义，能如是以行之，而族纲无不正，风化无不端，丁秀无不发，事业无不昌，复何虑吾族之不大，祖德之不宣哉！后有能学力深宏，增益其所不能，考明其所未备者，予则窃有望焉尔。是为序。

皇清光绪八年岁在壬午季冬月吉旦。

第十二篇 族谱

		用清	鸣试	
		复诚		
	应泂	体华	世滨	
	应台	守约		
	赞汤	培基		
百十一公派下孙	应祥	培英		等仝顿首拜撰
	应阁	守正		
	德彪	体荣		
		体盛	发显	
		忠		
		汝锦	秉孝	

（龚克刚等修，民国三年刊本）

民国清江《龚氏十四修族谱》，光绪《十三修后跋》：

且夫才之生成系乎天，人之显耀本乎祖，子孙有能垂休光照后世者，莫不有后进之才得力于祖宗之庇佑者。为之后焉，莫为之前，虽美弗彰；莫为之后，虽盛弗传，是二才者未始不相需殷而相望切也。然而相需于前，幸既往矣，相望于后，待将来矣。兹谱历十有三修，岂不赖人才之跻跻共勷厥举哉！今族长诸公责予主纂，予虽不敏，敢不从命，理当踊跃效劳，斯无憾矣。苟能幸免其过，是亦足矣。谓谱不必修，鲜不秦越其宗乎？况时已过而世已远，族愈炽而人愈昌，将来昭穆失伦，子孙失序，则尊卑莫辨，长幼莫分，忘祖之流弊出焉。纂修之巨典废焉，是不孝之罪乌容逭哉，荒之责曷胜言哉！予勉力经修，将前所已定者编辑之，今兹未载者详增之，然其中精确详明，纵不及先达名显，当代者犹可望后进光耀后世也。凡我同宗，当立圣贤之学，接书香之传，存忠孝之心，绍箕裘之业，吾龚氏之兴岂有艾哉。谨跋数言于后，后之览者亦足知予志之所在。爰为之歌曰：吾宗迁祖有来矣，百十一公从兹始。四代单传皆农商，仕途显贵伯和起。衣冠世代远相传，文物光华蔼闾里。子孙蛰蛰一人身，长幼尊卑厚伦理。春秋享祀五世堂，肃肃雍雍尚典礼。作歌纪实示将来，愿绳祖武长济美。

皇清光绪八年岁次壬午季冬月吉旦，二十世孙赞汤顿首谨跋。

（龚克刚等修，民国三年刊本）

新淦黄氏

道光《临淦窗前黄氏重修族谱》，《窗前黄氏重修族谱自述》：

　　族谱重修尚矣。此仁孝尊祖敬宗务本睦族继志述事之大端也，不诚可尚乎哉。吾始祖自高显公来守豫章，子法□平寇有功，累封公爵，赠司空。九世孙崇山游宦崇仁，肇居青云乡栽竹，传至三十一世孙肇先，侨寓鳌川三十二都龙义，三十五世孙仁授析居淦水枫落桥窗前，是为窗前始迁之祖。国朝康熙辛未春，贵阳华富后嗣均徙居寓此。粤稽先世，宋元明合修大宗谱，后因兵荒散处，各立小宗谱，然而世远年湮，不无蠹缺，所贵仁孝倡而重增之。嘉庆丁丑，在遴、登瀛、世涛、在锦、在简等邀余缵修两房支谱，彼时秉笔搜辑，参互考订，几费心神，然后成帙，于今已近廿年，生娶卒葬未及录者，抑又多矣。族孙兆黑恐其久而遗失，特集同志世道、佳义、福桂、世兴、在如、在恺、世显、佳祥等，属予续增而重镌。予素心喜人为仁孝之事，故不辞其劳而仍其责，爰将两房生殁嫁娶、坟墓形向俱依各支草录，编辑付梓，虽有失考，亦非予咎。凡我族人，务以尊祖为心。尊祖则仁让兴，仁让兴则和气洽，和气洽则彝伦之常亦秩，凌竞之风自泯。斯谱也，岂仅侈记载之文而已哉。余之两次总理，不以显赫而有私，亦不以素寒而有略，述前征后，惟冀后之贤肖勤录重修，自无遗失之憾，亦不愧夫仁孝之大端也。告成之日，复书数语，弁其首以为后人劝。

　　时维皇清道光十五年乙未洪岁一阳月穀旦，四十世孙登第再识。

　　（黄登第修，道光十五年本）

道光《临淦窗前黄氏重修族谱》，《凡例》：

　　一、敦续修以传世系。吾族谱历朝修辑，宋元明合修大宗谱数次。后因生齿繁盛，兵荒散处四方，各立小宗支谱。然支分派别，虽纪载详明，而世远年湮不无残缺，尤贵代有人以续修之。吾族支谱数十余年未曾重修，遗失者尚多，曷胜凄怆。兹搜辑故牒，逐一详增，遵欧谱法式，以图载于前，以传载于后，文直事核，派列分明，一披阅间，长幼亲疏了然在目矣。

　　一、阙旧文以遵功令。吾族谱年远，文翰参差，字面不无违碍，已奉各宪明示，不许记载。故今谱以新修序为首，前代旧序行谊一概不镌。其八景、居徙、家训规例及领谱字号，逐次列于图前。至各寿文志赞，务其实行，与文艺相符，方列于传后。一切微言微行，人文不相吻合者，断不取录，毋使訾为木灾。

　　（黄登第修，道光十五年本）

道光《临淦窗前黄氏重修族谱》，《跋》：

第十二篇　族谱

　　嘉庆丁丑春,愚与子侄五六人艺苑课督举业。一日,族兄在遴、在锦、在习、在简、在吉,族侄世涛、世达、有仁,堂弟在恺,胞弟登瀛,堂侄世龙,族孙佳廷等邀予倡修两房支谱。予喜其仁孝之心勃发,慨然诺从。继而佥属予秉笔,忖思此举未获缵辑者历有年矣,一旦欲行,心窃难之。彼时责弗克辞,毅然以为己任,敬即先人故牒,各房草录逐一披阅月余,虽有记载略而不详。爰以始迁祖之祖,溯其祖之祖,始迁祖之孙,悉其孙之孙。积日累月,将两房支派生娶卒葬汇集成帙。至寥邈难明,略之不传,远也;同姓不宗,外之不合,异也。而世系图、徙居考、八景、条例悉具备无遗,授锓以垂永久,是岂矜其功哉,原欲后之人观斯谱厘然秩秩,世世继述,勤于辑修,不致遗失之深意也夫。

　　时维大清嘉庆二十二年丁丑鸿岁菊月吉旦,四十世孙登第谨跋。

　　(黄登第修,道光十五年本)

浮梁祁门郑氏

咸丰浮梁祁门《郑氏宗谱》,康熙《郑氏大全宗谱序》:

　　古者据义以立宗,宗曷昉乎?盖自春秋笔往,龙门继之,易编年而为十表,故家之有宗以著本支之系,犹国有表以昭正闰之统。宗法不立,殆治丝而棼之也,虽其间继祖继祢不一其例,而要之莫不以大宗为之经,以小宗为之纬,世次以详,规模以立。其子弟中有聪明俊秀者,诱掖奖劝,固无遗力。即间出不肖而诮让之必加,督责之必至,皆可使反而一趋于正。又其富者尝输财于宗,或贫而不能自存,则于宗乎取给,是宗法之能使一族恩谊浃洽、血脉贯通,如身之使臂、臂之使指也如此。迨此法废而人人各私其身,视吾宗族奚啻秦肥越瘠,靡与吾事,甚且加侵凌焉。韩非子有言,虫有虺者,一身两口,相齮相杀,其为流弊尚忍言哉。顾在今日通宗法之穷而犹存其意者,非谱牒也耶。故予尝谓家谱与国史相为表里。盖史虽褒贬互见,而谱不过据善直书,然其所以正人心、维风俗,联合大宗小宗而使之无渎无漓者,其为取义则一也。况乎谱之不得其人,往往于本宗之迁徙久远及事变流落者或搜核之不力,而于他宗之饶财负势妄欲窜入者不惮附益,以受诸孤戴令之讥焉。其于史氏之必具三长而后可不又将毋同耶。夫搜核之有遗,犹可诿曰力不逮也。至若窜入他宗以紊吾一脉相承之绪,彼窜入者固无足深论,而返诸吾谱之初念则何如耶。今江南郑氏……第阅今亦历有年所,虽开卷了然,而分类之未遑,旁搜之未广,与夫后裔支系之似续未编者,不无待于其人焉。郑生岳士,继左参之后,恐复散而不能合也,乃慨然起而任重修之役。爰纠合族中之贤达者,遍历穷访,编缵遂以无余。功未竣,赍志以殁。其子宏遇痛先业之弗卒,复偕襄事诸君捐资为助,五更裘葛乃成。嗟夫,吾见夫世之修谱者矣,非以为名即以为利,人各挟私,倡而不和,求如郑氏之业经两代同心协力,使大宗小宗,源源本本,昭然不紊,岂可概见哉!且郑司徒公为先尚书大献公玉倩极相得,今岳士虽家于池之建邑市西,而其始实自浮之北郭迁槎溪也。夫浮为吾饶属邑,有桑梓好,有姻谊笃,今其谱之成也,岳士之侄宏远走饶求予弁言,予以旧戚新知,虽不文,其何敢辞,爰纪实以答其意。……

大清康熙三十九年岁次庚辰仲春月之吉,赐进士第翰林院检讨丁丑科会试同考官前翰林院庶吉士年家眷生王傅拜撰。

(郑培先修,咸丰十一年刊本)

咸丰浮梁祁门《郑氏宗谱》,乾隆《重修大全宗谱兼构樵月书斋序》(裔孙义):

……剙一举两成,当局宁无原委之论,则如我郑氏续修宗谱而建斋樵月是也。昔迁祖司徒公由祁至浮,见瓜藤之胜,命五子以居,手植双楮,衍庆长焉。其间支繁派别,户裂门分,未可枚举。由周以来,凡九十余世矣,敕庙立祀,购千金之产,输配享之租,西峰禅室亦肇建焉。其间恣意侵渔,甘为狐鼠,不知几人。历唐迄今,殆数百余年矣。余也幼习诗书,长列胶庠,明知经理众务,未免集谤招尤,纵或返己清明,偏觉罪多功少。奈丁繁处散,谁任纂修,此又势之无可如何也。甲戌之冬,会集四瞳,佥议归粮:一以使粮从田出,祀典获巩固之休;一以俾亩不纳津,联宗裕供给之费。频年以来,废者修,坠者举,寝庙规模稍稍改观耳。于是刊布知单,遍达宗人,为重修大全之举。而又虑我宗浩繁,信宿无地,梓人居肆,剞劂方工,乃谋诸族众,辟土开基,鸠工启宇,以千百人相需之急务特创焉,而弗敢云仍以六十载未行之巨典仔肩之,而惟恐难赴。今幸同宗协力,谱牒虽已告成,而缔造维艰,书斋尤望继守,敢云善始,遂弗图终。谨作短歌以昭百世……

(郑培先修,咸丰十一年刊本)

咸丰浮梁祁门《郑氏宗谱》,《重修宗谱序》:

谱也者,所以考本原而联支派也。……岁庚辰,皇帝御极之二十五年,曾合族修辑,迄今阅二十年。生齿又渐繁矣,不重加修订,无论九族之远渐等途人,即一族之内,生卒婚葬,迁徙升沉,其不萎于风烟蔓草者几希。迩年叠奉宪示,民间谱牒未知敬避庙讳御名暨文辞违碍、旁支牵附者,宽勒限期许民自行更改,恩至渥也。上岁将旧谱呈缴儒学,恳请校正,旋蒙勘定发还,谕速重修。众等仰遵功令,不揣固陋,商确族人,汇稿鸠工,择吉开局。一切款式谨遵定例,虽任大责重,不无蚊负之虞,而时不可缓,义不容辞,矢公矢慎,阅数月而工告竣。是役也,维我族众踊跃趋义,犹是忠孝家风,而亦愈以见祖宗之庇荫垂及于无穷也,是为序。

第十二篇 族谱

时皇清乾隆四十五年岁次庚子季冬月,三十代裔孙宏词谨叙于樵月斋中。
(郑培先修,咸丰十一年刊本)

咸丰浮梁祁门《郑氏宗谱》,咸丰《重修大全宗谱序》:
孔氏颖达曰:族人散乱则祭享不严肃,收之则亲族不散,昭穆有伦,宗庙之所以尊严也。……我祖唐尚书讳选公由歙县迁祁,至司徒讳传公剿巢来浮,保障功伟,庙祀腾凤都,历唐宋元明迄国朝,东西南北四疃派衍支繁,其中尚多外迁而昌炽者,木本水源,秩然不紊,代有成牒。道光年,先承诸族长命,偕伯叔兄弟肩勷元勋堂祀事,废者兴,缺者补,仗祖宗之灵、诸同志之力,置田修庙,幸副乃心而夙夜兢兢,常恐陨越致咎。矧八十余年未修之谱尤为任大责重,祖庙之务,莫急于此。咸丰辛亥、壬子,叠经请商族尊长,期以明年达宗议行修辑,以粤匪窜扰,复搁九秋。去年春,合族坚以纂修嘱,先诚老拙而义不容辞。虽然,是谱亦甚不易修矣。祖宗之世系旧谱已详,而子孙之生殁娶葬必待查登,故谱须三十年一修,庶无遗误,历年既久,不无舛失。先再三图维,频商四疃同事,逐年详查录稿送局,来稿若差,仍请覆检,朝斯夕斯,默祷先灵祈牖。其□纠其谬,经费之筹画,簿帐之出入,均偕族叔炳暨族侄士璇,族叔湖南、椿、世纯、朝梓等谆谆论确,小心致慎,逾年告竣。虽求免于遗失舛错,恐其终难免耳,先窃大有冀望于我族者。……
皇清咸丰十有一年岁在辛酉仲夏月,西疃三十三代裔孙登仕郎培先谨识。
(郑培先修,咸丰十一年刊本)

咸丰浮梁祁门《郑氏宗谱》,《重修大全谱序》:
……第念嘉庆年间,余父偕族伯志浩公有志议修,曾将我新源草谱录稿一次,至道光年间复录稿二次。咸丰二年父殁,余又经手接录稿三次,其中生殁娶葬,与图款安排,并世代布置,颇知其式而悉其略。旧岁春暮,西疃族侄培先、东疃族侄士璇等以贼踪远窜,出而倡首重修,众等议列余名附培先后,总理谱局各事。培先矢公矢慎,成始成终,兹谱之修,实所依赖。予自幼诗书少读,文义鲜精,敢以庸愚妄膺重务,但任必责成,事有分司,既司其事,自无容谢其责。所以予一入谱局,即以众事为己事,不敢离局多日,虽至闻警移局,亦不以跋涉劳瘁稍却仔肩。凡局内银钱入出皆登帐详悉,或时而誊录草单,或时而对读正稿,务必壹志留神,罔敢懈怠,区区此心,庶可自明。至若雠校得宜,损益获当,与夫铺张扬厉于无穷,自有诸宗长巨笔鸿才辉兹新乘,予弗敢望也。今幸剞劂已成,功程告竣……
皇清咸丰十一年岁在重光作噩仲夏月中浣吉日,新源三二代裔孙太学生炳谨书。

(郑培先修,咸丰十一年刊本)

咸丰浮梁祁门《郑氏宗谱》,《重修宗谱序》：
……惟我祖传公嫡裔而下,或祁或浮,居旧迁新,虽云星散,累朝之成牒可稽。第自乾隆丙子义公、鹿鸣公暨庚子宏词公董司事后,至今已越八十余年矣,其间生者化者配者葬者不知凡几。群虑今此弗急修,……咸丰元年一阳月,合族诣司徒庙冬祭,管理祀事族叔培先于谈论之余,言及谱事,有志倡首奔走。在庙者皆言：谱牒诚今日之急务,若不再行重修,必致愈久愈繁,渐远渐疏矣。惟时南疃矩公、培公,北疃笃忠公怂恿确议,期以来年岁首刊布知单,遍达各宗。用是细阅前谱,详查后裔汇稿,划一核明以茸,不佞亦附尾相从,且以为前人未举之志,必行于诸公之手。奈遭时不偶,贼匪扰乱,其事中止,窃常憾焉。无如岁月荏苒,始起者前后仙游,于兹又越九年。幸叔培先热心常存,壮志未堕,旧春复为倡首,而合族诸公亦切木本水源之思,踊跃趋义,汇稿送庙,起局于樵月斋中。同者统之,异者辨之,远者追之,未载者续之,选梓鸠工,择吉开局,其格样以庚子届款式详加厘订,共勤玉成,厥功告竣。可见有志者事竟成,要亦我祖绵似续于未艾也。不揣固陋,略叙以步诸公之后云。

时皇清咸丰十一年岁次辛酉仲夏月中浣,东疃新居三十四代裔孙太学生璇叙于樵月斋中。

(郑培先修,咸丰十一年刊本)

咸丰浮梁祁门《郑氏宗谱》,《重修宗谱序》：
……我荥阳郑氏自以国为姓,选公迁祁,积善培根,传公保障立功宏德,因而邑人感慕,请唐敕建庙祀而元勋堂从此起焉。堂之前倒顺双株,先人手植,叶茂枝繁；堂之侧樵月书斋,后人增筑,自然幽雅而修辑宗谱向在其中,盖以斯幽雅清静,易图功也。我族宗谱自乾隆庚子以来,未修已八十余年矣,仔其肩者岂曰无人,而一字祖冤由县府省以迄京都,缠讼多年,蹉跎岁月,遂致延搁。辛亥冬,皇帝御极元年,家伯矩、族伯培、族兄笃忠等会议重修,往邀客宗,不辞跋涉,次年设局纂集,数月未获终事。自是连年寇警,刻未暇及,而三人已作古矣。今幸邀皇仁,贼氛远窜,江境肃清,众等会议复兴其事,族侄士璇等稔谙乘简,细阅前牒,俱以桓公为一世祖,其中不无间隔,似于一线相延之义未协,兹璇等添易上追二代,以夷王为一世祖。世系续而不断,图数满而无亏,较前近是。先达云继志述事不必前人有是志与事也,而志与事俱当乎理,则为善继前志,善述前事,璇等之添易非此之谓欤？迩来余以公务羁身,未暇与事,迨再三辞去团局,始来勤办,甚属生疏,以

第十二篇 族谱

樗栎庸材,同胜斯任,自拟蚍蜉,所赖合志诸公夙尝究心其中,分支别派,生迁殁葬,原原本本,缕析昭明……

皇清咸丰十一年岁在重光作噩仲夏月中浣之吉,赏加五品衔即用儒学南疃裔孙湖南谨序序。

(郑培先修,咸丰十一年刊本)

咸丰浮梁祁门《郑氏宗谱》,《重修大全宗谱序》:

……咸丰壬子族侄培先出而倡首,商同四疃伯叔昆季议及谱事,立有约据,并出知单。而家兄笃忠,族叔矩、培起局樵月,开载凡例,纂集旧文,考正字讹,尤不惮风霜跋涉。而于各处嫡宗,邀以合纂,此真老成练达有志于光前裕后也。奈粤匪突来,迭遭困苦,于谱事悬搁九载。而家兄笃忠,族叔矩、培前后顿赴修文,当此兵燹流离,予何敢肩任重务。但念旧章尚存,成规可仿,谋始要终,责无容辞,岂甘念八十余年之生卒娶葬,任其湮没,于是录稿鸠工,赞襄厥事。自客岁暮春入局,矢公矢慎,是恐是惶,闻贼越镇,惧废前修,商诸同事,搬藏郎溪六轮,移局樟源一月,敢诿曰吾老矣,无能为乎?兹幸贼既远遁,谱事告成,同人协修,各抒雅志。予固陋无文,聊述俚言,附西东南疃诸君之末,非沽名也,不自专耳。不识可能继前人之志,无负先辈之心也否?是为序。

时皇清咸丰十一年岁次辛酉仲夏月中浣吉旦,北疃官源三十二代裔孙世纯樵月斋中谨书。

(郑培先修,咸丰十一年刊本)

咸丰浮梁祁门《郑氏宗谱》,《郑氏大全宗谱序》:

窃自发祥溯自前徽,克昌延于后嗣,使非有谱以详其世系,安知吾族之支派萃涣,脉络贯通,蕃衍滋大,渊源有自也哉。洪维我祖肇自姬周,厥后桓公受封于郑,公子鲁因国为姓,此则按籍可稽者也,前人之述备矣。惟我选公仕唐为尚书,渡江而南,居歙之祁,为郑氏之始祖。至我传公生当唐季,黄巢构乱,偕兄弟集义兵以保障八州,当时民怀其德,帝奖其忠,敕建庙,祀于祁之营前与浮之新居,其官阶宦绩,载于新安文献记最详。嗣是瓜绵瓞衍,在祁则有营前,有峡城,有清溪,星罗棋布;在浮则有新居,有储田,有新源,与官源东西南北四疃望衡而居。至侨寓他乡,宦游异地,既庶而富,既富而教,所称仁里巨族者,复难枚举。在昔王安石公尝以荥阳世家见称,赵期颐公尝以科第接武忠孝流芳题赠,吾族之谱则郑氏之代多伟人可知也。予忝承后嗣,乌能忘其所自哉。溯我龙溪港口文华公是始卜居,阅数世容十四公复分迁礼门,又阅世至我天瑞公由钦擢南京都察院司务,转广东佥宪,同时御史交章荐剡,其行状墓志,谱列昭然,盖龙溪一支之有光前烈者也。迄今上下两村继美,东西七房衍庆,祖祠鼎建,书室重新,其中更有分迁小田、陈田与迁何家山而转板坑石山及迁外开族未归故居者不等,但源源本本,萃者日涣,而涣者必求其萃。考之古谱之修,准以三十年,以其转徙迁移,生殁娶葬,近而易知也。而吾族之谱,前则阻于祁邑之上元宝禅寺构讼,而复先业,后又以省志与新安文献志可证府县志添插之谬,府省京都叠词呈请划一,为公祖以雪诬。迨我皇上御极,始议合修,各自理稿。无何粤匪窜入,屡被掳掠焚杀,流离困苦,不可胜言,谱事几莫能举矣。倘或终不能举,则无以追思夫遗篇逸韵,而得其发祥所自,且近而转徙迁移,生殁娶葬,亦莫得而悉矣。己未冬,谒元勋堂祭祖毕,西疃培先、东疃士璇诸族长告予曰:敬宗收族,繄谱牒是赖,辛亥年南疃培与矩、北疃笃忠诸公欲倡其事未遂而殂,予等诚不忍此事之久淹也。况吾族大全宗谱自乾隆庚子修集以来,已越八十余年之久,迩来兵车蹂躪,烟火焚燎,将致近者难考,远者鲜据,后更难举矣。予因回本里告我龙溪诸族人,族人皆难之曰:我龙溪于道光年间已曾支修,兹届统修,虽属美举,其如乱难之候,力之难胜何?予曰:噫,力之难胜,岂独龙溪为然。我观累代庙祀宗谱旧志,一则曰幸得龙溪宗人共襄,再则曰又得龙溪宗人力助,载在碑谱,昭人耳目。予后嗣敢不继其志耶。于是将前所辑之稿,复誊赍局,虽跋涉维艰,寒暑互易,其间又遇匪乱,局亦搬移靡所定处,而予从四疃诸族长后考订讹漏,日夕经营,急图功竣,罔敢稍懈。其纲目次第则准前人而不必尽泥乎前人,至嫡派不弃,非宗不收,自有四疃诸族长斟酌其间,予祇循前规,遵旧矩,惴惴然奉命唯谨已耳。今则雕镌始就,剞劂方新,敢云于前有光,于后有承哉。亦以由萃而涣,必因涣而得其萃,诚不忍安于不举,而必求终于克举也。是为序。

时咸丰十一年岁次辛酉仲夏月中浣之吉,龙溪佥宪支后裔、邑庠生加军功六品朝梓谨叙。

(郑培先修,咸丰十一年刊本)

浮梁郑氏

光绪浮梁《郑氏宗谱》,乾隆《柏川续修宗谱序》:

尝观三世不修谱,几同陌路,而知谱书之所系诚巨矣哉。……迨至国朝康熙丙子锦江珩公锐意重修,其于支分派别,世纪详明,考校真确,非不炳炳烺烺,洞若烛照,迄今计之,夫固世已递传有三,而年亦迁延九十有五矣。虽其谱尚存而以此之时,较彼之世,其文其义,今昔之际,殊觉不宜,而且历年既久,生齿日繁,迁徙日众,使弗为之继焉,则族属之疏阔,子孙之蕃衍,其何以悉。……第修统谱难,修仆射公支谱尤难。曩者墓林坦讼

第十二篇 族谱

案牵累十有余年,同宗亦欲合而为一,无如有志未逮,予每太息于时与人之未得,而其事骤难再举。今吾族佥议已定,暂将柏川续英公秩下支派稍为增修,其意非不甚善,特其识未广,殷然于谱书之纂校,岂曰尽是。然昭穆既明,支派不紊,觉我柏川三世未修之谱一旦而条分缕析焉,亦未必非后之仁人孝子有志继起者之庶几一助也。吾固乐而成之,因为之序,以俟之。

时皇清乾隆五十五年岁次庚戌一阳月上浣之吉,裔孙苞成等序。

乾隆庚戌修谱首事芳名

柏川裔孙： 苞成　缔先　士宣　芝云　当先
　　　　　士间　容先　起狮　能先
　　　　　称先　扬先　元运　起圣
　　　　　起孝　阅先　元顺　元和　　　重修
太邑蓝湖： 祥瑃　锦山
塘里秀源： 洪献　起发　　　　　同校订

(郑有缘修,光绪二十八年刊本)

光绪浮梁《郑氏宗谱》,咸丰《柏川续修宗谱序》：

粤自欧阳子以宗谱谱其宗,……以我族上届之谱,迄今计之世虽未及乎三,而由今日之族情观之,窃见其日就疏远,交相为瘼者已不乏阋墙反弓之叹,似乎修谱兹竟难待三世后也。又况迩来兵饥交迫,觏痻实多,宗族之中,不无顾手足而伤分离者,不无念老弱而痛流亡者,倘必待三世而后修谱,能保异日昭穆之必不失伦,称名之必不失序乎？将所谓敬宗收族以尽尊祖之义者,愈远而愈难矣。甚哉,谱之不可不修,而修之诚不可不亟亟也。爰是不揣固陋,不惜工赀,不以时值孔棘而废事,不以家遭不造而堕功,将郑氏以来凡属柏川续公之派者,生没婚葬,除各家未经举行报明者无从录外,其余俱详录之,非烦也,尽吾尊尊亲亲长长之道也；其有虽非柏川嫡祖而在伯叔之例,已载于前谱者,仍照前恭录,非滥也,推吾尊尊亲亲长长之道也。呜呼！观于此谱,凡在续公以下者,孝弟之心可以油然而生矣。观于此谱,凡在柏川之族者争竞之心亦可怡然而解矣,又何至以一脉而视如路人,弃懿亲而视为仇敌哉。……

皇清咸丰六年岁次丙辰孟冬月上浣之吉,裔孙起珍、尚阡、有论等同奉撰。

修谱芳名

柏川裔孙： 起纭　尚桂　有论　时琨
　　　　　起瑞　起珍　尚儒　时盛

　　　　起枋　起衡　尚阡

　　　　起位　尚动　有仁　之升　　　重修

太邑蓝湖：　万顺　　　　　　　　　　同校

（郑有缘修，光绪二十八年刊本）

光绪浮梁《郑氏宗谱》，《柏川重修宗谱序》：

我郑氏在浮邑盖千余年于兹矣，其子姓蕃昌，人烟稠密，分居散处城市乡社中者，动盈千累百计，而柏川特其一也。柏川之地，吾尝设教焉，见其水绕山环，备极明媚，风俗人情均敦庞浑穆，鸡犬桑麻相安于无事，又有贤人君子扶持世教，相期以睦族为务。予私心向慕者久之，窃叹其先人贻留之善而后之人能世守而勿忘也。今年夏季，宗伯济川、朝翰与诸君子重修世系谱，矢公矢慎，共勷成巨典，尝以不克兴灭继绝为惧，过予家辄属为序，予固陋不敢应命。至是予秋闱铩羽而归，适柏川谱告竣，又相率子弟过门而请。予重惟济川、朝翰二伯相属之言，义诸君子相请之意而不敢以不文辞也，乃作而言曰……

龙飞光绪二十八年岁在壬寅季冬月上浣之吉，宗晚生之梁柳桥氏顿首拜撰。

光绪壬寅年重修宗谱首士芳名列左：

柏川裔孙：有缘　尚宏　时良　有熊

　　　　　时清　人凝　人养　人杰　　　重修

太邑蓝湖裔孙：　梦鉴　　　　　　　　同校

（郑有缘修，光绪二十八年刊本）

浮梁南阳刘氏

光绪浮梁《南阳刘氏宗谱》，乾隆《刘氏宗谱序》：

南阳刘氏仲昭公，僖宗朝以大理评事来令吾浮。……余自戊辰备员农曹，日近辇谷，恭睹圣天子以仁孝治天下，凡一本九族之亲，靡不恩明谊笃，属在臣工，咸思望风承旨，以昭一道同风之盛，每于家报内道扬上意，奖励族人，而于里党中闻有务本敦伦、和宗收族者，即欲亟为嘉许。岁丁丑之夏，读吾师手札，备道刘氏嗣武贤裔不忘先绪，而刘子木臣更复志略，恢宏忾然。念谱系之修，由明永乐迄今相距复数百年，谦未续也，既不惮搜罗之烦，尤不辞跋履之瘁，遍邀同宗，布告当事，十余年来，心力交疲，终以族繁散处，汇修不果。乃偕弟侄汇辑本支，其一时之同志者，复有里市渡暨官庄，俱雅公值下裔孙，踊跃竭力，相与携其世系，后先踵至，爰是鸠工庀材，因前帙而重加考订，并付剞劂，今将告竣。征言于余，以志不朽，并附寄源流氏系一册，详核精明，了若指掌。诚哉……

第十二篇 族谱

皇清乾隆二十二年岁在丁丑仲秋月下浣之吉,赐进士出身、诰授奉直大夫、户部陕西清吏司主事兼管山东贵州司事加五级年家眷弟叶宏拜撰。

(刘燮材纂,光绪三十四年刊本)

光绪浮梁《南阳刘氏宗谱》,乾隆《刘氏谱序》:

岁辛丑,奉例举行乡饮酒礼,上舍刘君光葆实充介宾,其时子弟族人相率登唐观礼,类皆循谨自饬,彬彬雅雅,知其世泽之流庆孔长也。壬寅冬,诸生鍚偕弟炳手其宗谱告余曰:"余族之谱,前尊功令呈核改正,并饬重修。奈族繁丁众,措费维艰,故有志未逮。今季父葆与族之父老子弟,虚衷商确,谓事不容再缓,我族人各怀仁孝之思,咸踊跃从事,命鍚专司编校,开局于镇之报本祠,凡祠内本支子孙,锓锲各色支费,葆自任之。又推敦睦之义,合明公股、廉公股,东乡辛正都梅村诸派附修焉。各派父兄子弟争先输费,阅三月业已脱稿。"嘱序于余。余批阅再四,不胜奋然兴毕然慕也。夫有功德于民者宜百世祀,然祀于官非祀于其子孙也。乃唐名宦仲昭公令于斯、葬于斯,卒开族于斯,卜宅景镇。镇有祠,祠有祀。岁时伏腊,时物荐馨,老幼咸集,不啻饴绕膝牵衣索笑时也,以视秩祀不更有加乎?按:刘之得姓发祥,载在史册者至悉,兹谱概不多叙。自迁祖而下,一切体制质而文简、而核严、而不滥,有条有理,可观可兴,斯不亦敦本睦族之盛举乎?观于此,窃叹刘氏之好义也。前报本堂将圮,葆则建立大堂寝室,承乾则聿新门坊,故今庙貌丕焕,而明公各派宗祠,其制更极崇闳,至于斯役,鍚复与承乾等力襄厥事,是能以公事为己事,视世之推诿不振者,贤不肖何如也。爰击节而昌言之,是为序。

时皇清乾隆四十七年十一月 日,浮梁县儒学训导、前任广西柳城县知县、年家眷教弟凌汝绵拜撰。

(刘燮材纂,光绪三十四年刊本)

光绪浮梁《南阳刘氏宗谱》,乾隆《序》:

吾刘氏自唐名宦仲昭公宰浮梁而景德镇家焉,为我浮始祖历朝分迁之繁,不具叙。至十六代有英二公迁东乡辛正都为梅村派祖,十九代士试公为明股祖,士谟公为廉股祖,二十代辛显公为宏股祖,喜安公为彪股祖,青公为腾一股祖,嬴公为腾六股祖,震公为腾十五股祖,俭公为中房祖,子诚公为下房祖,二十二代商公为商股祖,京三公为京股祖,毓公为国股祖,惟十五代显一公世居里市渡,是为老房祖。自永乐甲辰老谱之后,虽有一霖公手修之谱,仅详一房之世次,至于分支别派,多散失焉。考其年代,已将四百年矣,其间阙略,世远年湮,苦无陈编记录可凭,且人散远而闻见异辞,事迹悬隔,而幽隐莫考,氏族繁衍而昭穆失次。故谱阅三世不修,男妇有存殁之异,葬配有遗失之患,先灵怨恫,支系挂漏,现在如此,况数百年后乎!故观其已然,想其未然,能不惧焉。是谱之宜修孔急矣,爰商族众,矢公矢慎,凡疑信未定者,阙而不录;至于历代艺文,谨遵功令,概不敢录。惟就各房实据者为之厘次,与族侄鉨、承乾戮力同心,掇拾阙亡,阅数月告竣。俾使世派不紊、昭穆可考、庐墓居址可稽,血脉流贯,呼吸相通,无假冒之嫌,无伪舛之失,虽不能克光前人而以贻后世续于各本支之后,庶以明亲者无失其亲之意云尔。恭纪始末于左。

时皇清乾隆四十七年岁次壬寅长至月之吉,二十九世裔孙光葆敬撰。

(刘燮材纂,光绪三十四年刊本)

光绪浮梁《南阳刘氏宗谱》,乾隆《序》:

吾族自陶唐累公受姓以来,海宇蔓延,无处不有,迨周季而有定公,实我本宗之始祖也。世系既远,事迹云遥,由定公而下凡四十九传而至唐浮梁令仲昭公,斯我迁浮之始祖也。冢子科公庐墓于磁石塘,遂卜居焉。其后六代有和雅政……和公之后七传而分上中下三房,上房莹公又五传而分八……盖由族谱未修,致使宗族莫辨,彦文公虑之熟矣,振作之间,有志未逮。厥子自芳公克承父志,继述为怀,于是远涉州郡,近访乡隅,历十数年而始告成,嗣是而昭穆亲疏尊卑长幼井然毕集,公之德岂鲜哉。无如世序推迁,迄今已阅六甲子矣。其间虽有一霖公等独修支谱,而于各房远支未及条晰,虽未等路人而于昭穆亲疏已不可问矣,能无贻议大族乎。峰承父师遗命,留心斯谱,未尝一日去诸怀。奈智力未及,徒劳神思,惟抚卷泰息而已。兹幸朴岸叔祖毅然独任捐资倡修,远近亲疏视为一体,乃未及期年而已付剞劂矣,不又一善继善述之自芳欤。闻音之下,不胜雀跃,于是会聚本股,共罄绵力,略佐微资,合录编次,则昭穆亲疏尊卑长幼粲然备陈于斯编间……

皇清乾隆四十七年岁次壬寅冬至后三日,上房明股三十一世裔孙兰畹峰敬述。

(刘燮材纂,光绪三十四年刊本)

光绪浮梁《南阳刘氏宗谱》,乾隆《序》:

岁庚子,叠奉宪示,查核民间谱牒,恐干违碍,准其呈改重修。邑之梅村鼎锐、仲成、裔鉴等争先呈阅,循分可嘉。余披阅旧谱,其先为唐名宦仲昭公,官于浮,有德政,民为立生祠于景镇,厥后卒葬于浮,其子科庐墓磁石塘,因占籍焉。越数世子孙繁衍,各择胜地,俱成望族,前谱胪列最悉。窃思祀典有功德于民者,百世祀祀于官,非祀于其子孙也。乃公由唐及今千有余载,俎豆馨香,公私不替,猗欤盛哉。且习俗于时为转移者也,而刘之子姓历千百□,犹有古处遗风迹,其修谱一端惓惓于笃仁孝、厚敦睦、广任恤之谊,情深

第十二篇 族谱

礼备,不洵无愧于清白传子孙乎。谱竣,前庠生殿元之弟仲成介其宗人之意,问序于余。余不敢摭拾陈言,惟嘱该族父老子弟无忘祖德,将积厚流光,行炽昌于无极也。是为序。

皇清乾隆四十八年三月 日,原任广西柳城县知县、借补浮梁县儒学训导凌汝绵拜撰。

(刘燮材纂,光绪三十四年刊本)

光绪浮梁《南阳刘氏宗谱》,乾隆《旧修谱序》:

……其间谱书明永乐间修于自芳公,厥后绍修于一霖公,至国朝乾隆二十二年我梅村英二公支裔鼎铎等与里市渡添祥公支裔恭等又经重订,今又二十余年矣。兹因叠奉宪示,凡民间族谱,倘有违碍不合体制者,许令呈明县学改正重修。曾蒙儒学勘定给发,并饬无附他族,只修本支。幸我梅村合族踊跃,而鼎锐、时德、建祥、建楷、裔烛、裔鉴等力肩其任,又景镇和公支裔乡宝光葆、庠生鉩等出为之倡,开局于落马桥祖祠,阅数月告竣。其体制程式一遵功令,故前谱所载稍为节略,而于本支独详。而漏严而不私,将上有以慰祖宗之灵,而下尤有以生仁孝之感,盖在今日。固有伯仲支派之殊,然自我仲昭公视之,则均是子孙,犹然磁石塘之亲支也,落马桥之裔派也,不犹然兄兄弟弟同居一室也哉。是为序。

皇清乾隆四十八年岁次癸卯三月吉旦,梅村派永思堂英二公裔孙:品一股鼎锐、时德、学森,品二股世汪、建椿、建祥、建楷,品四股裔烛、裔鉴;支裔孙等同撰。

(刘燮材纂,光绪三十四年刊本)

光绪浮梁《南阳刘氏宗谱》,道光《刘氏宗谱序》:

昔欧、苏以谱学名世,惟在笃宗礽、敦孝弟、征前信后而已,此外无他取焉。自俗尚之日竞攀援也,见有权势货力者,赫于时则虽同宗异服,甚至同姓不宗者,亦曰某某吾同祖也,某某吾周亲也。此何异执途人而宗之、祖之、兄之、弟之也哉?至执途之人而宗祖之、兄弟之,其不至弃其宗祖兄弟如途人者几希夫。是以谱学不明,而孝弟之道寖薄矣。岁之戊子,予适来景镇,登刘叔和先生之堂,与乔梓、竹林相聚。旧好道故之余,叔翁偕其子侄辈群起孝思,有独修家乘之举,支用之费并不派诸族人,而族人所出之费尽入宗祠,以作祀产张本,于是设局于遗德堂,因出其谱图商订于予,以趣厥事。予自迩年东奔西走,纷至沓来,自愧不能登局观法,然叔翁与予先君有忘年之契,谊难辞责,因屏弃杂务,登局以勷厥成。披阅其书,见古名宦旧序,盖自唐季刘仲昭公为浮梁令,遂以官为家,而其子科公居邑之磁石塘,故以仲昭公为浮梁始祖,继其后者分徙不一,其地今在局支庶皆仲昭公之裔焉。其先世之祖德宗功，忠勋孝绩，前人之述备矣。而训导凌公又叠为之序，尤加详焉。予独核其现绯支庶，自本镇以及邻村，凡属本支者，靡不奎联璧合，累如贯珠，其于辑世次，序昭穆而外，不侈及乎其他，于以见叔翁与诸英彦经理之用心为至切矣。诚以一日之纂修，将以遗之百世，不事浮夸外慕，惟取重于征信考实，使后世知所本，承而兴起孝弟之心矣，则欧苏谱学之宗旨，庶几复明于今日欤。嗟乎，世之攀援富贵利达者岂少也哉！如刘氏者殆未有艾也。是为序。

时皇清道光八年岁次戊子嘉平月中浣之吉，星源愚弟程亮采拜撰。

（刘燮材纂，光绪三十四年刊本）

光绪浮梁《南阳刘氏宗谱》，道光《序》：

……吾族之谱，由乾隆壬寅年重修后，迄今四十有七年矣，历年既久，族人俱有复葺之志，一以人心不一，一以迫于锱铢，是以不能如愿，但今之不修，以下更有难焉。丁亥冬至日，腾六股三十三世裔孙文篪在祠，见事不谐，又恐湮没而无传，查考而难补，竟自出英意，踊跃倡修，捐资独任。于是誊正稿本，支分派别，修录详核，鸠工刊刷，阅六月而始告成，一切支费不以醵诸族人，所派之资亦纳之尽归宗祠，以作公项。文篪之克明大义也，不洵难能而可贵者哉。夫文篪干济才也，从父兄殁后，敬承父志，继绍兄行，于孝友睦姻任恤莫不具悉，于胸中其所以鼎力有独扛之能敦善行而不怠者，难以殚述，即此一端可以概见矣。我腾一股暨腾十五股因其敦水源木本之思，笃绳贯丝联之谊，情亲而睦族，义美而恩明，特志其事昭兹来许云尔。

时皇清道光八年岁次戊子季冬月锦连、锦坚同撰。

（刘燮材纂，光绪三十四年刊本）

光绪浮梁《南阳刘氏宗谱》，道光《重修宗谱跋》：

谱自上房腾十五股南曙公纂定后，经今四十七年，历年既久，急于重修，所以迟迟至今者，非敢缓也，盖有待也。始祖仲昭公自唐季为浮梁令，遂家焉。其后支庶蕃衍，迁移各方，迨江左广德州讳丙号克斋来宰浮梁，下车即采风问俗，予面见时遂以序昭穆、分世系询及，竟大相符合，乃知为二世祖彰公之所发源，实一气之相为流通者也。盖谊属一本，虽异地而居，系一脉相承，而兴仁兴让，蒸蒸日起，以春季举行扫墓，以尽追远之诚，仲冬遵祀宗祠，以全报本之谊，更以"泽在生民"匾额悬挂侯祠，其念切周亲，联敦睦之爱，彰彰如是，尤切于合修谱牒之约。奈公务孔繁，一时不能暇及，待至三年升转虔阳知州事，仍以此举念念不忘。予体其一番深心，不得不待践其约也。又待三年，忽奄然谢世，而此

第十二篇　族谱

事遂不必再待矣。丁亥之岁冬至之日，族中长者老成人，兢兢然皆以是为念。而祀产所出，亦仅了其祠内之费而已。予于是尽心竭力，独任倡修，聘请星源程小葵先生来家，设局于遗德堂，详明上溯，确以本源，增以世系，酌以条规，慎以文词，必务惬众心以为至当，而纂辑之法俱一一尊南曙公遗训，未尝参之己见。六阅月而编成。一时在局中司其事者，悉齐心殚力，始终如一，毫无懈怠也。但各股所派之费，尽归宗祠，作各项公用，故述其大略，并纪其事以待后之继起有人，庶不贻误也夫。

时龙飞道光八年岁次戊子季冬月中浣之吉，腾六股三十三世裔孙文篯跋后。

（刘燮材纂，光绪三十四年刊本）

光绪浮梁《南阳刘氏宗谱》，同治《序》：

岁己巳，景镇重建芝阳书院，因得与到君竹梅、藜阁贤竹林相晤，旧好道故之余，慨然有续修家乘之举。一旦手其宗谱，嘱为厘订，予自迩年东奔西走，笔墨久荒，又不能登局观法。然予与藜翁谊属旧而又适同事，不敢以不文辞。按阅其书，见古名宦仲昭公为浮梁令，遂以官为家，故以仲昭公为迁浮始祖。其下忠勋孝绩，节烈义行，炳炳烺烺，粲如星日，前序述之綦详，毋庸赘及。惟谨按其世次，族大丁繁，年代久远，兵燹之后，掇拾残阙，补苴罅漏，较之往日尤难，倘非存仁孝之思、切敦睦之志者，其何能质而文、简而理、严而不漏、宽而不滥、秩然有条、粲然大备如是哉。是于以见藜翁之用心以为良苦矣。月之亥为冬至令节，谱适工竣，予既嘉其克延祖泽，用广孝思。……

时龙飞同治八年岁次己巳仲冬月穀旦，赐进士出身、钦加同知衔即用知县乡愚弟王廷鉴拜撰。

（刘燮材纂，光绪三十四年刊本）

光绪浮梁《南阳刘氏宗谱》，《刘氏宗谱序》：

家之有谱犹国之有史也。惟期于征前信后，敦宗睦族而已。我族宗谱自道光戊子重修后迄四十有二年矣，兵燹之余，父老云亡编次残阙，即欲搜罗旧闻，采补存殁，较之曩日为尤难。向夙有志未逮，今夏本房叔祖锦福、锦元，叔父竹梅及老房族兄文彩，族侄联吉，族侄孙青藜等，群兴仁孝之思，首倡重修之举，酌议八月初一日开局于里市渡之报本堂，在局裔孙各司其事，向则专司编校。阅四月而告成，裒因腋集，费照丁抽，矢慎矢勤，毋阙毋滥。自唐名宦仲昭公为迁浮始祖，其下世系谨遵前人编次，不敢稍事更改。惟梅村派一支，戊子之役，业经分修。故由迁梅村支祖祖英二公而下，只书亲兄弟一代，余则概行削除，非敢妄逞臆见，亦以醵费维艰，期于节省而已。至山图内有一山而绘数图者，亦将数图并归一图,于各墓图内注明山向人名,开卷了如指掌,庶免重复之弊。诚以一日之纂辑,将以遗之百年。倘徒事夸张而不取重于征前信后,则敦宗睦族之谓何?此向之敬谨从事,不敢附和之苦心也。倘迟之廿余年后起有人,复有重修之举,向犹能登局以勤厥成,是则向之私心愿望而不能必得者耶。因不揣鄙陋,特志数言于篇末云。

龙飞同治八年仲冬月吉旦,三十三代裔孙嗣向谨志。

(刘燮材纂,光绪三十四年刊本)

光绪浮梁《南阳刘氏宗谱》,《光绪戊申续修族谱序》:

动物之有虫鱼鸟兽,与人对待者也。虫鱼鸟兽之各有名,与人有族姓对待者也。物有名不能一一名其名,人则尽人而能名之。夫尽人而名之则繁,仅以人种别之则浑,不繁不浑以区其人而族姓之说起焉,此群之所由成也。顾合群之道有三:地合之群划以疆域,人合之群萃以流品,天合之群统以派系。地群人群有遁,惟天无遁。先王之制,以井田合地群,以学校合人群,以宗法合天群。原有参用联系之意,后世废井田为郡县,废学校为科举,延及至今,乡谊年谊延为通例,虽与先王立法精意相距较远,尚不失以地群人、以人群群人之用。独于宗法一道,废置不讲,致令天然自合之群,备其体而不著其用,此不可解者也。夫宗法之为用,非仅敬宗收族已也。《诗》曰:君之宗之。《周礼》:宗以族得民。其于君民能相联属者。盖宗法之制,上以辅君德之不及,下以束民志之不齐,有裨政教,实非浅鲜。即就敬宗收族而言,与其拜蛇拜火,迷信鬼神,孰与于报本追远,自崇其宗祖之为愈。此又于宗法中寓有保固宗教之义,尤不当轻言废置者也。今宗法既不可复,徒依欧苏旧例,纂修谱牒,为各姓之宝书,此亦等于告朔饩羊,所谓羊存而体犹得以见之者。若并谱牒而俱无,则图顶方趾之伦,杂处于大造广生之中,不知其身之所自出,一家胡越,同本陌路,明明无遁之天群,且将泛滥而无所纪,其去虫鱼鸟兽几希矣。吾刘姓之在景镇,自唐仲昭公宰浮梁相阴阳而观流泉,遂以卜居,由唐讫今三十余世,昭穆秩序如纲在纲,数典不忘,端资谱牒。同治己巳之修,越今四十年,生事之赜,例应增补,族人不以燮材为无状,推任其役。窃谓朝廷变法图治,月异日新,井田不复,诚限于地势之无可如何,而废科举而起学堂,若农若工若商若军若医,悉与士人纳入辟雍之域,人群美备,度越前古。近复诏各府厅州县,举行地方自治。夫曰地方地群之事也,而曰自治,则天群之事在所必先焉,不必远寻证据也。即以景镇论,如都昌之冯余江曹,无宗法之名而隐有宗法之实,彼岂独能行古之道哉。盖一本之亲虽无法制相维,悠悠泛泛,历数千年卒能萃而不涣,合而无间,此其所以为天群而非人力所能破坏者。然使无谱牒,则亦岌岌乎殆矣。今当举行地方自治之日,而吾谱适告成功,然则吾今日对于此谱,则又不目为告朔之饩羊而直目为导涂之老马可也。

腾六股三十三世裔孙燮材谨撰。

(刘燮材纂,光绪三十四年刊本)

南丰西麓双井黄氏

同治南丰《西麓双井黄氏族谱》,雍正《西麓黄氏双井八修宗谱序》:

……吾族大宗谱始修于宋元祐,井公五世孙元丰壬戌状元震当日集江右之文人,考祖宗之嫡派,源源委委,……七修而后迄今百有余年,几为缺典。向予从伯审之公名言者,恒欲会议续修,有志未逮。至臣为命吏授闽台修职郎,时年七十有九,耳聋目眩,恐不能报效,于是颁文详咨部休致不就。间尝于闲居之下披阅宗谱。祖训有云:三世不修谱,大不孝也。常怀此语寤寐勿忘,于雍正壬子春,各房群集清算峭公祭产讫,佥曰:祀典兴而大宗之谱不修,则长幼尊卑何以克序。是以不揣鄙陋,会同神冈之清远氏名梦柏者,君陵之搏万氏名鸣凤者、仲旦氏名揆者,比陬之起瞻氏名紫阁者,东皋之云汉氏名上捷者,宝石之楚玉氏名珩者,服侄议羽氏名鹄者于君陵驾院计议重修。是岁乃大比之年,诸君子皆欲吐锦抒玑凌云而上,约至场屋后始得共勷盛举。及十月初三,邀会东西北绅衿全诣君陵大祠,宿驻三日,议明春往宝石祠重修大宗谱。上集执草回城,纠同昆季子侄商之,皆曰:惟命是从。至吾本支公举从堂重侄洞若氏名灼者属笔辑旧谱而续修焉。始自颛顼氏,至开江右一世祖者唐孟僯公也,开宝石一世祖者桂堂公也,开君陵一世祖者黄三公是也。至其修法,仍照旧谱欧修吊为主。议既定,征草谱于各支,详究其宗派,履近世坟墓,绘山图,录碑文,务俾文章节义粲然行楮间耳。并将徙居异域,曩昔同修大宗谱者,各支抄修数代于前,倘他日育捧谱读,会宗者至,庶查核其有据耳。自此秩然有序,高卑先后之不乱也,居然一脉亲疏贵贱之无殊,有善必载,发先人之潜德幽光也;有美必录,彰前代之政绩伟功也;居址详书,知迁徙之自何人也;远出不废,令后人之有可考也。如是以传其真,不传其讹,则家乘荣同国史矣。兹值告厥成功,又安得不与诸君子喜溢眉宇,庆祖宗之有灵,贻后世以无疆之福也哉。是为序。

时皇清雍正十年岁在壬子腊月穀旦,裔孙元臣顿首百拜撰。

(黄家章等修,同治十二年刊本)

同治南丰《西麓双井黄氏族谱》,雍正《西麓黄氏八修宗谱旧序》:

……我峭山公之裔也,其子井公由禾坪而迁南丰双井,井公之长子桂堂公复徙宝石,阅数传乃迁宜之茅岭及君陵,迄我达公性乐山水,三卜其居,始也自君陵而迁临之品桥岗背，继则自冈背而迁本邑槎陵，终则自槎陵而迁邑西雷谷社坛，是皆载之谱牒，彰彰可考也。……辛亥冬，佥议续修，有难之者曰："其事大，其任重，断非独力能支。"此言诚是也。幸有叔次麟氏，虽年逾八旬，毅然引为己责。予亦春秋将耄矣，敢辞劳瘁乎哉？遂率长子灼于壬子二月入局，三人同心仔肩，厥事盖亦几费筹画，征草谱于各房，详究其支派，察核其真伪，兢兢乎无敢滥收，无敢苟弃也。载其迁徙居址，书其生卒葬娶……

皇清雍正壬子季冬月吉日裔孙鹄顿首百拜撰。

（黄家章等修，同治十二年刊本）

同治南丰《西麓双井黄氏族谱》，雍正《西麓黄氏八修宗谱序》：

……吾族之谱自明万历间开局于羊城之天宁寺，当日奔走跋履经营劳瘁，惟我高祖之叔孟亮公独肩是任，披阅之下，犹往往颂公于不衰，迄今百有余年，未及续修。公之曾孙次麟公念切水源木本，毅然起而继公志，乃当辛亥冬祭，少长咸集于祠，……壬子正月次麟公亲履吾家，商以续修事理，而命予执笔。……遂择二月初八剧牲告庙，开局于社坛岭本祠。数月内，遇各房来呈草者，兢兢业业，罔敢怠忽，一一为之雠正。且也朝如饔，夕如飧，僮仆有所不事，饮一盂，菜一盘，食用不敢滥费。或有诘之曰：子何省俭乃尔。予答之曰：节公帑也，否则安冀厥成。不期未久而事竣矣，谱成帙矣。问：叙吊世系，查核的确者谁？叔祖次麟氏也。参酌讨论，修饰增损者谁？严君仪羽也。问掌钱谷以给用者谁？族侄益能氏也。执草簿以清出入者谁？从叔右衡氏也。之四人者，不徇己，不徇人，笔削无私，支费不苟。灼不才，获从诸祖父后，庶几共勷厥成焉。

皇清雍正十年壬子季冬月吉旦裔孙灼顿首拜撰。

（黄家章等修，同治十二年刊本）

同治南丰《西麓双井黄氏族谱》，乾隆《黄氏九修族谱序》：

……顾宜川之黄有两宗：一双井，一金华。其衣冠文物盖相望，而双井之黄以椒□繁衍，近又分为六支，支各为一私祠：若君陵，若西麓，若神冈，若东皋，若北山，若黎溪，皆双井裔也。……今双井诸人士仰叨圣天子作人雅化，能争自濯磨具文章，为拜献先资，则其于忠孝节义可以类见，岂不后先辉映也乎。西麓支有俊士作中、益来等，笃于气谊，于季考讲论文艺毕，因袖出一帙以示余曰："家谱也，请得一言以弁首。……"

皇清乾隆庚子孟夏之吉，乡进士候选知县补宜县学教谕覃恩加一级、年家眷同学弟杨琮顿首拜撰。

（黄家章等修，同治十二年刊本）

第十二篇　族谱

同治南丰《西麓双井黄氏族谱》,乾隆《西麓双井黄氏九修族谱序》:

……曩昔之谱,自初修至七修,皆合一宗人而共事。迨八修则以子姓实繁,难以鸠集,乃惟为上溯其由来以迄我庆嵩公一房而分修之,别为西麓族谱。八修而后,距今盖四十九年,……己亥秋,吾族人咸鼓舞于鸠宗萃涣之念,相率而百是举也。……或谓旧贯宜仍也,前此之谱,吊修悉本诸欧式,兹乃易而为欧吊苏修者何？居曰:是盖参诸利弊,酌乎繁简,合两家之体制,适本帙之便宜,不无折衷之微意云。族之人踊跃从事,七阅月而谱告成全璧欤。……

皇清乾隆四十五年庚子岁孟夏月之吉,雷谷裔孙师思作中熏沐敬撰。

(黄家章等修,同治十二年刊本)

同治南丰《西麓双井黄氏族谱》,乾隆《西麓双井黄氏九修族谱序》:

……己亥冬,诸族人共切孝思,命予再续前美,奈自揣浅见寡闻,安敢肩此重任,所幸时有族叔明也、西城、溥若,从兄长庚,弟有来,族兄时乘、作中、庸五、守先、匀章、能合、慎余,族侄升乐辈,不鄙予陋,同事局中……

皇清乾隆四十五年岁在庚子孟夏之吉,裔孙映辰熏沐顿首百拜撰。

(黄家章等修,同治十二年刊本)

同治南丰《西麓双井黄氏族谱》,道光《黄氏十修谱序》:

吾邑城西仙人石横亘西北之交,蜿蜒雄秀,如青紫步障数十丈,右麓为西,左麓为北,北麓负城,予家塾在焉,而西麓则亦吾宗环列以居,有祠焉翼然依乎其趾。予居北山下,与西麓相距甚近,虽族谱别名北山,然沿波讨源,皆由茅岭君陵来者。今西麓祠谱修既竣,念予为序,考世系则自庆嵩公以下凡二十余代,询谱牒则自震公以后凡九修,又与北山谱系不甚相远也。……西麓之蜿蜒雄秀与北山长存,而斯谱之蕃衍炽昌,是可量也哉。……

皇清道光十一年辛卯夏月榖旦,赐进士出身、敕授文林郎、湖北德安府应山县知县、乙酉科同考试官加二级、北山族后学迪策顿首拜序。

(黄家章等修,同治十二年刊本)

同治南丰《西麓双井黄氏族谱》,同治《新序》:

吾族居城者,西麓与北山两支,壤相接,情相洽也。西麓祖庆嵩公由君陵徙雷谷社坛岭,谱已十修。余族伯三轩明府叙之详矣。丁卯冬,佥谋续修,且曰:自辛卯迄今三十有七年,生齿益蕃,况当有事之秋,人才辈出,不垂诸家乘何以昭兹来许乎?余闻之瞿然曰:善哉斯举也。夫谱,所以定尊卑,明长幼,别亲疏,辨贤否者也。万物本乎天,人本乎祖,数典忘祖,是无本也。虽然尊祖敬宗收族之义,夫人而知之矣。若夫前言往行多识以畜德,其真知灼见,纲常独任,坚强不屈,毅然有为者,虽千百世下,犹将闻风兴奋,矧生同支、系同族,有不观感而思起者乎?吾西麓族文章道学代有闻人,惟是时际承平,类皆鼓吹休明,扬□风雅已耳。吾邑自粤匪窜挠以来,遭蹂躏者数数矣。辛苦垫隘,盖有目不忍睹、耳不忍闻者。西麓先君子或情殷桑梓,或义重他乡,或指囷赒急,或输粟助饷,或捍御而捐躯,或沉渊而矢志,书生名将,巾帼丈夫,英风亮节,炳若日星,其足以扬芬竹帛、风励当世者,何莫非后嗣之先型、宗祊之光宠耶。然则是役也,较前修为尤亟且更重也。于十月十日设局告祖,腊月开刷,越九月工竣。□然成帙,尊卑长幼亲疏有条不紊,举凡功名事业亦皆班班可考,览斯谱者,将孝弟忠信礼义之心不觉其油然自生矣。

皇清同治十二年癸酉春月榖旦,赐进士出身、诰授中议大夫、前知四川峨嵋县事、军功升用同知随带加三级北山族秩韶敬撰。

(黄家章等修,同治十二年刊本)

玉山怀玉张氏

光绪玉山《怀玉张氏宗谱》卷首,《张氏宗谱旧序》:

岁丁巳张氏修家乘,延王子嘉树主修。予宰玉山报最,后同知广信府事。丁巳,以职事逾浙,过玉山,馆其地,王子嘉树率张氏子先著、先鉴、居庠来谒,携一帙呈阅,乃张氏家乘也。考张氏有出姬姓轩辕子青阳氏,第五子挥公为弓正,观弧星,造弓矢,主祀弧星,因氏。世居冀州河间府故城明德乡。至汉有张良相高祖,封为留文成侯。及唐,列为安定、范阳、太原、南阳、敦煌、修武、上谷、沛国、梁国、荥阳、吴郡、京兆等四十三望,族中出宰相者十有七人。兹本出上杭古田小吴地五郎公,而分派则四旭公、祖森公、满缘公,其家乘即从三派分修。而四旭公复析两派,一复兴公,一游兴公。祖森公自为一派。满缘公复析三派,一文广公,一祖隆公,一永珊公。或谓家乘宜合修,合修始可以联疏远。予曰不然。族大人蕃,家乘必多,多则难于翻阅,分而修之,简便异常。然派虽分而本则合,故析观之如脉络分明,统观之如血气相通,既无翻阅之劳,能使源流若揭,诚家宝也。乞予语冠其巅,予惟核其得姓之由,叙其所修之法,令其归,书以冠之。

赐进士出身、钦点翰林院庶吉士、前任玉山县正堂、升任河口镇同知、署理广信府正堂事汪道森顿首拜撰。

(张维潢等修,光绪十四年刊本)

第十二篇 族谱

光绪玉山《怀玉张氏宗谱》卷首,咸丰《张氏宗谱旧序》:

修族谱以联疏远,笃宗族之一事也。虽然,疏远亦有难联者。张氏五郎为上杭古田小吴地一世祖,其子孙散处他方,闽以外四川湖广及浙江皆有之,江西亦多,如吾玉西葛溪张氏,悉属其后。乙卯夏,葛溪张兄居庠与其从父先鉴及再从父先著议修族谱不果,明年春复议,又不果。冬长至日,葛溪张氏皆入祠领胙,因复合议,始命居钦、居惠、居东造宅,责予任其事。予因赴葛溪张氏宗祠,阅五郎源流,乃汉留侯良公后也,至东晋翰公之孙璞公始居江西。唐末刺史云公之裔文焕公避黄巢难于宁化石壁,八世小十三郎又徙连城张家营,传至三十郎子五郎,出猎上杭古田小吴地,遂择居于此。其五世孙长四旭公、次祖森公、三满缘公,则支分派别,散处他方矣。而张兄居庠等携稿觅同宗合修,归告于予曰:我张氏散处吾玉者若西坑坞、若哥郎坑、若上中坑、若双河、若果洋山,……散处开化者若大塘前船坞、若青洋溪东,散处浦城者若洋溪尾纱帽岭,皆四旭公后裔也。祖森公之后裔散处吾玉邑者若王岩、若石臼是也。满缘公之后裔散处吾玉者若……散处德兴者若石淋坑、若大桑园,散处常山者若球川桃树坞,散处江山者若白石庄凤门麓,散处开化者若北川口,皆其长子文广派也;又散处吾玉者若葛溪之小葛大葛,若……散处德兴者若高山朱羊岭,散处岩州建德者若潘村庄朱池岭,若东乡三都外半溪皆其次子祖隆派也;又散处吾玉者若八礤龙潭口皆其四子永珊派也。然五郎子孙散处他方者固非只此,如闽之汀洲漳州与四川湖广及浙江等处,并未及访集,疏远难联,盖若此。予闻之,乃就其所觅之近者亲者合修之,又以四旭公、祖森公、满缘公三房分修而四旭复析两房,祖森公自为一房,满缘公复析三房,有居图者附之,俾犹忆祖宗之栖止,有墓图者附之俾不失祖宗之坟茔,有像图者附之俾想见祖宗之容貌,殿以诗文,俾且知祖宗之言行,其有关系家族事则与诸目录,冠之首卷,俾览者了然于目。张氏乃延同人公云张先生与予族兄朝阳之长子大维同录而刷之,越严冬始告竣。张兄居庠与其从父先鉴及再从父先著犹以疏远未联为憾,倘异日张氏子孙能以闽之汀洲、漳州与四川、湖广及浙江等处一体合修,则今日所难者,异日不难矣。后世子孙欲继先人之志,其勿畏难乎。

咸丰七年丁巳冬月军功六品邑增生王嘉树拜撰。

(张维潢等修,光绪十四年刊本)

光绪玉山《怀玉张氏宗谱》卷首,咸丰《张氏宗谱旧序》:

葛溪张氏,予母族也。予曾忆幼时外祖建宣公欲延先父朝阳公为修家乘不果,今外祖早逝,而先父辞世亦历八载矣。丁巳春,予母舅先鉴与其从侄居庠、居钦嘱表兄造宅,聘予族叔嘉树先生任其事,复命予佐之。

咸丰七年丁巳冬月岁末儒溪王大维拜撰。

（张维潢等修，光绪十四年刊本）

光绪玉山《怀玉张氏宗谱》，咸丰《张氏宗谱旧序》：

余与造虽未联谱而相呼以伯仲，如出一支，居邻而情睦也。教读之暇，尝诣其家相与话宗盟、数旧典，观其回闽手录世系图，知为五郎公后。今岁春，适有邑西葛溪张氏访求本支修谱者至其家，彼此皆不知同为五郎公派也，及启帙咸相顾而笑曰：非祖宗之灵，焉有子孙今日一本联属乎？造即出其回闽缮写之谱以示宗人，时余适在座旁，亦不禁喜出意外，问梓局何处，曰西葛祖祠。问延师珥笔，曰王君嘉树。美矣哉，斯举也。而造即以佐事属余，余以谫陋固辞，不获已。因于四月初旬赴局从事，细为溯其源流：有自汀漳而居塘背者，有自汀迁泉而居德化者，皆系五郎公派，即以公为一世祖，明所宗也。至无征者，虽名贤不敢录，示传信也。抑予思之，吾祖亦出自漳，且谱中所载祖讳里居与其家乘互有异同，然终不敢据以为实。盖吾漳谱无完本，有书祖之字而遗其讳者，有书其讳而略其字者，有字讳俱有而或失里居者，此其所以不能无异同也。予既恨吾谱散轶不全，而又叹后世之子若孙无如造之有志而力而能回闽详核也。是为序。

咸丰七年丁巳冬月宗晚公云拜撰。

（张维潢等修，光绪十四年刊本）

光绪玉山《怀玉张氏宗谱》卷首，咸丰《张氏宗谱旧序》：

我张氏自闽来玉者不一家……凡兹同支俱属联谱，丁则千有余，居则数十处，自正月中旬二月上浣而卑颁者，齐五月六月而稿定。其稿式合纪实于系图，每折页间各派标以小字。长房统四旭，二房系祖森，满缘派下又别为三：先文广，次祖隆，次永珊。为丁数较繁，故其有未与修者，或以地限，或失纪，然旧谱所载则仍之，以俟后。其局设大小葛祖祠，以来者途较便也。当其未入局也，近居宗人嘱潢曰：我家所藏谱皆缮写，且多年未修，今议倡而修之，以付梓校对宜加详，暇则汝为我辈佐。闻刷墨有期矣，潢即欣然趋局，观各处旧谱序传系图诸条件厘然昭然，及观携资佐费者，日不乏人。问之其派则曰吾某支也，询所居则曰吾由某迁某也，俱能一一道其先世之由，且皆乐有今日之举。恍然曰：人无智愚，闻父母之名莫不肃然起敬；家无丰啬，举修睦之事莫不奋然乐从，此所以远招近集，其族之散处四方者，不匝月而联属也。国家教民之意，圣凡同然之心，其在斯乎。潢也拙于文，导扬未有逮，为明祖宗世系与子孙转徙之由可乎，皆曰然，爰执笔而为之序。

时咸丰七年丁巳冬月，壬子科举人候选县正堂宗晚维潢谨叙。

第十二篇 族谱

(张维潢等修,光绪十四年刊本)

光绪玉山《怀玉张氏宗谱》卷首,咸丰《张氏宗谱旧序》:

谱之修亦尊祖敬宗之恒,而造今日得成此举,喜窃有倍于他人者。盖忆少时父为造言曰:"汝曾祖必珍公来玉,仍思回籍,故未携谱牒以来。然寝疾时,于此事特谆谆。后幸族侄孙秀山者来玉,余即嘱回里抄录叠峰公派下支谱,得以数典不忘。予思本支虽已彰彰可考,而前世之渊源与中分之支派,不犹茫然莫辨乎。予年老矣,此事惟视汝辈。"造因记之不忘,即于道光庚子岁偕从侄孙高田回闽,溯本源流支派,凡系五郎公传下者生卒葬所以及迁徙移居,一一草辑之。又捐资于满缘公祠内,以佐祭费。今际大小葛会集本支同修家乘,既对明支派,造即欣然从事,成父命也。

咸丰丁巳年菊月十六世孙大造谨志。

(张维潢等修,光绪十四年刊本)

光绪玉山《怀玉张氏宗谱》卷首,咸丰《张氏宗谱旧序》:

谱必刷墨乃为凭,然不抉其所以得姓之由,则欲修族谱又不免有通族谱之误。予高祖达文公漳州龙岩人也,其兄达盛公先居玉邑葛溪时,犹未返故里报知高堂,而高祖之母遗命高祖觅达盛公,因亦居于此焉。凡凤昔所录草谱,亦皆携。至咸丰乙卯夏,侄居庠与予议修谱不果,明年春予向房兄先著同议又不果。长至日,凡家葛溪者皆入祠领胙,复与相商,乃命侄居惠、从侄居钦聘甥族王君嘉树先生任其事,佐以予甥王子大维。嘉树先生降葛溪,诘予以始祖为某,对曰:"予闻先人有言,吾辈属五郎公后裔。"嘉树先生详考稿本,有翰公诸人之名,知汝五郎公为良公后裔,第曰五郎尚未得源本所在也。予曰:"微先生,予等不免数典忘祖矣。"嘉树先生曰:"何也?"对曰:"吾家相传金鉴世家,据先生言吾乃留侯后,非曲江后也。"因以先人所携草谱出,与各地质,必属五郎后为良公后裔乃集而录之。今刷墨已告竣矣,爰书之为序。

时咸丰七年丁巳腊月,葛溪十八世裔孙先鉴拜撰。

(张维潢等修,光绪十四年刊本)

光绪玉山《怀玉张氏宗谱》卷首,咸丰《张氏宗谱旧序》:

予龙岩龙门张坊大塘背元贵公后也。五世祖达文公始迁玉西葛溪居焉。先父国权公复迁于底,至予列肆于玉之市。乙卯夏,一友入肆,畅叙间忽辞去,问之,答曰录家乘以防兵燹耳。予思之,予先人自龙岩徙玉葛溪者十有余人,虽各携家乘,悉属草。曾祖尚龄公列庠，因回大塘背告庙并谒族，暇则重录以校先携草。而先携者并无讹，但百有余年，草犹未脱，遂与从父先鉴议脱草，不果。明年春，与从父向、再从父先著同议，又不果。长至日，凡家葛溪者皆入祠领胙，复与相商，乃命弟居钦、族弟居惠聘王君嘉树先生任其事。嘉树先生降葛溪，阅草，谓当以同宗合修。今年春遂质各地本五郎者，携草入局。嘉树先生复谓，族盛卷多，难于翻阅，当以四旭公、祖森公、满缘公三房分录，遂延宗兄云、甥王大维两先生析而录之。秋七月下浣六日刷墨，长至始告竣。捧读之，五郎以前源远流长，班班可考；五郎以后支分派别，井井有条。或曰："斯时也兵燹炽，不若草□□携便。"予曰："予族散处他方，皆各居其地，未质所自出，是以各自为一族，不知犹有出于五郎者，当是时，弗质而同修之，疏远益以离散，不尤疏远乎。为兵燹而弃宗族，何如为宗族而防兵燹也。况循是草以刷墨，非因刷墨而遂毁是草，又奚患弗便。"闻者以为然。今日者，先人之心当亦慰矣，即曾祖尚龄公之心亦当共慰矣。予友倘入肆而览之，当亦曰家宝也，宜珍之重之。爰书以为序。

咸丰七年丁巳冬月葛溪十九世裔孙居庠拜撰。

（张维潢等修，光绪十四年刊本）

光绪玉山《怀玉张氏宗谱》卷首，《续修宗谱新序》：

邑之西境葛溪张氏，宗谱皆祖五郎，其支裔源流备详旧谱，无容再。兹有宜表而出者，以是次谱牒之修，有今来而旧未来，□旧来而今未来者。……是役也，倡之者某，总理局事与夫缮写校对催稿鸠资，皆得其人，并委余小儿守勋为任纂辑之事，以子弟多从之学故也。局设葛溪张氏宗祠，共丁千有奇，其住所亦数十，乃不阅岁而功竣矣，合族之互相踊跃也可知。余并喜而为之序，因以序。

乡进士议叙五品衔遇缺即选县正堂宗晚维潢顿首拜撰。

光绪戊子年冬月穀旦。

（张维潢等修，光绪十四年刊本）

光绪玉山《怀玉张氏宗谱》卷首，《续修宗谱总序》：

天下事莫为之前，虽美弗彰；莫为之后，虽盛弗传。是前有善作，尤贵后有善继也。然其间有离合之数存焉，有前离而后合者，有前合而后转离者，虽曰离合之数无定，亦人势使之然也。即如吾族张氏宗谱，其始祖五郎公传下，源合于一，派分为三，长四旭、次祖森、三满缘，家乘即从此三支分派合修。四旭房复析桃树坞，是已凡此三派。前既合修，今亦与焉。其有前未与而今始合者，唯开化大枫川、溪沿、左椏、天子坟、里洋田，泰峰公下

第十二篇 族谱

尔锡派而已。更有前合而今未与者，若邑西东洋山，若上饶南山岭永侯、永詹二支及高伾一派，若浦城纱帽岭，若建德小毛岭，皆四旭派也。祖森派未与修者唯王岩高柳一支，若玉北东川日全纷全口高裕高怀四派，若黄连坑，若德兴大桑园，若江山白石庄以及开化之北川口，皆满缘之长子文广派也。以上诸派或以地远，或以时艰，此固不能相强者也。然自十五世以前仍依旧谱刷墨，留其根蒂，以俟后修。自十六世以后，代远丁蕃，难以统刷，即揆诸九泉之下，谅亦可原。他年有志合修增入焉可也。今之续修者，请详言之。丁则千有奇，居则数十处，谱则六二部，款式仍由旧章，以其法美备也。序文略为改易，以其词未尽善也。谱局仍设葛溪宗祠，以其途较便也。谱面签条标以怀玉张氏宗谱，以与修者虽他县，亦有唯怀玉为最多也。而于析页间又各标以小字某派某处，纪实内里居嫁娶葬，所属他县者则载明某邑，在玉山者则唯以邑字括之，俾览者开卷了然。光绪丁亥春颁单，宗兄居惠、居阳等降舍，委予膺其任，予因才浅学疏固辞不获已，遂于五月初旬入局，与宗弟居淇、居桢，宗侄同槐等小心编辑，经家君讨论修饰，越明年戊子冬而谱告竣。宗兄居惠、居阳等咸相庆曰：吾族家乘蒙先生殚精竭力，校阅成编，祖宗之灵也，子孙之幸也，尊敬和睦之心亦可以欣然慰矣。兹幸厥成矣，乞掇数语以弁简端，予忝在宗晚，不揣固陋，爰执笔而为之序。

时光绪十四年仲冬月，宗晚优增生守勋拜撰。

（张维潢等修，光绪十四年刊本）

光绪玉山《怀玉张氏宗谱》卷首，《续修宗谱新序》：

闻之三十年不修谱则为不孝，予于此语盖念念不忘矣。溯自咸丰丁巳家先君等创修家乘，距今已三十有一载矣。世久年湮，而又迭经兵燹，若不及时续修，不特生卒莫纪，葬娶莫考，即一脉宗亲不几相视如秦越乎？越乎光绪丙戌长至日，适值族叔先鉴等造祠祭鼻祖，食福颁胙，谈及此事，族中人咸应之曰诺。比时酌议定夺，遂将元贵公祠内抽出英洋三十圆、谷四十硕交予收存，以为来年修谱之资，俟丁钱收入，乃如数抵还。至春王正月，予与族兄居惠遂刊单布达各处，挺身会修。幸诸族长皆不谋而合曰此举甚美甚善。于是合族商议男丁女口各派制钱三百文，谱价每部计英洋三圆，谱局仍设葛溪宗祠，以来者途较便也。自五月初旬择吉开局，接宗兄心一先生入局修辑，舍弟居淇、居桢、居积，族侄同槐等缮书校对，互相参订，凡我同宗亦俱踊跃共襄厥成。越明年戊子秋而谱稿成，乃付梓刷墨，不数月而谱告竣。噫，岂非祖宗之灵默鉴微忱，有以成吾辈尊敬和睦之意乎？后之阅斯谱者，孝弟之心能不油然生哉。是为序。

时光绪十四年仲冬，十九世裔孙太学生居阳拜撰。

（张维潢等修，光绪十四年刊本）

光绪玉山《怀玉张氏宗谱》卷首，《续修宗谱新序》：

吾祖元贵公乃五郎公十世孙也，其曾祖祖隆公于明永乐间由闽汀上杭迁居漳州龙岩龙门里北溪圳头，至公于正德年间复由北溪圳头徙居张坊大塘背，迨国朝定鼎，我太高祖达文公于康熙年间复由大塘背迁江西怀玉廿七都小葛居焉。当时兄弟叔侄先后来玉者十有余人，创造屋宇，开基立业，又于葛仙溪口构造元贵公祠，上祀鼻祖，下及苗裔，特先世来玉随带家乘，只有遗稿而无完本，至尚齿公列邑庠，入龙岩谒祖会族，钞写谱牒，携带来玉而源流世系始朗若列眉，欲纂修付梓，有志焉而未之逮。洎咸丰七年家伯国宾、国珍等倡首会修宗谱，凡属五郎公下者，悉为合修，或有不来者，亦不相强，然祖隆公派之在玉者均已合修，即此次亦皆与焉。由是龙岩迁玉祖隆公之后裔者皆和睦以联谱也，其余诸派有旧来而今未来，有今来而旧未来，立庵先世总序间固已详言，无容赘。予因与舍弟居桢缮书校对，推本穷源一载有余，无不尽心竭力，条分而缕析。兹幸谱牒告竣矣，特叙本支之源流与迁徙之时地，以俾后世便览云。是为序。

时光绪十四年仲冬月榖旦，十九世裔孙居淇拜撰。

（张维潢等修，光绪十四年刊本）

万载辛氏

民国《万载辛氏幼房谱》卷首，《历届谱序书后及跋》：

道光丙申

丙申序一

谱以传信也。何谓信？有征之谓信。余年七十有九，幸逢盛世，作兴人才，谱学昌明，亲见族谱之修者凡二。闲尝较其得失，心窃疑之，以为旧谱之所纪载，若之翰、若起季诸公，其世系事迹往往与史传不合，何也？及得观稼轩济南辛氏宗图与安仁、西山二谱，各先达辩论纪述，始恍然于我祖仕万、家万，确有明征，前此未获之深考耳。癸巳冬，族人与我房不协，狠以小支并大宗，遂致构讼，蒙大府断息，始和好如初。第以旧谱多误，兼语涉干碍，谕令更修。又虑退有违言，并令两房分修。噫，大府意良厚也。夫族自嘉庆乙丑修谱以来，垂三十余年，我房添丁二千有奇，合之长房，新丁必且数倍过之。丁愈多则修愈难，大府不令，恐亦不能复合也，其势然也。今年春，我房议修支谱，有以更正之说进者，或犹难之曰："谱以传信，窃尝闻斯言矣。第积重难返，事阅数百余年，今一旦分修，辄概行更改，恐亦不无后议，奈何？"余曰："天下事惟有征之足信。昔司马温公以大儒操笔削，

第十二篇 族谱

著《通鉴》帙班、范而上学者未有异议,厥后伊川程子正之,张南轩先生经世纪年正之,朱子《纲目》又正之,遂成千古定论。然则事之有征而历久可更者,国史且尔,况家乘乎?又尝观乡先达李厚冈先生与人论谱,往往于其所可疑者悉辨正之,若大和杨氏之梁州牧南征守,高城王氏之武安王罕,呈贡晋氏之内臣治水,皆反复千余言,或数百言而后止,是他族之谱为我与闻,果其有征尚当更之而不避,况一家之谱乎?且族谱之更不自我始也,明以前之谱,皆我房与长房并列,康熙丙戌添入七户后遂该七户为七房矣,此一更也。乾隆甲子以前犹存两房世系图说,己丑以后两房图说不存,改作七房图说矣,此再更也。古谱以介岐公为一世,嘉靖戊午以继忠、继敬二公为一世,至康熙丙戌始以南坡公为一世,此三更也。旧谱分介歧公以下七世为始派,南坡公以下悉为继派,之翰、起季诸公具有享位,位列官职,朝代且始派下宦绩事实悉备,乾隆己亥谱去而不载,此四更也。己亥谱于介岐公下六世犹存而不论,嘉庆乙丑则愈加辩驳,废之翰、起季诸公以下六代神主,介岐公之神主虽存而官名县名世系年代援引史传,披剥殆尽,其不废者倖也,此五更也。介岐公墓碑旧书南唐进士,近改南唐为唐,此六更也。愈更愈纷,不足以取信于人,并不足以取信于己,何也?无征故也。昔狄武襄官枢密,或告以当祖梁公。乃谢曰:'青出田家,少为兵,安敢祖梁公哉!'夫武襄之不敢祖梁公者,为其无征。今幸得济南安仁诸谱,并各先达绪论,诚为有征矣。有征而不更,与无征而反更者不同一蔽乎?"金曰:"然,是诚不可以已也。"余乃复谋于众,涓吉告庙,刊布条规十数则,遍告我房各支,将世系誊写送祠,约期进局。纂次柳垣木庵列先生勤谨任事,取济南安仁、西山谱各先达辩论纪述衷诸史传,一底于是,阅数月稿成。众心克□,付诸梓,至冬告竣。予忝任监修之役,恐后起不知所以分修之兴、更正之故,爰引而伸之,俾知我祖仕万确有明征,不至踏□谱之失,参差不一。子姓虽众,百世可以无惑,于以思先世遗泽而□敦睦之谊,讲让兴仁,词讼休息。家有孝子贤孙,正人说士振兴我□,异日与族之人叙长幼、分昭穆,返本溯源,上观名儒之史而参其意,下述先哲之论而承其教,彼此释然若划一,以有征者共征之,以可信者共信之,将从前历次更改疑义,剖析分疏,昌明谱学,不负国家作兴人才至意。大府曲全族谊苦心,是又读书明礼义者之责也。予老矣,愿房之人读斯谱者其深维此义哉,是为序。时道光丙申年仲冬月初八日,廿一世嗣孙汝莹敬撰。

丙申序二

天下事,逞一己之见则难行,合众人之见则易施,此理之常也。若夫合众人之见而众人之心或有不一,必欲强众不一之心,以成划一之事,虽有过人之才,不能智取得之也。诗曰:筑室道谋,是用不溃于成。又曰:发言盈庭,谁敢执其咎。斯言也,可谓谙于世故者矣。今年春,长老以房谱命予,文学木庵先生既承其事,不获辞而勉参末议于其间。客有以谱学诘予者,予曰:"谱图之法,创自欧、苏。欧谱上自高祖,下至元孙,别自为世,凡世再别而九族之亲备,其谱世增而不世变。苏谱族人适子易世皆自为谱,同高祖者其谱同,迁高祖之父而世存先谱,子孙得合而考之,其谱世远而世变。要而观之,欧谱合收而易考,苏谱散见而难稽,故世之为谱者多从欧阳而不从苏氏。余按:欧谱世系图自一世至百世,可系而昭穆井然不紊;苏谱自上高曾祖父,下至子孙曾元可次,而长幼秩然有序;故曰欧谱之相系可以别支派,苏谱之相次可以具崖略,化而裁之,推而行之,通其变,不易其宜,可与论古矣。"客曰:"如斯而已乎。"余曰:"我祖之仕万而家万也,一见于济南辛氏宗图,再见于安仁、西山二谱,虽幕伯之称孰闻于人耳,予究不敢以子虚乌有之事重诬吾祖,蹈昔人影祭之诬也。"客曰:"是则然矣,抑犹有进焉者乎?"余曰:"宠章之锡,不可不重也。第玉检珍藏,子孙传写,或有鲁鱼之误,未敢尽尊信也。人文之盛不可不纪也,第英才辈出,人握隋珠,恐贵洛阳之纸,未能尽登选也。风水之胜不可不志也,第平原蔓草,半属牛眠,恐脱荆关之腕,未能悉形容也。若夫大节有亏,虽不讳彝伦,或□已往亦书。至于传注之繁简,体制之得失,又当斟酌以出之,毋贻识者羞,谱学之大概不已尽于此哉!"客曰:"噫,子知其一,未知其二。子之所言者,一己之见也。人情习常而狃安,子能合众人之见,以为一己之见乎?抑亦有不得已而从之者乎?"余闻之而爽然失,又□然□也,曰:"客亦知医者能行己之术,而不能必人之信。岐黄不精,诊视不明,医乎医者之责也。若欲訾昌阳而进豨苓者,其任咎哉!"维时文学先生坐于客次,相视而笑,莫逆于心,乃与予稿而成之,以贻诸长老。惜余两人之愚而又重拂众人之意,稽于众,因加修饰焉。予两人者不能争也,爰即所以与客语者为之序。时道光丙申仲冬月初十日,二十五世嗣孙介福敬撰。

丙申书后

福承斯役,数月于兹,幸房人辑睦,惟长老之命是听,遂及告竣,而无一棘手事。第工匠有巧拙,司事有勤惰,校对有详略,兼之世次递积,传记纷投,冗不胜阅,福又驽钝,仲秋入局,仲冬蒇事,促迫而成,随编随梓,体裁之乖,文词之芜,实不能辞其责焉。或曰:"是区区者,不汝瑕疵也。乙丑族谱乃子之师少宰公所纂,陈相弃陈良之学毋亦有遗议否?"福曰:"恶是何言也。吾师少宰筠谷夫子,入为巨儒,出为名臣,福幸得景仰微光,厕列门墙,方将终身佩诵之不能忘焉,敢有异志哉。至于族谱之必更,窃亦尝闻其教矣。当甲子乙丑之际,福适从事夫子于城南唐氏书屋,祠议告庙,再三敦请夫子与淑邮、敬堂、月台四先生入局,均托辞弗赴。未几三先生以故先后北上,夫子则博文约礼,未有暇日,间或与其事者,稿成则走伻以就问焉而已。既以七房图说见呈,福时侍坐,夫子乃指而语之曰:'吾族斯谱纰缪滋多,后有识者唾弃置之矣。'爰作叙语一则,指其弊端,几千有余言,而祠不之载,岂真不满众人意。今某某世兄每与福谈论及此,犹怅然者久之。然则族

第十二篇　族谱

谱之更,师之志也,福焉敢有异哉。且事可为知者道,福之得所闻于夫子,福知之,人未必知之,顾独不可决之以理乎。我夫子以燕许鸿才,台馆巨手,一辞之出,海宇称扬,使果操笔削,岂在欧阳文忠、苏氏父子下,而我族之谱何致颠倒错乱如是,是必不然矣。福之为此遵师训也,非倍师也,子何以陈相议我哉!"或乃默然而去。时道光丙申冬月介福书。

丙申跋

甚矣,修谱之难也!不溯其源则讹谬踵承,不足以言谱;不晰其流,则支派不分,不足以言谱。源流清矣,不仰体祖先之意,推行尽善,亦不足以言谱,谱固若是之难哉。我族自前明以来,谱凡九修,祖迹事实所载互异,派系分编参差不一,识者讥之。乙丑以前,先达敬甫公、先祖月台公常欲本稼轩济南宗图并安仁、西山诸谱改正一世祖为吉甫公,童兴为英冠二公小字,嗣皆教习朝考在京,以致乙丑续修仍踵前辙,遂使族众怀疑,是可慨也。今年春,我房议修支谱,房长旭冈公,长老春畛、发悠诸公敦请柳垣先生纂辑,命林襄事其间。林以斯事重大,惶恐不敢承命,阅数月长老诸公佥谓房谱之修待筹议者众,一人实难独任其责,再三命。林不获辞,遂柳垣先生宗源考序记图说歌诗诸条读之,源已正,流已清,肃然起敬,私心悦服,乃相与斟酌其体例,参考其事实,而系图传记世次,林亦勉与其役焉。稿垂成,旭冈公进谓曰:"我房七时八世祖妣葬所,旧谱虽载萧家坊,茔域莫辨,宜绘图以补,一也。十七世以前旁支零落,归入总编,固无可议,而十一世以前止支,宜体列祖之心,并入享位,二也。忠孝节义,人伦所重,凤璋公以忠勇殉难,首亮公以孝行著称,固已彰显,而宋氏自前明旌奖闻氏,乃一门忠节,厥后勒贞珉详志乘者不一而足,均宜立传以表清操,三也。殇丁遗漏,不忍斩绝,有俟继者,悉宜登载,四也。林等闻斯数言,乃知旭冈公之虑事周而居心厚,不惟足以体祖先之心,且足以垂后贤之法,宜其享年高而德报之隆,未有艾也。噫,使人俱存此心,谱系之修又焉有所谓难哉。是事也,林与柳垣先生实斟酌行之,是以为之跋。时道光丙申年仲冬长至前一日,二十五世嗣孙次林敬撰。

光绪乙亥

乙亥序一

谱之系重矣,联宗支,敦族谊,详生殁,序昭穆,此仁人孝子所尤用心者也。《记》曰:尊祖故敬宗,敬宗故收族。若无谱则野马也,尘埃也。生者聚者纷而无所纪,殁者散者漠而无可稽,尚何宗族昭穆之能辨乎哉。人若是,虽钟鼎旗常元圭黼黻,亦一时之适焉耳,乌足贵。予不敏,荒于学,拙于才,年力就衰,每爱闲静,耽山水之乐,泉石烟霞,心向往之,而又小筑数椽于云崖之顶,课耕读,训生徒,以嬉以游,以乐此余年,是故足不履城市者二十余年。虽牟村祖居元公祠,迹亦罕至,非矫也,性使然也。去年冬,有以房长之责属予者,闻而骇,未知所以辞。无何,书者柬者走相告,肩舆而至者杂然而前陈曰:"祠之谱宜修矣。距今四十载,非公无以督其成。"予辞益力,则群咻焉,而以大义相责也。予哑然不获已,徐乃婉商曰:"夫谱也,仁人孝子之所用心也。余虽不才,敢以仁孝自外哉。虽然窃有一言,诸君倘能从我乎?我房谱自先达柳垣、木庵两先生引经据史,反复数千言,证以济南宗派图,西山、安仁诸谱,月台先生辛氏考敬甫先生宗图说辨,一脉相承,信而有征,亲者虽秦汉以上而不嫌远宗,疏者虽唐宋以来而未敢妄祖,正其本,清其源,视向宗祠之谱,武夫焉,唐碧焉,相判何啻霄壤哉!兹之修续焉而已,毋逞才,毋创议,毋挟偏私,毋存意见,同心协力,而予则仅拱手以坐观其成,且余之不获辞也,为谱计,谱告成,则予亦引去,不失仁孝之所为而仍得遂山水之乐,毋以祠事强为牵率也,诸君倘能从我乎?"佥曰:"可。"予于是不复能辞矣。今春谂于众,蠲吉告庙,邀请蔼棱、熙甫、铭轩、琴堂诸君子分其事而专责其成,诸君子逡巡而不就列也。予乃即以向所责我者,据大义转为诸君子责焉,义所在又乌可以辞乎哉,于是,阅者、序者、传者、订世系,编世次,次第举行。前谱正鲁鱼之误,后谱承贻燕之休。阅数月稿成。予老矣,略观其崖,授编辑诸君逐加详核,付剞劂而斯谱成矣。抑余尤有深喜者,上承国家作人之盛,仰体祖宗慈爱之意,议以修谱余赀,于宜阳购试馆,本房建止公祠。其所以振人才、断绝祀、广仁孝之心,为笃族计者,谓非诸君子所起余者哉。余不文,爰即始终颠末之由,缀数语可为之序,后之览者或将有感于斯文而仁孝之心油然以生也,是又余所冀望于无穷者也。清光绪乙亥年冬月廿四世嗣孙守质敬撰。

乙亥书后

乙亥春,续修房谱议既定,房长仲文公,首士复庵公敦请……不获已,勉强承命。自襄事以来,知无不为,为无不力,日夕营营无敢懈。至笔墨之荒芜,纂次之舛错,狗尾续貂,明知贻笑方家,然区区之心,颇堪自信。谱告成,略书数语,附诸简末,以明桢非苟于从事者。时光绪乙亥冬月廿六世嗣孙子桢撰。

(民国三十五年版)

湖南

修谱虽有一定成规,但事过境迁,有的家规家训、礼仪典制不合时宜,续谱之时对谱例又有变通。

长沙涧湖塘王氏

民国《长沙涧湖塘王氏六修族谱》卷首二,《四礼》:

论曰:古今之制异矣。古有主妇,今祠祭不与,则主妇亚献之文可弗拘;古有尸,今无尸,则嘏人致辞之仪可弗备;古者世爵,家各有庙,今则通族共一祠,其不侔于古尤甚,必以古礼相绳,所谓阡陌之世议井田、郡县之代议封建,鲜不悖矣。夫三代异尚,五方异俗,器械异用,物产异宜,通礼意者酌古准今、繁简克协,庶几考古而不泥与古云。

(王万藻等修,民国三十八年听槐堂铅印本)

湘乡匡氏

道光湘乡《匡氏续修族谱》卷首,《训规小引》:

家之子弟,岂必尽属菁莪,而欲其同归画一,亦唯范围有道、曲成有方,此家训家规所必不可无也。我族老谱所列家训六条、家规二十条,言质而确,宛夫无怀葛天之古道,略为节删,以合时宜,仍冠诸乘首,以示训云。

(匡逢向等修,道光八年解颐堂刊本)

涟源李氏

民国涟源《李报本堂族谱》卷首,《续修谱凡例》:

凡与老谱更易之处,或母子生庚不符,或兄弟长次失序,务将本名上下人名年干推算确凿,然后更;至有年分错讹,虽经查出无从校正,并有出抚子漏载承抚或承抚漏载出抚者,均未敢臆断更改,但于本名下载明以俟来者。

(民国五年报本堂活字本)

零陵龙氏

民国零陵《龙氏六续家谱》卷首,《五续谱序》:

今兹五续,盖亦因其旧焉,不知果能追配前人否?然三房之人孜孜汲汲,盖无不为六续合修计焉。自来谱式皆遵欧法,而兹顾变而通之者,诚虑空白多而卷轴繁,后之人必有藉口分修者,故先居变法之咎,俾后世循述志之常,后之人其鉴此苦衷,分者复合,合者永不复分,三房子孙千万世而皆雍睦一堂焉。

(民国十年敦厚堂木活字本)

三 族谱体例与书法

（一）族谱修谱叙例、凡例举隅

纪昀谱例。

纪氏谱例为时人、后世所重，特全文过录。

纪昀《纪文达公遗集》卷八，《景城纪氏家谱序例》：

有世系支派，而后诸谱之分合如网在纲，故弁于谱之前。谱首者，诸谱之首也。别子为祖，继别为宗，八世以下其歧矣，有此谱而后摄于一也。有源有流，派别乃明，故次之以支谱。《七略》称子云家牒载以甘露二年生《文选·王俭集序》李善注引，《玉海》引之作"元年"，《周氏谱》载翼以六十四卒。刘孝标《世说注·上之上》引则谱详生卒，古法也。详其生，而后长幼辨；详其卒，而后忌日之礼可举也。故次以生卒谱，谱具矣。益以族居记，惧涣也；益以茔墓图，惧湮也；益以联名纪世图，惧紊也。十七篇者，丝牵绳贯，盖繁非繁，复非复也。斯谱也，视旧盖有损益，而意未始不相师也。右序分篇之例

谱题"景城"，示别也。有同县而非族者也北阳村小河王家庄之纪，皆非同族。崔庄著矣，曰景城不忘本也。汉将军、晋司徒族系既别少瑜吴姓，史亦明书见《南史》七十二。流合源殊，邈无显证，姚安公修乙亥谱不述姓源，慎也。系述不博称，犹前志也，四门九支支谱详之，然其文则散见也，弁以图提其纲也。二世至七世讳字佚矣，数则可以墓稽也，存其数明四门之所以分也。四门之祖今但知非同产耳，一从再从不知也，孰兄孰弟亦不知也。昭穆靡征，则所述宜自亲者始，故支谱首柱石公房也，次廷楷公房，次廷举公房。廷楷公于属近，廷举公于属差远也。廷弼公等宗派失传矣，故殿支谱焉。东门一支一谱，嗣续蕃也。余则数支共一谱，子姓寡也。妇谱卒而不谱生，其卒于我，其生不于我也。其卒有忌日之礼，其生非长幼所系也。记族居于茔墓前，先卜居而后启兆也。迁徙虽近必书，重之也。营之域墓之位，各以罗经分方隅形，家法也。必起度于始葬之一墓，墓位疑则取四线之交，墓域疑则取四线之末也。次联名纪世图于末，嗣续无穷之思也。右序编纂之例

谱皆书名，临文不讳也，佚名则字，佚字则次第今日排行，佚次第则记以方空《逸周书》、《穆天子传》凡阙字，皆作方空，辞穷也。序述之文皆书字，佚字则名，亦辞穷也。十五世以下皆名，卑乎我也。十三世以上曰某公，尊也。十四世则惟字，齐乎我也。别支十三世者亦惟字，尊杀也。别支之谱妇有氏而无族阙者，众也；弗阙者，亦从同同也。嘉会两嫡并书，美之。公无子立孙，中阙一世，不书。礼有其变，事从其实，无所饰也。三贤公之曾孙，乃

第十二篇　族谱

名中贤,误也。因其误而书之,礼无追改也。庶子不书所生母,统于嫡也。异母之子不分载,统于父也。殁而无嗣者,书别于存,而有待者也。无子而妇守节者,虽未立嗣亦不书,宜有嗣者也。妇改适者旧谱皆书庶氏之母,孔门不讳,经义也。晋王氏之谱盖并离婚不讳也《世说注·上之上》引,今不书。隐夫凯风孝子,抱无言之恫者也。子未成丁者,旧列其数而无名,今注名取备也。其不自见于谱则犹前志也。右序杂书法之例

序世系源流于谱前,《唐书·宰相世系表》及欧阳氏、苏氏谱皆然。欧阳氏谱见《居士集》三十三,苏氏谱见《嘉佑集》十二盖古谱序法也。《世说注·中之下》引《温氏谱序》曰:"晋大夫郄至封于温,子孙因氏,居太原祁县,为郡著姓。"兼作图据,钱氏例也。《通志·艺文略》:钱氏有《庆系谱》,复有《庆系图》,又《后汉书·卢植传》言:同宗相后,披图按牒,以次可知,亦图牒相辅之明证。谱首上溯始祖,而中间六世,阙所不知,欧阳氏例也。欧阳氏谱曰:自琮以下七世其谱亡。详字与官爵,及妇族,据《世说注》所引诸谱也。其无官者,晋魏氏谱称"处士",《世说注·下之下》引魏氏谱曰:"颢,字长齐,会稽人。祖允,处士。"今不从恶饰也,汉代碑阴民与处士别也。苏氏谱注不仕,今不注,无庸注也。佚名书字书次第,皆欧阳氏谱例也。高之子字仲仁,亡其名,又楚之二子亡其名,书长子、第二子。魏晋诸谱妇皆注名,今不注,据《孔丛子》也;《孔丛子·抗志第十》曰:卫将军文子之内子死,复者曰皋媚女复。子思闻之曰:此女氏之字,非夫氏之名也。妇人于夫氏,以姓氏称,礼也。又或注次第《世说注·中之上引》羊氏谱、谢氏谱、王氏谱,今不注,妇以夫为长幼也。惟两张夫人注,辟不成文也。佚父族者,书其里,司马氏谱例也。《世说注·下之下》引。别支里族皆不书,则苏氏谱例也。苏氏谱惟书"娶某氏"。有子注生几子,欧阳氏谱例也。苏氏谱世世冠子字文,弗别也。其无子者,注名下,亦欧阳氏谱例也。苏氏注于次格,在末格则例穷也。欧阳氏谱格尽别起者,重书一世,明所承也。询书第一谱之末,又书第二谱之首,托书第三谱之末,又书第四谱之首。今次谱惟注某之子,省复也;图则重书,省注也。支派失传者入谱,荀氏家传例也。《世说注·上之上》引《荀氏家传》曰:巨伯,汉桓帝时人也,亦出颍川,未详其始末。后裔无考者入谱,欧阳氏谱例也。欧阳氏谱凡后裔无考者,皆于名下注"阙"字。苏氏谱于祖父之名加讳字,欧阳氏谱则从同谱者。一族之公,非一人之私也,故不从苏氏也。序述之文,欧阳氏、苏氏皆名,苏氏乃至名祖父。《族谱后录》称"吾祖杲、吾父序"。今不从,嫌斥也。详谱本宗,别支则略,欧阳氏、苏氏例皆然。然二家之谱,一支一谱者也,今之谱,一族一谱者也。一支一谱各详所出,即彼此可以互明。一族一谱例无别见,义不得而偏略也。苏氏谱生卒注名下,今排比年月为生卒谱,亦统序一族之法也。古法不记迁徙,今记,从欧阳氏也。欧阳氏谱曰:自八祖以来,迁徙、婚嫁、官封、名谥与其行事,则著于谱。古法记女之所适,《世说注·上之上》引谢氏谱,"下之上"引袁氏谱。今不记,从苏氏也。谱载茔墓,据杨氏谱也。《隋书·经籍志》:杨氏家谱状并墓记一卷。其图则参用金石例也。潘昂霄《金石例》一引古金石例云:墓图作方石碑,先画墓图。有作

图象者,内画墓样,各标其穴,某人其石嵌之祭堂壁上,无祭堂则嵌图墙上。欧阳氏谱载行事,今不载,据《隋书·经籍志》也。《隋书·经籍志》家传入传记,家谱入谱系,各不相属。《旧唐书·经籍志》始合为一类,然究各自为书,盖谱为通名,故家传亦得称谱,而谱则不必定载事也。入谱之岁,古无正文。庾会终于十九,阮牖卒未弱冠,二氏之谱载焉。庾会见《世说注·中之上》,阮牖见《世说注·下之下》。苏东坡年已二十,老泉乃不列于谱,非所详也。谱称至和二年作,以东坡年籍考之,时已二十,前一年婚王氏矣。姚安公定以十六岁从版籍也。晋法始以十六成丁,见《晋书·范宁传》,今仍之。
右序损益古法之例

古以纪谥系者为牒《史记·三代世表》司马贞注曰:牒者,纪谥系之书也。故王氏有家谱,复有家牒。《唐书·艺文志》:王方庆《王氏家牒》十五卷,《家谱》二十卷。又以纪世次者为图,故欧阳氏谱所列世系,全为表式,而别署曰图。然《史记》年表,桓谭谓旁行邪上,并效周谱,语见《南史·刘杳传》,刘知几《史通》亦引之。则谱式本同于表。刘勰谓"谱者普也,注序世统事资周普",见《文心雕龙》二十五。则谱为纪世之正名,仍曰谱,从朔也。古但曰"某氏谱",《世说注》所引皆曰"某氏谱",惟"下之下"王浑一条称"家谱"疑其羡文。曰"家谱",据《隋经籍志》、《唐艺文志》所载也。《隋志》始有《杨氏家谱》,《唐志》自王方庆以下名"家谱"者二十一家。题里居亦据《隋志》、《唐志》也。《隋志》有京兆韦氏等谱,《唐志》有东莱吕氏家谱。曰"某房",据韦氏、李氏谱也。《唐书·艺文志》:《韦氏诸房略》一卷,《李氏房从谱》一卷。曰"某支",据杨氏谱也,《通志·艺文略》:《杨氏枝分谱》一卷。其文始见唐扶颂。汉咸阳令唐扶颂有苗胄枝分之语,见《隶释》五。其省为支,则据《北齐书·魏收传》文也。传载收对杨愔曰:"往因中原丧乱,人士谱牒遗逸略尽,是以具书其支派。曰"某门",据《韦氏家传》文也。《隋书·经籍志》:《韦氏五门家传》一卷。不曰"眷",《唐书·宰相世系表》裴氏称东眷、中眷、西眷。僻也。曰"次第",据《后汉书·第五伦传》文也。《传》曰:其先,齐诸田,诸田徙园陵者多,故以次第为氏。曰"成丁",据《北史·隋本纪》文也。《隋本纪》上曰:开皇三年始令人以二十一成丁。己所自出曰"某公",据《白氏家状》文也。见《长庆集》四十六。族之尊者亦曰"公",据柳子厚叔父墓版文也。柳子厚叔父殿中侍御府君,墓版曰"宗人,咸曰孝如方舆公。"自注曰:"八世祖方舆公,讳僧习,以孝德闻。"其无官者亦曰"公",据吴仲山碑文也。汉《故民吴仲山碑》称:吴公仲山。洪适曰:故民者,物故之民也。见《隶释》九。妇曰"某夫人",据欧阳氏谱也;睦夫人、钦夫人等皆系夫之名,夫人黄氏等则系妇之姓。士庶妻亦曰"夫人",据《朱子语类》也;《语类》:九十无爵曰府君。夫人,汉人碑已有,只是尊神之词。曰"元配",据《晋书·礼志》文也;《志》曰:前妻曰元配,后妇曰继室。曰"继配",据王介甫《葛源墓志》文,《志》曰:继配卢氏。介甫又据《仪礼》也。《仪礼·丧服传》曰:继母之配父,与因母同。不曰"继室",古之继室非妻也;说详《左传·隐公元年》杜氏注及孔氏《正义》。不曰"中娶",《世说注·下之下》引温氏谱文。不曰"次配",韩愈《昭武将军李公志》文。皆僻也。其父称讳,据《曲礼》文也。《曲礼》:妇讳不出门。《正义》曰:妇家之讳。其佚

第十二篇　族谱

姓者,曰"某氏",据《晋书·礼志》文也。《志》曰:吴国朱某入晋,晋赐妻某氏。内忌无文,以内讳例之也。《世说·中之下》:王蓝田拜扬州主簿,请讳教曰,亡祖先君名播海内,远近共知。内讳不出于外,余无所讳。右序称名之例

准之经,《易序卦》、《书序》、《诗序》皆列后;《序卦》移于李鼎祚,《书序》移于伪孔传,《诗序》移于毛苌,皆非古也。今惟《序卦》复其旧;准之史,《史记自序》、《汉书叙传》皆列后;准之诸子百家,《法言》、《越绝书》、《论衡》、《潜夫论》、《文心雕龙》类不胜数,序皆列后,故序例列后也。章析之,《越绝书》例也;有标目焉,《史记正义》例也;《说文》、《汗简》、《类篇》目,亦列后,然旁证少矣,故弗为,其僻也。陆氏《释文》录入篇数,今弗从,亦僻也。小目列上,大名列下,古经解史传类然。《礼记》目录《曲礼》上第一疏引吕靖曰:"礼记"者,一部之大名;"曲礼"者,当篇之小目。既题"曲礼"于上,故书"礼记"于下,此古本小目列上、大名列下之明证。陆游作《南唐书》尚由旧也,重椠移之陋也。语见钱曾《读书敏求记》。谱古制也,法从古类也,一家之书从所好,可也。右序编次标目之例

(嘉庆十七年版)

朱次琦谱例。

朱次琦《朱九江先生集》卷八,《南海九江朱氏家谱序》:

谱牒之学,史学也。《周官》奠系世,辨昭穆,掌于小史。《史记》纪五帝迄夏殷周秦,并详其子孙氏姓。而《世本》一书,《汉志》隶春秋家,盖先王谱学之设,实与宗法相维而表里乎!国史宗法立,而士大夫家收族合食,至于百世不迁,而奠其系世,辨其昭穆,朝廷且为之庀官司藏册府,是故黄农虞夏之胄,阅数千祀而可知也。世禄废,宗法亡,谱学乃旷绝不可考。汉兴,天子奋于草茅,将相出于屠牧,率罔知本系所由来。魏晋至唐,仕宦重门阀,百家之谱上于吏部,维时官之选举必稽簿状,家之昏姻必等门第,而谱学复兴。欧阳氏修《唐书》有宰相世系之表,隐示国史、家牒相为表里,且谓世族之盛,诸臣克修家法致然。迹其编纂论述,若创前史所无。然通人硕儒,咸许其湛深古谊,能探先王制作精意。盖创而实因也。五季丧乱,图牒尽湮,一二儒生乃欲掇拾补苴,冀存古宗法一线,及夸者为之扳附华腴,虚张勋伐,或至不可究诘。谱录一家遂为识者厌薄,而去史益远矣!

吾族之有谱也,自明万历丁丑文学公学懋始也。文学溯始祖励七世。当是时也,子姓服属未远,恩义绵结,风气醇庞。其仕者精白,一心以从王事而不有其家。其父老教让教谦,敦长者之行,其子弟以读以耕,鲜谀诞之失,即一二宦裔贵游徙宅省垣,号称豪宕,然日散千金,亲故多待以举火。一时数晋绅家法,以吾族为优。微特家杰之先立也,厥后一修于处士公昌瑶,在国朝康熙丙申,康熙以来无踵事者。道光丁未,次琦归自京师之官,

山右父老祖予酒次及之,异声同叹。咸丰初元,亟加讨论,以寇乱中辍。乱已,次琦亦假还,共申前议。于是宗人朝议大夫奎元兄弟慨然愿任补糈刳剚之费,乃会推吾弟明经宗琦主稿,而宗人上舍士仁、士报、景熙佐之。次琦不揣梼昧,斟酌今古,成序例一篇,授以从事。

是役也,置局于己未之春,断限于辛酉之腊,以今年正月镌竣,刊易再三,编摩况瘁,历十一寒暑而书成,实费白金二千三百两有奇,夫然后十有二卷之书。系世之源流,昭穆之近远,恩荣之覃被,祠庙之宗祜,坟瑩之阡原,艺文之津逮,惩恶之登削,遗轶之甄寻,直而不污,信而有征,不侔前人,勿废后观,敢云美备,要其规模亦略具矣。

次琦行四方久,窃慨风俗日益以敝,而亲情日益衰,不啻汉史所称斗粟尺布而骨肉不相容者,朝议兄弟独能推巨赀不色吝,近又增置祠,尝捐白金三千两,而宗人翰林待诏衔国恩亦捐千两,其诸义重千钧利轻一羽者,与于以见吾先人之遗泽长也!《诗》不云乎:"戚戚兄弟,莫远具迩。"又曰:"岂无它人,不如我同姓。"自兹以往,愿我族众咸喻于古者宗谱相继遗意,而使内外有别,长幼亲疏有序,有无相赒,吉凶患难相恤,腊腊祭飨饮食相周旋。毋以财失义,毋以忿废亲,则吾家世德作求,安见不如浦江郑氏、江州陈氏诸义门?书之国史以为美谭者,宰相世系表序曰门祚之盛衰,虽视功德厚薄,亦在其子孙。乌虖,可不勖哉!可不勖哉!

(光绪二十六年刊本)

朱次琦《朱九江先生集》卷八,《南海九江朱氏家谱序例》:

古者谱系之书,天子曰"帝系",诸侯曰"世本"《周礼·小史》。疏而通上下而言均谓之"谱"。桓谭谓太史公作世表,并效周谱是也《梁书·刘杳传》。魏晋代降,初曰"某氏谱",《世说》刘孝标注引王氏、谢氏、吴氏、孔氏诸谱,止称"某氏谱";又屡引王氏谱,独王伦一条,称"王氏家谱"。纪尚书昀疑"家"字为羡文。后曰"某氏家谱"《隋书·经籍志》有《杨氏家谱》,《唐书·艺文志》有谢氏、吕氏等家谱。又有别撰称名者,如挚氏《世本》《世说注》、《裴氏家牒》裴守真撰、《刘氏家史》刘子元撰、《范阳家志》之类卢藏用撰,以上俱见《唐志》。

《文心雕龙》曰:"谱者,普也。注序世统,事资周普。"则谱乃纪世之正名,古所命也。故不从其异也,系以其地,称南海九江,志别也。有同姓而异望,同壤而异族者也。《赵郡东祖李氏家谱》《唐志》、《四明槎湖张氏族谱》《国史·经籍志》,是其例也。右序名谱之例

谱以合宗,且有世系支派,然后诸谱中讳字有可稽,昭穆有可考,故首列宗支谱。郑渔仲谓:"三代之后,氏族合而为一,则以地望明贵贱,使贵有常尊,贱有等威。"《通志·氏族略》汉有《邓氏官谱》《隋志》,唐有《衣冠谱》,又有《官族传》《唐志》。氏族书第门阀有自来

第十二篇　族谱

矣，故恩荣谱次之；谱所以明孝爱，作一本之思也，故祠宇谱、坟茔谱次之；谱所以守文献，备一家之故也，故艺文谱、家传谱次之；其余遗闻逸事不列于诸谱者，散碎爬罗，亦述家风、修世录者所不废。潘岳有《述家风诗》，明粲有《明氏世录》。故以杂录谱终之也。右序分编之例

　　古人自序，如屈子《离骚》、马班二史，罔不上溯姓原，谱牒亦然。见《汉书·扬雄传》注引扬雄自叙《谱牒》，《世说》注引《温氏谱序》《唐书·宰相世系表》、庐陵欧阳氏谱、老泉苏氏谱，立并沿其例，乃古法也。宋朱长文《朱氏世谱》《绛云楼书目》、《述古堂书目》明朱右《邾子世家》《明史·艺文志》，今固未见，然姓族源流不可不考也。近时《诸城刘氏谱》、《景城纪氏谱》均以不著族姓源流为慎，盖非古义。谱必有图，囗行邪上，周谱例也《刘杳传》。《后汉书·卢植传》所谓"同宗相后，披图按牒以次"可知也。《通志略》有《钱氏庆系谱》，复有《钱氏庆系图》，《国史·经籍志》有《仙源类谱》，复有《仙源积庆图》；王介甫作《许氏世谱》，不为图；归熙甫自作《归氏世谱》，亦无图，非是。图必分房，《唐书·世系表》例也，始祖下定著三房，不曰门，《通志略》有《崔氏五门家传》不曰派，《绛云楼书目》有《吴越钱氏分派略》不曰眷，不曰枝，《唐表》裴氏分西眷、中眷、东眷，陆氏分鱼圻枝、丹徒枝、太尉枝、侍郎枝僻也。故仍称颙观房、存著房、绎思房也。图以四世为一部，服穷于四世也。胶州法坤宏撰《法氏谱》，以四世为一部，谓服穷于四世。格尽别起者，重书一世，明有所承也。欧阳氏谱询书第一谱之末，又书第二谱之首。图皆书名，临文不讳也。苏氏谱于祖父之名加讳字，欧阳氏谱从其同谱者。今从欧阳谱，一族之公非一人之私也。名记原名、更名、一名别微，使后有考也。《唐书》世系表、宗室表，杙初名橦；刘氏表齐贤，更名景贤；裴氏表遂一名从郑氏表芑，一名绮。名阙者，《唐表》易称某，《宗室表》富阳令某，柳氏表某朔方营田副使今代以方空，古义也。《逸周书》、《穆天子传》阙字代以方空也。名后书字与爵，古谱类然也见《世说注》引诸家谱。虽别字亦载也见《后汉书·虞诩传》注。无爵者，《魏氏谱》称处士，《世说注》引《魏氏谱》曰：觊字长齐，祖允处士。又引陆士衡《荐戴若思表》曰：伏见处士沛国戴渊。盗贼亦称"处士"，不可从。今不从恶饰也。汉代碑阴，民与处士别也。苏氏谱注不仕，今不注，无庸注也。妻前后娶必书，妾亦书，正家也。庶子不书所生母，统于嫡也。异出之子不分书，统于父也《景城纪氏谱》之例。立继者所生所后必互书，责为人后且不替本生也汤敬升族谱议之例。居址必书，聚族也《唐表》居成纪、居解县洗马川之例。侨它境必书，重出疆也《唐表》徙河中、徙闻喜之例。异姓抱养削不书，干犯刑辟削不书，弃亲出家削不书，防乱宗也胶州《法氏谱》之例。若夫支派失传者，附书，《荀氏家传》例也。《世说注》引《荀氏家传》曰："巨伯，汉桓帝时人也，亦出颍川，未详其始末。"故登阁嘴房列于谱也。后裔无考者，附书，七房郑氏表例也。《唐表》："七房郑氏大房白麟后绝，第三房叔夜后无闻。"故世绝无属，列于谱也，附居址图从类也。右序宗支谱之例

唐许敬宗、李义府等奏请删定《氏族志》，以仕唐官五品以上皆升士流。于是兵卒以军功进者，亦得入缙绅。嗤之号为"勋格"。《唐书》许敬宗以贞观所定《氏族志》不载武后本望，李义府亦以其先世不见叙，更奏删正。是知氏族重清门，不徒侈膏粱华腴也。郡姓中三世有三公者，曰"膏粱"；有令仆者，曰"华腴"。见《唐书》。然《世说注》历引诸家谱，凡著录之人靡不详其起家历官者，即举孝廉不行亦具于牒。王伦一条注引《王氏家谱》曰："伦字太冲，司空穆侯中子，司徒浑弟也。年二十余举孝廉，不行。"而《唐史》括氏族书为世系表，则凡中外显僚降至簿尉执仗挽郎，无弗具载。其阶资则自孝廉有道及第明经以逮陪位出身、吏部常选、兵部常选，胥录焉。可知有一官者无弗书官，有一资者无弗书资，正古法也，故都录之为恩荣谱也。若夫制诏玺书，古锡命体也。旌节孝旌耆寿，古表宅制也。是恩荣之巨者，故以起讫斯篇也。右序恩荣谱之例

世守祠墓，孝子孝孙之心也。然晋博士傅纯议曰："冢椁以藏形，而事之以凶；庙祧以安神，而奉之以吉。送形而往，迎精而还，此庙墓之大分，形神之异制，祭者求神之道至多，而独不祭墓。"《晋书·东海王越传》固知祠墓有先后也。《朱子家礼》谓古之庙制不见于经，且今士庶之贱，亦有所不得为者，当先立祠堂。今考祠堂之称，名义最古。王逸序《楚辞·天问篇》云："屈原见楚先王之庙及公卿祠堂，画天地山川神灵奇诡之状，因书而呵问之。"据此，则祠堂盖起于周代。我家祖祠建于明嘉靖时，当夏言奏请士庶得通祀始祖之后。见王圻《续文献通考》盖非直无背古经，正善承朝廷德意为之。江阴杨尚书名时曰"祀始祖，则族有所统，足与谱系相维"，然则祠庙、谱系义相成也。附以坊表、第宅、园亭楼阁之属，《礼》营宫室，宗庙为先，居室为后序也。右序祠宇谱之例

《记》云大夫、士去国曰"奈何"，去坟墓，宗子出疆，则庶子望墓而祭。古人重墓，故墓亦载于谱。《隋志》有《杨氏家谱状》并《墓记》一卷，元戴表亦有《小方门戴氏居葬记》。谱茔墓非创也。纪氏谱立，仿《金石例》为图。潘昂霄《金石例》引《古金石例》云："墓图作方石碑，先画墓图，有作员象者，内画墓样，各标其穴，某人其石，嵌之祭壁上，无祭堂则嵌于图墙上。"今不从，族蕃不胜图也。图以嵌诸墓，非以抚诸谱也。谱墓用罗经甲乙分正隅，非徇形家言辨方也。子谓防墓不可以不识辨方，所以识也。右序坟茔谱之例

《裴氏家传》曰："荣字荣期，河东人。撰《语林》数卷，号曰裴子。"《世说注》是为家牒详著述之始。今载著述，区分四部，存佚俱收，隋、唐二《志》例也。《隋志》注亡篇，《唐志》不复识别。明焦竑志《国史经籍》，从《唐书》注者，纪其实；不注者，昭其慎也。今亦不复注也。标目后揭原书序跋，《文献通考》例也。或附骘评，亦《通考》例。《通考》又本之晁氏《郡斋读书志》、陈氏《直斋书录解题》也。右序艺文谱之例

有家谱有家传，魏晋间各自为书。《世说注》有《李氏谱》，又有《李氏家传》；有《袁氏谱》，又有

第十二篇 族谱

《袁氏家传》；有《王氏谱》，又有《王氏世家传》。隋唐两《志》，家传入传记，家谱入谱系，惟《旧唐书·经籍志》合为一类。然《唐志》谱系类有《官族传》，有《孔子系叶传》，则传亦谱也。传称世传，按世为传，据范汪《范氏世传》文也。序述之文，欧阳氏、苏氏皆名，苏氏乃至名祖父。族谱后录称"吾祖杲吾父序"。今不从，恶斥也。《礼》"子孙得称祖父字"也。《仪礼》祔祭之祝曰："适尔皇祖某甫，以隮附尔孙某甫"是也。又周公称其祖曰"王季"，屈原称其考曰"伯庸"。曰某公，据《白香山家状》、柳子厚叔父墓版文也。其无官者亦称公，据《吴仲山碑文》也。《汉故民吴仲山碑》称"吴公仲山"，洪适谓"故民者，物故之民也"。见《隶释》。妇必系某公配，妻以夫为纲，即以夫为名也。《传》称武王邑姜，史称周公阿杜是也。《左传·昭（公）元年》，当武王邑姜方震大叔。《南齐书·周盘龙传》：盘龙爱妾杜氏，上送金钗镊二十枚，手敕曰"饷周公阿杜"。欧阳氏谱亦曰"睦夫人"、"钦夫人"也。有封者称封，无封者通曰"安人"，从时称，亦沿《语类》称"夫人"例也。《朱子语类》无爵者曰"府君"、"夫人"。汉人碑已有，只是尊神之辞。曰"原配"，据《晋书·礼志》文也。《礼志》："前妻曰原配。"曰"继配"，据王介甫《葛源墓志》文，介甫又据《仪礼》也。《仪礼·丧服传》：继母之配父不曰"继室"，古之继室非妻也。说详《左传·隐（公）元年》杜氏注及孔氏正义不曰"中娶""中娶"见《世说注》引温氏谱不曰"次配""次配"见韩文昭武将军李公墓志，皆僻也。妇详祖父族里并及亲串，《世说注》引诸姓谱类然，《硕人》首章之义也。传中年寿可考必书，卒年可考必书，史家例、亦谱系法也。《世说注》引周氏谱曰："翼年六十四卒。"《三国志·管宁传》注引《先贤行状》曰："王烈以建安二十三年寝疾而终。"女可纪者，未嫁已嫁内外得并书，《唐志》王方庆王氏女记例也。在室者章女美，出适者为家荣也。传中事行要在不诬，汤氏所谓弗录有善，录而冒，皆不敢也。《族谱议》传末必注所据书，示信也。远法欧氏、《百越先贤志》，近本阮氏《国史儒林传》稿也。右序家传谱之例

钱易记吴越世家事迹，撰《钱氏家话》一卷《通志·艺文略》，胡元吉记其家世遗事，著《桐阴旧话》十卷《国史·经籍志》，所谓数典不忘也。或资诵法，或系掌故，或备谭谐，括之曰"杂录"，以《唐志》孔至《姓氏杂录》名之也。右序杂录谱之例

欧苏二谱以其所及知者，列为谱图，其疏远者不纪。苏氏止录本支四世，而令族人各自为谱，谓各详其宗，合之则至于无穷。夫惟族人不知为谱，故仁人孝子慨然思作谱以合之，而又令其自为族，不仍归于散乎？归氏有光谓："为谱者，载其族之世次名讳，其所不可知者无如何，其可知者无不载也。"王氏元启曰："既举族而谋之为之谱，以合之大体，自当毕载，无间于远近亲疏。"今不从，存收族之遗也。

史兼劝惩美恶并书，谱言劝不言惩，故称美不称恶。《春秋》为亲者讳，厚之至也。《唐表》于张氏、上官氏世系美恶不讳。《张氏世系》称通儒仕安禄山。《上官氏世系》称汉右将军安阳侯桀生安、车骑将军桑乐侯以反伏诛。今不从，不欲以先人愧子孙也。妇改适，旧谱皆书庶氏之

母。孔门不讳,经义也。晋王氏谱并离昏不讳也。《世说注》引王氏谱曰:献之娶高平郗昙女名道茂,后离昏。今不从,隐夫凯风孝子,抱无言之恫者也。

儒者泥于古经,动谓大宗无子则立后,小宗无子则不立后。无后者,古有从祖祔食之礼。明儒田汝成、罗虞臣,国朝诸儒柴绍炳、汪琬、徐乾学俱据此立论。新会汤氏、高安朱氏之为谱,且断断争之,以谓夫人皆为立后不协于古汤敬升《族谱议》、朱轼《族谱解惑》。是恶知古者大宗诸侯世国,卿大夫世禄,宗人莫不恃以收族合食,是以百世不迁。今则井田世禄之制绝,而宗法废,人人可以为卿大夫,则人人可以为别子之祖。《礼记大传》:"别子为祖,继别为宗。"注:别子谓诸公子,若始来在此国者,后世以为祖也。继别谓别子之世适也。族人尊之谓之大宗。陈氏祥道曰:"诸侯之适子孙,则继世为君。而支子之为卿大夫者,谓之别子。有自它国而来于此者,亦谓之别子;有起自民庶而致位卿大夫,亦从别子之义。此三者各立宗而为大宗,所谓继别者也。"陈氏澔曰别子有三:一是诸侯适子之弟别于正室;二是异姓公子来自它国,别于本国不来者。三是庶姓之起于是邦为卿大夫,而别于不仕者,皆称别子也。为祖者别与后世为始祖也。别子未必非支庶也,而谓支庶不立后可乎?而况小宗乎?宗法既废,所谓世适而号为宗子者,或贫且贱,无庙与祭,彼小宗支庶之无后者,祔于何所?食于何人?何以使之有所归而不为厉乎?金匮秦尚书蕙田著论非之是也详见《五礼通考》。今不从,礼贵从宜,亦以义起也。

自庐陵欧阳氏为谱,本出于渤海,而必兼载千乘之族;眉山苏氏本出于眉州刺史味道,而必兼载赵郡扶风、河南内之苏,尔后为谱者往往兼及它郡之贤,以著族姓人才之盛。归氏有光为《夏氏世谱》,黄氏宗羲为《黄氏世录》,则虽其并时而异派者亦列之,归熙甫为夏太常昶作《世谱录》,夏元吉湘阴人,辅相五朝,盖与太常并时。而异派者,黄黎洲自为《世录杂记》,先世行事之可考者及它处黄氏之贤者,如石斋黄道周,漳浦人,与其父御史尊素并时,亦载于录。其尤异者冯氏元飙为《冯氏谱》四篇,其第三篇胪列异姓戚郚诸显人,以表门阀。今皆不从,恶扳附之嫌也。

朱子注《论语》、《孟子》。正文遇国讳则缺笔而不改字,注则无弗避者,其注《易》亦然。钱氏《十驾斋养新录》云:见赵顺孙《四书纂疏》及吴革所刊《易本义》,班班可考。洪氏《隶释》谓汉人作文不避国讳。《樊毅碑》"命守斯邦",《刘熊碑》"来臻我邦"之类,未尝为高祖讳也。《石经》"邦君为两君之好",与"何必去父母之邦",皆书"邦"作"国",疑汉人所传如此,不为避讳而然。谨按洪氏之说非也。《石经》奉诏刊树鸿都门,岂樊毅等私碑可比。马、班二史及汉人著作多避"邦"字,即所引述论语文亦然。如"夫子至于是邦","善人为邦百年","一言而丧邦","虽蛮貊之邦","怀其宝而迷其邦","邦君之妻","危邦不入","在邦必闻","邦有道不废","邦有道则知","邦有道,贫且贱焉","邦有道谷"之类,多改"邦"为"国",使《石经》全文尚存,其悉避可知。谱中凡遇应行改写、应行缺笔等字,俱钦遵累朝圣旨所有新刊书籍照颁行恭避字样书写之谕,应行改写、应行缺笔字样详载《钦定科场条例》、《钦定学政全书》虽易旧谱,无嫌也,所以严功令也。又

第十二篇 族谱

顺治七年以前广中用故明隆武永历年号,伏读《御批通鉴辑览》唐、桂二王年号,钦奉革除。故谱中记载但书唐王、桂王某年,不复题其年号,虽易旧谱无,嫌也,亦以严功令也。

谱中文字,或前后异文,未归一律,盖征引异书,采访异手,参差错出,亦事势使然。《日知录》曰五经文字不同者多矣。更有一经之中而自不同者,如桑葚见于《卫诗》,而鲁则为黮邑;弓著于《郑风》,而秦则为帐。左氏一书,其录楚也,蒍氏或为薳氏,箴尹或为缄尹。今按:同一语助而书之,粤若、曰若先后攸殊;同一人名,而《礼》之子贡、子赣篇章互见;《论语》则无亡,惟唯并用;《孟子》则由犹,或惑杂书。凡若此类,不可枚举。……然则经典流传,亦非一律也,故未之改也。

书序在后,古例也。《周易·序卦》与《诗》、《书》之序,旧俱列篇第中,而退居于策末。《序卦》移于李鼎祚,《书》序移于伪孔传,《诗》序移于毛苌,今惟《序卦》复其旧。周秦两汉书籍,如《庄子·天下篇》、《史记自序》、《淮南子要略》、《越绝书叙外传记》、《潜夫论叙录》、《盐铁论·大论》、《文心雕龙·序志篇》,皆同斯例。《汉书》之《序传》、《华阳国志》之《序志》后语大序,后得有小序也。隋唐以后,序文始列篇首,又小目列上,大名列下,亦古例也。《礼记·曲礼上》第一疏引吕靖曰:既题《曲礼》于上,故著《礼记》于下,此古本小目列上、大名列下之证。大名又谓之大题。陆氏德明云:"《毛诗》故大题在下。马融、卢植、郑元注《礼记》,立大题在下;班固《汉书》、陈寿《三国志》亦然。"详《经典释文》唐刻石经,皆大题在下,如《诗经》卷首"周南诂训传第一"列于上,"毛诗"二字列于行下,所谓大题在下也。宋元以来刻本皆移大题于上,而古式遂亡。纪尚书昀云:"陆游《南唐书》尚由古式,语见钱曾《读书敏求记》。"钱少詹大昕云:"余曾见宋淮南转运司监刻大字本《史记》亦大题在下。"然二者于书无关宏恉也,姑从时式亦可也。

右序全谱沿革从违之例

(光绪二十六年刊本)

欧、苏法与姚鼐法。

《皇朝经世文续编》卷六七,《礼政七·宗法》,方东树《族谱序》:

人之生也,莫不本乎祖。即莫不各求详其祖,不幸遭世多故,迁徙靡常,或微而亡其世焉,犹必本受姓之始,以著其宗,此人之常情,亦古今之通义也。然而宗之亡即由乎此,非亡于求详,正由夫求详之过而转亡焉。盖古今氏姓之亡,其初亡于世变,其后亡于书。何言之?盖自秦楚之际,天下大乱,而姓失。汉徙豪右实关中,大姓去其土著,而姓又失。两晋云扰,中原混淆,而姓又失。唐人多新族,而姓又失。五代之乱,而姓又失。宋之南渡迄于金元,而姓又失。故虽汉宋明三代之祖,贵为天子,而皆莫能指其高曾焉,若是者,世变为之也。古今氏族之书如林,其一二出于古而可信者既亡,于是私谱家状,始多诬不可信。惟私家谱状不可信，故官为之正其失。而官书之疏妄，更甚于私谱，由是天下无复有千年可征之氏族矣。昔在魏世，置九品中正，州郡各有簿状，以备选举。晋宋齐梁因之，家有谱牒，官有图谱，局置郎令史掌之，以制婚姻，故《世本》及《邓氏官谱》虽亡，而天下犹得因应劭《风俗通》、杜预《公子谱》、王俭《百家谱》、何承天《姓苑》、魏收《河南官氏志》等书，以存《周官》宗人之遗法。及至北朝，有以二字三字复姓改为一字如破多罗改为潘，与古姓相乱，于是有中原古姓，有代北姓；唐以后又有通谱，有赐姓，有改姓如理改李；有冒姓；离合出入，遂不可稽。唐人最重谱牒，太宗命儒臣撰《氏族志》，而国姓卒无定论。林宝撰《元和姓纂》，而不知己姓所由来；孔至撰《姓氏类例》，欲剟去张说《新唐书·宰相世系表》，学者多摭其误。而李延寿、沈约、白居易等，自述其先，皆取世讥嘲，又何责于杜正伦、郭崇韬猥鄙庸人乎！郑樵称唐人谱牒书，如《氏族志》、《姓系录》、《衣冠谱》、《开元谱》、《永泰谱》、《韵略姓解》等，或主地望，或主音声，或主偏旁。夫音韵偏旁，止可为字书韵书，初无与于姓氏。若夫贵贱无常，地望安可专主。然而后世为家谱者，率单主李林甫郡望之书为据，若是者，皆书之失也。以世变若彼，以书若此，由是天下无复有千年可征之姓族矣。且夫郡望所系，大抵断代，自秦汉以后，其善者固有合于祖有功宗有德矣，而于神灵之裔，司商所协，蔑如也。世俗之人所见陋，不能远览古今，详考厥世，又不能阙所疑，而惑于相沿陋说，称引无稽，不亦蔽乎。即所望不谬，而所望以上得姓受氏之祖或弁髦相忘而莫之稽，所望以下中间数百千年绝续迁徙之踪莫之考。所望之人，同时尚有诸族，一概置之而勿之道。其尤异者，本非同望，而或扳重门荫，或货鬻先祖，因缘以为贿利。总之郡望之失，其始偏重阀阅，贵近遗远，其后依托谬妄，以异为同，欲由此考信要难，故不得与古者宗法同善。顾氏亭林谓古者以祖之所自出，谓之姓。姓本于五帝，若妫子姬姜之属。春秋诸侯于公子公孙卿大夫，有赐氏赐族。氏族本于春秋，若以字以谥以官以邑以伯仲之属。《通志》第为二十七类□战国犹称氏族，汉人则通谓之姓，于是姓氏族混而为一。

窃谓族也者，本以昭穆亲近相类聚而得名。《书》所称九族也，故得与姓氏同文。若夫得姓受氏之始为祖，别子亦为祖，氏姓所同出为宗，继祖者亦为宗，故有远祖焉，有近祖焉，有大宗焉，有小宗焉。先王因而制为义与礼，以纲维而纪属之，是故由身而上至高祖为近祖，自高祖而上为远祖，远祖亲尽服绝，而于其中有盛功德而为不祧不迁者，则凡同出其后者共祖之、共宗之。所谓大宗也，次于始祖，是故同姓而不同望者有之矣，未有同望而不同宗者也。同姓而不同望者，谓同此字与音，而不同氏族所自出，如琅琊、太原、京兆之王，楚公族及姬姓、代北之潘是也。又有同宗而不同望者，则地望、房望之属，如博陵之东崔、马固之别王是也，非百世不迁远祖之望也。

第十二篇　族谱

　　方氏出于方雷,其望有三:曰河南、曰开封、曰丹阳,而大宗推河南。出于方雷语见《风俗通》,而方雷氏见《国语》、《大戴记》、《史记》,信非妄矣。惟独河南之望,吾且信之、且疑之,而终莫能指其实也。何言之?六朝以前,氏姓书吾不见,若唐以来官私所撰统志,类于本姓之下,署曰某郡,或曰系出某郡,而皆不详其所出之故,及其人名位功行之所由。惟私谱家状,历历言之,大抵造作名字以实其诬,及考其时地事迹,莫不牴牾无凭者。河南之望,由来已远,信则信夫氏族书之云皆然矣,疑则疑夫其时地事迹之终莫可考也。

　　窃尝考之:传称黄帝之子二十五人,其得姓者十四人为十二姓,故言氏姓者,黄帝之子孙为多,虞夏商周皆是也。独方雷为帝子,青阳之母氏,著为国姓。谱方族者,或称方雷为黄帝之子,殆不学之陋也。特方雷之裔,其族甚单,在虞有方回,为帝舜七友;在周有方叔,为宣王卿士。在汉前书百官公卿表,哀帝时,有廷尉方赏,乃东海人;后书光武纪,有方望,后为隗嚣军师,以画策不用而去,实平陵人,则不知此二族,前孰为祖,后孰为宗也。若《五行志》,安帝时有方储对,惟方氏之为私谱者策,不详其爵里。《通志》云:汉有方贺,其爵世亦未详,贺或即赏字之。向来咸称西汉末有曰纮者,为河南守,避王莽之乱,迁歙之东乡,三世至黟侯储,当章帝元和初,举贤良方正,历官太常卿,封于黟。及隋开皇间,有惠诚者为歙令,其子叔浒,爱歙之山水,因家焉,距黟侯十九世矣。其后有自歙迁婺源者、迁环山者、迁岩镇者。有自婺源迁严州者,严州之方,在唐有诗人干,干生三子:曰珠、曰瑁、曰理,最为蕃盛。自是方氏散衍天下,闽越吴蜀楚粤皆有,或本于黟歙,或本于婺源,或本于严州,或本于环山岩镇,不暇一一考,要莫不各本其始迁之祖,以著为族。而同以河南为望,盖自唐宋以来,未有或易之者也。

　　吾以为方氏在陈隋以前不可详,而在唐以后则可稽;其望河南也不可知,而其盛于黟歙严州则信而可知也。何言之?河南之望,未详所由,窃意郡望之始,起于汉徙豪右实关中,大姓各系其土著以自别,若曰此某郡之著族耳,其后历代南北迁徙,一时著姓,亦各相沿此制以为称,故陈隋以前姓氏书因之。唐人不知,悉凭其私牒,撰为名字,以专其派。唐以后作姓氏书者,益昧其故而相沿不改。河南之望,且不专属之方氏,而方氏又岂必名纮者,果尝为河南守而专之耶!且纮既迁歙而著其望矣,而惠诚叔浒,又带何望而来耶?安方氏谱曰:纮与储行迹,具谢承《后汉书》,按七家汉史皆不存,而承在司马彪前,彪不应不见承书,而所作《郡国志》,于黟县下不云为侯国,则黟封实未可信。吾意方氏尝有著姓在河南,官氏志者,其后衰微,而其子孙有带望而迁于歙,袭河南之名,因凿空纮与储之爵位,以远属之汉世为若家,于其封以夸荣,亦因相沿云尔。纮与储爵位行迹,他传当世,为氏族书者不暇深考,其本于魏收书名之籍皆罕记。而黟歙之族,实蕃衍至今,惜乎吾不得隋唐以前之书而考之,以订其是非,而姑以出于黟歙近而可信者叙吾谱,而河南之望,则姑存而勿论可也。

昔欧阳永叔为家谱不望渤海,苏明允不望武功,皆慎言之也。而郑樵悉强著之,又不能言其故,殆所谓疑以传疑者与。林宝《姓纂》无方氏,惟于十阳出方叔姓云:鼓方叔后,引汉有功臣方叔无咎,谢枋得秘笈新书所引,于十五灰出方雷姓云,方雷氏后,女为黄帝次妃,生元嚣,盖古诸侯国也,下引汉雷义诸人,邓名世《古今姓氏辨证》于方姓下云。《风俗通》曰:方雷氏之后,下即引唐睦州人方干云云,而绝不及周汉两代人,《通志·氏族略》云周大夫方叔之后。《风俗通》曰:方雷氏,后汉有方贺,唐有诗人方干,宋朝方氏为著姓,闽中多有,系出河南云云。夫此数书皆名籍也,郑氏尤自矜其著,以氏族略为第一,而所详不过如此。至于凌迪知《万姓统谱》,著储亦无纰,惟妄引何书,造俙俨之名,谓与储俱仙去,至为不根,其著方望,既曰为隗嚣将军矣,而乃以属之晋朝,明人之陋,大抵若是,不足辨矣。

吾族自明初洪武间由徽之婺源迁桐,而其始迁之祖以上,载之徽谱者不可考;而前此有于宋元间自徽之休宁迁池口,再迁桐城,而其始迁之祖以上,载于徽谱者亦不可考;则各以其始迁之祖为之小宗,而以徽族为大宗之望。此固人心义理之大公,而亦后世私谱之通义,不独方氏然也。厥后迁池口者,居桐而族大贵,而吾族独无达者。昔谢氏自受姓以来久微,而盛于晋宋齐梁之代,遂为天下望族。苏氏自唐初迁于眉,至宋洵轼父子而始显。方氏自唐代以前,史传著氏姓者绝,及宋而渐蕃,至明而大盛,此门运迟所开,有天命而不可知与。将由形家之言,举三代而后之贵贱荣悴隆替,悉归于先祖墓田之祥,如袁安之事者与。以吾方氏二族之在桐城者考之,益信不爽焉。顾人之有世,譬水之有源,源远而末益歧,是故人贤且贵者则著,不贤而微焉者则不著。亦如水之大者则有名,而其支流之微者,经亦□焉。自黄帝时之方雷,至虞舜之方回,三百有余年。自舜之方回,至周之方叔,千二百有余年。自汉廷尉赏军师望策对之储,至唐处士干,七百有余年。以苏明允之言计之,三十年而易一世,则为百世矣。百世之久,而仅得此六七贤,则其余之微而不著,随世磨灭者固多矣。处士之祖,由婺源而迁,吾之祖,亦由婺源而迁,由处士之祖以及吾之祖,又千有余年,而其世之微而不著,随世磨灭者,犹之昔也,其不著也,固由贤且贵者之少,而明允乃归之谱之不立,其辞强而其意则隐矣。

吾则不然,夫世之不著,由贤且贵者之少,其得存于今,则世固未绝也。不著者,吾无如之何矣。幸而未绝,不至如眉苏氏自高祖以上不可详,则安得不为之谱以纪之,以同吾一本之思也。独是以久微之世而为之谱,不溯姓源,则为无始。纪之,则来遥遥华胄之诮,然后叹欧阳永叔、苏明允谱法仁至义尽,为万世不易之良则也。其法断自可见之世,即以为祖,而凡远而不可详者,截而置之。谱以纪世,非以纪贵;谱以纪信,不以纪虚也。虽然,不考欧苏所以为谱之意,与夫所以为谱之法,而曰吾法欧苏也,其著撰□,则亦徒慕其虚名,实未……宋承五代之季,仕宦遭乱奔亡,失其世系,百余年间,士大夫茫然莫识其祖,又有私鬻告敕乱易昭穆,族姓大淆,永叔、明允怒焉伤之,始创为族谱以纪其世,大抵皆

第十二篇 族谱

有惩于诬□之妄,而本其确信者谱之,求为尽制以尽伦焉,故其于得姓受氏,远近分合,考信坟籍,不疑不惑,万世为昭,及其断而为之谱也,创通新义,例法谨严,一出以精义,上法孟坚、子云,而一洗魏晋以来之陋,皓皓乎为千古不多见之作,所以可贵,世俗无闻,不足以知之,既未见其书,又不悟今俗所为,回与其法相戾,而猥曰为谱必法欧苏也,此与耳食何异。

吾尝综详其法,以与今俗相校,盖有二失七不同焉。欧谱例曰:姓氏之出其来也远,故其上世多亡不见,谱图之法,断自可见之世,即为高祖,下至五世元孙,而别为世。窃以夫人子孙相继,人人有高祖,人人必为人之高祖,奈何截以五世乎,此欧谱之失也。苏氏为高祖不可考,不得已而断始于此,犹之可也,而使后世之得为谱者,人人迁其高祖之父,别存先谱,则就此人之谱观之,不疑于吾始乎,此苏谱之失也。苏谱列序上世名德,远自神灵,及于益州长史味道,皆以亲尽断而不谱,而别录于后。今俗所为,其于详□之载,非失之诬,则失之漏,其不同一也。苏谱横叙各望,如列屏,如模绣。今俗所为,概统于一望,其不同二也。苏谱断始高祖,盖无如何,而不得已。今世为谱者,莫不起于始迁之祖,而始迁之祖,不必其适在五世也,其不同三也。苏谱法曰:必嫡子而后可以为谱,为谱者皆存其高祖,而迁其高祖之父,今世为谱者不必嫡子,嫡子亦不必咸能为谱,而高祖以上,亦无可迁,其不同四也。苏谱法曰:凡今天下之人,惟天子之子与始为大夫者,而后可为大宗,其余则否,独小宗之法,犹可施于天下,故为族谱者,其法皆从小宗。今世宗法不甚讲,又一族之中,为大夫多有,且有父子兄弟同时相继为大夫,孰为大宗,孰为小宗,其不同五也。苏谱独详,且尊其所出,而其他则否,欧谱亦云:详其亲者近者,而略其疏者远者,其所为者,虽属亲支小宗私谱,而固已有详略之殊。不如今人之谱,详则俱详,略则俱略,一视人之行历以为之准,为至公也,其不同六也。欧谱苏谱,皆专主系世。而后世之谱,多载传赞扬美虚词,其不同七也。最此二失七不同,而世为族谱者,终必托之以为称首,则以其反古断始,因而实同创也。

故吾今为族谱,虽本欧苏之法,而亦少变通之,兼用乡先生姚姬传先生谱法,期于世次易明,文简易检,册轻易挟。其法以始迁之祖为之大宗,二世以下,各从其支系所出,为之小宗,小宗每九世为一卷,从二世起,尽今日而止。长房毕,再谱次房,亦如之,以今日修谱之人为断,各于其本支,推其长房长子一人为嫡。如长房绝,则推其次长,苏氏所谓惟嫡子而后可以为谱也,自此人本身,上至高祖,下及其曾元,累九世共为一卷,又旁及其高祖之兄弟,每房为一卷,曰此九族五服图也。高祖以上,又累之以及其高祖,至于始祖而止。今日修谱之嫡子,以十八世为率,其下不及九世,其上必断自十一世起,而虚其子孙曾元焉。其有过九世者,则以所过之人,别冠为卷,此欧苏法也。但欧苏截以五世,吾法以九世，欧别为世，苏别为谱，吾但别为卷耳。别为卷，以便支族之易携挟，此姚法也。但姚谱三格，吾依欧谱五格，此史汉表法，本无定也。约曰：凡同大宗始祖者，休戚庆吊，皆必相闻遗，同小宗者加密厚焉，同高祖九族者又厚焉。若不幸有灾祸，九族不能赈者，小宗同助之，小宗又不足者，大宗共助之。所贵为族谱者，为将同吾一本之恩，谱为尽伦笃亲作也，非徒系其名位卒葬婚□而遂已也，吾族既无贵显，不登朝列，则其功名行业，已无可纪，惟其敦德怀仁，行修美学业优殊者，略序数语，以视子孙，而传志虚美之文，概弗载入，此欧苏法也，亦姚法也。

(盛康辑，光绪二十三年思补楼刻本)

《皇朝经世文编》卷五八，《礼政五·宗法上》，法坤宏《叙次宗谱例言》：

宗谱为始迁祖作也，为始迁祖作者，称大宗以治小宗也。书始迁，志始也。自始迁至吾，凡十有四世，而谱每分四世为一部者，服穷于四世也。始迁祖自为一部列上方者，申东西之尊，群昭群穆各以班处也。特书氏，明大宗也，大宗百世不迁者也。次书子，明小宗也，小宗五世则迁者也。凡同父之昆季，嫡书子，庶不复书子者，子继别为宗者也，明宗道也。大曰支，小曰派。列书某支某派者，小宗之子，各自统其属也，明宗统也。故特书以明大宗，次书以明小宗，不书以明宗道，列书以明宗统。支派以经之，世次以纬之，凡氏与子与支派与世诸字各画方为界者，变文示例，错举见义，皆以明宗法也。其始祖以下，不称一二三四五世者，自吾上杀则曰祢、曰祖、曰曾祖、曰高祖，自始迁下杀，则曰子、曰孙、曰曾孙、曰元孙。谱为始迁祖作，亲始迁之子孙曾元，不可以世数明也。其六世以下，遂可以世数名者。张晏曰：礼服穷于元孙，故不得不以世数名也。凡族姓，年及冠婚以上者，皆书于谱，成人也。有科名封爵者，皆书于谱。臣死君，子死父，妻死夫，皆书于谱。公车节烈已经旌表者，皆书于谱，录贤也。修举族中公事者，皆书于谱，录功也。凡吾谱侨居他境者，必志其地，重出乡也。流寓忘归者，不登于籍，重失业也。出嗣之子，仍系本生者，重所生也，于所后则书子某者，重为人后也。死而无嗣，则深没其文以志痛。生而未续，则岁申其启以征名。凡吾谱读入者，必取本名生年月日。父讳母氏，填注如格式，以凭编次，详所自出也。干犯名义者不书，逃入二氏者不书，螟蛉抱养者不书，不详所出者不书，防乱宗也。

(贺长龄、魏源辑，中华局1992年影印本)

直隶

定兴鹿氏

光绪定兴《鹿氏二续谱》卷二,《世谱上》:

谨按旧例世谱与传联贯成篇,今子姓日蕃,卷帙繁重,析而二之以均篇页。字号科甲官爵封赠不厌其详,生卒配葬后嗣知则书,不知则阙,以俟考功,节妇之邀旌表,寿母之蒙赏赉者,皆以年齿计。景城纪氏例,妇谱卒不谱生,盖不可通于今矣,兹于妻妾各备书生卒。遵初谱续谱之例,且免泥古之讥焉。

(光绪二十三年本)

南皮集北头刘氏

民国南皮集北头《刘氏族谱》,《凡例》:

一、吾族之谱创修于清代乾隆,重修于光绪,此为第三次,大意主于参酌旧式兼改新例。……

一、纪文达公景城纪氏家谱,嘉会公亨名下书云配韩氏、刘氏,上不著一切字样,序例曰"嘉会公两嫡并书","礼有其变,事从其实,无所饰也",今于事同一体者采用其例。

(民国二十三年续刊本)

江苏

上海葛氏

民国《上海葛氏家谱》卷一,葛士达《谱例》(约同光时作):

谱书往往远征博引,互相夸耀,如刘渊、姚弋仲,氏种而必强附汉后舜裔,是诬也。若姓出一源,昧其本来至数典而忘其祖,亦岂人情之所安?矧吾葛姓,别无他族,非比王刘马文之氏族分歧者耶。汉以前无可考者,不强附会。自葛仙公南迁丹阳,而后虽时有断续,而流无或歧,即源皆一本。兹择其见于史传者,分为南北序列简编,并录本传冠诸卷首,以彰祖德,以示后人。非以夸俗,不忘本也。中间佚而不传者阙疑,以志慎也,亦欧阳氏例也。

谱题上海,别乎全葛之谱也。不曰始迁祖者,迁非自君美公始。谱失而无可考,可谱者自君美公为断,故以一二世计,而不曰始迁也。

江南之祖,葛仙公尚矣。然吾家由丹阳当沙江支分上海,曷为不祖当沙江之始祖庆元将军而祖文定公者,略而无可考也,亦遵古宗法也。考当沙江谱虽祖庆元将军,而讳号事迹及将军之所自出皆略而不详,特记其自镇江分来,而于吴兴、金陵、扬州、山西四支之皆出自文定公,其说较详。考古时宗法以贵贵为义。《礼》云:"别子为祖。"解者谓诸侯之公子始来此国,若庶姓之起为大夫而得命氏赐族封地者,则得别为一宗而享其不祧之祭。故礼未言及庶人之宗。所谓贵贵尊尊，义之大者也。遵是说也，则以文定公之位登宰辅封爵配享，且其事业赫奕史传，非比庆元将军之略而不传。其子孙之出自文定公者，百世而下当群奉为宗而不祧者也。吾故曰：上海葛氏应以葛仙公为始出之祖，文定公为别子之祖，遵古宗法也；而于合祭时祔祀庆元将军，亦不忘本之意也。

首以世系图，举大纲也。桓谭谓旁行斜上并效周谱，其由来旧矣，欧阳、苏氏谱皆仿之。君美公以下五世人数不多，为之总图。杏林公以下子孙渐繁，每支自为一图。各系以线辨支派、别长幼，展卷而源流宗法瞭然指掌。图以五世为率，服尽亲竭也。其图之第五世重书于后图之上者，明所承且豁目也。欧阳氏、薛氏各谱皆如是。应虬公一支莫考其所出，别为一图附于后，亦欧阳谱例也。

谱皆书名，临文不讳，且明非一人一家之谱也。名佚则或字、或号、或次第、或更记以方空，不得已也。方空者，《佚周书》始也，古谱皆有之。苏氏谱于祖父之名加讳字，非例也。序述之文宜书字。欧阳、苏氏皆名，苏氏至名其祖父，是斥也。纪氏谱"自吾以上曰某公，与我同辈称字，后乎我者称名"，其失与苏氏同也。今依古制，谱悉书名。序述则称字而（编者按：从文意看，此处似漏一"不"字。）从纪氏例"公之、字之、名之"。盖谱为一族所共，文则作自我也。谱之书生卒古已，子云家牒载以"甘露二年生"、周氏谱载"翼以六十四卒"是也，后来各谱皆沿之。予谓卒固应书，所以辨存亡、记家忌。至生辰于谱无关紧要。古无庆生日之礼，至唐天宝始有千秋节，内外庆贺，然止行之宫掖。宋以后士大夫渐为之，至明而极盛，朝野藉此名目为赂遗之阶，今则贩夫俗子踵事，蹈常不必五十六十七十而行之，且岁岁而行之；不必尊者老者长者而行之，即孩提在抱亦复行之；不必生者行之，复为死者冥诞。小则烹鲜召客，大则演剧称觞。宜乎物力日艰而风俗日偷也。兹谱书卒而不书生，寓微意也。至若孝子顺孙之不忘其祖父，行其无礼者之礼，念及生辰设享于室，亦人情所不禁。然子孙而孝，则偎见忾闻自能记忆，固不必征之谱也。古来名贤硕彦如乐天、坡公之生日，数百世而下向慕者犹复联同志而咏之荐之，岂系夫谱之书否哉！纪氏谱生卒另立一谱太觉繁碎。兹谱即于名下注其卒之年月日，易检也。纪氏谱谓妇人卒于我、不生于我，故书卒不书生。兹谱男女皆不书生，从一例也。

谱者普也，一书而普记各人之事也。刘勰谓"注序世纪事兹周普"。史记诸表盖即古之谱式。兹谱每纸用横格五，每世占一格，蝉联而下，或五纸或十纸，以人数多寡为率。名则大书下用双行注字某，有别字者注别字某；次注某公几子，辨长幼别支派也；次注生几子，不书子名者，下自有谱省名也；生几女，书其所适邑居姓氏，有官爵者附书其官爵，省别立谱；次注有无出身或科第或保举或捐纳，历官何处、位至何官或现居何官，有行谊可考或入乡贤名宦祠者，略书始末提其要也；次书卒于何年月日，寿若干岁。有著述者书

第十二篇 族谱

其已刊未刊,其见史传郡邑志及名人著述或家传者,咸注详某传。其得封者注诰封何阶。其因子孙加赠者注何年以子孙某官封何阶,其身前无官而得子孙封赠者,亦如例书之。次行书配某氏。其有封赠者,书某夫人某淑人,无职者称某氏,亦大书,下注某邑某姓某之女;次注生几子几女,其有继配及侧室者,则书生几子某某、几女某某,示别也;次注卒于何年月日、寿若干岁;次注封赠如前例,其奉旌节孝者注某年奉特旨旌表。有继配者又次行书继配某夫人、某氏,注亦如例。有侧室者,又次一行书妾某氏,其所生子贵而得封者,亦称封阶,注亦如前,惟不书其所自出耳。

妇改适者不书,不守妇道有玷家声者不书,重名节也。

非明媒正娶者不书。配妾虽宠不得扶为正室,敦伦纪也。自来家人之睽,恒起于妇人。并妻匹嫡,古所深戒。齐桓公初命曰:"毋以妾为妻。"夫妇之道,人伦之本,王化之原,《关雎》所以冠三百篇之首也。昔方望溪先生为理学名儒,独致敬于其妻。其言曰:"可以托六尺之孤、可以寄百里之命、临大节而不可夺,是三者,贤人君子之所难,乃委巷之女子一入室,而义当以此责之。其责之也,专以严,则礼之敢不重欤!"余见俗世能夫妇相敬者甚鲜,而纨绔子弟更或任意置妾,嫡庶不分,家庭之内,诟谇时闻,父子睽离,人伦道苦。故于谱例特详焉。

子为异姓后者不书,抱他人子为己子者不书,重宗祀也。入西教者不书,杜异端也。

入谱之年,古谱不一其说。姚安公谱定以十六岁,纪氏谱子未成丁者列其数而无名。兹谱以十岁为入谱之年也。其夭亡则注长中下殇。

家传所以阐潜德、彰才能、示法守也。出而立朝,功业勋名卓卓在人耳目,自有史传可录、士民碑碣歌咏可征。若夫独行之士行修于家闇然无称,以及农工商贾执业虽微而孝友性成、慷慨仗义,或为完人于一室或能施及于一乡,暨夫妇女节孝艰苦备尝、闺秀诗词钟灵独异,下至一技之能精巧逾众,是皆可传,无令湮没。列其事实,序为家传。既为后人矜式,亦俟采录轺轩,宗族之光,亦风化攸赖也。行述、碑志附之。

志族居以联涣散也。自井田、世禄之法废,宗法不行,既无宗子之禄位督率而教训养赡之如吾葛姓者,迭世衰落;又不能如江西、湖南北诸省聚族而居,设立祠堂、祭田,春秋合族致祭、饮胙以联络之。士农工商各谋其生,迁徙无定。在家之日,或终岁不得一聚,或终身不得数面。若出仕远方、营商别邑,将来必至觌面不识,莫知住处。兹特著族居志,自始基逮乎分析,除暂时租赁他人之屋不书外,余具详志其所居,并注其由何处分居、由何支分出,志墓域亦此意也。

志科第、志官爵、志封赠,所以表人才、彰国恩而劝宗族也。天下无君子以治小人,则天下不治。一族无君子以率小人,则一族不齐。故先王制礼立法,大旨以贵贵为主,达、尊三，而爵居第一。一命齿于乡，再命齿于族，三命不齿宗庙。乡射之礼莫不辨贵辨贤，贤者贵而愚者贱，非贵无以率贱，亦非贵无以逮贱，所谓官以庇族也。孔子称舜为大孝而曰："贵为天子富有四海之内，宗庙飨之，子孙保之。"盖非贵亦无以显扬其祖宗、善养其父母也。吾族中衰之后，至吾父始由副贡举于乡。予小子，今蒙祖宗之遗泽，历为宰官升授宁远，服阕以直隶州知州候补，此后未知能否再有进步。成字行入庠者一人，学字行入庠者三人，世字行入庠者四人，尚字行入庠者现有二人，幼而读者尚不少，葛氏或将自此而兴，未可知也。封赠近亦三代而止，所志不多而必分备其类者，将有以待，并以劝后辈之读书力学、穷理致用、勤求上进，上以报国家，下以张吾宗也。

志艺文，以表文学、存家风也。葛氏自汉以来，世以文章儒学著于史传。上海一支，明末亦以文名。自中衰以来，至吾父博览群书尽力为古文诗词，惜以多病所著无多。然骨力遒劲，议论通达，名重西洋。予小子略得绪论，诗古文亦谬为当世名卿推许。弟士清、士溎亦以文名。所谓家学相传者，自有一脉贯通之理，后之人苟能取前人之著述涵咏而潜玩之，其得力似为较易。兹特辑其生平为学得力之处及文章流派以为薪传，其著述文稿之刊有专本行世者，因剞劂无力，不复重梓。惟将序文列入以见梗概。而族人之能文能诗未有专稿者，则择其佳什附之于编。或零章断句，苟有见解，亦仿诗话缀列，以为后人模楷。务令寸长片善，不至湮没无遗。士达订定。

附：葛尚志后记

右资政公（葛士达）所著谱例，言简意赅，字挟风霜，志寓劝惩，吾族人子孙当世守奉行无忝者也。即不载生年一条，亦虑族人渐趋奢靡、效俗世生辰之陋习，杜渐防微，命意深远。惟尚字辈以下生齿日繁，恐不载生年则长幼或难辨别，且谱者，一家之事稍详，尚不有妨于例。故将生年一概敬填，其余各条有关名教纲常之大、礼义廉耻之防。

资政公以长房冢子，出为大夫，历官三十余年，文章行谊为当世名公卿所推重，兹谱系读《礼》家居时手定。谱稿本由眉川公纂辑。眉川公读书万卷，以毕生精力从事于此。口问笔记，不惮烦碎，顾以年老目眊，授侄资政公，俾为编定。

资政公创为谱例，使后世子子孙孙有所遵守。凡吾同宗，当奉为家范，视同格言，葛氏之兴或肇基于此。后之修谱者于谱例不能移易违背也。不幸未及刊印，资政公已归道山。尚志以贸易余暇，手录一编，朝夕孳孳。家谱之成，与有力焉。

（葛尚钧等修，民国十七年铅印本）

安徽

前图后传与欧、苏谱体。

第十二篇 族谱

池州仙源杜氏

光绪池州《仙源杜氏宗谱》卷首,《凡例》:

作谱始于欧、苏。苏谱人经事纬,如司马迁《史记》之年表。欧谱系联瓜属,如《朱文公家礼》之宗图。兹仿照二谱而酌其宜式,定九世一提,前图后传,以图为纲,以传为纪。自玄素公以下至九世祖提头分房。凡长房子孙尽隶长房之下,叙毕再提次房,旁标分房祖名曰:某公分,复标某公派、某公支,庶朗若列眉,不致族大人繁,难于查阅。

歙县蔚川胡氏

民国歙县《蔚川胡氏家谱》卷二,《谱例大纲》:

谱重行第。行第者,所以序昭穆也。宜取式欧、苏二家,其次序照依世数,次第列之。但吾宗旧谱则各支各派照图列之,兹仍旧式,凡乳名、表字、别号、行第、品爵、事功与夫生娶殁葬、父系某公、子几人,悉录之,以见其生平贤否。如无实行,不当浮誉灾梨。盖人之志行有矜持于初服而堕于末路者,有失之东隅而收之桑榆者,未可遽为定论也。若齿高德邵,操履不逾,可为表率者,闲书之以示劝从,谱法之变例也。

……

允嗣宜详。一子则书子某。有二子则书长某、次某。不止二子则书第二某、第三某,次第书之。若子出于继室、侧室,则于继室、侧室下书之,明所自出也。子有出继异姓及为僧道者,止书其名于父系下,考内削之,外之也。倘妇人夫故不能矢柏舟者,有子则书娶"〇氏",生子以别之;无则削之。盖妇既出,与宗庙绝故也。

(民国四年线装活字本)

民国歙县《金川胡氏宗谱》卷首,《旧编凡例》:

谱图由干而枝,以明世系、昭有序也。逐世而修行次,明有别也。有官书曰某官,尊有爵也。无官书曰某公,明有尊也。以下书名不书公,示卑不敢逾尊。无子而立后者明纪之,示有传也。迁居者书迁某处,明分派也。复迁者书继迁,谓由某处而继迁某处也。

(民国二十一年刻本)

黟县西递明经胡氏

道光黟县《西递明经胡氏壬派宗谱》卷一,《明经胡氏壬派宗谱凡例》:

旧谱凡例曰:谱图以世居考川不迁者列于前,迁居者次之,异姓入继者又次之,三者又各以旧分十派为次,高砂丁派传说亦有异姓继者,旧谱并未见其绝续为谁,况俗传之语,无所考实,仍旧书之,不失为从厚也,第列于各迁派之后、各继派之前,于派下注"俗所传",以俟再访再考,以示重祖严族之意。按前例谱图以世居考水不迁者列于前,迁居者次之,异姓入继者又次之,支分派别,井井昭昭。今则守其前例,以世居西递不迁者列于前,迁者次之,其行第亦从旧谱,合巧桑严岭同列,余则特为起行。至于异姓入继,我族向无此例,凡我宗枝皆当永矢弗谖也。

（道光六年刻本）

道光黟县《西递明经胡氏壬派宗谱》卷一,《明经胡氏壬派宗谱凡例》：
旧谱凡例曰：天地之数成于五,重于十,而推衍无穷。谱首图列五世,数之成也。其第五世复提居第二图之上,第六世至第十世则与第一图平行,合首一图为十世,数之重也。衍之为第三图,以次俱如第二图列。则凡奇图皆五数,凡偶图皆十数,庶观图之横行遂知世数……今则谨从前例,亦列五世为一图,其第六世图复用小字书第五世之人名于其上曰：某某下几位,使开卷即知此某支某派,此某行某世,此某而上者之祖考,此某而下者之子孙,绳贯丝连,不啻如指上螺纹,斑斑可考矣。再修谱始于乙酉十月,成于丙戌二月。所有二月以后之新丁,因图系写齐难以排入,故复依世次列图于第十二卷之末,俾后之续修者再为编入,庶无遗漏之憾也。

（道光六年刻本）

婺源紫阳堂朱氏

光绪婺源《紫阳堂朱氏宗谱》卷一,《世系例》（约作于康熙四十八年前后）：
本支世系图准欧阳修谱例,五世一提头,亲尽服尽,义也。
……
书子某某,嗣其传也；自右而左者,示嫡庶之分,本朱子实纪例也。

（光绪年间刻本）

绩溪梁安高氏

光绪绩溪《梁安高氏宗谱》卷一,《书法》：
世系图大书,五世一提,遵欧阳文忠公谱法,取《礼经》五世亲尽之义。适派直行,旁支横列,五世尽处用"见后图"三字,接处提起之图皆重书前名。
……
五世再提,分支别派,由大宗以及小宗,标题"某公支下某公派"。长房系明则续提二房,二房系明续提三房,各房小支亦然。

(高富浩纂修,光绪三年活字本)

绩溪仙石周氏

宣统绩溪《仙石周氏宗谱》卷二,《凡例》:

世系仿欧式五世一提,乃五服之义。两图九世,乃九族之义。惟始祖及宗祖书号,以下一概书名。每房派首脉旁标几世,每图上注某几子,下注后图接。

……

绘系图之法,先从一世直写长房五代,大字到底。次写第五代之年表。次写五代之群弟,各写年表。次写四代二房,其横线引长过五代之外,即将其子以次挂线到底。次写四代三房,挂线到底。次写三代。次写二代。庶免阻塞线路也。

(宣统辛亥善述堂刻本)

清华胡氏

民国《清华胡氏宗谱》卷首,《乾隆壬午七修凡例九条》:

世系者,世世相系也,其无后者则止而不续,但著其名配墓所于图内,不另为图,以免卷帙之浩繁也。从释老者如之。其有学业宦迹及所配之贞烈不容不表者,则列图而书之。

……

谱图书法旧有书行第为纲,以字讳旁注为目者,历百年遂多不知祖宗之讳。今惟以讳为纲,以字号行第为目;遵朱子实纪例,亦父前子名之义也。

(民国六年刻本)

民国《清华胡氏宗谱》卷首,《同治甲戌九修凡例十三条》:

世系图内款式系照各派稿本登载,不能尽归画一。或其中字语间有舛错之处,亦因定稿者未亲来局,致不便点窜,阅者谅之。

(民国六年刻本)

民国《清华胡氏宗谱》卷首,《旧条例十一条》:

前图后谱。系首著以亲服之图以明长幼之序,图后继之以谱以昭行状之实,此欧阳修谱例。

……

七世一迁。世数至五而迁,今以七而迁,迁则有首,首复至迁,绵绵为世者,此晦庵先生谱例也。

(民国六年刻本)

山东

东莱赵氏

修谱,远族、旁支、义子及同姓不同宗为一类。

民国《东莱赵氏家乘》,光绪《东莱赵氏六增族谱序》:

……至远族、旁支、义子及同姓不同宗,各家附记末卷,用作稽察。嗣后有能不殚烦劳,踵起而悉力修整者,果得靡有遗失,毫无舛错,是诚为吾家之贤子孙,庶不负予之厚望也夫!光绪二十三年岁次丁酉仲夏上浣之吉,十七世孙宿膺谨志。

(赵琪等撰,民国二十四年永厚堂铅印本)

远族、旁支、义子、联宗入附记。

民国《东莱赵氏家乘》,《增修族谱跋》:

吾赵氏六增家谱告成,余曾叨入参订,友观瞻,爱不释卷。回忆曩时,十二世叔祖敬生公增修以来,及今百有余年,宗族涣散无凭追叙。当吉辅兄宦游,西粤公即倦倦于兹,以为谱牒不续,非所以承先业而启后昆也。缘方从师诵读无暇及此,迨吉辅兄游粤返旆,力任其事。日昃不遑,六载始毕。星誉兄为绘宗图、排行辈,朗若列星。至《艺文集》中所录诰命、传志、墓表、行述、寿言、祭文、集序、题赠、品藻、节烈诸目,又皆据家所考传,与夫广搜博览,功勋、政治、忠孝、节义靡不出诸鉴史子集,确有明征。兼之追本溯源,或远族、或旁支、或义子、或联宗,以及各府各乡出于何支、迁于何代,子嗣有无,宗族之异同,详悉附记,以备察考,用意良善,用心良苦。俟后日继起有人付诸剞劂,永世不朽,是余所翘企也夫!丁酉中元节日十七世孙敏公谨跋。

(赵琪等撰,民国二十四年永厚堂铅印本)

民国《东莱赵氏家乘》,乾隆《四增族谱序》:

……仁思所爱,而义思所严。则后之视今,亦犹今之视昔也。至逮远族,别义男,所以笃吾宗亲,而正吾宗派者,仍不敢违先大人之明训焉。时乾隆二十年岁次乙亥十月中浣之吉,十二世孙玺珣谨识。

第十二篇　族谱

（赵琪等撰，民国二十四年永厚堂铅印本）

黄县王氏

宣统《黄县太原王氏族谱》，《命名小引》：

敕授文林郎敬修公手定子孙命名小引：汝辈取名诸子（自字辈原名俱侧玉旁），古今人以之命名者甚多，即王氏以此字命名者，亦复不少。窃先儒固不敢犯，时贤亦不安，今更易之。以往年旧话八句之首字起，添一字为一名，字义俱根，道理勿忘，所自而世世因之。倘以祖宗积德之灵，天或不绝王氏，则次第相承，自始而终。后有志于道而勤于学，厚其德而大其施者，其相继宁有穷乎！

八句谨书于左：

自立清宁后，相传惟一心。钦明光帝德，敬义见天真。孔孟流风远，程朱世泽深。先儒家法在，学作有恒人。

按：八句命名起于康熙癸丑，而谱内名间有不遵此八句者，或数语未定，任便命名；或别有取义，缘境命名；或考试艰阻，无奈更名；皆不可为典要也。窃思支派蕃衍，世系之详，尊卑之辨，全在于兹，后之子孙凡命名者，悉遵此数语为是，又此四十字命名，俱不必用后世子孙，可无重复祖先名讳之准。男自允谨识。

（王次山修，宣统元年刊本）

江西

豫章黄氏

光绪《豫章黄祠四修主谱》，《四修凡例》：

一、祠谱始修于乾隆庚辰，至道光甲申、庚辰两次续修，进主者均随刻于后，未按各属次序，故有一县而杂见错出者，今重新将各属汇萃，照进主年分叙列，俾阅者一目了然。

一、各府州县谨遵皇朝舆地图志叙列，以定前后。

一、旧谱敦睦堂特尊后唐工部尚书峭山公为中主。按后唐迄今仅及千年，而江右黄氏自昔称盛，不应公前遂无著姓且各属籍多自外省迁入，亦未必尽为公后，祠关阖省，子姓甚繁。今特溯姓所自，上祀陆终公为太始祖而尊汉尚书令香公为江夏始祖，仍以峭山公等配享，似于名义较安。

一、原有主位衔名及支村子姓，均照旧谱刊刻，其此次续进各主，凡未将各项开送者，无从稽考，概不登载。

一、凡旧主重捐，有再设主牌者，今并删去，祗于旧主名位下注明"重捐"二字，俾免重复。其此次续捐老主，亦另注明续捐，以便子姓来祠给领卷费。间有已入敦睦堂而又入尚义堂、仕宦祠者，除分修外，仍于其主位下注明入某堂某祠。

一、历届修祠修谱，首事以前设有禄位者，此次修谱均附列敦睦堂总牌，并登谱内。于其名位下注明某年修，某首事，不没前功也。

一、凡各支捐输银钱数目若干，另注于事宜册中，不载入谱，俾免琐屑。

一、凡谱内各府州县敦睦堂及尚义堂、仕宦节孝两祠老主，悉遵朝代编列，均总数目若干注明于前，新进主位附后亦然，以便查核。

一、凡各府州县谱后余有空白，以备后进主者补之。

一、是谱分为八卷，自卷首至卷尾，照鱼鳞式挨次编数卷页。惟板较前略小，以便行箧携带。

（黄祖络等修、黄振声等纂，光绪二十五年刊本）

清江永滨杨氏

乾隆《清江永滨杨氏三修族谱》卷一，《条例》：

一、吾族由闽徙赣、由赣徙清，历传二十二世。明季兵燹后，旧谱残缺，闽赣之里居未详，不敢妄载。

一、兹谱忠孝节义与夫实德可纪者，人立一传，子孙单寒亦以公费付梓，八字小传亦然。但立传时必须族房从公考核，与总裁斟酌始可登入，苟非其人，决不得滥载。

一、兹谱除初迁五世用条记载明世次外，其余每房以条记世次分清，界段顶上横列某处支祖，次横列某房某人派下，又次横列某人第几子，然后大书某某，旁注字某号某，或居何官，在何庠，有可纪者以入，字核其实；然后载生年月日时，殁年月日时，葬某处；娶某氏，生年月日时，殁年月日时，葬某处；生子几，后列子名。开阅之下，可观九世也。

一、兹谱边上载明某人序传志表及某派下，以便查阅。

一、兹谱因从前兵燹，记载不无散失，虽详加考订，尚有遗亡，其有名字未的、葬地未明者概从阙疑。

一、吾族由赣徙清，经历四朝，其间科名仕宦尚多失纪，盖缘明季家声式微，故从前登贤书、入仕版者，竟未载入郡县志书，后此修志，宜照家谱呈请当事补入，以表先贤。

一、兹谱于乏嗣者有承继则注明，以某房某人之几子为嗣，其本生父名下亦注明以第几子某出继某房某为嗣，无承继者则注明无传，夭折者注明早世，抚子赘婿决不滥载。

一、兹谱有讳字上同列祖者，悉行改易，恐先年父母立有墓碑，或己身亡故，立有墓碑,仍旁注原讳以符旧迹。

一、兹谱止载墓志、墓表、传记,以著实也。其余寿文不过一时称祝之辞,不得登入。

一、各支茔域,悉于本名下纪注,不必重刊,其因修谱寻出之阁山眠犬形,归诸公共,欲葬者每一穴出银五两入祠,以为公费,嗣后有寻出者,无论何房之业,均照此办理。

一、兹谱修辑时,用总裁一人、艺文二人、缮写一人、对稿二人,故得尽心参考、纂修完善;若局内多人,徒滋纷扰;其查核茔域,各自留心详考,书明付局,以凭登注。

一、兹谱修辑除祭祀告祖及谱工纸张外,一应浮泛,概从节约,盖以谱牒之作,原以尊祖敬宗收族,而非以侈为观美也,后人宜率由之。

一、祠内每年腊祭,以有官职者一人主祭,以族内现在第一辈老成者一人助祭;祭祀之时,倘有官职者出仕,则以贡监生员中科分年齿俱老者主之;盖将事祖先,例应宗子,第恐宗子年幼,或不娴礼仪,故为衣冠之祭。

一、新丁每出钱一百文,当腊祭日,将丁钱交楚,请族长同绅士斟酌命名,公同添注印本草谱,以俟四修补刊,庶不烦临期查核;新娶者亦出喜钱一百文,添注某氏。

一、祠内祭祀,和、信二房拾阄轮管,每年首事八人,收租完粮,至期办理祭筵香烛猪胙等项,打扫铺设俵胙及元宵□□灯诸务,毋得潦草。

一、分胙,人丁每丁半斤外,出仕者及进士每人加三斤,举人每人加二斤,贡每人加一斤半,生监每人加一斤,现在与考童生每人加半斤,主祭者加一斤,助祭者加一斤。俟公费充足,再行议加。

一、分胙照房长幼依次俵给,毋得拥挤,若临祭时未经入祠拜祖者,断不给胙,以警玩忽。

一、兹谱共计六本,编"博厚高明悠久"字号,仍注某字某房某人收领,每年腊祭送祠查对,以杜遗失:博字号和房赐斗领,厚字号和房赓谟领,高字号信房如沄领,明字号信房宗盛领,悠字号信房宗锡领,久字号存祠信房如海领,外印稿草谱一本和房如沄领。十九世如沄安澜谨识。

(杨如沄修,乾隆二十七年刊本)

清江云溪徐氏

嘉庆清江《云溪徐氏族谱》卷一,《凡例》:

一、云溪自荣卿公始迁此土,第有旧传草录一册,溯其前后分徙世系,虽经增续,概属录本于后。乾隆五十三年,长、三、四房另辑支谱,始行刊刻,顾二房与五房未及同事。今二房亦谋修,明本支世系,族众闻而相告,吾族本同一宗,谱又何分为二,于是各房老成俊彦毕集宗祠,共相商榷,合订成帙,总源流、详派衍、联一族而相亲相睦,同宗合族属之一道,则是谱也,世世子孙实嘉赖之。

一、徐氏分支颇众,族属最蕃,自稚公世居豫章,相继三十余传而徙角陂,阅十六世而徙朱溪,又四世而徙云溪。但旧谱以韬公为第一世,与诸族合为一帙,谓之大会。今专为吾云溪一族而设,特溯其源出于韬公,循序而下,其余支分派别,按次详其世系焉。

一、谱式以五代为班,本欧阳谱法也。然欧法但列其名而事实别载,今为谱者虽多仿欧法而生卒葬配事迹悉注于世系之中,联行接页,颇费稽考,事繁亦不胜悉载。惟宁都魏氏之谱本欧法而变通之,以九为班,合于九族之义,上列高祖,下系元孙,以为吊图,别以苏法三代相贯,上载某公之子,中详本人生卒葬配事迹,下列子姓凡几,按次直行书之。兹合二公之式而用,庶按图索系,开卷了然。

一、编修之法,类聚群分,兹订次第先后,分为五卷。题序后,首制诰,尊王也。自是而凡例家训,次命名班次图,次得姓源流图,次勾支图,又次世系考,又次以艺文及基业、与事人名,而以编谱字号、公跋、补遗终焉。

一、抚侄承继必书某将第几子出继于某为嗣,又于承继名下亦书承继某人第几子,以明所自,并照各房支派编次。不以弟继兄为嗣,不以孙承祖之统,有紊昭穆。其招赘女婿及异姓承祧者,概不编入,以紊宗支。

一、徙居别村与商寓他州外省者,必录其地名省分。而不知其所自者,或书无考,或书无传,不敢臆载以滋后人之惑。

一、改名易字,凡有忌讳犯上者,悉从厘剔更正;其不雅驯者,亦并易之。即于本人名下或书原名某,庶前已有载碑志契券者,可凭考核。

一、吊图谨遵始祖发源,以长居先,循其次序,编修论辈行不论年齿,庶为有伦。

一、生卒葬地及字讳号行,其间或有失字则书行,失行则书字,有所未详,当从其略。

一、嫡庶义所当分,于礼最严。元配书配,再娶书继,庶书侧室,以正名分。

一、妇人有子,夫卒改醮者,背夫不义,弃子不慈,止书其子某而妇氏惟书改适二字,余俱削而不录,以示警戒。

一、失考补遗,徒有名而无所自,亦以存其梗概,不至淹灭无综,可以俟后人之参考,非敢形前人之荒略也。

一、族之有谱,所以纪先世之源流,使后人不忘其所自而已。乃今之为谱者,多用巨幅大编,非联几不能翻阅,而收藏殊多费事,今定式较之书籍略广纤微,后之重修者宜勿变其法也。

一、此谱合修,议成于三月上旬,起刷于三月下旬,为日无几,其二房世系先已汇齐

第十二篇　族谱

详校,长、三、四房临期抄誊,无论远商者未得通音登载,即已登者不无舛讹,其讹者或遗忘者,阅出可用纸条批明夹入谱内,俟重修再行检刷,不得轻将墨笔污坏。

一、旧谱艺文多属浮滥,今起手抄誊世系时,亦未遑细阅,及后看出,已在起手检刷,未能重加厘正,择其大庸滥者稍为删润,其未经改正者仍多,后次重修,须分别瑕瑜,细心订正。

一、凡修谱一次,必有原序,但此前长、三、四房所修既属支谱,与合族无关,故未编入。惟是当时勷事诸公与有劳苦,未可泯没其名,为一一列出,如以、九元、天理、绍楚、绍祺等,皆首士也。各有序在支谱,兹不编入。

一、刻谱装潢成部,编定字号,某字某号,载某人收藏,每年约同开晒一次,不使虫伤水湿,于冬至并草谱汇交祠堂查验,并将后进增续,以待异日重修。如有擅动笔墨污损改坏者,即以不孝论。恐有刻错,许以另纸书写粘于该页。倘有收谱不肖子侄,私窃与人携出外境,及照式抄录与人,藉此射利,一经察出,公同严究,责罚不贷,以重法守。

(徐廷攀修、徐攀桂纂,嘉庆十八年刊本)

清江湖庄聂氏

光绪清江《湖庄聂氏四修族谱》卷一,《三修族谱凡例》:

一、族谱初修,类多阙略,先达所存手录,俱残篇断简,得之敝簏者居多。重修遵欧公五隔图法,参以近代世家谱法,其闻见所未及,不免有沧珠之憾。今用勾支图,不用五隔图,以免层见叠出,眉目不清。

一、勾支图联络世次,如葛之有蔓,始末分明,合为一族,所以明亲亲之义也,故不厌其详。

一、友序录,取尚齿之义也,生者别长幼,死者定祭位;书娶配,所以重敌体;书年月日,所以别伦次;书卒年月日,使知忌日,以举祀;书葬地,使知祖妣遗骸所在,以便祭扫;其无据者不得已而缺之。

一、过房承继者,于本人名书出继某人,于所承父下止书其子,不复书其由来。

一、出赘者,则书赘某处某姓;或析居他所,或迁居外郡,亦备书之;使后世知所自出,不致误拜令公之墓。

一、妇人有夫死再嫁者,有子则于夫名下书娶某氏;无子不书,所以维风化也。

一、耆逸、孝义、节烈诸传,必据实行,乃足以光家乘,未足录者,宁阙无滥。

一、绅士录,旧谱未经另行汇出,兹特为补录。匪为增光家乘,亦以见我族科名庶弗替,后贤有所兴起焉。

一、节孝录,旧谱亦未另录。妇人青年守节,白首完操,朝廷例给银建坊旌表。既无力上请,倘不为之表彰,其何以敦风化乎!故敬谨特为出录,以俟采风者。

一、族谱宜三十年一修,不致后生缺落名字年月日时。族内凡有生子,出钱十五文,生女出钱十文,凡年十五以上去世者,出钱十文,每年冬至日期,各人至祠内交清钱,以便载生年殁月于草谱上,日后重修谱牒,庶不致有缺。

(聂典训等修,光绪二十四年刊本)

清江泮陵熊氏

光绪清江《泮陵熊氏重修族谱》,《重修增续凡例》:

家之有谱,盖以谱其世也。其有图焉,自司马迁年表始矣,欧阳公仿之为谱图,五世一提,世系相承而不紊,后世皆宗之。兹修也,遵其先图后谱之规,仍其五世一提之旧,先以世系详吊于前,由一祖而分宗,由各宗而分各房,既为之总图,复为之分图,又为之续图,后以世系详列于谱,从谱中而吊图,于图中而出谱,庶几自原祖委,派别支分,可一览而得其详焉。吾熊大成原牒广罗宗支,世族繁衍,兹修不敢稍遗,不忘本也。第全牒浩繁,观者每多眩迷,故复详吊辛益公以上一脉源流,列于世系之前,而余则略之,示后人知一脉也。改辛益公为一世祖者,尊鼻祖也。书父讳者,明有承也。父讳必高于名者,尊父也。曰长曰次者,明有序也。字与号附名下,示不相袭也。生而未名不书,俟成人也。官阶名第必书,尚贤也。其有大过恶者,不系于图,惟存于谱,微词以见意也。迁居曰徙居某处,无考者虚其下,不欲绝之也。赘则曰赘某姓,随母出嫁者则曰从母居某处,皆冀其返也。出继者,不没其名,书所生曰、子某、出继为某人嗣,明所本也。书所继曰承继某人子为嗣,重继也。无子而失继者,书无嗣,绝之也。育异姓者不书,重一本也。生殁书年号月日,示有考也;否则书缺,贵实也。国号必高抬者,尊朝也。六十书高年者,敬老也。始葬曰葬,改葬曰迁葬,妻从夫曰合葬,子从父、妇从姑、弟从兄、卑从尊曰附葬,客葬曰寓,归葬曰归,正也。娶必与名齐,重配也。初娶曰娶,继娶曰继,妾曰副室,凡有子者各书于其下,重所出也。夫死而他适,即有子止书生子某、改适,外之也。以失行被出者不书,即有子书生子某、被出,以惩来也。妾有子,氏、葬皆得书,明母以子贵也。娶必书其里或书其父讳,(嫁)女亦然。门阀失宜者止书娶某、适某,以谨世族,重世婚也。聘而未婚、许而未嫁,亦书所由,不忍弃之也。外此,列诰敕,为家传,为寿序、像赞、墓铭,是又谱之变例也。按吾家自修大成谱后,稿凡二辑,大抵以统谱经费浩大,难于重修,遂而中沮者比比然耳。兹修于吾辛益公以上一脉源流,几费心力,详吊于前,累累贯珠,了如指掌,合之固为同宗之统乘,分之亦为吾家之全璧也。子孙重修者,第于吾支增修可也,其大成谱或数修而一

第十二篇　族谱

修亦可也。如此亦庶乎可为吾子孙重修计，而吾氏家乘可垂之千万年而不致旷失不续云。

（熊文炽等修，光绪三十一年刊本）

光绪清江《泮陵熊氏重修族谱》，《凡例》：

夫谱之修也，必原夫祖之所自出，追夫姓之所自来，按吾熊得姓断自周文王鬻熊子始。鬻熊生丽，丽生狂，狂生绎，至成王十七年封文武功臣，遂封鬻熊曾孙熊绎于楚丹阳，子孙遂以熊为姓焉。绎传三十二世负刍王，国并于秦，楚怜之，欲其起而□秦，项梁徇民之望，乃立怀王孙心为楚怀王，以号天下；项籍言，王者必居上游，尊为义帝，徙居江南都柳，由是子孙散居于吴越黔蜀间。其在眉州有绿筠子传赤松子，游鄱阳，遂家焉。后迁于豫章，数传而至丰邑，族属甚繁，星罗棋布，俱自鄱阳豫章分支，此姓之所自来也。（编者按：首列宗派源流。）

一、编修义例悉准欧阳文忠公法，先图后谱，高玄相沿，五世直派而一提焉，九世、十三世、十七世、二十一世、二十五世皆提，正文忠公所谓"推而上之则知源流之有自者"也。但应提之世详于上方而略于下方，以免繁琐之失，其或殇或绝、未娶无嗣则俱不提，惟详书下方焉，且历世久远，子孙繁庶，中间必有迁徙如文忠公云，惟多与久，其势必分，物理之常，第派别弗明，观者不无眩迷。今以豫章为本源，而迁居某处者，即于本方下注云迁居某地，详见某派。其各派以次附载分徙之后，而所迁之人为本派之祖。至于世次则仍前应列之方，而不易焉，而遂系其子孙于后，则水木本源，条分而不紊，涣散而有宗，不亦善乎。

一、书法通例：于项下书字，以尊其名也；书行，以辨其序也；书号，以观志也；书祖考，以示本也；书子，以观后也；书妻，以观内也；书生，以纪其世也；书殁及葬，以备追远也；有爵者书之，以彰其贤也；有行者书之，以昭其德也；结发妻虽早丧无子女，必详书其生死埋葬，以重婚姻之始也；媵妻有子女惟于所生子女项下书生母某，生殁葬不许与妻并列，所以正纲常也；子孙有为僧道出家者，书其名字，以联族也；子孙有犯奸而处死罪、犯盗而服上刑者，虽秽家谱，宜点姓名，然不隐恶亦必直书，以示为恶之戒也。此书法之大略。

一、古惟有谥未闻别有号也。三代而下，名儒硕彦始有之。或以情向所钟，或以克励自勉，故陈无愧容、无赧色，未若今世僭滥无稽而可嗤可鄙者也。凡后子孙非厕功名道德文章列者切禁称号，以昭正名之戒。

一、子孙有为仕宦或受诰敕，推封父母，并许附载于谱，以为读书之劝。本人子孙每张出银三钱,以助修谱公本之费。其或已仕而有丕绩英声,未仕而有文章道德,除各项下撮书大略外,殁后有名公巨卿为其行述墓铭,并许附载于谱,以为尚贤之劝。为其子孙者,出银三钱以助公费。

一、修谱所费公本浩大,奈何人心不古,有等奸吝子孙自恃势不可折,分文不出,可耻可恶,权书其名,以联其族,本身及妻子年庚一切,削除不书,以示自省。

(熊文炽等修,光绪三十一年刊本)

清江龚氏

民国清江《龚氏十四修族谱》卷首,《龚氏族谱凡例》:

谱之为例,犹律法之有断也,据理缘情之至,当以示典则,凡十二条。

一、谱系之法,昉于诸侯年表、世家编年之类,而体裁各异,至欧、苏二公始著家谱,为世祖述。今遵用欧五隔图法,参以近世世家谱牒,附以己见,编摩既久,立论亦公,自成一家。后世子孙贤而有识者,别能有所著作或增益其所未备者,听;若妄意改作,则祖宗之罪人也。

一、五隔书字,承祖宗;称例,别行辈,令易见也。故名不书,虽爵不书,虽谥不书;其亡字与未冠者,书名;亡讳亡字者,书行;不得已而变例也。女不书者与其出适也,今并书之。

一、五隔图外又为勾支图,联络世次,一览可悉,合为大宗,别为小宗,无非以明一本亲亲之义,故不嫌于详也。

一、友序录生以别长幼、死以定祭位,故无嗣不书;商,占籍者不书;赘,不复姓者不书;书生娶月日,重身之所从出;书卒月日,使知忌日,以举祀;书葬地,使知遗体之所在,惟无据者阙之。

一、凡立传必待其人身后果有德行可尊、官爵可贵、文学可嘉,皆足以表世而范俗者,传特详其行实,累书而不厌也。生者虽贤,不得立传,史家通例也。

一、凡妇人有夫死再嫁者,有子则书其姓氏,无子不书,所以厚风教也。

一、凡过房承继者,于本名下书出继某位,于所承父下止书其字。

一、凡出赘者,则书赘某处某姓;或析居他所,或迁居外郡,亦备书之;使后嗣知所自,不致失其本原。

一、有子之妾,其夫行下书侧室某氏,子书其所出,庶见母以子贵之义,且立主不妨于嫡,祭统有归。凡所后者不得卑祖祢,以讳私亲,以乱宗法,以坏谱例,其嫡继无子必书,有子则各详所出。

第十二篇　族谱

一、谱专以明世次也。尝见诸家谱牒多刻以碑铭,记诗歌之类,托为名公手笔,殊无谓可厌。先世虽存有录钞,俱不登载。今惟取其有征墓碣诗文,载之艺文志,若茔域志、祭法祭田志、族约,有切于谱系者,总附录于卷末。

孝友节义,世教攸关,倘一滥徇,何以示劝,今令遵例,合者录。

(龚克刚等修,民国三年刊本)

民国清江《龚氏十四修族谱》,《龚氏族谱凡例总图》:

例分各条,而总之者,犹乐之作,合众音而为一音也。

龚之先系出绍武,绍武迁抚州,抚州迁新淦,新淦迁清江。自昌悦府君而上,历世既远,异地相隔,势难遽合,然源流所自,安敢忽遗,故图之于首,庶后之子孙知所自出也。每图五世别而为九、为十三,五五相承,期无穷也。祖宗时行辈相称,谓以字,今分图书仍旧谱,不独别行辈,亦存古也。有讳有不讳,视齿行为差也。书生,人道之始也;书配氏,重嗣亲也;死于寝曰卒,外死曰商卒,死官曰卒某官,不幸而不得正命曰死,皆往之重人子终身之丧也。始葬曰葬,从葬曰祔,妻从夫曰合,妾亦曰祔,外葬曰寓,返葬曰归,迁葬曰改葬改附葬,书所向,祔详左右,惧迷也。仕,书由某图,初命曰授某官,累迁曰仕至某官;赐爵赀衔如寿官散官之类,亦必书,重君惠也。不入传,微也。嫡继有子,各详所出,无子必书敌体也。侧室无子不书,有子亦各详所出,母以子贵也。夫死他适,无子则去其氏,止书曰已娶未婚也;有子书于夫葬后,曰几子女,母某氏,妾亦如之,不详生卒,明其义已绝于夫,然犹母云者,世无无母之人也。为人后者书所生曰子某、出后某人,书所后者曰以某人第几子为后,而育异姓者不书,重一本也。嫁娶书某人子若女,重世婚也;女再适,两有子,两书,不则书从贰。爵烈特为立传,中年卒亦得附见,重守义也。立传必待身后,论定也,防私谀也。图五隔矣,又图勾支,联络世次,一览可悉,合为大宗,别为小宗,无非以明一本亲亲之义,不嫌于详也。无嗣书止,亦有不忍遽止之者,世次近而亲支庶也,庶几犹有为之续之也。五隔图不书讳行生卒配葬,书于友序录,所以序长幼也。然无嗣不书,商占籍不书,赘不复姓不书,今皆书。从母嫁,书子他姓、书佣、书寓、书绝,冀其续出,冀其归也。凡诸书例,有则具书,不则虚以俟,今合诸族彦论取其公,不敢辄用一人之见,故有众以为不必书,虽旧谱不书,而卒书者,书女是也;亦有不必书,卒从众而书者,勾支之类是也。呜呼,谱,普也,所以尊祖敬宗,合敬同爱也。义取惇叙,是故见有异同,无害于义,可并存也。若乃增益其所未备,是在后之君子。

(龚克刚等修,民国三年刊本)

余干徐氏

康熙余干《徐氏宗谱》,《系谱条例》:

子生而父名之,书名,从先志也。谱有先人在也,表名而加字,进字而称号,讳之复尊之也。谱为后人作也,是以首书名,次书字,次书号,行派次之,序号爵位又次之,使吾族后裔取名定字,行派号称,知所避而不敢犯也。书生叙长幼,书卒慎终,书葬重墓,娶聘谨大婚之礼,继妻重配合之义,妾者使子知有母,改嫁者义绝,有子者书于子之系,见人无无母之子,赘外姓,继外族,流寓外乡,俱书之,望其思祖来归,无嗣者止,此悯其无后且以便稽考,又使亲秩子姓知礼者及时祭墓,亦不失于孤冢。继立本族应继择者,继亦著,系明白使不紊于宗支,继异姓者不系,恶离宗也。为僧道者,惑于异端,忍为无后,不孝孰甚,不书,绝之也。女适,书之,亦吾一脉也。此皆百世之重典,匪一人得而私之也。

十世孙理谨识。

(徐德忠等修,康熙五十三年本)

浮梁祁门郑氏

典型凡例,慎谱禁。

咸丰浮梁祁门《郑氏宗谱》,《宗谱凡例》:

一、圣讳庙讳御名本字俱应敬避,悉照部颁字式订定。

一、旧谱序文赞语有涉夸大者,悉遵功令改正。

一、诰敕所以荣宠锡,悉照旧谱刻录,为谱牒之光。

一、命名有遇国朝讳字,宜恭避用代字更写,但现在忌讳前朝难以逆料,若概用代字,则昧其名之本字,反令其后裔有非其祖之疑,故名循旧而笔用缺。至于生于本朝者,概行代字更注,毋庸缺笔草书。

一、谱内上追二代,尊选公为一代祖,溯其自出也;而中以一代祖奉传公,原承志载民立庙祀专为传公创建,所以像饰金身,而郑司徒庙所由来也。至旁安众座,输租颁胙,亦非虚设,爰特书以明庙之代数与谱之世系有别。

一、本届谱书凡京公暨鲁、玫二公及延四公后裔来修者,则叙派接图,其历届合修而此届不至者,亦只叙列三图,若日后议修,仍应邀合以笃宗谊。

一、旧谱艺文杂传无关紧要及不合修者,概不录刻。

一、本届不上卜丁,以杜异日冒顶之弊。

一、系图准欧例,五代为一图,其次图复承前图,第五代起下衍四代则两图实共九代,此图律也。图旁书代次以明代传,书某派某房以别宗支,图内书派行,而失行则书讳,行下书讳书字书号书配,以及生没年月葬所,明有传也。失传者从阙。

一、系图以宗派相推,长房派毕接二房,二房派毕接三房,余四、五、六房类然。而无传者则书"止",不留空行以启伪冒添设之弊。

一、各图底层未有子嗣,概不起图分房,徒标空头在上。

一、配偶初婚书配,再婚书继,其子女俱详某氏出,改适者不书,有子则于子名下书其母,不忘所出也。妾之有子者,书侧室,无子者不书,盖古人无子不称妾,其或有女亦书,谓其女之有所系也。

一、嗣续继本宗者,于生父下注出继某,于继父下注某子入继,不忘所生也。若本宗有出继异姓者,宜于修谱时召之,不至则于生父下书出继某姓,更某名,以杜异日婚姻之弊。

一、书葬所,并尊者书同葬,以卑葬尊侧者书附葬,夫妇同穴者书合葬,不一处者妇葬所接夫葬后,至于刻图听各所愿。

一、迁徙于本名下大书迁某处,无稽者注失传。

一、贵显者于本名下书其科甲职位举贡类然。

一、谱要归一,其各处谱稿行下分注有前后颠倒者,务改正以归一辙。

一、老谱有错误者,或国号,或科甲,或世次,俱应改正。

一、承继宗祧,务以昭穆相当,不得尊卑失序,致玷宗谱。查前有此弊者,悉行改正。

一、择配书某地某氏,谓其氏出名门右族、世籍诗书,则并其地而俱传。若概行串书,恐启门户不对弊窦,且有玷于谱牒。故其氏之祖父有功名者,则地氏并存,如无,则只录其氏而已。

一、老谱已载葬所,果系错误,自应更正,但必有实在凭据方敢代改,不然仍旧。

一、世系名字除前所讳外,有涉夸大犯忌者,俱宜更改,如圣龙尧舜等字,或加旁脚,或仍本音,不拘一格。其或父子间杂,兄弟全同者,如系近代,酌量改正;远代阙疑,不敢擅更。

一、女子有已笄未嫁而死者,准载入谱,使其灵有所归,然听从人愿,不必强,惟谱费各自办理。

一、修辑联合,悉遵老谱。然其中有缘当日、星处人遥而未及合者,今合之则当考其现居何地、迁祖何名,取其派系,参之老谱,有相符者虽寒微必合之,不忍弃吾祖一脉之传;苟考核无据,虽贵显不敢妄收也。

一、文武品爵,编为仕宦类,不论文武异途,品爵大小,惟依世次纪之,以见金紫相传,代有其人。

一、诰敕艺文所以荣宠锡传,序所以著遗行也。他如名公著作,赞颂志铭,疏引杂说,俱选录为宗谱之光。

一、遗像载卷首,取开卷而起如在之诚。兹谨遵前谱所传,始封之祖、立庙之祖并已刊刻者,俱照老谱载之。至值下仕宦有名声者,听各子孙己费刊补。

一、作列传,如孝友,重伦常也;文学,昭著述也;武功,明保障也;政绩,尚廉能也;恬退,记槃硕也;仙释,注神异也。至若仁寿以贵德尊齿,淑媛以表节留芳,稽之往帙,必实事实行始采入焉。凡以示信行远尔。

一、科第不尽书,按旧帙以本宗正传者纪之,至于疏远者不敢援入。

一、祁浮祖庙俱奉钦建,故绘图列之卷首,以昭庙貌等威之隆,亦以仰我祖功德之盛。

一、古迹皆我祖所经历之处,不特子姓睹芳躅而深感慕,即土人万口之中,无不传奇踪而道灵异也。倘云不尽于此,是所望于后之搜讨者。

一、王赵二公题谱列诸篇首,所以见世家右族昭荣宠也,否则不敢搀越前后。

一、分谱计各宗若干,副以千字文编为若干号,刊载谱首。如某字号系某处某公裔孙领,挨号填实,副副皆然,宗宗照验,仍用本派印记从一世祖起印至领谱,无印者即是伪谱,庶冒认者不开贿买之端而不肖者亦少盗卖之弊。

一、稿内先书名,次书字书号,次书配及生没葬所,此一定之例也。设有先书生没而后书字书号者,则序次不清,务改正。

一、承继者于所继某人之下先书某人子入继,次书生殁配葬,此一定之例也。设有先书生没而后书某人子出继某人子入继,则序次不清,务改正。

一、夫妇合葬必其夫妇双亡乃合葬书谱。设有夫殁后书配某氏,即书合葬,独不思其氏尚在,岂非活埋?故必注其氏之没,则可以书合葬矣。

一、名器毋庸假冒。如乡宾二字,有正介僎之分,若仅书乡宾,虽非冒爵,实属影响,故必实指正介僎字样,尤当呈验饮宾实凭,方准入载。至以乡耆而冒乡宾,尤宜斟酌,断难妄书。

一、书迁葬者必先书原葬,若仅书迁葬,恐原葬载于老谱而新谱不符,故必注明始葬某处,后改葬某处乃妥。

一、生齿年数须依甲子顺数,不可错写一字。如甲子或书丙子庚子等字,则颠倒错乱,难免子生父,弟生兄之弊,凛之慎之。

(郑培先修,咸丰十一年刊本)

第十二篇　族谱

咸丰浮梁祁门《郑氏宗谱》，《谱例》：

一、尊始祖从苏谱例，自可知者始。予郑裔繁传广，世世若烛照，然第郑姓本之封国，郑封本之桓公，则当尊桓公为一世祖。

一、派世系准欧谱例，五代为一图，再以第五代提头，填至第九代为一图，余俱仿此。图内大书派行，如失行则大书其讳，行下分注事实，如宦绩则详载献征，至图傍又书某世以明代，书某派某房以别支。

一、祖派不敢擅书，请填之乡士大夫。

一、合谱不任偏见，须参之谱传舆论。

一、过继本宗者，于生父下注出继某人，于继父下注某人子入继。

一、出继异姓者，于生父下不书名，以示其外，于本位处犹留空以俟其复。

一、凡男之配妻妾，俱序书之，惟改适者不书，有子则于子行下书其母某氏，以不忘所出，盖重节孝意，亦可动之人人。

一、凡女之嫁，书适某地某人，盖重择婿择门第意，且令亲戚之爱亦可传之允允。

一、刻谱之式，派系相推而去。长房派尽二房紧接，二房派尽三房紧接，余俱照前，不留一空，无传之裔即书"止"字，庶免伪姓者起插添之弊。

一、给谱之法，先期开名而来以孝友睦姻任恤字编号，谱尾大书某字号系某处第几世孙某领执，发谱之堂用图书钤记，无号之名不另行外给，庶免冒郑者生贿买之计。

一、历代封赠封拜缙绅等辈，起于某途，止于某职，万不一知，今第举其所知者为献征类，倘时地之远，有稍狐疑的，不妄攀。

一、历代诰敕诗文等类，或遭兵火，或受霉蠹，万不一存，今第搜其所存者为文征类，倘字迹之讹有难考校，亦不妄易。

一、世有备士行而未沐命寄者，表为盘硕，以附献征之内。

一、世有娴妇道而足作阃范者，表为闺淑，以附芳行之后。

一、派图中别地分门，必以久大者为定；倘所迁之代未久，即迁久之支未大，不必另提以滋烦挠。

一、派图中定地立门，虽以见在者为主，然于某裔初迁某处至某裔再迁某处亦须详载，以便查考。

一、家庙有二，祁之营前，肇于唐末之敕命；浮新居，始由民崇生祠于乾宁，继由钦建于天成。主之者三公，而后裔有爵位才德者皆得附祀。祠宇坊匾，悉列之图，固以昭庙貌等威之隆，亦以阐我祖功德之盛。

一、葬法有三：并尊而并葬者、书曰同葬；以卑裔葬尊傍者，书曰附葬；夫妇一处者，书曰合葬,不一处者妻葬所接夫葬所后,地名须详为记。绘图任各所愿,固以卜山川毓秀之兆,亦以为子姓世守之凭。

一、各处祖容愿描者,听,盖以寄事亡如存之念。

一、各处佳境愿录者,听,盖以彰地灵人杰之美。

一、奉先毫不可苟,须详列,为祀典类。

一、淑后毫不可忽,须详著,为义训类。

一、我宗俱世承诗礼,罔底弗类,第天之赋质不等,岂无一二子姓渝我家规,惟除大犯外者,一体收之。

一、我宗俱起自荥阳,本无二郑,第宗之世叨显厚,岂无一二侍从冒我郑姓,即令富贵极者不混收之。

一、家谱之代当数等国历史,鉴不远往,修谱徒据一隅,以习故事,不辟四门以探实际,故其代或宜多而少,或宜少而多。今者构宗中实谱以主之,又合各谱以参之,则于国历毫不相悖,可革往日偏多偏少之病。

一、拜谱之图,每递载祖名,宗小宜尔。予宗散布京省,难收之谱,即谱所载难数之图,故其中残缺者多,失次者有,今惟于始祖名可数而悉者,则载之,余各处止载始祖某派下,则一祖可以蔽群宗,免蹈往日残缺失次之弊。

一、谱中信以传信,凡有所纪,必定之一时,即可俟之千万世,乃所谓史笔之直。

一、谱中疑以传疑,或有所辨必协之于理,亦可当之于人,乃不为文胜之史。

一、我族自续英公迁居长宁柏川,世隶民籍。以前外姓因清军籍,有抱养军支,致起衅讼者,我族当以为鉴。日后本支子孙毋许出继外姓,并入绍外姓为嗣,既杜民籍混军之祸,亦绝异姓乱宗之弊,即同宗过继亦宜严慎。

(郑培先修,咸丰十一年刊本)

咸丰浮梁祁门《郑氏宗谱》,《补例》:

一、修谱必须丁费:生丁固当均出;没丁出生丁五股之一;其有过继移房者,镌刻必须二处,故费用生丁须照常生丁倍出,没丁则常出生丁之半可也。

一、修谱之后,屡年正月初二日,有新丁者各宜至祠报明庚名,以便录于草稿;其有年至七岁以上者,亦各宜于是日至祠报明,以便收入正稿。日后修谱上牌悉照正稿,其未收入正稿者,似不必与于谱牒正牌之列。

(郑培先修,咸丰十一年刊本)

浮梁南阳刘氏

光绪浮梁《南阳刘氏宗谱》,《凡例》:

一、家世源流,载自唐名宦仲昭公,为一世祖,其先代不敢远溯。

一、世系书名、书字、书号、书生殁年月日时、书娶、书葬、书宦迹、书节烈,凡有语涉不经及铺张扬厉者,并黜不书。

一、讳下用小字,先书乳名册名,次书字号行,次书官爵生殁葬所,次及妻妾生子。国朝字样敬谨抬写,不得如前朝一行直书。

一、妻书娶,妾书纳,以严嫡庶。生子某各注某氏下,使知嫡母庶母生母之所自出而不失其所本。

一、缙绅科第或进士举人贡监生员更员封荫乡饮耆老,各注讳下小字。

一、葬所虽注各讳下,然或有墓表墓志,有合葬,有山四至,有与外姓同业,有祀田墓地之不同,故为墓图一卷,其表志以及墓铭详载各类卷内。

一、为人后者,本生父名下列书几子正名、第几子为某公后,其继父名下书以某人第几子承嗣,以重为后也。

一、妻妾再醮者,只书娶某氏,不书名以及生殁年月日,以便查察祠堂神主之别。

一、阳基祖祠绘图记序另载一卷,使后代知置造之本源。

一、无传者其字号行娶生殁年月日俱不削除,但直书无传字样。

一、迁徙则在本名后书迁某处,使知一本之思,以杜假冒之弊。

新修汇辑本支一脉,其旁支仅载亲兄弟一代,其下不录。

(刘燮材纂,光绪三十四年刊本)

宜黄棠阴罗氏

乾隆《宜黄棠阴罗氏尚义门房谱》,《守志公房谱例言》:

一、谱自大农令传至重良公四十八世,世代相承,皆据会省老谱,非依托冒附,如崇韬之拜汾阳墓也。

一、棠阴大宗谱以臣通公为本支一世祖,而此以尚义守志公为本支一世祖,以明房谱之各有所本也。

一、古有大宗小宗之法,所以叙天伦、系人心、明教原、敦正本也。由汉以下宗法废而门第盛,于是谱牒之学兴,族之有谱其犹宗法之遗意与?是谱以宗法为主,如初分之子,孟为长,仲为次,叔季又其次也,继世之次第,孟之子虽幼乃宗子也,例当先书,仲叔季之子虽长乃众子也,例当后书。故必孟之子书毕而后书仲叔季,则大宗小宗之法定而长幼亲疏明焉。

一、尚义守志公以上止录本支而旁支不录者，所以别亲疏远近之杀，非故从略也。

一、谱贵传信而阙疑，信而不传为弃祖，疑而传之为欺祖，有美不称为没善，无美而称为献谀。是谱之录，于四者之失，庶或免焉。

一、尚义公派衍五房，而此止联四房，以本厚公另修房谱，故不录也。

一、谱传当以名书，虽子修谱，例书父名，孙修谱，例书祖名，于先世祖、本支祖截然，故不避也。

一、讳郎名，而此于自讳上多书乳名者，乃父母所命，自幼至长，莫不呼之，故书之以志尊亲之意，并令子孙命名不至冒犯。

一、谱为本宗而录，又兼及妻之祖父及女适某地某家，盖礼缘人情而起，亦所当详。

一、生殁之期，安葬之地，父子之系，并名字号行，以次注于各人名下，其间失字者书名，失名者书字，失名字者书行，失行者书号，俱照亲支草录，非妄意详略于其间也，录详仍详，录略仍略，从其实亦以勉其咎也。

一、迁居各处具书本人名下。

一、上殇、中殇、下殇俱照来草录入。

一、凡碑铭传赞必确有所据准录入谱，然其文多仍草稿，局内未之或易。

一、凡修谱多用欧苏合式，兹谱独宗苏式者，盖因先朝会省大成老谱及大祠新修宗谱俱宗苏式，故不敢特异。

一、我支谱未修，派亦未联，遂于名字派行，往往重复错出，今重修谱牒，自四房福字表联派后，公议每年谱祭日各房将一年子孙生殁婚葬缘由，俱付本祠报明，依次查录，庶长幼不紊，生殁有考。

一、是谱之修，在局者矢公矢慎，省费节用，故不数月而功告竣，此虽子姓和协，亦皆祖宗默佑之力也。

一、修谱非以溢美也，盖上承祖宗于既往，下示子孙于将来。古人谓：三世不修谱，比之不孝。是谱既成，凡我支长幼领谱者各宜珍藏，尤望后之子孙继而修焉，永昭世典。

（乾隆二十三年本）

宜黄吴氏

乾隆宜黄《吴氏伯武公房谱》，《吴氏伯武公房谱纂修凡例》：

一、姓有所自始，源流贵在详明。吾族以国为氏者也，则泰伯、仲雍其得姓之始欤。然世居渤海，故诸吴皆以渤海为郡，独季子之后则称延陵，以延陵为季子所封之邑也。吾棠

第十二篇 族谱

阴肇祖敬文公系宣公六世孙,宣公出唐太史竞公,竞公季子苗裔,则一世应自季子始。但远宗近宗,似不可无分别于其间,故吾谱自季子以至简公则载以延陵世系,宣公以下六世则载以延陵江南世系,敬文公以下则载以延陵棠阴世系,伯武公以下则载以某房世系,庶几远宗近宗均无紊乱。

一、族谱以望台楼会修为正,其中分支别派,世系井然,诚可为后世法则。我房读旧增新,历年久而阅世多,乾隆乙丑虽经草录,未能印订,兹体式一遵老谱。繁者详之,散者聚之,不致遗漏舛错,当局矢公矢慎,未敢增删半字,有越旧章。

一、原修老谱会同经公十八团汇纂,上溯由来以宣公为一世,我肇祖则第六世也。今分房续修,系出棠阴,世次则敬文公为一世祖,我房祖则第十五世也。会修推其远,分修纪其近,义务有当,非敢妄为更张。

一、分修房谱,应于房祖系下别题世次,以明为吾支房谱。然溯本穷源,虽派别而源合,故吾谱仍遵老式,不敢更异,后增及本房则书伯武公房谱一图,于再五世则书为第二图,所为分而合,合而分也。

一、发祥录、实绩考、文翰录纪载碑铭传赞,有名卿硕笔表扬我祖宗之德行者,有肖子慈孙传述乎祖考之创垂者,文章学术、节孝闺范,其间增光前烈,可诵而可传者一一备录,诚谱牒之巨观,俱照老谱编次镌录,以为后世观览。

一、吾支房谱远祖前用直行递书,宗苏公之法。自泰伯世次各详注名行字讳生娶卒葬,房祖后用横图,五世一吊,仿欧公之体。自贤字派起,分另于一图,第二图首仍举五世者,明六世之所自出,且以便考览,故吾谱合苏欧之式而谱图之义全。

一、立继承祧,在亲支子侄选举,有应继,有爱继,经族众正名,所立为人后者,入嗣与亲生无异。谱内凡立继出继,必于两家互载,一注立某公第几子为嗣,一注第几子出继某公为后。如此根本不紊,则他日支繁派衍,悉皆显然有据。

一、无子无继者,老谱皆书"止"字。今吾支增修房谱,有确知为无后承接,则但书某府君而不书止。至徙居外郡,无论远近,有来历可纪者,固不致遗漏;如年久音问无通,又不知其子孙之有无,但注以徙居某地;甚至流亡散佚,又不知居何州县,存殁虚实,有无子孙,则注以远出莫考,防后归宗可以补续。

一、老谱会修自皇明万历丁亥,越今百九有一。先代虽经草录,其间或远徙,或式微,前无所承,后无所接,当局无由考订,不敢确注某公项下,则仿春秋夏五郭公之例,只得于正传而外,附立补遗,详注某公某人,备后参考。此虽非修谱正条,然其中不可不慎,庶后或可有据而补入。

一、各房牵支图系概循所属串联,惟贤四公房传世五代,派为澄字,行名登老谱者,统计一十五人，再传而为英字派者亦一十有三，惟英十生一子有传，复徙居建昌府城西门外刘家岭。因世远年湮，来历均无所考，询其嫡祖之来由，皆茫然而莫知。今续而系之，无从考证，只得悬之本房图末，未敢率意安系。

一、先世祖考之派第，细核序次井然，何敢妄为更易，惟孝友二行之派，间有舛错，其中先因各支录来年庚未符，亦非老谱之疏忽，兹逐一细加磨勘，概为改正。若不表而述之，后或将谱新旧较对，必谓新修紊乱，以滋口实。

一、各名行字讳生娶殁葬，有详书者，亦有未详书者，皆本老谱及各房草录之不同，非故为其简繁。前代概循旧式，并无卒意增删，即新续世次，各照所属串合，细加一番厘剔。虽散居外郡，既列支派，则来踪去迹，自有实据，非出吾本支，概不紊增。

一、新修房谱一十四部，凡二册。编立"道德勋猷绵世绩诗书礼乐振家声"，共记一十四字号，各房均照字号收领。如非如此，即为伪谱。凡我同修，捧而读者，宜笃孝思，轮而执者，宜加珍藏，当念纂辑之难，苦力劳心，其成非易，勿以虚文视之，有忘祖宗之世绩。

一、在局任事者俱从节俭，凡外录草盘费、局内伙食，俱有额数帮用，所出乐助丁钱，其间多寡不一，有出十余千者，有出数千及数百文者，甚至未出分文者，此亦因时达权，未便锱铢必较，然所出不等，有不得不详附于谱末，备后得而查核。

一、修谱费用，所费甚大，而远居外郡者，虽微得乐助丁钱，除盘费而外，亦所余有几，不足偿局内供给。公议凡各支来请谱一部者，出工本钱二千文以帮装修各项之需，抑或有余，积存为兴祀置产，如有侵收肥己者，难逃祖灵昭鉴。

一、首卷前述古录，溯吾祖所自出，端其始也；纪录列祖嘉言懿行，祠宇佳城，著其实也；徙居有考，杜假冒也；领谱编号，防其伪也；任事列名，嘉其功也；次卷列三图世次吊传，承先启后，明其本也。若夫乐助之多寡，丁钱之实数，何必会计而细分，亦见仁人孝悌有同心也。汇而志之，纂辑之，纪纲备矣。

十三世孙文薰自南氏谨识。

（吴文薰等修，乾隆四十二年刊本）

宜黄棠阴罗氏

道光《宜黄棠阴罗氏尚义门锦二公房谱》，《条例》：

一、篇首载敕书诰命，尊国典也。继以源流宗表，述历次修谱，溯所自来也。继以历代名宦先贤志书列传及节孝传，昭祖德也。继以祠堂祭产山场地基，重法守也。继以文艺诗翰，彰文教也。乃上自珠公以来，衍之以本房各图，庶昭穆秩然，俟大祠合修无遗也。其大略如此。

第十二篇　族谱

一、考旧谱，父名高标于上，生娶葬详载于下，一图而三代具见；孟房之子先书，而后书仲叔季房之子，则宗法不致错乱；历世昆弟亦必提清再传，而后第即注明各祖之下，则亲亲之谊有节有文；祖名书公，现生存者行派内书某字第几，不书公，则尊祖睦族之法详；提纲大书几世祖，即旁注某字表，以便序宗派辨长幼，数条今悉仍之，而仿欧吊苏修二式，比前谱较增饰焉耳。

一、房下子孙，科甲、官爵、文庠、武庠、廪贡、太学、议叙、军功、耆老、乡宾及乡会试程荐，俱于本人名下注明，但不得滥冒荣贵报修。

一、妇人节孝有关风化，其自三十以前夫故者书孀居守节，过三十岁者不书。

一、修谱理应恪遵功令，宜简毋滥。诰敕国恩家庆及崇祀，自宜备载。志书已载，照志书之；未及载者，听本家立传送入，附刻本人之后，以备采风。节烈幽光亦必备载，附本人后。所有从前文艺，向载旧谱，不赘。其余如谱赞像赞，均属谀词，概不得入。

一、此次修谱，原为本房世纪，备大宗修谱核查起见，实为本房自雍正丁未年至今一百二十载未修而作。其中条目多端，不得不详定章程。旧谱所载而例未定，故博考参稽，前文虽美，删其繁而使之简，备其端而折其衷，义多词略，斟酌于风会宜然，非逞私见也。

一、谱贵传信而阙疑，旧谱有年月日时而无娶葬者，并生娶卒葬俱无者，仍旧阙之；新生年月日时，男妇葬所，照各房缴送丁单载明，非文理不顺及违例外，详者从详，略者从略，无所增删。其亲支无从查究，照缴送丁单阙之，后经查出，俟续修补入。

一、族繁散处，间有同名，理应卑幼避尊长，无爵避有爵，生存避死卒，今皆略为改正。且修谱理应恪遵功令，如犯讳，使各自改正，送局照刻，否则只得代改，以凛国宪。

一、派行倒乱，长幼失序，旧谱已然，况经一百二十年未修，其间错乱更甚。然称谓已久，契券碑文难移，今昔一辙，公同商议，照原修入，不加改正。至错落者重之，幼者加一又字于上，嗣后须酌量尽善，可免错误。

一、本房远徙异省者，派行不的，势无如何。如居四川闽粤等处，远地不得报丁，以致谱久不修，咎将谁归。此回经向寄来生娶卒葬者，开清登载；现未寄者，俟后寄来载入草谱，下次重修刻入。

一、各房汇送丁单草稿，如有遗漏，责归亲房，局内何能臆揣。

一、本房修谱即从本房起，大祠历代序文人名，集隘难载，且宗谱详载，兹可不赘。至本房前谱序文修理名字，刻之于谱，不没前劳。

一、坟山祭产，照各祭簿刻入，其子孙无分者，不得藉口混争。

一、名义分别嫡庶，书法古例应书娶、继娶、副室、侧室，但母以子贵，所生之子系庶出，不欲区别。概加以娶字则近嫡非宜，注又字于娶字之上，不致混乱。妇以节重，所娶之妻系闺女不为区别,概加一继字,则再醮无异。重娶字于娶字之后,不掩节操。至娶他姓之妇,仍书继娶。妾婢无子仍书侧室副室,自得其要。

一、妻者齐也,统妇女而言之也,故不可书娶与继娶又娶者,概书妻字。

一、男书娶某氏女,女父名爵里居悉载。女书适某氏子婿,父名爵里居、婿名爵里居悉载。男未娶不书氏,女未于归仅书许某氏而已。或有再醮书氏,氏空姓不载。至男妇家未详名爵,但书男娶某氏,女适某氏。

一、继子书立某子为继,于生父名下书某子出继某嗣,后即从继父书系,生父名下不得复书。倘承两祧则两书之,只载生父名下,不得言继。

一、照旧谱,父名下殇,有生年月日时者,直行载之,其父母不能记忆者,只载乳名,直行不载。今殇字亦不载,只载早世二字而已。

一、无嗣载止,我房旧谱不载,仍之。

一、非吾族,混吾宗支,不书,以明一本。

一、本房报丁簿及各送丁单,有生年月日致滋疑议者,载世传后编存疑。

一、本房有远贸者,亲房汇送丁单,内有未载生年月日时,无从联派,酌议俟本人归后,另立派行,庶免长幼失序。

一、过三世不修谱,古训严之。自后务三十年一修。

一、谱珍藏宜周,不致朽坏为幸。

一、谱宜诸部对阅,可杜摘落私印简页入混之弊。

以上二十五条,诚谨拟,樽四公系下同修不同局,谱内照稿刻入,有与例不符者,须分别论之。

(罗荆璧、罗明诚等修,道光二十七年本)

道光宜黄《罗氏永二公房谱》,《凡例》:

一、此次修谱,合欧苏两式,自有熊氏至怀汉公四十三世,自怀汉公至德称公三十二世,自德称公至本信公一十九,此以本信公为一世者,所以明大宗小宗也。

一、三房惟进三公系下前已分修,自福字新联派歌,进五公、进六公两房福字以下仍用原派,故每世蝉联,各房自为次第,惟大表则仍从同也。

一、此次修谱未捐乐助,只酌谱价,每部一千文,预丁每丁一百文,男妇每丁三十文。

一、办事者概未给伙食工俸。

一、草谱各房自办付局,其中舛错可考者,局中已为校正,兼着各房本人自行查验,或有遗误,亦不任咎。

一、徙居异地者,原系亲房通知写草交局,或有遗误,众不任咎,并有屡取草稿,局未得收者,于世次传内空页,以备填写。

一、字派重复错语者,现已改正,有刷就复行校出者,俱用红字旁印。

一、凡葬所照老谱及所送草稿刷印,有改葬者俱应各子孙来局注草,以便改印。有未报者,他日不得归咎于局中也。

(罗金来等修,道光二十七年刊本)

光绪宜黄《棠阴罗氏永二公三修房谱》,《凡例》:

一、臣通公大谱于乾隆己卯年修,永二公领于字第九号一部,计十四本,现存恂二六公房英华公家。

一、此次修谱当用苏式,自怀汉公至德称公三十二世,自德称公至本信公一十九世,此以本信公为一世祖,所以明大宗小宗也。

一、三房惟进三公系下前已分修,自福字新联派歌,进五公允字起,进六公运字起,今俱取新派,故每世蝉联,各房自为次第,惟大表则仍从同也。

一、众谱、试谱两部存本祭管事人手,每岁祭前一日邀人执试谱逐户细问详注。一年之中生则依派添入生生谱,殁则注入本人雁行,写圆给点心钱二百文,居远方者通信,次年照回信注添,凡带回信,酒资例给。

一、此次修谱酌捐乐助,出有清帐谱价,每部照旧一千文,谱匠利市二百文,预丁每丁二百文,男丁每丁一百文。

一、草谱各房自办付局,其中舛错可考者局中已为校正,兼着各房本人自行查验,或有遗误,众不任咎。

一、徙居异地者,原系亲房通知写草交局,或有遗误,众不任咎。

一、字派重复错误者,现已改正,有刷就复行校出者,俱用红字旁印。

一、凡葬所,照老谱及所送草稿刷印,有改葬者俱应各子孙来局写草,以便改印,有未报者,他日不得归过于局中也。

(罗奂等修,光绪二年刊本)

宜黄谢氏

同治宜黄《宜邑谢氏六修族谱》,《凡例》:

一、水木本源,各有攸归。吾宗自申伯封谢之后,以国为氏,开于周,著于汉,显于晋,以至唐宋元明,代有传人。兹因世次久远,难以征实,故仍遵旧谱,以适中公为一世,自公而上则逸,亦犹删书自唐虞序诗首后稷之意云尔。

一、谱例总不越于欧、苏,舍是则非法矣。今合二者而兼用之,总图遵欧例,所以系源流;列传仿苏氏,所以纪事实;庶远近亲疏,一目俱在矣。

一、每图以五世为率,服尽五世也。直则父子,横则兄弟,秩然不紊,所以昭世世相承之意,脉络明而检阅便也。

一、谱所以严世系、别亲疏也。自尚书彬公而下,并纪十七世,非欲远攀显贵,以光简册,实从流而溯本源也。其间生卒葬徙,一因旧谱,毫无增损,其中有阙而不录者,谓其别有所迁,而非徙宜之支派也。

一、列传每世大书其表,上则书某公第几子,下书字书讳书行,生卒娶葬、生几子详书无略。未娶而殇书夭,无嗣书止,别迁书徙。有空白于系下与注无考者,或以其人远出,或以其时未生娶,支流绝续,未可知也。

一、为人后者,书所生者曰第几子、继某人为子;所书后者曰继某人第几子为子,明嗣续也。

一、妇重三纲,女本一脉。凡出适必书其女之名,配某姓及其里居,重婚媾也。

一、谱例列传直书长子,次书仲子及叔与季。今不论亲疏,概以年之长幼为行之次第,鳞集无间,使昭穆不紊而亲疏仍自不失,此宗苏法而稍易其式。

一、本宗子为异姓后者,虽易姓仍书名讳,载为谁氏子,示不忍忘,冀其归宗故也。但于中恐有不肖,鬻儿女为婢仆者,查出即行开祠削其谱牒,无玷宗盟。

一、吾族支分,名字不联,仍于世类编之表,派殊而本源一也。

一、子姓或宦游某地,或客寄他乡,因而成家别处者,于本名列传下载出居某处,志不忘所自也。

一、凡男子必书所生年月甲子者,识通族之齿序行坐称呼,胥此出焉;妇人亦书者,女贞从夫之义也。

一、卒葬必书及甲子者,知寿夭也。葬必备书某所某形者,志不忘也。

一、婚娶凡书妻氏外,必有子之妾始书,谨嫡庶也。凡子必书所出某氏者,明所出也。

一、先后名讳字行,多有重出,历世既远,难以改正,自后观斯谱而名之字之行之无犯前讳,其慎诸。

一、书法与国史一律,富贵贫贱,亲疏远迩,毫无异视,断无称扬过情,摈弃失实者。

一、坟山坐某处某形某向某年月日葬,某祖妣合葬袝葬,俱各详书,防混冒也。

一、历世既久,支裔繁衍,统而列之,艰于总阅。兹自尚书彬公而下,至国霖公则总叙其世系,国林公而下则分列其支派,俾绳绳相续,一阅之余,尊卑指掌。

第十二篇　族谱

(谢赋文等修、谢性卓等纂,同治九年刊本)

新淦黄氏

道光《临淦窰前黄氏重修族谱》,《条例》:

一、重孝弟以敦伦纪。吾族世传,天亲是笃。今户口日繁,则秀顽不一,而各于其父天母地、分形连气之人,均应胅诚恺恻,随分尽力,以修其职之所当为,即如圣人之德本于人伦,尧舜之道不外乎孝弟,孝弟为人之本,讵可忽乎哉。必子与子言孝,弟与弟言悌,交相劝勉,以共成为豫顺之风。间有小异乎众者,即宜群相教戒,以闲其失而返其趋也。

一、敦续修以传世系。吾族谱历朝修辑,宋元明合修大宗谱数次,后因生齿繁盛,兵荒散处四方,各立小宗支谱。然支分派别,虽纪载详明而世远年湮,不无残缺,尤贵代有人以续修之。吾族支谱数十余年未曾重修,遗失者尚多,曷胜凄怆。兹搜辑故牒,逐一详增,遵欧谱法式,以图载于前,以传载于后,文直事核,派列分明,一披阅间,长幼亲疏了然在目矣。

一、昭源流以别亲疏。吾祖肇自豫章郡守高显公,生子司空法□,以迄于今千百年余。历谱高显公为一世始祖,司空法□为二世始迁之祖,至九世崇山、崇德兄弟分派两支,固各有谱。然我崇山公子孙蕃衍,散处四方,备载居徙考中。今谱详录吾支一脉生卒,其余亲者止记其名,凡属疏支,一概不录。如有商寓侨居异境,在后能寻源归宗,即以吾谱原载出处有据者,亦宜收入,庶不失一本之义。若世代久远,流派无考,毋得滥收,防冒称也。

一、贵详载以备参考。吾谱正德以前生卒亦书年号,正德以后生书某年某月某日某时,卒亦如之。葬者书其某都某地名某形某向,若居商卒者,书卒某处,榇归葬于某地,侨居异境者亦书葬于某地,子孙欲待搬归故土,书殡于某地。夭化书其名,恤幽殇也。

一、敬长上以序尊卑。吾族中尊辈有行长,有年长,有年行并长,第年不长而行长,行不长而年长者,均为分所当尊也。而年行并长之人,历事既多,则观理尤明,故吾族中无论公私事件,凡需众共为裁度者,必以行长者之议为定;而行卑年轻之辈,虽所见偶是,必当和颜怡声,请以待命,不得任情率气,专主迳行。

一、修祀事以享先灵。吾族两房先后同居一地数百年,于兹报本追远,建有公祠,以奉祖灵。须常洒扫扃钥,毋令污秽,或有倾圮,辄宜修葺,不可怠缓因循,以滋不孝。向例起有公本,续置山田。分为三班田山,立有合约,不许典卖。每年春秋冬轮流祭祀办理器物,此善法也。循是一如旧制,凡有所司者,合志同心,切勿漫亵。如斩衰凶服,不得登堂与祭;期服而下,更服行礼。

一、详名分以杜混替。凡初婚曰娶,继娶三娶皆得书;妾曰侧室,无子不书,重有子也。夫死而他适者,有子无子皆书其姓,不详生卒与葬,谓其失节于夫。然犹书姓者,谓世无无母之人,正侧室有子,各著所出,使后知所出也。

一、务本业以厚风俗。吾族处于乡曲,亦旧罕素封之产,子弟资不能渡即授之以耕,春种秋获,享自然之利,仰因以事,俯因以畜,此上法也。次则工贾医卜之类,闲令为之。若其奇诡欺伪,无济于日用,而或且贻为人心世教之害者,共为屏戒,不许学习。

一、崇儒读以冀振兴。吾族历居数百年,以诵读入学几膺乡荐者寥寥数人而已。若其科第之荣,爵秩之显,盖未知或有焉。此为之后者所当奋然自勉也。童蒙之辈,为父兄者,必令就塾。遇有资性超群者,务使专业以求进取,如或其家贫乏力不能及,责其所亲稍裕之家及虽属疏谊而赀产较丰者,必共为量力匡勷,俾获有成。

一、慎婚配以守先志。吾族两房荷祖宗垂裕,户今逾百烟,载瞻乔木,世泽实深,子女配合,无论远近,必门第相当乃可。如匹配者,俱于未纳币前告明各房尊辈,俾合族少长预为周知。其有贪图厚奁重聘,不以门户为念者,共为斥之。凡娶之妻,载某姓某父之名;女适载某处某婿之名。间有娶卑微为妇者,例止书姓,念宗嗣为重。至若弟受兄嫂,兄纳弟妇,辱乱大伦,有伤风化,合当鸣官重处,断不可蹈此恶弊。

一、宜接绍以绵宗嗣。吾族倘有无后者,必择亲兄弟之子继续,或择本支之人立继,即书于继父之下,犹书于生父之下,不忘所自出也。其无子而未有继者,俱于本名下墨之。若过继异姓与随母归者,不得滥书。乞养异姓之子,并不许登谱,恐致乱真。出赘及侨居异境者,举书示不忘远,不没人后,冀其归宗也。

一、尚实行以表群伦。吾宗历朝忠孝节义、理学文章,史籍俱载,兹不赘述。近代考吏纳职监与钦赐者,于本名下志之,重君恩也。业举子、入胶庠及尚义守节有功地方祖先者志之,俱不失其真。若不守四民之常,违悖孝弟之道,奸淫窃盗,乖乱伦理,上辱祖父,下累妻子者,合当惩戒不悛。送官重究,仍削其谱系,黜以示劝惩。

一、谨□录以护坟庐。吾族各现□,山洲埠墺,竹木柴薪,森然公私之业,皆前人爱惜培植所贻。《诗》谓:维桑与梓,必恭敬止。《礼》谓:为宫室不斩于邱木。义至深也。均各恪遵旧例,永行禁,其合众近居近坟及各山各地,诸大树非公行妥议,不许轻伐,柴薪非届期不许私砍,其各家各支所□私业,彼此无得相犯,如有不遵者罚之。

一、戒赌博以弭窃害。赌博一事尤易坏人心术,败人品行,农则失时,士则荒学,原非人所为也。尝见世人始焉二三比,匪朝夕群居,习为游戏,继则流荡忘反,无所不至,甚至倾家荡产,穷而无措则为穿壁逾墙,作奸犯科种种祸端,俱从此起,一坠其中,迷不知返,迨事穷势极,悔之晚矣。可勿戒哉?

一、远争讼以睦邻好。吾族两房一本共敦世相笃好，故同姓之人绝无睚眦，唯是左右邻居间有违言，亦宜忍让。且衡宇相望，戚谊是深，猜嫌怨忿，反覆相寻，尤为礼不应有，故必自存厚道，以弥其隙。或稍遇有不平，非剥肤切肉，万不获已之事，亦必以退让舍忍，维挽其末，若其逞戚恃力，挟奸任诈，以恣欺凌者，其共耻之。

一、早输纳以免差扰。粮为国课所系，微论绅衿士庶皆当早纳，无待追呼。诚能依限输将，俯仰无累，妻孥宴然。倘有违缓，胥役叩门，多方需索无名之费，或反浮于应纳数目，甚至捶楚日加，仍不能为宽贷。与其去钱受刑而完之于后，曷若守法良民而完之于先为愈也。

一、阙旧文以遵功令。吾族谱年远，文翰参差，字面不无违碍，已奉各宪明示，不许记载。故今谱以新修序为首，前代旧序行谊一概不镌，其八景、居徙、家训规例及领谱字号，逐次列于图前，至各寿文志赞，务其实行，与文艺相符，方列于传后。一切微言微行，人文不相吻合者，断不取录，毋使訾为木灾。

一、严守藏以珍谱牒。吾族新修谱系，今已成帙，颇费心力，共计四本，明注某字某号某人收领，务加珍重而世守之。例定每年二月十五各持所领之谱赴祠，共为查阅曝晒，仍还收好。其有一部不到，或私当私卖者，即会众立行勒令赎回，另以家法责处。又或收藏不谨致有损坏，及自擅增补字样故作情弊与众部不同者，罚钱五千文公用。如有知情恃势党蔽者，亦如之。

以上所定约则十八条，皆至切至要之件，特为众人而设，故反覆陈说，不以高古艰深难以领略，均以明白显易一览便知。后世子孙须各凛之。

（道光十五年刊本）

南丰济阳江氏

乾隆南丰《济阳江氏分修族谱》，《济阳江氏修谱条款》：

一、兹谱奉上例改修，纠集同宗，详加谨慎，以抒尊敬。凡从前登载传赞序文，恐有僭妄字句，概行删除，惟山场醮产照旧附录。

一、谱有欧、苏二法，苏法以兄弟为图，虽便于观，似失于略。欧谱五宗九世（编者按："世"字为新添。），代经人纬，以（编者按："以"字为新添。）前一图五代为五宗，次一图五代亦为五宗，此五宗之所由名也。合两图（编者按：原文误作"途"。）五宗而论，列代宜若（编者按：此字新添。）有十，然次图所提之人即前图五代之人也，合之九代，是为九族，此九两之所由名也。故曰五宗九两，自九代而下递递推之，皆由此法，虽似于赘，实详于览，故兹谱一以欧为式。

一、谱取五代一提,服尽五代故也;第二图则举五代于头上,知六代所自出也;第三图则举九代于头上,知十代所自出也;第四图、第五图以下俱以头上小注为准,以后世提皆仿诸此。

一、谱系效周礼,生齿以上皆书于版籍,螟蛉不书,僧道不书,臧获不书,夭殇不书,年长娶后不嗣者书不传。

一、谱传以派行,为定派行下,存者书名某,殁者书讳某,乳名不雅听者不书,妻书娶某氏,妻死再娶者书继娶某氏,妾书副室某氏,女已嫁者书适某人,未嫁者书许配某人,男未婚而已聘者书聘某氏。

一、出继之子于生父、继父下各书之,生父下书出继二字,继父下书继男某。

一、谱命名讳字,各有一定,不可紊乱雷同,祖先名字列之谱中,炳若日星,自后生子命名不可犯用祖讳,以水火金木土递传命意(编者按:此句新添。),此亦尊祖敬宗之一征也。

一、故家声闻所以不坠者赖有贤子孙也,凡有志以圣贤为立身者特书之,有名列缙绅光显祖宗者特书之,有见义必为临事不苟志操可称者特书之,有轻财好施赈恤孤寒者特书之。

一、妇女有贤德卓行,丧夫守节,终身无玷,或罹大变全节死烈,有(编者按:原文为"者"字。)关风化者悉详书之。

一、妇失夫有子而他适者,止书其姓而生殁不载焉,盖书姓者世无无母之人,生殁不载者,义与庙绝,无书之理也。或子随母出嫁,如遇春秋祭祀亦要拜祖识亲,始不迷失根本也。

一、娶妻无嗣者,必须立继,不许抱养异姓,以乱宗枝。但立继必以昭穆为序,先及亲支,无可继者次及疏支,不许不立以绝宗祧,敢有故违,正以家法。

一、修谱悉遵先代遗稿,不敢牵合苟收,以快听闻;亦不敢徇私摈斥,以遗公议。但前谱不载,今谱或收者,亦考渊源有自,另吊一图,以别分支故也。

一、修谱以敦孝友,严范不肖。有行检不端,不孝不弟,贻玷先人者,理应削出,但书劣行,不便雅观,宜自知改悔(编者按:"悔"字为新添。),庶不失故家风声,亦以征先人忠厚之所遗也。

一、族或迁居各乡异县及久商于外,与凡出赘出养于人者,皆详书于本父之下,倘后归宗,有所考证。

一、严禁盗葬。凡葬亲于共祖坟山者,当于白昼行棺,族属送柩,临山观窆,不致侵犯,人已相安,生死两顺。如或明知有碍,不闻族属,密构外戚私交,暮夜移棺,侵犯祖茔及族属坟墓；又如暗立寿基，临时公然开土，甚至开见旧冢便就层葬；此等情弊，他族尝有。今自会议立禁之后，我族务守理法，如敢私行盗葬者，族属鸣众踏勘（编者按：原文为"看"字。）责迁，不服者执谱，经官以正其罪。

一、本族行派，前以二十字为定，士子仲景秉居以汝庭元国宗希必懋世（原文为"试"字。）德允维潮；今又增二十字，美名光盛代载（编者按：原文为"继"字。）履溥承恩重振家声远秀钟文后裔繁。自后命名必循此派，如差错者宜改。

一、族谱源流关系（编者按："系"字为新添。）匪轻，修谱查考大费心力，有等不肖子孙视若土苴，以致疏失，甚且变卖别宗，玷辱先人，迄今不多图本，止以联一副编成数部，各宜珍藏，以征世守。

编联附：笔花开锦绣　楼月照光辉

以上十七则，前明崇正元年乌石盈科祖修谱俱已呈官勒石祠内，今虽稍有增损，亦因时制宜耳。

三十三代孙之永（编者按：原文为"允"字。）、三十四代孙慰祖谨识。

（江南金等修，乾隆四十五年刊本）

南丰西麓双井黄氏

同治南丰《西麓双井黄氏族谱》，《凡例》：

一、宗谱法始欧苏，故修之有两式，有欧修欧吊者，有苏修苏吊者，更有苏修而欧吊者，是在乎人之则效耳。吾族旧谱法宗欧氏，今乃折衷二家法式，欧吊修之式代次详明，帙成散给各支之子姓，注明的表，照号付领，务宜珍藏。每岁六月六日惟焚香尽送至祠晒过，查验告祖。如有损坏者照老例罚银二两，有慢藏遗失者，必于本人名下根究出来，重罚银十两，上祠公用。

一、谱贵约，而该约则览易，遍该则事勿遗。今删繁补阙，事必究其颠末，人必详其出处，而于忠孝节义文章之士有关风教者，必备载焉，以为袷式。

一、世系后小字有书讳、书字、书表、书号、书行等。古人每称行之数而不称其行之表，如李白之为李十二，杜甫之为杜十八也，其意盖忌直指焉耳。然谱牒尊祖何避其直指乎，故书大字或表下书小字，派第几，添或字添号，若生员岁贡必书，书治某经举副进士，书科目名次恩拔国学，书其年号三途、考授品级、出仕省郡州邑、忠孝节义行实及生卒娶葬外，方书男几，直列某某生，女适某姓某人。

一、祖山乃生身根本，所系凡理葬必须通闻族众，不许上犯昭穆，违者迁改重罚。

一、山图所以防侵占也，其间坟冢界限，务须详明。兹所绘者虽未甚善，而某葬某所，有无他姓坟墓相连,并坐落都图四址均为一一朗载,后之子孙展卷了然,庶不致年远无稽,启侵戕冒占之弊。

一、男婚女配必须书载男婚某姓,女配某姓,无致阙略,有忘姻好。

一、宗族之妇自少至老孀居无玷者必为详请旌,所以扬节义也。

一、犯例禁名讳即为改之,或同音而异字,或从类而改音。夫亦曰功令也,毋敢违焉耳。

一、谱序源流,凡冒称同族及骤尔归宗者,必按旧谱牒详其根本,支连派合,始为续录。断不以其贵而妄收,□则而不书,否则祖灵临之在上,质之在旁,增恫恐。

一、同宗自幼抚育为继者,则书抚某之子。若其人有嗣而殇,即书继殇者之嗣,倘恩继失序,断断不可。至异姓不得为后,揆之律礼,黜之惟恐不速。

一、同族有争斗是非,会众从公解释,如有强梗不服,公众责罚。

一、本族与异姓构非,必审其曲直。若族间不是,绳以家法;果有亏柱,众为排释。如是庶不以顽梗贻笑他族,懦弱被欺于人也。

一、修谱后,子孙士农工商不一,不能皆贵而无贱,皆富而无贫,皆近而无远,勿以贵凌贱,以富欺贫,远间亲则姓永和睦矣。

一、能捐赀助产入祠,以厚祖宗祭祀者,特立神主祀之,并永远给胙,以报善念。但其子孙亦宜永体先人,毋滋后弊,如有别情,众惟执契呈官究处,后有继起助产者,亦照例设主给胙。

一、科第贡监与考选绅衿者,皆有光于祖,当立单主祀之。

一、序跋借重尊贵,沽名也,俗见也。盖谱以取信宗族留之子孙,岂以沽名!即曰取其鸿章,然以家人而叙家事,浮文衍词将焉用之?

一、古有言曰:三世不修谱,谓之不孝。盖三世将百年矣,先后相接,传闻不相及,是以有亲疏混淆,支派错乱者。先人老成,将终有来询之者,曰尔祖有某者,某者谁为尔祖,特欲应而不能言。噫,有是哉!祖且不知,况余亲乎?此修谱之无稽可鉴已。自后子孙续修毋越三世,识之哉。

一、子弟冠巾乃成人之道,取讳取字,必先清查谱内立定字号,庶不重犯先人之讳。

一、族众有游泮登科及第岁贡国学与出仕者,通众举贺不拘,各祭皆送花红,但入泮国学俱照旧例送贺。至若岁贡三两,科者五两,第者十两,出仕者五两,送科举者盘费亦照旧例,此乃体祖宗培植人文之意,岂得谓滥费哉。

一、谱局任事每房各举数人公同汇修,矢公矢慎,颇费经营。凡生娶卒葬,有无嗣续并拨自呈草稿,详核校阅付梓,自信均无遗漏,其间或有舛错端历不详者,皆本支不能明辨,非纂修等疏忽之咎也,观者谅之。

(黄家章等修,同治十二年刊本)

兴国刘氏

同治兴国《刘氏重修族谱》,《凡例》:

一、族谱历代相传,悉依旧本,考核确当,续载同源枝派,详记某祖所出之子孙,庶无妄扳冒附之非。

一、族谱之修世系,自广传公以上悉遵欧修,以下依苏修,五世为一提头,以次序列之。盖仿通鉴纲目之例,使阅者人人易知,非臆断也。

一、族谱之修以今序、原序、龙章仕进列之首卷,昭世德也;次及世系,统其纲也;又次枝派行述,序其目也。

一、编世系枝派以大字书名,细字书行,述生殁葬所,俾后人知其详也。

一、谱者所以载人之生婚卒葬也,凡人生于某年、婚于某氏、卒于某岁、葬于某处某山向,逐一开明录之。子孙或移异省异邑,世远年湮者方知某祖某配某氏某祖妣葬某处某山向而源流方不紊也。

一、谱者定限三十年一修,长幼尊卑,昭穆次序,井井有条,后人乃得而知也。使不修之,则世远年湮,所积甚繁,不可胜纪矣。

一、母嫁不载,谓与庙绝也。然而有子者,必尽登之,乃不伤孝子心也。

一、族谱所以杜人之侵占也。凡夫妇同穴称合葬,兄弟同妯娌曰同茔,子从父、媳从姑、卑从尊长皆称附葬。或同山各穴、同形各向,则皆详书之。先世生殁葬娶,有可考者即载其一二,无可考者第书其名而已,名字俱无可稽则书失考未详。又或因遭变乱,知其名而墓无所稽;偶葬异地,有其坟而人不可查,难以枚举。故凡祖坟,恐世远地遥,或绘山向坟图以志之,以防侵渔。

一、族谱序图中缝,注定某公位下世系某房支派,依次注定,使稽谱者可循序而得之。

一、族中有出外立家者,在本名下注一出居某处,便其子孙日后归宗,得溯所自也。

一、族中有未生子而继立同宗之子以承祧者,于生父名下注一出继某人为嗣;或同姓不宗而继立者,于本名下注一嗣子。至若异姓而承祧者,目为养子,不得载入谱内,或另载谱尾世系之外可也。

一、族中枝派甚繁,内有同名讳者,因迁住星散之故也。自今重修之后,各宜避之,庶昭穆有序。

一、族中有齿德达尊者,有文艺兼优者,故内有行述并葬以为族中表率。

(刘天成等修,同治元年刊本)

玉山怀玉张氏

光绪玉山《怀玉张氏宗谱》,《凡例》:

一、世系务须同派,方可与修谱牒。倘有出世系欲与我合修,宜按图细察,勿以贫贱而弃之,勿以富贵而援之,勿以私仇而遗之,勿以旧恩而收之,然后亲不至于疏,而疏亦不能间亲。

一、世远年湮,谱牒岂能有所考。故眉山之谱,六世之上无传;欧阳之谱,自珣至琮三百年而为七世,自琮至柳七十八年而为十三世,非不求详,欲求详而不得耳。荷斯责者,或遇所不知,必阙之方为允当。

一、欧阳之谱前列世系,而生卒葬所氏嗣另载他卷,览者固属不便;然眉山之谱名行班布伦而不群,致亲疏间隔,亦非妥当。惟晦翁取二谱而兼之,以五世为一图,而生卒葬所氏嗣即各载名下,或有传述即附列氏嗣后。至于诗赞序文印刷大字,另录他卷,以便观览。兹谱亦遵晦翁法。

一、谱牒所以列世系,亦所以别善恶。孝弟必书,节烈必书,仁义道德尤必大书特书。其有品级官爵,皆当详载。否则知事者不可混施笔墨,方令善人喜于见传,则勇于自立,恶人无有所纪则愧而生惧。

一、谱牒书生卒年月日时及葬所与山向,亦俾后人知所考镜。盖死非命不书,盗窃不书,淫酗兽行不书。不惟不书,且削其名。

一、族有不务士农工商,弃祖宗父母而为僧者决不载入谱内,以其不孝而出家故也。

一、族有不务正道而皈依服素诸教亦不载入谱内,以其有干例禁也。

一、异姓不许紊乱宗支,或有亲房无人承继,出于不得已抱他人子为己子者,则载明螟男某或书义男养男字样,以别异同,随母来者亦如之。

一、族有与出母去而为他人子者,不许复姓归宗,以他人曾抚养之也。若母去复有子愿归宗,亦徇其情;出继异姓亦如之,倘本支乏嗣归宗,以继其后,准其入祠载谱。

一、妇人从一而终,有夫死再嫁者,削其生年日时,以示警。

一、女子或书幼未字,或书字某,其已经于归则书适某,或有改嫁者则不注。

一、妻则书正娶某氏,死而复娶则书结娶某氏,生子某妾则书副娶某氏生子某,俾后人知子之嫡庶。

一、八岁至十一岁死者为下殇,十二岁至十五岁死者为中殇,十六岁至十九岁者为上死殇,凡此固当分别详载,然丁稿入局皆无分别,故以一殇子概之。

一、死在殇年固无为父之道,不必为之立后。若逾冠无子,或爱兄弟之子以为子,或爱族某之子以为子,则书爱继子某。否则照依行推,则书继子某。倘有以弟继兄,以孙继祖者,急令改正,方免败纲常,方免坏伦纪。

一、后人有与先人同名者,悉令改正,方免亵渎。

一、族内之人若同一世,则讳之上一字必同,方知尔我为同世。若下一字或同用一傍,或不同用一傍,亦可听便。乃以前世派多致混乱杂用,以后则先定某世之人上必用某字为讳行,不许各房各字以致混杂。至于字行,前既未定,今亦听其各取。

一、各家必须一簿登记各支名讳、行第及生卒葬所氏嗣,既可以备修谱,亦可以便查阅。

一、谱各标字号,某字号分散某房子孙收执,若收执子孙或有失落,定行公罚。

(张维潢等修,光绪十四年刊本)

新昌城南漆氏

光绪新昌《城南漆氏族谱》,《漆氏重修族谱凡例》:

一、姓氏,氏亦族也,姓者生也。百世不改族者,属也。子孙连属旧谱,支而未合,非其初一人心也。百世之义,赖先世仁瑞功正二□君旧序手泽在,授世先公较南昌谱尤详。今子孙得连属焉,重修纪合也。

一、谱图首鼻祖兴公,得姓初也。经洪州刺史季直公家南瑞初也,继举彬爽元公而本而干而枝叶,作本原图、筠洪图世远纪初也。

一、祠宇有图,有看守人,藏主列昭穆地也。建某处书某祖植下,每月之朔望荐祭,冠婚庆谒,读约劝戒,方启祠钥。初祖之祭,程子缘人情也;朱子欲废为近禘也;则合祀与各祀不妨随各系旧祠行礼,或祭于寝,不必强合簠簋。饬诚孝衰末矣,重心不忘也。

一、兆域祖灵魄在也。书都分地名、古形名、某祖公下所置,书某房管某远祖冢茔。各随房分约,于清明时祭扫填修倾圮,应禁者议禁,防其侵坏,非重风水说也。心之所自致耳。

一、世系书法。首书行,次书名书字,例得书号者兼书号,又次书生之年月日时功名爵秩;再次书配某氏女某贞生于某年某月某日某时,得封赠者兼书封赠;又再次书子女,女许字于人者书许字某某,适人者书适某某;末则书殁之年月日时,年历七旬以上接书享年若干,已葬书葬之所在,或生与殁与葬无从稽考,则书失记。

一、世系既列冠婚吉凶,大礼当同。冠礼古重三加,族齿既繁,祖父命冠不行于家庙,随力也,有力仿古行之。婚姻事先续后也,先择德不论财,许女者加之,正始也。吉礼大则会族,小则亲房随俗往庆,简靡文,敦朴意也。丧礼当日讣闻,尊卑素服往吊;有丧之家,惟尽力殡殓,哭踊尽哀,随家丰俭慎终也。礼同而族叙矣。

一、婚配已定尚未迎娶者,即于书生之年月日时后书聘某某女某英。

一、离家多载,迄今不知所之并不知所终者,或书游外,或书商外;被贼掳去者,书某于某年遭发逆之乱,被贼掳去。

一、妻者,齐也。前次之谱或书配,或书娶,参差不一。今则凡室女皆书配,再醮书娶,并不书贞,妾某氏生有子女者书侧室某氏,如是则有以励妇节而嫡庶之分亦明。

一、出妇嫁妇不书,生有子女者但于子女下书母某氏。

一、继嗣本仁人之心,除乞养异姓子乱宗不书外,其余或应继,或爱继,但使伦序无乖,昭穆不失,即于生父系下与所继之父系下明白直书,以符谱例。

一、继嗣向章一子不双祧,自乾隆始开一子双祧之例,此系指独子而言。凡二子三子者不得分祧,以示限制。凡人子已为人后,父母俱不在堂者,不得以身继人为嗣。

一、以子与异姓人为子者,不绝其归宗,应照旧例存其名于所生系下,出为僧者亦然,出家者仍宜于名下注一僧字。

一、殇亡原在不载之例,但其名已载入谱牒中者,削之则与前谱不符,未免启疑,今仍留其名于所生系下,而于名下直注一殇字,庶阅者一目了然。

一、举贡以上及齿尊而望亦重者,书名书字兼书号,余无容滥,成例如是,今当从之。

一、有善必录。忠孝节义科甲仕宦以及膺封典跻大年,凡有光家乘者,自当如例直书。此外生平德行确有可称而又实有其据者,于系下加一二语表扬之,余不滥及。庶几昭实录,去浮文,不至等于无美而称,为有识所鄙。

一、封赠自有定例,前谱中已刊载者无从查办,不如因之;自后无论大小实官虚衔,以及封典等项,务照前例据实直书。

一、当王者贵,本朝固所必尊也。至事前朝,即遇恩旨诰敕封赠旌表等字,亦皆一律平书,不必另提一行顶格写;且或元或明,均宜注出,如至正即于至正上加一元字,洪武即于洪武上加一明字,元明以前仿此。

一、传序表志等项,业经载入谱牒中者,自宜照旧以外,不得滥刊;如实有潜德幽光,经鸿儒硕彦品题者,如欲刊入,亦须酌帮经费,以杜纷竞。

一、书有详有略,有今有古,详者因其详而详之,略者或年湮代远,或子孙不能记,无嗣莫与之记,亦因其略而略之,非制于例而不得书者比。今者谱例既定,以后书法自从乎今,古者谱例未定,以前书法自仍乎古。如正同公以上排行中一字非乳名,仍书行某几。

配称淑,不专称贞,仍书淑之类是也。

一、立兰玉集。自今谱成后,初生男女报名于尊长或掌集处,各随家赀丰俭,出喜银一钱,立簿收存,年终诣宗祠,稽数生殖,备族中义举公事或族农商乏本、贫童乏师借用,祖灵慰矣,亦修谱意也。

一、谱成某字号至某字号共四十集,每集十二本,注某收某字号,岁祀时间一出示,送祠堂会查,损坏及借人或遗失有罚。同事修谱先后贤达,备录其名,凡大事竣,例皆得书也。

(漆耀书等修,光绪三十年刊本)

广东

宝安鳌台王氏

民国宝安《鳌台王氏族谱》,民国《重印族谱序》:

国有史善恶知所惩,家有谱源流知所考,家谱固与国史并重也。溯我乡王氏,先世本居兴化莆田。自进士承事公由闽宦广,卜居鳌海,为鳌台初祖。五传而后,派衍绵延,遂臻蕃盛。至太守淡轩公父子,政事文章辉映史乘,自时厥后,衣冠簪笏代不乏人,声名文物之盛,足为宗族光者。前哲序之綦详,兹不再赘。乡之谱牒初编始于我祖儒林知谦公,继于太守淡轩公。清初重修,则有司铎杏村公。乾隆末重修,则有主政璜州公、孝廉峙衡公、明经瓒公、槐公及元德公等。传次到今百二十余载。年湮代远,遗文散佚,迄今尚留族谱一部,硕果仅存,半经蚀蠹。若迟之又久,拾遗补缺考核无从,诚恐数典而忘祖。应奎忝列明经,不忍坐视吾乡文献之失。清光绪戊申岁,家君晋笙倡设鳌溪学校,栽培后进。时族人推奎主持校务。谈及旧谱,拟行重印,众均许可,经已拨款付印。乃托不得人,致亏公款,弗竟厥功,可浩叹哉!至是又迁延七八载,民国初兴,时值纷乱。家君晋笙复顾奎而愀然曰:"我乡族谱,今弗再印,将使自宋迄今七百余载二十七传之谱牒,尽沦于我辈,罪岂浅尠哉!"嘱奎勉力进行。奎有鉴于昔,与其头筹公款,难睹告成,曷若提倡劝捐较易为力。乃商之石泉、显生二君。二君极表同情,力为担任,遂袖束捐题。幸同族诸君见义勇为,踊跃捐资,赞成所举。而梅翏、瑞文、颂南、植庭、世英、吉佳、少庄、佐材、紫芝、子勤等,尤为热心鼓吹,尽力劝导,事赖以成。惟是检阅谱内篇数或少图半残,缺字多破碎,几难查核。于是遍搜各房之零碎者,或一二卷,或三数卷,虽属断简残篇,而互为参订。彼部某篇遗失,赖此卷完全而有征;此部某字糊,幸彼卷玲珑而可据,几番校对,始获告成。此真千钧一发之延也,殆祖宗呵护之灵默以维持于勿坠欤。谱内诗文序志,顾皆名公巨卿手笔,只有总目,而无分目。谨将卷一至卷八加入分目,各冠卷首,朗若列眉,俾易查阅。

并增入本乡新地图一幅,与旧图合参。一则宅场位置龙脉之来去分明,一则乡内交通道路之标识清晰,亦以表示今昔不同耳,非敢比美前人也。余皆率由旧章,并无增减。兹刷印告成,人各家藏,庶异日重修,推源溯流,易于就绪。谨书端末,以告后人,是为序。

民国四年岁次乙卯孟秋,二十三世裔孙应奎叔明氏谨识。

提倡劝捐重印族谱:叔明、石泉、显生。重刊校正:石泉、子沅、叔明、显生、绂生。

重刊族谱认捐股份芳名列左:……

(王应奎等修,民国四年石印本)

(二)族谱体例的讨论规范

讨论范围包括姓源、初祖、始祖、远年世系、女性、异姓继入与族人继出、名讳如何书写、是削谱规范。

1. 寻源辨伪

江苏

上海葛氏

上海葛氏家族数辈人曾为所属宗族支派来历渺无所据而烦恼,后经一偶然机会了却了百年之憾,事情经过颇具传奇色彩。

民国《上海葛氏家谱·叙文》,光绪《源流叙略》:

予家自前明中叶迁居上海,以儒学名家。明有葛桂字子芳,嘉靖四年乙酉举人连捷,成丙戌进士,官南雄府知府。葛士麟字子郊,隆庆五年辛未恩贡,官萧县训导,笃学有守。万历间有葛君美以文行主邑中郢社,与诸名士迭相唱和。传至国初康熙以后渐即式微。弃儒为贾,造海舟往来山东奉天各口贸易。积百余年,复以富称。

南中向不重谱系。上海僻处海滨尤甚。曹氏为上海三百余年巨族,出自宋济阳武惠王后,子孙甚繁。然其谱自成化以前皆无可考,即成化以后亦往往有讳号事业失传者,其他可知矣。

吾家自康熙以后谱系中失,支派遂至茫然。吾祖恕斋公始博访详求,而年代久远,无可征验。仅据父老传闻,或云自江阴来,或云自金陵来,不得确证。世次自君美公以下尚能记忆,其远者已湮没无传,吾祖每为悒焉伤之。咸丰癸丑,吾父计偕北上,遇盗折回,意欲搜集谱乘,旋值寇乱奔走流离,后复多病,有志未遂,常以为恨。同治丁卯,予佐鼎军幕府,道出直隶,遇真定葛生。询其世系,据云其家有谱,汉以前无可知,汉时涿州葛氏为大

第十二篇　族谱

族。自葛仙公分居江南,自此有南北葛之称。其由涿州散处河南北与山东西者,皆北葛也。近百年来,涿州葛亦复无多矣。时值戎马,仓皇数语别去,心焉识之。

同治辛未之春,予以军功得官知县,签发山西。由沪买舟西去,行至镇江水涸,月河诸口皆淤阻,通由丹徒出口渡江。晴朗无风,扬帆行十余里,狂风自东南来,波浪陡作,急叱舟子于南岸暂泊。风又转北愈猛,舟岸相击,殆濒于危。不得已,携妇稚仓卒登岸。岸上男女聚观者百数十人,询其姓氏,咸曰"葛",予且惊且喜。岸上人见予船上旗帜姓名,争来前致殷勤,且争挽到家小住。因率眷从之。行约数十武,见小村落,大抵皆茅檐小屋,择老者一家暂憩。烹茶为黍,情意甚洽。因言此地为当沙江,属丹徒县,离城七十余里。葛姓族处此者五百余年矣,富者贫者计三百余家,口以千计,去此里许有总祠,有家谱。予亟具衣冠诣祠拜谒,并索观其谱,称系宋文定公邲之后。文定公世居润州,生四子:一子居金陵,一子居扬州,一子居吴兴,一子仕山西,因家焉。元末有裔孙镇江庆元将军者,统师战败,天下大乱,因率其子侄部曲田于丹徒当沙江边,隐而不出,遂为当沙江始祖,今祠中所供之主是也。谱创自明初,迄今已五修,计二十四本,序述不甚详尽。文定公诸子讳字事业及庆元将军之讳字官职皆阙而不书,惟言录自江阴旧谱而已。庆元将军孙辈以下始有讳字行辈。以次翻译,至明末国初,则吾六七世祖仲甫、天寿公名列谱中,天寿公子辈皆应字行,大抵皆蟠螭麒麟等字,与吾家五世祖行辈字意相同。屈计世数年代,大略吻合,而近代学字士字行,更若不谋而同,不觉拊手惊诧。其八世祖君美公独不见谱者。考同邑前辈曹锷庭给谏所撰其祖南叟公遗事,称与同邑葛君美选主郓社文会,则君美盖其别字,而原讳已佚,虽列于谱,亦无可考耳。而吾家支派之所由来、百余年采访所不得者,至此殆如豁然梦醒。即借笔谨志数语于祠壁而退。俄亦风息,遂坐原船渡江,并为文以记其大略。

夫以予之遭时多故,奔走四方,足迹几半天下,其渡江而北而南者,不知凡几。向非镇江淤阻,则挨柂出口,依金山剪流而渡以达瓜埠不过一炊许时耳。否则少迂其道,由月河、孟河各口渡江。金焦两点近在眉宇,一帆之风片时可达,胡为而至当沙江也?即不然由丹徒出口,而风利难泊,百数十里之江不劳终日之力,或出口之时已见风起,静候风息而后行,或更雇红船拖带以行,胡为而于当沙江泊舟也?再不然风或作于当沙江之东与西十数里、二三里则暂泊,而胡为必于当沙江也?即泊矣,而风或不转而北,则泊而即行,予不携妇稚登岸,又何由惊动居人男女聚观,而得与同宗证此缘也!此其间不容爽尺寸间,毫发不先不后,莫为而为。其人耶?其天耶?其鬼神使之然耶?其祖宗之灵默有以启之耶?嗟夫!血脉之流传、精神之贯注虽历千数百年,而呼吸相通,无少隔阂。

人而昧其本原,忘其所自出,甚至徇利背祖、甘为异姓之后,而不恤此,非特不可以为子,抑且不可以为人。故先王之以礼治天下也,莫大于尊祖敬宗收族。

……

光绪十有二年,岁在游兆淹茂秋中元节一日,诰授奉政大夫、赏戴花翎、历任潞城黎城榆社县知县、宁远直隶厅抚民通判山西候补直隶州知州葛士达顿首谨序。

(葛尚钧等修,民国十七年铅印本)

苏州吴县洞庭安仁里严氏

江苏吴县安仁里严氏发现同姓之人冒宗,立碣为记,以杜效尤。

民国吴县《严氏族谱》卷一二,《杂录·杜冒宗立碣记》:

吾宗安仁里始祖之墓在涧沿上,相传曰雀篱坟,由来久矣。墓后有荒冢二,余于十余龄已见之,后亦日就平塌,竟不知为谁属也。今年春祭,突见两冢隆然鼎新,且立墓碣,上书安仁里严氏始祖之墓。询之坟丁唐姓,知为不宗嘉德之子裕臣所为。遂请族长鼎辅德起叔等查明之,并索阅其所刻家谱,知其始祖曰伯谦、伯益,其字辈止有"信有明征"四世,而其后均不知也。因究其谦、益两公葬所,裕臣茫无以应。与之论理,亦俯首无词。翌日,伊浼吾宗族侄沛华从中解释,定于本年长至夕刬去安仁里字样,乃姑应之,而其事暂已。

夫吾宗之谱,自伯成公始,而伯成公并无昆季里曰安仁,盖由吾族所居之地而名之。今伊谱亦伯字起,屑认远年无主之冢以为始祖,碣上居然书曰"安仁里",其欲潜冒窜混之心皎然如绘。噫!木本水源,岂容混乱;兰艾玉石,不辨自知。况人贵克自树立耳!使必藉门第以为荣,其荣安在哉!若裕臣之所为,其心甚苦,而计则甚左矣。余恐后之无识者,犹有蹈其前辙,故书其颠末以志之。

嘉庆己巳八月明璞谨记。

(严庆麒等修,民国二十二年排印本)

宜兴篠里任氏

江苏宜兴任氏初谱载,其始迁祖系靖康之变后由河南偃师迁来,十五世孙景龙经分析而提出质疑。

民国《宜兴篠里任氏家谱》卷二之四,任景龙《始迁辨》:

据初谱,始迁祖从河南偃师来。相距二千余里,廖阔不相往来,实未有征信的然可考者也。凡名公为吾家作志传,咸祖其说必称偃师,则以谱牒云。然至天启辛酉,侄孙玉瓒以便道出偃师城下询之,果有土著之任,然未面叩任也。壬戌,族阮履为偃师簿,龙以为

第十二篇 族谱

必得始迁来历,疑案可定。乃履居一岁,忽卒官,未尝言及。履之子允淳将扶父榇还,其邑诸生旅吊中有任焉。因拭泪问之,云:"家无谱牒,分派入宜,未之前闻。"而吾家疑案犹故矣。将谓不由偃师耶,彼固有任,不诬也;将谓必由偃师耶,彼诸任何不与闻也?

先是旌德老医任复初者,年八十余,寓留都往来吾宜,为予言彼族实始彦升公昉,而吾义兴之任即旌德之任所分。则以昉公初守义兴,爱其溪光之美,建钓台于此。后守新安,卒于官。仅有桃花米二十石,贫无以殓,其子孙因家焉。理或有之,若谓义兴派从旌德,亦无确据。盖由胜国兵燹之后,失其家传之牒。国初,文墨始兴,倩人修纂,而所倩多远方客子,罔知所自。托言南渡,江以南谱牒大都然也。夫宋不南渡,江南为无人之国也乎?

予以为初谱不可遽革,亦不可尽泥,惟略远而详迩。信信而疑疑,则谱之道尽此矣。

(任承弼等编,民国十六年一本堂刊本)

景龙之孙为楫经进一步调查,主始迁旌德说。

民国《宜兴篠里任氏家谱》卷二之四,任为楫《续始迁辨》:

相传义兴任氏即旌德任氏所分,盖由旌德迁建平双庙,双庙迁篠里,确有可据者也。

康熙丙辰,葵尊得隽南宫植斋,兴水木之思,属予至双庙追溯本源。因读其谱云:彦升公(编者按:即梁任昉。)守新安,政清刑省,民戴之。卒于官,贫无以殓,杂木为棺,浣衣为殓,阖境痛惜,建祠祀之,迄今祠宇焕然。公遂留葬新安,第四子守墓不归,故徽宁多任姓,皆其苗裔云。七传生昂,昂迁双庙,生三子:长念七公,为溧水三眼井任氏之祖;次念八公,世居双庙;次念九公,实本族之祖。时五季也。传至我寿之公,中间二百年,两边谱俱未悉。将念九公身迁篠里至孟昭公作谱时,世远事湮不及记忆耶?抑或念九公先迁别所至寿之公始卜宅于兹也?渠谱及祠堂碑记,俱作于正德间。吾宗至嘉靖始昌大,其非傅会可知。念九公昆季并葬金鹫山,三冢具在,彼二冢前有祭台。而我祖独无,且顶上又盗葬一穴,因子孙之不归省故也。

初谱倩远客朱仲修笔,不谙吾祖所自来,妄称南渡从龙至此,此不过袭他谱套话耳,予大父(景龙)辨之甚详。楫迂腐不文,不敢翻前谱之案,亦不忍隐始迁之由,附识于末。倘后有贤明起而续修之,其亦斟酌于斯乎!

康熙丙子仲秋十七世孙为楫续辨。

(任承弼等编,民国十六年一本堂刊本)

宗族重血缘之纯正,族谱中对涉及外姓的出继、入嗣、赘婿、义子等都有明文规定。

但种种原因,异姓、奴仆冒姓入谱,于是谱书便有存疑辨伪之作。

民国《宜兴篠里任氏家谱》卷二之四,任景龙《辨伪录》:

南州公义男任泽者,陈姓也,从主姓故名任泽。生一子任鸣,鸣生希用、希恩。泽妻死,复娶其后妻,带来一子,名任鹤,居山庄掌管木竹。鹤生谦。余未识谦之面,知其家在赵坟山之东。谦每妄称与主同族,独不思父鹤随母适泽。彼且不得为陈,况得为任乎!主仆悬隔又无论已。泽后妻生一子受仁,初名任鹤,鹤生文谟,其支派颇朋,乃越分僭援,何哉?岂以祖父之名为任某任某,遂认妄为真耶?命名不可从主姓,此可惩已。

至于任颛,生子任教,怀溪兄信用之,称纪纲之仆,其侄有任隆等,皆数世执役公家,从主姓而实非任也,因并记之。仰山公于第七世耿公下曾跋数语,以著其伪。余又摭义男来历备载一简,妄言者益无可托矣。(编者按:实亦无可奈何。)

(任承弼等编,民国十六年一本堂刊本)

民国《宜兴篠里任氏家谱》卷二之四,任源祥《初谱存疑》:

按谱系十一世伯英辈十三人,皆无考。而第三谱于庸、洪、俭、供四公之下跋云:"近有本族世仆,原从主姓,阴怀跋扈,偶窃旧谱,妄称聪、耿二公裔为自脱计。今主仆之分甚明,岂容续貂!谨识之,以杜伪撰者。"余尝闻之故老言:篠溪公纲仆有任教者,公殁后窃谱以逃,则仰山公跋语盖指任教也。今有善卷僧,自称任姓,持旧谱求售,其为任教之后明矣。僧既为任教之后,则任教所窃之旧谱,应是真本。然可疑者四。初谱作于景泰间,而所持之谱于今谱无考之下称名,而系之以成宏嘉万生卒,一可疑也。昔人家常书札皆用名笺,至今有存者,况作谱大典聘名公操觚,请士夫画像。彼时郑重如此,岂反惜纸张小费,不以洁白长大者为之?今僧所持猥琐不堪,二可疑也。谱有先世画像,请士夫孙时敏之笔。孙必当时名手。今瞻所画之像,颇无神采,三可疑也。据称谱出毁余,而所毁皆空白于字,像曾无少损。果系失火,安得如此恰好?四可疑也。以理观之,其添注于无考之下者,与作谱年世悬隔,伪续甚明。其纸猥琐而像少神采,或系临本,亦未可知。其毁余,则僧之仗为骨董以希大利耳。论江汉秋阳之义,何敢辄信为真。推殡衢五父之情,亦未忍径诎为伪。疑以传疑:所与今谱异同者姑存之,以备考云。

(任承弼等编,民国十六年一本堂刊本)

安徽

徽州族谱的附会祖先情况,招来讥议,有些谱牒因而非常小心,力求源流清楚、世系明确。

第十二篇 族谱

休宁古林黄氏

乾隆《休宁古林黄氏重修族谱》卷首下,《祠规》:

族类当辨。史曰:非我族类其心必异。且神不歆非类,末世有认非族为一族者,或有同姓杂居里闬者,或有继别姓为后者,有继同姓为后者,种种不一,世远易淆,谱内正当严为剖析注明,使源流清白,指掌可辨,非敢以门第相矜也。爱己适以爱人,于此两尽。

(乾隆十八年刻本)

新安徐氏

乾隆《新安徐氏宗谱》卷首,《凡例》:

世俗作谱每广叙宗盟,远引世派,以矜巨族,而其中多牵强傅会,致为识者所嗤。夫以百世之遥,四海之廓,岂能缕析条分,是自招舛谬,适以形拙。今溯源循流,只谱本支,不敢旁及,以贻后世指驳……卷末详列各邑异派,所以益清本派也。不惟使日久无插派之弊,更可免下届续修复往稽考,各邑须查明载入。

(徐有炜修,乾隆二年刊本)

谱中登载同姓异派。
乾隆《新安徐氏宗谱》卷首,《新安徐氏异派别纪》:
一、歙东和村有二徐,其一不知来历,其一为歙州总管进公之后。
一、歙东桂林对河方村徐族系摘公之后,另有一支祖宋晞稷公。
一、歙东有西坡徐氏,不知来历。
一、歙西古城关徐氏有家庙,自淳安蜀口分支,宋福衍公开族。
一、歙西凌村塝徐氏有刻谱,系开化县南墩派,另有一徐非同族。
一、歙西唐美村徐氏有刻谱抄本,系丹阳派宋徽言公之后。
一、歙西岩镇对河徐氏乃江西派。
一、歙南杞子里徐氏不知来历,家藏有傅溪族金字谱并古遗像。
一、歙南古巷口丰隆岭徐氏共一支,俱莫考其由来。
一、歙南结林徐氏有写谱,工整尚实,由婺源分支,先世于明洪武时官府经历,居此。
一、歙南隐里族石桥上另有三徐,其一徐人众,向有徐皮江骨之谣,曾买方村所领南陵统宗谱一本,又一徐非上户,惟村头靠山二家系韶铿族迁此。
一、歙南车子坑,又名查落坑,有徐氏不知来历。私买有徐村旧刻谱二部,认皇呈族道傍裡一派,曾有夏川族人来引进。

一、歙南佘源徐氏大抵皆异派。

一、休宁北城东市石羊干及南乡博村徐氏共一支,非我同派。昔城西曾有冒西门道公裔,与石羊干等族联宗者。尝观其写谱。

一、休宁有黄泥突徐,有渭桥箬笠山徐,有汪家岭徐、大佛阁徐,俱不知来历。

一、休宁北门外老柏墩徐氏系江西派。

一、休宁西乡谒岭下温坑山墓边各徐,俱非我族。

一、休宁西乡中村徐氏又名洽裡,有抄傅溪金字族谱,讹错甚多,且不成字,其旧祀簿以宜公为一世祖。正谱未载,莫辨真伪。

一、祁门花桥徐氏族大丁繁,非我同派。

一、祁门东北城俱有徐氏,昔年颇多显达,非我同派。

一、祁门华里徐氏昔年亦有显者,非我同派。

一、祁门东城外另有徐氏,入武库一人,乃江西派。

一、祁门城东十五里长州徐氏,始祖严州将士曰明公之后。

一、黟县东皋有蒨村徐氏,久无来历,前曾冒大塘族,又冒西南门族,俱不遂。

一、黟县田背徐、枫树干徐,俱非我同派。

一、淳安县梓桐源口地名西湖岭有徐氏数家,本歙东和村支,昔居皇之下汪村,私买有徐村明嘉靖时写谱底一本,自加友师名来认皇呈族新屋底派者外,歙南溪、东坝、裡尖山下三徐与汉洞徐共一派,而汉洞徐今尤式微。予尝往访前三徐,阅其祀簿,无远代祖,第其地近徐潭,未必定是异派,然今此已无从稽,后此更将安访?禋识。

(徐有炜修,乾隆二年刊本)

黟县西递明经胡氏

道光黟县《西递明经胡氏壬派宗谱》卷一,《明经胡氏壬派宗谱凡例》:

旧谱凡例曰:旧谱列为天干十派,派分世远,迁徙实多,今胡氏称明经后者众矣,恐亦不无真赝。故佥议:家藏有宋元旧谱及迁徙之初名行字号与诸房旧谱同者,兹乃会集;其有派不著于旧谱,系不合于诸本者,不敢轻会;又有迁徙不相闻,有后不与会者,朱注"失传"或"失考",以俟再访;有后不及会,与会而未尽者,朱注"具本宗谱"或"本房谱",以听其自续。按前例十派会修宗谱,其迁于外者,须有宋元旧谱及迁徙之初名行字号与诸房旧谱同者乃会集,原所以杜假冒。今我族特修西递壬派本支宗谱,悉以康熙庚子会修之统谱为证。其自西递外迁,曾回籍省墓谒祠者,皆约其开列世系,汇齐入谱。其迁居后未曾回籍省谒者,皆不约会,亦谨从前例之意。

第十二篇　族谱

（道光六年刻本）

绩溪华阳邵氏

光绪绩溪《华阳邵氏宗谱》卷首，《会宗小启》：

……迄今未集谱牒，兹欲会修徽严，艰于荟萃，家各为书，难免舛讹。不揣固陋，第将百二公下诸宗理其绪而分之，比其类而合之，编为若干卷，使各派有志论世者开卷有得，而后世之念切宗盟者或以此为告朔之遗焉可也。聊具数语，赴告吾宗，若非其种，尚冀捐之，毋带莠杂薰，令归同器。谨启。时皇清乾隆二十三年岁次戊寅春王正月吉旦，纹川叙伦堂谱局具。

（邵俊培纂，光绪三十三年叙伦堂刊本）

婺源詹氏

光绪《婺源詹氏宗谱》卷首，《局规》：

谱所以明世系，如有继支或本宗或异姓，责成各派注明，不得混淆。

（詹固维等修，光绪五年庐源绿树祠刻本）

婺源三田李氏

光绪婺源《三田李氏宗谱》卷末，《凡例》：

清迁派，盖以谨源流、杜冒认也。故谱牒之修，在会者悉以考实，不轻收入。其或涉于遥远而不及会，狃于薄俗而不知会，厄于贫困而不能会，则仍存迁派以俟后会详收。若名不正、言不顺及自以为是而妄云宗者，则直削之不与此谱。

（李廷益、李向荣修，光绪十一年木活字本）

清华胡氏

民国《清华胡氏宗谱》卷首，《乾隆壬午七修凡例九条》：

各处胡氏多称出常侍公之后，难免冒滥之弊。今惟旧谱明载迁徙与共业先墓者方敢会集，其他不敢轻会，有会而未集者，书具别谱，听其自续。

……

旧谱皆前人手录，以字迹难假，杜冒滥也。今卷帙浩繁，领谱者多，不得不用刻板。印给毕即毁其板，以千字文编号，某字下注某派某公下领，俾各派通知散谱之数，另刻字号条记，用朱墨钤盖，庶私鬻者不得以行奸，同志其共珍之。

（民国六年刻本）

民国《清华胡氏宗谱》卷首，《同治甲戌九修凡例十三条》：

常侍为胡氏大宗，行级不明则昭穆莫辨，故先代曾从五行相生之义编定五言诗，依次排序，乃合观群编，支派多不同，似不足以信。今而传后兹议，凡与修各派悉遵统修编字排行，无得或异，以致淆杂。

（民国六年刻本）

歙县蔚川胡氏

民国歙县《蔚川胡氏家谱》卷二，《谱例大纲》：

谱先敬宗。吾祖所由始，支派所由分，原原本本，倘多为附会则樊然乱矣。吾祖自帝舜后至满公锡姓，而胡氏之姓始安定王封。而安定之郡称学公有功于唐，而唐赖以存，亲爱于民而民不肯忘，此常侍胡之所由来也。居于婺源清华，为百世不易之宗，载在兹谱，则头颅自真，血脉自贯，俾后人一览悉知源流根本。

（民国四年线装活字本）

歙县金川胡氏

民国歙县《金川胡氏宗谱》卷首，《旧编凡例》：

尚同姓。同姓不可混也，是吾族者虽微不弃，非吾族者虽显不录，盖以明一本之亲而杜谬援之失也。

（民国二十一年刻本）

浙江

毛奇龄《西河集》卷二五，《长巷沈氏族谱序》：

黄炎皆一姓之子，然别生分类。自大宗而外，以封、以居、以字、以官，各殊其氏，而其后始以一氏传也。乃氏不异姓，而族不同氏。秦赵不异嬴，而马服之马或淆于司马之马。故唐志氏族，但稽氏始，而将来之族不与焉，自非善谱。族者岁纪，而世较之，则长沙之陶判于浔阳，雁门之郭溷于汾水，其不致近渎而远遗，鲜矣。

邑之望族推长巷沈氏。其先由文昭食采于沈，而中迁吴兴，蔓蔓叶叶，大抵自宋熙宁朝其肇祖兵曹公以兄弟父子进士显于时，择慈孤岵市之傍。累传元明，由武乐迨今，凡登甲乙通仕籍者二十余人。高曾云初历嬗勿替，其间群从共荐，伯仲联解。从侍御公下，翼翼可数,衣冠竞爽,门阀滋大,可谓盛矣!乃沈氏族谱在明永乐间已辑其概,至成化中续修之,迄于今又若干年矣。度支郎振豪文学以祉,辑其后来所未备者,导源而□澜,以传以表,衡直如指人,后者不啻如是乎!沈自(明)季来,春秋无闻。楚有尹于沈者,其后为叶。闽人避王审知讳,而南方之沈匿于他氏,此其为族,虽各有异,然涣亦甚矣。今远追吴兴,而谱亭左右保无浸淫流漫者与。自亲亲道衰,角弓兴刺,杜甫以勿嫌示族孙济,而泉明赠长沙从祖,至或叹昭穆之远为路人者。

夫本源之谊,随地可见。今有得先人遗物手泽栖椟,必咨嗟涕洟而求之。及得之即世守勿失,岁时启视,以为家藏之赤刀琬琰,于是乎在。况其为先人之肢骸所分而析之者乎?然则睹族谱而动本源之思,亦期使后人之历嬗于勿坠已也。度支文学修谱在壬子岁,越一年命序。谨序如右。

(《四库全书》本)

毛奇龄《西河集》卷二五,《虞氏族谱序》:

虞仲与泰伯同姓,然虞不称吴,或曰"虞"去"虍"为"吴"。江宁吴氏之本为虞也,岂亦虞仲之裔与?虞氏肇祖为元临川学士伯生公,再传来迁,其子骠骑公以明靖难得罪,更虞为吴,介于婺源之吴者。若干年迨弘治中,有孝子者估于湖,念所从来,始慨然复虞。虞氏衣冠数世矣。考邲入于楚去右存朱。枣据因避仇而更为棘。束晳,疎广之后也,其曾祖亡命,阴刑其左。彭城刘氏奔元魏,而改为员氏。此其子孙岂不能为之骤复,而逡巡隐忍千秋万世仅以见之。虞氏之孝子,母亦哀其志,而不忍遽为之复之也与。然则反所自始,所以教孝;而仍存其迹,亦所以明节也。

古无不易氏者矣,然纪牒昭然,未之或贸。今一姓相嬗,而反有阴篡于他氏者。宋时争尚谱,族相率为伪。辑一姓所始,而汇其姓之前贤者,略其姓之前不贤者。窃志史乘,赝为之貌,黄麻紫篆,玉轴而金签,加之朱吕文谢序之赞之。姓之著者皆是也。此与奸生渎类,冒他人族而以为己族,相去有几?而今人购之,奉为世本,此不易氏而易氏也。都阃修族谱而问予,以言都阃勉之,亦慎其可易而不可易则已矣!

(《四库全书》本)

2.史志体例

谱书吸收史书、方志体例,体例由简单到复杂。

安徽

婺源三田李氏

光绪婺源《三田李氏宗谱》卷末,《凡例》:

例谱图,盖以叙尊卑、分疏戚也。系下分注小传,备参考也;书迁徙,谨自出也;书行第,所以序齿;书表字,所以重名;书号,所以见志;书行事,所以纪实;书生,所以表年;书卒,所以志寿;书葬,所以著地;书娶,所以明配;书女,所以重婚。然必本诸可考者也,无考不漫为之附会云。

……

一、家之有谱犹人之有身也。谱有支派宗属,身有肢体脉络,不贯则不成身,宗属不明即家非其家矣。宗谱之作所以仁子孙也,正所以仁祖考也。

一、修谱者以续间断,以清源委也。故李氏谱在宋则我制议操公有实录,至我明宣德而汝楠、汝材二公续之,为从实录,最为详悉。嘉靖初李滋公谱乃祁新田所修,我理田居远人杂,阙略者多,后用宾诸公因之为三田大会,即以李滋公谱为稿,其间详略失宜、是非颇谬者亦未暇检校也。豸峰、邻筥乃搜从实录证之,详加考核,各有订讹。今去大会时又数十年矣。会集增修正在此际,但三田族繁,难于卒率先散引邀集。其修大约照三田宗谱考订续编,而更以邻筥所本从实录者参补之。同者采,疑者阙。原已系谱者不敢妄削,今之收系者明注续登,倘有出入,是以祖宗为奇货而私殖也,先灵赫赫则吾岂敢。

……

录文翰,盖以显祖功、扬宗德也。故历世以来传有诗文、像赞、传记、歌赋、行状、墓志,必择可观者收采,载诸谱末以遗来世。

……

蓝田、环田因景赋诗,然诗以咏景,景以证诗,余欲观者两得之,故绘图于左云。

……

我祖操公著有《理田十二景》,予因绘理田山川图,以十二景诗附之,俾一披阅间知某处有某景,身虽未履其地,而其景已在目中矣。

(李廷益、李向荣修,光绪十一年木活字本)

墓图。

光绪婺源《三田李氏宗谱》卷末,《凡例》:

墓图示当世守也,其自始祖以下或不能尽画图式,俱附录葬处于各项系下。夫妇同墓者,则曰合葬某处,异墓者各书之。或侧室与子孙墓其傍者,则书曰附葬,以备后之拜扫云。

(李廷益、李向荣修,光绪十一年木活字本)

池州仙源杜氏

光绪池州《仙源杜氏宗谱》卷首,《凡例》:

我族大宗祠及国贤公、国贞公、宁庆公、庸庆公祠皆祖宗灵爽所凭,子孙岁时祭祀之所,虽大宗祠与国贤公祠咸丰丁巳同毁于兵火,亦宜存其旧制,为后之重建者式,故作祠堂志纪其制度基址。

(光绪二十一年刊本)

光绪池州《仙源杜氏宗谱》卷首,《凡例》:

坟墓,祖宗体魄之所藏,故作墓图志。凡分支发祥之祖墓,老谱已绘图者,今仍之。其各派近代之祖葬在邻乡邻县者,亦准其自出刊费绘图,图后纪其地名、形向及坟界、科丈契约,以俾子孙世守,免日久为人侵犯。其墓在本乡,老谱未绘图者,世守无异,不必增图,即老谱有图,图后亦不载科丈。

(光绪二十一年刊本)

歙县蔚川胡氏

民国歙县《蔚川胡氏家谱》卷二,《谱例大纲》:

谱中里居图、宗庙图、各附记并记诗赋,可见土俗之美、风景之盛,亦可令同宗未经其地,览兹图识其大概。至于墓图,更为祖宗之血脉,子孙之命脉,莫知其处则本先失矣,故立其图以记不忘也。

(民国四年线装活字本)

村居图。

池州仙源杜氏

光绪池州《仙源杜氏宗谱》卷首,《凡例》:

我族村居横亘四十余里,先祖度地开基备尝艰苦,后世安居乐处,人文蔚起,实肇于兹,故为村居图,附十景各体诗于后,不独可考居址之所在,亦足见山水之清奇。

（民国二十一年刊本）

赞序、封诰。

光绪池州《仙源杜氏宗谱》卷首，《凡例》：

孔子作春秋，一字之褒荣于华衮。后世美人之行，往往称扬过实，不惟褒之者近谀，即为所褒者亦惶愧难安也。故我族有德行、功业、宦绩者，谱传内褒语只书数字，务期言简意赅。入志者，书"入某志"。杀贼阵亡者，书"某年日某地阵亡"。寇执不屈殉难者，书"寇至殉难"。已旌者，书"事闻旌恤"。如其人尚存功业，不容泯没者，只据事书功而不书德。妇人节孝，凡年逾五十者，据实直书；已旌者书"旌表"；入志者书"入某志"。至节烈因夫死殉节者，书"某年日夫死殉节"；因乱殉节者书"寇至殉节"；夫死守志、因乱殉节者，生庚后书"青年守志，某年日寇至殉节"；旌表入志者如节孝例。

……

诰命、敕命。天语褒荣理应恭录，因咸、同以前不无遗失，凡膺宠命者谨诸照其封典书于卷首，以光家乘。

（光绪二十一年刊本）

祁门倪氏

封典恩荣。

光绪《祁门倪氏族谱》卷首，《康熙丁卯修谱凡例》：

诰命必录，尊王言也。其耆老乡宾俱详载勿遗。

（倪望重等重修，光绪二年刻本）

年表体例。

黟县西递明经胡氏

道光黟县《西递明经胡氏壬派宗谱》卷一，《明经胡氏壬派宗谱凡例》：

而各人事实注于名下，则《史记》年表、《唐书》世系例也。每图之前朱书世次，朱书派名，有迁居者朱注迁地于其名下，所以明世以示一本，重迁以示异派，示异派亦以重一本也。按旧谱世系图皆从《史记》年表、《唐书》世系之例旁行斜上，著人之事实及迁地于名字下，随人考核，世次详明。

……

旧谱凡例曰：名下小注乳名、户名、更名悉书；书字、书行、书别号；生卒书年月日；葬书地、书山向及形;书学业宦迹;节妇烈女书必据可知者,不知者缺之;浮词溢美一切不书。按旧谱书法,男子有功业者,妇女能矢志者,必据可知者书;不知者缺。臧否之迹明,劝惩之□□矣。今则书名、书字、书号、书功名、书生殁年月、葬书地,皆从前例。娶则无长幼所系,则书娶某氏;妾书纳某氏,皆不书生殁。至于男子有功业者,妇人有守节者,皆从县志:所载者书,不载者不书。其有有功名而经斥革者但书其行字生殁,不复书其斥革之事,亦不失为从厚也。

……

旧谱凡例曰:制命及赠述、序记、哀挽、墓志等文颇多,难以收附,别汇为《世德录》以传。按前例别为《世德录》以载制命及各体文章传世,第此书久经搜访,终未得见,殆前人编辑未成。今则悉从前例,亦不复别为一书。

(道光六年刻本)

道光黟县《西递明经胡氏壬派宗谱》卷一,《明经胡氏壬派宗谱凡例》:

旧谱凡例曰:先墓别图其地形,书业户域界及修复事故,以示世守。按前例绘茔墓地形于上,书域界业户山向于下,诚恐岁月悠邈,蒿里而沦于异区。今则从前例而益以族居之图,此亦参用太原温氏谱及《东家杂记》之例,以表西递一村皆明经壬派聚族而居者也。

(道光六年刻本)

婺源紫阳堂朱氏

光绪婺源《紫阳堂朱氏宗谱》卷一,《世系例》:

各名之下分注事实,准《史记》年表、《唐书》世系表例也。书生,志其始也。书行,叙其齿也。书字,表其名也。书号,表其字也。书卒,止其岁也。书爵,考其终也。书葬,纪其地也。书娶,正其配也。书子某某,嗣其传也。

(光绪年间刻本)

绩溪梁安高氏

光绪绩溪《梁安高氏宗谱》卷一,《书法》:

世系图名后小字双行分注,准列史年表例。首书字,有官者次书官,次书生,次书殁,次书葬,次书娶氏之生殁葬,其合葬者总书合葬,有继娶者次书继娶,有妾者次书妾,次书子女。

……

墓图前绘山水，后立圹图，下注字号、税额、丈数、四至，俾知中边前后，其余他姓同墓者以阴文别之。

……

旧谱所存列传及褒美诗词，无论工拙，一概编入；至游览词翰，拙者可删，以免繁芜。
（高富浩纂修，光绪三年活字本）

清华胡氏

民国《清华胡氏宗谱》卷首，《旧条例十一条》：

旁行斜上。世至七而迁，迁者自为首，求其旁行斜上，以字数承上接下，俾血脉贯通，此司马迁《史记》表、郑玄《诗谱》例也。

（民国六年刻本）

民国《清华胡氏宗谱》卷首，《同治甲戌九修凡例十三条》：

旧谱名下赞语未敢删裁，兹卷帙浩繁，除经登入县志及学宪郡邑尊与凡有名人赠额应录外，名下概不用赞。如子孙不忍先人实行湮没无闻者，准其另刻墓图容像及诰敕行状文集序诸类，刻工、纸价俱系自认。

（民国六年刻本）

民国《清华胡氏宗谱》卷首，《乾隆壬午七修凡例九条》：

先茔乃祖宗体魄安厝之所，历世既久未免有迷忽之患，今详绘形图，书其业人、域界及修复事故，以示世守。

（民国六年刻本）

民国《清华胡氏宗谱》卷首，《同治甲戌九修凡例十三条》：

各图旧本均列卷后，今将始祖容图、墓图及清华居址祠基图并服制图冠列卷首，余仍旧附列卷后，以昭尊祖敬宗之至意。

……

谱挨次鳞叙，有统有承，焉用补为？然代远年湮，有名而未悉何人之子，有氏而不知何人之妻，详之恐讹于夏五，略之又痛于若敖。今加立补遗一卷，凡属疑似者置录于此，倘日后查出仍收入正册。非过为烦琐也，亦慎重之意云。

第十二篇 族谱

（民国六年刻本）

休宁陈氏

康熙休宁《陈氏宗谱》，《凡例》：

曷为乎世表者？表其事也，系事以世，故曰"世表"。

……

曷为乎列传？传者，传也，必其人之有可传也：孝忠则传，节义则传，儒行则传，宦业则传，文学则传，武略则传，耆硕则传，功勋则传。外此数者无可传，则亦不得而传之也。

……

曷为乎附录？往牒也。往牒何以录之，存文献也。

（陈丰修，康熙十年刊本）

谱说、谱论。

康熙休宁《陈氏宗谱》，《凡例》：

曷为乎谱说？原姓氏，崇地望，宗始迁，辨派别，谱之道也。并著为说，俾有考也。

（陈丰修，康熙十年刊本）

绩溪仙石周氏

宣统绩溪《仙石周氏宗谱》卷二，《凡例》：

年表双行，书字号、官阶，或有小传，不得过十六字。次书生卒，七十以上书享年。次葬娶氏，父有德望则书某女生卒；葬同穴则总书合葬；继室书继娶，侧室书纳。次书子几某，有数妻者书某氏生。次书女几，长适某姓，婿有德望亦书其官名。其以子继人者，书某继兄或弟后。以人子为嗣者，书以兄或弟某子某为嗣。其生卒年月日时有则书，无则阙。

……

新序弁诸首，明其为新谱也。旧序以年为次，得以追溯渊源。

……

墓图以防失业，与他姓同墓者，其姓用阴文以别之。

……

赠答、游览之诗文，为人物、山川润色不佳，若不录亦不宜多。

（宣统辛亥善述堂刻本）

3.善恶并书与书善不书恶、削谱

彰善求实、不虚美不隐恶是宗族修谱倡言原则。

安徽

黟县西递明经胡氏

道光黟县《西递明经胡氏壬派宗谱》卷一,《明经胡氏壬派宗谱凡例》:

按前例无后者,但注其名配葬所于父下,不列为图,而谱图中多有不能尽从其式者,今则悉由其旧。至于学业、宦迹、贞节堪钦者,县志尚列传以褒扬,斯尤宜列图而实书矣。……

旧谱凡例曰:族有恶逆显著者、弃毁祠墓者,讳其名、泯其行第生殁葬所,示弃也。鬻宗谱者,婚非族者,则纪其实以讳其名,泯其行第生殁葬所,亦示弃也。妻无故,则例注其氏行生卒葬所而并录其子孙,罪不及孥,亦迁善改过之门也。按前例之惩不肖者,有讳其名泯其行字生殁而不纪其实者,有讳其名泯其行字生殁而纪其实者,此酌其事之重轻,要在名分之必正。前贤岂过为刻哉?亦严非种必锄耳。苏氏族谱亭记所谓使夫人观之,面热内惭,汗出而食不下者,亦此志也。今人虽有爱憎,莫能为之损益矣。

(道光六年刻本)

婺源三田李氏

光绪婺源《三田李氏宗谱》卷末,《凡例》:

扬善类,盖以昭先德、示激劝也。故有福寿俱全、德位兼备及忠孝节义并诸聪明豁达、异才异行及膺旌奖者,略纪实本名之下,以便观览。若行不足以激劝,则不敢徇私妄书以从其例。……

纪妇德,盖以著内行、敦风俗也。故有贤德之妇、贞烈之女,则揭其名而纪其实,余止书姓氏,从常例云。

(李廷益、李向荣修,光绪十一年木活字本)

绩溪梁安高氏

光绪绩溪《梁安高氏宗谱》卷一,《书法》:

宗谱书美不书恶,亲亲也。六十以上书享年,尚齿也。书懿行,尊贤也。书官职,贵贵也。……

男妇懿行节烈无列传者,于世系小传略叙数言,以彰其善。
(高富浩纂修,光绪三年活字本)

绩溪仙石周氏
宣统绩溪《仙石周氏宗谱》卷二,《凡例》:
忠孝节义皆为立传,而事必以实,不可滥美,使负愧九泉而招人讪笑。
(宣统辛亥善述堂刻本)

歙县金川胡氏
民国歙县《金川胡氏宗谱》卷首,《旧编凡例》(编者按:据该谱胡国华新序,旧谱于乾隆二十七年作成。所谓《旧编凡例》应当为乾隆二十七年或更早以前旧谱之凡例。):
谱贵发潜德之幽光,祖宗之盛德并书不遗。……
谱为一家之史,所以纪实而匪以崇美观也,故善恶备载,使知劝惩。
……
尚同姓。同姓不可混也,是吾族者虽微不弃,非吾族者虽显不录,盖以明一本之亲而杜谬援之失也。……
避名讳。先人名讳犹天之不可犯,后之命名于其子者宜慎之。……
亡讳无嗣系书某、书夭、书止、书无子者,此欧阳谱例也。
……
谱有六不书,凡此六者皆有玷于祖宗,有一于此黜而削之。一曰弃祖:弃卖祖坟地于异姓,货鬻族谱于非族者,谓之弃祖。二曰叛党:前人叛逆抄没,而余党苟全于世者,谓之叛党。三曰犯刑:积世恣恶,代遭刑狱者,谓之犯刑。四曰败伦:彝伦渎乱,男女无别,禽心兽行者,谓之败伦。五曰背义:不思祖宗义重,惟图苟行微躯,甘为下流者,谓之背义。六曰杂贱:不肖无耻,甘为下贱为婚者,谓之杂贱。
(民国二十一年刻本)

歙县蔚川胡氏
民国歙县《蔚川胡氏家谱》卷二,《谱例大纲》:
族之有谱犹国之有史。史者,备书忠佞政令。谱者,备书系考文传。系考者,系其图而考其昭穆。文传则揄扬其美而已,但必于人往风流,考核真实,庶不致有虚声之盗,法如有所誉,尝有所试之意。

……

谱重忠孝名节。凡忠臣孝子确立名节操守谨严者,载其实行并传赞,所以励人心维世道也。……

谱重贞烈。凡女人不幸夫故,能守志矢柏舟者,人情之所难,而古今之所最重,宜录之以发幽光。

……

旧谱所载有大纯小疵之弊,难为识者评衡,不敢依样葫芦。兹当秉公考核,浮宜芟,阙宜补,果属不刊之笔,悉录之。知我、罪我,听诸后人。

……

谱正名义。名讳有干犯先世名者,不拘远近新疏并宜易之。干名犯义,非礼也。但望重乡邦,名登版籍,势不容易者,姑仍之。有二名不偏传者,亦仍之。至本宗闺妇室女,旧谱载其名者录之。卑幼子弟欲登别号者,亦录之。先正所谓事之无害于义,从俗可也。

……

艺文传赞序记铭引格式,前代已平格书矣,至本朝则平书以便抬写敬避字样。庙讳、御名、圣讳皆遵功令改正。至子孙有犯祖先名讳者,二名不偏讳,前已例明。如单名则加排行字样,或换同音字以别之,此尊君重师敬祖之义,披阅简点务致慎察。

(民国四年线装活字本)

池州仙源杜氏

光绪池州《仙源杜氏宗谱》卷首,《凡例》:

谱,家史也。修国史者必知春秋之义,然后可以明王道、正国体。修家史者亦当知春秋之义,然后可以明人伦、正风俗。《春秋》善恶皆书,备劝惩也。谱则有善必书,示表扬也;恶用曲笔,为亲讳也。虽与《春秋》稍异,而劝惩之意未尝不寓于其间,后世子孙各宜鉴省。……

孔子作春秋,一字之褒荣于华衮。后世美人之行,往往称扬过实,不惟褒之者近谀,即为所褒者亦惶愧难安也。故我族有德行、功业、宦绩者,谱传内褒语只书数字,务期言简意赅。入志者,书"入某志"。杀贼阵亡者,书"某年日某地阵亡"。寇执不屈殉难者,书"寇至殉难"。已旌者,书"事闻旌恤"。如其人尚存功业,不容泯没者,只据事书功而不书德。妇人节孝,凡年逾五十者,据实直书;已旌者书"旌表";入志者书"入某志"。至节烈因夫死殉节者,书"某年日夫死殉节";因乱殉节者书"寇至殉节";夫死守志、因乱殉节者,生庚后书"青年守志,某年日寇至殉节";旌表入志者如节孝例。

……

唐以前士民未有宗谱，世人因流溯源往往冒帝王显宦及贤人君子为始祖，附会攀援，忘却本来。我族宗谱只从实录，以唐学士公为迁池州长林始祖。凡居长林之祖不作世系图，惟列传于卷首。以宋玄素公为迁太平始祖，始作世系图传。是我族者，虽贫贱不遗；非我族者，虽富贵不录。即学士公以下，间有阙略，亦信以传信，疑以传疑，不敢臆断。

（光绪二十一年刊本）

清华胡氏

民国《清华胡氏宗谱》卷首，《乾隆壬午七修凡例九条》：

人生品行盖棺乃定，故祖宗善行纪实于名下加赞语，其生丁止纪履历实迹，概不赞扬。……

纪妇德盖以著内行、励风俗也，有青年守志纯白无瑕者，议赞语，以待请旌。

……

民国《清华胡氏宗谱》卷首，《旧条例十一条》：

祖父原非为落下者，难掩玷先之辱，不书。……

所为大恶为下贱者，只于其下标注，不书。

（民国六年刻本）

避讳与隐恶、削谱。

绩溪华阳邵氏

光绪绩溪《华阳邵氏宗谱》卷一八，《十不书》：

一曰不忠：为臣不忠，蠹国殃民，以大奸而被诛戮者，削而不书。二曰不孝：为子不孝，不思报本，忘恩灭理如赵不义者，削而不书。三曰弃祖：弃卖祖墓坟地于异姓，货鬻族谱于非族，谓之弃祖，削而不书。四曰叛党：前人叛逆抄没，而余党苟全于世者，谓之叛党，削而不书。五曰刑犯：积世恣恶，代遭刑狱者，谓之刑犯，削而不书。六曰败伦：彝伦渎乱，男女无别，禽心兽行者，谓之败伦，削而不书。七曰狗行：交接匪类，趋入邪路，为盗作贼者，谓之狗行，削而不书。八曰背义：不思祖宗义重，惟图狗行全躯，甘为人下者，谓之背义，削而不书。九曰杂贱：不肖无耻，甘与下贱结婚，并出家为僧，苟安度日者，削而不书。十曰乱继：承祧无序，乖乱宗枝，聚讼未定者，削而不书。

（邵俊培纂，光绪三十三年叙伦堂刊本）

祁门倪氏

光绪《祁门倪氏族谱》卷首,《康熙丁卯修谱凡例》:

弃卖祖坟山业,盗鬻祀租及犯大过恶者,众议黜而不书,以示炯戒。

(倪望重等重修,光绪二年刻本)

婺源紫阳堂朱氏

光绪婺源《紫阳堂朱氏宗谱》卷一,《朱氏世系续例》(作于道光十九年前后):

昔王荆公云:三世不修谱,比于不孝。故修谱,子孙之名得历书以昭来裔,著其孝也。且尊名以字,以昭隆重也。抑采访执笔之人,尤有当辨改者二焉:族裔分衍,不无幼失怙恃,僻处乡间,仅知其近祖,于是有兄弟叔侄共其名字者,并有与伯叔祖共其名字者。执笔之人务须远稽近考,查对的确,方行系次,庶无倒置之尤。若其名字重同者,或一存焉,一改焉。殁者不改,存者改之;尊长不改,卑幼改之;成名者不改,未成名者改之。至有部头忌讳,则择同音之字改之,以避讳也。

(光绪年间刻本)

削谱法则:削谱惩罚原则的确定;削谱对象:十恶之徒,僧道出家人,失类婚姻者,败坏伦理者,严重损害宗族荣誉者。

直隶

定兴鹿氏

光绪定兴《鹿氏二续谱》:

一、吾家受户以来,未尝有异姓乱宗及胥吏优伶之辱,有则屏之,为僧道者亦削之。

(光绪二十三年本)

盐山吴氏

民国沧州盐山《吴氏族谱》:

一、子姓中无论显微,有侵祖墓、废祠祭者,鬻谱牒、逆天伦、自作不典及婚姻不计良贱者,悉削不书,以儆后昆。

(民国八年续修本)

旧沧州马氏

沧州《马氏全谱》,《修谱凡例》:

一、有随娘带来男丁,不须收入谱内以致乱宗。

第十二篇 族谱

(抄本,沧州马学华藏)

丰润毕氏

民国丰润《毕氏宗谱》,《凡例》:

一、男子为乐艺僧道及为奸盗并伤犯祖茔、盗卖坟地、嫁女不计良贱者,削名不书。

(民国十九年排印本)

丰润董氏

民国丰润《董氏家谱》,《凡例》:

一、同族有为僧道者不书,斥异端也;至于出继异姓,或以异姓为嗣,虽贵显俱不书,明非族也。

(民国十五年刊本)

故城祕氏

宣统故城《祕氏族谱》,《祕氏族谱凡例》(九世裔丕笈校辑):

一、士农工商皆系本业,后世有窜身隶卒,甘为人后者,许族人执谱逐之。

一、族情宜敦,后世有争财产讦讼者,执谱诣祠攻之。

一、尺布斗粟皆先人辛苦所留遗,后世有赌博流落破家荡产者,许族人执谱诣祠攻之。

一、先祀不可斩绝,吾族有为僧道者不许书名。

一、妇人以从一为正,改嫁者不书。

(宣统二年重修本)

沧州王氏

民国沧州《王氏族谱》,《凡例》:

一、养子、赘婿及再醮妇前夫之子与干犯名义并流入僧道、奴隶者皆不得入谱,而寄养于他姓者,仍得收入。

(民国版)

交河李氏

民国沧州交河马连坦《李氏族谱》,《李氏谱例家训》:

一、凡合族人等务要接以礼貌,方是世家体统。如敢违犯尊长,口出戏言者重处;如长辈不自尊重戏骂晚辈者,罚出香烛外,更令其跪祠堂门首,以耻辱之。

一、凡族中有不论是非,不遵家训毁骂宗族者,领受责罚外,凡合族人等不论辈次尊卑,令其逐门叩首以警众。

一、凡族中有不遵法律,败坏伦常,或做贼放火任意邪行者,合族公议立刻处死,伊家眷不得阻挠。

(民国八年七修本)

南皮侯氏

民国南皮《侯氏族谱》,《家规十条旧八条》:

一、同族勿争讼。一家之间宜各尽其道,稍有不同亦宜包容。设互相责望,易致嫌隙。嗣后族中兄弟伯叔有争,宗长令各房长会议处分不致成讼,其暌尚易合也。若迷而不悟必两败俱伤,伤宗族是伤本根矣。左氏所谓庇焉,而纵寻斧焉者也。其匪类无赖者,宗长会众愧厉之不悛,会众棰之,又不悛禀于官而放绝之。告于祠堂,宗图上削其名字,俟三年能改然后复之。

(民国七年重修石印本)

旧沧州马氏

沧州《马氏全谱》,《家规族训》:

自立谱以后合族公议立家法戒饬一条,本族尊长如有任意妄为有辱先祖者,家长宜会同族长将谱书请出供于案上,其人跪于下面,族长族家长坐列两旁问询训,按家法条规责治以警戒之。

自立谱以后合族公议立家法木棍一根,本族子孙如有任意妄为有辱先祖者,族长宜同其家长将谱书请出供于案上,其人跪于下边,族长家长审训,按家法条规以责治之。

自立谱以后,本族如有不肖子孙,族长宜同其本支家长按家法责治,然后调处家法条规开列于后:

一、子孙不孝顺父母,按家法二百,然后看其父母行为再议。

一、子孙不尊敬伯叔,按家法先责一百,然后再议。

一、子孙为匪,先责三百,然后合族共议处治。

一、子孙同邻佑无故噪闹,按家法先责二十,然后调处。

第十二篇 族谱

一、子孙同本族人无故噪闹,按族长同家长议责。

一、子孙同本族人为宅基地土争噪,族长宜协族人公平者调处,千万勿使兴讼。

一、子孙不尊敬,无论远支近支伯叔按家法先责四十。

一、子孙与尊长在酒席筵前启齿耍笑,无论远近伯叔尊长一体先责四十然后族长再严训。

一、子孙遇尊长行路在前,宜后随之,无紧急事不须越尊长而先行。

一、子孙遇尊长与人共坐,尊长不与坐不须即坐。

一、子孙与人共坐,尊长到宜站立之。

一、子孙与人争噪,见尊长到不须争噪,尊长自有分晓。

一、子孙遇尊长与人讲话,尊长不问不须强说。

一、子孙欺凌尊长,按家法先责八十。

以上条规虽是家训,即遇亲戚尊长或遇至交朋友尊长,照家训条规行事亦佳。

自立谱以后立历世家法,本族族长家长如不遵家法,合族公议家法条规,开列于后。

一、尊长仗恃长辈欺压子孙,先责二十,然后族人再戒劝之。

一、尊长不遵家训任意妄为,有辱先祖合族公议处治,先责一百。

一、族长家长任意妄为,不遵家法办理,合族人先重责后议处治。

一、尊长妄使家法于子孙,先责二十以警戒之。

一、尊长在酒席筵前与子孙启齿耍笑,先责二十,以羞辱之。

一、尊长与族人为宅基地土争差,合族公议调处。

(抄本,沧州马学华藏)

安徽

绩溪梁安高氏

光绪绩溪《梁安高氏宗谱》卷一,《书法》:

男妇犯家法被出者以"○"代姓名,申公义也。其有子者,于子小传首书"父名某,母某氏",全私恩也。

……

出家为僧道者不书,而于其父小传注"子某出家"。

……

兵难为贼所掳及流离转徙、生没难卜者,均书"兵难失所"四字。

(高富浩纂修,光绪三年活字本)

池州仙源杜氏

光绪池州《仙源杜氏宗谱》卷首，《凡例》：

男子犯国法死非正命、刑当其罪者，与人构隙自缢、自刎、服毒、投水一切自寻短见者，犯家法之至重者，权其罪之轻重，大则不准入谱，惟以方眼"□"代名，生、卒、葬均削之不录，惟于子传下注"父某"；小则书名传内，惟不书生、卒、葬。妇人犯者，书法亦然。凡男、妇例不入谱者，只削其本身，不及其孥。

……

男子为僧道者，于父传内子名下注"出家"，不列图传，所以正风俗、守常道也。有能逃邪归正者，则复收录以承宗祧。女子为尼者削之。

（光绪二十一年刊本）

绩溪仙石周氏

宣统绩溪《仙石周氏宗谱》卷二，《凡例》：

男子犯刑戮非冤，及犯家法革逐，与为僧道、出继异姓者，不书名。其有妻子者，以圈代名。若被人诬陷于刑者，昭常书名。失名者以某字代之，以别于革逐者。其有娶同姓女及被出与夫没改嫁者，不书；惟有子者则于子年表之首书母某氏。至娶妇失姓者以某字代之，以别于改嫁者。

（宣统辛亥善述堂刻本）

清华胡氏

民国《清华胡氏宗谱》卷首，《旧条例十一条》：

所为大恶为下贱者，只于其下标注，不书。

（民国六年刻本）

对出家者的书法。

黟县西递明经胡氏

道光黟县《西递明经胡氏壬派宗谱》卷一，《明经胡氏壬派宗谱凡例》：

其从道从释者，亦从前例，注其名于父下而已。

（道光六年刻本）

第十二篇　族谱

婺源紫阳堂朱氏

光绪婺源《紫阳堂朱氏宗谱》卷一，《朱氏世系续例》（作于道光十九年前后）：

从释者注其下，黜之也。

（光绪年间刻本）

歙县蔚川胡氏

民国歙县《蔚川胡氏家谱》卷二，《谱例大纲》：

子有出继异姓及为僧道者，止书其名于父系下，考内削之，外之也。

（民国四年线装活字本）

浙江

秀水姚氏

朱彝尊《曝书亭集》卷四〇，《姚氏族谱序》：

吾乡族望在宋，有吕氏、钱氏、朱氏、沈氏、鲁氏、卫氏、常氏、焦氏、莫氏、娄氏，终宋之世以科名显；以家法传，莫若闻人氏。《闻人氏族谱》一册，先君购而藏之，约二百翻朝之诰敕、家之诗文略备。其远裔请借录，匿不肯还，是书遂失。见于至元嘉禾志者，仅登科一十二人而已。姚氏在吾乡有讳倬者，登大观三年贾安宅榜进士。明之初曰瑄，以尚书中洪武庚午举人，仕为监察御史，死建文之难。曰绶，以书画诗知名于时。曰弘谟，仕至吏部左侍郎兼翰林院学士，赠礼部尚书；其弟弘谊，精音律，撰《乐府统宗》，所称青莲居士者也。余若文、若俊、若鹏、若汝舟、若体信，皆中甲科。若文通、若凤、若篚、若□、若楫，皆中乙科。然其家世或显或隐，未详其流派。

万历初，光禄大夫柱国太子太傅工部尚书善长公登先、文恪公榜进士由行人改御史巡视长芦盐课按山东河南回翔京尹卿士历今官，年七十余致政归，九十一而终。是时，诸姚半消歇，而公之族日大。公之孙瀚北若乃撰有家乘刊行。又五十年，其子姓愈繁衍，于是公从孙澍我士复为纂辑成书，而属予为序。

忆予八龄时，犹及见公。公时尚健步里居，乐善好施，病者给以药，寒者给以衣，死者给以棺椁。今所传《荦竹堂医方》，皆公手自抄，又尝注律，以律文简而易晦，乃用小字释其下。顺治初颁行《大清律》，实依公所注本也。先文恪公赐第日，嘉兴同榜九人。姚氏与吾家独敦世好，两姓互为婚姻，而我士又予友婿也，方予避兵练浦，我士实与予共学。其为人愿而谨，不苟訾笑，克持其家，教三子读书，又经理先世墓田，以供祭祀。而又奠系世族坟墓，别昭穆。贤者表其德，不肖者没其名，俾览者忠厚悱恻之念油然而生，庶几为法于乡党,比于宋闻人氏也已。

（《四库全书》本）

湖南
宁乡南塘刘氏
民国《宁乡南塘刘氏四修族谱》卷之首,《初修凡例》：

族中不耕不读之辈,身隶卒而甘为人下者,先惩之,如不悛即黜而不录。

（民国十年存著堂木活字印本）

4. 女性、两性关系书法
关于妻的书写方法,妾、族女的上谱与否及写法。

江苏
上海曹氏
民国《上海曹氏续修族谱》卷一,《谱例》（重修增订录同治谱）：

一、按：我曹氏出宋济阳武惠王后,为南渡十八房之一。先世谱牒具存,自元季丧乱,明初播迁,世次缺失不敢妄录。是谱只就明成化间孟春公初迁上海者为始祖,阙疑传信,所以志慎也。兹照依旧谱。

一、自孟春公起,至今钟字行世,凡十三宗支,以五世为率,今自始祖至五世,总立宗支一图,使子孙从流溯源,知其出于一本也。又自五世以下每房分立一图,使子孙各明其分派所自也。表世谱,则自一世至十三世分别房分次第,便于查阅也。大抵纵图法司马,横图法欧阳,纲举目张,昭穆有辨,庶几大宗小宗秩然可考焉。

一、旧谱立世传一门,兹分为世次录、家传两门,其世次录仍照世传旧例,祗书名号、仕隐、生卒、葬所、婚娶、子女,其或有德行事功文章艺术卓卓可称者,自具本传、或名流传志、或亲族记述、或子孙所述行谊遗事等篇,汇为家传云。

一、录依世次,则每于一世中从房分长幼分为先后,不以齿序,独子则书某人之子,二子则分以长次,多者则书第几子,为人后者则书子,而系之以嗣内,惟垂曾两行,则以同祖排列行次。今悉仍其旧。

一、旧例载娶氏,必书某公名讳之女,有官爵科目,及生监等出身者,加书于字号之上。嫁女则婿之名字、官爵,及凡出身悉录,其居不同里者,并识其地名于名字之前,俾世世子孙无忘申表云,兹仍之。

第十二篇　族谱

一、旧例载配偶必书生卒，惟妾媵不书，若有子者亦书之，俾所出得以考焉，兹仍之。

谨按：妾媵不书，旧例谨严。珊意：若妾媵守节请旌或寿登耄耋，虽无所出而能佐理家政者，亦宜书，以敬其节寿云。

一、旧谱载，生子夭折，自七岁以下为无服，殇略而不书。其应书而名字年齿失记者，不及备载。若殁而无子，生前曾举而不育者，虽不成殇亦书，兹仍之。

谨按：同治谱中，凡不成殇者，或见于世谱，或见于世次录，今但于世次录某人几子，行下书其名，并注明早殇，宗支图及世谱内均不书，以归一律，惟殁后无子生前曾举而不育者，仍照旧例。

一、世谱无少长，例皆书名，世次录则自锡字行以上，书字号称公，洪字行以下，俱书名，以今续辑族谱，自洪梁手也。

谨按：现在珊重修，不但洪字行称公，树字行中珊居最少，概称公，兄及弟现存仅三人也。耀字、基字行已故，而成名授室有子嗣者俱称公。余则书名，盖称谓不专从珊起见，俾其子嗣观览，以昭郑重。民国乙壬续修不论钟字行汞字行，凡已故者俱书号称公，惟字号无可考者，则仍书名。

一、旧谱于世传之后，特载明卫公宫撰年谱一卷，俾后世子孙得以考见世德及起家拮据，进取艰难之状，有所观省云云。兹已载入家传，即以年谱代公本传，尤见详明。

一、编次家传虽收，载未尽，就梁鄙见，具有体例，谨识于家传目录之前，阅者幸勿忽视。

谨按：续辑十册，除世系、世次等一册外，又得剑亭公年谱，自家传迄文类、共计九册卷，帙之繁与世俱增，此次重修，未能全录。拟就志传封赠崇祀茔祠，举其大要汇成一册。惟六世祖行以上遗事，传序并书之，其余当年府君手钞尽存珊处，直下子孙中有怀先德各官，奉旧本去膳录共登于册，以见其贤，所以第四册后留空白纸数页以待来者。

一、娶氏已附入世次录内，若妇德堪垂闺范自有传记者，及生女有节孝可传，或才能足录者，俱得附入家传，亦以存家法、示劝惩也。

一、凡封赠制词，及载省郡邑志人物志传，并崇祀乡贤文移，旧谱总列一卷，兹除志传首列家传外，窃念封赠制词、乡贤文移，载之所以重皇恩昭巨典也，然旧谱已不能全载，今邀恩者多，恐更有挂漏之病，兹故酌照邑志款式而加详，止载某官姓名，封赠前人官阶，而录荫附焉。至若崇祀乡贤志书，附诸学校，族谱次诸封赠，可征存没，邀荣矣。

一、茔域为祖宗体魄所藏，关系最巨。旧谱特各列为图，存地址，详山向，俾后世不至茫昧失考云，兹仍之。

一、建立宗祠，捐助义田，为尊祖睦族之盛事，故旧谱于编末另列一卷，创其始综其成，吾祖宗深愿垂诸悠久者，碑记彰彰可考。自曾祖考巢南公经理后，我家历司祠事，田租所入，除完粮祭祀外，余以赡家族，如遇俭岁不惜垫以己赀，几十年如一日。传至六叔父南枝公，爵人过于长厚，晚年家计中落，虽勉力承办，每为族人求全责备，因悆殊甚。乾隆五十年归于从叔福民公经理，公精明强干，满拟克济前美，讵意不数年间，公事废弛，公产难问。兹无可续，载而又不忍删去，故仍以宗祠碑记条约录诸策，仅志弗忘，先德可慨也夫。

一、旧谱有文类一卷，所载名流传志，及投赠庆吊诗文，并子孙记述等篇，今俱录入家传之内。而以本宗已、未刻之文章诗词搜罗抄录，分体编次，标之曰文类，盖所载虽殊而名留其旧也。

一、旧谱刊自康熙六十年辛丑，为六世孙巢南公暨七世孙谔廷公、淞滨公、超然公所辑，谱例末条原载明，恐此后世远族繁谱牒修辑不易，且或徙居异地，遂至遗忘，故于已刻族谱之外另备素纸一册，藏于宗祠，岁时两祭毕，各以本房生卒嫁娶等事笔之于册，以俟后之子孙增订重刊，可以永垂弗替云云。立法未尝不善，无如自福民公经管宗祠后，此册亦归收贮，遭公舆长子洪㛿相继卒，次子洪煦年幼，遂至遗失。自康熙六十一年至于今，八十年来之事，大半无从查考，故就梁见闻所及者登之，至凡字号、生卒、配偶、葬所，难于访悉，前详后缺，其何能免。他如娶氏外族，嫁女婿家，更难详矣，与其书误，无宁阙疑阅者，幸其谅之。

府君增订谱例十六条，册参拟三则，于各条下另增三则于后：

一、本支百世谱牒所崇，国家定例。立继以昭穆相当，次序不紊，重伦纪也。万无异姓可以乱宗之理，世俗有恩抚名色，但可以丧帖具文其名，不得登谱。系我宗子孙如有出继外姓者，谱内不得除名，所生子女永永入谱，不使人乱我宗，岂可我乱人之宗。要知子孙者祖宗之子孙，以私恩贪财产忍弃本支，是焉不孝。

一、讳名谨避礼也。族姓繁衍，取名字贵吉祥，难免复沓，凡直上祖宗，及嫡伯叔祖有服者，避之。余则从宽，惟曾登科第，列缙绅有闻望者，亦宜避。

一、先世曾字行起，以五行挨辈取名，现在钟字行下，拟定永、本、为、在、铭为序，为属爪部，而康熙字典检字十二画，为归火部，今从之。原定之为字行经润甫公改为照字行。

（曹浩、曹棪续修，民国十四年崇孝堂排印本）

宜兴篠里任氏

民国《宜兴篠里任氏家谱》卷一，《凡例》：

第十二篇　族谱

一、作谱必先大宗图,所以明统纪、司灌献,虽贤愚贵贱之不同,而不可意为进退法。以宗子贯而支子附见其各分,小宗及无考无嗣者并注本名下。

一、各分所自出,为小宗以小宗为始,而丝联绳贯各为一图,便于查考。

一、世表以兼世传,详注字号、生卒、配葬、子女、官阶及状、志、传、赞。其德行则据事檃括书之,无溢辞焉。

一、谱法用叙述体,不用赞体。然或隐德、小善,既无诗文称述,而旧谱数语适足以状其生平,前人表章,何忍削去。

一、五世为一表,各分十一世、十六世。提头注某人子,前后相续,十六世以下仍提十一世。某公裔注某分,开卷了然。

一、年自七十以上则书寿若干,以见尚齿之义。余或有表异,则书年若干。

一、初娶书配,再娶书继,屡娶书又继。处子书配,再醮者书娶妇。嫁女书适某,未嫁而殇不书,非其族不书,非其人不书,甚而帷簿不修者不书。凡男女姻家有职员者,父若祖皆书。

一、葬新阡则书葬某新阡。葬祖茔而同封者,则书祔某祖茔;不同封者则书葬某祖茔。夫妇同穴,书合葬;同地而不同穴,书俱葬。

一、按律承继本宗,昭穆相当者,于本生父下书第几子某继某后,于所后父下书继子某世派列所后,后不复列本生后。

一、谱法应载排行,因前谱未详,今无所考,故并略此例。

一、族盛则流有不肖,甘为人仆者,公逐不载。其作奸犯科及优隶之类,俱削其生配,置之不齿,以垂戒将来。旧缺者不在此例。

一、神不歆非类,异姓承继,律有明条,但如钱姓、丁姓、陈姓者,先世恩深,谊不容割,故遵旧谱为附图,而列于各分之后,仍为附表,同诸世次,以全类族辨物之义。至新附螟蛉,不得援此为例。

一、出嗣外姓,理合归宗。已归者,详其世表;未归者,书名本生父下。

一、名犯祖讳,必更。重复则更其生者、幼者。偏讳不更,入学不更。至于字之重复,如十二世有三廷用,殊不可解,姑存疑。

一、族妇有节孝贤能,书其夫之下。

一、族女奇节懿行及子贵显者,书其父之下。

一、妾无子女,不书;或有节孝贤能,特书其夫之下。

(任承弼编,民国十六年一本堂刊本)

安徽

清代徽州族谱对继嗣和女性上谱的规范基本上是趋于严密和复杂的。

黟县西递明经胡氏

道光黟县《西递明经胡氏壬派宗谱》卷一,《明经胡氏壬派宗谱凡例》:

旧谱凡例曰:婚姻之氏族等者书其地,否则例书氏,所出显名者书其父婿,及所生甥显名者书其名。按前例原所以杜攀援,嚣张涂饰实为谱牒之陋习,今从前例,婚姻家惟书外舅及女婿外甥之科第仕宦,余概不书,亦恐泛滥之失以贻君子之讥也。

(道光六年刻本)

道光黟县《西递明经胡氏壬派宗谱》,《道光壬午谱凡例十三条》:

夫妇人伦之首,书配曰某氏,重氏族也。有节孝载邑志《列女》,或旌额或建坊,皆书于后。配故书继。

(道光六年刻本)

绩溪梁安高氏

光绪绩溪《梁安高氏宗谱》卷一,《书法》:

娶书娶某处某官某公女,或但书某处某氏。女适某地某官某,或但书某处某姓。娶再醮妇,翁虽显不书。女再醮,婿虽显不书。然翁婿姓名无考者,虽元配亦不能尽书,但书娶某氏、女适某姓。

……

男妇懿行节烈无列传者于世系小传略叙数言,以彰其善。

……

本族自胡姓以甥继舅,则高、胡不婚,子孙永以为法。

(高富浩纂修,光绪三年活字本)

婺源紫阳堂朱氏

光绪婺源《紫阳堂朱氏宗谱》卷一,《世系例》(编者按:约作于康熙四十八年左右。):

书娶,正其配也。书子某某,嗣其传也;自右而左者,示嫡庶之分,本朱子实纪例也。妾有子者书,以有继也;无者不书,微之也。母继出者不书,示正家也。妇嫁者不录,绝之也。孀妇来嫁者不录,丑之也;来而有子者不得已而书之也……女子适人者书婿,重婚姻也。再嫁者不录,励女节也。

(光绪年间刻本)

光绪婺源《紫阳堂朱氏宗谱》卷一,《朱氏世系续例》(编者按：作于道光十九年前后。)：

书娶,正其配也。若聘而未婚者则书聘某氏,其□娶者则书娶某氏,不书继者,明正始也。书子某某,嗣其传也。惟娶不弥月而生者,不书。自右而左者,示嫡庶之分,本朱子实纪例也。

妾有子者书。书妾某氏,其子即从之,即易得妾以子之义。以有继也若无子而服勤至死者,仍书妾某不书氏,不没其劳也。

母继出者不书,示正家也。若在继母,则仍当书继娶某氏,以有出也；无出者,则书继某不书氏。妇嫁者不录,绝之也。凡妻已生子,夫在为未所出,或夫亡而改嫁者,只书妻某不书氏,并去其生卒葬,下书出,义在夫也。若夫亡而改醮者,下书改易,节在妻也。书妻者,明子有自,非抚他人之子也。不书氏而去其生卒葬者,恶其志不终,义与庙绝也。未出□而氏未详者,书娶氏二字,疑则阙之也。

孀妇改适,原为例所不禁,其有再醮为吾家妇者,无论有子无子,概得书之。既为吾家妇,则义无可绝也。若出赘生子须查明的实,方可入谱；若出赘妇仍是他姓之妇,则不得书娶氏,不得比例入谱。但妇或归家服翁姑之丧者,仍许……女子适人者书婿,重婚姻也。再嫁者不录,励女节也。

(光绪年间刻本)

池州仙源杜氏

光绪池州《仙源杜氏宗谱》卷首,《凡例》：

妇女古无书名之例,因我太邑皆聚族而居,娶妇多与姑同姓,若不书名则墓碑无从辨认,故概于姓下注妇名。其已嫁女只书长次,惟未字者注名以识之。

……

妇之祖科第自举人以上、官阶自知县以上,书娶某县某地某职某人孙女。婿之父亦然,书女适某县某地某职某人子某职某人。其妇与婿之伯、叔、兄、弟虽贵不书。

……

同姓不娶,而良贱亦不得为婚。如误娶同姓者,其妇不许入谱。故犯者并削其夫。娶本族再醮妇者亦如之。娶仆隶下族之女为妇者,削去妇姓,直书妇名以贱之。至于为女择配,须门第相当,适下族者削其姓。已嫁女再醮者,只书前婿姓名。

……

妻已定盟未婚者,书聘。未婚而妻没者,于公葬后书聘某氏,未婚卒。葬某地不详,书生卒年日。女已定盟未嫁者，书字。未嫁而女没者，书字某人，注未嫁卒，葬某地。女卒并未字人者，注未字卒，葬某地。

……

妻出无子并未再娶者，公葬后书娶氏出；妻因夫死无子再醮者，书娶氏改适，明其已娶也。如有子则否，惟于子名下注某氏生。如有继娶，则无子之出妇不载。无子之继室再醮者亦然。

……

各传名下注某人几子。次书乳名。次书字。次书号。次书官职、科第。次书德业。次书生卒年月日时、葬地形向。次书娶、继娶、三娶。妾则书纳，不加地与父名。妇有封典者于各氏下加封典，凡生、卒、葬俱分书各氏之下，如公书例。次书子几某某，子名下注某氏生，如止一妻则不注。次书女几，长适某地某人，次、三以下俱如之；不注氏生，非世系所重也。父存则子女不书数。

……

嫡室、继室、侧室皆生子，本传内子名下注某氏生。如有同姓者，加注"前"、"后"字。嫡室与侧室同姓，则注"嫡生"、"庶生"。妻姓失考者，以"某"字代姓。娶下族女生子者，注妻名曰某生。生子后妻改适者，则注改适某氏生。生子后妻被出者，则注出氏生，不注姓。其妻不准入谱者，仅注某氏生。

……

纳妾后嫡没再娶，以再娶之妇为继室，书于嫡室之后，妾次之，所以正名分别尊卑也。

（光绪二十一年刊本）

绩溪仙石周氏

宣统绩溪《仙石周氏宗谱》卷二，《凡例》：

所娶再醮妇，翁虽显不书。女再适，婿虽显不书。祖制如是，从一而终之义也。然娶常人处女，女初适常人，亦皆不书，并不以无翁婿名遂指为再嫁，为亲者讳之义也。

（宣统辛亥善述堂刻本）

歙县蔚川胡氏

民国歙县《蔚川胡氏家谱》卷二，《谱例大纲》：

谱重婚姻。婚姻乃伦常之大，嫁娶宜严，不论贫富，贵择门第。娶妻系右族、有爵秩德望者,书娶某地某官衔或贡监生员某翁之女;无则只书娶某地某氏。非右族者,止娶某氏而不书其地。嫁女系右族、有爵秩德望者,书适某地某官衔或贡监生员某翁之子某为室,此重婚姻择配之意。若取再醮者,止书娶某氏。有妻在室无出另娶者,即书继娶某氏。收媵婢者则书妾某而不书氏,若侧室生子助嫡成家,亦书某氏,嘉其德也。若嫁女复再醮者,则削之,凡以正人伦也。

(民国四年线装活字本)

民国歙县《蔚川胡氏家谱》卷二,《谱例大纲》:

倘妇人夫故不能矢柏舟者,有子则书娶○氏,生子以别之;无则削之。盖妇既出,与宗庙绝故也。

(民国四年线装活字本)

清华胡氏

民国《清华胡氏宗谱》卷首,《乾隆壬午七修凡例九条》:

纪妇德盖以著内行、励风俗也,有青年守志纯白无瑕者,议赞语,以待请旌。

……

婚姻之氏族等者,书其氏。氏所出显名者,书其父。婿显者,书其名。

(民国六年刻本)

山东

东莱赵氏

僧人书法,族人出家为亲王考选替僧。

民国《东莱赵氏家乘》,《世谱》:

(十七世)朔,字子晋。出家普照寺,佛名真修,赴京受戒,亲王考选替僧,更名胜德。京北大觉寺方丈。

(赵琪等撰,民国二十四年永厚堂铅印本)

河南

项城张氏

民国《项城张氏族谱》子部,《修谱凡例》:

一、遵老谱旧稿增补支派,其中倘有遗漏错误者,原自说之不清,族众当即指示改补,勿以无心之失辄相谴责。

一、吾族向分两门，各执一谱。因我始祖兄弟二人迁项之始，各占一处之故，然谱既一分即两不相洽，遂致吾族各奉各祖，几不免有不族之论，今兹公议合成一谱，敬将我两始祖之上请奉太始祖一位以相连属，庶使我族人知我两祖同亲共乳，支虽分而本则一，不致有殊源异本之隙，以乖大吾族亲亲之谊。

一、老谱两门各一，如支派清晰，续修时循支增派不致分歧；倪我族一有失传之支，每于两门疑议，不能入谱，致使我正族失绪于周到，亲亲之义难不乖舛。今惟合成一谱，虽本根失传而支派犹可增，入谱后列注清白，使我族人可共知某支系我正族，庶于宗道不致蒙混。

一、吾族支多丁烦，居住星散，若不分列门次，则远近支派芒然莫分。兹乃于我两始祖两门长祖墓北注为北门，二祖墓南注为南门，两门后嗣又各有老几门、小几门之说。兹复于北门后嗣注为北老二门、北小五门；南门后嗣注为南老二门、南老四门、南老六门，又将各门按天干分订十部，一一详注清晰，庶吾族知某支族人系某门，支嗣不至混淆，即后世续修时亦易于稽查。

一、遵依老谱分支增修，凡遇吾族谱名有后嗣者，即按支派以世次续之；或有后嗣而忘却先人名者，即补以失名字而仍按世次接续之；倪有后嗣而切知他出者，即按名列注出外字。或有后嗣而为僧为道者，即按名列注某处为僧为道字；或有后嗣而与人为义子者，即按名列注寄某村某宗字；或族人后嗣而不能切知有无者，即列注以俟考字；或族人切知有后嗣而不知所之者，即列注以失传字；或族人而切知无后嗣者，即列注止字以绝之。余等沿门稽查，要使世世清晰、支支分明、人人各有归宿，庶后之续修者，可依款遵行，不致有苟且之弊。

一、谱旧无世系图，每篇数支并续，支派混溷，以致查谱者披阅数次，亲疏难辨、远近莫分。兹从溯源寻流、分支增派，由长及次，按世详图，庶使阅谱者，寻图即见，能于亲属远近一目了然。

一、吾族户大丁多，难以详注。兹惟于有关家道者增入如配氏为某公之女，某氏生子几名，生卒庄村坟墓茔地，祭田失传正族育子宗道建置选举人物艺文之类，无甚关系者不注如白丁生卒某氏生卒女适某门之类，非故为不详，实丁烦谱隘，不能备载。若女适名门实有官职者，载之以征脉气之隆，根基之正。

一、祖与氏有在选举人物中者，必载生卒，庶后世知某祖为某代人物、某祖与某祖同时，以觇一时家风之盛。其余不载生卒者，为吾族丁多谱隘，不能遍载故也。

一、谱图中载入配氏至氏家祖父兄伯有功名者，必载某氏为某公何人，并于某祖所配有数氏，亦必分载某氏生子何名，使后世深知某氏为有根基之女，某祖为某氏所生，即

第十二篇　族谱

吾族有廷选乡举之载朱卷者，亦易为采辑。倘氏家无功名与生子而只一配者，均不悉载。惟氏与女之贞烈节孝可风者，载入人物之下，以验家训。

一、庄村为吾族居处之所，犹宜详注谱首，故于每祖分支图上注某支居住某村，庶后世修谱时知某支族人居住某村，易为采访。

一、坟墓为先祖葬身之地，最有关系，犹不可不详所以然者，为我族人，每于祭期不知支祖葬于何处，即或知之，亦未真知何坟为支祖之墓。乃究厥由来，或因数世农家而不知传授于后嗣，或因一时孤寡而未闻指教于先人，或因困苦，外出贸易他乡数十年而未曾扫祭，归而忘所然谁，失传由此，而实修谱者未曾注明之咎也。今兹则于某祖与氏名下详注葬于某处，立祖或附葬于某祖墓左右侧，远近若干，一一详明。如有茔大墓多者，又复绘图载于建置之下，以便查对。庶后再有失传而弗知者，则一览谱而即知矣。且于春秋二祭又不至叹其遗失难奉祭祀。

一、茔地祭田须依立祖座落之处，详注某某，宽长步弓若干，载于建置之下，预后世为地邻时有所凭据，倘被邻人侵占，又有所考究。

一、失传正族原与我一脉相传，固不可不续，若为失考而弗续，则必失夫收族敬宗之义。倘使模糊而妄续，又必获夫移枝接木之咎。今惟将某支失传者，补续某支之后；某门失传者补续某门之后；两门难稽失传者，另续总谱之后。循支增派，按世详图，庶使其子子孙孙永久入谱不至再为失绪。

一、育子原与吾族恩深义重，不惟孝事父母，情同骨肉，即后世连第科甲而荣宗耀祖，亦与宗道迥殊，固宜详载入谱。兹则将各门育子载于各门谱后，详其原姓、注其村庄、补其后嗣，使其子子孙孙知其生有由来，数世后尚不至失其原姓，而探本索源有所考究，即后世有不愿与我同族者，亦易姓归宗，此原吾人待人忠厚之意甚，勿谓余等过为分别，徒揭人短也。

一、宗道同姓不族之谓，我家迁项之始犹属吴姓，后易吴为张，所以张姓多与我家不族，况张姓最多，无处无有。因为我族户大丁多，以致孤门无依，与契合至深者，多因其姓而与吾族联宗，且呼唤字派，不异正族，若不分别详注谱后，数世后，与吾正族难不混淆。今将吾族所联宗道者，注明庄村，另详谱后，预后续修时，不至误接图内，乱我正宗。

一、建置或建立或建修或重修，所以彰吾族之功德者也。兹则于某工必载明某某年月日、某某建立、某某建修、某某重修，俾后世知某工为某祖时之功，则庶乎先人之功德不至泯磨。

一、选举之典，国家所以需人才，如吾族能膺其选者，在上足以充朝廷之用，在下足以显祖父之名。且宗族赖之而受庇护，子孙因之而获荫袭，况夫相继一门，可睹联芳之庆,并萃一世犹来盛族之称。今兹所以于某祖之膺选举者,将国号冠于名上、年号纪于名下,复于功名进取详其始终,宦途升迁,注其颠末,再将生卒载之于后以明时纪,庶使后世族人知某祖为何代人、某祖与某祖同时,慕其荣耀赫濯而愤厥志,以绵夫吾家书香于勿替焉,岂不懿欤!

一、人物原所以表性情之正,最与我家风有关系者。今乃将项志中之所载者详于家乘之末,以觇风化。又复以年号生卒注于族名之下,以征世风,庶乎吾族知所观感,则忠孝节义将尽之世世于无穷。此我族之所乐睹也,族众勉之。

一、艺文,或演鸿文或作短章,或抒一己之素怀,或道他人之美事,或明志而抚今致叹,或适情而触境兴歌,或通权达变因时势以立言,或博古通今据世情以明义要,皆是吾族之鸿才达识而发为锦心绣口,以播夫文风之盛。兹因将吾族之所作者密为采葺,汇于一处,详载谱末,庶使吾族知某祖才学真实而勉效之,以致斯文之不坠也可。

一、谱首必载修谱人名,每人必分载其功,使后世族人知当时修谱某人某功,以鼓其续修之志,即续修时,亦仍存前世人名,盖义在不没前人之功。

一、谱成后,分订数十余部,务令文人收掌,嗣后续修时,需归到一处,各执宗谱沿门补修,如有遗失者,以不孝论。

一、谱为吾族同源分流之书,先人名讳悉在其中,今则订部收藏,凡吾族查谱者,务须沐手披阅,敬之慎之,勿得亵秽,致属不孝。

一、续修以三十年为期,盖以卜时未久,壮者尚未尽没,而少者犹能记忆,吾族诚世世如期修补,庶支派无难稽之叹、子孙无失嗣之咎,敬宗收族之义莫大于此,族众宜懔遵之。

皇清光绪三十年岁次甲辰孟冬中旬,十四代孙熙明橘洲沐手顿首敬题并凡例。
(张拱宸、张培璋等重修,民国二十五年天津文岚簃印书局仿宋排印本)

民国项城《项城张氏族谱》子部,《张氏谱例》:

一、路北茔地直五弓、阔五弓,墓三座,前人卖去,至十二世孙允登、十三世孙振业、十四世孙锋灿、应瑞回赎。设有再行私卖,作不孝论。

一、始祖墓前碑记供桌,久而遗失,至十二世孙允登重修碑记一座,后世设有私行盗卖、毁坏,作不孝论。

一、先世失名及窜逸于外,倘参考确切,宜另存单于谱内,以俟重修填入,不得私自增加一字。

一、护茔亩地、树木房舍墙壁之属,不得盗卖。盗伐如违,作不孝论。

第十二篇 族谱

一、我张氏历项四百年,世守耕读,人分秀朴,故名讳亦有雅俗,有年老止有乳名者,有业农终身无字号者,姑按名序入,有犯先讳者,自序谱后,不得更犯。

一、自沿门稽查支派设渗漏遗误者,原自述说不清,因而开载难明,幸勿漫加指责。

一、谱内列字号功名男配女适生卒墓图,皆欲悉悉记载,但世远年湮,稽查族中自不知,曷敢妄注,故知者入,疑者缺,庶免错讹。

一、谱帙集成一本,遵式誊作十五本,用"甲乙木丙丁火戊己土庚辛金壬癸水"十五字分标于首,以便符合。

一、谱每本各盛一木匣,授之一人,务须供奉中堂至尊之所。凡看谱当沐手启匣跪读,如有不敬,或致染污残破,作不孝论。

(张拱宸、张培璋等重修,民国二十五年天津文岚簃印书局仿宋排印本)

浙江

绍兴汤浦吴氏

民国绍兴《汤浦吴氏宗谱》卷一,《凡例》:

一、吴氏宗谱,自前明崇祯丙子二十六世应膝亮公,继二十三世实四公重修之后,百三十年,至康熙乙酉,祯大房子昌公录统宗老谱,并无增入宥三房。濂公即瑞凤,亦录一谱。戊戌年,祯大房又纂一支谱。雍正壬子,宣二屠文烛公纂宣二房支谱,小三房照升公纂小三房支谱。乾隆丁巳,祯大房中倓公为汤湖纂甫九房支谱。戊辰,宣二房大锦公纂恂九房小支谱。己巳,寅大房世彪公纂寅大房支谱,皆未合族统修。越岁丁丑,式燕堂继清、望溪雨公汇而成之。义例既严,考据亦悉其有功宗族,足垂不朽。惜乎手书成帙,未付枣梨。道光壬寅复修家谱,将式燕堂缮写藏本校订考核,多所采辑,不无裨益。自后凡踵修一次,无不以是本为绳墨,究竟手订之书无刊误错综之弊,阅是谱者当知有所依据也。

一、家之有谱,犹国之有史,所当务不可缓者。首列世系,以明传嗣之原;次列行传,以考生平之事。世系明行传立,尊卑各有其序,长幼不失其伦,而后亲爱之心生,孝悌之道立矣。修谱之意其在斯乎?

一、统宗世系,所以尊太祖明昭穆也。古者大夫三庙,一昭、一穆,与太祖之庙而三。原本亦师此意,兹率由旧章,凡昭穆中支派之他徙、与嗣续之无可考稽者,仍列其名于世系,而求载诸行传,庶本支不失,而亲疏有别矣。

一、世系为谱之纲领,以五世为经而转,图之首颜其父之名,而下领其派,则始而五世,转而十世,再转而十五世、二十世,顺而出之,连而类之,虽百世可知也。

一、图绘以线者,绵乃宗支。血脉父子生生,绘以直线。兄弟同产,绘以横线。一展图而原委昭然,易于辨识也。

一、行传所刊之字大书,惟名分书则先行,次字,次号,次行实,次生配卒葬,次子生女适,间有不同者,扬历封赠宜详宜略各随其人而铺叙之。

一、家之有训规犹国之有法律,盖前贤垂裕之格言,为后世立身之药石,了子孙孙当奉为楷模,遵守勿替。

一、族中有忠臣孝子,义夫节妇,高年懿行,品学文章,科第爵秩,宦迹乡贤,任子封君,明经荐辟,上舍青衿,及高士名流,皆特书之。

一、宗人有一言一行可录者必详书谱内,以彰善类。他若行状、碑碣、记传、叙说、赞颂、铭志、题咏、诗文、著作,特分门别类专订数卷,道德文章不容湮泯,所以表扬先哲,鼓励后人也。

一、婚嫁须择门第。若贪贿辱先,而婚嫁不清白者,斯匹非其人,不特己身之玷,且贻后世之羞。凡我宗人均宜自爱,否则娶者削其配,嫁者削其女。

一、书配某氏,续配某氏,明先后也。配某氏生子某,续配某氏生子某,妾某氏生子某,详其所自出也。妾子长,其次得列于嫡子之前,长幼之序不可紊也。

一、女子有家必书其里第,且书其夫之名与爵。如有贤孝贞烈事迹昭著不当泯没者,愿变例书之,重贵姻彰淑德,太史公序外戚世家盖此意也。

一、凡生子为人后,及以人之子为己后者,概不书其名于本生父之下,重嗣续也。若一子兼祧两房,既书其名于本生之下,复书其名于嗣父之下,期蕃衍也。

一、继嗣有二例,有应继,有择继。应继者由亲及疏,而择继亦寓于其中;择继者于本支中择其可者,由尊长公同定之;若领养异姓,非我族类,不得滥入以乱宗祧。

一、宗人有就业别墅,并因游宦而侨寓他乡异郡自成一支派者,特许注于其名之下,曰某处派,以便稽查。

一、有私美其先而妄自臆断者,笔削之。出家为释老及为他人后者,拒绝之。所以明虚实重派别也。

一、父亡母嫁者但书其子,母嫁而子从之者不书,从之而愿归宗者仍书之,冀其后起也。

一、科举既废,选举不行,学堂毕业亦进身之阶,凡自高小以上毕业及有相当之资格者,一律书之。

一、创办地方公益,即农田水利学校乡团种种义务之有裨社会者,均宜载入行传以彰事迹。

一、人生于寅,行夏之时,相沿已久,故凡岁时伏腊及生辰卒讳,仍依旧历月日填写,以免先后歧异。

（吴金璠等续修，民国五年孝思堂刊本）

绍兴中南王氏

民国绍兴《中南王氏宗谱》卷首，《凡例》：

一、世系图以五世为一直行，仿欧阳公世经人纬，取五世服尽之义。每人又各立正传，以详载其生卒年月日时、事实、娶葬、子女。如另有行述、列传、志铭，有关于谱者，不妨细载。

一、传中书名，书字，书行，书生卒，书履历，书葬，书娶某氏及继娶某氏、侧室某氏，书子几、女几。子三岁以下未成殇者不载，于父传下注某殇。既冠夭者，本传书早世。聘未婚者，书未娶。无子者继兄弟子，勿紊昭穆，于本名下书某人为嗣。

一、宗谱之立，原以尊祖敬宗，序昭穆辨世系，非徒夸耀他族也。故凡履历，必据实开载；有疑者，宁阙之。其妻党，止载所生之父，祖伯叔兄弟虽贵不载；婿亦然。女，再嫁及有关名教者，俱不书。

一、生子定名，敬避祖讳，即尊长名讳亦不得犯。如所居远隔，命名偶同者，则卑者改之。或犯而不知，则修谱者改之。

一、字以表其名，人皆有之。至于号，非有爵位、有德望者，不得混称，故谱内亦不敢滥书。失其名及未命名者则空之，而书其行于小注之首，以俟补入。

一、古人重始迁，盖安土已久，播迁出于不得已也。吾宗阅世既久，宗支浩繁，往往有离其故里而流寓他乡者，今详著谱内，庶后人不迷其本源云。

一、徙居他处，或出赘别乡，与久客在外而子孙未入谱者，俟归日查明，照支补续。

一、收养异姓者不入谱，联族者不入谱，以赘婿为子者，注明本传下，以便异日归宗。

一、与异姓为后者，或以侄为姑之子，或以甥为舅之子，或随母而冒义父之姓，幼孤而作他姓之儿，概直书之，为异日归宗之地。

一、凡名字、生卒、墓葬，例应书而有未书者，由宗人开送。未详阙之，以俟填入，非别有去取也。

一、吾中南通族宗支蕃衍，愈久愈多，兹约十年一小修，二十年一大修。小修各将本房十年内所生名及亡忌婚嫁细书，交修谱处，以墨笔添入。二十年大修，则重加订定，付之剞劂，庶可传之不朽。

一、修谱一事关于通族，必须任事有人，写刻有资，嗣后当修谱时，通族公举某人为正，某人为副。余愿校订效力者，听之。宜斟酌尽善，非业儒者，不得举，亦不得校订。其派费之法，亦公举一人廉能者为主，所费多寡，公同酌派，极贫者免焉，汇交所举之人，任其支用。刻成，出其簿籍，矢之神明，以示无欺。此乃祖宗重事，不得推诿。凡有爵位赏财者，尤当引为己任。倘有吝惜梗事者，众以不孝共攻之。凡效力修谱者，免派费。自愿输者，共奖之。

一、宗谱为劝善惩恶之书，淑慝皆宜标出。或有显蹈法纪、渎乱家规、干名犯义、不孝不节、犯奸犯盗，大则谱上除名，小则直书示警，兹姑概从宽免，以期改过自新。

（王大泉修，民国三十一年三槐堂木活字本）

鄞县新河周氏

道光鄞县《新河周氏宗谱》卷首，《凡例》：

一、妻氏之父，知其名则书，不称讳不称公者，谱法自朝廷外无旁尊也。

一、不知其妻氏者，曰娶某氏。

一、改嫁，古人不讳，晋王氏谱且书离婚，今具书之，古法也。

一、母统于父，庶统于嫡，故古之志铭不纪所生，今纪之者，谱以纪实，与志铭例异也。但纪于父下，而不复书生母于本身下，以省重复。

一、凡无后者，世系书绝，录中则以已娶而无后者曰无子绝，未娶而无后者曰未娶绝、不娶绝，不知其娶与未娶而无后者曰无后绝。惟万行之内，有现虽无后而或可立继者，第书曰无子。

一、苏谱不纪女所适，然《世说注》所引谢氏谱、袁氏谱具纪之，今纪之以为是宜书者也。

（周岳等修，道光二十六年世德堂活字本）

鄞县鄮东皎碶吴氏

光绪鄞县《鄮东皎碶吴氏宗谱》，卷首《凡例》：

一、谱内有迁居别处，至数传后但知为某房某府君支派而失其近系者，绝之非收族之义，如必按其世次姑附某系之下，则又非所以敬宗。今直自迁居者始另条系，系后不系前，其行依次排列。又有其人已死无子，并失其先世祖父名字无从可系者，亦用此例。

一、行次下各名下仍注某人之子，以便对核支派。有父名阙者则注其父之字，若行有与字具阙而旧谱书其名序者，仍之。其由现采入者，另系不复注。

一、谱中生卒陪葬阙者直书，无考有子孙外出尚可询问，及葬地未定者，俱空格以待补。

第十二篇　族谱

一、谱内无生年月日而有行次者，按旧谱排列。

一、配某，女字某，俱载地名，失其地者止书其姓氏。

一、自年十六以上始排行次，现年十五以下俱书其名字，不列行次，十六岁以上再为填入，自后永以为例。

一、子孙十五以下如已入学登科承荫袭职及娶妻者，或有以孝烈特行著称者，俱照十六岁以上之例，一律编行。

一、子姓有犯出族之条者，盖不入谱。

一、谱内无子不娶者，皆用直书，其稍疑似者姑阙不注。

一、族内有出为他姓螟蛉者，仍于本生下附书其名，俾日后可以归宗。随母他适者，亦照此例。

一、各房所有螟蛉子附在下卷之末，今另为一门，书某房某人螟蛉，系其子孙于后。

一、子姓繁衍，修谱者最防遗漏，但知收族之宜周，尤须识乱宗之可惧。其有在外娶妻置妾者须自重名分，即通知本房转达族中注入草谱，以备后次续修照入。至有入赘者，须通知地方姓氏以便查核。归宗者宜仔细查核，或来历不明，亦不可轻易入谱。

一、谱中先书谱名，次写官名。

一、迁居，须于世系下及行次下注明迁某处，以便对核。

一、宗族争端莫多于继案，今将规条开列，庶使房长、干首各执持以便从公论辩曲直，杜绝争讼。

一、律文择立继子先尽同父之亲，譬如一人生有三子，其长房无后，二房三房各有数子，任凭择立，何房均是应继，并无二房应继三房爱继之说；如二房无后，大房三房各有数子，亦任凭择立，何房均是应继，并无大房应继三房爱继之说。盖属同父之亲，俱为应继；如有同父之亲，而其父母欲立同祖之亲，方为爱继。

一、无同父之亲则立同祖之亲，无论何房皆是应继；而其父母欲立同曾祖之亲，方为爱继。无同祖之亲，则立同曾祖之亲，无论何房皆是应继；而其父母欲立同高祖之亲，方为爱继。以外，由此类推。

一、应继之房，无论第几子，随所后父母择立，并无长子过伯继、次子过叔继之说。

一、独子不可出继，如先兄弟而出继者，以后本生兄弟未娶而卒，依古礼出继之子应还本宗。但或所后之父母已为娶妻，抚育恩深，于事势有所未便，听凭宗房从公酌议，准令兼祧。

一、继子与所后母年齿相若在十年以内者，所后母不得择立，以避嫌疑。如所后父在日已经立书告庙宗房画押者，仍准依旧。

一、如甲生有二子,长房乙无子,以次房丙之子入继,其后丙之别子皆无所出,而乙之继子生有多孙,则以长房之孙还继次房,于丙是亲孙,于甲是亲曾孙,实天理人情之至公。古礼今律之悉合,由此可以类推,而世俗乃误为继不再继之说,殊可怪笑。

一、所谓继不再继者,如其人已立继子,娶妻无出而卒,当立继子之子,不得再为上代立继。

一、立继一事,任凭所后父母择贤择爱,不许宗族以次第告争,此定律也。如有恃强争继者,所后父母告知本房长、干首,以理劝诲,再不遵,依鸣官究断,宗族须同县公呈。

一、所后父母亡,须听其祖父母主持,如无祖父母者,宗房公同依次议立,亦不许子姓争继。如不遵依,房长、干首共同呈究。

一、条规存藏宗谱之家须暇日为子孙讲解。

一、大墩又戚家答鼻头梁,永禁安葬。

(吴承忠编修,光绪二年一耀堂木活字本)

江西

宜黄谢氏

同治宜黄《宜邑谢氏六修族谱》,《凡例》:

一、妇重三纲,女本一脉。凡出适必书其女之名,配某姓及其里居,重婚媾也。

(谢赋文等修、谢性卓等纂,同治九年刊本)

南丰西麓双井黄氏

同治南丰《西麓双井黄氏族谱》,《凡例》:

一、宗族之妇自少至老,孀居无玷者必为详请旌,所以扬节义也。

(黄家章等修,同治十二年刊本)

湖南

清代族谱大致包括:序(包括历次修谱旧叙);修谱任事名录;凡例;圣谕、诰命敕命;族规、族约、家训;班行、领谱字号;典制;传赞;契约;祠堂图记;坟山墓图;世系图(一般称垂丝)、世系表(一般称齿录)等。其中以世系图、世系表为主体。族谱的内容从目录中见。

湘乡匡氏

第十二篇 族谱

道光湘乡《匡氏续修族谱》卷首,《自叙》:

尝考《文心雕龙》,"总领黎庶,则有谱籍簿录"。谱者普也,注叙世统事资周普,谱之为义大矣哉!然则家谱之修以叙源流、辨昭穆、纪里居、明服制、列传赞、垂训规,亦必周详完善而无渗漏之端,庶于谱之义有当焉。……

时道光八年戊子秋月穀旦,嗣孙逢璨与松筠云亭氏敬撰。

(匡逢向等修,道光八年解颐堂刊本)

道光湘乡《匡氏续修族谱》卷首,《旧序》(贡进士简授儒学教谕陈德辨):

谨按家谱之作,古者室(世)族世系有图上之太史,太史藏之,故其列传、世家皆可考,而副藏于家。汉晋以来,书不阙矣。入唐贞观修《氏族志》,其流及下,爰有欧氏、苏氏族谱,挽近世族因之,而各有族谱之作,其制在于溯宗派、序世系、纪里居、列班行、表祖德、著宗功,凡为谱者,大致皆然。

(匡逢向等修,道光八年解颐堂刊本)

道光湘乡《匡氏续修族谱》卷首,《原自序》:

效苏、欧二公遗意:以综其合,示同也;以纪其分,远别也。祖宗各详名号、婚配,咸书姓氏、安葬,具载地名、山向、生齿,悉列班行序次,是吾族者联而属之,非吾族者锄而去之,自是而昭穆以序,亲疏以别,尊卑以定。……

雍正十二年秋二十三代孙佐宷字廷扬撰。

(匡逢向等修,道光八年解颐堂刊本)

道光湘乡《匡氏续修族谱》卷首,《续谱目录》:

首卷:叙、续自叙、续谱小引、续谱条规、原叙、原自序、续凡例、原凡例、续谱字讳、目录、原家训附小引、原家规、原班次附原引、服制图、祠堂图附记、金公颜子岭坟山图附金公上记、各房坟山图附各房公批并通山记、原外传、续内外、寿序、领谱字号。

一卷:垂丝图,冠小引。

二卷:金公派下年表、可公派下年表、玉公派下年表、可公铭房年表。

三卷:可公洪房年表。

四卷:可公洪房年表。

五卷:可公洪房年表。

六卷:可公洪房年表。

七卷：可公礼房年表。

八卷：可公志房年表、可公忠房年表。

九卷：玉公相房年表。

十卷：玉公相房年表，附跋。

后卷：阖族抚继年表。

（匡逢向等修，道光八年解颐堂刊本）

宁乡南塘刘氏

民国《宁乡南塘刘氏四修族谱》卷之首，《初修凡例》：

谱兼用欧、苏两体，横列从欧，直书从苏。

（民国十年存著堂木活字印本）

湘乡匡氏

道光湘乡《匡氏续修族谱》卷首，《自序》：

……式准苏氏，举远近亲疏，既分眉而列目；图仿范公，凡高曾祖考亦绳贯而丝联。父讳高书，尊卑明而不紊；妻氏特著，夫妇敌而易观。生寿殁葬，传其信而阙其疑。祠宇、坟山绘以图而勒以记，刊条规以肃家政，录节孝以表懿行。……

时道光八年戊子莨月穀旦，嗣孙总监修逢鳌字中魁敬撰。

（匡逢向等修，道光八年解颐堂刊本）

道光湘乡《匡氏续修族谱》卷首，《原例》：

谱内世系俱照始祖传代以下分长次，原系亲支，虽远而疏，必登载于前；若派别已远，虽近而亲，必序次于后；不敢意为颠倒、乱伦失次也。

（匡逢向等修，道光八年解颐堂刊本）

道光湘乡《匡氏续修族谱》卷首，《续例》：

图谱之作，始于欧、苏。欧氏五代为图，备五服也，其体直序世系，横推准以小宗法，五世而迁。苏氏九代为图，备九族也，其体平列世系，直陈统以大宗法，百世不迁。本谱式遵苏子意，参欧公间掇新制……谱牒之修，所以清支派、辨戚疏。本谱自十一代分支祖以迄于今，于每支图前大书某公派下某公、几子、某公世系，页傍注明某公某房某支某某世系，则派系井然，稽查甚便。垂丝与实录相为表里者也，二者缺一，未免有昭无穆、有穆无昭,今前用垂丝以联贯其世系,后用实录以据实其生平,庶脉络分明,左昭右穆意出焉。

(匡逢向等修,道光八年解颐堂刊本)

道光湘乡《匡氏续修族谱》卷一,《垂丝小引》:

昔范文正公云:吾宗族甚多,在我有亲疏之别,自先祖视之均为子孙。又云:不恤宗亲,异日何以见祖宗于地下。斯言也,仁人孝子之心,蔼然见于言表矣。顾敬宗收族之心,不一而足。而沂流溯源之要,莫切于家乘。窃观夫辑家乘者,不少名门右族,而仿先贤之范者,厥式有四:曰苏、曰欧、曰范、曰柳,盖不啻俎豆之桃矣。然要皆相时择宜而从之,岂有所轩轾于其间哉! 余族旧谱欧式也,前人修之迄今垂九十余年;兹复续辑,则觉苏式为便。齿录既毕,犹恐同源分流稽查维艰,贞父宝善因与诸族长谋,更仿范式绘图垂丝以列一卷,自始祖学金公以下,已历二十余代,孰为长孰为幼、孰为亲孰为疏,一望即得,了若指掌,谓犹有数典而忘其祖者,当不其然。贞也,渺小小子,昧昧何知,职司编修,忝难称职。第奉命维谨,不敢稍自忽怠玩差自信耳。卷轴既成,虽渐不文恭疏短引,窃冀阅斯谱者,敬乃宗祖、笃乃宗族,尚其三复文正公之言焉。

时道光八年戊子岁仲冬月上浣日,二十七代孙讳贞字能幹敬撰。

(匡逢向等修,道光八年解颐堂刊本)

涟源李氏

民国涟源《李报本堂族谱》卷首,《续修谱凡例》:

丝图五代一垂,世系四代一修,非丝图之多于世系一代也,盖承前即以启后,将为后图之分,必以前图之合庶,使脉络分明,故凡于丝图第五代注"另提"二字,此谱之正式也。其有本图五代继起三四代者,亦得另起,后图抑或继起之裔,现仅一两代或传一两代而止者,不得另起,后图则将此一两代附于本图,注"附系"二字,是丝图亦有六七代一垂,世系亦有六七代一修者,此谱之变式也。

(民国五年报本堂活字本)

民国涟源《李报本堂族谱》卷首,李氏《三修族谱凡例》:

古无所谓谱,欧、苏氏之所作亦以史家之例行之。欧从简,以高曾祖考身为纪,乃史家之表也。苏从详,自高曾祖考身而推之,以至五世亲尽,其生卒及子孙无不记载,乃史家传录之例也,故今定其名曰表曰录。

(民国五年报本堂活字本)

湘乡平地胡氏

民国《湘乡平地胡氏续修族谱》卷首,《序》:

先贤谱本之学,至有宋欧、苏而大备。匪惟叙齿录、明世系,而尊祖、敬宗、收族、笃亲之义存焉。

(民国二十六年安定堂木刻本)

民国《湘乡平地胡氏续修族谱》卷首,《旧叙》:

……仿欧、苏式为之谱,此族谱、房谱之所以盛于前清一代也。

(民国二十六年安定堂木刻本)

汉寿盛氏

光绪汉寿《盛氏族谱》卷首,《凡例》:

谱式不外欧、苏二公,苏氏仿九服之图长幼详列,而五服之系尚费参稽。欧氏采《史记》年表、郑氏诗谱,依其上下、旁行为图,其脉蔓延而下者,父子之伦也;其次由右而左者,长少之序也;五派复提者,继续之义也。绳贯珠联,了如指掌,故遵欧氏,而苏体亦酌用之。……始祖继宗来楚,大分之六以苏体行之,小分支政富公以后,但详本支。每派书名之上横书某公几子,旁书字书号书生没年月葬某处某山某向,其失考者书未详,阙疑也。继书配某氏生子几,其不书者无妻子者也。自今之年幼、未定配者,仅书名字书生庚,余不书,俟将来也。五派一提,上四派书完,五派第列名,旁注详后,有无后者于此处注明,以省再提。

(光绪二十七年广陵堂活字印本)

垂丝图,五世一提,对于婚姻与否、有无子嗣、亲生或抚嗣、生没与否、是否迁移、不同职业等内容都有明确的标识,令人一目了然。

涟源李氏

民国涟源《李报本堂族谱》卷首,《续修谱凡例》:

系图以圈相承,有嗣者白圈,无嗣者黑圈,抚继者本生父行本名下注"出抚"字,于所后父行本名下注"承抚"字;幼殇者黑圈,且并书附注字;其有代远迁徙,不知其嗣之有无者,半白圈;其为僧道者,亦半白圈,并书附注。

(民国五年报本堂活字本)

齿录多遵苏氏,记录族人辈分、长幼序列、派名、字号、生卒年、官阶爵次、婚配、子女等情况。

宁乡南塘刘氏

民国《宁乡南塘刘氏四修族谱》卷之首,《初修凡例》:

父以子贵,母亦以子贵。书某之子,是父有嗣也;即于本名下书某氏出,是母有嗣也。

(民国十年存著堂木活字印本)

民国《宁乡南塘刘氏四修族谱》卷之首,《重修凡例》:

世系直书,下除科名、官爵、生没、葬地、妻室子女外,有懿行不以传赞表扬者,据实迹书之,但词宜简明,无涉浮泛以型后嗣。

(民国十年存著堂木活字印本)

涟源李氏

民国涟源《李报本堂族谱》卷首,《李氏续修谱凡例》:

世系大书派名,上书某名子,下书字号生庚;已卒者书享寿若干岁,未六十书享年,未五十书得年,书卒期葬向,其有官阶、职衔、爵位,蒙恩锡谥及因子贵孙贵弟贵应得封赠,业经诰授与否者,均于派名下据实分别登载,然后书生卒葬向。氏敌体大书某氏。已娶者书配,未娶书订,有继室者书元配、继配,纳妾者书侧室,三四亦然。下详所自出,书某地某姓名女,书生庚、所生子女。其有夫贵子贵孙贵应得封赠者,注载与夫式同。已卒者详书寿年、卒期、葬向,后书子女。其有守节之妇,业请旌表与待请旌表者,分别注明以重节孝。

(民国五年报本堂活字本)

桂阳邓氏

光绪桂阳《邓氏族谱》卷首上,《谱例》:

齿录书行为纲,书官、书字、书号为目,所以防互差也。书生、书卒,所以重死生也。书葬某处向某方,俾后人知祭扫也。母名下书生子几、生女几,辨所出也。

(光绪三十三年登秀堂木活字本)

立嗣、抚子体例:所立抚子,多据本生父母、承抚、嗣时承抚者生没与否书,生前育者曰"抚",没后继者曰"立"。

宁乡南塘刘氏

民国《宁乡南塘刘氏四修族谱》卷之首,《三修凡例》:

各房抚子某下书生母氏某,不忘本也;书抚母氏某,重其抚育以承宗祧。

(民国十年存著堂木活字印本)

湘乡匡氏

道光湘乡《匡氏续修族谱》卷首,《续例》:

抚子立嗣,本古之道,但只许本支苗裔,由亲及疏,必属兄弟之子辈,于序不紊。在出抚者,必注明几子某某,过继某某为嗣;承抚者,必书抚某某几子某某承祧,庶子名不致倒冠父上,且两书之,一便查,一识本也。谱内书抚子立嗣,亦有分别,生前育者曰抚,没后继者曰立。

(匡逢向等修,道光八年解颐堂刊本)

涟源李氏

民国涟源《李报本堂族谱》卷首,《李氏续修谱凡例》:

抚子承继者,于本生父母齿录下书子某承抚兄某或弟某第几子,以后照例提书,其或抚房族子及二甲族子亦如之;派行颠倒者不录;其有抚异姓及同宗异族子与随母子并遗来育以为嗣者,于其父母齿录下直书系某姓子,不提书派名以入世系,但附载于谱尾以示别也。前代有抚子为兄弟某或房兄弟某后者,其本生父母或一二代遂已失传历年既远,欲回抚一二人承继本生宗祀,必援祖先数代为一脉之续,既费委曲苦心,不得不于旧谱有所变易。

(民国五年报本堂活字本)

汉寿盛氏

光绪汉寿《盛氏族谱》卷首,《凡例》:

无子而立本宗为继者,不书抚某子为嗣,第于生父图内书其某子出继某为嗣,其世系直承继父名下,惟异姓概不收录。

(光绪二十七年广陵堂活字印本)

桂阳邓氏

第十二篇 族谱

光绪桂阳《邓氏族谱》卷首上,《谱例》:

男老及妇寡无子而抚子者,必由亲及疏,年辈相称方可。又必于本人名下小注抚某房某人第几子某为嗣,以不忘所生父母也,即生母名下亦必注第几子某出继某人承桃。若年辈不称及异姓人子,日后不得抚以为嗣,防乱宗也。

(光绪三十三年登秀堂木活字本)

绝嗣体例,分为两种情形:一是因无配而无嗣,一是虽有配却无嗣。在族谱中两者泾渭分明:凡无偶而无后者注"无配",有偶而无后者注"无传"。

湘乡匡氏

道光湘乡《匡氏续修族谱》卷首,《续例》:

各姓于绝止者,不问有无配氏,概书无传,阅者犹有录缺其妻之疑。兹将混屯(沌)劈开:凡无偶而无后者注无配;有偶而无后者注无传;其或两妻三妻,于中有无嗣者,注无出。则泾渭既分,披阅朗然。

(匡逢向等修,道光八年解颐堂刊本)

涟源李氏

民国涟源《李报本堂族谱》卷首,《三修族谱凡例》:

出而死无嗣者依老谱之例皆与以大书,亦于表上注止字。

(民国五年报本堂活字本)

桂阳邓氏

光绪桂阳《邓氏族谱》卷首上,《谱例》:

世远人蕃故绝者,亦自不少,而气同一脉,敢不尊崇,各房务宜搜察入谱,不使湮没无传也。如世系难稽而名号可考,录于附载类可也。

(光绪三十三年登秀堂木活字本)

关于年龄、殇逝体例:十六岁以下书"殇",六十岁以下书"年",年满六十则书"寿"。

长沙涧湖塘王氏

民国《长沙涧湖塘王氏六修族谱》卷首一,《六修族谱凡例》:

明清之制,男子十六岁为成丁,故未满十六而殁者,不列上行,惟于父世纪栏后子某之下旁书"早殁"字样,如生殁葬均可考者,得俱载明之;已成丁而殁者,另开世纪。在室女年满十六而殁者,得于父世纪栏后女某之下载明生殁葬;未满十六而殁者,止书"早殁"。《左传》疏云:下寿八十。庄子云下寿六十。今凡自六十以上而殁者,均一律书寿若干;未满六十而殁者,得一律书年若干,盖取庄子之义也。

(民国三十八年听槐堂铅印本)

湘乡匡氏

道光湘乡《匡氏续修族谱》卷首,《续例》:

夫妇,人伦之首,名分不可不正,下采未娶书聘,既娶书娶,年高及没者书配,续弦书继娶继配。……

(匡逢向等修,道光八年解颐堂刊本)

涟源李氏

民国涟源《李报本堂族谱》卷首,《续修谱凡例》:

年未十五而夭者不提书,但于其母名下注几岁殇,或为详载瘗处。

(民国五年报本堂活字本)

民国湖南涟源《李报本堂族谱》卷首,《续修谱凡例》:

已卒者书享寿若干岁,未六十书享年,未五十书得年。

(民国五年报本堂活字本)

湘乡平地胡氏

民国《湘乡平地胡氏续修族谱》卷首,《凡例》:

殇子不提大书,通例也。然古礼二十成人,八岁至十一为下殇,十二至十五为中殇,十六至十九为上殇。殇子年龄不一,纪录亦宜随时适变。兹定自十岁上下于母位下书殇,或并注其生没葬向。若已成童娶妻者或其妻现愿守志者垂丝录之,一例照书。此即孔子不欲殇邻童汪錡之意也。殇女于母位下书女几殇,若已受聘及笄而终于闺者,则书字某姓,并注其生没葬向,不报明者听之。

(民国二十六年安定堂木刻本)

桂阳邓氏

光绪桂阳《邓氏族谱》卷首上,《谱例》:

先后考妣年至七十以上,必于生年月日下添注寿几十岁,且总录谱首,永为庆幸,尊高年也。人生七岁以至十五而死者谓之殇,按家礼上、中、下三殇俱入祭,亦宜注于母氏下。年十五而至于二十二三谓之冠,家礼成人曰冠,成人既婚而死者理当正录,未婚者亦宜正录,使得常祭也。

(光绪三十三年登秀堂木活字本)

族人入释道的谱例。

湘乡匡氏

道光湘乡《匡氏续修族谱》卷首,《续例》:

寄籍异地、寄养异类,何姓蔑有?……至出家为僧道者,概不收录,以其离群而绝类也。

(匡逢向等修,道光八年解颐堂刊本)

涟源李氏

民国涟源《李报本堂族谱》卷首,《李氏初修谱凡例十三条》:

子孙出家,异正两途。然自今观之,彼已绝类而离群,自所出计之,夫固同宗而共支也,书之曰某出家某刹,其不灭所往者,仍不忍忘其祖先也。

(民国五年报本堂活字本)

民国涟源《李报本堂族谱》卷首,《续修谱凡例》:

其去为僧道者,但于其父母齿录下注明入某寺为僧某观为道。

(民国五年报本堂活字本)

民国涟源《李报本堂族谱》卷首,《三修族谱凡例》:

凡为僧为道出家者,脉绝而其法嗣未绝,况本在成丁之例,故不注止字,而仍以大书列之。

(民国五年报本堂活字本)

坟墓图体例。

民国涟源《李报本堂族谱》卷首,《续修谱凡例》:

祖坟山地有续葬多冢者,有山名今昔称谓各殊者,固宜详明注载,然必每冢详载未免累赘,今于每卷首数冢载明都区大小地名山名,以下只载山名,其卒葬他乡者注载又加详焉。至我邑新编都区与先朝及国初有异,故凡于康熙三十五年前葬者,都区上加一今字别之。

（民国五年报本堂活字本）

湘乡平地胡氏

民国《湘乡平地胡氏续修族谱》卷首,《叙》：

墓在外,书邑书都书地,备考也;其在平地冲,只书山名不书邑于都,以宗祠所在从简也;合葬者、连冢者,此详则彼略,第令可以互证……

嘉庆十五年庚午十四派嗣孙修辞胥隽氏敬撰序。

（民国二十六年安定堂木刻本）

汉寿盛氏

光绪汉寿《盛氏族谱》卷首,《凡例》：

茔山为根本之地,须绘图以别界限,杜争端也,图后系说以明之。其余私地未绘者,世系下注明地名、山向、系某公子孙某某之业,免致失守。

（光绪二十七年广陵堂活字印本）

桂阳邓氏

光绪桂阳《邓氏族谱》卷首上,《谱例》：

先后考妣所葬坟山,非有买契合约,可凭其界址丈尺,不敢虚载,止注某考某妣葬某处山,且间有先代坟茔久未祭扫者,谱内明注失祭字。

（光绪三十三年登秀堂木活字本）

对有功名、官爵、诰封族人详加书写体例。

长沙涧湖塘王氏

民国《长沙涧湖塘王氏六修族谱》卷首二,《诰命、敕命》：

奉天承运,皇帝制曰：策勋强圉,昭大父之恩勤;锡赉丝纶,表皇朝之沛泽。尔王国油,乃花翎保留湖广尽先补用副将俊勇巴图鲁王明和之祖父,敬以持躬,忠能启后,威宣阃外,家传韬略之书,泽沛天边。国有旂常之典,兹以尔孙剿办湖北永澫河等处出力,赏

第十二篇　族谱

赠尔为武功将军,锡之诰命。於戏!我武维扬,特起孙枝之秀;赏延于世,益征遗绪之长。

制曰:树丰功于行阵,业著闻孙;锡介福于庭帏,恩推大母。尔易氏,乃花翎保留湖广尽先补用副将俊勇巴图鲁王明和之祖母,阃仪足式,令闻攸昭表剑珮之家声,辉流奕世;播丝纶之国典,庆衍再传。兹以尔孙剿办湖北永濉河等处出力,赏赠尔为夫人,翟莆用光,膺宏庥于天阊;龙章载焕,被大惠于重泉。

诰命

同治六年十一月初一日

之宝

(民国三十八年听槐堂铅印本)

民国《长沙涧湖塘王氏六修族谱》卷首二,《诰命、敕命》:

奉天承运,皇帝制曰:宠绥国爵,式嘉阀阅之劳;蔚起门风,用表庭帏之训。尔王松林,乃花翎保留湖广尽先补用副将俊勇巴图鲁王明和之父,义方启后,縠似光前。积善在躬,树良型于弓冶;克家有子,拓令绪于韬钤。兹以尔子剿办湖北永濉河等处出力,赏赠尔为武功将军,锡之诰命。於戏!锡策府之徽章,荐承恩泽;荷天家之庥命,允贲泉墟。

制曰:怙恃同恩,人子勤思于将母;赳桓著绩,王朝锡类以荣亲。尔唐氏,乃花翎保留湖广尽先补用副将俊勇巴图鲁王明和之母,七诫娴明,三迁勤笃。令仪不忒,早流珩瑀之声;慈教有成,果见干城之器。兹以尔子剿办湖北永濉河等处出力,赏封尔为夫人。於戏!锡龙纶而焕采,用答勣劳;被象服以承庥,允膺光宠。

诰命

同治六年十一月初一日

之宝

(民国三十八年听槐堂铅印本)

民国《长沙涧湖塘王氏六修族谱》卷首二,《诰命、敕命》:

奉天承运,皇帝制曰:简搜军旅运筹,参坐镇之权筹,握兵机决策,赞元戎之任,克宣勇力,宜锡崇褒。尔翎花保留湖广尽先补用副将俊勇巴图鲁王明和,御侮长才,折冲壮略,虎符分统,作上将之股肱,鹤列森陈,树偏师之羽翼,奏肤功于保障,展茂烈于干城,庆典欣逢,殊荣用沛。兹以尔剿办湖北永濉河等处出力,赏授尔为武功将军,锡之诰命。於戏!声威有赫,良由将帅同心;纶诰生辉,祇受国家上赏。益勤武备,永荷恩光。

制曰:策府疏勋,甄武臣之茂绩;寝门治业,阐贤助之徽音。尔花翎保留湖广尽先补用副将俊勇巴图鲁王明和之妻汤氏，毓质名闺，作嫔右族。撷蘋采藻，夙彰宜室之风；说礼敦诗，具见同心之雅。兹以尔夫剿办湖北永灉河等处出力，赏封尔为夫人。於戏！锡龙章于闺阃，惠问长流；荷褒奖于丝纶，芳声弥劭。

诰命

同治六年十一月初一日

之宝

（民国三十八年听槐堂铅印本）

民国《长沙涧湖塘王氏六修族谱》卷首二，《诰命、敕命》：

奉天承运，皇帝制曰：策勋强圉，昭大父之恩勤；锡类丝纶，表皇朝之沛泽。尔王以德，乃副将衔尽先参将王佩玖之祖父，敬以持躬，忠能启后。威宣阃外，家传韬略之书，泽沛天边。国有旂常之典，兹以尔孙克襄王事，赠尔为武功将军，锡之诰命。於戏！我武维扬，特起孙枝之秀；赏延于世，益征遗绪之长。

制曰：树丰功于行阵，业著闻孙；锡介福于庭闱，恩推大母。尔张氏，乃副将衔尽先参将王佩玖之祖母，阃仪足式，令闻攸昭。表剑珮之家声，辉光奕世；播丝纶之国典，庆衍再传。兹以尔孙克襄王事，赠尔为夫人。於戏！翟茀用光，膺宏庥于天阍；龙章载焕，被大惠于重泉。

诰命

光绪十三年九月二十三日

之宝

（民国三十八年听槐堂铅印本）

民国《长沙涧湖塘王氏六修族谱》卷首二，《诰命、敕命》：

奉天承运，皇帝制曰：谊笃靖共，入官必资于敬；功归诲迪，犹子亦教以忠。爰沛国恩，用扬家训。尔王春华，乃副将衔尽先参将王佩玖之胞叔父，躬修士行，代启儒风。抱璞自珍，克发圭璋之秀；储材足用，聿彰杞梓之良。兹以尔侄克襄王事，貤封尔为武功将军，锡之诰命。於戏！昭令闻于经籢，书贻刻鹄；佩徽章于策府，宠赉回鸾。茂典丕承，荣名益劭。

制曰：家有孝慈之范，美以相济而成；国崇褒锡之文，恩以并推而厚。尔李氏，乃副将衔尽先参将王佩玖之叔母，德可相夫，教能启后。一堂环珮和音，克著其慈祥；五夜机丝内治，聿昭其柔顺。兹以尔侄克襄王事，貤封尔为夫人。於戏！溥一体之荣，施鸾章贲采；

表同心于训,迪象服分光。
　　诰命
　　光绪十三年九月二十三日
　　之宝
　　(民国三十八年听槐堂铅印本)

　　民国《长沙涧湖塘王氏六修族谱》卷首二,《诰命、敕命》:
　　奉天承运,皇帝制曰:龙绥国爵,式嘉阀阅之劳;蔚起门风,用表庭闱之训。尔王泗邻,乃副将衔尽先参将王佩玖之父,义方启后,贻毂光前。积善在躬,树良型于弓冶;克家有子,拓令绪于韬钤。兹以尔子克襄王事,封尔为武功将军,锡之诰命。於戏!锡策府之徽章,浡承恩泽;荷天家之麻命,增耀门闾。
　　制曰:怙恃锡恩人子,勤思于将母;赳桓著绩王朝,锡类以荣亲。尔吴氏,乃副将衔尽先参将王佩之母,七诫娴明,三迁勤笃。令仪不忒,早流珩瑀之声;慈教有成,果见干城之器。兹以尔子克襄王事,封尔为夫人。於戏!锡龙纶而焕采,用答劬劳;被象服以承麻,允膺光宠。
　　诰命
　　光绪十三年九月二十三日
　　之宝
　　(民国三十八年听槐堂铅印本)

　　民国《长沙涧湖塘王氏六修族谱》卷首二,《诰命、敕命》:
　　奉天承运,皇帝制曰:龙绥国爵,式嘉阀阅之劳;蔚起门风,用表庭闱之训。尔王祯祥,乃蓝翎四品顶戴、福建福州城右军守备王光容之父,义方启后,毂似光前。积善在躬,树良型于弓冶;克家有子,拓令绪于韬钤。兹以覃恩,赠尔为昭武都尉,锡之诰命。於戏!锡策府之徽章,浡承恩泽;荷天家之麻命,允贲泉墟。
　　制曰:怙恃同恩,人子勤思于将母;赳桓著绩,王朝锡类以荣亲。尔常氏,乃蓝翎四品顶戴、福建福州城右军守备王光容之母,七诫娴明,三迁勤笃。令仪不忒,早流珩瑀之声;慈教有成,果见干城之器。兹以覃恩封尔为恭人。於戏!锡龙纶而焕采,用答劬劳;被象服以承麻,允膺光宠。
　　诰命
　　光绪二十六年三月十二日

之宝

（民国三十八年听槐堂铅印本）

民国《长沙涧湖塘王氏六修族谱》卷首二，《诰命、敕命》：

奉天承运，皇帝制曰：爪牙奋勇营屯，资捍御之劳；纶綍施恩部曲，叨宠荣之典。尔蓝翎四品顶戴福建福州城右军守备王光容，小心尽职，协力奉公。分总师徒，训练常遵纪律；凤娴骑射，驰驱克佐干城。兹以覃恩授尔为昭武都尉，锡之诰命。於戏！溥雨露之洪施，遍霑军吏；奋鼓鼙之壮志，勉效戎行。

制曰：策府疏勋，甄武臣之茂绩；寝门治业，阐贤助之徽音。尔蓝翎四品顶戴福建福州城右军守备王光容之妻杨氏，毓质名闺，作嫔右族。撷蘋采藻，凤彰宜室之风；说礼敦诗，具见同心之雅。兹以覃恩封尔为恭人。於戏！锡龙章于闺阃，惠问长流；荷褒奖于丝纶，芳声弥劭。

诰命

光绪二十六年三月十二日

之宝

（民国三十八年听槐堂铅印本）

宁乡南塘刘氏

民国《宁乡南塘刘氏四修族谱》卷之首，《重修凡例》：

前人芳规、懿躅卓有可称述而旧谱未及备载者，必广为搜辑，所以诵先芬而昭来许也。

（民国十年存著堂木活字印本）

民国《宁乡南塘刘氏四修族谱》卷之首，《三修凡例》：

忠孝、节烈，国乘尚勤采录，家乘曷可漏遗！如已征有诗文及行迹，卓卓可传者，搜辑刊入，昭兹来许。

（民国十年存著堂木活字印本）

民国《宁乡南塘刘氏四修族谱》卷一，《恩纶》：

衡州府酃县教谕貤赠貤封敕。

奉天承运，皇帝制曰：任使需才称职，志在官之美；驰驱奏效报功，膺锡类之仁。尔刘起杭,乃湖南衡州府鄱县教谕刘序拔之父,雅尚素风,长迎善气弓冶;克勤于庭,训箕裘丕裕夫家声。兹以覃恩貤赠尔为修职郎。湖南衡州府鄱县教谕锡之敕命。於戏!肇显扬之盛事,国典非私;酬燕翼之深情,臣心弥励。

制曰:奉职无怨,懋著勤劳之绩;致身有自,宜酬鞠育之恩。尔萧氏,乃湖南衡州府鄱县教谕刘序拔之母,淑范宜家,令仪昌后,早相夫而教子,俾移孝以作忠。兹以覃恩貤赠尔为八品孺人。於戏!贲象服之端,严诞膺巨典;锡龙章之涣然,汗永播徽音。

制曰:佐庶司之经理,爰奖通才;劝百尔之孝思,用彰慈教谕。汤氏,乃湖南衡州府鄱县教谕刘序拔之继母,德可型家,恩能育子,顾复无殊于所出,荣光适逮于乃身。兹以覃恩貤封尔为八品孺人。於戏!师贤母之风,励兹清白;沛熙朝之命,慰此劬劳。乾隆五十五年正月初一日。

(民国十年存著堂木活字印本)

民国《宁乡南塘刘氏四修族谱》卷一,《恩纶》:
广西梧州府藤县知县貤赠晋赠晋封敕。

奉天承运,皇帝制曰:考绩报循良之最,用奖臣劳;推恩溯积累之遗,载扬祖泽。尔刘沃,乃广西梧州府藤县知县刘序拔之祖父,锡光有庆,树德务滋。嗣清白之芳声,泽留再世;衍弓裘之令绪,祜笃一堂;兹以覃恩貤赠尔为文林郎,广西梧州府藤县知县锡之敕命。於戏!聿修念祖,膺茂典而益励,新猷有谷,贻孙发幽光而丕彰潜德。

制曰:册府酬庸,聿著人臣之懋绩;德门辑庆,式昭大母之芳徽。尔陶氏,乃广西梧州府藤县知县刘序拔之祖母,箴诚扬芬,珩璜表德。职勤内助,宜家久著其贤声;泽裕后昆,锡类式承乎嘉命。兹以覃恩貤赠尔为孺人。於戏!播徽音于彤管,壶范弥光;膺异数于紫泥,天麻允劭。

制曰:求治在亲民之吏,端重循良;教忠励资敬之忱,聿隆褒奖。尔刘起杭,乃广西梧州府藤县知县刘序拔之父,提躬渥厚,垂训端严。业可开先式谷,乃宣猷之本;泽堪启后贻谋,裕作牧之方。兹以覃恩赠尔为文林郎,广西梧州府藤县锡之敕命。於戏!克承清白之风,嘉兹报政;用慰显扬之志,昭乃贻谋。

制曰:朝廷重民社之司,功推循吏;臣子凛冰渊之操,教本慈帏。尔萧氏,乃广西梧州府藤县知县刘序拔之母,淑慎其仪,柔嘉维则。宣训词于朝夕,不忘育子之勤;集庆泽于门闾,式被自天之宠。兹以覃恩赠尔为孺人。於戏!仰酬顾复之恩,勉思抚字;载焕丝纶之色,永贲幽潜。

制曰:闺仪济美,既并播其芳声;荣命扬休,宜均霑乎渥泽。尔汤氏,乃广西梧州府藤县知县刘序拔之继母,毓英名阀,俪德高门。琴瑟调在御之和,令模夙著;机杼媲中闺之美,慈训攸昭。兹以覃恩封尔为太孺人。於戏!情深鞠育,恩不间于所生;典重显扬,荣岂殊于所自。嘉庆四年九月二十日。

(民国十年存著堂木活字印本)

桂阳邓氏

光绪桂阳《邓氏族谱》卷首上,《谱例》:

先后考妣果有德行、为绅宦所颂赞者,乃刊入本人名下,彰其德也。仕宦、生监既分注之,又统录之,昭其贵也,文学必书传,旧德也。

(光绪三十三年登秀堂木活字本)

永顺龙塔王氏

民国永顺《龙塔王氏族谱》卷一,《族谱凡例》:

族内文经武纬,家之光也者。德高年,国之瑞也;节妇淑媛,室之荣也;孝子贤,善之征也。本族均详注科名及其懿行操守,特别阐扬以旌表之,非敢阿私,盖取法麟笔不得不尔。

(民国二十三年铅印本)

长生录,即草谱。

涟源李氏

民国涟源《李报本堂族谱》卷首,《续修谱凡例》:

墨册汇齐后校刊刷动,经岁月,其间添育子女、新娶妻妾及物故迁葬者,各房随时入局报明,均行纂辑,其有于既刷之后报局者,势难增入图系,则于谱末设一补遗录、续庆录分别登载。……谱牒发领之后,各房务宜另立簿册,以后凡有生卒葬向订配妻妾均照谱式详悉登载,庶几他日续修足备稽考无遗漏之弊。

(民国五年报本堂活字本)

宁乡南塘刘氏

民国《宁乡南塘刘氏四修族谱》卷之首,《三修凡例》:

吾族世居宁乡,凡属婚嫁住址及葬所在宁邑者,不书本邑字样;其在外府州县则须分别注明,俾后裔便于查考。

(民国十年存著堂木活字印本)

妻妾的书写体例：妻未婚书聘，既婚书配氏，续娶书继配，再续娶书再继，妾书副室，以定名分。妻大书，与夫平行，体现夫妻敌体之道。有的族谱还注明妻妾的父讳，以重其所出。妾之称谓因其生子与否而有差异，有子之妾书侧室，无子者只书妾。丧夫守节抚孤，族谱颂扬其节操，朝廷旌表，大书。娶再嫁妇书继娶，所谓贱失节，亦有对醮妇有所通融的，认为其有迫不得已之情，不可强求守节。

民国《宁乡南塘刘氏四修族谱》卷一，《恩纶》：

胡氏节烈旌表恩旨，礼部为钦奉上谕事仪制司案呈抄出本部汇题，安徽等省烈妇余氏等十三口请旌一案，于乾隆三十四年十月二十九日题，十一月初四日奉旨依议：余氏等俱著加恩旌表。钦此。钦遵抄出到部，相应抄录原题行文，该抚转行，该地方官给建坊银三十两，听本家自行建坊。其该州县节孝祠内设牌之处，照定例遵行可也。须至咨者右咨湖南巡抚，该臣等议得湖南所属宁乡县秀士刘兆之之妻胡氏一口，系守贞殉难，与旌表之例相符，应准其旌表。行令该抚转饬地方官给银三十两，听本家自行建坊，其该县节孝祠内设牌之处，照定例遵行可否？旌表出自圣恩，奉旨依议著加恩旌表。钦此。乾隆三十四年十二月。

(民国十年存著堂木活字印本)

民国《宁乡南塘刘氏四修族谱》卷一，《恩纶》：

杨氏节孝旌表恩旨，礼部为知照事咨开仪制司案呈礼科抄出本部题前事一案，相应抄录原题行，该部遵照办理可也。计粘单一纸内开宁乡县贡生刘起生之妻杨氏，自二十八岁孀居迄今五十有八岁，既据该抚详慎核实，造具册结疏，请给银建坊，应如所请准予旌表。俟命下之日行令该抚转饬地方官给银三十两，听本家自行建坊。其该县祠内设牌之处，照定例遵行等。因于嘉庆元年十二月十六日奉旨依议。钦此。嘉庆元年十二月十六日。

(民国十年存著堂木活字印本)

湘乡匡氏

道光湘乡《匡氏续修族谱》卷首，《续例》：

一、旧谱配氏而特旁注者，以夫为妻纲，统于所尊也。兹以配某氏者大书特表，一则明敌体之义，一则显阅查之易也。

一、夫妇，人伦之首，名分不可不正，下采未娶书聘，既娶书娶，年高及没者书配，续弦书继娶继配;妾为嫡压,理应小注,有子特书副室者,所谓子赖母生,母以子贵也。

(匡逢向等修,道光八年解颐堂刊本)

道光湘乡《匡氏续修族谱》卷首,《匡氏续谱条规》:
节烈属闺阃隐德,为天地正气所钟,族内有已旌表详志者,固宜登载;间有未及举者,各房查实,如果有节行可嘉,年例相符,亦宜载列以扬潜德。

(匡逢向等修,道光八年解颐堂刊本)

道光湘乡《匡氏续修族谱》卷首,《续例》:
妇人以从一为贞,或出或醮或夫故而下阶者,妇道亏矣。有子书其生,纪子身所自出也;无子仅存某氏而不书生没者,明与庙决也;若或再适之家,单寒无嗣,其子迎归就养,则生没、葬向并书,亦以通人子不得已之情也。

(匡逢向等修,道光八年解颐堂刊本)

涟源李氏

民国涟源《李报本堂族谱》卷首,《续修谱凡例》:
氏敌体大书某氏,已娶者书配,未娶书订,有继室者书元配、继配,纳妾者书侧室,三四亦然,下详所自出,书某地某姓名女,书生庚、所生子女,其有夫贵子贵孙贵应得封赠者,注载与夫式同;已卒者详书寿年、卒期、葬向,后书子女;其有守节之妇,业请旌表与待请旌表者,分别注明以重节孝。

……

妻道无成而有终,间有遇变再醮,或被出另醮者,但于其夫齿录下书娶某氏,另醮不提书;其已生子女者,则提书之,但书生庚,不书卒葬,于书子女后书氏另醮。又醮妇义不得返,如在他姓无子而卒,其子或迎归进葬,犹可略为变通,书其卒葬。若在他姓已生子,或他姓夫已有前妻,而其子迎柩归者,不准进葬祖山。族内容有一二已迎葬祖山者,仍不注载葬向,所以杜他姓后来争山之衅。

(民国五年报本堂活字本)

民国涟源《李报本堂族谱》卷首,《三修族谱凡例》:
妇之再醮者,必须注明,不得隐讳。

(民国五年报本堂活字本)

湘乡平地胡氏

民国《湘乡平地胡氏续修族谱》卷首,《叙》:

妻特书,妾亦特书,妻与夫敌体,而妾乃为嗣续计,类举之,循而核之,自相统也。

……

改嫁者,不直斥,为人之亲者讳也,宽之以全子道,严之以明妇道。

嘉庆十五年庚午十四派嗣孙修辞胥隽氏敬撰序。

(民国二十六年安定堂木刻本)

汉寿盛氏

光绪汉寿《盛氏族谱》卷首,《凡例》:

妻所自出与女所适之夫,或并言其祖父,或止书姓;亦有女俱未载者,随草谱详略,固不一也。至于下采未昏者书聘;既婚书配;续娶未嫁之女书继配;续娶已嫁之妇书继娶;妾书侧室或书别室,母以子贵则书又娶;女既嫁书适某姓,未嫁者书字某姓,以昭书一之规,以正名分。欧谱附妻于本夫项下,虽曰夫为妻纲,似于敌体之道未协,今参用苏式,于本夫后书配氏,庶见阴阳对待之意。

……

妻以从一为贵,夫死再醮,妇道玷矣。有子者书其姓氏,明子身所自出也;生没不书明与庙绝也;葬则书明某山,使子孙知所祭扫也。

(光绪二十七年广陵堂活字印本)

桂阳邓氏

光绪桂阳《邓氏族谱》卷首上,《谱例》:

夫妇,人伦之首,既书其夫必书其妇,以明对待也。已死者书妣某氏,在生者书配某氏,尊死也。倘夫故而他适者,止于其夫名下注其妻某氏改适某姓,有子者方添生年月日,不得另列一行,殁不得入祠堂,以其不肯终为吾族人妇也。若其子因母老,迎归奉养或扛棺回葬己山者,听;若系公山必价买方许进葬。

……

妇人有年未三十,其夫早逝,而能仗义抚孤,与无子而能贞一自守无玷者,必特书之,旌其节也。

(光绪三十三年登秀堂木活字本)

光绪桂阳《邓氏族谱》卷首,《家戒十条》:

戒强守:妇人从一而终,义也。程子曰:饿死事小,失节事大。非为未亡人言乎?然亦有权宜焉,未可一概而论也。如其妇果能黄鹄明心、柏舟矢志,此又何忍更言其他。若不论其有子与无、能守与否,当其夫尸未冷,而父母即叮嘱曰:汝必无嫁,吾自善视汝。而其妇亦姑应之曰:果能善视吾,吾又何为而再嫁?父母于是欣然曰:彼真能不再嫁矣。未几半载一年,父母何尝不善彼,而彼之情欲终不能自克,弗嫁之中或有不可道者。至有不可道,为父母者始议改嫁晚矣,辱已甚矣。故人家不幸而有孀妇寡女,谅其不能守节,当劝其使改适,上下之名庶可两全而无玷。昔范文正公为义田以赈周族,尚有再嫁之恤,则知强守固可以不必矣。

(光绪三十三年登秀堂木活字本)

族女规范。

涟源李氏

民国涟源《李报本堂族谱》卷首,《续修谱凡例》:

女子已嫁书适,已许书字,并书夫婿里居姓名,详所归也;再嫁者,不复书夫婿姓名,以示从一之义,其有未嫁早卒或夫故立志守贞者,潜德可嘉,则并生卒、葬向备书之。

(民国五年报本堂活字本)

汉寿盛氏

光绪汉寿《盛氏族谱》卷首,《凡例》:

妻以从一为贵,夫死再醮,妇道玷矣。……婿死而女再嫁,止书前适,明从一之义,改适非母家所得主也。

(光绪二十七年广陵堂活字印本)

福建

南平、延平麟阳鄢氏

光绪南平、延平《麟阳鄢氏族谱》卷首,《凡例》:

一、鄢之得姓,自周武王分姬之别子于鄢国于郑,厥后支分派别,散处蔓延,徙易匪一,漫无可考。宋元间,惟江右之临川,独蕃掇巍跻膴,代不乏人。今材等株守邑里,未能躬叩远稽,只凭苏法,断自可见,以金华公由临川入闽为始祖。

一、苏法五世为系,但书名而不详事迹;欧法亦五世为系,详注事迹而画为扦格。世

第十二篇　族谱

之谱,有仿欧、苏二法,各有总谱分谱,殊觉繁琐。今作大宗总图,纯用苏法,小宗分图,亦用苏法,即以字行生娶类注于系名下,如史迁世表法,岂不合欧、苏、史迁而为一家法乎!

一、五世为宗提之于上,只以支次为先后,不必拘于兄弟长幼。兄子虽幼,必居弟子之前,俾无乱其宗支。凡长子直接本身书之,众子以次旁列。世世相承,人尽则止。上世人少,下世人多,依次摆开空其上白;上世有人,下世无嗣,亦空其地,不使旁侵,以示不忍绝之意云。

一、谱书名取史迁例也,欲人便于识览也。盖谱之作为祖宗,祖宗在前,子孙称名,礼也!彼有称处士公者,殊未妥。今亦难概以名称。有居官某处者,称以某处公,如金华公例。有系士林及亢宗者,必有别号,称以别号公,但注中称某公某子,别尊卑。

一、系下细书:初书名,期其以名扬也;冠而字之,继书字,重成人也;继书行,续老幼也;继书某公子,名所本也。如士林则书某庠士,居官则书某爵秩,荣厥也。次书生卒葬,该始终也。妣则另提,书妣某氏某处人,正匹耦也;妾书侧室,严嫡庶也。终书男几人,某有夫妇,然后有父子,重所承也。

一、匹配偕老以卒者,则称妣,或不幸而夭札,或孀守,不论有子无子,皆得以妣书。至于更适,亦不论有子无子,但书氏某,明母出庙,绝不成为吾妣也。

一、国史有列传,家谱宜亦有之。今于世表后而著为论列,是亦仿古立传之意焉。但欲遍撰之,不免烦琐,且贤否何别?今声施官牒者论之,著称士林者论之,克家亢宗者论之,余则详于世表中不必论。

一、按《礼经》,葬殇之制綦详,其所云上丧者,自十六至十九也,中殇者自十二至十五也,下殇者自八岁至十一也。今谱于殇者,无论上中下,皆旁注殇字于男某之下,以后更不详纪,惟有业经告庙及有立嗣者,虽勿殇之可也。

一、无子者当取继于兄弟之子,兄弟无余子,于从兄弟中求之,须昭穆相当,依例著代于所嗣系下注以某子某为嗣,子孙一派相承;于所生系下注以子某为某嗣,系下便不书名,以明为后者不得顾私亲之大义云。

一、为人后者,孔圣所摈,不许入射列,为其贪财忘亲也。为人后岂得已哉?今世往往有贪财争立,致兄弟相讼、骨肉雠仇者,亦有伯叔贫而本身富,当立而不应,致乏传者,亦贪财而忘义也。今后有当立者,如伯无子,则以仲之子应立,仲亦无子可立者,则以季之子立。仲若无子,则以伯之次子应立,伯如无可立者,则以季之子立,余亦如之。若俱无,则以从兄弟之子立。然亦有择贤、择爱而立难以房次拘者,不得混争沮抑。或伯叔贫而本生富,应例立嗣,其本生家财照同产均分,庶应立者不为无财故而废嗣灭祖,则死生手足之义全矣。

一、房分初定诗、书、易三房,盖以始祖妣入闽时,本携带法真、舍孙、法春三公也。当正统戊辰之难,其时法真公已生琼、璇,而琼公生铣公,璇公生钰公,舍孙公已生旋公,旋公生铤公,法春公已生瑶公。计得免者,诗房则铣、钰二公也,书房则璇、铤二公也,易房则瑶公也。迨沉冤既白,仍旧聚庐,而璇公复举三子,不幸四世瑶公乏传,二三后嗣皆以璇公有再振功,重定房号,而以诗为西,书为东矣。不知于世次,是以弟先兄也,可乎?今沿习称呼已久,不便骤更,但仍存其旧,于西之上加云诗之西,东之上加云书之东,庶无失诗书世泽之义,以存兄弟长幼之分焉。

(鄢宗云等修,光绪四年刊本)

南平、延平麟阳鄢氏

光绪南平、延平《麟阳鄢氏族谱》卷首,《续凡例》:

一、旧谱纯用苏法,五世为系,但书名而不详事迹,视欧法尤明且简。但既作大宗总图,复作小宗分图,传世既远,衍派愈繁,势当分之又分,卷帙纷歧,转难辨识。今议只作大宗一总图,而小宗旁附焉,以下就依房次先后统汇,某世字行系名详纪,庶不失合族之义,亦令览者易于翻阅云。

一、谱先书名,旧取史迁例,盖以祖宗在前,子孙称名,礼也,即所云有居官某处者,称以某处公,有系士林及亢宗者,必有别号称以某号公,揆之贵贵尊贤之义,似亦宜然。第思父在斯子,既于其父系下书以男某,又于其子系上易为某处公、某号公,未免前后抵牾,难于披览。今一为正之,始书名,次书字,又次书号,惟始祖尊无二上,则冠以官衔某处公。东桥、靖献、皇州三公,一蒙敕封义士,一蒙赐谥节愍,则冠以某封某谥,次书其讳。

一、古者五等之封,惟公最贵,沿及后世,无论志铭碑颂,皆得以此通称,盖重其人而尊之也。矧谱牒之修,原为尊祖敬宗,何能免此?然亦不可无别。今议于系名处,卒则公之,若其人尚在,只书其名,不加公字。至于妇人,书妣亦属殁后之称,否则但书娶,其有结姻未娶者,又当书聘以别之。

一、蒙恩诰赠天语,煌煌盛典也,例当大书其上,以示子孙然,扬名显亲,了然共见。今以帙繁从简,只于系名下另行抬载晋封某职衔,不复详誊诰命,惟靖献、皇州二公,孤忠自矢,于乾隆四十一年十一月初八日奉钦定胜朝殉节诸臣赐谥节愍,洵足登诸国史,非仅家乘之光也,故为具载全文。

一、旧谱纂自明季,多有误犯国朝庙讳御名者,现其人已往,如漫为改易,或恐难稽。今议仍存其字而缺其划。至子孙有犯前人讳者,生则易之,殁则易其字而同其音,庶不至于冒犯尊亲,亦不致无从辨识。览者幸勿咎与稿不符焉。

第十二篇 族谱

一、谱书坟址,当以坐向为凭,间亦有有墓无向者,或因其子孙外徙,或因卜葬他乡,或因椎鲁无知,惮于详报,故但仍其旧而书之。然亦有后嗣乏传,馁而致叹者,其所书葬所,半由袒免旁亲代为记忆,是否有无,亦难尽决,凡在后人,当更详之,不得藉谱影射。

一、朝飞作操,昔人所悲,孀妇矢贞,尤宜立后,故旧谱于继嗣一节,定例綦详。乃迩来世风偷薄,骨肉情轻,于兄弟乏传者,往往靳不予继,多方把持,丧心昧良,可胜浩叹。今凭族尊定议,一惟率由旧章,至或万不得已,抱养同宗,亦自许书嗣子,但必须昭穆不紊,年齿相当,毋容含混。

一、按国朝律例,渎姓之戒,倍极精严,故恩养别详闰谱,非有他意,不得已也。但推原咎,端不在受养之人,而在抱养之人,既误于前,亦宜善全于后。今凭族尊定议,凡养父所与阄分田宅、应得产业,毋得混侵。至于祭业一节,各房间有成规,余果皆同胞等视,益见吾家推恩之易,正其名仍存其实,义之尽亦仁之至也。更若吕易嬴牛系马,明掩人口,暗渎宗支,谱成而后,倘有蹈斯辙者,概置闰谱之列。

一、有自幼出育者,乃其父母贫不自存,忍心为此,非出育者之罪,今议于其父母之下,仍书男某,旁注出育二字。如果亢宗有志,不忘原本,确查详据,仍许归宗,一体相视。然亦有习成匪僻,被逐无依,因思复姓者,是以吾宗为逋逃薮,毋得滥收,盖与其玷宗,不如乏嗣也。

一、是谱仍旧谱而增修之,自一世而十三世,均属前人厘定,今取各本校正,详与莫详,一仍其旧。惟十四世至二十世,及今始修,凡在各房均有来稿,本局详慎誊清,毫无增减。第恐仓皇集事,容有钞稿糊涂,致多错简者,业经再三催检,并不求详,实属自误,与搦管者无干。

(鄢宗云等修,光绪四年刊本)

莆田莘郊黄氏

乾隆莆田《莘郊黄氏族谱》卷一,《修谱要规十条》:

考得姓之根源　记传世之远近
明昭穆之序次　显爵位之尊卑
标茔域之山邱　详妻孥之姓氏
彰仕进之忠贤　表家居之懿行
扬隐逸之清节　书著作之词华

(黄化龙重修,乾隆十七年刻本)

乾隆莆田《莘郊黄氏族谱》卷一,《家乘凡例》:

一、谱之修,源流虽合而派有亲疏。自五世以上,并系东黄、后黄、□溪黄,始祖明同宗也。自六世以下十世以上,并系前黄各房分支者,明同派也。自十一世以下独详本支者,族繁难记,重所亲也。

一、唐刺史岸公以前,世系虽属无凭,然考于三世祖散骑常侍华公所记百世总图,并观朱夫子所序黄冈祠石碑,则已前世系非同河汉,故被录之。

一、谱内分支衍派,房分甚多,故五代一提,虽年远世深,而昭穆不紊。

一、谱内分为七房,而各房世系不以年齿序长幼,只从其所生者名下排列,如某公生某子几人,某子生某孙几人,而某孙即列某子之下,某子即列某公之下。俾欲寻世系者而易于披览也。

一、谱内有名书名,名缺书字,字缺书行,俱缺则书某公子,如不考者,居远方者,后俱书不及载。惟失传者书,止恐后有冒滥者托为苗裔也。

一、谱内无子立嗣者,嗣子本派不书,即详记于嗣父之下,盖礼严于人后者也。

一、谱内书职、书年、书配、书坟墓,必稽其实,不知者不载。

一、祖宗有行谊足称者,名下难纪,则另书诰命、行状、传记、遗文及名公赠送诗章、志铭文序,虽兵燹后多湮没,间有存十一于千百者,并附载于谱,庶不至遗失。至若著作甚多者,不能尽录,子孙宜善藏之以示世守。

一、前世修谱、修祠序跋,尽录于上,见世代相承,皆有敬祖睦祖之心。

一、祖宗神像,首绘科第明经,次绘征辟,三绘隐德,燕诒名实并懋,外此皆不得与,所以重文章品行也。

(黄化龙重修,乾隆十七年刻本)

广东

乳源余氏

嘉庆《乳源余氏族谱》卷一,《谱例小引》:

谱之有例,非徒便观览也,盖谱阅三世则宜修,不修即谓之不孝不慈。吾余氏宗谱,失修几百余年矣,因时迫势阻,不得谓之不孝,不得谓之不慈。兹幸重修,格式款行宜为备举。因踵先人成法,体会参酌,备书谱端以遗后人,后人或用其意,而神明于法,或用其法而变通其意,均于孝慈分中无限也。

一、谱以莫世系,别昭穆也。家之谱冠以列朝明宦,盖欲子孙法祖宗,宜知一本万殊之理,开卷想祖德宗功,如见美墙,示能守也,示知励也。

第十二篇　族谱

一、先代列祖列宗,以乃先代名公巨卿,记、序、诗、传,散佚颇多。幸有存者,必刻诸谱端,见庆泽之流长、家乘之光耀。世世子孙当宝如赤刀大训,毋狎亵侮慢可也。

一、录《圣谕广训》并先贤格言,纷纭不一,盖愿子孙世守遵循,无愧名人之后,故广求采录。反复垂训,非不惮烦也。望之切,故集之祥焉,尚其率由勿忽。

一、谱式兼宗欧、苏二家,用垂丝以联络世系,五世一提;用实镂以备书生平,一位三代。盖五行三才各有取焉。合而行之,大宗小宗纲举目张,序次义类亦祥且明,用为谱式,则古称先不敢妄抒臆见也。

一、垂系中,上自高祖下自元孙而别自为一世。使别为世者,上承其祖为元孙,下系其孙为高祖。五世一提,而五服之亲备,推而上下之,则知源流之所自为,旁行而横列之,则见子孙之多少。夫惟多与久,其势必分,此理之常也。凡元孙,别而自为一世者,各系其子孙,则上同其出祖,而下别其亲疏。如此,则子孙虽多而不乱,世传虽远而无遗,此谱图之法也。

一、世录中,顶书父名;中书己身讳号、名字、生平、阅历、事业、生辰、殁忌、葬处、坟形、山向;后即书某配氏,某处某公之女及德姓生殁年月、葬向,知者备书,疑即缺焉,不敢妄填也;然后书子几、某名,女几、归某姓。一以杜螟蛉,一以严择婿也。

一、讳号行中,须照原日编定班派所取,但先辈命名,循班取者固多,不循者亦不少矣,兹则随各取定者书之。盖世次既清,昭穆自定,顾弗问其循不循焉。甚有祖讳及族伯叔祖之讳,传世既久,族人繁衍,保无有犯,奈兹时势急迫,未能详查更易,阅者谅之。嗣后取名者,必披谱细阅慎,毋犯违祖讳可也。

一、续娶及有嫡庶者,必谨书曰:原配某氏,继配某氏,续配某氏。妾不书配,曰侧室副室某氏,明恩义、谨嫡体也。至生之子,必则各注明曰,某氏所生、某出于某氏,不敢紊淆焉。盖原其所生,然后所生者安也。

一、《烈女传》详妇德也。古人妇主中馈,惟精五饭幂酒浆缝浣衣服之礼耳。执简者欲表扬闺秀,未免祗徊而搁笔,他如柏舟自誓,画荻教子,核实既定,急宜编入,阐苦节表贤劳也。

一、世录下,或孝友之德,其言不间于家庭忠厚之行,其名远播于乡里,又或文词声驰上苑高年,比论耆英,大书特书,自是不一而足。至于加意祖先祗役祠事居室素封存心利物者,不拘生殁,俱各祥录,但非取据实事何由着笔而书,故执简者据各子孙手勒行状,或片言而达其生平,或百语而罄其渊里,或以词赋,或继诗调,信笔直书。言大非夸,为之彰美,亦有道所弗鄙也。

一、谱牒所载皆宗族祖父名讳,目得而睹而口不得而言,收藏贵密,保守贵久。每岁清明祭祖，各宜带所领原本，到宗祠会看一遍，祭毕仍各带回收藏。如有鼠侵油计（编者按："计"，疑为"迹"之误。）磨坏字迹者，族长同族众即在祖宗之前，重加惩戒，另择本房贤能子孙收管，订名在簿，以便稽查。或不肖辈鬻卖宗谱，或誊写原本瞒众觅利，又或私刊插订，致使以假混真紊乱支派，及借于他族而轻亵宗器者，不惟得罪族人，抑且得罪宗祖，众共黜之，不许入祠，仍会族送官，追谱治罪。

一、无子立后。人固有于不幸中之幸者，则无子立后之术是矣。然而不可慎也？夫生我为父，养我为母。夫人称之理得而心安也，乃不父其父而父他人，不母其母而母他人，即孩提爱亲之童，亦靡不差称，况既成既长之日，而愿言乐继于人哉？且谁无父母提携捧负，谁无兄弟如手如足？子非其生而肯以子与人为后，安知非贪其家资，图其业产而何？又常推夫人情世事之间，无产则已，有产易争。人之无子不少，冷观成败，阴候其绝，而生觊觎之望也，故非亲如同堂伯叔兄弟之间，则不可轻许焉，而疏远者可知矣。慎之思之。

一、闻立继，彼不得入继者各怀愤恨而蓄嫉妒之心，使所继不当，其人保无有日后必争之势，而逼之以归本生父母，则生前尽心抚立，以望宗祧不斩，讵身死之后，仍同无主之祀，良可悲也。故古人于身之无子者，慎继嗣须先严宗法焉。严宗法，异姓不许为人嗣也，独子不得过继也，长子不得他祧也。凡立嗣应继之法，先寻本支兄弟之亲，审其子之众者，次者以立之。倘兄弟无可继之子，次及房支；房支无人，以次而及疏族，则同姓之贤而收之为后。庶千年血脉精神义气，可以相孚于移世易代，不忘其祖考而顿改其姓氏。抑有昭穆之不可不辨，名分之不可不严。昭穆淆则常乱，名分乖则违伦。所当子从子行侄，以继称孙承孙列，不得称祖，然后名正言顺。若夫子姓兄弟而外，虽有至亲如姑舅之抱养者有之，不得以为继也；带妊随嫁之种抚长者有之，未可认为嗣也。顾此异类稗种，原不容以混嘉谷，是以先进纂述谱志，于螟蛉、带妊、招纳别姓之类，注云：即居传世而有曾孙，必追削而尽黜之。其词严法如此。此所以觉无子立后者虑也，盖异姓为后，其情谊不相关切，而恩爱久则疏，始或小心服事，终则耗产如囊，遂有改姓归宗者，如吕易秦嬴（编者按：此处应为"嬴"字之讹。）、周乱李唐，此皆明验者也。即不改姓，迨至势强财盛，不无妄尊大，凌铄我宗族以彰其威者，甚而尾大不掉，踞伐我先茔而寡彼异骸，莫得而禁之，此所以并有曾孙必追削而尽黜之也。反而观之，凡吾姓之以子与异姓人为继者，亦律所不许。盖我子与人为后，又安禁人不目为异姓淆宗，万一久不归宗，子孙忠厚鲜不为人欺凌者，非特忘源失脉，玷我宗族，且有诬良为贱，欲归不得之势。噫乎，人生有命，穷通俟天；伯道无儿，始终存侄。无子者固当返己而乐天，有子者亦宜三思而爱惜，慎毋利其有而轻许轻继，以贻嗣续之悔也。故予广其意而不惮反复以言之。

（余有璋等纂修，嘉庆二十五年木活字本）

第十二篇　族谱

广西

平乐邓氏

民国平乐《邓氏宗谱》卷二,《凡例》:

一、作谱固以溯源穷流为本。第流虽无止境,而现在可据详录之,自不诬也。源则远,不惟新野别派不及悉考,虽近自庐阳以及兰江之分支,亦难尽详。故即宗亲一脉,书之不忘所自云。

一、世系之书,古者以严宗法为主,如初分之祖,孟为长,仲为次,叔为季,继世之次第。孟之子虽幼,例当先书,仲叔之子虽长,例当后书。今谱即嫡发一本,必先书长房,次书次房,即嫡庶亦如之,先书嫡子,后书庶子,不以长幼为先后也。

一、谱必之以谏公为始祖者,所以崇一本也。盖自谏公以上,派衍各别,居址异地,虽欲合为一谱,究多挂漏之嫌。惟吾族居宇虽分,而情愿联合,一本之所自出固宜尊崇勿替,而况得地创业,又皆我祖之经营,乌得不以谏公为始祖乎?

一、世录支分派流,次序虽极详悉,昭穆虽极明辨,然无所统属,则考察究费翻阅之劳。兹以长房某公派下某公为一派,次房某公各为一派,大书于每房次之首,细书于每页中幅之旁,庶使阅者一目了然。

一、谱以始祖公为一世,仍宜大书特书。始祖公但因禹公又为己上三十余世之始,故独于二公称之,所以尊一世。其余则盖不称公,皆从一世祖命后人之例,惟书其名而不得加以公字,盖义文之倒,有难以并称者。他如小注内及传赞祭产寿文等类,称公称母妣者,则其子孙与亲友之称谓,应尔也。

一、书法必从一例,大书下书字及号,有爵者书爵,次则书生年月日时,没年月日时,葬某处。配某氏,书生年月日时,没年月日时,葬某处,同葬则书合葬,夫墓傍祖葬,则书附葬某祖某妣墓。次则书生几子,名某,幼夭则书殇,无子则书止,其子若往他省异地,则更列大书,且于大书下注明往某处。其不及详考者,则下用一圈。妇出嫁者,亦以一圈别之,盖使后人不致有疑也。

一、修谱所以亲宗支正名分,无子者接续承嗣,势所不免。但异姓不可以承宗,即或溺爱亦宜摈斥不入吾谱;即或接续同宗之子,亦须昭穆相当,无致渎伦可也。故于生父某名小注第几子下,即注明过继于某人为嗣;又于继父某名下小注子某,亦注明接继某人之子为嗣。庶几宗支清,名分正,乱宗渎伦之事免矣。

一、祭产,古者自天子诸侯以至于卿士大夫,皆各有祭田,以供黍稷修祀,事舞佾歌诗。庶民之家弗克备此,而牲杀之奉,未有不陈设于嗣墓之前,故祭祀之需,必立祭产。第恐穷滥无羁之子,或欲分产以便卖,或竟盗卖以济急,强凌弱,众暴寡,种种弊不得不防。

故将公众以及各房各家之祭产,俱载明谱中,庶使贫乏者不得起觊觎之心,奸雄者不得兴谋夺之念,斯祖宗之血食永远无虑矣。

一、传以传其人之行,赞以扬其人之美,必其实行可加、美德足录,庶使登谱牒以为我族光,斯亦论定之遗意也夫。

一、志气诗文,皆足以备文献之征,吾族旧谱内明公贤士所赠,以及近代撰辑,汇二载之以成一帙,庶不负先后文人之苦心焉。

一、吾族仕宦绅衿代不乏人,而始祖以前纪载旧牒,始祖以后,虽无大官大邑,而一命之荣以及乡国贤士无不必录者,非徒以耀观瞻,盖尊朝廷之宠命,荷祖宗之厚德耳。

一、旧谱序,或名贤所赠,或先辈自撰,皆述所见所闻以遗后世。兹并录全文,不敢妄为删易。

一、孝悌节烈,仍宜表扬。先辈载入县志者,固当详载谱内;近世有能子,修职尽孝恭者,即采其行事录之谱牒;至于节妇烈女,更当详悉纪载,不负其冰霜苦心,庶足以昭徽德而使后之人有所感触也。

一、先人所建庙宇庵塔某处,时代久远,渐或遗忘,虽有孝子贤孙,其谁从而识夫某祖创之某祖鼎建乎?故必纪之于谱,以不忘祖宗之功德焉。

一、制谱限以册数,吾族之谱以十五册为定,每部谱尾载以总数,注明共计十五册,俾无漏谱之弊。

一、领谱字号,编订干支文十五字,于谱尾各循次序,载某字号某房某人领,又刻一某字号某房某人领之图记,印于各部外边,庶日后不致以赝乱真。

(光绪十七年十贤堂刊本,民国十三年续刊)

民国平乐《邓氏宗谱》卷二,《排列引》:

古无所谓排行者,自后世虑族姓蕃衍,前后无纪,尊卑无序,乃编为诗以联之,使辨名定分一见了然。第文不雅训,未免为后人变易,参差所关,顾不重欤?今我族修谱,一切义例悉见更新,而排行一诗岂容或苟?爰为精详,赋成八韵,务宜字皆有义,调亦铿锵无忌犯、无聱牙。上绍祖宗之休,下开后裔之盛,南阳家声,万斯年矣,是为引。

源流旧排行
始祖公讳谏　万启秀伯身　受翁生伏祖　均政大丕振
子以瑞显正　孟仲季林春　汉祖朝廷盛　天开景运新
新续排行:
文章诗礼重　道德事功珍　上智欣光国　高贤乐顺亲

第十二篇 族谱

昌明昭世泰　仁厚见风淳　宗泽千年永　书香百代臻
（光绪十七年十贤堂刊本，民国十三年续刊）

贵州
紫江朱氏

民国《紫江朱氏家乘》卷首，《序例》：

吾家先世文献，零落仅存有如此者，欲如大家谱牒之分类辑录，蔚为巨观，势不可得。窃以传世之作惟其信，不惟其多。《记》曰：无美而称，诬也；有善弗知，不明也；知而不传，不仁也。弗知弗传，是子孙之责也。无美而称，抑子孙所不敢出也。故就所见所闻，与所能考见者，略以义类诠次，署曰《紫江朱氏家乘》。民国初元，以吾黔开州与冀省之开州名复，改县名曰紫江，故用以标地望。首曰世系图，理堂公所辑旧谱有此图，叙至吾父辈而止，兹谨遵其例增补成之，并按次订为五世表一篇，以明纲领。次曰先世传略，及本身事略，自始迁祖以下事实，据理堂公手稿敬录，四世以下则启钤撰集。凡碑志之属皆附录焉，以备史家之采。又次曰大事年表，一家之史与国家盛衰理忽相关至密。即其离合悲欢之迹，百年史事，如在目前。提要钩玄，贯通读之，自易明了当时之环境也。又次曰陇墓记，松楸散在各地，恐后人难于展拜，详其道里方向，志永慕也。又次曰旧谱家规，及先人遗集数种，尤足见燕冀贻谋之意，别以近世摄影之术。印存先世遗像、先世遗文两种。自理堂公以次，诗文翰墨可辑录者咸存于遗文卷中，尊手泽也。

始事于甲戌之春，钩稽凌杂，时做时辍，感于文献不足，辄思广谘博考，冀无遗坠。岁不我与，老病相催，况兹浩劫弥天，不知人间何世，惟有姑就已成之稿纂订成编。他年陵谷迁移，或能存于万一尔。

中华民国二十七年戊寅六月七世孙启钤谨书，时年六十有七。

（朱启钤修，民国二十四年排印本。《紫江朱氏家乘》的最终完成时间不早于民国三十三年，该《序例》即作于民国二十七年，谨以引用版本之扉页标注为民国二十四年）

5.对异姓继入与族人继出的排斥与吸纳

继入严禁异姓乱宗；义子谱法；继出者上谱及原因。

江苏
太仓陆氏

光绪太仓陆氏《平原宗谱》卷一四,《继入继出考以支派先后为序》:

古者敬宗收族之事,宗子主之。凡贫无告者恤其乏,殇无后者祭于家。是故生无斯饥之困,殁无弗祀之痛。世禄既废,宗法不行。听于菟谷者有之,为果蠃负者有之。殆时势相迫,非古今异情。如吾娄江止庵修撰以鞠于邻人而承其姓,尔赞司空因受知仲起而冒其宗。他若陈遴为陆氏后,承命于确庵先生;程湄延顾姓祀,慨诺于惠安令君。此乡先贤之已事,为后之人所共知。虽谓他人父,诚伤厥子心。然承顾复恩,髫龀既蒙卵翼作饱飏计,成立别启门楣,微论显悖人情,亦恐有乖天理。是以孝子慈孙达权通变,或命一子归宗通行次子归宗,个别尚有二子归宗者,或合两家成姓如确庵先生之孙为陈陆溥,平湖望族有陆费氏之类,洵乎情至义尽,足以为法取则者也。我宗避兵元季,肇迁娄江,阅五百年,传二十一世,服属渐形疏远,支派日见繁多。有以继嗣久虚,诵诗爰谋式谷;有以多男为累,寄生忍托他枝。在昔尚希耳闻,于今不胜指屈。爰是宗人会议,深恐或忘所自,订婚媾以舛彝伦。何妨变例行权,按谱牒而知源本。故于图则合之以联其情,于考则分之以辨其出。俾派别既资为依据,庶嫁娶可愍绝鲁吴云尔。

  继入考

    第十九世　子义公后　尚友公支

      迎松继子　传福　由冯姓入赘

    配陆氏　雨香公女

    第十六世　子义公后　鹤芬公支

      元龙继子　肇熙　由俞姓入赘,葬十五都七图郡圩,子义公茔后别营主穴。

  配陆氏　冲飞公女

  子三　雪轩　桂　归宗俞姓　配英

  第十七世

    肇熙长子　雪轩　生年佚,卒于同治八年十一月初一日,葬肇熙公茔昭穴。

  配杨氏　生年佚,卒于同治十三年十月二十日,合葬。

    兼祧　子　关观　配英子

    肇熙三子　配英　生年佚,卒于光绪三年十二月初八日,葬肇熙公茔穆穴。

  配吴氏　合葬

  继叶氏　合葬

    子二　关观　兼祧雪轩后　小弟　归宗余姓

  第十八世

    配英子祧雪轩　关观,号秀峰

第十二篇 族谱

配张氏

子二 迎福 聚福　　女二

第十九世

　关观长子 迎福

聘杨氏

　关观次子 聚福

聘杨氏

第十九世　褒山公后　菊友公支

　鸿章继子 成清

配季氏

　　　　　　　女一 未字

第二十世　褒山公后　西园公支

　应燮继子 国保 由吴姓入继

第十八世　君章公后　介祉公支

　增继子 璇 由归庄王姓入继

第十九世　敬传公后　嵋霞公支

钟瑛继子　寿慈,字涧鹤,号静涵,监生,同知衔补用知县,赏戴花翎,钦加四品衔,捐置敬传公后义田 系辛怀公外孙、太原长源学宪七世孙庚梅子奉母命入继。

配李氏　诰封宜人　晋赠恭人　六品封职,元和静山公女,生于咸丰二年正月初九日子时卒于光绪十八年正月十六日寅时,葬二都上七图昆圩南港酉山卯向兼辛乙主穴。

继柳氏 六品衔候选从九无县紫文公女

子四　炳章　泽永 归宗王姓　宪章 殇　耀章

女二 长适庠生、候选盐大使新阳陈定勋

第二十世

　寿慈长子 炳章,字孟侯,号菊裳,州廪生,光绪庚子优贡钦用教职;癸卯恩科副贡,就职直隶州州判。

聘李氏 元河唸梅公女

继聘 顾氏 候选理问吴县传生公女,生于同治十年十月初一日,卒于光绪十四年七月二十五日,领柩祔葬姑侧。

配雷氏 按经历衔吴县莲伯公女

子　祖桂　　　女三 均待字

寿慈三子 宪章 殇

寿慈四子 燿章,字彦伟,号絧卿,五品衔候选巡检。

配狄氏 候选布经历常熟仁甫公女

第二十一世

炳章子 祖桂 殇

第十九世 敬传公后 受经公支

桂生继子 宝均 由婴堂领育

配 氏

子 永孙

第二十世

宝均子 永孙

第十九世 敬传公后 受经公支

承祖继子 志善 由周姓入继

第十六世 廷扬公后 凌浩公支

颖封继子 荣谟,字敏卿,监生 由陈姓入继

配赵氏 岁贡生庚甫公女

侧室 祝氏

第十七世

荣福长子 长生 由马姓入继

第十三世 保堂公后

时乘继子 起凤,字彩舒

配何氏

子三 应龙 应成 兆荣

第十四世

起凤长子 应龙

配周氏

子二 廷桂 廷爵

起凤次子 应成

配王氏

子二 廷献 廷卿

起凤三子 兆荣

第十二篇　族谱

配潘氏

第十五世

　　应龙长子　廷桂　后待考

　　应龙次子　廷爵

配　氏

　　子一　绍宗

　　应成长子　廷献　后待考

　　应成次子　廷卿

配　氏

　　子一　辉宗

第十六世

　　廷爵子　绍宗　后待考

继出考

第十一世　晋川公后

　　士俊长子　君辅　出继陆肖江家

配虞氏

子一　念升

第十二世

　　君辅子　念升　后待考

第十一世

　　兆升子　失名　自幼出继西关渡口姚姓

第十三世

　　永昌子　失名　出继他姓

第十九世　子义公后　尚友公支

　　子祥次子　瞻荣　原名银福,出赘曹省三家为子

第十九世　翀之公后　鹤祺公支

　　垦长子　福寿　出继沙溪镇北杨家堰杨姓

　　增次子　挠虎　出继葛隆镇药师殿孙姓

第十八世

　　焕子　圌,字玉甫出赘老闸镇潘姓为子

配潘氏　立峰公女,生于同治十一年十二月十五日,卒于光绪十九年六月十八日。

继徐氏

　　子　占元　森元　归宗列原序

第十九世

　　圊长子　占元

第十九世　俨思公后　月亭公支

　　载芬四子　观柏，字松轩　出继昆山陆姓，庚申遇贼，与二子均殉难。

配　氏

　　子二　失名

第十九世　俨思公后　黼堂公支

　　珏三子　锡华，字默卿，崇明县廪生　出赘崇明汤姓，生于咸丰四年八月初四日，卒于光绪十年十一月十八日丑时，葬崇明七浤小阴沙主穴。

　　配汤氏　监生乔元公女，生于咸丰三年二月十七日丑时，卒于光绪十九年九月二十六日戌时，合葬。

　　子二　含灵　成龄　归宗列原序　　女一　适崇明宋文瑗

第二十世

　　锡华长子　含灵原名涵霖，字慰农，号惠三，崇明县附生。

　　配黄氏　监生崇明孚卿公女

　　子　士蓉　士兰　嗣归宗胞弟成霖后　士骥　归宗嗣付霖后　士骢

第十九世　衷山公后　雪帆公支

　　球三子　瑞康　出继本城过应和为子

　　配胡氏

　　子二　庆承　国兴　归宗嗣士镕后

第二十世

　　瑞康长子　庆承

第十五世　君章公后　永锡公支

　　钟子　四海　出赘杨姓为子，次子继昌归宗，余无考。

配杨氏

第十九世　莘民公后　醉樵公支

　　维寅子　祖望，字孙斋，号镕堂　出赘嘉定北门外新泾桥徐家湾顾姓。

　　配顾氏　逢春公女

第十九世　敬传公后　章耀公支

第十二篇　族谱

　　维翰三子　雁标自幼出继张泾西张家
第十六世
　　元锌子　洪兆,字绍堂　出赘昭文汪姓,生于嘉庆十九年二月二十九日戌时,卒于同治闰十月二十六日子时,葬昭文三十八都上四图石号主穴。
　　配汪氏　见成公女,合葬
　　　子三　运清　运华 归宗嗣洪丰后　运珪　　　女一　适朱
第十七世
　　　洪兆长子　运清,字松泉
　　配居氏
　　　子一　维仁
　　　洪兆三子　运珪,字兰泉
　　配屠氏
　　　子一　维义
第十八世
　　　运清子　维仁,字少松
　　配顾氏
　　　子一　鹓标
　　　运珪子　维义,字字兰。
　　配邹氏
　　　子一　鹭标
第十九世
　　　维仁子　鹓标
　　　维义子　鹭标
第十四世　又瑜公后　彦渊公支
　　　深三子　恪,字天藻　出继,无后
第十二世　季闻公后
　　　翔子　巽来　出继陶姓
　　配　氏
　　　子二　陶辟　陶复
第十三世
　　　巽来长子　陶辟　后待考

巽来次子　陶复　后待考

（光绪版）

汪琬《尧峰文钞》卷二六，《族谱后序》：

吾谱吾族而不言宗也，抑有微意焉。吾族继始祖者为适子处士公，处士公之适子显殁无后，不后兄弟之子而后异姓子，则大宗之绝者殆三百年矣。继高祖者为适子赠参政公，参政公之适子赠刑部公，刑部公之适子度殁无后，不后兄弟之子而后母弟广州公。广州公官刑部，乃谓兄弟不相为后久之，而始以己之幼子为之后，则小宗几绝，而幸不至于绝者，又数十年矣。然则吾之不言宗也，微独为宗法不可复也，诚大不得已焉耳。又吾仲摺九有言曰："谱牒之废也，废于贫且贱者十之三，而废于富且贵者十之七。富者或耻其家之衰落则扳援大族，而强附之贵者或傲焉忘其先世之遗泽，而过虑族人之贫者觊觎其锱铢，则惟恐远之不速也。夫富者既强附人之宗，而贵者又思急远其宗，于是谱牒虽存而实亡矣。"信哉斯言！凡为吾族者不可不深长思也，《诗》有之"岂无他人，不如我同姓"，吾故述诸谱末，以为父子兄弟鉴云。

（《四库全书》本）

合二姓为一，示不忘本根和恩养之家。

民国《上海倪王家乘》，《例略》：

上海倪王家乘者，盖王君宝崙秉其宗老以委成于博者也。冠上海以昭地望，次书倪以明所自，若曰"上海王氏出于倪者之家乘"焉尔。谨族属之自出，承先志以勿逾。其事具书于篇，其义则见王氏前献之苊及经旧作之归宗谱两序焉见文献第四。典训昭然，所不敢没也。

民国十五年八月无锡钱基博。

（王树增等修，民国十六年上海中华书局排本）

上海曹氏

民国《上海曹氏族谱》卷一，《谱例重修增订录同治谱》：

本支百世，谱牒所崇。国家定例，立继以昭穆相当、次序不紊，重伦纪也。万无异姓可以乱宗之理。世俗有恩抚名色，但可以丧贴具文，其名不得登谱系。我宗子孙如有出继外姓者，谱内不得除名，所生子女永永入谱。不使人乱我宗，岂可我乱人之宗？要知子孙者祖宗之子孙，以私恩贪财产，忍弃本支，是为不孝。

(曹洗、曹棶等续修,民国十四年崇孝堂排印本)

上海葛氏

民国《上海葛氏家谱》卷一,葛士达《谱例》:

子为异姓后者不书,抱他人子为己子者不书,重宗祀也。

(葛尚钧等修,民国十七年铅印本)

安徽

为防止异姓乱宗,赘婿或异姓入继一般不上谱、不书;如果入继异姓无嗣,仍以本族应继之人入继,等于回归本源,仍予记录。有的谱牒将异姓单独立卷,以示区别。

婺源萧江氏

乾隆《萧江复七公房支谱》卷四,《削除赘婿承祧补代文》:

奈后代世风不古,礼教沦亡,无子者率绍异姓为后。噫!揆诸礼无此文,准诸律亦不合。始作俑者应其无后乎?然移花接木遍地皆然,非独我江氏一族也。此俗相沿已久,在绍子者视为成法,先贤修谱,悯其斩祀,俱作存而不论不议之例。松今从众可也。然以异姓为后者,虽云紊宗,但伊自断其本根,再来承接我枝叶,气虽不相连,而恩实相洽也。乃迩来竟有甚于异姓乱宗者,法淳于□之赘婿,兼易姓以承祧,以女之夫比于子,俗名为招补代。嗟乎!此仁人君子所深恶而痛绝之事……查吾族以女夫为子者共若干家,他房赘疣自有伊房删削,我房仅廿九世兆柏之女名就,赘泾县查九。按九未赘亲之先,兆柏继有郑氏子为儿,名承桂,桂往金花,卒于外。柏欲不忍先人斩祀,欲再择同宗一人承祧,不得,以查九为后。今柏死矣,查九亦亡,九虽有子,柏女所养,然九本身尚不能系吾江,九子更不得从吾姓,锄而去之,礼也,亦律也。昔夫子作《春秋》,笔削为严,毫无阿徇。谱亦一春秋也,松承父老之命董墨,修本房支谱,敢有私蓄,故特直书以削之,并录文以为后来戒。

(江如松纂,乾隆三十七年刻本)

黟县西递明经胡氏

道光黟县《西递明经胡氏壬派宗谱》卷一,《明经胡氏壬派宗谱凡例》:

旧谱凡例曰:继子注其名于所生父下,以见所出之同;列图于所后父下,以明嗣世之义。上世有以侄孙为子者,空一世;曾侄孙为子者,空二世;又有以兄、叔、叔祖为子者,及实未觅继而虚牵以为文者,悉正之归于所生父下,庶使世系不紊,名实弗乖。其有异姓来继者,传代已久,仍旧书之,但注其所出之实,亦明经公氏胡而不泯本李之义,以推及之之意也。按前例继子注其名于所生父下,以见所出之同;列图于所后父下,以明嗣世之义。今从前例书,至于空世、承祧,我族皆恪遵国朝定制,必择其昭穆相当并无空一世二世继者,异姓入继有紊宗枝,尤为我族所不收者也。

……

旧谱凡例曰:本族出继异姓者,注其名于父下,别为图于后曰"明经胡氏谱附编",庶有识者得所据以复氏,未能复者亦知举李氏、唐氏,并不得再为婚也。按旧谱例,本族出继异姓者,别为图于后曰"明经胡氏谱附编",以示李唐之婚姻必别,归宗之世次尤明,返本寻源,法良意美。今则只注出继异姓者之名于父下,使知陇西李、明经胡、槐塘唐三姓皆不得为婚姻也。若归宗则只收出继者之本身,至在异姓所生之子孙,我族向不收入,故不别为图于后。以示凡属一本者,虽贫贱之极而不遗;若有攀援者,虽富贵之极而不附也。

(道光六年刻本)

婺源紫阳堂朱氏

光绪婺源《紫阳堂朱氏宗谱》卷一,康熙四十八年《世系例》:

妾有子者书,以有继也;无者不书,微之也……孀妇来嫁者不录,丑之也;来而有子者不得已而书之也。上殇者书早卒,明可继也。中殇、下殇书夭,不可继也。无子又无继者,书止,悯之也。继之者书某兄弟之子某继之,明其所自出,不敢失天性之亲也。子为人后者,书继某公之嗣,应继也。……

抚异姓为嗣者,不书,恐乱支也。

(光绪年间刻本)

光绪婺源《紫阳堂朱氏宗谱》卷一,道光十九年《朱氏世系续例》:

妾有子者书书妾某氏,其子即从之,即易得妾以子之义,以有继也若无子而服勤至死者,仍书妾某不书氏,不没其劳也……上殇者书卒,明可继也。中殇、下殇者书夭,不可继也或中殇者已成名,则仍当继,贵爵之义也。无子又无继者,书止,悯之也。继之者书某兄弟之子某继之,明其所自出,不敢失天性之亲也。子为人后者,书继某公之嗣,应继也凡子已出继,而本生父无后,其子愿还,则另择应继之人以继其继父;若不克还,则另择应继之人以继其本生之父。总不得以一人而占两房产业,以致继嗣不明,而绝一支之后。其后并无余丁可另择者,不得已而从兼祧,则大宗不得祧小宗,隆宗子也;小宗可以祧大宗,以俟后来分口也。其有越支而继者,则于继父名左书择配某子某为嗣。自幼抚养同宗之子,于继父名左则书养某子某为嗣,以养与生等重也。

(光绪年间刻本)

池州仙源杜氏

光绪池州《仙源杜氏宗谱》卷首,《凡例》:

以子继与胞兄弟为嗣者,生父传内子名下注"继兄或弟某人后"。继与胞伯叔派堂兄弟为嗣者,注"继堂兄或堂弟某人后"。继与共九世图服族兄弟为嗣者,注"继某人后"。继与同分不同九世图族兄弟为嗣者,注其九世图提头祖名曰"继某公支某人后"。继与族兄弟为嗣并同分者,注"继某公分某公支某人后"。其立胞兄弟之子为嗣者,继父传内子名下注"系立兄或弟某人几子"。立胞伯叔派堂兄弟之子为嗣者,注"系立堂兄或堂弟某人几子"。立共九世图服族兄弟之子为嗣者,注"系立某人几子"。立同分不同九世图族兄弟之子为嗣者,注其九世图提头祖名曰"系立某公支某人几子"。立族兄弟之子为嗣并非同分者,注"系立某公分某公支某人几子"。以便查考。其继子图传列于继父下,以所后者为父母,天地之常经也。如长兄无嗣,弟有二子,当为承继,大宗不可无后也。如本身系继子,生子多人,生父派下无嗣者,务继一子以承宗祀,不可忘本,两家亲房俱不得藉端阻继。凡继父、继子须排行、年齿相当,如继子排行不合、年齿不相当者,均不准承继。

(光绪二十一年刊本)

光绪池州《仙源杜氏宗谱》卷首,《凡例》:

胞兄弟只生一子,不能承接两支者,方许双祧。祧子之名,世系图内两见,俱注"双祧"。其生父传内子名下注"兼承兄或弟某人祧",其祧父传内书子一某,注"系以兄或弟某人子承祧"。祧子之全传列于生父派下,注"某人子双祧",所生长子嗣生父,次子嗣祧父。于次子名下注"继祧父某人派下"。其祧父派下亦列祧子传名,注"某人承祧子,书传见前或后",即将次子书其下,曰"子某"。其祧子所生之子,分列图传归各派下,传名下注"某公派某人子",明父名同而祖名异也。如祧子只生一子,复立一子以嗣祧父者,其继子之生父传内子名下注其祧父名,曰"继某公派某人后"。其祧父派祧子传内书法如过继之例。其胞兄弟立人之子以双祧者,无论子为何人所立,均以大宗为继父,小宗为祧父,于生父传内注大宗名曰"继某人后",继父传内注"系立某人几子兼承弟某人祧",祧父传内注"系以兄某人立子承祧",祧子之全传立大宗派下。所生长子嗣大宗,次子嗣小宗。凡双祧只准一代,如本身已故无两子者,本身不准双祧。本身既双祧,只生二子,不准继与他人,致世系不能承接,即现在未生子者,谱内虽注双祧,如后只生一子不能承接两支,重修宗谱时仍当改正,不得因已注定听其无子空祧。至于胞兄弟各生一子、有一子已故者,当为立孙。胞兄弟中有生二子者,当以一子承继,均不在双祧之例。如近派承继有人,虽胞兄弟中只有一子,不得贪产藉双祧阻继。

(光绪二十一年刊本)

光绪池州《仙源杜氏宗谱》卷首,《凡例》:

异姓不许乱宗,一子亦不许双祧。旧例綦严,兹因咸丰中遭粤逆之乱,迫于时势,姑从权收录,此后仍永禁止,不得援此为例。

……

立异姓子为嗣者,另为附谱列传,不修入宗谱,但于宗谱继父传内书子某,下注"系立螟蛉子,传见附谱"。如并无亲生子,于宗谱图内继父名下注"子见附谱"。从此以后,凡螟蛉子不许与本宗互相过继,如违,责令改正,即已入附谱之螟蛉,亦不许再立异姓子为嗣。

(光绪二十一年刊本)

婺源三田李氏

光绪婺源《三田李氏宗谱》卷末,《凡例》:

原继子,盖以明宗支、昭绝续也。凡承继者,于所生父母项下书某子继某后,又于所继父母项下书某人第几子继。若无后无继,则书曰无传。未三十而卒则书曰早世,所以严名分、存矜恤也。

……

详出宗,盖以杜奸源、遏弊端也。故出继异姓,则书某出继某氏某人;异姓入继,则书某氏某人绍嗣。从释老则书出家。随妻姓则曰出赘。至于义男则书觅某处某氏某人。若考有未真,查有未及,则姑阙之,所谓本据旧史,因之而不益者也。

(李廷益、李向荣修,光绪十一年木活字本)

绩溪梁安高氏

光绪绩溪《梁安高氏宗谱》卷一,《书法》:

立继,于生父小传书"某继兄或弟某为嗣",于继父小传书"以兄或弟几子某为嗣"。至远房过继,务必昭穆相当;如昭穆不明,冒继者不收。

(高富浩纂修,光绪三年活字本)

第十二篇 族谱

歙县蔚川胡氏

民国歙县《蔚川胡氏家谱》卷二,道光二年《谱例大纲》:

一、允嗣宜详。一子则书子某;有二子则书长某、次某;不止二子则书第二某、第三某,次第书之。若子出于继室、侧室,则于继室、侧室下书之,明所自出也。子有出继异姓及为僧道者,止书其名于父系下,考内削之,外之也。倘妇人夫故不能矢柏舟者,有子则书娶○氏,生子以别之;无则削之。盖妇既出,与宗庙绝故也。

一、子孙之有祖宗,犹木之有本、水之有源。祖宗之赖子孙,犹本之有枝、源之有流也。由本及干,由干及枝,世世相承,枝枝衍庆,固甚幸也。倘无子者,须照例立继承宗,或应或爱,从公论断,不得参以私议。

一、无子者许令同宗昭穆相当之侄承继。先侭同父周亲,次及大功、小功、缌麻。如俱无,方许其择立远房及同姓昭穆克当者为嗣。若立嗣之后仍生子,其家产与所立子均分。

一、无子立嗣,本上为祖宗,次为身后计也。若继不得于所后之亲,听其别立,或择贤择能所亲所爱者,若于昭穆伦叙不失,不许宗族指以次序告争。

一、无子立嗣,本如父之于子,主恩也。若应继之人平日本有嫌隙,则于昭穆相当亲族内择贤择爱听从其便,不得希图财产勒令承继,或恣意择继。其有子婚而故,其妇能孀守,已聘未娶媳能女身守志;及已婚而故,妇虽未能孀守,但所故之人业已成立,俱应为其子立后。若支属内实无昭穆相当可为其子立后之人,而其父又无别子,应为其父立继,待生孙以嗣应为立后之子。其寻常幼亡未婚之人不得概为立后。若独子夭亡而服中实无昭穆相当可为其父立继者,亦准为未婚之子立继;如可继之人亦系独子,而情属同父周亲两相情愿者,取其服中甘结,亦准其承继两房宗祧。

一、立嗣承宗。凡应继者则书立兄某弟某之几子为嗣,生父下书第几子某继与兄某弟某为嗣。爱继则书择。盖为人后者,为人子也,其应继之例自有昭穆明条,若应(继)或嫌贫不(继),不应(继)而贪利争(继),族中长者、贤者当谕以公论。

一、承继立后,律有明条。倘有滥将夭殇捏造名字,假添生卒,冒昧承祧,希图产业者,一经查出,或被人告理,定行斥削。若以异姓之子承继者,则书某地某人之子某绍某人嗣。抱血孩者,则书抱养。讨异姓者,则书乞养某姓某承祀。则既不视其失嗣,又于祀义有别,而不淆矣。若来历不明及低姓下户者,不书。

一、立继本以承宗为要,非为产业也。但前人已定者,或有不能尽照例者,亦姑仍前书之,不必又改,恐起争端,反为伺窃者得计。

(民国四年线装活字本)

绩溪南关许余氏

光绪《绩溪县南关许余氏惇叙堂宗谱》卷一〇,《宗祠规约》:

妄行过继。过继之事,国家已有成例。爱继、应继,例之所准也。异姓过继,例之所禁也。本祠许余一家,继之正理也。我祠向不准外甥继舅氏,近有无知妇女欲图继立外甥,妄援上世,藉口不知上世文福公之祀余,与近世他姓之继舅者异。近世是合杂姓为一姓,我祠是分一姓为两姓,并无异姓入祠乱宗。至兵后族中继立,往往糊涂妄继,有抛亲继疏,志在继产,有跨祧远房为兼祧,有一继两家为兼祧。今理世系,概删改之。间有以兵后人丁稀少从权办理者,皆不甚越礼,如提起殇丁以继孙之类。此后殇丁亦不准提,凡抛亲继疏、抛长继次、一子继两家、跨祧远房,皆不准。至他祠入继各家,世数讹错不同,不得入继,恐颠倒尊卑。惟水村与本祠最亲,世数明白,如昭穆相当、年齿相符,准其过继。必议拟其人于宗祠功劳如何,不准滥继。

(光绪十五年刻本)

清华胡氏

民国《清华胡氏宗谱》卷首,《旧条例十一条》:

出继归宗者有三:所继父有后,愿归者书;如无后者,以承重理不可归,不书;如祖父出继,其子孙不可归者,不书。

……

出继外姓者书。若过继名家者,注继某氏,其子则不书。

所觅子若昭穆降下为乱序者,不书。

……

异姓承继者有三:良家子则书,贱家、逆家子不书,觅寄不明者不书。

(民国六年刻本)

绩溪仙石周氏

宣统绩溪《仙石周氏宗谱》卷二,《凡例》:

本族家法,异姓不得乱宗,倘有螟蛉一概不书。

(宣统辛亥善述堂刻本)

螟蛉图的设立及原因。

腴川程氏

同治《腴川程氏宗谱》卷三二,《清源录序》:

夫继绝世,此王政也。立继以绍宗祧,大义昭然。我族自先世以来,间有异姓入绍者,世系之下注明本姓,祀祖之日,不派主祭,祖例如此。前次修谱因之,此次续修宗谱,恪遵祖例,异姓继枝照旧登谱,注明本姓,祀祖之日,不派主祭分献大赞,其余执事,酌派襄事。倘继枝又有乏嗣,立继本宗者,是异姓之义已绝,本宗之谊复联,照本宗入继之例办理。且如祖父等有功于国家,合邀荫袭酬庸例,以宗枝承之,异姓入继者不与。恐世远年湮或失其源,致启争端。因查明异姓各继枝另汇一卷,名为《清源录》,附于卷末,以便稽览。盖嗣续维艰,应由亲及疏,择其昭穆相当者入继,总以本宗为重。异姓入继,此不得已之举。窃详查之有可立应继之枝,或以小嫌故以异姓入绍,或应承继之枝不愿入绍,或已生亲子仍立异姓入绍,皆失敦本之谊。汇《清源录》一卷,使孝子顺孙触目警心,知宗枝为重,庶能务本,以绵祖泽,是所谓清其源也。尚义堂。

(同治七年刻本)

山西

平定刘氏

嘉庆平定《刘氏族谱》,《敦睦五禁》:

一、禁异姓乱宗。祖孙父子原系一脉相传,间有缺嗣者,是祖考之脉到此已尽也。若欲于绝处求续,惟有过继亲侄最为得当。即疏族,亦无不可。每见世俗视侄子为外人,抚螟蛉为切己。暂时虽亦相亲,究竟血脉不贯。甚有破家荡产,遗累族中者,不一而足,凡我族人继嗣者,当以此为戒。

(刘灿、刘得义等修,不分卷,嘉庆十年刻本)

平定张氏

道光《平定张氏族谱》,《例言六则》:

一、曰异姓不载。为人后,礼自古有之,为宗嗣计也。盖大宗,始祖之正统;小宗,始祖之旁支。大宗无子,应立小宗之子以为之后,然其立后也,以支子不以嫡子。《传》曰:何如而可为之后?同宗则可也。何如而可以为人后?支子可也。又曰:嫡子不后大宗,盖嫡子亦小宗之继宗,固不得夺其宗以继人之宗也。夫同宗立后,犹有成式,古人之严于立后也如此。乃延及后世,人心不古,欲为人后者,专谋财物,不自顾其嫡庶之伦。择子继嗣者,私忌宗人,每致偏其鄙吝之见不立同宗而求诸异姓,独不闻异姓乱宗,礼有明禁乎？夫先人宗派血脉相同一气,感召如通呼吸,乃欲异姓强承之,是背礼乱伦也,宁缺其嗣不载吾谱。

（张文选 等修,道光二十八年刻本）

洪洞刘氏

依法律订族规。

光绪《洪洞刘氏宗谱》卷二,《祖训》：

一、曰明嫡庶。《传》云：并长匹嫡,祸之阶也。则知嫡庶之宜明也。嫡庶者,正其母而其子自正者也。元配、继配为嫡,所生为嫡子。妾媵有子为庶,所生者为庶子。自有以妾媵为正室者,以致嫡庶不明,母子均失。按律：妻在,以妾为妻者杖九十,改正。又云：即妻亡,亦坐以不应罪。又律：立嫡子违法者杖八十,改正。后世子孙毋以妾媵为正室,毋以庶子继宗祧,其反是者罚而正之,再犯治以法。

一、曰慎嗣续。《传》云：不孝有三,无后为大。又云：继绝世则知嗣续之宜慎也。按律：立嫡子违法者杖八十。立嗣而尊卑失序者,罪如之。乞养异姓义子以乱宗族者杖六十。以子与异姓人为嗣者罪同。又云：无子者许令同宗昭穆相当之侄承继。先尽同父周亲,次及大功、小功、缌麻。如俱无,方许择立远房及同姓为嗣。揆之立法之意,亦甚详且至矣。后世子孙有中绝者毋以庶干嫡,毋以疏越亲。毋尊卑失序以乱昭穆,毋乞养异姓以乱宗支,其有反是者,罚而正之,再犯者,斥不与祭。

（刘殿凤修,光绪二十七年刻本）

洪洞李氏

同治《洪洞李氏宗谱》,《条例》：

一、慎嗣续。支派之淆也,由于嗣续之不慎。立嗣之法惟因乎伯仲叔季之伦次而递推之,斯长幼有别,世次亦赖以不紊者,此也。夫远族之子不得嗣宗子,庶子之嗣不得续嫡子。立法之初原贵于详慎,故宗子中绝则取其亲且嫡者嗣之。至若伯绝则继仲,仲绝则继叔,叔绝则继季,由亲及疏,由长及少,大义明焉。彼夫远支而续宗,越序而乱嗣者已属非礼,况乎乞养义子,乱我宗祊,其悖谬更甚,愿与吾族人共凛之。

（李逢纶等增修,同治四年刻本）

第十二篇　族谱

灵石何氏

道光灵石《何氏族谱》卷一，《凡例十则》：

一、《礼》：有为人后者之称。先儒谓宗子乏嗣，礼应承继，但须依昭穆次序。今特于所为后者旁书取某公第几子嗣某公后，非过为区别，正见继派之正，非异姓所得混也。

一、收养义子，始于汉末宦官，至梁唐间藩镇尤甚。五代史特立《义儿列传》，渎乱极矣。兹于无嗣而恩养他氏子为后者，一概不载。

（乾隆间何思忠创修，后裔续修，道光十四年续刻本）

平定刘氏

族人出继他姓，仍叙入谱内。

嘉庆平定《刘氏族谱》，《凡例十条》：

一、吾宗或有少从他姓者，查明，已叙入谱内。其未能尽知者，望各枝内详为稽考，使之归宗，以便增入，不可忘本故也，阅者详之。

（刘灿、刘得义等修，不分卷，嘉庆十年刻本，）

平定蔡氏

道光平定《蔡氏族谱》，《凡例十六条》：

一、吾宗内或有少从他姓者，查明叙入谱内，其有未能尽知者，望后人确查，使之归宗，以便续入，不可忘本也。

（蔡子碧、蔡培实等编纂，不分卷，道光二十五年刻本）

平定白氏

民国平定《白氏家乘》卷一，《修谱例言》：

一、男子出继为人后者，为本生亲属服降一等，明其以所后为重，然于本生下实非断绝关系之谓也。故于本生下仍注名者，明其所自出也，名旁记出继某某以别之。

一、一子双祧者，则于所后讳下注明祧字以志之。

（白凤章编辑，民国五年石印本）

运城安邑郇城路氏

不录僧道。

同治运城《安邑郇城路氏族谱》，《凡例》：

一、子孙有弃父母出家或为僧道者，谱内不录，谓不系世次也。但出继外姓嗣者，必于原名下书明继某处某姓嗣，更名某某，生子几人。一以便将来族中有力者收族之据，一以便他日本人及其子孙归宗之本。

（路生财、路有年纂修，同治十年刻本）

江西

清江云溪徐氏

继嗣的规定。

嘉庆清江《云溪徐氏族谱》卷一，《凡例》

一、抚侄承继必书某将第几子出继于某为嗣，又于承继名下亦书承继某人第几子，以明所自。并照各房支派编次，不以弟继兄为嗣，不以孙承祖之统，有紊昭穆。其招赘女婿及异姓承祧者，概不编入，以紊宗支。

（徐廷攀修、徐攀桂纂，嘉庆十八年刊本）

清江龚氏

民国清江《龚氏十四修族谱》卷一，宗规：

一、今后无子者务要遵照国朝律例，兼守本宗旧规，止于伦序相当及素所亲爱者听其择立为嗣，上承宗祀，断不许招赘女婿及乞养异姓义子，以致混杂门庭，紊乱宗派，如有此等，众共沮之。万一执迷，族长亲房人等具告官司，问以重罪，各宜恪守，勿得因循阿纵。

（龚克刚等修，民国三年刊本）

宜黄吴氏

乾隆宜黄《吴氏伯武公房谱》，《吴氏伯武公房谱纂修凡例》：

一、立继承祧，在亲支子侄选举，有应继，有爱继，经族众正名，所立为人后者，入嗣与亲生无异。谱内凡立继出继，必于两家互载，一注立某公第几子为嗣，一注第几子出继某公为后。如此根本不紊，则他日支繁派衍，悉皆显然有据。

一、无子无继者，老谱皆书止字。今吾支增修房谱，有确知为无后承接，则但书某府君而不书止。至徙居外郡，无论远近，有来历可纪者，固不致遗漏，如年久音问无通，又不知其子孙之有无，但注以徙居某地。甚至流亡散佚，又不知居何州县，存殁虚实，有无子孙，则注以远出莫考，防后归宗可以补续。

第十二篇　族谱

一、老谱会修自皇明万历丁亥,越今百九有一。先代虽经草录,其间或远徙,或式微,前无所承,后无所接,当局无由考订,不敢确注某公项下,则仿春秋夏五郭公之例,只得于正传而外,附立补遗,详注某公某人,备后参考。此虽非修谱正条,然其中不可不慎,庶后或可有据而补入。

一、各房牵支图系概循所属串联,惟贤四公房传世五代,派为澄字,行名登老谱者,统计一十五人,再传而为英字派者亦一十有三,惟英十生一子有传,复徙居建昌府城西门外刘家岭,因世远年湮,来历均无所考,询其嫡祖之来由,皆茫然而莫知。今续而系之,无从考证,只得悬之本房图末,未敢率意安系。

一、先世祖考之派第,细核序次井然,何敢安为更易。惟孝友二行之派,间有舛错,其中先因各支录来年庚未符,亦非老谱之疏忽,兹逐一细加磨勘,概为改正,若不表而述之,后或将谱新旧较对,必谓新修紊乱,以滋口实。

（吴文薰等修,乾隆四十二年刊本）

新淦黄氏

道光《临淦窑前黄氏重修族谱》,《条例》：

一、宜接绍以绵宗嗣。吾族倘有无后者,必择亲兄弟之子继续,或择本支之人立继,即书于继父之下,犹书于生父之下,不忘所自出也。其无子而未有继者,俱于本名下墨之。若过继异姓与随母归者,不得滥书。乞养异姓之子,并不许登谱,恐致乱真。出赘及侨居异境者,举书示不忘远,不没人后,冀其归宗也。

（黄登第修,道光十五年本）

南丰济阳江氏

乾隆南丰《济阳江氏分修族谱》,《济阳江氏修谱条款》：

一、妇失夫有子而他适者,止书其姓而生殁不载焉。盖书姓者,世无无母之人；生殁不载者,义与庙绝,无书之理也。或子随母出嫁,如遇春秋祭祀亦要拜祖识亲,始不迷失根本也。

一、娶妻无嗣者,必须立继,不许抱养异姓,以乱宗枝。但立继必以昭穆为序,先及亲支,无可继者次及疏支,不许不立以绝宗祧,敢有故违,正以家法。

一、本族行派,前以二十字为定：士子仲景秉居以汝庭元国宗希必懋世（编者按：原文为"试"字。）德允维潮。今又增二十字,美名光盛代载（编者按：原文为"继"字。）履溥承恩重振家声远秀钟文后裔繁。自后命名必循此派,如差错者宜改。

(江南金等修,乾隆四十五年刊本)

兴国刘氏

同治兴国《刘氏重修族谱》卷一,《宗规》:

一、族中有未生子而继立同宗之子以承桃者,于生父名下注一出继某人为嗣;或同姓不宗而继立者,于本名下注一嗣子。至若异姓而承桃者,目为养子,不得载入谱内,或另载谱尾世系之外可也。

(刘天成等修,同治元年刊本)

南丰西麓双井黄氏

同治南丰《西麓双井黄氏族谱》卷一,《凡例》:

一、同宗自幼抚育为继者,则书抚某之子;若其人有嗣而殇,即书继殇者之嗣。倘恩继失序,断断不可。至异姓不得为后,揆之律礼,黜之惟恐不速。

(黄家章等修,同治十二年刊本)

新昌城南漆氏

光绪新昌《城南漆氏族谱》,《漆氏重修族谱凡例》:

一、继嗣本仁人之心,除乞养异姓子乱宗不书外,其余或应继、或爱继,但使伦序无乖、昭穆不失,即于生父系下与所继之父系下明白直书,以符谱例。

一、继嗣向章一子不双桃,自乾隆始开一子双桃之例,此系指独子而言。凡二子三子者不得分桃,以示限制。凡人子已为人后,父母俱不在堂者,不得以身继人为嗣。

(漆耀书等修,光绪三十年刊本)

浮梁祁门郑氏

咸丰浮梁祁门《郑氏宗谱》,《修谱律条》:

宗谱者,谱吾宗之正派也。使非正派,何以宗名。盖今日之子姓万有千亿,原本吾祖一人之身,作谱以系之,总见一派流传,不忘所自,假冒其何能入乎。今宗内间有艰于嗣而为之立其后者,后皆未谙律礼,故昧本宗之人不立而收异姓为嗣。然异姓使之承业应徭或犹可也,而必欲入谱乱宗,则国有律条、祖有明训,严且确也,不得不向吾宗说明,以清支派。倘诸宗稿内有违律欺祖,将异姓并将卑污假冒,查出定行删削,则僭窃之罪,某等实实当之。谨将大清律条刊列于左,后之修谱,其当鉴诸。

第十二篇　族谱

一、立嫡子违法。

凡立嫡子违法者,杖八十;其嫡妻年五十以上无子者,得立庶长子,不立长子者,罪亦同。若养同宗之人为子,所养父母无子、所生父母有子而舍去者杖一百,发付所养父母收管。若所养父母有亲生子及本生父母无子欲还者,听。

其乞养异姓义子以乱宗族者,杖六十;若以子与异姓为嗣者,罪同,其子归宗。

其遗弃小儿年三岁,虽异姓仍听收养,即从其姓,但不得以无子遂立为嗣。

若立嗣而尊卑失序者,罪亦如之,其子亦归宗,改立应继之人。

条例

一、无子者许令同宗昭穆相当之侄承继,先尽同父周亲,次及大功、小功、缌麻,如俱无,方许远房及同姓为嗣。若立嗣之后却生子,其家产与原立子均分。并不许乞养异姓为嗣,以乱宗族。立同姓者亦不得尊卑失序,以乱昭穆。

谱例

一、立继本宗,于所生父名下书出继某,于承继父名下书某人子入继。若异姓承继者,不得入图乱宗。

(郑培先修,咸丰十一年刊本)

玉山怀玉张氏

光绪玉山《怀玉张氏宗谱》,《凡例》

一、异姓不许紊乱宗支,或有亲房无人承继,出于不得已抱他人子为己子者,则载明螟男某或书义男养男字样,以别异同,随母来者亦如之。

(张维潢等修,光绪十四年刊本)

光绪玉山《怀玉张氏宗谱》,《凡例》:

一、族有与出母去而为他人子者,不许复姓归宗,以他人曾抚养之也。若母去复有子愿归宗,亦徇其情;出继异姓亦如之。倘本支乏嗣归宗,以继其后,准其入祠载谱。

(张维潢等修,光绪十四年刊本)

宜黄谢氏

同治宜黄《宜邑谢氏六修族谱》,《凡例》:

一、本宗子为异姓后者,虽易姓仍书名讳,载为谁氏子,示不忍忘,冀其归宗故也。但于中恐有不肖,鬻儿女为婢仆者,查出即行开祠削其谱牒,无玷宗盟。

(谢赋文等修、谢性卓等纂,同治九年刊本)

浮梁祁门郑氏

咸丰浮梁祁门《郑氏宗谱》,《谱例》:

我族自续英公迁居长宁柏川,世隶民籍。以前外姓因清军籍,有抱养军支,致起衅讼者,我族当以为鉴。日后本支子孙毋许出继外姓,并入绍外姓为嗣,既杜民籍混军之祸,亦绝异姓乱宗之弊。即同宗过继亦宜严慎。

(郑培先修,咸丰十一年刊本)

新昌城南漆氏

光绪新昌《城南漆氏族谱》:

一、以子与异姓人为子者,不绝其归宗,应照旧例存其名于所生系下,出为僧者亦然,出家者仍宜于名下注一僧字。

(漆耀书等修,光绪三十年刊本)

6. 名讳与称谓的回避

临文不讳,去恶饰;上谱避讳改名,清朝功令导致民间修谱的避讳规范。

江苏

上海曹氏

民国《上海曹氏续修族谱》卷一,《谱例重修增订录同治谱》:

一、自孟春公起,至今钟字行世,凡十三宗支,以五世为率,今自始祖至五世,总立宗支一图,使子孙从流溯源,知其出于一本也。又自五世以下每房分立一图,使子孙各明其分派所自也。表世谱,则自一世至十三世分别房分次第,便于查阅也。大抵纵图法司马,横图法欧阳,纲举目张,昭穆有辨,庶几大宗小宗。

一、旧谱立世传一门,兹分为世次录、家传两门。其世次录仍照世传旧例,只书名号、仕隐、生卒、葬所、婚娶、子女,其或有德行事功文章艺术卓卓可称者,自具本传、或名流传志、或亲族记述、或子孙所述行谊遗事等篇,汇为家传云。

一、录依世次,则每于一世中从房分长幼分为先后,不以齿序,独子则书某人之子,二子则分以长次,多者则书第几子,筋人后者则书子,而系之以嗣内。惟垂曾两行,则以同祖排列行次。今悉仍其旧。

一、旧例载娶氏,必书某字号名讳之女,有官爵科目及生监等出身者,加书于字号之上。嫁女则婿之名字、官爵及凡出身悉录,其居不同里者,并识其地名于名字之前,俾世世子孙无忘申表云,兹仍之。

一、旧例载配偶必书生卒,惟妾媵不书,若有子者亦书之,俾所出得以考焉,兹仍之。谨按妾媵不书,旧例谨严。珊意,若妾媵守节请旌或寿登耄耋,虽无所出而能佐理家政者,亦宜书,以敬其节寿云。

一、旧谱载,生子夭折,自七岁以下为无服,殇略而不书。其应书而名字年齿失记者,不及备载。若殁而无子,生前曾举而不育者,虽不成殇亦书,兹仍之。

一、娶氏已附入世次录内,若妇德堪垂闺范自有传记者,及生女有节孝可传,或才能足录者,俱得附入家传,亦以存家法、示劝惩也。

一、凡封赠制词,及载省郡邑志人物志传,并崇祀乡贤文移,旧谱总列一卷。兹除志传首列家传外,窃念封赠制词、乡贤文移,载之所以重皇恩昭巨典也,然旧谱已不能全载,今邀恩者多,恐更有挂漏之病,兹故酌照邑志款式而加详,止载某官姓名,封赠前人官阶,而录荫附焉。至若崇祀乡贤志书,附诸学校,族谱次诸封赠,可征存没,邀荣矣。

一、茔域为祖宗体魄所藏,关系最巨。旧谱特各列为图,存地址,详山向,俾后世不至茫昧失考云,兹仍之。

一、旧谱有文类一卷,所载名流传志,及投赠庆吊诗文,并子孙记述等篇,今俱录入家传之内。而以本宗已未刻之文章诗词搜罗抄录,分体编次,标之曰文类,盖所载虽殊而名留其旧也。

一、本支百世谱牒所崇国家定例,立继以昭穆相当,次序不紊,重伦纪也,万无异姓可以乱宗之理。世俗有恩抚名色,但可以丧帖具文其名,不得登谱系。我宗子孙如有出继外姓者,谱内不得除名,所生子女永永入谱,不使人乱我宗,岂可我乱人之宗。要知子孙者祖宗之子孙,以私恩贪财产忍弃本支,是焉不孝。

一、讳名谨避,礼也。族姓繁衍,取名字贵吉祥,难免复沓,凡直上祖宗,及嫡伯叔祖有服者,避之。余则从宽,惟曾登科第、列缙绅有闻望者,亦宜避。

(曹浩、曹棅续修,民国十四年崇孝堂排印本)

安徽

婺源三田李氏

光绪婺源《三田李氏宗谱》卷末,《凡例》:

旧谱世系以行第为纲,以讳字附录,不知人之始生,父母命名,冠则定字。及成人有室,始编以行。惟以行为纲,故行次雷同,混而无别,名不著称,至茫然不知祖讳者。今当以讳为纲,字行附录,父前子名之义也。若前代失讳者止得书行,以俟后人查考。

……

有犯远祖之讳者,有重宗人之名者,揆之理势,正以谱之不修,或以隔于世而误,或以阻于地而误,一时何能改正?纵或重名,考之世数支派,昭穆自分,亦不致紊乱,故予依旧谱,兹不辨证。

(李廷益、李向荣修,光绪十一年木活字本)

池州仙源杜氏

光绪池州《仙源杜氏宗谱》卷首,《凡例》:

有官名者图传俱书官名,至于字号,已冠者书之,未及冠者不书,以未正其名也。

……

名见老谱及各房支谱,而其派下子孙无考者,直书"失考"。生、卒、葬、娶、传文全缺者,书"失传"。上下世系皆可承续,惟中数代散乱者,图内注"失系",不画系线,传名下注其分派可考之祖,名曰某派,书"承续无考"。父可考而子不可考者,书"似续无考"。图内提头处不可接者,总提图前书"某公派失系"。统图传可接者,如常分提,名见碑碣宗支图。但知排行,其世系俱散乱者,名附各派之后;间有生、卒、葬可考者,注于名下,不列图传,知世数之失。配氏亦然。世系散乱并不知世数者,亦附于后,注"世次无考,不知世数之失"。配氏书法亦然。

(光绪二十一年版)

绩溪仙石周氏

宣统绩溪《仙石周氏宗谱》卷二,《凡例》:

惟始祖及宗祖书号,以下一概书名。

……

男女辈行之字,非犯国讳,不得擅改,以示一体。

……

旁亲无后,即继嗣亦绝者,下注"止"字以杜冒伪。

……

兵难后世系失考者,另为图,附各派后。

(宣统辛亥善述堂刻本)

第十二篇　族谱

清华胡氏

民国《清华胡氏宗谱》卷首,《乾隆壬午七修凡例九条》：

命名列行自十三世祖起,先代编字流传云："崇嗣起昭光,昕晖培钜泽,本炽垩钟深,枝燔基鉴湜,秀炜班银汉,材勋圲锦漪,历秋等镐洛,述烈在铭汸,桂荣封锡永,杏燕玉銮游,彩焕垂钓藻,来熏绕镇流。"今其数将满,复拟五言四句续之："穆熙嘉录济,树美理钦承,棠灿周铨治,椿煌璧镜澄。"

（民国六年刻本）

民国《清华胡氏宗谱》卷首,《同治甲戌九修凡例十三条》：

旧谱有书行纪而不书名者,数传后类多重复,且祖宗名讳后人茫然莫知,今一概书名,如名无可考者,姑仍其旧。

（民国六年刻本）

绩溪梁安高氏

光绪绩溪《梁安高氏宗谱》卷一,《书法》：

男失名者以"失名"代之,女失姓者以"某"字代之。

（高富浩纂修,光绪三年活字本）

浙江

鄞县新河周氏

道光鄞县《新河周氏宗谱》卷九,《谱源纠谬》：

盖吾尝反复思之,而知谱源之书必非吾先人之所为也。何则？是书窃取史册之官爵,捃摭志乘之名氏,非朝夕所能为。而吾先人始居新河,世务稼穑,不暇为此明甚,其故一矣。先世未有谱牒,曾王父始创谱稿,后世续有所记,皆未成书,岂有舍近图远,录本支未毕而遽溯遥遥之华胄者乎？其故二矣。且是书迄于宋季,明去宋季为时不远,既伪其书,何难？以新河始祖联之,而乃至宋而止绝,不及新河一语,其故三矣。盖鄞人周氏者作是书传其子孙,吾先人有志追远,闻而录之,归藏箧笥,未遑稽考。夫徐君之作纠谬,为甬上世家计也。余之录其言于谱者,为吾宗子孙计也。而今而后,庶乎其不惑于异说矣。

《周氏谱源纠谬》,同邑徐时栋柳泉氏著。

吾友周茹香修新河家乘,断自明始,明以前弗可详矣。而其先世所传有迁鄞以来谱源,始自后梁迄于宋季,世系姻亲科第名位生卒茔墓详哉乎言之。家乘垂成,取谱源示余,则伪妄之书也。先辈言谱牒多妄,未有若此其甚者,作周氏谱源纠谬。

(周岳等修,道光二十六年世德堂活字本)

道光鄞县《新河周氏宗谱》卷八,《谱源录存》:
吾家有谱源一帙,不知何人所作,始于后梁以迄宋季,而与吾新河始祖邈不相续,固已疑之。自吾友徐君柳泉大发其覆,而谱源真伪书矣。虽然谱源之来久矣,汉张霸作《尚书》在当时唾弃勿道,假令百二之篇尚存今日,则嗜奇好古之士终将留之,此吾所以录谱源之意也。

(周岳等修,道光二十六年世德堂活字本)

道光鄞县《新河周氏宗谱》卷首,《凡例》:
一、绘世系总图于卷首,以便稽阅。
一、十世以上皆称公,谱自我作,敬所尊也。
一、世系有字者书字于名下,一人而数字者书其一。子孙之读谱者得讳名而称字也。名失者系方空而书字,并无字者系方空而书之曰失名。
一、世系无子者书绝,短折者书殇。所后子书其所自来,又书其名于本生下,重所出也。其父生一子而出为人后,则本生绝,此古礼也。今乃有兼承,礼无追改,从之可也。既为兼承,其本身与其子孙宜两书,今但书于谱行之先见者,而于后见者仅书其名,注曰子孙见某派下。
一、总核旧谱,有单证难确据者不便入谱,别为存疑,附于世系之末。
一、世录有排比同行长幼为次第者,序齿尚年,于礼似协然,揆之宗法乱其例矣。且生年不能尽知,今以其父之伯仲为上下,不以同行之长幼为先后。
一、凡有更名者书其所更之名,而注原名于下。
一、官爵选举无大小皆书。
一、谱详生卒纪始终也,年月日时具书之,其阙者略之。不曰不详,不曰无考,省文也。
一、妻氏之父,知其名则书,不称讳不称公者,谱法自朝廷外无旁尊也。
一、不知其妻氏者,曰娶某氏。
一、改嫁,古人不讳,晋王氏谱且书离婚。今具书之,古法也。
一、母统于父,庶统于嫡,故古之志铭不纪所生。今纪之者,谱以纪实,与志铭例异也。但纪于父下,而不复书生母于本身下,以省重复。

一、凡无后者,世系书绝。录中则以已娶而无后者曰无子绝,未娶而无后者曰未娶绝、不娶绝,不知其娶与未娶而无后者曰无后绝。惟万行之内,有现虽无后而或可立继者,第书曰无子。

一、苏谱不纪女所适,然《世说注》所引谢氏谱、袁氏谱具纪之,今纪之以为是宜书者也。

一、纪茔墓,书其地书其土名,又书其所坐所向,又书其余地与其所树、所位置,并墓碑之有无亦具书之,惧子孙之不知,愈详而愈慎也。

一、未及安葬者,书殡与厝。

一、迁徙异乡别卜籍者,凡世系世录俱书其所迁之地,使分支有考。

一、《礼》有长殇中殇下殇之别,今十世以前不能确知,依旧概登。十一世以后,凡长殇中殇登谱,下殇则否。

一、行止不端,为祖父所黜,或族人所摈弃者,书出族于名下,以惩将来,且其人未死,犹望其迁善而改过也。

一、有前谱互异,而是谱专从一说者,谨为案以志之。疑信参半者仍之,而略用按语,其有彼此互异不分是非者,则并存之。

一、家传所记廖无几人,因先代事实多无可考,不敢饰词以诬宗祖,盖棺论定。生存者盖不立传,后附壶行以为内传。

一、有田则祭,记祀产,重祭典也。书其亩分丘数,详其坐落土名,以备稽考。

一、异姓为后,谓之乱宗,不书。书于谱末,名曰闰谱。以他姓子所后父为始,而系他姓子与其子孙。

(周岳等修,道光二十六年世德堂活字本)

鄞县郯东皎碶吴氏

光绪鄞县《郯东皎碶吴氏宗谱》,卷首《凡例》:

一、谱内有迁居别处,至数传后但知为某房某府君支派而失其近系者,绝之非收族之义,如必按其世次姑附某系之下,则又非所以敬宗。今直自迁居者始另条系,系后不系前,其行依次排列。又有其人已死无子,并失其先世祖父名字无从可系者,亦用此例。

一、行次下各名下仍注某人之子,以便对核支派。有父名阙者则注其父之字,若行有与字具阙而旧谱书其名序者,仍之。其由现采入者,另系不复注。

一、谱中生卒陪葬阙者直书,无考有子孙外出尚可询问,及葬地未定者,俱空格以待补。

一、谱内无生年月日而有行次者,按旧谱排列。

一、配某,女字某,俱载地名,失其地者止书其姓氏。

一、自年十六以上始排行次,现年十五以下俱书其名字,不列行次,十六岁以上再为填入,自后永以为例。

一、子孙十五以下如已入学登科承荫袭职及娶妻者,或有以孝烈特行著称者,俱照十六岁以上之例,一律编行。

一、子姓有犯出族之条者,盖不入谱。

一、谱内无子不娶者,皆用直书,其稍疑似者姑阙不注。

一、族内有出为他姓螟蛉者,仍于本生下附书其名,俾日后可以归宗。随母他适者,亦照此例。

一、各房所有螟蛉子附在下卷之末,今另为一门,书某房某人螟蛉,系其子孙于后。

一、子姓繁衍,修谱者最防遗漏,但知收族之宜周,尤须识乱宗之可惧。其有在外娶妻置妾者须自重名分,即通知本房转达族中注入草谱,以备后次续修照入。至有入赘者,须通知地方姓氏以便查核。归宗者宜仔细查核,或来历不明,亦不可轻易入谱。

一、谱中先书谱名,次写官名。

一、迁居,须于世系下及行次下注明迁某处,以便对核。

（吴承忠编修,光绪二年一耀堂木活字本）

绍兴中南王氏

民国绍兴《中南王氏宗谱》卷首,《凡例》：

一、世系图以五世为一直行,仿欧阳公世经人纬,取五世服尽之义。每人又各立正传,以详载其生卒年月日时、事实、娶葬、子女。如另有行述、列传、志铭,有关于谱者,不妨细载。

一、传中书名,书字,书行,书生卒,书履历,书葬,书娶某氏及继娶某氏、侧室某氏,书子几,女几。子三岁以下未成殇者不载,于父传下注某殇。既冠夭者,本传书早世。聘未婚者,书未娶。无子者继兄弟子,勿紊昭穆,于本名下书某人为嗣。

一、宗谱之立,原以尊祖敬宗、序昭穆、辨世系,非徒夸耀他族也。故凡履历,必据实开载,有疑者,宁阙之。其妻党止载所生之父,祖伯叔兄弟虽贵不载;婿亦然。女,再嫁及有关名教者,俱不书。

一、生子定名,敬避祖讳,即尊长名讳亦不得犯。如所居远隔,命名偶同者,则幼者改之。或犯而不知,则修谱者改之。

第十二篇 族谱

一、字以表其名，人皆有之。至于号，非有爵位、有德望者，不得混称，故谱内亦不敢滥书。

一、失其名及未命名者则空之，而书其行于小注之首，以俟补入。

一、古人重始迁，盖安土已久，播迁出于不得已也。吾宗阅世既久，宗支浩繁，往往有离其故里而流寓他乡者，今详著谱内，庶后人不迷其本源云。

一、徙居他处，或出赘别乡，与久客在外而子孙未入谱者，俟归日查明，照支补续。

一、收养异姓者不入谱，联族者不入谱。以赘婿为子者，注明本传下，以便异日归宗。

一、与异姓为后者，或以侄为姑之子，或以甥为舅之子，或随母而冒羲父之姓，幼孤而作他姓之儿，概直书之，为异日归宗之地。

一、凡名字、生卒、墓葬例应书而有未书者，由宗人开送。未详阙之，以俟填入，非别有去取也。

一、吾中南通族宗支蕃衍，愈久愈多，兹约十年一小修，二十年一大修。小修各将本房十年内所生名及亡忌婚嫁细书，交修谱处，以墨笔添入。二十年大修，则重加订定，付之剞劂，庶可传之不朽。

（王大泉修，民国三十一年三槐堂木活字本）

湖南

后世子孙辈分名号应避免与先人的名讳相同，如若有犯讳者，按照"改卑避尊、改幼避长、改生避没"的原则更易，惟已成名者或已没者，不在此例。

宁乡南塘刘氏

民国《宁乡南塘刘氏四修族谱》卷之首，《初修凡例》：

兄弟重名，长则仍之，少则易之，惟已达与已没者不拘此例。

（民国十年存著堂木活字印本）

湘乡匡氏

道光湘乡《匡氏续修族谱》卷首，《匡氏续谱条规》：

禁违碍避忌讳，兹奉上例森严，谱内引经书字句，俱不得妄行僭越；族内班行字讳有犯忌者，照依功令更避，如仍有碍，咎在秉笔。

（匡逢向等修，道光八年解颐堂刊本）

道光湘乡《匡氏续修族谱》卷首，《续例》：

行讳、字号、山形、地名及旧谱序跋、传赞遵依功令避忌，字取音同形似，添傍减画，纵与老谱关契不符，毋得藉此乱彼，滋事端也。我族续修，子姓繁衍，其间多有字讳相同，理宜更易，然或已具载碑文及现执中，已见者未便悉改，嗣后取字定讳，务要斟酌避忌，庶免雷同。至于犯服内字号，逮分派始祖字讳者，虽已泐碑文，亦概改正，毋容异议。

（匡逢向等修，道光八年解颐堂刊本）

涟源李氏

民国涟源《李报本堂族谱》卷首，《初修谱凡例十三条》：

谱内不无重名复讳，奈历年既远传呼已定，亦有现在坚执己见者，未便悉更；谱成之后，斟酌择取，不得互紊雷同。

（民国五年报本堂活字本）

民国涟源《李报本堂族谱》卷首，《续修谱凡例》：

庙讳、御名、圣讳、功令应避之字宜一体敬避外，其有犯祖先讳及服内尊长讳名，均应更易。其或年代已久、传呼已定，又如保举捐纳科甲等名，业已达部，势难悉改，自后命名各宜谨避。

（民国五年报本堂活字本）

汉寿盛氏

光绪汉寿《盛氏族谱》卷首，《凡例》：

敬避御讳、庙讳、祖讳，间有不得已而用之者，遵照科场例一体恭代缺笔，以昭敬谨。名字有误犯者，当为改正，但改卑不改尊、改生不改没，毋得以名字互异为词。

（光绪二十七年广陵堂活字印本）

湘乡匡氏

道光湘乡《匡氏续修族谱》卷首，《匡氏续谱条规》：

……乘（秉）笔纂修，仔肩匪轻，各宜矢公矢慎，毋得怠忽。倘巧笔墨，萌欺一时，贻患百世，一经发露，重罚不贷。为首诸人，务须秉公持正，殚心竭力，告厥成功。自荷先灵默佑，倘滥费侵渔受贿，朦载藉公挟私，不惟查出重罚，定遭天诛祖殃。

（匡逢向等修，道光八年解颐堂刊本）

道光湘乡《匡氏续修族谱》卷首,《续例》:

旧谱生没、葬向、字号、配娶,间有缺略,仍依原式,不敢妄增,以成信谱。

(匡逢向等修,道光八年解颐堂刊本)

道光湘乡《匡氏续修族谱》卷首,《续例》:

凡生没、配氏、葬向全无考据者,书未详;其或窎居外邑未送草单,其亲房人知而未备、一时查考不及者,书俟详,以待后之续者可考而登焉。

(匡逢向等修,道光八年解颐堂刊本)

涟源李氏

书善不书恶解。

民国涟源《李报本堂族谱》卷首,《初修谱凡例十三条》:

实录之义,称善不称恶与铭同,传信不传疑与史同。今上而溯之,其为吾派之勋臣文士,悉登无遗,分派者不敢忘入,且如茂隆公以后有书名而无字、书字而无名者,有止书班字而无名号者,且更有生年而无死月,有葬向而生年死月俱无者,皆传信不传疑,以示慎重云。

(民国五年报本堂活字本)

民国涟源《李报本堂族谱》卷首,《续修谱凡例》:

凡与老谱更易之处,或母子生庚不符,或兄弟长次失序,务将本名上下人名年干推算确凿,然后更;至有年分错讹,虽经查出无从校正,并有出抚子漏载承抚或承抚漏载出抚者,均未敢臆断更改,但于本名下载明以俟来者。

(民国五年报本堂活字本)

汉寿盛氏

光绪汉寿《盛氏族谱》卷首,《客序》:

盛君召棠与余属内兄弟,……盛君虑族之生齿日众,而迁徙者亦不常,惧后之修辑维艰,而续补者毋容缓,爰与文星诸贤士等续辑家乘。余阅其谱,悉遵欧、苏,井井有条,诚可为承先启后之一助也,且家之有谱犹国之有史,必具才学识三长。然后无拘于私、拘于众、拘于势、拘于时之患,亦无不整、不典、不齐、不实、赏罚不中、文不胜质之难,斯卓然负良史才,而非陈寿、魏收辈所敢望也。

（光绪二十七年广陵堂活字印本）

桂阳邓氏

光绪桂阳《邓氏族谱》卷首上，《谱例》：

谱贵实稽，不贵远引。自肇姓以来，名哲不乏。然图系莫传，无征不信。今吾族以少卿公始入桂郡，为一世祖，而不妄援删书断自唐虞之意也。

……

先代考妣生殁年月俱互参考正明确，方敢纪载，自无先后舛错之处。

（光绪三十三年登秀堂木活字本）

惩恶谱法。

光绪桂阳《邓氏族谱》卷首上，《谱例》：

合族先后男妇人等岂无有素行不轨者，男则附于母之下，妇则附于夫之下，不得大书，于惩恶之旨甚合。但有子孙者，不便滴脉且子孙亦有所不忍，况史乘善恶兼录，后当弃理原情。凡有后、无后齐列正行，止革去生殁年月等字，以见彼之生不足齿、死不足惜，与生殁失考者有别矣。葬娶生子仍书，俾后得有所考也。

（光绪三十三年登秀堂木活字本）

直隶

世远无征者，宁阙而不书。

吴伟业《梅村集》卷二一，《宛平王氏家谱序》：

吾观《周礼》大宗伯之职，以嘉礼亲万民，以饮食之礼亲宗族兄弟，以脤膰之礼亲兄弟之国；而其属小宗伯，则掌三族之别，以辨亲疏；小史则奠系世，辨昭穆。盖古者天子赐姓命氏，诸侯命族，而所以训之敦睦，使之亲亲、尊祖、敬宗、收族，无侵凌悖乱之患者，则皆大宗伯之事也。自宗伯之职不修，而天下之人始有疏弃本支而视其至亲无异秦越者，于是乎《常棣》之风微，而《角弓》之刺作。宗法之不讲，其害可胜道哉，惟敬哉！王公以硕德巨望为时名卿，且父子相继为大宗伯，当世尤艳称之。推其孝友施于有政，既以佐天子惇叙五典，諴和万民。其于古宗伯之职已无不举矣。又念始祖来自任丘，以羁旅至京师。再世滋大，及公父子益贵盛，不出长安国门，而跻崇班登副相，此固兴朝知遇之恩，而非祖宗以来累世种德无以致此。使谱牒不修，世系失序，数典而忘其祖，非所以阐扬先德昭示子孙者也，是故作为家谱有名纪焉。所谓别子为祖，继别为宗，继祢为小宗者，可考而知也。有内传焉，自祖德以及壸仪，凡嘉言、懿行在人耳目者，可述而志也。有外传焉，盖仿古内宗、外宗之制，以广亲亲之谊。《诗》所谓"问我诸姑，遂及伯姊"者也。吾闻王氏有姬姓、有妫姓、有子姓。姬姓曰太原、琅邪、京兆、河间；妫姓曰北海、陈留；子姓曰天水、东平、新蔡、山阳、中山、章武、河东、汲郡，其它共有四十余望。而唐室宰相表王氏十三人，定著为琅邪、太原、京兆三族。由宋迄明，公孤宰执不可胜数。

今宛平王氏方伯公由进士起家，扬历中外，著有政绩，垂条布叶，施及后人。先生之为斯谱，自曾祖以前，世远无征者，宁阙而不书。盖昔人所谓膏粱盛门、爵位蝉联、文才相继者，吾自有之。春秋之义在乎传信，此其作书大指也。夫京师者，先王所以优礼元臣锡之汤沐，而世家巨室聚族而居焉者也。成周之甘原、巩汜，分卿士之采邑。而长安、鄠杜、栎阳，公侯列邸相望。其饔食有堂，其荐飨有庙，其教子孙有家塾。然则王氏之遭风云、处辇毂，子子孙孙弗替，引之者岂独为其一家已乎。观于其谱，而孝悌慈爱之心油然以生。推之天下，使人皆知爱亲敬长，彝伦攸叙而万物靡不得其所，虽古大宗伯之职所以佐王和邦国者，尽在此矣。公之为意岂不深且远欤！先生辱与予游四十年，当其早岁擅名为海内人士所推服，乃蕴隆之久，而后遇天之所以佑王氏而光大其堂构，诚有非偶然者。予晚与司空公同事禁苑，先生尝过邸中相劳苦，其交在纪群之间。王氏孝友惇睦之教，予深知之，故先生家谱成，不远三千里属序于予，而先生之婿陈君来贰吾州，与余故有世谊，其门第在王氏外传中。礼有之大臣三命以孝行著于州里乡党者，兄弟亲戚僚友执友以及交游备称其慈弟仁信，余虽不敏，窃自附于交游之末，而先生之孝弟在乎！此书不可以莫之征也，爰述其意以为之序。

（《四库全书》本）

景城纪氏

记录房支的迁徙。

嘉庆《景城纪氏家谱》卷一五，《族居记》：

椒坡公始居景城，今所谓纪家庄火者也，崇祯中厚齐公迁居河间府城汤家角。壬午城破，宋夫人携光吉公、润生公、云台公仍归景城，后光吉公润生公迁于崔庄，而润生公长子湛源公及云台公之子孙皆仍故居，故四支世居崔庄，三支世居景城，五支则湛源公子孙居景城，宠予公子孙居崔庄。厥后生齿日繁，三支十四世敬亭、文东及十五世汝砺皆先后迁崔庄；而敬亭之子汝珍至嘉庆四年，复自崔庄迁居南皮县之刘文家庄；十六世树琪自景城迁居吴家庄；而五支湛源公曾孙汝光亦自景城迁周家村；四支十五世汝峒、汝崿及汝嶷之子树鼎自崔庄迁景城；汝模之孙煐祺自崔庄迁朱家村；汝桀迁许家村；汝坯树承迁枣林；树蕙迁东蔡；五支十四世万周于乾隆三十五年迁于静海县东南九十里曹家里七甲之和顺庄。此近支迁徙之大略也。远支则南门十二世介眉公、北门十四世广业、十五世汝志汝怀俱迁于后崔庄；汝还寄养于新城吕氏，久议归宗，以吕氏无后尚未果；继先携家居京师；树立携家居古北口，归不归亦均未定；汝培则弃家远出，莫知所往矣。乙亥谱曰：顺治中族有名纲宇、振华者负官币千金，携家亡命莫知所终；又有因岁饥就食文安者，与文安族合为一，亦不复归；此二支者未审后裔之有无，附记谱末翼万一遇之也。

（嘉庆七年刊本）

旧沧州马氏

沧州《马氏全谱》不分卷，《修谱凡例》：

来沧自十一世以下族人有散处四方永远安业者，并行著明坐落地方，异日再修谱书庶不至于失迷：十二世老长分永福，康熙间迁居新沧州东门内文昌街；十四世老长分少长分二分维同，乾隆年间迁居后王官屯；十五世老二分希伏，嘉庆年间迁居巴州；十六世老长分靖，咸丰年间自新沧州又移居达子店；十七世少长分二分清山，咸丰年间自后王官屯又移居仵龙堂。

（抄本，沧州马学华藏）

沧州《马氏全谱》不分卷，《修谱凡例》：

族人有流离失所者，分门记载，以备异日考查：十四世老长分维桐，十五世老二分希畴、希龄十五世希畴一支现居崔庄，十七世少长分二分清江，十六世少长分二分德元。

（抄本，沧州马学华藏）

沧县刘氏

沧县《刘氏族谱》，同治《序》：

余刘氏自前明北迁数百年矣，初隶籍于沧州，卜居于上河涯，上追泰公为始祖。传至六世，树公迁居刘树庄，鐏公迁居里坦镇，离居散处，宗派各续一支。迨至十五世相左公恐一脉失传，与十六世孙接三公采访各处支谱以登老谱，盖亦敦本睦族之义。观阅之下内多复名之弊，族议亡者存之，生者更之，幸勿再蹈前辙。至于谱之体式，老谱自文武二支以下分支无定式一支以续，虽有经纬图式，难免分支不清，次序颠倒，观者难明。未若里坦谱式，五世一周，六世一分，经纬（图）式，历历分明，观者省目。谨遵里坦谱式，将老谱总归一体，则可以为后世之准绳矣，谨为序。时同治十三年岁次阏达阁茂桐月穀旦十七世孙观德谨述。

（刘辛庄刘德瀛、刘建国、刘镇连藏）

沧县《刘氏族谱》，光绪《序》：

昔余族于前明初年由河南项城官游北直，遂卜居于沧城之南上河涯、下河涯，盖以两庄为家焉。传至六世带川祖讳焘登嘉靖戊戌茅瓒榜进士，历官少保，遵前明三品以上不乡居之例，徙居城内上河涯，至今显赫。惟下河涯之旧址荡然无存，我七世祖维庄公昆季三人，维城公居长，故其后人久居城内，以奉宗祠。维增公与我祖维庄公之后裔复在梁屯地方创建村落，遂号为刘家新庄云。及我朝定鼎以后，余族人离居散处，游徙他乡、不知去向者多不卷记。即如余八代祖镇邦公同胞六人，叔祖第五支之后人前两次续谱皆采访未及。今春幸有居仵龙堂庄十五世孙爱水携老谱一部及遗纪数卷到舍，余披览牒谱历历可考，系八代叔祖恩泽公之后裔，故余与族人公议遵前谱序之言历代无缺者入正谱，嗣后凡我族人之失序者如世代清楚、支派分明，应照此添入，断不可使一派之人视若胡越也。是为序。光绪二十九年岁在癸卯小阳月毂旦十六世孙蔚基字文轩谨述。

（刘辛庄刘德瀛、刘建国、刘镇连藏）

沧州王氏

民国沧州《王氏族谱》，《凡例》：

一、迁于外者知其地名，即注于名下，未详者阙。

（民国版）

渤海季氏

光绪渤海《季氏家谱》，《凡例》：

一、族人居址最关紧要，后世修谱者，务于每支下注明祖居地。如本支再分门分支，或迁于某州某县，住城、住乡均须注明。续考中或有别迁者，亦须注明此由某处某分支迁走。续考中既已注明祖居，其不注者自知仍旧如此，则宗派厘然，于日后采访亦大有益焉。

一、兹谱长门三门失考者多或迁徙地方，或漏于采访，均未可知，疑不尽无考也，后之有志有力者能访清补入，则善矣。

（季斌叙续修，光绪三十三年济南大公石印馆印本）

盐山吴氏

民国沧州盐山《吴氏族谱》,光绪《子琛公叙》:

粤自周泰伯封于吴,后世子孙以国为姓,江淮之间户大族多,支派繁衍,谱牒流传,宗族之昭穆析然矣。间或支分派别蓬转萍浮,流落于直隶者居多,彼南皮有同姓立家祠修族谱,余曾过吴家坊故得见之。又迁居海丰者,世代簪缨,家祠谱牒子姓不替,故盛事也。盐邑壤接沧州,同姓不少,回汉参半,不便同谱。敝邑苦海,沿边族人多贫,族谱失传历有年,所意欲追续成编,夫岂易易者哉?余年近古稀,坐舍吴褚村与祖孙增坤兴言续谱,远近采访悉独任之,赖有胞兄怀璋与同族君子议,出馆餮楮厘便为誊写,汇集成谱。举行敦宗睦族之道,以俟后世贤才者相继云尔。时大清光绪二十二年岁次丙申桐月仲浣穀旦。

(民国八年续修本)

东光马氏

沧州东光《马氏家乘》,《原序》:

……马氏之始祖,开马氏之墓业者乃十六公也。阅五世而至节甫公,登嘉靖甲辰进士,位列谏垣,名著朝右。嗣后科第蝉绵,簪缨蔚起,累累若若分猷赞化者几遍皇衢,东西朔南咸啧啧称东邑马氏为巨族焉。至于今,支流日益繁,人文日益盛,使非叙次详明,重加继绩,何以示远纪美耶?兹者复行纂修,自上及下,由近以迄远,某派某支井井条列,汇集成篇,藏之家祠,以传不朽。余异日或得驱车安陵,启谱帙而阅之,将我马氏之大宗小宗森然如接于目,亦属快事;则我马氏两家之谱系本出同原,而我两家之子子孙孙,执此谱以通好,不更为大快也哉。赐进士第日讲官翰林院侍讲提督浙江等处学政宗末豫顿首序。

(1999 年十一修本)

丰润毕氏

民国丰润《毕氏宗谱》,《直隶丰润县西河庄毕家甋毕武庄涧河庄谱序》:

吾始祖谭公字自猷,于明永乐二年由山东利津迁直隶丰润县胥各庄,始祖故,卜葬毕家墓。二世祖宣皋公,再迁西南六十里,见地势坦阔,后世子孙蕃衍得以容而有赖,遂立村而家焉,村名曰西河。传至六世祖良福公,率其二侄自芳公、自举公北迁十二里,村名曰毕武庄。四世祖功述公南迁十八里,村名毕家甋。又一传萧高公,分迁涧河。四村瓜飚绵延,支隆派盛,其间谱谍虽缺,各支世系不紊。近年族大人蕃,涣如散沙,谱牒不修,没年湮代远能不数典忘祖?予立齐公久切心怀肇修族谱,恒苦其无因,幸中华民国十年泽民宗长由京探访。

(民国十九年排印本)

民国丰润《毕氏宗谱》,《丰润支派记》:
丰润毕氏族谱编辑组成于民国甲子,肇因开始当清咸丰初,有秋帆公裔名裕曾号晓山举人出身,莅任丰润知县,公正清廉,深重宗族,及退任回籍,其后嗣相传均知丰润有同宗。普于民国五年夏在苏州探访,秋帆公裔世系大会宗筵谈至丰润,乃笔记。迨民国九年北京修谱评论,树棠兄同普言及在乐丰台相遇丰润支派名玉思字篠山宗弟,实属庆幸。有此二因所致,普躬往调查需时数年,遵依欧、苏合体式,按历代通谱世系办法,又有立齐公同四村族长正等各分其伍,以成斯盛举,谨记之宗人,恩谱书。

(民国十九年排印本)

民国丰润《毕氏宗谱》,《凡例》:
子孙迁居外里立业成家,传内详书,其庶世远不致遗失。

(民国十九年排印本)

安徽

婺源三田李氏

光绪婺源《三田李氏宗谱》卷末,《凡例》:
清迁派,盖以谨源流、杜冒认也。故谱牒之修,在会者悉以考实,不轻收入。其或涉于遥远而不及会,狃于薄俗而不知会,厄于贫困而不能会,则仍存迁派以俟后会详收。若名不正、言不顺及自以为是而妄云宗者,则直削之不与此谱。

(李廷益、李向荣修,光绪十一年木活字本)

绩溪梁安高氏

光绪绩溪《梁安高氏宗谱》卷一,《书法》:
世系分迁者于名下加"分迁某处"圈印,有传有墓图者于小传后加"有传"、"有墓图"圈印。

（高富浩纂修，光绪三年活字本）

池州仙源杜氏

光绪池州《仙源杜氏宗谱》卷首，《凡例》：

迁居异地者于始迁之人名下及提头图前详书迁地，其子孙名下不再书迁。不知所迁地名、子孙并无可考者，书"迁外失考"。贸易异地失考者，书"客某地失考"。不知地名者，书"客外失考"。避乱失考者，书"某年日避乱失考"。被寇虏不知存亡者，书"被寇虏未归"。妇人避乱离散者，书"避乱失考"。公、氏皆避乱失考、生卒俱无者，氏下总书"俱避乱失考"。随嫁母往异地者，书"随母往某地"；不知地名者，书"随母他适"。

（清光绪二十一年刊本）

歙县蔚川胡氏

民国歙县《蔚川胡氏家谱》卷二，《谱例大纲》：

迁徙宜载。凡本宗有迁徙者，备录其郡邑乡村于始迁之祖讳下，以为后日子孙会宗之符券。然必及三代乃书，未三代者书居某地。若旅泊者书客某处。流于下贱者，书逸于某处，琐屑不没其实也。失考者书往外，萍踪未定者不书。

（民国四年线装活字本）

歙县金川胡氏

民国歙县《金川胡氏家谱》卷首，《旧编凡例》：

迁居者书迁某处，明分派也。复迁者书继迁，谓由某处而继迁某处也。

（民国二十一年刻本）

清华胡氏

民国《清华胡氏宗谱》卷首，《同治甲戌九修凡例十三条》：

迁派凡会而未集者，咸于本支名下注"未续"二字，俟将来统会。其有追谱书将成而始至者，许附列卷后。至无传者亦不书"止"，以免馁而之痛。

（民国六年刻本）

山西

第十二篇　族谱

平定蔡氏

道光平定《蔡氏族谱》,《凡例十六条》：

一、族人中有迁居异地,一时不能采访者,即于各支之旁记其所居之地,非敢略也。望后来查明,再为续入焉。

（蔡子碧、蔡培实等编纂,不分卷,道光二十五年刻本）

洪洞薄村十甲王氏

嘉庆《洪洞薄村十甲王氏族谱》卷首,《修整王氏宗谱记略》：

宗谱之传,由来久矣。今兹之重事修饰,所以清本源,正族庶也。报本追远之意攸关,亲上事长之道寓焉。吾族旧谱乃三伯祖懋公公在山左泺口所刻,悉依维垣公旧本,第维垣公之修在已析户后,懋公公只当列我十甲。尊六世祖光禄公文铠为户名。盖族大丁繁,一脉相传,皆光禄公之后裔也,而懋公公乃将已析者合而刻之。族众多不存其谱,以既析不宜复合,且其中异派纷纭,迹涉乱宗故耳。余尝欲纠约族众,另行修整,缘一时不得豁达主笔之人,是以未及果办。迨至乾隆丙午,余行年五十有八,是岁春与族侄庸平、族孙眉山辈适相聚会,议及旧谱宜另修整,举欣欣然有喜色,若有不容少缓者。而族中子弟又皆踊跃急公,不惮劳苦,遍为采辑。余窃幸众擎易举,有志终成,因顾眉山曰：事关谱系纲领、条目,务须本正源清,脉络贯通,非汝主笔不可。眉山乃剔伪标直,分类排纂,规模较前颇属整肃,事实较前更觉繁庶。余览之喜其实获我心,而观成之有日也。讵意眉山因事远出,历年奔驰,不遑家居。余转叹人事靡常,而成否不可预必也。及庚戌岁余任族长事,修谱之举愈拳拳不能去诸怀。迟至甲寅,眉山方得归里。遂于次年春约众公议,复行修整。嘉庆元年冬,校对磨勘,而谱稿始定。其所编世系悉本维垣公之旧,而析户者不与焉。其所增诸门,又扩懋公公之意而缺漏者亦鲜焉。然则敦本支之谊而严乱宗之防,观诸世系而可矣。问高曾之矩镬,期世守于不替,观所增诸门而可矣。是故余向之所谓实获我心者也。谱稿既成,勃远同临庄适以公书来,欲行刊刻,商之族众,俱皆乐从,乃择族中老成诸人董理其事,阅半载而工始告竣。是役也,前后一十有二载,不知几经审量,几经删易。世系之编,庸平预先成之;笔墨之繁,眉山实专任之;工费所出,君培肩其重,族人襄其成;余则就事斟酌而裁成之。至于采辑多人,谱有名数存焉。向之拳拳不忘者,今赖宗族子弟,同心协力以完夙志。自此以往,本源清而族庶正,承先启后,诚不朽之圣举也。通记新谱共成一百套,每套共十本,连遗容、茔图共六百余页,工费三百六十余金。虽云众擎易举,有志终成,要皆祖宗在天之灵默佑而阴导之也。因笔而为之记云。

时大清嘉庆二年岁次丁巳孟秋吉旦,十三世孙锟耐田氏敬书。

（王楷苏等修，嘉庆二年刊订）

灵石何氏

道光灵石《何氏族谱》卷一，《凡例十则》：

一、族中有远徙他郡，并在外娶别妻生子者，悉记于册，使他日得还桑梓，复奉宗祊，不至漫无稽查。

（乾隆间何思忠创修，后裔续修，道光十四年续刻本）

代州冯氏

民国《代州冯氏族谱》卷一，《凡例》：

四、世系只列祖孙系统，不及其它。自四世分图者，所以易排次求醒目也。各分系之子孙，如有外迁别立谱系者，则另图而附之，若繁峙县中庄寨冯氏之附讳愈公世系是也。

五、代州冯氏始祖与涿州冯氏始祖为胞兄弟。故代州冯氏族谱旧载涿州冯氏世系。有清道、咸以前犹时通音问，今兹修谱不忍以义例限止，有违祖宗仁心，故仍敬谨附入，惟自今以后不再赓续。以涿州冯氏自有家乘，代州冯氏之于涿州冯氏有存纲之必要，无详载之必须也。

六、世谱表纪各世字号、寿数、生卒年月及配偶所出并子女之所娶适。有不详者，阙疑待补。分表一同世系，所以求统一，便稽考也。

七、各地冯氏有确出代州世系不乱，只所出不明或略有断续者，都归之阙疑类。但仅制世系图，附加案语。若只有传言，世系不确者则姑置待考，如本省阳曲县冯氏是也。

八、代州冯氏流寓各地者统归流寓类，但只纪世讳及所流寓之省县。省县从今名，所以便探考也。

（冯曦纂修，民国二十二年铅印本）

山东

即墨杨氏

山东即墨杨氏有一支迁至东光，逾三百年其后裔有名杨栻者，以垂暮之年，持先人书信一封及杨氏东光世谱，回祖籍即墨认宗。经与即墨杨氏族谱比对，证明确系一家，认祖归根合族成功。并据即墨谱例校正东光族谱，为续修时合谱提供了基础。此信署杨氏十二世，约当康熙朝。

第十二篇 族谱

民国即墨《杨氏家乘》第三册,《寄东光宗人书》:

同十二世即墨宗人某某谨奉书于东光合族宗人:自通祖徙居东光,三百余年。子姓虽繁,未溯水木源本。幸我先人有遗东光一书,实联属之梯媒。乃七十年间未获报闻,中复隔绝。今有心如栻(编者按:此系东光族人。)者,年老而志坚。徒步千里,访一本之始,证传述之讹。所携吾先人手迹,并东光世谱,合之即墨族谱,世次炳然,伦序允若。即墨宗人无不欣跃懽忭。咸谓先人之不得白于后人者,一旦释然无憾,嘉栻之有功于先人,而幸先人之灵有以启之也。夫尊祖敬宗,非一人之专责。敦本收族,岂独力所能胜。栻之归,出所持宗图,族众传观,知东光宗人亦无不欣跃懽忭者。当推祖宗之心,共谋子孙之守。虚衷和议,详为考询,续成谱牒。三日之孩必录,一字之讹必纠。结社集赀,以图剞劂。庶几长幼卑尊,顾名思义。先人有知,必乐闻而嘉与之也。夫为人子孙者,居有室,耕有田,衣食器用各视其力,孰非前人之所遗,厚薄虽殊,涓涓有原。日享其利,不知所以慰其心,岂人情乎!度吾宗人必不以斯言为迂也。更商者,东光原谱,富祖与通祖并祀,祖母初氏王氏分属,此传述之误也。今富祖子孙世居即墨,岁奉蒸尝。则东光当专祀通祖,不必更祀富祖矣。富祖配赵氏王氏,昭然可据,不闻离散失迷。则原谱所载初氏王氏,俱宜与通祖并祀无疑。此理之可推而知,断然信其不诬者也。我宗人尚共酌之。千里一家,告语烦多,不尽欲言。

(民国二十五年排印本,六修本)

民国即墨《杨氏家乘》,《东光杨氏族谱序》(即墨宗人韫辉公撰):

吾杨氏世居即墨,历宋元明清七百余年。子姓繁衍,指以千计。其播迁流离者,当时犹莫保其存亡,况历世既久耶。间有占籍他方,以长育其子孙。而往来不通,世系莫考。道路相逢,不过途人视之,谁复知其为某祖某宗之苗裔乎!丙寅春季,适东光县族侄栻字宇瞻者,年六十余矣,徒步负担而来。挟有本宗谱牒并吾曾祖兄弟手书一纸。按其谱乃吾六世叔祖通之后也。通祖为经历祖之五世孙,今又十余世矣。在当时知为外出,不知其寖昌寖炽绵延于东光者,竟不复即墨也。即吾曾祖兄弟闻刘君于斯道路之口,赍去宗图,今已七十余年,未曾闻有一介行李片纸音书,为之探本穷源,考订世次。则东光与即墨之为一脉否,竟未可知也。而宇瞻以衰老之身,走千余里,联四百年既涣之绪,尊祖收族,备在此举。是使吾两地宗族,不至相视如途人,皆宇瞻力也。呜呼,可以风矣。余按其世次,用吾谱世表例,雠校清楚,使本支瞭然。后有修谱者,合两地为一编。恍然四百年前父子叔侄兄弟相聚于一堂也,则宇瞻之仁孝为不可没云。

(民国二十五年排印本,六修本)

河南

项城张氏

民国《项城张氏族谱》子部,《家谱又序》:

……查吾南门白杨树、白虎、李店等处,繁衍数村,累世失名;光州一枝,居南城,墓在光武庙前,系从项南门移去者。湖北麻城一枝,亦系南门移者。仲三侄言,在浙江嘉兴遇张清贵,言系项城张,聚族而居,计凡数村,南门北门无从调查。又邑令张丕绪,陕西人,言系张老家人,与连元公甚契合,去任时,连元公送之数十里,交数十金,嘱代祭祀。又沈邑吴堂人言从大莲池畔迁居者,然世系则无可考矣。再者,大公、二公由山西嵩南洪洞迁项,旧为吴姓,则山西洪洞吴姓乃我张氏同族也。闻当时迁出者,共兄弟七人,五尚吴姓,盖迁徙不知何所矣。大公蓄吴牛数十头而致富。二公子孙在下虹桥南筑一书楼,则我张氏世代书香之所自始也。谨序述之,一见水源木本有所自来,则锦芳重修此谱之志愿酬矣,乃再振笔书之以示后之人。

前众议院议员十七世孙锦芳谨序。

(张拱宸、张培璋等重修,民国二十五年天津文岚簃印书局仿宋排印本)

民国《项城张氏族谱》:

西华县南山桥附近双合寨张姓,在西华上蔡交界有三四村人家,系从项城张老家迁去者,慕歧弟曾与接洽。又有逍遥镇张姓亦从张老家迁去者,俟异日修谱再行叙入可也。十七世孙绚庵志。

(张拱宸、张培璋等重修,民国廿五年天津文岚簃印书局仿宋排印本)

浙江

毛奇龄《西河集》卷三八,《史村曹氏宗谱序》:

宗谱与世族谱不同。唐时岑文本、令狐德棻奉诏辑天下茂族,合九百二十三姓一千六百五十余家,而分之为谱。凡一姓之中,第取其贤而显忠、隽而有材望者著于篇,而他不之及,名曰世族。犹史称"世家",孟子所称"世臣"也。若宗谱,则创于赵宋苏氏,但以一姓为九宗,上自高祖下逮元孙,毋论仕不仕,贤智愚不肖,而各予以系。而其后所宗过长,其所及亦过远。然且进贵绌贱,右贤退不肖,至有冒他族名达,遥遥华胄,为世取诮者,则宗谱也,而与唐之谱世族无以异焉。

曹氏为萧山茂族。少时见木上先生以第一人举于乡,名冠两浙,尝追陪游燕,每叹其器宇沉湛,渌然若渊泉之在望。叩其镂抒之不匮,犹茧丝焉。方是时,有为九江司理者,有为望江令者。予生也晚,不及一一而见其形与其事也。然而名贤辈出,在曹氏一门。群从誉望,藉藉如浴。雅先生以诗名于时,时得其片词剩字,辄规之摹之,转相传写,以奉为秘宝。迄于今,邠绍之书,其为法盛之所行,正不少也。而文虎为文,予尝私效之,而叹为莫及。夫以邑之为诗、为文、为书法、为理学政事,而皆于是家取之,此其家真世家矣!

予与其裔孙国学名显宗者游,每言其家茂才名锡爵者,修宗谱甚具。显宗将捐橐谋付之梓,而属予以序。予因谛观之,简而核,精详而有要,不附混元,不冒巫,赵所云以族谱而兼史乘者,是书有之。若其沂武惠王彬者始之也,继越州判官追其所自来也,又继而判官之子丞则自越而萧,所云占籍于桃源之下邓村者是也。而于是以学谕承之,则以迁史村自学谕始也。史村者,今曹氏居里名也。

(《四库全书》本)

毛奇龄《西河集》卷五五,《萧山史氏世谱序》:

予与呦庵、觉庵兄弟订同砚交,因得拜其尊大人两世于堂。而其子其姓即又从此而齿遇之,迄于今往来不绝如家人。此犹之亲亲之典,由一而三,由三而五。以一身而得与五族相周旋,况乎四亲在匪,其当前可见,有非一三五九所得而概量者乎?是以宋世造谱最重生人,往往悬谱而录其可见者于亭。名族谱亭而其既渐溯所自,一如《氏族志》之统诸著姓,以力搜往昔。于是有非所自而自者,而谱法变矣。

今天下氏族之盛,无过史氏。往者吾郡司刑从溧阳来访,呦庵兄弟而序为雁行。而鼎革之际,有东阁部堂开幕扬州者,以挚币聘觉庵,称曰宗仲,而觉庵辞之。当是时,文章声气远近无不通,而凡氏史者,则又以同宗,故时相访求。其在明州,与姚州则原属本支,公之让而私之燕,东西相从不待言也。呦庵尝谓予:"予家世谱详今而略昔,详于是邦而略于异地。顾四方之远居者,仍呼吸不隔。而惜谱不修,世系之阙略有难稽矣!"今其孙吉先承祖父志,合远近而并修之,肇自成周受姓以来,当汉孝宣时杜陵侯以帝戚开基传袭,五世及东京而溧阳侯继之,遂以家于封而世滋大焉。至南渡以后,则忠定越王与忠献卫王两世知政事散处东乡,其在萧山则忠献五世孙也。乃自汉至今,历年一千七百有奇,历世五十有七。而自元明迄今,由明州以至萧山,亦历年三百三十有奇,历世十有八。然且有参知行省开藩于河南、山西,若萧之第五世者,其自兹以往,被簪绂而长方州且不乏也。

夫往昔难稽,而谱之序之者前后无阙,若夏之继春,而甲之授乙,当前可见。而谱之记之者,生卒不爽,一似太史之载口书,而宗祝之判昭穆,且复区画有方,详略有法,分之合之,以不失列代相传、敦宗睦族之意。向使吾友尚在,亦必以是谱为不刊之则,而况乎后此之继之者也！然则谱法虽变,其不变者犹是已。

(《四库全书》本)

鄞县鄮东皎碶吴氏

光绪鄞县《鄮东皎碶吴氏宗谱》,卷首《凡例》：

一、谱内有迁居别处,至数传后但知为某房某府君支派而失其近系者,绝之非收族之义,如必按其世次姑附某系之下,则又非所以敬宗。今直自迁居者始另条系,系后不系前,其行依次排列。又有其人已死无子,并失其先世祖父名字无从可系者,亦用此例。

一、子姓繁衍,修谱者最防遗漏。但知收族之宜周,尤须识乱宗之可惧。其有在外娶妻置妾者须自重名分,即通知本房转达族中注入草谱,以备后次续修照入。至有入赘者,须通知地方姓氏以便查核。归宗者宜仔细查核,或来历不明,亦不可轻易入谱。

一、迁居,须于世系下及行次下注明迁某处,以便对核。

(吴承忠编修,光绪二年一耀堂木活字本)

绍兴中南王氏

民国绍兴《中南王氏宗谱》卷首,《凡例》：

一、古人重始迁,盖安土已久,播迁出于不得已也。吾宗阅世既久,宗支浩繁,往往有离其故里而流寓他乡者,今详著谱内,庶后人不迷其本源云。

一、徙居他处,或出赘别乡,与久客在外而子孙未入谱者,俟归日查明,照支补续。

(王大泉修,民国三十一年三槐堂木活字本)

江西

清江云溪徐氏

嘉庆清江《云溪徐氏族谱》卷一,《凡例》：

一、徙居别村与商寓他州外省者,必录其地名省分。而不知其所自者,或书无考,或书无传,不敢臆载以滋后人之惑。

(徐廷攀修、徐攀桂纂,嘉庆十八年刊本)

浮梁祁门郑氏

咸丰浮梁祁门《郑氏宗谱》,《宗谱凡例》：

第十二篇 族谱

一、迁徙,于本名下大书迁某处,无稽者注失传。

(郑培先修,咸丰十一年刊本)

兴国刘氏

书移徙。

同治兴国《刘氏重修族谱》,《凡例》:

一、族中有出外立家者,在本名下注一出居某处,便其子孙日后归宗,得溯所自也。

(刘天成等修,同治元年刊本,)

宜黄谢氏

同治宜黄《宜邑谢氏六修族谱》,《凡例》:

一、子姓或宦游某地,或客寄他乡,因而成家别处者,于本名列传下载出居某处,志不忘所自也。

一、本宗子为异姓后者,虽易姓仍书名讳,载为谁氏子,示不忍忘,冀其归宗故也。但于中恐有不肖,鬻儿女为婢仆者,查出即行开祠削其谱牒,无玷宗盟。

(谢赋文等修、谢性卓等纂,同治九年刊本)

湖南

族人外迁,查访无着,亦书"往外"、"徙"、"未详"等字样,以待异日查出,续修补入。

宁乡南塘刘氏

民国《宁乡南塘刘氏四修族谱》卷之首,《三修凡例》:

各房有外徙、未曾归籍,限于荒渺无由采载,仍照旧谱叙录以前派系及生娶卒葬,留以待核。

(民国十年存著堂木活字印本)

湘乡匡氏

道光湘乡《匡氏续修族谱》卷首,《匡氏续谱条规》:

年久续修,徙居外邑者甚多,本房务预信传,以便按实登册入谱;倘怠忽搁漏,日后对家支吾,责在本房,不与各房为首相干。

(匡逢向等修,道光八年解颐堂刊本)

道光湘乡《匡氏续修族谱》卷首,《续例》:

寄籍异地、寄养异类,何姓蔑有？我族有徙外州郡县者,其亲房人第、其地名未及详核,则书徙居某州某郡某县,没葬亦然；如不知其地名者,则书往外以统之,后之子孙回归故土,仍许查清本源,编入谱中。……

(匡逢向等修,道光八年解颐堂刊本)

道光湘乡《匡氏续修族谱》卷首,《原例》:

族内子孙不力,曾有浪荡他乡,不知其处者,于本生父下必存其名,非敢意为详载,亦不忍也。

(匡逢向等修,道光八年解颐堂刊本)

涟源李氏

民国涟源《李报本堂族谱》卷首,《续修谱凡例》:

宗支迁徙他乡者,经该亲房查明造册一体修辑。其有远在千里以外,久无音耗,值兹戎尘扰攘,道途梗塞,势难访查,权于初徙人名下载明徙处并详载后嗣之同徙者。

(民国五年报本堂活字本)

汉寿盛氏

光绪汉寿《盛氏族谱》卷首,《凡例》:

族内有……迁徙他乡者,皆详载之；纵其身不归,其子若孙有祖宗邱墓之思,亦得有所考据。

(光绪二十七年广陵堂活字印本)

桂阳邓氏

光绪桂阳《邓氏族谱》卷首上,《谱例》:

男子客外与处乱当兵、逃出无稽者,必小注之,生者望其归,死而有后者俾有所考也。

……

迁居先后,既分注名下又统汇谱首,以见立宅肇基之始也。

(光绪三十三年登秀堂木活字本)

7. 生卒年、殇逝与丧服

生卒年的书写与否,伤逝者的书写与否及书法。

安徽

池州仙源杜氏

光绪池州《仙源杜氏宗谱》卷首,《凡例》:

生卒有年、有时而缺月日者,年下注月日。缺生卒、葬无考者,俱书"缺"。公与嫡氏生、卒、葬俱无考者,嫡氏下总书"生、卒、葬俱缺"。公与嫡氏生卒俱无考而葬同穴者,嫡氏下总书"生卒俱缺,合葬某地";如葬非同穴则分书。公与继氏、三氏葬同穴而嫡氏另葬者,先于嫡氏下书葬地,次于三氏下书"与公及某氏合葬某地"。公另葬而嫡氏与继氏生卒俱无考而葬同穴者,于公葬后书"娶某氏,继娶某氏,生卒俱缺,同葬某地"。如嫡氏、继氏生卒俱可考而葬同穴者,继氏下总书"与某氏同葬某地"。如公与嫡、继俱葬同穴者,继氏下总书"俱合葬某地"。

……

始祖之外皆子孙也,故惟始祖书官称公而不书名,其余皆书名而不称公。

……

夫妇葬同穴者,书"合葬"。附葬祖墓者,书"附葬"。因贸易葬异地者,书"寓葬"。夫妇葬异地同穴者,书"俱寓葬",不书合,以未正邱首也。因迁居葬所迁之地,与择吉葬邻县者,均不书"寓"。因仕宦卒官、归柩本籍、附葬祖墓者,书"卒某官署归葬某地"。附某公墓招魂葬者,书"招葬"。妾与公同葬者,书"附葬公墓",示不敢敌体也;与嫡氏同穴者,书"附葬嫡墓";与继氏同穴者,书"附葬某氏墓",不敢以贱敌贵也。

……

年上十六至十九没者为上殇,列图,列传,明可继也。年上十二至十六没者为中殇,年未满十二没者为下殇,仅于父传内子名下书"殇",均不列图传,明不可继也。如能救养父兄,及已娶妇称神童者,当援鲁人勿殇之例,虽下殇亦列图传。

……

有官名者图传俱书官名。至于字号,已冠者书之,未及冠者不书,以未正其名也。

……

廪增附贡监、科甲、官职、封典均以实书。凡因子贵受封者,书于本身官职后;因侄贵貤封者,书"以侄某人贵貤封"。

(光绪二十一年刊本)

歙县蔚川胡氏

民国歙县《蔚川胡氏家谱》卷二,《谱例大纲》：

葬瘗同穴则曰合葬,另穴则只曰葬,其地理土名形势山向悉书之。祔葬于祖茔者,则书祔葬于祖某父某茔之或左或右,俱以实录,俾后世有所考。若一茔数圹者,则别最尊一名。如前式备书形向,余则书与某同穴。早世已婚而立继者,则书葬,以有祭主也。

……

谱正书法。仕宦者书爵书官,不仕者书处士书府君,宗法也。五十以上书卒,十五以下殇者书早亡,十岁以下者止于图中书幼殇,考内不载,正书法也。

……

谱重宗子。故图考世系以嫡长相承,其后开图列系俱依前次编集,以便稽查。

……

科甲贵显,大小前程均属朝廷之名器,科甲、仕宦、贡监生员、人才荐举、员吏杂职以至貤封从祀、乡饮大宾、介宾、耆宾、善人、老人并党正、乡约及旌表节妇、题表节孝,例得备书,以示来兹。若冒窃虚声,不准滥厕。

(民国四年线装活字本)

歙县金川胡氏

民国歙县《金川胡氏宗谱》卷首,《旧编凡例》：

礼者有三殇：上殇,自十九岁至十六岁为长殇,已娶可娶者则服之为成人,编入行第。中殇,十五岁至十二岁为中殇,编入谱,亡者注夭,不入行第。下殇,自十一岁至八岁以下为下殇,不注。

……

尊所自出：系本枝、近枝书讳,旁枝、远枝书行,尊者、寿者书公,卑者、少者书名,有官贵者书爵,此苏洵谱例也。

……

辨长少：长少之别惟以行次,故明系之上而加行次以别之,使长少之伦、尊卑之序秩然不紊,使万世而下有所考据耳。

(民国二十一年刻本)

第十二篇　族谱

休宁古林黄氏

乾隆《休宁古林黄氏重修族谱》卷首下，《祠规十六条》：

礼高年：执爵执酳，礼有明文，捧杖授几，诗传盛事。族中有望高而齿尊，分卑而年迈众者，均属家之耆老，所宜格外优崇，以示尚齿引年之义。若乃小子而狎侮老成，狂童而藐忽衰耄，偄薄成习，非所以老吾老也，又何能及人之老。岂知达尊有三，齿居其一，为后生者宜加敬礼。

（乾隆十八年刻本）

绩溪梁安高氏

光绪绩溪《梁安高氏宗谱》卷一，《书法》：

儿媳与父母翁姑同墓者书附葬，夫妇同穴书合葬，未葬不书。

……

六十以上书享年，尚齿也。书懿行，尊贤也。书官职，贵贵也。……

十五以上为上殇，虽未娶亦书。十五以下既娶亦书，其未娶者概不书。然有孤子而殇，无侄而有侄孙可继者不拘此例。

……

寿官书享年若干，恩赐几品冠带。

……

人生善恶，盖棺论定，故生不立传。

（高富浩纂修，光绪三年活字本）

婺源紫阳堂朱氏

光绪婺源《紫阳堂朱氏宗谱》卷一，康熙四十八年《世系例》：

自吾父以至吾之高祖，生卒葬配皆详书，而他人或否者，详吾之所出也。自吾之父以至吾之高祖，皆曰讳某，而他人或否者，尊吾之所自出也。

（光绪年间刻本）

光绪婺源《紫阳堂朱氏宗谱》卷一，道光十九年《朱氏世系续例》：

上殇者书卒，明可继也。中殇、下殇者书夭，不可继也，或中殇者已成名，则仍当继，贵爵之义也。

（光绪年间刻本）

绩溪仙石周氏

宣统绩溪《仙石周氏宗谱》卷二,《凡例》：

兵难后世系失考者,另为图,附各派后。

……

男女殇者不入系图,而别诸《殇灵录》,书其名姓,某人子女及养媳葬地。

……

殇而不殇者有三：无侄可继,不得已而以殇子继孙者；年未十五而已成名婚娶者；年未十五而能力作养父母者,皆在能执干戈毋殇之例也。

……

非殇而殇者有三：革逐未改过,不及归宗而死者；为奴仆优伶年二十不改正业者；女已笄未嫁,卒于家,其葬地无可附及奴婢有葬地者,皆不得不附诸《殇灵录》者也。

……

人生贤否,盖棺论定,故生不立传。

（宣统辛亥善述堂刻本）

清华胡氏

民国《清华胡氏宗谱》卷首,《旧条例十一条》：

尊所自出。朱文公谱例：自己身以上者称公,以下称郎。旧谱易郎为哥。今议称名称行,而己以上者仍称公如旧,其有立德立言立功者详注,勿没其善。……

礼有三殇,例不概述。上殇,十六岁至十九岁,已娶有后者,书。中殇,十二岁至十五岁,已娶未娶俱书夭。下殇,八岁至十一岁书夭,其五岁至七岁为无服之殇,俱不编。

（民国六年刻本）

民国《清华胡氏宗谱》卷首,《乾隆壬午七修凡例九条》：

人生品行,盖棺乃定。故祖宗善行纪实,于名下加赞语。其生丁止纪履历实迹,概不赞扬。

（民国六年刻本）

民国《清华胡氏宗谱》卷首,《同治甲戌九修凡例十三条》：

谱内只始祖书公,所以明有尊也。以下书名,不书公,示卑不敢逾尊也。
(民国六年刻本)

祁门倪氏

光绪《祁门倪氏族谱》卷首,《康熙丁卯修谱凡例》:
领起之祖称公,余皆书讳。不繁称公者,缘父前子名之义也。
(倪望重等重修,光绪二年刻本)